Wolfgang Rost

EMOTIONEN

Elixiere des Lebens

Unter Mitarbeit von
Wolfgang Dietz, Lisa Ochs, Tanja Rost
und Michael Völk

Mit 525 Abbildungen

Springer-Verlag

Berlin Heidelberg New York London
Paris Tokyo Hong Kong Barcelona

Dr. Wolfgang Rost

Schwanallee 31 c
3550 Marburg a. d. Lahn

Frontispiz: Aus F. K. Waechter, Glückliche Stunde, 1986

ISBN 3-540-52265-4 Springer-Verlag Berlin Heidelberg New York
ISBN 0-387-52265-4 Springer-Verlag New York Berlin Heidelberg

CIP-Titelaufnahme der Deutschen Bibliothek
Rost, Wolfgang:
Emotionen: Elixiere des Lebens / Wolfgang Rost. – Berlin ; Heidelberg ; New York ; London ; Paris ; Tokyo ; Hong Kong ; Barcelona : Springer, 1990.
ISBN 3-540-52265-4 (Berlin ...)
ISBN 0-387-52265-4 (New York ...)

Printed in Germany

Satzerfassung und Umbruch: Autor mittels PKS Write & Calamus
Satzbelichtung: Linotronic 300, Satztechnik Muschong, Bretzfeld
Druck: Druckhaus Beltz, Hemsbach/Bergstr.
Einband: Schäffer, Grünstadt
Einbandgestaltung: W. Eisenschink, Heidelberg

2119/3140-543210 – Gedruckt auf säurefreiem Papier

Danksagung

Wo fange ich an? Bei meiner guten Fee *Lisa Ochs*, die alle Arbeiten am Buch beherrschte: Formulierungen, Textumgestaltungen, eigenständige Plazierung von Zitaten und Illustrationen, Satzgestaltung & Satz (Signum, PKS–Write & CALAMUS), Korrekturlesen (inhaltlich, grammatikalisch, orthographisch und satztechnisch) und die moralische Aufrüstung des Autors. Ohne sie wäre das Buch nie (oder erst in 10 Jahren) fertiggestellt worden.

Ihr zur Seite standen meine große Tochter *Tanjalein*, die darüber hinaus noch selbst geghostwritet hat und perfekt fast alle Bilder einzuscannen vermochte, *Christel Linne* in ebenfalls unermüdlichem Tag–und–Nacht–Einsatz bei der Satzerstellung über PKS–Write & CALAMUS und meine Gattin *Andrea* als (fast) immer bereite Feuerwehr für wichtige Text–, Korrektur– & Aufrichtarbeiten.

Das Wagnis einzugehen, die gesamte Layout– und Satzarbeit selbst zu gestalten und zu übernehmen, was dem Werk ungeheuer zugute kam, dazu ermutigte mich *Thomas Leschner* (WAVE Computersysteme, Südanlage 20, 6300 Gießen, Tel.: 0641/72357). Nachdem ich selbst drei frustrierende Ansätze hinter mir hatte, von dem sehr guten Textgestaltungsprogramm Signum auf das geniale, aber damals noch etwas anfällige CALAMUS umzusteigen, vermittelte er die Risikofreude und technische Kompetenz für dieses unbeschreibliche DTP–Programm. Er konfigurierte, installierte und betreute dazu die EDV–Anlagen: zwei Atari Mega ST 4, zwei Atari 1040 ST, Atari Megafile 30, Vortex HDplus 60 und Sideloader, Atari Laser–Drucker, s/w– & Farb–scanner EPSON GT 4000, Video Digitizer von Print Technik, Ganzseitenbildschirm Matrix M 110, TOS 1.4, Eickmann Turbo 16 und Cache, 7 Wechselplatten–Cartridges, ca. 200–250 Disketten. Auch die Auswahl, Beratung und Hotline für die Software war seine Sache (PKS–Write & CALAMUS von DMC – Dank an diese geniale Crew, Graphics, Vektor & ScanDesign Plus von TmS, STAD, Signum, Lavadraw Plus). Für zahlreiche Anregungen und Hinweise bei der Gestaltung von Satz und Layout habe ich ebenfalls ihm zu danken. Ohne seine Kompetenz und sein unglaubliches Engagement sähe das Buch sehr viel schlichter aus – halt wie ein normales Buch und nicht *so*!

Das Layout habe ich aus einem Entwurf von *Prof. Hans F. Krebs* entwickelt, den *Klein* in der Zeitschrift PAGE veröffentlichte. Den Schliff bekamen Layout– und Satzgestaltung dann durch Herrn *Matthies* und Frau *Haas* vom Springer–Verlag, für deren kompetente und harmonische Zusammenarbeit ich mich ganz herzlich bedanke.

Und dann das Ehepaar *Muschong* (Satztechnik Muschong, Martin–Luther–Str. 13, 7117 Bretzfeld, Tel.: 07946/521), welches das Ganze, jede Frist unterschreitend, über ihre Linotronic 300 jagte und den Druckseiten die wunderschöne Auflösung von 1270 dpi verlieh.

Aber gehen wir zurück zu den Anfängen. Die Stimulation zum Verfassen eines Buches erhielt ich aus zwei Quellen: Zum einen hielten mich die Höhen und Tiefen meines Ehe– & Familienlebens gut in Schwung – Dank meiner lieben Frau *Andrea* für so manche dramaturgische Gestaltung; zum anderen regte mich meine psychotherapeutische Tätigkeit geradezu zwingend zum Schreiben an. Warum auch immer!? Den zeitlichen Freiraum verdanke ich ebenfalls Andrea, die unsere Kinder zu beschäftigen wußte und selbstlos jeden Abend einsam in unserer Hütte verbrachte – von ihren wenigen Aufheiterungen durch *Renatchen, Helga, Bruni, Barbara, Bärbel, Doris, Lisa,*

„Ein unterhaltsames Psychologielehrbuch??? Das gibt es! Die Emotionen, die den wissensdurstigen Leser für gewöhnlich während der Degustation von an Universitätsküchen zubereiteter emotionspsychologischer Tofu–Kost überkommen, gleichen denen Gottvaters vor dem ersten Schöpfungstag: ‹... und alles war öd und leer.› Öde und Leere: das kann man dem Rostschen Buch wahrlich nicht attestieren; hier merkt man, daß ein Praktiker (Psychotherapeut in Marburg/Lahn und Dr. rer. nat. seines Zeichens) am Werk war. Rost schreibt über alles, was Menschen je bewegt hat und bewegen wird: über Liebe, Sexualität, Wut, Aggression, Eifersucht, Scham, Schuld, Angst, Trauer, Schmerz, Altruismus, Sinnlichkeit, Genuß, Spielfreude, Neugierde, Langeweile und vieles andere mehr. So menschlich–allzumenschlich der Inhalt des Buches, so ungewöhnlich ist seine Form und Aufmachung. In der Einleitung charakterisiert der Autor seine Diktion selber als ‹emotional, triebhaft, metaphorisch, widersprüchlich, karikaturistisch, illustrativ›. Seine Stilmerkmale umfassen saloppe wie soignierte Sprache, Gedichte, Cartoons, ausführliche Zitate, ‹&› statt ‹und›, Tips und Ratschläge, Tests, Comic–Strips, Lieder (mit Noten!), Filmempfehlungen, Literaturverrisse, Anekdoten, Bekenntnisse, Übungen und Selbstpersiflage. Das Buch ist in seinen besten Passagen im besten Sinne satirisch. Und wo gehobelt wird, da fallen bekanntlich Späne: sympathisch, daß nicht alles so schrecklich aus– und abgewogen ist; die Rostsche Mahlzeit schmeckt noch bitter und süß, sauer und salzig.

Leider kommt auch Rost nicht ganz ohne Weiheopfer auf dem professoralen Altare aus: ‹Die Evidenz dieser Kollaboration von sozialer Isolation mit exzessiver Aggressivität braucht sich nicht erst bei der Paranoia zu offenbaren – auch in subklinischen Studien zeigt sie sich eklatant› (S. 93). Zum Glück sind solche Rückfälle in akademische Kraftmeierei selten.

Nun ist der Rezensent dem Leser dieser Zeitschrift noch die Einordnung des Rostschen Buches in das Kaleidoskop humanwissenschaftlicher Theorien schuldig, damit er entscheiden kann, ob er es in die Hand nehmen oder verbrennen will: Rost hält ein saftiges Plädoyer für die Freilegung der phylogenetisch verankerten Gefühle des Menschen – und stammesgeschichtlich bedingt und eingebunden sind sie allemal und allesamt. Im evolutionär–ethologisch–psychobiologischen (aber nicht: biologistischen!) Ansatz – jetzt ist es endlich heraus – kommt der Verstand jämmerlich schlecht weg: es ist die Rede von ‹Insuffizienz, Inkompetenz und Impotenz des kognitiven Systems›. Aber keine Angst: so opak wie beim ‹Geist als Widersacher der Seele› geht's nicht zu...

Überzeugend ist Rosts Argumentation, daß auch sozial (abendländisch) verpönte und gebrandmarkte Gefühle wie spontane Aggressionen, Wut, Rangkämpfe, Heulen, Schabernack positive Funktionen, sprich: prosoziale Folgen, haben.

Was mir fehlt, ist die Bezugnahme auf den wichtigen englischen Verhaltensforscher Morris, der – etwa – in seinem Buch ‹Der nackte Affe› als einer der ersten auf die Macht der stammesgeschichtlichen Anpassungen und ererbten Reaktionsmuster auch beim modernen ‹Zivilisierten› hingewiesen hat. Genau das will Rost ja auch.

Rosts Buch sollte man nicht besprechen, man sollte es lesen; lau lassen wird es keinen – endokrine Irritationen werden garantiert. Freuen wir uns auf die für 1988 angedrohte ‹Emotionstherapie› des gleichen Autors – leider nicht im gleichen Verlag, der sich in den letzten Jahren verdankenswerterweise durch wissenschaftskritische Publikationen auszeichnet. Hoffentlich gibt's in der "Emotionstherapie", obwohl sie in einem beängstigend seriösen Verlag ediert wird, genausoviel zu lachen wie im besprochenen Buche..." *(Zöllner)*.

„Das wohl ungewöhnlichste und erfrischendste Lehrbuch der Psychologie schrieb Wolfgang Rost. Sein Thema: Die Gefühle. Dabei läßt er vom Flirten, Begehren, Lieben über Lachen, Tanzen, Singen, Necken bis zu Schämen, Weinen, Schmecken kein jedermann bewegendes Thema aus. Sein Stil ist völlig unakademisch: humorvoll, bissig, aber nie verletzend. Seine Sprache ist offen und ungeschnörkelt, seine Analysen persönlicher und gesellschaftlicher Fehlentwicklungen sind messerscharf und seine Ratschläge für Auswege aus seelischen Krisen oft verblüffend einfach, wenngleich er alles andere als Patentrezepte gibt. Für Rost sind die Klassiker psychologischer Theorien ebenso angreifbar wie die Tabus unserer Gefühlswelt. Angereichert ist das Werk mit tiefsinnigen Zeichnungen von Friedrich Karl Waechter und Smythe's ‹Willi Wacker›. Eine höchst amüsante und dabei lehrreiche Lektüre" (Main Echo).

Nach dieser kleinen Retrospektive auf mein Gefühle–Buch gestatten Sie mir einige knappe prospektive Bemerkungen zum vorliegenden Werk „Emotionen", die vielleicht für diese oder jene Rezension von Interesse sein könnten. Genial: Literatursammlung & –kritik, Zitatauswahl, Illustrationenzusammenstellung & –kommentierung, Ironie & Selbstironie, Formulierungen, Konzept, Ideen, Thesen & Theorien, Gliederung, Layout. Schwachsinnig: gesamte Lesbarkeit, alle Stilbrüche, viele Bemerkungen, einige Ansichten.

Rolf, Ulrike, Erika, Kristina, Waltraud, Ingeborg, Anneliese und und und mal abgesehen. Entschuldigen muß ich mich bei meinen geliebten Kindern *Tanja, Alexander und Benjamin*, für die ich, in vielleicht narzißtischer Verblendung, dieses Buch zu schreiben gemeint habe. Sie sahen ihren Alten zu oft von hinten – Scheiße!

Meinen hochverehrten & –geschätzten *Männergesangverein 1866 e.V. Wehrda*, wie auch den inkorporierten *Eier–Club n.e.V. Wehrda* habe ich in den letzten Jahren arg versetzt. Er hat den verlorenen Sohn freundlich–väterlich wieder aufgenommen. Vielen Dank, *Uli Bühn*, allen Sängern und allen Eierköpfen.

Den *finanziellen Rückhalt* gab dem Projekt meine liebe Tante *Elfriede Henrici*, die ihr sauer erspartes Geld in geradezu unglaublichen Beträgen ihrer Nichte und ihren beiden Neffen zufließen ließ. Vielen Dank, Tante Friedchen.

Das schönste Ambiente zum Schreiben gestaltete im Alten– & Jugend–Erholungsheim (ich weiß bis heute nicht, zu welcher der beiden Gruppen ich mich zählen soll) in Maria Rain unser liebes Ehepaar *Lenk*. In 8 Urlauben schrieb ich dort.

Und so schrieb und schrieb und schrieb ich – insgesamt 8 Jahre: im Urlaub, abends, am Wochenende, in Freistunden, die mir meine Patienten großzügig zuteil werden ließen. Hätte mich aber zwischenzeitlich *PD Dr. Graf– Baumann* als Repräsentant des Springer–Verlags vor ca. 5 Jahren, als ich mich mit meinem (vermeintlich fast) fertigen Manuskript von 500 Seiten an ihn wandte, nicht so fachkundig und ermutigend an und zur Brust genommen, so wäre dieses Werk, und das nicht gerade erfolglose populärwissenschaftliche Pilotprojekt „Die Gefühle", sicher nicht in der Form losmarschiert. Dank dem Graf! Und Dank meinen schreibenden, recherchierenden und redigierenden Mitarbeitern *Michael Völk, Wolfgang Dietz und Tanja Rost*. Manche wissenschaftliche Fundierung, akribisch–süffisante Formulierung und sinnliche Erfahrung wäre ohne sie auf der Strecke geblieben. *Michael Völk* wirkte und schrieb dabei an den wissenschaftlichen Grundlagen der meisten Kapitel mit, *Tanja Rost* befaßte sich mit Sinnenfreude, *Wolfgang Dietz* mit Angst, Neid, Scham & Schuldgefühlen sowie mit der Aktivität, speziell dem Nahrungserwerb.

Und dann die Resonanz von Wissenschaft, Presse, Funk und Fernsehen auf mein Gefühle–Buch: *Dr. Alfred Biolek* („Mensch Meier", WDR), *Jürgen v. d. Lippe* („So isses" & „Geld oder Liebe", WDR), *Dr. Hans–Martin Zöllner* (Zeitschrift für Klinische Psychologie, Psychopathologie und Psychotherapie), *Dr. Jürgen Albers* („Fragen an den Autor", Saarländischer Rundfunk), *Volker Thomas* (Politische Zeitung, PZ), *Petra Hallmayer* (Westdeutsche Allgemeine Zeitung, WAZ), PSYCHOLOGIE HEUTE, *Prof. Dr. Irenäus Eibl– Eibesfeldt* (Forschungsstelle für Humanethologie in der Max–Planck–Gesellschaft), *Ado Schlier* (Bayrischer Rundfunk), *Günter Gleim* (Hessischer Rundfunk), COSMOPOLITAN, Lady International, Main Echo, Mitteilungen der Vereinigung der Kassenpsychologen. Das alles hat mich ganz gut aufgebaut.

Für die Illustrationen habe ich mich bei sämtlichen im Bildnachweis aufgeführten Verlagen zu bedanken. Vor allem aber bei dem wohl genialsten psychologischen Karikaturisten *Friedrich Karl Waechter*. Er hat, wie man leicht bei der Lektüre des Werkes erkennt, zu fast jedem Thema derartig pointierte Darstellungen, daß man allein mit ihrer Interpretation ganze Seiten und Kapitel füllen könnte. Aber wie das so mit dem Limbischen System ist: Es erfaßt die Sachverhalte schneller und komprimierter als unser Verstand; von daher habe ich mich jeglicher redundanter verbaler Interpretation enthalten. Die wissenschaftlichen Fotos stellte mir mein verehrter lieber *Prof. Dr. Irenäus Eibl–Eibesfeldt* zur Verfügung. Ganz ganz herzlichen Dank. Die künstlerisch–ästhetischen Bilder entstammen der begabten und glücklichen Hand von Frau *Gabriele Kircher*, Portrait–Studio Marburg. Die historischen Bilder (Gemälde, Skulpturen, Zeichnungen) vermochte mir, rühmlich dokumentiert und fotographiert, unser bestens sortiertes Foto–Archiv Marburg zur Verfügung zu stellen.

Inhaltsverzeichnis

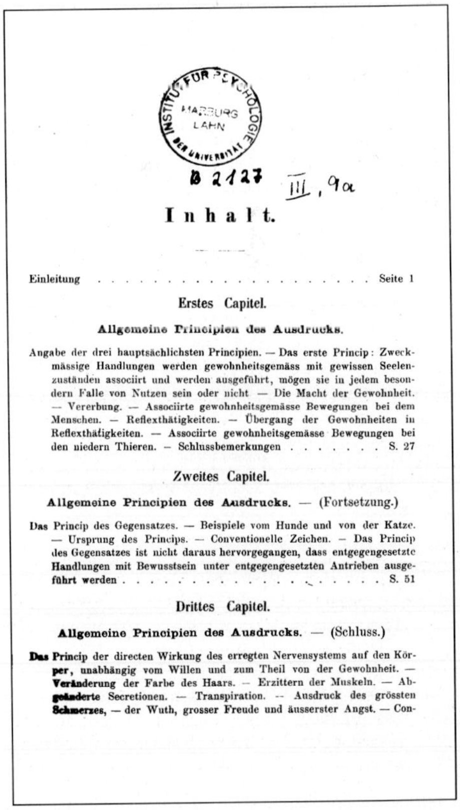

Inhalt.

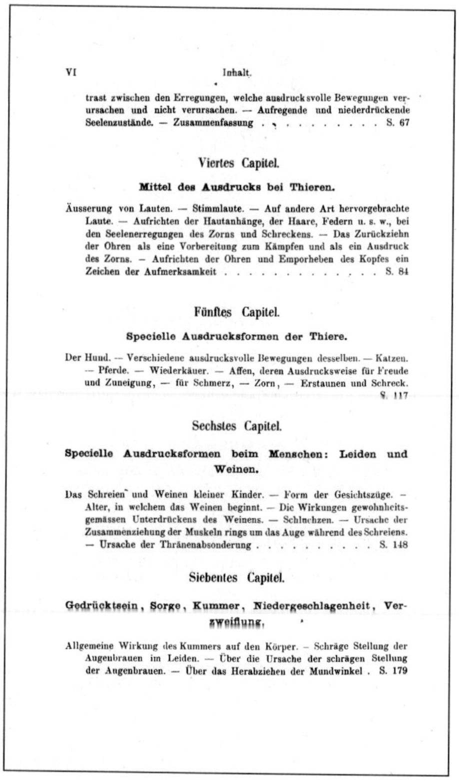

VI Inhalt.

trast zwischen den Erregungen, welche ausdrucksvolle Bewegungen verursachen und nicht verursachen. — Aufregende und niederdrückende Seelenzustände. — Zusammenfassung . . . . S. 67

Viertes Capitel.

Mittel des Ausdrucks bei Thieren.

Äusserung von Lauten. — Stimmlaute. — Auf andere Art hervorgebrachte Laute. — Aufrichten der Hautanhänge, der Haare, Federn u. s. w., bei den Seelenerregungen des Zorns und Schreckens. — Das Zurückziehn der Ohren als eine Vorbereitung zum Kämpfen und als ein Ausdruck des Zorns. — Aufrichten der Ohren und Emporheben des Kopfes ein Zeichen der Aufmerksamkeit . . . . S. 84

Fünftes Capitel.

Specielle Ausdrucksformen der Thiere.

Der Hund. — Verschiedene ausdrucksvolle Bewegungen desselben. — Katzen. — Pferde. — Wiederkäuer. — Affen, deren Ausdrucksweise für Freude und Zuneigung, — für Schmerz, — Zorn, — Erstaunen und Schreck. S. 117

Sechstes Capitel.

Specielle Ausdrucksformen beim Menschen: Leiden und Weinen.

Das Schreien und Weinen kleiner Kinder. — Form der Gesichtszüge. — Alter, in welchem das Weinen beginnt. — Die Wirkungen gewohnheitsgemässen Unterdrückens des Weinens. — Schluchzen. — Ursache der Zusammenziehung der Muskeln rings um das Auge während des Schreiens. — Ursache der Thränenabsonderung . . . . S. 148

Siebentes Capitel.

Gedrücktsein, Sorge, Kummer, Niedergeschlagenheit, Verzweiflung.

Allgemeine Wirkung des Kummers auf den Körper. — Schräge Stellung der Augenbrauen im Leiden. — Über die Ursache der schrägen Stellung der Augenbrauen. — Über das Herabziehen der Mundwinkel . S. 179

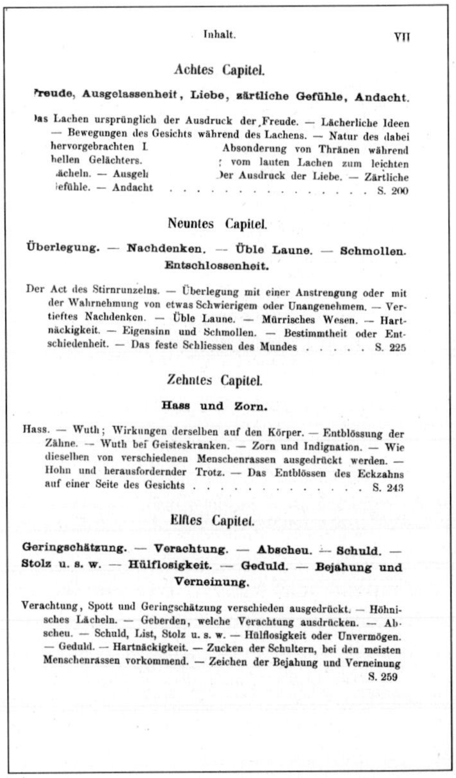
Inhalt. VII

Achtes Capitel.

reude, Ausgelassenheit, Liebe, zärtliche Gefühle, Andacht.

as Lachen ursprünglich der Ausdruck der Freude. — Lächerliche Ideen — Bewegungen des Gesichts während des Lachens. — Natur des dabei hervorgebrachten L Absonderung von Thränen während hellen Gelächters. ; vom lauten Lachen zum leichten ächeln. — Ausgel er Ausdruck der Liebe. — Zärtliche efühle. — Andacht . . . . S. 200

Neuntes Capitel.

Überlegung. — Nachdenken. — Üble Laune. — Schmollen. Entschlossenheit.

Der Act des Stirnrunzelns. — Überlegung mit einer Anstrengung oder mit der Wahrnehmung von etwas Schwierigem oder Unangenehmem. — Vertieftes Nachdenken. — Üble Laune. — Mürrisches Wesen. — Hartnäckigkeit. — Eigensinn und Schmollen. — Bestimmtheit oder Entschiedenheit. — Das feste Schliessen des Mundes . . . . . . S. 225

Zehntes Capitel.

Hass und Zorn.

Hass. — Wuth; Wirkungen derselben auf den Körper. — Entblössung der Zähne. — Wuth bei Geisteskranken. — Zorn und Indignation. — Wie dieselben von verschiedenen Menschenrassen ausgedrückt werden. — Hohn und herausfordernder Trotz. — Das Entblössen des Eckzahns auf einer Seite des Gesichts . . . . S. 243

Elftes Capitel.

Geringschätzung. — Verachtung. — Abscheu. — Schuld. — Stolz u. s. w. — Hülflosigkeit. — Geduld. — Bejahung und Verneinung.

Verachtung, Spott und Geringschätzung verschieden ausgedrückt. — Höhnisches Lächeln. — Geberden, welche Verachtung ausdrücken. — Abscheu. — Schuld, List, Stolz u. s. w. — Hülflosigkeit oder Unvermögen. — Geduld. — Hartnäckigkeit. — Zucken der Schultern, bei den meisten Menschenrassen vorkommend. — Zeichen der Bejahung und Verneinung S. 259

Einleitung

Ein Wort noch zu *Stil und Gestaltung* des vor Ihnen liegenden Werkes. Warum ein so *emotionaler Stil,* fragt bald (oder schon jetzt) der besorgte Leser? Nun: damit Inhalt und Stil miteinander korrespondieren; wie sollte ein Buch über Emotionen anders geschrieben werden als emotional? Dazu kommt, daß mich das vornehm–wissenschaftliche Getue, ehrlich gesagt, manchmal ankotzt. Da wird so wundervoll gesittet getan, da werden gegensätzliche Theorien relativiert statt verrissen – um nur keinem auf den Schlips zu treten.

Und wie das so ist mit den gehemmten Aggressionen und der daraus resultierenden permanenten Feindseligkeit: gelobt, bewundert oder bestätigt wird auch selten. Ja, *zitieren* sollte man nicht zu viel. Ich denke, es steht mir ebensowenig wie anderen zu, fachlich und sprachlich ausgefeilte und komprimierte Passagen von Experten umzuformulieren, zu verballhornen und zu entstellen. Wenn dann in solchen Originalpassagen dieser Autoren aus meiner bescheidenen Sicht und für den vorliegenden Zweck nichts zu kürzen ist, dann kommen eben bisweilen lange Zitate heraus – why not, pourquois pas?

Dazu ein vorsichtiges Beispiel: Da gibt es einen Herrn *Plutchik*, der ein wahnsinnig viel zitiertes (im Diplom in Psychologie gar in der Lern–Literatur–Liste stehendes) hübsch geometrisches *Emotionsmodell* konstruiert hat, dessen Aussagen nach menschlichem Ermessen ein ziemlicher Blödsinn sind. Nun lese man(n) und frau dazu mal die Darstellung von *Izard*, der zum unguten Schluß sogar in einem Zitat *Plutchik* noch zu Wort kommen läßt – und stelle dagegen die klare Besprechung & Kritik *Zimmers*, der diese entlegene Emotions–Mischungstheorie schon mit *Wundt* abzuweisen weiß; just gerade diese absolut kritiklose pluralistische Zaghaftigkeit in der Darstellung *Izards* ist wahrscheinlich der Grund, warum mir nach 10 Seiten *Izard* der Kopf schwirrt, nach der Lektüre seines ganzen Buches „Die Emotionen des Menschen" die Sinne geschwunden sind und die Konfusion vollends die Oberhand gewonnen hat – während nach *Zimmers* „Vernunft der Gefühle" sich ein behagliches Gefühl von klarer Einsicht breitmacht.

Doch nun zur Sache. Folgt man den Grundannahmen der Evolutionstheorie von *Darwin*, so haben Emotionen und ihre Mitteilung einen essentiellen funktionellen und adaptiven Wert. Mit der Entwicklung des *Watsonschen Behaviorismus* wurde in den zwanziger Jahren das Augenmerk weg von den Gefühlen und hin auf die *Lerntheorie* gelenkt: Der Mensch ist als *Tabula rasa*, als unbeschriebenes Blatt, geboren und baut dann in der Interaktion mit seiner Umwelt die Reiz–Reaktions–Kontingenzen auf. Hier hat eine *hardwaremäßige* Gefühlsausstattung keinen Platz.

Allerdings stellte sich heraus, daß die Erklärung komplexen Verhaltens ausschließlich anhand solcher Reiz–Reaktions–Ketten nicht möglich war. Nun wurde zwar von den *Behavioristen* die Existenz von Gefühlen nicht abgeleugnet, „… aber der Behaviorismus verbot es sich, in den ‹Schwarzen Kasten› hineinzusehen, der die Lernschritte vollbringt. So kam es, daß er die Psychologie zu einer Wissenschaft machte, die sonderbarerweise ihrem Gegenstand, der Psyche, programmatisch aus dem Wege ging. Als in den fünfziger Jahren seine Unfruchtbarkeit zutage trat, begann ihn ein neues Paradigma abzulösen. Es ist das der seitdem vorherrschenden kognitiven Psychologie: der Psychologie des Erkennens" *(Zimmer)*. Diese rein kognitive Perspektive erweist sich jedoch mehr und mehr als unzulänglich, gerade auch dort, wo sie zur Erklärung der Entstehung von Gefühlen herangezogen wird.

Von dieser Entwicklung offenbar kaum beeindruckt, proklamiert *Skinner* noch 1974 unverfroren: „Man hat behauptet, die Erforschung des emotionalen und motivationalen Seelenlebens sei eine der größten Errungenschaften in der Geschichte des menschlichen Geistes, aber es ist gut möglich, daß es sich um einen der größten Fehlschläge handelt." So jemand hat die Stirn, ein schlaraffenlandähnliches *Nirwana* in Anlehnung

„Noch 1980 wurde im Rahmen des Züricher Kongresses der Deutschen Gesellschaft für Psychologie ein Positionsreferat mit dem Titel ‹Wider die Vernachlässigung der Emotion in der Psychologie› gehalten (Scherer). Aber schon wenige Jahre später hat sich das Bild entscheidend geändert: National wie international gibt es einen deutlichen Anstieg in der Zahl der Publikationen zum Thema Emotionen, daß man fast schon verführt sein könnte, von einer ‹emotionalen Wende› zu sprechen“ *(Lantermann)*.

an das emotional höchst stimmige „Walden“ von *Thoreau* zu verfassen: „Walden Two“ oder in deutscher Fassung: „Futurum Zwei“, ein völlig verkopfter Alptraum, der wiederum in „Walden Tres“ (dt.: „Futurum Drei“) des kolumbianischen Psychologen und Harvard−Eleven *Ruben Ardila* eine etwas lustigere und vitalere Variante erfahren hat! Bei den „Acht Todsünden der zivilisierten Menschheit“ nach *Lorenz* würde diese Vision unter „Wärmetod des Gefühls“ fallen. Wie ich *Zimmer* entnehme, machte *Skinner* der *naturalistischen* Sichtweise ein wenn auch sehr vorsichtiges Friedensangebot, indem er von einer *Genetik des Verhaltens* spricht, was auch immer er darunter versteht.

Izard würde eine solche (nicht natürlich diese!) emotionsnegierende Haltung als Unsicherheit im Streben um Anerkennung der Psychologie als strenge Laborwissenschaft interpretieren, die zeitweilig zu einer Exkommunikation der Emotion aus der Kathedrale der Wissenschaft geführt hat. Auch *Pervin* wundert sich, daß dieses Gebiet von Psychologen so oft so lange vernachlässigt wurde, obwohl Wissenschaftler wie *Tomkins* schon oder noch 1962 in den Emotionen und Affekten die primäre Determinante der menschlichen Motivation gesehen haben.

„Wer von der, wie wir zeigen konnten, falschen Hypothese ausgeht, das Sozialverhalten des Menschen würde ausschließlich gelernt und dementsprechend den Menschen nach rein funktionellen Gesichtspunkten schulen, läuft Gefahr, ihm unnötige Zwänge aufzuerlegen und die erstrebte Emanzipation zu behindern. Zur freien Persönlichkeitsentfaltung gehört auch die möglichst unbehinderte Entfaltung der angeborenen Anlagen. Mit je weniger Zwang etwa unser Triebleben den gesellschaftlichen Erfordernissen angepaßt werden kann, desto besser ist dies für die individuelle Entwicklung, wissen wir doch, daß ein zu strenges Reglement die Gefahr neurotischer Verkrüppelung mit sich bringt. Skinners nur praxisorientierte Ethik läßt eine Rücksichtnahme auf eine vorprogrammierte ‹Natur› des Menschen völlig vermissen. Hier führt eine extreme Milieutheorie zu grausigen Modellen autoritärer Verhaltenskontrolle“ *(Eibl−Eibesfeldt)*.

Der Mensch stellt im kybernetischen Sinne ein hochkomplexes *Regelsystem* aus (fast!) unendlich vielen, teilweise ineinander verschachtelten und verzahnten Regelkreisen dar *(Hassenstein, Steinbuch, Walter, Cranach, Kalveram)*. Bei der Betrachtung dieses Konglomerats aus vernetzten Digital− und Analog−Schaltkreisen & −Computern, die teilweise parallel, teils hierarchisch aufeinander geschaltet sind, ist es von außerordentlicher Bedeutung, daß man die *Betrachtungsweise kalibriert*, d.h., daß man sich sinnvolle Betrachtungsebenen, −perspektiven, −abstände, −ausschnitte & −einheiten wählt, will man nicht in einem Dschungel von Erkenntnissen ertrinken (von der traditionellen Psychologie hat man den Eindruck, daß sie diesem Dschungel schon verdammt nahegekommen ist oder sogar schon drinsteckt − ein ähnliches Schicksal, wie es die Medizin erfahren hat!).

Die *Betrachtung des Systems Mensch* hat immer einen Sinn und Zweck (zumeist allerdings anscheinend nur den, die Professur und das wissenschaftliche Ansehen weiter sicherzustellen) − zweckfreie Wissenschaft gibt es nicht − sie wäre auch bei solch hochkomplexen Systemen das reine Chaos. Ich will den Sachverhalt und die Notwendigkeit der Kalibrierung unserer Betrachtung des Menschen einmal statisch (willkürlich festgelegter Vergrößerungsfaktor) und zum anderen dynamisch (willkürlich festgelegte Größe der untersuchten und beschriebenen Black−box) illustrativ an jeweils einem Beispiel verdeutlichen. Schauen Sie sich diese 3 Bilder der Mona Lisa, pardon: moina Andrea, an:

1. Fernsicht:

2. Klarsicht:

3. Nahsicht:

Bei Bild 1 & 3 bleibt unser wissenschaftliches, kulturelles & ästhetisches Interesse an diesem Kunstwerk auf der Strecke, es sei denn, wir brauchen Bild 1 als Wegweiser zum Auffinden der Dame und Bild 3 für etwaige visagistische Restaurierungsarbeiten.

Das Feinste vom Feinen: Humanethologie

Mit der „Biologie des menschlichen Verhaltens“ wird das Schrifttum über uns Menschen um ein in mehrfacher Hinsicht bemerkenswertes Werk bereichert. *Irenäus Eibl–Eibesfeldt* integriert hier nicht allein die Ergebnisse sehr verschiedener Fachgebiete zu einer biologischen Wissenschaft vom Menschen; er präsentiert darüber hinaus eine Fülle von neuen Beobachtungen und Einsichten, die auf mehr als zwanzigjähriger Arbeit mit Menschen verschiedenster Kulturen basieren. Diesen Studien gingen fünfzehn Jahre tierethologischer Forschung voran, die ihren Niederschlag in dem 1967 erschienenen *Grundriß der vergleichenden Verhaltensforschung* fanden. Von dem unübertroffenen ethologischen Standardwerk liegen mittlerweile sechs deutsche Auflagen und mehrere Übersetzungen vor.

Vor zwanzig Jahren begann *Eibl–Eibesfeldt* mit humanethologischen Untersuchungen an taub und blind Geborenen und mit dem Aufbau eines kulturenvergleichenden Forschungsprogramms. Er hob damit die Humanethologie als neues Gebiet aus der Taufe.

Dieses wahrhaft revolutionäre Buch verwandelt unser Denken von Grund auf. Wer es gelesen hat, wird alles rundum mit anderen Augen sehen: Nachbarn und Freunde, Frau und Kinder – und sich selbst. Und er wird vieles Alltägliche ebenso wie vieles bisher Unbegreifliche nun mit jener Nachsicht verstehen, die ihn dieses Buch lehrt.

Kühn und konsequent nämlich, amüsant und aufreizend sachlich gibt hier ein Zoologe und Verhaltensforscher seine neue Antwort auf die alte Frage: Was ist der Mensch? Er ist immer noch ein Affe, aber der einzige unter insgesamt 193 Arten, der nackt ist und in vielem so ganz anders als alle übrigen, dessen Verhalten jedoch nur zu erklären ist aus seiner Herkunft von früchtesammelnden Affen des Urwaldes und beutejagenden Raubaffen der Steppe: In unserem gesamten Leben, im Sexuellen wie im Sozialen, in unseren Aggressionen und Neigungen, in unserer schöpferischen Neugier, in den Gewohnheiten des Essens und der Körperpflege, ja selbst in unseren Glaubensvorstellungen weist dieses Buch das Wirken tiefverwurzelter Verhaltensweisen unserer uralten Ahnen nach. Dabei nimmt es auf kein Tabu Rücksicht. Und doch ist es ganz durchdrungen vom Glauben an den Menschen und seine Zukunft.

Desmond Morris, 1928 in der Grafschaft *Wilshire* in Südengland geboren, studierte in *Birmingham* und *Oxford* Zoologie unter dem berühmten Verhaltensforscher *Niko Tinbergen*. Er wurde Kustos für Säugetiere am *Londoner Zoo*. Aber auch als Fernsehautor erfreut er sich größter Beliebtheit. Er veröffentlichte zahlreiche wissenschaftliche Arbeiten und Sachbücher. Allein „Der nackte Affe“ wurde in 23 Sprachen übersetzt und erreichte eine Auflage von mehr als acht Millionen Exemplaren. Neben seinen vielfältigen Verpflichtungen ist *Desmond Morris* Direktor eines Museums für moderne Kunst in London und außerdem Direktor des Fußballclubs *Oxford United*.

Die Methode, mittels derer die Autoren aus den so verschiedenen kulturbedingten Formen das Allgemein– Menschliche abstrahieren, entlehnen sie der modernen Sprachforschung. Die Autoren führen ihr ehrgeiziges Vorhaben in vorbildlicher Weise durch. Voraussetzung dafür ist ein umfassendes Wissen, nicht nur auf ihren Ausgangsgebieten der Anthropologie und der Soziologie, sondern auch auf den Gebieten der Ethnologie, der allgemeinen Biologie und der Ethologie. Die Aussagen, die ich in biologischer und ethologischer Hinsicht zu beurteilen vermag, sind so überzeugend richtig, daß ich großes Vetrauen in die allgemeine wissenschaftliche Verläßlichkeit der Autoren habe. Außerdem spricht aus jedem ihrer Worte Vernunft und gesunder Menschenverstand.

Dies besagt indessen nicht, daß gegen dieses Buch nicht von vielen Seiten her ein Sturm affektbetonter Entrüstung ausbrechen wird. Es wird auch viel Schmutz auf die Autoren geschleudert werden. Die Tatsache, daß die Gegner Schmutz in die Diskussion werfen, zeigt eindeutig, daß es ihnen an der Munition wissenschaftlicher Argumente gebricht. Die erkenntnishemmende Mauer zwischen Natur und Geist muß niedergerissen werden, so hart sie von Philosophen, Behavioristen und sogar von einigen Naturforschern verteidigt werden mag. Daß die Wahrheit auf seiten derer ist, die, und sei es mit dem Kopf, gegen diese Mauer anrennen, und nicht auf seiten ihrer Verteidiger, geht aus einer Tatsache klar hervor: Jene sind untereinander sehr verschiedener Meinung, wir aber, die gegen die Trennung von Natur und Geist rebellieren, sind alle genau gleicher Meinung, ja wir sagen alle beinahe wörtlich dasselbe, und das ist angesichts der Verschiedenheit unserer geistigen Vorgeschichte sehr bemerkenswert!

Lorenz

Ähnlich verhält es sich mit der *dynamischen Sichtweise* des Geschehens „Betrachtung des Menschen“. Schauen wir uns einen relativ einfachen Regelsystem–Komplex wie unser ach so geliebtes *Auto* an, und zwar unter dem Aspekt (Sinn & Zweck), Autofahren zu lernen. Sie können sich für diesen Zweck in unterschiedlichen Intimitätsgraden mit der Materie Auto, dieser Black–box, befassen: Sie können Abhandlungen über die gesellschaftliche Funktion des Autos lesen, seine Historie, über Design–Techniken, physikalische & philosophische Abhandlungen, über Lokomotion im allgemeinen und mittels des Autos im besonderen und und und. Alles vielleicht interessante Dinge – nur: Autofahren lernen Sie damit nicht!

Sie können umgekehrt in Ihre intellektuelle Betrachtung des Autos einen großen *Vergrößerungsfaktor* einschalten und sich mit der Metallegierung der Ventilschrauben beschäftigen, mit der Gewindekrümmung der Befestigungsschraube des Nummernschildes, mit Schwimmernadelformen und Gelenkwellendurchmessern, mit dem Quecksilbergehalt der Rückspiegel–Bespiegelung und der Faserzusammensetzung der Sicherheitsgurte, mit der Taktfrequenz des Blinkgebers (strukturelle Betrachtung) oder mit dem Zusammenhang zwischen Gaszugspannung und Beschleunigungsmoment, Schwimmernadelstellung und Fettigkeit des Gemischs, Bremshebeldruck und Gurtspannung, Eintauchtiefe des Zigarettenanzünders und seiner Oberflächentemperatur, Blinkerhebel– und Lenkradposition (funktionale Betrachtung) und und und. Alles äußerst interessante Gesichtspunkte für Autohersteller oder für *empirische Grundlagenforscher in Sachen Auto* – nur: Autofahren lernen Sie damit auch wieder nicht (schauen Sie sich die Arbeiten von *Ekman & Friesen* zur diagnostischen Erfassung des mimischen Ausdrucks von Emotionen an, und Sie wissen, wovon ich rede: empiriesüchtige Grundlagen–Psychologie). Die herausgegriffenen und in ihrer Struktur und gegebenenfalls auch Funktion betrachteten Elemente und Black–boxes sind zu klein, als daß sie Rückschlüsse auf das Fahrverhalten des Autos in halbwegs verständlicher und übersichtlicher Weise zulassen.

Zu diesem Zweck sollte man sich darüber kundig machen, was passiert, wenn man an diesem komischen Rad nach rechts und links dreht, einen von diesen nur mit dem Fuß erreichbaren Hebel tritt, das Schloß unterhalb von dem Rad aufschließt (Vorsicht: Das ganze Biest von Auto könnte dabei einen Satz machen, muß aber nicht – sehr seltsam!), den einen oder anderen Knopf drückt, Hebel umlegt und und und. Wenn einem bei diesem *Trial–and–Error–Lernen* dann noch ein freundlicher Fahrlehrer helfend unter die Arme greift (Vorsicht bei weiblichen Fahrschülerinnen), dann geht das Ganze noch mal so schnell (verstandesmäßiges Lernen). In diesem Fall (mit oder ohne Fahrlehrer) haben wir einen Ausschnitt & Vergrößerungsfaktor für unsere Beobachtung gewählt, mit dem wir für unseren Zweck, Autofahren lernen zu wollen, was anfangen können, die betrachtete Black–box ist richtig dimensioniert und kalibriert.

Lanser–Verlag AG
Fahrschul–Verkehrs–Lehrmittel
Postfach 30 08 65
5000 KÖLN 30
Telefon (0221) 52 30 09

Best.–Nr. 525

Den *Fortschritt in der Betrachtungsweise* nur als Übergang von der Betrachtung der Struktur zu der der Funktion zu sehen, wie *Zimmer* das tut, ist falsch; man kann einen glockenläutenden Lautsprecher unter vielen funktionalen Aspekten betrachten, auch der Zusammenhang zwischen Stromstärke und Frequenz von eingespeistem Strom und Schwingspulen–Mobilität ist eine Funktion, nur: Die Black–box ist zu klein dimensioniert, als daß sie dem aufgeweckten und kombinationsfreudigen Menschen am Ende des neunzehnten Jahrhunderts vor Erfindung von Radio und Grammophon eine bedeutungsvolle Erkenntnis gebracht hätte. Es reicht nicht, nur die Funktion zu betrachten, sondern man muß den betrachteten Funktionszusammenhang, die Black–box, sinnvoll eingrenzen und dimensionieren – sonst steht man in einem Wald von schwarzen Kästen, deren Funktion man kennt, deren Zusammenspiel auf der Ebene, die uns bei der Betrachtung des Waldes, äh' Komplexes interessiert, uns aber vor wie nach verborgen bleibt.

Nun möchte ich natürlich die *Krone der Schöpfung*, den homo sapiens sapiens auf keinen Fall mit einem Auto (oder gar einem glockenläutenden Lautsprecher) vergleichen, im Gegenteil: seine Komplexität ist um Größenordnungen höher. Um so mehr kommt es aber gerade darauf an, daß wir, wollen wir diesen Burschen verstehen, uns weder ausschließlich ergehen in Visionen wie „Der Mensch und das Universum" oder Details wie „Die Pupillenweite in Abhängigkeit von der Größe und Rasse des angreifenden Hundes". Wir sollten uns einen Vergrößerungsfaktor, einen Funktionskomplex, ein Niveau für unsere Betrachtung wählen, das uns in unserem alltäglichen Umgang mit uns selbst und unseren nicht nur lieben Mitmenschen etwas bringt, weiterhilft und stützt. Eine sehr abstrakte, allgemeine und oft leider wenig aussagende Sichtweise *(Weitwinkelperspektive)* haben wir alle im Deutsch–, Geschichts–, Philosophie– und Religionsunterricht genossen: „Der Mensch als solcher", „Die punischen Kriege", „Ein geeintes Europa: Wirklichkeit oder Traum?", „Gott und die Welt", „Das nichtende Nichts" und was es sonst noch so an Themen für diese Art von Bildung aus der Vogelperspektive gibt. Anders im Biologieunterricht, im Medizinstudium und in weiten Bereichen der Schulpsychologie: Der Mensch im Detail (oder auch wieder kursorisch)! Die Evolution der Retina im menschlichen Auge reißt mich, ehrlich gesagt, für mein Verständnis des Menschen ebensowenig vom Hocker wie der *Dorsal Raphe Periventricular Tract (DRPT)* oder die Phasensequenz als neurologisches Analogon der Kategorie (schlagen Sie ein x–beliebiges Fachbuch der Biologie, Medizin oder Psychologie auf – Sie werden staunen über den Vergrößerungsfaktor; ich frage mich manchmal, wie sich diese Wissenschaften von dem Vorwurf der Erbsenzählerei freisprechen wollen?). Es ist zugegebenermaßen wahnsinnig schwierig, einen sinnvollen Vergrößerungsfaktor bei der Betrachtung des Menschen zu finden: Die Dynamik der Samentemperatur vor, während und nach dem Samenerguß ist für denjenigen, der sexuelle Schwierigkeiten hat, eher ein peripheres Problem, ebenso wie das Wissen um die Funktion der Formatio reticularis den selbstunsicheren Klienten und seinen Therapeuten nur minimal weiterbringt.

Orientiert, kalibriert und gegliedert „so, als unterteile man einen Ratgeber für Hobbygärtner in Arbeiten mit den Augen, mit den Händen und mit den Füßen" (Eigenkritik von *Scherer*); leider aber noch nicht einmal das: Versuchen Sie einmal die Stichworte „Trauer", „Freude" oder gar „Wut" in dem Inhaltsverzeichnis, dem Stichwort–Register oder überhaupt in dem Buch ausfindig zu machen! Da steht einfach außer akademischer Nabelschau nichts von Bedeutung drin.

Uns alle interessiert bei der Betrachtung des Menschen, was er in umschriebenen Situationen empfindet, wie er sich verhält, ob er wegläuft oder angreift, lustig oder traurig ist, geil oder müde, aktiv oder müßig, u.v.m. Ich denke, daß die *Betrachtungsebene der Emotionen* (und bisweilen auch der Kognitionen) gerade den richtigen Vergrößerungsfaktor erlaubt, um diese Fragen zu untersuchen und zu beantworten.

„Emotionen stehen zuallererst im Schnittpunkt aller psychischer Funktionen" (*Kruse*).

Warum *psychobiologisch*? Warum nicht *lerntheoretisch*, nicht rein empirisch–psychologisch? „Also begann er (der Linguist und Psychologe Joel R. Davitz) mit Kollegen, Psychologen wie er, über die Worte für Gefühlszustände zu sprechen. Diese Gespräche verwirrten ihn noch mehr... So suchte er Gespräche mit ›Nicht–Psychologen‹ – und stellte verwundert fest, daß sie völlig frei waren von den Skrupeln der Psychologen: Sie sprachen von Gefühlen mit großer Selbstverständlichkeit und Klarheit" (*Zimmer*). Ich sprach in den letzten Jahren in und außerhalb meiner psychotherapeutischen Praxis mit mehreren hundert Nicht–Psychologen über Gefühle – und siehe: es ging mir genauso!

Na ja, also ich bin, ehrlich gesagt, der nestbeschmutzenden und der–anderen–Krähe–ein–Auge–auskratzenden, ketzerischen Meinung, daß wir über das Seelenleben des Menschen, seine Störungen und ihre Therapie derzeit noch mehr von der *Biologie, Anthropologie, Vergleichenden Verhaltensforschung (Ethologie) und Humanethologie* lernen können als aus meiner Mutterwissenschaft Psychologie.

„... daß vor allem Wilson wenig hält von den bisherigen Leistungen der Psychologie und Soziologie. Für ihn sind beide Wissenschaften in einem kindlichen Stadium steckengeblieben und dazu bestimmt, eines Tages endlich zu richtigen, erwachsenen, nämlich biologisch evolutionistischen Naturwissenschaften zu werden" *(Zimmer)*.

Und es ist mit Sicherheit nicht so, daß *Nachbars Kirschen* in diesem Fall nur deswegen besser schmecken, weil sie die des Nachbarn sind; sie haben in diesem Fall tatsächlich den besseren Stamm, das bessere Klima und die bessere Pflege. Entsprechend schmecken manchem Nachbarn tatsächlich seine eigenen Kirschen besser.

Warum wir Psychologen das nicht eher erkannt haben, hängt auf verschlungenem Wege mit der Sache, der Materie selbst zusammen. „Daß Agnes Heller jene Arbeiten (von *Ekman & Friesen, Eibl–Eibesfeldt, Morris, van Hooff,* der Verf.) nicht kennt, muß damit zusammenhängen, daß sie als Philosophin gelernt hat, die Biologie, die ‹krude›, ‹bloße Biologie› geringzuschätzen. Offenbar kommt sie wie viele Philosophen und Soziologen und Psychologen gar nicht erst auf die Idee, daß die Biologie ernstzunehmende Beiträge zu jenen Fragen leisten kann, die ihnen die wichtigsten sind. ‹Biologie› ist in diesen Kreisen nach wie vor ein Schimpfwort. ‹Biologisch› heißt für sie soviel wie: tierisch, körperlich, primitiv, niedrigstehend. Daß die Biologie als Wissenschaft sich der Frage genähert hat, wie und warum der Prozeß des Lebens auch die höchstentwickelten Fähigkeiten des Menschen hervorgebracht hat und wie diese sich realisieren, haben sie einfach noch nicht bemerkt... In Deutschland haben wir eine kuriose Situation. Durch die Bücher von Konrad Lorenz, Irenäus Eibl–Eibesfeldt, Desmond Morris und anderen, oft hervorragenden Autoren, Büchern, in denen sich die Wissenschaft der Verhaltensforschung der Öffentlichkeit gegenüber in einer Weise zu artikulieren verstand, wie sich die meisten anderen Naturwissenschaften leider nie zu artikulieren wußten, hat man sehr früh erfahren können, früher als in anderen Ländern, welche Erkenntnisse über die Natur des Menschen auf diesem Gebiet in den letzten Jahrzehnten erarbeitet worden sind. In den Hauptstrom des Denkens dieser Zeit sind sie dennoch nie gelangt. Für die Wissenschaften, die sich mit der menschlichen Seele und den menschlichen Gesellschaften befassen, existieren sie einfach nicht, oder sie sind ihnen nur gerüchtweise bekannt und werden verdächtigt. Im Unterschied dazu war die Humanethologie, die auf den Menschen angewandte Verhaltensforschung, in den Vereinigten Staaten so gut wie unbekannt. Die jüngere amerikanische Humansoziobiologie, die den Faden an einer anderen Stelle wiederaufgenommen hat, fand jedoch gleich einen so großen Widerhall, daß einer ihrer Kronzeugen, der Anthropologe und Primatenforscher S. L. Washburn, bald davor warnte, das Pendel zu weit in Richtung auf den Einflußfaktor ‹Natur› ausschwingen zu lassen, weg von dem Einflußfaktor ‹Kultur›. Er sprach die Hoffnung aus, eines Tages werde doch noch eine neue interdisziplinäre Verhaltenswissenschaft entstehen, die biologisch wie soziologisch und psychologisch begründet ist und den Menschen endlich als das begreift, was er tatsächlich ist: ein durch die biologische Evolution gewordenes biosoziales Wesen. Die Tatsache, daß wir durch die biologische Evolution zu dem geworden sind, was wir heute sind, will endlich ernstgenommen sein, in den Wissenschaften wie im Hausgebrauch...

Tatsächlich legt die Verhaltensforschung Wert auf die Feststellung, daß der Mensch unter den Lebewesen dasjenige ist, das am allermeisten dazulernt; daß er die nichtgenetische Weitergabe seiner Fertigkeiten von Individuum zu Individuum, von Generation zu Generation weiter als jedes Tier entwickelt hat; daß er nur darum Kulturen hervorbringen und tradieren kann; daß er sich mit der Kultur eine ‹zweite Natur› (Eibl–Eibesfeldt) angemessen hat; und daß er auch seine vorgegebenen Antriebe zu einem hohen Grad zu modifizieren und zu kontrollieren vermag. Er ist kein Automat. Er lernt fabelhaft viel aber, und da liegt der große Unterschied zur Milieutheorie, er lernt nicht alles gleich gern, gleich gut und gleich schnell, und vieles lernt er nie“ (*Zimmer*).

Borniertheit

Ein schon kurioses *Beispiel extremer Borniertheit, Blasiertheit und Ignoranz* gegenüber der Biologie als Wissenschaft lieferte uns vor kurzem eine Redakteurin des sonst doch recht umsichtig redigierten SPIEGEL bei ihrer Rezension zweier Bücher über Eifersucht, in der sie sich zu folgender Bemerkung hinreißen ließ: „... eine von Anfang an, aus tiefer Biologie schiefe Geschichte, mag glauben, wem sie gefällt, zu verifizieren sind die Traumspinnereien der Soziobiologen nicht“ (*Ariane Barth*). Diese ignorante Dummbeutelei fand ich nur noch übertroffen in einem Artikel von *Marie–Louise Janssen–Jurreit* im gleichen Magazin, in dem die frauenrechtlerische Dame *Eibl–Eibesfeldt* ins Visier ihrer dummdreisten Giftspritze nimmt. Was man mit Sprach–Akrobatik alles machen kann, wenn man Satzfetzen aus dem Zusammenhang reißt, aneinanderreiht und zu einem Feindbild–Mosaik zusammenkleistert, ist schon imponierend. Der Vater der Humanethologie ist danach mit seinen *dünnen Erkenntnissen über die Universalien menschlichen Verhaltens*, die er als platteste Leitartikel–Prosa mit Geschick immer wieder neu vermarktet, Inhaber eines behaglich–konservativen Weltbildes, der seine chauvinistischen Thesen wohl nicht „zu Ende gedacht hat“ (ein Diskussionspapier der CSU–Parteizentrale für die Programmkommission). Bloß, daß diese Dame nicht eine einzige These dieses Mannes zu entkräften verstand, statt dessen nur wie eine wildgewordene Furie rhetorischen Dreck um sich schmiß, das ging sicherlich manchem Leser in den schön–geschickten Formulierungen dieser Schreibhyäne unter. O.k., vielleicht sollte man doch nicht jede(n) über jedes Thema schreiben lassen!

„Noch hat das Neue, die neue Stimmung im Westen keinen Namen. Aber es wird immer deutlicher, immer unübersehbarer: Zu dem, was die verschiedenen Strömungen des sogenannten alternativen Lebens heute eint, gehört die Renaissance des Fühlens... Die Generation der ‹Väter› hat die materiellen Werte erwirtschaftet: genauer: sie hat sie mehrfach ver– und erwirtschaftet. Es hat sie sichtlich nicht glücklich gemacht, und es hat die Welt nicht ins Lot gebracht und verschönt. Jetzt werden die über all der Tüchtigkeit zu kurz gekommenen Gefühlsansprüche eingefordert“ *(Zimmer)*.

Evolution

Theorie * Evolution der Emotionen * Kultur * Hirnphysiologie * Verstand

Daß der Mensch am vorläufigen Endpunkt einer Jahrmillionen währenden Evolutionsgeschichte steht, ist spätestens seit *Darwins* Naturgeschichte bekannt und mittlerweile, trotz heftigen Zweifels und nicht minder heftiger Angriffe gegen die Vertreter dieser Erkenntnis, auch allgemein anerkannt. Der zum Teil massive Widerstand gegen diese *Sicht der Menschheitsgeschichte*, illustriert durch die Tatsache, daß der *Oberste Gerichtshof der USA* sich noch im Juni 1987 genötigt sah, zu verbieten, „... daß in amerikanischen Schulen statt Darwins Evolutionstheorie die wörtlich verstandene Schöpfungsgeschichte der Bibel gelehrt wird“ *(Schneider)*, erklärt sich in der Hauptsache aus folgenden Gründen: Zunächst stellt die damit verbundene Sicht des Menschen als eines Teiles der Natur und nicht eines vom übrigen Seienden abgehobenen Geschöpfes eine *Kränkung* der menschlichen Eitelkeit dar. Ähnliche massive Kränkungen gingen in der Wissenschaftsgeschichte von der *Kopernikanischen* Sicht des Universums aus, die die Erde aus ihrer ins Zentrum des Sonnensystems phantasierten Position zurechtrückte, und von den Überlegungen *Freuds*, die Bewußtheit und Rationalität als primäre Steuerungsmechanismen menschlichen Handelns in Zweifel zog. Betrachtet man heute den Zustand der Natur, aber auch den der modernen menschlichen Gesellschaft, so werden die fatalen Folgen dieser Distanzierung des Menschen von der Natur, die im Endeffekt auch eine Distanzierung vom Menschen selbst bedeutet, deutlich: Sie hat zu einem in erster Linie *instrumentellen Umgang* mit Pflanzen und Tieren, der unbelebten Materie, und oft auch der Menschen untereinander geführt. Dieser wird kaum von einem Gefühl der Verbundenheit und der Einsicht in Zusammenhänge und –gehörigkeit gemildert, grundlegende ökologische Notwendigkeiten und Bedürfnisse des Menschen als natürliches Wesen werden übersehen und eine quasi unbeschränkte Plastizität der Umwelt und Anpassungsfähigkeit des Menschen erwartet.

Ein anderer, wesentlich ernster zu nehmender Grund für die Skepsis gegenüber einer evolutionären Betrachtung der Menschheitsentwicklung liegt in der Angst vor *Fehlinterpretationen und falschen Schlußfolgerungen*, die aus ihr gezogen werden können. Ein Stichwort ist hier der *Sozialdarwinismus*, eine simplifizierende Übertragung von in der biologischen Evolution gefundenen Prinzipien auf das menschliche Sozialsystem. Hier nur Anmerkungen zu einigen Einwänden und Bedenken:

1. Eine Betrachtung der Evolutionsgeschichte impliziert die Auffassung, die menschlichen Eigenschaften seien ererbt, legt ihn also fest und leugnet damit die sozialen Einflüsse, Lernen, Erziehung und die Fähigkeit zur Erkenntnis. Dies ist nicht der Fall; was im Laufe der Evolution herausgebildet und durch Vererbung weitergegeben wird, ist der Genotyp, auf dessen Grundlage sich unter Einbeziehung der verschiedensten Einflüsse der sogenannte *Phänotyp*, das *Erscheinungsbild*, entwickelt.
2. Wenn das so ist, was schert uns dann der *Genotyp*, außer wir wollten etwa gentechnologisch eingreifen und einen neuen Menschen basteln!? Eine ganze Menge: Er gibt mit bestimmten Grundstrukturen und –bedürfnissen den Rahmen vor, in dem

Sie stritten sich beim Wein herum,
Was das nun wieder wäre;
Das mit dem Darwin wär' gar zu dumm
Und wider die menschliche Ehre.

Sie tranken manchen Humpen aus,
Sie stolperten aus den Türen,
Sie grunzten vernehmlich und kamen zu Haus
Gekrochen auf allen vieren.

Wilhelm Busch

sich eine Vielfalt menschlicher (Er–)Lebensweisen entwickeln und entfalten kann. Es ist kein starrer Rahmen, aber es ist sehr fraglich, ob er ohne Schaden für die Gesundheit lange oder stark überschritten werden kann.

3. Die evolutionäre Perspektive begünstigt eine Haltung des *survival of the fittest*, Anpassung und Rücksichtslosigkeit sind gefragt! Falsch – eine einfache Übertragung der Prinzipien der biologischen Evolution auf gesellschaftliche, kulturelle Bedingungen ist nicht gerechtfertigt. Hinzu kommt, selbst bei einer Betrachtung der biologischen Evolution, daß die Feststellung, daß sich unter bestimmten Bedingungen bestimmte Formen oder Muster behaupten und andere nicht, nicht die Schlußfolgerung zuläßt, nur die Anpassung sei für die Entwicklung entscheidend – Vielfalt und Verschiedenartigkeit sind wichtige Elemente der Evolution.

„Unsere Ideallandschaften sind solche, die der Savanne ähneln. Die Parkanlagen, die wir uns als Ideallandschaften schaffen, zeigen Baumgruppen und freie Rasenflächen, und zwar nicht nur bei uns. Fließende Gewässer, Klippen und Höhlen scheinen weitere Merkmale einer schönen Landschaft. In bezug auf Wasser besteht eine gewisse Ambivalenz, vielleicht weil Gewässer in den Tropen Brutstätten für Krankheitskeime, Parasiten und Stechmücken sind. In diesem Zusammenhang möchte ich noch darauf hinweisen, daß uns Pflanzen und insbesondere Blumen ästhetisch stark ansprechen. Selbst in unseren Großstadtwohnungen stellen wir grüne Pflanzen auf und kultivieren Blumen“ *(Eibl–Eibesfeldt)*.

Theorie

Als *Genotyp* wird die Gesamtheit aller im Erbmaterial eines Individuums enthaltenen Informationen bezeichnet, der *Phänotyp* meint das beobachtbare Erscheinungsbild eines Organismus. Elementarteile des Genotyps sind die aus Desoxyribonukleinsäuren aufgebauten Gene, sie wirken in einem komplexen Wechselspiel beim Zustandekommen bestimmter Eigenschaften und Strukturen von Lebewesen mit. Hinsichtlich des ebenso komplexen Umformungsprozesses vom Genotyp zum Phänotyp ist noch vieles unbekannt, ein bedeutsamer Begriff ist in diesem Zusammenhang der der *Reaktionsnorm*: „Der durch die jeweilige Genkonfiguration eines Individuums gebildete Genotyp ist durch seine ‹Reaktionsnorm› gekennzeichnet, d.h., durch all die Phänotypen, die er hervorzubringen vermag, wenn man die Umwelteigenschaften verändert. Der Genotyp legt die Grenzen fest, innerhalb derer sich ein Individuum entwickeln kann. Aufgrund der komplexen Wirkungsmöglichkeiten der Gene gibt es zwischen Genotyp und Phänotyp keine eindeutige Zuordnung“ *(Zeier)*.

In einer bestimmten Umweltsituation erweisen sich bestimmte, jedoch verschiedene Phänotypen als erfolgreicher, d.h., sie haben die besseren Überlebens– und Fortpflanzungschancen. Nicht ein einzelnes Merkmal, sondern die gesamte Merkmalskombination spielt hierfür eine Rolle, der Selektionsprozeß wirkt indirekt auf den Genotyp, d.h., die verschiedenen Genotypen, die mit den Individuen mit den größeren Überlebens– und Fortpflanzungschancen verbunden sind, werden mit statistischer Wahrscheinlichkeit in einer bestimmten Population und Umwelt häufiger auftreten. Der komplexe *Wechselwirkungsprozeß* von Umwelteinfluß und genetischer Basis trägt zur Verschiedenartigkeit und Veränderbarkeit von Lebewesen bei.

Eine entsprechende starrere Verbindung von Genotyp und Phänotyp findet sich bei niederen Organismen, die aufgrund dieser engen Kopplung nur eine geringe Flexibilität bei der Anpassung an veränderte Umweltbedingungen haben. Sie haben nur ein sehr begrenztes Verhaltensrepertoire, mit dem sie auf bestimmte Reizkonstellationen reagieren können. Die Anpassung an veränderte Umweltbedingungen erfordert dann Veränderungen in der genetischen Ausstattung. Entgegen den Anschauungen von *Lamarck* (1744–1829) besteht heute nach *Darwin* (1809–1882) weitgehend Einigkeit darüber, daß genetische Variationen durch zufällige Mutationen entstehen, die sich in einem durch die Umweltsituation bedingten Selektionsprozeß durchsetzen oder aber wieder verschwinden.

Bei höheren Organismen, in besonderem Maße beim Menschen, ist die Verbindung zwischen Geno– und Phänotyp flexibel, vielgestaltige Lernprozesse sind möglich, eine gegebene Umweltsituation läßt die verschiedensten Reaktionen zu, die Umwelt selbst wird, vom homo sapiens ganz extrem, beeinflußt, gestaltet oder verunstaltet. Die gene-

„Eine direkte Kopplung von Genotyp und Phänotyp ergäbe ein sehr starres System. Für jede Veränderung eines Struktur– oder Verhaltensmerkmals wäre eine genetische Veränderung erforderlich: der individuelle Entwicklungsverlauf könnte nur gemäß dem genetisch vorgeschriebenen Programm verlaufen... Hätte aber die Umwelt völlig freie Wirkmöglichkeiten, so würde dies bedeuten, daß bei gleichen Umweltbedingungen alle Individuen einer Art einander vollständig entsprechen würden“ *(Zeier)*.

tische Übertragung ermöglicht eine Weiterentwicklung, indem sie eine Art *überindividuelles Gedächtnis* etabliert und das Lebewesen von individuellen Lernanstrengungen entlastet (hier sei z.B. nur an die Reflexe erinnert, mit denen jeder gesunde Säugling ausgestattet ist), wobei es sicher sein kann, daß diese Informationen hinsichtlich ihres Nutzens eine lange Testphase durchlaufen und bestanden haben. Die dadurch erlangte Stabilität impliziert aber auch die möglicherweise unter stark veränderten Lebensbedingungen nachteilige Konsequenz, daß eine Veränderung von heute auf morgen nicht möglich ist.

Allerdings findet unter den *Evolutionisten* eine kontroverse Diskussion statt, zu der der Evolutionsbiologe *Gould* folgendes schreibt: „Von den 1940er Jahren bis zu den 1960ern hat Darwins eigene Theorie der natürlichen Auslese eine vorübergehende Hegemonie erlangt, derer sie sich zu seinen Lebzeiten nie erfreut hatte. Aber eine neue Debatte kennzeichnet unser Jahrzehnt, und während kein Biologe die Wichtigkeit der natürlichen Auslese in Frage stellt, bezweifeln wir heute ihre Allgegenwart. Insbesondere argumentieren viele Evolutionisten, daß eine beträchtliche Anzahl genetischer Veränderungen vielleicht nicht der natürlichen Auslese unterworfen sei und sich zufällig innerhalb einer Population ausbreite. Andere greifen Darwins Verknüpfung der natürlichen Auslese mit den graduellen, unmerklichen Veränderungen in all den dazwischenliegenden Stufen an; sie argumentieren, die meisten Geschehnisse der Evolution könnten viel schneller ablaufen, als Darwin sich das vorgestellt hat."

Interessanterweise wird bei der Auseinandersetzung mit der Evolutionstheorie aus einer ihr unangemessenen moralischen Perspektive ein recht *einseitiger Blick* auf den Aspekt der Konkurrenz unter den Arten und Individuen deutlich, der scheinbar nur sehr brutal (was er sicher *auch* ist) vorgestellt werden kann. Die Tatsache, daß auch soziales Bindungsgefühl, altruistisches Verhalten, Kooperation und Liebe im Prozeß der Evolution entwickelt worden sind und sich gepaart mit einer gesunden, aggressiven Durchsetzungsfähigkeit durchaus auch als *erfolgreiche Strategien* erweisen, gerät dabei zunehmend aus dem Blickfeld.

Wichtig ist auch, sich ins Bewußtsein zu rufen, daß der Erfolg oder auch der Nutzen einer bestimmten, im Laufe der Evolution entwickelten Struktur oder eines Merkmals nur bezogen auf einen bestimmten *Zeitpunkt oder –raum* beurteilt werden kann, d.h., betrachtet man die unbestreitbar dominante, beherrschende Rolle, in die der Mensch vor allem durch die überlegenen Fähigkeiten seines Zentralen Nervensystems auf dem Planeten Erde gelangt ist, so läßt sich daraus keine Garantie für eine weiterhin erfolgreiche Zukunft ableiten.

Die Erde besteht etwa seit 4,6 Milliarden Jahren, erstes Leben soll sich vor ca. 3,8 Milliarden Jahren entwickelt haben. Dabei wurden aus organischem Material, das den aus Desoxyribonukleinsäuren (DNA) zusammengesetzten Molekülen, wie sie in den Genen heutiger Lebewesen enthalten sind, ähnelte, einzellige Organismen gebildet. Es wird angenommen, daß die *ersten mehrzelligen Organismen* weitaus später, etwa vor 700 Millionen Jahren aufgetaucht sind. Von besonderer Bedeutung für den Ablauf der Evolution sind das Auftauchen der Sexualität, d.h. Fortpflanzung durch Vereinigung verschiedener Keimzellen (Beschleunigung der Evolution durch Rekombination der Gene), und der Tod als Begrenzung individueller Existenz. „Er tritt zum erstenmal dort auf, wo mehrzellige Lebewesen durch Arbeitsteilung verschiedenartige Zellen ausbilden. Die an ihre Aufgaben besonders angepaßten Körperzellen sind dann nicht mehr beliebig teilungsfähig und müssen nach einer bestimmten Frist zugrundegehen" *(Kull)*.

Vorausetzung für die Entstehung des Menschen war die Entwicklung der *Wirbeltiere* (Vertebraten) vor etwa 500 Millionen Jahren, von deren ersten Vertretern ein verzweigter Stammbaum abgeleitet werden kann. Einer seiner Äste führt zum Menschen. Die Reihe unserer *Vorfahren* vom Dryopithecus (Baumaffe, vor 25–10 Millionen Jahren) über die ersten Hominiden (Australopithecen, vor etwa 6–1 Million Jahren) bis zum heutigen homo sapiens sapiens stellt *Schneider* in seinen *Ahnentafeln* dar. *Hier* möchte ich *so* weit nicht zurückgreifen.

„Man muß sich für einen Augenblick diese zeitlichen Dimensionen vor Augen halten. Nehmen wir an, unsere Hominiden–Vorfahren seien vor etwa drei Millionen Jahren aus dem Übergangsfeld zwischen Affe und Mensch herausgetreten, um seitdem einen charakteristisch menschlichen Weg der Evolution zu verfolgen. Und setzen wir eine Generation mit 25 Jahren an. Dann hätte die Gattung Homo und ihre unmittelbaren Vorläufer insgesamt 120.000 Generationen durchlaufen. Seit 400.000 Jahren, also

„Es gibt einhundertdreiundneunzig Arten heute lebender Affen, Tieraffen (wie Meerkatze und Pavian) und Menschenaffen (wie Gorilla, Schimpanse und Orang–Utan). Bei einhundertzweiundneunzig ist der Körper mit Haar bedeckt; die einzige Ausnahme bildet ein nackter Affe, der sich selbst den Namen homo sapiens gegeben hat. Dieser ebenso ungewöhnliche wie äußerst erfolgreiche Affe verbringt einen Großteil seiner Zeit damit, sich über seine hohen Zielsetzungen den Kopf zu zerbrechen, und eine gleiche Menge Zeit damit, daß er geflissentlich über seine elementaren Antriebe hinwegsieht" *(Morris)*.

Die Schöpfungswoche

Der Mythos von der Schöpfungswoche könnte heute etwa so lauten: Am Anfang, in der Nacht zum Montag um null Uhr, entstanden die Himmel. Am Freitag darauf, abends um Viertel nach neun, entstand in den Himmeln die Erde, und die war wüst und leer. In ihrem Urmeer schwammen Moleküle und bauten sich auf und ab, und in der Nacht zum Sonnabend, gegen drei Uhr, war eins dabei, das die Eigenschaft hatte, seinesgleichen zu erzeugen. Noch im Laufe dieser Zeit lernten es die Molekülsysteme, sich zu Zellen zu verbinden, und die Zellen wiederum verbanden sich zu Zellsystemen. Erst am Sonntagnachmittag jedoch, bald nach 16 Uhr, fanden sich Zellen, und der Sauerstoff, der von ihnen ausging, oxidierte alles Gestein und begann die Luft zu füllen und ein Schild von Ozon um die Erde zu legen, das die mörderischen Strahlen der Sonne fernhielt. Gegen 20 Uhr wagten sich die ersten Lebewesen aufs feste Land. Gut eine halbe Stunde später krochen Fische ans Land, die hatten Lungen und wurden von einer Wirbelsäule gehalten, und sie lebten als Kriechtiere. Um Viertel vor zehn an diesem Sonntagabend fand ein Kriechtier es gut, seine Jungen in sich zu tragen und mit seiner Milch zu säugen. Um Viertel nach elf verlegte eins dieser säugenden Tiere sich auf den Lebensraum der Baumkronen. 22 Minuten vor Mitternacht entstand unter diesen bäumebewohnenden Herrentieren der Menschenaffe. Knapp fünf Minuten vor Mitternacht begann eine Trockenzeit, die den Baumbestand angriff und einige dieser Menschenaffen zwang, ihr Heil in der offenen Savanne zu suchen. Eine Minute vor Mitternacht war dieser Menschenaffe zum Frühmenschen geworden. Und es begann ihm seine Großhirnrinde zu wachsen, und als ihr Wachstum 20 Sekunden vor Mitternacht beendet war, fand er sich als das erfinderischste und einsichtigste Tier auf dem Erdboden wieder. Er fuhr aber fort, die Früchte des Feldes zu sammeln und die Beutetiere zu erlegen, die seine immer tödlicheren Waffen erreichten. Und als weniger als eine halbe Sekunde vor Mitternacht das große Wild verschwand, mußte er darauf sinnen, im Schweiße seines Angesichtes Pflanzen zu ziehen und Tiere an seinem Wohnplatz als Gefährten und Nahrung zu halten.

Und das gelang ihm so wohl, daß er begann, sich wunderbar zu vermehren, und er bedrängte sich selbst auch immer mehr und wurde sich selber zum größten Rätsel und Anlaß ständiger Sorge. Die Sehnsucht nach einem leichteren Leben ließ ihn auf Erfindungen verfallen, die ihm das Leben immer lästiger machten. Und jetzt, um Mitternacht, hat er Mühe, sich zu erinnern, was seine Vorfahren in den letzten zwei Fünfundzwanzigsteln der letzten Sekunde, die er Geschichte nennt, eigentlich umgetrieben hat. Und sein eigenes Leben, wenn es hochkommt, währt drei Millisekunden.

Der Erfindungsreichtum des Menschen, seine ungeheuerliche Anpassungsfähigkeit, die auf seinem hypertrophierten Lernapparat beruht, seine schließliche Verbreitung über die ganze Erde mag sich biologisch am Ende gar nicht als gloriose Errungenschaft der Natur, sondern als klägliche Fehlentwicklung erweisen, die ihn vom Erdbogen tilgt, wie ungezählte Arten vor ihm und neben ihm als unzweckmäßig ausgestorben sind; und der Grund wäre dann wohl darin zu suchen, daß die biologischen Anpassungen, die er sich in den Jahrmillionen seines Hordendaseins erworben hat und die sich nur langsam verändern, in ein zu großes Mißverhältnis geraten sind zu den Lebensumständen, die er sich dank seiner fixen kulturellen Fertigkeiten selber nolens volens geschaffen hat. Es könnte die Kultur den Sieg über die Natur erringen; aber das letzte Wort hätte diese, und es hieße gleichmütig: Aussterben.

Zimmer

Die Entwicklung des Menschen

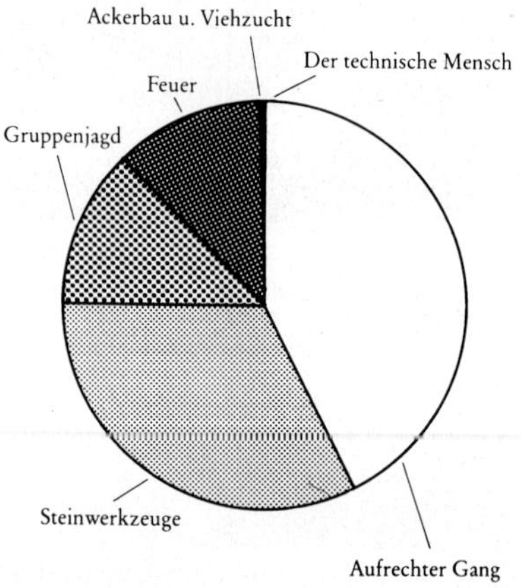

Der Gang der Dinge:

Aufrechter Gang:	seit	4000.000	Jahren
Steinwerkzeuge:	"	2300.000	"
Gruppenjagd:	"	1000.000	"
Feuer:	"	500.000	"
Ackerbau & Viehzucht:	"	10.000	"
Dampfmaschinen:	"	317	"
Technische Explosion:	"	27	"

seit 16.000 Generationen, hat sie sich anatomisch und physiologisch nicht mehr wesentlich verändert. Vor 10.000 Jahren, also vor 400 Generationen, trat der Mensch mit der Entwicklung von Ackerbau und Viehzucht in sein modernes Stadium. In Generationen ausgedrückt macht dieses moderne Stadium, das dennoch bis weit hinter die geschichtliche Zeit zurückreicht, lediglich ein Drittelprozent (0,33 Prozent) des gesamten menschlichen Weges aus und nur zweieinhalb Prozent seines Weges in der heutigen Gestalt. In dem großen Rest der Zeit hat er seine typischen biologischen Anpassungen hervorgebracht.

Unsere biologischen Verhaltensprogramme wurden in der unvordenklichen Zeitspanne entworfen, als wir als Jäger und Sammler in kleinen versprengten Trupps und Clans unser Auskommen suchten. Die eigentliche moderne Kulturentwicklung setzte, nach diesen Maßen gemessen, erst vor einem Augenblick ein, vor 0,25 Prozent der Zeit, in der wir als Art geformt wurden. Allein schon diese Zeitverhältnisse machen es einigermaßen unwahrscheinlich, daß wir in diesen zweieinhalb Promille unserer Entwicklungsgeschichte all die davor als nützlich, als lebensnotwendig angesammelten Verhaltensanpassungen abgeworfen haben und es uns heute erlaubt wäre, nur noch mit Befremden und geniert auf diese unsere ‹animalische› Vergangenheit zurückzublicken wie auf etwas unendlich Fernes“ *(Zimmer)*.

Bedeutsam für die Evolution des homo sapiens ist vor allem die Entwicklung des *Nervensystems*, die von den ersten spezialisierten Nervenzellen der *Hydra* (Süßwasserpolyp) bis zum hochdifferenzierten Zentralen Nervensystem (ZNS) des Menschen nachvollzogen werden kann. Während bei einzelligen Organismen die Informationsübertragung im Dienste aller Lebensfunktionen noch recht diffus über ein humorales System (vergleichbar mit dem hormonellen System höherer Lebewesen) geleistet wird, findet bei einfachen Mehrzellern eine deutliche qualitative Veränderung statt: die gezielte Weiterleitung von Information in Form elektrischer Impulse entlang der Nervenzelle. Aber schon hier zeigt sich bei der *humoralen* Übertragung der Information von einer Nervenzelle zur anderen, an den *Synapsen*, ein grundlegendes *Evolutionsprinzip*, das für unsere Betrachtung auch auf höherem Entwicklungsniveau von zentraler Bedeutung ist: „Bei der Reizübertragung an den Synapsen wird das allgemeine Evolutionsprinzip deutlich, nach dem bereits bestehende Systeme weiterverwendet und in höhere integriert werden" *(Zeier)*.

Dieses Prinzip findet sich ebenfalls in der *morphologischen Struktur des menschlichen Zentralen Nervensystems* wieder, in dem neuere Hirnstrukturen auf entwicklungsgeschichtlich älteren aufbauen, die dadurch nicht ihre Funktion verlieren, sondern in diese integriert werden. Andere Lebewesen kommen mit Hirnstrukturen aus, die den älteren im Menschenhirn vertretenen entsprechen. Ohne an dieser Stelle näher auf die Struktur des ZNS eingehen zu wollen, sei hier ausdrücklich darauf hingewiesen, daß das *Limbische System*, das als der Sitz der Emotionen bezeichnet werden kann, zu den evolutionsgeschichtlich älteren Strukturen (zuerst bei frühen Säugern vor etwa 150 Millionen Jahren ausgebildet) zu zählen ist, wohingegen der *Neocortex* als Zentrum kognitiver Prozesse sich erheblich später entwickelte (zuerst etwa vor anderthalb Millionen Jahren aufgetaucht, hat er erst vor einer halben Million Jahren das Volumen, mit dem der Mensch heutzutage noch ausgestattet ist, erreicht).

Nun sind es aber nicht nur morphologische Strukturen, die von diesem Prinzip beeinflußt werden, sondern auch *Eigenschaften und Verhalten*.

Althirn (Stammhirn) & Neuhirn (Großhirn)

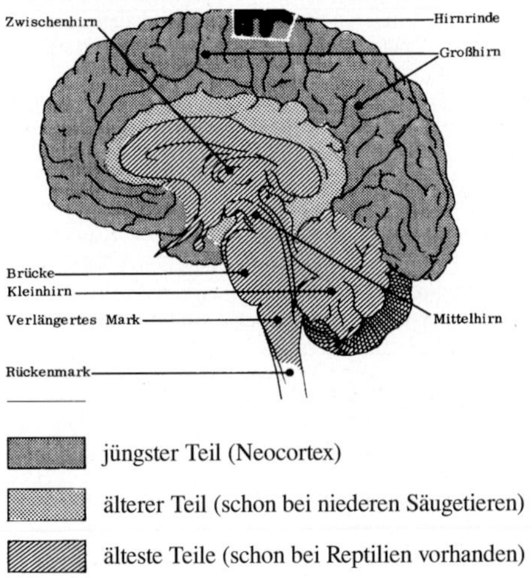

Evolution der Emotionen

„Bei äußeren Merkmalen akzeptieren wir unsere evolutionäre Herkunft ohne weiteres: daß etwa unsere doch so einzigartig geschickte Hand verwandt ist mit den Vorderfüßen der Affen und, weiter weg, mit der so ganz anders aussehenden Vorderhand des Pferdes. Beim Verhalten fällt es uns schwer. Schon daß eine Mutter ihr Kind stillt, erscheint uns in einer Zeit, da Rundfunkreporter den Wunsch der Frauen nach einem Kind als *Mutter–Mythos* bezeichnen oder die Milva singt, als Frau werde man nicht geboren, zur Frau werde man gemacht, nahezu als kulturell hervorgebrachte Marotte und nicht als ein gemeinsames Merkmal der Säugetiere, so verunsichert sind wir über unsere Identität. Daß gar eine Eigenschaft wie die Intoleranz gegenüber Fremden, die Xenophobie also, nicht reine kulturelle Willkür, angelernte Abartigkeit sein soll, sondern ihre tief ins Tierreich zurückreichenden Wurzeln haben könnte, will uns schon gar nicht mehr in den Kopf" *(Zimmer)*.

Den evolutionären *Vorteil von Emotionen* respektive Gefühlen, deren Auftreten mit der Entwicklung des Limbischen Systems gekoppelt gewesen sein dürfte, legt *Kull* anhand der im allgemeinen zur Phylogenese parallel laufenden Ontogenese neuronaler Schaltungsmuster dar: „Grundlage aller Bewußtseinsprozesse sind Empfindungen und Vorstellungen. Soweit sie stark gefühlsbetont sind, nennt man sie ‹Gefühle›. Die Vorstellungen können einfach strukturiert sein (z.B. Hunger) oder sehr komplex (z.B. Liebe, Neid, Haß). Die durch die psychische Entwicklung in der Ontogenese ausgebildeten verschiedenen Schaltungsmuster, die den jeweiligen Gefühlen entsprechen, sind eine Art Gestalt; sie haben eine immer wiederkehrende gleichartige Form. Die Zusammenfassung in ‹Gestalten› (z.B. Melodie statt Folge von Einzeltönen) erleichtert dem menschlichen Gehirn die Speicherung, weil dadurch nicht Millionen von Einzelphänomenen im Gedächtnis bleiben müssen, sondern nur das Kennzeichnende. Der Schaltungsaufwand wird verringert (Ökonomie des Schaltungsaufwandes). Bei der Anregung bestimmter Bereiche der Schaltungsmuster werden diese vollständig aktiviert, und so entsteht ein bestimmtes Gefühl (durch Wahrnehmung der Mutter wird das Gefühl der Liebe ausgelöst)."

„Gefühlserlebnisse sind genau das: ein evolutionärer Schritt zur größeren Flexibilität des Verhaltens… Gefühle gestatten eine verstärkte Improvisation von Verhalten. Der Vorteil der Gefühle und somit der Grund für ihre Entstehung – mit einem Wort: ihr Sinn – bestand also darin, daß sie die starre Verknüpfung von Reiz und Reaktion zu lockern erlaubten: Gefühle sind vorgedankliche Beurteilungen von Situationen (und Gedanken und Sprache sind später vorwiegend damit beschäftigt, das Urteil der Gefühle zu wiederholen)… Das Gefühlsurteil überläßt es dem Lebewesen, die Situation seinen Möglichkeiten entsprechend zu bewältigen. Gefühle sind erlebte, auf eine höhere, beweglichere Stufe gerückte Instinkte“ *(Zimmer)*.

Man kann einen Schritt weitergehen und Emotionen nur dort als sinnvoll ansehen, wo eine *Verhaltensunsicherheit* bzw. mehrere Verhaltensmöglichkeiten in einer bestimmten Situation für das Individuum gegeben sind. Es ist einleuchtend, daß zwischen einem Umwelt–Stimulus und ausschließlich *einer* sinnvollen Reaktion kein so komplexes Phänomen wie ein Gefühl, eine Emotion dazwischengeschaltet sein muß, sondern in diesem Falle ein einfacher Reflex oder allenfalls ein relativ stringent ablaufendes Instinktprogramm völlig ausreicht. Erst wenn die Situation eine Reihe von konkreten Verhaltensweisen als Reaktion zuläßt und diese auch dem Organismus sinnvoll erscheinen, erst dann hat eine *Stimmung* für eine Verhaltensklasse (Angriff, Flucht, Täuschung, Nahrungsbeschaffung, Abkühlung, Ruhe usw.) eine adaptive Funktion, einen evolutionären Sinn.

Eines der urtümlichsten dieser *Gefühle* ist nach *Stanley–Jones* die Reaktion der Wollust, aus der sich die Liebe entwickelte. Als Gegensatz dazu sieht er die alarmierende Streßreaktion, deren Ausfluß ursprünglich nur Angst und Flucht war, später auf höherer evolutionärer Stufe im Tierreich auch Wut und Angriff als Verhaltensalternative. Gruß– und Verabschiedungsverhalten wird als Beschwichtigungsgeste und damit als Aggressionshemmer betrachtet – ebenso wie Geschenke in ihrer archaischen Funktion. Zärtlichkeit als Brut– und Gesundheitspflege, das Lächeln als Beschwichtigung und Appell bei der Kontaktaufnahme: schon hierfür gibt es mannigfaltige evolutionäre Vorläufer und Ursachen.

Kultur

Die Natur veränderte den Menschen in den 3–4 Millionen Jahren seiner Existenz sehr sehr langsam. Und was sie ein–, um– oder angebaut hat, das neigt sie über Zig–, ja Hunderttausende von Jahren zu bewahren. Die lächerlichen paar tausend Jahre Menschenkultur und der Sekundenbruchteil unseres 20. Jahrhunderts verlieren sich in der Evolution wie ein kurzer Magenkrampf. Machen wir uns da nichts vor. „Die archaischen Lebensverhältnisse sind keineswegs ‹zu lange her›, als daß nicht unsere Gefühle sehr wohl eine genaue Erinnerung an sie bewahren könnten“ (*Zimmer*).

Das ist das eine. Das andere ist, daß sich homo sapiens, nicht zuletzt mit Hilfe seiner evolutionär ausgesprochen dubiosen Großhirnrinde, zu einer gewissen *Handlungsflexibilität* gemausert hat. „Von allem übrigen Lebendigen unterscheiden ihn seine Unberechenbarkeit und seine Fähigkeit im Ertragen von Zumutungen“ *(Zimmer)*. Unbestritten! Aber diese Fähigkeit ist nicht grenzenlos. Und von den zahllosen Grenzüberschreitungen handelt dieses Buch (und lebt sein Autor).

Beachtet man den Grundsatz des Aufbaus von Neuem auf Bewährtem und die langen Zeiträume, in denen die Evolution *Veränderungen realisiert*, so muß menschliches Verhalten, das in großem Maße durch Lernprozesse, Einsicht und kulturelle Faktoren beeinflußt wird, in Relation zu dieser evolutionären Basis betrachtet werden: „Der Ursprung des Menschen und der menschlichen Gesellschaft ist sicherlich in hochentwikkelten Sozialgemeinschaften der tierischen Vorfahren des Menschen zu suchen… Aus evolutorischer Sicht ist zu erwarten, daß angeborene, d.h. konservative Verhaltensweisen auch das menschliche Verhalten mitbestimmen. Der Mensch besitzt aus seiner stammesgeschichtlichen Entwicklung noch Verhaltensweisen, die als ehemalige Anpassungen an konkrete Umweltbedingungen anzusehen sind. Ihre erbliche Grundlage macht es aus, daß sie die relativ rasche Entwicklung zum Kulturmenschen z.T. unverändert überdauert haben“ *(Danzer)*.

„Angesichts der Entwicklung der Landwirtschaft und des dramatischen Aufkommens von Kulturen in den letzten fünf– oder zehntausend Jahren übersehen wir leicht, daß unsere Vorfahren mit größter Wahrscheinlichkeit mehr als eine Million, vielleicht sogar zwei oder drei Millionen Jahre lang von der Jagd und vom Sammeln gelebt haben. Sie haben es damit erstaunlich weit gebracht, und viele unserer körperlichen Merkmale und einige der uns zutiefst innewohnenden emotionalen Wesenszüge verdanken wir unserer langen Laufbahn als Jäger (und Sammler, der Verf.)… Der moderne, nicht von der Jagd bestimmte Lebensstil, den wir selbstgefällig und anmaßend als eigentlich menschenwürdige Lebensweise ansehen, ist nur ein einziges Luftholen in einem ganzen Tag des Atmens“ *(Edey)*.

Die *kulturelle Evolution* des Menschen erstreckt sich im Vergleich zur biologischen Evolution über einen erheblich kürzeren Zeitraum. Der Beginn der *kulturellen Evolution* wird auf die Anfänge der planmäßigen Herstellung von Werkzeugen für zukünftigen Gebrauch angesetzt. Menschenaffen, allen voran die Schimpansen, stellen Werkzeuge für den unmittelbaren Gebrauch her. Die Spezialisierung und Komplexität der Geräte nahm erst recht langsam zu – dann gewaltig, explosiv, exponentiell. Derzeit befinden wir uns auf der *Senkrechten* einer Exponentialkurve, und kein Mensch weiß, wo dieser Innovationsboom hinführen soll! Es ist dabei im Auge zu behalten, daß all diese *Errungenschaften* nur Werkzeuge, also Organverstärker darstellen; die Ziele, welche wir mit diesen Potenzmitteln verfolgen, bleiben weiterhin im Dunkel unseres Emotionssystems. Ohne im einzelnen auf die verschiedenen Vorstellungen zur kulturellen Evolution eingehen zu wollen, hier nur einige grundsätzliche Aspekte:

„Jede Kultur kann charakterisiert werden durch drei typische Merkmale, die allen Kulturen zukommen:
1. offene (erlernte, nicht angeborene) Verhaltensweisen = *Sozifakte;*
2. materielle Ergebnisse offener Verhaltensweisen (Werkzeuge u.a.) = *Artefakte;*
3. mögliche Verhaltensweisen: Annahmen, Ideen, Werte, Bestrebungen = *Mentefakte.*

Sozifakte treten auch bei höheren Tieren verbreitet auf; Artefakte findet man als Werkzeuggebrauch und –herstellung bei Tieren nur vereinzelt. Mentefakte sind ausschließlich menschlich und in Form der Leitideen die Grundlagen aller Kultur“ *(Kull).*

Zeier gibt folgende *Unterscheidungskriterien* zwischen biologischer und kultureller Evolution an:

„1. Während die biologische Evolution darwinistisch verläuft, ist die kulturelle Evolution in dem Sinne lamarckistisch, daß durch Lernen und Sozialisation erworbene Elemente über Generationen weitergegeben werden.
2. Kulturelle Entwicklung kann viel schneller als biologische Entwicklung erfolgen, weil sie einerseits nicht direkt an den Generationswechsel gebunden ist, andererseits in Sprache und Schrift über äußerst wirkungsvolle Kommunikationsmittel verfügt.
3. Die Elemente der biologischen Entwicklung sind Individuen, jene der kulturellen Evolution dagegen soziale Gruppen oder Gesellschaften.“

> Das *rasante Tempo* kultureller Evolution etwa hinsichtlich der Veränderung sozialer Strukturen und Verhaltensnormen, aber auch der technologischen Entwicklung führt den Menschen in *Konflikt* mit seiner Umwelt (Zerstörung des Ökosystems) und mit den biologischen Grundlagen seines Verhaltens und seiner Emotionalität.

„In der stammesgeschichtlichen Vergangenheit des Menschen und seiner nächsten tierischen Verwandten sind die folgenden, erst seit wenigen Jahrzehnten oder Jahrhunderten auftretenden Situationen nicht vorgekommen:
1. Gruppen von mehr als 100 Individuen, die sich nicht selbst organisieren und transparent bleiben, sondern von außen nach Effizienzmaßstäben organisiert werden; unklare Gruppenzugehörigkeit;
2. mehr Kontakte mit Fremden als mit vertrauten Individuen;
3. mehr Kontakte über ‹technische› Hilfsmittel wie Zeitung, Briefe, Telefon, Radio, Fernsehen und ähnliches statt persönliche Kontakte;
4. zu hoher oder zu niedriger Anteil neuartiger Aktivität im Vergleich mit vertrauter Aktivität; mehr passive als aktive Erfahrungen;
5. soziale und technische Veränderungsraten, die Erfahrungen und Haltungen einer Generation für die nächste irrelevant machen;

„Gefühle und Stimmungen sind, anders ausgedrückt, nichts anderes als die Art und Weise, in der wir unsere Instinkte erleben. Es ist also Unfug, wenn gelegentlich behauptet wird, der Mensch verfüge im Unterschied zu den Tieren nicht mehr über Instinkte. Wir werden von ihnen nur nicht mehr ausschließlich beherrscht, seit wir das Niveau des ‹Zwischenhirnwesens› hinter uns gelassen haben... Damit sind wir aber alle in jedem Augenblick unserer wachen Existenz unter Einfluß der in unserem Zwischenhirn gespeicherten Programme in irgendeiner Weise auf unsere Umwelt ausgerichtet“ (*v. Ditfurth*).

Erfindungen, Entdeckungen und Leistungen

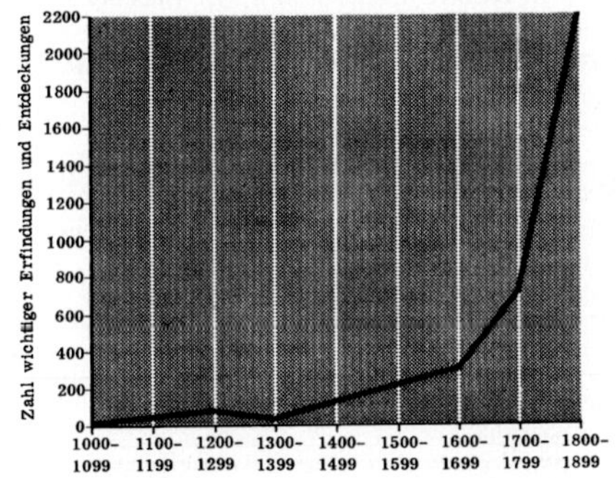

vor 6000	Rad	
um 4000	Glas, Pflug	
2700	Pyramiden	Ägypten
1400	Eisen	Armenien
1100	Abacus	China
700	Porzellan	China
250	Flaschenzug	Archimedes
0	Christi Geburt	Maria u.a.?
1300	Räderuhr	
1450	Buchdruck	Gutenberg
1608	Fernrohr	Lippershey
1673	Mikroskop	Leeuwenhoek
1670	Dampfmaschine	Papin
1785	Mech. Webstuhl	Cartwright
1828	Harnstoffsynthese	Wöhler
1837	Telegraph	Morse
1838	Photographie	Daguerre
1861	Telefon	Reis
1877	Sprechmaschine	Edison
1884	Benzinmotor	Daimler, Maybach
1895	Röntgenstrahlen	Röntgen
1896	Flugapparat	Lilienthal
1904	Elektronenröhre	Fleming
1919	Tonfilm	Vogt, Masolle
1929	Fernsehen	
1931	Elektronenmikroskop	v. Borris u.a.
1937	EDV	Zuse, Aiken u.a.
1938	Atomspaltung	Hahn & Straßmann
1948	Transistor	Bardeen u.a.
1957	Erdsatelliten	UDSSR, USA
1960	Laser	Maiman

Pflegerichtlinien für die Zoohaltung von Homo sapiens

Der Mensch ist ein *Kleingruppenwesen* – es empfiehlt sich daher die Haltung von wenigen, möglichst blutverwandten oder freundschaftlich miteinander verbundenen Exemplaren. Die Idealgröße der Gruppe scheint 10–20 Individuen zu umfassen.

Freilebende Menschen lieben *Grenzlebensräume* – besonders zu heißen Jahreszeiten klumpen sich Homines sapientes regelrecht an Land–Wasser–Übergängen (Stränden, Flußufern). Abwechslungsreiche Wasserstellen sollten in die Freilandgehege integriert werden.

Der Mensch braucht *Rückzugs– & Ruhezonen* – Homo sapiens gedeiht nur in Räumen, aus denen heraus er Zoobesucher sehen kann, ohne selbst gesehen zu werden (wie sinnreich in einem Zoo!). Er braucht zu seinem Wohlbefinden die Illusion, er kontrolliere selber das Terrain (via Gardinen, Haus– & Hofmauern, getönte Fensterscheiben, Pflanzen u.v.m.).

Der Mensch ist *territorial* – die Gestaltung von Verschlägen und Freiluftgehegen muß berücksichtigen, daß Homo sapiens sein typisches Revierverhalten (Verteidigung besetzter Kleinlebensräume) ausleben kann: *Betreten verboten*!

Der Mensch ist *nicht durchgängig vernunftbegabt* – insbesondere Wildfänge aus sogenannten kultivierten Gegenden haben Lebensformen entwickelt, die der eigenen Natur widerstreben. Sie können nicht Muster artgerechter Menschenhaltung sein.

Lötsch

„Jäger und Sammler müssen nicht viel Zeit für die Nahrungsbeschaffung aufwenden. Zwei bis drei Stunden pro Tag verbringen die Frauen mit dem Sammeln, und der Erfolg ist unmittelbar. Den übrigen Alltag verbringt man in der Gemeinschaft mit handwerklichen Verrichtungen, Spiel und anderen sozialen Interaktionen. Man spricht deshalb auch von mußeintensiven Gesellschaften. Mit der Erfindung des Garten– und Ackerbaues wird der Mensch zunächst arm an Muße. Nachdem er die Technik der Feldbestellung verbessern konnte, überwindet er diese Phase. Im Jahresablauf der bäuerlichen Kultur Mitteleuropas wechseln arbeitsintensive und mußeintensive Phasen, die reicheres kulturelles Leben gestatten. Mit der industriellen Revolution verstrickte sich der Mensch wieder in eine arbeitsintensive Phase, aus der er sich erst in allerletzter Zeit über die Einführung arbeitsparender Techniken langsam befreit" *(Eibl–Eibesfeldt)*.

6. mehr Lernkontakte mit Maschinen als mit Lebewesen und entsprechende Denkmodelle;
7. mangelnde Direkterfahrung mit den eigenen ökologischen Lebensvoraussetzungen;
8. zahlreiche Einzelkinder, die mit nur einem Elternteil – meist der Mutter – aufwachsen und so nur wenige Kontakte mit anderen Familienangehörigen haben" (*Zeier*).

Was hat der Mensch noch vom Affen, was ihm voraus? Der uns am nächsten stehende Affe ist der *Schimpanse*, dann der *Gorilla*, dann der *Orang–Utan* (für Studien stehen die zoologischen Gärten dem geneigten Leser vorzüglich zu Diensten). *Lorenz* konstatiert: „Bei den höheren Säugetieren ist das, was den Emotionen zugrundeliegt, der Hirnstamm und das Limbische System, ganz genau wie beim Menschen. Das berechtigt uns anzunehmen, daß auch die subjektiven Empfindungen ähnlich sind."

Im *mimischen Gesichtsausdruck* und den dahinterliegenden steuernden *Emotionen* haben wir dem Schimpansen, wie es scheint, nur die Skepsis, den Unglauben, die Ungeduld und, je nachdem, was der Affenbruder mit *Heiterkeit* abdeckt, die Belustigung oder die Ausgelassenheit voraus. *Wilson* pointiert darüber hinaus die ästhetischen Freuden an Musik, Kunst und *gewissen Formen menschlicher Beziehungen* als spezifisch menschlich, wenn auch „dennoch biologisch und von der gleichen Art neurologischen Apparats kontrolliert, der die primitiven Gefühle kontrolliert" *(Zimmer)*.

Wie das? *Lötsch* fabuliert über *artgerechte Menschenhaltung* durch kleine grüne Männchen, die einige Exemplare dieser edlen Erdengattung auf ihren Planeten entführen und dort bewundern wollen. Er erinnert seine freundlichen und wohlgesonnenen Monster daran, daß die Gattung homo bitteschön „...seit mindestens 600.000 Jahren in Sippen und kleinen Horden als Jäger und Sammler nachgewiesen ist. Erst vor rund 5.000 begann sie, dieser Kulturstufe zu entwachsen. Aber erst seit etwa 30 Jahren praktiziert sie massenweise eine aufwendige Fortbewegungsart, bei der jeweils ein Mensch eine Tonne Blech mit sich herumführt, und seitdem beginnt sich auch die Zusammensetzung der Erdatmosphäre deutlich zu verändern. In der Geschichte des blauen Planeten sind 30 Jahre eine kurze Episode. Denkt man sich die Entwicklung des Lebens auf ein Jahr zusammengedrängt, fiele diese Technozivilisation in die letzte Drittelsekunde vor null Uhr in der Silvesternacht. Daß der homo sapiens an das Industriemilieu biologisch angepaßt wäre, ist demnach nicht zu erwarten, denn die Evolution braucht rund 800 Generationen, um ein einziges Verhaltensmerkmal erbfest herauszuselektieren – mindestens also 16.000 Jahre. Nach Auffassung der Verhaltensforschung wird auch heute noch jedes Baby mit der Instinktausstattung des Cromagnon–Menschen (er lebte vor 30.000 bis 25.000 Jahren) geboren... In seinem biologischen Kern ist das Menschenwesen demnach furchtbar altmodisch – die selbstgeschaffene Verfremdung seiner Umwelt läuft seiner Natur, seinen in Millionen Jahren entstandenen Anpassungsmustern davon und erzeugt eine zunehmende Neurotisierung." Basta!!!

Die große Bedeutung des im Laufe der Evolution erworbenen, im Zwischenhirn lokalisierten *Emotionssystems* für das Verhalten und Erleben des modernen Menschen wird von den hier zitierten Wissenschaftlern ebenso wie von vielen anderen gesehen und betont. Ich wähle hier bewußt den Begriff des Emotionssystems, wiewohl von anderen Autoren in diesem Zusammenhang die Begriffe Instinkt, Bedürfnis, Motiv u.a. gebraucht werden – dazu später mehr.

Allerdings fällt auf, daß bei den meisten, wenn es zum Thema der Diskrepanz zwischen Emotionalität und kulturellen Gegebenheiten kommt, ein großes *Mißtrauen*, wenn nicht Angst gegenüber den Emotionen deutlich wird. Oft wird eine immer ausgeklügeltere kognitive Kontrolle der Emotionen propagiert. Man fühlt sich an das Bild vom Kind (das ja von der Kultur noch nicht so umfassend geformt ist) als *kleinen Wilden*, den es zu *zähmen* gilt, erinnert. Nun ist es ja dieser kleine Wilde, der Angst hat

Menschwerdung

Am *Anfang der Menschwerdung* stand ein noch vierbeiniger, vorwiegend in den Bäumen lebender Menschenaffe einer ausgestorbenen Art. Entwicklungen in Richtung Mensch hat es mehrfach gegeben; die meisten Versuche scheiterten, nur einer einzigen Linie war Erfolg beschieden. Der Affe mußte zunächst Zweibeiner werden. Er mußte es darum, weil sich die üppigen Regenwälder des Miozäns, die ihm ein leichtes und fast konkurrenzloses Leben von den Früchten der Bäume ermöglicht hatten, mit den Dürren des Pliozäns zurückzuziehen begannen. In den Restwäldern überlebten in geringen Populationen die Vorfahren der heutigen Schimpansen und Gorillas. Zu den Vorfahren des Menschen wurden jene Affen, denen es gelang, ihr Auskommen in den neuen Savannenlandschaften Ostafrikas zu finden. Die Kletterfertigkeiten der Menschenaffen waren für sie nun nicht mehr von großem Nutzen. Sie mußten sich auf dem Boden bewegen können. Vermutlich lernten sie es als Grassamenfresser, die sich nach den Rispen und Ähren auf den Halmen strecken und möglichst hoch über die Halme hinweg wachsam nach Beutetieren ausspähen mußten. Fangzähne benötigten sie nicht mehr. Das harte Leben der Savanne trainierte ihren aufrechten Gang. Mit dem aufrechten Gang aber erwarben sie nicht nur eine überlegene Fortbewegungsart auf dem Boden, sie bekamen auch die Hände frei. Die freien und vom Samensammeln bereits relativ geschickten Hände aber setzten den Hominiden nunmehr instand, es in den Savannen auf der Suche nach Nahrung mit sehr viel größeren, stärkeren, schnelleren Tieren aufzunehmen, indem er sich mit Steinen, Stöcken, Knochen und schließlich mit zu Faustkeilen zurechtgehauenen Steinen bewaffnete, die Raubtiere von ihrer Beute verjagte und schließlich selber auf Jagd ging; ein schmächtiges und eigentlich nicht für ein solches Leben bestimmtes Wesen, das jedoch die anderen Steppentiere bald das Fürchten lehrte. Der Hominide als fleischfressender, richtiger, fast allesfressender Raubaffe – vermutlich ist es diese eigenartige Wendung, die die Menschwerdung am stärksten befördert hat. Der einzelne Hominide mit der bewaffneten Hand war neben den anderen Raubtieren, den Löwen, Geparden, Säbelzahntigern, selbst neben Hyänen und Schakalen, zu sehr im Nachteil, um als Jäger mit ihnen erfolgreich konkurrieren zu können. Er mußte lernen, im Rudel zu jagen, wie es die Wölfe, die afrikanischen Wildhunde, die Hyänen tun, aber die Primaten sonst nicht. Die Konkurrenz in der ökologischen Nische, in die er geraten war, als die Regenwälder schwanden, trieb ihn zur gemeinsamen Jagd, und die gemeinsame Jagd zwang ihn zu Anpassungen, die ihn deutlich von den anderen Menschenaffen abhob. Er mußte zur Kooperation fähig werden, er mußte die Beute teilen können, er mußte, um seinen Fortpflanzungserfolg nicht zu gefährden und sich damit aus dem Strom des Lebendigen zu streichen, Lagerstätten einrichten und verteidigen können, in denen seine Gefährtinnen in Sicherheit ihre Jungen großziehen konnten, er mußte sich auf ein Zusammenleben einrichten, in dem jeder seine besonderen Fähigkeiten einsetzen konnte – ein Leben archaischer Arbeitsteilung. Geteilte Arbeit, verteilte Beute: Der frühere Eichen–Affe hatte enorme soziale Fähigkeiten zu entwickeln. Das Leben als Raubaffe bescherte dem werdenden Menschen sozusagen seine stammesgeschichtliche Sozialisation. Er lernte die Zusammenarbeit, und in der Zusammenarbeit lernte er das Lernen, die Fähigkeit, seine Überlebensprobleme durch gedankliches Kombinieren besser und besser zu lösen und die besten Lösungen irgendeines besonders befähigten oder von Glück bedachten Individuums zu übernehmen und zum Allgemeingut zu machen. Größer und größer wurde der Anteil des Könnens, der nicht mehr in den Genen verankert war, sondern im Laufe des Lebens erworben und durch Tradierung weitergereicht wurde. Der Mensch, heißt das, wurde kulturfähig. Er gewann eine einzigartige Geschicklichkeit darin, erworbene Eigenschaften durch Tradierung weiterzugeben. Zu seiner langsamen biologisch–genetischen Evolution gesellte sich damit eine sich beschleunigende kulturelle Evolution.

Zimmer

und sie zeigt, der sich im Kämpfen übt und zuschlägt, wenn er angegriffen oder eingeengt wird, der sich nach Möglichkeit nimmt, was er braucht; es ist aber auch der, der sich von Herzen freut, lacht, genießt, begeistert und interessiert ist. Er muß zwar im Laufe der Erziehung angeleitet und auch gelenkt werden, aber nicht *gezähmt*, denn im *Emotionssystem* existieren antagonistische Emotionen, die einem Ausufern bestimmter emotionaler Äußerungen entgegenwirken (worauf ich an anderer Stelle näher eingehe). So wird ein psychisch (emotional) gesundes Kind bei noch so massiver Auseinandersetzung mit seinem körperlich unterlegenen Spielkameraden diesen keinesfalls umbringen oder foltern, wie dies beim rationalen Erwachsenen leider üblich ist.

„**Mensch** subst. masc.
Ein Tier, das so in die verzückte Betrachtung dessen versunken ist, wofür es sich selber hält, daß es übersieht, was es zweifellos sein sollte" *(Bierce)*.

Unser Emotionssystem und seine integrierten Gegenkontrollmechanismen sind im Prozeß der biologischen Evolution entstanden. Eine evolutionäre Anpassung an die sich rapide verändernde Kultur mit ihren technologischen Merkmalen ist nicht möglich, die bisher im Vordergrund stehenden Bemühungen, das emotionale Geschehen kognitiv zu steuern und zu unterdrücken, sind dort, wo es gelingt, häufig Ursache psychopathologischer Störungen und anderer gesundheitlicher Probleme.

Jede unter dieser Perspektive vorstellbare *gentechnologische Manipulation* ist schon aus ethischen Überlegungen heraus abzulehnen; hinzu kommt, daß die Betrachtung des langwierigen Prozesses der natürlichen Evolution deutlich macht, auf welches Spiel mit dem Feuer sich der Mensch einläßt, wenn er mit seiner doch recht begrenzten Übersicht in die Grundsubstanz des Lebens eingreift. Die Gentechnologie selbst stellt ein gutes Beispiel dafür dar, wie der Mensch mit Hilfe seiner Großhirnrinde Bedingungen herstellen kann, denen er emotional nicht gewachsen ist.

Unser Automobil

Die zusätzliche Funktion im Dienste der Selbstdarstellung erlaubt es also, gewaltige Blechkarossen mit oft geradezu überschwenglichem Dekor, in das bemerkenswerterweise Drohsymbolik eingewoben ist, über die Straßen zu jagen und das Leben von Mitmenschen in erstaunlichem Ausmaß zu gefährden. Das Groteske der Situation wird klar, wenn man vergleicht, wie wir sonst auf Gefahren für Leib und Leben zu reagieren pflegen. Die Tollwuthysterie ist ein gutes Beispiel. Obgleich zwischen 1962 und 1979 im Durchschnitt weniger als ein Tollwut–Todesfall pro Jahr zu beklagen war, kamen die Medizinalbehörden und Jäger überein, mit großem Aufwand die Füchse auszurotten. Das Auto kann in der Bundesrepublik Deutschland an die 10.000 Todesopfer und Zigtausende von Verletzten pro Jahr fordern, es kann Wälder und Bauwerke zerstören, ohne daß man dagegen wirksam einschreitet. Die Funktion als Fortbewegungsorgan *und* als Imponierorgan bedingte die Weiterentwicklung nach verschiedenen Richtungen, wobei Funktionskonflikte offenkundig werden. Die aus verkehrstechnischer Vernunft zu fordernde Sicherheit kommt über dem Imponiererfordernis ‹Schnelligkeit› zu kurz... Daß wir das Auto – ein Kind unseres Geistes – nicht beherrschen, hat aber noch andere Gründe. Im Auto bewegen wir uns anonym. Wir kennen die anderen Verkehrsteilnehmer nicht und sind ihnen gegenüber leicht gegnerisch motiviert: Wir werden überholt, was uns zur Konkurrenz anheizt, oder aufgehalten, was uns ärgert. Die beschwichtigende Wirkung persönlicher Bekanntheit entfällt, oft werden die übrigen Verkehrsteilnehmer gar nicht als Mitmenschen wahrgenommen. Wer hat sich nicht schon heftig über einen anderen Autofahrer geärgert, der einen schnitt! Bemerkt man allerdings, daß dieser ein guter Freund ist, dann flaut die Verärgerung in der Regel ebenso rasch ab, wie sie entstanden ist.

Eibl–Eibesfeldt

„Die Automobilsucht ist zurzeit eine gesellschaftlich anerkannte Sucht, wie vor kurzem noch das Zigarettenrauchen. Der Drogensüchtige wird als Outsider oder Kranker behandelt, während den Drogenhändler harte Strafen treffen, nicht so den Autohändler" (*Padrutt*).

Vielleicht wäre es doch einige Überlegungen wert, ob nicht die Entwicklung der Kultur, die gesellschaftlichen Normen und Strukturen stärker an den emotionalen Voraussetzungen des Menschen orientiert sein sollten!

Hirnphysiologie

Die *Kognitive Psychologie* behauptet, daß kognitive Diskriminations– und Interpretationsleistungen vor jegliche emotionale Bewertung und emotionales Erleben geschaltet sind. Diese Argumentation erweist sich sowohl bei onto– als auch bei phylogenetischer Betrachtung der Menschwerdung als völlig abwegig, da in jeder Hinsicht die emotionalen Reaktionen und Erlebnisweisen die ursprünglicheren (und auch die schnelleren!) sind: Noch vor dem Spracherwerb zeigt das Kleinkind emotionale Reaktionen, indem es weint und lächelt. In der Phylogenese gab es bereits Gefühle, bevor sich Sprache und Denken entwickelt hatten. Es existierte in der physiologischen Entwicklung bereits das Limbische System als Kontrollzentrum emotionaler Reaktionen, bevor die heute erst grob eingrenzbaren Kortexgebiete für die Sprach– und Denkfunktionen vorhanden waren. Die Anpassung des Organismus hing in diesem Stadium der menschlichen Evolutionsgeschichte ausschließlich von seinem affektiven System ab – und schien damals eher gelungen zu sein als heute!

Dieser Entwicklungsgeschichte entspricht der Aufbau des menschlichen Gehirns, wie er in *McLeans* Theorie vom *triune brain* formuliert wird. Ihr zufolge bauen auf einer neuralen Basis, bestehend aus Rückenmark, Hirnstamm und Mittelhirn, drei Hirnareale auf, die jeweils verschiedene evolutionäre Entwicklungsstufen repräsentieren. Das älteste (ca. 300 Millionen Jahre) und räumlich am tiefsten gelegene wird als das Reptiliengehirn oder R–Komplex bezeichnet, da es bereits bei Reptilien entwickelt wurde; seine Funktion liegt in der Steuerung elementarer Lebensprozesse wie Herzschlag, Atmung, Wachen und Schlaf. Es wird überlagert vom Limbischen System, das sich zuerst etwa vor 150 Millionen Jahren bei frühen Säugern ausbildete und als Zentrum emotionalen Geschehens betrachtet werden kann. Hierüber wölbt sich der Neocortex – Sitz der Rationalität –, dessen Entwicklung vor etwa anderthalb Millionen Jahren begann und der schließlich vor ca. einer halben Million Jahren das Volumen erreicht hatte, mit dem wir Menschen heute noch ausgestattet sind.

Der Urvater der Streßforschung, *Cannon*, konnte in Tierversuchen nachweisen, daß das emotionale Verhalten nicht nur ohne Neocortex, sondern sogar ohne den gesamten Kortex noch gezeigt wird. Es ist nach *Zajonc* unwahrscheinlich, daß dieses autonome System der Emotionen von später sich entwickelnden kognitiven Strukturen und Leistungen vollkommen überlagert und kontrolliert werden kann und sollte. Viel wahrscheinlicher ist es, daß das affektive System seine Autonomie beibehalten hat, wobei es seine ausschließliche Kontrolle über das Erleben und Verhalten langsam und widerstreitend zurücknehmen mußte. Somit könnte es zu einer *interaktiven Verbindung zweier autonomer Systeme* gekommen sein.

Das *kognitive System* besitzt auf der Grundlage seiner verbalen und rationalen Fertigkeiten Funktionen und Möglichkeiten, die sich deutlich von denen der Emotionen abgrenzen lassen. Demgegenüber gibt es nur wenige Emotionen – die sich außerdem nur in begrenzter Weise empfinden lassen. Den *Beweis*, daß das emotionale System gegenüber dem kognitiven eigenständig ist, haben, bei Lichte betrachtet, längst hirnphysiologische Untersuchungen gebracht, bei denen Gehirnareale elektrisch gereizt wurden. Je nach stimuliertem Gehirngebiet wurden die unterschiedlichsten Emotionen hervorgerufen – ganz ohne vorher ablaufender kognitiver Bewertung!

Lefrancois sieht mit *Piaget* Kognition und Emotion, Vernunft und Gefühl nicht einfach als parallel geschaltet an, sondern billigt ihnen eine Arbeitsteilung zu: „Obwohl Emotion und Vernunft oft als Gegensätze hingestellt werden, sind sie nicht notwendigerweise miteinander unvereinbar. Es ist tatsächlich manchmal sehr vernünftig, emotional zu reagieren, und sehr unvernünftig, es nicht zu tun... Die Rolle der Emotion in unserem Verhalten können wir mit Piaget wie folgt zusammenfassen: Er betrachtet die Emotion oder den Affekt als die das Verhalten antreibende Kraft, während die Vernunft oder die mehr intellektuellen Faktoren die Richtung des Verhaltens bestimmen. Es ist klar, daß ein Lernprozeß sich nicht ohne Interesse vollziehen kann; Interesse ist eine Emotion."

„Differenzierte Erkenntnis der Wirklichkeit allein ist kein Wert an sich, solange diese Erkenntnis nicht auf die subjektiven Lebensnotwendigkeiten und Motive des Individuums bezogen ist. Rationale Erkenntnis bedarf deshalb der zusätzlichen Orientierung durch die Emotionen, die alle Informationen nicht nach ihrer objektiven, sondern nach ihrer subjektiven Bedeutung bewerten" *(Kruse)*.

Ich möchte in aller Bescheidenheit noch einen Schritt weitergehen und behaupten, daß die Emotion nicht nur die antreibende Kraft ist, sondern auch noch die Richtung unseres Verhaltens bestimmt; der Vernunft ist allenfalls die Funktion eines *Kraftverstärkers* zuzubilligen – und die Erde bewegt sich doch!, aber eben nicht das Gefühl um die Vernunft, sondern die Vernunft um das Gefühl! Die Täuschung, der wir unterliegen, und das ist eine typisch menschliche Täuschung, ist die, daß wir das *Mittel zum Zweck hochstilisieren*. Lust und Unlust sind die großen Lehrmeister des Menschen, also Gefühle und nicht der Hammer das Mittel zum Zweck! Sämtliche Motivationstheorien bauen auf hedonistischen Prinzipien auf, nicht auf rationalen – und die Motive sind die Größen, die Richtung und Kraft unseres Verhaltens bestimmen.

„Emotionale Prozesse sind nicht mehr nur die gefühlsmäßigen Begleit–, sondern die eigentlichen motivationalen Leitprozesse. Die Grenzen zwischen ‹Motivation› und ‹Emotion› sind aufgehoben" (*Schmalt*).

So ist also in erster Linie das Bestreben, mit Lust verbundene Gefühle zu erleben und unlustvolle solche zu vermeiden, *Antrieb menschlichen Handelns*, wobei die möglichst unmittelbare Befriedigung bevorzugt wird, für spätere größere Lust aber auch vorübergehende Unlust in Kauf genommen werden kann. „Was dabei auf dem Weg zur Endhandlung von konditionalen Reizbedingungen ausgelöst wird, ist vom Ausmaß der aversiven oder befriedigenden emotionalen Erregung abhängig. In diesem Sinne stehen Kognitionen als Wahrnehmen, Gedächtnis, Denken und Sprechen im Dienste des Emotionalen" *(Tunner)*.

Die *Handlungsmotivation* ergibt sich also aus den lust– oder unlustvoll getönten Gefühlen, die selbst, als genetisch angelegt, nicht gelernt oder aus irgendwelchen Überlegungen geschlossen werden müssen, und führt zu unterschiedlichstem, von den situativen Gegebenheiten wie den individuellen Lerngeschichten beeinflußten Verhalten. Das Erleben und Wirken von Gefühlen setzt keine Kognitionen voraus, gedankliche Prozesse tragen aber dazu bei, sie zu modifizieren und in neue Zusammenhänge zu stellen: „Wir finden unsere Gefühle fertig in uns vor. Wir lernen ‹nur noch› (es ist schwierig genug und kommt nie zu Ende), sie zu identifizieren und mit neuen Anlässen zu verknüpfen. Und die immer raffiniertere kognitive Analyse der Realität erzeugt immer mehr Gefühle" *(Zimmer)*.

„Aber was bliebe vom Menschen, wenn seine archaischen, atavistischen Gefühle von der Vernunft ausgeschaltet würden? Er würde nicht nur zu einer ‹gefühllosen, kaltberechnenden und lieblosen Vernunftbestie› (Erhard Wiesing). Könnte er seine Erlebnisse nicht mehr hedonisch bewerten, sie mit Gefühlen von Lust und Unlust verknüpfen, so könnte er sich auch nichts mehr merken – wie der Affe, dessen Limbisches System beschädigt war und der sich den Mund mit einem Streichholz immer und immer wieder verbrannte. Er könnte seine Erfahrungen nicht mehr sinnvoll organisieren, sondern würde überflutet von nunmehr bedeutungslosen Informationen. Er verlöre jeden Beweggrund, das eine zu tun und das andere zu lassen. Er wäre in nichts mehr involviert. Alles wäre ihm gleich. Ohne Gefühle wäre er nicht einmal mehr eine kalte Rechenmaschine; auch das Rechnen unterließe er, da er kein Motiv mehr dazu hätte, ihn keine gelungene Rechnung mehr mit Freude erfüllte. Seine dann von keinem ‹primitiven› Affekt mehr bewegte Vernunft ließe ihn nur noch stumpf dahindämmern" *(Zimmer)*.

In vielen Fällen ist das *Denken* auch nur dazu in der Lage, unserem einer nicht bewußten emotionalen Steuerung folgenden Handeln eine einleuchtende, in unserem Kulturkreis übliche *Begründung* zu geben. Dies belegt eine große Zahl sozialpsychologischer Untersuchungen, bei denen Probanden im nachhinein Gründe für ein bestimmtes Verhalten angeben sollten: „Befragt, wie ihr Traumpartner aussehen sollte, hatten zum Beispiel Versuchspersonen durchgängig bestimmte psychologische Eigenschaften wie Einfühlungsvermögen, Intelligenz und so weiter als wichtig bezeichnet. Die Wissenschaftler arrangierten für diese Probanden Rendezvous mit gegengeschlechtlichen Partnern, die angeblich vom Computer nach psychologischen Kriterien als ‹ideal› ausgesucht, in Wahrheit jedoch rein zufällig verteilt worden waren. Und siehe da: Die Versuchspersonen pflegten nur mit den Rendezvous–Partnern weiter Kontakt, die zuvor von einer Jury als ‹gutaussehend› eingestuft worden waren. Sie bestanden aber weiter darauf, daß es ihnen allein um die – illusionären – Traum–Charaktereigenschaften ginge. Offenkundig hatten die Probanden hier nicht ihr ‹Herz› befragt, sondern nur die kulturelle Gepflogenheit übernommen, wonach ‹man› in Herzensangelegenheiten nach seelischen Eigenschaften ‹geht›" *(Degen)*.

„Genetisch angelegt ist in erster Linie die Thematik, also die Motivation des Verhaltens... Die Motivation zieht sich dabei aus der Rolle einer rigiden Verhaltensdetermination in die eines emotionalen Appells zurück, dem zufolge das Subjekt seine Verhaltensmuster ad hoc modelliert" *(Bischof–Köhler)*.

So meint denn auch *Zajonc* zur Bedeutung rationaler Informationssammlung bei Entscheidungsprozessen: „Most of the time, information collected about alternatives serves us less for making a decision than for justifying it afterward."

Nun wirken Gedanken und Gefühle nicht immer im harmonischen Gleichklang, sondern liegen vielmehr, wie sicher jeder aus eigener schmerzvoller oder auch aufregender Erfahrung weiß, so manches Mal in heftigem *Zwist*. Diese individuelle Erfahrung verdeutlicht aber auch, in einen größeren Zusammenhang gestellt, das Dilemma des emotional *getriebenen* Menschen in seiner modernen, *rational(isiert)en* Zivilisation. „In dieser Folgerung liegt ein erschreckendes und ironisches Paradox: daß das menschliche Gehirn, das feinste von der Evolution geschaffene Instrument zur Erhaltung des Lebens, eine Art so erfolgreich gemacht hat bei der Beherrschung der Außenwelt, daß sie plötzlich außer Kontrolle gerät. Man könnte sagen, daß unser Kortex und unser Hirnstamm (unser ‹Verstand› und unsere ‹Instinkte›) sich in den Haaren liegen. Gemeinsam haben sie eine neue soziale Umwelt geschaffen, in der sie, statt unser Überleben sicherzustellen, dabei sind, das Gegenteil zu tun. Das Gehirn findet sich selbst ernsthaft bedroht durch einen Feind, den es selbst hervorgebracht hat. Wir müssen diesen Feind nur verstehen" *(Tinbergen)*.

Ein treuherzig–ängstliches, *versöhnliches Resümee* in der Auseinandersetzung zwischen Gefühl und Verstand zieht *Hassenstein*: „Als eine solche ‹höhere Einheit› kann es nicht gelten, wenn bei einem Menschen eine starke Antriebswelt die schwache Verstandes– und Willensseite ins Schlepptau nimmt oder wenn bei einem anderen der Intellekt über eine gering entwickelte Antriebs– und Gefühlsseite herrscht. Der Einklang kommt dadurch zustande, daß beide Seiten ihre volle Entfaltung erreichen; die Vernunft– und Willensseite nimmt dann die Impulse der Antriebs– und Gefühlsseite in sich auf, und je nach der Lebenssituation gibt sie sie frei oder kontrolliert sie. Aber auch die Kontrollinstanz selbst ist dabei nicht allein intellektuell gesteuert, sondern sie wird von Antriebs– und Gefühlsanteilen der seelischen Seite mitgetragen."

Zwar lassen sich „Gefühle... durch Konditionierung abschwächen, verstärken, umdirigieren, verallgemeinern" *(Zimmer)*, wie schwer es ist, sie zur Erreichung eines *Einklanges* gedanklich zu beeinflussen, wird in folgendem verdeutlicht: „Wie sich rationales und emotionales Bewertungssystem zueinander verhalten, kann jeder an sich selber studieren, zum Beispiel, wenn er sich gegen sein Heimweh all die Vernunftgründe aufzählt, die dafür sprechen, daß er sich gerade an einem bestimmten Ort aufhält. Offensichtlich läßt sich das Emotionssystem nur sehr schwer beeindrucken" *(Zimmer)*.

Viel mehr als *kontrollieren* und gegebenenfalls hemmen kann allerdings die Verstandes– und Willensseite nicht – das sehe ich ebenso wie *Kruse*: „Emotionale Bewertungen sind gegenüber rationaler, willentlicher Änderung weitgehend resistent. Häufig geraten die Emotionen in Widerspruch zu dem, was ‹vernünftigerweise› zu tun oder zu fühlen wäre. Durch Vernunft sind die Gefühle aber allenfalls überspielbar, nicht änderbar." Und an anderer Stelle schreibt er: „Die Psychotherapie ist beständig mit emotional–kognitiven Widersprüchen befaßt, und man kann sie wohl auch getrost als Grundelement aller psychischen Störungen betrachten." Was übrig bliebe, wäre eine *kognitive Enthemmung der Emotionen*, wie sie *Ellis*, neben *Beck & Meichenbaum* einer der drei Urväter der Kognitiven Therapie, in seinen frühen Schriften immer propagiert

„Ein Psychologe (hört! hört!, der Verf.) hat ganz richtig festgestellt, daß der eigentliche Mensch nicht im Cortex, sondern im Limbischen System zu finden ist. Die rein rationalen Zonen des Cortex sind mehr wie Computer. Doch der Prozeß, der Sie und mich zu Menschen macht, der uns mit Trieben und Intentionalität ausstattet, stammt aus dem Belohnungssystem, das im Limbischen System ansässig ist" *(Wilson)*.

hat („Handbuch der intelligenten Frau", „Wie man erfolgreich Frauen verführt – Vom ersten Kuß zum Koitus") – nur leider hat er später diese eigenartige ABC–Theorie darübergestülpt. „Ein Kritikpunkt ist die Tendenz der kognitiven Ansätze, den biologischen Nutzen der Emotionen (Sollbruchstelle) mit allzuviel stoischem Gleichmut herunterzuspielen. Dies ist insbesondere für die Ärgerkontrolle beklagt worden. Ellis hat, wie erwähnt, gegen die kathartischen Therapieformen (Aggressionstraining nach Bach und Wyden, 1968) Front gemacht (1975)... Die Kognitive Therapie, so wie sie von Ellis (1968) und Beck (1979) praktiziert und empfohlen wird, ist allerdings weit mehr als Umstrukturierung. Ellis verwendet Rollenspiele zum Erlernen von sozialen Fertigkeiten, gruppendynamische und gestalttherapeutische Elemente zur Reaktivierung von Emotionen, Verhaltensverschreibungen und Hausaufgaben zur Überprüfung der Anwendbarkeit neugewonnener Erkenntnisse usw." Soweit *Revenstorf* zum etwas widersprüchlichen Verhältnis kognitiver Therapeuten zur Emotion.

„Und wir sind ja nicht nur im Kampf gegen andere Nationen und zwischen Rassen und Schichten, sondern sogar auch noch im Kampf gegen die Natur, die sich nur unzureichend und schweigend gegen uns wehren kann. – Während ich diesen Brief an Dich diktiere, schaue ich oft zu den Bäumen vor meinem Fenster hin und sehe, wie die Fichten in ihren Kronen voller Tannenzapfen hängen, während die unteren Zweige sterben. Dies scheint fast immer anzuzeigen, daß die Bäume krank sind und sich gegen den Gifttod aus Luft, Regen und Grundwasser durch riesiges Samenausschütten wehren wollen. Es kann ihnen nicht gelingen; denn auch die kleinen Bäume sterben bereits. Und noch immer sagen viele Vorübergehende und sogar Einwohner: ‹Krankheiten hat es immer gegeben, das wird sich alles wieder erholen›" *(Petzold)*.

Dies schreibt Frau *Ruth C. Cohn* an *George Bach* im August 1985: „Die Rheinvergiftung und Tschernobyl machen Schlagzeilen, vom Waldsterben aber nehmen nur noch die unmittelbar Betroffenen – Waldbauern, Forstbeamte und ein paar Wissenschaftler – Notiz. Das Wort ‹Waldsterben›, das noch vor kurzem Angst und Schrecken verbreitete, ist zum kraftlosen Leer–Begriff degeneriert, der abstrakt und wertfrei klingt und kaum noch Emotionen weckt – so, als ginge es um ein Ereignis auf der anderen Seite der Welt."

Informationen über die aktuellen Gefahren, die uns aus den Begleiterscheinungen der technischen Errungenschaften unserer Zivilisation erwachsen, sind die Voraussetzung für Überlegungen und Erkenntnisse, mit deren Hilfe die Bedrohung abgewendet werden könnte. Beide aber reichen nicht aus; erst ein der Situation angemessenes *Gefühl der Angst und Wut* kann dafür sorgen, daß Menschen aktiv und kreativ werden, handeln, weiterdenken und Forderungen stellen.

Kognitionen können aber auch dem Versuch dienen, diese Gefühle zu unterdrükken, Zusammenhänge zu verschleiern. Letzteres geschieht z.B. dadurch, daß seit einiger Zeit in den Medien von *Naturkatastrophen* (man denkt an Blitzschlag und Erdbeben) die Rede ist, wo es treffender *Menschenkatastrophen* (Waldsterben, Treibhauseffekt usw. usf.) heißen müßte, da es sich um Zerstörungen handelt, die vom Menschen – und zwar insbesondere von seinem Verstand, seinen Kognitionen – verursacht werden und daher auch von ihm zu verantworten und zu beeinflussen sind.

Ersteres geschieht vor allem durch Diffamierung der Emotion, ihrer Gleichsetzung mit Irrationalität, der Erzeugung von Angst vor der Angst, denn diese münde ja bekanntlich in Panik und somit Chaos. Die allgemein eher positiv bewerteten, hier wichtigen Emotionen, etwa die Liebe zum Leben oder zur Natur (was eng miteinander verknüpft ist), bleiben unberücksichtigt.

Alle *Warnungen und Hilfeschreie* bezüglich Ozonloch und Klimakatastrophe haben noch nicht einmal dazu geführt, daß Industrie und Verbraucher auf ihr *Treibgas* in ihren Scheiß–Spraydosen verzichtet haben – und das, obwohl das Sprühen mühelos

Verhalten & Denken

Tunner formuliert aus der Einsicht in die begrenzten Möglichkeiten, Gefühle durch gedankliche Anstrengung wirklich zu verändern und nicht nur zu unterdrücken, für therapeutisches Handeln sehr pointiert: „Im Bereich des Neurotischen ist dieser Sachverhalt besonders deutlich: Trotz der richtigen Einsicht in die Harmlosigkeit einer Schlange, bricht bei ihrem Anblick panische Angst aus. In unzähligen Beispielen ließe sich die relative Unabhängigkeit des Emotionalen von der Logik des Denkens im Bereich des Sozialverhaltens und somit bei komplexen neurotischen oder gar psychotischen Störungen demonstrieren. Für die Therapie hat diese Beobachtung die Konsequenz, daß wir den kognitivistischen Methoden keine Bedeutung beimessen. Die Stärke der Verhaltenstherapie dürfte gegenüber vielen anderen Therapierichtungen gerade in der Tatsache gelegen sein, daß sie weniger auf das achtet, worüber die Leute reden, sondern mehr auf dasjenige, was sie tun. Steht das Handeln im Vordergrund von Diagnose und Therapie, so wird aber sogleich klar, welche Bedeutung die emotionalen Vorgänge für seine Motivation besitzen. Das Reden hat gewöhnlich auf das, was wir tun, nur insofern Einfluß, daß wir sehr viel Zeit dafür verwenden." Das ist das Beste, was ich zu diesem Thema je gelesen habe!

„Wirklich betroffen sind wir von der Umweltzerstörung nur dort, wo sie schneller voranschreitet als die gleichzeitige Degeneration unserer Wahrnehmungsfähigkeit" *(Meyer–Abich)*.

Die Frucht des Geistes

Auch unsere friedliche Technik, mit der heute die Menschheit dem Planeten ihren Alltag abgewinnt, birgt ihr Unheilspotential in sich – ein absichtsloses, nicht jähes, sondern schleichendes, das mit kürzeren oder längeren Karenzzeiten ihre gewollten und oft so benötigten Werke gerade im Erfolg wie ein wachsender Schatten begleitet.

Die Karenzzeiten sind Gnadenfristen, die im Vormarsch des Fortschritts schrumpfen. Das auf tausend Wegen sich Heranstehlende zu vermeiden ist schwerer als die einmalig–eindeutige Untat des Krieges. Die Wahl einfacher Tatenthaltung ist uns da versagt... Aber eine neuere und gefährlichere Flut rast jetzt darinnen und schießt zerstörend nach außen – die überschießende Kraft unserer Kulturtaten selber. Von uns her öffnen sich die Lücken, wir schlagen die Breschen, durch die sich unser Gift über den Erdball ergießt, die ganze Natur zur Kloake des Menschen verwandelnd. So haben sich die Fronten verkehrt.

Wir müssen mehr den Ozean vor uns als uns vor dem Ozean schützen. Wir sind der Natur gefährlicher geworden, als sie es uns jemals war. Am gefährlichsten sind wir uns selbst geworden, und das durch die bewundernswertesten Leistungen menschlicher Dingbeherrschung. Wir sind die Gefahr, von der wir jetzt umrungen sind – mit der wir hinfort ringen müssen. Ganz neue, nie gekannte Pflichten erstehen daraus dem rettenden Gemeindrang.

Jonas

Eine ungehaltene Rede vor dem Deutschen Bundestag

Was aber ist aus uns geworden? Was die Politik, die Politiker machten und machen, ist eine Mord– und Mörderpolitik von Anfang an, eine unaufhörliche Kette von Kriegen gegen den Menschen und die Erde selbst. Eine immer riesigere militärische und nichtmilitärische Vernichtungsmaschinerie dokumentiert einen immer tieferen Fall des Menschen in die Katastrophe, aus der zu entfliehen er immer weniger in der Lage ist, aus der zu entkommen er schließlich kein anderes Mittel weiß als den selbstmörderischen Tod. Und das von Menschen geschaffene Sterben der Kreatur, die toten Tiere und die toten Pflanzen, sind nicht nur die stumme Folge menschlichen Verbrechens, sie sind das laute Weinen der Erde über ihr Elend.

Dieser Planet ist unsere Polis und Heimat. Vor langer Zeit hat sich die Erde als eine dazu bereite gezeigt. Es war nicht wenig, was sie dazu einbrachte, denn es braucht viel, des Menschen Erde zu sein. Es brauchte dazu Milliarden Jahre an Zeit, es brauchte ein ganzes Universum dazu. Es mußten fremde Sonnen entstehen und vergehen, damit die Erde sich aus deren Stoffen bilden konnte, und es brauchte nach ihrer Entstehung wiederum Zeit und Geduld, und es brauchte vor allem Verstand über unseren Verstand hinaus, bis der Reichtum und die Schönheit der Erde sich in ihrer Flora und Fauna zu einem Ausmaß über unser Begreifen hinaus auch für den Menschen entfalteten. Es ist Verstand in der Sache. In einem einzigen Fliegenauge ist mehr Verstand verborgen als in Tausenden Jahren menschlicher Politik. Die Erde hatte dem Menschen vertraut, als sie ihm Raum gab zum Leben. Aber der Mensch hat es nicht gedankt.

Er hat nichts begriffen. Was die Erde in langer geduldiger Sorgfalt aufgebaut hatte, hat er in nahezu einem Augenblick zerstört. Er hat sich als Schläger entpuppt, der alles zerschlug, der in der Tollheit seines angeblichen Fortschritts demnächst sein Haus und sich selbst in die Luft sprengt, die diesen Namen Luft schon längst nicht mehr verdient, weil sie nicht mehr nach Erde riecht, sondern nach menschlicher Politik stinkt. Daß aus der Erde geworden ist, was aus ihr geworden ist, eine mißhandelte und verunstaltete, ein Gift– und Müllplanet zwischen Leben und Tod, das ist nicht ihre Schuld, das ist des Menschen Schuld.

Wenn die Erde sich retten will, muß sie sich vor dem Menschen retten. Sie muß die menschlichen Metastasen beseitigen. Es bleibt ihr nichts als eine Radikalkur. Und so wird der Mensch, wenn er demnächst sich tollen Sinnes mit seinen Friedenswaffen verkocht und verstrahlt haben wird, an seinen Bomben und seiner Dummheit gestorben sein, aber hinter dieser Wahrheit wird eine andere Wahrheit liegen, nämlich die, daß die Erde den Menschen ausgespien haben wird, daß sie in der nuklearen Hölle, die der Mensch ihr antut, sich zugleich von ihrem unzurechnungsfähigen Höllenfürsten befreit.

Es kann sein, daß sie selber dabei stirbt, daß sie leer und ausgebrannt um eine vergebliche Sonne kreist. Es kann aber auch sein, daß sie überlebt, daß sie aus Krämpfen und Fiebern durch den myriadenfachen Tod ihrer Tiere und Pflanzen hindurch wieder erwacht, daß sie um sich sammelt und bewahrt, was sie noch hat und daß es ihr gelingt, zu leben. Sie wird viel Zeit brauchen, aber wenn sie überlebt, wird sie einmal das ihr von Menschenhand bereitete Sterbekleid ablegen und sich von neuem schmücken. Sie wird wieder grünen und blühen und Pflanzen und Tieren Leben geben und den Menschen vergessen wie einen schlimmen Traum.

Ranke–Heinemann

Sehr verehrte Frau Professor Uta Ranke–Heinemann,

ich habe Ihre „ungehaltene Rede vor dem Deutschen Bundestag" vom September des Jahres 1984 zweimal gelesen, und dabei ist mir beide Male etwas passiert, was ich beim Lesen eigentlich sonst noch nie gespürt habe: mir wurden die Augen feucht. Vielleicht vor Begeisterung, vielleicht vor geteilter Wut, Angst und Depriminiertheit, vielleicht vor Rührung – ich weiß es nicht. Aber eines weiß ich genau, daß ich niemals in meinem Leben etwas Aufregenderes gelesen habe.

Ihr gleichermaßen gerührter wie ergebener Leser

Wolfgang Rost

Nicht darüber, ob wir aussterben, läßt sich heute noch streiten. Die Tatsache selber steht fest. Die Frage, um die es allein gehen kann, ist die, ob es schon soweit ist... Wer sich die Mühe macht, die überall schon erkennbaren Symptome der beginnenden Katastrophe zur Kenntnis zu nehmen, kann sich der Einsicht nicht verschließen, daß die Chancen unseres Geschlechts, die nächsten beiden Generationen heil zu überstehen, verzweifelt klein sind.

Das Eigentümlichste an der Situation ist, daß niemand die Gefahr wahrhaben will. Wir werden daher aller Voraussicht nach als die Generation in die Geschichte eingehen, die sich über den Ernst der Lage hätte im klaren sein müssen, in deren Händen auch die Möglichkeit gelegen hat, das Blatt noch in letzter Minute zu wenden, und die vor dieser Entscheidung versagt hat. Darum werden unsere Kinder die Zeitgenossen der Katastrophe sein und unsere Enkel uns verfluchen – soweit sie dazu noch alt genug werden...

Während wir ohne Betroffenheit zur Kenntnis nehmen, daß es in Mitteleuropa in zwanzig Jahren keine zusammenhängenden Waldgebiete mehr geben wird, sorgen wir uns um die Inflationsrate.

Bei näherer Betrachtung erweist sich die öffentliche Seelenruhe, die nicht zu stören man uns mahnt, als eine seltsam unwirkliche Bewußtseinsverfassung. Unsere Gesellschaft gleicht einem Menschen, der ahnungslos in einem Minenfeld umherirrt und sich dabei mit Sorgen um seine Altersversorgung quält.

Von Ausweglosigkeit kann keine Rede sein. Die Wege, die uns sogleich aus aller Gefahr führen würden, sind ohne Schwierigkeiten zu erkennen. Wir werden jedoch von allen diesen Möglichkeiten zu unserer Rettung schlicht und einfach keinen Gebrauch machen.

v. Ditfurth

Es ist bereits zu spät

SPIEGEL: Als sie 1972 die Studie „Grenzen des Wachstums", eine Auftragsarbeit des *Club of Rome*, veröffentlichten, sorgte das zwar für Aufsehen, wurde aber nur von wenigen ernstgenommen. Jetzt reden manche Regierungschefs so, als ob sie bei Ihnen abgeschrieben hätten. Stimmt das nicht optimistisch?
MAEDOWS: In gewisser Weise ja. In der Frage des drohenden Klimawandels arbeiten Regierungen erstmals zusammen, um ein zukünftiges Umweltproblem zu vermeiden. Normalerweise werden sie erst aktiv, wenn der tatsächliche Schaden bereits so groß ist, daß er nicht mehr ignoriert werden kann. Aber grundsätzlich bin ich nicht optimistisch, denn auch in den laufenden Diskussionen bemüht man sich nicht um grundlegende Veränderungen, um die Wachstumsdynamik in unserer endlichen Welt zu begrenzen.
SPIEGEL: Wieviel Zeit bleibt denn Ihrer Meinung noch, das Steuer herumzureißen?
MAEDOWS: Jetzt ist es bereits zu spät. Die Umweltbedingungen haben sich schon so verschlechtert, daß wir bald nicht einmal die gegenwärtige Weltbevölkerung ernähren und unseren angenehmen Lebensstandard erhalten können.
SPIEGEL: Was aber, wenn sich die grünen Lippenbekenntnisse der Politiker nun sehr rasch in konkretes Handeln verwandeln sollten?
MAEDOWS: Unser Gesellschaftssystem verfügt über eine Dynamik, die sich nicht so einfach stoppen läßt. Die Welt rast wie ein Auto auf einen Wald zu. Auch wenn wir jetzt sofort versuchten stehenzubleiben, wäre der Bremsweg zu lang. Ein Aufprall läßt sich nicht mehr vermeiden.
SPIEGEL: Auf welchen Baum werden wir denn knallen?
MAEDOWS: Die Fahrgeschwindigkeit des Autos ist entscheidend, nicht die Frage, welcher Baum es denn sein wird. Solange wir weiter auf das Gaspedal treten, könnte es das Ozonloch, die Bodenerosion oder das Verseuchen der Trinkwasserreserven sein, und wenn es gelingen sollte, mit Hilfe modernster Technologien eines dieser Probleme zu vermeiden, wird uns ein anderes einholen.
SPIEGEL: Wäre das dann das Ende der Menschheit?
MAEDOWS: Als Gattung werden wir wohl überleben, aber nicht die ressourcen–intensive Zivilisation, wie wir sie heute kennen.
SPIEGEL: Halten Sie in der Zukunft Umweltkriege für unvermeidbar?
MAEDOWS: Überbevölkerung, die zwangsläufig zu Armut und Spannungen führt, verschärft schon heute viele Konfliktherde in der Welt.
SPIEGEL: Haben Sie manchmal Lust, noch einmal ein großes, aufrüttelndes Buch zu schreiben?
MAEDOWS: Ich habe mich lange genug als globaler Evangelist versucht und dabei gelernt, daß ich die Welt nicht verändern kann. Außerdem verhält sich die Menschheit wie ein Selbstmörder, und es hat keinen Sinn mehr, mit einem Selbstmörder zu argumentieren, wenn er bereits aus dem Fenster gesprungen ist.
SPIEGEL: Haben Sie völlig resigniert?
MAEDOWS: Keineswegs. Ich habe nur die Grenzen sehr eingeschränkt, innerhalb derer ich mich verantwortlich fühle. Aber im kleinen Bereich gibt es sehr viele sinnvolle Dinge zu tun: Ich lehre an einer Universität und entwickle Computerspiele, die Studenten vielleicht wichtige Einblicke vermitteln können.
SPIEGEL: Welche?
MAEDOWS: Wie sich die Entscheidungsträger in den verschiedensten Ländern verhalten müßten, damit die Bevölkerungszahlen nicht weiter ansteigen und die Umwelt nicht auf Kosten kommender Generationen ausgebeutet wird.

„Betrachtet man die realen Wirkungen des interessenrationalen Handelns bis hin zur Umweltzerstörung und zur Erzeugung von Kriegen durch die Interessen von Machtgruppen, so scheint es nicht übertrieben, von der Irrationalität des Rationalen zu reden. Genauer sollte man vielleicht sagen, daß der praktische Verstand der praktischen Vernunft bedarf, das interessengeleitete begriffliche Denken der Wahrnehmung desjenigen Ganzen, das erst die wahren Interessen des Individuums und der Gruppe erkennbar macht... Man könnte das nächste Erkenntnisziel in diesem Zusammenhang die Einsicht in die Rationalität des Irrationalen nennen" *(v. Weizsäcker)*.

" ... aber dafür sparen wir etwas an Heizkosten!"

auch ohne Treibgas möglich ist. Die Menschheit wandelt mit einem nicht zu begreifenden Brett vor dem Kopf durch die Gegend!

Ähnlich befremdlich ist die Diskussion um *Tempo 100* auf unseren Autobahnen. Tausende Tote, Zigtausende Schwerverletzte, Milliarden, wahrscheinlich (anteilig an anderen umweltvergiftenden Faktoren) Billiarden von toten Bäumen, ganz zu schweigen von den unzähligen toten Pflanzen, Rehen, Hasen, Igeln, Katzen und und und jedes Jahr weniger um den lächerlichen Preis, daß wir nicht mehr wie die Irren auf den Autobahnen rumkajolen können – aber nein, die Mehrheit (und die Industrie) ist dagegen, die Wählerstimmen wären nicht mehr gesichert.

Und dann die folgenlose Hysterie um *Tschernobyl*. Die ganze Nation war in Aufruhr. Ein an die grenzenlose Dummheit des homo sapiens noch nicht gewöhnter Außerirdischer hätte annehmen sollen, daß nach dem Reaktorunglück

a) weltweit alle Kernreaktoren abgeschaltet würden,
b) bei den darauffolgenden Bundestagswahlen die Grünen (oder eine andere Umweltpartei) mindestens 86% der Wählerstimmen bekämen,
c) die Nation den Energieverschwendungsgürtel sehr viel enger schnallen würde.

Nichts von alledem ist eingetreten!

Und dann die *Rheinvergiftung*, das *Robbensterben*, die *Dünnsäureverklappung in der Nordsee*, die nach Umweltgesichtspunkten nur kriminell zu nennende *Müll– und Sondermüllagerung*, die, die ... eine *schier unbegrenzte Liste*.

Liste der wichtigsten bekannten Umweltschäden

O Waldsterben
O Zu wenig Ozon in der Stratosphäre (*Ozonloch*)
O Vergiftung des Wassers (Regen–, Grundwasser, Flüsse, Meere)
O Vergiftung der Atemluft
O Vergiftung des Erdbodens
O Abholzung der Wälder
O Ausrottung der Arten (Pflanzen & Tiere)
O Klimaschock

> Was muß eigentlich *noch* passieren, bis diese gottverdammt–dämliche Spezies Mensch aufwacht?

Von Rechts wegen sollte man erwarten, daß die paar Außenseiter, die diese Umweltkatastrophe begreifen, entweder in Depressionen versinken oder zumindest die Segel streichen und sich (und ihren wenigen Nachkommen) eine ökologische Nische auf diesem Erdball für die nächsten 5–50 Jahre suchen (und so ihre persönlichen Schäfchen ins trockene bringen). Weit gefehlt. Der Mensch ist von einem ebenso unrealistischen wie unbegreiflichen *Optimismus* beseelt, so daß er sich, getreu nach dem lutherischen Satz von dem Apfelbäumchen, noch 5 nach zwölf daranmacht, etwas zu ändern. Was tun? Wir können *politisch* wirken: die Grünen wählen oder, wie es der STERN angeregt hat, an Bundeskanzler *Dr. Helmut Kohl* (Bundeskanzleramt, Adenauerallee 141, 5300 Bonn 1) schreiben:

Sehr geehrter Herr Bundeskanzler,
bitte ergreifen Sie die Initiative,
und bringen Sie ein Gesetz zur
Änderung des Grundgesetzes ein,
das zum Ziel hat, dem Umweltschutz
den Rang eines Grundrechts zu geben.

Mit freundlichen Grüßen

Für das Jahr 1989 hat der deutsche Professor an der Technischen Universität in Berlin, *Lutz Wikke*, die zur Rettung der Natur *notwendigen Kosten* im Vergleich zur Schadenshöhe der Naturzerstörung (soweit man die überhaupt beziffern kann!) berechnet:

O *Säuberung und Reinhaltung der Gewässer*:
7 Milliarden DM, das sind pro Kopf der Bevölkerung rund 115 Mark im Jahr. Dem steht ein jährlicher Schaden durch die Verunreinigung der Gewässer von 20 Milliarden Mark gegenüber.

O *Reine Luft*:
6 Milliarden (pro Kopf 100 Mark im Jahr) bei einem Schaden von 30 Milliarden.

O *Boden– & Naturschutz*:
6 Milliarden (noch mal 100 Mark pro Kopf im Jahr) bei einem geschätzten jährlichen Schaden von 27 Milliarden.

Selbst wenn man die Beträge anzweifelt, so zeigen sie doch zumindest die Größenordnung von Schaden und Kosten auf.

Sind wir *kämpferisch*, so schreiben wir vielleicht mehr oder minder gesalzene & gepfefferte *Leserbriefe* an den STERN oder den SPIEGEL.

Oder wir *spenden* unsere Kirchensteuer

GREENPEACE

Leserbriefe

Ihre Frage, wer die Erde rettet, beantwortet sich ganz einfach: Die Erde rettet sich selbst, indem sie sich dieser lästigen Spezies *Mensch* entledigt. Der Mensch braucht die Erde, aber diese braucht den Menschen nicht.

Königsbrunn (Bayern)
Georg Walter

Man muß sich eigentlich fragen, ob Aids wirklich eine so schreckliche Katastrophe für die Welt darstellt. Wenn man einmal diese christliche Betroffenheitsduselei beiseite läßt, könnte man dann Aids nicht vielleicht als einen Reinigungsprozeß, als eine überfällige Notwehrmaßnahme von seiten der Natur ansehen? Um diesen Augiasstall zu säubern, ist vielleicht eine sehr große Mistgabel notwendig, nachdem die Menschheit zu ihrer eigenen Rettung ja offensichtlich zu blöde ist. Wir haben die Natur seit Jahrhunderten wie Dreck behandelt. Können wir es ihr vorwerfen, daß sie nun endlich zurückschlägt?

Recklinghausen
Klaus–Peter Kubiak

Was soll ich einmal meinen Enkeln erzählen, wenn sie mich nach Wald, Vögeln, sauberer Luft, klarem Wasser, blauem Himmel, weißem Schnee fragen? Ich weiß es nicht!

Erwitte (Nrdrh.–Westf.)
Georg Lohrer

Die Generation der heute Regierenden hat die langsame globale Vernichtung nicht begriffen. Meine Generation kann heute schon mit dem Verfluchen beginnen. Denn was gibt es Schrecklicheres als die bewußte Ausrottung der Arten oder daß Ölfrachten unberührte Landstriche für immer verseuchen, die Nordsee vor unseren Augen stirbt und der tropische Regenwald in seiner unbegreiflichen Mannigfaltigkeit abgeholzt wird? So laßt uns denn ins Himalaya–Gebirge ziehen, es ist soweit, das Wasser steigt.

Wyk (Schlesw.–Holst.)
Erk Roeloffs

DER SPIEGEL

Earth First

Millet Davis und Baker sind Missionare in Sachen Umwelt, denen die Staatsanwaltschaft vorwirft, sie hätten nicht nur die Überlandleitung in der Wüste, sondern auch Atomkraftwerke angreifen wollen. Als *Öko–Terroristen*, Mitglieder der radikalen Umweltschutzgruppe Earth First, stuft sie das FBI ein.

Bei der Definition von Terror allerdings ist die Staatsgewalt auch in den USA nicht zimperlich. Einen Terrorakt etwa begeht in den Augen des FBI–Beamten David Small jeder, der aufgrund politischer oder sozialer Ziele gegen Bundes– und Staatsgesetze oder lokale Vorschriften verstößt – ein engmaschiges Netz, in dem sich Bürgerrechtler Martin Luther King mit seinem zivilen Ungehorsam gewiß verfangen hätte. Jetzt fiel es über die drei vom Wüsten–Kommando und David Foreman, den Kopf von Earth First. Die Anklageschrift wirft ihm vor, Teil einer *Verschwörung* gewesen zu sein.

Noch nie haben Strafverfolger in den USA so hart gegen Umweltschützer zugeschlagen, andererseits aber haben amerikanische Umweltschützer auch noch nie so offen die Sprengung von Strommasten sowie das Übermalen und Absägen großflächiger Werbeschilder entlang der Highways propagiert. Wir haben die Landschaft befreit und Reklametafeln geerntet, pflegen Earth–First–Aficionados zu sagen.

Was sie sonst noch ankündigen – die Zerstörung von Planierraupen und Langholz–Lastwagen etwa –, stand ebenfalls nicht im Öko–Brevier der amerikanischen Umweltschutzbewegung, bevor Earth First diese subversiven Ideen im Westen verbreitete.

Mit einer Nacht Verspätung fing das FBI dann auch noch Peg Millett, eine Halbschwester der Feministin Kate Millet. Im Gefängnis der Staatshauptstadt Phoenix sitzt sie jetzt in Untersuchungshaft.

Öko–Terrorismus? Da weiten sich ihre Augen, und sie gerät in Fahrt: „Absolute Pazifisten sind wir, und, egal was das FBI sagt, wir wollen niemanden verletzen. Das FBI", bricht es aus ihr heraus, „lügt!, sie wollen dich einschüchtern." Nur langsam hatte sich Millett an Earth First herangetastet, zunächst machte das Macho–Image hart trinkender Wildnis–Freaks sie mißtrauisch. Davor hatte sie bei *respektablen* Umweltschutzorganisationen gearbeitet – bis ihr die Geduld riß.

Ungeheuerlich nennt sie die Verwüstung des amerikanischen Westens durch habgierige Eroberer, die seine Bodenschätze an sich bringen, die klare Luft über den Wüsten und Wäldern verpesten und am Wochenende mit allradgetriebenen Vehikeln lärmend breite Furchen durch Canyons und Plateaus pflügen.

Den amerikanischen Osten, trauert Earth–First–Mitbegründer Foreman, haben die Umweltzerstörer bereits total an sich gebracht. Jetzt greifen sie nach dem Westen. Im Pazifikstaat Oregon giert die unersättliche Holzindustrie nach den uralten Wäldern. In Colorado, Montana und Wyoming zerstampfen die Hufe zu vieler auf öffentlichem Land grasender Rinder die Prärie, der Abbau von Kupfer, Uran und Kohle zerklüftet Arizona ebenso wie New Mexico und Wyoming.

Peg Millett will *diesen Wahnsinn stoppen*. Edward Abbey, ohne den Millett vielleicht nicht im Gefängnis von Phoenix säße, verstand ihre Entschlossenheit. Der exzentrische Schriftsteller und Anbeter der Wüste säte Subversion und sah die Saat noch aufgehen, ehe er, im März dieses Jahres, starb.

1975 hatte er jenen Roman veröffentlicht, der etliche radikale Umweltschützer inspirierte „The Monkey Wrench Gang" („Die Universalschraubenschlüssel–Bande"). Er erzählt die Geschichte einer Guerilla von vier zivilisationsmüden Anarchisten, die den Westen in einen Urzustand zurückversetzen wollen – ohne Staudämme und Straßen, Reklameschilder und Touristen.

Die anderen Ökologen mögen Anthropozentriker sein – für Foreman und seine Freunde ist der Mensch nur eine von tausend Arten, nicht mehr und nicht weniger als ein Grizzlybär.

Kilian

Oder wir gründen gar einen deutschen Ableger der radikalen amerikanischen Umweltschutzgruppe EARTH FIRST und sprengen mit Gleichgesinnten Überlandmasten der regionalen Stromerzeuger–Konzerne in die Luft (das letztere ist natürlich außerhalb jeglicher Legalität und soll keinesfalls empfohlen werden). Ich selbst meine, daß der Blödsinn mit dem *Bücherschreiben* noch was bringt – welch wahrscheinlich wüster Wahn: *wer* liest die und *wer* von den Lesern tut dann was? Sie etwa?

Emotionen

Physiologie der Emotionen * Aufbau emotionaler Äußerungen * Parteien

„Das Wortfeld ist groß: Gefühl, Emotion, Affekt, Empfindung, Trieb, Leidenschaft, Instinkt, Stimmung, Laune, Temperament, Motivation – viele Wörter besetzen das Feld, einige mögen mehr oder weniger das gleiche bedeuten, niemand und nichts grenzt sie verbindlich gegeneinander ab“ *(Zimmer)*. Setzen wir mit *Zimmer* vielleicht nur *Gefühl* zu *Emotion* in Beziehung: „Ein Gefühl ist ein Augenblickszustand: wie man sich gerade fühlt. Eine Emotion oder ein Affekt ist ein zeitlicher Ablauf, dessen einzelne Momente sich durchaus anders anfühlen können… So werden notwendig nur heftigere und längere Gefühle (richtiger: Gefühlsprozesse) den Namen Emotion verdienen.“ Obwohl der gerade entgegengesetzte Sprachgebrauch eines Gefühls als ein komplexes Emotionskonglomerat auch üblich ist, möchte ich mich der *Definition* und Sichtweise von *Zimmer* anschließen.

In der Literatur wird oft mit *Tomkins* die Unterscheidung in *Emotionen und Triebe* getroffen. Dazwischen wären dann die *Motive* anzusiedeln, die mehr die aus dem Organismus selbst entstammenden Reize und Signale bewerten respektive repräsentieren und dem Bewußtsein in Form einer antreibenden Kraft vor Augen führen. Demgegenüber bewerten die Emotionen die äußere Lage, die Umweltsituation. Beides läßt sich aber nicht voneinander trennen, da eine Bewertung der Umweltsituation immer in bezug auf die innere Situation des Organismus vorgenommen wird und die Bewertung der letzteren ihrerseits wiederum auch nicht von der der äußeren Situation zu trennen ist. Als Hauptunterscheidungskriterium für *Emotionen–Motive–Triebe* gilt auch noch die *Triebhaftigkeit*, d.h. der Antriebscharakter der Empfindungen, der uns zu einer mehr oder minder spezifischen *Endhandlung* drängt, die dann das Triebsignal beseitigt.

Ohne im einzelnen auf die Unterscheidungen eingehen zu wollen, die *Izard* etwa am Begriff der Freiheit, bezogen auf Triebe und Emotionen, unternimmt (wobei die Triebe quasi *zwingender* als die Emotionen sein sollen), hier nur eine kurze Stellungnahme zu seiner Einordnung von *Sexualität* in die Kategorie *Triebe*, von *Interesse/Erregung* hingegen in die Kategorie *Emotionen* in der von ihm aufgeführten *Taxonomie von Affekten und Affektinteraktionen*. Die Entscheidung, was ein Trieb, was demgegenüber eine Emotion sei, wird im wesentlichen wie folgt begründet: „Die Triebe ergeben sich aus Defizit oder Veränderungen im Gewebe, die in der Natur gewöhnlich zyklisch sind. Emotionen sind erlebnishaft/motivationale Phänomene, die von Gewebebedürfnissen unabhängige Anpassungsfunktion haben.“

Daraufhin wird die Sexualität mit Hunger und Durst als Trieb betrachtet, Interesse/Erregung als Emotion. Diese Differenzierung erscheint allerdings recht fragwürdig, wenn man bedenkt, daß einerseits Neugier– und Explorationsverhalten mit dem subjektiven Gefühl des Interesses gleichermaßen wie sexuelle Betätigung mit sinnlichem Lustgefühl Bedürfnissen des Organismus folgt (in beiden Fällen führt starke Restriktion zu psychischen wie physischen Problemen), andererseits hier ein Vorenthalten der Be-

Gedanken zum Angreifen

Gefühle lassen sich nicht auf Gedanken reduzieren, da sie etwas Gedanken Anhaftendes sind, so wie Farben, Töne, Gerüche, Geschmäcker, Temperatur, Härte, Rauhigkeit Gegenständen anhaften und sich nicht auf Gegenstände reduzieren lassen. In Analogie zu Gestaltqualitäten könnte man Gefühle als *Erlebnisqualitäten* und *Gedankenqualitäten* bezeichnen.

Genau wie jeder Gegenstand Farbe hat, wird jedes Erlebnis und jede Vorstellung von Gefühlen begleitet. Selbst *gefühllos* ist ein Gefühl, so wie *farblos* eine Farbe, *geschmacklos* einen Geschmack bezeichnet. Außer wenn sie bewußtlos sind, haben Menschen immer Gefühle, selbst wenn sie sich derer nicht bewußt sind, z.B., wenn sie ihre Aufmerksamkeit auf etwas anderes richten. Erlebnisse, Vorstellungen und Handlungen sind sogar meistens von mehreren Gefühlen gleichzeitig begleitet – genau wie menschliche Handlungen im allgemeinen aus mehreren gleichzeitigen Gründen ausgeführt werden.

So, wie man Gedanken über Gedanken haben kann, z.B. den Gedanken *Was ich da eben dachte, war ein Geistesblitz*, kann man Gefühle über Gefühle haben, z.B. sich seines Hasses schämen oder auf seinen Mut stolz sein.

Brandt

Die Macht der Gefühle – Gefühlstheorien

Alles, was geschieht, geschieht aus Gefühlen – seien sie auch noch so verzerrt und verdrängt. Gefühle erst geben unserem Denken und Tun Antrieb und Richtung. Um so bedauerlicher, daß die „Logik des Herzens“ bislang von der Psychologie nur so dürftig abgehandelt wurde. Von dieser wissenschaftlichen Gefühlsarmut zeugt besonders die überaus einflußreiche „Zwei–Faktoren–Theorie“ von Schachter und Singer, mit der Rainer Reisenzein von der FU Berlin im „Psychological Bulletin“ (Vol. 94/2) hart ins Gericht geht.

Mit ihrer zu Beginn der sechziger Jahre veröffentlichten Kognitiven Theorie der Emotionen, die in die akademische Seelenforschung einschlug wie Freuds „Studien über die Hysterie“ in die Geschichte der Psychoanalyse, haben die amerikanischen Sozialpsychologen unser Gefühlsleben zu einer „intellektuellen“ Angelegenheit „veredelt“. Weithin akzeptierte Grundlage der Lehre ist die Annahme, daß die menschlichen Emotionen ihre Wurzeln in einer körperlichen Erregung haben. Dieser „Aufruhr“, von dem u.a. Puls, Blutdruck, Körpertemperatur und andere „Untergebene“ des autonomen Nervensystems erschüttert werden, sei jedoch undifferenziert und sehe bei allen gefühlsanregenden Situationen gleich aus. Die feine affektive Tönung komme hingegen erst dadurch ins Spiel, daß das Individuum die (sozialen) Umweltreize interpretiere und daraufhin seiner körperlichen Regung das entsprechende „Etikett“ verpasse. Eine „Aufwiegelung“ des Leibes ist somit zwar unabdingbar für jedes Gefühlserlebnis und bestimmt auch dessen Intensität, muß aber erst vom Kopf „getauft“ werden, um ihren besonderen Charakter zu erhalten. Die „Eintaxierung“ der körperlichen Rührung findet meist blitzschnell und unbewußt statt, so daß das Individuum in der Regel nur die „fertige“ Emotion registriert.

Einen – interessanten – Sonderfall stellt nach Schachter und Singer die Situation dar, in der ein Mensch von einer völlig unerklärlichen vegetativen „Wallung“ ergriffen wird, z.B. bei bestimmten Krankheiten und nach der unwissentlichen Einnahme aufputschender Drogen. Dermaßen „grundlos“ aufgewühlt, geht die Theorie weiter, sollte der Betroffene seine Fühler ausstrecken und die Umwelt nach jeder auch nur halbwegs befriedigenden Gefühls–Erklärung seiner Erregung durchkämmen. Das Geschichte machende Experiment, das diese Schlußfolgerung stützte, bestand darin, daß die Forscher einigen Versuchspersonen das vegetative Stimulans Adrenalin verabreichten und sie entweder offen über dessen Wirkungen aufklärten oder aber es als harmloses Vitaminpräparat ausgaben. Eine dritte Gruppe schließlich erhielt lediglich eine Placeboinjektion. Daraufhin wurden die ahnungslosen Probanden der ermunternden Anwesenheit eines ausgelassenen Spaßmachers oder der verdrießlichen Gegenwart einer Nervensäge ausgesetzt.

Wie vorhergesagt, ließen sich die aufgeputschten Versuchspersonen mit der Tarngeschichte von den Gefühlsminen „anstecken“, während sich ihre sachlich aufgeklärten Gefährten und die Placebo–Gruppe nicht beeinflussen ließen. Erst später wurde deutlich, daß das „bahnbrechende“ Experiment in mancherlei Beziehung schlampig inszeniert und die daraus abgeleiteten Schlußfolgerungen überzogen waren. So hatte es zum Beispiel durchaus etliche stimulierte Probanden gegeben, die (gefühls)kalt blieben, während andererseits genügend Placebo–Personen sich emotional animieren ließen.

Eine neue Versuchsdurchführung mit etwas höherer Adrenalin–Dosis, bemerkte Reisenzein, ergab sogar massive Anhaltspunkte dafür, daß dieses Reizmittel durch die Bank „miese Laune“ macht, wenn es uneingeweiht eingenommen wird. Ebenfalls auf Schachter–Singer–Boden gewachsen ist die Theorie des „Erregungs–Transfers“, wonach autonomer Aufruhr, der aus einer bestimmten Gefühls–Quelle (zum Beispiel einem Film) stammt, häufig längere Zeit andauert und – unbewußt – einem darauffolgenden emotionalen Erlebnis (zum Beispiel einem Liebesabenteuer) zugeschrieben wird. Tatsächlich zeigte sich auch, daß vegetativ aufrüttelnde Turnübungen die Reaktionen auf einen danach gezeigten Pornofilm verstärkten oder die romantischen Gefühle von Männern gegenüber einer attraktiven Frau anfeuerten. Eine andere Variante: Versuchspersonen fuhren nach einer Provokation stärker aus der Haut, wenn sie zuvor einen erotisch anregenden Streifen betrachtet hatten.

Daß jedoch auch der autonome Erregungs–Transfer nicht immer so reibungslos vonstatten geht, wie Schachter und Singer behaupteten, beweist ein besonders sorgfältig ausgeklügeltes Versuchsdesign, über das Psychologen der Universität Münster kürzlich in der Zeitschrift „Aggressive Behavior“ berichteten. In unterschiedlichem Maße verärgerte Versuchspersonen, die danach unterschiedlich fest in die Pedalen eines Fahrrad–Leistungsmessers treten mußten, durften es zu guter Letzt ihren Peinigern mit – harmlosen – Elektroschocks heimzahlen. Wider Erwarten machten die Probanden ihre Vergeltungsaktion nicht von der aufwühlenden Strampelei, sondern lediglich von der ursprünglichen Verärgerung abhängig. Menschen sind demnach offenkundig in der Lage, autonome Erregungen aus unterschiedlichen Quellen voneinander zu unterscheiden und sie nicht durcheinanderzuwerfen.

Doch auch andere Grundpfeiler der Zwei–Faktoren–Theorie sind ins Wanken geraten. So verdichten sich die Indizien dafür, daß die Stärke der körperlichen Erregung und die subjektive Emotion zwei Paar Stiefel sind. Menschen, die vom Nacken abwärts gelähmt sind und somit kaum noch vegetatives „feedback“ erhalten, fühlen dennoch Stimmungen und Emotionen. Wenn sie auch in einer Studie nicht so heftig auf hübsche Aktfotos „ansprachen“ wie Gesunde, berichteten sie doch in einer anderen von sogar noch gesteigerter Sentimentalität und Verzweiflung. Und wenn sie sich von den „schönen Seiten“ des Lebens tatsächlich nicht so mitreißen lassen sollten wie andere, mag dies eher an ihrer bedrückenden Lebenssituation liegen als an einer gestörten organischen Funktion, gibt Reisenzein zu bedenken.

Probanden, die durch sogenannte „Beta–Blocker“ experimentell von ihrer körperlichen Erregung, besonders der des Herz–Kreislauf–Systems, „abgeschnitten“ werden, haben deshalb in furchteinflößenden experimentellen Situationen kaum weniger Angst. Beta–Blocker halten zwar den Löwenanteil der autonomen Erregung im Herz–Kreislauf–System im Zaum und drosseln somit das „Herzflattern“, lassen aber offenbar die psychische Seite des Angstgefühls unangetastet. Als Beruhigungsmittel finden sie daher in der Medizin auch nur dann Verwendung, wenn die körperliche Dimension der Angst die Oberhand hat.

Zu einem besonders harten Schlag gegen das Singer–Schachtersche Gefühlsverständnis aber hat der renommierte amerikanische Gebärdenforscher Paul Ekman soeben ausgeholt (Science, Nr. 4616). Nach seinen Studien mit Schauspielern und Mimik–Experten weisen die Gefühle des Menschen schon tief in ihren körperlichen Wurzeln ihre individuellen Eigenarten auf.

Auf jeden Fall räumen seine theatralischen Experimente endlich mit der uneinfühlsamen Idee auf, daß es sich bei unseren Gefühlen nur um den immer gleichen vegetativen Wirbelsturm mit jeweils anderem Etikett handele. Schwer, sich vorzustellen, daß man die vielfältigen autonomen Empfindungen einer erotischen Erfahrung mit einem einfachen Denkakt zu einer vegetativen Ekelbekundung umdefinieren könnte. Oder daß, wie G. R. Taylor in seinem Buch „Die Geburt des Geistes“ (Fischer–Verlag, Frankfurt) mit gesundem Menschenverstand (und –gefühl) anzweifelt, ein Mensch, der um den Verlust eines nahestehenden Menschen trauert, sich auf einmal noch mehr grämt, bloß weil man ihm heimlich eine Adrenalinspritze verpaßt hat. Der Gießener Psychophysiologe Dr. Helmut Emrich stellt jetzt in seinem Buch „Psycho–physiologische Grundlagen der Psychiatrie und Psychosomatik“ (Huber–Verlag, Bern) sogar die Überzeugung in Frage, daß es zur Entstehung eines Gefühls überhaupt einer Erregung bedürfe. Dies sei nämlich lediglich bei „aktiven“ Emotionen (Lustigkeit, Ärger etc.) unabdingbar, nicht jedoch bei „stillen“ Emotionen wie Trauer und meditativer Beschaulichkeit. Mit immer feineren Untersuchungsmethoden dürfte sich demnach in der Zukunft immer deutlicher zeigen, daß die Regungen unseres Vegetativums kein dumpfer, primitiver Aufruhr sind, sondern eine fein abgestimmte Symphonie, die zu jedem bewußten Gefühlserlebnis ihre besondere Klangfarbe beisteuert. Was von der Schachter–Singer–Theorie übrigbleibt, ist laut Reisenzein die Einsicht, daß Rückmeldungen von unseren inneren Organen unter bestimmten Umständen Gefühlserlebnisse verstärken können. Und daß unser „Denkapparat“ möglicherweise in gewissen Grenzen tatsächlich eine bestimmte „Entscheidungsfreiheit“ hat, wie er die Körpersprache des Vegetativums interpretieren soll.

Degen

friedigungsmöglichkeiten, im Gegensatz zum Entzug von Nahrung und Flüssigkeit, nicht in naher Zukunft zum Ableben des Individuums führt.

> Ich halte nichts davon, die Dimension *Stärke des Antriebscharakters einer Empfindung* in drei Teile zu zerhacken: Triebe, Motive und Emotionen. Auch bei Emotionen i.e.S. wie Trennungsschmerz, Furcht, Neugier, Wut u.a.m. haben wir starke Antriebsmomente, die für ihre Ausprägung dann genauso des Anreizcharakters der äußeren Situation bedürfen, wie Motive i.e.S. das tun.

Den *engen Zusammenhang* zwischen Wahrnehmung der Umweltsituation, subjektivem Empfinden und Antriebscharakter erkannte *McDougall*, der in seinen „Grundlagen einer Sozialpsychologie" eine der frühesten *Zusammenstellungen elementarer Emotionen* präsentierte; er sprach von *Hauptinstinkten und primären Emotionen* (später Neigungen). „Wir können also den Instinkt als eine ererbte oder angeborene psychophysische Disposition definieren, welche ihren Besitzer befähigt, bestimmte Gegenstände wahrzunehmen und ihnen Aufmerksamkeit zu schenken, durch die Wahrnehmung eines solchen Gegenstandes eine emotionale Erregung von ganz bestimmter Qualität zu erleben und daraufhin in einer bestimmten Weise zu handeln oder wenigstens den Impuls zu solch einer Handlung zu erleben."

Dabei betonte er das unterschiedliche Ausmaß an Plastizität, an Beeinflußbarkeit durch Lernen, das den einzelnen Komponenten dieses *Instinktprozesses* eigen ist: „... d.h., die Erkenntnisvorgänge, durch die ein instinktiver Ablauf eingeleitet werden kann, werden stark verändert und kompliziert, auch die tatsächlichen Körperbewegungen, durch welche der instinktive Prozeß sein Ziel erreicht, können bis zum äußersten Maße kompliziert werden; während die emotionale Erregung mit der begleitenden Nerventätigkeit des zentralen Teils der Disposition der einzige Teil des ganzen instinktiven Prozesses ist, der seinen spezifischen Charakter behält und für alle Individuen und Situationen, in denen der Instinkt erregt wird, gemeinsam bleibt." Ich möchte im folgenden wie im Titel allgemein von Emotionen sprechen und von der *akademischen Zeranalysiererei*, wie sie etwas krampfhaft auch *Izard* noch betreibt, explizit Abstand nehmen.

Erfreulicherweise „... scheint sich in jüngster Zeit bei vielen Emotionstheoretikern die Einsicht immer mehr durchzusetzen, daß ‹Gefühl› und ‹Strebung›, ‹Emotion› und ‹Motivation›, ‹Fühlen› und ‹Wollen› untrennbar miteinander verbunden sind und im Grunde den gleichen Phänomenbereich umschließen" (*Schmalt*); und so geben denn auch andere Autoren implizit, vielleicht ohne es zu wissen und zu wollen, diese Unterscheidungen in ihren Abhandlungen auf.

Über die *subjektiven Gefühlsempfindungen* im Umfeld von Emotionen wurde Forschung in erster Linie in der Richtung betrieben, daß Emotionen nach Ähnlichkeit und Unähnlichkeit eingeschätzt wurden; diese Maße können über Clusteranalysen, multidimensionale Skalierung und Faktorenanalysen in eine Kategorisierung von Emotionen umgerechnet werden, *Dimensionen* können das Ergebnis dieser statistischen Analyse sein.

Izard schrieb ein Buch, „Die Emotionen des Menschen", mit einer prächtigen Aufmachung, einer guten Gestaltung (Layout, Illustrationen) und Gliederung, einer minimalen empirischen Grundlage, einer lächerlichen eigenen Untersuchung und einem mauen und lauen, allenfalls noch betulichen Inhalt (Stoffauswahl, Moral, Ethik, Weltanschauung). Ein Buch wie sein Titelbild: „Zum Weinen" – forget it!

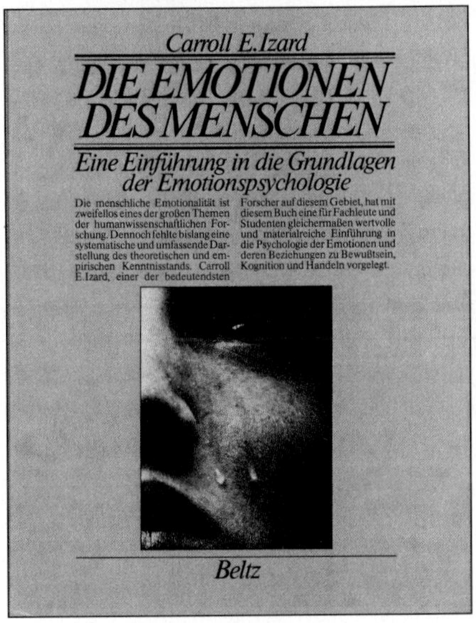

Ein atemberaubend gutes Konzept und ein immerhin noch lesenswerter Inhalt:

Physiologie der Emotionen

Die *physiologische Seite*, das körperliche Substrat und Korrelat von Emotionen, wird emsig und engagiert untersucht. Inwieweit jedoch diese Betrachtungsebene für den Umgang mit Emotionen von Bedeutung ist, läßt sich nur bezogen auf den jeweiligen Kontext entscheiden.

The best of all! Da steht eigentlich *alles dazu drin*:

B. Physiologische Grundlagen

„... ja, die Erkenntnis überhaupt ist nur als ein Gehirnphänomen bekannt, und wir sind nicht nur unberechtigt, sondern auch unfähig, sie andersartig zu denken" *(Schopenhauer)*.

4 Psychophysiologische Grundlagen

N. Birbaumer

Die Betrachtung der Physiologie der Emotionen soll unter folgenden drei Stichworten geschehen:

1. Vegetatives Nervensystem,
2. Hormone,
3. Zentrales Nervensystem (ZNS).

Körperliche Phänomene, die vor allem bei intensiven Gefühlserlebnissen subjektiv deutlich wahrgenommen werden können, wenn einem vor Schreck das Herz bis zum Halse schlägt oder der Angstschweiß ausbricht, standen schon früh im Zentrum wissenschaftlichen Interesses. Gegenstand der Betrachtung sind die Veränderungen im Organsystem, die auch oder ausschließlich *vegetativ* innerviert sind; erfaßt werden Parameter des Herz–Kreislauf–Systems, der Respiration, der Transpiration, der muskulären Aktivität.

Bei der Untersuchung der physiologischen Komponente von Emotionen lassen sich zwei grundsätzlich differierende Herangehensweisen unterscheiden: Eine geht von der Annahme aus, zu jeder Emotion gehöre ihr *spezifisches physiologisches Reaktionsmuster*. Man bemüht sich dementsprechend darum, dieses zu identifizieren, etwa indem versucht wird, experimentell eine bestimmte emotionale Reaktion zu induzieren, während verschiedene physiologische Parameter aufgezeichnet werden. Umgekehrt werden physiologische Prozesse beeinflußt, um auf diesem Weg bestimmte Emotionen hervorzurufen.

So fand *Ax* unterschiedliche physiologische Reaktionsmuster (Unterschiede in 7 von 14 gemessenen Parametern) bei seinen Probanden – unter ängstigenden und verärgernden Bedingungen. Die spezifischen Reaktionsmuster ähnelten solchen, die durch die Injektion von Adrenalin (*Angstmuster*) und von Noradrenalin (*Ärgermuster*) hervorgerufen werden können. Diese Befunde ließen sich aber nicht so ohne weiteres replizieren. Eine mögliche Erklärung dafür fanden *Funkenstein, King & Drolette*, die die *Ärger–Bedingung* noch einmal unterteilten, und zwar nach der Möglichkeit, den Ärger *rauslassen* zu können (*anger–out*) oder *runterschlucken* zu müssen (*anger–in*). Vier von sechs erhobenen Variablen differenzierten diese beiden Bedingungen voneinander, was darauf hinweist, daß die einfache Unterscheidung zwischen einem Ärger– und einem Angstmuster zu undifferenziert ausfällt. Interessant ist hier, daß die Ärgerverarbeitung, der Ausdruck, unterschiedliche physiologische Reaktionen bewirkte.

Insgesamt sind derartige Untersuchungen mit einer *Vielzahl von Problemen* behaftet: Werden alle wirksamen Einflüsse, die nicht ausgeschlossen werden können, beachtet (etwa die Verarbeitung)? Inwieweit können überhaupt *reine* Emotionen ausgelöst werden (oft ist ja mit dem gemeinsamen Auftreten mehrerer zu rechnen)? Ist einerseits das wirkliche Ängstigen im Experiment ethisch vertretbar, und sind andererseits *gespielte* Emotionen mit *echten* vergleichbar? Ist Vergleichbarkeit der verschiedenen Emotionen hinsichtlich ihrer Intensität gewährleistet? Sind die relevanten physiologischen Parameter ausgewählt worden?

Andere Untersuchungen, bei denen versucht wurde, mit Hilfe der *Induktion sympathischer Erregung* Gefühle hervorzurufen, zeigten, daß diese allein nicht ausreicht; vielmehr mußten zusätzlich äußere oder innere Emotionsreize vorhanden sein. So reagierten etwa speziell Angstpatienten (nicht aber gesunde Probanden in einem emotionsneutralen Kontext) in manchen Fällen auf Gabe von sympathikusaktivierenden Substanzen (z.B. Adrenalin) mit typischen Angstanfällen.

Die andere, in der Vergangenheit dominierende Perspektive beruht hingegen auf der Annahme, Gefühle seien mit *unspezifischer physiologischer Erregung* verbunden bzw. entständen aus einer Kombination von unspezifischer physiologischer Erregung und kognitiver Interpretation situativer Bedingungen (Zwei–Komponenten–Theorie von *Schachter & Singer*). Verschiedene aus dieser Perspektive durchgeführte Untersuchungen machten deutlich, daß Emotionen, vor allem hinsichtlich ihrer Intensität (physiologische Parameter als Aktivierungsmaß), durch physiologische Erregung beeinflußt werden können, ebenfalls weisen sie auf die Auswirkungen von Kognitionen und Attributionsprozessen hin. Als Beweis für die These, Emotionen seien im Regelfall eine sekundäre Folge von unspezifischer physiologischer Erregung und kognitiven Attributionsprozessen, können sie allerdings mitnichten gelten.

Der *Einfluß vegetativer Veränderungen* auf emotionale Prozesse wird *therapeutisch* z.B. bei Biofeedback–Methoden, Autogenem Training, Progressiver–Muskel–Relaxation (PMR) genutzt. Diese Verfahren werden primär im Umgang mit Ängsten angewandt. Es zeigt sich, daß sie vor allem bei solchen Patienten wirkungsvoll sind, bei deren Angstproblematik physiologische Symptome eine wesentliche Rolle spielen. „Demnach wird die in der Emotionstheorie verbreitete Annahme, daß vegetative Variationen Emotionen beeinflussen können, sowohl durch die Ergebnisse experimenteller Untersuchungen als auch durch Beobachtungen an emotional gestörten Patienten gestützt. Indem ein solcher Einfluß jedoch nur unter bestimmten Bedingungen, d.h. in bestimmten Situationen oder bei bestimmten Personen, nachzuweisen ist, stimmen die Ergebnisse zugleich aber auch mit der allgemeinen Annahme überein, wonach das periphere vegetative Nervensystem nur als ein physiologisches System zu betrachten ist, das für Emotionen relevant ist" *(Erdmann)*.

Im vegetativen Nervensystem – und nicht nur dort – sind sie am emotionalen Geschehen beteiligt: *Hormone* – sie fungieren als Überträgerstoffe sowohl im Nervensystem (Freisetzung in den synaptischen Spalt) als auch im humoralen System (Neurosekretion in den Blutkreislauf), ihrer Funktion ist z.B. im Rahmen der Streß–Forschung viel Aufmerksamkeit geschenkt worden. Produziert in verschiedenen endokrinen Drüsen (z.B. Nebennieren, Keimdrüsen, Hypophyse) und Nervenzellen, wirken sie in vielfältiger Weise hemmend oder anregend zusammen, so daß komplexe Regelkreise entstehen. Zu ihnen gehören z.B. *Cortisol* und die *Sexualsteroide, Neurotransmitter (Noradrenalin, Dopamin, GABA, Acetylcholin etc.)* und die *Neuropeptide*, von denen die bekanntesten die körpereigenen *Opiate (Endorphine)* sind, die für die Regulation von Schmerzempfindungen und wahrscheinlich auch für verschiedene emotionale Vorgänge bedeutsam sind.

Die *Endorphine* macht man für die *physiologische Gnadenfrist* verantwortlich, mit der uns Mutter Natur für den Fall ausgestattet hat, daß wir uns den Finger in der Nase und das Schienbein auf dem Ski brechen: Oft kommt erst auf der sicheren Bahre oder auf dem Weg aus der Ambulanz der Schmerz und die Angst. Die Kaltblütigkeit im überraschenden Superstreß, z.B. bei einem Unfall, scheint ebenso auf Endorphin–Ausschüttungen zu beruhen wie die (empathischen Männern immer wieder das Blut in den Adern stocken lassende) Härte und Widerstandskraft der Frauen beim Geburtsgeschehen (leider fällt nach der Entbindung der Endorphinspiegel innerhalb von 24 Stunden um das Zehnfache ab: Die Wochenbettdepression als Endorphin–Entzugserscheinung?). Diesen *Überlebensmechanismus* finden wir auch bei Tieren.

Inzwischen hat man schon Gehirn–Areale geortet, in denen Endorphine produziert oder deren Produktion angeregt wird. Die Möglichkeit der elektrischen Reizung dieser Zentren macht man sich inzwischen bei der Behandlung chronischer *Schmerzpatienten* zunutze – eine nicht immer treffsichere und erfolgversprechende Operation, wie ich an einem querschnittgelähmten Patienten leider erfahren mußte: Die Wirkung der *autogenen* Reizung wurde relativ sehr schnell relativ sehr blaß.

Doch scheinen die Morphium–Biester nicht nur den Schmerz zu lindern, nein: Sie heben wohl auch *im* Schmerz noch die Stimmung. „Die nicht selten anzutreffenden *Selbstverstümmelungen* von Menschen und Tieren führt man auf diesen Effekt zurück. Hardy & Kiyo Kitahara ersetzten diese unschöne Art, sich zu stimulieren, bei autisti-

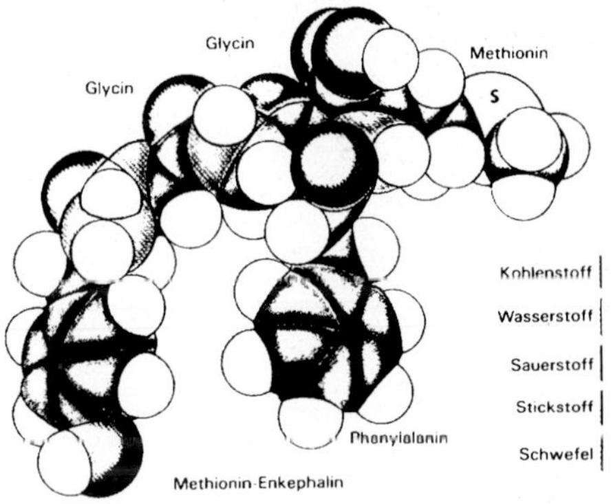

„Die Endorphin–Forschung begann in den frühen siebziger Jahren mit der unerwarteten Entdeckung von Opiatrezeptoren im Gehirn. Wenn wir über diese Rezeptoren verfügen, so schlossen die Wissenschaftler, ist es wahrscheinlich, daß der Körper opiat– oder morphinähnliche chemische Substanzen produziert. Und genau die wurden entdeckt: eine Gruppe von relativ kleinen Biochemikalien, genannt ‹opioide Peptide› oder ‹Endorphine› (kurz für ‹endogene Morphine›), die von den Rezeptoren aufgenommen werden. Diese palliativen, schmerzlindernden Peptide schwimmen in unserem Hirn, im Rückgrat und im Blutkreislauf und scheinen dieselbe Wirkung zu haben wie Morphium. Die umfangreiche Liste der narkotisierenden Wirkungen des Morphiums wurde sogar von den Wissenschaftlern bei der Spurensuche nach natürlichen Opiaten im Körper als Leitfaden benutzt: Morphium verlangsamt den Puls und die Atmung, also suchte man im Herz und in den Lungen. Morphium stillt Schmerzen, folglich sah man sich das zentrale und das periphere Nervensystem an. Es beeinträchtigt Verdauung und Ausscheidung, darum wurde der Verdauungstrakt erforscht. Es wirkt auf den Geschlechtstrieb ein, deshalb suchte man im Fortpflanzungsapparat und im System der endokrinen Drüsen. Es löst Euphorie aus, daher wurden die Stimmungen unter die Lupe genommen. Fast überall, wo die Wissenschaftler suchten, fanden sie Endorphine oder die entsprechenden Rezeptoren" *(Hopson)*.

schen Kindern, die sich öfter selbst verletzten, durch zweimal täglich Sport. Und siehe: Die Ergebnisse sind *im Moment noch ziemlich anekdotenhaft*, jedoch *phänomenal*" *(Hopson)*.

Überhaupt ist, neben Sahnetortenessen, Sport wohl noch die lohnendste Art, die Endorphin–Produktion anzukurbeln: viermal in der Woche nicht mehr als fünf Kilometer laufen (oder Schilaufen). Wenn auch das High–Werden nicht auf gesunde Endorphine, sondern wahrscheinlich auf eine ausgeprochen ungesunde Sauerstoffarmut im Gehirn zurückgeht, so machen doch die beim Sport vermehrt freigesetzten Morphium–Abkömmlinge schöööööön ruhig.

Auch den *Placebo–Effekt* führte man auf eine vermehrte Endorphin–Produktion zurück: Opium–Blocker machten ihn zunichte. *Jon Levine* von der *University of California in San Francisco* bemißt die Placebo–Wirkung nach Versuchen auf das Analogon von 6–8 mg Morphium – „einer niedrigen, aber ziemlich typischen Dosis" *(Hopson)*.

Und dann noch das *Essen*. „Die Opiate erhöhen wahrscheinlich die genußvollen, belohnenden Eigenschaften von Fett, Eiweiß und Süßigkeiten – alles Nahrungsmittel, die ein Tier eher satt machen als Kohlehydrate, so daß es längere Zeit ohne zu fressen überleben kann" *(Hopson)*. Sowohl der Zeitpunkt der Eßlust als auch das Verlangen nach bestimmten Speisen wird hierüber gesteuert. Übergewichtige, die Opiatblocker bekommen, essen weniger, der Endorphinspiegel von Bulimie–Kranken ist anomal, bei Anorexie erhöht Nahrungsentzug den Ausstoß von Opiaten im Hirn.

Fazit: Die Wissenschaft ist heute der Meinung, die opioiden Peptide seien an der Feinabstimmung vieler – vielleicht aller – Nerven– und Hormonbahnen beteiligt, die in ihrer Gesamtheit die normale Funktion des Körpers erhalten. Das reicht an Bedeutsamkeit, denke ich!

In der *Streß–Forschung* stand in der Vergangenheit häufig die vermehrte Ausschüttung der Nebennierenhormone Cortisol und Adrenalin im Zentrum des Interesses, sie wurde geradezu als das Hauptmerkmal der psychogenen Streßreaktion betrachtet. Da sie aber nur Ausdruck einer unspezifischen Erregung ist, scheint eine differenziertere Betrachtung hormoneller Veränderungen angebracht. Dabei stellt sich heraus, daß es hinsichtlich der Hormonausschüttung in sogenannten Streßsituationen große individuelle Unterschiede gibt, die hormonellen Reaktionsmuster (meist wurden Cortisol, Prolaktin und Wachstumshormone bestimmt) je nach Art der Belastungssituation differieren (vor chirurgischen Eingriffen, bei komplizierten Aufgaben, nach Kohabitation), und es zeigt sich, daß „... die psychologischen Dimensionen Ängstlichkeit, Zugewandtheit und Depression (Greene, Canron, Schalch & Schreiner, 1970) oder bestimmte Neuroseformen korreliert mit unterschiedlichen Hormonmustern als Reaktion auf definierte Streß–Situationen" anzusehen sind *(Voigt & Fehm)*.

Im folgenden kursorisch nach *Voigt & Fehm* einige Befunde aus dem Gebiet der Neuroendokrinologie zum *Zusammenhang zwischen speziellen Hormonen und Emotionen*:

Bei Patienten mit einer *endogenen Depression* ist eine Störung der Cortisolsekretion in Phasen schwerer Depressivität zu beobachten, diese verschwindet beim Wechsel in eine manische Phase oder bei erfolgreicher Behandlung. Bei gesunden Probanden ist ein Zusammenhang zwischen Depressivität und Cortisolhaushalt nicht festzustellen.

Der veränderte Hormonspiegel im Verlauf des *Menstruationszyklus* führt allein bei gesunden Frauen nicht zu Veränderungen in Verhalten oder Stimmung, wohl aber können auch leichtere Hormonstörungen in Verbindung mit psychosozialen Faktoren Verstimmungen bewirken (prämenstruelles Syndrom).

Ein direkter Zusammenhang zwischen Testosteronspiegel und *aggressivem Verhalten* konnte nicht nachgewiesen werden; allerdings zeigte sich bei Untersuchungen mit Gefängnisinsassen, daß bei denjenigen, die schon in ihrer Jugend als besonders aggressiv und gewalttätig galten, der Testosteronspiegel erhöht war. Dies kann als Anzeichen dafür gewertet werden, daß unter sozialen Bedingungen, die Kriminalität hervorbringen, hormonelle Einflüsse als ein Faktor anzusehen sind, der aggressive Verhaltenstendenzen moduliert.

Es gibt Hinweise darauf, daß sich der Testosteronspiegel erhöht, wenn der Betroffene einen *Erfolg* errungen hat, den er seinem eigenen Bemühen, seiner eigenen Leistung zuschreiben kann (Gewinn in einem Wettkampf), nicht aber, wenn er einfach Glück gehabt hat (Lottogewinn).

Schon nach den ersten acht Monaten

schenkte ich Fünfen die Freiheit.

Bei Kindern, die unter sehr schlechten häuslichen Bedingungen aufgewachsen waren (mangelnde emotionale Zuwendung bis hin zu *Mißhandlungen*), wurde neben einer Vielfalt von Verhaltensstörungen auch eine ausgeprägte Erniedrigung des Wachstumshormons (STH) festgestellt, die sich bei Veränderung der psychosozialen Situation wieder korrigieren ließ. Dieses nur in den USA beschriebene Krankheitsbild hat unter der Bezeichnung „... ‹emotional deprivation› als Ursache für eine schwere Wachstumsstörung Eingang in amerikanische Lehrbücher gefunden" *(Voigt & Fehm)*.

Es scheint so zu sein, daß unsere *Empfindens– und Stimmungsqualitäten* auf *mindestens* zwei neuronal und humoral gesteuerten Dimensionen variieren: dem *Hypophysen–Vorderlappen–System* (mit seinen ganzen Synonyma und verwandten Systemen) und dem altbekannten und vielzitierten *Sympathikus–Parasympathikus–System*. Ihr Zusammenwirken versucht folgende Graphik anzudeuten, die via *Birbaumer Henry & Meehan* nachempfunden ist:

Psychophysiologische (neuro–humorale) Reaktionsdimensionen

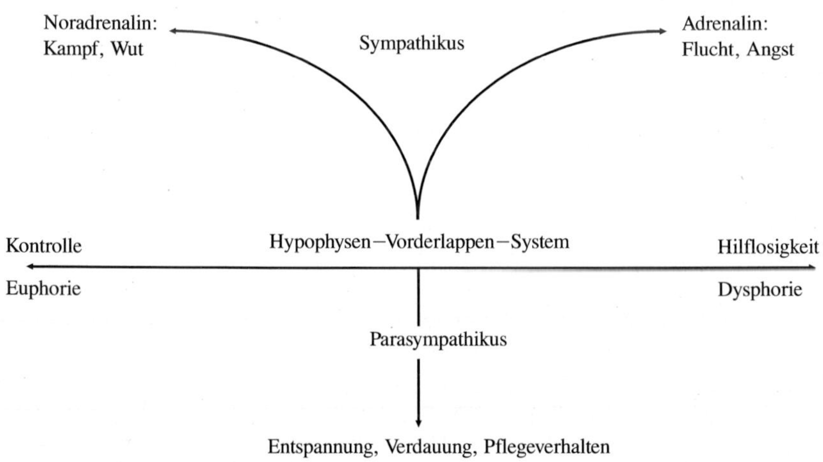

„Triebe oder Motivationen und die mit ihnen (sowohl beim Menschen und mutmaßlich bei höheren Tieren) gekoppelten Emotionen sind, zumindest ihre Basismechanismen, offenkundig Leistungen der ‹hard–ware› des Zentralnervensystems, mit anderen Worten, sie fußen auf genetisch fixierten neuronalen Programmen, deren Konstruktion sich im Laufe der Evolution nach den auch für körperliche Merkmale gültigen (Darwinschen) Prinzipien herausgebildet hat" *(Wolf)*.

Das *Limbische System*, ein funktionell zusammenhängendes, ringförmig um den Hirnstamm angeordnetes Hirnareal, das auch für die Steuerung vegetativer Funktionen zuständig ist, kann als hirnorganisches Zentrum der Emotionen bezeichnet werden. Dieser entwicklungsgeschichtlich älteste Teil des Großhirns steht in engem Kontakt zum Hypothalamus (Nahrungs–, Flüssigkeits–, Temperaturhaushalt), zu motorischen und sensorischen Integrationsstrukturen des Kortex, Frontal– und Temporallappen, unspezifischen Aktivierungszentren des Mittelhirns, zu Medulla und Formatio reticularis als Teilen des Hirnstamms und erfüllt offenbar wichtige integrative Funktionen.

Bemerkenswert hierzu ist, daß *Wundt* schon 1896 zur Beschreibung von Gefühlen drei Dimensionen vorschlug: „In diesem Sinne lassen sich drei Hauptrichtungen feststellen: wir wollen sie die Richtungen der Lust und Unlust, der erregenden und beruhigenden und endlich der spannenden und lösenden Gefühle nennen. Ein individuelles Gefühl kann entweder alle diese Richtungen oder nur zwei derselben erkennen lassen, oder es kann auch nur einer einzigen unter ihnen angehören.“

„So z.B. spielt nach Halgren (1982) die Persönlichkeit des Menschen in der Art der Antwort auf elektrische Hirnstimulation eine entscheidende Rolle. Am Beispiel des Angriffsverhaltens der Katze, ausgelöst durch elektrische Reizung des Hypothalamus, vermochten Siegel und Edinger (1983) durch zusätzliche Stimulierung weiterer Hirnareale nachzuweisen, daß sich mindestens zwölf extrahypothalamische (limbische wie nicht–limbische) Strukturen an der Modifizierung dieser Verhaltensreaktion beteiligten“ *(Wolf)*.

Insgesamt wollen wir das *Zusammenspiel verschiedener Gehirnareale* mit *Hellhammer* in folgenden 2 richtungweisenden Skizzen festhalten (... haben Sie Ihre Lupe dabei?):

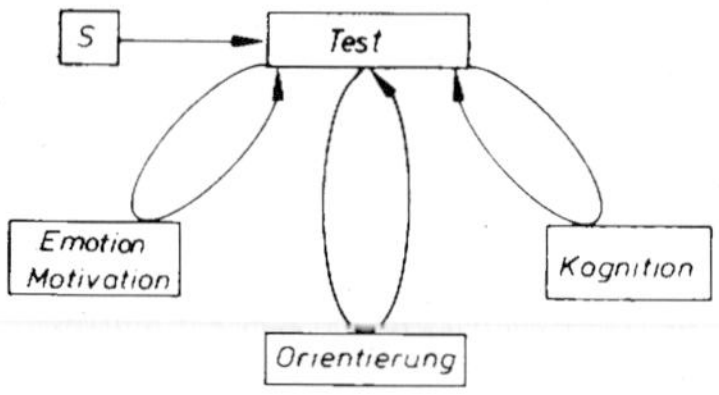

als physiologisches Abbild von:

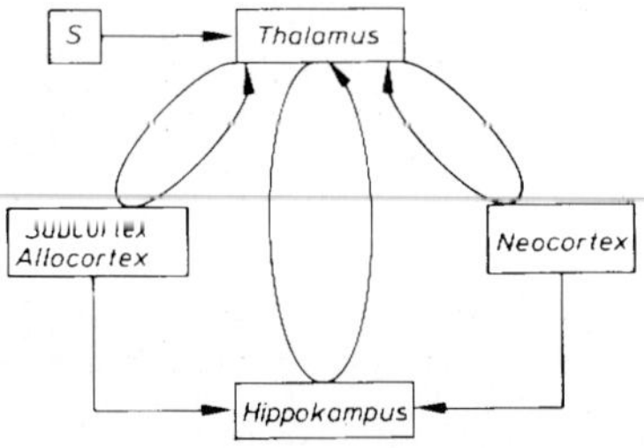

In etlichen Experimenten wurde der Einfluß von *Läsion und elektrischer Reizung* verschiedener Teile des Limbischen Systems (z.B. Hippocampus, Gyrus cinguli, Amygdala, Septum und Fornix) auf emotionale Verhaltensweisen nachgewiesen.

Besonders erwähnenswert sind in diesem Zusammenhang die sogenannten *Lust– und Unlustzentren*, die zunächst von *Olds & Milner* bei Ratten identifiziert wurden. Die Ratten konnten mittels Hebeldruck eine elektrische Selbststimulation vornehmen, was sie denn auch *bis zum Umfallen* taten, kein anderer Reiz interessierte mehr, kein Hunger, kein Durst, kein Sex. Diese positive Erregung kann in verschiedenen Bereichen des Limbischen Systems ausgelöst werden, von zentraler Bedeutung sind das Septum und das mediale Vorderhirnbündel; eine gegenteilige, extrem aversive Wirkung hat die Reizung tiefergelegener Teile des Mittelhirns.

Auch beim Menschen sind es diese und noch weitere Bereiche (frontale Anteile von Hypothalamus, Limbischem System und Formatio reticularis – lustvoll/belohnend; dorsale und posteriore – aversiv/bestrafend), in denen entsprechende Effekte ausgelöst werden können. Mit dem Blick auf die hormonellen Seiten des Prozesses ist anzumerken, daß die Unlustphänomene im Zusammenhang mit der Erregung cholinerg–serotonerger Synapsen stehen, während die Lusterlebnisse in endorphinreichen Regionen evoziert werden können. Im Nucleus amygdala (Mandelkern) können je nach genauem Ort der Reizung außerordentlich angenehme wie besonders unangenehme Empfindungen hervorgerufen werden. Dies ist insofern erwähnenswert, als die Zuordnung bestimmter *Zuständigkeiten* zu bestimmten Hirnstrukturen oftmals nicht so ohne weiteres möglich ist und manche Befunde entsprechend widersprüchlich ausfallen.

In anderen Studien führte Reizung bestimmter Bereiche des *Nucleus amygdala* bei Katzen und Affen zu Kampf– oder Fluchtreaktionen (Notfallreaktion), demgegenüber verringerte eine Entfernung der Mandelkerne Flucht–, Furcht– und Aggressionsverhalten. Es wird berichtet, daß dergestalt be(miß)handelte Affen bei Einzelhaltung Anzeichen des *Klüver–Bucy–Syndroms* zeigten: sie konnten Eßbares nicht mehr von Nichteßbarem unterscheiden, nahmen alle Gegenstände in den Mund, zeigten Hypersexualität und starke Angstminderung; in der Gruppe verloren sie ihren Status, fielen ans Ende der Hierarchie. Daraus wird gefolgert, „... daß der Amygdala bei der Ausbildung der Verknüpfung sensorischer Reize mit affektiven Zuständen wesentlich ist. Diese Koppelung garantiert eine normale soziale Interaktion mit der eigenen Gruppe und mit Fremden, die bei den operierten Affen gestört war“ *(Larbig)*.

Septum und Gyrus cinguli können in bezug auf emotionales Verhalten und Reagibilität als Antagonisten betrachtet werden; eine Erregung im Gyrus cinguli erleichtert die Reaktionsfähigkeit, Stimulation im Septum hemmt sie. Beide Bereiche spielen somit eine entscheidende Rolle für die Orientierungsreaktion; ihnen soll die Aufgabe zufallen, über die Bedrohlichkeit einer Situation zu befinden und schnelle motorische Reaktionen einzuleiten. Schädigungen im Septum führen bei Ratten und Katzen vorübergehend zu Wutreaktionen, im Gyrus cinguli zu Abnahme von Furcht und Aggressivität *oder* zu deren Zunahme. Auch hier wieder nicht ganz eindeutige Effekte von Veränderungen im Bereich einer Hirnstruktur.

Die hier angeführten Studien und viele andere geben deutliche Hinweise auf die Bedeutung des Limbischen Systems im Emotionsgeschehen, allerdings – und dies kann auch eine Erklärung für so manchen widersprüchlichen Befund in diesem Forschungsbereich darstellen – sind intensive *Interaktionen* mit anderen Hirnarealen die Regel (Neocortex, Formatio reticularis u.s.w).

Bedenkt man die *äußerst subtile Strukturierung des Hirngewebes*, so erscheint Beobachtung von emotionalem Verhalten infolge elektrischer Reizung und von Läsionen als ein recht grobes Verfahren.

Aufbau emotionaler Äußerungen

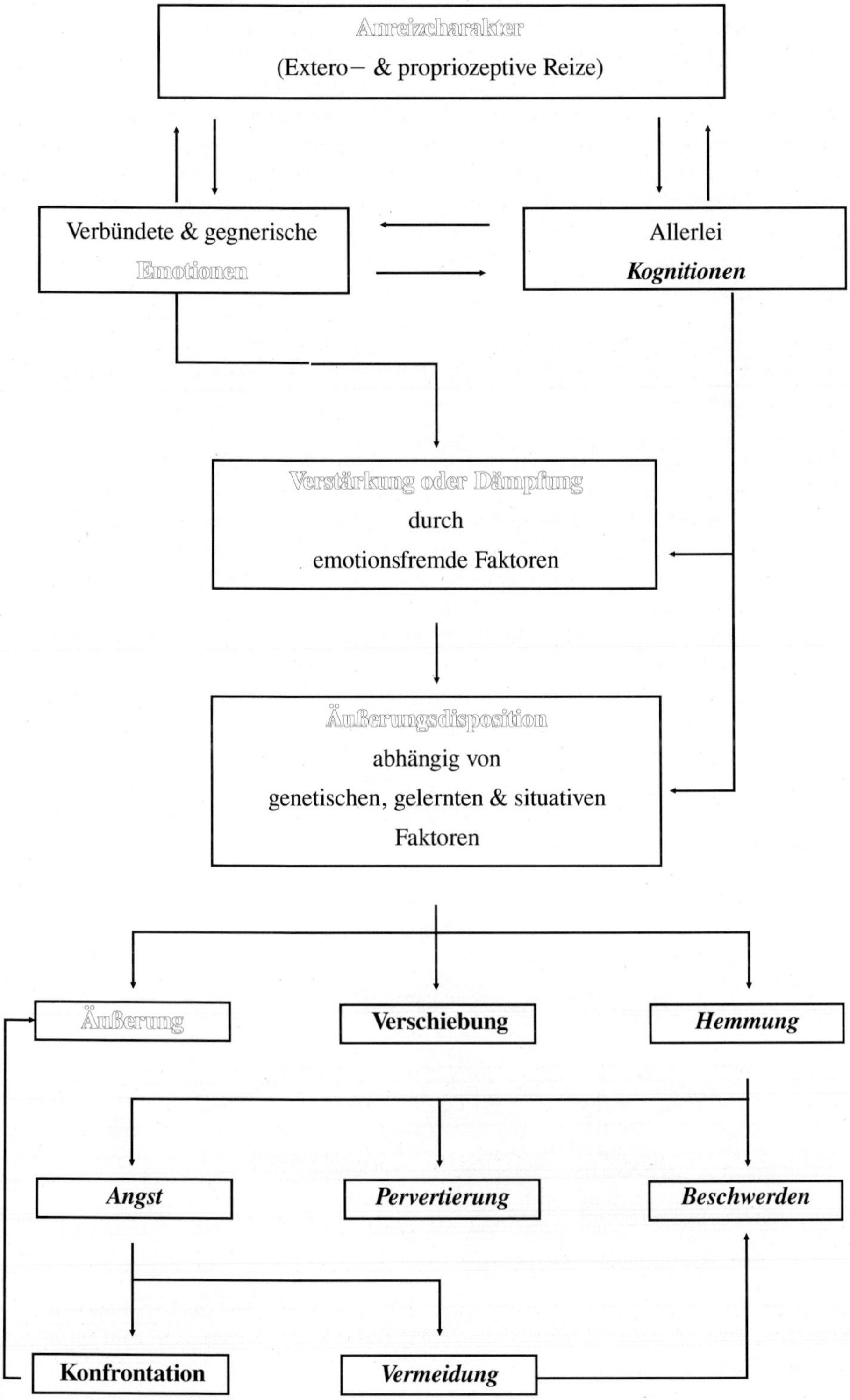

Dieses Modell soll dazu dienen, die wesentlichen am Aufbau einer emotionalen Äußerung beteiligten Komponenten darzustellen und ihr Zusammenwirken zu veranschaulichen. Bevor näher auf die einzelnen Elemente dieses Modells eingegangen wird, ein kleiner *Spaziergang* entlang seiner *Oberfläche*.

„Limbische Funktionen sind systemisch organisiert und nicht punktuell lokalisierbar. Damit erklärt sich, weshalb ein bestimmter Verhaltenseffekt oft in ganz verschiedenen limbischen Strukturen auszulösen ist und andererseits in ein und demselben limbischen Areal differente Verhaltenselemente evoziert werden können" *(Wolf)*.

Damit sich eine bestimmte Emotion entwickelt, müssen zunächst spezielle *Anreize* in der Umweltsituation und/oder im *inneren Milieu* vorliegen. Nun ist es aber nicht so, daß eine Emotion auf einen quasi neutralen, emotionsfreien Zustand hin erfolgt, sondern sich immer auf dem Hintergrund eines inneren emotionalen und kognitiven Prozesses entwickelt; das Modell betrachtet insofern einen Ausschnitt aus einem Gesamtgeschehen. Die Verknüpfung von innerem emotionalen Motiv und dem Anreizcharakter ist dabei eigentlich nicht einfach additiv oder multiplikativ; vielmehr stehen beide Größen in einem komplizierten Abhängigkeits– und Funktionsverhältnis zueinander: z.B. können sich Emotionen entwickeln, wenn der Anreizcharakter der äußeren (Lebens–)Situation über eine gewisse Zeit förderlich ist (das Herz kann *weiter* werden, wenn sich viele liebevoll–fürsorgliche Beziehungen *anbieten*); umgekehrt können Emotionen *versacken*, wenn sie über längere Zeit nicht angesprochen werden (darüber an anderer Stelle mehr).

„Die Anhaltspunkte jedoch mehren sich, die belegen, daß Kognitionen und Emotionen nicht sukzessiv, sondern parallel verarbeitet werden, daß es sich um zwei distinkte, wenn auch miteinander verwobene Formen menschlicher Informationsverarbeitung handelt. Die wichtigsten Informationen dazu hat Zajonc in einem Grundsatzreferat zusammengetragen. Er geht davon aus, daß Emotionen und Kognitionen gleichzeitig verarbeitet werden und daß in Gedanken praktisch immer Emotionen einbezogen sind, wie auch umgekehrt. Er verweist aber auch auf die Möglichkeit von emotionalen Reaktionen ohne kognitive Basis; vor allem globale emotionale Bewertungen als angenehm–unangenehm scheinen ihm vor und unabhängig von kognitiven Abläufen zu erfolgen" (*Kruse*).

Im Gegensatz zu manch anderem Autor (z.B. *Arnold, Lazarus et al., Schachter & Singer*) gehe ich *nicht* davon aus, daß für die Entstehung einer Emotion eine kognitive Einschätzung *erforderlich* ist, weder für die emotionale Bewertung einer äußeren Situation („Oha, hier geht es steil bergab, das ist ja zum Fürchten!") noch für die emotionale Beurteilung der inneren Situation („Mein Puls geht schneller, der Herzschlag auch, und dann das Kribbeln im Genitalbereich – spricht alles für sexuelles Lustgefühl!"). Damit soll nicht bestritten werden, daß in bestimmten Situationen der kognitive Einfluß wichtig ist, ich sehe aber das kognitive Geschehen parallel zum *autonom ablaufenden emotionalen Prozeß*, mit dem es in Interaktion treten kann. Dabei können *Emotionen und Kognitionen* quasi zusammenpassen, sie können aber auch im Widerspruch zueinander stehen („Ich weiß, daß X eine ganze Menge negativer Eigenschaften hat, trotzdem zieht er/sie mich unheimlich an."). Das emotionale Geschehen kann aber auch völlig autonom, ohne maßgeblichen Einfluß von Kognitionen ablaufen.

Direkte Reizleitung vom Thalamus zum Mandelkern

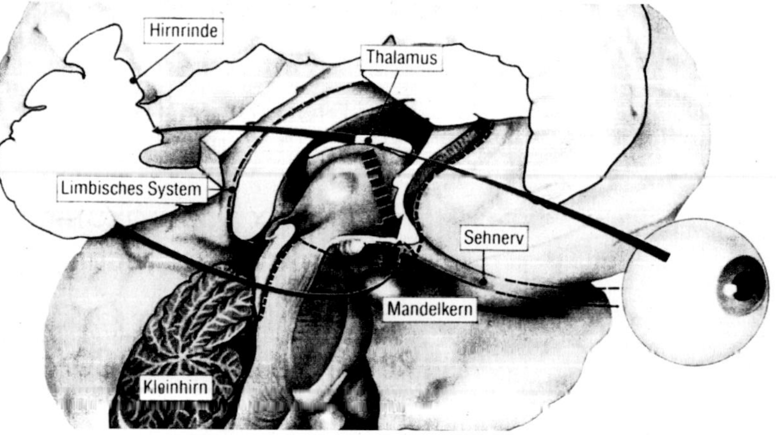

„Bei Ratten–Experimenten fand der Gehirnforscher LeDoux eine direkte, gleichsam kurzgeschlossene Reizleitung vom Thalamus zum Mandelkern. Demnach können Sinnesreize, zum Beispiel die Wahrnehmung einer Gefahr, an der Hirnrinde vorbei direkt in den Mandelkern geleitet werden und dort eine Angstreaktion auslösen" (DER SPIEGEL).

Verwirrendes Puzzle

Warum überrollen Gefühle so oft den Verstand? Ein amerikanischer Wissenschaftler fand eine Antwort.

... In einer Arbeit, die von Kollegen als *bahnbrechende Entdeckung* gewürdigt wurde, entwarf LeDoux erstmals ein Erklärungsmodell für ein bislang rätselhaftes Phänomen: Warum sind Phobien und Neurosen selbst dann noch stärker als der Wille, sie zu beherrschen, wenn das bewußte Denken die Ängste längst als unbegründet erkannt hat?

Die Antwort, so Hirnforscher LeDoux in einem Aufsatz, der in dem britischen Fachblatt *Cognition and Emotion* erscheinen wird, liegt im Aufbau des menschlichen Zentralorgans und einer seiner entwicklungsgeschichtlich ältesten Teile, des *Limbischen Systems*, begründet. Nach den Untersuchungen LeDoux' erscheint es, als könne das Limbische System, von der Gehirnforschung als Sitz der Emotionen, Einfallstor aller Sinneswahrnehmungen und Erinnerungsspeicher für das Kurzzeitgedächtnis identifiziert, den eigentlichen Denkprozessor, die Hirnrinde (Neocortex), gleichsam durch einen Kurzschluß überrollen.

Elementare Gefühle wie starke Angst könnten demnach, ungefiltert vom Bewußtsein, das Verhalten bestimmen: „Wenn Sie beispielsweise aus dem Augenwinkel ein schlangenähnliches Objekt wahrnehmen“, erläuterte LeDoux diese Art von Angstkurzschluß, „kann das Limbische System Sie veranlassen aufzuspringen“ – noch ehe das Gehirn in vergleichsweise zeitraubenden Denkprozessen abklären konnte, ob nun tatsächlich eine lebensbedrohende Schlange oder nur das Ende eines Seils ins Blickfeld geriet.

Nach Studien an Ratten (deren Gehirn im Prinzip den gleichen Aufbau wie das menschliche Zentralorgan aufweist) glaubt LeDoux, daß auch der Denk– und Gefühlsprozessor des Menschen eine entwicklungsgeschichtlich uralte, im Überlebenskampf vorteilhafte Reaktion bewahrt: *präkognitive Emotion*, wie der Gehirnforscher und Psychologe aus New York solche gefühlsgesteuerten Verhaltensweisen nennt, die ohne hemmenden Denkfilter ablaufen.

Aus seinen Experimenten leitete LeDoux zudem die Schlußfolgerung ab, daß *Gefühle im Limbischen System ohne jegliche bewußte Wahrnehmung gebildet* werden können. Denn die für Emotionen zuständigen Hirnregionen könnten, entgegen der herrschenden Lehrmeinung, *anatomisch unabhängig* vom übrigen Gehirn agieren.

Kollegen wie etwa der Gehirnforscher Norman Weinberger von der University of California in Irvine spendeten dem New Yorker Wissenschaftler Beifall: „LeDoux habe so etwas wie das fehlende Teil zu einem verwirrenden Puzzle entdeckt.“ Sollten sich LeDoux' Experimente und Schlußfolgerungen bestätigen, so Michael Gazzaniga, Psychiater an der Dartmouth Medical School in Hanover (US–Staat New Hampshire), „könnte das erklären, weshalb es häufig so schwierig ist, Gefühle rational zu erfassen und zu verstehen.“

Nach dem gängigen Erklärungsmodell der Gehirnforschung werden Sinnesreize, etwa von den Augen empfangene Lichtsignale, unmittelbar an eine Art Relaisstation im Zwischenhirn, den Thalamus, geleitet. Der Thalamus sendet die Rohsignale über Nervenbahnen an den Denkprozessor Hirnrinde.

Erst wenn die vom Thalamus empfangenen Reize in entsprechenden Zonen der Hirnrinde gleichsam zu Objekten zusammengesetzt und nach ihrer Bedeutung gewichtet wurden, gelangen die verarbeiteten Sinnesreize von der Hirnrinde in den *Mandelkern*, jenen Teil des Limbischen Systems, in dem Emotionen verarbeitet werden. Dieses Modell besagt: Gefühle werden von bewußten Wahrnehmungen abgeleitet.

Der Gehirnforscher LeDoux entdeckte nun in seinen Ratten–Experimenten neben den bekannten Reizleitungen, die vom Thalamus via Denkprozessor Hirnrinde zum Mandelkern führen, direkte Nervenbahnen zwischen Thalamus und Mandelkern. Das bedeutet: Das Emotionszentrum Mandelkern kann Reize unmittelbar vom Thalamus empfangen, noch ehe sie vom übrigen Hirn verarbeitet wurden.

Die Folge, so LeDoux: Gefühlsbestimmte Reaktionen auf Sinneseindrücke können ausgelöst werden, noch ehe das Gehirn Zeit hatte zu entscheiden, auf welchen Reiz es nun eigentlich reagieren soll. Der Reizkurzschluß vom Thalamus zum Mandelkern unter Umgehung der Hirnrinde mag, wie LeDoux erläutert, eine „sehr krude Art der Informationsverarbeitung im Gehirn darstellen“ – etwa so, „ als würde man Noten erkennen, ohne die Melodie zu hören.“ Der Vorteil der Gefühlskurzschlüsse, so LeDoux, liegt in den bis zu 40 Tausendstelsekunden, die das Gehirn durch präkognitive Emotionen gewinnt: „Es sind die womöglich lebensrettenden Sekundenbruchteile, die in der Evolution einen großen Vorteil bedeuten können.“

Die Entdeckung der Nervenverbindungen zwischen Thalamus und Mandelkern, konstatiert Hirnforscher Gazzaniga, weise „erstmals Übermittlungswege für Gefühlsreaktionen nach, die nicht durch die Hirnrinde verlaufen.“ Die Arbeiten LeDoux' zeigen, wie Neurologe Weinberger ergänzt, „daß Furcht auch ohne den Filter der Hirnrinde erlernt werden kann.“

Weinberger glaubt, daß die Entdeckung bedeutenden Einfluß auf das Verständnis *erworbener Krankheitserscheinungen wie Neurosen und Phobien* haben werde. So könnte LeDoux' Arbeit erklären, weshalb Patienten, die ihre Phobie nach einer Therapie überwunden glauben, mitunter durch ein einziges schreckhaftes Erlebnis in ihre krankhafte Angst zurückstürzen.

„Es scheint,“ so LeDoux über seine Entdekkung einer vom bewußten Denken unabhängigen Gefühlsverarbeitung im Gehirn, „daß unser Emotionsprozessor nichts, was er einmal erlernt hat, wieder fallenläßt.“

DER SPIEGEL

Es tritt also primär und unmittelbar ein emotionaler Prozeß in Gang, ein Wechsel– und Zusammenspiel verbündeter, moderierender und gegnerischer Emotionen im *Parlament der Gefühle*. Es ist dies ein Prozeß, der gegenüber dem kognitiven Prozeß evolutionsgeschichtlich älter ist und der bisher – und aller Voraussicht nach auch in Zukunft – menschliches Erleben und Verhalten grundlegend bestimmt und lenkt.

Der *parallele kognitive Prozeß* kann allerdings in verschiedener Hinsicht, in unserem Modell veranschaulicht durch Verbindungen an verschiedenen Stellen, den Aufbau emotionaler Äußerungen beeinflussen. Dies kann bei der Beurteilung des Anreizcharakters, durch Einwirkung auf das emotionale Wechselspiel, in Beziehung zu verstärkenden oder dämpfenden Faktoren, die nicht unmittelbar mit der in Frage stehenden Emotion zusammenhängen, geschehen. Darüber hinaus kann er – und dies ist ein entscheidender Punkt – für die Äußerungsdisposition ausschlaggebend sein. Der häufigste Fall ist aber wohl die Verknüpfung einer Kognition als konditionierter Stimulus mit einem unkonditionierten emotionalen Anreiz. Auf diese Weise kann es zu langen kognitiven Signalketten kommen, die unkonditionierte Reize ankündigen und bisweilen bis zu ihrer Löschung auch ersetzen.

Im Grunde ihres Herzens gehen *alle* Hirnphysiologen von einer derartigen Zwei– bzw. gar Dreiteilung der Hirnareale und –funktionen längst aus – mit ihnen *Hellhammer* und *Birbaumer* (der wiederum mit *Henry & Stephens*):

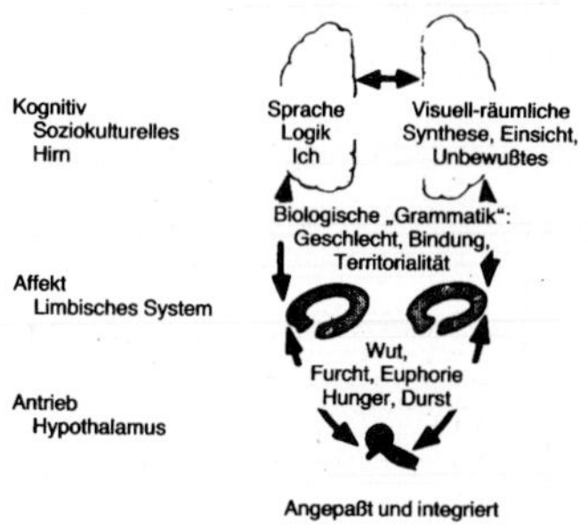

Mission Cyrus II mit Netzteil PSX

Preis: Cyrus II um 1300 Mark,
PSX um 1000 Mark
Garantie: 3 Jahre
Maße: 21,4 x 8,4 x 35 cm (BxHxT)
Mission Electronics GmbH
2000 Hamburg

Dauerleistung:	2 x	97 W an 4 Ohm
	2 x	63 W an 8 Ohm
Impulsleistung:	2 x	120 W an 4 Ohm
	2 x	76 W an 8 Ohm

Pro und Kontra

+ sehr gute Klangeigenschaften

– wenig Ausstattung

HIFI VISION-Urteil:

Preisklassenbezogen

Klang CD: sehr gut
Klang MC: sehr gut
Klang MM: sehr gut
Ausstattung: befriedigend
Verarbeitung: gut bis sehr gut

Gesamturteil: gut bis sehr gut

Absolut

Spitzenklasse 5. Platz

Der Bereich *Verstärkung oder Dämpfung* durch emotionsfremde Faktoren soll Wirkfaktoren bezeichnen, die nicht unmittelbar die im speziellen Fall betrachtete Emotion betreffen, wohl aber eine Rolle hinsichtlich ihrer Intensität spielen. Hierbei ist z.B. an den vegetativen Status (Sympathikus–Parasympathikus–Verhältnis), die Aktivität des aufsteigenden retikulären Systems (ARAS), die Schilddrüsenaktivität (Grundumsatz), hormonelle Bedingungen, Sauerstoffversorgung des Gehirns, Nahrungsstimulantien & –sedativa (Genuß– & Rauschgifte) und den Ernährungszustand zu denken. Dieser Mechanismus verwirrte seit (oder sogar schon vor) *Schachter & Singer* die Psychologen. Vielleicht macht sich nach diesem meinem bahnbrechenden Modell mal ein Forscher–Team an die Arbeit, den empirischen Mist, der durch die Unkenntnis dieser Verstärkerstrecke entstanden ist, auszuräumen.

Die Rubrik *Äußerungsdisposition* unseres Modells bezeichnet eine Art *Weichenstellung* für die Äußerung eines aufgebauten Gefühls. In welcher Form und ob eine Emotion überhaupt ausgedrückt wird, wird bestimmt durch genetische, gelernte und situative Fakoren; besondere Bedeutung haben an dieser Stelle die Kognitionen. Während der Begriff *gelernte Faktoren* hier die eher durch Konditionierungsprozesse erworbenen Äußerungsdispositonen bezeichnen soll, stehen die Kognitionen für gedankliche Prozesse, die sich aus Norm– oder Wertvorstellungen ableiten, die als solche natürlich auch durch verschiedene Lernprozesse im Laufe der Sozialisation erworben wurden.

Schließlich werden drei mögliche *Ausgänge* des bisherigen Ablaufs aufgeführt: Es ist einmal die *Äußerung* der Emotion in einer möglicherweise moderierten Form, die aber auf jeden Fall noch ihrem ursprünglichen Charakter entspricht und auch auf das relevante Emotionsobjekt bezogen bleibt. Eine zweite Möglichkeit ist die *Verschiebung des Ausdrucks*, es wird der *Sack geprügelt und nicht der Esel*, was zwar den Sinn der Emotion schon einigermaßen verfälscht, zumindest aber noch eine möglicherweise durchaus angemessene *Abfuhr* gewährleistet. Die dritte, problematischste und somit auch im therapeutischen Kontext relevanteste Möglichkeit ist die *Hemmung der Äußerung*, die zu verschiedenen Resultaten führen kann.

Eine ihrer Folgen ist die *Angst vor der Emotion*, die Angst, von den Gefühlen, die wir angestrengt im Zaum halten, überwältigt zu werden und aus dem festgeschnürten *Zivilisationskorsett* in ein im wahrsten Sinne des Wortes *unvorstellbares* (weil zu angstauslösendes) Chaos zu stürzen. Diese Angst ist möglicherweise im Laufe der Zeit auch gar nicht so unberechtigt, oft ist ja z.B. bei einer lang aufgestauten Wut ein produktiver Streit ohne massive Tiefschläge kaum oder nur mit einem kompetenten Sparringspartner oder versierten Sekundanten durchzukämpfen.

Die *Pervertierung*, aus der Sexualität wohlbekannt, wird auch mit anderen Emotionen als der sinnlichen Lust praktiziert, so z.B. in Form der Feindseligkeit als Perversion der Aggressivität. Sie bringt zwar immer noch etwas Befriedigung, ist aber auf die Dauer nicht das *Wahre* und als aggressive Perversion dem Sozialleben ausgesprochen abträglich.

Und zu (un)guter Letzt sind es die verschiedenen *psychischen und physischen Beschwerden und Störungen*, die aus einer andauernden Unterdrückung von Emotionen erwachsen, Emotionen, die als elementarer Bestandteil unserer Psyche aufs engste mit unseren vitalen Bedürfnissen und somatischen Prozessen verbunden sind.

Parteien

Izard entwickelte u.a. über das Studium der Emotionen von Kleinkindern („Ältere Menschen haben gelernt, ihre Gefühle zu verstecken oder zu verdrängen – je nach kulturellen Normen oder individuellen Erfahrungen.“) seine Theorie der diskreten Emotionen, die das genetische Primat und somit die relative Autonomie der Emotionen betont. Er geht von der Annahme aus, daß es angeborene neurale Erregungsmuster für *10 grundlegende diskrete Emotionen* gibt:

Interesse:	aufmerksam, konzentriert, wach
Leid (= Kummer):	niedergeschlagen, traurig, entmutigt
Ekel: Widerwille,	angeekelt, Abscheu
Freude:	erfreut, glücklich, froh
Zorn:	aufgebracht, zornig, wütend
Überraschung:	überrascht, verblüfft, erstaunt
Scham/Schüchternheit:	schüchtern, scheu, zurückhaltend
Furcht:	sich fürchtend, bange, ängstlich
Geringschätzung:	geringschätzig, spöttisch, verachtungsvoll
Schuldgefühl:	reuig, schuldig, tadelnswert

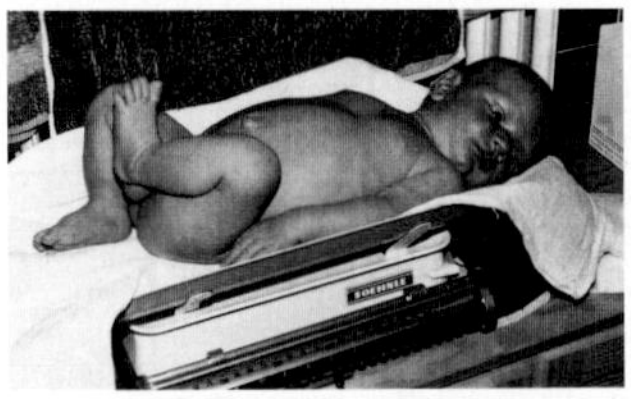

Diese diskreten *fundamentalen Emotionen* haben motivationale Funktion, sie werden von *Izard* zu einem von *vier Haupttypen der Motivation* zusammengefaßt; die anderen drei sind: Triebe/Körperempfindungen, affektiv–kognitive Strukturen oder Orientierungen, Affektinteraktionen. Zu den Trieben werden etwa neben Hunger, Durst und Müdigkeit auch Sexualität und Schmerz gerechnet, letztere sollen eine besondere Nähe zu den Emotionen besitzen. Im Bereich der Affektinteraktionen können alle Elemente der anderen drei Hauptmotivationstypen in Verbindung treten (Emotionen–Emotionen, Emotionen–Triebe etc.), diese Verbindungen können sich dann als Dyaden oder Triaden manifestieren, wobei sich dann wieder z.B. zu einer Emotionstriade ein einzelner Trieb gesellen kann. Es ergibt sich also eine enorme Anzahl von Kombinationsmöglichkeiten, wenn man bedenkt, daß allein die zehn fundamentalen Emotionen 45 Dyaden und 120 Triaden ermöglichen (z.B. Emotionstriade & Trieb: Schmerz– Furcht–Scham–Zorn; Emotions–Trieb–Dyaden: Interesse–Sexualität, Interesse–Vergnügen–Sexualität).

Izard erstellte eine Art Zeitplan für das *Auftreten der Grundemotionen bei Kleinkindern*: Interesse, Neugeborenen–Lächeln, Erschrecken, Leid, Widerwillen (bei Geburt vorhanden), soziales Lächeln (4–6 Wochen), Zorn, Überraschung, Traurigkeit (3–4 Monate), Furcht (5–7 Monate), Scham, Scheu, Selbstbewußtheit (6–8 Monate), Verachtung, Schuldgefühle (2. Lebensjahr). Das Neugeborenen–Lächeln, das Erschrekken und das Leid als Reaktion auf Schmerzen sind Vorläufer des sozialen Lächelns und der Gefühle von Überraschung und Trauer, die später auftreten.

Eine Übersicht über Versuche, differentielle Emotionen auf empirischem Wege durch Betrachtung verschiedener Ausdrucksmerkmale zu unterscheiden, liefert *Asendorpf*. Er ordnet diese nach der Art der jeweils betrachteten *Reaktionsmuster*:
– verbale Reaktionsmuster (z.B. erfaßt durch die DES und den *Emotional Situations Questionaire* von *Schwartz & Weinberger*);
– motorische Reaktionsmuster (Körperhaltung, Mimik, Stimme);
– autonome Reaktionsmuster (z.B. Hautleitfähigkeit, Muskelspannung, Blutdruck, Herzfrequenz).

Dabei kommt er zu dem Ergebnis, daß je nach gewählter Methode die *Zahl der trennbaren emotionalen Qualitäten* differiert:
– verbale Reaktionsmuster (RM) – ca. 10 verschiedene Emotionen;
– mimische und stimmliche RM (auf Fotos, Video oder Tonband dargestellt, von Probanden identifiziert) – ca. 6;
– mimische RM: verdeckter Ausdruck (Messung von Gesichtsmuskelaktivität) – Freude, Trauer, Ärger;
– mimische RM: spontaner Ausdruck (nicht vorsätzlich dargestellt) – positive, negative, Ekel;
– autonome RM – Ärger, Furcht, Verlegenheit.

Zur Identifizierung von fundamentalen Emotionen und Mustern oder Kombinationen von Emotionen entwikkelte *Izard* die *Differential Emotions Scale (DES)*, in der jeder der 10 fundamentalen Emotionen drei Items zugeordnet sind (z.B. Interesse: aufmerksam, konzentriert, wach). Die Intensität, mit der die einzelnen Emotionen in einer gegebenen oder vorgestellten Situation empfunden werden, soll anhand fünfstufiger Ratingskalen eingestuft werden. Ein weiteres Meßinstrument, die DES II, dient der Erfassung von Emotionserlebnissen, die über einen längeren Zeitraum hinweg wahrgenommen werden. Sie setzt sich aus den gleichen Items und Skalen wie die DES zusammen, der Unterschied besteht darin, daß hier Häufigkeiten über eine bestimmte Zeitspanne hin eingeschätzt werden sollen.

Um auch nichtverbale Emotionsäußerungen erfassen zu können, verwendete *Izard* sein Kodierungssystem der *Maximal diskriminativen Gesichtsbewegungen* (Maximally Discriminative Facial Movement Coding System), das zunächst bei Kindern eingesetzt wurde. Dabei werden mit Hilfe von Videoaufzeichnungen unabhängig voneinander die oberen, mittleren und unteren Gesichts–Areale in Zeitlupe oder mit Einzelbildschaltung beobachtet und die Veränderungen einem Zahlen–Code zugeordnet.

Eine entwicklungspsychologische Sichtweise zur Ausdifferenzierung einzelner fundamentaler Emotionen aus der bei der Geburt dominierenden undifferenzierten Erregung bzw. den früh auftauchenden Unlust– und Lust–Empfindungen ist nach *Legewie & Ehlers* wiedergegeben.

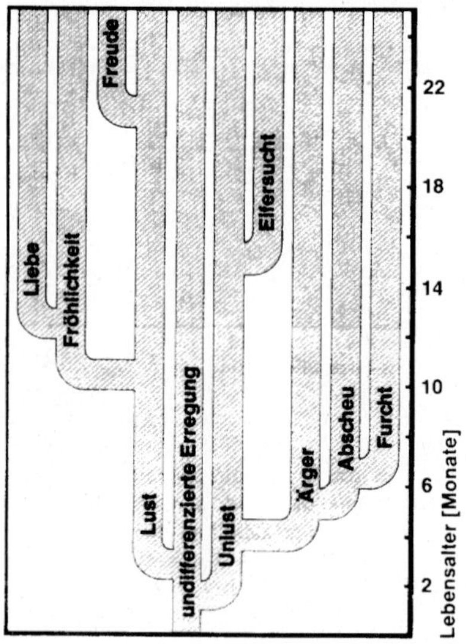

„Diese Dimension der willkürlichen Kontrolle emotionalen Verhaltens hängt wiederum invers mit seiner ‹Validität› zusammen: je stärker eine Verhaltensklasse willkürlich kontrolliert wird, desto stärker greifen kulturell vorgegebene Stereotype über angemessenen Emotionsausdruck, Selbstdarstellungsstrategien und bewußte Täuschungsabsichten ein, d.h., desto weniger sicher ist der Schluß vom beobachteten emotionalen Verhalten auf zugrundeliegende ‹tatsächliche› emotionale Zustände“ *(Asendorpf)*.

Asendorpf spricht in diesem Zusammenhang von einem *Diskriminations–Validitäts–Dilemma*, d.h., bei Methoden, wo relativ mehr verschiedene Emotionen anhand der Reaktionsmuster unterschieden werden können, ist gleichzeitig eine stärkere willentliche Beeinflußung der Reaktion möglich.

Er faßt dieses *Dilemma* allerdings nicht als ein grundlegendes auf, sondern meint, daß es möglicherweise nur den gegenwärtigen Stand der empirischen Emotionspsychologie reflektiere. So wäre es z.B bei der Untersuchung vegetativer Reationen erforderlich, andere Methoden zu entwickeln und einzusetzen oder andere Parameter(–kombinationen) zu betrachten. *Asendorpf* weist in diesem Zusammenhang darauf hin, daß „... es ausgesprochen merkwürdig (ist), daß in fast allen Darstellungen zur ‹physiologischen Differenzierung› von Emotionen übersehen wird, daß es einen autonom gesteuerten Prozeß gibt, der sich primär einer einzigen emotionalen Qualität zuordnen läßt: Erröten bei Verlegenheit, bedingt durch Vasodilatation im Gesichtsbereich.“

Ein Grund für die beobachteten größeren Diskriminationsschwierigkeiten bei spontan auftretenden Emotionen im Gegensatz zu willentlich dargestellten könnte sein, daß bei ersteren mehr komplexe Emotionsmischungen auftreten und gleichzeitig schnellere Änderungen im Zeitverlauf stattfinden.

McDougall stellte folgende Liste unter der Überschrift *„Die Hauptinstinkte und die primären Emotionen des Menschen“* zusammen. Er meinte (nicht ganz unrichtig), daß sie aus den drei Komponenten Erkenntnis, Affekt und Streben zusammengesetzt seien:

1. Flucht / Gefühl der Furcht
2. Zurückweisung / Ekel
3. Neugier / Verwunderung
4. Kampflust / Zorn
5. Selbsterniedrigung / negatives Selbstwertgefühl / Abhängigkeitsgefühl
6. Selbstbehauptung / positives Selbstwertgefühl / Stolz
7. Fortpflanzung / Zärtlichkeit
8. Geselligkeit
9. Erwerb
10. Konstruktion

In seinen Darlegungen zur Signalbedeutung von Emotionen *(Emotionen als interne Signale)* präsentiert *Kruse* ebenfalls 10 verschiedene Emotionen, eine Zahl, die bei verschiedenen Autoren auftaucht (*Izard, McDougall*), wobei sich die Auflistungen jeweils zum Teil überschneiden. *Asendorpf* weist ja auch darauf hin, daß sich etwa 10 Emotionen anhand verbaler Reaktionsmuster differenzieren lassen.

Der Biologe *Danzer* stellt folgende *Hierarchie menschlicher Bedürfnisse* auf, in der auch wieder implizit *Triebe, Motive* und *Emotionen* miteinander verquickt aufgeführt sind.

1.	*Vitale Bedurfnisse*:	Nahrung, Schlaf, Sexualität, Schutz gegen Klimaunbill
2.	*Soziale Geborgenheit*:	Unterstützung, Liebe, Versorgung
3.	*Sicherheit*:	Schutzbedürfnis, Vorsorge gegen Krankheit und Not
4.	*Wertschätzung*:	Anerkennung, Achtung, Erfolg, Kompetenz
5.	*Selbstverwirklichung:*	Selbstachtung, geistige Unabhängigkeit u. Freiheit, schöpferisches Tun

Einen anderen Zugang zur Frage, wieviele Emotionen es wohl geben mag, wählt *Zimmer*, wenn er zunächst die *menschliche Sprache* daraufhin betrachtet, welche Begriffe sie zur Bezeichnung von Gefühlen entwickelt hat. Da sind für manches Gefühl mehrere Begriffe geprägt worden, während in anderen Fällen unterschiedliche Emotionen unter einem Namen zusammengefaßt wurden und für wieder andere Gefühle die *Worte fehlen.*

In einer neueren Arbeit hat *Schmidt–Atzert* insgesamt 60 Emotionen in Untersuchungen zur verbalen Benennung herausdestilliert und diese in 12 Klassen einteilen können, die gut nachvollziehbar und verständlich sind.

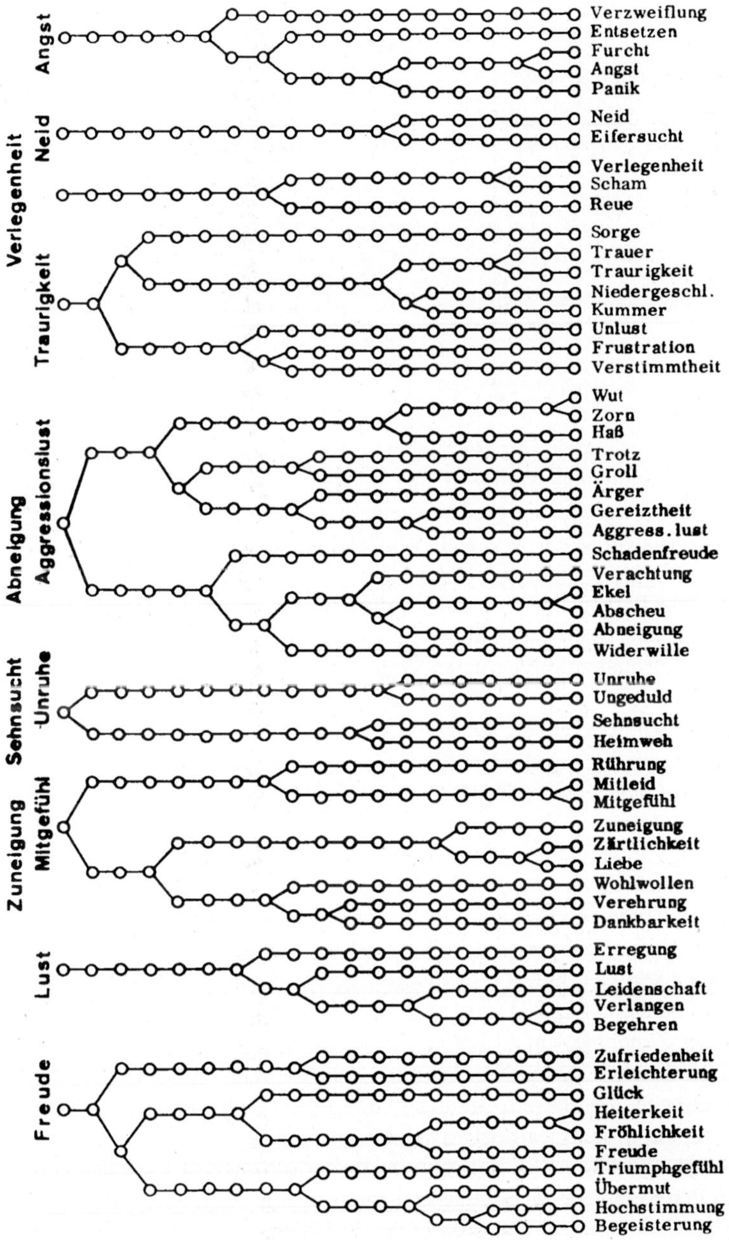

Hier die von *Kruse* aufgeführten Emotionen:
1. Furcht/Angst
2. Trennungsschmerz
3. Selbstwertgefühl
4. Schamgefühl
5. Schuldgefühl
6. Ekel
7. Ärger/Wut
8. Freude
9. Neugier/Interesse
10. Schreck

In einem weiteren Schritt hat *Schmidt–Atzert* diese 60 Emotionen auf den 2 Dimensionen *unangenehm – angenehm* und *Erregung – Ruhe* empirisch anordnen lassen, was ich ebenfalls sehr instruktiv und interessant finde.

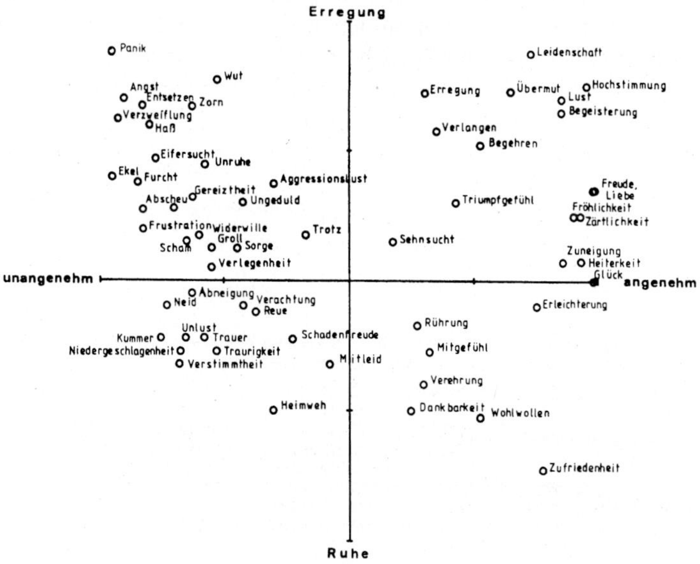

„Eine hochdifferenzierte Sprache wird alles in allem eher zu viele als zu wenige Wörter enthalten. Wenn das Englische 137 Gefühlsbegriffe zählt, darf man also wohl davon ausgehen, daß die Zahl der Gefühle, die das hochentwickelte introspektive Unterscheidungsvermögen einer Gesellschaft erkennen kann, tatsächlich in der Nähe von 100 liegt" *(Zimmer)*.

„Ich glaube, Gefühle bestehen in den lustvollen oder schmerzlichen Bewertungen der Erlebnisse, die das Limbische System des Gehirns vornimmt, und das Limbische System begrenzt die Zahl dieser Bewertungen" *(Wilson)*.

Welche Emotionen ins Blickfeld des Betrachters oder Untersuchers rücken und damit auch, wieviele wahrgenommen werden, hängt mit der gewählten *Perspektive* zusammen. „Ihre Gesamtheit ist wie ein großer orientalischer Teppich: Obwohl er endlich ist, könnten wir auch nicht sagen, wie viele Musterelemente er enthält; die Zahl hängt ganz davon ab, welche Ausschnitte ein Beobachter wählt. Oder das Spektrum: Es hat nicht unendlich viele Farben und nur einige, die uns als Haupt– oder Grundfarben vorkommen; aber all die Übergangstöne sind nicht zählbar... Es ist nicht ausgeschlossen, daß wir von viel mehr motivierenden Emotionen getrieben werden, als wir uns träumen lassen. Sie mögen nur so selten und normalerweise so schwach auftreten, daß wir sie nicht ausdrücklich erkennen. Das, was wir gemeinhin unsere Gefühle nennen, die großen Bewegungen, die Angst oder Wut oder Liebe oder Haß oder Eifersucht oder Schuldgefühl in uns verursachen, wäre dann nur der Kegel des Vulkans: die besonders heftigen, häufigen und krassen Vertreter einer Klasse von Erlebnissen, deren feines Gezweig unsere Psyche durchzieht und unser Verhalten modelliert" *(Zimmer)*.

Wilson unterscheidet nicht zwischen elementaren und abgeleiteten Gefühlen, sondern versucht, die phänomenologische Vielfalt emotionaler Erfahrung und affektiven Erlebens auf andere Weise zu erklären und zu veranschaulichen: Wahrscheinlich gibt es gar keine abgeleiteten Gefühle. Ich möchte die Spekulation wagen, „...daß es eine begrenzte Zahl elementarer Gefühle gibt, wie es eine begrenzte Anzahl musikalischer Noten gibt; mit der Zunahme von Erfahrungen und mit der Verknüpfung der Erinnerungen mit dem Limbischen System werden immer reichere und komplexere Erfahrungen und Empfindungen mit diesen Grundgefühlen verbunden. Auf den Beobachter wirkt das so, als fände in dem sich entwickelnden Bewußtsein ein Übergang von den primitiven, kindlichen emotionalen Reaktionen zu den raffinierten Gefühlsreaktionen in der Musik, in der Kunst, in der Freundschaft und in dem Vergnügen der Naturforschung statt. Doch während die Information und die Erfahrung wesentlich reicher und komplexer werden, bleibt der Gefühlsapparat, die Noten der Melodie sozusagen, der gleiche. Nur die Melodien selber können subtiler und erlesener werden" *(Wilson)*.

Es ließen sich noch weitere Versuche der Klassifikation von Emotionen mit mehr oder minder großen Überschneidungen anführen, darauf soll hier aber verzichtet werden. Deutlich ist, daß in der Psychologie Uneinigkeit darüber herrscht, wie viele Emo-

tionen es gibt, welche nun jeweils spezifische (Basis–)Emotionen sind, wie sie im einzelnen voneinander abzugrenzen sind und welche Ursachen und Wirkungen sie haben. Wir wollen uns die Emotionen näher betrachten, über deren Spezifität weitgehend Einigkeit besteht oder die als besonders relevant für die therapeutische Praxis erscheinen.

Dabei unterscheiden wir *drei Komponenten*, die in enger Verknüpfung miteinander stehen: das subjektiv erlebte Gefühl, also der *Bewertungs– und Prüfaspekt*, den damit verbunden *Ausdrucksaspekt* und die *Verhaltensanregung*. Ich gehe davon aus, daß mit *bestimmten* subjektiven Gefühlserlebnissen *bestimmte* ihnen entsprechende Ausdrucks– und Verhaltenstendenzen verbunden sind; diese Verbindungen sind allerdings nicht starr, d.h., bei Anregung eines Gefühls muß der zugehörige Ausdruck nicht gezeigt werden, er kann etwa unterdrückt werden. Noch größer ist die Variabilität hinsichtlich des resultierenden Verhaltens; auf die verschiedenen Modifikations–, Hemmungs–, Unterdrückungs–, Verschiebungs– und Pervertierungsmechanismen werde ich später näher eingehen.

Zur Verdeutlichung der unterschiedlichen Grade von Beeinflußbarkeit bei den verschiedenen Aspekten: Wenn mich jemand beleidigt oder angreift, ist es kaum möglich, das angeregte Gefühl *Ärger, Wut* selbst zu modifizieren (Prüffunktion), zunächst ist es mal da; dann können Versuche gestartet werden, wie „Jetzt ganz ruhig bleiben, tief durchatmen, entspannen" (etwas für die Physiologie) und „Da steh' ich doch drüber, ich weiß ja, von wem's kommt, der kann doch mich nicht meinen, das war bestimmt nicht so gemeint." Hinsichtlich des Ausdrucks wird vielleicht eine Mischung aus Zähnefletschen und Lächeln gelingen, allerdings wird mit größter Wahrscheinlichkeit nicht mehr allzuviel Herzlichkeit rüberkommen. Auf der Verhaltensebene ist die Variationsbreite größer, da kann's von Ohrfeige bis „Das ist ein interessanter Gesichtspunkt, wahrscheinlich bin ich wirklich ein hoffnungsloser Versager" gehen.

Die von mir ausgewählten Emotionen:

O *Soziales Bindungsgefühl*:	Annäherung, Unterstützung, Fürsorge
O *Sexuelle Lust*:	Flirten, Lieben
O *Wut/Ärger*:	Schimpfen, Streiten, Rächen
O *Angriffslust*:	Necken, Ärgern, Quälen
O *Selbstbewußtsein*:	Selbstbehauptung
O *Rivalitätsgefühl*:	Konkurrieren, Eifersucht
O *Scham/Schuldgefühl*:	Genieren, Versöhnen
O *Angst*:	Fliehen, Vermeiden, Versöhnen
O *Traurigkeit* :	Rückzug, Schonung
O *Sinnenfreude/Körpergefühl*:	Reizsuche, Genuß
O *Neugier/Interesse*:	Reizsuche, Aktivität
O *Ruhebedürfnis*:	Rückzug, Entspannung

Die zuletzt aufgeführte Emotion Ruhebedürfnis mag in dieser Zusammenstellung ungewöhnlich wirken, da sie aus dem Rahmen der typischen Emotionsbegriffe fällt. Mir erscheint aber ihre Aufnahme in den Kreis der ausgewählten Gefühle als sinnvoll, da sie erstens ebenso wie die anderen emotionalen Phänomene eine subjektive Empfindung mit Verhaltensanregung bezeichnet und zweitens im psychischen Geschehen eine wichtige antagonistische Funktion zu allen mit erhöhter Aktivierung verbundenen Gefühlen erfüllt.

Bewertung

Parteienstreit * Wechselwähler & Überläufer * Der kognitive Einfluß * Verstärkung und Abschwächung

Emotionen stellen also einfach strukturierte Gefühle dar, die Umweltereignisse und Objekte, also Erfahrungen und Wahrnehmungen des Menschen erst einmal in einer ganz bestimmten Art bewerten; sie geben den Dingen um uns herum sozusagen ihre Bedeutung für uns und unsere innere Bedürfnislage *(Signalfunktion)*. *Scherer* geht von einer *Sequenz von Bewertungsschritten*, sog. Prüfschritten aus:

Die *Neuheit* oder Neuartigkeit der Reizsituation steuert die Aufmerksamkeit und Intensität der nachfolgenden Bearbeitung. Die *Angenehmheit* oder Unangenehmheit eines Reizes setzt Verhaltensimpulse in Richtung Annäherung oder Vermeidung der Situation. Im nächsten Schritt wird geprüft, in welchem Bezug die äußere Situation zur aktuellen *Bedürfnislage* des Organismus steht (Ziel/Bedürfnis–Bezug). Fördert oder behindert sie die Erfüllung von Wünschen, die Annäherung an Ziele und Ideale, die Befriedigung von Bedürfnissen – welche spricht sie an?

Wichtig ist als nächstes für den Organismus die subjektiv empfundene *Bewältigungsfähigkeit*: Kann man das Ereignis beeinflussen (Kontrolle), welche Macht habe ich, das zu tun, oder wie schätze ich meine persönliche Anpassungsfähigkeit für den Fall ein, in dem ich meine, das Ereignis nicht beeinflussen zu können.

Im letzten Bewertungsschritt wird sowohl das äußere Ereignis als auch die evozierte Verhaltenstendenz daraufhin geprüft, inwieweit sie mit äußeren *Normen*, den Erwartungen der Sozialpartner oder inneren Standards, dem Selbstkonzept und Selbstideal vereinbar sind.

„Dies ist eine der wichtigsten homöostatischen Funktionen des Gefühls: Vergessen können ist genauso wichtig wie sich erinnern können" *(Heller)*.

Mit dieser Bewertung *selegieren* unsere Emotionen aus der Flut der Umweltreize die wichtigen heraus und lassen uns die unwichtigen übersehen oder zumindest, wenn uns das nicht gelungen ist, vergessen.

Die „... Tabelle zeigt, welche Emotionen durch bestimmte Ergebnisse dieses Bewertungsprozesses hervorgerufen werden können. Da wir die Art der Bewertungsschritte bei Tieren nicht genau beurteilen und beim Menschen auch nur unter großen Schwierigkeiten erfahren können, handelt es sich bei den in dieser Tabelle dargestellten Zusammenhängen zunächst nur um Vermutungen" (*Scherer*).

Bewertungsprozesse und Emotionen *(Scherer)*

			Ziel/Bedürfnis–Bezug			
Emotion	*Neuheit*	*Angenehmheit*	*Relevanz*	*Erwartung*	*Dienlichkeit*	*Dringlichkeit*
Vergnügen	niedrig	hoch	mittel	konsistent	hoch	sehr niedrig
Freude	hoch	hoch	hoch	diskrepant	hoch	niedrig
Ekel	offen	sehr niedrig	niedrig	diskrepant	niedrig	mittel
Abscheu	offen	niedrig	niedrig	diskrepant	niedrig	niedrig
Traurigkeit	niedrig	niedrig	hoch	diskrepant	hinderlich	niedrig
Verzweiflung	hoch	niedrig	hoch	diskrepant	hinderlich	hoch
Angst	niedrig	offen	mittel	diskrepant	hinderlich	mittel
Furcht	hoch	niedrig	hoch	diskrepant	hinderlich	sehr hoch
Ärger	niedrig	offen	mittel	diskrepant	hinderlich	mittel
Wut	hoch	offen	hoch	diskrepant	hinderlich	hoch
Langeweile	sehr niedrig	offen	niedrig	konsistent	hinderlich	niedrig
Scham/Schuld	niedrig	offen	hoch	diskrepant	hinderlich	mittel

	Bewältigungsfähigkeit			*Normvereinbarkeit*	
Emotion	*Kontrolle*	*Macht*	*Anpassungs–fähigkeit*	*extern*	*intern*
Vergnügen	irrelevant	irrelevant hoch	hoch	hoch	hoch
Freude	irrelevant	irrelevant	mittel	hoch	hoch
Ekel	offen	offen	hoch	niedrig	irrelevant
Abscheu	offen	hoch	hoch	niedrig	irrelevant
Traurigkeit	keine	irrelevant	mittel	irrelevant	irrelevant
Verzweiflung	niedrig	niedrig	niedrig	irrelevant	irrelevant
Angst	offen	niedrig	mittel	irrelevant	irrelevant
Furcht	offen	sehr niedrig	mittel	irrelevant	irrelevant
Ärger	hoch	mittel	hoch	niedrig	niedrig
Wut	hoch	hoch	hoch	niedrig	niedrig
Langeweile	mittel	mittel	hoch	irrelevant	irrelevant
Scham/Schuld	hoch	offen	mittel	sehr niedrig	sehr niedrig

„Die Ergebnisse des Bewertungsprozesses bestimmen die Art der ausgelösten Emotion. ‹Offen› bedeutet, daß unterschiedliche Ergebnisse eines Prüfschrittes mit der sich ergebenden Funktion vereinbar sind; ‹irrelevant› heißt, der entsprechende Bewertungsaspekt ist für diese Emotion ohne Bedeutung. Alle Angaben sind vorläufig und können sich bei Revision des Modells verändern. Ein Beispiel: Furcht tritt bei unerwarteten und neuen Reizen auf, die meist unangenehm sind, aber auch angenehm sein können (Beispiel: Geisterbahn) und für ein sehr bedeutsames Bedürfnis oder Ziel (etwa der körperlichen Unversehrtheit) hinderlich sind; das Individuum schätzt seine Macht in der Situation als sehr niedrig ein; inwieweit die Situation kontrollierbar ist und sich mit Normen und Selbstkonzept verträgt, ist offen" *(Scherer)*.

Man kann sich nun fragen, an welchen *Hauptkriterien* sich unsere emotionale Bewertung unserer Umwelt ausrichtet. *Osgood* tat dies und fand in erster Linie mit seiner Methode der emotionalen Beurteilung verschiedener Begriffe durch Semantische Differentiale, Gegensatz–Paare von Eigenschaftswörtern, *drei Dimensionen der emotionalen Urteile*:

1. Ist die Sache, die Situation, die *Lage* gut oder schlecht für mich, bringt sie Spaß oder Ärger, Lust oder Unlust, Freude oder Unmut, in welchem Ausmaß ist sie angenehm oder unangenehm, gut oder bös, soll ich meinen Interaktionspartner (Ehepartner, Tiger, Chef, Schmusekätzchen oder Schwiegermutter) in den Arm nehmen, anblaffen oder wie die Pest meiden (emotionale Bewertung nach dem Grad der *Zuträglichkeit* für mich, *Evaluation*)?
2. Wie stark macht mich die Geschichte an, wie hoch sollte mein Adrenalinspiegel steigen, in welchem Maße echauffiert mich die Situation, ist mein Opponent stark (meine Ehefrau/mein Ehemann oder Schwiegermutter) oder eher schwach (Tiger oder Dogge z.B. – es ist alles relativ!)? Dies nennt *Osgood* die Dimension der *Potenz*, der eigenen oder der meines Beurteilungsobjekts, den Grad der relativen Stärke von mir gegenüber meinem Objekt, Interaktionspartner oder Widerpart.
3. Sollte ich in der vorliegenden Situation aktiv werden, etwas unternehmen oder lieber die Beine hochlegen, sollte ich abwarten oder die Ärmel hochkrempeln, in welchem Ausmaß ist meine Aktivität bei der Bewältigung der *Lage* gefragt (Grad der gefragten oder notwendigen *Aktivität*)?

Diesen drei emotionalen Bewertungslatten, die wir an neue Situationen anlegen, fügte *Davitz* eine vierte hinzu: die der eigenen Kompetenz, wie stark ich also die Lage im Griff habe oder in denselben kriege. Es ist im Grunde eine Aufspaltung, ein Abkömmling der *Osgoodschen* Potenz–Dimension.

Emotionen haben eine Reihe ganz erstaunlicher *Eigenschaften*, die wir mit unserem rationalen Verstand gar nicht so recht glauben und verstehen können. Sie bestehen in Reinform nur kurze Zeit, rufen andere Emotionen hervor. Es können mehrere, sogar sich scheinbar widersprechende Emotionen gleichzeitig empfunden werden (Liebe und Haß, Freude und Traurigkeit, Lust und Wut u.a.m); Emotionen können sich aber auch gegenseitig verstärken, abschwächen, auslösen und unterdrücken. Generell kann man sagen, daß unsere emotionalen Gefühle nicht den Regeln der Logik folgen, ja ihnen sogar meistens widersprechen – sie haben eine eigene Unlogik.

Birbaumer faßt *die Grundannahmen der Psychophysiologie der Emotionen* folgendermaßen in 7 Punkten zusammen:

1. Emotionale Prozesse sind an die *Funktionstüchtigkeit zentralnervöser (limbischer und hypothalamischer) und vegetativ–autonomer Strukturen* gebunden.
2. Unterschiedliche Gefühle gehen mit *differenzierbaren Mustern zentralnervös–vegetativ–muskulärer Prozesse* einher, die mit psychophysiologischen Maßen identifizierbar sind.
3. Bewußte *kognitive Bewertungsprozesse* können Intensität und Qualität von Gefühlen beeinflussen, sind aber *keine notwendige Voraussetzung für das Zustandekommen von Gefühlen.*
4. Die *Rückmeldung vegetativer und somatisch–muskulärer Änderungen* in zentralnervöse Strukturen ist eine wesentliche Voraussetzung für das Entstehen *differenzierbarer Gefühle.*
5. *Basisgefühle* sind angeboren und nicht von Lernprozessen abhängig, sondern werden in genetisch festgelegte physiologische Muster als Reaktion auf einige wenige spezifische Reize ausgelöst (prepared emotions).
6. *Aktivierung–Desaktivierung, Lust–Unlust und Dominanz–Submission* sind *Grunddimensionen* von Gefühlen. Über die grundlegende Gleichrangigkeit der Dominanz–Submissions–Dimension konnte allerdings keine Einigkeit bisher erzielt werden (wen verwundert's).
7. Beim Menschen mit abgeschlossener Sprachentwicklung laufen Gefühle stets als Reaktion auf äußere und körperinterne Reize auf *drei Ebenen* ab: der *physiologischen*, der *motorischen* und der *subjektiv–verbalen*. Die lineare Korrelation zwischen diesen drei Ebenen bei einem gegebenen Gefühl ist in der Regel gering. Da sich die drei Ebenen aber wechselseitig beeinflussen, ist die simultane Erfassung aller drei Ebenen beim Studium von Gefühlen notwendig.

Parteienstreit

Für unsere Vernunft völlig unverständlich ist die Tatsache, daß die unterschiedlichsten emotionalen Bewertungen, ja sogar einander *widersprechende gleichzeitig nebeneinander* bestehen können, ohne daß sie sich unbedingt gegenseitig neutralisieren oder auslöschen. Noch verständliche Kombinationen sind dabei: Angst und Schuldgefühl, Wut und Schuldgefühl, Schreck und Angst, Interesse und Freude, Trennungsschmerz und Furcht u.a.m. Größere Schwierigkeiten haben wir schon mit: Liebe und Haß, Neugier und Furcht, Lust und Schuldgefühl u.a.m. Hier bestehen Gefühle gleichzeitig, die als lustvoll und unlustvoll erlebt werden – welch ein Wunderding. *Kruse* hilft uns dabei über einen ingeniösen Vergleich mit dem Klang einer Orgel auf die Sprünge: „Man könnte die subjektive Wirkung der Emotionssignale im Bewußtsein mit einer inneren Orgel vergleichen, wobei jede Emotion einem Orgelton entspricht, der mit unterschiedlicher Intensität erklingen kann. Unser Erleben der Emotionen wäre dann an bestimmte ‹Harmonien› gewöhnt, d.h. an zusammen auftretende Emotionen, und wie bei der Orgel könnten wir disharmonische Erlebnisse identifizieren. Wie in der Musik könnten wir den Globaleindruck, den ein emotionaler ‹Mehrklang› produziert, relativ gut beurteilen, obwohl es schwer sein kann, die einzelnen Emotionen ‹herauszuhören›. Ein erotisches Abenteuer ist für jeden Menschen mit einer für ihn charakteristischen ‹Melodie› verbunden, in die sich Freude, Lust, Aggression, Schamgefühl und weitere Emotionen mischen. Auseinandersetzungen zwischen Ehepartnern sind meist ebenso von festliegenden emotionalen Kombinationen und Sequenzen charakterisiert, in die sich Ärger, Enttäuschung, Verachtung und Wut teilen. Psychotherapie hat sehr viel mit

Plutchik geht von acht Primäremotionen aus (Freude, Akzeptieren, Furcht, Überraschung, Traurigkeit, Ekel, Ärger, Erwartung), die in einem geometrischen Modell kreisförmig angeordnet sind, wobei die einander ähnlichsten nebeneinander, die gegensätzlichsten einander gegenüberliegen. Als zusätzliche Dimension geht in dies Modell die Intensität der verschiedenen Emotionen ein, jeder Intensitätsgrad hat eine andere Bezeichnung (z.B. Schmerz–Traurigkeit–Nachdenklichkeit sollen eine Primäremotion mit absteigendem Intensitätsgrad bezeichnen). Alle weiteren, *sekundären* Emotionen sollen sich aus Mischungen der Primäremotionen ergeben (z.B. Ekel + Traurigkeit = Reue). Die anschauliche geometrische Anordnung führt zu deutlichen inhaltlichen Schwierigkeiten, da hier jeweils zwei oder mehr primäre Emotionen nach festen Anordnungsprinzipien als *Mixtur* quasi ein andersartiges *sekundäres* Gefühl *erschaffen*. „Aber schon daß es ein so säuberliches, geometrisches Modell ist, macht mißtrauisch. Die Natur entwirft ihre Kreationen nicht am Reißbrett“ *(Zimmer)*.

der Analyse, Identifikation und Veränderung dieser ‹Melodien› zu tun.“ Die zitierte Funktion der Psychotherapie sehe ich allerdings etwas verlagert in die Wahrnehmung und den Ausdruck von Emotionen, weniger in ihrer Veränderung.

Eine dazu scheinbar in Widerspruch stehende Tatsache nennt *Hassenstein*, wenn er vom sog. *Höchstwertdurchlaß* spricht. Gemeint ist damit, daß bei einer Umweltsituation, die zumeist mehrere Motive und Emotionen anspricht (ein gutes Essen neben dem Liebeslager z.B.), fast immer nur eine allgemeine emotionale Tendenz dominiert und die konkurrierende gleichzeitig unterdrückt (wir essen selten während des Beischlafs! – Fragt ein Mönch beim Papst an, ob er beim Beten rauchen darf, und bekommt die Antwort: nein. Ein Klosterbruder rät ihm daraufhin, eine weitere Anfrage zu starten: ob er beim Rauchen beten darf – in diesem Falle war die Antwort natürlich: ja. – Es ist ein Witz: Der Mönch wird nie beim Rauchen beten vice versa!). Der Widerspruch löst sich aber auf, wenn wir diese gegenseitige Hemmungstendenz von konkurrierenden emotionalen Antrieben *nur auf übergeordnete Emotionen und das Verhalten beziehen*: Im Verhalten setzt sich immer die ggf. nur minimal stärkere Emotion durch und unterdrückt, während sie aktiv ist, alle anderen Tendenzen. Im dahinterliegenden bewußten oder unbewußten Erleben bestehen die anderen emotionalen Tendenzen dabei weiterhin. Emotionen steuern unser Empfinden und Verhalten überwiegend in einem Komplex von ineinander verschachtelten interaktiven Einzelemotionen.

Es fällt auf, daß verschiedene Emotionen antagonistisch wirken, d.h. in einem Wipp–Verhältnis zueinander stehen: entweder die eine oder die andere dominiert, oder es besteht ein bestimmtes Mischungsverhältnis aus sich gegenseitig kontrollierenden Emotionen. Dabei fällt auf, daß diese widerstreitenden Gefühle eigentlich aufeinander angewiesen sind, d.h. immer miteinander auftreten.

In seiner ausgezeichneten Dissertation (was die emotionalen Darlegungen betrifft) gibt uns *Kruse* dann die im folgenden wiedergegebene Tabelle von sich gegenseitig kontrollierenden Emotionen an die Hand.

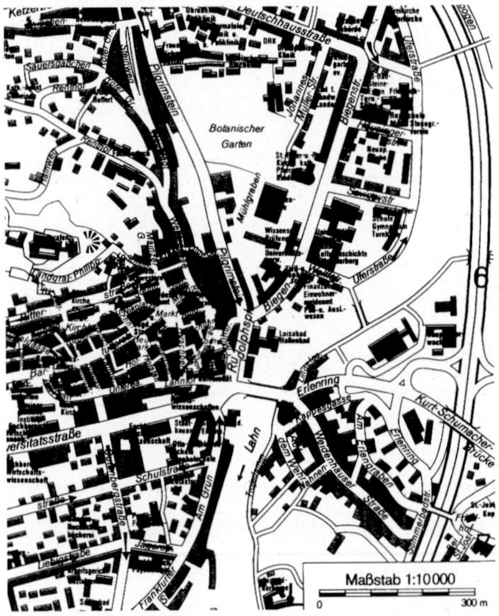

Eine mittägliche Fahrt mit dem Auto nach Hause kann gesteuert sein von dem Hungergefühl – und/oder dem Pflichtgefühl – und/oder dem Wunsch, mit der Familie zu plauschen oder zu streiten – und/oder dem Bewegungsdrang – und/oder dem Bedürfnis nach Stimulation (*sensation seeking* in schwächster Ausprägung) – und/oder Trennungsängsten – und was auch immer. Die Ansteuerung von Lenkrad, Gaspedal, Bremse und Kupplung unterliegt dabei *untergeordneten* emotionalen Bewertungen der Verkehrssituation, die von Angst, Rivalität, Reizhunger, Entspannung gefärbt sein können.

Emotionale Gegenkontrollsysteme *(Kruse)*

Neugier/Interesse bewirkt Aufsuchen neuer Objekte. Suche nach neuen Handlungsmöglichkeiten. Ohne Furcht würde die Emotion Neugier/Interesse zu vielfältigen Gefährdungen führen.	*Furcht* bewirkt vorsichtiges Herangehen an neue Objekte: leicht furchterregende Objekte sind dabei oft besonders interessant. Ohne Neugier/Interesse würde die Emotion Furcht lähmend wirken und den Aktionsradius einschränken.
Ärger/Wut gibt Impulse zum Durchsetzen eigener Interessenpositionen bzw. zur Verteidigung. Ohne Schuldgefühl würde die Emotion Ärger/Wut zu unübersehbaren sozialen Verletzungen führen.	*Schuldgefühl* blockiert aggressives Verhalten, das andere Personen schädigen könnte. Ohne Ärger/Wut würde die Emotion Schuldgefühl einem Individuum die Fähigkeit, sich zu behaupten, nehmen.
Sexuelle Lust gibt Impulse zum Aufsuchen von Sexualpartnern bzw. zur Befriedigung sexueller Bedürfnisse. Ohne Schamgefühl wird Sexualität *hemmungslos*.	*Schamgefühl* blockiert sexuelles Verhalten dadurch, daß es die Übertretung von Schamgrenzen durch ein aversives Signal sanktioniert. Ohne sexuelle Impulse würde das Schamgefühl Intimität unmöglich machen.
Hunger und Durst geben die Impulse zur Nahrungs– und Flüssigkeitsaufnahme. Ohne Ekel wäre die Nahrungs– und Flüssigkeitsaufnahme wahllos.	*Ekel* verhindert den Genuß verdorbener Speisen und Getränke. Ohne Impulse von Hunger und Durst würde der Ekel den Kreis möglicher Nahrungsmittel sehr drastisch einschränken.

„Dieses Verhältnis kann man etwa bei Furcht und Neugier beobachten, die entgegengesetzte Intentionen und Signalwerte verkörpern, in ihren Wirkungen aber aufeinander angewiesen und funktionell verknüpft sind. Neugier/Interesse ist dabei die Komponente, die das aktive Engagement in der Umwelt begünstigt, Furcht ist die Komponente, die dabei für die nötige Vorsicht sorgt. Eine Verschränkung ist auch insofern gegeben, als viele Unternehmungen ohne eine Portion Furcht bzw. Gefahr reizlos wären, wie viele sportliche Unternehmungen zeigen. Ähnliche Verhältnisse finden sich bei den Emotionen Ärger/Wut und Schuldgefühl, wobei letzteres bei Wutreaktionen vor destruktiven Folgen bewahrt, während die Ärger/Wut–Reaktion vor dem Aufgeben eigener Interessen angesichts zu starker sozialer Verpflichtungen bewahrt. Auch zwischen Trieben und Emotionen finden sich solche Verhältnisse, vor allem zwischen Sexualität und Schamgefühl sowie Hunger/Durst und Ekel“ *(Kruse)*.

Die Dynamik dieser Geschichte – und hier gehe ich über *Kruses* Darlegungen hinaus – ist dabei interessant: Die sich gegenseitig bekämpfenden Emotionen wie z.B. Aggressionen vs. Schuldgefühle, Sexualität vs. Angst und und und scheinen normalerweise in einer *labilen Balance* zueinander zu stehen, die aufrechtzuerhalten das Seelenleben wenig Kraft kostet. Ein Bild dafür könnte sein: ein Hammer, der, auf dem Stil an einer Drehachse befestigt, stehend von zwei Seiten durch zwei entgegengesetzte Kräfte (die antagonistischen Emotionen) gehalten wird; solange die Balance mehr oder minder gegeben ist, braucht keine der beiden Kräfte übermäßig stark ausgebildet zu sein – je mehr aber der Hammer aus der Balance gerät, desto stärker muß die *unterlegene* Kraft gegenhalten, um ihn wenigstens in dieser Position zu halten oder gar wieder aufzurichten, also ihn wieder in den wenig *kräftezehrenden* Zustand zu bringen. Der unbalancierte Zustand kostet das Seelenleben auf die Dauer sehr viel Kraft und Energie, blockiert, lähmt und deprimiert auf lange Sicht.

Emotions–Antagonismus–Balance

(oder: die Sache mit dem Hammer)

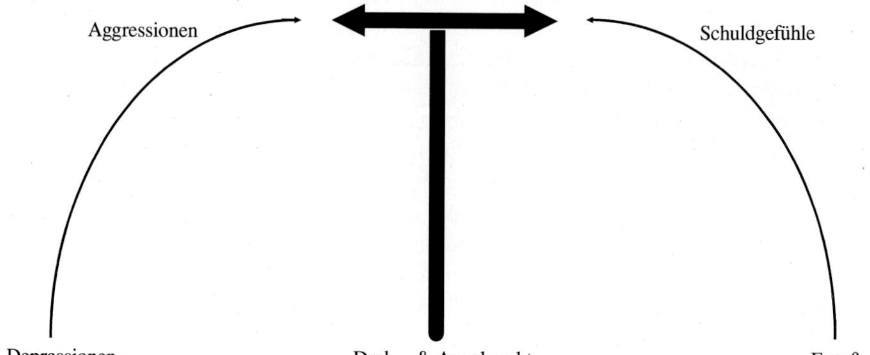

Antagonistische Emotionen halten den *Hammer* in der Balance. Die senkrechte Stellung aufrechtzuerhalten, erfordert keinen großen psychischen Kraftaufwand. Je stärker aber die Schrägstellung des Hammers, desto aufwendiger die psychische Kraftanstrengung. Kippt die Balance, so liegen entweder Aggressionen oder die Schuldgefühle darnieder: Depressionen oder aggressiver Exzeß regieren. Aus dieser Position die dominierende Emotion zurückzudrängen, macht einen psychischen Kraftakt aus.

Dieses Modell könnte z.B. beim Aggressivitäts–Schuldgefühl–Antagonismus den häufig zu beobachtenden Sachverhalt, daß, je weniger Aggressionen jemand äußert, desto mehr Schuldgefühle hat er langfristig, anders und plausibler erklären als die Psychoanalyse, nach der sich Aggressionen autoaggressiv in Schuldgefühle *verwandeln*. Nach obenstehendem Modell wäre in diesem Fall das labile Gleichgewicht zuungunsten der Aggressionen umgekippt und hätte dabei zu einer Herrschaft der Schuldgefühle geführt (für die ja eigentlich gar kein richtiger Anlaß da ist, weil kaum Aggressionen gezeigt werden!). Ähnliche Umkipp–Phänomene können wir bei Sexualität vs. Angst finden, bei Aktivität vs. Trauer – um nur zwei weitere Beispiele zu nennen.

Das sich selbst regulierende Zusammenspiel unserer Emotionen kann man sich dann als ein *komplexes Netzwerk aus sich gegenseitig bedingenden, regulierenden, kontrollierenden, anregenden, verstärkenden und abschwächenden Emotionen* vorstellen, das – und das lehrt uns ein Blick ins außerhumane Tierreich – durchaus nicht unbedingt der regulierenden Funktion der Vernunft, des Großhirns, bedarf.

Emotionale Förderung

Flirt * Lust * Liebe
andere ärgern * Selbstbehauptung
Hören * Schmecken * Schauen * Riechen * Tasten
Neugier * Spielen * Lachen * Tanzen * Singen
usw. usf.

„Das Limbische System besitzt zwar eine ‹Intelligenz des Fühlens›, aber es kann den ganzen Organismus ‹überschwemmen› und beherrschen, wenn es außer Kontrolle gerät. Und die Kontrolle ist Sache des entwicklungsgeschichtlich neueren Hirnteils, des Neocortex“ *(Wolf)*.

Nicht verschweigen möchte ich, daß 99% der Psychologen, 91% der Philosophen, 80% der gesunden Bevölkerung und sogar so emotional orientierte Biologen wie *Hassenstein* das durchaus anders sehen. Sie suchen das Heil der Menschheit in der kognitiven Kontrolle unserer bestialischen Triebe und Emotionen, haben Angst vor einer Überflutung durch unser emotionales Ungestüm und verschanzen sich in ihrer Panik hinter die kognitiven Ringwälle. Welch ängstliche Beklommenheit hat uns erfaßt?!

Gegnerische Emotionen

Flirt, Lust, Liebe	Scham, Schuldgefühl, Eifersucht, Aggressivität aus Angst & Ausweglosigkeit, Geringschätzung und Verachtung, Angst*, Traurigkeit
Aggressivität	Schuldgefühle, Angst, Mitleid, Traurigkeit, Familiensinn, Muße, Liebe, Ekel, Schwäche, Schmerz, Erschöpfung, Dominanzgefühl
Scham	Lust, Fröhlichkeit, Neugier, Spielen, Lachen, Tanzen, Singen
Schuldgefühle	Aggressivität, Traurigkeit, Schmerz
Angst	Lust, Aggressivität, Soziales Bindungsgefühl, Sinnenfreude, Fröhlichkeit, Neugier, Spielen, Muße, Schlaf
usw. usw.	

* bei Männern mehr, weniger bei Frauen (vgl. *Eibl–Eibesfeldt*)

„Männliche Sexualität verträgt sich dementsprechend mit Aggressivität, nicht aber mit Angst. Bei der weiblichen Sexualität ist es dagegen genau umgekehrt: Aggressive Motivation hemmt sie bei den meisten Wirbeltieren, während Fluchtmotivation die sexuelle Bereitschaft des Weibchens keineswegs unterdrückt. Es gibt sogar Frauen, die bei Angst spontan einen Orgasmus erleben. Eine Gewährsperson berichtete mir, daß sie mit 14 Jahren aus Angst bei einer Mathematik–Schularbeit ihren ersten Orgasmus bekam, was sich bis zu ihrem 16. Jahr einige Male ohne jede mechanische Reizung wiederholte" *(Eibl–Eibesfeld)*.

Auch *Romy Schneider* zeigte sich in *Bölls* „Gruppenbild mit Dame" im Luftschutzbunker während eines Bombenangriffs sexuell außerordentlich erregt und bumste schamlos–unverschämt inmitten aller verängstigten, schutzsuchenden Mitbürger mit einem nach den obigen Betrachtungen wohl relativ kaltblütigen Mann.

Es ist ein eigenartiges Phänomen, daß die *Gegenspieler* sich andererseits auch gegenseitig auf den Plan rufen, ihr Erscheinen also bisweilen durchaus positiv miteinander korrelieren kann. So provozieren Aggressionen einerseits Schuldgefühle, andererseits halten Schuldgefühle auch wieder Aggressionen in Schach. Es variiert aber die Leichtigkeit, mit der Aggressivität und Schuldgefühle jeweils stimulierbar sind: Bei dem einen werden Aggressionen leicht hervorgerufen, Schuldgefühle aber nur schwer, bei dem anderen eher umgekehrt. Genauso ist es mit Lust und Angst, Scham und Neugier und allen anderen Gegenspielern.

Die *Dynamik* dieses Wechselspiels aus Sich–gegenseitig–Bedingen und zugleich in Schach halten gestaltet sich von Person zu Person und von Zeitpunkt zu Zeitpunkt unterschiedlich – mit allerdings tendenziellen Charakteristiken, die die Berechenbarkeit und Einschätzung von Personen nicht ganz verunmöglichen.

Noch schwerer als solche Phänome ist die *gleichzeitige Präsenz antagonistischer Emotionen* zu verstehen: die *Ambivalenz*. Das *Kantsche tertium non datur* scheint im Gefühlsleben außer Kraft zu sein. Wir können bis zu einem gewissen Grad *gleichzeitig* neugierig sein und dabei Furcht empfinden, aggressiv sein und Fluchttendenzen haben, sozial anbandeln und fremdeln. Ja die Sache ist in Wirklichkeit *noch* komplizierter. Die Ambivalenz wird durch Außenvariablen noch moderiert, z.B. Kontaktsuche und Fremdeln von Kleinkindern durch die Anwesenheit der Mutter.

„Das Kind spricht und spielt weniger explorativ, wenn die Mutter den Raum verläßt, und es weint mehr. Bleibt es allein mit einem Fremden zurück, dann sucht es dessen Nähe... Wir können durchaus darauf selektiert worden sein, Alternativen zu wählen: Ist die Mutter da, dann meide alle Fremden, ist sie dagegen verschwunden, dann suche Nähe von anderen Menschen! Allein würde ein Kind auf jeden Fall umkommen" *(Eibl–Eibesfeldt)*.

Wechselwähler & Überläufer

Die Herren *Schachter & Singer* verblüfften vor einigen Jahren die Psychologenwelt mit einem ungewöhnlichen Experiment. Sie spritzten einem Teil ihrer Versuchspersonen Adrenalin, das *Streßhormon*, ohne es ihnen zu sagen; einer Kontrollgruppe wurde neutrale physiologische Kochsalzlösung als Placebo infundiert. Nun brachten sie von beiden Versuchspersonengruppen jeweils die Hälfte mit dem Film „Charley's Tante" zum Lachen, die jeweils andere Hälfte jeder Gruppe ärgerten sie durch eine Schein–Versuchsperson, die mit dem Versuchsleiter unter einer Decke steckte: Es zeigte sich, daß die mit Adrenalin *fickrig* gemachten Personen in dem lustigen Film mehr lachten und sich in der ärgerlichen Situation mehr ärgerten als die Kontrollgruppe.

Obwohl die Untersuchung anscheinend schwer replizierbar ist und wohl, wie so manches in der Wissenschaft, milde formuliert, nicht ganz *lege artis* zustande gekom-

Hypothetisches Wirkungsgefüge der sozialen Motivation bei höheren Säugern einschließlich des Menschen

Etwas weiter hat *Bischof* seine *Systemanalyse* über das Zusammenspiel von Kontaktstreben und Furcht vorangetrieben. „Bekanntlich sucht das Kleinkind Kontakt mit der Mutter, und es meidet Fremde, ganz offensichtlich angstmotiviert. Später allerdings wird gerade der andersgeschlechtliche Fremde zum gesuchten Partner, und jene Personen, zu denen man eine enge familiäre Beziehung hat, wie sie für Blutsverwandte üblich ist, werden als Geschlechtspartner gemieden. Mehrere Variable bestimmen, ob und wie weit sich das Kind von seiner Mutter entfernt, wie nah es sich an einen Fremden heranwagt, ob es exploriert und anderes mehr. *N. Bischof* zeichnet in seinem Modell das Netzwerk kausaler Faktoren (angenommener wie beobachteter) auf, die diesen Prozessen unterliegen. Sein Funktionsschaltbild nimmt zwei Systeme an, jedes mit einem Regelkreis:

1. Ein ‹Erregungs›–System, das mit 8 Monaten reift; sein Sollwert wird als ‹Enterprise› (Unternehmungslust) bezeichnet. Normalerweise führt ein Defizit an ‹Erregung› zu explorativem Verhalten, ein Überschuß zur Flucht.
2. Ein ‹Sicherheits›–System, das ab der Geburt oder spätestens mit 3 Monaten herangereift ist. Den Sollwert dieses Regelkreises nennt er ‹dependency› (Abhängigkeit). Er ist bei kleinen Kindern hoch und erreicht sein Minimum in der Pubertät. Ein Defizit an ‹Sicherheit› führt zu betontem Bindungsverhalten; ein Überschuß zu Kontaktverweigerung gegenüber der Familie. Dieses Verhalten wird als Überdruß–Verhalten bezeichnet.

N. Bischofs Funktionsschaltbild ist meines Wissens die erste und bisher einzige theoretische Systemanalyse menschlichen Sozialverhaltens“ (*Eibl–Eibesfeldt*).

Erklärung der Symbole: Pfeil=variable Größe (*nicht* Kanal). Block=System, Teilsystem, Kanal. Die Orientierung der Pfeilköpfe kennzeichnet die Richtung der kausalen Abhängigkeit. In einen Block einmündender Pfeil=Eingangsgröße (input), vom Block wegweisender Pfeil=Ausgangsgröße (output) des betreffenden Teilsystems. Pfeile, die im Leeren entspringen bzw. ins Leere weisen=Variable, deren Determination bzw. Auswirkung im Modell nicht spezifiziert wird. Verzweigungen („Lötstellen“) bezeichnen die Wirkung einer Variablen auf die Ausgangsgrößen mehrerer, durch gesonderte Blöcke bezeichneter Teilsysteme. Leere dreieckige Pfeilköpfe=Beibehaltung des Vorzeichens bzw. positive Korrelation mit der nachfolgenden (abhängigen) Größe, ausgefüllte dreieckige Pfeilköpfe=Umkehr des Vorzeichens bzw. negative Korrelation mit der nachfolgenden Variablen. Einfache Pfeilköpfe = keine Aussage über Vorzeichenbeziehungen. Leere Kreise=nicht näher spezifizierte mathematische Operationen vom Typ einer Addition oder Multiplikation (bzw. – bei ausgefüllten Pfeilköpfen – einer Subtraktion oder Division). Schraffierte Linien=Grenzen des Organismus. Variable außerhalb dieser Grenzen sind observabel, solche innerhalb der Grenzen hypothetisch. Von den letzteren wird unterstellt, daß sie in einem späteren Stadium neurophysiologisch oder endokrinologisch interpretierbar sein werden. A=motorische Systeme, die das Ausdrucksverhalten (im weiteren Sinne) kontrollieren. Von den jeweils paarweise zusammenhängenden A–Blöcken tritt jeweils der obere (untere) in Aktion, wenn die Eingangsgröße ihren Sollwert über(unter)schreitet.

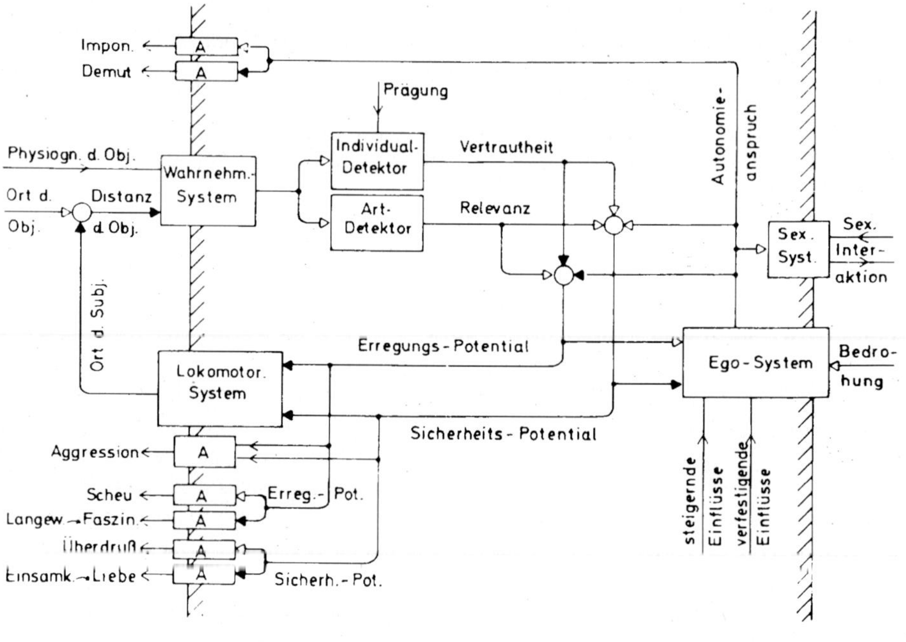

Bischof

men ist, bestätigt sie doch die Alltagserfahrung, daß Emotionen sich in andere verwandeln, in andere umkippen können. *Auf Lachen folgt Weinen* ist ein solcher Spruch, der dies andeutet: Heiterkeit kippt in Traurigkeit um. Das umgekehrte Phänomen haben wir beim Leichenschmaus nach der Beerdigung unseres *allseits so geliebten Mitmenschen*. Gute Komiker und Clowns wissen um dieses Phänomen und schütteln den Zuschauer zwischen Lachen und Weinen hin und her.

Daß sexuelle Erregung in Aggressivität umkippen kann, hat wohl jeder schon einmal erfahren, wenn im Bett oder im Gebüsch etwas schieflief (*Beischlaf–Streit* z.B.) – sexuelle Erregung, Lust also, kann dann natürlich auch in Traurigkeit und Weinen umkippen oder in exzessive Schuldgefühle. Aggressionen können sich ihrerseits in sexuelle Lust verwandeln (Versöhnungsspiel nach *Bach*, „Versöhnungsbeischlaf"). Körperliche Erregung nach harter körperlicher Arbeit kann nach einer spezifischen Zeitspanne die aggressive Bereitschaft erhöhen.

Alle diese Sachverhalte sind psychologisch–wissenschaftlich in der sog. *Erregungs–Transfer–Hypothese* zusammengefaßt (*Zillmann et al.)* Es gibt allerdings auch gegenteilige Befunde, nach denen ein solcher Transfer nicht stattfindet oder überhaupt keine Erregung im Spiel zu sein scheint. Biologisch–wissenschaftlich ist das Phänomen unter dem Namen *Umstimmung* bestens bekannt.

Die *Auflösung* des Rätsels liegt darin, daß wir es hier mit einem ungeheuer komplexen und facettenreichen Geschehen zu tun haben, in dem es die unterschiedlichsten und scheinbar widersprüchlichsten Phänomene gibt. Gehen wir zu dem vorgestellten Modell zum Aufbau von Emotionen, und versuchen wir uns das phänomenale phänomenologische *Umkippen & Verwandeln von Emotionen*, ihre Metamorphose, zu erklären (ich bitte besonders die Herren *Schachter & Singer*, jetzt mal aufzupassen!):

> Man nehme eine relativ schwach emotionale Disposition (geringe Grundemotion und/oder minimaler Anreizcharakter der Situation) und knalle mittels Adrenalin–Spritze, Holzhacken, Alkohol, Kaffee oder anderer emotionsfremder Erregungen einen *hohen Verstärkungsfaktor* drauf; nun tausche man den Anreizcharakter der Situation aus (Charley's Tante, traurige Tagesschau, widerlicher Mitproband/ekelhafter Versuchsleiter, Pornohefte, Lottogewinn) und errege eine andere Emotion. Siehe da, bei weiter eingeschalteter wirksamer Verstärkungsstrecke (die ist bisweilen recht träge!) verwandelt sich unsere Wut in Lachen, unsere Lust in Wut, unser Lachen in Tränen vice versa usw. usf.

Subjektiv haben wir den Eindruck, daß *auf Lachen Weinen folgt*, was natürlich Quatsch ist – Weinen folgt, wenn in heiterer Erregung ein genügend starker Anlaß für Trauer gegeben ist, die emotionale Bewertung umgepolt und die Verstärkung nun auf das Weinen geschaltet ist.

Zimmer deutet diese Erklärung in seiner Kritik der *Schachter–Singer*–Ergebnisse an: „Möglicherweise hat ja die Aktivierung mit Hilfe von Adrenalin die physiologische Grundlage der Gefühle überhaupt nicht hergestellt, sondern nur eine gewisse Erregung und Beunruhigung, die nur die Bereitschaft vergrößerte, überhaupt eine Emotion zu entwickeln. Diese bestand dann aber nicht in der gedanklichen Aktivierung, sondern wurde tatsächlich hervorgerufen." Also auch hier wieder nichts mit der kognitiven Interpretation (dieser Kurzschluß–Schwachsinn wird allerdings Tausenden von Psychologen weiterhin in ihrer sozialpsychologischen Diplom–Prüfung abverlangt – na denn Prost).

Ein brillantes Beispiel dafür ist *Charlie Chaplin*, z.B. beim Kartoffeltanz in seiner einsamen Hütte in der kanadischen Wildnis, mitten im „Goldrush", nachdem er von seinen beiden Schönen für die Silvesterfeier versetzt worden ist; oder in den abwechselnd rührenden und komischen Szenen in „The Kid".

„Unser Verstand, zunächst einmal als Instrument im Dienste des Überlebens entwickelt, hat zwar im Geistigen uns noch unbegreifliche Dimensionen erreicht, aber das archaisch Emotionelle bildet nach wie vor den Kern unseres Wesens. Sehnsucht, Schmerz, Liebe und Haß bleiben die Leitmotive unserer höchsten künstlerischen Leistungen und zugleich die universale, angeborene Bezugsbasis für uns Menschen. Aus der Verbindung von Denken und Fühlen speist sich ein ganz wesentlicher Anteil unseres schöpferischen Daseins" *(Eibl–Eibesfeldt)*.

Der kognitive Einfluß

„Welch langer und abschüssiger Weg vom Beginn der Psychotherapie bis heute: Wo früher Psychoanalytiker – der alten Art – dem Individuum Einblick in die letzten, unüberwindlichen Schrecknisse des andauernden Konflikts von Vernunft und Trieb, Individuum und Gesellschaft gegeben haben, da argumentieren heutzutage kognitive Therapeuten mit ihrem Computer–Menschenmodell und wiegeln ab. ‹Reg Dich nicht auf!›, ‹Es wird nichts so heiß gegessen, wie es gekocht›, ‹Nimm's nicht so ernst›: Das sind letztlich Sprüche, mit denen sie uns jeden letzten Ernst austreiben – und uns damit zeigen, wie wenig ernst sie uns nehmen... Daß es erst gar nicht zur Frage nach der ‹Ursache› psychischer Störungen kommt, liegt allerdings im System der kognitiven Theorie selbst begründet. Wenn man keine Vorstellung davon hat, wie der Kampf zwischen rationalen und irrationalen Kräften im Menschen denn eigentlich zustande kommt, dann hat die Frage nach der Ursache des Irrationalen kaum einen Sinn mehr. Sie wird, wenn überhaupt gestellt, mit dem formalen Argument abgetan, daß Irrationales eben ‹gelernt› sei" *(Jaeggi).*

Die parallel zueinander ablaufenden emotionalen und kognitiven Prozesse stehen in *Interaktion*, dabei können sie übereinstimmen, zueinander *passen*, aber auch in Widerspruch geraten.

Die emotionale Einschätzung und Beurteilung ist unmittelbarer und der kognitiven oft voraus, vor allem ist sie motivierend, d.h., sie regt zum Handeln an. Was nicht heißen soll, daß es nicht auch Handlungen gibt, die primär unter kognitiver Kontrolle eingeleitet werden. Wir wissen jedoch alle, daß die Überlegung, dieses oder jenes müsse getan werden, *allein* in den seltensten Fällen etwas oder jemanden in Bewegung bringt, es sei denn, zusätzlich würden die möglichen unlustvollen Konsequenzen bei Unterlassung oder die lustvollen bei Vollzug ins Bewußtsein gerufen – also die emotionale Seite.

Die unterschiedlichen Aufgaben des kognitiven und des emotionalen Prozesses werden von *Kruse* in einer Tabelle dargestellt:

Funktionsteilung zwischen Emotionen und Kognitionen *(Kruse)*

	Kognitionen	*Emotionen*
Erkenntnis– und Orientierungsfunktionen	differenzierte Widerspiegelung der Wirklichkeit	Repräsentation der Wirklichkeit in wenigen, vital bedeutsamen Codes
	sozial erzeugte Abbilder der Wirklichkeit (sprachlich)	biologisch präformierte Codes
	„wertfreie" Information	subjektive, motivationale Information
	flexible, leicht änderbare Abbilder	Ausbildung fester, schwer änderbarer Verknüpfungen von Emotionen zu Auslösern
	bewußt steuer– und kontrollierbar	Entziehen sich bewußter Steuerung
Funktionen in der Handlungssteuerung	intellektuelle Steuerung	motivationale Steuerung
	Kalkulation von Handlungseffekten und –mitteln, Planung	Rückbezug von Handlungselementen auf Tätigkeitsmotive
	Steuerung des Erwerbs neuer Handlungen	Steuerung routinisierter Handlungen, Notfall– und Schutzreaktionen (Schreck, Angst)

„Wenn emotionale Bewertung und kognitive Analyse zu gleichen Ergebnissen kommen, so wird dies im Bewußtsein nicht sonderlich vermerkt. Dagegen regen Diskrepanzerlebnisse zwischen beiden zu neuem Nachdenken, Informationssuche oder Handeln an" *(Kruse).*

Aus dem mehr oder minder *harmonischen Zusammenwirken* von Emotionen und Kognitionen können affektiv–kognitive Strukturen im Sinne *Izards* entstehen, *Kruse* nennt hier u.a. das Gewissen als psychische Struktur, „... die im wesentlichen alle die Auslöser des Schuldgefühls umfaßt. Dazu können z.B. die sozialen Normen und Gebote gehören, die in Gesetzen oder sozialem Konsens existieren oder Teil selbstgewählter sozialer Verpflichtungen sind."

Wie an anderer Stelle schon erwähnt, wird häufig versucht, die Kognitionen in Übereinstimmug mit den Gefühlen zu bringen. Erinnert sei hier an die sozialpsychologischen Untersuchungen auf dem Gebiet der Attraktivitätsforschung, wo Versuchspersonen sich mit solchen Partnern verabredeten, die physisch attraktiv waren, ihre Entscheidung dann aber mit angenommenen – nicht tatsächlichen – Charaktereigenschaften ihrer *Wahlpartner* begründeten. Umgekehrt kann in Fällen, in denen z.B. eine Entscheidung aufgrund rationaler Erwägungen getroffen wurde, das Ansammeln von Informationen, die für diese Entscheidung sprechen – ein Phänomen, das im Rahmen der Dissonanztheorie als Mittel zur Reduktion kognitiver Dissonanz beschrieben und empirisch belegt wurde –, auch als Versuch interpretiert werden, die emotionale Seite quasi zu *überzeugen*.

Es ist anzunehmen, daß, ebenso wie versucht wird, eine emotionale Balance mit dem notwendigen Spielraum aufrechtzuerhalten, eine gewisse kognitive *Konsonanz* angestrebt wird, d.h., daß ein allzu großer *Widerspruch* zwischen unterschiedlichen Kognitionen sowie zwischen Kognitionen und Emotionen mittels verschiedener Regulationsoperationen vermieden wird.

Jedem von uns ist, ganz ohne empirisch–wissenschaftliche Absicherung, das Phänomen bekannt, daß ein Gedanke Angst, Wut, Traurigkeit, Freude und andere Emotionen auslösen kann. Inwieweit allerdings tatsächlich Gedanken, also Kognitionen, in diesen Fällen der Vater der Emotion sind und nicht *konditionierte Signal– oder Verstärkerketten* (sekundäre, tertiäre, quartäre und weiter vorgeordnete Signale und nachgeordnete Verstärker), ist auch bei dieser speziellen Art der Emotionsauslösung (von der die Kognitive Psychologie und Therapie träumt und lebt) immer noch die Frage. Mit Sicherheit können wir aber von einer *Dualität der Emotionsauslösung* sprechen, in der mehr instinktiv (*limbisch*) initiierte Emotionen neben mehr kognitiv provozierten stehen bzw. Mischformen der Auslösung vorzufinden sind. Im Einzelfall abzuschätzen, ob kognitive Umstrukturierungen zu einer echten Modifikation der emotionalen Bewertung einer Situation führen oder nur zu Verschiebungen, Ent– oder Hemmungen und Pervertierungen der Emotionen, ist fast aussichtslos.

Einflußmöglichkeiten für Kognitionen ergeben sich in unserem Modell zum Aufbau emotionaler Äußerungen an vier unterschiedlichen Stellen:

1. Eine bestimmte kognitive Einstellung kann die *Aufmerksamkeit und Empfänglichkeit* für spezielle Stimuli erhöhen, z.B. „Die Welt ist voller Gefahren, also aufgepaßt!" dürfte eine gute Voraussetzung für die Wahrnehmung bedrohlicher Situationen, Anzeichen und Menschen sein; allerdings kann man eine solche Einstellung auch nur als den verbalisierten Aspekt einer emotionalen Haltung, der Ängstlichkeit, betrachten. Einen anderen Fall der kognitiven Einflußnahme auf den Anreizcharakter stellt die Aufzählung und Vergegenwärtigung aller *Pferdefüße* eines sehr attraktiven, aber nicht erreichbaren und somit frustrierenden Reizes dar (Saure–Trauben–Strategie). Hier stehen Gefühle der Attraktion und des Verlangens solchen der Enttäuschung und des Ärgers gegenüber; die kognitive *Abwertungsoperation* des Reizobjekts soll in zukünftigen Situationen die unerfreuliche Gefühlskonstellation abmildern. Bekanntlich bleiben in aller Regel die Emotionen nicht aus, sie können aber wohl im Laufe der Zeit abgeschwächt werden. In anderen Fällen sind Kognitionen erforderlich, um Reizkonstellationen als relevant für die Emotionsauslösung zu erkennen: Ein mir unbekanntes Päckchen auf meinem Schreibtisch weckt mein Interesse. Ist es hübsch verpackt und lese ich eine freundliche, an mich adressierte Widmung darauf, so fühle ich mich schon etwas freudig gestimmt – weiß ich allerdings, daß drinnen ein Klumpen Uran ist, bekomme ich es ganz schön mit der Angst zu tun.
   Eine weitere Möglichkeit kognitiven Einflusses auf die Wirkung von Anreizbedingungen besteht in der bewußten Vermeidung von Reizkonstellationen: Ich weiß, daß die Thesen von Norbert zum Thema Arbeitslosigkeit mich auf die Palme bringen – also mit ihm keine Gespräche über Politik!
2. Die *Auslösung* von Emotionen mit Hilfe von Kognitionen läßt sich als Erzeugung interner Emotionsstimuli begreifen. Nicht die Kognition schafft die Emotion, sie ruft einen konditionierten oder unkonditionierten Stimulus ins Bewußtsein, der seiner-

Kognitionen können
1. in Form verschiedener kognitiver Einschätzungen den Anreizcharakter bestimmter Reizkonstellationen beeinflussen,
2. Emotionen auslösen, indem sie selbst den Charakter von Emotionsstimuli annehmen (was etwas anderes ist, als die Voraussetzung einer Emotion zu sein),
3. ausgelöste Emotionen in ihrer Entfaltung begünstigen, einschränken oder verschieben und
4. die Äußerungsdisposition fördern oder hemmen.

Können ist besonders betont, da diese Einflußnahme meines Erachtens im Gegensatz zu kognitivistischen Vorstellungen keineswegs für emotionale Prozesse erforderlich ist.

Wie gut ist Ihre Menschenkenntnis?

Bei den Aufgaben 1 bis 3 geht es darum, Gefühle oder Absichten dadurch zu erkennen, daß man Körpersprache richtig deutet. Sie sehen jeweils eine Serie von vier Zeichnungen. Und Sie sollen diejenige Zeichnung herausfinden, die in ihrem Ausdruck am wenigsten zu den drei anderen Bildern paßt. Schreiben Sie sich den Buchstaben der betreffenden Zeichnung auf.

1.

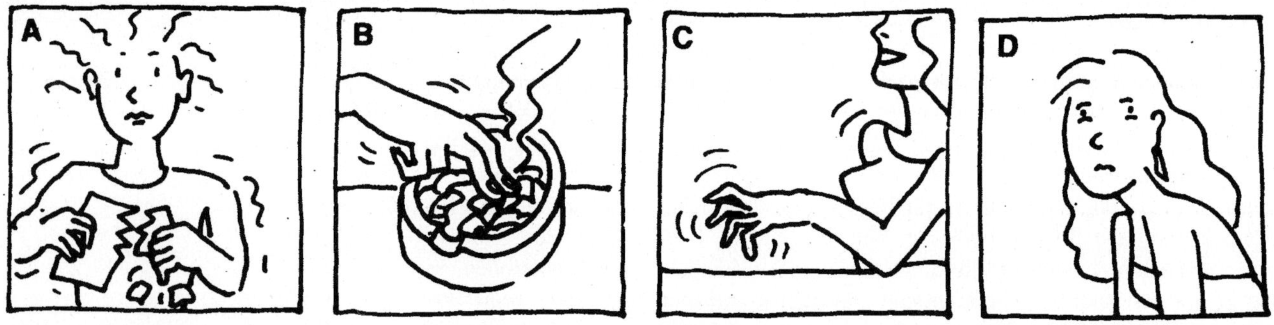

2.

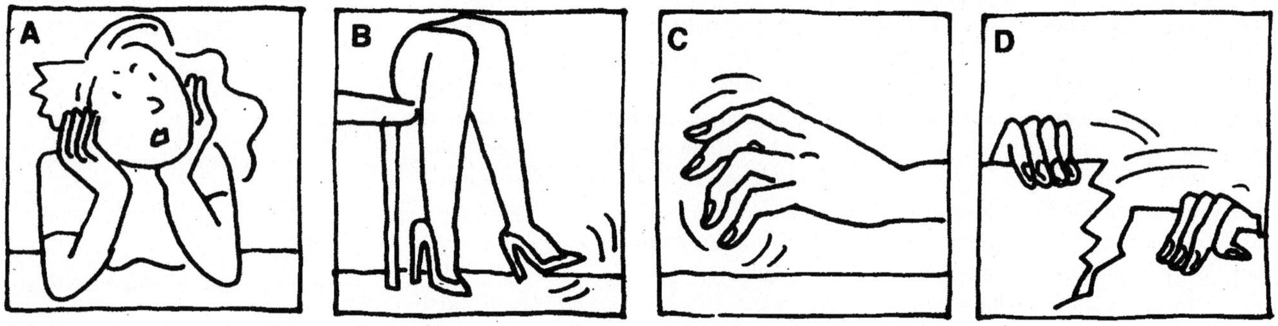

3.

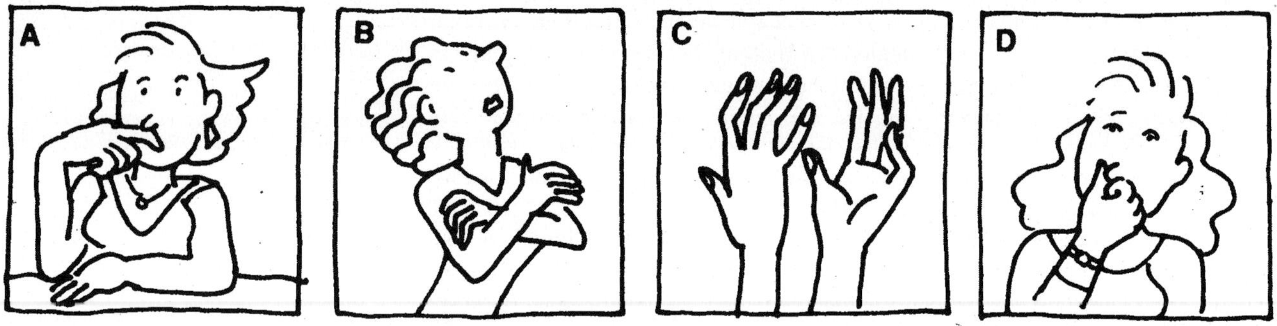

In Übung 4 kommt es darauf an, eine Situation richtig einzuschätzen und das daraus folgende Geschehen vorherzusagen. „Die drei Männer stehen vor einem Aufzug" – diese Situation sehen Sie als erstes. Ihre Aufgabe besteht darin, aus den Situationen A, B und C diejenige auszuwählen, die am besten zu der ersten paßt bzw. dieser folgt.

4.

5. Ein und dasselbe Paar an zwei verschiedenen Abenden. Wann verstehen sich die beiden besser?

6. Die Frau möchte eine Gehaltserhöhung. Auf welchem Bild hat der Chef mehr Verständnis für diese Bitte?

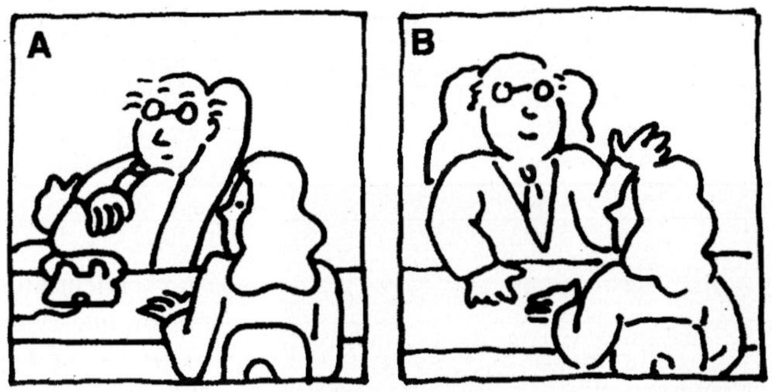

Auflösung

1D. Während die Zeichnungen A, B, C Nervosität ausdrücken, ist die Frau in Zeichnung D gelangweilt oder schlaff.

2D. Zu den unbewußten Gesten wie Hände auf den Kopf stützen (A), Schuhklopfen (B) und Fingertrommeln (C) paßt nicht die gezielte Bewegung des Zerreißens eines Papieres (D).

3C. Händeringen – eine Geste, mit der man bittet oder auffordert. Sie paßt nicht zu den Bildern A, B, D, die eine Frau in eher nachdenklichem oder versonnenem Zustand zeigen.

4C. Der Herr rechts ist der älteste in der Gruppe – worauf auch die räumliche Distanz schließen läßt. Da es als höflich gilt, dem Ältesten den Vortritt zu lassen, folgt der ersten Szene also wahrscheinlich Szene C.

5A. Menschen, die sich gut verstehen und mögen, nehmen automatisch eine ähnliche Haltung wie der andere ein.

6B. Auf Bild A sitzt der Chef mit verschränkten Armen und abgewandt da – eindeutige Zeichen für Desinteresse.

So sieht's mit Ihrer Menschenkenntnis aus

Wenn Sie mehr als die Hälfte der Aufgaben richtig gelöst haben...
... sind Sie nicht nur ein sehr aufmerksamer Beobachter, sondern verfügen auch über eine beneidenswerte Intuition.
Obwohl Sie nur sehr wenige Informationen brauchen, um einen Menschen richtig einzuschätzen, entgeht Ihnen so gut wie nichts. Lernen Sie jemand anderes kennen, versuchen Sie immer, einzelne Züge nicht überzubewerten, sondern sich einen abgerundeten Eindruck zu verschaffen. Was Ihnen meistens auch gelingt. Dennoch: Gerade weil Sie sich in der Regel auf ihr gutes Einfühlungsvermögen verlassen können, neigen Sie dazu, einmal gefällte Urteile um keinen Preis zu revidieren.

Wenn Sie etwa die Hälfte der Aufgaben richtig gelöst haben...
... ist ihre Menschenkenntnis gut ausgeprägt. Auch wenn Sie eine ganze Reihe von Hinweisen und Signalen brauchen, um einen Menschen treffend einzuschätzen. Mit etwas mehr Aufmerksamkeit für kleine, unscheinbare Gesten könnten Sie Ihr Urteilsvermögen noch verbessern. Vielleicht lassen Sie sich manchmal zu sehr davon leiten, wie andere Menschen gern auf Sie wirken möchten. Versuchen Sie doch einfach, sich auf einen Menschen, den Sie kennenlernen, ein bißchen mehr einzulassen. Dabei sollten Sie mehr auf Ihren Instinkt vertrauen. Denn Menschenkenntnis hat viel mit dem eigenen Selbstvertrauen zu tun.

Wenn Sie weniger als die Hälfte der Aufgaben richtig gelöst haben...
... sollten Sie nicht mit zu vorgefertigten Meinungen auf andere zugehen. Das birgt nämlich die Gefahr, daß man nur das sieht, was man sehen will; daß man Hinweise, die einem echten Aufschluß über jemanden geben könnten, zu schnell unter den Tisch fallen läßt. Insbesondere aber sollten Sie Ihre Scheu davor ablegen, Ihre Mitmenschen ein wenig zu entlarven. Das gelingt, wenn man sich mehr auf seine Sensibilität und sein Einfühlungsvermögen verläßt. Wer sich nämlich selbst gut kennt und weiß, wie er in dieser oder jener Situation reagieren würde, dem fällt es nicht mehr so schwer, seinen Mitmenschen gerecht zu werden.

Lometsch & Strametz

seits mit einer bestimmten Emotion verbunden ist. Kognitionen als Stimuli emotionaler Reaktionen sind etwa Selbstinstruktionen oder Autosuggestionen (z.B. die Formeln des Autogenen Trainings). Besonders geeignet zur Auslösung von Gefühlen scheint die Erzeugung bildhafter Vorstellungen. Dies geschieht ja bekanntlich bei der Systematischen Desensibilisierung, wo mit Hilfe verbaler (Selbst–)Instruktionen angstauslösende Szenen aufgebaut werden. Dabei besteht die Aufgabe der Kognition darin, einen emotions(in diesem Falle angst)auslösenden Stimulus aus dem Gedächtnis abzurufen oder aber einen entsprechenden zu konstruieren. Das gleiche gilt für das bewußte Ausmalen sexueller Phantasien oder gezielte aggressive Vorstellungen, die die emotionale Bereitschaft für nachfolgendes Verhalten, sei es Beischlaf oder Boxkampf, fördern, aber auch als Ersatz für selbiges dienen können. Vorstellungsbilder werden auch in verschiedenen imaginativen Therapieverfahren und der Hypnotherapie zur Emotionsauslösung und –beeinflussung verwandt.

3. *Kognitive Verstärkung oder Dämpfung* von Emotionen findet überall dort statt, wo bei einer im Aufbau befindlichen Emotion entsprechende oder aber widersprechen-

Das *Paradigma des kognitiven Irrtums* der Kognitiven Therapie ließe sich so beschreiben: Wenn ein Klingelton öfter einen Elektroschock ankündigt, wird der Ton, klassisch konditioniert, eine konditionierte Reaktion hervorrufen. Daraus zu schließen, daß der Klingelton *Ursache* der unkonditionierten Reaktion (oder gar des Elektroschocks) ist, dürfte mit Sicherheit Schwachsinn sein. Gerade das aber machen die meisten Untersuchungen zur Kognitiven Therapie (Prüfungsangst, Agoraphobie, Depressionen...). Der Klingelreiz entspricht der dem aversiven Zustand vorausgegangen Kognition; ihr kommt allenfalls die Bedeutung eines konditionierten Stimulus zu. Nicht mehr! Aber auch nicht weniger!

Als Beispiel ein Experiment zur kognitiven Dämpfung: Legen sie sich mit ihrer Freundin/ihrem Freund auf eine Wiese/ins Bett/auf oder unter den Tisch und fummeln sie. Sobald sich eine deutlich spürbare sinnliche Lust einstellt, denken sie über Börsenkurse, unerledigte Arbeiten, die Möglichkeit einer ungewollten Schwangerschaft etc. nach. *Loriot* macht uns das mit seiner altgedienten Sekretärin alias *Evelyn Hamann* wunderschön anhand der Bestellung von 50 Trikotagen vor.

de Kognitionen zu ihrer Beeinflussung eingesetzt werden. Dies kann z.B. in ähnlichen Zusammenhängen wie unter 2. dargestellt stattfinden, ja es ist sogar die Frage, ob es sich nicht in den meisten Fällen scheinbarer kognitiven Auslösung von Emotionen eher um Verstärkungsprozesse handelt. Bezogen auf die Fälle sexueller und aggressiver Anregung würde das heißen, daß im Regelfall eine emotionale Anregung vorausgeht, die dann auf gedanklichem Wege ausgemalt und ausgebaut wird: ein Wettkampf steht bevor, oder eine Auseinandersetung mit dem Chef hat stattgefunden. Die vorhandene emotionale Verfassung regt zu entsprechenden Phantasien an, die gedanklich ausgestaltet werden, etwa: dem Kontrahenten *eins auf die Nase geben*.

4. Am bedeutsamsten ist der kognitive Einfluß auf die *Äußerungsdisposition* für eine bestimmte Emotion. Die oben beschriebenen Beeinflussungen des Anreizcharakters einer bestimmten inneren oder äußeren Situation, die möglichen internen Auslöse–, Verstärkungs–, Hemmungs–, Verschiebungsfunktionen gedanklicher Prozesse können wohl, wie dargestellt, auf die emotionalen Prozesse einwirken; trotzdem drängt eine wie auch immer entstandene und moderierte Emotion in jedem Falle zum Ausdruck. Während sich die verschiedenen antagonistischen Emotionen intrapsychisch im beweglichen Gleichgewicht halten können, führt etwa eine innere kognitive Dämpfung einer Emotion nicht zu ihrem Verschwinden. Sie existiert weiter und ist, wenn auch gedämpft, weiter wirksam. Der Ort, an dem Kognitionen die größte Einflußmöglichkeit auf die Emotionen erlangen, ist der, an dem die Weichenstellung hinsichtlich ihrer Äußerung und der Art und Weise dieser Äußerung stattfindet. An dieser Stelle ist wohl auch der einzige Ansatzpunkt kognitiver Therapieformen zu suchen. Im Laufe seiner Sozialisation erwirbt jeder Mensch ein *Normen– und Wertesystem*, das allgemein seinem Kulturkreis, speziell aber seinem unmittelbaren Umfeld und Erfahrungsraum entspricht (seiner sozialen Schicht, seiner Familie, seiner Peer–group) und das durch eigene Überlegung und teilweise *Neukombination* dieser Erfahrungen individuell ausgestaltet werden kann. Abgeleitet aus diesem System werden Einstellungen und Kognitionen zum emotionalen Erleben und zu seinem Ausdruck.

„Jungen weinen nicht, man erhebt nicht die Hand gegen seine Mutter, Schnipi und Muschi sind pfui, bäh"; später: „Bei Mädels steht die Romantik im Vordergrund, Sex ist eigentlich für sie nur von peripherer Bedeutung – bei Jungens ist das umgekehrt, wer schreit hat immer Unrecht, Gefühle zeigen macht schwach – immer cool bleiben, Baby"; noch später: „Im Beruf bringt's der eiskalte Rechner, lassen wir doch diese Gefühlsduselei, wir müssen den Sachverhalt mal ganz emotionslos beleuchten."

Bestimmte kognitive Haltungen können natürlich *auch* den Ausdruck von Gefühlen *begünstigen*, während andere darüber befinden, in welcher Situation wem gegenüber welches Gefühl geäußert werden darf oder ob es besser nicht mal zu erkennen sein sollte. Entsprechende Kognitionen können dazu führen, daß die angeregten Emotionen zwar in der Auslösesituation ausgedrückt werden, sich aber auf andere als die Auslöseobjekte richten, sie können aber auch eine zeitliche Verschiebung zur Folge haben. Die Lage spitzt sich zu, wenn eine grundsätzliche Hemmung des Ausdrucks bestimmter Gefühle stattfindet, die bis zu einer *Wahrnehmungshemmung* gehen kann *(Alexithymiekonzept)*. Da auf diesem Wege keine Neutralisierung der Gefühle möglich ist, ergeben sich die verschiedensten Probleme.

Verstärkung und Abschwächung

Eine ganze Reihe von Faktoren, die mit der in Frage stehenden Emotion *in keinem direkten Zusammenhang* stehen, können die von dem Anreizcharakter der äußeren Situation angesprochene Emotion nun verstärken oder abschwächen. Ich möchte nur einige nennen: vegetativer Status (Sympathikus–Parasympathikus–Verhältnis), Aktivität des aufsteigenden retikulären Systems (ARAS), Schilddrüsenaktivität (Grundumsatz), hormonelle Bedingungen, Sauerstoffversorgung des Gehirns, Nahrungsstimulantien & Sedativa (Genuß– & Rauschgifte), Ernährungszustand, u.v.m.

Angesprochen sind *Einflüsse auf physiologische Systeme und Prozesse*, also das vegetative Nervensystem, den Hormonhaushalt und bestimmte ZNS–Strukturen, die im Emotionsgeschehen eine Rolle spielen. Hierunter fallen nicht die im betreffenden Emotionsprozess relevanten wechselseitigen Verstärkungen und Dämpfungen verbündeter und gegnerischer Emotionen, ebensowenig wie die kognitiven Einwirkungen.

Neben den auf chemischem Wege herbeigeführten Veränderungen sind auch die Auswirkungen einer Erhöhung sympathischer Erregung durch *körperliche Aktivität* an dieser Stelle zu nennen.

Ein Beispiel hierfür sind die Untersuchungen von *White, Fishbein & Rutstein*, in denen Studenten eine Frau auf einem Videoschirm präsentiert wurde, die über sich erzählte und von denen die Studenten annehmen mußten, daß sie später mit ihr Kontakt haben würden. Die Vpn hatten die Aufgabe, die Frauen hinsichtlich ihrer Attraktivität zu beurteilen. Ein Teil der Studenten hatte vorher einen 15–Sekunden–Lauf (geringe Erregung), der andere einen 120–Sekunden–Lauf (hohe Erregung) zu absolvieren. Die Frauen waren so ausgewählt, daß entweder eine Einschätzung als eher unattraktiv oder als eher attraktiv zu erwarten war. Es stellte sich heraus, daß die Beurteilungen auch bei geringer Erregung dieser Unterscheidung entsprachen. Eine deutliche Intensivierung erhielt die Beurteilung aber durch die im 120–Sekunden–Lauf induzierte Erregung, d.h., die attraktivere Frau wurde besonders positiv, die weniger attraktive besonders negativ beurteilt.

Die angesprochenen Einflüsse können relativ gezielt und *absichtsvoll* sein, wie etwa bei der Gabe von Psychopharmaka; sie können aber auch mehr oder weniger *unbeabsichtigt* als Nebenwirkungen von Medikamenten oder aber infolge der Einnahme von bestimmten Nahrungsmitteln und Umweltgiften auftreten. In der Regel besteht allerdings bei Pharmaka ebenso wie bei der Einnahme von Rauschmitteln die Schwierigkeit, gewünschte Wirkungen von unerwünschten Nebenwirkungen zu trennen.

Eine zentrale, bislang nicht eindeutig geklärte Frage hinsichtlich der *Wirkung von Psychopharmaka* ist die der *Emotionsspezifität*, d.h., inwieweit verschiedene Stoffgruppen spezifische emotionale Veränderungen bewirken. *Janke* schreibt hierzu: „Mit einiger Sicherheit läßt sich feststellen: Die Wahrscheinlichkeit, daß emotionsspezifische Pharmakonwirkungen auftreten, hängt vom Pharmakontyp ab. Vegetativ wirksame Pharmaka (sympathikusaktivierende und sympathikusdämpfende Stoffe) verändern wahrscheinlich, wie schon von Schachter und Singer postuliert, alle Arten von Emotionen unspezifisch in Abhängigkeit von den Situationsbedingungen und der Dosierung. Dies gilt vermutlich auch für Pharmaka, die auf das muskuläre System wirken. Stoffe, deren Hauptwirkungen über das Gehirn vermittelt werden, sog. zentralwirksame Pharmaka, haben vermutlich sowohl emotionsspezifische als auch emotionsunspezifische Effekte. Da die meisten Psychopharmaka Veränderungen der allgemeinen Aktiviertheit bewirken, die von den Vpn im Sinne von Emotionen verarbeitet werden, etwa Ärger über die Beeinträchtigung oder Angst wegen zu starker Aktiviertheit, ist mit allen Arten von Emotionen zu rechnen. Andererseits weisen bestimmte Forschungsergebnisse der physiologischen Psychologie doch darauf hin, daß die Art der neurochemischen Veränderungen sowohl emotions– als auch pharmakon–spezifisch ist."

Beispielsweise „... können nach Alkoholgenuß oder nach Behandlung mit männlichen Keimdrüsenhormonen aggressive Handlungen bei vorhandenen Umweltbedingungen beobachtet werden" und „... kann eine alkoholbedingte Stimmungssteigerung oder eine durch Ovulationshemmer (‹Antibabypille›) bewirkte Stimmungsverschlechterung das Fahrverhalten stören" *(Janke)*.

Auf die Wirkungen verschiedener *Rauschdrogen* soll hier nicht im einzelnen eingegangen werden, sie können je nach Stoff und Konsument (Vorerfahrungen, Einstellung zum Präparat, Persönlichkeit) z.B. die emotionale Reagibilität auf Umweltreize erhöhen oder senken. Auch die Dosierung spielt hierbei eine Rolle: Wer sich nach drei Gläsern Sekt noch angeregt plaudernd an den Reizen seines/r Gesprächspartners/in erfreut, stiert etliche Pils und Kurze später nur noch ohne sichtliche Regung auf das vor ihm stehende Glas (manch einer mag zwischenzeitlich auch noch lauthals „Bier her, Bier her oder ich fall' um" krakelintoniert haben).

Bisher kaum untersucht ist die *Wirkung von Umweltstoffen*, die in ihren gesundheitsschädigenden Konsequenzen das Nervensystem nicht verschonen und dabei auch die emotionale Befindlichkeit beeinflussen. Zu diesen *neurotropen* Stoffen gehören z.B. Blei und Cadmium, die durch die Atemluft oder die Nahrungskette in den menschlichen Organismus gelangen und dort zu sympathischer Erregung mit entsprechenden inneren Erregtheitsgefühlen und Mißstimmungen führen. Einer zunehmenden Bedrohung durch derartige Stoffe steht das teilweise Fehlen empfindlicher Nachweismethoden auch für geringe Dosierungen gegenüber.

„Die Stoffe, die besonderes Interesse verdienen, sind Arsen (in Wein und Tabak durch Pflanzenschutzmittel), Blei (in Luft durch Benzin und Auto), Cadmium (durch Wasser und Nahrung), Quecksilber (Wasser), SO_2 (Luft), Antibiotika (Nahrung), Benzol (Luft), Insektenvernichtungsmittel (sog. Insektizide), Pflanzenschutzmittel (sog. Herbizide)" *(Janke)*.

Kommunikation

Physiologie * Mimik * Blickkontakt * Gestik * Körperhaltung, –orientierung & –bewegung * Stimmlicher Ausdruck * Erregungshaushalt

Der

Ausdruck der Gemüthsbewegungen

bei

dem Menschen und den Thieren

von

Charles Darwin.

Aus dem Englischen übersetzt

von

J. Victor Carus.

Mit 21 Holzschnitten und 7 heliographischen Tafeln.

STUTTGART.

E. Schweizerbart'sche Verlagshandlung (E. Koch).

1872.

Es ist unglaublich, was in diesem Buch geschrieben steht; hätte ich es früher in den Händen gehabt, das halbe Kapitel wäre Zitat von *Darwin* gewesen.

In Fortsetzung der Gedanken *Darwins* ist jeder Affekt mit einem angeborenen Gesichtsausdruck und Verhaltensmuster verbunden. *Kulturvergleiche* zeigen, daß sowohl der Ausdruck als auch das Erkennen der jeweiligen Emotionen über Mimik, Gestik, Körperhaltung, Vokalisierungen u.v.m. weitgehend unabhängig von der jeweiligen kulturellen Sozialisation des Individuums zu sein scheinen. In Untersuchungen waren sicher folgende Emotionen unterscheid– und erkennbar: Glück/Freude, Überraschung, Angst/Furcht, Ärger/Wut, Traurigkeit, Ekel/Verachtung, Interesse. Sogar Fotos von solchen Gesichtsausdrücken werden auch dann weitgehend richtig beurteilt, wenn Darsteller und Beobachter völlig verschiedenen Kulturen angehören. Auch Kleinkinder und Blind– oder Taubblindgeborene zeigen bei entsprechender Stimulation charakteristische Emotionsausdrücke, ohne zuvor über nennenswerte Lernmöglichkeiten verfügt zu haben.

Das in uns angelegte Bedürfnis nach Ausdruck unserer Emotionen in Mimik, Gestik, Sprache, Motorik und Körperhaltung, in Verhaltensmustern und Ritualen – dies Bedürfnis entspringt der zentralen Funktion, zum einen retrospektiv unserer Mitwelt Mitteilung über das emotionale Bewertungsergebnis zu machen und, prospektiv, angeregte Verhaltenstendenzen, –neigungen und –absichten anzukündigen oder gar anzudrohen.

Über diese ausgesendete emotionale Kommunikation kann es nun schon zu einer reaktiven Änderung der Umwelt, Mitmenschen und –tiere kommen, die dann möglicherweise die angeregten Verhaltensmuster schon wieder überflüssig und hinfällig macht, so daß die dritte Funktion der Emotionen entfallen kann: Verhalten zu initiieren, auszulösen oder nahezulegen. Als Ursachen für die *Entwicklung des Emotionsausdrucks* (speziell im Gesicht) in der Evolution nahm *Darwin* drei Prinzipien an:

1. *Prinzip der zweckdienlichen Gewohnheiten*, wonach der Emotionsausdruck ursprünglich eine zielgerichtete Verhaltensweise war wie das Entblößen der Zähne, welches ursprünglich das Beißen des Gegners einleitete, später überwiegend eine entsprechende Drohgebärde war und dann zum Ausdruck von Emotionen (z.B. Wut oder Ärger) als Kommunikationsmittel *degenerierte* (*Darwin* sah den phylogenetischen Mechanismus noch etwas anders, was allerdings als überholt gelten kann).
2. Das *Prinzip des Gegensatzes* besagt, daß sich Emotionen, die solchen nach obigem Prinzip etablierten Emotionen inhaltlich entgegengesetzt sind (Freude vs. Trauer z.B.), auch in einem *entgegengesetzten* Gesichtsausdruck bemerkbar machen (Mundwinkel nach oben vs. unten gezogen, Mund offen vs. geschlossen).
3. Emotionsausdruck als direkte *Wirkung des Nervensystems*, vor allem bei starken Erregungszuständen, in denen *Nervenenergie* direkt zu spezifischen Effektoren geleitet wird (Zusammenpressen der Zähne bei Wut, Erröten bei Wut oder Scham).

„Trotzdem äußern Menschen aller Kulturen Emotionen und Affekte nicht auf exakt die gleiche Weise, da:
- die Ereignisse, die Emotionen auslösen, von Kultur zu Kultur variieren;
- die Regeln, die bestimmen, ob und wieweit der Gesichtsausdruck kontrolliert werden muß, von Kultur zu Kultur variieren (entsprechend variieren die Techniken, die zu dieser Überwachung des Gesichtsausdrucks angewendet werden);
- schließlich die Konsequenzen, die emotionale Erregung nach sich zieht, von Kultur zu Kultur unterschiedlich sind" (*Wallbott*).

Gefühlssprache

In vielem, was sie anderen über unser Befinden und über die Einschätzung einer Interaktion mitteilt, ist die *Körpersprache* zuverlässiger, informativer, präziser, als Wörter es sein könnten. Die Feststellung „... sagte er lächelnd..." ist geradezu ärmlich plump und schematisch im Vergleich zu dem, was der Lächelnde tatsächlich durch seine Mimik zu verstehen gibt.

Außerdem holt sich die *verbale Sprache* immer wieder Hilfe bei der Körpersprache: Sie ist oft nichts als in Worte übersetzte Körpersprache: Man *winkt ab*. Man *rümpft die Nase*. Man *trägt die Nase* oder *den Kopf hoch*. Man gibt sich *aufgeblasen*. Man *rauft sich die Haare*. Man *ringt die Hände*. Man *rückt jemandem auf den Pelz*. Man *zeigt die Zähne*. Man *spitzt die Ohren*. Man *beugt den Nacken* oder *hält den Nacken steif*: dann ist man *halsstarrig* oder *hartnäckig*. Man steht mit jemandem *Auge in Auge* da, auch mit einem Problem. Man *drückt ein Auge zu* oder *sieht durch die Finger*: das heißt, man sieht nicht so genau hin, man nimmt es nicht so genau, man läßt jemandem etwas durchgehen. Oder aber man *durchbohrt den anderen mit Blicken*. Passiert einem das selber, so *beißt man die Zähne zusammen* und kann den anderen *nicht mehr riechen*. Man reagiert *achselzuckend* oder *zähneknirschend*. Man zeigt sich *ergriffen*. Man *saugt sich etwas aus den Fingern*. Man *lacht sich ins Fäustchen*. Man *runzelt die Brauen*, wenn man nicht imstande ist, eine *haarsträubende* Nachricht mit *eherner Stirn* aufzunehmen. Man *beugt* sich den Tatsachen.

Die Begriffe für die Gefühle oder Zustände sind hier nichts anderes als Benennungen von ausdrucksvollen Körperhandlungen, die sie typisch begleiten, begleiten könnten, vielleicht einmal begleitet haben oder einem dunkeln, tiefen Wissen zufolge eigentlich begleiten sollten. Die Sprache imitiert die Körpersprache. Das eigentlich Interessante daran aber ist, daß wir für viele der so bezeichneten Gemütsbewegungen oder Interaktionen schlechterdings keinen anderen Begriff haben. Um sprachlich einer solchen Gemütsbewegung überhaupt inne zu werden, müssen wir zurückgreifen auf ihren körpersprachlichen Ausdruck, so wie wir überhaupt zur Bezeichnung von seelischen oder geistigen Vorgängen oft auf körperliches Geschehen zurückgreifen müssen: Wird das Selbstwertgefühl *angetastet*, so reagiert man *gekränkt* (krank gemacht), *beleidigt* (Schmerz empfindend), *verletzt*, trägt ein *Trauma* (eine Wunde) davon. *Achselzuckend* ist nicht dasselbe wie *ratlos*; das Wort weist auch hin auf das Abschütteln der Ratlosigkeit. Und *mit geschwellter Brust* ist nicht ganz dasselbe wie *stolz*, es bezeichnet ein viel ostentativeres, demonstrativeres Imponierverhalten. Aber selbst der *Stolz* ist etymologisch ein rein körpersprachlicher Begriff und geht auf eine Wurzel zurück, die auch noch in *stelzen* steckt und wichtigtuerisches, aufgerichtetes Aufundabschreiten bezeichnet, eben ein *Stolzieren*.

In vielen Worten nämlich steckt Körpersprachliches, ohne daß wir es ihnen noch ansehen. Die *Braue* ist ursprünglich das, was blinzelt und zwinkert. *Spotten* ist etymologisch verwandt mit spukken, hassen mit hetzen, *Schrecken* mit Aufspringen, *starren* mit stark, *Schaudern* geht zurück auf eine Wurzel, die zittern bedeutet. Auf ähnliche Weise steckt in *Hohn* die Bedeutung Erniedrigung, in *schnöde* kahlgeschoren (wie ein Knecht und Gefangener), in *böse* wütend aufgeblasen, in *achten* (wohlwollend) anschauen, in *trauern* das Senken des Blickes, in *Freude* ein Hüpfen, in der *Schmach* die Kleinheit, Niedrigkeit, in der *Schande* das Verstecken, in der *Bestürzung* ein Hinfallen, im *Ruhm* die Lautstärke, im *Recken* der Riese, im *Drohen* möglicherweise ein Brummen, im *Empören* ein Aufstehen, Erheben, im *Ärger* ein heftiges Zittern und Beben, im *Sich–Schämen* ein Sich–Verhüllen.

Es ist bezeichnend, daß wir den Grad unserer *Achtung*, unseres *Respekts* ausdrücken durch die körpersprachlichen Metaphern der Größe und Kleinheit, der Höhe und Niedrigkeit. Bei den „Großen der Weltgeschichte" würde niemand an die Langgewachsenen denken. Es sind vielmehr die, die uns erfolgreich imponiert haben und deren Dominanz wir anerkennen oder nach dem Willen der *Obrigkeit*, der *hohen Herren*, der *da oben* (alles Imponiersignale aus dem Körpersprachlichen) anerkennen sollen, indem wir uns ihnen *beugen*, um sie durch diesen Submissionsritus zu *beschwichtigen* – das heißt zum „Schweigen" oder, in einer anderen Ableitung, zum „Weichen" zu bringen.

Bis vor kurzer Zeit haben wir ihnen auf unseren Straßen und Plätzen Denkmale gesetzt, in denen sie überlebensgroß gegenwärtig blieben. Die archaische Vergangenheit in uns zwingt uns, unser Beeindrucktsein von einem Mitmenschen automatisch ins Körpersprachliche zu übersetzen, indem wir ihm „Größe" oder „Höhe" zusprechen, gleichsam unseren Blick erheben und ihn also auch dann, wenn er wie Napoleon oder Friedrich II. klein war, zu einem Riesen ernennen.

Wie sonst könnte man einen „großen" Menschen noch nennen? *Wichtig*. Wörtlich heißt das, er ist schwer. Das romanische und englische *important* hatte ursprünglich den gleichen Sinn. Oder er ist *berühmt* oder *illuster* – und das heißt ursprünglich, er sei laut beschrien oder hell erleuchtet. Das Deutsche hat noch eine andere, sonderbare Möglichkeit: Es kann ihn *bedeutend* nennen, das heißt, es kann ihm nachsagen, daß er etwas bedeutet, ohne zu verraten was – er bedeutet einfach.

Die Wörtersprache bewahrt Details der Körpersprache. „Vielfach sind offenbar im Laufe der Zeit aus wirklichen Gebärden bloße Sprachgebärden geworden", schreibt der Volkskundler Lutz Röhrich, „das heißt, die sprachliche Beschreibung der Gebärde ist an die Stelle der Körperbewegung getreten... Die Redensarten als Ersatz der Geste mochten zunächst noch dieselbe Wirkung wie die Gebärde selbst gehabt haben, sind dann aber mit der Zeit erstarrt und eben nur noch als Redensarten erhalten geblieben."

Diese *Sprachgebärden* im engen Sinn von Röhrich treten an die Stelle wirklicher Gebärden. Sie bewahren aber auch verschollene Gebärden: außer Dienst gestelltes Brauchtum. Sie reichen dabei teilweise zurück in magische Zonen: *jemandem den Daumen halten, die Finger kreuzen* – das Kreuzen der Finger und Hände, das Verschränken der Beine ist eine alte Zaubergebärde, die einen üblen Plan der anderen *durchkreuzt*. Doch die Erinnerung der Sprachgebärden reicht noch weiter zurück als zu fallengelassenen kulturellen Überlieferungen.

Besonders interessant ist in diesem Zusammenhang ein Ausdruck wie *mit geschwellter Brust* oder *sich in die Brust werfen*. Als Display spielt das Aufpumpen des Brustkorbs, das natürlich zum Imponiergehabe der Selbstvergrößerung gehört, wie es im Tierreich weit verbreitet ist (die sich aufblasenden Kröten, die Vögel mit aufgeplustertem Gefieder, die Säugetiere mit gesträubtem Fell, die sich auf den vollgesogenen und durch aufgestelltes Fell vergrößerten Brustkasten schlagenden Menschenaffen), beim Menschen seit dem Aufkommen der Kleidung keine Rolle mehr. Wir werfen uns nicht mehr wirklich in die Brust, und wenn, verfehlte es jede Wirkung, weil man es uns nicht mehr ansähe. Obwohl diese Signale als solche gelöscht wurden, ist uns jedoch das Gefühl für den ihnen zugrundeliegenden Reflex geblieben, und in der Sprache konserviert sich unser archaisches Gefühl.

Nach einer fast verlorenen Wahl forderte ein Leitartikler einen Parteiführer auf, „endlich die Zähne zu zeigen und auf den Tisch zu hauen". Man kann sich die Szene vorstellen: Der Herr bleckt das Gebiß und bearbeitet den Tisch mit der Faust. Was der Pressemann forderte, war das Drohgebaren eines Menschenaffen. Wirklich ausgeführt, würde es das Ende der Politikerkarriere bedeuten. Daß es als Metapher noch verwendbar ist, zeigt aber, daß es seine Wirkung auf uns noch nicht eingebüßt hat...

... kurz, dies ist, was uns an unseren Gefühlen vor allem interessiert: Wie wohl fühle ich mich? Wie stark bin ich zum Handeln angeregt? Wie sehr bin ich Herr der Situation? Soll ich an andere herangehen oder von ihnen weg oder gegen sie antreten? Ein psychischer Apparat, der uns ständig mit solchen Informationen versorgt, der uns in Form nicht gedachter, sondern eben gefühlter Beurteilungen der inneren und äußeren Situation solches Wissen zukommen läßt, kann das Verhalten schon auf eine sehr subtile Weise steuern.

Zimmer

Als Hinweis darauf, wie stark die Bereitschaft zur Wahrnehmung emotionalen Ausdrucks und der Grad der Übereinstimmung bei seiner Beurteilung beim Menschen ausgeprägt ist, können auch die Untersuchungen von *Rime et al.* gewertet werden. In diesen Studien wurden Probanden aus Belgien, Zaire und den USA kurze Trickfilme vorgeführt, in denen sich einfache *geometrische Figuren* (ein großes und ein kleines Dreieck, ein Kreis) und sogenannte *menschliche Silhouetten* (sie ähnelten Mensch–ärgere–dich–nicht–Figuren) in unterschiedlicher Weise und Geschwindigkeit aufeinander zu, voneinander weg und gemeinsam bewegten. In jedem Film waren zwei Objekte zu sehen; die Aufmerksamkeit der Betrachter wurde auf das Objekt gelenkt, das die Hauptbewegung zeigte. Schon in früheren Studien hatten die Probanden die Bewegungsabläufe spontan mit Begriffen beschrieben, wie sie dem emotionalen Gehalt menschlicher Interaktion entsprechen (z.B. freundlich, aggressiv); auch in diesem Fall konnten die Kommentierungen faktorenanalytisch auf die *Emotionskonzepte* Aggressivität, Furcht, Freundlichkeit, Mißtrauen und Ablehnung zurückgeführt werden. Es zeigte sich ein recht großes Maß an Übereinstimmung der Beurteilungen auch zwischen den Angehörigen unterschiedlicher Kulturkreise.

„Aufgrund von Strukturveränderungen der relevanten Muskeln haben sich die Gesichtsausdrücke im Laufe der Entwicklung in ihrer Form und manchmal auch in ihrer Bedeutung geändert. Da sie jedoch von alters her kommunikative Funktion besaßen, haben sie sich im Zuge der Artenentwicklung erhalten und sind auf der evolutionären Leiter bis hinauf zum Menschen weitergereicht worden" *(Andrew)*.

Wenn nun der *Hauptsinn des Ausdrucks von Emotionen* – und darin sind sich alle Emotionstheoretiker von *Darwin* über *Tomkins*, *Izard* und *Ekman* bis hin zum Nachwuchs *Krause* und *Kruse* einig – in der sozialen Kommunikation liegt, so können wir davon ausgehen, daß es ein übergeordnetes *Meta–Motiv* gibt, welches uns dazu drängt, eine empfundene Emotion in zeitlicher und objektmäßiger Kontingenz auszudrücken.

Diese ureigens triviale Aussage, die mit Sicherheit keiner empirischen Untersuchung bedarf (und sich einer solchen auch momentan noch entziehen würde – von wegen der Komplexität der Sache!), die medizinisch–biologisch–physiologisch völlig geklärt ist, stellt den Dreh– und Angelpunkt unserer gesamten Emotionsüber– und –darlegungen dar.

Das Fenster emotionalen Ausdrucks

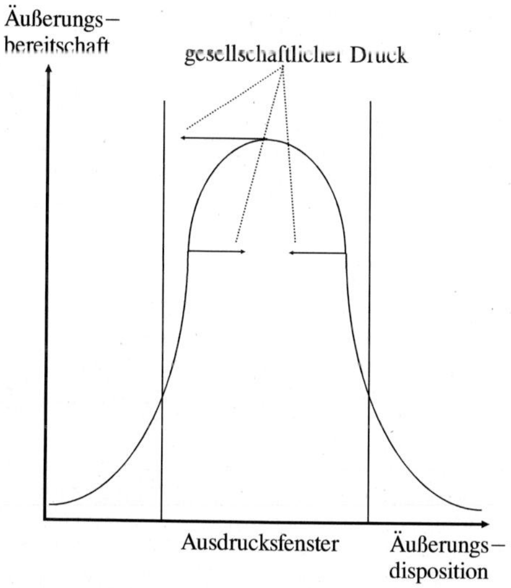

Der Trend der Zivilisation geht dahin, ausschließlich geringe emotionale Intensitäten noch zu äußern; d.h., unsere Äußerungskurve rutscht nach links und wird immer schmalgipfliger – das Fenster wird niedriger positioniert und kleiner. Jede intensive emotionale Regung wird als verrückt oder zumindest als hysterisch abgetan, man schämt sich ihrer, wird darob blamiert („Du bist ja hysterisch, nicht wahr, Günter?") oder kommt gar ihretwegen in die Psychiatrie (wie *Jack Nicolson* in: „Einer flog übers Kuckucksnest").

Wenn auch der Emotionsausdruck als ganzheitliches Geschehen zu betrachten ist, so lassen sich verschiedene *Ausdruckssysteme* unterscheiden: Zunächst ist der *physiologische Ausdruck* zu nennen – gemeint ist hier der äußerlich sichtbare Teil des physiologischen Aspekts des emotionalen Geschehens wie die Vergrößerung der Pupillen (Interesse, sexuelle, aggressive, angstvolle Erregung), der rote Kopf infolge stärkerer Durchblutung des Gesichts (Scham, Wut, sexuelle Erregung), Erblassen (Angst), Schwitzen, Zittern (Wut, Lust, Angst), Weinen (Trauer, Freudentränen) und Veränderungen des Körpergeruchs.

Die *Bereitschaft*, emotionalen Ausdruck zu zeigen, ist durch vieltausendfache Konditionierung in der Ontogenese, der individuellen Sozialisation, geprägt. Daß sich dabei im Prozeß der Zivilisation die Schwelle immer mehr nach oben verschiebt, das weisen uns Historiker und Soziologen nach, allen voran *Elias*. Was bedeutet das konkret psychologisch? Die emotionale Äußerungsbereitschaft scheint in Abhängigkeit von der emotionalen Erregung, der emotionalen Reizstärke, dem Arousal, der aktuellen Echauffierung ein Fenster zu besitzen, in dem sie sich sozusagen ausdrückt. Dieses Fenster kann unterschiedlich plaziert sein, und es kann verschieden groß, sprich: breit sein.

Je nach individueller geprägter Äußerungsdisposition liegt das *Fenster zur Darstellung der Emotion* bei geringeren oder höheren emotionalen Reizstärken, d.h. emotionalen Erregungszuständen, und es kann einen engeren oder einen weiteren Bereich umfassen. So gibt es Menschen, die schon geringe emotionale Regungen äußern ebenso wie starke Erregungen, andere eher nur starke, wieder andere eher nur geringe.

Die Komponenten der Gesichtsmimik ***(Grammer)***

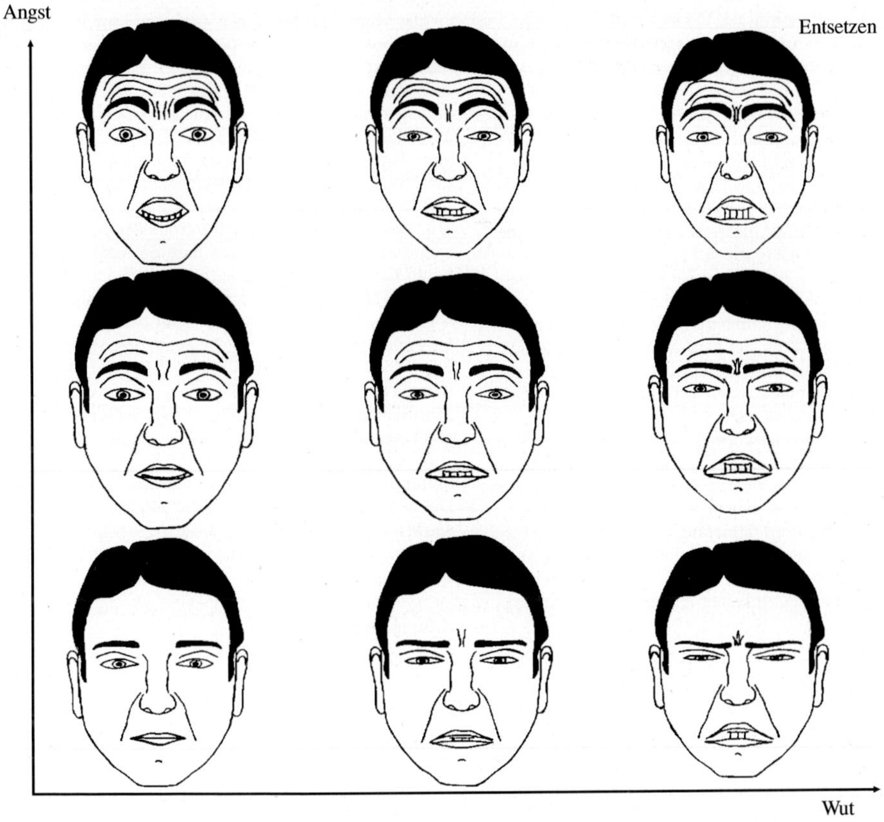

„Eine Methode, solche Überlagerungen hypothetisch darzustellen, entwickelte W. Musterle. Sie gestattet es, Gesichtsausdrücke als Computerbilder auf der Basis von einzelnen Muskelbewegungen zu generieren, verschiedene Überblendungen darzustellen und ihr Vorkommen zu überprüfen. K. Lorenz (1953) hat dies am Beispiel von Wut und Furcht beim Hund dargestellt. Diese ‹Lorenz–Matrix› läßt sich aber auch auf den mimischen Ausdruck des Menschen übertragen. K. Grammer isolierte auf der Basis der Arbeit J. van Hooffs (1969, 1973) die einzelnen Muskelbewegungen für Wut und Furcht. Die Komponenten der Gesichtsmimik stellen sich dann so dar...

Unsere Wahrnehmung ist auf die Erkennung der einander überlagernden Erbkoordinationen abgestimmt und erkennt diese auch in ihren vielfältigen Überlagerungen und Abstufungen der Intensität. Außer simultaner Überlagerung gibt es noch sukzessive Kombinationen verschiedener Ausdrucksbewegungen, im Konfliktfalle oft als Alternation, z.B. von Zuwende– und Abkehrbewegungen“ *(Eibl–Eibesfeldt).*

Eine zentrale Rolle spielt der *Gesichtsausdruck* mit seinem wichtigen Teilaspekt *Blickverhalten/–kontakt*. Hinzu kommen die *Gestik*, die *Körperhaltung, –orientierung und –bewegung*, dazu Merkmale des Sprechens wie *Tonfall und Sprachmelodie*. Ein Umstand, der Ausdruck und Erkennen von Emotionen außerordentlich erschwert, ist, daß in einem Ausdruck fast immer mehrere Emotionen wirksam sind und sich darstellen.

Physiologie

Mit dem Auftreten eines Gefühls ist eine Verhaltensanregung verbunden. Damit dieses angeregte Verhalten auch tatsächlich in motorische Aktion umgesetzt werden kann, ist es erforderlich, die entsprechenden physiologischen Voraussetzungen im Organismus herzustellen, die Aktion vorzubereiten. Diese Voraussetzungen schlagen sich zum Teil in *sicht– oder riechbaren* Veränderungen an der Körperoberfläche nieder, sie werden für andere Individuen zu Signalen, die Rückschlüsse auf die Handlungsbereitschaft, die emotionale Verfassung des Betroffenen zulassen. Diese im Laufe der Evolution herausgebildete *Signalfunktion* bleibt auch dann erhalten, wenn das ursprünglich mit der Emotion verbundene Verhalten unterdrückt, nicht gezeigt wird.

Erbleichen vor Wut oder Schreck kann etwa als Signal jäher Bereitschaft zum Kampf, zu aggressiver Aktivität verstanden werden. Ihre ursprüngliche, nicht auf die Kommunikation ausgerichtete Grundlage liegt in der Steuerung der Durchblutung mit dem Ziel einer optimalen Vorbereitung für den Kampf. *Selye* beschreibt diese Reaktion im Rahmen der physiologischen Streßreaktion als Alarmreaktion, bestehend aus Schock

Angeboren?

Als Argument für ein angeborenes Ausdrucksverständnis wird oft auf die Tatsache hingewiesen, daß wir auch auf höchst vereinfachte attrappenhafte Darstellungen von Gesichtsausdrücken stark ansprechen, und zwar ganz besonders in übernormaler Übertreibung. Außerdem fallen wir geradezu blindlings auf Attrappen menschlicher Gesichtsausdrücke herein, die uns in manchen Tierphysiognomien geboten werden.

Der Adler erscheint uns „edel“, weil er einerseits überdachte Augen besitzt, was den Eindruck des entschlossen ein fernes Ziel Fixierenden mimt. Dazu kommt noch die schmale, im Mundwinkel herabgezogene Mundspalte. Das alles gibt eine perfekte Attrappe für den Ausdruck heldischer Entschlossenheit ab und macht den Adler zum perfekten Wappentier, obgleich nichts in seinem Wesen unserer heldischen Stimmungslage entsprechen dürfte. Der Adler schaut auch so, wenn er sich fürchtet. Das Kamel wiederum erscheint uns hochmütig, weil die Lage seiner Bogengänge seinen Kopf in eine Haltung zwingt, bei der die Nasenlöcher, relativ zu den Augen, hoch zu liegen kommen. Auch dieser „hochnäsige“ Ausdruck hat nichts mit der wahren Stimmungslage zu tun. Aber da wir bei verächtlicher Ablehnung des Partners den Kopf in einer Rückwärtsbewegung anheben – eine Intentionsbewegung des Rückzuges vom Partner, den wir nicht mögen –, interpretieren wir den Ausdruck des Kamels falsch und empfinden es als unsympathisch. Andere Tiere empfinden wir wiederum als freundlich, weil sie ein Lächeln zur Schau tragen, ja wir übertragen sogar – nach K. Lorenz, der auf diese Zusammenhänge hinwies – dieses Mimikschema auf Hausfassaden, die wir als freundlich, einladend oder als hochmütig kühl empfinden. In diesem Zusammenhang sind die Versuche von A. Öhmann und U. Dimberg (1978) von besonderer Bedeutung, da sie auf ganz andere Weise deutlich unterschiedliche und offenbar tief verwurzelte Bereitschaften belegen, auf verschiedene Gesichtsausdrücke anzusprechen.

Bietet man Gesichtsausdrücke als bedingte Reize für eine hautelektrische Antwort, dann stellt sich heraus, daß die bedingte Reaktion dann länger anhält, wenn man den Strafreiz (elektrischer Schock) mit der Darbietung eines Diapositivs bietet, das ein ärgerliches Gesicht zeigt. Paart man den Strafreiz mit der Darbietung eines Lächelns, dann kommt es zu keiner anhaltenden, bedingten Reaktion.

Die Mimik des Menschen wird vom Limbischen System und dem Neocortex kontrolliert. Bei Verletzungen der Hirnrinde kann die Willkürmimik wegfallen, die spontane Stammhirnmimik kann dabei durchaus erhalten bleiben. Es gibt auch die umgekehrte Erkrankung: Bei Parkinson–Patienten fallen die spontanen Gemütsbewegungen aus. Die Patienten können jedoch willkürlich mimische Ausdrucksbewegungen produzieren. Durch die willkürliche Kontrolle der Gesichtsbewegungen können wir unseren Ausdruck kontrollieren. Wir können verhindern, daß man unsere wahren Intentionen abliest, ja wir können sogar Falsches signalisieren: „Facial cues are faking cues“, bemerken B. M. DePaulo und Mitarbeiter (1980). „Mimische Signale sind gefälschte Signale der Täuschung.“ Menschen können ihre Mimik relativ gut beherrschen. Körperhaltung und Stimmlage wird im allgemeinen weniger gut kontrolliert. Am meisten verrät die Tonlage der Stimme (B. M. DePaulo und Mitarbeiter, 1980). Die willentliche Beherrschung der Mimik und die damit mögliche Maskierung des Ausdrucks erleichtern sicher das reibungslose Zusammenleben von Menschen in Gruppen.

Eibl–Eibesfeldt

und Gegenschock (er bezeichnete diese Reaktion allerdings als unspezifische Belastungsreaktion). Neben vielen anderen Veränderungen physiologischer Parameter kommt es in der Schockphase zur Verdrängung des Blutes aus der Körperperipherie zur Abwehr lebensbedrohlicher Schädigungen (Blutverlust bei Verletzungen), in der Gegenschockphase zur Umverteilung der Blutmenge im Körper, so daß eine gute Versorgung der Willkürmuskulatur sichergestellt wird.

Ein anderes Beispiel ist der *Schweißausbruch* bei Angst: Angesichts einer Bedrohung macht sich der Organismus fluchtbereit, er schaltet sein Kühlaggregat ein. Das *Pupillensignal* wurde von *Hess* entdeckt und untersucht; es handelt sich dabei um „... die automatische, dem Willen entzogene Erweiterung der Pupillen beim Anblick irgendeiner Person oder Sache, die wohlgefälliges Interesse erregen; und die Verengung, wenn ein Anblick Mißfallen auslöst“ *(Zimmer)*. Ob dieses Interesse in jedem Fall wohlgefällig ist, mag dahingestellt sein.

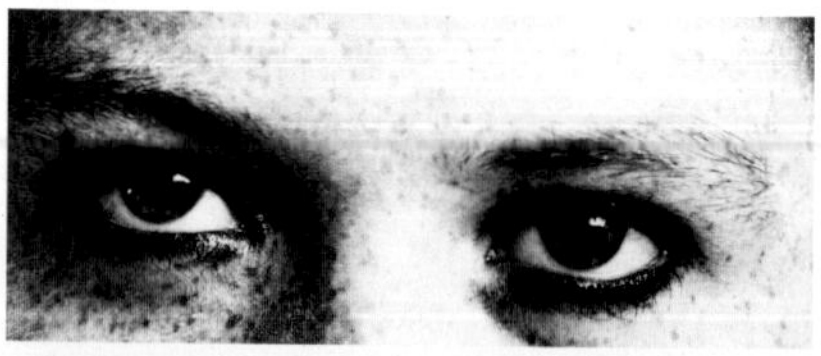

In verschiedenen Untersuchungen wurde bei Männern im Gegensatz zu Frauen beim Anblick von Haien Pupillenerweiterung beobachtet, Bilder von Unglücksfällen führten teils zu Verengung, teils zu Erweiterung, allerdings führten Bilder von Konzentrationslagern nahezu immer zu Verengung.

Deutlich ist in jedem Fall, daß erhöhtes Interesse (z.B. auch sexueller Natur) die Augen *öffnet*. Diese Reaktion wird auch von Betrachtern unbewußt als Signal registriert und verstanden: Das Gesicht einer Person, das auf einem Portraitfoto mit per Retusche geweiteten Pupillen dargestellt ist, wird von der Mehrzahl der Betrachter als offener, freundlicher, umgänglicher und sympathischer eingeschätzt als das gleiche Gesicht mit engeren Pupillen.

Den Ursprung des schamhaften *Errötens* sieht *Zimmer* mit *Morris* in der verstärkten Durchblutung der peripheren Blutgefäße beim Geschlechtsverkehr: „Beim Sexualakt rötet sich die Haut bei 75 Prozent aller Frauen und 25 Prozent aller Männer.“ Das Erröten des Gesichts soll quasi als erster Anklang der beim Geschlechtsverkehr auftretenden Hautrötung als Werbesignal vor allem auf Männer anziehend gewirkt haben, ohne daß diese Wirkung von seiten der Frau beabsichtigt war. Ausgehend von der Annahme, daß die Bereitschaft zum Erröten erblich sei, wird weiter gefolgert, daß sich dieses Merkmal im Laufe der Evolution verbreitet habe, da speziell die Errötende auf Männer besonders attraktiv gewirkt habe und so als Sexualpartner bevorzugt wurde.

Andererseits wird Erröten als Ausdruck von Scham, Schüchternheit, Bescheidenheit betrachtet, was eher darauf hinweist, daß etwas verborgen und eben nicht gezeigt werden solle. So meinte *Darwin*, durch die Aufmerksamkeit auf eine bestimmte Körperregion würden unwillkürlich die Blutgefäße der Haut geweitet. Beim Schamgefühl erhöhe sich das Bewußtsein für die Anwesenheit des eigenen Körpers, den zu verstekken der Betroffene wünsche. „Erröten ist nicht nur unwillkürlich; der Wunsch, es zu unterdrücken, führt zur Selbstaufmerksamkeit und steigert damit die Neigung zu erröten."

Möglicherweise spielen aber *beide Aspekte* beim Erröten eine Rolle, seine Funktion als *erotisches Signal* und die Absicht, etwas zu *verbergen*. So mag seine ursprüngliche Bedeutung im sexuellen Kontext durch Aspekte der erhöhten Selbstaufmerksamkeit ausgeweitet und ergänzt worden sein. Es wäre z.B. folgender Zusammenhang denkbar: Der Ausdruck möglicher sexueller Bereitschaft kann gleichzeitig aufgrund kultureller Regeln als unschicklich empfunden werden; es wird versucht, das Erröten zu unterdrücken, aber genau das Gegenteil wird erreicht. Der „rote Kopf" ist typischerweise mit dem Moment des *Ertapptwerdens* verbunden, unabhängig davon, ob man wirklich etwas getan oder gedacht hat, dessen man sich schämen müßte. Der Errötende weiß aber, welche Schlüsse sein Gegenüber aus seiner Reaktion zieht, er spürt, daß er rot wird, seine Selbstaufmerksamkeit wird erhöht, und er errötet noch mehr.

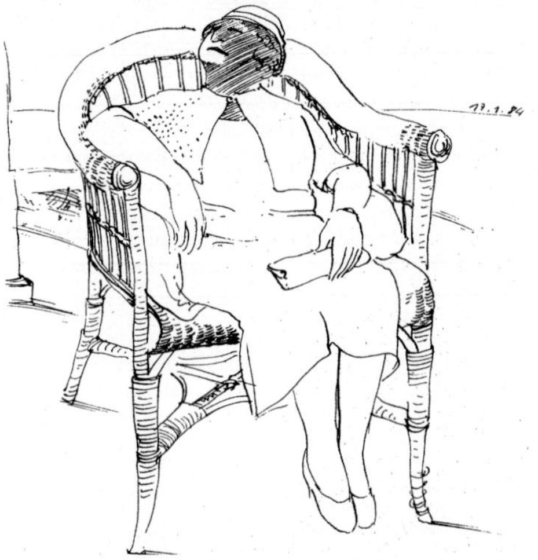

„Die Tragik meiner Liebe zu dieser kleinen dunkelblonden Person war die, daß nur der Schotter zwischen den Bahngleisen für sie als Liebeslager in Frage kam und daß sie offenbar nur dann Erfüllung finden konnte, wenn über sie und ihren Geliebten hinweg ein D–Zug donnerte, wohingegen ich bereits auf stillgelegten Strecken angstvoll ständig Züge nahen hörte" *(Waechter)*.

Mimik

Schauen wir uns und unsere nächsten Verwandten an:

Verwandte Ausdrucksbewegungen von Schimpanse und Mensch (*Eibl–Eibesfeldt* nachempf.)

Aussage	*Ausdruck*
Aufmerksamkeit bei Neuartigkeit usw.	Augen weit, Lippen können offen sein
Zuversichtliches Drohen o. Angreifen bzw. stummer, durchbohrender Blick	Augen weit, Mund eng, schlitzartig
Gehemmtes Drohen o. Hetzen eines Raubtieres bzw. zorniges Rufen o. Schimpfen	Augen weit, Mund eng, Lippen über die Zähne gezogen, Brauen gerunzelt
Schrecken, Flucht, Wutanfall bzw. Schreien	Augen weit, Mund an den Ecken zurück–gezogen, Zähne und Gaumen sind sichtbar, Brauen hoch
Völliges Unterwerfen, Jungtier in Not bzw. intensives Weinen	Augen eng, Brauen herabgezogen, Mund an den Ecken zurückgezogen, Zähne sind sichtbar
Soziale Furcht o. Unterwerfen o. freundliche Annäherung o. schlechter Geruch bzw. höfliches Lächeln	Augen starrend o. ausweichend, Brauen entspannt o. hoch, Mund an den Ecken zurückgezogen, Zähne sichtbar
Unterwürfiger Flucht–Annäherungskonflikt, Unbe–hagen e. Jungtieres bzw. bettelndes Schreien, nervöses Lachen	dasselbe wie oben mit schnellen Lautäußerungen
Bei Stimmfühlungslauten und besonders am Jungtier beim Betteln bzw. Schmollen und Betteln beim Säugling	Augen weit, Mund an den Ecken nach vorn geschoben, „O–Mund"
Spielen, Spielbalgerei bzw. Lachen	Augen normal o. eng, Mund weit mit Ecken hoch, Brauen normal

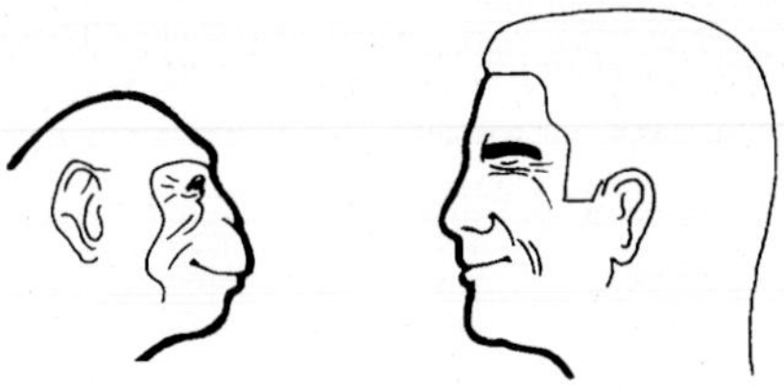

„Unabhängig voneinander und ausgehend von recht verschiedenen Ansätzen haben Tomkins und McCarter (1964), Ekman, Friesen und Ellsworth (1972) und Izard (1971) zwingende Beweise vorgelegt für die Existenz genetisch determinierter universeller Verhaltensmuster, die mehrere fundamentale Emotionen repräsentieren. Ihre Ergebnisse haben gezeigt, daß bedeutende Aspekte der Emotionskommunikation auf genetisch programmierten und für die gesamte Art gemeinsamen Verhaltensmustern beruhen – den mimischen Ausdrucksformen der fundamentalen Emotionen" *(Izard)*.

Zu diesem Buch:
Das Gesicht als Ort und Gefühle als Medium der Kommunikation werden in der lebendigen Auseinandersetzung mit anderen Menschen immer wieder zum Thema. Die in diesem Band abgedruckten Texte von *Paul Ekman* stellen wisssenschaftlich fundierte Ergebnisse von über 20 Jahren Forschung über den Ausdruck von Gefühlen im Gesicht vor. Sie stecken den theoretischen Rahmen für dieses Gebiet ab und liefern die begriffliche Handhabe für klinisch relevante Phänomene, wie maskierte Emotionen, Gefühlsmischungen und Sekundäreffekte („Gefühle über Gefühle"). *Prof. Dr. Paul Ekman* wurde 1934 in Washington, D.C., geboren. Nach einer Universitätsausbildung in Chicago und New York (Ph. D. 1958) kam er als „fellow" an die University of California in San Francisco und hat diese – inzwischen ist er Professor und Direktor des Human Interaction Laboratory – seither nicht mehr verlassen.

Methode der meistgetroffenen Wahl ist die *Beurteilungsmethode*: Personen werden aufgefordert, *verschiedene Gesichter zu machen*, oder bekommen emotional stark ansprechende Filme etc. gezeigt und werden dabei gefilmt oder fotografiert. Diese Fotos bzw. Filme werden wiederum Versuchspersonen vorgelegt, deren Urteile über die emotionale Verfassung der abgebildeten Personen dann verglichen werden. *Kulturübergreifende Vergleiche* mit dieser Methode zeigen allgemein ein hohes Maß an Übereinstimmung der Wahrnehmungen, auch wenn Personen aus Industriestaaten mit Angehörigen von Naturvölkern verglichen werden.

Fast alle Menschen stimmen in der Beurteilung von ausgedrückten Gefühlen überein *(Ekman)*

Prozentsatz der Versuchspersonen aus jeder Kultur, die vorgelegte Gesichtsausdrücke korrekt identifizieren konnten.

	Glück	*Furcht*	*Überraschung*	*Abscheu*	*Zorn*	*Ekel/Trauer*
Japan	87	71	87	63	82	74
Brasilien	97	77	82	82	86	82
Chile	90	78	88	76	85	90
Argentinien	94	68	93	72	85	90
USA	97	88	91	69	82	73

Ekman & Friesen fanden auch mit Fotos, auf denen Personen verschiedene Ausdrücke zeigten, und mit Geschichten unterschiedlichen emotionalen Inhalts, daß Versuchspersonen in den USA und Angehörige eines analphabetischen Stammes in Neu–Guinea Bilder und Geschichten in annähernd gleicher Weise zuordnen, also traurige Gesichter zu traurigen Geschichten etc.

Richtiges Zuordnen von Gefühlen zu Gefühlsausdrücken *(Ekman)*

Die analphabetischen *Fore auf Neu–Guinea* konnten in den meisten Fällen Gesichtsausdrücke richtig identifizieren. Die Kinder hatten eine etwas leichtere Versuchsanordnung, daher die höheren Prozentwerte.

Gefühl, das in der Geschichte beschrieben wird	*Erwachsene*	*Kinder*
Glück	92	92
Trauer	79	81
Zorn	84	90
Ekel	81	85
Überraschung	68	98
Furcht aus Zorn, Ekel oder Trauer	80	93

Auch bei der Beurteilung der *Intensität der ausgedrückten Gefühle* fand *Ekman* in einer weiteren kulturübergreifenden Untersuchung Übereinstimmungen (Treffer) von im Schnitt 70–80% in den Ländern (und Erdteilen) USA, England, Deutschland, Schweden, Frankreich, Schweiz, Griechenland, Japan und Afrika.

Offensichtlich gibt es also *universelle, kulturunabhängig verständliche Gesichtsausdrücke* für verschiedene Gefühle. Damit ist aber die zuerst gestellte Frage, welche Bewegungen des Gesichts nun eigentlich die verschiedenen Emotionen charakterisieren, noch nicht beantwortet. Hierfür erscheint zum einen eine detaillierte Beschreibung des mimischen Verhaltens notwendig, zum anderen müssen die interessierenden Emotionen gemessen bzw. erzeugt werden.

Zur *Beschreibung des mimischen Ausdrucks* wurden verschiedene *Kodiersysteme* entwickelt, die sich anhand ihrer Entwicklungsgrundlagen in zwei Gruppen unterteilen lassen: Die meisten Systeme beruhen auf *Verhaltensbeobachtungen*, d.h., verschiedene Fotos, Filme etc. wurden verglichen und die dabei beobachteten Bewegungen dann als Kategorien verwendet, z.B. Nase rümpfen, Augenbrauen hochziehen etc. Teilweise ging diesen Beobachtungen noch die Bildung einer *Emotionstheorie* voraus, die dann Grundlage für die Auswahl der zu analysierenden Emotionsausdrücke war. Ein Beispiel stellt das frühe Kodiersystem von *Ekman, Friesen & Tomkins* dar, wo zuvor sechs

Emotionen definiert wurden, denen dann mimische Bewegungen zugeordnet wurden, z.B. *Mundwinkel hochziehen* zu *Freude*.

Die Gefahr solcher theoriegeleiteter Systeme liegt darin, daß die eigenen Annahmen zur selektiven Wahrnehmung nur der passenden Phänomene führen können. Deshalb wurde eine zweite Art von Kodiersystemen entwickelt, die dadurch den Einfluß im- und expliziter Theorien minimieren wollen, daß sie auf *anatomischen Grundlagen* aufgebaut wurden. Auf der Basis der Betrachtung der einzelnen Muskeln, die unser Gesicht bewegen, wurden verschiedene Systeme unterschiedlichen Umfangs entwikkelt.

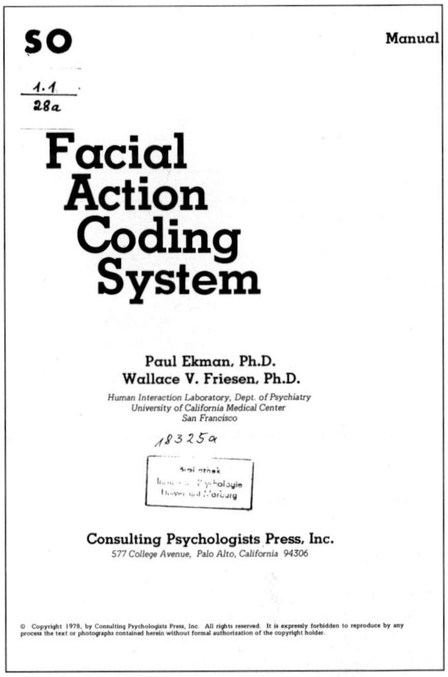

Ein System, das alle beobachtbaren – also nicht nur die interpretierbaren – Bewegungen erfaßt, ist das „*Facial Action Coding System*", kurz *FACS* von *Ekman & Friesen*. Insgesamt 44 einzelne *Action Units* werden unterschieden (z.B. Augenbrauen zusammenziehen, Oberlippe hochziehen) und detailliert beschrieben, und mittels dieser Kategorien und ihrer Kombinationen kann jede sichtbare Mimik beschrieben werden. Da zudem ein ausführliches Manual zur Erlernung des Systems vorliegt und Übereinstimmungsreliabilitäten von r= .80–.90 erreicht werden, wird FACS heute häufig in der Emotionsforschung verwandt.

Beschreibung des mimischen Ausdrucks von Gefühlen *(Ekman)*

Emotion	*Gesichtsausdruck*
Freude, Glücklichsein	Auseinandergezogener Mund und hochgezogene Mundwinkel Hochgezogene Wangen und Oberlider Lachfältchen unter den Augen, Krähenfüße in den Augenwinkeln
Traurigkeit	Herabgezogene Mundwinkel oder Zittern der Lippen Schlaffe oder nur im inneren Teil hochgezogene Oberlider Augenbrauen in der Mitte hochgezogen, auch leicht zusammengezogen
Furcht	Auseinandergezogener Mund Angespannte Lippen Augenbrauen hoch- und zusammengezogen Hochgezogene Oberlider Angespannte Unterlider
Ärger	Zusammengepreßte Lippen oder Schmollmund Augenbrauen gesenkt und zusammengezogen Hochgezogenes Unterlid, dadurch starrer Blick
Überraschung	Hochgezogene Augenbrauen Weitgeöffnete Augen Herabfallendes Kinn
Abscheu	Hochgeschobenes Kinn Hochgezogene Oberlippe Gerümpfte Nase Augenbrauen gesenkt Unterlippe hoch- oder herabgezogen

Interessiert uns der *Zusammenhang zwischen Mimik und Emotion*, reicht es nun nicht, die Mimik zuverlässig zu erfassen; vielmehr muß auch ein methodischer Zugang zu den *Emotionen* gefunden werden, wobei neben der Erfassung die Erzeugung von Emotionen notwendig erscheint, da man ansonsten warten müßte, bis die interessierenden Emotionen spontan auftreten. Zur *Messung der Emotionen* werden neben *Interviews* auch *Fragebögen* eingesetzt. Wegen der relativ kurzen Bearbeitungszeit und der Eignung zur Mehrfachtestung in kurzen Zeiträumen sind vor allem *Eigenschaftswörterlisten* geeignet. Um nun bestimmte Emotionen bei den Versuchspersonen herbeizuführen, werden ihnen meist emotional ansprechende Filme gezeigt.

Mit dieser Methode fanden *Ekman & Friesen* z.B. bei 35 Frauen aus dem Kaukasus hoch-signifikante Beziehungen zwischen dem Gefühl Freude und dem Hochziehen der Mundwinkel (ein zugegebenermaßen recht trivialer Befund!), zwischen Abscheu und Naserümpfen bzw. Hochziehen der Oberlippe.

Soviel zur Beschreibung des mimischen Emotionsausdrucks. Ein weiterer *Aspekt des mimischen Verhaltens*, der in diesem Zusammenhang bedeutsam erscheint, ist der der *Funktion* dieses Verhaltens. Wozu dienen die mimischen Gefühlsausdrücke? Ein Zweck liegt auf der Hand – über die Mimik kommunizieren Menschen miteinander, teilen sich mit, wie sie sich gerade fühlen, mit den bekannten Zielen der Kommunikation, als da wären: Information („Schau mich an, dann brauchst Du gar nicht zu fragen, ob ich die Klausur bestanden habe..."), Appell („Du siehst doch, daß ich traurig bin, tröste mich!"), Warnung („Noch ein Wort, und ich bin auf 180...") etc.

Schimpansen (Chevalier–Skolnikoff)

Ärgerliches Anstarren

Jammergesicht

Frustration, Trauer (Heulgesicht)

Die Evolution des Gesichtsausdrucks

Auch für den mimischen emotionalen Ausdruck gibt es eine Entwicklungsgeschichte. Die Betrachtung kann dabei sogar über die Phylogenese hinausgehen und weiter entfernte Tierarten mit einbeziehen *(Kull)*.

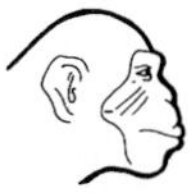

Normal

Angst

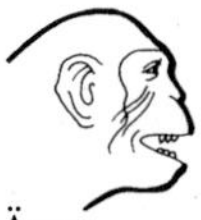

Ärger

Wehklagen

Heiterkeit

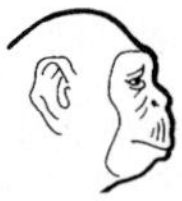

Entsetzen

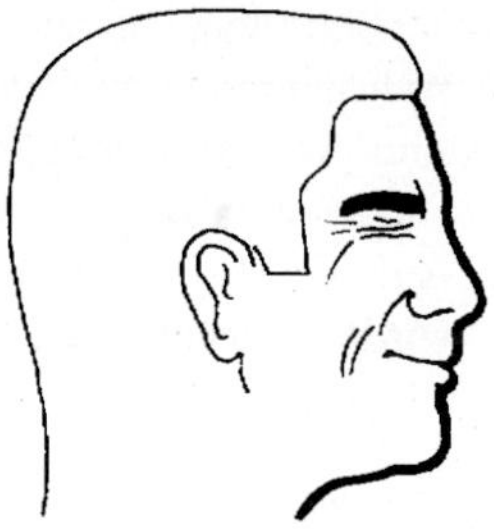

Ausgelassenheit

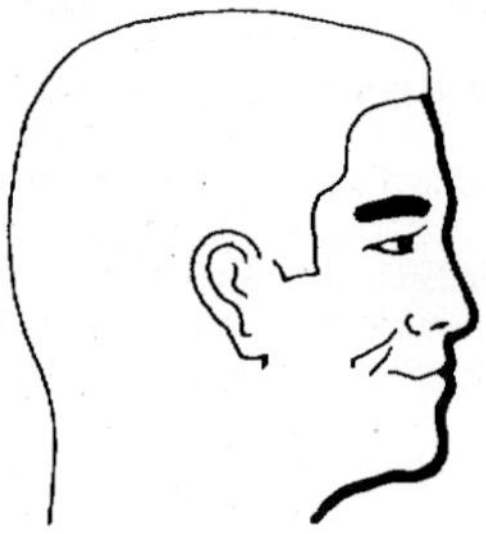

Belustigung

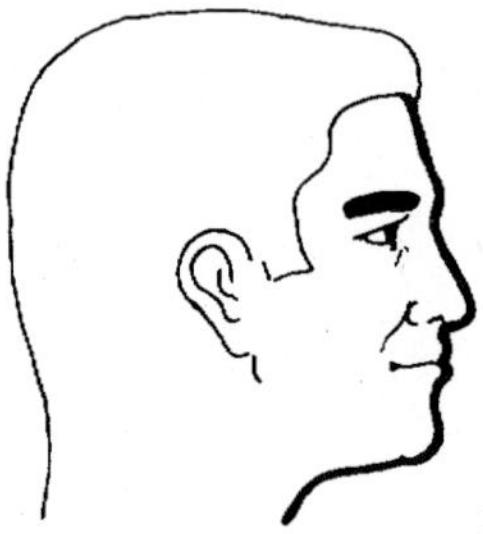

Normal

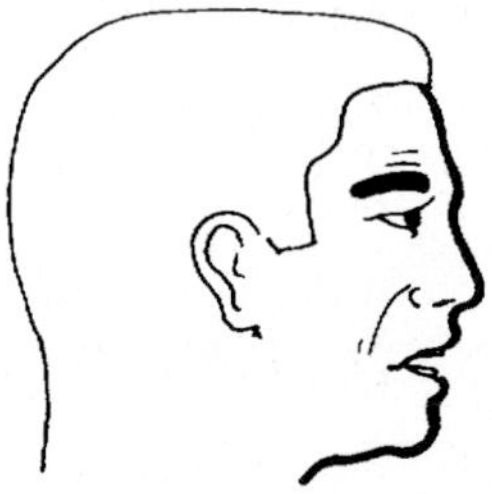

Überraschung

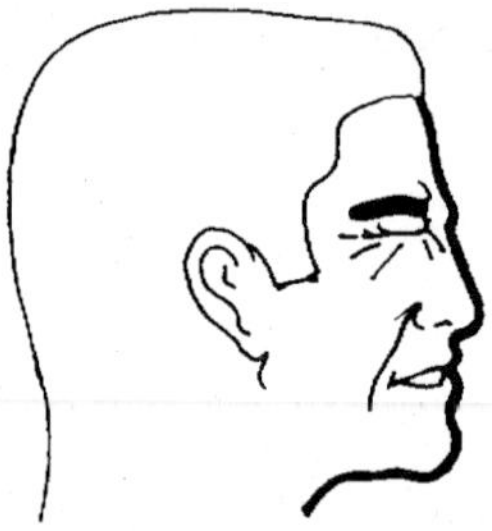

Schmerz

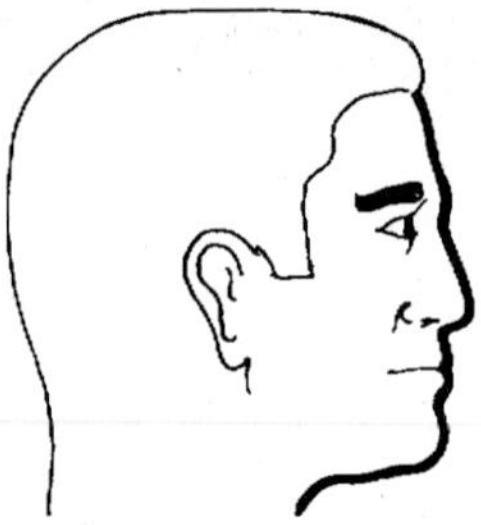

Furcht

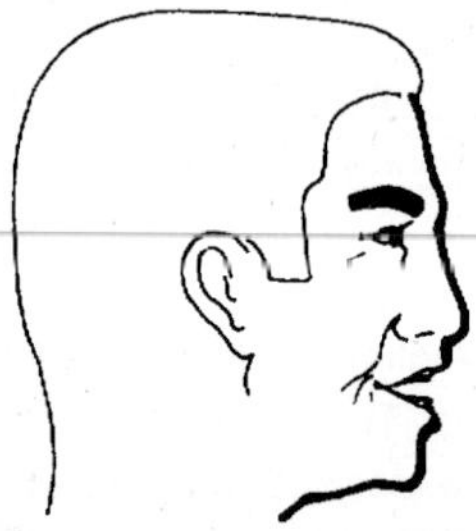

Erstaunen

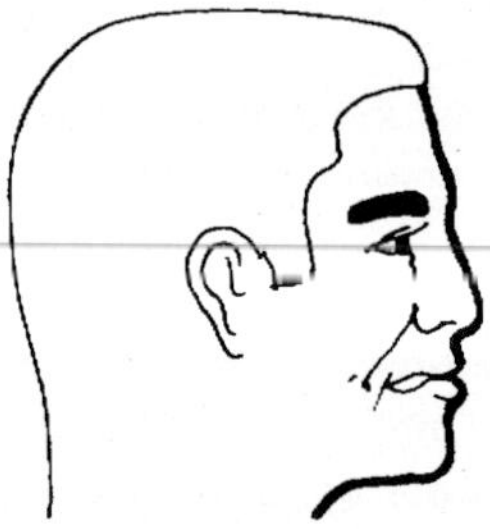

Wut

Faxenmacher

„Einen Durchbruch in der Erforschung der menschlichen Gesichtsbewegungen verdanken wir C. H. Hjortsjö (1969). Er beschrieb als Anatom sehr genau, was die Kontraktion der einzelnen Gesichtsmuskeln im Erscheinungsbild des Antlitzes bewirkt, und legte damit die Grundlage für das von *Ekman* und *Friesen* (1975, 1976, 1978) weiter entwickelte ‹Facial Action Coding System›. Hjortsjö beschrieb die Änderungen auf der Gesichtsfläche (z.B. Faltenbildung, Mundstellungen), die durch die Kontraktion der 23 Gesichtsmuskeln bewirkt werden, und numerierte sie durchgehend. Die Wirkungen der Muskelkontraktion präsentierte er in einfachen Skizzen.

Er machte außerdem eine Liste von 24 Ausdrucksbewegungen, die er in 8 Gruppen (A–H) ordnete. Diese Kategorien folgen nicht einem einheitlichen Ordnungsprinzip. Hjortsjö ordnet nach Stimmungen und Zuständen (ärgerlich, freundlich, traurig, mißtrauisch, überrascht – ängstlich, überheblich, angeekelt); daneben finden wir auch Begriffe, die sich auf Verhaltensmuster beziehen (Lachen, Lächeln). Ferner wird manches in einer Kategorie vereint, was möglicherweise weder nach Motivationen noch nach Funktionen zusammengehört, wie Lächeln und herzhaftes Lachen" *(Eibl–Eibesfeldt)*.

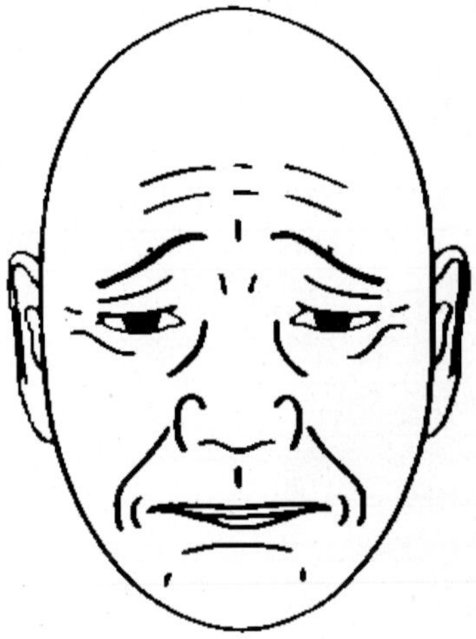

Trauernd, den Tränen nahe

Bestimmt, streng, entschlossen

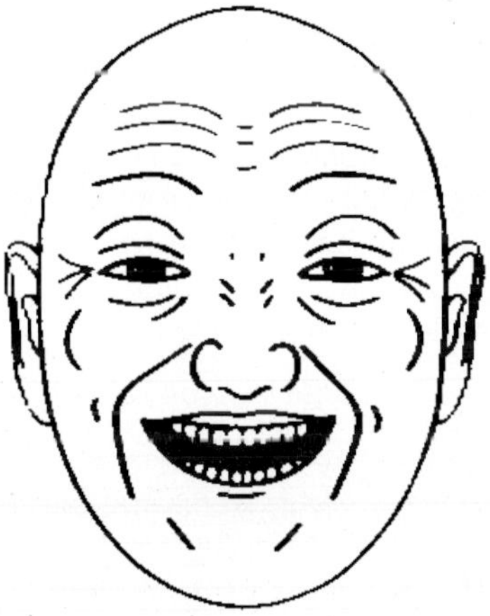

Herzlich, lachend

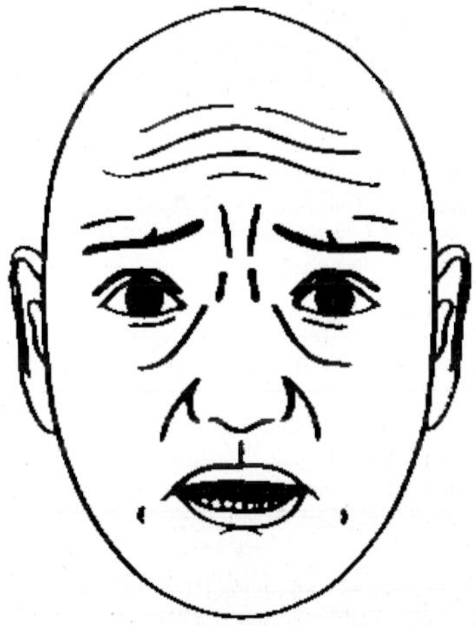

In Panik, in seelischer Qual

Arrogant, selbstzufrieden, überheblich

Blickkontakt

Untersuchungen zum visuellen Verhalten in der sozialen Interaktion wurden zumeist mit Hilfe von Beurteilern durchgeführt, die z.B. durch einen Einwegspiegel zwei Interaktionspartner beobachteten, wobei sie etwa aus der Perspektive des einen Beteiligten seinen Gegenüber beobachteten. Hierbei ergibt sich die Schwierigkeit, zwischen tatsächlichem Blickkontakt (*eye contact*), an dem beide Partner beteiligt sind, und dem vom einem ausgehenden Anblicken (*gaze*) des anderen zu unterscheiden. Um derartige Probleme zu umgehen, wurden teilweise Beurteilungen der Versuchspersonen selbst einbezogen, und es wurden auch objektive physikalische Methoden zur Messung der Augenbewegungen verwendet. Für manch widersprüchliche Befunde können derartige unterschiedliche Methoden mitverantwortlich sein. Die subjektive Sicherheit, zumindest, wann ein Blickkontakt vorliegt und wann nicht, ist in der Regel recht hoch.

Visuelles Verhalten in der Kommunikation kann verschiedene *Funktionen* erfüllen und die unterschiedlichsten Informationen übermitteln. Hier gilt, wie für nonverbale Kommunikation im allgemeinen, daß das Ausmaß der Bewußtheit und Intentionalität der *Mitteilungen* nicht ohne weiteres bestimmt werden kann. „Wir sind der Meinung, daß der Grad der Intentionalität irgendwo zwischen dem unbewußten ‹Durchsickern› kommunikativer Zeichen und explizit geplanter Mitteilungen liegt und daß diese Unklarheit in der Absicht für den Sender insofern wertvoll sein kann, als er versuchsweise Kommunikationen abgeben kann, für die er letztlich nicht eindeutig verantwortlich gemacht werden kann“ *(Ellsworth & Ludwig)*.

Im hier betrachteten Zusammenhang ist vor allem die *emotionale Bedeutung des Anblicken* und *Wegschauens, Anstarrens* und *Unter–sich–Blickens* von Interesse. Es spielt für die interpersonelle Attraktion und das interpersonelle Engagement sowie die Aufrechterhaltung und Vermittlung von Dominanzhierarchien eine maßgebliche Rolle. So steigt mit der positiven Einstellung gegenüber einem Adressaten der Blickkontakt mit ihm, aber auch unsympathische Adressaten werden sehr häufig angeschaut, wenn sie einen hohen Status haben. Umgekehrt nimmt ein Sprecher, der häufig angeschaut wird, an, daß diejenigen, die ihn am häufigsten ansehen, ihn positiv einschätzen, seine Ziele unterstützen; er bekommt dadurch auch das Gefühl, er habe einen höheren Status. Der gesteigerte Blickkontakt könnte so als Ergebnis unterschiedlicher emotionaler Einschätzungen interpretiert werden, beim Sympathischen aus Zuneigung, beim Statushöheren aber aus Respekt oder aber aus Angst vor dessen Beurteilung.

Im allgemeinen führt gegenseitiges Anblicken zu einer *Verstärkung* spezifischer *auftretender Emotionen*. Schaut eine Person eine andere außerhalb einer verbalen Interaktion mehr an, als dies normalerweise geschieht, so bewirkt dies bei dem Betrachteten einen Erregungsanstieg, wie bei der Messung verschiedener physiologischer Parameter (z.B. Herzschlagrate) festgestellt werden konnte.

Die *spezifische Auswirkung* des visuellen Verhaltens ist davon abhängig, in welcher Art von Interaktion die Partner stehen, welche Beziehung und Rollenverteilung (vor allem auch hinsichtlich ihrer Dominanzverhältnisse) zwischen ihnen besteht und welches Gefühl schon angeregt ist: Der tiefe Blick in die Augen des/der Geliebten drückt das gegenseitige Gefühl aus und bestätigt es, das Anblicken des Gesprächspartners zeigt Interesse für das von ihm Gesagte, das unverwandte Anstarren des Konkurrenten, das zum Zurückstarren oder aber auch Senken des Blickes führen kann, signalisiert eine Bedrohung („Wenn Blicke töten könnten!“). Die Vermeidung von Blickkontakt kann als Versuch interpretiert werden, erhöhte Erregung abzuschwächen – gleichgültig, ob es sich um sexuelle, aggressive, g'schamige, ängstliche, traurige Reizung handelt.

Wer wie wen?

Kinder zeigen beispielsweise mehr Blickkontakt als Jugendliche, mit zunehmendem Alter steigt aber dann der Blickkontakt wieder an. Frauen blicken Frauen und Männer häufiger an, als Männer dies tun. In südosteuropäischen und arabischen Kulturen ist Blickkontakt häufiger als in Mitteleuropa. Extravertierte Personen schauen andere länger und öfter an als introvertierte; autistische Personen zeigen nahezu keinen Blickkontakt. Bei Schizophrenen ist er meist sehr reduziert, sie werfen nur kurze Blicke auf ihren Gesprächspartner. Depressive schließlich blicken den anderen ebenfalls kaum an, sie schauen meist vor sich auf den Boden. Sind Personen weit voneinander entfernt, ist die Auftretenswahrscheinlichkeit von Blickkontakt größer. In dichtem Gedränge (beispielsweise in einer vollbesetzten U–Bahn) ist gegenseitiges Anblicken stark reduziert. Wenn eine andere Person den Blick nicht erwidern kann, sieht man dieser häufiger und länger ins Gesicht (daher unter Umständen die Vorliebe mancher Personen für dunkle Sonnenbrillen). Bei schwierigen Aufgaben, auch bei intimen und affektbesetzten Gesprächsthemen, wird der Blickkontakt reduziert. Schließlich blicken wir eher Personen an, denen wir freundlich gesinnt sind, und schauen einer statushöheren Person eher in die Augen als einer, die einen geringeren Status hat als wir selbst.

Wallbott

Den Abbruch von Blickkontakt mit zusätzlicher gestischer Unterstützung durch Verbergen des Gesichts mit den Händen beschreibt *Eibl–Eibesfeldt* bei Menschen verschiedenster Kulturzugehörigkeit und selbst bei blindgeborenen Kindern als Ausdruck von Verlegenheit, von Schamgefühl. Er betrachtet dies als eine ritualisierte Form des Sich–Versteckens. Derartige ritualisierte Flucht– und Ausweichbewegungen können auch im Dienste des Paarungsverhaltens stehen.

Da das Blickverhalten eingebettet in den *mimischen Gesamtausdruck* auftritt, wird sein *Informationsgehalt* durch die übrige Mimik verdeutlicht und differenziert (verliebtes In–den–Blick–Versinken, aggressives Anstarren, neugieriges Glotzen). Innerhalb einer Kultur verstehen bzw. empfinden Sender und Empfänger des Blickes ihn meist in übereinstimmender Weise, es können aber auch auf dieser Ebene *Kommunikationsschwierigkeiten* zwischen Angehörigen einer Gesellschaft auftreten, wenn diese aus unterschiedlichen Schichten stammen, in denen andere *Blickregeln* gelten.

Ein interessantes Beispiel liefert *Eibl–Eibesfeldt* mit seiner Darstellung der verschiedenen Bedeutungen, die sich aus einer elementaren Ausdrucksbewegung entwikkelt haben. Aus dem *Augenöffnen bei Aufmerksamkeit (Neugier) mit Brauenheben als Begleiterscheinung* sind in unterschiedlichen Kulturen gegensätzliche sachliche *Mitteilungen* entstanden: auf Samoa eine Bejahung, in Griechenland eine Verneinung. Die augensprachliche Aussage wird im Zusammenhang mit dem gesamten nonverbalen Ausdrucksverhalten im jeweiligen kulturellen Kontext verständlich.

Allein beim *Brauenheben* lassen sich nach *Eibl–Eibesfeldt* mindestens drei Varianten mit z.T. gegensätzlicher Aussage isolieren:

1. *Neugier*: Augenöffnen bei Aufmerksamkeit mit Brauenheben als Begleiterscheinung;
2. *freudige Überraschung* (Grüßen, Flirten, Schäkern mit Kleinkindern, Zustimmen, Danken, Betonen): schnelles Brauenheben (Augengruß);
3. *ärgerliche Überraschung* (Unmut, Arroganz, Ablehnung): Brauenheben.

Das visuelle Verhalten kann darüber hinaus allgemeiner zur Regulation des *Nähe–Distanz–Verhältnisses* zwischen Interaktionspartnern dienen. Dieser Sachverhalt wird von *Argyle & Dean* in ihrer *affiliativen Konflikttheorie* formuliert. Die Untersuchungsbefunde zu dieser Annahme sind widersprüchlich: Während einige Studien für ihre Allgemeingültigkeit sprechen, „... fanden Fromme und Beam (1974), daß nur niedrig–dominante Personen bei Zunahme von Blickkontakt eine größere interpersonale Distanz wählten, während bei hoch–dominanten das Gegenteil eintrat. Aiello (1973) fand, daß ein linearer Zusammenhang zwischen Distanz und Blickkontakt nur für Männer gilt, bei Frauen aber ein kurvilinearer Zusammenhang vorzuliegen scheint" *(Wallbott)*.

Diese Form der Interaktion braucht keine Worte. Untersuchungen des Blickverhaltens von vier Monate alten Säuglingen mit Erwachsenen in freien Spielsituationen zeigen Gesetzmäßigkeiten, die denen von Interaktionen zwischen Erwachsenen ähneln. „Unter Umständen ist man hier universalen Regelmäßigkeiten menschlicher Interaktion auf der Spur, die schon vor dem Spracherwerb eine wichtige Rolle spielen" *(Wallbott)*. „Aufgrund verschiedener Elemente der Vertrautheit wie Blickkontakt, körperliche Nähe, Lächeln und Vertraulichkeit des Gesprächsthemas entwickelt sich in jeder Dyade ein Gleichgewicht. Wenn dieses ‹Intimitätsgleichgewicht› überschritten (was immer das heißt: ein ‹Gleichgewicht› über– oder unterschreiten??? Der Verf.) wird, entsteht Angst; bei Unterschreitung entsteht in der Dyade ein Gefühl mangelnder gegenseitiger Ansprechbarkeit. Sobald ein Element der Vertrautheit das Gleichgewicht gefährdet, setzt nach dieser Theorie das Bestreben ein, das Gleichgewicht durch Veränderung der übrigen Elemente wieder herzustellen" *(Ellsworth & Ludwig)*. Dieser sphinktisch–akademischen Bemerkung vermag ich nichts mehr hinzuzufügen.

„In den Paarungsvorspielen vieler Säuger ist das Weglaufen der Weibchen ritualisiert worden. Es lädt als ‹Sprödigkeitsverhalten› zum Nachfolgen ein. Das findet man in besonders hoch differenzierter Form auch in der menschlichen Koketterie. Zuwendung und Abwendung sind typische Elemente des menschlichen Flirtverhaltens, hier vor allem ausgedrückt in der Sprache des Blickes. Hat ein Mädchen den Blickkontakt aufgenommen, dann senkt es den Kopf und schlägt die Lider nieder. Das ist oft mit einem Wechsel der Blickrichtung verbunden. Aber danach nimmt es den Blickkontakt meist schnell wieder auf" *(Eibl–Eibesfeldt)*.

Gestik

Hand– und Armbewegungen bieten eine Vielzahl unterschiedlicher Ausdrucksmöglichkeiten: vom einfachen wütenden Ballen der Faust bis hin zu komplexen Zeichensystemen, wie sie etwa Taubstummensprachen darstellen. Schon bei den einfacheren Gesten lassen sich hinsichtlich Art und Funktion verschiedene Gruppen unterscheiden. Ich folge der Begrifflichkeit von *Ekman & Friesen* und differenziere zwischen *Emblemen, Illustratoren und Adaptoren* (*Ekman & Friesen* haben allerdings noch mehr Gruppen und Untergruppen definiert und beziehen diese über gestisches Verhalten hinaus auch auf andere Formen nonverbalen Ausdrucks).

Als *Embleme* werden solche Gesten bezeichnet, die direkt verbal übersetzt werden können, von allen Angehörigen einer Gruppe, Kultur oder Subkultur verstanden werden und meist bewußt *ausgesandt* werden. Der Gebrauch und das Verständnis derartiger Gebärden wird im Laufe der Sozialisation erworben.

Es konnte nachgewiesen werden, daß vierjährige Kinder mehr Embleme verwendeten und verstanden als dreijährige. Die kulturelle Determination dieser Ausdrucksform bedingt auch, daß hier Mißverständnisse zwischen Mitgliedern verschiedener Kulturkreise auftreten können, da gleiche Embleme für unterschiedliche Inhalte stehen.

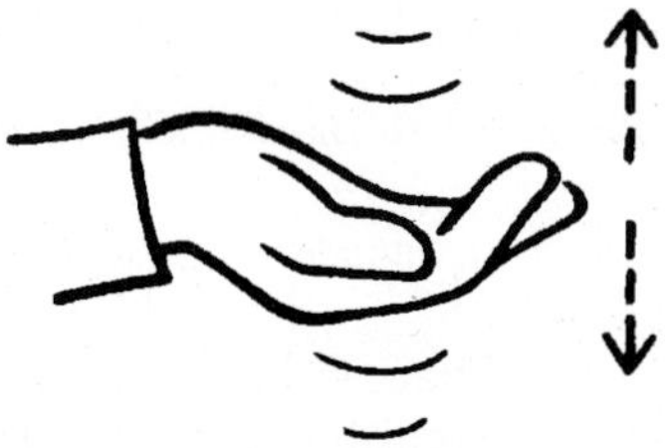

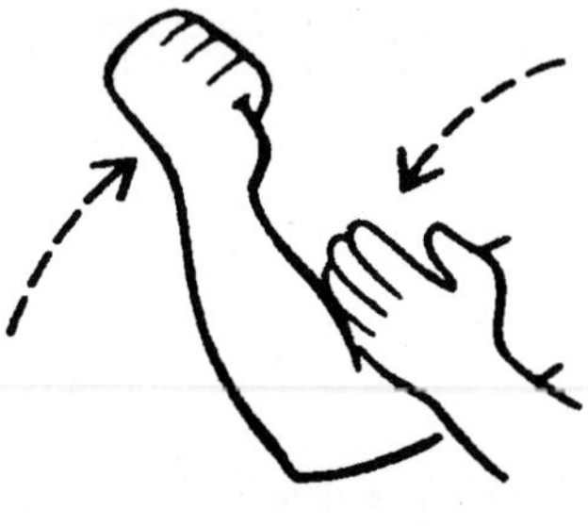

Illustratoren sind Gebärden, die die gesprochene Sprache begleiten; sie können den Inhalt des Gesagten unterstreichen, näher erläutern, anschaulich machen; sie können aber auch als *Wortersatz* dienen oder im Widerspruch zu den verbalen Äußerungen stehen, sie relativieren. Auch diese Gesten werden sozial gelernt. Im Unterschied zu den Emblemen ist ihre Verwendung eher weniger bewußt, und es existiert für sie oftmals keine eindeutige Übersetzung.

„Veränderungen in der Auftretenswahrscheinlichkeit von Illustratoren bei Personen hängen von deren Stimmung und von Schwierigkeiten in der verbalen Kommunikation ab. Wenn eine Person entmutigt, müde oder unbeteiligt ist, wenn sie über ihren Eindruck beim anderen besorgt ist oder wenn sie sich in einer formalen Interaktion in einer untergeordneten Position befindet, zeigt sie weniger Illustratoren als sonst. Bei Aufregung, Enthusiasmus über das Thema oder das Gespräch selbst, als dominanter Partner in einer formalen Interaktion und in einer informalen Interaktion, in der sie sich wenig um den Eindruck auf andere sorgen muß, verwendet sie dagegen mehr Illustratoren. Darüber hinaus nimmt die Zahl der Illustratoren zu, wenn eine Person die richtigen Worte nicht gleich finden kann oder wenn die Rückmeldung vom Hörer annehmen läßt, daß er das Gesagte nicht verstanden hat. Illustratoren können Sprechpausen füllen und so in unsicheren Situationen dazu dienen, die Sprecherrolle zu verteidigen oder die Aufmerksamkeit des Hörers zurückzugewinnen" *(Ekman & Friesen)*.

Bei den *Adaptoren* handelt es sich um solche Handbewegungen, die nicht unmittelbar mit der Sprache zusammenhängen, in der Regel nicht bewußt und wenig sozial beeinflußbar sind. Es kann sich hierbei etwa um nicht–illustratorisches Ballen der Faust, Kratzen, Reiben oder Streicheln am Kopf oder anderen Körperteilen, gegenseitige Berührungen der beiden Hände (Fingerspiele), aber auch Hantieren an Kleidungsstücken oder anderen Objekten (Bleistift) handeln.

Ursprung wie Funktion derartiger Gesten sind umstritten. *Ekman & Friesen* sind der Auffassung, dies seien Bewegungen, „... die anfänglich gelernt wurden, um selbstbezogene oder körperbezogene Bedürfnisse zu befriedigen, um bestimmte Körperaktionen auszuführen, um Emotionen zu kontrollieren, um prototypische interpersonale Kontakte zu entwickeln und aufrechtzuerhalten oder instrumentelle Aktivitäten zu erlernen." Sie sehen einen Zusammenhang zwischen bestimmten Einstellungen und Gefühlen und dem Auftreten von Adaptoren: Während manche Menschen bei Angst und Unbehagen *erstarren*, zeigten andere gesteigerte Adaptor–Aktivität; Drücken oder Kratzen von Körperteilen könne Aggression ausdrücken; das Bedecken der Augen mit der Hand reduziere sensorischen Input und könne bedeuten, daß man nicht gesehen werden wolle, sich schäme. Andere Wissenschaftler vertreten die Auffassung, Adapto-

„Theoretisch ist es möglich, Adaptoren aufgrund der beiden postulierten Funktionen von Erregungssteigerung und Erregungsabfuhr zu differenzieren oder eine u–förmige Beziehung zwischen Erregungsniveau und der Häufigkeit solcher Handbewegungen anzunehmen. Es ist denkbar, daß adaptive Bewegungen bei geringer Erregung dazu dienen, das Erregungsniveau zu steigern, während sie bei sehr hoher Erregung dazu dienen, das Erregungsniveau zu reduzieren" *(Wallbott)*.

ren dienten der *Selbst–Stimulation*. Das Kratzen am Kopf bei Wortfindungsschwierigkeiten etwa erhöhe das allgemeine Erregungsniveau; dadurch werde ein gesteigertes kognitives Arousal erreicht, das die Wortfindung unterstütze.

Körperhaltung, –orientierung & –bewegung

„Dabei zeigten sich große interkulturelle Unterschiede. So ist das Stehen zum Zwecke des Ausruhens in Afrika sehr weit verbreitet, in Mitteleuropa dagegen überhaupt nicht. Andererseits zeigen sich wichtige Gemeinsamkeiten zwischen den Kulturen, so z.B. charakteristische Unterschiede zwischen Männern und Frauen, die weitgehend kulturunabhängig zu sein scheinen" *(Wallbott)*.

Im Unterschied zu mimischem und gestischem Ausdrucksverhalten sind hier auf einer eher molaren Ebene betrachtete Bewegungsabläufe angesprochen, an denen der gesamte Körper beteiligt ist. Dabei bezieht sich der Begriff *Körperhaltung* auf die Position einer Person, die durchaus ohne Interaktionspartner gesehen werden kann, auf die Art und Weise, wie sie ihre Extremitäten in räumlicher Relation zu ihrem Körper anordnet. Die Person kann sitzen, stehen, liegen; unterschiedliche Haltungen sind etwa das Verschränken oder Öffnen der Arme, das Übereinanderschlagen oder parallel Nebeneinanderstellen der Beine, Anheben, Senken oder Drehen des Kopfes.

Körperorientierung hingegen bezeichnet die Stellung des Körpers im Verhältnis zu einem Interaktionspartner, so z.B. die Zu– oder Abwendung des Oberkörpers, der Beine, des Kopfes. *Körperbewegungen* schließlich meinen die Veränderungen räumlicher Körperanordnungen im Zeitverlauf. Neben eher universellen Körperhaltungen lassen sich kulturell bedingte Unterschiede feststellen.

„Obwohl die manifeste Bedeutung der Äußerungen, die einen bestimmten Typus von ‹Argument› begleiten, sehr unterschiedlich sein kann, ist es im allgemeinen möglich, einige Merkmale der Äußerungen zu abstrahieren, die einer bestimmten Kategorie von ‹Argumenten› zugeordnet werden können. Erklärungen zum Beispiel können mit einem Typus von Kopfhaltung, Unterbrechungen mit einem anderen, Deutungen mit einem weiteren und Zuhören mit einem vierten auftreten" *(Scheflen)*.

Bei der *Betrachtung der Körperhaltung* im Kommunikationssystem unterscheidet *Scheflen* zwischen dem Argument, der Position und der Präsentation. Als *Argument* wird die Einnahme und das Beibehalten einer bestimmten Kopf–, Augen– oder Handposition für die Dauer einer verbalen Äußerung bezeichnet, die etwa der Dauer eines Arguments in einer Diskussion, eines Gedankenganges entspricht. Er erläutert dies anhand einer Interaktion im Rahmen einer Therapiesitzung. Im Verlauf von Psychotherapiesitzungen beobachtete er etwa 3–5 verschiedene Argumente, die wiederholt eingesetzt wurden.

Die *Position* bezeichnet eine größere Einheit mehrerer Argumente, die einem Diskussionsstandpunkt entsprechen sollen. Sie wird durch einen Wechsel der Körperhaltung ausgedrückt, der zumindest eine Körperhälfte einbezieht. Derartige Positionen sollen in der Regel eine halbe bis fünf oder sechs Minuten eingenommen werden (in Ausnahmen auch erheblich länger); das Repertoire von Interaktionspartnern umfaßt meist zwei bis vier Positionen.

Die größte Einheit ist die *Präsentation*. Sie kann von wenigen Minuten bis zu mehreren Stunden dauern und wird etwa durch das Verlassen einer Gruppe oder die Veränderung der Position in einem Raum markiert.

Für all diese Einheiten von Körperhaltungen gilt, daß sie in Beziehung zum *Kontext*, in dem sie auftreten, verstanden werden müssen. Sie unterscheiden sich von Individuum zu Individuum in Abhängigkeit von der ethnischen Zugehörigkeit, dem Alter, der Klasse, Geschlecht, Status oder Beruf.

„ 1. Die einschließende oder ausschließende Funktion von Körperhaltung (inclusiveness – non–inclusiveness) – sie definiert den Raum für die sozialen Aktivitäten und begrenzt den Zugang zur Gruppe und die Verfügbarkeit innerhalb der Gruppe.
2. Die vis–a–vis–Orientierung und die parallele Körperhaltungsorientierung – sie geben Hinweise auf die Typen sozialer Aktivität.
3. Die Kongruenz oder Nicht–Kongruenz von Körperhaltung und Stellung der Gliedmaßen – sie zeigt, ob zwischen Gruppenmitgliedern eine Beziehung besteht (association), ob keine Beziehung vorhanden ist (non–association) bzw. ob eine Beziehung in der Abwendung fortbesteht (dissociation)" *(Scheflen)*.

Bei der Betrachtung der *Körperorientierung* als Ausdruck der Beziehung zu anderen Interaktionspartnern lassen sich nach *Scheflen* folgende Dimensionen abstrahieren:

1. *Einschließende/ausschließende Funktion:* Menschengruppen in gemeinsamer Aktivität sind in der Regel bestrebt, sich gegenüber anderen Anwesenden abzugrenzen, sie bilden nach Möglichkeit einen Kreis; sitzen die Angehörigen der Gruppe in einer Reihe, orientieren sich diejenigen an den Enden zur Mitte und strecken einen Arm oder ein Bein so aus, als wollten sie die Gruppe begrenzen; sind mehrere Männer anwesend, nehmen meist die mit dem höchsten Status die Endpositionen ein. Innerhalb der Gruppe wird manchmal von einem Teilnehmer eine Position eingenommen, die die Bildung von Subgruppen erschwert, d.h., er plaziert etwa seine

Beine dergestalt, daß zwischen zwei Personen, bei denen erwartet werden kann, daß sie miteinander streiten oder flirten könnten, eine Art Barriere entsteht. Bei Gruppen, die schon länger existieren, besteht die Tendenz, daß sich einige ihrer Mitglieder so stellen, setzen oder legen, daß ein neu Hinzukommender sich nicht zu nah an gegengeschlechtliche Gruppenmitglieder annähern kann. In Familientherapien ergibt sich in aller Regel eine Sitzordnung, in der die Position des identifizierten Klienten direkt neben dem Therapeuten ist. Ist man gezwungen, die normalerweise eingehaltene interpersonale Distanz zu unterschreiten, sitzt man also unangenehm eng nebeneinander oder einander gegenüber, so neigt man dazu, die Körper leicht voneinander abzuwenden oder zurückzulehnen, die Arme zu verschränken, die Beine in vom anderen wegweisender Richtung zu überkreuzen u.a.

2. *Vis–a–vis und parallel:* Eine vis–a–vis–Orientierung besteht üblicherweise zwischen Personen, die miteinander in Interaktion stehen: sie unterhalten sich, flirten miteinander, einer erklärt dem anderen etwas usw. Aktivitäten, die in einer Parallel–Orientierung stattfinden, können prinzipiell auch von einer Person allein durchgeführt werden: Fernsehgucken, ein Bild betrachten, einer dritten Person zuhören oder ihr gemeinsam etwas berichten usf. In Gruppen treten häufig gesplittete Orientierungen auf, d.h., während die obere Körperhälfte zu einer Person in vis–a–vis–Orientierung steht, tut dies die untere Körperhälfte einer anderen Person gegenüber. Auf diese Weise sind möglichst alle Gruppenmitglieder in vis–a–vis– und Parallel–Orientierungen einbezogen, was wahrscheinlich der Gruppenstabilität dient.
3. *Kongruenz/Nicht–Kongruenz:* Als kongruent werden Körperhaltungen von Personen bezeichnet, wenn eine Person direkt oder spiegelbildlich die gleiche Haltung wie die andere einnimmt (z.B. Beine übereinandergeschlagen, Arme verschränkt). Diese Kongruenz scheint in Gruppen nicht etwa aus einer zufälligen Übereinstimmung der ihrer Zahl nach ja begrenzten möglichen Haltungen herzurühren, sondern vielmehr die Zusammengehörigkeit von Subgruppen, etwa Personen, die einen ähnlichen Standpunkt vertreten, zu reflektieren. Andererseits wechseln Freunde in einem Gespräch oftmals in kongruente Haltungen, wenn sie Meinungsverschiedenheiten äußern. Es wird angenommen, daß dies geschieht, damit die grundsätzliche Kontinuität der Beziehung dokumentiert bleibt.
   In Gruppen, in denen verschiedene Subgruppen anhand ihrer Haltungskongruenz unterschieden werden können, findet sich beim Leiter häufig ein Splitting in seiner Körperhaltung; er hält so die Verbindung mit beiden Subgruppen aufrecht. Unterscheidet sich ein Mitglied einer Gruppe oder ein Teilnehmer an einer dyadischen Interaktion stark von dem oder den anderen hinsichtlich seines Status, so nimmt er eher eine inkongruente Haltung ein, Kongruenz ist demgegenüber typisch für gleichrangige Partner.

In natürlichen Situationen treten alle oben einzeln aufgeführten nonverbalen Ausdrucksformen (physiologischer Ausdruck, Mimik, Gestik, Körperhaltung und –orientierung sowie die nicht speziell aufgeführten lautlichen Aspekte verbalen Ausdrucks) in der Regel gemeinsam oder mit zeitlichen Verschiebungen ineinander verflochten auf und lassen so einen *Gesamtein(aus)druck* entstehen. Dabei können die einzelnen Komponenten miteinander und mit eventuellen verbalen Äußerungen in Übereinstimmung stehen, sie können aber unterschiedliche oder gar widersprüchliche Eindrücke vermitteln.

Dies liegt zum einen daran, daß sie in unterschiedlichem Ausmaß *willentlich kontrolliert* werden (können). Bei der inhaltlichen Seite verbaler Äußerungen mag z.B. starke kognitive Kontrolle gelingen; meine Aggressionen gegenüber oder mein sexuelles Interesse an einem Interaktionspartner werden vielleicht nicht in meinen Worten,

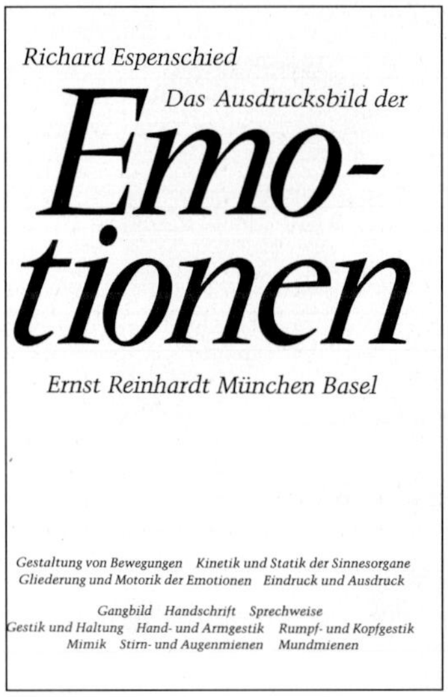

Forget it!

„Der Grad der Entspanntheit ist gegenüber unsympathischen Adressaten entweder gering oder extrem, während er gegenüber sympathischen Adressaten mäßig ist. Es ist möglich, daß sehr geringe Entspanntheit, also extreme Gespanntheit, auftritt, wenn der Adressat einschüchternd ist, während bei harmlosen unsympathischen Adressaten ein hoher Grad von Entspanntheit des Kommunikators die Regel ist... In Gegenwart niedrigstehender Adressaten tritt große, bei höherstehenden Adressaten dagegen mäßige Entspanntheit ein; bei gleichgestellten Adressaten liegt der Entspanntheitsgrad dazwischen.“ Und, die körperliche Distanz „... ist gleich groß gegenüber höher– und niedrigerstehenden Adressaten, während sie gleichgestellten gegenüber geringer ist“ *(Mehrabian & Friar)*.

Etwas ganz etwas Feines:

jedoch in meiner Stimme, meinen Blicken, meiner körperlichen Zu– oder Abwendung, meinen Gesten deutlich. Der Grad der Kontrolle kann auch zwischen den verschiedenen nonverbalen Ausdrucksformen variieren: Während ich meinen Gesichtsausdruck noch mit Mühe im Griff behalte, balle ich vielleicht meine Faust (und habe gerade keine Tasche zur Hand). Zum anderen können auch die *nonverbalen Ausdruckskomponenten Kontrollfunktion* übernehmen; zu denken ist hier etwa an die Vermeidung von Blickkontakt zur Erregungsreduktion, die Verwendung von Gesten zur Blockierung von sensorischem Input oder die Erhöhung der Körperdistanz durch Abwenden u.ä. So wird möglicherweise vermieden, daß ich meinem Gegenüber in die Arme falle oder an die Kehle gehe.

An dieser Stelle nun wird der *nicht–kommunikative Aspekt* des Emotionsausdrucks besonders deutlich, das Bestreben des angeregten Gefühls nach Äußerung auch dann, wenn ich es gerade meinem Gegenüber nicht zu verstehen geben will. Habe ich z.B. Angst vor einem Rivalen, stellt sich mein Körper auf Flucht (vielleicht die beste Lösung) ein, verbunden mit allen physischen Reaktionen, die ihr dienlich sein könnten und gleichzeitig im Ausdrucksverhalten sichtbar sind. Gerade dieser Ausdruck mag aber meine Chancen, in der Auseinandersetzung zu bestehen, maßgeblich beeinträchtigen. Die Unterdrückung des Ausdrucks stellt jedoch eine recht große Belastung meines *Emotionshaushalts* dar: Punktuell, in dieser einen konkreten Situation durchgeführt, kann sie mir zum Vorteil gereichen, der Konkurrent und mögliche Beobachter erkennen meine Unsicherheit nicht; auf lange Sicht aber wird mich eine regelmäßige Unterdrückung dieser Emotion in psychische wie physische Schwierigkeiten bringen. Warum dies so ist, wird im folgenden, wenn ich auf die nicht–kommunikative Funktion des Emotionsausdrucks, die Verhaltensanregung, eingehe, deutlicher werden.

Stimmlicher Ausdruck

„Dieselbe verbale Äußerung kann also je nach Emotionalität des Ausdrucks verschiedene Bedeutungen haben" *(Jürgens & Trojan)*.

Trojan beschrieb drei *Gegensatzpaare vokaler Stimmungsäußerung*:

1. *Gepreßte Stimme und nichtgepreßte Stimme:* Sie entsprechen den Empfindungen unangenehm und angenehm. Klangspektographisch ist die gepreßte Stimme durch einen erhöhten Anteil nichtharmonischer (geräuschhafter) Komponenten gekennzeichnet. Sie ist außerdem lauter.
2. *Kraftstimme und Schonstimme:* Gekennzeichnet durch hohe bzw. niedere Schallintensität.
3. *Bruststimme und Kopfstimme:* Die Bruststimme, die Selbstsicherheit ausdrückt, ist durch tiefere Frequenzen charakterisiert – was übrigens die Redewendung „Er spricht im Brustton der Überzeugung" sehr fein ausdrückt. Die höhere Kopfstimme drückt eher ein Sich–überwältigt–Fühlen aus.

Emotionen für 8 Extrempositionen *(Jürgens & Ploog)*

	Kopfstimme	*Bruststimme*	
Gepreßte Stimme	Jammern	Verdruß	*Schonstimme*
Gepreßte Stimme	Angstschrei	Schimpfen	*Kraftstimme*
Nichtgepreßte Stimme	Zärtlichkeit	Genießen	*Schonstimme*
Nichtgepreßte Stimme	Jubeln	Imponieren	*Kraftstimme*

Lächelt eine Person, während sie spricht, dann hebt sie zugleich die Tonlage ihrer Rede an. Personen, denen man Sprechproben Lächelnder und Nichtlächelnder vorführte, bezeichneten die Stimmen der Lächelnden als vergnügter. Die *Stimmlage* kann Ärger, Freude, Angst, Trauer, Langeweile und anderes ausdrücken. Sie markiert ferner zusammen mit dem *Sprechrhythmus* neben den kulturspezifischen Sprechstilen soziale Stellung, Geschlecht, Persönlichkeit und anderes mehr. Zuversicht wird z.B. durch eine starke Stimmführung und expressive Intonation (starke Tonhöhenschwankungen) sowie durch einen relativ schnellen, nicht unterbrochenen Redefluß ausgedrückt. Hohe Tonlagen und die hohen Vokale e und i charakterisieren sowohl diminutive als auch unmittelbare Nähe. Wenn sich eine Person verstellt, dann wird die Tonlage ihrer Rede ebenfalls höher, und die illustrierenden nichtverbalen Begleitbewegungen nehmen ab. Sprechweise in niederer Stimmlage wird von Hörern als Ausdruck einer entspannten und geselligen Person interpretiert.

Emotionale Zuordnungen, die mit akustischen Parametern korrelieren *(Scherer & Oshinsky)*

akustische Parameter	*Stärkegrad*	*emotionale Zuschreibungen (in abnehmendem Intensitätsgrad)*
Amplitudenvariation	gering	Glück, Fröhlichkeit, Aktivität
	stark	Furcht
Tonhöhenvariation	gering	Ekel, Ärger, Furcht, Langeweile
	stark	Glück, Fröhlichkeit, Aktivität, Überraschung
Änderung des Tonhöhenverlaufs	abwärts	Langeweile, Fröhlichkeit, Traurigkeit
	aufwärts	Furcht, Überraschung, Ärger, Stärke
Änderung des Tonhöhenniveaus	wenig	Langeweile, Fröhlichkeit, Traurigkeit
	stark	Überraschung, Macht, Ärger, Furcht, Aktivität
Tempoveränderung	langsam	Traurigkeit, Langeweile, Ekel
	schnell	Aktivität, Überraschung, Glück, Fröhlichkeit, Macht, Furcht, Ärger
Veränderung der Umhüllenden (envelope)	rund	Ekel, Traurigkeit, Furcht, Langeweile, Macht
	scharf	Fröhlichkeit, Glück, Überraschung, Aktivität
Filtrierung der Obertöne	gering (=viele Obertöne)	Fröhlichkeit, Langeweile, Glück, Traurigkeit
	stark (=wenige Obertöne)	Macht, Ärger, Ekel, Furcht, Aktivität, Überraschung

Niedrige und abfallende Tonlage am Satzende drückt Entschiedenheit aus, ansteigende und hohe Tonlage am Satzende dagegen Unentschiedenheit, Unsicherheit, auch bei Fragen. *Menn* weist darauf hin, daß hohe Töne mit Schwäche und tiefe mit Stärke assoziiert werden. Er hält es für möglich, daß hier irgendwelche angeborenen Komponenten der Wahrnehmung diese Assoziation bedingen. Nach *Jakobson* wird u mit dunkel und groß assoziiert, i mit hell und klein. Künstlich synthetisierte Lautfolgen, in denen verschiedene akustische Parameter variiert worden waren, ordneten Versuchspersonen übereinstimmend ganz bestimmten Emotionen zu.

Erregungshaushalt

Im Laufe der Evolution entwickelte sich der nonverbale Ausdruck von Emotionen, modifiziert durch ontogenetische und traditionelle Ritualisierungsprozesse, zu einem *System sozialer Kommunikation*, von dem einige Aspekte in obigen Ausführungen angesprochen wurden. Daneben – oder vielleicht richtiger davor – hat der Emotionsausdruck eine andere Funktion. So zeigten ja z.B. auch die Versuchspersonen von *Ekman & Friesen*, die ganz allein im Raum saßen und Filme anguckten, während die Videokamera lief, mimisches Ausdrucksverhalten. Bei ihnen stand das Ziel, ihre Gefühle anderen mitzuteilen, sicher nicht im Vordergrund.

Darwin vertrat die Ansicht, daß sich Ausdrucksformen primär aus „nützlichen, miteinander verbundenen Gewohnheiten“ entwickelt haben oder aus dem, was *Tinbergen* Absichtsbewegungen nennt – die unvollständigen oder vorbereitenden Phasen von Aktivitäten wie Angriff, Fortbewegung, Verteidigung und von Bewegungen, die mit Atmung oder Sehen verbunden sind.

Die *Psychophysiologie* bietet jede Menge Theorie an, die zusammengefaßt besagt, daß der Gefühlsausdruck in Mimik, Gestik, Körperhaltung, –orientierung und –bewegung und in der Sprache, kurz: in beobachtbarem Verhalten, dazu dient, Erregung, die durch Innervation u.a. des Limbischen Systems entsteht, auf eine für den Organismus unschädliche Art umzusetzen.

„Unterdrückung von mimischem Ausdruck in Gegenwart starker emotionsauslösender Bedingungen verlangt vom Nervensystem zusätzliche Arbeit, da sie den normalen Emotionsprozeß blockiert (indem sie den mimischen Ausdruck hemmt) und einen Umweg macht. Chronischer Gebrauch solch indirekter Auslösung von Emotion könnte zu psychosomatischen oder anderen psychischen Problemen führen“ *(Izard)*.

Je weniger ein Mensch die Emotion, die er gerade erfährt, zeigt, indem er lächelt, lacht, weint, schreit etc., desto stärker wirkt sich diese Erregung auf andere Bahnen aus, wobei in erster Linie an physiologische Systeme wie den Kreislauf oder den Stoffwechsel gedacht wird.

In verschiedenen Untersuchungen konnte gezeigt werden, daß *Herzrate, Hautleitfähigkeit* und der *systolische Blutdruck* bei den Personen, die z.B. bei Betrachtung emotional ansprechender Filme oder in einer vom Versuchsleiter provozierten Streßsituation weniger Mimik zeigen, stärker ansteigen als bei denen, die mehr Mimik zeigen.

Notarius & Levenson fanden zum Beispiel, daß die Personen, die in einem Vorversuch mit Mimikanalyse stärkeren mimischen Ausdruck gezeigt hatten *(natural expressers)* als andere *(natural inhibitors)*, in einer experimentellen bedrohlichen Situation (Schockandrohung) keine Veränderungen auf verschiedenen physiologischen Parametern zeigten. Bei den Inhibitors dagegen waren signifikante Anstiege der Hautleitfähigkeit, der Herzrate und der Atemfrequenz meßbar. Persönlichkeitstests zeigten außer einem signifikant höheren Empathie–Score der Expressers keine Gruppenunterschiede, so daß eine Rückführung der Ergebnisse auf andere psychologische Variablen als die der Expressivität ausgeschlossen werden kann.

Allerdings muß in diesem Zusammenhang darauf hingewiesen werden, daß die Ergebnisse dieser Forschungsrichtung keineswegs eindeutig in Richtung der Bestätigung der Hypothesen gehen. Vielmehr fanden auch die Autoren der zitierten Studie in anderen Untersuchungen zwischen Expressers, teils auch Externalizers genannt, und Inhibitors bzw. Internalizers keine Unterschiede in physiologischen Maßen oder auch *widersprüchliche Ergebnisse* bei verschiedenen physiologischen Parametern. Eine gute Übersicht über den Stand der diesbezüglichen Forschung bietet *Manstead*.

Noch verwirrender wird die Frage nach dem Zusammenhang zwischen Mimik und physiologischer Erregung, wenn man Ergebnisse betrachtet, die mit einer anderen Untersuchungsmethode erzielt wurden: Bittet man Versuchspersonen, *einmal schwächeren, einmal stärkeren Ausdruck* vorgegebener Emotionen zu zeigen, so findet man statt des oben erläuterten negativen einen positiven Zusammenhang zwischen Ausdrucksstärke und physiologischer Erregung; je stärkeren Ausdruck eine Person zeigt, desto größer ist die Erregung. Allerdings handelt es sich bei diesen Untersuchungen, z.B. *Lanzetta et al.*, auch um eine ganz andere Situation, als sie das Erleben echter Emotionen darstellt: Die Versuchspersonen müssen *künstlich* Ausdrücke produzieren – die hohe Erregung bei den stärksten Ausdrücken könnte also auch ein Effekt der großen benötigten Anstrengung sein –, während sie in natürlicheren Designs tatsächlich emotionale Erregung erfahren, die sie dann umzusetzen haben.

Diese unterschiedlichen, zum Teil widersprüchlich erscheinenden Befunde werden vielleicht verständlicher, wenn wir uns nochmals dem Zusammenhang zwischen subjektiv erlebter Emotion und physiologischem Prozeß zuwenden. Die mit einer Emotion verbundenen physiologischen Veränderungen im vegetativen Nervensystem und Hormonhaushalt drängen den Organismus quasi zu einem dem ausgelösten Gefühl entsprechenden Verhalten, dessen Vorbereitung sie ja dienen, oder aber zumindest zum Ausdruck. Vegetative Innervation und hormonelle Prozesse beeinflussen den Aktivierungsgrad der quergestreiften Muskulatur des Körpers und der glatten Muskeln der Eingeweide; selbst bei Unterdrückung mimischen Ausdrucks konnten Bewegungsabläufe in der Gesichtsmuskulatur festgestellt werden, die normalerweise nicht von einem Beobachter bemerkt werden. „Haggard und Isaacs (1966) haben die Existenz solch *‹mikromomentaner Äußerungen›* nachgewiesen“ *(Izard)*. *Schwartz* untersuchte Veränderungen des elektrischen Potentials von vier Gesichtsmuskeln (an Kinn, Stirn, Mund und Augenbrauen) bei depressiven und nicht–depressiven Probandinnen unter vier verschiedenen Bedingungen: Sie sollten an einen ganz normalen Tag denken, sich vorstellen, daß sie traurig, glücklich oder zornig seien. Er fand unterschiedliche, für die angeregten Emotionen spezifische, muskuläre Aktivierungsmuster, ohne daß auf den Gesichtern der Frauen ein erkennbarer Emotionsausdruck zu sehen war. Es ließen sich aber auch Gruppenunterschiede beobachten: Während beide Gruppen (depressive und nicht–depressive) ähnliche Muster bei Zorn– und Trauervorstellung zeigten, wurde bei den nicht–depressiven Probandinnen beim Gedanken an einen ganz normalen Tag ein *Glücksaktivierungsmuster*, bei den depressiven aber ein verdeckter *Trauerausdruck* festgestellt, den sie auch bei der *Glücksvorstellung* zeigten. *Clynes* registrierte und summierte die *Mikrobewegungen des Mittelfingers* (Sentogramme) während vorgestellter Gefühle; die dabei ermittelten Kurvenverläufe waren spezifisch für etliche Grundemotionen (Liebe, Haß, Trauer, Freude etc.).

Diese Veränderungen in der muskulären Aktivität spielen sich aber nicht am Ende einer *Einbahnstraße des Emotionsprozesses* ab, sondern sie geben gleichzeitig ein Feedback; *Mikro– wie auch Makrobewegungen* sind Komponenten des ganzheitlichen Emotionsprozesses. Dementsprechend ist es auch in gewissem Umfang möglich, durch Herbeiführen von mimischem oder anderem Ausdrucksverhalten ein bestimmtes Gefühl anzuregen (wiewohl dies in natürlichen Situationen eher seltener auftreten sollte).

Auswirkung der Kontraktionen der verschiedenen Gesichtsmuskeln *(Hjortsjö)*

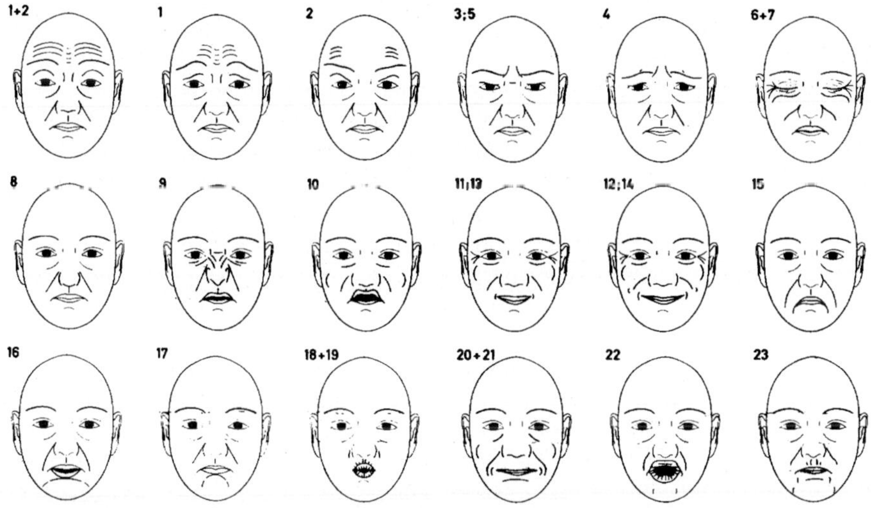

„Sowohl die muskulären Afferenzen (vor allem aus der Gesichtsmuskulatur) als auch die viszeralen Afferenzen aus den inneren Organen und des Gefäßsystems sind entscheidend am Zustandekommen der Intensität und Qualität emotionaler Reaktionen beteiligt. Die Rückmeldung über das peripher–vegetative Muster aus dem Körperinneren und den Muskeln wird zentral (vor allem zwischen Hirn und Limbischem System) verarbeitet und führt erst dann zur vollen Ausprägung des subjektiv feststellbaren Gefühlszustands" *(Birbaumer)*.

1 + 2: m. frontalis; 1: m. frontalis, pars medialis; 2: m. frontalis, pars lateralis; 3: m. procerus oder m. depressor glabellae; 5: m. depressor supercilii; 4: m. corrugator supercilii; 6 + 7: m. orbicularis ocu..... usw. usf. (das Große Latinum wollte ich eigentlich für die Lektüre dieses wundervollen Werkes nicht zur Voraussetzung machen). Was wir auch ohne humanistische Ausbildung sehen, ist, daß die Betätigung all dieser lateinischen Muskeln eine offenbare Auswirkung auf unsere Wahrnehmung und unser Empfinden haben.

Verhalten

Rückkopplungstheorie * Distanzierungstheorie * Verschiebung

Umgekehrt sagt *Scherer*: „Emotionen entstehen auch in der Vorbereitungsphase, der Durchführung und beim Abschluß einer motivierten Handlung." – Versuchen Sie nicht, oder versuchen Sie es doch ruhig einmal, dieses sprachliche Geflecht von Emotion und Motiv zu entflechten; mir gelang es nicht!.

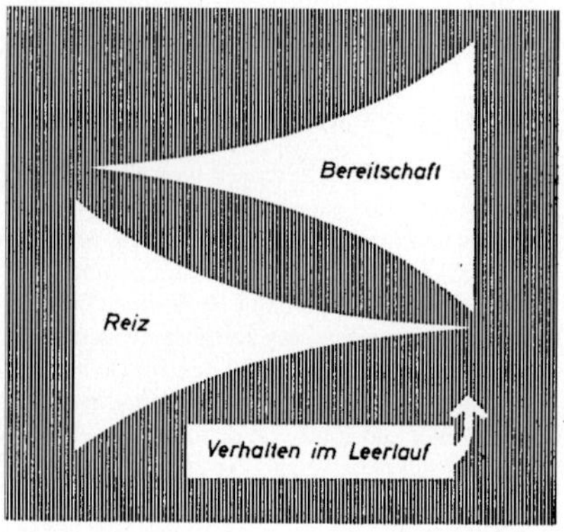

Diese Funktion wird auch, witzigerweise, die *motivationale Komponente der Emotionen* genannt. Im ersten Prüfschritt der Neuheit der Situation kann es ab einem gewissen Grad zu einer *Orientierungsreaktion* kommen. Je nach Angenehmheit neigen wir dann ggf. zu Annäherung oder Flucht und Vermeidung. Bei hoher Relevanz und Dringlichkeit kann sich die *Streßreaktion* zur Energiemobilisierung einstellen, oder bei der Einschätzung geringer Bewältigungsfähigkeit: *Hoffnungslosigkeit und Depressivität.*

Das Zusammenspiel von innerer Disposition, Motivation, Triebdruck, Bereitschaft und äußerer Stimulation, Auslösung, Reizung gibt *Hassenstein* in nebenstehendem Diagramm wider. Das Verhalten kann gleichermaßen auf einen starken *Reiz* zurückgehen wie auf eine ausgeprägte innere *Bereitschaft*; im Normalfall ist es eine Mischung aus beiden Faktoren in unterschiedlichen Mischungsverhältnissen. Wie allerdings aus meinem Emotionsmodell ersichtlich wird, sind zwischen diese Faktoren Reiz und Bereitschaft auf der einen Seite und dem Verhalten auf der anderen noch eine Reihe anderer Variablen geschaltet: die *Verstärkerstrecke*, die *Äußerungsdisposition* sowie die *aktuelle Äußerungsbereitschaft*. Erst daraus resultiert das gezeigte emotionale Verhalten.

Über diese allgemeinen Verhaltensdispositionen hinaus regt jede spezifische Emotion in ihrer jeweiligen Ausprägung ganz *emotionsspezifische Verhaltenstendenzen und –muster* an, die ausgeprochen komplex sein können. Insbesondere sexuelles und aggressives Taktieren nimmt schon bei Tieren eine geradezu erstaunliche und bisweilen bezaubernde Vielfalt an, die weit über den relativ starren Ablauf einer Instinktreaktion hinausgeht. Unsere Emotionen motivieren uns also zu bestimmten Verhaltensweisen – nicht so zwingend wie Instinkte, aber bisweilen schon ganz schön fordernd (bei genauerer Betrachtung!). Mit dieser *Handlungsaufforderung* regeln die Gefühle letztlich unsere Beziehungen zur Umwelt – und zwar in einem solchen Ausmaß, daß man sagen kann:

Die wichtigsten Lebensvorgänge werden völlig hinreichend von Emotionen geregelt, wie ein Blick ins außerhumane Tierreich uns lehrt: Ernährung incl. Nahrungsbeschaffung & –bewertung (Geschmack), Aufzucht der Nachkommen incl. ihrer Zeugung(!), Gesundheitspflege & –vorsorge (Gesundheitswesen), sozialer Umgang mit Artgenossen (Sozialwesen), Arbeitsteilung (Wirtschaft) und Werkzeuggebrauch (Technik), Verteidigung (Militärwesen) u.v.m.

„Der Gefühlsapparat ist also eine Art präliminarer Vernunft... Lange vor der Entwicklung der berechnenden symbolischen Intelligenz lehrten sie uns, uns richtig zu verhalten. Es wäre keinerlei Verlaß darauf, daß wir auch durch die mühsamste Gedankenanstrengung zu ähnlich bewährungstüchtigen Urteilen kämen. Ohne das Erlebnis von Lust und Unlust wären wir geistig tot; ohne das in den einzelnen Grundgefühlen aufbewahrte Wissen, was uns welche und wieviel Lust und Unlust verursachen sollte, wie aktiv wir handeln müssen, worauf sich die Handlung zu richten hat, wären wir lebensunfähig. Es ist kein menschliches Leben vorstellbar ohne die Intelligenz unserer Gefühle" *(Zimmer)*.

Diesem brillanten, entschiedenen, klaren und längst überfälligen Plädoyer für eine Achtung vor und Vertrauen auf unser(em) Gefühlsleben kann ich nichts mehr hinzufügen!

„Es ist ganz und gar falsch, die Gefühle in der gefühlsfeindlichen abendländischen Tradition als Störungen zu sehen, als unberechenbare Verwirrungen, die in unser sonst vernünftiges Leben einbrechen und es aus der Bahn werfen". Richtig ist demgegenüber, „... daß Emotionen insgesamt das Verhalten nicht desorganisieren, sondern sinnvoll organisieren" *(Zimmer)*.

Rückkopplungstheorie

In der Psychologie brennt seit Jahrzehnten ein Kampf zwischen den Emotionalen, die für einen angemessenen Gefühlsausdruck plädieren *(Katharsis–Hypothese)*, und den Reinsteigerern, die in erdrückender Mehrheit (und anscheinend kaum noch zu bremsen) sind und die eigenartige, befremdliche Auffassung vertreten, daß ein Ausdrücken von Emotionen (Juchzen, Stöhnen – vor Lust oder Schmerz, Brüllen, Weinen, Klagen, Genieren, Ängstigen, Lachen und Ruhen) just das zugrundeliegende Gefühl weiter verstärkt. Bei der Freude hätten wir ja gar nichts dagegen, aber für dieses Gefühl wird die abstruse Auffassung leider weniger geltend gemacht (das wäre ja schön: wir hätten das Schlaraffenland auf Erden schon) – eher für angeblich negative Gefühle wie Wut und Ärger, Angst, Trauer, Scham und Schuldgefühl (daß diese Gefühle negativ seien, reden uns nicht zufällig auch gerade dieselben Leute ein). Diese Sichtweise hat auch einen Namen, der Gedanken an das *Perpetuum mobile* aufkommen läßt: *Rückkopplungstheorie* (Emotion – Ausdruck – Emotionsverstärkung – Ausdrucksverstärkung – usw. usf.). Da hatten sie festgestellt, daß, wenn man (unterdrückte, der Verf.) Gefühle ausdrücken darf und ausdrückt, dann bisweilen noch ein bißchen mehr Ausdruck kommt. Und aus dieser recht trivialen Erkenntnis konstruierten sie ihren energiefreien, rückgekoppelten Gefühlsausdrucksmechanismus – der nur leider nirgendwo funktioniert und funktionieren kann. Es scheint so, daß aus ganz persönlichen, wissenschaftsfremden Motiven heraus die einzelnen Forscher innerhalb weniger Seiten ihrer wissenschaftlichen Abhandlungen vergessen, was sie ein paar Seiten vorher postuliert und beschrieben haben: die zentrale kommunikative und verhaltensanregende Funktion von Emotionen, für welche psychische (Aufmerksamkeitslenkung und Konzentrationssteigerung) und physische Energien (Erhöhung von Puls und Blutdruck, Blutzucker– und Cholesterinspiegel u.v.m.) mobilisiert und verfügbar gemacht werden. Was soll mit diesen geschehen, wenn der emotionale Ausdruck und die emotionale Reaktion permanent unterdrückt werden? Daß diese Energiemobilisierung vielleicht noch zunimmt, wenn die Emotion dann bis zu ihrem Ausdruck und ins Verhalten vorgedrungen ist (Rückkopplungstheorie), das darf mit Sicherheit angenommen werden – aber was heißt das schon? Doch wohl nicht, daß wir das Kind mit dem Bade ausschütten und den gesamten Emotionsausdruck ungestraft permanent unterdrücken dürften! Unsere somatischen, psychosomatischen und psychischen Zivilisationskrankheiten sprechen eine deutliche Sprache, was dabei passiert!

„Die ausdruckstypischen autonomen Reaktionen erhält man auch, wenn man Personen aufträgt, vor einem Spiegel die Gesichtsmuskeln so zu kontrahieren, daß ein bestimmter Ausdruck daraus resultiert. Ekman und Mitarbeiter meinen, das würde beweisen, daß man sich durch den motorischen Vollzug in die Stimmung versetzt. Da die Versuchspersonen allerdings sahen, was sie ausdrückten, und wir ja wissen, wie stark z.B. ein wahrgenommenes Lächeln wirkt, können wir die Versuche nicht als Nachweis akzeptieren. Die Vermutung, daß man sich über ein Verhalten auch in Stimmung versetzen kann, besteht seit langem, Friedrich Nietzsche meinte, man müsse, um die Gefühle eines anderen zu verstehen, die körperlichen Bewegungen nachmachen, in denen sich die Gefühle manifestieren. Aufgrund der Verknüpfung von Bewegung und Empfindung würde sich dann ein ähnliches Gefühl einstellen, und man kann an sich selbst wohl beobachten, daß man beim Aufsetzen eines freundlichen Ausdrucks auch freundlich gestimmt wird. Ob das jedoch über die Rückmeldung von den Muskeln erfolgt, können wir noch nicht entscheiden" *(Eibl– Eibesfeldt)*.

Distanzierungstheorie

Nach der *Distanzierungstheorie* von *Scheff* (und jeder mag sie an sich selbst überprüfen!) gibt es für jede, auch die sog. negativen Emotionen Scham, Wut, Trauer und Angst einen *Intensitätsbereich*, in dem sie als durchaus belebend und angenehm erlebt werden – vorausgesetzt, es findet eine kathartische Ausdrucksreaktion statt, welche die mobilisierten Energien über Muskelbewegungen sowie Lungen– und Kreislaufaktivitäten, für die sie ja auch gedacht sind, ableitet: Mimik, Gestik & Motorik (mit dieser einfachen, humanethologisch und physiologisch begründbaren Einsicht läßt sich übrigens auch die gesamte irre, seit Jahrzehnten in der Psychologie brennende, erlöschende und wieder auflodernde *Katharsis–Diskussion* zur menschlichen Aggressivität entscheiden: die Katharsis ist tot – es lebe die Katharsis).

„Unsere eigene Sprache scheint in dieser Hinsicht unzulänglich, da die Substantive, die wir zur Bezeichnung von Gefühlen benutzen, uns dazu bringen, eher an Zustände als an Prozesse zu denken. Wir besitzen keine angemessenen Begriffe, um zwischen den Gefühlen Trauer, Angst, Beschämung und Zorn und ihrer Abfuhr differenzieren zu können. Vielleicht ist eine neue Gruppe von Begriffen nötig, die nur aus Verben besteht: trauern, fürchten, sich schämen, zürnen für die Spannungsseite dieser Gefühle, und enttrauern, entfürchten, sich entschämen, entzürnen für die Abfuhrseite" *(Scheff)*.

Die Probleme, die bei den zum Themenkreis der Aggressionskatharsis angestellten Untersuchungen aufgetaucht sind, gelten in ähnlicher Weise auch für die Betrachtung anderer Emotionen. Ein wichtiger – von *Scheff* hervorgehobener und experimentell oft nicht hinreichend realisierter – Aspekt liegt in der deutlichen Unterscheidung zwischen dem emotionsauslösenden Stimulus, dem Aufbau der emotionalen Spannung und ihrer Entladung.

Nun besteht, wie bis hierher schon deutlich geworden sein sollte, kein einfacher direkter Zusammenhang zwischen Emotionserregung oder –auslösung und kathartischem Prozeß. Wir kommen an dieser Stelle zur eigentlichen *Distanzierungstheorie* von *Scheff*, die Annahmen über die Bedingungen aufstellt, unter denen die Auslösung von Gefühlen eine befreiende, kathartische Wirkung haben kann. *Scheff* entwickelte sie in Anlehnung an seine Erfahrungen mit der *Reevaluationstherapie* und Vorstellungen aus der Dramenkritik (sehr interessant sind in diesem Zusammenhang seine Überlegungen zu kathartischen Prozessen im Ritual, in der Massenunterhaltung und im Drama). Die Bedeutung der Begriffe *Unterdistanzierung, ästhetische Distanz und Überdistanzierung* läßt sich gut an ihrer Verwendung in der *Dramenkritik* verdeutlichen: "In der Dramenkritik wird ein Drama für unterdistanziert erachtet, wenn es rohe Gefühle im Publikum erweckt bis zu dem Punkt, daß sie vergessen, wo sie sind. Sie reagieren, als wären sie Teilnehmer statt Zuschauer des Dramas. Solche Erlebnisse erhöhen die Stärke der Spannung im Publikum, anstatt sie zu vermindern. Im überdistanzierten Drama bleibt das Publikum unbewegt. Die Zuschauer sind lediglich Beobachter der dramatischen Aktion, ohne jegliche Anteilnahme. Bei ästhetischer Distanz werden die Zuschauer in das Drama emotional einbezogen, aber nicht so weit, daß sie vergessen, daß sie auch Beobachter sind. Ästhetische Distanz könnte definiert werden als die simultane und gleichstarke Erfahrung, sowohl Teilnehmer wie auch Beobachter zu sein" *(Scheff)*.

Das Konzept der Distanzierung läßt sich gleichermaßen auf die emotionsauslösenden Stimuli wie auf die gefühlsmäßige Reaktion selbst anwenden; der Grad der Distanzierung ist immer im Verhältnis zu den Vorbedingungen im jeweils betroffenen Individuum zu sehen. Zur Veranschaulichung ein *Kinobesuch*, der Spielfilm als emotionsauslösendes Stimulusmaterial:

Die Story dreht sich um ein Geschwisterpaar, deren Mutter früh gestorben ist. Ihr Vater, ein eher schwacher, aggressionsgehemmter, wenig durchsetzungsfähiger Mann, heiratet eine egozentrische, dominante Frau, die beide Kinder nicht mag. Zudem fürchtet sie, daß die Kinder sie ablehnen und ihre Beziehung zum Vater gefährden. Die Situation spitzt sich zu, als die Familie in eine finanzielle Notlage gerät, schließlich werden die Kinder aus ihrem Elternhaus in eine ungewisse Zukunft verstoßen.

„In der Reevaluationstherapie wird die Bedingung für die Entladung die ‹Balance der Aufmerksamkeit› genannt. Die Aufmerksamkeit ist gleichmäßig zwischen dem Schmerz auf der einen Seite, der normalerweise mit vergangenen Ereignissen verbunden ist, und der Erkenntnis auf der anderen Seite, sich tatsächlich in Sicherheit und in der Gegenwart zu befinden, verteilt›. Ist die Balance der Aufmerksamkeit erreicht, so ist der Klient sowohl Teilnehmer wie auch Beobachter seines eigenen Leidens. Unter diesen Umständen ist die verdrängte Emotion nicht mehr zu überwältigend, um ertragen werden zu können: sie wird dem Klienten bewußt genug, um sie zu fühlen und entladen zu können" *(Scheff)*.

Diese rudimentäre Inhaltsangabe wird nun wohl kaum bei irgendeinem Leser irgendwelche anderen Gefühle als etwas Interesse auslösen (hoffentlich wenigstens das!). Im Film können nun durch die konkrete Ausgestaltung dieses Gerüsts, sowohl die inhaltliche Seite als auch formelle Aspekte betreffend, völlig unterschiedliche Grade an Distanzierung erreicht werden. Eine wichtiger inhaltlicher Aspekt ist z.B., wie geht die ganze Geschichte für die Protagonisten aus, können sie die Situation bewältigen oder gehen sie unter (Happy–End?)? Wo spielt das ganze Szenario: in Dallas, im Märchenland, im Mittelalter oder 1990 in Kirchhain? Kann sich der Zuschauer mit dem Geschwisterpaar identifizieren, mit dem Vater, seiner Frau oder mit keinem von diesen? Wird die Geschichte als Tragödie oder als Komödie verpackt? Verschiedene formale Aspekte wie Kameraführung, Bildeinstellungen, Schnitte, Tempo, musikalische Untermalung, die verwendete Sprache, Art der Darstellung durch die Schauspieler usw. usf. nehmen Einfluß darauf, wie distanziert der Betrachter das Geschehen erlebt oder wie sehr er darin versinkt. Thema und Gestaltung können unterdistanzierte, überdistanzierte oder ästhetisch distanzierte Stimulusbedingungen herstellen: Trauer über die Trennung, Wut auf, Mitleid mit oder Zuneigung zu einzelnen dargestellten Charakteren kann in unterschiedlichem Ausmaß erlebt werden, oder aber Gleichgültigkeit gegenüber dem ganzen Geschehen kann vorherrschen.

Diese verschiedenen Stimulusfaktoren wirken aber natürlich nicht auf alle Betrachter in gleicher Weise. Zunächst sind die unterschiedlichen Vorausetzungen der verschiedenen Kinobesucher zu beachten; man könnte hier von einer intervenierenden Variablen sprechen. Welchen Bezug haben etwa die Ereignisse zur eigenen Geschichte des Kinobesuchers, werden Erfahrungen berührt, die ihm sehr naheliegen, für die er gewissermaßen sensibilisiert ist, oder sind ihm die dargestellten Situationen und Ereignisse eher fremd?

Hinzu kommt nun noch der Aspekt der Distanzierung, bezogen auf das erlebte Gefühl. Von Unterdistanzierung wäre etwa da zu sprechen, wo das ausgelöste Gefühl ein solches Ausmaß erreicht, daß Film und Realität für den Betrachter kaum noch zu trennen sind, er von einer Flut von Emotionen geradezu überwältigt wird, so daß er unter Umständen gar nicht in der Lage ist, sich den Film bis zum Ende anzuschauen – oder aber hinterher wie aufgeladen das Kino verläßt, voller Wut im Bauch oder tieftraurig. Der überdistanzierte Betrachter hingegen würde kaum ein Gefühl verspüren, er würde vielleicht die vorzügliche Kameratechnik kommentieren oder feststellen, daß dieser Film im Vergleich zum letzten *Chabrol* doch erheblich abfalle. Bei ästhetischer Distanzierung würden die angeregten Gefühle erlebt, aber auch wieder abgebaut werden. Hierbei sollten *kathartische Prozesse* wie *Schwitzen, Weinen, Zittern, Lachen* eine wesentliche Rolle spielen.

Dabei ist zu betonen, daß es sich bei einem Film ja nicht um einen einzigen Stimulus handelt, sondern um eine ganze Folge, mit der ein dynamischer emotionaler Prozeß von Anregung, Erleben und Abflauen korrespondiert. Jedem bekannt dürfte auch die Möglichkeit sein, den Grad der Distanzierung zu den im Film dargebotenen Emotionsstimuli als Betrachter zu variieren: Wenn's gar zu spannend wird, kann mit dem Nachbarn getuschelt (den das überhaupt nicht begeistert, wenn sich für ihn gerade der wohlige Schauer über den Rücken auszubreiten beginnt) oder in der Popcornschachtel gewühlt werden; als letzter Ausweg: Augen zu, Hände oder Programmheftchen vors Gesicht.

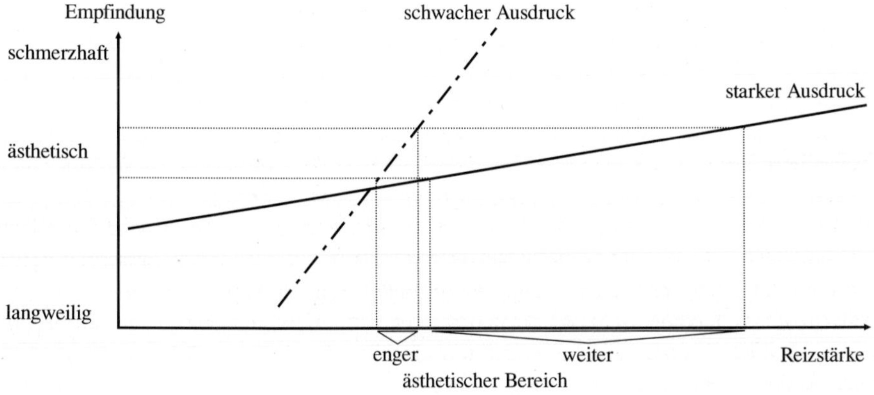

„Bei ästhetischer Distanz besteht ein Gleichgewicht von Denken und Fühlen. Es besteht eine tiefe emotionale Resonanz, aber auch ein Gefühl der Kontrolle. Wird ein verdrängtes Gefühl wie Trauer bei ästhetischer Distanz neu stimuliert, wird das darauffolgende Weinen nicht unangenehm sein: es laugt weder aus, noch erschöpft es. Die Person fühlt sich erfrischt, wenn es vorbei ist. Das gleiche gilt für Furcht, Zorn und Verlegenheit" *(Scheff)*.

Der *ästhetische*, als angenehm erlebte *Intensitätsbereich* hängt also von einer Reihe von Faktoren ab: der Stärke der Reize, der inneren Beteiligung und Betroffenheit sowie der Stärke der kathartischen Abreaktion – je stärker diese ist, desto geringer darf meine ästhetische Distanz zum emotionalen Geschehen sein.

Ist eine solche emotionsbezogene Reaktion kaum möglich, so vertrage ich vielleicht gerade noch einen Film ab 12 J. (FSK), um richtig schön weinen zu können, wütend zu werden, Angst zu haben, und gerade noch die letzten Bilder der Fährschiffkatastrophe aus Norwegen in der Tagesschau, um einen angenehmen Schauer verlegener Betroffenheit zu empfinden. Möchte ich allerdings schon vor Scham im Erdboden versinken, glühe ich schon vor Wut, bin ich bereits todtraurig oder sterbe vor Angst, so hat mich das Geschehen so tief berührt, daß die ästhetische Distanz unterschritten ist und die Empfindungen eine aversiv–deprimierende Qualität annehmen.

Zusammenhang verschiedener emotionaler Zustände und Distanzierungsgrade *(Scheff)*

Emotion	*Unterdistanziert*	*Ästhetische Distanz*	*Überdistanziert*
Trauer	Traurigkeit, mit oder ohne Tränen, Kopfschmerzen, verstopfte Nase, geschwollene Augen, Gefühl der Hoffnungs–losigkeit	Tränenausbruch	Gefühllosigkeit und/oder Verwirrung in einer Verlustsituation
Angst	Blasses Gesicht, kalte Hände und Füße, schnelle und flache Atmung, schneller Herzschlag, Gefühl der Angst und Lähmung	Zittern und kalter Schweißausbruch	Gefühllosigkeit und/oder Verwirrung in Gefahrensituationen
Beschämung	Erröten, Lähmung, Senken oder Bedecken der Augen und des Gesichts	Spontanes Lachen	Gefühllosigkeit und/oder Verwirrung in beschämenden Situationen
Zorn	Kräftiges Bewegen oder Reden, ständige Wiederholung	heiße Schweißausbrüche oder spontanes Lachen	Gefühllosigkeit und/oder Verwirrung in frustrierenden Situationen
alle obigen Gefühle			
Bei Abreaktion oder Streß	Schmerz, Gefühl, die Kontrolle zu verlieren, Spannung	Kein unangenehmes Gefühl, Gefühl der Kontrolle, Lockerung	Kein Gefühl, Gefühl der Kontrolle, Spannung
Nach Abreaktion oder Streß	Erschöpfung, Verwirrung im Denken, Rückzug	Heiterkeit, Klarheit im Denken, nach außen gehend	Spannung, Klarheit im Denken, nach außen gerichtet

Verschiebung

„Analog zu unseren privaten ‹Gefühlsregeln› stellen immer häufiger auch Arbeitgeber Regeln auf, nach denen ihre Angestellten fühlen und handeln sollen. Durch die Gefühlsarbeit der Angestellten sollen Kunden gewonnen und an die Firma gebunden werden. Verkauft wird dem Kunden also nicht nur eine Leistung der Firma, sondern verkauft werden ihm auch die Gefühle ihrer Mitarbeiter“ *(Nuber)*.

Die *zeitliche Verschiebung* des Ausdrucks von Emotionen wird in unserer Gesellschaft permanent propagiert. Es sind in der Öffentlichkeit oder auch im intimeren privaten Bereich fast keine spontanen vitalen emotionalen Reaktionen (Bitten & Betteln, Brüllen, Juchzen, Weinen...) mehr zu beobachten, allenfalls perverse – die dafür um so mehr (beleidigt umherlaufen, scheißfreundlich grinsen und reden, cool sich freuen oder Trauer hinnehmen...).

Grundsätzlich besteht in der *Arbeitswelt* für jeden Arbeitnehmer die Anforderung, sein Gefühlsleben dergestalt zu kontrollieren, daß es seine Arbeitsleistung nicht beeinträchtigt. Bei Tätigkeiten, die mit keinem Kundenkontakt verbunden sind, interessieren der Emotionsausdruck und die emotionale Balance des Arbeitnehmers erst dann, wenn Probleme auftreten; die Vorzüge, die eine Gestaltung von Arbeitsplatz und Arbeitsorganisation entsprechend den emotionalen Bedürfnissen der Arbeitnehmer hätte, werden nur in geringem Umfang beachtet. Weitergehend sind die Anforderungen an den Arbeitnehmer, der im ständigen Kundenkontakt steht; dies gilt gleichermaßen für Verkäuferinnen, Stewardessen, Vertreter oder Manager. Sie alle sollten nicht nur unerwünschte Emotionen verbergen, sondern auch erwünschte zeigen. Um dieses Ziel zu erreichen, werden in manchen Fällen spezielle Verkäuferschulungen und Managementtrainings durchgeführt. Für den entsprechend Trainierten kann es zu einer starken Diskrepanz zwischen tatsächlich empfundener und gezeigter Emotion kommen, was als sehr belastend erlebt werden kann. Eine Möglichkeit, dies abzubauen, ist die Erzeugung interner Emotionsstimuli, etwa die bewußte Vorstellung von oder Erinnerung an Szenen emotionalen Inhalts, die schon als ein Aspekt der kognitiven Beeinflussung angesprochen wurde.

„Um diese Überforderung in den Griff zu bekommen, um die ‹emotionale Dissonanz› – wie die Soziologin Arlie Russel Hochschild diesen Zustand in Anlehnung an den Begriff der ‹kognitiven Dissonanz› von Festinger nennt – aufzulösen, versucht der Arbeitnehmer bald, sein (verlangtes) Fühlen und sein (eigenes) Wollen in Übereinstimmung zu bringen: Er verändert seine eigenen Gefühle den Anforderungen gemäß... Der russische Regisseur Constantin Stanislawski nennt das *emotion memory*. Er verlangt von seinen Schauspielern, daß sie ihre Rollen wirklich leben. Sie sollen sich mit Hilfe derartiger Vorstellungen so in die Rolle hineinversetzen, daß sie die Gefühle, die sie darstellen sollen, auch wirklich haben" *(Nuber)*.

Das Phänomen einer *objektbezogenen Verschiebung* ist unter *Ersatzbefriedigung* von emotionalen, triebhaften Bedürfnissen an mehr oder weniger (un)geeigneten Ersatzobjekten bekannt, wenn die originalen Befriedigungsquellen oder –objekte nicht greifbar sind. Das ist bei sexuellen Wünschen praktizierbar („Appetit holt man sich draußen, gegessen wird zu Hause" oder Perversionen wie Fetischismus), bei aggressiven Tendenzen (der vielzitierte Ärger an der Arbeit wird an der arglosen, lieben Ehefrau abreagiert – wie scheußlich!), bei Mitleid– und Trauerreaktionen (Spenden–(un)wesen), bei Schuldgefühlen usw. usf. Der Biologe nennt dies auch *umorientiertes Verhalten*.

„Läuft ein Nashorn auf einen Gegner zu, der sich beim Näherkommen als zu gefährlich erweist, so kann es im Angriff innehalten und stehenbleiben; oft bearbeitet es dann mit seinem Horn anstelle des Gegners einen Termitenbau oder einen Strauch. Bei manchen Säugetieren, vornehmlich bei Affen, löst der Konflikt zwischen Angriffs– und Fluchttendenz – subjektiv: zwischen Wut und Angst – vielfach sexuelle Erregung aus, zumindest bei männlichen Tieren, an denen man dies äußerlich leicht erkennen kann (Erektion)" *(Hassenstein)*.

> Die *psychobiologische Regel* lautet: Je höher die innere Antriebsstärke, desto eher neigen Lebewesen dazu, mit Ersatzreizen (–objekten) und Ersatzbefriedigungen vorliebzunehmen, wenn ihnen die natürliche adäquate Befriedigung untolerierbar lange versagt bleibt.

Der Ausdruck Ersatz (–Objekt, –Befriedigung, –Reiz) ist insofern etwas irreführend, als es sich hier um Reize handelt, die auf einem Kontinuum dem originalen oder besser: optimalen Befriedigungsobjekt mehr oder minder ähnlich sind – also nicht einfach Ersatz. „Ein stark aktivierter Trieb täuscht über etwaige Mängel der Reizsituation hinweg" *(Hassenstein)* – schön formuliert! Das kann so weit gehen, daß wir uns dann schon mal *selbst einen runterholen* (biologisch gesprochen: Ersatzbefriedigung am eigenen Körper: Retrojektion). Im Extremfall eines starken Antriebs und einer extrem unbefriedigenden Umweltsituation kann das Verhalten dann sogar im Leerlauf, d.h. ohne jegliche äußere Stimulierung ablaufen (nächtlicher Samenerguß nach längerer Enthaltsamkeit, aggressiver Ausbruch oder spontanes Weinen ohne erkennbaren Anlaß usw. usf.). Eine weitere Möglichkeit besteht im Extrem: Es kann zu einer sog. *Übersprunghandlung* kommen, die mit der ursprünglichen emotionalen Situation überhaupt nichts mehr zu tun hat. Aus dem Tierreich ist das Phänomen wohlbekannt.

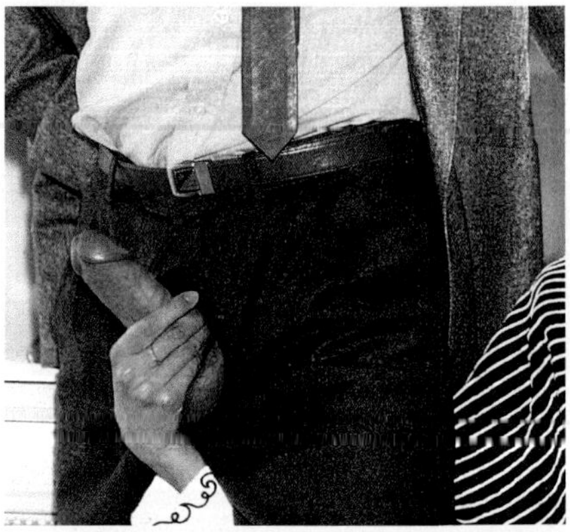

Beim Menschen muten manche *Zwangsverhaltensweisen* bisweilen als Übersprunghandlungen an. Auch bei *ehelichen Streits* kommt es häufig zu scheinbar völlig unmotivierten Verhaltensweisen, die wohl ebenfalls dem Wut–Angst–Dilemma entspringen.

Störungen

Kultur * Unterdrückung * Angst & Gefühlsverarmung * Die physischen Konsequenzen * Streß * Gefühl & Verstand * Dominanz * Betäubung & Pervertierung * Klinische Störungsbilder

Vor kurzem las ich in einer Buchrezension der PSYCHOLOGIE HEUTE folgende Kurzcharakteristik der modernen Kleinfamilie: „Die Frau ist depressiv, der Mann bekommt einen Herzinfarkt".
In *Zichowskis* Buch „Krankheitsrezept" schlägt der Autor vor, eine hohe Mauer um die Bundesrepublik zu ziehen und am Eingang ein Schild anzubringen:

PSYCHIATRISCHES
KRANKENHAUS
BUNDESREPUBLIK

Frau *Ullmann* analysiert in der Zeitschrift NATUR Statistiken über *Lebenserwartung* und Krankenstand in unserem Land und kommt zu dem Ergebnis: „... der ganze medizinisch–wissenschaftliche Fortschritt seit 1950 brachte den 40jährigen Männern einen Zuwachs an Lebenserwartung von 0,9 Jahren. Den Großteil davon werden sie mit hoher Wahrscheinlichkeit im Krankenhaus verbringen." Plakativ wird dortselbst *Kütschau* zitiert: „Wir leben heute nicht länger, wir sind nur länger krank." Unter der etwas entglittenen Überschrift „Jeder 4. Gesunde ist psychisch krank", lese ich in einer Untersuchung des *Zentralinstituts für seelische Gesundheit* in Mannheim an 600 erwachsenen Einheimischen im Alter von 25 bis 45 Jahren, daß 26% dieser Gesunden Kranke sind: psychisch Kranke. *Schepank* fand bei 7% Neurosen, Depressionen und Angsterkrankungen, bei 5% Persönlichkeitsstörungen (was immer das ist), „zu denen auch grobe Verhaltens–, Partner– und Arbeitsschwierigkeiten gehörten" (ach so, so ist das), 1,33% waren Alkoholiker.

Wen verwundert es bei dieser Sachlage, daß sich ernstzunehmende Biologen, Anthropologen, Journalisten & Denker nicht mehr so recht zu einem gänzlich undepressiven *Kulturoptimismus* durchringen können. „So muß... festgestellt werden, daß der Mensch in unserer immer schwierigeren Umwelt zu den bedrohten Arten gehört" *(Ullmann)*.

„Es kommt selten vor, daß ein Psychotherapeut Personen befragt, die die Vorgänge in ihrem Unbewußten rekonstruiert haben wollen, die danach streben, sich selbst zu verwirklichen, die lernen möchten, ihre irrationalen Selbstgespräche durch rationale Feststellungen zu ersetzen...

Normalerweise suchen Klienten einen Therapeuten auf, weil es ihnen ‹schlecht geht›. Sie fühlen sich ängstlich, deprimiert, demoralisiert, angespannt, unsicher, sonderbar, unzufrieden, verwirrt" *(Woolfolk)*.

Tatsache ist, daß parallel zu diesen destruktiven Entwicklungen ein *Zeitalter des Superrationalismus* mit einer geradezu perversen *Unterdrückung vitaler Gefühle, Emotionen, Triebe und Instinkte* über uns hereingebrochen ist respektive wir heraufbeschworen haben und noch weiter tun. Die eklatantesten *Folgen* dieser Entwicklung sind: eine wahnsinnige Verarmung und Verödung von Sozialkontakten, ein grenzenloses Schlucken von Wut, eine panische Verdrängung von Trauer und Tod, eine autistische Unfähigkeit zur Freude, eine ungeheure sexuelle Beklommenheit und Pervertierung (im Gegensatz zu dem landläufigen Irrtum der eingebildeten sexuellen Revolution!), eine verbissene Angst vor Schuldgefühlen bei gleichzeitig maximaler Schuldlast, eine demokratisch–egalitär–pluralistisch–kommunistische Ablehnung, Ignorierung und Diffamierung von sozialen Rangordnungen, eine ohnmächtige Verstrickung in negierte Eifersucht, eine perfekte Verdrängung von Ängsten mit der daraus resultierenden exzessiven Besetzung durch sie und und und. Das *Ergebnis* dieser Entwicklung ist eine *panische Angst* vor einer vermeintlichen Überflutung des Seelenlebens durch all diese verbannten Emotionen und eine permanente Besetzung durch ihre pervertierten Abkömmlinge.

Im Unterschied zur *kognitiven Wende* steht die *emotionale Wende* in der wissenschaftlich orientierten Psychologie und Psychotherapie noch aus. Allerdings gibt es bereits

Anzeichen aus psychologischer Grundlagenforschung wie aus Publikationen des verhaltenstherapeutisch orientierten Lagers (welches sich eigentlich von seinen Uranfängen an mehr um die archaische Konditionierungsseite der Emotionen bemüht hat als um die Kognitionen – ich weiß gar nicht, wie es zu dieser kognitiven Verirrung kam), daß sich eine entsprechende Entwicklung anbahnt.

Deftig und kräftig formuliert es *Zimmer*, der die historische Entwicklung der Psychologie vom naiven Behaviorismus bis hin zu ihrer nicht minder naiven Krönung, der Kognitiven Psychologie & Therapie, von außen betrachtet (und vielleicht von daher weniger Schwierigkeiten hat, den Wald und nicht nur die Bäume zu sehen): „Ihr Schwergewicht lag bisher auf dem Denken und der ungeheuren nichtbewußten Vorarbeit, die das Gehirn dafür leistet. Gefühle interessierten sie kaum. Wo sie sich mit Gefühlen befaßte, brachte sie allerdings äußerst fragwürdige Theorien hervor..., die wieder aus der Welt zu schaffen sie jedesmal Jahre gekostet hat."

„Es ist allseits bekannt, daß Emotionen in zahllosen Bereichen der individuellen Erfahrung und zwischenmenschlichen Beziehungen äußerst wichtig sind... Trotz dieser Bedeutung hat die Wissenschaft Emotionen in der Regel vernachlässigt und hat uns wenig dabei geholfen, sie zu begreifen, zu kontrollieren oder zu benutzen" *(Izard)*.

Kultur

Nicht nur unser Blinddarm, unser kleiner Zeh und demnächst unser ganzer Bewegungsapparat, Kreislaufsystem und Magen–Darm–Trakt sind dieser von uns selbst geschaffenen Kultur der letzten 5.000 Jahre nicht mehr so ganz angepaßt – auch unser Emotionssystem hat mit diesem *Zivilisationssystem* seine Maleste. Weder kommt unsere Aggressivität, so wie sie aufgebaut und geregelt ist, mit Waffen zurecht (*Lorenz*: „Das sogenannte Böse") noch unsere Sexualität mit Geburtenregelung, Foto– & Kinematographie, unsere Motorik und gesunde menschliche Faulheit mit Autos, unser Nahrungstrieb und Geschmackssinn mit Getreidemühlen und Big Mac's, unser soziales Bindungsgefühl mit Fernsehern, verschlossenen Haustüren, Klingeln & Wechselsprechanlagen, Telefonen, Waschmaschinen, Einbauküchen, Herden & Backöfen, unser Familiensinn mit unserem Renten– & Pensionssystem (und der gepriesenen Achtung vor dem Alter), unser ästhetisches Bedürfnis mit unserer kostspieligen Schöner–Wohnen–&–Kleider–Kultur, unsere Schuldgefühle mit dem goldenen Kalb Vernunft – um nur 8 von 1.072 brisanten und 4.628 immerhin noch lästigen Emotionsentgleisungen, –querelen, –kollisionen mit und –defiziten gegenüber unserer Umwelt zu nennen. Einige davon können sich für die Spezies des homo sapiens sapiens als tödlich erweisen.

„Wir beginnen auch zu begreifen, daß das viele menschliche Unglück heute damit zusammenhängen könnte, wie sehr unsere gegenwärtige Lebensweise tiefsitzenden Anpassungen teilweise zuwiderläuft" *(Zimmer)*.

Jedoch – dem Bestreben, sich eingehender für die Prinzipien und Erfordernisse unseres Emotionssystems zu interessieren, steht die bisher bei der Entwicklung unseres oben erwähnten Superrationalismus dienliche Strategie des *Mehr–desselben* entgegen, die weiterhin suggeriert: noch etwas kühler, noch etwas sachlicher und nur nicht unnötig durch Gefühle verwirren lassen.

Nun ist es in einer bestimmten konkreten Belastungssituation natürlich wünschenswert, über Handlungsmöglichkeiten zu verfügen, die ihrer Bewältigung dienen und zu möglichst positiven Ergebnissen führen; *entscheidend* für die psychische und physische Gesundheit ist jedoch, sich dem angeregten Gefühl entsprechend ausdrücken und verhalten zu können. Man denke hier z.B. an den Tod eines nahestehenden Menschen, wo eine Lösung überhaupt nicht in Frage steht, wohl aber eine emotionale Verarbeitung erforderlich ist.

„Die lebenswichtige Notwendigkeit der Anpassung führt unweigerlich zur Ausbildung bestimmter Verhaltensmuster, deren Zweck idealerweise ein möglichst erfolgreiches und leidensfreies Überleben wäre. Aus Gründen, die den Verhaltensforschern noch recht schleierhaft sind, neigen aber andererseits Tiere wie Menschen dazu, diese jeweils bestmöglichen Anpassungen als die auf ewig einzig möglichen zu betrachten. Das führt zu einer zweifachen Blindheit: erstens dafür, daß im Laufe der Zeit die betreffende Anpassung eben nicht mehr die bestmögliche ist, und zweitens dafür, daß es neben ihr schon immer eine ganze Reihe anderer Lösungen gegeben hat oder zumindest nun gibt. Diese doppelte Blindheit hat zwei Folgen: Erstens macht sie die Patentlösung immer erfolgloser und die Lage immer schwieriger, und zweitens führt der damit steigende Leidensdruck zur scheinbar einzig logischen Schlußfolgerung, nämlich der Überzeugung, noch nicht genug zur Lösung getan zu haben. Man wendet also mehr derselben ‹Lösung› an und erreicht damit genau mehr desselben Elends" *(Watzlawick)*.

Unterdrückung

Wie ausgiebig dargestellt wurde, ist es uns – dem homo sapiens – durch die wunderbare Mitgift der Großhirnrinde in großem Umfang möglich, Einfluß auf unser Gefühls-

„Normalerweise werden jedoch die Techniken, die die Entladung kontrollieren sollen, überkonditioniert – der Junge vergißt anscheinend, wie man weint, das Mädchen, wie es Ärger ausdrücken kann, außer bei extremer Provokation... Je mehr verdrängte Gefühle jemand akkumuliert hat, desto weniger kann er eine Entladung bei anderen tolerieren, da es das eigene Gleichgewicht stört. Eine Mutter, die ihre Trauer verdrängt hat, wird ständig mit dem Weinen ihres Kindes interferieren und so das Kind dazu bringen, wiederum verdrängte Trauer zu akkumulieren. So setzt sich das durch die Generationenfolge fort" *(Scheff)*.

„Was auch geschieht, mag die Erde beben oder die Firma die Kündigung geschickt haben – gelächelt wird auf alle Fälle. Dabei empfindet die Japanerin, deren Mann gerade mit ihrer besten Freundin durchgegangen ist, sicher auch nicht anders als eine Frau hierzulande in der gleichen Situation. Nippons Tochter darf es nur nicht zeigen. Sie würde für immer ihr Gesicht verlieren. Ekman–Studien an der kalifornischen Universität ergaben: Sobald *Japaner* sich allein und unbeobachtet fühlen – was selten genug vorkommt –, erscheint auf ihren Gesichtszügen sofort die empfundene Emotion. Und zwar mit voller Ausdrucksstärke. Daß Japan eine der höchsten Selbstmordraten der Welt hat, führen Wissenschaftler unter anderem auf die totale Unterdrückung des natürlichen Gefühlsausdrucks zurück" (COSMOPOLITAN).

leben zu nehmen. Möglicherweise ist es die Begeisterung über unsere kognitiven Fähigkeiten, ihre Effizienz bei der Erreichung sachorientierter Ziele, die uns dazu verführt hat, sich ohne viel Federlesens über unsere emotionalen Bedürfnisse hinwegzusetzen, sie normgerecht plattzuwalzen oder mit Lebensbedingungen zu konfrontieren, die ihnen nicht gerecht werden. Ein ubiquitäres Phänomen ist hierbei die Hemmung des Ausdrucksaspekts der Emotionen, die bis zum Nicht–mehr–Wahrnehmen der Gefühle führen kann. *Rötzer & Zimmer* differenzieren die *pathogenen Wirkungen* mangelnder Berücksichtigung von Gefühlen in unserem (Er–)Leben auf *drei Ebenen*:

„Auf der *somatischen Ebene* kann die Erregung als belastend erlebt werden (‹Wenn ich eine Rede halten muß, schlägt mir das Herz bis zum Hals!›) und kann Leistungen behindern (‹In der Prüfung fällt mir dann nichts mehr ein›) oder andere positive Emotionen behindern (z.B. Entspannung oder sexuelle Gefühle)... Zudem können Körperreaktionen und inneres Erleben auseinanderfallen (‹Ich bin völlig verspannt, weiß aber nicht, warum›).

Auf der *kognitiven Ebene* finden sich Unsicherheiten in der Wahrnehmung und Benennung der Emotionen (‹Ich ärgere mich eigentlich nie›). Diese Unfähigkeit der Benennung und des Ausdrucks von Gefühlen (Alexithymie) wird mit der Entstehung psychosomatischer Probleme in Verbindung gebracht. Emotionen können der realen Gefährlichkeit einer Situation nicht entsprechen (z.B. Angst vor Fahrstühlen). Oder sie werden von der Person als unangemessen abgelehnt (‹Ich finde es schlimm, daß ich so wütend bin›). Aber auch das Fehlen bestimmter Emotionen kann beklagt werden (‹Meine Frau tut alles für mich, aber ich habe ihr gegenüber keine positiven Gefühle mehr›). Allgemein leiden viele Menschen darunter, Entscheidungen mehr aufgrund vernünftiger, rationaler Überlegungen zu fällen, und erleben dies als innere Leere (‹Ich fühle mich wie eine Maschine›).

Auf der *Verhaltensebene* fehlen vielen Menschen die Kenntnisse, wie sie mit ihren Gefühlen umgehen sollen (‹Was kann ich tun, wenn ich mich über sie ärgere?›)." Das *Grundprinzip* könnte man so umreißen: Werden Emotionen in ihrer ursprünglichen Gestalt nicht empfunden, erlebt und ausgedrückt – also im wahrsten Sinne des Wortes nicht wahrgenommen – so können sie nicht adäquat befriedigt werden, was bis zu einem gewissen Grade toleriert werden muß und kann; bei einer Überforderung dieser Toleranz kommt es dann aber unweigerlich zu seelischen, psychosomatischen und somatischen Störungen, Beschwerden und Krankheiten.

Wo nun aber der *gewisse Grad* liegt, darüber ist der moderne Zivilisationsmensch ausgesprochen verirrt und verwirrt – und mit ihm seine Wissenschaft! Sicherlich liegt die gesunde Grenze nicht bei dem, was wir heute so alles schlucken – entsprechend krank sind die Zivilisationen denn auch! Wo im individuellen Fall die tatsächliche Grenze des – ohne Schaden zu nehmen – Tolerierbaren liegt, ist ausgesprochen schwer zu ergründen, da in dieses Kalkül Teilbefriedigungen (zeitliche und objektmäßige Verschiebungen, Perversionen u.a.m.) und Kompensationen über andere emotionale Befriedigungen einfließen. Das Ganze klingt etwas nach einer psychischen Bilanzierung. Verkompliziert („Es ist immer komplizierter als man denkt") wird es noch dadurch, daß alle Emotionen in einer *komplexen Balance* zueinander stehen, die zwischen *Kartenhaus und Betonburg* alle Stabilitätsgrade besitzen kann.

Als weitere Folge der andauernden Gefühlsunterdrückung/–verdrängung erwähnt *Scheff* eine *Verminderung der Klarheit im Denken und Wahrnehmen*, da das nach Ausdruck drängende und gleichzeitig daran gehinderte Gefühl ständig virulent bleibt und auf Kognitionen und Wahrnehmungsprozesse Einfluß nimmt, mit denen es primär nicht in Beziehung steht. Hinzu kommt „die Behinderung von freundschaftlichen Gefühlen und Kooperation und daher die Isolierung der Individuen voneinander", da einerseits durch den Prozeß der punitiven Sozialisation von Gefühlen die Erfahrung gemacht wur-

de, daß die Mitteilung von aversiven Gefühlen eher weiteres Leiden verursacht, man sie also besser für sich behält (treffend ausgedrückt in einem Pop–Song von *B. McFerrin*: „Cause then your face will wear a frown and that will bring everybody down, so don't worry, be happy"), und andererseits durch die ständige interne Auseinandersetzung mit angeregten Gefühlen und dem Ausdrucksverbot und der –unfähigkeit eine negative Stimmung vorherrscht, die die Kontaktaufahme behindert.

Hassenstein erwähnt in bezug auf unsere tierischen Verwandten *Entgleisungen des Antriebsgeschehens*, die bei nähererer Betrachtung und Interpretation einige unserer Probleme beleuchten:

– *Einengung des Bewegungsspielraums* bei bewegungsbedürftigen Tieren (zu denen wir mit Sicherheit auch zählen!): führt oft zu Stereotypien, die manchen unserer Tics verdammt ähnlich sind. Auch unsere Nervosität, Angstneurosen, psychosomatischen Beschwerden u.v.m. werden hierdurch beeinflußt werden.
– *Aktionen am Ersatzobjekt:* Saugen an den Ohren des Stallgenossen bei nicht gesäugten Kälbern (Ernährung), Suche nach Geborgenheit bei einer Attrappe, wenn keine Mutter vorhanden ist (Geborgenheit der Mutter); ein Stelzvogel greift einen unbeteiligten Vogel an, weil er von einem Stärkeren von seinem Platz vertrieben wurde (Aggressionen), ein in Gefangenschaft lebendes Hyänenmännchen begattet seine Wasserteller (Paarungsverhalten), und ein Bernhardiner zieht ein Kätzchen groß, nachdem seine Welpen gestorben sind (Jungenfürsorge). In diese Kategorie lassen sich u.a. viele sexuelle und aggressive Perversionen und Verschiebungen eingliedern.
– *Ersatzbefriedigungen am eigenen Körper:* Onanieren – ist ja ganz schön, aber man lernt so wenig Leute dabei kennen (Sexualität), Selbstaggressionen – Selbstzerstörungstendenzen – Vernachlässigung der eigenen Person –, sich selbst ins Knie beißen (Aggressivität), eine Ratte, die aus Ermangelung von Nestbaumaterial versucht, sich mit dem eigenen Schwanz ein Nest zu bauen (Nestbauverhalten). Depressionen, Süchte und psychosomatische Störungen mit Selbstzerstörungstendenzen finden sich hier wieder.
– *Versiegen von Bereitschaften & Partnerverlust:* Wird ein Antrieb wochen– oder monatelang durch keine Außenreize stimuliert oder angesprochen, so scheint seine Antriebsbereitschaft zu versiegen. Besonders bei sexuellen und aggressiven Motiven ist dies bei vielen Tierarten zu beobachten. Dies ist ein resignativer Endeffekt nach anfänglicher Aktivierungszunahme des Antriebs bei kürzerem Reizmangel über Stunden und Tage (daher das Motto: „Täglich ein Streit, das hält den Arzt fern"). Bei dem Verlust einer sehr nahen Bezugsperson, des Partners gar, kann es zu einem teilweise lebensgefährlichen Versiegen sehr vieler emotionaler Antriebe kommen. Eine ganze Reihe, wahrscheinlich die meisten aller Depressionen, fallen in diese Kategorie: Verstärkermangel & Verlust der Verstärkerwirksamkeit.

Was man so sagt

Als sie lachte,
sagte man ihr, sie sei kindisch.
Also machte sie fortan ein ernstes Gesicht.
Das Kind in ihr blieb,
aber es durfte nicht mehr lachen.

Als sie liebte,
sagte man ihr, sie sei zu romantisch.
Also lernte sie, sich realistischer zu zeigen.
Und verdrängte
so manche Liebe.

Als sie reden wollte,
sagte man ihr, darüber spreche man nicht.
Also lernte sie zu schweigen.
Die Fragen, die in ihr brannten,
blieben ohne Antwort.

Als sie weinte,
sagte man ihr, sie sei einfach zu weich.
Also lernte sie, die Tränen zu unterdrücken.
Sie weinte zwar nicht mehr,
doch hart wurde sie nicht.

Als sie schrie,
sagte man ihr, sie sei hysterisch.
Also lernte sie, nur noch zu schreien,
wenn niemand es hören konnte,
oder sie schrie lautlos in sich hinein.

Als sie zu trinken begann,
sagte man ihr, das löse ihre Probleme nicht.
Sie solle eine Entziehungskur machen.
Es war ihr egal, weil ihr
schon so viel entzogen worden war.

Als sie wieder draußen war,
sagte man, sie könne jetzt von vorne anfangen.
Also tat sie, als begänne sie ein neues Leben.
Aber wirklich leben konnte sie nicht mehr,
sie hatte es verlernt.

Kristiane Allert–Wybranietz

Angst & Gefühlsverarmung

Die oben beschriebene Hemmung von Ausdruck und Erleben bestimmter verpönter oder gar aller Emotionen hat neben ihren spezifischen Folgen auch die fatale, allgemeinere Konsequenz, eine *Angst vor den eigenen Emotionen* aufzubauen. Diese Art von Angst geistert in der Psychologie umher als *Selbstkontrollverlustangst*. Wir befürchten, daß uns unsere Trauer, unsere Wut, unsere Schuldgefühle, ja sogar unsere Freude und Lust, unser Geselligkeitsbedürfnis usw. übermannen und überfrauen, überwältigen, überfluten und wegschwemmen. Wir fürchten, die Selbstkontrolle (diesen Popanz der modernen Zivilisationsgesellschaften) zu verlieren und ins Chaos zu stürzen.

„Und der eigentümlich emotionale Unterton, der sich so oft mit der moralischen Forderung verbindet, die aggressive und bedrohliche Strenge, mit der die moralische Forderung häufig vertreten wird, sie sind Reflexe der Gefahr, in die jede Durchbrechung der Verbote das labile Gleichgewicht aller jener bringt, für die das Standardverhalten der Gesellschaft mehr oder weniger zur ‹zweiten Natur› geworden ist; sie sind Symptome der Angst, die in ihnen aufsteigt, sowie auch nur von ferne der Aufbau ihres eigenen Triebhaushalts und mit ihm zugleich ihre eigene soziale Existenz wie die Ordnung ihres gesellschaftlichen Lebens bedroht sind" *(Elias)*.

„Ein Irrtum, welcher sehr verbreitet und manchen Jüngling irreleitet, ist der, daß Liebe eine Sache, die immer nur Vergnügen mache“ *(Wilhem Busch)*. In dieser Hinsicht scheint es uns heute einfach zu gut zu gehen. Vielleicht hängt es u.a. mit diesem Umstand zusammen, daß paradoxerweise in Kriegszeiten Depressionen, Selbstmorde und Herzinfarkte statistisch runtergehen: Der Kampf ums Überleben motiviert uns zum Leben.

Ein Plädoyer für mehr Problem– und Lebenskampfbewußtsein führt wieder *Lorenz*: „Wir ermangeln nicht der Hindernisse, die wir überwinden müssen, soll die Menschheit nicht zugrunde gehen, und der Sieg über sie ist fürwahr schwer genug, um befriedigende Bewährungssituationen für jeden einzelnen von uns zu liefern. Es müßte eine durchaus erfüllbare Aufgabe der Erziehung sein, die Existenz dieser Hindernisse allgemein bekannt zu machen.“

Was wir dann mit dieser Angst machen, ist *Vermeidungs– und Fluchtverhalten*. Wir versuchen diese Gefühle nicht mehr aufkommen zu lassen, indem wir den Reizen aus dem Weg gehen (angepaßtes Wohlverhalten) oder die Verdrängungsmaschinerie noch mehr auf Hochtouren bringen (Circulus vitiosus)!

Auf diese Weise geraten wir in eine Beziehung zu unseren Gefühlen wie ein Phobiker zum Objekt seiner Angst: Konsequente Vermeidung z.B. von Trauer läßt unsere Phantasien über die Unerträglichkeit dieses Gefühls ins Unermeßliche wachsen, gleichzeitig verblassen unsere Kompetenzen, mit ihm umzugehen. Wir können u.U. überhaupt nicht mehr weinen, mitleiden, über andere und uns selbst jammern, Trost suchen oder anderen Trost spenden. Gesellt sich hierzu noch die Fiktion eines *Lebens ohne Unlust*, wie sie in unserer Kultur eifrig genährt und mit den segensreichen Mitteln der Technik (der Medien) verbreitet und angeblich vorbereitet wird, so steuern wir direkt auf einen Zustand der *Gefühlsverarmung* zu – den Wärmetod des Gefühls.

Unsere Lust–Unlust–Empfindungen scheinen nicht überwiegend von dem absoluten Befriedigungs– und Aktivierungslevel der einzelnen Emotionen abzuhängen, sondern in einem undefinierbaren Mischungsverhältnis auch von der Änderung der Befriedigung, der *Differentialfunktion* der Emotionsverlaufskurve. Dies gilt nicht nur für so einfache homöostatische Triebe wie Hunger, Durst (Durst macht das Bier, pardon: das Mineralwasser erst schön), Wärmebedürfnis, sondern auch für so komplexe wie Sexualität (der Dauerbums verliert schnell an Leuchtkraft, ebenso wie voyeuristische und andere perverse Tendenzen) oder soziale und familiäre Bedürfnisse. Lieben ohne Leiden und Hassen ist so fad wie ein Schluck lauwarmen Wassers.

„Für die Fälle, in denen die Mitglieder einer Gemeinschaft von ihren Gefühlen überdistanziert sind – der vorherrschende Fall in den modernen Gesellschaften – ist ein Ritual erforderlich, das die Distanz verringert, indem es vergangene Szenen kollektiver Not wiedererweckt... Es ist möglich, daß ein großer Teil des Massenmedienpublikums in Amerika und Europa gegenwärtig so fasziniert von Gewalt–, Horror– und Katastrophendramen ist, weil unbewußt Erlebnisse gesucht werden, die die Distanz verringern und so eine Katharsis ermöglichen...

Im Fall der verschiedenen Dramentypen, die auf Angst basieren, ist jedoch fast die gesamte der Öffentlichkeit zugängliche Unterhaltung unterdistanziert. Die Abenteuer–, Terror–, Horror–, Katastrophen– und Gewaltdramen, die heute kommerziell erfolgreich sind, erwecken ganz sicher Furcht oder Angst (in einigen Fällen Zorn) bei den meisten Zuschauern, aber produzieren selten das Zittern und Schwitzen, die das Zeichen der Katharsis von Angst sind. Die Zuschauer, die ich beobachtet habe, scheinen eher knochentrockene Furcht zu erleben, die eher für Qual als für Katharsis typisch ist. Einige Zuschauer solcher Dramen berichten, daß sie sich am Ende gespannter fühlten als zu Beginn. In einem neueren Artikel werden einige psychiatrische Vorfälle als Folge des Films ‹Der Exorzist› beschrieben (Bozzuto, 1975). Das Problem bei diesem Film scheint darin zu bestehen, daß die Zuschauer so stark einbezogen werden, daß sie sich fühlen, als wären sie an der dramatischen Handlung beteiligt. Unter diesen Bedingungen ist die stimulierte Angst so überwältigend, daß eine Katharsis nicht stattfinden kann“ *(Scheff)*.

Ein dritter Faktor ist das Ausmaß an Anstrengung, welches wir für die Befriedigung aufbringen mußten *(Gesetz der Anstrengung = Law of effort)*. Eine langweilige Diskussion über Sexualität wird durch einen Aufnahmetest für die Teilnahme plötzlich viel interessanter. Eine zu einfache und schnelle Befriedigung läßt eigenartigerweise oftmals das ersehnte Ziel verdammt schnell verblassen.

Diese Faktoren, und vielleicht noch weitere, haben zu einem emotionalen *Krankheitsphänomen* geführt, dessen ursächliches zugrundeliegendes menschliches Verhalten *Lorenz* als eine der „acht Todsünden der zivilisierten Menschheit“ beklagt hat: „Die heutzutage in ständigem Wachsen begriffene Unlust–Intoleranz verwandelt die naturgewollten Höhen und Tiefen des menschlichen Lebens in eine künstlich planierte Ebene, aus den großartigen Wellenbergen und –tälern macht sie eine kaum merkbare Vibration, aus Licht und Schatten ein einförmiges Grau. Kurz, sie erzeugt tödliche Langeweile... Im Vergleich zu den vernichtenden Wirkungen, welche die weitgehende Unlustvermeidung auf wahres Menschentum ausübt, wirken diejenigen eines ebenso schrankenlosen Strebens nach Lustgewinn nahezu harmlos. Man ist versucht zu sagen, der moderne Zivilisationsmensch sei zu blutlos und blasiert, um ein markantes Laster zu entwickeln.“ *Scheff*, der für das hier beschriebene gestörte Verhältnis zu den eigenen Gefühlen den Begriff der *Überdistanziertheit* geprägt hat, spricht auch – leider ungeeignete – Versuche der davon Betroffenen an, mit Hilfe intensiver Stimulation affektive Farbe ins eigene Leben zu bringen. Da das Erleben und der Ausdruck von Gefühlen quasi zur *Grundausstattung* der menschlichen Natur gehört, kann bei einer unter dem Druck kultureller Anforderungen entwickelten emotionalen Überdistanzierung ein Gefühl des Mangels und der Leere erlebt werden. Möglicherweise ist ein vager Wunsch nach emotional bedeutsamen Erlebnissen vorhanden, ohne daß dem Betreffenden so recht klar ist, wie diese aussehen sollten oder zu erreichen wären. Eine unbestimmte Suche nach starken Reizen kann die Folge sein.

Die physischen Konsequenzen

Da Gefühle ja auch sehr *körperliche* Phänomene sind – man denke an ihre physiologische Komponente – liegt es nahe, sie im Zusammenhang mit psychophysiologischen Störungen zu betrachten. Die möglichen schädlichen Konsequenzen mangelnder Wahrnehmung und gehemmten Ausdrucks emotionaler Prozesse werden in der Psychosomatik im Rahmen des *Alexithymiekonzepts* diskutiert. Dauerhaft durch mangelnden Ausdruck quasi aufgestaute Erregung sollte für den Organismus eine Belastung darstellen, die sich über kurz oder lang in Krankheiten manifestieren müßte.

Dieses Konzept beruht auf den Beobachtungen seiner beiden Urheber *Nemiah & Sifneos,* denen bei ihrer Arbeit mit psychosomatisch erkrankten Menschen auffiel, daß diese sich in einigen charakteristischen Merkmalen ähnelten: Nach Ansicht der Autoren zeigten sie eine Unfähigkeit, Gefühle verbal oder nonverbal zum Ausdruck zu bringen oder zu beschreiben, mangelnde Phantasietätigkeit und eine dem Konkreten, Operationalen verhaftete Denkweise. Zwar wurde das Konzept häufig kritisiert, und insbesondere den Autoren selbst wurde vorgeworfen, die einseitige Zusammensetzung ihrer Stichprobe – Angehörige unterer Sozial– und Bildungsschichten, deren Unfähigkeit zur differenzierten Gefühlsbeschreibung auch als Effekt z.B. eines mangelnden Sprachumfangs betrachtet werden kann – ignoriert zu haben.

Gleichwohl entstand nach der Veröffentlichung des Alexithymiekonzepts 1971 eine Fülle von *Arbeiten,* die den Zusammenhang zwischen Psychosomatik und Gefühlsausdruck untersuchten – mit äußerst widersprüchlichen Befunden. In einer ausführlichen Darstellung des Forschungsstands und nach Darstellung einer eigenen Arbeit, die die sprachlichen Äußerungen verschiedener psychosomatischer Patient/innengruppen und gesunder Personen hinsichtlich ihres emotionalen Gehalts untersucht, kommt *Gerhards* zu dem Schluß, daß „die Frage, ob Alexithymie ein für bestimmte Patienten spezifisches Merkmal ist, mit einem Nein beantwortet werden kann".

Kann damit die Annahme, daß mangelnder Gefühlsausdruck zur Entstehung psychosomatischer Krankheiten führen oder zumindest beitragen kann, als widerlegt betrachtet werden? Ein Blick auf die Methoden, die in den meisten *Untersuchungen* zum Thema angewendet wurden, verbietet diesen Schluß. Ob nun Fragebögen oder Sprachinhaltsanalysen von auf Aufforderung produzierten Geschichten verwendet wurden – die Untersuchungssituation selbst war in den meisten Fällen emotional relativ neutral, von der mit Untersuchungen und Anforderungen verbundenen Anspannung abgesehen. Nun ist es ja durchaus nicht gesagt, daß jemand, der im täglichen Leben seiner Freude, Eifersucht, seinem Ärger etc. freien Lauf läßt und seinen Organismus dadurch der Annahme zufolge entlastet, in einer Situation, wo er diese Gefühle gerade nicht spürt, besonders emotional Geschichten erzählt oder seine Gefühle retrospektiv besonders differenziert beschreibt. Und umgekehrt ist die Fähigkeit zu detaillierter Gefühlsbeschreibung noch kein Beweis dafür, daß man, wenn's drauf ankommt, diese auch zeigt.

Untersuchungsansätze, wie sie *Notarius & Levenson* mit *normalen Versuchspersonen* durchführten, sind auf den Vergleich psychosomatisch erkrankter und gesunder Gruppen übertragen worden. Die Hypothese eines Zusammenhangs zwischen Defiziten in der Äußerung von Emotionen und der Beeinträchtigung physiologischer Funktionen, hier der Atemfunktion, konnte bestätigt werden.

Zu ähnlichen Interpretationen berechtigt eine *Studie* von *Traue*. Auch hier zeigt sich, daß Personen, die geringeren mimischen Ausdruck zeigen, auf der physiologischen Ebene stärkeren Belastungen ausgesetzt sind als ausdrucksstärkere Individuen. Gruppenunterschiede zwischen *gesunden und kopfschmerzleidenden Personen* deuten darüber hinaus auch einen Zusammenhang zwischen mangelndem Gefühlsausdruck und dauerhaften körperlichen Beeinträchtigungen an.

Freudenberg & Holländer z.B. ließen *gesunde und asthmakranke Kinder* zwischen 7 und 12 Jahren *Puzzles* legen, wobei sie durch ein anderes, vom Versuchsleiter instruiertes Kind gestört wurden. Erwartungsgemäß zeigte die Auswertung der mittels Videokamera aufgezeichneten Mimik, daß Asthmakinder insgesamt weniger mimischen Gefühlsausdruck und insbesondere weniger Ausdruck von Ärger und Geringschätzung zeigen als die gesunden Kinder. Gleichzeitig fiel bei den Asthmakindern das Atemvolumen stärker ab, und die Herzfrequenz stieg stärker an als bei der Kontrollgruppe, d.h., die physiologische Streßreaktion der asthmakranken Kinder war stärker als die der gesunden Kinder. In der Untersuchung von *Holländer* konnte sogar eine beachtliche Korrelation von .68 zwischen Gesamtzeit gezeigter Mimik und dem Atemvolumen gefunden werden.

Nun, davon möchte *Gerhards* in seiner Alexithymie–Publikation nichts wissen. Mit schlafwandlerischer Ignoranz verzerrt er die Darstellung der ihm bekannten Literatur zu diesem Thema so lange, bis sie zu den Nullhypothesen seiner naiven Untersuchung paßt: Emotionsausdruck spielt bei der Genese psychosomatischer Krankheiten keine Rolle. Mal abgesehen von der Tatsache, daß Psychologiestudenten schon im 2. Semester beigebogen wird, sie sollten tunlichst das Fehlen einer Signifikanz nicht als eine Verifikation der Nullhypothese feiern (sondern eher mal an Reliabilität und Validität ihrer Meßinstumente zweifeln), mal abgesehen von diesem Fehlgriff: Schauen Sie sich mal an, mit welchen Methoden solch schwerwiegende Feststellungen angegangen und untersucht werden (und die bisherige Forschung dazu vom Tisch gefegt wird).

Traue legte *Medizinstudent/innen*, von denen die Hälfte unter regelmäßigem *Spannungskopfschmerz* litt, ein *Bild* vor, zu dem sie eine *Geschichte* erzählen sollten. Ihre Erzählung wurde dann vom Versuchsleiter heftig kritisiert, und die Versuchsperson wurde aufgefordert, zu dieser *Kritik* Stellung zu nehmen. Als Maße des Emotionsausdrucks wurden Fremdratings der mimischen Ausdrucksstärke, der mimischen Anspannung und Aktivität erhoben. Physiologische Parameter waren elektrophysiologische Maße der Muskelspannung am M. frontalis – ein Gesichtsmuskel, der Stirn und Augenbrauen bewegt – und am M. trapecis – einem Nackenmuskel, da Spannungskopfschmerz mit der Verspannung der Nackenmuskulatur zusammenhängt. Obwohl Mimikratings als weniger sensible Maße zu betrachten sind als die Mimikauswertung mit Kodiersystemen, konnten Unterschiede zwischen den Gruppen nachgewiesen werden: Die Kopfschmerzgruppe zeigte geringere Ausdrucksstärke und stärkere Anspannung in den mimischen Maßen und höhere Muskelspannungen an beiden Muskeln als die Kontrollgruppe. Von neun Korrelationen zwischen mimischen und EMG–Maßen waren alle erwartungsgemäß negativ, fünf erreichten Signifikanz bei r = –.35 bis –.41.

Die im Laufe des Sozialisationsprozesses durch antizipierte soziale Bestrafung konditionierte Ausdruckshemmung führt zur Unterlassung der motorischen Reaktionen, nicht aber zur Löschung ihrer autonomen und/oder endokrinen Anteile. „Dies ist insbesondere dann der Fall,

a) wenn es sich um ‹prepared emotions›, also angeborene Grundemotionen› handelt, die langsam oder gar nicht löschen…,
b) wenn die Kontingenz (zeitliche Beziehung zwischen physiologischer und/oder motorischer Reaktion und Konsequenz) für die motorischen Anteile des Ausdrucksverhaltens und die autonom–endokrinen Begleiteffekte zeitlich stark differieren oder qualitativ gegensätzlich sind (also z.B. der motorische Anteil unmittelbar bestraft, der endokrine Anteil wenig später sozial belohnt wird)“ *(Birbaumer)*.

Die *Entstehung von Krankheiten* als Konsequenz einer Hemmung der Ausdrucksmotorik könnte dann folgendermaßen ablaufen:

„1. Ein starkes Gefühl wird nicht motorisch ausgedrückt. Mögliche Ursachen: kein Modell, Bestrafung; die klassisch konditionierten oder angeborenen vegetativen und endokrinen Anteile des Gefühls treten aber auf. Anfänglich wird die Reafferenz dieser Anteile noch ans ZNS gemeldet, später erlischt die Rückmeldung und Korrekturversuche unterbleiben: ‹Viscerale Agnosie›. Die Folge von 1) ist:
2. Das Auftreten der vegetativ–endokrinen Anteile des Gefühls generieren (bewußt oder nicht bewußt) die Erwartung einer adäquaten, spezifischen Verhaltensfolge am sozialen Gegenüber. Die Folge von 2) ist aber:
3.a Die soziale Umgebung reagiert auf den Gefühlszustand nicht, da sie ihn nicht erkennen kann: z.B., bei Aggressionen folgt keine Flucht, bei Liebe keine Annäherung, bei Ekel keine Abwendung etc., und/oder die
3.b Bewegungsrestriktion (Ausdruckshemmung) wird zentralnervös registriert und löst eine Aversion aus. Die Folge von 3a) und 3b) ist:
4. Das ZNS stellt die Nichtübereinstimmung von erwarteter Umgebungsreaktion und autonom–endokrinen Gefühlsanteilen fest (Dissonanz). Dies führt zum
5. Bestehenbleiben der erhöhten autonom–endokrinen Gefühlsanteile und eventuell zur Krankheit“ *(Birbaumer)*.

Die einzelnen Schritte dieser heuristischen Theorie mit den Methoden der empirischen Forschung nachzuweisen, wird einige Hundert Psychologen wohl noch einige Jahrzehntchen beschäftigen: Viel Spaß bei diesem überflüssigen Unterfangen!

Streß

Wenn wir beiläufig von *Streß* sprechen, so meinen wir zumeist diese Art von Streß: unser Nervensystem wird zu Höchstleistungen angestachelt, der Sympathikus ist am Feuern, und der Adrenalinspiegel steigt in ungeahnte Höhen. Die auslösenden Situationen und angesprochenen Motive können ganz unterschiedlicher Natur sein. Gefahrvolle Situationen, die zur Flucht anregen, ebenso wie das *Law of effort*, das Gesetz der Anstrengung, welches uns zu arbeitsmäßigen Höchstleistungen motiviert, eine aggressive Auseinandersetzung ebenso wie eine sexuelle Stimulation, eine geistige Anstrengung ebenso wie das mehr körperliche Bäume–Ausreißen.

Typisch für diese Art von Streß ist, daß er den Organismus psychisch und physisch aktiviert und dabei das Gefühl der Kontrolle und Beeinflußbarkeit der Situation *(Coping–Verhalten)* vorhanden ist – und wenn es in einer Flucht vor aversiven Reizen besteht. Alle diese Aktionen zielen darauf ab, den Streßzustand antizipatorisch zu vermeiden, abzumildern oder zu beenden; es sind sog. Coping–Reaktionen auf sog. sthenische Affekte, Gefühle von Kraft und Stärke.

Es kommt zum Anstieg der muskulären Spannung in den Extremitäten, zu einem Anstieg des Blutdrucks, der Herzfrequenz (Puls) und der Blutausfuhrmenge des Herzens sowie zu einer Erhöhung des Gefäßwiderstandes, der Hautwiderstand verringert sich (feuchte Hände), ein Tremor (Zittern) kann sich einstellen, Anstieg der Nebennierenmarkhormone Adrenalin und Noradrenalin im Blut, wobei das erste mehr mit Furcht, das zweite mehr mit Ärger zu korrelieren scheint.

Ein anderes Streßsystem wird aktiviert, wenn man über eine gewisse Zeit hinweg das Gefühl hat, keinerlei Einfluß auf eine schmerzhafte oder unerträgliche Situation zu haben, wenn Gefühle der Ohnmacht, der Hilflosigkeit und Unsicherheit über eine längere Zeit hinweg vorherrschen. Wir sagen, daß ein subjektiver oder objektiver Kontrollverlust über negative Verstärker vorliegt. Es kommt zu einer Aktivierung des *Hypophysen–ACTH–Nebennierenrinden–Kortikoidsystems* oder, wie es *v. Eiff* nennt, des Hypothalamus–Hypophysen–Vorderlappen–Hormonsystems, am augenfälligsten repräsentiert durch einen Anstieg des Nebennierenrindenhormons Cortisol.

In einer Untersuchung von *v. Eiff* an 25 Kindern im Alter von 7 bis 11 Jahren am Tag vor einer Operation zeigte sich, daß der Cortisolspiegel um so höher war, je weniger die Kinder mit der bevorstehenden Operation umgehen konnten, d.h., je weniger sie informiert waren, je weniger Zuversicht sie hatten und je mehr sie unter einem Gefühl von Ohnmacht litten.

Dieses System kann für sich aktiviert werden, ohne daß es zu einer nennenswerten sympathikotonen Erregung kommt (das, so vermute ich, ist bei den agoraphoben Panikattacken der Fall); es wird aber auch sozusagen im Schlepptau einer Sympathikus–Aktivierung bei ergotropem Streß miterregt. Ist letzteres der Fall, so beobachten wir häufig, daß es länger aktiviert ist als der Sympathikus, was m.E. solche Phänomene wie die Poststreßdepression, aber auch Panikattacken nach sympathikotoner Erregung bei Agoraphobikern erklärlich macht. Allgemein fand man bei reaktiven Depressionen den Cortisolspiegel erhöht, ebenso wie in experimentellen Situationen, in denen Gefühle der Hilflosigkeit induziert wurden. Allerdings ist der Umkehrschluß, d.h., aus einer Erhöhung des Cortisolspiegels auf derlei Phänomene zu schließen, nicht erlaubt, da es mannigfaltige andere Reaktionen gibt, die den Cortisolspiegel beeinflussen.

Das nervöse Atemsyndrom, die *Hyperventilationstetanie* (auch Atmungstetanie), findet sich meist bei Personen in jüngerem und mittlerem Alter, vorwiegend Agoraphobiker bzw. Herzphobiker, die in einer Panikattacke hyperventilieren, d.h. überatmen. Auch bei der Entstehung eines Migräneanfalls wird oft im Vorfeld eine subklinische Hyperventilation beobachtet. Symptome sind Lufthunger mit nach Luft schnappen, Gefühl der Enge in der Brust und dem Zwang, tief durchatmen zu müssen, was jedoch von den Patienten nicht immer bewußt wahrgenommen wird. Meist sind die Symptome begleitet von einem Kribbeln (Singen) in den Händen und Füßen und dem Gefühl der Leere im Kopf, welches manche auch als Schwindel oder Bewußtseinstrübung beschreiben.

Die Steigerung der *Atmungsgröße* (das Atemminutenvolumen liegt fast zu 100% über dem Soll und kann im Anfall bis auf 500% darüber steigen) bewirkt über eine zu starke Abatmung von Kohlenstoffdioxyd bei einem Überangebot an Sauerstoff eine ph–Wert–Verschiebung, die die Gehirndurchblutung absinken läßt. Entsprechend besteht die Akutmaßnahme in einer teilweisen Rückführung der ausgeatmeten Luft über eine Plastiktüte oder besser: ein Rohr aus einer Zeitung, in das hineingeatmet wird (Verlängerung des Atemtotraums). Das Rohr hat die Länge der Breite einer Zeitungsseite und einen Durchmesser, so daß Mund und Nase hineinpassen (es ist natürlich auf beiden Seiten offen).

Werden keine Maßnahmen getroffen, kann es im Extremfall zu einer Notfallreaktion des Organismus kommen, der kurzzeitig im Oberstübchen das Licht ausschaltet und mit dieser Ohnmacht dann wieder durch Eliminierung der psychogenen Faktoren Atmung und Gehirndurchblutung in Ordnung bringt – Vorsicht: Sturzgefahr!

In der *Life–Event–Forschung* wird ein konkreter Zusammenhang hergestellt zwischen belastenden Lebensereignissen und dem Ausbruch von körperlichen oder auch psychischen Krankheiten. Es wird mit zwei Ansätzen gearbeitet. Erstens mit der Befragung von kranken Patienten in Anamnesegesprächen zu belastenden Ereignissen, die in einem bestimmten zeitlichen Abstand zum Ausbruch der Krankheit stehen. Dazu wird oft ein von *Brown* konzipiertes Interview verwendet. Es werden dabei genau datierbare Ereignisse berücksichtigt sowie entscheidende Veränderungen im Bereich der Gesundheit, des sozialen Status, der Lebensbedingungen oder auch die Erfüllung langgehegter Wünsche. Bei der Addition derartiger Daten ergab sich eine signifikante Beziehung von vorausgegangenen belastenden Lebenssituationen und dem Ausbruch von Krankheiten.

Der zweite Ansatz der Life–Event–Forschung ist die *epidemiologische Forschung*, die mit Live–Event–Fragebögen arbeitet. *Holmes & Rahe* entwickelten 1967 einen Fragebogen mit 43 Ereignissen, bei dem die Ereignisse gewichtet sind nach dem subjektiven Gefühl der Belastung, das ein Ereignis für den Betroffenen hat. Besonders deutlich ließen sich die Zusammenhänge von psychosozialen Stressoren bei Herzinfarktpatienten nachweisen.

Skala streßreicher Lebenssituationen *(Holmes & Rahe)*

Lebenssituation	*Streßpunktwert*
O Tod des Ehegatten	100
O Scheidung	73
O Trennung ohne Scheidung	65
O Gefängnisstrafe	63
O Tod eines nahen Familienmitgliedes	63
O Verletzung oder Krankheit	53
O Hochzeit (Ankerreiz)	50
O Entlassenwerden	47
O Wiederversöhnung nach Streit mit Ehegatten	45
O Pensionierung	45
O Erkrankung eines Familienmitglieds	44
O Schwangerschaft	40
O Sexuelle Schwierigkeiten	39
O Vergrößerung der Familie	39
O Berufliche Veränderungen	39
O Veränderungen im finanziellen Bereich	38
O Tod eines nahen Freundes	37
O Wechsel an einen Arbeitsplatz mit ungewohnter Tätigkeit	36
O Veränderung in der Anzahl der Auseinandersetzungen mit dem Ehegatten	35
O Aufnahme einer Hypothek über 10.000 Dollar	31
O Verfallen einer Hypothek oder eines Darlehens	30
O Veränderungen in den beruflichen Aufgaben	29
O Sohn oder Tochter verläßt die Familie	29
O Schwierigkeiten mit Verwandten des Ehepartners	29
O Außergewöhnliche persönliche Leistung	28
O Ehefrau fängt mit einer Arbeit an oder hört mit ihr auf	26
O Schulbeginn oder –abschluß	26
O Veränderung in den Lebensumständen	25
O Aufgabe persönlicher Gewohnheiten	24
O Schwierigkeiten mit dem Chef	23
O Veränderungen in den Arbeitszeiten oder –bedingungen	20
O Umzug	20
O Schulwechsel	20
O Veränderungen im Freizeitbereich	19
O Veränderungen in den kirchlichen Aktivitäten	19
O Veränderungen in den sozialen Aktivitäten	18
O Aufnahme einer Hypothek oder eines Darlehens unter 10.000 Dollar	17
O Veränderungen in den Schlafgewohnheiten	16
O Veränderungen in der Anzahl der Familienzusammenkünfte	15
O Veränderungen in den Eßgewohnheiten	15
O Ferien	13
O Weihnachten	12
O Kleinere Gesetzesverstöße	11

Kreuzen Sie die für Sie momentan zutreffenden Lebenssituationen an und addieren Sie die Punktwerte

Gefährdungswert: ....

Auswertung: Bis 150 Punkte: noch Eustreß, positiver Streß mit einem Wahrscheinlichkeitsgrad von Gesundheitsschäden von max. 37%
150–300 Punkte: Wahrscheinlichkeit von Gesundheitsschäden etwa 51%
Über 300 Punkte: Wahrscheinlichkeitsgrad einer auch ernsthaften Erkrankung liegt bei 80%; Ihr Gesundheitszustand ist höchstwahrscheinlich schon ernstlich angegriffen

Von ganz großer Bedeutung ist die *soziale Unterstützung*. Liegt sie vor, scheinen Menschen leichter mit bedrohlichen Lebensereignissen fertigzuwerden. Für die Psychologie ist dies insofern interessant, als es eine ganze Reihe sozialer Faktoren gibt wie Statusunsicherheit, allgemeine nationale Bedrohung, Unzufriedenheit mit der gesellschaftlichen Entwicklung, Überbevölkerung, Armut, Umzug vom Land in die Stadt, häufige soziale Mobilität usw., die negative Auswirkungen auf den Gesundheitszustand von Menschen haben, auf die wir direkt wenig Einfluß haben.

Dabei macht es die affektive Stabilisierung, die mit einer guten sozialen Unterstützung einhergeht, dem Menschen einfacher, sich auch an soziokulturelle Veränderungen anzupassen, die eine umfassende Einstellungsänderung bedingen.

Generell kann man sagen: Je höher die Streßintensität, desto größer ist die Wahrscheinlichkeit, daß es zu einem Zusammenbruch des psychischen oder physischen Gleichgewichts kommt.

Gefühl & Verstand

Ein akademisch farbloser (was ihn nur sympathischer macht), menschlich, psychologisch und psychotherapeutisch dagegen brillanter Psychologie–Professor erklärte mir die *Quintessenz psychotherapeutischen Handelns*: „In seelischen Störungen klemmt der Fahrstuhl zwischen Gefühl und Verstand, Emotionen und Kognitionen, Limbischem System und Großhirnrinde; in der Psychotherapie muß er wieder gängig gemacht werden." – („Schönen Gruß, Hans!") O.k., vielleicht sind wir wirklich hier am *jumping point of psychotherapy* (wie der Franzose zu sagen pflegt). Ich werde den Verdacht nicht los, daß sogar die *Rational–emotive Therapie* von *Ellis* ihren Hebel im Grunde genommen an diesem Punkt ansetzt, daß er mit seinen *Rationalen Glaubenssätzen* die emotionalen Belange vertritt und mit den von ihm sog. *irrational beliefs* die emotionsdiskrepanten Restriktionen unseres *Über–Ichs*, die emotionsinkompatibel programmierten Großhirnrindenwindungen meint. Schauen wir uns das mal an:

1. Die Idee, daß ein Erwachsener unbedingt in allen seinen Handlungen von jeder Person geliebt werden muß – anstatt sich auf seine eigene Selbstachtung zu konzentrieren, auf das Gewinnen von Anerkennung für praktische Ziele und auf das Lieben anstelle des Geliebtwerdens.
2. Die Idee, daß bestimmte Handlungen schrecklich oder böse usw. sind und daß Leute, die solche Handlungen ausführen, streng bestraft werden sollten – anstelle der Idee, daß bestimmte Handlungen unangemessen oder antisozial sind und daß Leute, die solche Handlungen ausführen, sich dumm, unwissend oder neurotisch benehmen und man ihnen besser helfen sollte, sich zu ändern.
3. Die Idee, daß es entsetzlich ist, wenn die Dinge nicht so sind, wie man es gern hätte – anstelle der Idee, daß es sehr schade ist und daß man besser versuchen sollte, die Bedingungen zu ändern oder zu kontrollieren, so daß sie befriedigender werden, und wenn das nicht möglich ist, man ihre Existenz lieber zeitweilig akzeptieren sollte.
4. Die Idee, daß menschliches Elend von außen verursacht wird und einem durch Menschen und Ereignisse von außen aufgezwungen wird – anstelle der Idee, daß emotionale Störungen durch die individuelle Sicht der Bedingungen verursacht werden.
5. Die Idee, daß man sich schrecklich aufregen sollte, wenn etwas gefährlich oder beängstigend ist oder sein könnte – anstelle der Idee, daß man dem besser offen entgegentreten und es ungefährlich machen, und wenn das nicht möglich ist, das Unvermeidliche akzeptieren sollte.
6. Die Idee, daß es einfacher ist, Lebensschwierigkeiten und Verpflichtungen zu vermeiden als sie anzupacken – anstelle der Idee, daß der sogenannte einfache Weg auf lange Sicht immer der viel schwierigere ist.
7. Die Idee, daß man etwas anderes oder Stärkeres oder Größeres als sich selbst braucht, auf das man sich verlassen kann – anstelle der Idee, daß es besser ist, die Risiken des unabhängigen Denkens und Handelns auf sich zu nehmen.
8. Die Idee, daß man in allen möglichen Bereichen äußerst kompetent, intelligent und erfolgreich sein sollte – anstelle der Idee, daß es besser wäre, es gut zu tun als gut tun zu müssen und sich als ganz unvollkommenes Wesen annehmen sollte, das allgemein menschliche Grenzen und spezifische Schwächen hat.
9. Die Idee, daß etwas unbeschränkt das Leben beeinflussen sollte, weil es früher das Leben stark beeinflußte – anstelle der Idee, daß man aus seinen früheren Erfahrungen lernen kann, aber nicht zu sehr an sie gebunden sein oder durch sie beeinträchtigt werden sollte.

„Wir sind nicht nur einfach neidisch – wir sind imstande, unseren Neid zu hassen. Wir schämen uns unserer Angst. Wir fürchten unsere Wut. Wir verachten unsere Liebe oder unsere Bewunderung. Wir bewundern unsere Einsamkeit. Wir lieben die Verachtung des Neids. Wir verachten den Haß auf die Furcht vor der Liebe... So leben wir wie zwischen zwei Spiegeln: Ein Ereignis wird eingeschätzt, diese Einschätzung wird eingeschätzt und die Einschätzung der Einschätzung, und jede dieser Einschätzungen erzeugt ihre eigene affektive Grundierung. Es ist, als reflektierte sich ein Gefühl im anderen. Jeder, der irgendwelche psychotherapeutischen Erfahrungen machen konnte, weiß, wie schwierig die Trennung dieser ineinandergespiegelten Affekte ist" *(Zimmer)*.

Von den 12 aufgeführten irrational beliefs lassen sich zumindest 5 als Ausfluß starker *Über–Ichs* oder normativer Sozialisation verstehen, die die kognitive Kontrolle betont.

Hinter Nr. 1 (Idee, von praktisch jedermann gemocht werden zu müssen) steht deutlich die Forderung, den Ausdruck unerwünschter Emotionen, etwa des Ärgers oder der Aggression, zu unterdrücken. Nr. 2 (bestimmte Handlungen – böse/strenge Strafe) formuliert das Prinzip einer primitiven Sozialisation als Lebensregel. Nr. 7 (etwas Stärkeres als man selbst/drauf verlassen) drückt geringes Vertrauen in eigenes Empfinden und Handeln aus und konstituiert eine äußere Instanz zur Selbstkontrolle (die Fortsetzung der Sozialisationsagenten?). Nr. 8 (in allen Bereichen kompetent, intelligent, erfolgreich) und Nr. 10 (perfekte Kontrolle) schließlich sind typische Forderungen eines primär leistungsorientierten, kaum emotionalen Bedürfnissen entsprechenden kognitiven Kontrollsystems. Nr. 6 (Lebensschwierigkeiten vermeiden) und Nr. 11 (Glück durch Inaktivität) können hingegen eher unter der Rubrik „Vermeidungsverhalten" zusammengefaßt werden (Interesse, Genuß, Aktivität und aggressive Selbstbehauptung bleiben auf der Strecke), teilweise gilt dies auch für Nr. 5 (aufregen statt entgegentreten). Nr. 3 (entsetzlich, daß es nicht so ist, wie man's wünscht) bezieht sich auf das sogenannte Katastrophendenken, das auch im Dienste von Vermeidungstendenzen gesehen werden kann: Die Lage ist so furchtbar, daß Bewältigungsversuche gar keinen Sinn haben. Nr. 9 (was früher beeinflußt hat, muß dies auch heute tun), Nr. 4 (menschliches Elend von außen) und Nr. 12 (keine Kontrolle über Gefühle) sprechen Vorstellungen geringer Kontrollkompetenz an: Kontrollsituation auf Ereignisse der Vergangenheit oder auf externe Bedingungen.

10. Die Idee, daß man sichere und perfekte Kontrolle über Dinge haben muß – anstelle der Idee, daß die Welt voll ist von Wahrscheinlichkeit und Zufall und daß man trotzdem das Leben genießen kann.
11. Die Idee, daß menschliches Glück durch Trägheit und Inaktivität erreicht werden kann – anstelle der Idee, daß Menschen dann am glücklichsten sind, wenn sie ganz in kreativen Zielen aufgehen oder wenn sie sich anderen Menschen oder Projekten widmen.
12. Die Idee, daß man eigentlich keine Kontrolle über seine Gefühle hat und daß man nichts dafür kann, bestimmte Dinge zu fühlen – anstelle der Idee, daß man enorme Kontrolle über die destruktiven Gefühle hat, wenn man sich dazu entschließt, daran zu arbeiten, die blinden und unwissenschaftlichen Hypothesen zu ändern, die man verwendet, um die destruktiven Gefühle zu schaffen.

Als emotionaler Hebel zum Lockern oder Öffnen dieses *irrationalen Korsetts* bieten sich Aufbau und Ausdruck der Gefühle Aggression/Selbstbehauptung, Lust und Liebe, Genuß, Interesse, Aktivität und Mitleid an. Allerdings schwingt in diesen von *Ellis* formulierten *Irrationalen Glaubenssätzen* auch ein gewisses Mißtrauen gegenüber den Emotionen mit (zumindest den starken). So ließe sich aus Nr. 5 und 12 auch überspitzt die These ableiten: immer ruhig Blut bewahren (also intensive Gefühle erst gar nicht aufkommen lassen), und wenn das nicht geht: kognitiv glattbügeln. Leider zieht *Ellis* auch diese Konsequenz, wie ich in einem Workshop mit ihm erfahren mußte.

Dominanz

„Die Umgestaltung des Auswerfens und schließlich das mehr oder weniger vollkommene Verschwinden des Bedürfnisses danach ist ein gutes Beispiel für die Formbarkeit des Seelenhaushalts. Mag sein, daß dieses Bedürfnis durch andere, etwa durch das Bedürfnis zu rauchen, kompensiert oder auch durch bestimmte Änderungen der Kost abgeschwächt worden ist. Sicherlich aber ist das Maß von Zurückdrängung, das hier möglich war, vielen anderen Triebäußerungen gegenüber nicht möglich. Die Neigung zu spucken, ebenso wie die andere, das Sputum zu betrachten, ... ist ersetzbar; sie kommt allenfalls noch bei Kindern oder in Traumanalysen deutlicher zum Ausdruck und ihre Unterdrückung in dem spezifischen Lachen, das uns ankommt, wenn von ‹solchen Dingen› unverhüllter gesprochen wird. Andere Bedürfnisse sind nicht bis zu dem gleichen Grade ersetzbar oder umformbar, und es erhebt sich hier die Frage nach den Grenzen der Transformierbarkeit des Seelenhaushaltes. Ohne Zweifel hat er eine bestimmte Eigengesetzlichkeit, die man ‹natural› nennen mag“ *(Elias)*.

Da ja ein wesentlicher Aspekt der Funktionsweise unseres Emotionssystems die antagonistische Wirkung verschiedener Emotionen ist, besteht neben der allgemeinen Hemmung und Wahrnehmungsunterdrückung in der spezifischen Verstärkung ganz bestimmter Gefühle eine bedeutsame Störungsmöglichkeit. Die mittels kognitiver Prozeduren oder als Resultat einer Sozialisation mit entsprechenden Konditionierungsprozessen erreichte übermäßige Ausprägung eines bestimmten Gefühls kann zur Unterdrükkung seines/seiner Antagonisten führen: Beispiel hierfür ist die *Inflation der Schamhaftigkeit*.

Elias hat anhand verschiedener Indikatoren zivilisatorischen *Sittenwandels* dezidiert die Entwicklungslinie hin zu erhöhter Schamhaftigkeit nachgezeichnet. Diese erhöhte Neigung zur Scham wird in intensiven Konditionierungsprozeduren den Kindern angedient und aufoktroyiert: von Generation zu Generation in verstärktem Ausmaß, allerdings auch mit rückläufigen Entwicklungen. Anläßlich seiner Beschreibung der Veränderung unserer *Spuck–Gewohnheiten* (Wo sind die Spucknäpfe geblieben? Schlucken wir inzwischen auch noch unseren Schleim selbst herunter, nur um anderen und unserer eigenen hypertrophierten Schamhaftigkeit den Anblick von Spucke und Schleim zu ersparen – welch ein großartiger Fortschritt!) verallgemeinert und resümiert *Elias* ein wenig, seiner Materie angemessen, sehr zaghaft.

Wunderbar: Statt unseren Schleim auszuspucken, schlucken wir ihn und befriedigen unsere ungestillte Neigung zum Spucken dann noch mit Rauchen! Ähnlich machen wir es ja auch mit dem *Rülpsen* und *Furzen*. Und das sind sicherlich nur die (nicht mehr:) sicht-, hör- und riechbaren Affektunterdrückungen unseres eskalierten Schamempfindens – mit ihren ganzen der Gesundheit nicht gerade dienlichen Folgen. Was sich in gleicher Manier in unserer Sexualität, Aggressivität, Trauer usw. abgespielt hat, darein werden wir später noch einen kleinen Einblick bekommen.

Ähnlich wie das übersteigerte Schamgefühl, das zur Blockierung des Ausdrucks nahezu jeder Gefühlsregung dienen kann, können andere Emotionen im komplexen *Wech-*

selspiel der Gefühle im Übermaß in den Vordergrund treten und so ihre affektiven Antagonisten dominieren.

Auf diese Weise wird die emotionale Regulation, die der Flexibilität und Variabilität bedarf, gestört. Bildlich gesprochen ist in einem solchen Fall die Balance gekippt und in diesem Zustand erstarrt. Der Betroffene entgeht dadurch dem Konflikt der Gefühle, der zugegebenermaßen recht belastend sein kann; er handelt sich aber mit diesem *Gefühlsexzess* (nur noch Angst oder Schuldgefühl oder Traurigkeit oder Geilheit oder Wut oder Aktivität etc.) eine pathologische Konfliktlosigkeit, eine *Friedhofsruhe im Gefühlsleben*, eben einen faulen Frieden ein.

Betrachten wir eine bestimmte dominante Emotion, so müssen zum Verständnis ihrer Entwicklung neben den direkt auf sie einwirkenden Bekräftigungs– und Hemmungsprozessen (verschiedene Formen der Konditionierung, kognitive Prozesse) die auf ihre emotionalen *Verbündeten* und – ganz entscheidend – die auf ihre *Antagonisten* Einfluß nehmenden berücksichtigt werden. So besteht eben bei extremer Dominanz einer bestimmten Emotion die Störung nicht nur in dieser konsequenten und damit unvermeidbar nicht situationsadäquaten Vorherrschaft, sondern gleichermaßen im zunehmenden Verlust der Fähigkeit, die antagonistische(n) Emotion(en) ausleben oder im weiteren auch nur wahrnehmen zu können.

Da im Emotionssystem das Gesamt der Gefühle in Wechselbeziehung steht, ergibt sich bei näherer Betrachtung ein recht komplexes Bild. Wir wollen im folgenden in vereinfachter Form *Balancestörungen* veranschaulichen, wobei jeweils nur bestimmte Emotionen und ausgewählte Antagonisten fokussiert werden:

Wird etwa im Laufe der Sozialisation der Ausdruck von *Wut* stark bestraft, so wird gleichzeitig das antagonistische Gefühl der *Angst* bekräftigt, und zwar zunächst als Angst vor der Strafe, die schließlich zur Angst vor der Wut selbst führt. Dies bewirkt nun allerdings nicht, daß sich die Anlässe zur Wut–/Aggressionsanregung verringern. Sie werden eher durch die permanente Strafandrohung vermehrt; die Angst muß größer werden, um die aggressiven Bestrebungen bzw. die phantasierte Überflutung von Wut und Aggression im Zaum zu halten. Schließlich wird u.U. gar keine Wut mehr empfunden (obwohl nicht verschwunden!); es dominiert vollständig das Gefühl der Angst.

Wiewohl *Aggression* ein hilfreiches Mittel zur Überwindung exzessiver Trauerreaktionen sein kann (man denke an die Therapie von Depressionen), kann sie eben auch zur Abwehr, Vermeidung und Unterdrückung einer adäquaten *Trauer* dienen. Die mit Hilflosigkeit und Ohnmacht verbundenen Trauergefühle werden subjektiv als besonders bedrohlich empfunden; dies korreliert mit der in unserer Kultur verbreiteten Unfähigkeit, sich mit Krankheit, Verlust und Tod auseinanderzusetzen. Die Notwendigkeit zu trauern wird gesellschaftlich wie individuell in erster Linie durch *Verdrängung* und *Verleugnung* umgangen, so etwa durch Tabuisierung von Sterben und Tod, Aussonderung von Alten, Kranken und Behinderten, Fiktion vom permanenten Glücklichsein (möglichst durch Konsumartikel sichergestellt) usw. Darüber hinaus kann ein erhöhtes Niveau aggressiver Emotion vor der Empfindung von Trauergefühlen bewahren.

Während bei ungestörtem Emotionszusammenspiel bei trauerauslösenden Lebensereignissen oder Erfahrungen nach einer Phase des Trauerns der Übergang zur aktiven Bewältigung – auch mit Hilfe aggressiver Gefühle – stattfindet, wird bei rigoroser Wutdominanz zwar ein mit der Emotion der Trauer verbundenes Empfinden von Schwäche umgangen, gleichzeitig geht aber auch die Fähigkeit zu emotions– und situationsadäquatem Verhalten verloren.

Umgekehrt kann ein extremes Vorherrschen von Gefühlen der Traurigkeit Ausdruck und Erleben von Wut unterdrücken. Dafür mögen im Einzelfall unterschiedliche Ursachen vorliegen; zu denken ist an eine tatsächliche Häufung von Ereignissen, die Trauer auslösen, bestimmte kognitive Einstellungsmuster (irrational beliefs etc.), möglicherweise ein Mangel an Kompetenzen, belastende Ereignisse zu bewältigen usw.

Deutlich dürfte geworden sein, daß die hier vorgeschlagene Betrachtungsweise der *emotionalen Balance* bei extremer Dominanz einer Emotion nicht nur die Rolle und Entwicklung dieser selbst, sondern auch ihrer Antagonisten und ggf. auch ihrer Verbündeten berücksichtigt. Dies hat natürlich auch Folgen für mögliche therapeutische Bemühungen – dazu aber später mehr.

Richten wir unsere Aufmerksamkeit exemplarisch auf die zwei (von mehreren) Trauerantagonisten *Wut* und *Lust*, so kann auch in der Hemmung dieser beiden Emotionen eine wesentliche Bedingung für die Hypertrophie des Trauerns liegen: Starke Unterdrückung aggressiver Gefühle und entsprechender Äußerungsformen und Verhaltensweisen engt den Erlebens– und letztlich Verhaltensspielraum in konflikthaften Lebenssituationen ein, so daß möglicherweise nur noch eine andauernde, hilflose *Traurigkeit* resultiert. Massive Hemmung von Lustgefühlen, sei's durch mangelhafte Anreizbedingungen, macht auf die Dauer natürlich auch nicht gerade fröhlicher. An dieser Stelle sei an die Verstärkerverlust–Hypothese zur Erklärung depressiver Reaktionen erinnert, die mit dem hier angesprochenen Aspekt der Emotionsdynamik korrespondiert.

Betäubung & Pervertierung

Einen weiteren wesentlichen Beitrag zu den vielzitierten Tendenzen der Störung und Beschädigung eines lebendigen und vielgestaltigen Emotionsgeschehens leistet die Betäubung und Verwirrung unserer Sinne. Unsere *technischen Errungenschaften* setzen uns mehr und mehr in die Lage, unsere Emotionen anzukitzeln, wieder zu dämpfen und scheinbar zu befriedigen und dabei unser Gefühlsleben gründlich durcheinanderzubringen.

„Daß der Freßtrieb auf ein scheinbar nebensächliches Lusterlebnis angewiesen ist, funktioniert deshalb so zuverlässig, weil in der Natur die zuträgliche Nahrungsaufnahme regelmäßig vom Erlebnis des Wohlgeschmacks begleitet ist… Das Tier, das die Lusttaste betätigte und darüber verhungerte, ist vom Experiment düpiert worden: Es ‹weiß› (natürlich nicht bewußt, sondern angeborenermaßen), daß es gesättigt wird, wenn es sich die Lust des Wohlgeschmacks erzeugt, und unter natürlichen Bedingungen trifft das auch zu; im Experiment erlebt es die Lust (wahrscheinlich ein ganzes Konglomerat von verschiedenen Lüsten und darunter auch die des Wohlgeschmacks), aber die sonst natürliche Folge der Sättigung bleibt aus“ *(Zimmer)*.

Das Paradigma der reinen *Wirkung von Rauschgift* (mal von den destruktiven Nebenwirkungen unserer mannigfachen Drogen auf den Organismus ganz abgesehen) auf unser Seelenleben kreierte *Olds*: Er gab Ratten die Möglichkeit, mittels einer Taste ihr eigenes Lustzentrum im Gehirn elektrisch zu reizen und damit ihr Emotions– und Motivationssystem kurzzuschließen. Das Ergebnis war, daß sie in Lust verhungerten und starben. „Das Entkoppeln von lebensnotwendigem Verhalten und resultierender Befriedigung konnte die Tiere süchtig machen“, schreibt *Hassenstein*.

Ohne es so recht zu merken, befindet sich der homo sapiens sapiens selbst in einem solchen Experiment – nur langfristiger: Wir weilen derzeit fast auf der Vertikalen einer exponential ansteigenden Kurve der Betäubung unserer Emotionen mit zivilisatorischen Rauschgiften in Form von *Lusttasten*, die unser *Motivsystem partiell kurzschließen*.

Unser Geschmackssystem wird durch immer raffiniertere Nahrungsmittel hinters Licht geführt, unser Ohr mit Walkman–Musik, unser Auge und Gesellungsbedürfnis mit TVs, unsere Sexualität mit Verhütungsmitteln, unsere Aggressivität mit Waffen usw. usf.

Nun gibt es sie doch noch – und nicht nur im Singular wie bei der Dominanz einer Emotion –: die starken Gefühle, und sie können unter gegebenen Umständen eine erhebliche Belastung darstellen, die bis hin zur emotionalen Störung reicht.

Ein Beispiel einer derartigen Problematik manifestiert sich im Konflikt zwischen Emotionen. Wie gut kennen wir den Fall, daß zwei oder mehr Gefühle, die nicht gut miteinander auskommen, in Widerstreit liegen: Angst und Wut, Angst und Lust, Wut und Mitleid, Trauer und Fröhlichkeit, Bedürfnis nach Aktivität und Muße und und

und. Nun ist dieser Zustand ja eigentlich gar nicht pathogen. Wie wir gesehen haben, ist es ja ein Hauptmerkmal unseres emotionalen Apparates, daß antagonistische Gefühle sich gegenseitig regulativ in Schach halten. Krankmachend wird dieser Zustand erst dann, wenn zwei sehr stark ausgebildete, angesprochene und verstärkte antagonistische Emotionen an unserem Nervenkostüm zerren und ein echter Ambivalenz–, ein Emotionskonflikt sich in uns austobt. Ich möchte aber zu bedenken geben, daß wir wahrscheinlich dazu neigen, diese Art der Pathogenese in ihrer Häufigkeit und Bedeutung, in ihrer Konfliktträchtigkeit zu überschätzen. Hier fährt leicht wieder unser verdammtes Mißtrauen gegenüber unseren Emotionen mit uns Schlitten!

„Der Verdacht ist nicht auszuschließen, daß das ganze Ensemble von Gefühlen beim Menschen einfach zu kompliziert geworden ist und in sich zuviel Konfliktstoff enthält, zu oft in entgegengesetzte Richtungen zieht. Dann wären Neurosen menschliches Los" *(Zimmer)*.

Ein weiterer Aspekt, der hier Erwähnung verdient, ist die Tatsache, daß in unserem täglichen Leben ja häufig Emotionen angesprochen werden, darunter auch solche, die nach lautstarkem, intensivem Ausdruck drängen, der aber gleichzeitig untersagt ist. Nicht die Emotion selbst macht dann den Hauptteil der Belastung aus, der Streß entsteht erst durch die unverträgliche Kombination von *Stimulation und Reaktionsverhinderung*.

Das Mißverhältnis von Erregung unserer Emotionen & Motive und ihrem Ausdrükken und Ausleben nimmt mit voranschreitender Zivilisation immer groteskere Züge an. Allenthalben wird unsere Wut (Beruf & Ehe), unsere Lust (Kino & Kiosk), unser Mitleid (Nachrichten & Tagesschau), unsere Angst (Auto, Krieg und Prüfung), unsere Scham und Schuldgefühle (Gott & Gatte) provoziert und erregt – ihr Ausdruck aber unterliegt einer extremen Zensur, ist tabuisiert und verdammt.

Wer darf schon seinen Chef, Kollegen oder Ehepartner anbrüllen oder kann vor ihm flüchten, wer sich auf der Straße oder im Kino Befriedigung verschaffen, wer bei Tagesschau und Zeitungslektüre weinen, wer seine Angst zugeben und ausdrücken, wer sich vor Scham und Schuld im Staub wälzen? Das Ergebnis ist, daß unser Körper permanent in *Alarmbereitschaft* versetzt wird, diese Energien aber in keiner Weise mehr abgebaut werden.

Sind wir nun nicht a la *Richard Kimble* permanent auf der Flucht vor unseren Gefühlen, so bietet sich der emotionsgehemmten Person vor der Ausbildung von Beschwerden und Krankheiten noch der dornen– und steinreiche Weg der Perversionen an.

Aus dem Bereich sexueller Gefühle sind uns diese weidlich bekannt, weniger bei anderen Emotionen. Ich werde mich in dem entsprechenden Kapitel ausführlich mit den mir besonders am Herzen liegenden aggressiven Perversionen beschäftigen, als deren schlimmste ich unsere persönliche und politische, verbissene, unversöhnliche, konsequent–rationale, gereizte *Feindseligkeit* betrachte – im Gegensatz zu einer vitalen, böllerigen, rauhschalig–weichkernigen, polternd–vergessend–versöhnlichen Aggressivität. Doch auch die Freude kennt Perversionen: „Geben ist seliger denn nehmen" (Masochismus–Pendant), Konsumgier (Fetischismus–Pendant) usw.

Die Perversionen der Trauer sind uns in dem ausgesprochen morbid–dekadenten Toten– und Bestattungskult der Amerikaner bekannt geworden, jedoch herrscht in dem Bereich der Trauer mehr die Angst vor der Emotion und die Verdrängung vor. Bei den Scham– und Schuldgefühlen sehe ich ein Exhibitionismus–Pendant in dem heute so geliebten und propagierten (Film „Männer" von *Doris Dörrie*), mit dem Mäntelchen der Offenheit und Ehrlichkeit umhangten perfiden Umgang mit Seitensprungen und den daraus resultierenden Schuldgefühlen – doch davon später mehr. Wir sehen: Man kann noch vieles mit unseren gehemmten Emotionen anstellen – bevor man krank wird!

„Die bedeutendste Ebene in der Psychotherapie ist aber die subjektive Welt des Klienten, die durch seine emotionalen Reaktionen und Erlebnisweisen ganz wesentlich bestimmt ist. Alle Psychotherapie beginnt in irgendeiner Weise damit, daß der Klient aufgefordert wird, zu schildern, was in ihm vorgeht" *(Kruse)*.

Klinische Störungsbilder

Der *Übergang* von emotionalen Störungen zu klinischen Störungsbildern mag sich so gestalten:

> Massive aktuelle oder chronische Hemmung oder extreme Frustration emotionalen Empfindens und Verhaltens ruft *Angst* auf den Plan – zunächst Angst vor der Äußerung der betreffenden emotionalen Bedürfnisse nach z.B. sozialem Austausch, gesundem Trauerempfinden, Sinnenfreude, Überraschung, Wutausdruck usw. usf. Im Zuge der Chronifizierung mündet diese Angst ein in eine generalisierte Angst vor den emotionalen Bedürfnissen und Empfindungen selber.

Nun kommt eine *Weichenstellung*: Wie stark ist die Abwehr, die Verdrängung dieses chronischen und/oder exzessiven emotionalen Drucks? Dazu könnte man das Modell von *Bahnson* zu seiner *Komplementaritätshypothese* heranziehen:

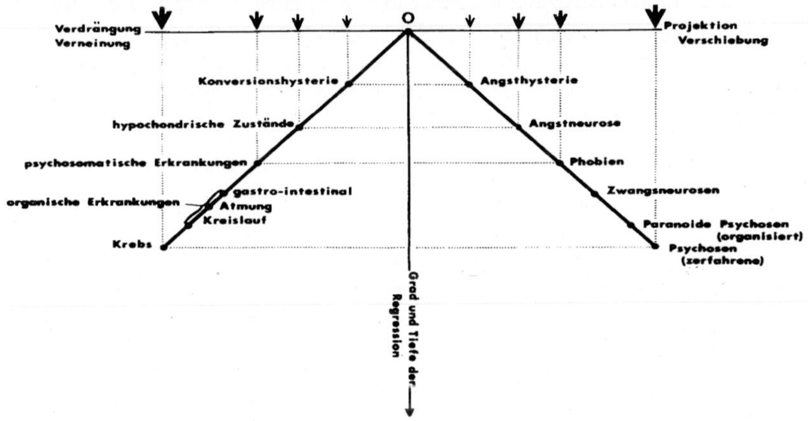

Ersetzen wir Grad und Tiefe der Regression durch Schweregrad der Störung, Projektion durch Sensibilisierung; vergessen wir die Angsthysterie (der Teufel weiß, was das ist) und ordnen wir die Zwangsneurosen um in die Nähe der organischen Erkrankungen bis hin zum Krebs (das kommt nicht selten zusammen vor); auch die Angstneurose muß mit den Phobien vertauscht werden, sonst haut das mit dem Schweregrad und der Projektion nicht hin; die Hypochondrie muß rüber auf die Sensibilisierer–Seite, wo auch die Depression anzusiedeln ist; die Phobien sollten aufgespalten werden in Agoraphobien und einfache Tier– & Situationsphobien – ansonsten ist das Modell von *Bahnson* atemberaubend innovativ und brillant.

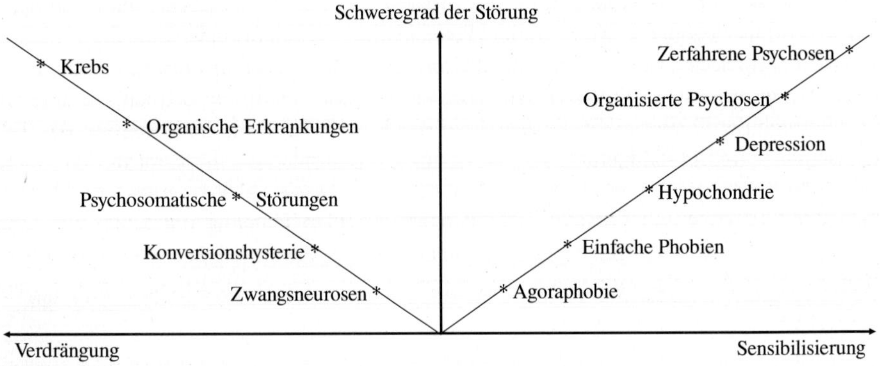

Hinter dem *Schweregrad der Störung* könnte der pathogene emotionale Druck aufgrund der skizzierten Entwicklung stehen. Zu beachten ist bei diesem Modell, daß es kein statisches sein sollte: Störungen können ihrerseits die Verdrängungsmechanismen modulieren, aufbauen, abbauen oder gar zerstören. So kann (muß aber im Einzelfall durchaus nicht) die Diagnose Krebs oder Herzinfarkt in einem bestimmten Stadium der *Dringlichkeit* die Abwehr zerstören und dem Patienten nun auch noch eine Depression bescheren, ggf. sogar mit Suizidalität (oder nur letztere).

Auch eine Depression kann aufgrund sich anbietender Abwehr–Schützenhilfe (z.B. über eine übermotivierende Arbeitssituation wie z.B. die des Therapeuten) weggedrückt werden und in eine organische Erkrankung ausarten.

Krebs

„… daß… Krebspatienten sich auch gefühlsmäßig einschränken und verflachen, haben doch nur wenige Forscher die langfristigen Folgen der psychodynamischen Entwicklungen und die mit ihnen verknüpften Verdrängungsmanöver untersucht… Die Resultate der ‹Extraversion–Intraversion›– und ‹Neurotizismus›–Dimensionen des MPI zeigten, daß Krebspatienten große Schwierigkeiten mit ihrer emotionalen Abfuhr haben, nur über eingeengte Abfuhrmöglichkeiten verfügen und immer stärker gehemmt und verdrängt reagieren als Kontrollpatienten. Kissen nannte es ‹diminished emotional outlet›. Blumenberg und Mitarbeiter (1954) untersuchten Krebs– und Kontrollpatienten mit dem MMPI–Test und beschrieben die Krebspatienten als ängstliche, überkontrollierte, fest verteidigte Persönlichkeiten, die ihre Spannungen nicht in motorische oder verbale Aktivitäten umzusetzen vermögen – keine ‹Katharsis› finden können. Sie fanden auch, daß Patienten mit schnell sich entwickelnden Tumoren stärker überkontrolliert und ängstlicher verteidigt waren als Patienten mit langsamer wachsenden Tumoren. Die Verfasser halten es für möglich, daß Krebs durch den physiologischen Effekt von chronischem innerem Streß hervorgerufen wird, besonders wenn der Streß nicht abreagiert oder adaptiv gelöst werden kann“ *(Bahnson)*. Insgesamt zeigen sie einen Mangel an emotionaler Ausdrucksbereitschaft, vor allem eine verringerte Tendenz, Ärger und Aggressionen zu äußern.

Immer wieder konnte festgestellt werden, daß einer Krebserkrankung in vielen Fällen schwere Verluste durch *Trennung oder Tod von Bezugspersonen*, die *Zustände von langanhaltender Hoffnungslosigkeit, Verzweiflung und Depression* nach sich zogen, vorausgegangen waren. Aufgrund derartiger Vorkommnisse in der Lebensgeschichte eines Patienten lassen sich relativ sichere Vorhersagen treffen, ob sich aus einem kanzerogenen Zustand ein bösartiger Tumor entwickeln wird. Es ist nachgewiesen, daß solche psychischen Zustände zu biochemischen Veränderungen im Körper führen, die das Immunsystem schwächen können.

Man könnte, metaphorisch, psychosomatische Erkrankungen als eine *Trauer der Organe* jener Patienten sehen, die nicht in der Lage sind, ihren Gefühlen Ausdruck zu verleihen, und als Steigerung davon den Krebs als eine *Trauer der Zellen* begreifen, also als Folge von Gefühlen, die quasi noch tiefer innen verbleiben, noch weniger ausdrückbar für den Patienten sind.

Für die – sicher sehr langwierige – psychotherapeutische Behandlung von Krebspatienten würde sich ergeben, daß vor allem solche Maßnahmen, die Wahrnehmung und Ausdruck von Gefühlen fördern und die zum Erlernen von Aggressionsäußerungen führen, angebracht sind.

Die Vermittlung adäquater Bewältigungsstrategien für Belastungssituationen könnte sowohl prophylaktisch wirken als auch sinnvoll in eine Nachsorgebehandlung integriert werden. So konnte in einer prospektiven Studie mit Brustkrebspatienten gezeigt werden, daß eine passiv–akzeptierende, hoffnungs– und hilflose Haltung nach der Operation auf lange Sicht (bis zu 40 Jahren) einen wesentlich schlechteren Verlauf ergab als Reaktionen von Kampfgeist oder auch Verleugnung.

Natürlich gibt es auch Bestrebungen, die zahlreichen, z.T. widersprüchlichen Befunde zur Depression in *multimodale Modelle* zu integrieren. So etwa die Annahme, daß Depressionen durch vielfältige psychosoziale und physiologische Faktoren hervorgerufen werden können, die jedoch alle den Weg über funktionale Störungen der Zwischenhirnmechanismen nehmen, wodurch das klinische Bild im wesentlichen bestimmt wird: die Depression als *final common pathway*, als gemeinsame Endstrecke zahlreicher Risikofaktoren.

Risikofaktoren für Depressionen

O Einsamkeit, soziale Isolation
O Anforderungs– & Arbeitslosigkeit
O Rausch– & Genußgifte: Kaffee, Alkohol
O Alter
O Körperliche Mangelzustände: Vitamin– B–Komplex, Eisen, Magnesium u.a.m.
O Aufgestaute Wut
O Gehemmte Aggressionslust
O Gelernte Hilflosigkeit
O Unverarbeitete Trauer, Verlust, Schicksalsschläge
O Unerträgliche Schmerzen
O Blockierte Freude
O Uneingestandene Angst
O Übermächtige Schuldgefühle
O Unbefriedigte Lust
O Erwartungsspannung
O Entlastung
O Überlastung, hoher Leistungsanspruch
O Gehemmte Aktivität
O Perspektivstauchung, Krankheiten, Unfälle
O Entscheidungskonflikte
O Lichtarmut
O Mangelhafte körperliche Fitneß
O Hautkontakt–Deprivation
O Zuviel oder zuwenig Entspannung
und und und mindestens 83 weitere Risikofaktoren!!!

Elegie, ohne große Worte

Man kann sich selber manchmal gar nicht leiden
und möchte sich vor Wut den Rücken drehn.
Wer will, ob das berechtigt ist, entscheiden?
Doch wer sich kennt, der wird mich schon verstehn.

Wenn eine Straßenbahn vorüberfegte,
kann es passieren, daß man sich höchst wundert,
warum man sich nicht einfach drunterlegte.
Und solche Fälle gibt es hundert.

Man muß sich stets die gleichen Hände waschen!
Und wer Charakter hat, ist schon beschränkt!
Womit soll man sich denn noch überraschen?
Man muß schon gähnen, wenn man an sich denkt.

Man hängt sich meterlang zum Hals heraus.
In Worte läßt sich so was gar nicht kleiden.
Man blickt sich an – und hält den Blick nicht aus!
Und kann sich (siehe oben!) selbst nicht leiden.

Wie gern wär man dann dies und das!
Ein Bild, ein Buch, im Wald ein Meilenstein,
ein Buschwindröschen oder sonst etwas!
Behüt dich Gott, es hat nicht sollen sein.

Jedoch auch solche Tage gehn herum.
Und man fährt fort, sich in die Brust zu werfen.
Der Doktor nickt und sagt: Das sind die Nerven.
Ja, wer zu klug wird, ist schon wieder dumm.

Anmerkung: Der letzte Vers ist nicht als Berufsbeleidigung gedacht. Ich sage das ausdrücklich, weil ich mit dem Verband der weiblichen Bureau– und Handelsangestellten schlechte Erfahrungen gemacht habe.

Erich Kästner

Therapie

Emotionstherapie & Verhaltenstherapie * Emotionstherapeutische Zielrichtungen * Segen und Fluch der Zivilisation

„Es kann lebenswichtig sein, daß wir unsere Empfindungen überhaupt wahrhaben und ausdrücken lernen und dafür einige Widerstände riskieren und auch Opfer bringen, und wäre es nur das Opfer der Bequemlichkeit" *(Muschg)*.

Historisch betrachtet sind seelische Störungen überwiegend *körperlich* behandelt worden. Das ist geradeso sinnvoll, als würde ich einen Software–Fehler am Computer dadurch zu beseitigen versuchen, daß ich die Raumtemperatur oder –feuchtigkeit senke oder erhöhe, statt 220 Volt 224 reinschicke, die Computerschränke in einer anderen Farbe anstreiche, mit einer Ölkanne an die Platinen gehe, ihm nur noch leicht zu rechnende Aufgaben stelle oder den kompletten Schrank mit der zentralen Recheneinheit (CPU) unter Strom setze (Erfahrungen mit der Elektroschock–Therapie lassen 150 Volt von links nach rechts quer durch dienlich erscheinen). Die vielbeschworenen erbbedingten Hardware–Macken im seelischen Bereich erweisen sich bei genauerer wissenschaftlicher Betrachtung zunehmend mehr als Seifenblase.

Die wichtigste *Aufgabe der Psychotherapie* unseres Gefühlslebens besteht darin, uns wieder zu sensibilisieren für unsere emotionalen Gefühle, uns zu ermuntern, sie zuzulassen, unsere panische Angst vor dem Überflutetwerden durch unsere gestauten Gefühle abzubauen, Vertrauen zu unserem Gefühlsleben wieder aufzubauen – und ein berechtigtes und dringend notwendiges Mißtrauen gegen unsere Vernunft und Ratio, unsere Logik und Konsequenz anzuraten.

Leider haben wir in der Vergangenheit gelernt, pervertierte Gefühle wie Feindschaft, Giftigkeit, Militarismus, Mord, sexuelle Exzesse und Perversionen, Depressivität u.v.m. mit gesunden Emotionen zu vermischen, zu verwechseln, zu kontaminieren – und haben dann das Kind mit dem Bade ausgeschüttet und alles verdammt! Nur, daß wir weder in unseren sozialen Beziehungen, in unseren Ehen, in unserer Innen– und Außenpolitik, in unserer Diplomatie und militärischen Strategie mit unserem goldenen Kalb, unserem Popanz von Vernunftsanspruch weiterkommen, dafür scheinen wir blind geworden zu sein – und getreu nach dem von *Watzlawick* brillant identifizierten idiotisch–menschlichen Motto *Mehr–desselben* meinen wir, müßten wir immer noch vernünftiger werden statt weniger vernünftig und dafür gesund–emotionaler, instinktsicherer!

Saft und Kraft bezieht unsere Beschäftigung mit Emotionen aus der sich formierenden und konsolidierenden *Psychobiologie* – einer je nach Standpunkt zentralen oder auch Grenzwissenschaft zwischen oder über der Psychologie und der Biologie. Namen mit psychologischem Standpunkt sind *McDougall, Tomkins, Ekman, Izard, Schneider, Euler, Mandl, Kruse* oder *Krause*, solche mit den Füßen in der Biologie wie *Darwin, Lorenz, Eibl–Eibesfeldt, Tinbergen, Hassenstein* und Männer, die die Psychobiologie (oder Soziobiologie) vorangetrieben haben: *Tiger, Fox, Trivers, Wilson, Scherer, Zimmer* oder *Zajonc*. Daneben können wir noch aus historischen Quellen bei *Aries, Fernau* oder *Elias* schöpfen.

Psychologie — **Biologie**

Emotions–, Motivations– & Sozialpsychologie — Vergleichende Verhaltensforschung, Humanethologie

Psychobiologie

Zur schulrichtungs–integrierenden *Potenz des Emotionskonzeptes* möchte ich noch einmal *Kruse* aus seiner phantastischen (wenn mir persönlich auch immer noch etwas zu abstrakten) Doktorarbeit zitieren: „Dagegen sieht sich der Lernende in der klinischen Psychologie von vielen Versprechungen umworben: von der geheimnisvollen Tiefe der Psychoanalyse, der akademischen Würde der experimentellen Forschung, der frechen Leichtigkeit der humanistischen Ansätze, der theoretischen Brillanz der kommunikationsorientierten und systemischen Ansätze oder der gesellschaftskritischen Züge der gemeindepsychologischen und epidemiologischen Theorien. Bei genauerem Hinsehen aber fehlt jedem einzelnen Ansatz die ordnende, integrative Potenz, auch wenn sie jeweils für sich einen bedeutsamen Aspekt klinischer Forschung repräsentieren. Sie haben es aber versäumt, den für die Systematik der klinischen Psychologie zentralen Punkt zu besetzen. Viele ihrer theoretischen Erkenntnisse und die umfangreichen praktischen Erfahrungen der jeweiligen Therapieschulen lassen sich zu einem emotionszentrierten Ansatz ‹aufheben›, d.h., in einem neuen theoretischen Bezugssystem weiterverwenden... Dem hier vertretenen Ansatz entspricht... die Überzeugung, daß ein emotionszentrierter Ansatz prinzipiell die Möglichkeit bietet, aus der schulbezogenen Organisation der Psychotherapie auszubrechen und zu einer einheitlichen Wissenschaft der Psychotherapie auf integrierter theoretischer Basis zu gelangen." (Wow!)

Selbst der sich so eigener inhaltlich–psychologischer Konzepte zu enthalten vorgebende Urvater der Gesprächstherapie, *Rogers*, möchte die Gefühle in seiner *non–direktiven* Therapie nur so fließen lassen: „... diese Gefühle, denen bisher der Zugang zum Bewußtsein versagt worden war, sprudeln in das Bewußtsein, werden erfahren und erlebt und in zunehmendem Maße als die eigenen Gefühle akzeptiert. Am oberen Ende des Kontinuums wird es für das Individuum charakteristisch, einen ständig sich verändernden Fluß von Gefühlen zu erfahren und darin zu leben." Weniger selbstbewußt hätte ich es auch nicht geäußert – nur vielleicht ohne die Schützenhilfe solcher und anderer nicht zitierten Publikationen etwas verzagter und verhaltener!

Man kann sogar noch einen Schritt weitergehen und sich zu der Behauptung hinreißen lassen, daß in vielen pädagogischen und psychotherapeutischen Schulen – im Lichte der Emotionspsychologie betrachtet – z.T. ein regelrechter *Blödsinn* verzapft und gelehrt wird. Ein sinnvolles *Modell* gliedert den emotionalen Komplex in *Areale*, die mit unterschiedlichen *Methoden* (um)programmiert werden:

Software ←——————————————————————→ Hardware

kognitiv — imitativ — konditionierbar — nicht

... zu beeinflussende emotionale Bewertungen, Empfindungen und Verhaltensanregungen.

Es ist so, daß die *Lerntheorie* sich gleichermaßen auf die im Limbischen System repräsentierten Emotionen bezieht (und zwar mit ihren niederen Lernarten des Konditionierens und Modellernens) wie auf die Kognitionen des Neocortex (mit den komplexeren Lernparadigmata des assoziativen Lernens und Lernens durch Einsicht). Vergessen wird dabei nur allzu gerne, daß sowohl dem emotionalen als auch dem kognitiven Lernen Grenzen gesetzt sind durch die *Hardware* und die fest installierten *Betriebssysteme* des Limbischen Systems und des Kortex. Zur Entschuldigung dieses Irrtums muß man allerdings sagen, daß es verdammt schwierig ist, zu beurteilen, ob eine Eigenart des

„Im großen und ganzen kann man sehen, daß die therapeutischen Verfahren, die innerhalb einer Schule praktiziert werden, sich folgerichtig von den theoretischen Vorstellungen der Emotionen herleiten. Die Begrenztheit der therapeutischen Techniken einer jeden Schule reflektiert gleichfalls eine entsprechend begrenzte Konzeption von emotionalen Phänomenen" *(Woolfolk)*.

Determinismus

Und von daher sollte jedem klar werden, daß das, was hier dargelegt worden ist, genausowenig wie das Gesetz der Schwerkraft als eine Art Determinismus verstanden werden darf. Für diejenigen, die glauben, das Gesetz der Schwerkraft beeinträchtige ihre Freiheit, erübrigt sich jeder Kommentar. Für die meisten vernünftigen Menschen dagegen ist dieses Gesetz einfach ein Tatbestand, den man bei der Deutung der Welt in Rechnung stellen muß, nicht anders als den zweiten Hauptsatz der Thermodynamik. Wenn wir diesen berühmten zweiten Hauptsatz ignorieren, verschwenden wir unsere kostbare Zeit mit dem Versuch, Perpetuum mobiles und andere untaugliche Geräte herzustellen. Im Bereich des Verhaltens können wir unter Umständen Gesetze von ebenso grundlegender Bedeutung ignorieren. Daß wir zu solcher Ignoranz fähig sind, ist ein Zeichen dafür, daß hier kein Determinismus im Spiele ist. Wir vertreten nicht die Ansicht, daß der Mensch sich auf bestimmte Weise verhalten *muß*, wohl aber die, daß er *für* bestimmte Verhaltensweisen programmiert ist. Falls er es vorzieht, sich anders zu verhalten, darf er sich dabei nicht mehr Hoffnung auf Erfolg machen als jemand, der die grundlegenden physikalischen Gesetze unbeachtet läßt. Der Mensch hat die physikalische Welt nicht dadurch erobert, daß er darauf bestand, er könne die Natur *übertreffen*, sondern dadurch, daß er herausfand, was er im Einklang *mit* der Natur vollbringen konnte. Unser bescheidener Vorschlag geht dahin, daß wir eben dieses unanfechtbare Prinzip auch auf unsere Bemühungen um gesellschaftliche Wandlungen anwenden... Bestimmte, sehr spezifische Regeln der menschlichen Biogrammatik können nur auf die Gefahr einer erheblichen Störung hin verletzt werden.

Tiger & Fox

„Psychotherapie versucht keine Interpretationen von Gefühlsproblemen zur Verfügung zu stellen, sondern Situationen, die ein tatsächliches neues Gefühlserleben gestatten…

Sie will nicht nur nebenbei in die Gedanken über Gefühle hineinwirken, sondern das Erleben selber korrigieren.

Wer zur ‹Intellektualisierung› oder gar zur ‹Ideologisierung› seiner emotionalen Probleme neigt, hat es sogar schwerer, so meint man, Zugang zu seinem Gefühlserleben zu finden.

Die Interpretationen bewahren ihn davor, das Eingesehene auch zu erleben.

Morris: „Der nackte Affe enthielt meine grundlegende Überzeugung, daß es eine große Zahl Erbsuggestionen, genetischer Vorschläge gibt – Vorschläge, nicht Anweisungen. Sie können auch ignoriert werden. Mir kam es darauf an, zu zeigen, daß wir dann, wenn sie zu stark ignoriert werden, in Schwierigkeiten geraten. Sie lassen einen Spielraum. Man kann von einem Löwen nicht verlangen, daß er Gras frißt; aber er kann von Antilopen lassen und statt dessen Rehe fressen, auch wenn er normalerweise nie einem Reh begegnen würde. Eine Nonne ignoriert den Fortpflanzungstrieb und schafft sich damit ein Problem, das sie lösen muß. Es handelt sich nicht nur um die in ihr erwachenden sexuellen, sondern auch um ihre mütterlichen Bedürfnisse. Ich habe in letzter Zeit viel darüber nachgedacht.

Wir haben zwei Lösungen, wenn wir unsere genetischen Vorschläge ignorieren. Die eine ist die symbolische. Die Nonne wählt sie: Indem sie alle Menschen als Gottes Kinder betrachtet, kann sie, wenn sie andere versorgt, als Pseudo–Mutter handeln; und sie wird sich die Kranken und Hilflosen, also die Kindähnlichsten aussuchen. Diese Gleichung, dieser symbolische Sprung, erlaubt ihr, ihre mütterlichen Triebe auszuleben. Die andere Lösung besteht im Gebrauch der Phantasie. Man agiert seine erblich nahegelegten Bedürfnisse im Kopf aus. Die Männer, die langweilige Fabrikarbeit verrichten, machen dauernd Gebrauch von dieser Möglichkeit: In Gedanken fahren sie auf den Mond, verführen ein Mädchen, hoffen auf das Tor, die symbolische ‹Beute› ‹ihrer› Fußball–‹Mannschaft› am nächsten Sonntag. Hätten wir als Spezies nicht diese Möglichkeit, unsere genetischen Bedürfnisse symbolisch oder in der Phantasie zu befriedigen, so wären wir viel weniger anpassungsfähig. Phantasie bringt einen nur privat weiter. Die Symbolisierung bewirkt hingegen viel für uns alle. Denn wenn wir alle als Jäger programmiert sind, können wir zweierlei tun: solange es noch möglich ist weiterjagen, obwohl es nicht mehr nötig ist, oder aber eine symbolische Beute erlegen, die in einem geschäftlichen oder sportlichen oder sonstigen Erfolg bestehen mag. Ehrgeiz ist ein abstrakter Ersatz für den von unseren Genen nahegelegten Jagdtrieb."

Zimmer: „Nun ist der Mensch zweifellos in der Lage, gegen die Natur zu handeln. Er kann seine sexuellen Bedürfnisse unterdrücken und dies für die höchste kulturelle Leistung halten, er kann Hungern oder Ertragen von Schmerz zu einer Kunstform entwickeln, er begeht Selbstmord. Zwischen sich und der Natur hat er die Kultur geschaffen. Es ist Ihnen oft entgegengehalten worden, daß die Biologie darum wenig über den heutigen Menschen und seine heutigen Gesellschaften zu sagen habe; daß sie nur den Anschein eines Verstehens erwecke, vor den wirklich wichtigen Fragen aber passen müsse. Wie weit reicht die Biologie in menschliches Verhalten hinein?"

Morris: „Gene sind nicht zum Spaß da. Sie haben einer Art schließlich das Überleben ermöglicht, und es gibt keinen vernünftigen Grund dafür, daß der Mensch den in ihnen erhaltenen Informationsreichtum einfach völlig aufgegeben hat. Aber es trifft zu, daß der Mensch seine genetischen Vorschläge modifizieren und ignorieren kann. Und es ist nützlich, zu wissen, was man ignoriert. Ich sage nicht, daß man das menschliche Tier gar nicht oder nicht erfolgreich ändern kann. Ich sage: wenn man das, was man verändert, wenn man also die biologische Basis versteht, hat man eine größere Chance, daß eine Veränderung gelungen ausfällt."

Zimmer: „Es wird diskutiert, als habe man sich zwischen ‹Natur› und ‹Kultur›, zwischen ‹Vererbung› und ‹Umwelt› zu entscheiden – und da das Reich der Natur in der Tradition älteren spiritualistischen Denkens vorzugsweise als das der brutalen Notwendigkeit, das der Kultur als das der Freiheit verstanden wird, obwohl nicht einzusehen ist, wieso ein völlig von der Gesellschaft determinierter Mensch freier wäre als ein von natürlichen Dispositionen gelenkter, geht es scheinbar um die Alternative zwischen Determinismus und Freiheit. Wer die Überzeugung äußert, der Mensch besitze manche seiner Eigenschaften von Natur aus, gerät sofort in den Verdacht, ihm seine Willensfreiheit rauben zu wollen und ihn zu einem Automaten der Materie zu machen. Zwischen den politischen Fronten wird er leicht vereinnahmt von denen, die an bestehenden sozialen Verhältnissen nicht gerüttelt sehen möchten und denen es darum nur zupaß kommt, wenn irgendwo der menschlichen Veränderbarkeit Grenzen gezogen werden. Die andere Seite fürchtet diese Konsequenz und sieht die naturalistischen Theorien gern als Bestandteil eines reaktionären Komplotts zur Unterminierung jedes Veränderungswillens. Sie geht in der vorsorglichen Abwehr so weit, dem Menschen unbegrenzte Formbarkeit zuzusprechen. Es ist nicht zu erwarten, daß eine revolutionäre Architektenschule plötzlich Treppen- und Brückengeländer als biologistische Verleugnungen menschlicher Willensfreiheit und Veränderbarkeit zuläßt. Und wo die natürliche Disposition zum Schwindel dem Menschen hinderlich ist, wo sie also eine kraß unzweckmäßig gewordene Anpassung darstellt, wird man nicht einfach behaupten, es gäbe sie nicht, wird man dem Betroffenen nicht abverlangen, sie zu ignorieren, da er doch erhaben sei über die primitiven Verstrickungen der Natur, sondern wird sie in behutsamem Training verhaltenstherapeutisch zu mindern suchen…

Wer natürliche Dispositionen von vornherein völlig ausschließt, gibt sich einer Illusion über das Ausmaß menschlicher Veränderbarkeit hin, die nur in Enttäuschungen und Niederlagen enden kann, nämlich dann, wenn der erwartete Neue Mensch seinen nächsten Auftritt verpatzt; erfolgreich ändern läßt sich der Mensch nur unter Berücksichtigung seiner Natur, nicht, indem man sie ihm ganz abstreitet und vergewaltigt."

Die Psychotherapie geht damit von einer bestimmten Voraussetzung aus:

Danach sind die Gefühle keineswegs gedanklichen Interpretationen gleich oder gleichgeordnet, sondern unser emotionaler und unser gedanklicher Apparat kommen leicht zu widerstreitenden Ergebnissen, und Gefühlstarnung, Gefühlskorrektur oder Gefühlsverleugnung, die unser kognitiver Apparat oft für notwendig hält, können Ursache für seelische Störungen werden" *(Zimmer)*.

Damit bin ich auch gleich wieder eine Grußadresse an die, wie der aufmerksame Leser bestimmt schon vermutet, von mir nicht gerade geliebte Kognitive Therapie losgeworden.

Systems Mensch, eine Empfindung oder ein Verhalten von seiner Software gesteuert (und damit lerntechnisch z.B. über Kognitionen oder Imitationslernen beeinflußbar) ist oder von seinem rigideren Betriebssystem (vielleicht greifen hier die Konditionierungsprozesse an) oder gar hardwaremäßig (bestimmte Emotionen, Motive und Affekte respektive spezielle Eigenschaften von ihnen) determiniert ist.

Ein folgenschwerer *Irrtum*, der von lerntheoretisch–behavioristisch verblendeten Psychologen bei Myriaden von psychischen Sachverhalten, insbesondere aber bei fast allen Erscheinungen psychischer Störungen begangen wird. Da wird mit Agieren, Macht ausüben, Stimulus– oder Konsequenzenkontrolle, Funktionaler Verhaltensanalyse, Problemanalyse und und und nur so um sich geschmissen. Ja, ein rechter Verhaltenstherapeut kommt um die in der Lerntheorie verwurzelte und eingebettete Verhaltensanalyse gar nicht mehr drumherum: obligater Bestandteil jeglicher diagnostischer Tätigkeit!

An einem kleinen Beispiel aus der Pädagogik möchte ich das an dieser Stelle zeigen (die psychotherapeutischen Flops einzelner Schulen, aber auch mancher empirisch–psychologischer Ansätze, z.B. der Anwendung der Lerntheorie oder Kognitiven Psychologie auf Aggressionen, Schuldgefühle, komplexe Phobien, Depressionen u.a.m., werden an den entsprechenden Stellen meiner Bücher hoffentlich nur allzu deutlich!): „Setzt man die lerntheoretische Annahme als richtig voraus, ist es durchaus folgerichtig, Erziehern zu raten, das Streben nach Nähe und Kontakt des Kleinkindes nicht immer zu befriedigen, da dadurch dieses Verhalten des Kindes, das die Mutter durchaus bei anderen Pflichten behindern kann, verstärkt wird. Erst die neuen Ergebnisse der Bindungsforschung haben bestätigt, daß Erziehungspersonen, die sich nicht von angeblich wissenschaftlich begründeten Erziehungsmaximen, sondern von ihren emotionalen Reaktionen in ihrem Handeln bestimmen lassen, indem sie positiv auf die Bindungssuche von Kleinkindern ansprechen, angemessener und entwicklungsfördernder reagieren" *(Schneider)*. Lokalisiert man in unserem Beispiel das kindliche Weinen & Schreien im falschen Bereich, wie es hier mit der *lerntheoretischen Annahme* geschehen ist, so wird man katastrophal fehlerhafte Ableitungen daraus ziehen, indem man z.B. meint, dieses Verhalten sei operant konditioniert entstanden und könne ebenso wieder abgebaut werden.

Einem anderen *Fehler* unterliegen die dem Zeitgeist folgenden Kognitiven Therapeuten, welche allzu oft von komplexen Softwarestrukturen sowie dem Betriebssystem im Zusammenspiel mit bestimmten Hardware–Charakteristika gesteuertes emotionales Empfinden und Verhalten wie Prüfungsangst, Depressionen oder Platzangst in das kognitive Areal verlagern. Peinlich naiv und therapeutisch katastrophal! Das *Problem*: *Welche* emotionalen Bewertungen sind *wo* anzusiedeln?

Es gibt also emotionale Bewertungen (mit ihrer provozierten Empfindung und Verhaltensanregung), die leicht (wohl kognitiv) beeinflußbar sind, und andere, die sich träger und resistenter gegenüber Umwelteinflüssen zeigen: durch Imitationslernen modifizierbar, durch Konditionierungs– und Reifungsprozesse beeinflußbar und, letztlich, invariant gegenüber Beeinflussungsversuchen.

Wenn aber nun hinter allen therapeutischen Ansätzen, Richtungen und Schulen die emotionalen Konzepte als steuernde und begrenzende Einheit stehen, dann sollten wir doch von diesen Konzepten mal explizit reden. Ich bin dabei nicht der idiotischen non–direktiven oder in gewissem Umfang auch psychoanalytischen Auffassung, daß irgendeine Therapie nicht–direktiv abstinent sein kann: Ein Blick des Therapeuten, eine Pause von Bruchteilen einer Sekunde, eine bestimmte Stimmlage, Lautstärke und subtile Wortwahl, eine Mimik, eine Körperhaltung, unbewußte Bewegungen von Händen, Füßen, Mundwinkeln, Stirn, Augenbrauen, ein Augenrollen, ein Seufzer und tausend Dinge mehr bringen permanent absolut direktiv die emotionalen Konzepte des Therapeuten zu den emotionalen Problemen des Klienten rüber – ob der Therapeut das will oder nicht!

Solche *gesprächstherapeutischen Prämissen* wie: „Dabei nimmt der Therapeut weder durch seine Sprechinhalte noch durch sein Ausdrucksverhalten eine Wertung oder Beurteilung der Erlebnisse des Patienten vor. In dem sprachlichen Verhalten des Therapeuten soll kein Lenken, Belehren, Interpretieren oder Ermahnen für den Patienten wahrnehmbar sein" von *(Kropf)* halte ich für ausgemachten Schwachsinn: gleichermaßen schädlich und undurchführbar!

Und wenn das so ist, dann sollten wir unsere *Anschauungen und Konzepte* zu unseren Gefühlen, Emotionen, Antrieben, Trieben, Motiven, Instinkten *reflektieren* und vor uns selbst, unseren Mitmenschen, Kollegen und vor allem unseren Klienten verdammtnochmal *explizieren, offen dartun und diskutieren*, statt damit Versteck zu spielen hinter einer absolut nicht selbstkongruenten non–direktiven, lerntheoretischen, psychoanalytischen, katathymen oder wie–auch–immer Fassade!

Genau diese Anregung der persönlichen und wissenschaftlichen Diskussion unserer konkreten emotionalen Konzepte ist das Anliegen dieses Buches, das, wie mir scheint, mit einer Ballung emotionaler Befunde, Gedanken, Ideen und Konzepte einen recht innovativen Anfang macht („Sie dürfen jetzt das Fenster öffnen!").

Womit hat sich eine an den Emotionen des Menschen ausgerichtete Emotionstherapie zu befassen? Nun, da ist allerhand gut und schlecht und manch wenig beackertes Land:

Das Programm der Emotionstherapie (Fressen–Vögeln–Cha–Cha–Cha)

Emotion	*Verhalten (wissenschaftlich)*	*Verhalten (volkstümlich)*
Affiliation	Sozialer Austausch	Geselligkeit, Gastfreund–, Freund–, Kamerad– & Partnerschaft, Familiensinn & Kinderliebe, Kollegialität, Nachbarschaftssinn empfinden/pflegen
Sexualität	Kontaktaufnahme	Flirten, schäkern, anmachen, anbändeln, balzen, begehren
	Verkehr	lieben, ficken, vögeln, bumsen
Aggressivität	Reaktiv	Schimpfen, fluchen, streiten, balgen, kämpfen, rächen, hassen, verachten
	Spontan	Lachen, necken, ärgern, lügen, quälen, klatschen & tratschen
	Selbstbehauptung	Kooperieren, konkurrieren, intrigieren, kompromittieren, neiden, eifersüchtig sein, dominieren, unterordnen
Moral	Scham	verlegen sein, schämen, genieren
	Schuldgefühl	Schuldig fühlen, reuen, sich entschuldigen, büßen, versöhnen
	Mitleid	Mitgefühl/Mitleid haben
Angst	Angst	Nervenkitzel, Furcht, Angst, Panik
Trauer	Trauer/Schmerz	Sich sorgen, trauern, leiden, Schmerz empfinden, schreien, weinen, heulen, wimmern, jammern, klagen, schluchzen
Sinnenfreude	Genuß	Hören, schmecken, schauen, riechen, tasten, fühlen, sich bewegen
Fröhlichkeit	Hedonismus (oder was?)	Lachen, singen, spielen, tanzen
Aktivitätsfreude	Aktivität/Muße	Neugierig sein, malen, basteln, handarbeiten, künstlerisch arbeiten, jagen, angeln, schlachten, sammeln, bauen, entspannen, (tag)träumen, schlafen

Die *Verhaltenstherapie* lehrt uns ein ganzes Arsenal therapeutischer *Techniken & Maßnahmen*. Ihre Fortführung, die wir strenggenommen *Psychologische Therapie* nennen sollten, übergießt den seelisch Kranken mit allem, was die empirische Psychologie (und in ihren Reihen an vorderster Front die Lerntheorie – fortgeführt in die Kognitive Psychologie) an tatsächlichen oder vermeintlichen Erkenntnissen über das menschliche Seelenleben und seine Störungen hervorgebracht hat. Als Experimentum crucis für die therapeutische Wirksamkeit dämpft eine wahnsinnige Zahl von mehr oder minder kontrollierten empirischen oder experimentellen *Therapieerfolgsstudien* diese Lawine potentieller therapeutischer Konzepte, kommt aber hinter der Produktion immer neuer psychologischer Erkenntnisse nicht nach, ja wird von ihr erschlagen. Denn eines macht die heutige empirische Psychologie kaum: zielgerichtet die wichtigen gesunden Aggregate des menschlichen Seelenlebens zu untersuchen. Statt dessen betreibt sie mit unermüdlichem Aufwand die Erforschung des Lernens, des Gedächtnisses, der Intelligenz, der Geschlechterunterschiede, ja der differentiellen Unterschiede der Menschen, der ontogenetischen Entwicklung des Menschen (und hier der absolut uninteressantesten Merkmale), der Persönlichkeit, die überwiegend aus einer Extraversion (einem akademisch stilisierten Bindungsgefühl), der Interferenzwirkung (fragen Sie mich nicht, was

Eine kleine Anekdote dazu, wie man mit geradezu sprichwörtlicher Präzision das Pferd am Schwanz aufzäumen kann: *Jacobson* fand heraus, daß viele seelische Störungen mit Verspannungen der Gesichtsmuskulatur einhergehen; löst man diese nun durch ein *Muskel–Entspannungs–Training* auf, so lösen sich die inneren Konflikte – ganz so wie ein Hund ein glücklicherer Hund wird, wenn man ihm das böse Bellen abgewöhnt, das Schwanzwedeln verhindert (oder, wie auch immer, umpolt) und seinen traurigen Bernhardinerblick liftet. Ich schaffe es allenfalls, aus einer traurigen Depression eine lächelnde zu machen, aus einem Böse–Blicker einen Cheese–Lächler, aus einem Gespannten einen Coolen, na ja, wem das reicht – o.k. Dabei will ich gar nicht bestreiten, daß kurzzeitige Effekte, die von dem mimischen und gestischen Ausdruck auf die Emotion zurückwirken, vorhanden sind; nur dürften die bei unveränderter Lebens– und Umweltsituation und ihrer emotionalen Bewertung mit Sicherheit temporär und flüchtig sein, d.h. ihre rückwirkende Signalfunktion für den Organismus mit der Zeit verlieren (Abnutzungseffekt) – vielleicht sollte man mal längere katamnestische Untersuchungen solcher *Gesichtsmuskel–Entspannungs–Therapie* machen, sie ist so schön einfach!

Einen wirklich phänomenalen Einblick in die Vielfalt *seriöser Therapieformen* bekommt der geneigte Leser in diesem Therapiemanual.

Die psychotherapeutischen Schulen

Treffen sich zwei Psychologen. Fragt der eine: „Kannst du mir sagen, wo die Post ist?" Antwortet der andere: „Nein, aber ich finde es ganz toll, daß du so offen darüber sprechen kannst!"

Zuerst einige Worte zur endlosen beendbaren *Psychoanalyse*:

Ich könnte meinen Unmut an der allumfassenden verbissenen Sichtweise der Psychoanalyse nicht besser formulieren, als es *Zimmer* getan hat (höchstens mit *Haley* bissiger oder elaborierter mit *Eschenröder*): „Wer nach biologisch Sinnvollem, nach Funktionen fragt, wird mit einem allgemeinen Trieb zur Auflösung und Vernichtung eigenen und fremden Lebens, mit kannibalischen Säuglingen, sexuellem Nuckeln und erotisierender Defäkation, mit vatermordenden Vierjährigen und Frauen, für die ihre Kinder Penisersatz sind, sehr wenig anzufangen wissen... Der Asthmaanfall beispielsweise drücke die unbewußte Erkenntnis aus, eine Situation nicht mehr ‹schlucken› zu können; das Magengeschwür habe den Wunsch, geliebt zu werden, in den Wunsch verwandelt, gegessen zu werden; Durchfallerkrankungen kompensieren verdrängte Begehrlichkeiten, an deren Stelle trete der Wunsch, etwas von sich zu geben und physisch die Entleerung des Darminhalts... Symbolische Erklärungen dieser Art bilden in der Tat einen wahren Zauberkasten, mit dessen Hilfe das eine (Seelische) in das andere (Körperliche) nach Belieben verwandelt wird und kein Mensch sagen könnte, warum. Sie können sich auf keine faktischen Vorgänge berufen; sie sind reine Phantasiegebilde."

Wer mehr von solcher scheinplausiblen modern–psychoanalytischen *Deutungsakrobatik* für psychosomatische Krankheiten lesen möchte, mag sich in solchen Werken wie „Krankheit als Weg" von *Dethleffsen* und ähnlichem verlieren und wiederfinden – ein immer wieder befreiendes Erlebnis!

Der grundlegende, aber zweckdienliche *Irrtum der Psychoanalyse* ist wohl der, „daß etwas schon erkannt sei, wenn es benannt würde, und daß ein imposanter Name schon dafür bürge, daß es das auch gibt, was er postuliert" *(Zimmer)*. Diesen Begriffsfetischismus der Psychoanalyse möchte ich (u.a. mit *Zimmer* und *Bowlby*) dem geneigten Leser ersparen. Es erspart auch uns viel nutzlosen Streit.

Was wir brauchen, ist eine Psychotherapie, die sich zu möglichst vielen relevanten Aspekten des Seelenlebens möglichst differenzierte, realitätsbezogene und heilsame Gedanken macht, diese notiert, überprüft, revidiert und weiterentwickelt anstatt am grünen Tisch und auf Kongressen mit reduktionistischen plausiblen und pseudoplausiblen Spekulationen herumzufuhrwerkeln und im Seelenleben herumzurühren. Welche Formen das dann annimmt, kann anzumerken ich mir nun doch nicht verkneifen:

„Gleich zu Beginn der Analyse erklärt der geübte Analytiker dem Patienten, daß in ihm (dem Patienten) unbewußte Prozesse wirksam seien und daß er sich etwas vormache, wenn er glaube, er wisse, wovon er rede. Wenn der Patient diesen Gedanken akzeptiert, muß er sich darauf verlassen, daß der Analytiker ihm sagt (oder, wie es ausgedrückt wird, ‹ihm entdecken hilft›, was er in Wirklichkeit meint.

So wühlt er sich immer tiefer in die One–down–Position hinein und macht es dem Analytiker leicht, fast jede seiner Finten zu parieren. Beispielsweise kann der Patient schwelgerisch von den schönen Stunden erzählen, die er mit seiner Freundin zugebracht habe, in der Hoffnung, beim Analytiker damit Neid (eine One–down–Emotion) zu erwecken. Der Analytiker kontert mit der Bemerkung: ‹Ich frage mich, was Ihnen diese Frau in Wirklichkeit bedeutet.› Dies weckt im Patienten Zweifel, ob er mit einem Mädchen namens Susi geschlafen hat oder mit einem unbewußten Symbol. Es bleibt ihm nichts anderes übrig, als sich an den Analytiker zu wenden, damit dieser ihm klären hilft, was ihm die Frau ‹in Wirklichkeit› bedeutet. Im Verlauf der Analyse, speziell wenn der Patient widerspenstig wird (Widerstandsfinten verwendet), bleibt es nicht aus, daß der Analytiker freie Assoziationen und Träume aufs Tapet bringt. Nun muß ein Mensch das Gefühl haben, daß er weiß, wovon er redet, um sich überlegen fühlen zu können. Niemand kann sich one–up hangeln, während er frei assoziiert oder seine Träume erzählt. Dabei rutschen einem zwangsläufig die absurdesten Äußerungen heraus.

Gleichzeitig deutet der Analytiker an, daß diese Absurditäten bedeutsame Gedanken enthielten. Dadurch hat der Patient nicht nur das Gefühl, lächerliche Sachen zu sagen, sondern auch Dinge zu sagen, in denen der Analytiker einen Sinn entdeckt, er hingegen nicht.

Eine solche Erfahrung würde jeden Menschen erschüttern: den Patienten treibt sie unaufhaltsam in eine One–down–Postition. Weigert sich der Patient, frei zu assoziieren oder seine Träume zu erzählen, so erinnert ihn der Analytiker natürlich, daß er sich durch seinen Widerstand nur selbst schade. Widerstandsdeutungen fallen in die große Kategorie der ‹Gib–dem–Patienten–den–Schwarzen–Peter›–Finten. Alle Versuche des Patienten, speziell des erfolgreichen, den Analytiker one–down zu plazieren, können als Widerstand gegen die Behandlung interpretiert werden. Dem Patienten wird das Gefühl gegeben, es sei seine Schuld, daß die Therapie schlecht läuft" *(Haley)*.

In ähnlicher Manier könnte man sich auslassen über die Schlichtheit der Gesprächstherapie, die Enge und Konzeptarmut der klassischen Verhaltenstherapie, die im morbiden Zeitgeist mitschwingende Kognitive Therapie oder die abgehoben anmutende Grundidee der Gestalttherapie mit ihren zum Teil wunderschönen Konzepten.

Focusing – die ohnmächtige Versenkung

„Viele Menschen trauen ihren Gefühlen nicht oder fürchten, von ihnen überwältigt zu werden. Aus Angst vor dem eigenen Gefühlsleben versuchen sie, Konflikte oder Probleme nur mit dem Kopf zu lösen. Die Folge der Gefühls–Verdrängung sind oft psychische Probleme. Innere Ruhe und Klarheit werden wiedergefunden und Probleme konstruktiv gelöst, wenn man die Gefühle zu ihrem Recht kommen läßt und sie in Einklang mit Denken und Handeln bringt. Der deutsch–amerikanische Psychologe *Eugene Gendlin* hat deshalb eine ebenso behutsame wie wirkungsvolle Methode entwickelt, wie man mit den eigenen Gefühlen in Kontakt treten und sich von ihnen leiten lassen kann. Durch ‹Focusing› kann der einzelne – in Therapie und Alltag – seinen Empfindungen auf die Spur kommen" *(Wiltschko & Köhne)*.

Das *Prinzip* dieser Therapieform besteht darin, daß der Klient durch kontemplative Übungen angeleitet wird, in sich hineinzuhorchen und sich für seine Gefühle zu sensibilisieren. Die Methode basiert, wie schon die Praxis der Psychoanalyse und die der verhaltenstherapeutischen Desensibilisierung, auf der Induzierung eines Entspannungszustandes und einer Ausrichtung der Aufmerksamkeit auf Körpervorgänge und Stimmungen, die später bei zunehmender Sensibilisierung in die Wahrnehmung feinerer Empfindungsqualitäten übergehen.

Die Methode ist auf den ersten Blick der des Katathymen Bilderlebens und auch der der suggestiven Maßnahmen wie der Hypnose ähnlich. Man beginnt mit harmlosen Vorstellungsübungen, in denen z.B. die Vorstellung von bekannten Personen angeregt wird und die Aufmerksamkeit auf die Körperreaktion bei dieser Vorstellung gelenkt wird. Bis hierher ist sie dem mehr oder minder gelenkten und ungelenkten Tagtraum, der blauen Stunde, der Mußestunde sehr verwandt. Auch die *Definition* des Focusing–Konzepts geht in diese Richtung: „Focusing heißt, in bestimmter Weise seiner Befindlichkeit (Felt sense) zu folgen und ihre prozeßhafte Änderung systematisch zu begleiten, bis schließlich eine körperlich wahrnehmbare Entlastung (Felt shift) eintritt" *(Wiltschko & Köhne)*.

Es geht, und das wird explizit betont, im Focusing nun aber leider nicht um das Herauslassen von Gefühlen, das Ausagieren, nicht um Einübung des Gefühlsausdrucks, sondern sozusagen um eine *innere Verarbeitung der Gefühle*, die ohne Interaktion mit der Außenwelt in diesen therapeutisch heilsamen Prozeß einmünden soll. Hiermit sehen wir ganz klar unter emotionspsychologischem und biopsychologischem Aspekt die *Grenzen dieser Therapieform*. Mit Sicherheit hat sie ihren Indikationsbereich, der jedoch eingeschränkt ist auf Prozesse, die mittels einer milden Lenkung sich selbst organisieren und regenerieren. Solche psychischen Störungen gibt es. Sie dürften jedoch in der therapeutischen Praxis leider eher eine Rarität sein als die Regel. Der größere Bereich der psychischen Störungen spielt sich im sozialen Kontext des Klienten ab und bedarf mit Sicherheit eines Trainings, einer Einübung auch des Emotionsausdrucks mit allen seinen sozialkommunikativen und sozialexpressiven Funktionen. Von daher können wir das Focusing als einen Ansatz einschätzen zur *Sensibilisierung für die eigenen Gefühlswahrnehmungen*, der jedoch auch schon in der Phase der Sensibilisierung eigentlich in den Kinderschuhen sozusagen steckenbleibt. Eine Sensibilisierung für die eigenen Gefühle ist in jedem Falle mit einer Echauffierung und einer sich anbahnenden Expressivität dieser Gefühle gekoppelt und darf von dieser nicht entkoppelt werden, wie es in der Praxis des Focusing der Fall ist. In diesem Fall wird der Klient trotz eines vielversprechenden Ansatzes in eine Sackgasse geleitet, in der er schnell mit dem Kopf vor der Wand steht. Auch in der historischen Entwicklung des Focusing taucht die Parallele zur Gesprächspsychotherapie auf. *Gendlin* war langjähriger Mitarbeiter und Nachfolger von *Rogers* an der Universität von Chicago. Die klientenzentrierte Non–Direktivität ist in beiden Therapieformen der Grundstein. Die Mannigfaltigkeit des menschlichen Seelenlebens, seiner Störungen und therapeutischen Wege und Ziele ist hier auf wenige Grundprinzipien, auf eine Handvoll Konzepte reduziert, die als heilbringend postuliert werden. Da helfen selbst solche Aufrufe wie „Mißtrauen Sie allen Heilslehren – und wenn Focusing Ihnen wie eine neue vorkommt, lassen Sie die Finger davon" nichts. (Man sieht an der vermeintlichen Notwendigkeit solcher Feststellungen eher, wie nah sich die Autoren und Verfechter des Focusing einer Heilslehre fühlen als das Gegenteil).

Wie sogar berühmte Psychotherapeuten mit ängstigenden Gefühlen ihrer Klienten umgehen, notiert *Brandt* wie folgt: „Psychotherapeuten wie Carl Rogers, die von sich und anderen ‹unconditional positive regard›, blindes Akzeptieren, und ‹warmth› gegenüber jedem ‹client› verlangen, teilen ihren ‹clients› unausgesprochen mit, daß die Therapeuten sich nicht mit zerstörerischen Gefühlen auseinandersetzen können, weil sie vor solchen Gefühlen Angst haben." Immerhin nimmt diese Therapieform der klientenzentrierten Gesprächstherapie von *Rogers* in der Hitliste (aus der PSYCHOLOGIE HEUTE) der einflußreichen amerikanischen Psychotherapeuten die erste Position ein:

1. *Carl Rogers* (Klientenzentrierte Therapie)
2. *Albert Ellis* (Rational–emotive Therapie)
3. *Sigmund Freud* (Psychoanalyse)
4. *Joseph Wolpe* (Klassische Verhaltenstherapie)
5. *Arnold Lazarus* (Multimodale Therapie)
6. *Fritz Perls* (Gestalttherapie)
7. *Aaron Beck* (Kognitive Therapie)
8. *Jay Haley* (Strategische Therapie)
9. *Milton Erickson* (Hypnose, Strategische Therapie)
10. *Donald Meichenbaum* (Kognitive Verhaltenstherapie)

Für alle ein Preis und ein Dämpfer

Psychotherapie ist wirksam, aber warum eigentlich / Von Dieter E. Zimmer

„... Ende der siebziger Jahre machte sich ein amerikanisches Team (Mary Lee Smith, Gene v. Glass und Thomas I. Miller) an die herkulische Aufgabe, alle jemals unternommenen kontrollierten Erfolgsstudien noch einmal unter die Lupe zu nehmen und auf ihre gemeinsame Aussage abzuklopfen (‹Metaanalyse› heißt das Verfahren und hat die Psychologie sehr beeindruckt). 475 Studien der unterschiedlichsten Art und Qualität gingen in diese Analyse ein. Und unter dem Strich kam noch einmal heraus: Alle Schulen haben – mäßige bis mittlere – Erfolge vorzuweisen.

Gleichzeitig brachte diese Untersuchung aber einen irritierenden Umstand an den Tag: Nicht nur die echten, ausdrücklichen Psychotherapien haben Erfolge. Mäßig erfolgreich sind auch Pseudo–Therapien. Es genügte vielfach schon, dem Patienten ein Merkblatt in die Hand zu drücken oder ihn ins Theater zu schicken, um eine Besserung zu erzielen – ganz so, als sei das wirksame Ingrediens aller Therapien vor allem der Umstand, daß sich überhaupt jemand der seelischen Beschwerden des Hilfesuchenden annahm, egal wie...

Ein Sammelreferat von Joseph A. Durlak sichtete 1979 52 solcher Studien. Nur in zwei von ihnen waren die professionellen Therapeuten erfolgreicher, in 38 hatten sie gleich gut abgeschnitten wie die Laien, in zwölf sogar schlechter. Es sieht so aus, als sei es für die Effektivität der Psychotherapie nicht nur ziemlich gleichgültig, welche Theorie ihr zugrundeliegt; auch die lange Ausbildung und Berufserfahrung der Therapeuten scheint die Erfolgsquote nicht zu erhöhen, eher im Gegenteil...

Bei ihrer Identifizierung hat sich vor allem Jerome Frank hervorgetan. Er nannte sechs solcher Faktoren.

1. Jeder wirksamen Therapie liege eine vertrauensvolle Beziehung zwischen Therapeut und Patient zugrunde.
2. Jede Therapie biete dem Patienten eine überzeugende Erklärung für sein Leiden.
3. Jede Therapie mache dem Patienten durch Anweisung, Beispiel oder Selbsterfahrung neue Information über sich zugänglich.
4. Jede Therapie stärke die Heilungserwartung des Patienten.
5. Jede Therapie beschere Erfolgserlebnisse.
6. Jede Therapie fordere Gefühle heraus.

Insgesamt, meint Frank, wirkten alle diese Faktoren der Demoralisierung entgegen; und genau dies sei denn auch ihr eigentliches Therapeutikum.

Neuerdings hat der New Yorker Psychiater Toksoz B. Karasu versucht, diesen Katalog zu vereinfachen. Seiner enthält nur noch drei Faktoren. Jede wirksame Therapie, so meint er, sei erstens (zumindest am Anfang) emotional aufwühlend, bringe zweitens kognitiven Gewinn und verändere drittens das Verhalten. In der Praxis sei kaum eine je so rein, wie es manche dahinterstehende Therapie behaupte: Auch die Verhaltenstherapie zum Beispiel, die eigentlich nur eine lästige Konditionierung durch eine weniger lästige ersetzen wolle, errege starke Gefühle, auch die vorgeblich nicht–direktive Psychoanalyse gebe ihren Klienten mittel– oder unmittelbar Anleitungen...

Intellektuell schließlich ist der Stand der Dinge sehr ärgerlich. Da sind Hunderte von konkurrierenden Theorien, die ihre Erfolge als Beweis für ihre Richtigkeit im Schilde führen – und kein Erfolg beweist irgend etwas, denn in Wahrheit verdankt er sich wahrscheinlich allgemeinen Faktoren, möglicherweise dem bloßen Umstand, daß der Patient einen vertrauenswürdigen Gesprächspartner für seine Probleme gefunden hat. Ein böses amerikanisches Wort nennt Psychotherapie *Rent–a–Friend*; ein noch böseres deutsches ‹Freundschaftsprostitution›" *(Zimmer)*.

das ist – da kriege ich einen Schreikrampf), dem Leistungsstreben, der Ängstlichkeit und der Intelligenz usw. usf. besteht. Nun – und die Verhaltenstherapie ist ein Ausfluß dieser Seelenkonzept–Strangulierung. Nichts für ungut – die Verhaltenstherapie hat schon Konzepte darüber, was gesund ist: Kontakte soll man aufnehmen, aufrechterhalten und abbrechen können, selbstbewußt soll man auftreten (wie immer das aussieht!), angstfrei sollte man sein und genügend Verstärker müssen uns verstärken (was auch immer!). Im großen und ganzen ist es aber ein ziemlich blindes Suchen nach Konzepten zu einem gesunden Seelenleben. Weil: dazu liefert eben die empirische Psychologie nicht so sehr viel.

In der *Emotionstherapie* wollen wir uns anschauen, was Psychologie (und hier vornehmlich die Emotions– & Motivationspsychologie, die Sozialpsychologie und die Klinische Psychologie), die Biologie (und hier wiederum die Humanethologie) sowie das Kind beider, die Psychobiologie, zur gesunden Entfaltung des menschlichen Seelenlebens wissen und sagen. Diese Erkenntnisse müssen *Leitlinie und –faden für die Psychotherapie* sein. Warum wir uns dabei mit dem Focus Emotionen, mit dem Vergrößerungsfaktor der Betrachtung, beschäftigen, der uns gerade die Gefühle vor Augen führt, das habe ich einleitend erläutert. Halten wir fest: Die Emotionstherapie liefert *Konzepte* zu einer gesunden, erquicklichen Seelenhaushaltsführung – die *Methoden*, diese zu (re)installieren, finden wir z.T. schon prächtig ausgearbeitet in der Verhaltenstherapie vor. Einige Utensilien dieses Seelenhaushalts sind dort auch erkannt und benannt.

„Erst die Kenntnis über die menschlichen Emotionen und ihre Einbettung in biologisch vorgegebene Strukturen sowie in Handlungs– und Motivsysteme kann der Psychotherapie die theoretischen Mittel an die Hand geben, die nötig sind, um aus einem ‹Rühren in der Privatsphäre› eine fundierte angewandte Wissenschaft zu machen“ (*Kruse*).

Emotionstherapie & Verhaltenstherapie

Es ist seltsam, selbst einem so beschlagenen & umsichtigen Therapeuten & Autoren wie *Frank* fallen zum Thema Gefühlserregung & Therapie nur solche *Holzhammermethoden* ein wie *Janovs* Primärtherapie, Implosionstherapie, die Änderung von Fokalideen (was immer das sei) unter Gefühlserregung und Gefühlserektionen vermittels Äther, LSD u.a. Drogen, Insulinschock– und Elektrokrampfbehandlung – als wenn wir kein gut funktionierendes, bewertendes, steuerndes Emotionssystem hätten, was es zu kultivieren gäbe. Sind wir denn tatsächlich für unsere zarten & starken Emotionen so blind, daß wir nur ihre perversen oder exzentrischen Formen kennen?

Manche emotionstherapeutischen Maßnahmen *überschneiden* sich mit solchen, die bisher von der Verhaltenstherapie angewandt wurden, wandeln Details ab oder geben sinnvoller definierte Begründungen. In manch anderen Fällen stellen wir fest, daß therapeutische Maßnahmen, die aus einer realistischen Sichtweise unseres Emotionssystems abgeleitet werden, solchen Maßnahmen, die aus der Lerntheorie oder Kognitionspsychologie stammen, *diametral entgegengesetzt* sind, z.B. Umgang mit mancherlei Aggressionen. In weiteren Fällen wird zwischen gegensätzlichen, scheinbar widersprüchlichen verhaltenstherapeutischen Maßnahmen eine Entscheidung getroffen – oder sie werden, wenn sich, wie z.B. bei Systematischer Desensibilisierung und Reizüberflutung, erwiesen hat, daß sie beide wirksam sind, unter ein *übergeordnetes* emotionstheoretisches Erklärungsmodell gestellt. In wieder anderen Fällen hat sich die Verhaltenstherapie einer emotionalen Auffassung sehr *konform* verhalten und Interventionsstrategien entwickelt, die man unter emotionstheoretischer Sichtweise genauso anwenden würde und denen man in der Emotionstherapie allenfalls eine stärkere Gewichtung beimißt, ein neues Etikett verpaßt und viele methodische Raffinessen hinzufügt (als Beispiele: Kontakt– und Flirttraining, sexualtherapeutische Maßnahmen, Trauerbearbeitung). Die Emotionstherapie stellt in diesem Sinne ein längst (über)fälliges *Gegengewicht zur Kognitiven Therapie* (und ihren wuchernden Auswüchsen) in der Verhaltenstherapie respektive Psychologischen Therapie dar.

Psychotherapeutische Strategien zur Änderung emotionaler Bewertungen *(Kruse)*

Identifikation und Benennung von Emotionen	Grundelement fast aller Therapiearten, in der Gesprächspsychotherapie in Reinform entwickelt
Lernen, mit den eigenen Emotionen umzugehen	Techniken zum Umgang mit intensiven, dysfunktional erscheinenden Emotionen (Selbstkontrolltechniken, kognitive Ansätze, Entspannungstechniken, Biofeedback–Therapie)
Durchbrechen emotionaler Blockaden	Techniken zum Provozieren von und zur Konfrontation mit starken Emotionen & Ausleben & –drücken; unter den kathartischen Ansätzen weit verbreitet (Gestalttherapie, Bioenergetik, Konfrontationstechniken, Reizüberflutungsverfahren, Psychoanalyse
Vermitteln neuer emotionaler Erfahrungen	vor allem in Gruppenmethoden verbreitete Ansätze zur Erlebnisaktivierung (Encounter, Selbsterfahrungsgruppen, Gruppentherapie)
Durcharbeiten motivationaler Strukturen	Ansetzen an Motivsystemen, in die die emotionalen Bewertungen eingebettet sind (Psychoanalyse, kognitive Techniken)
Verändern sozialer Bezüge	Ansetzen an den sozialen Beziehungen, in die die emotionalen Reaktionen eingebettet sind, z.B. der Familie (Kommunikationstheorie, systemische oder psychoanalytische Familientherapie)

Kruse listet *psychotherapeutische Strategien* zur Änderung emotionaler Bewertungen auf. In der 1. Kategorie führt er die gesprächstherapeutische Strategie der Identifikation und Benennung von Emotionen auf, die er als Grundelement fast aller Therapiearten bezeichnet. In seiner 2. Kategorie „Lernen, mit den eigenen Emotionen umzugehen" schlägt auch bei ihm unsere gesellschaftliche Mentalität zur Gefühlsunterdrückung durch. Die Techniken, die er anführt, beziehen sich fast ausschließlich auf die Modifikation von, wie er sagt, intensiven dysfunktional erscheinenden Emotionen: Selbstkontrolltechniken, kognitive Ansätze, Entspannungstechniken, Biofeedback–Therapie. Die Artikulation von intensiven Emotionen wird hier nicht genannt und ist sicherlich den genannten Techniken inhaltlich diametral entgegengesetzt. Aber er hat ja noch den Punkt „Durchbrechen emotionaler Blockaden", in der die Katharsis zum Zuge kommt und wo er als therapeutische Richtungen die Gestalttherapie, Bioenergetik, die Konfrontationstechniken, Reizüberflutungsverfahren und Psychoanalyse nennt. Mit diesem Punkt haben wir uns noch ausführlich zu beschäftigen. Die drei verbleibenden Kategorien von *Kruse*: „Vermitteln neuer emotionaler Erfahrungen", „Durcharbeiten motivationaler Strukturen" und „Verändern sozialer Bezüge" werden ebenfalls bei unseren emotionstherapeutischen Maßnahmen immer wieder auftauchen.

EBERHARD-KARLS-UNIVERSITÄT TÜBINGEN

WISSENSCHAFTLICHE FORT- UND WEITERBILDUNG

KLINISCH-PSYCHOLOGISCHE BEHANDLUNGSVERFAHREN

2. Halbjahr 1989

05.07. - 06.07.1989 NUTZUNG DES AFFEKTS IN DER PSYCHOTHERAPIE
Prof. Dr. D. Revenstorf (Psychologisches Institut, Arbeitsbereich Klinische und Physiologische Psychologie)

Es freut mich, daß hervorragende Köpfe wie der in der Szene hochverehrte und heißgeliebte *Prof. Dr. Revenstorf* mit einer (sicherlich nicht der hier skizzierten!) *affekt–emotionalen Therapie* schon angefangen haben (es wird höchste Zeit, daß ich nach Beendigung dieses zeitzehrenden Werkes (m)einen lange verschobenen Workshop bei ihm mache).

Bevor im folgenden einige spezielle Ansatzpunkte der Emotionstherapie aufgeführt werden sollen, einige Worte zu den Widrigkeiten, die sich der Veränderung emotionaler Störungen entgegenstellen. Neben *Widerstandsphänomenen*, die ihre Ursache in Problemen der Therapeut–Klient–Beziehung haben, erscheinen mir mit *Kruse* folgende Aspekte bedeutsam: „Die Ursache für die Widerständigkeit liegt, allgemein betrachtet, in der Natur der Emotionen selbst begründet. Sie können nur dann orientierend wirken, wenn sie einen zeitüberdauernden Bezug zu einem Objekt herstellen. Das heißt, Emotionen wären sinnlos, wenn sie sich ohne Mühe ändern ließen... Ein zweiter Faktor, der Änderungen sabotiert, liegt darin, daß die Ursachen psychischer Störungen in Motiven zu suchen sind, die ihrerseits in Motivhierarchien eingebettet sind und in Korrespondenz zu den Lebenstätigkeiten und der Lebenssituation stehen. Soll ein Element der Motivhierarchie geändert werden, hat dies in der Regel ein Umstrukturieren des ganzen Gebäudes zur Folge. Dies wird häufig nicht bedacht, wenn man Veränderungen anvisiert, und dies erweist sich oft schwieriger als angenommen. Zudem stehen

Auch Willi Wacker ist in Sachen Emotionen schon lange auf dem Weg (und voll auf der Rolle).

Der Psychotherapeut

Eine Darstellung der Funktion des Psychotherapeuten (von ihnen auf den Psychiater reduziert) geben uns *Tiger & Fox* im folgenden Zitat: „Eine extreme Therapeutenrichtung vertritt die Auffassung, der Patient gelange am ehesten zu einem solchen Selbstverständnis, wenn man ihn möglichst ungestört reden lasse. Die zynischen Kritiker dieser Methode stellen daher die Frage, wieso denn ein Psychiater nützlicher sei als der beste Freund des Patienten. Das ist vielleicht der entscheidende Punkt. Der Psychiater ist ein sehr geschickter ‹bester Freund›, ein Mann, der für eine sehr spezielle Form der Freundschaft ausgebildet wurde. Bei den Primaten drückt sich, wie wir wissen, die Freundschaft im Pflegeverhalten aus. Wenn in unserer eigenen Spezies die symbolschaffende geistig–seelische Apparatur gestört wird und nicht mehr einwandfrei funktioniert, braucht sie genausoviel Pflege wie das Fell eines Pavians. Der Psychiater hilft uns, die verstreuten Bruchstücke unseres verworrenen und unglücklichen Lebens zusammenzusuchen und sie auf eine befriedigende Weise neu zu ordnen. Doch er ist nur eine verfeinerte Spielart des guten Freundes, mit dem man sich ausspricht. In dieser Welt des Spezialisten übernimmt er manche Funktionen des Medizinmannes, der Stammesältesten, der Verwandten und Gefährten, des Beichtvaters und all jener, die mit innerer Anteilnahme zuhören und aus Erfahrung Rat erteilen können. Er vereinigt in sich eine ganze Reihe von Fürsorgeaktivitäten, die einst viel weiter gestreut waren. Von daher erklärt sich sein relativ großer Erfolg und auch sein Gefühl des Versagens, denn wie die Krankenhäuser behandelt er seine Patienten außerhalb ihrer gewohnten Umgebung. Er gehört nicht der Intimgesellschaft an, in der die Ursache für die Krankheit zu finden ist, in der aber auch die Heilung erfolgen muß."

Einen Überblick über die wissenschaftlichen Befunde zu den wichtigen *Therapeutenmerkmalen* in der Psychotherapie gibt uns *Tscheulin*. Er teilt die Merkmale auf in *demographische, biographische* und *persönliche*, von ihm *personalistische Variablen* genannt. Unter den demographischen Variablen führt er die *Geschlechtszusammensetzung* von Klient und Therapeut an und behauptet, daß es je nach Konstellation zu Beginn der Therapie ein unterschiedliches Ausmaß an Einfühlung gäbe, daß aber, und hier zitiert er *Berzins*, zum Ende der Therapie diese unterschiedliche Einfühlung nicht mehr besteht, so daß es am Ende der Therapie gleichgültig ist, in welcher Geschlechtskonstellation Patient und Therapeut zueinander stehen. Als Variablen, die mit dem Therapieerfolg im Zusammenhang stehen, nennt er dann die *ethnische Gruppenzugehörigkeit* und die *soziale Schicht* von Klient und Therapeut und meint nach Befunden von *Sattler*, daß, wenn in dieser Hinsicht nicht allzu große Differenzen bestehen, die Prognose des Therapieerfolges günstiger ist. Unter den biographischen Variablen führt er zuerst den *beruflichen Status* des Therapeuten auf und vermerkt nach *Gurmann*, daß Prestige und Expertentum des Therapeuten in den Befunden zunehmend an Bedeutung verlieren gegenüber dem aktuellen Therapeutenverhalten. Zur *Erfahrung* des Therapeuten vermerkt *Tscheulin*: „Erfahrene Therapeuten neigen z.B. dazu, mehr aktiv und konfrontativ und weniger direktiv (wohl aber direkt und gefühlsexpressiv) zu sein, sie sind eher in der Lage, bei unterschiedlichen Klienten eine gute Beziehung zu schaffen, und sie haben einen größeren Verhaltens– und Erlebnisspielraum..."

Am besten untersucht sind Psychotherapeutenmerkmale in der *Gesprächstherapie*, da sie dort aufgrund der Therapieform und Modalitäten eine zentrale Bedeutung haben. *Rogers* nannte an erster Stelle die *Empathie*, das empathische Verstehen des Klienten, dann eine nicht besitzergreifende *Wärme* und *Wertschätzung* des Klienten durch den Therapeuten und die *Echtheit* und *Selbstkongruenz* des Therapeuten. Unter *Empathie* verstehen wir zum einen die Fähigkeit, Gefühle anderer Personen richtig zu erkennen und zu bezeichnen, ihre Perspektive und Rolle zumindest gedanklich zu übernehmen (Rollenübernahmefähigkeiten) sowie (nach *Feshbach*) die emotionale Antwortbereitschaft, d.h. das authentische Reagieren auf die Emotionen anderer. Nach *Staub* sind diese empathischen Fähigkeiten eine notwendige, gegebenenfalls jedoch nicht hinreichende Bedingung für das Mitfühlen mit anderen Personen.

Für diese Variablen, wie immer man sie auch interpretiert, ist in zahlreichen Untersuchungen nachgewiesen, daß sie einen positiven Einfluß auf den Therapieerfolg haben. *Erickson* nannte in diesem Zusammenhang das *Joining*, das Sich–Verbinden und –Verbünden mit dem Klienten, welches bei ihm so weit und so konkret durchgeführt wurde, daß er durchaus zeitweise bis zu einer synchronen Atmung mit dem Klienten kam.

Eine etwas weitere Auslegung des Joining könnte sich auf das Mitschwingen mit den Emotionen und Gefühlen des Klienten beziehen. Dieses gemeinsame Lachen, gemeinsame Wüten und Schimpfen, gemeinsame Weinen im Extremfall, das gemeinsame Trauern kann in der Therapie einmal für den Klienten Modellfunktion haben für die Kultivierung und Pflege seines emotionalen Ausdrucks, zum anderen kann es die Verbundenheit zwischen Klient und Therapeut derartig stärken, daß es dem Therapeuten auf dieser Basis dann leichterfällt, die Emotionalität, den Emotionsausdruck in die therapeutisch sinnvolle von ihm gewünschte Richtung zu lenken. *Was* nun aber die gewünschte, therapeutisch sinnvolle Richtung ist, das bleibt leider oder glücklicherweise der emotionalen Konzeptstruktur des Therapeuten anheimgestellt. Hier kommen wir wieder auf die 4.000 bis 10.000 Konzepte, die der Therapeut zu seinem Seelenleben, zu dem des Klienten und zum Seelenleben allgemein hat.

Ein Therapeutenmerkmal, welches meines Erachtens prognostisch extrem ungünstig ist und das in der Literatur sehr selten untersucht wurde, ist die *Feindseligkeit*, die *Gereiztheit*, das *Genervtsein* des Therapeuten dem Klienten gegenüber, die er sicherlich nicht in der ersten Stunde zeigt, die aber in Situationen der Verunsicherung des Therapeuten sehr schnell die Oberhand gewinnen kann und in einen Clinch einmündet, den die Psychoanlyse dann mit ihrer Widerstandsinter-

innere und äußere Lebenssituationen in einem dialektischen Verhältnis zueinander. Veränderte Motivstrukturen erfordern auch eine Veränderung der äußeren Lebensbedingungen. Ist dies nicht möglich, so kann aus diesem Grund ein Verbleiben in der alten Struktur für den Klienten nützlicher sein als die Ausbildung neuer motivationaler Strukturen, die keine Realisierungsmöglichkeiten in der Wirklichkeit finden."

Emotionstherapeutische Zielrichtungen

Zu seinem „Wärmetod des Gefühls" führt *Lorenz* ein *Therapeutikum* auf, welches schon seit eh und je von den Menschen oder, wie er sagt, „Weisen der Menschheit" angewendet wurde. Um der Nivellierung unseres Gefühlslebens, unserer emotionalen Schwankungen und Befriedigungen entgegenzuwirken, ist es nötig, sich Streß und emo-

pretation dem Klienten anlastet. Hat der Therapeut wenige und/oder unrealistische, d.h. wenig heilsame Konzepte zum Seelenleben und seinen Störungen, so kommt er relativ schnell in eine Verunsicherung hinein, die von den meisten Therapeuten in ihrem Omnipotenzwahn dann überkompensiert und in Form von Feindseligkeit dem Klienten um die Ohren gehauen wird. Diese Feindseligkeit ist im Sinne unserer späteren Auslassungen über Aggressivität zu unterscheiden von einer vitalen, gesunden, offenen Aggressivität des Therapeuten. In einem Wutausbruch kann der Therapeut im Sinne der Echtheit und Selbstkongruenz von *Rogers* durchaus seinem Unmut über Klientenäußerungen und Klientenverhalten Luft machen, nur sollte er dies in eine Versöhnung einmünden und nicht in überhebliches, degradierendes, arrogantes und feindseliges Verhalten auslaufen lassen.

Zwischen vitaler Aggressivität und Feindseligkeit, Borniertheit liegen Welten. Es ist eine große Gefahr in der Psychotherapie, daß überforderte, überlastete, inkompetente Therapeuten mit wenig oder verzerrter Lebenserfahrung – von der Ausbildung will ich gar nicht reden – mit einer Flut von Emotionen in all ihren Schattierungen und Facetten konfrontiert werden und aus ihrem Ohnmachtsgefühl heraus in eine arrogante, feindselige Haltung dem Klienten gegenüber verfallen. Ist dies eingetreten und häufig oder über lange Strekken der Therapie der Fall, so gehört nicht sehr viel Phantasie dazu, und es bedarf sicherlich nicht großer empirischer Therapieerfolgsuntersuchungen, um festzustellen, daß von diesem Zeitpunkt an der Therapieerfolg ausgesprochen in Frage gestellt ist. Klienten, die längere Therapien durchlaufen haben, können von dieser therapeutischen Haltung ein Lied singen. Sie ist nicht zu verwechseln mit dem Motto und der gegenseitigen Haltung von Klient und Therapeut am Ende der Therapie, was *Lazarus* einmal so formuliert hat: „Entweder kann mich der Klient am Ende der Therapie leiden, oder ich habe ihm geholfen." Hierin drückt sich eine Verselbständigung, eine Autonomie des Klienten aus, der, wenn die Therapie erfolgreich war, am Ende der Therapie die Hilfe des Therapeuten nicht mehr braucht und ähnlich, wie wir das bei Lebensrettern und Geretteten oft haben, diesen dann persönlich ablehnt.

Jouhy & Christ–Bode charakterisieren die hilfreiche Therapeutenpersönlichkeit: „Eine Persönlichkeit, die sich mit dem Leid des anderen nicht aus eigener Erfahrung identifizieren kann, die nicht Zweifel und Ohnmacht bei der Überwindung eigener Schwierigkeiten erlebt hat, die nicht in harter Schulung die Festigkeit erworben hat, aufrichtig gegenüber dem anderen und sich selbst zu sein – eine solche Persönlichkeit kann dem Hilfesuchenden kein Gegenüber sein, das Hoffnung vermittelt. Vielmehr steht sie in der Gefahr, überhöhte, perfektionistische Ansprüche, die der Klient an sich richtet, noch zu verschärfen, ob durch Verwöhnung oder durch Strenge."

Das *Prinzip Hoffnung* wird in den unterschiedlichsten Konzepten zur therapeutischen Effizienz immer wieder hochgehalten. Fast alle Therapieschulen, außer gerade der derzeit größten Schule, berücksichtigen dieses Mutmachen und Hoffnunggeben. Daß hier natürlich nicht überzogen und unrealistisch günstige Prognosen dem Klienten vermittelt werden dürfen, versteht sich von selbst. Es ist aber in jedem Fall wichtig, dem Klienten in seiner eigenen Hoffnung, die eher einer Hoffnungslosigkeit ähnelt, immer, wie man so sagt, eine Nase voraus zu sein, d.h., man sollte ihm, lerntheoretisch gesprochen, in punkto Hoffnung ein Gleitmodell sein, welches ihm voraus in Richtung Optimismus, Zukunftsperspektive und Hoffnung eilt.

Schenkt man nun neueren und eingehenderen Therapieerfolgsstudien Glauben, so scheint bis dato immer noch die *Person des Therapeuten* der stärkste Prädiktor des Erfolgs in der Psychotherapie zu sein. Unter emotionspsychologischer Betrachtung nimmt das auch nicht wunder. Die Fülle der in einer Psychotherapie geforderten emotionsbezogenen Konzepte zur Dynamik und Funktionsweise des Seelenlebens ist mit Sicherheit bei dem derzeitigen Entwicklungsstand der therapeutischen Schulen (den ich gerne mit dem eines Embryos oder allenfalls Säuglings vergleiche) in den Personen der Psychotherapeuten variabler als in den Schulen. Ich möchte das simplifizierend skizzieren: Nehmen wir an, in der Psychotherapie sind 4.000–10.000 Konzepte zu einzelnen Aspekten des Seelenlebens mehr oder minder wichtig (eine völlig willkürlich gegriffene Zahl!). Eine Schule macht sich zu 10–20 Aspekten unserer Psyche ihre mehr oder weniger qualifizierten Gedanken und Konzepte dazu, wie sie sie angeht und damit umgeht. Die übrigen 3.980–9.990 Aspekte des Seelenlebens seiner Klienten beurteilt der Psychotherapeut, wenn er nicht zu borniert der reduzierten Struktur seiner Schule verhaftet ist (was leider verdammt häufig der Fall zu sein scheint), aufgrund seiner außerschulischen sozialisations– und weltanschauungsbedingten Konzepte, die sehr unterschiedlich heilsam oder schädigend sein können. Daß nun in empirischen Therapiestudien die wenigen schulbedingten Konzeptvariablen in der personenbedingten und therapeutisch absolut geforderten und notwendigen Konzeptflut untergehen, wundert weiter nicht – oder? Vergleicht man auf der anderen Seite eine Therapie, die statt aus 1.354 emotionalen Konzepten gerade aus 3 Schulvariablen besteht, mit einer Kontrolltherapie aus zwei derselben plus einer Kontrollvariablen, so kann man durchaus bei einem genügend großen Stichprobenumfang eine Signifikanz für einen durchaus lächerlichen therapeutischen Vorsprung einer der beiden Therapie–Rudimente erwarten! Nur, was bedeutet schon eine Signifikanz?

tionalem Unbill auszusetzen, um Befriedigungen, die eine Differentialfunktion der emotionalen Schwankung entspringen, zu erreichen. Insbesondere die *Sinnenfreuden* sind eigentlich nur nach *Deprivationen*, nach Mangelzuständen, genießbar.

Die Wiederbelebung und Kultivierung unserer Genußfähigkeit muß demnach bei der Induzierung eines Mangels ansetzen – und nicht die Überfütterung und Abstumpfung unserer Sinne weiter vorantreiben. Vorsichtig schrittweise eingeführte Befriedigungen werden dann sensibel und sensitiv erlebt. Die restriktive Herabsetzung der *Schamschranken*, die in unserem zivilisatorischen Prozeß vorangetrieben wurde, ist im Grunde noch am leichtesten zu revidieren. Wie wir sehen werden, lassen sich mittels Konfrontationsverfahren die Schamempfindungen und ihre Auslöseschwelle sehr leicht modifizieren. Die Methode der Wahl ist also die *Konfrontation mit tabuisierten Verhaltensweisen und Stimuli*, wie wir sie u.a. später in der sogenannten Makeltherapie ansprechen werden.

„Seit alters her haben die Menschen herausgefunden, daß man die Wirkung lustbringender Situationen durch besonders schlaue Zusammenstellung der Reize steigern und durch deren ständigen Wechsel vor der Abstumpfung durch Gewöhnung bewahren kann, und diese Erfindung, die in jeder höheren Kultur gemacht wurde, führt zum Laster, das indessen kaum jemals ebenso kulturvernichtend wirkt wie die Verweichlichung" (*Lorenz*).

Unser sexueller Empfindungsreichtum würde bei einer Zurückdrängung der Schamschranken ebenso wieder blühen wie unsere aggressiven Bedürfnisse zum Spaßen, Necken und Ärgern, unser Selbstbewußtsein bis hin zu unserem Körper, der sich nicht mehr mit heruntergeschlucktem Schleim und verhaltenen Blähungen herumschlagen muß (real und metaphorisch–exemplarisch gemeint – eine gewisse Unverschämtheit ist leider sehr zu Unrecht in Verruf geraten!).

Wir würden uns unserer Traurigkeit nicht mehr schämen, unserer Wut und unserer Freude, unserer Angst und unserer Liebe, unserer Treuherzigkeit und unseres gesunden Egoismus nicht mehr, unserer Albernheit und unserer Schweigsamkeit, unserer Neugier und unserer Gleichgültigkeit, unseres Mitleids und unserer Verachtung, unseres Schweißes und unserer Faulheit, unseres Gesangs und unserer Malerei nicht mehr!

Nötig ist ein wenig Mut, ein Tritt oder Schubs, eine Ermutigung oder nur eine Aufforderung, eine Erlaubnis und ein Vorbild und sich zwei Schritte weiter vorwagen! *Angst* haben wir, wenn die Scham nicht mehr zur Bewältigung der verhaltenen Gefühle ausreicht. Wir können vor unserer Lust Angst haben, vor unserer Wut, Angst vor der Angst natürlich, ebenso wie Angst vor unserer Traurigkeit und unserer Scham und Schuld.

Auch bei der Angst vor den eigenen Emotionen bieten sich konfrontative Verfahren an – nur daß hier mit einer Schwierigkeit zu rechnen ist, die wir in der üblichen Angst Therapie nicht haben: Die Angst vor den eigenen Emotionen wird sehr stark *rationalisiert*, d.h. mit scheinvernünftigen Gründen belegt, so daß es recht schwierig ist, diese kognitiven Reifenringe, die wir uns umlegen, und die einzelnen Scheinbegründungen erst einmal abzubauen, bevor wir zu der direkten Angst vor der Emotion überhaupt vorstoßen. Es ist also vor der Angstkonfrontation, vor der *Konfrontation mit den Emotionen* eine ordentliche Vorarbeit im Sinne einer *kognitiven Umstrukturierung* zu leisten. Die schrittweise Provokation von Gefühlen wird aber als sehr hilfreich und wohltuend, befreiend und erleichternd erlebt.

Nicht–sexuelle Beispiele sind: das Ersetzen der unversöhnlichen, aggressiven Feindseligkeit durch vitale, emotionale Wut und Versöhnlichkeit, Wandlung der Machtausübung durch Heiligenschein–Polieren und Schuldgefühlmacherei in eine solche über Attraktivität, Stärke und Imponieren, die Zurückdrängung von Arroganz zugunsten erlebter Angst und Unsicherheit, die aufzubauen zur sozialen Kompetenz dann möglich wird, Ablassen vom Zucker mittels Früchten & Honig, vom Brötchen durch Schrotbrot usw.

Als absolut schwierig stellt sich die *Korrektur unserer emotionalen Perversionen* dar. Da diese Perversionen, wie wir aus der Sexualität wissen, Teilbefriedigung bieten, allerdings mit einem immensen psychischen Aufwand, müssen wir in der Therapie dem Patienten oder im subklinischen Bereich uns allen erst diese Teilbefriedigung nehmen, um die volle vitale, emotionale Befriedigung aufzubauen. Das jedoch erweist sich in der Praxis als ein ausgesprochen schwieriges Geschäft. Erhöhung der Selbstkontrolle bezüglich der Perversion sollte einhergehen mit der Verführung durch die vitale Emotion.

Der *Konflikt zwischen Emotionen* und die Konfliktträchtigkeit unseres komplexen Emotionssystems wird wahrscheinlich in ihrer pathologischen Bedeutung *überschätzt*. Gerade der von *Hassenstein* genannte Höchstwertdurchlaß organisiert eigentlich ein Prioritätensystem, welches einzelnen und meistens den dominanten und intensivsten Emotionen zum Durchbruch verhilft und andere unterdrückt. Wahrscheinlich stecken in vielen als Emotionskonflikt wahrgenommenen Schwierigkeiten und psychischen Störungen in Wirklichkeit Konflikte von teilweise oder vollständig verdrängten Emotionen und rationalen Überlegungen, also im Grunde ein *Emotions–/Kognitionskonflikt*. Sollte allerdings tatsächlich ein Konflikt zwischen verschiedenen Emotionen vorliegen, wie wir ihn z.B. bei starken Ambivalenzen, bei widersprüchlichen Gefühlen gegenüber anderen Bezugspersonen oder wichtigen Sozialpartnern haben, dann ist das therapeutische Schlagwort das des Mitschwingens mit den Emotionen *(Gefühls–Swing)*, die sich entweder gleichzeitig oder in kurzer zeitlicher Abfolge im Erleben und im Ausdruck darstellen sollten. Ermunterung und Bekräftigung, Legitimation von emotionaler Widersprüchlichkeit und Inkonsequenz sind dienlich und heilsam.

Liebe verwandelt sich in Hass und Hass in Liebe, Übermut in Scham und Scham in Übermut, Eifersucht in Laszivität und umgekehrt, Angst in Mut, Traurigkeit in Fröhlichkeit vice versa und und und. Alles ist möglich, alles ist erlaubt!

Der Bereich der *Konflikte zwischen Emotionen und Kognitionen* kann als ausgesprochen heterogen bezeichnet werden. Hier fallen alle Konflikte hinein, die wir in der Psychoanalyse als Konflikte zwischen Es– und Über–Ich, zwischen den Trieben und den von der Gesellschaft und Zivilisation auferlegten Restriktionen, Verboten, Sitten,

Gesetzen und Normen kennen. Die Therapie besteht in einer *kognitiven Umstrukturierung im Sinne der Liberalisierung und Lockerung* der kognitiven Restriktionen auf ein Maß, welches der Natürlichkeit, der emotionalen Natürlichkeit, des Menschen entspricht. Daß hier allerdings Kompromisse mit den gesellschaftlichen Normen geschlossen werden müssen, versteht sich von selbst. Oft muß der Weg vom „Das–darf–ich–doch–nicht" über das „Das–macht–mir–Angst" zum „Das–kann–ich–nicht" zurückgegangen werden. Ein Teil der Erfolge der kognitiven Therapien geht mit Sicherheit auf eine solche Liberalisierung und Toleranz bezüglich unserer kognitiven Ratschläge zurück. Viele *irrational beliefs* von *Ellis* ähneln diesen kognitiven Reifenringen und sollten in der Therapie geknackt werden.

Eine aus den Fugen geratene *Balance zweier antagonistischer Emotionen* mit entsprechender Dominanz einer der beiden Emotionen stellt sich so dar: Hier ist es wichtig, der unterlegenen, sozusagen submissiven Emotion zum Durchbruch bzw. zum Aufbau zu verhelfen, sie zu stärken und zu kräftigen. Damit einher geht das Rückdrängen der dominanten Emotion – der Angst, des Schuldgefühls, der Traurigkeit z.B.

Die kognitiv erzeugten Emotionen stellen nun die *Spielwiese der Kognitiven Therapie* dar. Sie ist ihr Indikationsfeld, dort hat sie ihre Daseinsberechtigung. Die Schwierigkeit liegt hier allerdings darin, zu entscheiden, wann eine Emotion kognitiv erzeugt wurde und wann unkonditionierte Stimuli, Auslösereize von Emotionen, durch Konditionierungsketten an bestimmte Signale geknüpft wurden. Nur im ersten Fall läßt sich durch eine kognitive Umstrukturierung, durch kognitives Umlernen, durch Selbstgespräch und Selbstverbalisation die Emotion tatsächlich verändern. Informationen, Korrektur von kognitiven Haltungen, Gespräche, Dispute sind hier angezeigt.

Der *Aufbau eines adäquaten Emotionsausdrucks* kann als eine der wichtigsten Maßnahmen in der Emotionstherapie bezeichnet werden. Schon im Bereich der *sozialen Kompetenz* wurde das adäquate Ausdrücken von Gefühlen als eine soziale Fertigkeit bezeichnet. Auch in den älteren Konzepten der *sozialen Intelligenz* spielte schon der kommunikative Ausdruck von Emotionen eine Rolle. Während bei einigen Emotionen wie z.B. bei der Traurigkeit, vielleicht auch bei verschiedenen Freudeempfindungen die Angst vor diesem Gefühl und seinem Ausdruck, die Angst vor sozialen Sanktionen und Ablehnung durch andere dominiert, spielen bei Emotionen wie Sexualität, Aggressivität, Scham und Schuldgefühlen die Fertigkeiten, diese Emotionen auszudrücken, eine sehr große Rolle.

Wie zeige ich meine Gier, wie artikuliere ich meine Wut, wie drücke ich meine Schuldgefühle aus? All dies sind Fähigkeiten, die uns in hohem Maße abhanden gekommen sind, die wir bis zum Alter von drei, vier Jahren noch sehr gut beherrscht haben und die uns dann von unseren Kindergärtnerinnen, Müttern, Vätern, Lehrern, Arbeitgebern, Kollegen, Illustriertenautoren, Pfarrern etc. tagtäglich abtrainiert, blockiert wurden.

Die Methoden sind unproblematisch und altbekannt – sind die *Standardmethoden der Verhaltenstherapie*: das Lernen, das operante und klassische Konditionieren, das Modellernen, die Verhaltensformung, das Rollenspiel, das Psychodrama, die Verhaltensaufforderung, das Prompting, das Versuch– und Irrtum–Lernen – um nur einige zu nennen. Was die Schwierigkeit ausmacht, ist die *Festsetzung der Lernziele*.

Hier stößt die Problematik unserer Klienten und Patienten sehr schnell an die soziale Kompetenz ihres Therapeuten. Denn auch er ist dieser Gesellschaft unterworfen, auch er ist in dieser Gesellschaft sozialisiert worden (und hat vielleicht zu allem Überfluß auch noch die derzeitige Psychologie studiert), auch ihm sind die entsprechenden Fähigkeiten in hohem Ausmaß abhanden gekommen.

Ich möchte *Zielkonzepte des emotionalen Empfindens und Ausdrucks* zur Diskussion stellen, entwickeln und propagieren. Voraussetzung für den Aufbau eines adäquaten Emotionsausdrucks ist der Abbau unserer Angst vor den Emotionen. Erst wenn die Bereitschaft und Sensibilität vorhanden sind, die Emotion wahrzunehmen, steht ihr Ausdruck, ihre kommunikative Funktion an.

„Und was macht man mit Fehlanpassungen? Man versucht, sie bis an ihre Wurzeln zu verstehen, und kommt zu einer Übereinkunft darüber, wie man mit ihnen umzugehen hat. Und entweder versucht man die verfehlten Energien ganz zu löschen, oder man lenkt sie in neue Richtungen.

Wir brauchen ein viel genaueres Wissen über die nicht mehr adaptiven Triebe, gerade um mit ihnen besser fertigwerden zu können. Wenn sie außer Kontrolle geraten, können sie uns buchstäblich vernichten" *(Wilson)*.

Segen und Fluch der Zivilisation

Konflikte unserer Emotionen mit unserer Kultur sind mannigfaltig, sowohl im subklinischen als auch im klinisch auffälligen Bereich, und bedürfen mit Sicherheit soziotherapeutischer und gegebenenfalls auch politischer Maßnahmen zu ihrer Entschärfung. Ein Wandel der Lebenssituation, der sozialen Bezüge, der Arbeitsmodalitäten kann genauso sinnvoll sein wie ein besserer psychohygienischer Umgang mit den Gütern unserer Zivilisation und Technik.

Allerdings unterschätzen wir maßlos den Spielraum, den unsere Gesellschaft selbst unseren Emotionen läßt – ein eigenartiges Phänomen, diese Unterschätzung. Wir rationalisieren unsere Angst vor unseren Gefühlen und unser nachfolgendes Vermeidungsverhalten mit angeblichen gesellschaftlichen Erfordernissen und Restriktionen – wir machen aus einer persönlichen Not eine gesellschaftliche Tugend oder zumindest ein Verbot.

Die Betäubung unserer Sinne durch *rauschgiftähnliche Kulturgüter* wie Fernsehen, Auto, Zuckerkonsum und viele weitere Errungenschaften unserer Zivilisation läßt sich ausschließlich durch mühsame *Selbstkontrollmaßnahmen* reduzieren.

Entsprechend der geringen Erfolgsquote von Therapien bei Abhängigkeitserkrankungen werden wir uns in der *Befreiung von zivilisatorischen Rauschgiften* ausgesprochen schwertun. Vielleicht ist dies überhaupt eines der größten Probleme der zivilisierten Menschheit. Wir sind ja noch nicht einmal bereit, angesichts des Waldsterbens und der realistisch zu befürchtenden Verödung der Ackerböden und damit der Zerstörung unserer Nahrungsgrundlage auch nur Tempo 100 auf den Autobahnen einzuführen, geschweige denn das Autofahren gänzlich einzustellen und das Heizen unserer Wohnung auf ein Minimum zu reduzieren mit Katalysatoren im Kamin sowie die Industrieproduktivität soweit herabzuschrauben und die Abgase soweit zu filtern, daß wir noch Hoffnung haben könnten, die nächsten zwei– bis dreihundert, ach was, zwanzig bis dreißig Jahre überhaupt beim Bäcker noch Brot in den Regalen zu finden. Entweder ist unsere Ratio extrem insuffizient oder der Rauschgiftcharakter unserer Konsumgüter derartig stark, daß wir nicht dagegen ankommen.

Auch das nächste Problem der *Überstimulation* mit gleichzeitiger Verhinderung von Aktion und Reaktion, welches in einen extremen emotionalen Streß einmündet, hängt sehr eng mit unseren zivilisatorischen Errungenschaften zusammen. Es ist schwer, bei der schnellen Bildfolge im Fernsehen z.B. bei der Tagesschau noch irgendein Mitleid zu empfinden, wo schon anschließend, bevor das Gefühl überhaupt hochkommen kann, wieder Anlässe für Wut oder Freude über den Bildschirm flackern.

Die tägliche Stimulationsflut, die auf uns einprasselt, bewirkt einen emotionalen Rückzug, den abzubauen bei gleichbleibender Stimulation ungeheuer schwer ist. Hier gilt es, uns abzuschirmen von den mannigfaltigen Reizen und uns gleichzeitig emotional zu aktivieren. Es ist wichtig, sich intensiven Reizen auszusetzen, die gleichbleibend über einen längeren Zeitraum in eine Richtung gehen, so daß eine emotionale Reaktion sich überhaupt entwickeln kann. In dieser *Emotionsprovokation* müssen wir dann lernen, eine *emotionale Sensibilität* und vor allem *Reagibilität* wieder aufzubauen, d.h. unsere Emotionen wieder zu spüren und auszudrücken und damit ja auch auszuleben und physiologisch zu reagieren.

Wenn auch die Verfrachtung des Fernsehers in den Heizungskeller oder auf den Sperrmüll nicht jedem gelingen mag, so ließe sich doch entweder das Motto unseres Altbundeskanzlers *Schmidt* eines fernsehfreien Tages in der Woche verwirklichen oder die Regel, nicht mehr als eine Sendung pro Tag sich anzuschauen. Daß wir den Musikgenuß durch eigenes Musizieren oder zumindest Mitsingen potenzieren können, werden wir später ebenso erfahren wie den Unterschied zwischen Bud Spencer–Filmen, Tatort und Derrick. Daß der Fernseher und das Radio ein Pseudoersatz, eine Pseudoersatzbefriedigung unseres Gesellungsbedürfnisses sind (da ist jemand in der Wohnung, der immer freundlich ist und den ich abschalten kann, der zu mir spricht, mir was erzählt), wird ebenso offensichtlich werden wie das Kurzschließen unserer gesunden Eifersucht u.a. über die Erfindung von Verhütungsmitteln (die eigentlich den Gegenstand der Eifersucht teilweise überflüssig machen).

Bindungsgefühl

Soziale Intelligenz und Kompetenz * Isolation * Macht Einsamkeit krank? * Soziale Unterstützung * Gemeindepsychologie

„Das isolierte Tier einer gesellig lebenden Art – und vor allem der höheren Säugetierarten – wird selbst bei guter Ernährung und Pflege bald verkümmern, falls ihm der Kontakt mit seinesgleichen auf längere Zeit entzogen wird. Wir sind für die Interaktion mit unseren Mitmenschen programmiert. Sie hält uns gesund und wach. Der symbolische Austausch zwischen Menschen hat wenig mit der Weitergabe von Informationen zu tun, es sei denn in einem sehr weiten Sinne. Er dient vielmehr der Aufrechterhaltung der Interaktion, der Bestätigung oder Festlegung von Statusunterschieden und der Abgrenzung von Eigengruppen und Fremdgruppen“ *(Tiger & Fox)*.

Wir wollen uns in diesem Kapitel „Bindungsgefühl“ nun mit dem *Anknüpfen, Aufrechterhalten und Abbrechen sozialer Kontakte* beschäftigen und diese nach den verschiedenen *Intimitätsbereichen* Familie, Nachbarschaft, Kameradschaft, Freundschaft und Geselligkeit gliedern.

„Einige hunderttausend Jahre lang stimmte das Schicksal eines Menschen mit dem Los seiner Horde, seines Stammes überein, außerhalb dessen er nicht überleben konnte. Der Stamm konnte nur überleben und sich verteidigen durch seinen Zusammenhalt. Deshalb hatten die Gesetze, mit deren Hilfe die Geschlossenheit des Stammes organisiert und garantiert wurde, eine so ungeheure Gewalt über den einzelnen... Bei der immensen Bedeutung, die derartige Sozialstrukturen für die Selektion notwendig annehmen mußten und die sie während so langer Zeiträume innehatten, kommt man schwerlich um den Gedanken herum, daß sie die genetische Evolution der angeborenen Kategorien des menschlichen Gehirns beeinflußt haben müssen“ (*Monod*).

Soziale Intelligenz & Kompetenz

In seinem Artikel „Intelligence and its uses“ schlug *Thorndike* vor, den Bereich der Intelligenz dreizuteilen, und zwar in *eine abstrakte, eine mechanische und eine soziale Intelligenz*. Knapp 20 Jahre später resümiert er, daß zwar zu den ersten beiden Intelligenzkonzepten eine große Zahl von Tests entwickelt wurden, der sozialen Intelligenz aber bis dahin nur wenig forscherische Aufmerksamkeit zukam.

Der erste Test, der speziell auf die Erfassung sozialer Fähigkeiten hin konzipiert war, wurde 1926 von *Moss* und seinen Mitarbeitern mit dem *George Washington Social Intelligence Test* vorgelegt. Dieser Test erfuhr größere Verbreitung und wurde ausführlich empirisch untersucht. Er bestand aus folgenden *7 Subskalen*:

1. Urteilsvermögen in sozialen Situationen – Mehrfachwahl–Fragen zu Problemen in sozialen Beziehungen.
2. Erkennen des emotionalen Zustandes eines Sprechers – es sollen kurzen verbalen Äußerungen Namen von Emotionen zugeordnet werden.
3. Wahrnehmen menschlichen Verhaltens – Richtig–Falsch–Statements zu Verallgemeinerungen über menschliches Verhalten.
4. Gedächtnis für Namen und Gesichter – nach der Wiedererkennungsmethode müssen Namen und Gesichter memoriert werden.
5. Sinn für Humor – ein Satzergänzungsverfahren für Witze nach dem Mehrfachwahl–Prinzip.
6. Identifizierung von emotionalem Ausdruck – Bilder und Namen von Emotionen müssen passend zusammengefügt werden.
7. Soziales Wissen – ein Richtig–Falsch–Test zum Kenntnisstand über Belange von sozialem Interesse.

Armistead entwickelte einen Test für soziale Fertigkeiten in Situationen, denen ein Mensch gemeinhin begegnet und in denen von den meisten Menschen in unserem Kulturkreis die gleichen Ziele verfolgt werden. Er bot Vpn über Tonband eine Reihe von Alltagsproblemen dar und bat sie, so schnell wie möglich anzugeben, was sie tun würden. Die *Problemsituationen* entstammen folgenden Bereichen:
- Anknüpfen heterosexueller Beziehungen: 1 Item
- Umgang mit Autoritätspersonen: 2 Items
- Ablehnen von Bitten oder Forderungen der Umwelt: 2 Items
- Bewältigung verschiedener peinlicher Situationen: 5 Items

Betrachtet man *Armisteads* Aufgaben, so erkennt man durchaus in ihnen das „understand–and–manage–people" *Thorndikes*, wenn auch in erster Linie das letzere.
Der Begriff der *Sozialen Kompetenz* wird in seinem engeren Sinne heute überwiegend im Bereich der Klinischen Psychologie verwendet, und zwar in zwei Teilgebieten:
- einmal im Umgang mit Klienten, die im Sozialverhalten stark behindert sind wie z.B. geistig Behinderte – hier geht es darum, solchen Personen ein Minimum an sozialen Fertigkeiten anzutrainieren;
- zum anderen im Assertive–Training, das mehr der Steigerung der sozialen Effizienz im Umgang mit anderen Menschen dient.

Wir haben es bei diesen beiden Anwendungsgebieten mit dem unteren bzw. dem mittleren Bereich eines Leistungskontinuums sozialer Fähigkeiten zu tun. Der Begriff der *Sozialen Intelligenz*, wie er bisher besprochen wurde, bezieht sich dabei eher auf den oberen Bereich, d.h. auf komplexere, schwierigere soziale Fähigkeiten.

Auf einer ausgesprochen praktischen Ebene geben *Ullrich & Ullrich 7 Zielrichtungen selbstsicheren Verhaltens*:
1. Den Willen haben, für sich selbst entscheiden zu wollen und die eigenen Gefühle und Ansprüche kennenlernen wollen.
2. Blockierende unangenehme Gefühle, die eigene Unsicherheit verlernen.
3. Wissen, wie man etwas am wirkungsvollsten und zweckmäßigsten tut.
4. Die Wünsche, Erwartungen und die Forderungen anderer Menschen richtig erkennen, deren Berechtigung abwägen und sie zu angemessener Zeit berücksichtigen.
5. Den Spielraum und die Sachzwänge sozialer Strukturen, Einrichtungen und die Rolle deren Vertreter analysieren und diese Erkenntnis in das eigene Verhalten miteinbeziehen können.
6. Wissen, welches Verhalten wann und wo im Hinblick auf die Erwartungen der anderen, die eigenen Ansprüche und die Möglichkeiten der sozialen Struktur angezeigt ist.
7. Wissen, daß soziales Kompetentsein nichts mit Aggression zu tun hat, sondern auch Rechte und Gefühle des anderen respektiert.

Wenn wir dieses Konzept auf unsere Emotionen beziehen, so finden wir Punkt 1 bei Aggressionen: Selbstbehauptung wieder. Punkt 2 sehe ich anders: Nur Gefühle, zu denen wir i.S. der *Scheffschen* Distanzierungstheorie eine zu geringe Distanz haben, werden als unangenehm empfunden – sie können und sollten nicht verlernt werden, vielmehr müssen wir unsere Distanz–Justierung ölen und trainieren. Punkt 3 und die weiteren Punkte sind mir ebenso abstrakt wie nichtssagend, wobei die Formulierung von Punkt 7 mehr über die persönlichen Ängste und Schwierigkeiten der Autoren im Umgang mit Aggressionen aussagt, als daß sie eine bedeutende Richtschnur sozial kompetenten Verhaltens abgibt.

Isolation

Die Ölkrise Anfang der siebziger Jahre hatte uns so schwer getroffen, daß gar autoverkehrsfreie Sonntage eingelegt werden mußten. An diesen historischen Feiertagen offenbarte sich die ganze *Reziprozität zwischen Autoverkehr und Geschlechtsverkehr*: 9 Monate später zwängte sich ein Babyboom allerorten auf den Entbindungsstationen durch den personellen Notstand dortselbst. Er hielt nicht lange an, das Öl kam wieder, der Saft versiegte alsbald.

Das gleiche Phänomen ließ sich beobachten, als in *New York* der Strom ausfiel. Nicht nur die Aufzüge verwandelten sich in laszive Lagerstätten, nein, auch der heimatliche Ehehafen bekam wieder im flimmerfreien Dämmerlicht einen Hauch von Erotik. Und es wurde gezeugt, was das Zeug herhielt.

Doch schon im Vorfeld des sündigen Tuns wie auch auf abseits liegenden Feldern sozialen Austauschs zeigt die *Zivilisation ihre isolierende Fratze*. Nehmen wir zuerst die Erfindung und Entwicklung der *Spinnereien, Webstühle und Textilfabriken*: sie führte uns geradlinig von der Gemütlichkeit der Spinnstube in das atemberaubende Gewusel eines Kaufhauses.

Oder die sog. Kommunikationsmittel *Buch, Radio, Telefon oder Fernseher*: vom verbindenden Geschichtenerzählen, Vorspielen und Musizieren zur anonymen Berieselung mit sog. Informationen und Musik. Oder den eigenen *Backofen* anstelle des kurzweiligen Backhauses, die eigene *Waschmaschine* statt gemeinschaftlichen waschweiberischen Waschens an Brunnen, Fluß oder See. Oder *Telefon, Wechselsprechanlage und Klingel* als Schwellen der Kontaktaufnahme. Und dann erst die heute geforderte berufliche und gepflegte freizeitliche Mobilität („Heute hier, morgen dort" n. *Hannes Wader* oder „Heute hier, morgen fort" n. *Tomi Ungerer*).

Die Liste ließe sich noch weiter fortsetzen: *Walkmen, Gardinen & Stores, Kinos, Schulsystem (Fixierung auf eine erwachsene Person, Gleichaltrigen–Kasernierung, mangelhafte soziale Ausrichtung im Lehrplan), Eisenbahn, Seilbahn und Flugzeug, Ski, Surfbrett usw. usf.*

„Da wundert man sich, daß die Schüler Neurosen kriegen, wenn man auch die letzten Verbände, die Klassenverbände, noch zerschlägt und alles immer anonymer macht. Dabei weiß man doch, zumindest wir Ethologen wissen, daß die Menschen heute vor allem an der Anonymität leiden. Der Mensch lebte bis in die Bauerngesellschaften hinein, also die allermeiste Zeit seiner Stammesgeschichte über, in individualisierten Verbänden. Die Fremdenfurcht des Menschen ist eine Tatsache und auch deren Auflösung im individualisierten Verband. In der anonymen Gesellschaft stehen wir dauernd unter dem Streß der Angst vor den Mitmenschen. Wir sind aus auf Kontaktvermeidung – in einer Aufzugskabine schauen alle auf ihre Fußspitzen oder auf die Anzeigetafel. Man baut Zellen, die die Menschen voneinander isolieren. Die Städte sind so angelegt, daß sie nur Rücksicht nehmen auf das Bedürfnis des Menschen, sich zurückzuziehen, aber nicht auf das Bedürfnis, bekannt zu werden. Wo gibt es dafür Plätze? Selbst die noch intakten Gemeinschaften in den Dörfern zerstört man, indem man Asphaltbänder hineinhaut" *(Eibl–Eibesfeldt)*.

Nur wenige Errungenschaften unserer heilbringenden Zivilisation haben sozialen und sozialisierenden Charakter – und wenn, dann ist es eine anonyme Dissozialität, die da provoziert wird, nichts, was dem homo sapiens etwas bringt.

Und natürlich das *Auto*: bei 0– bis 6jährigen Kindern verhindert es in der für die soziale Kontaktaufnahme sensiblen Phase mit seinen Todesstreifen (= Straßen) die natürlichen Kontakte im nachbarschaftlichen Raum. Der Rest an sozialem Kontaktbedürfnis und sozialer Kontaktfähigkeit wird dann ab dem 18. Lebensjahr durch die eigene Inanspruchnahme dieser Isolationskisten erledigt. Und dann zu allem Überfluß noch die *Ehepartner* – ein ungeheurer Risikofaktor für soziale Isolation, weiß der Teufel, warum! „Die Partner kümmern sich viel um ihren Beruf, ihr Haus, ihr Auto, nur nicht um die Partnerschaft. Einsamkeitsgefühle tauchen gerade in der normalen bürgerlichen Familie auf", resümiert ein von *Frau Zimmer* (ist sie's?) in der ZEIT zitierter Psychologe. Ob es der weibliche Cinderella–Komplex ist oder der männliche Rückzug aus Kneipen– & Jagdgemeinschaft: nach ca. 3–5 Ehejahren ist das Paar meist am sozialen Nullpunkt angelangt. Was selbst der Süditaliener, Sizilianer und Ägypter nicht schaffte (und wahrscheinlich zu schaffen gar kein Ansinnen hatte) – dem modernen Mitteleuropäer und Nordamerikaner ist es gelungen: die Frau selbst von ihren Geschlechtsgenossinnen zu isolieren. Dies schafft er mit seinem traurigen Nach–Arbeits–Blick am Feierabend, mit Vorwürfen oder direkten Verboten. Auch Miesmacherei der Freundinnen leistet hier gute Dienste.

Hinzu kommt, daß die *Geburt eines Kindes* und das zeitweilige oder gar endgültige *Ausscheiden aus dem Arbeitsprozeß* der Frau und Mutter die letzte soziale Stütze und Krücke raubt. „Als einen Käfig erleben junge Mütter oft die eigene Familie. Alte Jugendfreundschaften gehen kaputt, weil der Partner sie nicht einbeziehen möchte. Vor allem Frauen, die vorher ein interessantes und geselliges Berufsleben hatten, fühlen sich plötzlich allein, wenn ihr einziger Partner tagsüber ein Kleinkind ist. Psychosomatische Beschwerden sind bei jungen Hausfrauen besonders häufig" (*Zimmer*).

Umgekehrt sind aber auch unsere Frauen nicht untätig. Auch ihnen gefällt der Stammtisch meist ebensowenig wie die sinnlose Sauferei bei der Feuerwehr und nach dem Fußball. Auch die Freunde ihres lieben Gatten haben leider meist den niedrigen Charakter von Zechbrüdern, Schmarotzern und Widerlingen. Und da er sowieso den ganzen Tag schon an seiner (entfremdeten) Arbeit zubrachte, sehen sie nicht ein, nun auch noch den lieben langen Abend allein zu Hause hocken zu müssen: ein circulus–vitiosisches Wechselspiel von zunehmender eigener Isolation und Angst vor... und Eifersucht auf die Kontakte des Partners.

Die Kontaktaufnahme & –pflege kann *behindert* werden durch:
– Nichterlernen adäquaten Sozialverhaltens
– Entwicklung sozialer Ängste
– Absinken unter das soziale Existenzminimum
– Lernen inadäquaten sozialen Verhaltens (Dissozialität)
– Negative Selbstwertgefühle
Die Zusammenhänge zwischen sozialen Bindungen und psychischem Wohlbefinden haben in jüngerer Zeit wider Erwarten nun doch auch das Interesse psychologischer Forschung unter dem Begriff *Soziale Unterstützung* erweckt. Soziale Unterstützung galt ursprünglich als Gegenstand soziologischer Bemühungen und fand hauptsächlich über den Weg der *Gemeindepsychologie* die Aufmerksamkeit der psychologischen Forschung.

Macht Einsamkeit krank?

Sbandi geht so weit, zu behaupten, daß die soziale Gruppe ein Lebenselement des homo sapiens sei: „In eine Kurzformel gebracht: der Mensch kann nur in Gruppen leben. Isoliert wird er sterben; und Sterben mag wohl in vielen Fällen als Ausdruck extremster Isolation erscheinen. Ein zufriedenes In–der–Gruppe–Sein eines Menschen beeinflußt seine psychische Wirklichkeit derart, daß er im Falle einer optimalen Gruppenzugehörigkeit als psychisch gesund, beim Fehlen derselben als krank, ja im Extremfall sogar als psychisch tot betrachtet werden kann."

Zur Depression gibt es zahlreiche Untersuchungen, die belegen, daß ein Hauptfaktor bei der Entstehung und Therapie von Depressionen der Sozialkontakt ist, das soziale Netzwerk, in welches man eingebettet ist. Die prominenteste akademische Schule, die dieser Alltagsweisheit zu ihrem wissenschaftlichen Durchbruch verhalf, ist wohl die um *Lewinsohn*. Schaut man sich die Listen antidepressiver Verhaltensweisen sowie die mannigfaltigen Verstärkerlisten unterschiedlichster Provenienz an, so erfährt man auch aus dieser Quelle, daß der Umgang mit anderen Menschen doch irgendwie beglückend sein muß (heute nur noch sehr schemenhaft vorstellbar).

„Zum Beispiel ist die Todeshäufigkeit bei alten Menschen kurz nach Aufnahme in staatliche psychiatrische Krankenhäuser (dto. bei Altenheimen und ähnlichen segensreichen Institutionen der sozialen Abschiebung, der Verf.) ungewöhnlich hoch, und bei diesen wie bei anderen Altersgruppen erbringt die Autopsie oftmals keine zureichende Todesursache, so daß die Möglichkeit in Betracht gezogen werden muß, daß manche dieser Todesfälle durch die Hoffnungslosigkeit der Betroffenen verursacht sind, verschlimmert durch die Gruppe, die den Patienten im Stich läßt. Ähnlich manche jugendliche Schizophrene, die in hyperaktiv–panische Zustände geraten, in denen sie sich erschöpfen und sterben. Diese zum Glück seltene Reaktion tritt meist in Zusammenhang mit der Krankenhauseinlieferung des Patienten auf – d.h. in dem Augenblick, wenn seine Familie sich zurückzieht und er sich im Stich gelassen fühlt. Manchmal kann der Vorgang unterbrochen werden, wenn es einem der Behandelnden gelingt, mit dem Patienten in Kontakt zu treten und ihm auf die eine oder andere Weise beizubringen, daß noch jemand da ist, der sich um ihn kümmert.

Beschreibungen der Selbstaufgabe–Reaktion amerikanischer Kriegsgefangener bei den Japanern und Koreanern sprechen dafür, daß hier ein ähnliches Zusammenwirken von Hoffnungslosigkeit und Gruppenisolierung den Tod bewirken konnte... Erfolgreich bekämpfen konnte man die Hoffnungslosigkeit mit ‹zwangsweisen Bädern mit Heißwasser und Seife, Rasieren und Entlausen, Sonderzuteilungen an appetitlicher Nahrung, Erlangung von ein paar Tagen Erholung im Lager... einer Mischung aus freundlich–teilnahmsvollem Interesse und wuterregenden Äußerungen. Der Sieg war gesichert mit der ersten Spur eines Lächelns oder einem Anzeichen von Stolz.› Von Interesse ist, daß zu den erfolgreichen Maßnahmen ebenso zornerregendes wie fürsorgliches Verhalten gehören konnte. Wie ein anderer Beobachter berichtet hat: ‹Einer der besten Arten, einen Mann erst einmal wieder auf die Beine zu bringen, war, ihn mit Sticheln, Spötteln oder Schlägen so wütend zu machen, daß er aufzustehen versuchte, um einen zu schlagen. Wenn man das zuwege brachte, wurde der Mann unweigerlich

Viele Freunde – gegen Streß gewappnet

Wer enge menschliche Beziehungen hat, kann auch mit großen Streßsituationen verhältnismäßig gut fertigwerden. Menschen ohne solche Kontakte reagieren dagegen eher mit Depressionen. Dies ist das Fazit einer soziologischen Untersuchung an der Universität von Florida. Anders formuliert: Nicht die Anzahl oder Art von belastenden Ereignissen ist entscheidend für die Auslösung von Depressionen, sondern vielmehr die Möglichkeit oder Unmöglichkeit, sich von guten Freunden oder Bekannten aufrichten zu lassen. Weiteres Resultat: Männer und Frauen ohne festen Partner sind am anfälligsten für Depressionen. Menschen aus der sozialen Unterschicht sind doppelt gefährdet. Bei ihnen treten streßgeladene Situationen doppelt so häufig auf wie bei denjenigen, die die höchsten Sprossen der sozialen Leiter erreicht haben. Außerdem können sozial Schwache in der Regel auch am wenigsten auf menschliche Beziehungen zurückgreifen.

Oberhessische Presse

Der Verstärkungsmumpitz

Folgende Annahmen bilden den Ausgangspunkt für den behavioristisch orientierten Theoretiker:

- Depressive Symptome wie Verminderung des allgemeinen Aktivitätsniveaus, soziale Verhaltensstörungen (respektive: Traurigkeit und Müdigkeit) entstehen, wenn ein Individuum aufgrund seines Verhaltens eine zu geringe Frequenz positiver Verstärkung erfährt.
- Der verringerte Umfang positiver Verstärkung bewirkt eine Tendenz zur Verminderung der Aktivität. Dies führt wiederum zur Verringerung von positiver Verstärkung.
- Der Umfang positiver Verstärkung ist als eine Funktion folgender Variablen aufzufassen: Persönlichkeitsmerkmale, Umgebung, Verhaltensrepertoire.

Ferster hat als erster eine *funktionale Analyse depressiven Verhaltens* als Forschungsmethode verwandt. Er stützte diese Analyse auf Daten aus dem klinischen Bereich, die depressive Symptome auf der Verhaltensebene beschreiben. Als Ergebnis konnte er zunächst feststellen, daß es keine für Depressive spezifischen Verhaltensklassen gibt, daß Depressive kein von anderen Gruppen grundsätzlich verschiedenes Verhaltensrepertoire haben. Die Unterschiede, die er fand, waren vor allem quantitativ. So reagieren Depressive übermäßig häufig mit *Vermeidungs– oder Fluchtverhalten* bei aversiver Stimulation (z.B. unangenehme Aufgabe). Ebenfalls eine gesteigerte Frequenz ließ sich bei sinnlosen agitierten Verhaltensweisen nachweisen. Gemeint sind hiermit vor allem motorische Aktivitäten wie ständiges Händereiben u.a.

Lewinsohn geht, ähnlich wie *Ferster*, von einem *Verstärkerdefizit* bei Depressiven aus. Er macht in seinem Modell folgende Annahmen:

- *Geringe verhaltenskontingente positive Verstärkung* löst eine Reihe depressiver Verhaltensweisen wie Verstimmungen und Klagen aus.
- Derselbe Prozeß ist hinreichend als Erklärung für die geringe Verhaltensrate von Depressiven.
- *Positive Verstärkung* wird bestimmt durch die individuell unterschiedliche Anzahl potentiell verstärkender Ereignisse, ihrer Erreichbarkeit und Menge zu einem bestimmten Zeitpunkt und den verfügbaren Verhaltensweisen, sie zu erreichen. Depressiven mangelt es an einzelnen oder mehreren dieser Komplexe.
- Die *Umwelt* verstärkt kurzfristig das depressive, passive Verhalten durch Anteilnahme, Hilfen.

Kritik an diesen Verstärkerdefizittheorien kam von *Costello* aus verhaltenstheoretischer Sicht. Er nimmt an, daß der Depression nicht unbedingt ein Verstärkerverlust vorausgeht, sondern daß die *Verstärker ihre Wirksamkeit verlieren*. Ich denke, daß diese Kritik keine prinzipielle sein kann, sondern daß je nach Indikation ein Verstärkermangel (sehr häufig!) oder der Verlust der Verstärkerwirksamkeit (sehr selten!) vorliegt. Allerdings gibt es gerade bei Depressionen das Phänomen, daß die früheren Verstärker ihre Wirksamkeit tatsächlich nicht mehr ziehen. Das erkläre ich mir und meinen Klienten folgendermaßen: Kommen wir mit unseren Aktivitäten und unserem sozialen Austausch unter ein *Existenzminimum* – und wir leben heutzutage fast alle in dieser Gegend – so geht es uns wie dem Verhungernden: wir haben keinen Hunger mehr! Nichtsdestotrotz müssen wir aber langsam und allmählich wieder lernen, (soziale) Nahrung zu uns zu nehmen: nicht zu schnell, dann wird uns übel – und die Depressiven fühlen sich in ihrer negativen Sichtweise von Aktivitäten bestätigt –, aber auch nicht zu langsam, sonst verhungert uns der Klient.

wieder gesund.› Möglicherweise kann also jeder beliebige emotionale Anreiz, ob angenehm oder nicht, der tödlichen Verzweiflung erfolgreich begegnen, wenn er die Isolierung des Gefährdeten durchbricht und demonstriert, daß andere sich um ihn kümmern und daß es Dinge gibt, die er zum eigenen Vorteil tun kann (und wenn es das Verteidigen ist, der Verf.)" *(Frank)*.

Auch gehört nicht viel Phantasie und Verstand dazu, sich die immerhin, wenn auch selten, anzutreffenden *Erfolge der Elektroschock–Therapie* bei schwer depressiven Patienten zu erklären. Daß aber unter diesem Gesichtspunkt Schläge die gleiche Wirkung hätten – und weiß Gott weniger gefährlich und humaner wären – dürfte dem wissenschaftsgläubigen, aggressionsgehemmten (und deshalb leider oft um so sadistischeren) Therapeutengeist fernestehen und nur schwer beizubiegen sein – nicht daß ich Schläge propagiere, aber es gäbe vielleicht gelindere, ebenso heilsame Methoden!

Ebenfalls in diesem Zusammenhang möchte ich auf die Verwandtschaft von extremer sozialer Isolation und *paranoiden Vorstellungen* verweisen. Es bedarf keines großen interpretatorischen Spannungsbogens, wenn man behauptet, daß in mancher Form von sozialer Isolation jemand, der einem Schaden zufügt, einerseits geradezu herbeigesehnt und zugleich natürlich dann auch wieder gefürchtet wird. Wie armselig nimmt sich dagegen unsere hochzivilisierte, miese therapeutische Tendenz aus, den Hilferuf depressiver Patienten nach Zuwendung und Geborgenheit in einer sozialen Gruppe als Agieren abzutun und die Patienten von sich zu stoßen und mit ihrer Einsamkeit alleinzulassen – ganz zu schweigen von der vermaledeiten Verfahrensweise, die Einsamkeit erst herzustellen bzw. aktiv zu verstärken durch entsprechende therapeutische Anordungen, wie sie im übrigen in Kliniken absolut üblich sind!

Die *orthodoxe Verhaltenstherapie* betreibt allerdings mit ihrem lerntheoretischen Verstärkungskonzept im Brustton der Überzeugung haarscharf den gleichen gefährlichen therapeutischen Unfug – hier genauso wie beim nächtlichen Schreienlassen von Kleinkindern: bloß nicht verstärken!

Soziale Unterstützung

Die Frage der Soziale–Unterstützungs–Forschung lautet also, ob durch erhöhte soziale Unterstützung psychosoziale Störungen vermindert und ob psychosoziales Wohlbefinden erhöht werden kann. Dabei kann unterschieden werden zwischen den Auswirkungen von sozialer Unterstützung bei kritischen Lebensereignissen (*life events*) oder chronischen, alltäglichen Belastungen; denn möglicherweise wird beides unterschiedlich beurteilt.

Während zum Zusammenhang von chronischen Belastungen und sozialer Unterstützung relativ wenig Untersuchungen vorliegen, die insgesamt eine relativ schwache, aber doch vorhandene Beeinflussung des psychosozialen Wohlbefindens durch soziale Unterstützung nahelegen, wurde zu den *kritischen Lebensereignissen* mehr geforscht. Die theoretische Modellvorstellung, die dieser Forschung zugrunde liegt (und auch überwiegend als bestätigt gilt), ist die *Streß–Puffer–Hypothese* (*buftering model* oder *interactive model*). Sie läßt sich folgendermaßen darstellen:

		Soziale Stressoren	
		gering	*hoch*
Soziale Ressourcen	*gering*	a	b
	hoch	c	d

Ein hohes Risiko krank zu werden, hat demnach Gruppe b: Sie ist einem hohem Ausmaß an Streß ausgesetzt, ohne daß sie sich vor den Auswirkungen schützen konnte, denn die sozialen Ressourcen sind gering. Anders Gruppe d: Sie ist zwar ebenfalls von Stressoren geplagt, die sozialen Ressourcen wirken hier aber schützend, gleichsam als ein Puffer – daher der Name – oder wie ein Immunsystem.

Cobb geht davon aus, daß *soziale Unterstützung* die Bewältigung von Krisen und Anpassung an Veränderungen erleichtert, sie also moderierend auf Streß einwirke. *Cobb* definiert *social support* als *die Informationen*, die eine Person, die sie erhält, annehmen lassen, daß sie gemocht und geliebt wird *(emotional support)*, daß sie geachtet und geschätzt wird *(esteem support)* und daß sie zu einem Netzwerk von Kommunikation und gegenseitigen Verpflichtungen gehört. Diese Definition von sozialer Unterstützung als Information schließt also *praktische, materielle Hilfe* nicht mit ein (mit dem Argument, daß materielle Hilfe zu Abhängigkeiten führe, die Informationen hingegen nicht). Andere Autoren beziehen praktische Unterstützung neben emotionaler Unterstützung und sozialer Integration durchaus mit ein.

Cobb belegt in einer Zusammenstellung von Untersuchungen die schützende Wirkung von sozialer Unterstützung bei Schwangerschaftsproblemen, Depressionen, Magengeschwüren, Arthritis, Medikamentenmißbrauch usw. Wenn auch nicht alle herangezogenen Untersuchungen methodisch einwandfrei sind, so läßt sich doch zumindest die Soziogenese dieser Störungen anhand des Modells überzeugend nachvollziehen.

Brown & Harris fanden in einer Untersuchung an ca. 600 Londoner Frauen, daß belastende Lebensereignisse (z.B. Verlust von Angehörigen, Arbeitsplatz u.ä.) und langandauernde Schwierigkeiten (Krankheiten, Schulden u.ä.) bei zwei Dritteln der untersuchten depressiven Frauen einen bedeutsamen Beitrag zur Depression leisteten. Solche Belastungen führen aber nicht zwangsläufig zur Depression; hinzu müssen *Vulnerabilitätsfaktoren* kommen. Ausschlaggebend waren hier: das Fehlen einer vertrauensvollen Beziehung (eines *confidant*), Verlust der Mutter in der Kindheit, fehlende Berufstätigkeit und drei oder mehr Kinder unter 14 Jahren. Also alles Faktoren, die man als eine Einschränkung sozialer Unterstützung interpretieren könnte.

Aber auch schon die *Verlusterlebnisse* – ein durchgängiges Problem in der Soziale–Unterstützungs–/Lebensereignis–Forschung – können eine Einbuße wichtiger sozialer Unterstützung darstellen: Wenn etwa der Ehepartner stirbt oder der Kontakt zu Kollegen durch Arbeitslosigkeit abbricht, fällt eine wesentliche Quelle der sozialen Unterstützung weg.

Allerdings wird nicht in allen Kreisen der Ehepartner als soziale Stütze betrachtet. *Smythe* äußert sich da mit *Flo* sehr entschieden pessimistisch.

Zum Zusammenhang von *sozialem Netzwerk und psychischen Störungen* hat *Mueller* Untersuchungen zusammengestellt. Es zeigte sich, daß Personen mit psychischen

Auffälligkeiten durchweg ein kleineres Netzwerk haben als Personen ohne Auffälligkeiten. Psychotische Patienten haben eher dichte Netzwerke mit engen Familienbeziehungen, während neurotische eher lockere Netzwerke aufweisen.

Die *Wirkungen sozialer Isolation* (vorm. Einsamkeit) gehen weiter bis in den körperlichen Bereich. Das *gebrochene Herz* ist keine Erfindung, es bricht zunehmend häufiger: „Alle verfügbaren Daten deuten darauf hin, daß der Mangel an menschlicher Gesellschaft, ständige Einsamkeit, soziale Isolation und der plötzliche Verlust einer geliebten Person zu den Hauptursachen für den frühzeitigen Tod gehören. Obwohl wir entdeckten, daß die Auswirkungen menschlicher Einsamkeit zu eigentlich jeder bedeutenderen Erkrankung in Beziehung standen – sei es *Krebs, Lungenentzündung* oder eine *psychische Krankheit* –, so waren sie bei Herzerkrankungen doch besonders offensichtlich... Offenbar sterben Millionen von Menschen geradezu buchstäblich an einem gebrochenen oder einsamen Herzen... Nahezu auf jeder Altersstufe, bei beiden Geschlechtern und allen Rassen, liegen die Sterblichkeitsraten für die Ledigen, Verwitweten und Geschiedenen je nach Todesursache zwischen zwei– und zehnmal höher als für Verheiratete" *(Lynch)*.

Die hier ebenso naiv wie lapidar als dicht umrissenen engen sozialen Beziehungen von z.B. Schizophrenen erweisen sich allerdings bei genauerer Betrachtung als Gummizellen mit doppelbindenden und inquisitorischen Verrücktmachern als Mitinsassen. Vorsicht also mit solchen oberflächlichen Äußerungen, wenn man sich mit der Materie nicht eingehend beschäftigt hat.

Der Tod ist nur die Spitze des Krankheits–Eisbergs, die statistisch besonders leicht erkennbar aus dem Wasser schaut. Darunter verbirgt sich ein immenser Kegel von psychischen und körperlichen Krankheiten. Auch die Risikofaktoren für Herz–Kreislauf–Erkrankungen, wie z.B. der *Bluthochdruck*, korrelieren mit Einsamkeit.

Allerdings scheint diese Korrelation umgekehrt u–förmig zu sein: Extreme innere (katatone oder hebephrene Schizophrene) und äußere (Strafgefangene, insbesondere solche in Einzelhaft) Isolation senkt den Blutdruck wieder in beeindruckende Tiefen. Auch das mitmenschliche Gespräch treibt den Blutdruck im Schnitt noch höher, statt ihn zu senken. Das wiederum scheint mit einer eher defensiv feindseligen Grundhaltung Hochdruckkranker ihrer sozialen Umwelt gegenüber zusammenzuhängen. Hier greift anscheinend die Erkenntnis einer allgemeinen Emotionsausdruckshemmung, insbesondere einer Aggressionshemmung (wenn auch eine empirisch–korrelative, leider nicht experimentelle Studie das Schreien und Brüllen mit einer erhöhten Mortalität in Zusammenhang gebracht haben will – eine Erinnerung an die erhöhte Lebenserwartung von in Zoos eingekerkerten Tieren im Vergleich zu freilebenden solchen). Selbst bei vermeintlich so körperlichen Krankheiten wie *Leberzirrhose* haben *Lynch* und andere Empiriker Zusammenhänge zur sozialen Isolation nachgewiesen.

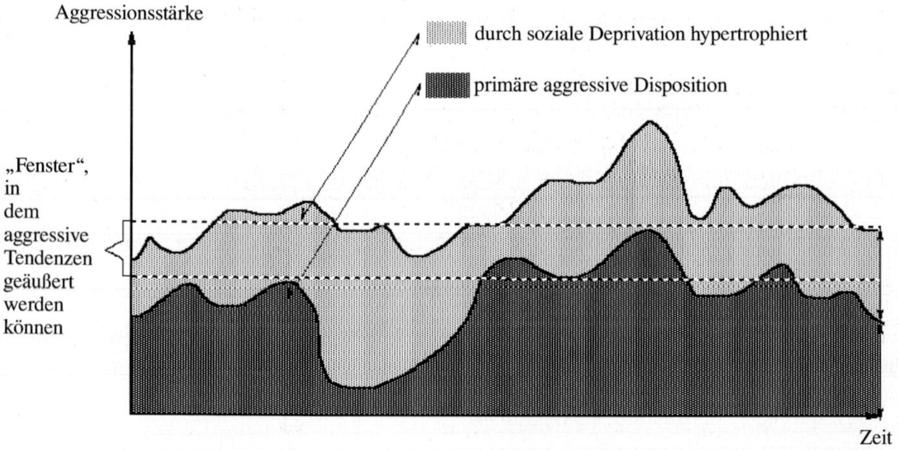

Ein eigenes Problem ist die fatale Wirkung sozialer Deprivation auf unsere eh schon ungeliebte *Aggressivität.* Schon mit der uns biologisch eigenen Wut können wir nicht mehr so recht umgehen. Fast alle Umweltgifte wirken dazu noch aggressivierend – und nun noch die soziale Isolation. Sie hypertrophiert unsere Aggressivität gänzlich zur Grätze.

Gruppentherapie

Dieser Abschnitt behandelt eine dritte Art primitiven Heilens, die von Anthropologen hinlänglich beschrieben und in bezug zur Psychotherapie von Interesse ist, nämlich die Heilzeremonien in Gruppen, wobei die heilenden Einflüsse der Gruppe und der kulturellen Kräfte sichtbar werden, die man in der Einzeltherapie, wo sie nur implizit zugegen sind, leicht unterschätzt. So gesehen kann es aufschlußreich sind, eine Heilzeremonie etwas detaillierter darzustellen: die Behandlung von „espanto" bei einer 63jährigen Indianerin in Guatemala. Sie hatte den achten Anfall erlitten. Ihre Symptome schienen jenen ähnlich zu sein, aus denen ein amerikanischer Psychiater eine agitierte Depression diagnostizieren würde. Die Indianer erklären sie aus dem Seelenverlust. Die Behandlung begann mit einer diagnostischen Sitzung, der nicht nur die Patientin beiwohnte, sondern auch ihr Mann, ein Freund und zwei Anthropologen... Der Heiler sagte ihr nun, er glaube fest, daß sie geheilt werden könne, und erklärte ihr im einzelnen, welche Vorbereitungen, zu denen die Beschaffung und Zubereitung bestimmter Medikamente gehörten, die Vorbereitung eines Festessens, die Gewinnung einer Freundin oder Verwandten, die ihr in der Vorbereitungszeit und während der Heilsitzung als Dienerin beistand, und sie sollte einen der sechs Häuptlinge des Dorfes einladen, der mit dem Medizinmann an der Zeremonie teilnehmen mußte.

Die Zeremonie selbst begann um vier Uhr nachmittags und dauerte bis gegen fünf am nächsten Morgen. Bevor der Heiler kam, waren das Haus und der Hausaltar mit Pinienzweigen geschmückt worden, und zahlreiche Gäste und Teilnehmer hatten sich versammelt. Nachdem alle da waren, hielt der Heiler seinen Einzug, schüttelte allen die Hände und überprüfte sorgsam die Vorbereitungen. Es folgte nun eine gewisse Zeit für leichte Erfrischungen und Geplauder, was offenbar dazu beitrug, die soziale Gruppe um die Patientin herum zu organisieren und die Spannung zu mindern.

Rituale erfordern oft eine Vorbereitungszeit, in der die Routine des täglichen Lebens dramatisch durchbrochen wird. In unserer espanto–Behandlung hatten die Vorbereitungen den Zweck, die Patientin aus ihren normalen Gepflogenheiten herauszureißen, ihr Gefühl für die eigene Wichtigkeit zu steigern, da sie eine Dienerin haben mußte, und die Sammlung der Familien– und Gruppenkräfte einzuleiten, die ihr helfen sollten. Außerdem, wie das ganze Ritual, gab dies ihr etwas zu tun, womit sie gegen ihre Krankheit ankämpfen konnte: und dies allein bewirkt schon eine starke Linderung der Angst und treibt die Hoffnung auf Heilung an. Die Angehörigen der Patientin, ebenso wie die angesehenen Vertreter des Stammes, zeigen Interesse an ihr, indem sie teilnehmen. Da sie Vertreter einer gesunden Gruppe sind, ist nicht wahrscheinlich, daß sie die Patientin in ihren pathologischen Tendenzen bestärken, wie es in einem psychiatrischen Krankenhaus zum Beispiel geschehen kann.

Aspekte des Heilrituals erhöhen das Selbstwertgefühl des Patienten, im Grunde aber aller Beteiligten. Der Patient steht für die Gruppe im Mittelpunkt ihrer Aufmerksamkeit, und offenbar ist er es wert, daß seinetwegen übernatürliche Kräfte angerufen werden. Wichtig ist auch der altruistische Charakater der Handlungen. Die Gruppe versucht dem Patienten zu helfen, indem sie Teile des Rituals ausführt, sich bei den Wesen, die er vermutlich beleidigt hat, für ihn verwendet oder ihn vor ihnen beschützt. Manchmal verrichtet der Patientbestimmte Dinge für die Gruppe. In unserem Beispiel mußte die Patientin das Festessen anrichten. Gegenseitige Dienstleistungen festigen die Bindung zwischen Patient und Gruppe. Daß der Patient etwas tun muß, kann auch seiner krankhaften Selbstversunkenheit entgegenwirken und sein Gefühl für den eigenen Wert steigern; es zeigt, daß er für andere noch von Nutzen sein kann.

Frank

Überhaupt gehen Experten, die sich mit den Auswirkungen von Einsamkeit beschäftigt haben, vollkommen selbstverständlich davon aus, daß die hohe und immer noch steigende Quote der *Selbstmorde* bei Teenagern und jungen Erwachsenen darauf hinweist, wie intensiv Gefühle der Einsamkeit und Verlassenheit in dieser Lebensphase sein müssen. Genauso bei alten Menschen. Und ebenso bei den *Workaholics*, den Arbeitssüchtigen der mittleren Lebensphase, die sich durch Zuknallen mit Arbeit vor dem Gefühl der Einsamkeit und vor Depressionen vermeintlich schützen.

Hinzu kommen aber auch *Umweltbedingungen*, die erschwerend oder erleichternd wirken können. Von Interesse ist z.B. die Gestaltung von *Arbeitsplätzen* (bez. Lärm, individualisierte oder isolierte Arbeitsformen, Gruppenarbeit, Teams usw.) und die Gestaltung des *Wohnbereichs* (Spielstraße, Fußgänger– oder verkehrsberuhigte Zonen). Das wiederum Teuflische an der ganzen Geschichte ist nun, daß, wie bei allen anderen Emotionen auch, bei starker Hemmung der Emotion – hier des sozialen Bindungsgefühls – sich eine *Angst vor dem Gefühl* entwickelt. Das dürfte auch der Grund dafür sein, daß in einigen Untersuchungen Vereinsamte und Depressive Sozialkontakte ablehnen oder als belastend erleben.

Hier gilt wieder das Paradigma von dem Verhungernden, der bei starker Nahrungsdeprivation schon keinen Hunger mehr empfindet, ja die Nahrung ablehnt oder sich gar vor ihr ekelt. Nichtsdestoumso ist eine schrittweise Nahrungsaufnahme das einzige, was ihm helfen kann – ob er es will oder nicht! Sich dann als Therapeut hinzusetzen und zu konstatieren, daß die (notwendige) soziale Kontaktaufnahme ja nun die höchstpersönlich eigene Entscheidung des Patienten sei, und diesem nur das zu demonstrieren, ist da ein bißchen dürftig. Da muß schon etwas Fremdkontrolle nachhelfen.

Selbst wenn in seltenen und eher milderen Fällen die Einsamkeit als solche noch wahrgenommen und verflucht wird, gilt noch der Bannfluch, der auch auf diesem Gefühl lastet. „Was zwar privat – selten genug immer noch – eingestanden wird, wird nach außen geleugnet. Einsamkeit ist ein Tabu", schreibt *Katharina Zimmer* in der ZEIT. „Wir reden von Kommunikation, aber was wir wirklich brauchen, sind Menschen, die mit uns lachen und weinen, denen wir unsere Alpträume erzählen können, die uns lieben und mit uns spazierengehen, eine Großmutter, bei der wir uns geborgen fühlen. Und mehr als alles brauchen wir jemanden, mit dem wir reden können." Wunderbar gesagt!

Gemeindepsychologie

„Die Gemeindepsychologie bezieht sich auf psychosoziale Probleme im Zusammenhang mit konkreten Lebensbedingungen; dabei werden gesundheitspolitische und gesellschaftliche Bedingungen mitberücksichtigt" *(Sommer)*. Das Hauptaugenmerk liegt dabei auf der (primären) Prävention: psychische Störungen sollen von vornherein, vor ihrer Entstehung, verhindert werden. Dies könnte etwa durch die Vermittlung von Problembewältigungsstrategien schon in der Schule, durch den Einsatz von Laienhelfern oder Mediatoren (vom Arzt bis zum Kneipenwirt) oder durch verschiedene Formen von Selbsthilfegruppen geschehen, wodurch die Menschen wieder näher zusammengebracht würden und sich gegenseitig mit Rat und Tat zur Seite ständen, in sehr viel natürlicherer Form als dies der Besuch beim Therapeuten darstellt. Ein weiteres Anliegen der Gemeindepsychologie ist die gemeindenahe Versorgung der Bevölkerung durch therapeutische und rehabilitative Maßnahmen.

Sommer stellt mögliche Ansätze zur Problembewältigung im Modell der Gesundheitspyramide dar:
1. Eigensteuerung,
2. Soziale Unterstützungssysteme,
3. Selbsthilfegruppen,
4. Laien,
5. Professionelle Hilfen.

Dies ist die Abfolge, die durch zunehmendes Maß an Fremdhilfe, Formalisierung und Professionalisierung gekennzeichnet ist und die zudem in ansteigender Reihenfolge immer weniger Menschen versorgen kann.

> Gemeindenähe meint sowohl eine räumlich–zeitliche Nähe zu den Betroffenen, die eine bedarfsgerechte, kontinuierliche Versorgung gewährleistet, als auch eine psychische Nähe. Es sollen Ansätze überwunden werden, die die psychosoziale Befindlichkeit lediglich auf individueller Ebene erklären, und vielmehr die Interaktion zwischen Individuum und Umwelt betrachtet werden.

Hieraus wäre abzuleiten, daß einem funktionierenden sozialen Unterstützungssystem wesentliche präventive Funktion zukommen könnte bzw. fehlende soziale Unterstützung störungsbegünstigend wirken könnte. Das Individuum ist wie in ein Netzwerk in ein Beziehungsgeflecht von Verwandten, Freunden, Nachbarn und Kollegen eingebunden. Dieses Eingebundensein kann sowohl eine Stütze wie auch eine Last bedeuten, und die Psychologie hat über Jahrzehnte den Schwerpunkt mehr auf die negativen Aspekte gerade der verwandtschaftlichen Beziehungen, z.B. der dort entstehenden traumatischen Erlebnisse, gerichtet. Daneben hat es auch schon früh eindrucksvolle Forschungsergebnisse zum gesunderhaltenden und entwicklungsfördernden Einfluß sozialer Beziehungen gegeben wie etwa *Harlows* Affenversuche, *Spitz'* Hospitalismus oder *Schachters* Ergebnisse zur angstreduzierenden Wirkung der Anwesenheit anderer Personen.

Wenn auch die heute vorliegenden Ergebnisse der Soziale–Unterstützungs–Forschung die positiven Seiten menschlicher Nähe und Unterstützung unterstreichen, so sollten doch auch die krankmachenden, hinderlichen Einflüsse nicht völlig außer acht gelassen und ein engmaschiges soziales Netz nicht als durchweg seligmachend beurteilt werden. So zeigen z.B. die Untersuchungen von *Leff*, daß emotionaler Kontakt auch Streß bedeuten und krankheitsfördernd sein kann: Schizophrene oder Depressive, die nach einem Klinikaufenthalt in emotionalere (was immer das allerdings heißt – meist nach Psychologenmanier ja nichts Gutes!) Familien entlassen wurden, waren rückfallgefährdeter. In einer Untersuchung von *Maddison & Walker* berichteten Witwen mit einem schlechteren Gesundheitszustand, daß sie die Interaktionen mit anderen häufig als eher belastend erlebten, z.B. weil sie ihre Traurigkeit verstecken mußten, keine Hilfe bei der Vergangenheitsbewältigung erlebten oder verfrühte Ratschläge für die Zukunft bekamen. Die Witwen mit dem besseren oder schlechteren Gesundheitszustand unterschieden sich nicht im Ausmaß der erlebten Unterstützung, sondern darin, wie sie die Unterstützung erlebten – und das kann eben durchaus auch hinderlich sein.

Miteinander

Befällt uns das Verzagen,
so müssen wir's verjagen.
Vielleicht zusammen singen,
ein Faß zu Ende bringen.
Laßt uns zusammen juchzen,
und wenn es sein muß schluchzen.
Der Mensch braucht jede Menge
ganz menschliches Gedränge.

Text: ***Dieter Süverkrüp***, 1982
Melodie: italienische Volksweise „la lega"
Interpreten: ***Friz & Schmeckenbecher***

Kontaktbedürfnis

Nachbarschaft * Freundschaft & Kameradschaft * Kontakttraining

Nachbarschaft

Warren & Warren typologisieren Nachbarschaften nach folgenden recht einleuchtenden Prinzipien:

1. *Interaktion* (Treffen sich die Leute aus der Nachbarschaft oft?),
2. *Identität* (Fühlen sie sich als Teil der Nachbarschaft und kommen gut miteinander aus?),
3. *Verbindungen* (Sind die Personen auch außerhalb der Nachbarschaft (inter)aktiv?).

Auch die früher als selbstverständlich angesehene Nachbarschaftshilfe und Pflege eines gutnachbarlichen Verhältnisses ist heute einer individuell ausgerichteten, Vereinsamung und Abkapselung mit sich bringenden Lebensweise gewichen.

„In den großen *Städten* verhalten sich Menschen selbst dann, wenn andere in Not geraten, so, als ginge sie der Mitmensch nichts an, und sie verweigern den Beistand... Wenn persönliche Verbundenheit fehlt, ist der Mensch generell bereiter, aggressiv zu reagieren und seinen Vorteil gegenüber den ihm Unbekannten rücksichtsloser wahrzunehmen. Das ist einer der Gründe, weshalb in der Anonymität die Kriminalität gedeiht. Man gibt sich dem Fremden gegenüber weniger verantwortlich. Th. S. Weisne verglich das Verhalten von Stadt– und Landkindern in Kenia. Stadtkinder waren weniger freundlich, mehr dominant und aggressiv gegenüber ihresgleichen als Landkinder. Ähnliche Entwicklungen zeichnen sich in Neuguinea ab... Die Zunahme an Aggressivität im städtischen Milieu ist demnach nicht nur auf unseren Kulturkreis beschränkt...

Es stellt sich heraus, daß in der Großstadt das soziale Beziehungsnetz (Vater, Mutter, Kind) einfach zu klein ist, um allen sozialen Bedürfnissen des heranwachsenden Menschen gerecht zu werden. Die Anonymität der zwischenmenschlichen Beziehungen und die Bindungslosigkeit des Menschen stellen wohl die sozialen Kernprobleme unserer Gesellschaft dar. Sie werden leider nicht in ihrer vollen Tragweite erkannt, wie man an vielen Maßnahmen der Verwaltung erkennen kann. So hat man erst kürzlich in Deutschland im Rahmen einer Verwaltungsreform kleine Gemeinden zugunsten zentraler Verwaltungen aufgelöst. Das vereinfacht zwar die Verwaltung und verbilligt sie auch, zugleich aber sind die zwischenmenschlichen Beziehungen anonymer geworden. Man hat auch viele der kleinen Dorfschulen aufgelöst, und neuerdings strebt man in Schulen Leistungskurse wechselnder Zusammensetzung an, was die Klassengemeinschaft zerstört. – Das wird von einigen Ideologen begrüßt, weil sie meinen, gegen jede Art von Zusammenschlüssen ankämpfen zu müssen, da Gruppenbildung Diskrimination zwischen Gruppenangehörigen und Gruppenfremden bedeutet. Man übersieht dabei, daß differenzierte soziale Bindungen unseren Bedürfnissen entsprechen, auch Gruppenbildung innerhalb von Gruppen“ *(Eibl–Eibesfeldt)*.

„Überbevölkerung und Überorganisation haben die moderne Metropole geschaffen, in welcher ein wirklich menschliches Leben mit vielfältigen, persönlichen Beziehungen fast unmöglich geworden ist. Daher muß man, wenn man die seelisch–geistige Verarmung der Einzelmenschen und ganzer Gesellschaften vermeiden will, die Großstadt verlassen und die kleinen Gemeinden wiederbeleben oder andernfalls die Großstadt vermenschlichen, indem man innerhalb ihres Netzwerkes mechanischer Organisationen die städtischen Äquivalente kleiner Landgemeinschaften aufbaut, in welchen die Individuen als Gesamtpersönlichkeiten zusammenkommen und zusammenarbeiten können, nicht als bloße Verkörperungen spezialisierter Funktionen“ *(Huxley)*.

Der Jahrmarkt am Sankt–Georgstag, Kupferstich, um 1559, British Museum, London.

Freundschaft & Kameradschaft

„Das Verhalten entwickelte sich in einem Kontext, der durch intensive menschliche Beziehungen in Jagdgemeinschaften von dreißig bis fünfzig Individuen gekennzeichnet war; zu neunundneunzig Prozent unserer Existenz sind wir Jäger gewesen, und unter diesem Gesichtspunkt und zu diesem Zweck erfolgte die Selektion unseres Verhaltens... Doch sobald wir zu höheren Stufen der bürokratischen Organisation emporsteigen, verlieren wir den rechten Maßstab aus den Augen und büßen sehr bald den Kontakt zu unserer eigenen Menschennatur ein. Es ist das vergleichsweise junge und relativ unerprobte Organ namens Großhirnrinde, das uns befähigt, uns über den Rahmen des Intimbereichs hinaus zu organisieren. Kein Wunder, daß die Früchte des Verstandes zuweilen sauer sind. Das große Gehirn mit seiner Fähigkeit zu unbegrenzter Symbolbildung ermöglicht uns die Schaffung großer Organisationen, aber indem wir diese Möglichkeit wahrnehmen, entgleiten uns gerade jene sozialen Zusammenhänge, auf die wir eigentlich angelegt sind. Wenn Studenten das Engagement, die große Aufgabe und den menschlichen Kontakt suchen, wenn Arbeiter sich entfremdet fühlen, wenn Psychiater sich für sinnvolle menschliche Beziehungen einsetzen, wenn wir die großen Herren in der Regierung verfluchen und das Unpersönliche der Bürokratien verabscheuen, dann bekräftigen wir nur den Wert unserer auf das Intime bezogenen Fähigkeiten und die Herzlosigkeit jener, die uns offensichtlich dazu verdammen, auf unmenschliche Weise zu leben und zu arbeiten. Unsere Revolte gegen die Bürokratie ist im Grunde eine Revolte der Natur gegen die Antinatur, eine Revolte all unserer evolutionsbedingten Fähigkeiten gegen ein System, das sie negiert. Die kleinen Gruppen, mit denen wir so gut zurechtkommen, mögen problematisch sein, aber zumindest sind die Probleme, die sie stellen, nicht unlösbar. Doch sobald wir uns über Gruppen von etwa fünfzig Individuen hinaus bewegen, hören die unmittelbaren Beziehungen von Angesicht zu Angesicht auf" *(Tiger & Fox)*.

Was von *Kampfgruppen* nach der Erfindung des Faustkeils und den daraus entwickelten Fernlenk–ABC–Waffen zu halten ist, mag der interessierte Leser bei *Konrad Lorenz* in seinem Werk „Das sogenannte Böse" nachlesen. Die therapeutischen Vorteile solcher Gruppen im Sinne von Gruppensolidarität, Stärke– und Wir–Gefühl und Abbau von Aggressionen werden durch den Einsatz von Waffen und die damit verbundene schrankenlose Destruktivität mehr als wettgemacht. Was in diesem Bereich noch tolerierbar ist, sind waffenlose Selbstverteidigungs– und Kampftechniken wie Judo, Jiu–Jitsu, Aikido, Karate, Teakwondo u.a.m.

Die festgefügte, gewachsene, integrierte und kooperative, aufs Technische ausgerichtete *Jagdgemeinschaft* als Feld des lebensnotwendigen männlichen sozialen Austauschs, die lockere, soziale, emotionale häusliche *Gemeinschaft der Frauen, Mütter und Sammlerinnen* – das sind die sozialen Strukturen, nach denen wir heute lechzen.

Urgemeinschaft...

So werden bei den Eipo Neuguineas immer einige Jahrgänge junger Männer aus einem ganzen Tal gemeinsam initiiert. Sie bilden dann zeitlebens eine Initiationsgruppe. Ein Gefühl der Zusammengehörigkeit bindet und verpflichtet sie. Daneben haben sie noch Familienbindungen, Clanbindungen, Bindungen an eine Dorfgemeinschaft, Bindungen an Handelspartner – kurz, es besteht ein kompliziertes Netz von Bindungen und damit auch empfundenen Verpflichtungen, die den einzelnen in der Gemeinschaft absichern. Jede Bindung ist auf ihre Art wichtig; sie erfüllen alle auf verschiedene Weise die sozialen Bedürfnisse des Menschen, wie sein Bedürfnis nach Ansehen, Geborgenheit, Beistand, Spiel, Diskussion, Meinungsaustausch, Rat und vieles andere mehr. Man kann durchaus verschiedenen Gruppen angehören; man pflegt in ihnen in der Regel verschiedene Arten sozialer Beziehungen und trainiert damit soziale Eigenschaften, die gerade für die heutigen Anforderungen eines Lebens in der Großgemeinschaft von höchster Bedeutung sind... Dem Bedürfnis nach Abschließung und Abgrenzung tritt das Bedürfnis nach Kontakt und Geselligkeit zur Seite, und ideal ist es, wenn man beides nach persönlichem Bedarf suchen kann. Das kann jeder Buschmann und jeder steinzeitlich lebende Papua. Er braucht nur aus seiner Wohnhütte oder seinem Haus zu treten und findet sich schon auf dem Platz vor dem Haus inmitten einer Gemeinschaft – und er kann sich in seine Hütte zurückziehen, wenn er Ruhe und Privatheit haben will. Wenn der Bewohner einer Vorstadtsiedlung aus dem Hause tritt, ist er dagegen allein; und wenn er es in der Großstadt tut, dann ist er inmitten von Fremden, die an ihm vorbeihasten und die er selbst scheut, da er sie nicht kennt. Das Bedürfnis nach Privatheit ist in beiden Fällen abgesättigt, eine Einbindung in eine größere Gemeinde wird jedoch vermißt, und der einzelne kann sie nur schwer finden. Es mangelt dazu an Begegnungsstätten. Eine humane Städteplanung muß solche vorhersehen. Sie muß die Möglichkeiten zu sozialen Kontakten schaffen, es im übrigen aber dem einzelnen überlassen, sein Leben zu gestalten. Eine Nachbarschaftsideologie, die darauf abzielt, soziale Kontakte dadurch zu erzwingen, daß Begegnungen unvermeidlich sind, könnte zu Gereiztheit, Kontaktablehnung und Konflikten führen. Dem Bedürfnis nach Privatheit muß genauso entsprochen werden wie jenem nach Sozialkontakt.

Diesen Grundbedürfnissen kommt die Anlage der Siedlungen bei allen Naturvölkern, die mir bekannt sind, entgegen. Bei den G/wi–Buschleuten der Kalahari sind die kleinen Rundhütten um einen zentralen Platz angeordnet, bei den Waika–Indianern am oberen Orinoko gilt gleiches für die Pultdächer, unter denen die einzelnen Familien ihre Hängematten aufgespannt haben. Bei den Eipo findet sich die Dorfgemeinde an jedem Morgen zum geselligen Beisammensein auf den Männer– und Frauenplätzen ein, bevor sie zur Arbeit in die Gärten ziehen.

Darüber hinaus haben die Männer noch ihr Männerhaus, in dem die initiierten Männer am Spätnachmittag zusammenkommen, nach Lust und Laune, und auch, um männliche Besucher zu empfangen. Wo Klima und Insekten den Aufenthalt im Freien erschweren, findet man oft Gemeinschaftshäuser, die dem Bedürfnis nach Geselligkeit außerhalb des Familienlebens entgegenkommen.

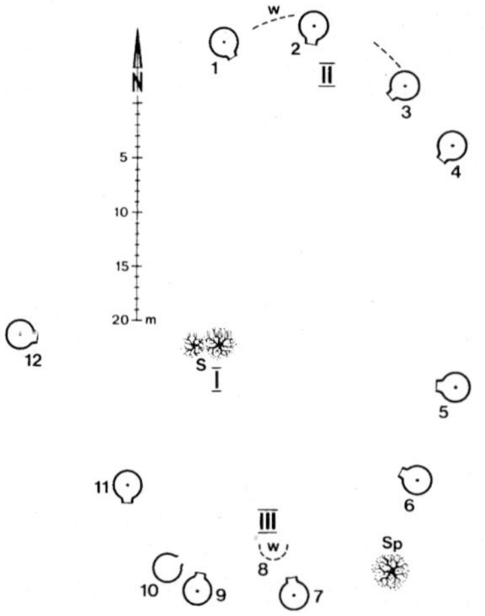

Ein typisches Lager der G/wi. Die arabischen Ziffern bezeichnen die Hütten und Windschirme (w). Intakte Hütten sind mit einem Punkt markiert. Römische Ziffern zeigen bevorzugte Aufenthaltsorte außerhalb der Hütten an. s = Schattenbaum, unter dem man sich zu Gesprächen und den täglichen Verrichtungen zusammenfindet. Hier schlafen auch Junggesellen. Sp = Spielbaum, Baum, an dem die Kinder ihre Schaukel befestigt haben.

... und was wir daraus machen!

Die Erfüllung der hygienischen Bedürfnisse: Bad, Toilette, Küche, und die Erfüllung eines gewissen Raumanspruchs reichen nicht hin, um die sozialen Bedürfnisse des Menschen zu stillen. Man hat in einigen Städten Südamerikas geglaubt, man würde Slumbewohner durch die Umsiedlung in Wohnsilos mit allen hygienischen Infrastrukturen glücklicher machen. Doch blühte der Vandalismus gerade in diesen sozialen Projekten. Die Menschen richteten ihre Aggressionen gegen die öffentlichen Einrichtungen und ließen die eigenen Wohnungen verwahrlosen. Mit der Höhe der Wohnsilos nahmen die Anonymität und die Kriminalität zu.

Siedlungsblöcke am Stadtrand von Caracas. Am Hang im Hintergrund die Siedlung der Armen. Man hatte nicht die sozialen Bedürfnisse bedacht. In ihren oft an die Hänge des Stadtrandes geklebten Siedlungen leben die Armen der tropischen Großstädte zwar gedrängt unter schlechten hygienischen Bedingungen. Aber jeder hat sein eigenes winziges Häuschen aus Pappe, Wellblech und Brettern. Und jeder hat Nachbarn, die er kennt. Und die Kinder haben Kontakt mit anderen. Sie spielen im Schmutz, aber mit ihren Freunden, und überdies meist im Freien, denn jedes der winzigen Häuschen hat einen ebenso winzigen Garten, in dem Baummelonen, Gemüse und Blumen in rosti gen Dosen gezogen werden und Hühner umherlaufen. Das ist eine anregendere Umgebung für jung und alt als eine Zelle im Hochhaus, die zwar hygienisch ist, in der man aber sozial isoliert lebt und in die selten die Sonne hineinscheint.

Das Auto hat in vielen Städten den Menschen von der Straße verdrängt. Kinder können hier nicht mehr spielen, Erwachsene nicht mehr einander begegnen. Die Stadt wurde dadurch inhuman. Auch heute noch werden in die Dörfer rücksichtslos Verkehrsschneisen gelegt, die ein Straßenleben zerstören. Die Vorgärten müssen dafür weichen.

Eibl–Eibesfeldt

Den Aberglauben, die *eheliche Gemeinschaft* sei der Tragpfeiler und die Keimzelle jeglicher sozialen Gemeinschaft, können wir dabei gleich zu Grabe tragen. Eine Frau *ohne* Mann *mit* einer Freundin ist ebenso existenzfähig wie ein Mann *ohne* Frau *mit* Freunden. Dies läßt sich von einem Ehepartner fürwahr nicht sagen: Eine Zweierbeziehung *ohne* Außenkontakte endet uni– oder bilateral im paranoiden Wahnsinn, Mord, Totschlag, Alkohol– oder Tablettenabusus, Depressionen, Agoraphobien, Magengeschwüren, Herzinfarkten oder, bestenfalls, in einer Ehescheidung.

Sie sind wiederentdeckt: die *Männerfreundschaften*. Nachdem sie fast 20 Jahre verschollen waren, tauchen sie wieder aus der Verbannung auf. „Freundschaften zwischen Männern sind... privat und nicht intim – sie sind wie ein Völker–Pakt. Und wie ein solches Bündnis ist es auch schwer, eine Männerfreundschaft zu brechen. Ein Mann wird von seinem Freund Klaus sprechen, selbst wenn er ihn jahrelang nicht mehr gesehen hat. Warum auch! Freundschaft ist für Männer ein Kontrakt, eine Verpflichtung, die nicht Tag für Tag erneuert werden muß. Beweise müssen nicht ständig geliefert werden... Ein Mann wird der Freund eines Mannes bleiben, selbst wenn sich beide beharken. Aber es gibt Grenzen. Ungeschriebene Gesetze. Begeht einer von beiden einen Fehler, den der andere für unverzeihlich hält, ist es aus mit der Freundschaft. Und zwar auf immer und ewig... Mit der Jagd hat die Männerfreundschaft angefangen. Der Ur–Mann, das pelzlose, schwache und verletzbare Wesen, kam schnell dahinter, daß es sich gemeinsam leichter jagen ließ – und vor allem viel erfolgreicher. Tiere, die flinker und schneller waren als der Mann und die ihm ans Leben wollten, ließen sich von der menschlichen Männer–Meute in die Falle locken. Daß Frauen bei den Abenteuern der männlichen Jäger nicht mit von der Partie waren, erklärt sich schon aus der Tatsache, daß sie zur Zeit der Jäger und Sammler einer lebenslangen Beschäftigung nachgingen. Die hieß: Schwangerschaft, Geburt, Aufzucht des Nachwuchses. Immer wieder reihum in dieser Reihenfolge. Frauen waren zu wichtig, um im gefährlichen Jagdgeschäft geopfert zu werden. Sie mußten die Art erhalten" (PETRA).

Noch entschiedener betonen *Tiger & Fox* die *Bedeutung der männlichen Gruppenbildung* für das intakte Seelenleben dieser sonst so gefährdeten Geschlechtsgruppe: „Die Gruppen können formell oder informell organisiert sein, und sie reichen von der Pokerrunde, die sich regelmäßig an jedem Freitag trifft, und dem indianischen Totembund bis hin zum Londoner Klub, dem Kardinalskollegium und dem Pentagon. Bei der Erörterung der Verhaltensevolution ist wiederholt darauf hingewiesen worden, daß die Basis der männlichen Bindung tief in der Geschichte der Spezies begründet liegt. Die Notwendigkeit der Bindung ist bei den männlichen Primaten evident und unverkennbar. Die Gründe – hierarchischer Wettbewerb, soziale Stabilität und Verteidigung – liegen auf der Hand. Wenn wir dazu die Erfordernisse des Jägerdaseins und die Verantwortung für die Nahrungsbeschaffung hinzurechnen, die in dieser lange währenden Entwicklungsphase den Männern aufgebürdet wurde, dann erkennen wir den übermächtigen Selektionsdruck zugunsten des Mannes, der zwecks Erfüllung seiner Aufgabe als Jäger und Verteidiger mit seinen männlichen Artgenossen erfolgreiche Bindungen eingehen mußte. Der Einzelgänger war wahrscheinlich ein toter Mann – jedenfalls ein Mann, der wenig Chancen hatte, einen wirksamen Beitrag zum Genbestand zu leisten... So surrealistisch es auch scheinen mag, der gegenwärtige Trend, männliche Zusammenschlüsse zu verteufeln und zu verhindern, könnte Männergruppen zur Folge haben, die sich genauso konspirativ zusammenfänden, wie es die Liebespärchen während des Puritanismus taten."

Auch die *Frauen* dürfen sich wieder *anfreunden*. „Frauen–Freundschaften sind vor allem durch jene für Männer unbegreifliche Intimität geprägt, die zwei Freundinnen miteinander verbindet. Für sie ist nichts zu ernst, nichts zu unbedeutend, um es ausführlich zu bereden... Frauen scheinen hin und wieder Meinungsverschiedenheiten

Das Wundervolle an der COSMOPOLITAN ist, daß, über welchen Sachverhalt auch immer ich mir manchmal meine unmaßgeblichen Meinungen so mache – meist finde ich sie in dieser Zeitschrift wieder, oder die dortigen eilen meinen eigenen um Meilen voraus: „Ich frage mich manchmal, was ich besser überstehen würde: den Verlust eines Mannes oder den Verlust solcher Freundinnen. Ich möchte mich da nicht festlegen" (*Katherina Stein* in COSMOPOLITAN). Es ist genau dies, was ich meinen Klienten immer wieder zu verstehen gebe: *ohne* (Ehe–)Partner, *mit* Freund(in) lassen sich die nächsten 30 Jahre wohl überstehen, umgekehrt (*mit* Partner, *ohne* Freunde) wird es eine ganze Ecke happiger. Wer's nicht glaubt, mag (nach einigen Ehejahren) mal einen Urlaub mit Partner vergleichen mit einem ohne Partner, mit Freund(in). Die folgende Tabelle mag die Lustpunkte verdeutlichen (basiert auf einer Umfrage des *Rallensbacher Instituts für Dämonskopie*):

Urlaubsform	*Lustpunkte*
ohne Partner, *ohne* Freund(in)	10
mit Partner(in)	13 – 27
mit gleichgeschlechtlichem/r Freund(in)	24 – 34
mit Partner(in) *und mit* Freunden	00 – 4843

Diese Art von Mitgefühl
Freundschaften unter Frauen

Frauen sind zur Freundschaft nicht fähig. Viele Männer sind immer noch dieser Meinung. Oft nicht zu unrecht. Mädchenfreundschaften zerbrechen in dem Augenblick, in dem ein männlicher Partner auftaucht. Es bilden sich Rivalitäten: Im ungünstigsten Fall hängen beide Freundinnen ihr Herz an ein und denselben Mann. Oder der Mann ist eifersüchtig auf die vertraute Freundin und umgekehrt. Vor die Entscheidung gestellt, sich entweder zum Mann oder zur alten Freundin zu bekennen, geben viele Frauen lieber die Freundschaft als die Liebe auf. Der Mann bleibt Sieger. Sein Vorurteil scheint bestätigt: Frauen sind zur Freundschaft nicht fähig. Ihre Freundschaften sind eine Art Interessengemeinschaft auf der Jagd nach dem Mann, die zerbricht, sobald eine von ihnen die Jagd erfolgreich beendet hat. Männerfreundschaften sind da doch von ganz anderem Kaliber! Dahinter stehen gemeinsame Interessen, welche die Gemeinsamkeit tragen. Frauen spielen dabei natürlich auch eine Rolle. Nehmen wir einmal die „Frau fürs Leben" aus – in Männerfreundschaften gibt es einen Bereich von Kumpanei und Spießgesellentum, in dem Weiber, Kraftmeierei und Aufreißer–Gehabe einen breiten Raum einnehmen. Wir Frauen wissen meistens nicht viel von dieser Facette männlicher Freundschaften, und das ist wohl auch gut so. Die hohe Meinung, die Männer von ihren Freundschaften haben, sollen sie behalten. Nur sollten wir uns von ihnen nicht den Wert unserer weiblichen Freundschaften taxieren lassen. Denn davon haben sie wiederum keine Ahnung. Der Verzicht auf die Freundin zugunsten des Mannes sollte eigentlich der Vergangenheit angehören, seitdem das Selbstwertgefühl der Frauen sich so gefestigt hat wie in den letzten Jahren. Aber das Gefühl scheint fortzubestehen. „Du magst sie nicht sehr", singt Milva in einem ihrer Lieder. Und sie bekennt: „Diese Art von Mitgefühl, die find' ich nur bei ihr. Warum nicht bei dir?" Da ist noch immer die Sehnsucht, von einem Menschen alle emotionalen Bedürfnisse abdecken zu lassen. Noch immer scheint es am schönsten zu sein, wenn der geliebte Mann dies zu leisten imstande ist. Doch die Verhältnisse, sie sind nicht immer so. Und warum auch? Unter Frauen, die lange mit einem Mann zusammen sind, kann eine Intimität, eine Harmonie, ein Einverständnis herrschen, die den Bereich der Intimität, der Harmonie und des Einverständnisses mit dem Partner gar nicht berühren. „Darüber könnte ich mit ihm nicht reden", sagen sie, und sie brauchen das eigentlich gar nicht mit Bedauern zu sagen. Es muß auch keineswegs die Loyalität zum Partner beeinträchtigen. Frauen verstehen manches besser als Männer, eben diese Art von Mitgefühl, oder was immer es sein mag. Das kann man ohne Vorwurf feststellen, aber mit dem entschlossenen Anspruch, unsere Freundschaften als einen unverzichtbaren Teil unseres Lebens zu halten und zu bewahren.

Oberhessische Presse

„Ich habe und hatte viele Freundinnen, aber es gibt zwei Frauen, die, so glaube ich, mich ebenso geprägt haben, wie die wichtigen Männer in meinem Leben es taten. Die Beziehungen zu ihnen durchliefen alle klassischen Stadien einer Partnerschaft. Im nachhinein betrachtet, kann ich mir meine eigene Entwicklung ohne sie gar nicht vorstellen. Sie traten zu verschiedenen Zeiten meines Lebens auf und decken bis heute unterschiedliche Bedürfnisse meiner Person ab. Man könnte sagen, sie ergänzen sich. Auch Frauenfreundschaften sind Liebesgeschichten, Leo gefiel mir, und ich ihr. Wir waren von dieser ersten Begegnung so aufgekratzt, als hätten wir uns verliebt. Sie wurde mein Spießgeselle: ein weiblicher Musketier, mit dem ich nachts durch die Lokale zog... Wenn ich mit ihr zusammen war, fühlte ich mich weiblich, frei und voller Energie; sie konnte mich mit ihrer Lebenslust anstekken" *(Stein)*.

auszutragen, die zum zeitweiligen Abbruch der Beziehungen führen, bis es wieder zu einer Versöhnung kommt... Ihre Freundinnen hatten in erster Linie ‹freundlich› zu sein, außerdem ‹unterhaltsam›, ‹hilfreich›, ‹verständig›, ‹taktvoll› und ‹sympathisch›" (PETRA).

Auch *Katherina Stein* mußte mit Barbara und Leonie die bittere Erfahrung einer *multilateral–weiblichen Dreiecksbeziehung* machen: „Barbara verlor die Geduld mit mir... Heute glaube ich, sie war gekränkt wegen meiner intensiven Gefühle zu Leonie. ‹Man könnte meinen, du liebst sie›, sagte sie einmal wütend. In gewisser Weise hatte sie recht." Bei drei befreundeten Frauen scheint immer eine zuviel zu sein. Was bei Männern pathologisch ist, scheint bei Frauen normal zu sein. Erklärt wird es, wer wird es anders erwarten, mit der (männerbestimmten natürlich) Erziehung zur weiblichen Rivalität. Wer diese Erziehung erfunden hat, zu welchem Zweck, und warum dann die weiblichen Erziehungsagenten (Mütter) diese so perfekt weitergeben, darüber wird in der einschlägigen Literatur viel gut Formuliertes und Plausibles geschrieben. Böse chauvinistisch–biologistisch verseuchte Ketzer hingegen bringen den Tatbestand mit den Erfordernissen des Alltags der letzten 4 Mio. Jahre in Verbindung und rätseln über das Mütter– und Sammlerinnen–Dasein in dieser unbedeutend kurzen Zeitspanne – aber lassen wir das!

„Frauen gehen miteinander Bindungen ein, aber in Quantität, Qualität, Ausrichtung, Zweck und sogar in ästhetischer Hinsicht weichen ihre Bindungsprozesse erheblich von denen des männlichen Blocks ab... Bei den langfristigen weiblichen Bindungen handelt es sich vorwiegend um Verwandtschaftsbindungen. Die sonstigen Bindungen der Frau sind, verglichen mit denen des Mannes, schwächer, unbeständiger und weniger auf Gruppenbildungen ausgerichtet... Aber die weiblichen Bindungen sind deshalb nicht weniger lebensnotwendig und anspruchsvoll als die mehr politisch orientierten Bindungen der Männer. Wenn sie versagen, bricht das ganze System zusammen, und dann vermag auch eine noch so große Solidarität der Männer es nicht mehr zusammenzuhalten... Frauen befassen sich in der Regel mit zwischenmenschlichen Problemen, die eine persönliche Begegnung einschließen und Angelegenheiten betreffen, die mit Gebären, der Ernährung und der Aufzucht der Nachkommen sowie mit der Ausgestaltung und Betreuung der Wohnung und der unmittelbaren Umgebung zusammenhängen... Wir haben früher bereits das aufschlußreiche Phänomen kennengelernt, daß bei bestimmten Primaten die weiblichen Tiere zwar Gruppen aus Mutter–Kind–Einheiten (und interessierten kinderlosen oder trächtigen Weibchen) bilden, daß diese Gruppen aber völlig unstabil sind, solange sich nicht ein Männchen als Mittelpunkt der Aufmerksamkeit und Hüter der sozialen Ordnung hinzugesellt. Das braucht uns nicht zu irritieren. Das Weibchen kümmert sich vor allen Dingen um das Überleben seiner eigenen kleinen Einheit. Sofern andere Weibchen ihr Unterstützung anbieten, werden sie geduldet, doch diese Duldung ist im besten Falle oberflächlich und kurzfristig. Sobald das Kind alt genug ist, um sich selbst durchschlagen zu können, ist das Weibchen darauf bedacht, aufs neue schwanger zu werden und tritt damit wieder in Wettbewerb mit den anderen Weibchen, da es seine Aufmerksamkeit den geschlechtsreifen Männchen zuwendet" *(Tiger & Fox)*.

Gesünder als die Männer empfinden die Frauen diesbezüglich allemal (mal wieder!): Eine Umfrage des *GEWIS–Instituts für Sozialforschung* ergab, daß 73% der Frauen eine oder mehrere (Vorsicht: nicht zusammenbringen!) Freundinnen haben, auf die sie nicht verzichten wollen. Hingegen können nur 34% der Männer das von ihren Freunden sagen.

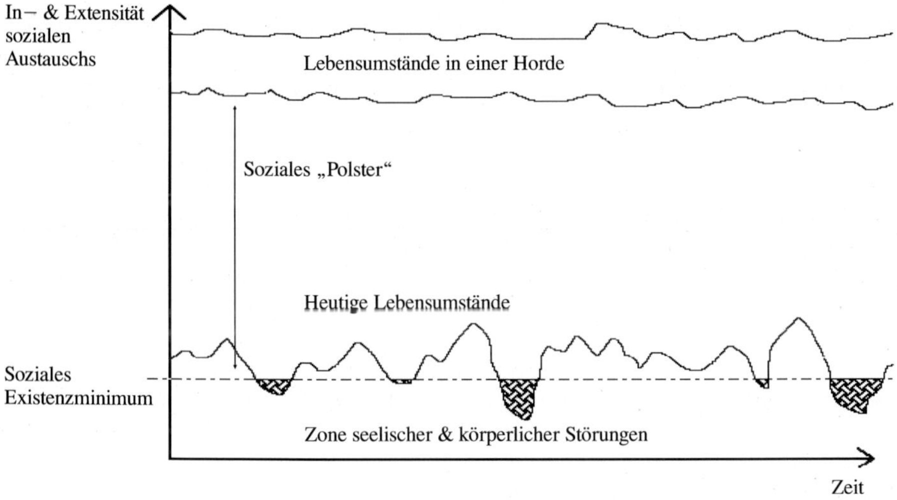

Wenn wir uns die frühere (ca. 4 Mio. Jahre währende) und die heutige (seit 30–300 Jahren bestehende) Qualität & Quantität sozialen Lebens anschauen, dann stehen wir vor diesem Bild. Wir haben heute kein soziales Polster mehr, nichts mehr zuzusetzen. Jeder kleinste soziale Abschwung bringt uns unter die pathogene Grenze des sozialen Existenzminimums, unter der pathologische Mechanismen wirksam werden wie der, daß wir überhaupt keinen Kontakt mehr suchen, ihn abwehren und abwerten (aus der Not eine Tugend machen).

Auch die *Arbeitsgruppen* sind immer unpersönlicher geworden, wenn sie sich nicht gänzlich aufgelöst haben. Soziale Unterstützung beziehen nur noch wenige aus ihnen. Ein Klient von mir mit Diabetes mellitus (pseudoplausible analytische Deutung: Suche nach Liebe und Zuwendung) gab seine unbefristete Stelle im öffentlichen Dienst, ja gar seinen Beruf auf, nachdem er von einem Gruppenzimmer in ein Einzelzimmer umgesetzt worden war und sich die Hoffnung zerschlagen hatte, daß sich diese arbeitsmäßige Isolierung rückgängig machen lassen würde.

Wer die Möglichkeit hat, zwischen alternativen Arbeitsstellen aussuchen zu können (wer hat die schon!), sollte unbedingt den sozialen Austausch und die potentielle soziale Unterstützung am Arbeitsplatz mit ins Kalkül ziehen. „Geschäftspartner haben oft mehr gemeinsam als Brüder (wenn sie nicht solche ohnehin auch noch sind, der Verf.)... Und gemeinsam gemeisterte Gefahr, wie sie Streifenpolizisten erleben (beliebtes Freundschafts–Motiv von TV–Krimi–Serien), sorgt oft für eine stärkere freundschaftliche Bindung, als sie zwischen Ehepartnern üblich ist... Ob Cliquen, Kumpel oder Konkurrenten – einen Vorteil hat jede Männerfreundschaft für jede Frau: Wenn Männer gute Freunde haben, kommen sie nicht so leicht auf andere Gedanken. Auf

„Nehmen wir eine Handwerkerfamilie aus dem späten Mittelalter. In dem Hause, in dem man wohnte, wurde gleichzeitig produziert. Die jungen Gesellen lebten mit der Familie. Die Trennung von Beruf und Privatleben war nicht vorhanden. Seit dieser Zeit sind aber diese beiden Bereiche zunehmend getrennt worden. Wer heute einen Beruf ausübt, weiß, wie groß die Gefühlsreserve ist, die man sich auferlegen muß, um die eigenen Berufsaufgaben erfüllen zu können. Man hat weitgehend unpersönliche Beziehungen mit starken Gefühlskontrollen zu den anderen Menschen im Berufsleben. Theoretischer formuliert: Die Interdependenzketten, die Menschen miteinander verbinden, werden immer länger und differenzierter. Der einzelne Mensch, der in solche Interdependenzketten eingegliedert ist, kann nicht mehr nach momentanen Affekten handeln, er muß sich Zurückhaltung auferlegen, denn sonst sprengt er die Kette. In unserer Gesellschaft ist ein Spezialist auf den anderen angewiesen. Für Emotionen ist in diesen Beziehungen wenig Platz" *(Elias)*.

Freundschaften mit anderen Frauen zum Beispiel. Auch ein Trost..." (PETRA). Oder in der entschiedenen Schreibe von *Tiger & Fox*: „Die Männer sind sich darüber einig, daß unter gewissen Umständen keine Frau für einen Mann so wichtig ist wie ein Mann."

Kontakttraining

Wie können wir nun in unserer Kultur dieser sozialen Isolation therapeutisch entgegenarbeiten, wenn sie so weit geht, daß sie Menschen in die Depression treibt? Zum einen können wir vorhandene Möglichkeiten zum sozialen Austausch und zu sozialer Anregung nutzen sowie Kontakte intensivieren bzw. ermöglichen. Dies geschieht u.a. im sogenannten *Aktivitätsaufbau*. Zum anderen kann man in der Therapie versuchen, *soziale Fertigkeiten* bei Klienten weiter aufzubauen, mit denen dann Kontakte eher und leichter geknüpft werden können: dies geschieht im *Kontakttraining*. Zum dritten gilt es, Hemmungen und Hemmnisse für die soziale Kontaktaufnahme wie *soziale Ängste, Unsicherheiten*, aber auch *Feindseligkeit* bis hin zu paranoiden Tendenzen („Die Leute hier sind sowieso alle bescheuert!") aus dem Weg zu räumen. Hier werden Verfahren aus dem Bereich des *Aufbaus sozialer Kompetenz* ebenso anzuwenden sein wie Methoden der *Angstbehandlung*, der *kognitiven Umstrukturierung*, der *Emotionstherapie*, aber auch *soziotherapeutische Maßnahmen*, die in die Organisation des Alltags modifizierend eingreifen.

Da der Kontakt zu Mitmenschen eine Grundvoraussetzung zur Entfaltung jedes Menschen darstellt, ist ein verfügbares Verhaltensrepertoire zur Aufnahme und Erhaltung von Kontakten von zentraler Bedeutung. Kontaktfähigkeit ist somit für *Prävention wie Therapie sozialer Störungen* als wesentliches Zielverhalten anzusehen.

Bisher entwickelte *Kontaktprogramme* zielen auf folgende Bereiche ab: Kontaktaufnahme zwecks Informationsgewinn, Aufnahme zwangloser Kontakte, Kontakte zu Arbeitskollegen, Aufbau eines Freundes– und Bekanntenkreises sowie Aufnahme gegengeschlechtlicher Beziehungen. Kontakttrainings finden Verwendung entweder als eigenständige Trainingsprogramme oder aber als Baustein komplexerer Therapien. Der *Indikationsbereich* für ein derartiges Kontakttraining reicht von relativ leichten Störungen wie Schüchternheit, Einsamkeit, über Drogen– und Alkoholabhängigkeit bis hin zu sogenannten psychotischen Störungen und Zwängen. Im Rahmen des Projekts Rauschmittelabhängigkeit am Münchener *Max–Planck–Institut für Psychiatrie* berichten *Feldhege et al.* von der Anwendung eines Kontakttrainings als therapeutischem Baustein innerhalb einer Breitbandtherapie für jugendliche Drogen– bzw. Alkoholabhängige. In den neueren Ansätzen zu therapeutischen Interventionen bei Depressionen steht die soziale Aktivierung im Vordergrund. Entsprechend empfiehlt z.B. das *Berliner Modell* regelrecht ein Selbstsicherheitstraining bei Depressionen. Weiter kristallisiert sich auch in der Behandlung von Zwängen immer mehr die Notwendigkeit einer Stärkung der sozialen Kompetenz heraus.

Die *gängigen Trainingsprogramme* zur Steigerung sozialer Kompetenz enthalten in mehr oder weniger systematischer Form Ubungen, die man als Kontakttraining bezeichnen kann. *Alberti & Emmons* geben 9 grundlegende Übungen an, von denen 4 als Kontakttraining im weitesten Sinne anzusehen sind. Die übrigen 5 Übungen zielen auf Selbstbehauptung im Sinne von Durchsetzen ab. Das Kontakttraining wird in der Vorstellung und in Rollenspielübungen praktiziert.

Die Bereiche, in denen sozialer Austausch stattfinden kann und sollte, können wir folgendermaßen umreißen:

Familie
Verwandtschaft
Nachbarschaft
Spiel–, Arbeits– & Kampfgruppen
Gäste, Bekannte & Freunde

„Auf einer Party, bei der Sie niemanden außer dem Gastgeber kennen, möchten Sie gerne weitere Leute kennenlernen. Sie gehen auf drei Leute zu, die miteinander sprechen. Alternative Reaktionen:

a) Sie stellen sich nahe zu ihnen, lächeln, sagen aber nichts: Sie warten darauf, daß man Sie bemerkt.
b) Sie achten auf das Thema, über das sie sich unterhalten, unterbrechen dann mit einer Bemerkung, daß Sie mit der Meinung eines von ihnen nicht übereinstimmen.
c) Sie brechen unvermittelt in das Gespräch ein und stellen sich vor.
d) Sie warten eine Gesprächspause ab, stellen sich vor und fragen, ob Sie sich am Gespräch beteiligen dürften" *(Alberti & Emmons)*.

Ja, bravo! Sie haben's geschnackelt – last not least:
d) was it. Schön brav und höflich sich reinschlängeln.

Ullrich & Ullrich geben 4 Hauptsektoren sozialen Verhaltens an, auf die sich insgesamt 127 Übungen beziehen:

1. Kontaktverhalten,
2. sich der öffentlichen Beachtung aussetzen können, Fehler und Kritik tolerieren,
3. unberechtigte Bitten abschlagen, Nein sagen können,
4. berechtigte Forderungen selbst durchsetzen zu lernen.

Es lassen sich jedoch nur 13,4% der Übungen dem Bereich Kontaktverhalten zuordnen. Die Übungen sollen im Rollenspiel und als Hausaufgaben durchgeführt werden.

Eine schöne Sache ist das freundliche *Lächeln*. Wir tun uns in unseren anonymen sozialen Akkumulationen der Städte etwas schwer damit. Die Überflutung durch fremde, unvertraute Personen stellt einen derartigen psychischen Stressor dar, daß wir unsere emotionalen Äußerungen immer mehr maskieren. „Das kann zu Verhaltensfixierungen führen, die der Betreffende nicht mehr los wird, so daß er zuletzt selbst im Kreis der ihm Vertrauten nicht mehr aus sich herausgehen kann und dauernd die Maske trägt... Wir scheuen den Fremden, suchen aber auch seine Nähe. Wir müssen uns allerdings dazu über wiederholte, zwanglose Begegnungen näherkommen können; die aber setzen Stätten der Begegnung voraus, wie sie früher etwa der Dorfplatz, der Brunnen oder die Schänke darstellten. An solchen Stätten mangelt es in der Großstadt, deren Straßen in erster Linie dem Verkehr dienen. Die Meinung, man brauche dem Menschen nur etwas hinzubauen und er würde sich schon anpassen, hat zu einer unmenschlichen Städteplanung geführt... Untersuchungen in Neuguinea haben erwiesen, daß sich auch dort mit der Verstädterung die zwischenmenschlichen Beziehungen in der eben aufgezeigten Richtung ändern“ *(Eibl–Eibesfeldt)*.

Da hilft der Spiegel: „Wenn Sie zu Hause ganz ungestört sind, schauen Sie in den Spiegel und üben, jemanden zu begrüßen oder freundlich um eine Auskunft zu fragen. Registrieren Sie zunächst ganz ruhig und gelassen, ob sich Ihre Gesichtszüge dabei verändern, ob Sie den Kopf bewegen, ob Sie locker oder verkrampft wirken. Dann setzen Sie sich ganz entspannt hin, schließen die Augen und lockern Ihre Gesichtsmuskeln, indem Sie etwa den Mund leicht öffnen. Jetzt stellen Sie sich vor, daß Sie jemanden wiedersehen, den Sie sehr gerne haben, oder denken Sie an eine andere sehr angenehme Situation. Sie schauen jetzt wieder in den Spiegel und wiederholen Ihre Übung. Sie beobachten, ob Ihr Gesichtsausdruck jetzt freundlicher wirkt, und versuchen zu lächeln. Diesen Vorgang sollten Sie mehrmals wiederholen, bis Sie eine deutliche Veränderung wahrnehmen. Nach diesen Übungen bitten Sie einen sehr guten Bekannten (eventuell Therapeuten) um eine Rückmeldung, wie Ihr Lächeln aussieht“ *(Ullrich & Ullrich)*.

Dieses Lächeln kann man nun auf das andere Geschlecht anwenden (Übung 50) oder einfach nur dazu benutzen, „Blickkontakt mit einem Fremden“ in Straßenbahn, Bus, Zug... (Übung 30) aufzunehmen – oder in Lokalen, Cafes, an Haltestellen, in Verkehrsmitteln, Ausstellungen, im Park... „die Gegenwart des anderen einfach auf sich wirken“ zu lassen (Übung 67). Auch für die Anwerbung von Helfern bei einer Autopanne (Übung 29) kommt uns das Lächeln zugute und beim Ansprechen eines Polizisten („auf seine Tätigkeit hin“, Übung 98): „Achten Sie auf einen sachlichen Tonfall. Beginnen Sie Ihr Gespräch beiläufig, ohne aggressiv zu werden (wer denkt denn, außer unseren aggressionsgehemmt–feindseligen Autoren, schon wieder daran?, der Verf.), denn Polizeibeamte haben es als ausführende Macht oftmals schwer, zwischen delegierter Macht (auch von Ihnen) und ihrer persönlichen Macht zu unterscheiden“ (das ist ja wohl eine unverschämt pauschale Unterstellung. Hoffentlich haben Sie, verehrtes Ehepaar *Ullrich*, als Psychotherapeuten mit delegierter Macht keine Maleste!).

Eine Fortführung ist der freundliche *Augengruß*: Schnelles Anheben der Augenbrauen, verbunden mit einem Lächeln und einem Heben des Kopfes. „Dem Ursprung

„Sie erkundigen sich bei einem Passanten nach einer Straße.“ Wahlweise sollte diese sich in unmittelbarer Nähe befinden oder einen komplizierten Weg erfordern, die angesprochene Person kann freundlich oder ungehalten sein: „Eine kurze Auskunft können Sie dennoch erhalten. Sprechen Sie laut und deutlich, verwenden Sie einen freundlichen Tonfall. Vermeiden Sie auf jeden Fall überflüssige Entschuldigungen wie ‹Entschuldigen Sie bitte...› oder ‹Ich bin fremd hier›. Die Kontaktaufnahme mit anderen Menschen ist kein Grund, sich zu entschuldigen. Solche überflüssigen Redensarten drücken eine Unterlegenheit gegenüber anderen aus“ *(Ullrich & Ullrich)*. Armes Deutschland! Solche feindseligen Unterstellungen und Ängste kommen zustande, wenn man den ganzen Tag damit beschäftigt ist, seine kläglich unterdrückten Aggressionen zu kontrollieren. Da wittert man hinter jedem Baum einen Dominierer. Nein, entschuldigen Sie sich ruhig, wenn Sie einen Passanten mit Ihren dämlichen Fragen aufhalten, das macht gar nichts – deswegen sind Sie noch lange nicht unterlegen!

Wie feindselig die Autoren sind, läßt sich an der nächsten empfohlenen – wirklich überflüssigen – Übung ablesen: „Ein Straßenpassant fragt Sie nach einer Straße, die Sie kennen... Sie geben freundlich zur Antwort: ‹Ich habe leider keine Zeit› und gehen weiter.“ Das ist der Deutsche (Psychologe)!

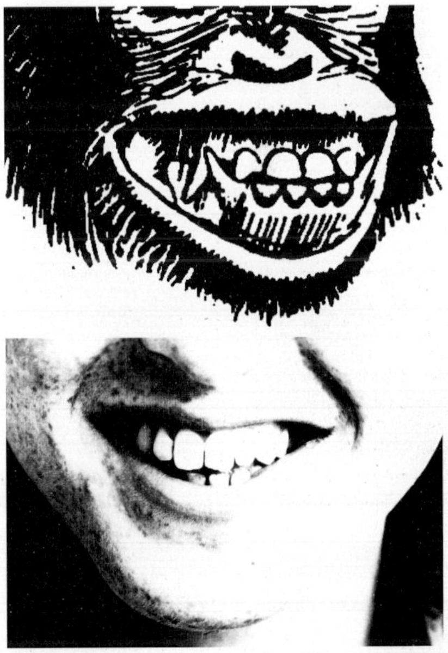

Die schimpansischen Homologien zu unserem Lachen und Lächeln: das Zahnentblößungsgesicht (geschlossenes Vollgrinsen).

Beispiele für den Augengruß *(Eibl–Eibesfeldt)*

Französin

Yanomami

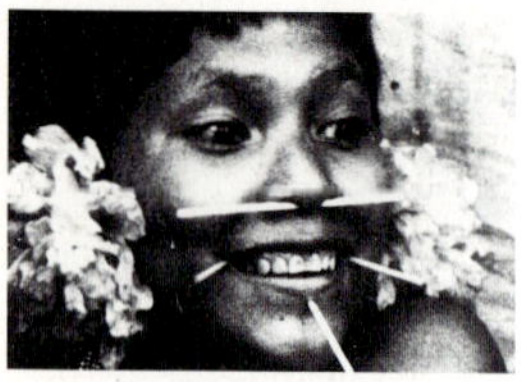

Yanomami

!Kung

Huli

Balinese

nach ist das schnelle Brauenheben wohl ein ritualisierter Ausdruck freudigen Erkennens. Es kommt in mehreren Situationen freundlicher Zuwendung vor wie beim Danken, Zustimmen, Flirt, Grüßen, Bejahen und Ermuntern, hat also ein weites Bedeutungsspektrum, das aber stets Kontaktbereitschaft und Übereinstimmung ausdrückt. Auch als sprachbegleitende Ausdrucksbewegung, die einer verbalen Äußerung Nachdruck verleiht, ist es im übertragenen Sinne ein Ja (‹so ist es›). Als sachliches Ja finden wir das schnelle Brauenheben nur in einigen Kulturen, als Augengruß dagegen universell, aber mit Unterschieden in der Bereitschaft, mit der ein Augengruß gegeben wird. Oft beschränkt er sich auf den Umgang mit Kindern“ *(Eibl–Eibesfeldt)*.

Auch das *Loben* kann zur Kontaktaufnahme und –intensivierung verwendet werden (Übung 106): „Sie loben einen guten Bekannten oder Freund(in) zum Beispiel für sein gutes Aussehen, Verständnis, seinen guten Geschmack, Mut, seine Freundlichkeit, Zuverlässigkeit, Hilfsbereitschaft, seinen Scharfsinn oder Humor. Im Gegensatz zum Zurückweisen einer Straßenfrage soll Lob *nie* zurückgewiesen werden, es ist für Ihr positives Selbstwertgefühl entscheidend.“ Und nun die Härte: Übung 101: „Sie lernen eine sympathische Person kennen und überreden sie am nächsten Tag zu einem Wiedersehen, obwohl diese bereits etwas anderes vorhat.“ Ich wette, daß unsere ach so unaggressiven Autoren die absolut inkompatible Übung dazu, so etwas konsequent abzulehnen, ebenfalls in ihrem Kramladen–Programm haben.

Das *Verhaltenstrainingsprogramm* von *Feldhege & Krauthan* ist in 4 eigenständige, gleichwertige Trainingsabschnitte gegliedert:

1. Die Verbesserung der Beziehung zu Partnern, Freunden und Bekannten.
2. Das Aufnehmen und Aufrechterhalten von Kontakten zu fremden Personen.
3. Das Durchsetzen von berechtigten Ansprüchen und Forderungen.
4. Die Bewältigung von Belastungssituationen.

In Punkt 2 kommt einiges, was ich zur heterosozialen Kontaktaufnahme (Flirten) ausgewertet habe. Viel ist über *Anbieten, Zeigen und Schenken* zu erreichen. Auch das können wir von Kindern wiedererlernen (statt es ihnen auszutreiben!): „In französischen Erhebungen wurden freundliche Kontakte und Beschwichtigung in über 50 Prozent der Fälle durch das Anbieten von Objekten bewirkt (H. Montagner). Die freundliche Kontaktaufnahme über ein Objekt ist bei nichtmenschlichen Primaten bereits nachzuweisen, doch in viel weniger differenzierter Form. Beim Menschen werden Objekte auch gezeigt, indem man sie hinhält, auf sie mit dem Finger weist und schließlich, indem man über sie spricht. Heimbringsel verschiedenster Art dienen beim Amerikaner wie bei uns als *conversation pieces* eine Rolle beim Aufbau von Gemeinsamkeiten“ *(Eibl–Eibesfeldt)*. Viele Mitmenschen gehen noch weiter und stärken eine Verbindung durch gegenseitiges *Füttern*.

In vielen Ritualen beschenkt, bewirtet und füttert man einander, wie hier bei der balinesischen Zahnfeilzeremonie. Insbesondere das gegenseitige Füttern bindet und hat eine starke affektive Tönung. Zum Abschluß des balinesischen Initiationsrituals („mapandes“) füttern die Initianten einander. Sie sind dazu in Paaren mit einem Schal verbunden und stecken einander abwechselnd Leckerbissen in den Mund. Das soll sie symbolisch für die eheliche Partnerschaft vorbereiten, die sich ja dadurch auszeichnen soll, daß man einander Gutes tut, deren Basis also das reziproke Geben und Nehmen ist. ***Eibl–Eibesfeldt***

„In seiner Monographie über das Geschenk, die mittlerweile zu den Klassikern der anthropologischen Literatur gehört, stellt Marcel Mauss die Frage: ‹Welches ist der Grundsatz des Rechtes und Interesses, der bewirkt, daß in den rückständigen archaischen Gesellschaften das empfangene Geschenk zwangsläufig erwidert werden muß? Was liegt in der gegebenen Sache für eine Kraft, die bewirkt, daß der Empfänger sie erwidert?›. Seine Untersuchungen führen ihn zu folgenden allgemeinen Feststellungen:

1. Das Geben von Dingen erfüllt in erster Linie eine soziale Funktion.
2. Es besteht eine Verpflichtung des Gebens, eine Pflicht des Annehmens und schließlich eine Verpflichtung zur Gegengabe.

Dieser Zyklus bildet eine funktionelle Einheit, die der Bandstiftung und Festigung dient. Alles: Frauen, Nahrungsmittel, Kinder, Güter, Talismane, Grund und Boden, Arbeit, Dienstleistungen, Priesterämter und Ränge, ist Gegenstand der Ubergabe und Rückgabe, ‹als gäbe es einen immerwährenden Austausch einer Sachen und Menschen umfassenden geistigen Materie zwischen den Clans und den Individuen, den Rängen, Geschlechtern und Generationen›“ *(Eibl–Eibesfeldt)*.

Doch vielleicht sollten wir noch mal ganz zurück zum *Grußverhalten* gehen. Ich habe den Eindruck, daß es zu –1.0 mit Neurotizismus korreliert: wo gehemmter, beklommener oder ohne Grund abweisender im Grüßen, da neurotischer – aber das ist wahrscheinlich wieder eine meiner maßlosen Übertreibungen. *Eibl–Eibesfeldt* sieht Grußrituale erst einmal nüchterner: „Wenn ein Yanomami (Waika–Indianer) als geladener Festgast das Dorf seiner Gastgeber betritt, dann macht er zunächst voll geschmückt einen kriegerischen Tanz. Die Waffen schwenkend, oft auch auf die Gastgeber zielend, und mit scheinbar unnahbarer Miene absolviert er tanzend ein eindrucksvolles Imponiergehabe. Mit diesem recht aggressiven Gebaren verbindet sich jedoch ein freundlicher Appell: Ein Kind tanzt mit ihm und schwenkt dabei grüne Palmwedel. Die antithetischen Appelle von Selbstdarstellung und Beschwichtigung können auch anders vorgetragen werden, z.B. indem statt der Kinder Mädchen mittanzen. Auch können die antithetischen Appelle nacheinander ablaufen, indem zunächst Kinder eintanzen, dann die imponierenden Krieger, wieder gefolgt von Kindern und so fort. Welche Variationen des Themas auch vorgeführt werden, immer finden wir jene gegensätzliche Kombination…

Wenn in Europa ein Staatsgast zu Besuch kommt, wird er mit dem militärischen Gepränge der Ehrenkompanie begrüßt, ja man schießt sogar Salut. Mit dieser aggressiven Selbstdarstellung verbindet der Gastgeber jedoch freundlich bindende Appelle: Ein Kind – in der Regel ein Mädchen – überreicht dem Staatsgast Blumen. – Wenn sich in Bayern die Bewohner verschiedener Dörfer zum traditionellen Schützenfest zusammenfinden, marschieren die Schützen in fast militärischer Ausrichtung. Aber ihnen voran, meist neben den Fahnenträgern, schreiten Kinder oder Ehrenjungfrauen… Und wenn schließlich zwei Mitteleuropäer einander begrüßen, dann reichen sie sich die Hände und schütteln sie mit kräftigem Druck in einer Art Abschätzung der Kräfte. Gleichzeitig lächelt man freundlich, nickt einander zu und sagt sich Nettigkeiten… Selbstdarstellung und Beschwichtigung sind offenbar wichtige strukturelle Elemente der Begrüßung bzw. der freundlichen Kontaktaufnahme. Es gibt dabei natürlich Variationen, bei denen die eine oder andere Komponente in den Vordergrund tritt. Ist man miteinander vertraut, dann tritt die Selbstdarstellung zurück und das Bindende in den Vordergrund. Aber gerade gute Freunde klopfen einander im Überschwung der Wiedersehensfreude oft recht kräftig auf die Schulter. Grüßt man Ranghohe, dann kann dies ferner auf sehr unterwürfige Art geschehen, fast ohne Selbstdarstellung. Unter Gleichen jedoch beobachtet man in der Regel die beschriebene Kombination von Selbstdarstellung und Beschwichtigung.“

Waldfest

Eine Meute trifft sich heute auf der Waldlichtung,
einfach so und ohne Klo und ohne Schalldichtung,
und sie baun sich einen Haufen,
haun sich lachend ins Moos,
und sie fassen sich und lassen sich
dann nicht mehr los.

Die Äpfel sind so schrumplig,
und die Birnen sind so klein;
das Gemüse muß wohl auch biodramatisch sein –
doch der Schorsch sagt als Kenner:
„Das Aroma ist groß!“
Und sie fassen sich und lassen sich
dann nicht mehr los.

Das Akkordeon erfordert schon Geschicklichkeit,
zwei Gitarren und ein Krummhorn liegen auch bereit.
Flinke Finger, pralle Backen und ein kräftiger Stoß –
und sie fassen sich und lassen sich
dann nicht mehr los.

Tine mit der Mandoline, die kommt grad vom Feld.
Sie liebt biologisch düngen, wurde festgestellt,
denn sie hat noch die ganze frische Landluft
an der Hos' –
und sie fassen sich und lassen sich
dann nicht mehr los.

Musik: trad./*Erich Schmeckenbecher*
Text: *D. Wilhelm*

Bandstiftende Rituale *(Eibl–Eibesfeldt)*

Rituale freundlicher Begegnung (Grußrituale, Feste)

a) *Eröffnungsphase (Begrüßung)*
Aufgabe (Funktion): Selbstdarstellung, Bandstiftung und Beschwichtigung, Eröffnung freundlichen Kontaktes ohne Unterwerfung.
Beobachtete Verhaltensweisen des Imponierens: Imponiertanz, Handschütteln, militärischer Salut.
Beobachtete Verhaltensweisen bei Beschwichtigung und Bandstiftung: Überreichen von Geschenken, Lächeln, Nicken, Augengruß, Umarmung, Kuß, Appell über das Kind.
b) *Phase der Bandbekräftigung*
Aufgabe (Funktion): Bekräftigung der Beziehung. Emotionelle Vertiefung der Bindung, oft als Vorbereitung für sachliche Kontrakte (Geschäfte, Kriegsbündnisse).
Beobachtete Verhaltensweisen: Bekundung von Übereinstimmung und Anteilnahme in Dialogen. Bekundung von Gemeinsamkeit durch gemeinsames Handeln, gemeinsames Speisen, Tanzen, gemeinsamen Kampf gegen vorgestellte Feinde, gemeinsame Trauer.
c) *Phase des Abschieds*
Aufgabe (Funktion): Erhaltung des Bandes für die Zukunft. Beschwichtigung.
Beobachtete Verhaltensweisen: Geschenkaustausch oder als Äquivalent Austausch guter Wünsche. Gegenseitige Versicherung der Verbundenheit.

Strategien der Bandstiftung und Gruppenbindung (synagonale Strategien)

Funktion: Herstellung, Erhaltung und Reparatur sozialer Bindungen, Erhaltung der Gruppenharmonie und Gruppeneinheit
a) *Strategien freundlicher Kontakteröffnung*, Grußrituale,
Strategien der Anbiederung
Strategien heterosexueller Annäherung (Werben)
Strategien der Spielaufforderung, Erkundung und Aufbau von Gemeinsamkeit
b) *Strategien der Bandbestärkung*
Rituale der Einigkeitsbezeugung (Rituale gemeinsamen Tuns in Koaktion und Alternation = Mutter–Kind–Rituale, Synchronisationsrituale, Bekundung der Anteilnahme und anderer Gemeinsamkeiten, Rituale gemeinsamen Kämpfens, z.B. gegen fingierte Feinde, Pflege gemeinsamer Werte, Indoktrination)
Rituale wechselseitiger Betreuung (Schenkrituale, Bewirtung, „grooming talk")
c) *Strategien zur Erhaltung der Gruppenharmonie*
Strategien zur Erhaltung der Gruppennorm (Rügesitten, Spotten, Ausrichten, normerhaltende Aggression)
Strategien der Befriedung (Schlichten, Trösten)
Strategien des Beistehens (Unterstützen, Helfen)
Strategien der Bandreparatur (Versöhnen, Sich–Entschuldigen, Sühneleistung, Vermitteln)
Strategien der Aggressionsabblockung (Androhung des Kontaktabbruches, Submission, Mutter–Kind–Appelle, Strategien des Einlenkens)
Strategien zur Vermeidung von Herausforderung und Beschwichtigungen (Verblümungssitten, demonstrative Respektierung der Besitznorm, Rituale der Anerkennung: Ehrenerweisung, Lob, Selbstherabsetzung und andere Formen der Beschwichtigung)

Der *II. Verhaltensbereich* n. *Feldhege & Krauthan*: Kontakt zu fremden Personen aufnehmen und aufrechterhalten (Kontakttraining).

Wissenstechnik:
1. Orte,
2. Redewendungen,
3. Gesprächsthemen.

Verhaltenstechnik:
1. Fremde Person ansprechen.
2. Mit fremder Person längeres Gespräch führen.
3. Nach längerem Gespräch Verabredung treffen bzw. gemeinsame Unternehmung ausführen.
4. Veranstaltungen organisieren, wozu auch fremde Personen eingeladen werden.

Ein von *Sigrid Gerhard* und meiner Wenigkeit entwickeltes *Kontakttraining* basiert auf den 2 Komponenten von *Feldhege & Krauthan*, den *Wissenstechniken* und den *Verhaltenstechniken*. Das therapeutische Grundkonzept, auf das sich das In–Vivo–Gruppenprogramm bezieht, ist das der Konfrontationsverfahren, das hier auf den *Abbau sozialer Ängste* angewendet wird. Bisherige Übungsprogramme zur sozialen Kompetenz zielen mehr oder minder ab auf den Aufbau von Fertigkeiten, die unter therapeutischer Anleitung in angstfreier Atmosphäre besprochen und teilweise unter ebensolchen angstfreien Bedingungen im Rollenspiel geübt werden. Der Aspekt der Angstreduktion ist dabei weitgehend vernachlässigt, d.h., er wird in der Regel nicht als unmittelbarer Ansatzpunkt therapeutischer Intervention verstanden. Zur Bewältigung dieser Ängste kann ein Gruppenkonzept, das mit Rollenspiel–Übungen arbeitet, auf direktem Wege nicht sehr viel beitragen, da die Gruppenmitglieder bereits nach den ersten Gruppensitzungen füreinander keine unbekannten Personen in diesem Sinne mehr darstellen. Es ist daher zu erwarten, daß ein Gruppenprogramm, das vorwiegend mit Rollenspielen arbeitet, einem Gruppenprogramm mit In–Vivo–Konfrontationen unterlegen ist, da im zweiten Verfahren das Vermeidungsverhalten in Situationen der Kontaktaufnahme direkt angegangen wird.

Die Wirksamkeit einer abgemagerten Form des folgenden Trainings haben wir an 4 Gruppen zu jeweils 4 Teilnehmern (8 Männer, 8 Frauen, Alter: 20–30 Jahre, 9 Trainingssitzungen zu je 2 Std. über 10 Wochen mit Hausaufgaben, Nachuntersuchung nach 6 Monaten) empirisch überprüft.

Es gibt *6 Übungsstufen*, die – aufeinander aufbauend – zu dem Ziel „Kontakte selbst aktiv knüpfen und aufrecht erhalten können“ führen sollen; dabei können natürlich je nach Angst–, Bedürfnis– und Kompetenzstand des Klienten beliebige Übungen weggelassen oder auch herausgegriffen werden. Kontaktübungen werden in Rollenspielen, draußen in vivo und als Hausaufgaben durchgeführt.

Stufe 1: Einholen unverbindlicher Auskünfte.
Fragen Sie eine Person, die Ihnen auf der Straße entgegenkommt, nach der *Uhrzeit*, dem *Weg zum Bahnhof*, dem *größten Kaufhaus*, einer vorgeblich *unbekannten Straße*, dem *Finanzamt* oder einem Geschäft, in dem man *gefühlsechte Präservative* bekommt. In *Supermärkten* läßt sich von anderen Einkäufer(inne)n so manche Zutat für ein vorgetäuschtes Gericht erfragen: gefrorene Elefantenzungen für Gulasch, Sambal–Gewürz für Nasi–goreng, kandierter Ochsenschwanz für das Dessert.

Stufe 2: Anknüpfen formeller Gespräche.
1. Bitten Sie in der Nähe einer Telefonzelle eine fremde Person, Ihnen *Geld zum Telefonieren* zu wechseln oder, für ganz Mutige: zu schenken.
2. Bitten Sie einen Nachbarn um einen Gegenstand zum *Ausleihen*.
3. Bitten Sie eine Person, die an der *Warteschlange* im Supermarkt steht, darum, vorgehen zu dürfen, da Sie nur einen Gegenstand bezahlen wollen.
4. Verwickeln Sie *Verkäufer(innen), Angestellte im Reisebüro, Rausschmeißer auf Sankt Pauli, Polizisten & Politessen oder Stewardessen* in ein Gespräch: „Ach, äh, ’schuldigung, aber können Sie mir sagen, ob...“
5. Lassen Sie sich von einer reizenden Herrenboutique–Verkäuferin respektive einem interessanten Damenboutique–Verkäufer komplett nach dessen aufregendem Geschmack *einkleiden* (mehr für solvente Flirter). Wenn Sie diese Übung gleich in eine mit Möglichkeit einer Wiederverabredung transferieren wollen, dann achten Sie beim Betreten des Ladens auf die Ladenschlußzeiten: ca. 1 Std. vorher!

Stufe 3: Anknüpfen eines informellen Gesprächs über gemeinsame Situation oder in unverbindlicher Umgebung.
1. Fragen Sie auf der Straße eine Person des anderen Geschlechts nach dem *Weg* zur Stadthalle (oder dem nächsten Pissoir). Lassen Sie sich diesen Weg genau erklären und versuchen Sie, das Gespräch möglichst in die Länge zu ziehen durch Bemerkungen wie: „Ach ja, da kommt man wohl an dem Gebäude XY vorbei.“ „Bei diesem Wetter ist der Weg dorthin...“ etc. Wenn Sie ganz schlau sein wollen, dann fragen Sie jemand, der in die Richtung des Zielortes geht. Oft bietet der(ie)jenige schon an, Sie (ein Stück) dorthin zu begleiten; oder Sie unterbrechen die wortreichen Erläuterungen des Angesprochenen mit „Ach, gehen Sie auch in die Richtung? Dann könnten wir ja vielleicht ein Stück zusammen gehen, und Sie können es mir dann erklären???“
2. Fragen Sie gegen Abend auf der Straße eine Person etwa gleichen Alters, wo man denn gut und preisgünstig *essen* gehen könne. Verwickeln Sie sie in ein kurzes Gespräch, indem Sie Ihre Essenswünsche präzisieren (etwa: bürgerliche Küche, China–Restaurant, Pizzeria, afghanisch etc.).
3. Warten Sie vor dem *Kino* das Ende einer Filmvorführung ab, und fragen Sie eine

Die Fehlschlag–, Kritik– und Kontaktangst im Unsicherheitsfragebogen von *Ullrich & Ullrich* gingen nach dem Training gewaltig in den Keller und sackten in den folgenden Monaten noch weiter ab.

Fehlschlag– & Kritikangst

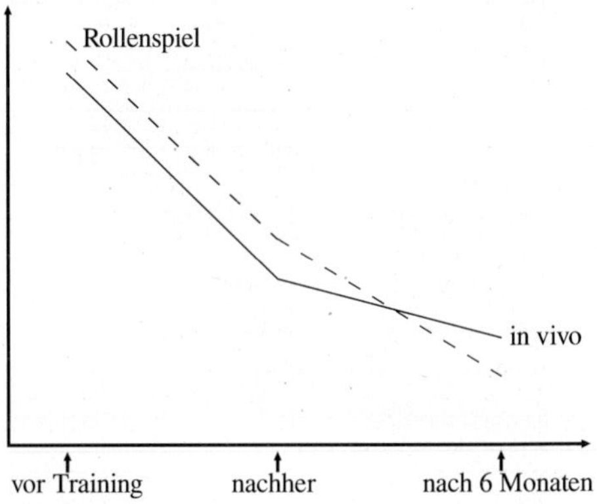

Kontaktangst

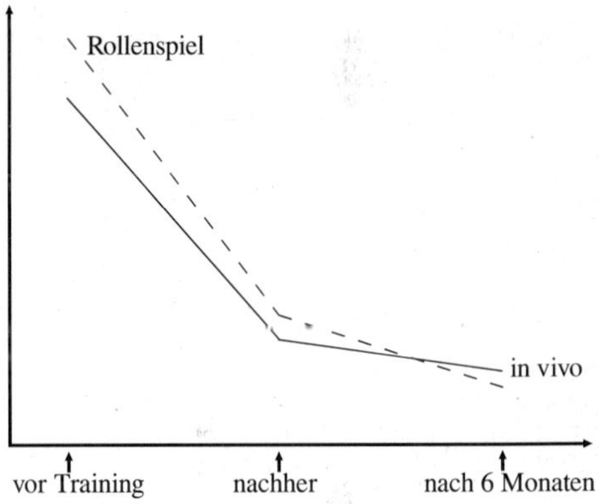

Die Zahl der positiv erlebten unternommenen Aktivitäten stieg über die Zeit des Trainings und danach schön an.

Zahl der positiv erlebten Sozialaktivitäten

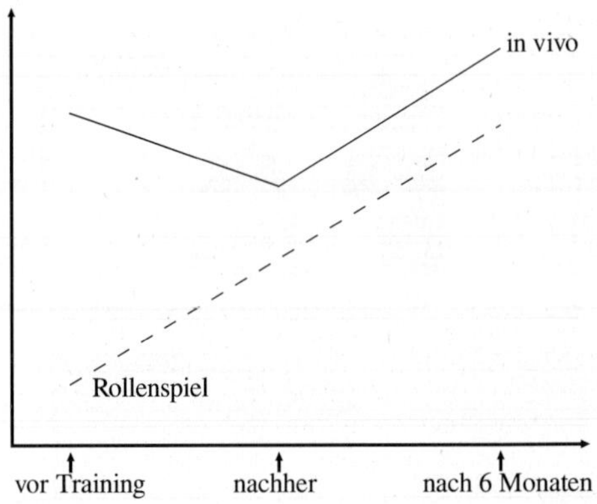

Gemütlichkeit bei klappernden Nadeln

Das Klappern von Stricknadeln, Musik, Gesang und fröhliches Gelächter hallte dem Besucher der Premierenveranstaltung schon vor dem Betreten des Weidenhäuser Bürgerhauses entgegen. Hier hatte sich eine stattliche Gruppe Männer und Frauen zusammengefunden, um in lockerer Runde das zu pflegen, was im Rahmen des Heimatfestes entstanden war. Man erzählte sich in Mundart Geschichten und trug alte Gedichte vor. Die fröhlichen Weisen wurden von Schifferklaviermusik begleitet. Da saßen muntere Weidenhäuser und haben fleißig gesponnen, gestrickt und gestickt, ohne daß dabei der Spaß zu kurz kam. Dabei hat der Betrachter der Runde keineswegs den Eindruck, hier würden alte Folklore–Gefühle hochgehalten. Die Weidenhäuser besannen sich auf die wirklichen Werte solcher entspannender Zusammenkünfte, die auch heute noch zählen.
Als das Fernsehen noch nicht die Freizeit, vor allem den Feierabend der Menschen bestimmte, wie das heute der Fall ist, mußte man sich noch selbst etwas zur Unterhaltung einfallen lassen. Das Beisammensein im Familien– und Freundeskreis hatte einen zentralen Stellenwert. Man kam so oft es ging zusammen, um gemeinsam zu singen, zu spielen oder einfach, um miteinander zu reden. Hierzulande fanden diese Zusammenkünfte in der Spinnstube statt, die es bis zum Ende des 19. Jahrhunderts in fast allen deutschen Landschaften gab.

Bei den Vorbereitungen zu ihrem Heimatfest im vergangenen Jahr haben eine ganze Reihe Weidenhäuser Bürger die altbewährte Spinnstube wiederentdeckt. Im Vorfeld des Dorfjubiläums traf man sich oft, um die vielen Festvorbereitungen zu erledigen. Frauen gründeten eine Trachtengruppe und fertigten ihre dazu notwendige Kleidung selbst. Es entstand eine „mobile Spinnstube", die vielbewundert auf zahlreichen Festen und Feiern auftrat.
Das weit über die Grenzen Gladenbachs hinaus beachtete Heimatfest konnte nur deshalb einen so großen Erfolg feiern, weil alle Weidenhäuser an einem Strang zogen. Dabei entstanden neue Freundschaften und alte wurden aufgefrischt. Die Bewahrung und Förderung des Brauchtums hat sich der Heimatverein als eines seiner Hauptziele nicht nur auf die Fahne geschrieben. Neueste der zahlreichen Aktivitäten in dieser Richtung ist eben diese Wiedergeburt der Spinnstube, zu der der Verein nun erstmals einlud. Die Spinnstube offenbarte, daß es in Weidenhausen eine ganze Reihe Originale gibt, die lustige Geschichten, wie aus der Pistole geschossen, produzieren. Wann das nächste Treffen in der „Spinnstube" stattfindet, wird vom Heimatverein bekanntgegeben.

Oberhessische Presse

Person des anderen Geschlechts, die aus dem Kino kommt, nach dem Film. Lassen Sie sich den Inhalt des Films so präzise wie möglich erzählen. Fragen Sie ihr Gegenüber nach dessen persönlichen Eindrücken; teilen Sie ihm mit, welche der Aspekte den Film für Sie un–/interessant erscheinen lassen.

4. Sie führen ein kurzes Gespräch mit einem Fremden im *Zug, Bus, Straßenbahn* etc. Als Themen bieten sich unvorhergesehene Bremsungen an, die völlig idiotische Fahrweise des Fahrers oder Führers, Verspätungen, Hitze, Kälte, Fülle, Leere, Luftzug, Wetter oder Wut („Wie öde, jeden Morgen dieselbe Fahrt"). Achten Sie bei der Antwort auf Wortwahl, Sprechdauer, Stimmlage, Sprachmelodie und Mimik des(r) Adressate(i)n. Falls Sie denjenigen wiedertreffen, begrüßen Sie sie/ihn betont freundlich und sprechen ihn wieder an.
5. Gehen Sie zum *Imbißstand*, verzehren Sie dort eine Kleinigkeit und sprechen Sie beim gemeinsamen Imbiß die Ihnen am nächsten stehende Person mit einer beiläufigen Bemerkung über das Essen an.
6. In einem *Museum* (Achtung: ähnlich wie in Tanzschulen meist ein Überhang an weiblichen Wesen – für Männer ein Vorteil, für Damen weniger) bewundern Sie erst die Mona Lisa (oder was immer da herumhängt), dann aus dem Augenwinkel eine andere nicht uninteressante Person, die genauso interessiert tut wie Sie, dann mit dieser zusammen (nachdem Sie sich Bild für Bild an sie herangepirscht haben) wieder ein Bild, dann ihren Kunstgeschmack, dann ihre Kleidung und, anschließend im Cafe, ihre wunderschöne Telefonnummer (und erst viel, viel später ihre Bettnummer!).
7. Spielen Sie *Lotto*! Bitten Sie in der Lotterieannahmestelle eine(n) neben Ihnen stehende(n) Herrn (Dame), Ihnen sechs Zahlen zu nennen, um diese in dem Spiel zu verwenden. Versuchen Sie, ein Gespräch zu beginnen.

8. Kommen Sie ca. 5 Minuten zu spät in einen *Vortrag, eine Veranstaltung/Seminar, einen (Volkshochschul–)Kurs*, setzen Sie sich direkt neben einen Ihnen unbekannten Teilnehmer und bitten Sie ihn in einem geeigneten Augenblick, Ihnen zu erzählen, was bisher Gegenstand der Sitzung war. Versuchen Sie, in der Pause oder zum Ende der Veranstaltung noch einmal mit dieser Person zu sprechen.
9. Sprechen Sie einen *Polizisten* auf seine Tätigkeit an. Er könnte etwa gerade Strafzettel für Parksünder schreiben. Sie fragen ihn, wie viele Strafmandate er am Tag ausschreibt (und laufen dann ganz schnell weg!).
10. Stellen Sie sich mit einem unscheinbaren *Zettel*, auf dem völlig unleserlich so was wie eine Straße mit Hausnummer steht, vor ein Gebäude. Fragen Sie eine (Ziel–)Person nun: „Verzeihen Sie bitte, würden Sie das als eine Eins oder eine Sieben lesen. Ich suche eine Familie Knacks. Er ist Geschäftsführer. Sie kennen nicht zufällig diese Familie?"

Stufe 4: Anknüpfen eines informellen Gesprächs, aber in mehr verbindlicher Umgebung mit allgemein definierter Zielgruppe als Interaktionspartner.

1. Setzen Sich sich in ein *(Eis–)Cafe* zu anderen Personen nach freundlichem Gruß an den Tisch, und bleiben Sie dort etwa 20 Minuten wahrnehmend sitzen: Prägen Sie sich Einzelheiten der Person ein, schauen Sie danach in eine andere Richtung und memorieren Sie dann das, was Sie sich eingeprägt haben. Können Sie sich insgesamt gut an die Person erinnern? Vergessen Sie nicht, Ihren Kuchen zu essen, bevor Sie sich dann freundlich wieder verabschieden.
2. *Grüßen* Sie alle Ihre Bekannten, auch solche, die Sie nur vom Sehen kennen. Sagen Sie mindestens einen Satz zu jeder dieser Personen.
3. Setzen Sie sich mit einem *Buch* mit auffälligem Titel (z.B.: „Frauen, das verrückte Geschlecht" oder „Das Männerhasserbuch") in einem Cafe zu jemandem an den Tisch (oder als Vorübung an den Nachbartisch). Lesen Sie das Buch auffällig, und machen Sie sich ggf. schriftliche Notizen. Gehen Sie zu gegebener Zeit (spätestens 15 Min. nach Platznehmen) aufs Klo, und legen Sie währenddessen dieses Buch möglichst sichtbar hin. Beim erleichterten Zurückkommen vom Klo lächeln Sie diese Person reizend an und vertiefen sich mit nunmehr einsetzenden Seitenblikken wieder in Ihre Lektüre. Wenn Sie daraufhin angesprochen werden (etwa: „Entschuldigung, können Sie das Buch empfehlen?" oder: „Was halten Sie von dem Buch – ich habe noch nie was davon gehört" oder: „... es steht ja in allen Bestsellerlisten drin"), versuchen Sie, auf diese Kommentare der Person einzugehen und eine kleine Konversation zu führen.
4. Waschen Sie im *Waschsalon*! Nehmen Sie einige Micky Maus–Hefte mit, um die Wartezeit zu überbrücken. Bieten Sie den anderen Personen, die ebenfalls dort warten, ein Heft zum Lesen an. Versuchen Sie, mit mindestens einer anderen Person dort ins Gespräch zu kommen.
5. Sie beobachten auf einem *Minigolfplatz* zwei Holde, holen auf, lachen mit und stellen sich selbst saudämlich an (auch darüber mitlachen!).
6. Eine für Frauen besonders gut geeignete Übung: Samstag vormittag im *Supermarkt* (für irgend etwas müssen diese verdammten anonymen Kaufschuppen ja gut sein): einkaufende Männer anlächeln und schauen, was dann kommt!

Stufe 5: Anknüpfen eines informellen Kontakts/Gesprächs mit Sympathie.

1. Sie üben, Personen des anderen Geschlechts anzulächeln. Sie versuchen, Ihnen sympathisch erscheinende Passanten so heiter und fröhlich anzuschauen, daß diese zurücklächeln oder sie zumindest beachten.

Worauf achten Sie bei anderen am meisten? Das fragte das *Institut für Demoskopie* in Allensbach rund 1.000 Personen

Antworten	*Frauen*	*Männer*
Aussehen, Gepflegtheit	43 %	37 %
Gesicht, Mimik	42 %	33 %
Kleidung	39 %	41 %
Augen	29 %	20 %
Körperhaltung	27 %	29 %
Sprache	20 %	31 %
Auftreten	18 %	19 %
Höflichkeit	16 %	11 %
Hände	14 %	10 %
Stimme	3 %	2 %
Ausstrahlung	3 %	3 %
Selbstsicherheit	2 %	4 %

FREUNDIN

2. „‹Ich bitte abends (Zeit) in der Diskothek ‹Eule› (Ort) ein gleichaltriges Mädchen (Partner) um Feuer. Ich frage sie: ‹Sind Sie öfter hier? Ich finde es ganz gut hier, vor allem die Musik. Was meinen Sie? – Was machen Sie eigentlich in Ihrer Freizeit?› Sie nennt mir ihre Hobbys ‹Schwimmen, Musik und Tanzen›. Ich gehe sofort darauf ein und unterhalte mich mit ihr darüber. Nach unserem Gespräch, das etwa 5 Minuten dauert, schlage ich ihr vor, das Lokal zu wechseln, um woanders die Unterhaltung in Ruhe fortzusetzen. Ich schaue sie während des Gesprächs direkt an und achte darauf, daß ich locker und unverkrampft dastehe. Außerdem bemühe ich mich, das Gespräch durch gezielte Fragen aufrechtzuerhalten“ *(Feldhege & Krauthan)*.
3. Sie üben, *körperliche Nähe* von Fremden zu ertragen. Sie schließen in Bus oder Bahn möglichst dicht auf, bei freien Plätzen setzen Sie sich neben andere Fahrgäste.
4. Langsam und allmählich eignen Sie sich an, anderen Menschen schwere *Einkaufstaschen und Koffer* meilenweit zu schleppen, vor allem bei Treppen greifen Sie in die Griffe. Über den Inhalt dieser Gepäckstücke läßt sich dann leicht ein Gespräch anknüpfen („Kennen Sie die Geschichte von *Loriot* mit den sechs Männern mit gleichen Koffern auf dem Flughafen, die ihre Kofferinhalte dann austauschen und anschließend ratlos vor ihren 6 sie abholenden Frauen stehen?“).
5. Tragen Sie einem Schwarm, der gerade etwas bezahlt hat, ein *Fünfzig–Pfennig–Stück* hinterher, und behaupten Sie, er/sie habe es beim Wechseln herunterfallen lassen. „Wenn das nicht zieht, vorschlagen, das Geld gemeinsam auf den Kopf zu hauen“ *(Lucas)*.
6. *Stellen Sie sich vor:* „Guten Tag! Darf ich mich vorstellen, mein Name ist Hase.“ – auf einem Fest, beim Setzen an einen fremden Tisch, bei einer Behörde, einer(m) Verkäufer(in), einer Grußbekanntschaft usw.

Stufe 6: Anknüpfen eines informellen Gesprächs mit Sympathie, aber Kontakt bis zu(r Möglichkeit) einer Wiederverabredung ausdehnen.

1. Fragen Sie wo auch immer einen Ihnen unbekannten gegengeschlechtlichen Tischnachbarn, wo denn in dieser Stadt (wahlweise: „... in diesem Scheißkaff“) oder Umgebung am Wochenende *etwas los* sei. Verwickeln Sie ihn in ein Gespräch, in dem Sie austauschen, was Sie sich unter „etwas los“ konkret vorstellen (z.B. Party, Fest, Konzert, Orgie, Kino, Theater, Sauna, Kultur). Erzählen Sie ihm, wo und wann Sie zuletzt an einer solchen Begebenheit teilgenommen haben, wie es Ihnen gefallen hat, und fragen Sie ihn nach eigenen ähnlichen Erlebnissen.
2. Knüpfen Sie im Cafe mit einer Person des anderen Geschlechts ein *Gespräch von ca. 1/2 Stunde Dauer* an.
3. Laden Sie eine Ihnen sympathisch erscheinende Person des anderen Geschlechts, mit der Sie aber bisher nur flüchtigen Kontakt hatten, zu sich nach Hause zum Tee ein.
4. Knüpfen Sie 3mal einen Kontakt in der Mensa, einem Cafe oder in einem Lokal mit einer Person des anderen Geschlechts. Verabreden Sie sich anschließend mit der jeweiligen Person zu einem weiteren Treffen. Achten Sie dabei darauf, Treffpunkt, Datum und Zeit konkret festzulegen.
5. Sie lernen eine sympathische Person kennen und *überreden* sie zu einem Wiedersehen am nächsten Tag, obwohl diese bereits etwas vorhat.
6. Sie treffen eine *telefonische Verabredung* mit einem Bekannten, den sie längere Zeit nicht gesehen haben, und überreden ihn zu einem Treffen in einem Lokal oder Cafe.
7. Sie sehen ein interessantes Subjekt, steuern es an und verursachen eine kleine *Kollision* (rote Ampel, Rollschuh– oder Schlittschuhbahn, Gedränge in Fußgängerzone, vor Garderobe oder Klo). Vorsicht: keine blauen Flecke oder nicht finanzierbare Blechschäden (sollten Sie diesen Punkt als Aufforderung zur Vergewaltigung anse-

Als *Nachschlag* möchte ich noch eine Anmache zitieren, die *Kaufhold* so nett beschrieben hat – für ganz Tapfere: „Wir befinden uns in einem... Cafe, und in einiger Entfernung sitzt eine Person, die wir gerne kennenlernen würden... Wir lassen uns vom Kellner ein Blatt Papier geben und schreiben darauf folgendes:

> *Liebes Fräulein/lieber Herr am Nebentisch!*
> *Sie quälen mich nun schon seit einer halben Stunde. Ich finde Sie so nett, und ich würde Sie gern kennenlernen. Weil ich aber nicht aufdringlich sein möchte, habe ich diesen Weg gewählt. Gern würde ich zu Ihnen an den Tisch kommen und warte deshalb auf ein Zeichen von Ihnen (Kopfnicken). Aber auch, wenn Sie meine Bekanntschaft nicht wünschen, möge der Drink Ihnen munden.*

oder

> *Liebes Fräulein/lieber Herr am Nebentisch!*
> *Bitte entschuldigen Sie. Es ist mir ein wenig peinlich. Aber ich finde Sie sehr nett und möchte Sie gern kennenlernen. Prosten Sie mir zu, wenn ich an Ihren Tisch kommen darf?*
>
> *Herzliche Grüße*

Diesen Brief lassen wir vom Kellner zusammen mit einem Getränk servieren.“

hen, und sind Sie kein traumatisiertes Opfer, kein Blaustrumpf, keine Telefonseelsorgerin für vergewaltigte Frauen, so sollten Sie sich wegen krankhafter Wunschvorstellungen umgehend in Behandlung begeben). Anschließend, nach 1.000 Entschuldigungen und Peinlichkeitsbekundungen: Austausch von Telefonnummern, Adressen, Namen von Versicherungsagenten, Reinigungsbetrieben, Karosseriewerkstätten, Apotheken (für eine völlig überflüssige Salbe), Psychotherapeuten u.v.m.

Die *Ansprechpartner* in den einzelnen Übungen (Straße, Cafe, Restaurant, Theater usw.) können, ja sollten den Klienten vom Therapeuten avisiert werden; der Therapeut läßt die Klienten ein wenig abseits warten, schaut sich in Sekundenschnelle um, sucht die Zielperson(en) aus, rennt zurück und teilt dem(r/n) Klienten(in) sein Objekt mit – incl. genauer Lagebeschreibung. Dieses Verfahren hat den Vorteil, daß der Klient nicht aus seiner Konfusion darüber heraus, wen er anpeilt, dann doch wieder die Gelegenheit verpaßt und alleine an einem Tisch landet. Diese Außensteuerung durch den Therapeuten muß natürlich im Laufe des Übungsfortschrittes ausgeblendet werden.

Aspekte zur Besprechung der Übungen:

1. Welches Verhalten zeigten Sie selbst in der Situation? (Worte zur Einleitung des Gesprächs, Mimik, Gestik)
2. Welche Gefühle hatten Sie bei der Durchführung der Übung? (z.B. Freude, Angst etc.)
3. Welche körperlichen Empfindungen hatten Sie? (z.B. Spannungskopfschmerzen, Lockerheit, weiche Knie, feuchte Hände etc.)
4. Welche Vorstellungen kamen bei Ihnen in der Situation auf? (z.B. Bilder/Erinnerungen an frühere, ähnliche Szenen, Befürchtungen)
5. Welche Gedanken und Einstellungen, die Sie selbst oder die Situation betreffen, gingen Ihnen während der Übung durch den Kopf? (z.B. das mache ich gut/schlecht, was wird der denken etc.)
6. Wie schätzen Sie die zwischenmenschliche Beziehung zwischen Ihnen und Ihrem Partner in der Situation ein? (z.B. freundlich, zugewandt, distanziert etc.)
7. Standen Sie während der Übung unter Drogen–/Medikamenten–/Alkoholeinwirkung? Wenn ja, was/wieviel hatten Sie zuvor konsumiert?

Werbung

Physiologie & Physiognomie * Gesichtsausdruck * Blickkontakt * Gestik * Körperhaltung * Sprechen * Verhalten * Orte * Strategien * Mittel

„Für
alle schönen Frauen, die mich die Kunst der erotischen Verführung gelehrt haben"
(*Albert Ellis*).

„Für
meinen Sohn, für den dieses Buch ursprünglich geschrieben wurde, und für D. M. W., von der ich eine Menge lernte, wobei ich jede Sekunde genoß"
(*Roger O. Conway*).

Für
meine Kinder, die hoffentlich mit dieser Anleitung ihr Ziel schneller erreichen als ihr „alter" Vater.
(*Wolfgang Rost*)

Unter *Flirten* verstehen wir mit und nach *Bornemann* „Anschaffe, Aufreiße, Jagd, Fleischbeschau, Gattenwahl, Selbstbedienung, Stichwahl, Verhältniswahl, Volksbegehren, Zuchtwahl, Bienenfang, Blütenlese, Brautschau, Damenwahl, Eiertanz, Frauenstimmrecht, Katzenfang, Scheideweg, Liebeslotterie, Schwanzbeschau, Hammelsprung" – um nur die wichtigsten Synonyma zu nennen. Oder mögen Sie es etwas distinguiert–gebildeter?

„... Liebelei, Tändelei, Liebesspiel; es ist eine Form der geschlechtlichen Werbung. Bei einer Gleichberechtigung der beteiligten Partner ist Flirt spielerisch–einübend in fast allen sozialen Situationen möglich. Der Flirt strebt potentiell immer, aber nicht unbedingt Dauer oder sexuelle Intimität an; siehe auch unter Dating, Necking, Petting" (*Brockhaus Enzyklopadie*).

„... den Hof machen, kokettieren; das Wort wurde im 19. Jahrhundert dem gleichbedeutenden englischen Verb ‹to flirt› entlehnt. Die weitere Herkunft ist unsicher" (*Duden, Band 7, Etymologie*).

Warum aber das Ganze? – „Es muß mal gesagt werden, und jetzt ist dafür der geeignete Moment gekommen, daß Männer normalerweise einer Frau nicht einfach so in den Schoß fallen, so hinreißend sie auch sein mag, wenn sie zu Hause rumsitzt. Gerade in diesen schlechten Zeiten *müssen wir flirten*. Passivität mag gewisse Vorteile haben, aber wer ein Liebesabenteuer sucht, muß sich zumindest mal aus dem Bett bemühen. Flirten ist ein reizvoller, belebender Zeitvertreib. Flirten ist das geistige Äquivalent für zwanzig Kniebeugen und fünf Kilometer Jogging, da man beim gekonnten Flirten seinen Verstand dreimal so schnell wie sonst arbeiten lassen muß. Wie Fahrradfahren und Gehirnchirurgie ist Flirten eine erlernbare Fähigkeit, die zum Schönsten und Besten gehört, wenn man erst mal auf den Geschmack gekommen ist. Als erstes muß sich eine erfolgreiche Flirterin so lange einreden, bis es eisern sitzt, daß sie für die Männer ein wahres Gottesgeschenk darstellt... Als nächstes muß die Flirterin ihn gekonnt umgarnen, indem sie ihn wissen läßt, nur sie, sie ganz allein, sei sich darüber im klaren, daß er der faszinierendste Mann auf Erden ist" *(Heimel)*.

„Wenn Sie in einem großstädtischen Gebiet leben und dort arbeiten, dann ist der schnellste, leichteste und in meister Hinsicht auch beste Weg, einen Mann kennenzulernen, die Technik des spontanen Aufgabelns: auf der Straße, in einem Restaurant, in einer Bibliothek, in einem Bus oder wo er auch immer gerade zufällig ist" *(Ellis)*. Der Klinischen Psychologen nicht gerade unbekannte Flirtlehrer sagt uns auch warum: Es ist die schnellste Methode („Einen Mann an einer Straßenecke oder in einem Restaurant aufzugabeln, wo Sie sich sowieso aufhalten, ist nicht im mindesten zeitraubend"), die wählerischste, die gezielteste, die ungefährlichste („Wenn Sie hingegen diejenige sind, die das aktive Wählen und die erste Annäherung übernimmt, dann ist die Möglichkeit viel geringer, daß der Mann Ihrer Wahl allzu eigenartig sein wird oder nach einem Mordopfer sucht"), die unverbindlichste (wenn man sie selbstbewußt betreibt: „Wenn Sie nach einer kurzen Zeit des Beisammenseins schon feststellen sollten, daß

Sie ihn gar nicht so sehr mögen, dann gibt es keinen Grund, warum Sie nicht eine frühere Verabredung vortäuschen oder sagen sollten, daß Sie sich nicht wohl fühlen, und dann darauf bestehen, allein nach Hause zu gehen. Falls nötig, könnten Sie Ihrer unerwünschten Eroberung sogar eine falsche Telefonnummer und Adresse geben."), die munterste (sprich: antidepressivste) und die chancenreichste. „‹In Odnung!›, sagen Sie. ‹Sie haben mich überzeugt. Aber ich weiß, daß ich es nicht so machen werde. Ich kann es einfach nicht!› Sie meinen, Sie haben es noch nicht gemacht, und denken nun, Sie können es nicht. Aber natürlich können Sie es, wenn Sie aufhören, sich den fürchterlichen Quatsch vorzubeten, den Sie sich in den letzten zehn Jahren oder länger eingeredet haben, nämlich: was würden die Leute denken, wenn Sie Männer aufgabeln? Und was würden die Männer denken? Unsinn! Alles, was Sie zu tun haben, ist, sich gründlich zu ‹ent–überzeugen›, daß Ihre Mutter und Ihre Freundinnen den richtigen Standpunkt über den Männerfang haben, und dann aktiv zu werden in der Anwendung von anderen Techniken als denen, die sie vorschlagen oder gutheißen würden. Schon nach einigen Wochen eines solch kraftvollen, von Aktivitäten gesteuerten ‹Ent–Überzeugens› werden Sie fast mit Sicherheit so vom neuen Stil der Annäherung überzeugt sein, daß er bald genauso Ihre zweite Natur sein wird, wie es der alte, dumme Stil der Kontaktaufnahme bis jetzt war" *(Ellis)*. So, und das gilt alles natürlich für die Männer erst recht!!!

Nun hört sich das vielleicht vielversprechender an, als es ist, und da sind natürlich auch einige *Einschränkungen*. So erfordert das Flirten nicht nur ein entsprechend ansprechendes Gegenüber, vielmehr ist an bestimmten Orten (z.B. in der Kirche) und unter bestimmten Umständen (z.B., es handelt sich um die Gattin des Chefs) ein hohes Maß an Subtilität und Sensibilität gefordert, und nicht alle möglicherweise anwesenden Dritten (Rivalen, eifersüchtige Freunde/innen) werden dieses Verhalten begrüßen oder kritiklos hinnehmen. Es handelt sich hier um eine Art *erotischer Kommuniktion*, und so liegt das Hauptgewicht der Verständigung zunächst auf den nonverbalen Zeichen der Körpersprache.

Diese *Phase der heterosozialen Kontaktaufnahme* ist beim nackten Affen „im Vergleich zu anderen Tieren bemerkenswert verlängert; sie dauert häufig Wochen oder gar Monate an" *(Morris)*. Aus verschiedenen Gründen verläßt der homo sapiens dabei das Marry–the–girl–next–door–Prinzip: Zum einen werden die Jagdgründe immer enger, wenn die Sippen sexuell autark wachsen, zum anderen triebe die Inzucht fröhliche Urständ – und zum dritten würden die pubertierenden Knaben als sexuelle Rivalen ihrer Väter permanent verstoßen und vertrieben. Also begeben sich die jungen Herrschaften auf einen kleinen Weg, um sich die Schönen des Landes anzuschauen.

„Im allgemeinen scheint der Mann sich anzutragen. Die Frau scheint dagegen die entscheidende Wahl zu treffen, indem sie den um sie werbenden Partner annimmt oder ablehnt. Das schließt nicht aus, daß sie beim ‹Anbandeln› auch die Initiative übernimmt. Kulturell variiert die Rolle der Frau beim Werben sehr. Aussagen über das ‹Naturgemäße› zu diesem Punkt bleiben Spekulation" *(Eibl–Eibesfeldt)*.

Wertschätzung körperlicher Eigenschaften (*Gronemann*)

Eigenschaften	*Womit Männer glauben, Frauen zu imponieren*	*Was Frauen an Männern schätzen*
Körpergröße	13 %	5 %
Haar	5 %	4 %
Augen	4 %	11 %
Hals	2 %	3 %
Muskeln an Brust und Schultern	21 %	1 %
Muskeln an Armen	18 %	0 %
schlanke Figur	7 %	15 %
muskulöses Gesäß	4 %	39 %
großer Penis	15 %	2 %
lange Beine	3 %	6 %
kein Bauch	7 %	11 %

Walster & Walster gebrauchen den Begriff „unzeremonieller Paarungstanz" (dieser legt nahe, daß hier eine Beziehung geknüpft und später fortgesetzt werden kann) und beschreiben das Verhalten von Männern und Frauen in einer Bar: „Allem Anschein nach sitzen sie nur da und unterhalten sich, aber in Wirklichkeit tun sie viel mehr. Wenn ein Mann und eine Frau sich zueinander hingezogen fühlen, nehmen sie instinktiv eine Körperhaltung an, die der Umwelt eine deutliche Botschaft übermittelt: ‹Wir gehören zusammen. Das ist unser Territorium. Betreten verboten!› Eine Person, die das Gegenteil ausdrücken will: ‹Ich gehöre nicht hierher. Rette mich!›, nimmt natürlich eine ganz andere Körperhaltung an. Sie starrt sehnsuchtsvoll zur Decke empor oder läßt ihren Blick ziellos umherschweifen. Sie neigt sich vom Partner weg in Richtung auf die anderen Gäste am Tisch. Sie rutscht auf dem Stuhl hin und her und bewegt unruhig die Füße."

Seitensprung

Als Höhepunkt und Bonbon zu diesem Thema wollte ich eigentlich einen kurzen, absolut irrationalen, widersprüchlichen, völlig idiotischen, aber seit Jahrtausenden bewährten Regelkatalog für den Umgang mit Flirts in bzw. außerhalb der Ehe geben – bloß: das ist zum einen etwas schwierig, wenn man selbst verheiratet ist; zum anderen erübrigt sich dieser wohl, wenn unter dem Damoklesschwert von Aids jegliche außereheliche Sexualaktivität zusammenbricht. An dieser Stelle will ich bloß als Kontrapunkt *Neuhütte* zitieren, dessen Ansichten ich allerdings für ausgesprochen fragwürdig, unausgegoren und überdenkensbedürftig halte:

„ Regel 1: Einen Seitensprung in der Ehe sollte man sich und seinem Partner generell verbieten.

Regel 2: Passiert er mal (‹Der Geist ist willig – das Fleisch ist schwach›) so sollte darüber ausgesprochenes Stillschweigen bewahrt werden: Verbergen – Vertuschen – Verleugnen (‹Die 3 V's›).

Regel 3: Er sollte bei einem selbst mit einem angemessenen schlechten Gewissen verbunden sein: Wiedergutmachungsmaßnahmen.

Regel 4: Kommt er raus, so muß er sofort beendet werden (‹Heiliger Schwur›) und der Partner hat das Recht, einen Jeses– Schlag zu machen (für ca. 2–4 Tage mit anschließenden Nachwehen für ca. 3 Wochen) – man selbst hat dieses Recht im umgekehrten Fall natürlich auch!"

Ich halte mit meiner bescheidenen Psychologenmeinung diesen Regelkatalog für ausgesprochen verlogen, unehrlich und unoffen – und weiß eigentlich gar nicht, ob man ihn hier überhaupt wiedergeben sollte. Mut macht allerdings *Lara Schicht*, die anscheinend ähnlich gelagert zu sein scheint wie obiger Herr. Zu Regel 4 („kommt er raus, sofort beenden") bemerkt sie: „Eine gute Ehe aufzugeben, weil andernorts ein Garten Eden in ewiger Blüte und ohne die sattsam bekannten Dürrezeiten seine Tore zu öffnen scheint, wäre schlichtweg fatal. Vor allem Frauen sind gefährdet, einen folgenschweren Fehler zu begehen. Sie sind zu mehr Bindungsfreudigkeit erzogen, tragen noch starke religiöse und gesellschaftliche Barrieren mit sich herum, haben gelernt, daß man nur einen wirklich lieben kann – und für den muß man sich voll und ganz entscheiden. Deshalb wird so eine außereheliche Beziehung überdimensioniert, um eine Alternative zu konstruieren und eine Entscheidung zu rechtfertigen. Eine solche Entscheidung ist aber nicht nur nicht nötig, sondern schlicht falsch. Wenn das (Ehe–)Paar nämlich wirklich nicht zusammenpaßte, hätte sich das schon viel früher gezeigt."

Und zu Regel 3 („angemessen schlechtes Gewissen"): „Was allerdings sehr wohl eine Entscheidung verlangt: Wieweit darf ich die Affäre auskosten? Wieviel darf ich mir nehmen? Das ist eine Sache, die jeder nur mit sich selbst, mit seinem ganz persönlichen Ethos – und mit seiner psychischen Belastbarkeit ausmachen muß."

Und nun das dickste (zu Regel 2: „Verbergen – Vertuschen – Verleugnen"):

„Über die selbstgeflochtenen Stränge zu schlagen, dann nach Hause zu gehen und ein Geständnis abzulegen, bringt übrigens nichts außer Spannungen und Leid. Da müssen wir schon über die Schatten unserer Kindertage springen. Heimlichtuerei und Lügen, so hat unsere Kinderseele das gelernt, sind schlimme Dinge. Also heraus mit der Sprache – forderten einst Vater und Mutter von uns. Als Erwachsene sollten wir da drüberstehen (und unsere Kinder gar nicht mehr in diesem inquisitorischen Hokuspokus erziehen, der Verf.). Geständnisse über außereheliche Romanzen sind nämlich nichts als unfaire Aktionen. Wie Beichten dienen sie lediglich dazu, das eigene Gewissen zu reinigen. Während man sich selbst entlastet und munter und erleichtert (‹Jetzt ist es raus!›) weiterlebt, bricht für den Partner eine Welt zusammen. Ihm hilft auch die Beschwichtigung ‹Denk dir nichts dabei, ich verlaß' dich schon nicht!› herzlich wenig. Weiß er denn, ob nicht doch? Fortan wird er mißtrauisch und gequält nach verdächtigen Regungen äugen, wird sich einerseits am Riemen reißen wollen (bloß nicht eifersüchtig sein!), andererseits aber die Angst und Unsicherheit nicht loswerden" *(Schicht)*.

Anders bei *Doris Dörrie* in ihrem psychologisch feinsinnig durchdachten Film „Männer", wo der Herr des Hauses seinen Seitensprung mit seiner Sekretärin nach obiger Manier handhabt, seine Gattin den ihren aber, nachdem er rauskam, offen und ehrlich fortführt (so daß ihr Ehemann eigentlich mit seinem Geweih durch keine Tür mehr paßte, das aber den ganzen Film hindurch beharrlich versuchte und am Ende sogar nach erfolgreichen Läuterungsversuchen durch den Nebenbuhler die Pforte des ehelichen Schlafzimmers passieren durfte: das ist modernstes Seitensprung–Management, bei dem es allerdings entgegen der filmischen Darstellung ab und zu schon mal in der Ehe knallen kann – na ja: Operationsrisiko; die paar Scheidungen mehr nehmen wir auch noch in Kauf!).

Wie kommt es aber, daß Männer ewig am Rockzipfel einer anderen Frau hängen? Die beliebte Frauenzeitschrift PETRA liefert uns Männern 4 Gründe:

1. wenn wir uns in unserer trauten Kleinfamilie einsam fühlen – fernab von männlicher Solidar–Jagdgemeinschaft;
2. ausgelöst durch Talfahrten aller Art, Mißerfolge, Pleiten;
3. Seitensprung als Reise in die Vergangenheit, Sex als Sentimental Journey, als exotischer Abenteuer–Urlaub;
4. als Mittel zum Zweck (der Aufsteiger mit der Sekretärin des höchsten Chefs, der Kellner mit der Frau des prominenten Gastes).

Und Frauen? *Lara Schicht* konstatiert, aber begründet nicht (wie das wirklich sozial kompetente Art ist) ihr Ergebnis: „Aber dann ist es doch passiert. Aus heiterem Himmel. Ohne Vorwarnung, ohne provozierende Krisenstimmung im ehelichen Hauptquartier. Ich habe mich fürchterlich verliebt. Außerehelich. Es war keins dieser erotischen Strohfeuer, das von einer Sekunde auf die andere entbrennt und ebenso schnell wieder erlischt... Als ich merkte, daß ich mit meinem sittlichen Hokuspokus nichts auszurichten vermochte, hißte ich die weiße Fahne und ließ mich hineinfallen – in die Liebe ohne Verantwortlichkeiten, ohne Zuständigkeiten, ohne Alltagsmoder. Ich hob ab mit einer fast unerträglichen Leichtigkeit des Seins... Aber auch für uns kam die Zeit, da wir zur Erde zurückkehren mußten. Einer uralten Gesetzmäßigkeit folgend, kehrte dann auch so langsam der Verstand wieder an seinen angestammten Platz zurück... – und einen Ariadnefaden zurück zu dem Ort, der mir nach wie vor Heimat war: mein Mann und die gute Beziehung zu ihm."

Und was ist mit Geschlechterunterschieden im Seitenspringen? *Eibl–Eibesfeldt* gesteht nach seinen ethologischen Befunden dem Manne eine polygyne Neigung zu, die sich in monogamen Gesellschaften durchaus in vermehrten außerehelichen Beziehungen äußert, welchselbe in einigen (glücklichen?) Kulturen sogar gesellschaftlich gestattet sind. Diese Anlage würde in unserer westlichen Welt durch unsere sukzessive Monogamie (Ehescheidung, Wiederverheiratung) verschleiert. „Von den verschiedenen Lösungsversuchen scheint mir dieser als besonders problematisch, weil er zur Folge hat, daß die Kinder eine Beziehungsperson verlieren."

Zum guten Schluß möchte ich noch *Zimmer* uns etwas berichten lassen über die Ehe, die Treue, den Menschen und die Graugans, Seitensprung–Epidemiologie sowie die Misere der verkannten vergleichenden Verhaltensforschung, insbesondere die gewollt penetrant forcierte Verquickung von Homologie und Analogie im Tier–Mensch–Vergleich: „Der einzige Beitrag der Verhaltensforschung, der es geschafft hat, das öffentliche Bewußtsein tief zu beeindrucken, so tief wie seinerzeit der von der Psychoanalyse entdeckte Ödipuskomplex, ist die von Konrad Lorenz so liebevoll beschriebene Monogamie der Graugänse. Genaugenommen ist sie so absolut nicht: 40 Prozent der Ganter haben außereheliche Beziehungen, was Anlaß gab zu der Pointe: ‹Gänse sind auch nur Menschen.› Trotzdem wurde diese Monogamie in einer Zeit gewisser Libertinage anscheinend irgendwie als Vorwurf empfunden. Tatsächlich hatte Lorenz keine stammesgeschichtliche Verwandtschaft zwischen Gänse- und Menschenehen, also keine Homologie beschrieben, aber auch keine bloß zufällige Übereinstimmung, sondern eben eine konvergente Verhaltensanpassung, eine Analogie. Die Übereinstimmung bedeutet also nicht etwa, daß die Treue von Mensch und Gans, soweit vorhanden, auf einen gemeinsamen Vorfahren zurückgeht, der in diesem Falle eine treue Echse sein müßte; ebensowenig, daß etwa Mensch und Graugans voneinander abgeguckt hätten; und auch keineswegs, daß der Mensch sich irgendwie natürlicher verhält, wenn er eheliche Treue übt, da die Natur sie ja im Falle der Graugans auch hervorgebracht hat, uns als lehrreiches Beispiel. Die Analogie besagt nur: Ein bestimmtes Problem, nämlich das der Aufzucht der Jungen, wird unter gewissen ökologischen Umständen von einem Gänsevogel auf ähnliche Weise gelöst wie in einigen menschlichen Kulturen. Dies ist kein bloßer Zufall, denn die ‹Lebensgemeinschaft› der Eltern erfüllt hier wie dort einen ähnlichen Zweck. Die Graugans ist mithin keineswegs das, als was sie heute weithin gefürchtet und darum bespöttelt wird: ein natürliches Vorbild. Die Natur wartet mit vielerlei Arten von Partnerbeziehungen auf, alle auf ihre Art offenbar zweckmäßig, sonst gäbe es sie nicht, und keine ist dabei, die dem Menschen von vornherein und immer gemäßer wäre. Die Graugans ist kein Beweis dafür, daß unsere Erbmasse etwas von Monogamie wissen muß. Wer Analogien und Homologien unterscheiden kann, darf sich die Gewissensbisse sparen." – na, na, Herr *Zimmer*, wie enden Sie denn?

Morris sieht das Seitenspringen problematischer & dekadenter: „Die Entwicklung war doch beim nackten Affen ganz offensichtlich darauf abgestellt, daß die Frau sich um eine große Familie mit Kindern sich überschneidender Altersstufen zu sorgen hat und der Mann mit den anderen Männern draußen auf der Jagd ist. Im Prinzip hat sich das ja auch erhalten. Nur bei zwei Dingen ist es zu einem Wandel gekommen. Da ist einmal die Tendenz, die Zahl der Kinder künstlich zu begrenzen. Das bedeutet aber, daß die Frau nicht ständig unter dem Druck ihrer Mutterpflichten steht und, solchermaßen nicht ausgelastet, während der Abwesenheit des Mannes sexuell stärker verfüg- und ansprechbar wird. Hinzu kommt bei zahlreichen Frauen die Tendenz, sich der Jagdgesellschaft anzuschließen: Aus dem alten ‹Jagen› ist heute das ‹Arbeiten› geworden, und die Männer, die sich zu ihrer täglichen Arbeit begeben, sehen sich auf einmal, anstatt in der alten, nur aus Männern bestehenden Waidgenossenschaft, inmitten von heterosexuellen, aus beiden Geschlechtern zusammengesetzten Gruppen. Das aber bedeutet eine Lockerung der Paarbindung gleich auf beiden Seiten dergestalt, daß sie unter dieser Belastung allzu oft auseinanderbricht. (Die amerikanischen Statistiken zeigen…, daß 26 Prozent aller verheirateten Frauen im Alter von 40 Jahren und 50 Prozent aller gleichaltrigen verheirateten Männer außerehelichen Beischlaf ausgeübt haben)."

Nachfolge von Doris Dörries „Männer" – drastischer & fataler & prüder:

„Eine verhängnisvolle Affäre"

Der Film ist nicht aufzuhalten. In fast 320 deutschen Kinos raste er letzte Woche über die Leinwand, demnächst werden es noch mehr sein. Gut zwei Millionen Zuschauer hat er hierzulande schon angelockt, Tendenz: weiter steigend. In den USA hat er seit dem letzten Herbst gut das Zehnfache seiner Produktionskosten eingespielt, weltweit bewegt er sich zügig auf die Zweihundert-Millionen-Dollar-Marke zu. Ein Hit. Ein Knüller. Ein Schlag ins Gesicht.

Fatal attraction heißt der Film im Original, zu deutsch etwa: unwiderstehliche Anziehung. Er erzählt die Geschichte einer Frau, die von dem Mann, in den sie sich verliebt hat, nicht lassen kann. Aber Dan ist Familienvater und will es bleiben, nach zwei heißen Nächten hat er von Alex genug. Nicht gerade ein sensationeller Stoff. Der Film gibt ihm den nötigen *drive*, indem er die Frau außer Rand und Band geraten läßt. Alex schlitzt sich die Pulsadern auf, als Dan nach Hause gehen will. Dann schüttet sie Säure auf sein Auto. Dann bringt sie das Kaninchen seiner Tochter um. Dann entführt sie das Kind. Zuletzt stürzt sie sich mit einem Messer auf Dans Frau, wird von Dan in der Badewanne ertränkt, erwacht noch einmal zu sekundenlangem Zombie-Leben und bekommt endlich den Fangschuß.

„Eine verhängnisvolle Affäre" hat der deutsche Verleih den Film genannt. Der Verleihtitel nimmt das moralische Urteil, das der Film dem Zuschauer einbleut, schon vorweg. Eine Affäre ist keine Geschichte, sondern ein Fehler. Den muß man abbüßen, gutmachen, austilgen. Alex muß sterben, damit die Familiengeschichte weitergeht. Unwiderstehlich angezogen hat der Film vor allem die deutsche Boulevardpresse. Der STERN teilt auf zwei Doppelseiten mit, es sei sowohl „Ein Film für Männer" als auch „Ein Film für Frauen", summa summarum also ein Film für alle. So funktioniert Kinowerbung.

In den weiter links gelegenen Logen des Kulturbetriebs dagegen funktioniert diesmal gar nichts. Die feministische Elite, eben noch beim Großeinsatz gegen Peeper und Pornographen vereint, übt sich in einer typisch deutschen Disziplin: dem Schweigen im Walde. Dabei liegt der Film gar nicht so weitab vom Porno-Thema, wie es scheint. Wenn Pornographie im Grunde verhinderte Erotik ist, dann bedient „Eine verhängnisvolle Affäre" fleißig pornographisches Bewußtsein. Zwischen Ehe und Enthaltsamkeit, suggeriert die story, gibt es kein Drittes, keine erotische Erfahrung, die ohne Mord und Totschlag sich leben ließe. Ihren besonderen *thrill* zieht diese Botschaft daraus, daß die Figuren des Films verzweifelt gegen sie ankämpfen. „Wir sind erwachsen", sagt Alex, als sie Dan in ihre Wohnung einlädt, und Dan wiederholt es noch einmal, später: „Wir sind doch erwachsen. Du kanntest die Regeln." Natürlich sind sie nicht erwachsen, sie benehmen sich wie gierige Kinder. Und natürlich ist die einzige Liebesregel, die der Film seine Zuschauer lehrt, jenes Sprüchlein, das die Aids-Kampagne inzwischen von allen Plakatwänden trällert: „Partnerschaftliche Treue ist der beste Schutz."

Adrian Lyne, der Regisseur des Films – wir verdanken ihm auch „Flashdance" und „Neuneinhalb Wochen" – drehte früher Werbespots. Da liegt es nahe, seiner „Verhängnisvollen Affäre" Werbe-Strategien vorzuwerfen: zu viele Großaufnahmen, modischer Schnickschnack, *fastfood*-Dramaturgie. Aber damit ist zunächst wenig gesagt. Die Großaufnahme ist ein filmisches Stilmittel seit Griffith und Stroheim, die Werbung hat sie nur radikalisiert. Und der Schnickschnack ist bei Lyne thematisch, er zerstreut die Wahrnehmung, um sie desto wirksamer bündeln zu können.

Die fatale Anziehungskraft des Films entspringt eben nicht einer aufgedonnerten Machart, sondern, im Gegenteil, seiner Schlichtheit. Er erzählt die Geschichte von Alex und Dan, als wäre sie der Alltag selber, nur leicht gestrafft und zum Drama erhöht. Noch im aufgeblasenen Chic der Fahrten und Schwenks, die nichts zu bedeuten haben, gleicht er der postmodernen Lebenswelt, die sich so gerne selbst bespiegelt und beglänzt. *Fatal attraction* ist der Sieg eines Realismus, den die Konsumenten mit der Fernsehwerbung aufgesogen haben. Er bietet Moral als Produkt. Was Bertolucci und Oshima mit strengen Kunst-Exerzitien erkämpft haben, die Befreiung der Sinne, widerruft Lynes Film durch gnadenlose Banalität. Ähnlich hat schon Robert Benton in „Kramer gegen Kramer" das Drama des geschiedenen Mannes bebildert – und die Frau, ganz nebenbei, ins Abseits gestellt.

Diese Filme wirken glaubhaft, weil sie Wirklichkeit scheinbar nicht mehr gestalten, sondern wiederholen. Ihr Weltbild stammt aus dem Fernsehen, das längst auch in Hollywood die Normen des Machbaren diktiert. Nicht die *stories*, der Bildschirm selber ist puritanisch, er befreit vom Zweideutigen, moralisch Anrüchigen des Kinobildes. In „Eine verhängnisvolle Affäre" kann man das sehen: wie die Schauspieler nichts mehr ausdrücken, sondern sich nur noch hinhalten, hineinhalten in die Kamera. Den Rest, den Sinn, besorgt der Schnitt. Lyne schneidet wie ein Weltmeister. Sein Film ist die dreiste Verpackung, deren die neue Moral noch bedurfte.

Neulich predigte im Fernsehen der Schauspieler Wolfgang Völz gegen Aids. Im Gegenschnitt: ein Paar, Junge und Mädchen, die sich umarmten, küßten. So geht das. Auf Viren schießt man mit Bildern. Niemand soll sagen, er habe den Erreger nicht gesehen.

Kilb

Ein Ehemann muß den Seitensprung geheimhalten, aber, daß er nie einen getan hat, auch.

Johannes Gross, 57, Journalist

„Noch besser wäre (da es nicht so leicht ist, die besondere Art von Spinner zu finden, mit dem Sie gerne zusammenleben möchten), wenn Sie nach einem Mann Ausschau halten, der fast genauso neurotisch ist wie jeder andere auch, der es aber wenigstens weiß und einsieht, daß er es ist. Mit einem sonderbaren Vogel zu leben, ist schlimm genug. Aber mit einem zusammen zu sein, der sich für den Normalsten unter den Normalen hält (und Sie und alle anderen für meschugge), ist unmöglich“ *(Ellis)*.

Worauf legen Frauen mehr Wert als Männer? Bei folgenden Merkmalen bestanden signifikante Unterschiede in der Beschreibung des Idealpartners zwischen Männern und Frauen (*Sieverding*):

	$\bar{x}$ ♂ n=95	$\bar{x}$ ♀ n=99	sign.
einfühlsam	8.7	9.2	**
liebevoll	8.1	9.1	**
zärtlich	8.3	9.0	**
verständnisvoll	7.9	8.6	**
sensibel	7.6	8.3	**
warmherzig	7.6	8.3	**
lieb	7.6	8.2	*
gefühlsbetont	6.9	7.7	**
kinderlieb	6.6	7.6	**
emanzipiert	6.6	7.5	**
fürsorglich	5.8	6.8	**
häuslich	3.8	4.5	*

Worauf legen Männer mehr Wert als Frauen? Bei folgenden Merkmalen bestanden signifikante Unterschiede in der Beschreibung des Idealpartners zwischen Männern und Frauen (*Sieverding*):

	$\bar{x}$ ♂ n=95	$\bar{x}$ ♀ n=99	sign.
attraktiv	7.7	6.8	**
initiativeergreifend	7.6	7.1	*
gutaussehend	7.5	6.2	**
hübsch	7.3	4.9	**
schön	7.2	4.8	**
ansehnlich	7.0	6.3	**
mutig	6.5	5.9	*
chic	5.7	4.5	**
weich	5.1	4.1	**
süß	5.0	3.9	**
nicht emanzipiert	2.7	2.0	**

Wen? und *Wie?* sind die Fragen. Für das erstere hat uns Mutter Natur ein fein geregeltes Spürsystem eingebaut, das uns über Gefühle von Sympathie, Verliebtsein, Antipathie bis Ekel unseren potentiellen Paarungspartner taxieren läßt. Weitergehende Ratschläge geben uns Mütter & Väter, Lehrer(innen), Ratgeber und Broschüren, Kirche und Therapeuten.

Die Wechselwirkung von *männlicher Statur und weiblichem Charakter* sieht nach Untersuchungen so aus: „Ein dünner Mann wird von nervösen Frauen bevorzugt, der athletische Mann dagegen von charakterfesten, extrovertierten. Dicke, stattliche Männer finden Zuspruch bei reifen, konservativ orientierten Frauen. Rebellische Frauentypen neigen zu schlanken Männern und die konventionellen, intelligenten Frauen zu den etwas beleibten. Der durchschnittlich gebaute Mann wiederum spricht die erfahrene, emanzipierte Frau an“ *(Kaufhold)*.

Umgekehrt achtet der *Mann bei einer Frau* auf einen schönen, stillträchtigen Busen und ein breites, gebärfreudiges Becken. Darüber hinaus darf der Po ruhig ein wenig mehr gepolstert sein als der lieber muskulöse des Mannes – für schlechte Zeiten als Notvorrat. Alle drei weiblichen Wunschattribute haben sich allerdings in unserer kinderfeindlichen Zeit auf ein Kontur–Minimum reduziert, wie Mann und Frau beim Durchblättern von „PLAYBOY“, „LUI“ und „PENTHOUSE“ leicht erkennen können. Je nach Mode hilft die *Korsage* nach, mal ausladend, dann wieder einschnürend.

Wann? Los geht das Ganze so mit dem verschämten Äugen im Alter von ziemlich genau 5–18 Jahren, und in diesem Alter mit manchem verdächtig häufigen Ver– und Entlieben.

Physiologie & Physiognomie

Die typisch veränderte euphorische Wahrnehmung frisch Verliebter scheint in unserem Körper ganz profan vom amphetaminverwandten Aufputschmittel Phenyläthylamin bewerkstelligt zu werden. Seine Produktion psychologisch anzukurbeln, sind wir hier angetreten! Wichtigstes Kennzeichen des physiologischen Flirt–Ausdrucks ist das *Erröten*. Über seine evolutionäre Funktion rätselte schon *Darwin*: Soll es nur die innere Emotion der Scham kommunikativ sichtbar machen? Soll es dem Wunsch, sich zu verbergen, auf die Beine helfen? Oder ist es gar ein sexueller Lockruf, wie *Morris* das vermutet? *Zimmer* hilft uns weiter: „Es wurde als Signal entwickelt, weil die Männer über die Jahrhunderttausende hin auf eine errötende Frau (und das heißt wohl, auf eine Frau, deren Erröten das Rotwerden in der sexuellen Erregung vorwegnahm und dem Mann aufreizend vor Augen führte) stärker reagierten als auf eine Frau, die die Annäherungsversuche des Mannes nicht durch Erröten quittierte.“

Das Paradoxon, daß das Erröten von den aussendenden Frauen eher als abweisend und peinlich empfunden wird und das oft um so intensiver ausfällt, je stärker sie es unterdrücken möchten, löst *Eibl–Eibesfeldt* auf: „Die Partnerin stellt dem werbenden Mann in der Regel auch dann, wenn sie ihn liebt, Widerstände entgegen. Sie gibt sich ‹spröde›..., was bewirkt, daß der Mann werbend Mühe und Zeit investieren muß, um die Erwählte zu erobern.“ Nach dem ehernen psychologischen *Law of effort* bewirken diese bilateralen Anstrengungen des Abweisens und Werbens eine Festigung der Bindung, die dem nachfolgenden Liebeskampf (Kamasutra) und der späteren Aufzucht der lieben Kleinen nur zugute kommen kann. Das Erröten ist danach ein gesundes und wirksames, die Liebe anstachelndes *double bind*: ich mag Dich, zeige mich angstvoll und mache mich vorerst mal auf die Flucht.

Neben Vasomotorik und Kreislauf legt sich beim Flirten auch noch die *Muskulatur* ins Zeug: der Tonus steigt, der Bauch geht rein und die Brust raus. *Konstitution und körperliche Fitneß* spielen eine nicht zu unterschätzende Rolle – und beiden läßt sich nachhelfen: ersterer mit *personal styling*, letzterer mit schweißtreibenden sportlichen Anstrengungen.

Diese Attributionstendenz, speziell im Falle physischer (Un–)Attraktivität, entspricht der, die allgemein bei als sympathisch beurteilten Personen zum Tragen kommt. Die Bedeutung der physischen Attraktivität einer Person für die Bereitschaft, sie als Freund oder Ehepartner in Betracht zu ziehen, ist bei Männern gegenüber Frauen größer als umgekehrt. Obgleich bei beiden Geschlechtern das positive Stereotyp gutaussehender Personen vorherrscht, findet sich bei Frauen auch eine Tendenz, attraktiven Personen negative Eigenschaften zuzuschreiben (eitel, egoistisch). Falls Sie nun nicht gerade mit einem Modellkörper gesegnet sind, gilt: Flirten Sie nicht dort, wo Adonis & Aphrodite ihre Alabasterkörper zur Schau stellen; „wo Sie auch hingehen, versichern Sie sich zuerst, daß Ihre *Kleidung* Ihre körperlichen Mängel verbirgt und die Vorzüge hervorhebt. Tragen Sie etwas, was Ihre spektakulär grünen Augen leuchten läßt, Ihre schlanken Fesseln zeigt oder Ihre Muskeln ins rechte Licht rückt" *(Jillson)*.

Das scheint für Frauen – leider(?) immer noch – mehr zu gelten als für die Herr(ch)en der Schöpfung. Ein Mann in Begleitung einer gutaussehenden Frau wird positiver beurteilt, nicht aber eine Frau in Begleitung eines gutaussehenden Mannes. Damit nicht genug, physisch attraktiven Personen werden mehr positive Eigenschaften zugesprochen; sozial erwünschte Handlungen und Erfolge werden von Beobachtern bei ihnen eher intern attribuiert als bei weniger gutaussehenden Personen. Bei Mißerfolgen und negativen Handlungen ist es genau umgekehrt.

Das Geheimrezept erfolgreicher Flirter aber ist *körperliches Training*. Egal mit welcher Konstitution uns der nicht immer liebe Herrgott gesegnet oder gestraft hat: braun (oder blaß, je nach Stand der Mode), muskulös (oder feingliedrig), aufrecht, dynamisch, schwungvoll und temperamentvoll sind Attribute, die wir physiologisch beeinflussen können.

Einfache Ratschläge, wie wir unser erschlafftes Äußeres aufpolieren können und *Ausstrahlung, Charme, Charisma, Glamour, Sex–Appeal und das gewisse Etwas* erreichen, gibt uns *Heimel*: „Führe nie ein vernünftiges Leben. Sobald du beschließt, endgültig erwachsen zu sein und nichts Unvernünftiges mehr zu tun, verlierst du den Zauber der Jugend. Schau dir die Leute an, die lieber in Banken als in Bars gehen, die jedes Risiko scheuen, die den gewohnten Trott lieben. Schau sie dir an, und du wirst mir recht geben. Jeder einzelne hat einen steifen Nacken. Kennst du eine Frau, die stolzer auf ihre blitzblanke Küche als auf ihre aufregenden Dessous ist und trotzdem noch attraktiv auf Männer wirkt? Nein? Na also!"

Speziell die sexuelle Attraktivität wird bei vielen Tierarten incl. unserer Gattung von olfaktorischen Signalen, *Duftstoffen*, sog. Ektohormonen, den Pheromonen, ver– und übermittelt. Und gerade das verpönte Schwitzen, vaporisiert von den gern abrasierten Achsel– und (seltener abrasierten) Schamhaaren, dient diesem stimulierenden Zweck.

„Den Gebrauch von Lippenstift, Rouge und Parfüms zur Verstärkung von Sexualsignalen – der Lippen, der Hautröte und des Körpergeruchs – führt zu weiteren Widersprüchen: Erst waschen sich die Frauen so gründlich, daß ihr eigener biologischer Geruch total verschwindet, und dann ersetzen sie ihn schleunigst mit Parfüm aus dem Kosmetiksalon, das ‹sexy› sein soll, in Wirklichkeit aber aus nichts anderem besteht als aus gelösten Ausscheidungsprodukten der Duftdrüsen von Säugetierarten, die mit uns nicht im geringsten verwandt sind" *(Morris)*.

Eber, Männer und Gorillas betören, ja betäuben ihre Sau, Weib und Weibchen mit den Steroiden Androstenol & Androstenon, die von diesen besonders intensiv um den Ovulationstermin herum geschnuppert werden. Ebenso variiert die Intensität ihrer weiblichen vaginalen Duftstoffe mit dem Zyklusverlauf und kulminiert in der befruchtungsfähigen Spanne. *Moschus* ist der Stoff, aus dem die Träume der Männer gemacht werden.

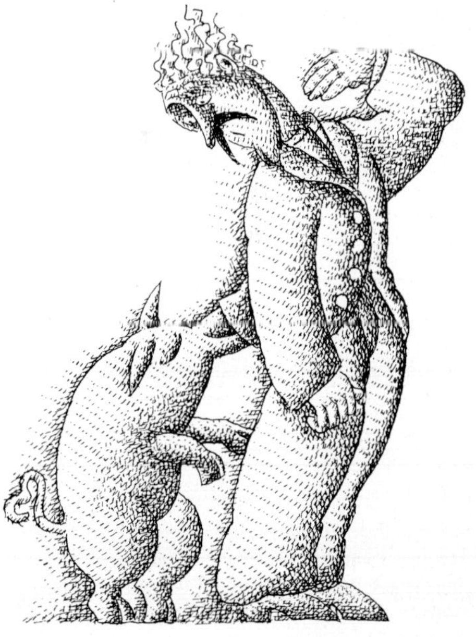

Schon *Herodot* berichtet von dem durchschlagenden Erfolg des Genitalgeruchs rossiger Stuten, welchen ein schlauer Stallmeister einem Hengst unter die Nase rieb und damit seinem Herrn den Weg zum König von Persien ebnete: der sollte es werden, dessen Pferd bei Morgengrauen vor dem Stadttor als erstes die aufgehende Sonne mit einem Wiehern begrüße.

„Vor der sexuellen Reife läßt sich eine ausgesprochene Vorliebe für süße und fruchtige Düfte feststellen, mit Eintritt der Pubertät jedoch hat es damit ein jähes Ende, und der Geschmack wandelt sich dramatisch: jetzt werden blumige, ätherisch–ölige und moschusähnliche Gerüche bevorzugt. Das trifft für beide Geschlechter zu; die Vorliebe für Moschus ist allerdings bei Männern stärker ausgeprägt als bei Frauen. Erwachsene sollen Moschus in der Luft noch bei einer Verdünnung von eins zu acht Millionen feststellen können; kennzeichnend ist, daß diese Substanz bei vielen Säugetierarten, bei denen sie in besonderen Drüsen erzeugt wird, eine außerordentlich große Rolle als Duftsignal spielt. Wir selbst besitzen zwar keine großen Duftdrüsen, wohl aber zahlreiche kleine – die sogenannten apokrinen Drüsen. Sie ähneln den Schweißdrüsen, jedoch enthält ihr Sekret einen höheren Anteil an festen Stoffen. Man findet sie an mehreren Stellen, in besonders hoher Konzentration in den Achselhöhlen und in der Genitalregion. Die Haare dort spielen zweifellos eine wichtige Rolle dadurch, daß sie den Duft festhalten; ob die Angabe stimmt, daß die Duftproduktion an diesen Stellen während der sexuellen Erregung erhöht ist, konnte noch nicht gesichert werden, da eingehende Untersuchungen bisher fehlen. Wohl aber wissen wir, daß die Zahl der apokrinen Drüsen beim weiblichen Geschlecht unserer Art um 75 Prozent höher liegt als beim männlichen; interessant ist in diesem Zusammenhang, daß bei sexuellen Begegnungen niederer Säugetiere das Männchen sein Weibchen sehr viel mehr beschnüffelt, als dieses das Männchen“ *(Morris)*.

Für den akademischen Zweifler seien einige Untersuchungen zur Wirksamkeit angeführt: Der von *Kirk Smith* mit Androstenol besprühte Wartezimmerstuhl eines amerikanischen Zahnarztes wurde von Frauen signifikant ausschließlich frequentiert, Männerfotos wurden von Frauen mit besprühter Operationsmaske um die Nase als sympathischer, wärmer, stärker und attraktiver empfunden als von olfaktorisch nicht betörten Frauen. *Kaufhold* führte nichtwissenschaftliche Versuche an einem schüchternen jungen Mann durch, dem Androstenol des Riechstofflieferanten *Dragoco* in Achselhöhlen und hinter die Ohren geschrieben wurde, der so präpariert auf einer Party gleich zwei Mädchen um sich scharte, mit einer davon tanzte und just diese ganze Nacht mit ihr verbrachte – was will man mehr? Einen noch umwerfenderen Erfolg erzielte ein eineiiger Zwilling, der *doppelblind* von seiner eigenen Pheromon–Präparation nichts wußte und gleich entgegen seinem traurigen, nicht duft–bedachten Bruderherz auf einer von der Herrenzeitschrift LUI inszenierten Party zwei Frauen zum Dreier abschleppte – das verschlägt einem nun schon den Atem! Auch die in die private Forschung ihres Gatten einbezogene *Frau Kaufhold* erlebte einige Minuten nach Riechgenuß an den aufgemotzten Achselhöhlen ihres Mannes „in der Brust ein warmes, brodelndes Gefühl, das von innen heraufkäme und rein sexueller Natur sei… Ähnliche Reaktionen erlebten Freunde, als sie ihre Ehefrauen mit der Riechstoffbase Animal–Alkohol *(Dragoco)* konfrontierten“ – ganz so wie die begeisterten Zuschreiber an Frau *Uhse*, wo dies Wunderduftmittelchen schon mal eine Ehe gerettet hatte (schönen Gruß an Gerd W. aus Hamburg!).

Auf Männer scheinen diese Stoffe einen uneinheitlichen Eindruck zu machen. Ist ihre optische Silhouette kleiner und schmächtiger als die des duftenden Rivalen, so bewundern sie diesen als stattlich und männlich, ist sie jedoch kräftiger und größer, so blicken sie auf diesen aufdringlichen und arroganten Stink–Knilch herab.

Gesichtsausdruck

Frauen sollten neben großen Augen ein breites Lächeln haben, ein schmales Kinn, eine kleine Nase und insgesamt ein schmales Gesicht. Um diesen *infantilen Schemen* nachzuhelfen, bietet sich eine gute Friseuse und/oder eine Kosmetikerin oder Visagistin an. Wer sich davon allerdings den durchschlagenden Erfolg in der heterosozialen Kontaktaufnahme verspricht, ist auf einem neurotischen Dampfer. Im Grunde sind diese Merkmale in der Gesamtheit der relevanten psychischen und physischen Attribute eines Menschen doch recht unbedeutend.

Es spricht nun aber nichts dagegen, wenn wir mit unserer *Willkürmuskulatur* ein wenig nachhelfen: Äuglein etwas aufreiz(ß)en, vielleicht eine kleine Schnute mit den Lippen bilden, die kindlich wirkt und zugleich eine Kußbewegung andeutet. Vor allem aber das *Lächeln*: neben dem Blickkontakt Dreh– und Angelpunkt des Flirtens.

Der Breitmaulfrosch sitzt beim Photographen, der Schwierigkeiten hat, das breite Maul auf die Platte zu bannen: „Sag mal Konfitüre!“ Darauf der Breitmaulfrosch: „Marmelade“.

Das könnte schon mal vor dem Spiegel oder der Videokamera geübt werden. Manchen ist da in den letzten 10–15 Jahren die Gesichtsmuskulatur ganz schön abgerutscht. Für Angst–Lächler wie für allzu unverschämte Lächler bietet sich als Kaschierung an, das Gesicht ein wenig zu verdecken: mit der Hand vor dem Mund oder am Kinn, einem Glas an den Lippen (nippen!) oder dem Spielen mit dem eigenen Haar (das mit dem Haar des Flirtpartners kommt später).

Ein weiteres wichtiges mimisches Accessoir sind die *Mundwinkel*. Sie dürfen nicht wie bei einem Bernhardiner hängen, sondern sollten keck nach hinten und oben sich wölben. Die *Stirn* ist eine glatte, klare Fläche (Formel aus dem Autogenen Training!). Allenfalls beim Augenbrauen–Hochziehen als Aufmerksamkeitsmimik darf sie sich kurz wellen.

Nett ist immer wieder das *Blinzeln*. Zu hochfrequent wirkt es überzeichnet, zu langes Augenschließen kann bis ins Verächtliche rüberlappen. Dazwischen liegt das liebe, fast schon treuherzig–scheue Blinzeln. Manche Frau hypertrophiert es mit bemalten oder künstlichen Augenwimpern (klimpern!) – wer einen Hang zur Dekadenz hat, liebt das.

Verteilt sich das Blinzeln nur auf eine äußere Hälfte eines Auges und kommen noch laterale Wangenkontraktionen hinzu, so haben wir das bezaubernde *Zwinkern*. Es wirkt um so gekonnter, je weniger Muskelpartien der unter dem zwinkernden Auge liegenden Wange involviert sind. Man sollte es wahlweise mit dem rechten und auch mit dem linken Auge beherrschen. Schon ein kleiner Taschenspiegel kann als Biofeedback–Gerät eingesetzt werden.

Fast in Vergessenheit geraten ist bei uns das *Züngeln*. „Es leitet sich vom Lecken ab und spielt vor allem beim heterosexuellen Flirt eine Rolle. Frauen üben es auf Distanz als Aufforderung zum Kontakt aus. Viel öfter jedoch sieht man es als völlig unbewußten Ausdruck der weiblichen heterosexuellen Bereitschaft. Die Zunge wird dabei weniger weit vorgestreckt und oft auch nach der Seite und nach oben an die Oberlippe angelegt. Dabei wird oft die Oberlippe beleckt. Das Züngeln beschränkt sich oft auf ein einmaliges kurzes, intentionales Lecken. Manchmal wird die Bewegung des Zungenvorstoßens und Leckens betont und wiederholt“ *(Eibl–Eibesfeldt)*.

Blickkontakt

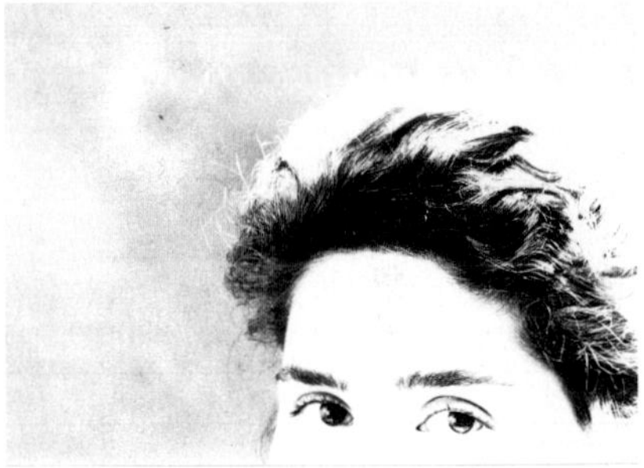

Die Dauer des Blickkontakts überschreitet beim Flirten um Bruchteile von oder ganze *Sekunden* den üblichen scheuen Blick. Anschließend ist der Blick zu senken (ca. 45 cm vor die eigenen Fußspitzen). Der Blick kann auch zwischen kurzem Hinschauen und Wegblicken oszillieren. Ein längeres an– oder in die Augen schauen ist erst in einem fortgeschritteneren und intensiveren Flirtstadium zu empfehlen, da dieser fixierende Blick vorher als feindselig empfunden werden kann. Dies Spiel ist zeitlich zu begrenzen auf 2 bis 15 Minuten, danach sollte irgend etwas Fortführendes kommen – oder der Flirtpartner schlafft blickmäßig ab und das Ganze versandet. Ansprechen, zum Getränk einladen, Briefe über Kellner zukommen lassen, Papierflieger rüberschicken, zum Klo gehen und ein Kreuzen ermöglichen, etwas fallen lassen u.v.m. ist zu empfehlen.

Ein Umstand, der den Blick anziehender macht, ist die unwillkürliche *Pupillenerweiterung* bei der Betrachtung von sympathischen bis oberaffengeilen Interaktionspartner(inne)n. Diese großen Äuglein scheinen an das Kindchen–Schema in uns zu appellieren und rufen außerordentliche Fürsorge– und Schmeichel–Attitüden auf den Plan. Nachhelfen läßt sich – seit Jahrhunderten bekannt und erprobt – mit einem Extrakt von Tollkirschenblättern, der ins Auge zu gehen hat.

Eine nicht ganz so wirksame, aber unvergleichlich einfachere Methode, einen solchen *Schlafzimmerblick* anzudeuten, ist, eine Weile lang nicht zu blinzeln: Ihre Augen werden automatisch größer – es brennt nur ein bißchen auf der Linse! Kontraindiziert ist dabei, und deswegen sollte man etwas vor dem Spiegel üben, die Stirn zu heben (wirkt ebenso lächerlich wie das Senken des Blickes in diesem Fall). Die Augen werden nun größer und feuchter, was ihnen einen weichen und klaren Ausdruck verleiht. Nach einer kurzen Zeit, die Ihnen wie eine Ewigkeit vorkommt, dürfen und sollen Sie die Augen schließen – eine Spur länger als Blinzeln, ein Hauch von Nachdruck. Wenn

Sie nun noch an den Wimpern zupfen und die Augen leicht reiben, wonach einem bei dieser Übung mit Sicherheit der Sinn steht, so komplettieren Sie diese Flirtattitüde.

Und dann ist da noch der Trick mit dem *Seitenblick*: Sie tun ganz aufgeregt so, als würde Sie irgend etwas unheimlich interessieren und schauen fasziniert in eine bestimmte Richtung (besonders gen Himmel fällt ausgesprochen auf); die Neugier Ihres potentiellen Flirtpartners wird ihn/sie dazu verleiten, erst Sie anzuschaun, dann in diese Richtung und dann wieder ganz verständnislos Sie: Just das ist der Moment, ganz unverschämt zu lächeln, eine Schnute zu ziehen und mit den Schultern zu zucken.

Ein anderer Dreh ist der mit dem verschämten *Blick zu Boden*: Blick werfen und, sobald er erwidert wird, zu Boden schauen (wer dabei noch erröten kann, schießt den Vogel ab).

Gestik

„Hände können Bände sprechen. Machen Sie also Ihren Händedruck erinnerungswert" *(Jillson)*.

Ein kalter, feuchter, schlaffer Hering in der Hand kann einem schon eine Gänsehaut auf den Rücken jagen (und mit Sicherheit keinen Flirtpartner in den Schoß). Gegen *kalt* und *feucht* können wir in der aufregenden Situation des Flirtens kaum etwas unternehmen – es sei denn, wir haben den schwarzen Gürtel im Autogenen Training und können es gezielt als Streß–Antagonisten einsetzen – aber wer kann das schon, ich auch nicht. Diese beiden Attribute des *Händedrucks* sind auch nicht ausschlaggebend, wohl aber das *schlaff*. Also greifen Sie, wenn Sie schon so weit gekommen sind, daß Sie Ihrem Flirtpartner das Händchen reichen dürfen, in die vollen. Nicht, daß die Knochen knacksen, aber doch so, daß der andere in Ihrer Hand Halt findet. Die linke Hand kann dabei auch aktiv werden: Handrücken, Handgelenk oder Oberarm des Partners können sanft berührt werden. Und nun das Wichtigste: das Timing. Hier kommt es wie beim Blickkontakt auf Bruchteile von Sekunden an, um die der Händedruck verlängert wird. Und die Dynamik: Druck – sanftes Halten (ca. 0–37 sec), kurzer, kaum spürbarer Nach–Druck. Das Ganze läßt sich täglich bei Freunden und Bekannten üben, bis es perfekt sitzt.

Schlaffheit macht nicht nur beim Händedruck, sondern auch bei der *Armhaltung* einen nicht allzu guten Eindruck. Also die Schultern ein wenig straffen, Bauch rein, Brust raus (gehört eigentlich zu Körperhaltung). Auch das Vergraben der Hände in den Taschen deutet auf eine zu lässige Haltung hin, die nicht gerade vor Interesse überschäumt.

Berührungen sind das A und O der Gestik. Sie sollten beiläufig wirken, einen scheinbaren Zweck verfolgen. Das *Putzverhalten* bietet sich an: nicht vorhandene Flusen und Stäubchen von der Kleidung des Partners bürsten, Haare aus der Stirn streicheln, Kleidung des anderen glattziehen – und das Ganze im Kontext des Gesprächs mit völlig verschiedener Themenstellung, so ganz nebenbei. Hilfsbereitschaft bei Steigungs– und Gefällstrecken, die man gefälligst aufzusuchen hat, kann so manchen Handgriff erforderlich machen.

Dank der segensreichen Memoiren unseres Altmeisters in Sachen Lust können wir als das wichtigste Flirtverhalten das *Unterfassen* nennen: „... Bras dessus – bras dessous... Ein Flirt ohne Unterfassen ist ein Unding, denn welch harmloser scheinendes und in der Tat ganz wirksames Mittel läßt sich für dieses Gesellschaftsspiel denken? Jeder Zentimeter, jeder leise Druck spricht da Bände... Dann krampfen sich wohl die Finger eine Sekunde lang in den Stoff, dann zittert ein nackter Frauenarm unter der Berührung einer heißen Hand."

Beim *Getränkeeinschütten* unterstützen Sie durch eine leichte Berührung die Hand des Glashalters, damit bloß kein Tropfen danebengeht. Auch das Antippen des Partnerknies im Furor der Gesprächsaufwallung bringt was rüber – aber Vorsicht: hier werden Sekunden und Druckquäntchen schon zum Bumerang.

Beliebt ist auch das *Feuer–geben–Lassen:* Legen Sie Ihre Hand auf den Arm des Feuerspenders, als ob Sie das Feuerzeug oder Streichholz an Ihre Zigarette heranführen wollten – absolut elektrisierend!

Auch das heute so verpönte *In–den–Mantel–Helfen* bietet sich geradezu an, um zum Abschluß der Operation etwas von der angezielten Person zu drücken, vorzugsweise die Oberarme; ganz gleich das *Tür–Aufhalten*, das *Einkaufstasche–Abnehmen*, das *Etwas–fallen–Lassen* bzw. das *Dasjenige–Aufheben*.

Zu welcher Kultur das weibliche *Mantel–Ausziehen* hochstilisiert werden kann, weist uns *Jillson* auf: „Benutzen Sie beide Hände, um das Schulterteil des Mantels nach hinten über Ihre Schultern rutschen zu lassen... Dann strecken Sie beide Arme hinter Ihrem Rücken aus und schütteln sich aus dem Mantel heraus, bis der Mantelrükken an Ihren Handgelenken angelangt ist. Mit der linken Hand greifen Sie dann nach dem rechten und mit der rechten Hand nach dem linken Mantelärmel. Und das alles hübsch langsam, nur mit dem rechten Schwung."

Und nun zur vielzitierten und überstrapazierten *Körpersprache*. Glauben Sie bloß nicht allen Blödsinn, der darüber schriftlich und mündlich verzapft wird. Aber ein Körnchen Wahrheit ist dran. Die verschränkten Arme schließen aus, zu einem Kreis geformte Arme und Hände wirken einladend. Geöffnete Hände ziehen an, geballte Fäuste stoßen ab (klar, was?). Dem Partner zugewandte Handflächen sind ein gutes Zeichen, die Handfläche auf dem Tisch oder dem (eigenen!) Oberschenkel wirkt schon wieder zu energisch, ja fast schon aggressiv.

Als erste Kontaktbezeugung dient vor wie nach von alters her das *Nicken* als Gruß. Das kann man schon erwarten, wenn sich was entspinnen soll. Damen können dann etwas in ihrem Haar spielen, es schütteln und hineinfassen.

„Höflichkeit und die Bereitschaft, einer Frau ‹den Hof zu machen›, sind offenbar aus dem Balzrepertoire des modernen Menschen verschwunden. Letzteres ist lediglich in ländlichen Gegenden noch vereinzelt zu beobachten" *(Gronemann)*.

Walster & Walster stellen eine verführerische körpersprachliche Kommunikationssequenz dar: „Ein Mann geht z.B. am Tisch einer Frau vorbei und sieht sie an um eine Sekunde zu lange. Als Antwort wirft sie ihm vielleicht einen koketten Blick zu, oder sie schlägt ein Bein über das andere und enthüllt dabei ein paar Zentimeter ihres Oberschenkels. Ihre Aufforderung kann sehr diskret sein und besteht vielleicht nur in einem leichten Abbiegen des Handgelenks oder in einer Drehung der Hand, so daß die Handfläche sichtbar wird, oder sie kann eine unmißverständliche Einladung sein, z.B. durch das Hervordrücken der Brust. Vielleicht streicht sie mit einer Hand langsam über einen Oberschenkel oder über das andere Handgelenk, während der Mann seine Krawatte lockert oder näher an die Frau herantritt, als er es normalerweise tun würde."

Körperhaltung

Die bevorzugte *räumliche Distanz* wird natürlich je nach Attraktivität des Flirt–Ob– & –Subjektes in Abhängigkeit von der gleichzeitig aktivierten Angst moduliert, d.h. normalerweise verringert (ran an den Speck). Darauf machen uns unsere Sozialpsychologen in unermüdlichen, kräftezehrenden Forschungsanstrengungen immer wieder aufmerksam.

Die *gegenseitige Körperorientierung* zweier Individuen in der Balz zeigt in vielen Situationen ein *spiegelbildliches Schema*. Die Sitzposition, das Beine–Übereinanderschlagen, die Bevorzugung der Hände (z.B. beim Glas–Aufnehmen) können von dieser Spiegel–Symmetrie–Tendenz beeinflußt sein. Eine unbewußte und vielleicht bewußt zu forcierende Strategie von Flirt–Dyaden ist die *Synchronisierung* ihrer Bewegungen und Handlungen. Sie greifen zur selben Zeit nach ihrem Getränk, zünden sich gleichzeitig eine Zigarette an, gehen im Gleichschritt.

Sorry wegen der schlechten Bildqualität: im Original ist sie besser und der *Samy Molcho* ist eh' Pflicht.

An *Verlegenheits– und Übersprunghandlungen* finden wir häufiges Reiben des Kinns an der Schulter oder das Sich–mit–der–Hand–über–die–Schenkel–Fahren. Auch ein leichtes Rucken des Körpers kann bisweilen beobachtet werden, das Durch–die–Haare–Streichen, vom Glätten und Richten der Frisur bis zur ersichtlich fahrigen Bewegung und das Wechseln der Sitzposition, wieder vom Zurechtrücken in eine bequemere Haltung bis zum unruhigen Hin– und Herrutschen auf dem Polster. Auffällig ist das *Putzverhalten:* Kontrolle von Frisur und Make–up, Sitz von Krawatte und Jackett. Das können, ja sollten Sie beim Flirten machen! Eine sehr animierende *Kopfhaltung* ist die leichte Schrägstellung, verbunden mit einem neckischen Blinzeln der Äuglein und einem charmanten Lächeln. Irgendwie scheint dabei das Kindchen–Schema wieder aktiviert zu werden, und das ist beim Flirten immer gut.

Und erst das *Gehen*! „Ein sensationeller Auftritt wäre dieser: Öffnen Sie die Tür, und bleiben Sie unmittelbar auf der Türschwelle stehen, seien Sie ganz einfach da. Drehen Sie sich um. Atmen Sie tief ein, und machen Sie eine halbe Körperdrehung nach hinten. Falls dort eine Tür ist, drehen Sie sich um, als sei etwas von der Wand hinter Ihnen gefallen. Befindet sich hinter Ihnen keine geschlossene Tür…“ *(Jillson)* – kommen Sie noch mit? Sicher ist, daß der Gang langsam sein sollte („auch wenn die Parkuhr bereits seit einer halben Stunde abgelaufen ist“).

Als nicht ganz dazugehörig, aber kaum vermeidbar, macht sich oft ein *Recken*, ja sogar *Gähnen* bemerkbar, ein *Räuspern, Kopfkratzen, Spielen–mit–den–Fingern* – was soll's, nehmen wir es bei uns selbst hin, und registrieren wir es beim anderen als nicht abwegig.

Im Gegensatz zu den verschränkten Armen können übereinandergeschlagene *Beine* sogar kokett wirken, solange sie nicht krampfhaft zusammengepreßt werden (Korkenzieherstellung). Das Oberbein kann ruhig ein wenig wippen.

Das flirtgerechte *Stehen* ist eine Kunst. Alle zwei bis drei Minuten den Standort ändern, aber nicht jede Sekunde, rät *Jillson*. Gar den Rücken soll man dem Flirtpartner zuwenden, schreibt sie: „Weshalb wendet er mir den Rücken zu, wird er denken.“ Ob hier nicht die Koketterie von hinten durch die Brust auf die Spitze getrieben wird?

Sprechen

In der mündlichen Flirt–Auseinandersetzung nennt *Kaufhold* (wie übrigens leider auch *Feldhege & Krauthan* – aber meine Herren, haben Sie das denn mal selber ausprobiert???) *Äußerungen* in der Art: „Entschuldigen Sie, es ist mir ein wenig peinlich, aber ich würde Sie gern kennenlernen. Meine Bücher können warten. Darf ich Sie zu einer Tasse Kaffee einladen?“ als für Männer besonders erfolgreich. (*Ellis* wird nachgesagt, er hätte eine ähnliche Tour als Reizüberflutung für Körbe–Kriegen zur Erhöhung seiner diesbezüglichen Frustrationstoleranz bei sich selbst angewendet: 50 Körbe an einem Tag im Zoo und kein einziger Kaffee–Treffer). Auch *Ullrich & Ullrich* propagieren dies instinklose direkte, offene Bekunden der eigenen Absichten. *Eibl–Eibesfeldt* hat da bei Naturvölkern andere Erfahrungen gemacht. Bei ihnen verläuft das Flirtgespräch dezenter und indirekter.

Fangen wir mit dem *Putzsprechen* an, jenem Small talk über das Wetter, die Politiker, den Sport (soweit es nicht brisant wird) und Gott und die Welt (sofern keine Zweifel geäußert werden!). „Seine Funktion ist einzig und allein die, das begrüßende Lächeln zu verstärken und das soziale Beieinander aufrechtzuerhalten. Es ist unser Ersatz für die soziale Körperpflege“ *(Morris)*. Einige wenn auch schon sehr direkte Einleitungen nennt *Kaufhold*:

„– In welcher Abteilung arbeiten Sie denn? Ich habe Sie hier schon öfter gesehen.
– Was trinken Sie? – Trinken wir zusammen ein Bier, oder gehen wir tanzen?
– Es fällt mir nicht leicht, Sie einfach anzusprechen. Aber mich interessiert brennend, was Sie über den Film denken.
– Ich habe Sie schon länger beobachtet und würde mich gerne mit Ihnen unterhalten.
– An Ihrem Buch sehe ich, daß Sie sich mit Science–fiction befassen. Mich würde Ihre Meinung zu diesem Thema sehr interessieren.
– Ich suche schon lange nach so einer Lederjacke, die Sie da tragen. Verraten Sie mir doch bitte, wo Sie die gekauft haben.“

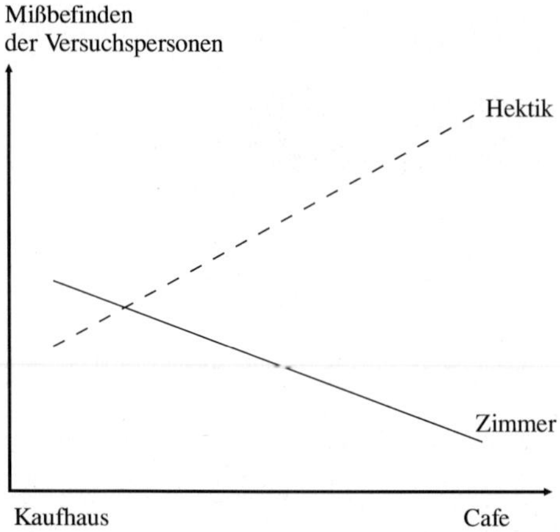

Interessanterweise (manchmal bestätigt ja die Empirie den gesunden Menschenverstand) fühlten sich die Ansprecher mit der hektischen Einleitung am hektischen Ort Kaufhaus–Kantine besser und die mit der Zimmersuch–Formel im dafür adäquateren studentisch ausgerichteten Cafe. In unserem studentischen Marburg an der Lahn kam auch, nach Meinung der Tonband–Rater, diese Zimmer–Geschichte bei den angesprochenen Damen geringfügig und nicht–signifikant besser an.

In eigenen wissenschaftlichen Untersuchungen habe ich die folgenden *Anmacher & Aufreißer* auf ihre geschlechtsspezifische Wirksamkeit hin überprüfen lassen. Nach der einleitenden Bemerkung: „Darf ich mich zu Ihnen setzen?“ variierten wir im folgenden: *Hektik*: „Ist das vielleicht eine Hektik heute!“ *Zimmer*: „Wissen Sie zufällig eine freie 2–Zimmer–Wohnung?“

Angesprochen wurden 24 Frauen im heiratsfähigen Alter von 20–35 Jahren von jeweils 3 Studenten in einem *Cafe* vs. der nüchternen *Selbstbedienungskantine* eines Kaufhauses. Die Situation wurde mit versteckten Mikrophonen aufgenommen, auf Band aufgezeichnet und hinterher von instruierten Ratern danach beurteilt, ob die Reaktion der angesprochenen Frau freundlich oder unfreundlich war. Auch wurden die betroffenen männlichen Flirter befragt, wie sie sich vor und nach dem Anquatschen fühlten.

Die verbreitete Meinung, daß *Frauen* es beim Anquatschen leichter hätten als Männer, konnte in unseren Untersuchungen bestätigt werden; dieser Effekt verschwindet hinter der insgesamt niedrigen Mißerfolgsquote auch bei den aktiven Männer. 3 Studentinnen sprachen in öffentlichen Cafes insgesamt 24 Männer (unter vs. über 40 Jahre alt) nach dem „Ist dieser Platz noch frei?“ mit 2 Gesprächseinleitungsthemen an.

1. Eine im Raum befindliche allgemeine *Auffälligkeit* wie Fülle, Leere, Hektik, Güte des Kuchens, Einrichtung u.a.m. (indirekte Ansprache).
2. Eine von der Kontaktperson durchgeführte *Tätigkeit* wie Lesen, Essen, Trinken, Nasebohren natürlich nicht!, Schauen (direktes Ansprechen).

Allgemein gilt, daß sich *jedes Thema* und jedes Niveau als Anlaß und Ansprache eignet, wenn es nicht zu plump & direkt ist. „Ist das nicht ein wunderschöner/fürchterlicher/heißer/kalter/regnerischer/usw./usf.Tag heute?", „Dieser Kellner/Auto-/Bus-/Zugfahrer/Kassierer/Verkäufer/Bundeskanzler ist ja wirklich ein Typ", „Könnten Sie mir sagen, wo/wie/warum..."

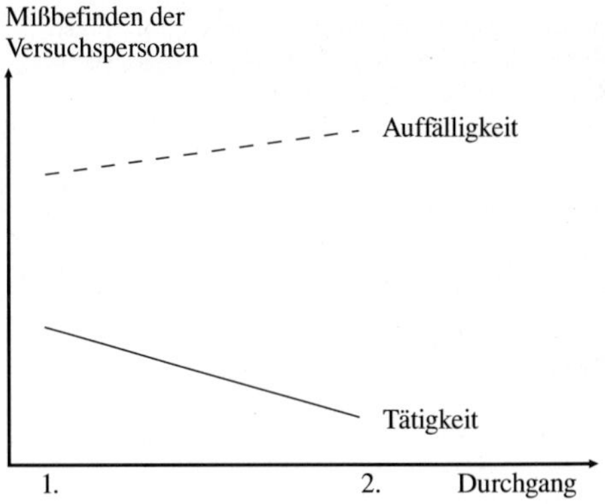

Bei und nach den direkten Ansprachen auf eine Tätigkeit ihres Gegenübers fühlten sich die Damen im Befindlichkeitsfragebogen BF-S von *Zerssen* besser als beim Einleiten mit Auffälligkeiten. Das Rating der Reaktion unserer angesprochenen Männer fiel bei dieser Einleitung über ihre Tätigkeit ebenfalls geringfügig (und nicht-signifikant) positiver aus.

Gesprächsthemen *(Feldhege & Krauthan)*

Aktuelle Situationen	*Allgemeine Themen*	*Eigene Interessen*
– Musik in der Diskothek	– Politik	– Hobbys (Briefmarken sammeln, Angeln, Fotographieren)
– Essen im Restaurant	– Mode	– Beruf/ Arbeitsbereich
– Wetter	– Sport	– Fortbildung
– Tagesereignisse aus der Zeitung	– Kunst (Malerei, Musik)	– gelesene Bücher
– Ein Film, den jeder gesehen hat, über den man gerade spricht	– Emanzipation	– Urlaub
	– Frauen, Männer	

Ein Trick dabei ist, daß man seine Fragen und Bemerkungen so formuliert, daß mit hoher Wahrscheinlichkeit *Ja-Antworten* kommen. Also nicht: „Darf ich es mir bei Ihnen am Tisch gemütlich machen?", sondern: „Dieser Stuhl ist noch frei?"; nicht: „Würde mir das auch schmecken, was Sie da essen?", sondern: „Ich sehe, Sie essen das und das, das schmeckt hier aber auch besonders gut!" *(Lucas)*. Ein Nein nimmt *Zimbardo*, der große Sozialpsychologe, bei der absolut abgedroschenen, aber immer funktionierenden Phrase „Haben wir uns nicht schon einmal gesehen; können Sie mir nicht auf die Sprünge helfen?" in Kauf.

Heimel hebt, wer hätte es anders erwartet, wieder auf die witzige Tour ab: „Glauben Sie, daß der Mann im grünen Anzug ein Korsett trägt?" Oder: „Haben Sie eine Pistole in der Tasche, oder freuen Sie sich nur, mich zu sehen?" Oder gar: „Ich trage dieses Kleid heute zum erstenmal und frage mich, ob das Dekollete nicht vielleicht zu tief ist. Was meinen Sie?" Oder wahlweise für das männliche Geschlecht: „Ich trage diese Hose heute zum erstenmal und frage mich, ob sie sich im Schritt nicht vielleicht zu sehr abzeichnet. Was meinen Sie?"

Hilfe erbitten ist in unserer ach so emanzipierten Zeit nicht mehr nur ein Privileg der Frauen. Auch der Mann kann sich Feuer oder einen Drink, alternativ Cola, O-Saft oder Milch geben lassen. „Würden Sie mir wohl helfen, die Ärmel hochzukrempeln?"

Das Grundprinzip flüssigen *Plauderns & Palaverns* ist der kurzfristige Wechsel zwischen *Aufnehmen und Erfragen von Informationen über den anderen und Selbstenthüllung* (die sollte allerdings je nach Stadium der Bekanntschaft nicht zu weit gehen). Man kann nach den Träumen des anderen fragen, nach seinem Urlaub (geplant oder verronnen), ihren Lieblingsbeschäftigungen, -filmen, -musikstücken, -süßigkeiten, -bildern, -fächern, -jahreszeiten, -stellungen (pardon!: erst später), -menschen, -politikern, -zeitepochen, -zeitschriften, -büchern, -waschmitteln, -autos, -farben, -tieren, -möbeln.

Just darüber kann man auch von sich reden. Aber auch über gemeinsame Feinde, Antipathien, Eltern, Steuerhinterzieher oder wahlweise auch je nach Status: -fahnder, Hundehalter („Scheiße auf des Bürgersteigs Mitte - hemmt des Bürgers eil'ge Schritte"), linke, rechte oder scheißliberale Politiker, Umweltzerstörung, Aufrüstung läßt sich wundervoll gemeinsam schimpfen.

Den Streifen, der übrigens nicht schlecht ist, gab's anno domini 1988 bei unsrer Beate unter der Best.-Nr. 330 901 und der Telefon-Nr. 0130/6601 für 89 DM'chen. Im neuesten Katalog habe ich ihn trotz intensivstem Studium nicht mehr gefunden. Übersehen?

„Frauen werden durch Komplimente nie entwaffnet, Männer dagegen immer. Das ist der Unterschied zwischen den Geschlechtern“ *(Wilde)*.

Hervorragend: informativ & spritzig.

Dabei aber immer schön auf das Hin– und Hergehen zwischen dem Bekunden eigener Meinungen und dem Beachten derer des anderen achten: schön abwechselnd, nicht wahr!? Und auch gut zuhören! „Lernen Sie, sich den Bürokrach oder den Seelenkummer eines anderen Satz für Satz anzuhören. Unterbrechen Sie ihn nicht. Lernen Sie zu nicken und ‹hmmm› zu sagen, so daß der andere weiß, daß Sie seinem Gedankengang folgen“ *(Jillson)*.

Inhaltlich sollte dabei das Gespräch langsam und allmählich von allgemeinen Themen (z.B. das Wetter) zu persönlicheren Angaben übergehen. Zielpunkt könnte dabei die Thematik: „Schnitt und Farbe der bevorzugten Unterwäsche“ sein. Zuvor aber halten wir uns bei Bemerkungen auf wie „Ja, das passiert mir auch immer“ oder „Ich habe meiner Mutter mal so etwas gekauft, und als sie es sah...“ *(Kaufhold)*. Kurz vor oder nach unterwäscheanaloger Focussierung des Gesprächs sollten wir nun unsere offenen und ehrlichen Komplimente loswerden und unserer(m) Angesprochenen sagen, wie nett wir sie/ihn finden. Der Ausdruck „nett“ sagt dabei alles und gar nichts, macht also auf keinen Fall irgend etwas kaputt. Besonders näherbringend ist die Verwendung des Namens unseres Adressaten – er hat einen, wetten?! Auch Sie haben einen, und den sollte er/sie ebenfalls ins Öhrchen geläutet bekommen. Zur Not lassen Sie pausenlos Ihren Namen in Geschichten einfließen. Oder, am besten, stellen Sie sich vor: „Guten Tag, ich bin der/die soundso aus soundso.“

Und anschließend nicht vergessen, Ort und Zeitpunkt eines *Wiedersehens* festzulegen. Der erbärmlich halbherzige Austausch von Telefonnummern und das Ruf–doch–mal–an dürfen wir gerne seinlassen.

Gut macht sich immer das *Überbringen froher Botschaften* (es muß dabei nicht gleich die Niederkunft der Jungfrau Maria sein, ein guter Wetterbericht tut's auch schon). Auch die Schlagzeilen der Tageszeitungen geben einiges her: Smog, Tierversuche, Neujahrsansprache des Bundeskanzlers ein Jahr alt, Regen, Hitze, Schnee und andere Katastrophen – der epidemisch verbreitete Katastrophen–Voyeurismus tut dann das seinige, zwei Herzen miteinander zu vereinigen. Ein paar gagige Bemerkungen aus dem Schatzkästlein von Herrn *Lucas* für den rhetorischen Notfall, der sich damit, wenn man der Widmung in seinem Ratgeber–Buch Glauben schenken darf, einen kleinen Harem (und ein Rudel gehörnter Ehemänner) zusammengeflirtet hat (und der beschwört, daß mit dieser Art von Anmache der bezeugte Intelligenzquotient weit über der Zimmertemperatur liegt): „Entschuldigung, können Sie mir sagen, wo es zum Club der einsamen Herzen geht“, „Jetzt bin ich so verwirrt durch Sie, daß ich nicht mehr weiß, wo ich meinen Rolls–Royce geparkt habe“, „Bitte helfen Sie mir, wo kauft man hier am besten Edelsteine und Diamanten?“ Für nicht ganz so muntere Scherzkekse empfiehlt unser *Haut–den–Lucas* wahlweise wieder die direkte Art: „Ich habe Sie die ganze Zeit ansehen müssen und kennenlernen wollen, aber jetzt fehlen mir die richtigen Worte, um Sie anzusprechen“ w.z.b.w. oder das *Kompliment*: „Sie haben eine sehr schöne Frisur, so daß ich mich die ganze Zeit frage, zu welchem Friseur Sie gehen.“ Auch Frau *Jillson* mißt dem Kompliment im Flirt die Bedeutung eines gezündeten Streichholzes an Dynamit bei – mit der Einschränkung, daß es überzeugend sein muß. Also nicht zu dick auftragen, ein bißchen schüchtern dabei tun und etwas erröten.

Nicht jeder ist *witzig*. Witzbücher, satirische Zeitschriften, der Witz der Woche oder die Seite 13 in mancher Illustrierten, witzige Geschichten, erlebt oder gelesen, und interessante Kurzmeldungen in Zeitungen, Funk und Fernsehen helfen unserem sächsischen Mutterwitz auf die kurzen Beine. Für später kann dann an die Entwicklung der *Babysprache* und die Kreation von *Kosenamen* (Schnuckimäuschen, Stinkerchen) gedacht werden.

„Erzähl lustige Geschichten. Sprühende, witzige, wir–sind–uns–da–ganz–einig–und–kein–Mensch–sonst–weiß–wie–lustig–alles–ist–Geschichten. Wenn du eine Stimmung herbeizaubern kannst, in der ihr beide euch wie heimliche Verschwörer fühlt, dann kann eigentlich gar nichts mehr schiefgehen. Falls du damit wider Erwarten keinen Erfolg hast und er dich anschaut, als seist du nicht ganz richtig im Kopf, kannst du sowieso auf ihn verzichten“ *(Heimel)*.

Zeit zum Heiraten?

Wenn Sie das meinen, sollten Sie nicht auf den Zufall bauen, sondern der ZEIT vertrauen: Wir empfehlen Ihnen eine ZEIT-Heiratsanzeige! Wer DIE ZEIT liest und auch ans Heiraten denkt, liest Ihre Anzeige bestimmt.

Und so kommen Sie in die ZEIT: Sie schreiben Ihren Anzeigentext in das vorgesehene Feld, rechnen den Betrag aus und schicken uns Ihren Text zusammen mit einem Verrechnungsscheck (das ist der schnellste Weg. Sie können aber auch die Summe überweisen). Ist der Betrag bis Donnerstag bei uns, steht die Anzeige in der ZEIT der folgenden Woche.

Beispiele

______ mm Höhe der Anzeige × ___ Spalten (à 45 mm Breite) × DM 5,90 = DM ______

Chiffre-Geb. DM 9,–

______

14 % MwSt. ______

20 mm × 1 Spalte × DM 5,90
DM 9,– Chiffre-Geb.
+ 14 % MwSt.
= DM 144,78

20 mm × 2 Spalten (**= 90 mm breit!**) × DM 5,90
+ DM 9,– Chiffre-Geb. + 14 % MwSt.
= DM 279,30

1 Zeile = ca. 40 Anschläge, 2,4 mm hoch (1 Zeile = ca. 85 Anschläge, 2,4 mm hoch)
(Schlagzeile = 2 Zeilen hoch, Chiffre-Nr. + Verlagsanschrift = 2 Zeilen. Anzeige mit Rand = 2 Zeilen mehr)

An die ZEIT, Anzeigenabteilung, Postfach 10 68 20, 2000 Hamburg 1, Telefon (0 40) 32 80 / 3 81 / 3 82

Bitte, veröffentlichen Sie beiliegende Heiratsanzeige ______ mm / ___spaltig zum Gesamtpreis (inkl. Chiffre-Gebühr und Mehrwertsteuer) von DM ______! Dieser Betrag liegt als Verrechnungsscheck bei / wurde heute auf Ihr Konto 08 12461 bei der Deutschen Bank, Hamburg, BLZ 200 700 00 / auf Ihr Postscheckkonto Hamburg 1290 00-207 überwiesen.

Und nun zur *Paralinguistik* (der Ton macht die Musik). Die Stimme hebt sich beim Flirten in den Sopran respektive Tenor. Schon ein elektrisierendes „Hallo" kann einige Tonband–Übungen erforderlich machen. Das Flüstern läßt die Köpfe sich nähern oder Außenstehende neugierig werden.

In der Diskrepanz zwischen artiger Mundpropaganda und dreister Schriftsprache offenbart sich die Reizabhängigkeit unserer Scham. Ist kein Antagonist persönlich anwesend, preisen wir uns in höchsten Tönen. Von gutaussehend ist da die Rede, von erfolgreich, interessiert, reiselustig, liebebedürftig und aktiv. Mit ein bißchen Ehrlichkeit lassen sich ansprechende *Annoncen* formulieren:

Wo sind die ganzen geschiedenen Männer?
Warum lerne *ich* immer nur verheiratete kennen?
FRAU SUCHT MANN
Frau, die ihren Beruf liebt, sucht Mann, der ebensolches tut.
Frau, 1,76 m, kopflastig und sinnenfreudig, sucht Nichtraucher oder Wenigraucher im Raum Hamburg.
Frau, 33, sucht Mann um die 40, der sich selbst überlegen kann, ob er ein Bild mitschicken möchte.
Frau sucht Mann.
ZD 7249 DIE ZEIT, Postfach 10 68 20, 2000 Hamburg 1

Hilfe für einsame Herzen

„Suche nach schwerer Enttäuschung neues Glück." Wer mit solchen Annoncen nach dem Menschen seines Herzens fahndet, tut es vergebens, glaubt der Kölner Journalist Franjo Graff: Verlierer seien nicht gefragt. Erkenntnisse dieser Art vermittelt er seinen Mitmenschen per Volkshochschulkurs und ist dabei auf eine Marktlücke gestoßen: Vor allem bei Frauen erweist sich sein Lehrgang für einsame Herzen als Renner, „weil die offener sind als Männer und sich eher trauen zuzugeben, daß sie auf der Suche sind". Zwölf Abende lang trainieren seine Schützlinge in der VHS Köln die richtige Wortwahl für die Eigenwerbung und lernen, ihre Vorzüge dezent zu präsentieren. „Golferin sucht Golfer" etwa ist ein Text nach Graffs Geschmack – ein unauffälliger Hinweis darauf, daß die inserierende Dame vermögend ist und sich in besseren Kreisen zu bewegen weiß. Auch für den Ernstfall werden die Teilnehmer präpariert: Per Rollenspiel erlernen sie, wie man den Bewerber um Herz oder Hand nicht gleich beim ersten Treffen vergrault. Die Erfolgsquote seiner Absolventen, berichtet Graff, liegt bei 25 bis 30 Prozent.

DER SPIEGEL

Eine Variante hiervon sind Ruf–Anzeigen in der Lokalpresse: „Putti, ich liebe Dich, Manfred", „Wo ist die Dame in blau mit..." oder wie geschehen *in Jürgen v. d. Lippes* „So isses". Ganze Plakatwände, Himmelsschreiber und Zeitungsseiten sind dafür schon bemüht worden.

Verhalten

Wo nun sollten wir werben? Angenehme oder aversive *Umweltstimuli*, die in einer bestimmten Situation auftreten, können mit den Personen, denen man dort begegnet, assoziiert werden und so Einfluß auf die empfundene Sympathie haben.

Relativiert werden diese Befunde durch eine nette Einrichtung im Seelenleben des homo sapiens, die aus Angst und Erregung Liebe macht. Feuchte Hände, weiche Knie und Herzklopfen beim Zusammentreffen mit einer Person des anderen Geschlechts – Zeichen der eigenen Unsicherheit und Angst vorm kritischen Blick des anderen oder Folge erotischer Attraktion und Ausdruck sexueller Erregung? Nicht immer sind die Ursachen physiologischer Erregungsprozesse unmittelbar eindeutig zu bestimmen und zu bewerten: plötzlich abwärts in der Achterbahn – Lust oder Panik? In einer Untersuchung von *Dutton & Aron* wurden die Reaktionen von Männern auf eine attraktive Interviewerin, die sie beim Überqueren einer Brücke ansprach, beobachtet. Es wurden zwei unterschiedliche Versuchsbedingungen realisiert. Einmal handelte es sich um eine breite, stabile Brücke, einmal um eine schmale, lange, schwankende Hängebrücke, die

Walster & Walster berichten von zwei Untersuchungen, die dies bestätigen. In einem Fall beurteilte eine Versuchspersonengruppe Fotografien von Stimuluspersonen in einem elegant eingerichteten Raum mit angenehmer Beleuchtung, eine andere in einem schäbigen Zimmer beim grellen Licht einer nackten Glühbirne. In ansprechender Umgebung wurden die abgebildeten Personen positiver beurteilt als in abstoßender. In einer anderen Studie lernten sich eine Gruppe männlicher und weiblicher Versuchspersonen in einer ruhigen, angenehm temperierten Umgebung, eine andere in einem unangenehm beheizten Zimmer kennen. Die Männer und Frauen der ersten Gruppe beurteilten sich gegenseitig als sympathischer.

Ein Spezial–Service–Paket
Sie wollen – wissen aber nicht, mit wem wo? Lesen Sie diese Insiderinnen–Tips.

Woher einen Lover nehmen, falls Ihnen der Mann, mit dem Sie gern eine Affäre hätten, tatsächlich nicht von selbst über den Weg läuft? Hier sind Vorschläge für Kontaktstellen und Verhaltensweisen:

- Supermarkt an der Kasse (kurz vor Ladenschluß, solange es ihn noch gibt!).
- Flohmarkt.
- Vernissagen, Ausstellungen, Premieren.
- Kaufhausabteilungen (oder Fachgeschäfte) für Elektronik, Leder, Autozubehör. Nur unter Vorbehalt zum Herrenausstatter, er denkt vielleicht, Sie suchten was für Ihren Ehemann.
- Hotels: Rezeption. Lobby, Bar. Pool.
- Mütterberatung: Schauen Sie nach alleinstehenden Vätern.
- Buchhandlung, Bibliothek: Suchen Sie den Mann Ihres Fachgebiets – von A wie Astronautik bis Z wie Zoologie. Im Lesesaal bitten Sie ihn im Flüsterton um Hilfe beim Ausfüllen des Leihzettels oder bei der Benutzung des Microfiche (oder Sie bieten ihm Ihre Hilfe an).
- Tanzschule: Dank „Dirty Dancing" liegt „Swinging World", das aktuelle Motto der Tanzschulen, voll im Trend.
- Tragen Sie irgend etwas Auffälliges auffallend über die Straße: ein seltenes Tier, ein Designer–Möbelstück, ein knallrotes Gummiboot, einen Ascot–würdigen Hut.
- Waschsalon oder Waschmaschinenkeller.
- Tiefgarage: Lauern Sie einem auf, über den Sie schon etwas Vertrauenswürdiges wissen.
- Arbeitsplatz: Konzentrieren Sie sich auf den Einsamen, hinter dem nicht alle Kolleginnen her sind.
- Flughafen – Flugzeug; Bahnhof – Eisenbahn (Speisewagen).
- Videoverleih.
- Golfplatz: Ein Basiskurs kostet etwa 180 Mark (sechs Stunden), viele Clubs bieten „Greenfee"– Platzkarten für 30 bis 50 Mark an. Ob er Clubmitglied oder Caddyjunge ist – kein Handikap. Schlagkräftige finden auf dem Rasen das Startloch.
- Sauna: Wenn Sie zum Schöpflöffel greifen und ihm einen kräftigen Aufguß bereiten, demonstrieren Sie Ihren Führungsstil.
- Drehtür zum Bankgebäude.
- Picknick auf der Sonnenwiese im Park.
- Volkshochschule: Belegen Sie ihn beim Kurs für Theaterdramaturgie, östliche Philosophie, Kunst (Aktzeichnen), Traumdeutung – oder einfach Französisch.
- Politisches Engagement: Parteien, Gewerkschaften und Betriebsrat verbinden ideell (auch gut als Alibi).
- Müsli–Cafe: Bei Karottenkuchen und Vollkornfrühstück ist die Atmosphäre kommunikativ. Positive Musik, antiquarische Taschenbücher, Backgammon und Patience helfen, die gemeinsame Einstellung zum Leben und zum Risiko zu entdecken.

COSMOPOLITAN

in schwindelnder Höhe über eine tiefe Schlucht führte. Man kann sicherlich davon ausgehen, daß das Überqueren im letzteren Fall mit einer gewissen Aufregung verbunden gewesen sein wird. Wie aber wirkte sich dies auf die Interaktion mit der Interviewerin aus? Die junge Frau bat die Männer, einen Fragebogen auszufüllen, und erklärte ihnen, daß sie später gern bereit wäre, Näheres zum Zweck der Untersuchung zu erläutern. Hiermit schrieb sie ihre Telefonnummer auf einen Zettel und überreichte sie den Versuchspersonen. Es stellte sich heraus, daß eine größere Zahl der Männer, die beim Überqueren der furchterregenden Brücke angesprochen worden waren, als aus der anderen Gruppe später mit der Interviewerin Kontakt aufnahmen. Des weiteren fanden sich indirekte Hinweise darauf, daß in ihren Interviewantworten mehr sexuelle Inhalte zum Ausdruck kamen. Auch Männer, die in Anwesenheit einer gutaussehenden Frau auf ihre Teilnahme an einem Experiment warteten, in dessen Verlauf sie angeblich schmerzhafte Elektroschocks erhalten sollten, schätzten die Attraktivität der Frau und ihr Interesse an ihr höher ein als andere, die keine furchterregende Behandlung erwarteten. Die Ergebnisse dieser Studien können in dem Sinne interpretiert werden, daß eine durch furchterregende Stimuli evozierte physiologische Erregung durch die Anwesenheit der Frauen auf diese (bzw. von diesen) fehlattribuiert und entsprechend interpretiert wurden.

Diesbezügliche Erfahrungen machte ein Freund in seiner Sturm– & Drangzeit mit Frauen auf dem Sozius seiner 1.000 Kawasaki: ab 140 km/h glaubten die meisten, sie liebten ihn heiß und innig, was er, wie er mir mehrfach glaubhaft beim Stammtisch versicherte, anschließend zu spüren bekam!

Nach der *Erregungs–Transfer–Theorie* von *Zillmann* wird physiologische Erregung relativ langsam abgebaut und ist daher u.U. noch wirksam, wenn sie gar nicht mehr bewußt ist. In einer Situation, in der eine Resterregung und eine auf aktuellen Bedingungen basierende Erregung zusammenkommen (z.B. nach Tanzvergnügen oder Motorradfahrt im kuscheligen Bettchen), kann nicht kognitiv zwischen den beiden Teilen der Gesamterregung unterschieden werden.

Tanzen... links, zwei, drei. Der Königspfad heterosexueller Kontaktaufnahme ist und bleibt der Pas de deux. Als Einstieg kommen wir um einen Bruder, eine Schwester, Cousin oder Cousine und, wenn alles nichts hilft, eine Tanzschule nicht drum herum. *Foxtrott* (lang – kurz – kurz, die Dame rechts zurück, der Herr links vor!): Grundschritt und Drehung. *Walzer* (der Herr rechts vor, die Dame links zurück – und schön zwischen die Beine der Holden): rein die Rechtsdrehung, und der Wiegeschritt für den Fall, daß man nicht schwindelfrei ist. Mit diesen beiden Takten (4/4 und 3/4) läßt sich, so es nicht allzu lateinamerikanisch ist, fast alles erschlagen – mit Sicherheit alles, was auf der Kirmes kommt.

Neben diesen ländlichen Tanzvergnügen bleibt dem fortgeschrittenen Brautschauer dann nur noch, die *Tanzlokalität* zu finden, welche in diesem Städtchen noch Anfassen und Auffordern zuläßt – ein nicht in allen Städten einfaches Unterfangen. Aus dem Schneider sind dabei Kurort–Bewohner und –Gäste (es scheint, daß Menschen auf Kur innerhalb weniger Tage wieder reihenweise zu den natürlichen Formen zwischenmenschlicher Kontaktaufnahme & –pflege zurückfinden). In den modernen Disco–Schuppen tut man sich da schon schwerer.

„M.–T.: ‹Ist es für dich schwer, eine andere kennenzulernen?› Bene: ‹Weißt du – die echt zombigen Tanten sind nicht so leicht anzugraben. Ich bohr' mich zweimal die Woche in 'ne Disco... seh zu, wie die sich da auf der Tanzfläche einen abhotten... und bei Gelegenheit laß' ich bei 'ner Tussi 'nen Spruch los.›"

Unsere jungen Leute sind sogar noch beim Tanzen aufs Anquatschen angewiesen. Mit „Darf ich bitten?" ist es bei dieser ach so freien Jugend heute leider nicht mehr getan. Da muß schon 'nen Spruch kommen – und wem kommt der schon – und wenn, dann bleibt's meist dabei. Bis zum feuchten Knie beim Tango oder den Beischlaf–Präliminarien beim Mambo (schönen Gruß an „Dirty Dancing") stößt heute doch in 'ner Disco kein Mann mehr vor. Arme (über)zivilisierte Welt!!!

Anders im Sedestal, „einem relativ versteckten Tal im südlichen Norwegen... mit einer einzigen Öffnung, nämlich im Süden auf Kristiansand und das Meer zu." In diesem paradiesischen Fleckchen Erde geht es weiß Gott noch ungezwungener zu: „Mit ihrem spröden Klang erregt die Musik die Stimmung, bis sie fast den Siedepunkt erreicht. Dann löst sich der Tanz schnell auf, die Zuschauer verstummen, und die Paare verziehen sich mit leichten Tanzsprüngen in den grünen Wald, um dort das Ritual gemeinsam zu vollenden" *(Gronemann)*.

Nicht ganz so munter, aber nicht minder bandeknüpfend geht es bei unseren *Bällen* zu. *Stendhal* meint zu dieser segensreichen Einrichtung: „Nichts ist zuträglicher für das Entstehen der Liebe als ein Leben in Einsamkeit, nur manchmal unterbrochen von einem langersehnten Ball. Das ist der Plan weiser Mütter mit Töchtern."

Singe, wem Gesang gegeben. – Gesang ging zu allen Zeiten unter Umgehung der neocorticalen Zentren direkt ans Herz. Auch wenn nicht jeder Mann die Stimme eines *Julio Iglolangnesias* hat, so könnte doch nichtsdestotrotz ein „Reich mir die Hand, mein Leben, komm auf mein Schloß mit mir!" über die Lippen kommen. Im Ernst: eine Gitarre, ein Schlagzeug, ein Mikro, ein paar Watt – und die Groupies fliegen dem Heißsporn nur so in den Schoß. Die Männer nicht nur der Trobriand–Inseln wissen davon ein Lied zu singen.

Wer es mehr mit dem passiven Musikgenuß hat, kann sich vorzüglich in *Oper und Operette* einstimmen und in deren Pausen betätigen. Kollisionen sind in dem üblichen Gedrängel fast nicht zu vermeiden und können daher unauffällig nach Belieben provoziert werden: „'tschuldigung; äh, ach du liebe Güte: Ihr Kleid ist ja völlig von meiner Cola durchnäßt, was machen wir denn jetzt – ist mir das peinlich (schönen Gruß an *Reinhard Mey*). Kann ich Ihnen mit meinem Fön im Auto behilflich sein... äh, falsch, also nochmal: Ich bezahle Ihnen natürlich die Reinigung, oder läßt sich der Fummel bei 200 Grad waschen... äh, ich meine natürlich Ihr wunderschönes Kleidchen: ach Gott, diese süßen Blümchen hier am Po – äh, pardon!" Na ja, so oder ähnlich ließe sich das abwickeln.

Auf jeden Fall ist das Klima in unseren Opern und Operetten um einige Härtegrade lasziver als in einer gemischten Sauna. Auch im Prä– und Postludium an der Garderobe läßt sich so manches Malheur erzeugen oder vortäuschen: Schon ein nicht aufzufindendes Portemonnaie kann uns selbst zu allerlei Verrenkungen führen und unseren reizenden Nachbarn zu unbürokratischer Kreditierung für die nicht zu umgehende Bezahlung der leicht ergrauten Garderobieren.

Für ein Gespräch in der Pause geben die textlich zwar unverständlichen, aber zuvor nachlesbaren Opern und Operetten ja mehr her als ein schnödes *Konzert*. Bei letzterem muß man sich schon auf musikalische oder persönliche Charakteristika beziehen: laut, leise, krumm, schief, schön, schlecht, hoch, tief, groß, klein (bezogen auf den Interpreten!), selten, häufig.

Tourismussex

„Geh immer dann auf Reisen, wenn du dich wie eine alte ausgetrocknete Kröte fühlst. Es ist wissenschaftlich erwiesen, daß eine Frau, die sich wie eine alte ausgetrocknete Kröte fühlt, schon durch eine Nacht in einer anderen Stadt in eine aufregende Femme fatale verwandelt werden kann", unkt *Cynthia Heimel*. Und sie hilft ihren Geschlechtsgenossinnen auch noch mit Rat und Tat weiter: „Pack nie mehr ein, als du bequem tragen kannst. Man muß immer darauf vorbereitet sein, von einer Minute zur anderen zu verschwinden. Vielleicht entpuppt sich der malerische alte Schäfer plötzlich als mordlustiger Irrer. Vielleicht kommt die Freundin deines Ferienflirts früher als geplant von einer Reise zurück. Man kann nie wissen...

Du mußt fähig sein, in 5 Sekunden deinen Kram zu packen und das Hotelzimmer zu verlassen, falls dir von irgendeiner Seite Gefahr droht. Abgesehen davon bringen dich schwere Koffer unweigerlich in schlechte Laune. Du brauchst eigentlich nur Zahnbürste, Shampoo, Seife und einige andere (wenige) Toilettenartikel. Zwei BHs aus Spitze, mehrere Slips, einen leichten Morgenmantel. Ein weißes Kleid, eine weiße Hose, weiße Blusen. Ein schwarzes Kleid, eine schwarze Hose, schwarze oder hochhackige Pumps. Weiße Slipper. (Du kannst natürlich auch bunte Kleidung mitnehmen, hast dann aber Probleme mit dem Kombinieren.) Pelzmantel oder Badeanzug – je nach Jahreszeit. Empfängnisverhütungsmittel (in der Aids–Ära kommen da für diese Zwecke nur noch absolut wasserdichte Kondome in Frage, der Verf.). Einen schweren stumpfen Gegenstand... Nimm keine Strumpfhosen oder pflegeleichten Sachen mit, auch wenn sie angeblich in einer Eierschale Platz haben. Jeder – außer mir – rät dir dazu, sie mitzunehmen, aber tu's trotzdem nicht. Wenn du knitterfreie Polyesterkleidung aus dem Koffer holst, wirst du nur elegisch. Nimm deine schicksten Sachen und aufregendsten Schuhe mit...

Falls deine Klamotten zerknittert sind, kannst du sie im Badezimmer dämpfen. Wofür soll denn sonst das kochendheiße Wasser in Hotels gut sein?... Reiß dir kein Bein aus, um Männer kennenzulernen. Wenn du als Single irgendwo auftauchst, löst du sowieso schon ein gewisses Interesse aus – wenn nicht mehr... Schau dich also erst mal gründlich um, bis du den Betreffenden siehst. Und dann? Dann bittest du ihn um Feuer. So einfach ist das...

Geh möglichst mit einer guten Freundin auf Reisen. Es ist nicht immer angenehm, sich allein in einen fremden Nachtclub wagen zu müssen. Außerdem brauchst du beim Autofahren jemand, der die Karte studiert. Vor allem aber kannst du die Freundin mit Fragen bombardieren: ‹Was hältst du von dem da drüben? Ist er ein Trottel oder nur unerfahren? Ich werde jetzt dicht an ihm vorbeigehen, während du aufpaßt, ob er mir nachschaut. Okay? Was soll ich ihm bloß sagen? Schaut er jetzt gerade her? Meinst du, daß er verheiratet ist? Moment mal, der neben ihm ist auch nicht übel, oder? Passen meine Schuhe eigentlich zum Kleid? Kann ich mir deine Wimperntusche ausleihen?› Im Idealfall sollte diese Freundin an einem anderen Männertypus interessiert sein als du. Sonst gibt's eventuell Komplikationen. Falls es dazu kommt, darfst du nie vergessen, daß eine gute Freundin schwerer zu finden ist als ein toller Mann.

Geh nicht davon aus, daß Kleinstädter hinterwäldlerisch sind. Dito, daß Kleinstädter romantisch und lieb sind. Komm nicht auf die Idee, dich dem Lokalkolorit anzupassen. Es ist eher lächerlich, wenn eine blonde Deutsche mit einer schwarzen Spitzenmantilla zum Stierkampf in Pamplona geht.

Überleg's dir gut, bevor du dich von einem Fremden in Bars zu einem Drink einladen läßt.

Es gibt nämlich immer noch Männer, die dann sofort annehmen, daß du mit ihnen ins Bett gehst... Schlaf auf Reisen nicht wahllos herum.

Kaum bist du nicht in deiner gewohnten Umgebung, hat jede (selbst zweitklassige!) Liaison die Tendenz, sich zu einer bitterernsten Geschichte auszuweiten. Manchmal landet so was sogar im Hafen der Ehe. Kein Mensch kann sich erklären, warum das so ist, aber es ist so. Denk also immer daran, daß dir astronomisch hohe Telefonrechnungen blühen oder du vielleicht sogar in eine Stadt ziehen mußt, die du nicht leiden kannst. Hiermit bist du also vorgewarnt. Unbedingt verreisen, wenn du an gebrochenem Herzen leidest!"

Damit wäre wohl alles zu diesem Thema gesagt.

Vielen Dank, ***Cynthia!***

„Ich komme dann ganz gemütlich zu ihnen"

„Sie machen mich noch ganz verrückt, Herr Melzer. Sie können mit Frauen umgehen."
„Küssen sie mich!"

„Das geht nicht!"
„Aber es muß gehen, andere machen es doch auch."

Orte

„Seit die Frauen in den fünfziger Jahren damit begonnen haben, sich unter die Berufstätigen zu mischen, hat sich der *Arbeitsplatz* zu einer der ergiebigsten Flirt–Pfründe gemausert. Jeder guten Arbeitsbeziehung liegt ein Hauch von Flirt–Verhalten zugrunde." – Ich muß Ihnen zustimmen, Frau *Jillson*. *Melzer* hat uns das prägnant vorgemacht, wie sogar graumelierte Chefs blaustrümpfige Sekretärinnen in hohem Alter noch auf die Couch bekommen. Aber Vorsicht: die Zeit danach, mit Trauschein oder Trennungsschmerz, wird außerordentlich kompliziert. Klatsch & Tratsch, Neid & Eifersucht, Hohn & Spott schlagen am Arbeitsplatz unbarmherziger zu als irgendwo anders.

Wollen wir beim *Essen* flirten oder beim Flirten essen, so sind auch hier wieder ein paar Dinge zu beachten: „Dinge, von denen Sie vorher schon wissen, daß sie Ihnen in den Zähnen steckenbleiben, sollten Sie genausowenig bestellen, ebenso wie Brathähnchen, Knoblauchbrot, Hamburger und Spaghetti. Dinge, die man mit den Fingern essen kann, sind ideal fürs Flirten. Warum? Weil Sie daran knabbern können und bei all dem Ihre sinnlichen Lippen präsentieren können. Eis am Stiel (auch als Film geeignet, der Verf.), Popkorn und Früchte sind für derlei Zwecke ebenfalls nicht zu verachten " *(Jillson)*.

Allerlei Orte finden sich in politischen Gruppen, Komitees und Organisationen *(Jillson*: „Hexenkessel der Gefühle"), Videotheken („Donnerstagabend zum Ausleihen und Sonntagnacht zum Zurückbringen sind die besten Zeiten"), Computer–Shops (wer

versteht schon so ein Ding!), Seminaren, Affenkäfigen im Zoo, Zeitungskiosken, Reisebüros, Buchläden, Büfetts, „Kino, Sportverein, Schwimmbad, Fußballstadion, Berghütte, Eisstadion, Theater/Oper, Flohmarkt, Gewerkschaftshaus, Segelschule, Bahnhof, Bushaltestelle, Parteiversammlung, Volkshochschule" *(Feldhege & Krauthan)*. „Nach Büroschluß und an Wochenenden sind *Sportartikelläden* voll von Leuten, die wie Sie gerne flirten. Mit dem Gedanken im Hinterkopf, jemanden bei der Ausübung einer Sportart kennenzulernen, geben sie ihr ganzes Geld für Ski–, Surf– und Reitausrüstungen aus. Wenn Sie also gleich im Sportartikelladen flirten, ersparen Sie Ihrem Flirtpartner, erst Skilaufen, Surfen oder Reiten lernen zu müssen, um jemand wie Sie zu treffens!" *(Jillson)*.

Feldhege & Krauthan empfehlen (im Verhaltensbereich II unter Wissenstechniken 1) noch das Sammeln von *Informationsquellen* über Kontaktorte und –veranstaltungen – und finden: Tageszeitungen, Freizeitbroschüren, Volkshochschulführer, Fremdenverkehrsamt, Litfaßsäule, Jugendfunk, Telefondienste, Freunde, Kollegen, Lehrer.

Eine besondere Spezialität sind *Partys*. Tanzen, Knabbern, den Gastgebern beim Bedienen und Abräumen und Platzanweisen und Suchen und Mäntel–Verstauen helfen, Diskutieren (Politik, Umwelt, Aids, Erziehung, Steuern, öffentliche Verkehrsmittel, Abtreibung, Kirche), Entfernen und Wiederkommen, Telefonieren – all das sind so nette Beschäftigungen, bei denen man die Äuglein wandern lassen und sein Lasso schwingen kann. Doch nicht nur die aktive Teilnahme an einer Party, sondern auch die hyperaktive *Inszenierung* einer eigenen Veranstaltung eröffnet uns ungeahnte Kontaktpunkte. *Feldhege & Krauthan* sind da einige Aktionen eingefallen:

– Grillparty im Grünen
– Fest, Party daheim veranstalten
– nach Hause zum Frühstück einladen
– Einladung zum Abendessen
– Kegel– oder Bowlingabend organisieren
– zusammen einen Flohmarktstand machen
– eine Laienspielgruppe gründen
– Fahrradausflug oder Wanderung mit anschließendem Picknick
– Fuß– oder Volleyballspiel organisieren
– Brotzeit in einem Biergarten
– zusammen ins Konzert, Theater, Kino usw. gehen

Der Arbeitsplatz hat für die Eheanbahnung ausgedient.
In geselliger Runde finden immer mehr Deutsche den Mann oder die Frau fürs Leben

Offenbach (lhe) Das Büro hat als Heiratsmarkt in den letzten Jahren an Bedeutung verloren, den richtigen Partner findet man heute eher im privaten Freundes– und Bekanntenkreis. Das ist das Ergebnis einer Untersuchung der Offenbacher Marplan–Forschungsgesellschaft. Bei der Umfrage unter 2.000 Erwachsenen gaben 37 Prozent an, daß sie ihren Ehepartner oder Lebensgefährten im privaten Bekanntenkreis kennengelernt haben. Bei einer ähnlichen Untersuchung vor elf Jahren war der Anteil erst halb so groß. Als Anlaß zum Kennenlernen sind gesellige Veranstaltungen immer wichtiger geworden. 1976 erst von zehn Prozent der Befragten genannt, waren es in diesem Jahr bereits 25 Prozent.

Kontaktqualitäten eingebüßt haben dagegen Tanzveranstaltungen und der Arbeitsplatz. Während vor elf Jahren noch 21 von einhundert Befragten ihren Partner in der Disco oder auf dem Tanzboden fanden, waren es jetzt nur noch 18. Am Arbeitsplatz lernten sich nur noch acht Prozent, statt früher zehn Prozent, der Paare kennen. Ferien und Urlaub als Gelegenheit zur Eheanbahnung blieben mit vier Prozent unverändert von untergeordneter Bedeutung.

Unterschiedlich läuft die Partnersuche auch zwischen Süd– und Norddeutschen ab. Während man sich im Süden vor allem unter Freunden im unmittelbaren sozialen Umfeld kennenlernt, nutzen Norddeutsche dazu in weit stärkerem Umfang Tanz–, Sportveranstaltungen und auch den Urlaub.

Oberhessische Presse

Strategien

Abgeleitet aus Befunden der Kleingruppenforschung, denen zufolge die Teilnahme an einer Gruppe, in die aufgenommen zu werden schwierig war, als besonders attraktiv empfunden wurde (dissonanztheoretisch: Rechtfertigung des Aufwands), wurde angenommen, daß eine Person, die zunächst die kalte Schulter zeigt oder sich rar macht, besonders anziehend wirkt (vielleicht auch, weil sie durch Frustration zusätzlich erregt). Diese These, etwa im Sinne, was teuer ist, ist auch gut, konnte in Studien von *Walster & Walster* nicht bestätigt werden. Allgemein sind die Befunde hierzu widersprüchlich, es existieren aber Hinweise dahingehend, daß eine *selektiv wählerische* Person (eine, die mir entgegenkommt und anderen weniger) positiver eingeschätzt wird als eine generell entgegenkommende oder eine generell wählerische. Der erfahrene Balzer geht allerdings noch einen Schritt weiter und mischt Angriff mit Zurückhaltung oder gar Rückzug, Imponiergehabe mit Schüchternheit, Glanz mit Schatten – in einem ausgewogenen Verhältnis. *Lorenz* und *Tinbergen* vertreten die Ansicht, daß sich manches Balzverhalten ursprünglich sogar aus dem *Konfliktverhalten* entwickelte. *Eibl–Eibesfeldt* beobachtete bei mancher umworbenen Naturschönheit sogar Anzeichen von aggressiver sozialer Exploration in Form von Widerrede und Gegenmeinungen.

Überdenkenswerte *strategische Aspekte* berichtet uns Frau *Gronemann* aus Norwegen: „Zeig ihr ganz kurz deine löchrigen Socken, zeig das Weiße deines Fußes, das blank und vertraulich obszön durch deine farbenfrohen Socken scheint. Führ ihr dein Privatleben vor, oft und schnell, in einer Atmosphäre voller Heimlichkeit, wie ein Geständnis, oft wie eine Art Andeutung. Du mußt dich vorführen, du mußt ihr deine Gerüche, deine Stimme, deine Vergangenheit aufdrängen, diskret und effektiv, dann hast du sie. Deine starken Seiten mußt du ungehemmt zeigen, und zwar in Gegenwart von anderen. In Auseinandersetzungen mit anderen ist allerdings eine edle Niederlage mehr zu empfehlen als ein gewaltsamer Sieg, der leider nur allzu oft den Nachteil hat, etwas prahlerisch zu wirken. Ob es sich nun um eine intellektuelle Diskussion handelt oder um Armdrücken (was ja eine sehr beliebte Kraftprobe ist, wenn Damen zugegen sind): Eine Niederlage kann sich lohnen, wenn man dabei allein gegen alle ist oder schließlich mit einem Lächeln aufgibt, denn im letzten Falle, wenn der Herr also lächelt, kann sich ein vergoldeter Verdacht einschleichen: Hat er wirklich alles gegeben oder wollte er verlieren? Auch bei intellektuellen Diskussionen macht eine Niederlage sich gut, bestehe auf deiner Ansicht, ruhig und überlegt, mach ruhig Zugeständnisse, aber bestehe auf deiner Ansicht, selbst wenn alle gegen dich sind, und es kann unserem Vorhaben nur dienlich sein, wenn sie gegen dich sind (sorge dafür)."

Eine ganz gemeine Sache rät *Jillson*: „Halten Sie sich *mehrere Flirt–Partner* gleichzeitig, wenn Sie nicht nervös auf den Anruf einer Person warten wollen... Verteilen Sie also das Risiko, und schaffen Sie sich Situationen, in der Sie die Qual der Wahl haben." Pfui!

Nicht nur in der fortgeschrittenen Werbung kann eine Niederlage von Vorteil sein – nein: bei der Kontaktaufnahme ist das *Dummstellen* geradezu Mittel der Wahl. Das betörend–schlichte Anblicken von links unten verfehlt ebenso seinen Zweck nicht wie das naiv–treuherzige Nachfragen der größten Banalitäten: „So???? Ach ja???? Wie????". Ja Frau *Jillson* geht noch weiter und empfiehlt sogar, Verletzlichkeit, Hilflosigkeit und Unsicherheit zu zeigen, „in einer Art, die Sie positiv erscheinen läßt. Fürchten Sie sich im Dunkeln, vor Schlangen, den Russen oder dem Finanzamt? Diskutieren Sie das. Haben Sie ‹Macken›? Sagen Sie's. Sind Sie völlig blank in Mathematik, wenn's um Computer geht, bei der Kindererziehung, nervös beim Fliegen, ist Ihnen vielleicht im Zusammenhang mit Gewerkschaften oder Politik einiges unklar? – Sagen Sie's", sagt sie! Und für den männlichen Part geht *Angelika von Hentig* noch weiter: „Mit dem Geständnis, ein ganz schwieriger Typ zu sein, rührt so mancher Mann das Herz einer Frau" und fragt sich selbst fassungslos über ihren erkalteten Ravioli: „Die neue Weiblichkeit, die Zierde der ausgehenden Achtziger – hilflos verheddert in den Fallstricken cleverer Neomachos?" Nein, *Angelika*, die Achtziger–Männer sind wirklich so kaputt! Für diese Softies muß das Werbe– und Dominanzimponieren ein fürchterlicher Schlag ins eigene Kontor sein. Allenthalben aber fühlen sich Naturvolk–Forscher geblendet von einem bombastischen Gehabe der männlichen Flirter.

Sie demonstrieren ihren Weibchen, daß sie in der Lage sind, Frau und Brut zu versorgen und Rivalen wie Feinde aus dem Felde zu schlagen. Heute wird das in erster Linie über das Auto (Zurschaustellen der materiellen Güter) gemacht, in zweiter Linie über Klamotten und Bodybuilding, in dritter Linie mittels bierernster Diskussionen. Aber auch betreuende Appelle werden ausgesendet und süße Verniedlichungen geprägt. Was bei uns Deutschen ganz darniederliegt, ist das Präsentieren und Vorführen der eigenen Freunde (wer hat die denn noch!). In den Staaten zählt das aber noch zum guten Ton und Stil.

Eine extreme Strategie empfiehlt *Heimel* ihren Genossinnen: „Gib dich kühl und skeptisch, aber trotzdem nicht abweisend." Auch *Eibl–Eibesfeldt* beobachtete bei seinen Naturvölkern immer wieder, wie *spröde*, abwartend, ja abweisend sich die Partnerin dem werbenden Manne entgegenstellt. Meines bescheidenen Erachtens nach funktioniert das aber nur in heißblütigeren, sonnigeren und muntereren Ländern als der Bundesrepublik Deutschland. Die deutschen männlichen Mimöschen ziehen nur allzu leicht ihr Schwänzchen ein, gehen in sich und machen auf ihrem Absätzchen kehrt. Also Vorsicht damit: allenfalls bei kecken (oder leicht beschwipsten) Kerlen anwenden.

Gipfel der Raffinesse ist die *Zuckerbrot–und–Peitsche*–Masche (kann man dann das ganze Eheleben beibehalten): zwei Schritte vor und einen zurück, 2/3 anmachen und 1/3 links liegen lassen (unbedingt dieses Mischungsverhältnis anstreben, sonst geht alles in die Hose/Rock). Für das Links–liegen–Lassen nennt *Jillson* bewährte Beschäftigungsobjekte: Drink, Pullover (zupfen), andere Bekannte, der Schuh oder der Autoschlüssel („Wo ist er bloß?").

Bei zurückhaltenderen Flirtpartnern empfiehlt sich demgegenüber eher eine verbindende *Flexibilität*, die Sie die angebotene Pistazien–Eiscreme essen läßt, obwohl das nicht gerade Ihre Wahl wäre. Auch türkische Musik kann in der liebevollen Flirtatmosphäre durchaus mal 2 Stunden ertragen werden. Stellen Sie sich also nicht so an!

Absolut obligatorisch ist aber *Hartnäckigkeit* bis zum Umfallen. Bleiben Sie am Ball, es ist oftmals wundersam, welche Wendungen die menschliche Sympathie nehmen kann! Eben noch kühle Ablehnung, schon erhaschen Sie ein fast freundliches Lächeln und verwickeln sich in ein anregendes Gespräch. Also: Durchhalten, was das Zeug und das mickrige Selbstbewußtsein herhält.

Mittel

Gute Hilfsmittel für einzelne Übungen sind: auffällige *Kleidung*, auffällige *Bücher* („Wut tut gut“, „Auch fummeln muß man lernen“, „Liebe ist mehr“...), die auffällig mit sich rumgetragen werden, auffällig vor sich hingelegt werden oder in denen auffällig gelesen wird, dazu auffällige *Buttons* („Bin ansprechbar“...), Brille ohne Gläser und was sonst noch dem Therapeuten einfällt (und er selbst machen würde!).

Die passende *Balzkleidung* ist wegen des zeitlosen Charakters dieses Werkes hier schlecht wiederzugeben. Sie unterliegt mehr als alles der Mode. Man lasse sich, wenn man so wenig Geschmack wie der Autor hat, in einer zeitgemäßen Boutique einkleiden oder bilde sich seinen Geschmack anhand von Modezeitschriften heran. Im übrigen empfiehlt die Meisterin *Cynthia Heimel* als zeitlose kosmetische und kleidende Accessoires für Frauen: ein wenig Lipgloss, hochhackige Pumps („Drei Paar Schuhe genügen völlig. Schwarze Stiefel, weiße Slipper und rote hochhackige Pumps – alles übrige ist Luxus. Wenn du rote Pumps trägst, tanzt du wie Laura del Sol und singst wie Milva“), ein enger und/oder kurzer und/oder bis oben hin geschlitzter Rock, ein rotes Kleid, gemusterte Strümpfe (um Gottes Willen keine Strumpfhose!), Schulterbeutel („weil Frauen sie über die Schulter schwingen und hin und her wippen lassen und überhaupt damit spielen können“), ebenso Seidenschals – bloß kein Polyester! Den Männern empfiehlt sie nur: ein an den Ellenbogen mit Leder besetztes Tweedjackett und khakifarbene Hosen.

Joyce Jillson empfiehlt ihren weiblichen Mitstreiterinnen mittellange *Fingernägel*, die nicht zu grell lackiert sind, *Cynthia Heimel* erinnert noch an eine weitere Kleinigkeit: „Versuch ja nicht zu flirten, wenn du fettige, strähnige *Haare* hast.“ – Okay, *Cynthia*, versprochen! Das *Make–up* nun „sollte so natürlich wie möglich sein. Genau die Dinge, welche die meisten Frauen für unentbehrlich halten – Lidschatten, Rouge und Lippenstift – sind mit den Dingen identisch, von denen die meisten Männer der Ansicht sind, daß sie entbehrlich sind.“

Übrigens, ganz interessant diesbezüglich sind zwei Erkenntnisse: a) die geschminktesten Frauen sind laut psychologischen Befunden im Schnitt die sexuell uninteressiertesten, und b) die rot bemalten Lippen haben persische Prostituierte den Schamlippen nachempfunden – zum Zeichen, daß sie bei ihren zahlenden Freiern zum Cunnilingus bereit sind.

Das oberaffengeilste Mittel der Anmache ist die Hypertrophierung der stimulierenden Duftmarken vermittels *Parfüm*. Der biedere Placebo–Effekt wird mit Pfeifenrauchen erreicht: Nut & Berry, Lincoln, Drums, Wild Cut und Black Maple erfreuen die Nase der Damen, 4711 und ihre Vor– und Nachläufer die der männlichen Spießer. So richtig knallt es allerdings erst, machen wir uns die Erkenntnisse der modernsten Forschung zunutze: Pheromone heißt die Zauberformel. Osnabrücker Forschern ist es ungen, die männlichen Sexuallockstoffe nachzubauen, *Beate Uhse* bringt sie unters geile Volk: P6 ursprünglich, heißt das modernste Produkt jetzt Omen (nomen est omen) – und die Frauen werden röhren vor Lust – schon zittern die weiblichen Nasenflügel. Zum Anlocken von Männern bietet sich für die holde Weiblichkeit das Schweißdrüsenexkret des Moschusochsen an: Moschus, in mannigfachen Parfüms schon integraler Bestandteil oder gar Produktbezeichnung.

Die künstliche Verbreitung dieser himmlischen Stoffe stößt allerdings auf praktische Schwierigkeiten: Die Dosierung ist wahnsinnig knifflig; zuviel Androstenol (übrigens aus den Aphrodisiaka Trüffeln und Sellerie bekannt) stinkt, zuwenig nimmt manche weniger feine Nase nicht wahr.

Ein Versuch, die Natur zu bemühen, führt uns auf den Spuren der alten Ägypter, Griechen und Römer zu Safran, Henna, Majoran, Lotus, Wein, Lavendelähre, Honig, Rosenholz, Myrrhe, Opobalsam und Laudanum. Insgesamt vermögen über 300 verschiedene Düfte unser Näslein zu entzücken oder entgeistern.

Ist der erste Kontakt geknüpft, so erfreuen *Geschenke* das Herz der(s) Angebeteten: Briefpapier & –öffner, Schatullen, Buchhüllen, Zeitungsausschnitte, Zeitschriften, Schnickschnack, Schallplatten, Blumen, die sprechen, Knallbonbons, Bilder (von sich

selbst erst später) usw. usf. Wenig geeignet für den ersten Kontakt sind Intimsprays, Zahnbürsten, Kämme, Reizwäsche, Seife und Puderdose.

Für die *Flirteröffnung* bietet sich dem modernen Freier die lässig angebotene Zigarette als erste Gabe an sowie die althergebrachte *Einladung* zu Drink oder Cola. Auch ein jungfräuliches Kaugummi leistet ungeahnte Dienste. Selbst bei einer Ablehnung kann es zu einer anregenden Diskussion über die Vor- und Nachteile dieser Art von Mundhygiene und Verdauungsanregung kommen. Eine Tüte Obst, Popcorn, Salmiak-Pastillen, Bonbons und Trüffeln kann ebenfalls rübergereicht werden.

„Wenn jemand bei Ihnen auf einen Flirt vorbeikommt, sollten Sie ihm etwas anderes als ein Glas Wasser offerieren“ *(Jillson)*.

Ein nicht zu unterschätzendes Hilfsmittel ist der *Alkohol* – leider immer wieder als Anreißer angewandt. Vom obligatorischen Sektglas in der Theaterpause über das Glas Bier als Stütze des Mannes im Tanzlokal bis hin zum Mutantrinken vor dem Ausgehen: der Alkohol steht uns überall zur Seite. Und so wir zu den stabilen Trinkern gehören (Vorsicht: welcher Alkoholiker glaubt das nicht!), kann ein Gläschen durchaus hilfreich sein.

Weitaus harmloser ist der Einsatz von *Papierfliegern* mit und ohne Beschriftung. Schon das Grundmodell einer Schwalbe oder eines Raketenfliegers läßt sich mit ein wenig Mut und Übung relativ genau ins Ziel steuern. Sollte dann auf dem Faltpapier sogar noch eine nette Bemerkung (z.B. mit *Moliere*: „Schöne Marquise, Ihre schönen Augen machen mich vor Liebe sterben“) mit Telefonnummer vermerkt sein, so ist das große Glück nicht mehr weit.

Ein besonderes Vehikel zwischenmenschlicher Annäherung ist ein sozial inspiriertes *Tier*. Das gegenseitige Beschnuppern von erst Schnauze und dann After ist gar zu niedlich anzuschaun und läßt schnell alle menschlichen Hemmungen dahinschwinden: schon kommt uns ein freundlich Wort über die Lippen (wie: „Könnten Sie mal kurz meinen halten“ oder so). Auch das Überlassen des Tieres für eine kurze Erledigung bietet sich an. Zurückgekommen läßt sich allerlei erfragen: „War er artig?“, „Hat es Ihnen auch wirklich keine Mühe gemacht?“, „Hatten Sie auch wirklich Zeit?“, „Ja? – Dann könnten wir ja noch ein bißchen schlendern?!“

Kontraindiziert sind für Balzzwecke auch heute noch weiße Lilien, Immortellen, Astern und Calla, die man allesamt lieber auf Gräber stellen sollte als der Angebeteten auf ihre Anrichte. Das Startkontingent verschenkter Blumen sollte 3 Stück nicht übersteigen. „Sobald sich jedoch mehr aus dieser Bekanntschaft entwickelt hat, würde nur ein Trottel nicht daran denken, der Dame seines Herzens ein Dutzend ihrer Lieblingsblumen zu schicken!“ *(Jillson)*.

Die Sprache der *Blumen* ist heute leider nicht mehr jedem geläufig. „Am bekanntesten und als Schlüssel-Blume sogar noch in Amt und Würden ist die Rose… ‹Du bist die Königin meines Herzens. Die Liebe hat gesiegt.› … Überhaupt lebt ein gut Teil dieses blühenden Schwachsinns von der Beteuerung, entweder besonders unterwürfig oder besonders wagemutig sein zu wollen oder auch beides zusammen; etwa mit einem Strauß aus Kaiserkrone, Rittersporn, Schwertlilie und Thymian (vergleiche das irische Volkslied „Scarbarough Fair“, zit. n. *Simon & Garfunkel*): ‹Unter deinem Zepter bin ich glücklich. Vertraue meinem Mute! Laß mich dein Ritter sein. Ich wage alles für dich. Ich bin dein Sklave.›“ *(Gronemann)*.

Ein aus unserer Zeit leider nicht wegzudenkendes Utensil zum Flirten ist das *Telefon*. Auch in die flirtgerechte Handhabung dieses Apparats weist uns *Heimel* fachfräulich ein: pro Tag höchstens zwei Anrufe („Rufst du einen Mann dreimal am gleichen Tag an, nur um ihn zu fragen, was er mittags gegessen hat oder warum der Himmel blau ist, hast du bald ausgespielt, fürchte ich“), keine Streitereien am Telefon, Meldung mit Namen, keine Annahme von Telefonaten während des Beischlafs, bei Flirt-Besuch nie länger als 5, höchstens 10 Minuten telefonieren („Komm nicht auf die Idee, mit verführerisch rauchiger Stimme in den Hörer zu flüstern“), Anrufe um drei Uhr früh nur, wenn man sich mindestens drei Monate kennt (um vier Uhr früh nur, wenn er mit Selbstmord gedroht hat) und, vice versa, den Hörer gleich auflegen, wenn sich Männer mit „Hallo, ich bin's“ melden. So, das reicht!

Auch das „In die Augen sehen" wird in der Flirtschule gelernt.

Mit Rollenspielen gegen die Hilflosigkeit – Kein Aprilscherz

Flirten will gelernt sein. Nicht jedem kommt im entscheidenden Augenblick ein „Ich seh' dir in die Augen, Kleines" so lässig–cool über die Lippen wie einem Humphrey Bogart in „Casablanca". Doch gerade dieser erste Augen–Blick, der erste scheue Kontakt, läßt oft Frauen– und auch Männerherzen schneller schlagen, erleichtert es, mit dem anderen Geschlecht ins Gespräch zu kommen – meinen die Psychologen. Viele Menschen tappen jedoch gerade dann im dunkeln, wenn's drauf ankommt. Sie haben das Flirten verlernt. Hilflos suchen ihre Augen die Umgebung ab, anstatt sich in denen ihres Gegenübers zu verlieren, sie verhaspeln sich, wissen nicht wohin mit den Händen. Doch das kann erlernt werden. Zumindest wenn man dem Bochumer Diplom–Pädagogen Udo Hertes Glauben schenkt. Er eröffnet am heutigen Samstag die erste Flirt– und Kontaktschule im Ruhrgebiet.

Der geschäftstüchtige Bochumer baut auf die Erfahrungen, die ein Münchener mit seiner Flirtschule machte, die bereits seit vier Jahren floriert, und auf die Statistiken. Allein in Bochum, so weiß Udo Hertes zu berichten, sei die Zahl der Einzelhaushalte enorm gestiegen. „Und nicht alle, die allein leben, wollen das auch" – da ist sich der Pädagoge sicher. Er spricht diejenigen an, die gerne jemanden hätten, aber Schwierigkeiten haben, den– oder diejenige kennenzulernen, und wenn's dann gefunkt hat, den ersten Kontakt zu knüpfen.

Dabei scheint das, nach allem, was der Pädagoge in seinem Seminar für die Flirt–Schüler anbietet, nicht allzu schwer zu sein. Nach dem ersten Kennenlernen der Seminarteilnehmer steht unter anderem ein einminütiges stummes „In–die–Augen–Sehen" auf dem Programm, „sie sollen dabei zeigen, was sie fühlen." Hat man es erst einmal geschafft, den anderen nicht aus den Augen zu verlieren, hat sich vielleicht sogar bereits das erste Kribbeln im Bauch eingestellt, hängt es vom richtigen Einstieg, vom Small talk ab, wie ernst die Sache werden kann – meint der Pädagoge in Bochum. Ein Kompliment sei da im richtigen Augenblick schon der erste Schritt. Denn „das hört jeder gern". Und natürlich die eigene Ausstrahlung. Ohne ein nettes Lächeln auf den Lippen wird's schon schwieriger, wenn nicht gar unmöglich, mit jemandem flirtend ins Gespräch zu kommen. Völlig chancenlos schätzt Udo Hertes die plumpen Anmacher ein. „Auf ein schrilles Hinterherpfeifen reagieren die Frauen eher aggressiv."

Ob es denn wirkt, das Lächeln, die große Anstrengung, der Small talk? Ja, das zu erkennen, das müssen die Seminar–Teilnehmer natürlich auch lernen. Wird das Lächeln nicht erwidert, bekommt der nette Komplimente–Macher gar einen Korb, heißt es, die Fassung nicht zu verlieren. Denn schließlich „geht die Welt nicht unter, wenn man mal eine Absage bekommt", sagt Udo Hertes und erzählt von Rollenspielen und Videoaufnahmen, die den Teilnehmern erst einmal zeigen, wie sie sich verhalten und vor allem, wer sie wirklich sind. Das alles herauszufinden und dabei noch einen Einstieg in das „Gewußt wie" des Flirtens zu erlangen, läßt sich der Pädagoge gut bezahlen. Ein Wochenende Flirten kostet bei ihm rund 400 Mark. Auch das ist kein Aprilscherz.

Geiser

Ein *Vielzweck–Flirtutensil* ist der *Schirm:* geeignet zum Stehenlassen und Wiederholen, zum Dämlich–Anstellen beim Öffnen, zum In–den–Weg–Legen, zum Einhaken und Anschmiegen in fortgeschrittenem Flirtstadium sowie als Gesprächsstoff: „Es regnet nie, wenn man einen Schirm dabei hat!?" Auch das Gegenstück eines Schirms, die *Sonnenbrille*, kann verführerisch eingesetzt werden. Der Wechsel zwischen Verhüllen der Augen und ihrem Striptease, dem Auf– und Absetzen der Brille, ihrem Hochschieben und Herunterziehen, erweckt ungeheures Aufsehen in munteren Männerkreisen. Absolut geil ist aber das erotische Lutschen an den Bügelenden, festgehalten von spitzen Fingern. Genauso das Überprüfen des Teints mit einem *Taschenspiegel*: Zupfen der Wimpern, ein wenig Lipgloss auf die sinnlichen Lippen und diese dann sanft aufeinandergepreßt und anschließend geöffnet – da schwillt so manche Brust, und die Hose wird fest.

Für die Übermittlung der persönlichen Daten (Name, Firma und Telefonnummer) bedient sich der erfahrene Flirter der unzähligen Anfragen wegen souverän der Erfindung von *Visitenkarten*. Auch als schlichter Notizzettel sollen sie schon Verwendung gefunden haben!

Und, last not least, die Photographie: Eine *Kamera* kann in ihrer aktiven Anwendung Flirtpartner ablichten, in ihrer noch aktiveren retrograden Applikation Flirtobjekten in die Hand gedrückt werden mit der gar nicht unverschämten Bitte, doch die eigene Wenigkeit mal kurz auf die Platte zu bannen. Für schottische Flirter darf ruhig der Film im Apparat fehlen, sagt *Jillson*.

„Nein, so bitte, oder, warten Sie, vielleicht machen wir das Ganze mit Gegenlicht, wenn Sie sich vielleicht hier hinstellen – oder noch ein bißchen zurück; haben Sie eigentlich Zeit? Sehen Sie, hier auf diesen Knopf..."

Überwiegt bei alledem die Angst, die Schüchternheit und Unsicherheit, so sind *Gesinnungsgenossen* zur gemeinsamen Balz zu suchen. *Freunde* sollten aber nicht nur als balzende Gesinnungsgenossen, sondern auch als Vermittler mit eingespannt werden (wie das auf den Trobriand–Inseln seit alters gang und gäbe ist): „Sagen Sie Ihren Freunden klipp und klar, was Sie bei einem Mann (bei Frauen: vice versa, der Verf.) möchten – und nicht möchten. Sagen Sie nicht lediglich: ‹Ich bin ganz verrückt nach einer Verabredung, bitte arrangiert das mal für mich.› Diese Art von wahlloser Kontaktmacherei würde sich sicher schlecht auszahlen, und Sie werden endlos viele Abende mit einem Hornochsen festsitzen, der genau das ist, was Sie nicht möchten. Sagen Sie lieber Ihrer verheirateten Kusine oder den Mädchen, die Sie im Büro kennen: ‹Hört mal, ich möchte wirklich mit jemandem eng verbunden sein. Aber nicht mit irgend je-

Die Hirsche hatten einmal die Brunst –
und gründeten deshalb eine Zunft
und hielten die erste Zusammenkunft.
Der Oberhirsch sprach zünftig:
„Hirsche, Brüder, künftig
sind wir immer brünftig!“
„Sehr vernünftig! Sehr vernünftig! Sehr vernünftig!“

Christof Staehlin

„Der *Kurmacher* muß ihr ständig schmeicheln. Beim Spiel muß er an sie verlieren. Emsig muß er ihr vom Mantel den Staub abwischen – echten oder eingebildeten. Im Zirkus muß er acht haben, daß die Leute, die hinter ihr sitzen, ihr nicht die Knie in den Rücken bohren. Er muß mit ihr lachen; und weinen, wenn sie weint. Wenn er auf Kommando nicht weinen kann, dann soll er daran denken, sich das Auge mit dem Finger zu befeuchten. Am Eßtisch wird er keine Gelegenheit versäumen, geheime Verbindung zwischen Fuß und Hand herzustellen. Er wird sich vornehmen, mit den Lippen dort den Becher zu berühren, wo ihre Lippen geruht haben. Wenn sie ihn an seine liederliche Vergangenheit erinnert, wird er sie liebkosen, bis sie davon abläßt. Er wird sie mit Geschenken überschütten, doch stets in Grenzen; von Blumen oder Früchten, die er im Laden um die Ecke gekauft hat, kann er behaupten, daß sie von seinem Landgut stammen. Er verabredet sich mit ihr in den Bädern, wobei er zuerst die Garderobenfrau bestechen muß, die ihre Kleider hütet. Ganz Rom ist für die Liebe gemacht. Zweck der Türen: ein Versteck für Liebende; das Fenster: ein Noteingang (oder ausgang). Ein Mann sollte nach lässige Schönheit anstreben, darf aber seine Nachlässigkeit nicht auf die Fingernägel und die Nasenlöcher ausdehnen, aus denen kein Bart wuchern darf.“
An diesen erfrischenden Hinweisen *Ovids* (nicht aus den Metamorphosen!) sind die letzten 2 Jahrtausende spurlos vorübergegangen – ohne daß sie auch nur die geringste Aktualität eingebüßt hätten. Voila!

mandem. Ich mag einfach keine weiblichen (oder schmierigen, oder dummen, oder sportfanatischen, oder übermäßig arbeitsbesessenen) Männer. Sicher, das mögen großartige Kerle sein. Aber nicht für mich. Also, was ich wirklich möchte, ist...› Und beschreiben Sie so genau, wie Sie können. Schämen Sie sich nicht, präzise zu sein. Denken Sie nun nicht, man wird Sie für eine Knalltüte halten, weil Sie so wählerisch sind. Und selbst wenn man Sie für eine hielte – was soll's? Und wenn schließlich einer Ihrer Freunde mit einem Knaben ankommt, der genau das Richtige für Sie zu sein scheint, dann zögern Sie nicht, ‹peinliche› Fragen über ihn zu stellen, bevor Sie sich wirklich mit ihm verabreden, wie zum Beispiel: ‹Wohnt er mit 38 noch immer bei seiner Mutter?›“ *(Ellis)*.

Wer das nötige Kleingeld nicht scheut, vertraut sich bisweilen einem *Vermittlungsinstitut* an. Dieses gibt dann für ihn oder sie eine absolut schwachsinnige Annonce auf, die der Betreffende selbst ab einem IQ von 70 nie über den Draht zur regionalen Presse gebracht hätte, und leitet die wenigen unbedarften Zuschriften an ihn weiter. Falls Sie aber in diesem Genre ein seriöses Institut mit heftigem Zu– und Umlauf vor Ort haben, so kann dies durchaus ein Weg sein. Ist doch die jahrtausendealte Vermittlung durch Verwandte hier nur mangels ebensolcher auf Profis übergegangen. Diese Art von Kontaktvermittlung ist leider bei uns gänzlich aus der Mode gekommen. Wahrscheinlich will heute keiner mehr für die fast schon zwangsläufig anstehende Trennung in zwei bis drei Jahren verantwortlich sein. Aber bitte, meine Damen und Herren, dafür sind Sie doch als Vermittler nicht verantwortlich zu machen. Also, was soll's, auf geht's!

Wer die Qual der Wahl aus einem reichhaltigeren Angebot auf sich nehmen will, ist in manchen Großstädten mit einer seriösen *Flirt–Schule* (die sich an einem so qualifizierten Programm wie diesem hier vorliegenden orientiert) gut beraten. *Isa Porter* und *Torsten Hermsmeier* versuchen in Hamburg, den Nordlichtern Flirtkultur nahezubringen: Wochenendkurse, doppelt so viele Männer wie Frauen, Berufe entsprechend dem Querschnitt der Bevölkerung, gepflegte Fingernägel, Haare, Hände und Klamotten, Hände aus den Hosentaschen, ruhiger Blick und unverkrampfte Körperhaltung – und dann ran an den Feind.

Für den introvertierten Theoretiker bieten sich als mentale Lockerungsübung *Broschüren & Ratgeber* an, manche so schlau wie Sau, manche außerordentlich lesenswert (z.B. *Feldhege & Krauthan, Ellis, Ellis & Conway, Joyce Jillson, Peter Kaufhold...*).

Und noch was: Haben Sie es geschafft, jemand in Ihre Wohnung zu komplimentieren, so drängt sich die Frage auf, ob Sie die Bilder Ihrer *Ex–Liebe* schnellstmöglich in einer Kiste verstecken – oder sie offensiv gerade hängen und stehen lassen. Eine knifflige Geschichte, auf die der Autor selbst keine Antwort weiß. Eins ist aber gewiß: Über Ihre Liebesprobleme, Ihren Trennungs– und Abschiedsschmerz, Ihre heimliche Sehnsucht nach dem/r Ex sollten Sie kein Wörtchen verlieren (hierfür müssen Sie sich schon eine andere Brust suchen – möglichst eine gleichgeschlechtliche, da ist diesbezüglich mehr Konsens zu finden). Machen Sie diese moderne Seuche nicht mit; es vergällt die Beziehung bis ins nächste Jahrtausend – falls sie wider Erwarten so lange hält.

Das passende *Flair & Interieur* Ihrer bescheidenen *Behausung* nennt uns frank & frei *Jillson*: „Eine flirtgerechte Atmosphäre schaffen Sie mit gedämpftem Licht. Die romantische Musik dazu sollten Sie vorher schon griffbereit haben. Und füttern Sie die Katze, damit sie später nicht mehr von ihr gestört werden. Auf einer gemütlichen Sitzgelegenheit sollte man sich zurücklehnen und in die Polster kuscheln können. Die Wohnung sollte schön warm sein; Frauen fühlen sich dann wohler, und Männer können ihr Jackett ausziehen. An Sofakissen wagt sich wahrscheinlich niemand ranzulehnen, geschweige denn hineinzukuscheln. Also weg damit!“

Paarung

Misere * Befreiung * Perversionen & Exzesse * Homosexualität * Lustaufbau * Masturbation * Sexualtherapie * Restriktionen * Vitalität * Koketterie, Verführung & Leidenschaft * Reizstoffe * Verhütung * Fruchtbarkeit

Emotionswissenschaftler wie *Izard* grenzen die Sexualität aus dem Kreis der Emotionen aus und packen sie zu den „niederen Trieben" Hunger und Durst – womit sie sich der Last, sich mit so einem – anscheinend – unanständigen Thema beschäftigen zu müssen, entledigt haben. Welch noch so wissenschaftlichen Grund kann es dafür geben, die gleichermaßen wichtigste wie schönste Emotion aus dem Kreis der Gefühle zu verbannen? Mir fällt keiner ein als die Deutung, daß auch Psychologen nur Menschen sind – und sicherlich emotional, sei es sexuell, sei es aggressiv, weiß Gott nicht gerade die muntersten.

Doch auch die professionellen deutschen Sexualforscher stehen nicht gerade in hohem Ansehen: „Der bekannte deutsch–amerikanische Sexologe Prof. Dr. Dr. Erwin J. Haeberle, der in San Francisco lehrt, hält zumindest die ‹universitäre deutsche Sexualwissenschaft› für ‹bankrott›" *(Kneissler)*.

Anders die Biologen und Humanethologen. Hier erfahren wir viel über unsere Sexualität, ja Hypersexualität (allzeit bereit). Sie ist in der Tierwelt einmalig. „Welches aber könnte der Selektionsvorteil der menschlichen Hypersexualität gewesen sein? Wahrscheinlich die Bindung des jagenden Mannes an die Lagerstelle, wo seine Kinder aufwuchsen: die Lust als Belohnung. Die Mann–Frau–Bindung ist unter den Säugetieren etwas typisch Menschliches. In diesem Sinn ist es falsch, den natürlichen Zweck dieser Bindung ausschließlich in der Fortpflanzung zu sehen. Die Natur, nämlich die Evolution, hat die Sexualität offenbar vielmehr als Anreiz eingesetzt, den vorwiegend um sich selbst besorgten Raubaffen gesellig zu machen. Wohl keinem Biologen fiele es jedoch ein, in der noch so betonten menschlichen Sexualität, wie die Psychoanalyse es tut, die Achse seines Seelenlebens zu vermuten" *(Zimmer)*.

„Innerhalb dieses Zyklus steht ja nach der Ovulation eine reife, befruchtungsfähige Eizelle immer nur für Tage zur Verfügung, so daß eine Begattung außerhalb dieser Zeit keinerlei Funktionen für die Fortpflanzung hat. Die bei unserer Art in so verstärktem Umfang übliche Begattung dient also offensichtlich nicht dem Zeugen von Nachwuchs, sondern soll die Paarbindung dadurch vertiefen, daß die Begattung den Partnern wechselseitig Lust verschafft. Und damit wird klar, daß die ständige Fähigkeit zum Vollzug der sexuellen Vereinigung in der Paarbindung durchaus nicht etwa ein dekadent überzüchteter Auswuchs unserer modernen Zivilisation ist, sondern eine biologisch fundierte, stammesgeschichtlich tiefverwurzelte Eigenheit unserer Art" *(Morris)*.

Allerdings sind qualitative Unterschiede im sexuellen Erleben zwischen *Mann und Frau* festzuhalten. Bei *Frauen* ist die Sexualität weitaus stärker in die soziale und emotionale Beziehung zum Partner eingebunden als beim Mann (das ist wohl auch der Grund dafür, daß sich Bordells für Frauen nie so recht durchzusetzen vermochten). Die Beziehung bestimmt bei Frauen das sexuelle Empfinden.

Doch auch einen angelegten Mechanismus meint *Eibl–Eibesfeldt* festgestellt zu haben: „Es scheint mir, als würde der Zustand der Verliebtheit bei der Frau oft über den Orgasmus getriggert, als erfolgte mit ihm oft ein reflektorisches Einklinken in den physiologisch–psychologischen Ausnahmezustand, in dem eine fast irrationale Bindung an einen und nur diesen einen Geschlechtspartner stattfindet. Ich möchte das als Hypothese äußern. Sie könnte sowohl durch Befragung als auch physiologisch geprüft werden."

Und auch das *Brutpflegeverhalten* stimmt erotisch: „Die enge Beziehung zwischen Brutpflegeverhalten und sexuellem Verhalten äußert sich bei der Frau in mehrfacher Hinsicht. Bei sexueller Erregung kommt es, wie beim Stillen, zu einer Erektion der Brustwarzen und zu Milchabsonderung. Bei einigen Frauen kann die Reizung der Brustwarzen allein einen Orgasmus bewirken. Schließlich kommt es sowohl beim Stillen wie beim Sexualverkehr zu Uteruskontraktionen. Dazu paßt auch, daß die Brust

Nacktdemo

Eigentlich wollte ich ja nie mehr auf eine Nacktdemo gehen, nachdem ich die Geschichte von Christof Wackernagel in der TAZ von 14. 7. gelesen hatte, aber da ich offenbar die einzige bin, die sie kapiert hat, interessiert mich jetzt doch, ob nicht irgendwelche Reaktionen festzustellen sind. Naja, direkt zu merken ist nichts – die Leute sehen alle so blöd aus wie sonst auch immer. So wie sich einige entrüstet aufgeplustert haben, sind sie offensichtlich schwer an einem wunden Punkt getroffen. Wir Frauen wohl weniger – es sind eher die Herren der Schöpfung, die sich auf den Schwanz getreten fühlen. Hm, wenn man sich so umsieht: – der Tritt scheint gesessen zu haben! – hängen alle ganz klein – ach, die armen. Und wie ernst sie alle dreinschauen – wie katholische Betbrüder, prüder als der Papst. Daß solche dann bei der Nacktdemogeschichte von Porno reden, ist allerdings klar: wahrscheinlich haben sie noch nie einen richtigen gesehen und träumen um so heftiger davon. Benehmen sich wie alte Jungfern und bilden sich dabei ein, sie könnten sich damit bei uns Frauen beliebt machen. Obwohl – gibt leider mehr als genug Schwestern, die genauso bescheuert sind; frau braucht sich ja bloß umzusehen. Diese transusigen Gesichter, diese verkrampften Haltungen, diese trotzige Geniertheit – der Wackernagel hat die ja noch viel zu wohlwollend beschrieben! Sind ja alle noch viel verklemmter als in seinem harmlosen Geschichtchen; wahrscheinlich ist der schon viel zu lange im Knast, als daß er noch richtig beurteilen könnte, wie verspießert die Szene wirklich schon ist. So talgig irgendwie. Wie altes Leder – verschrumpelt im wahrsten Sinne des Wortes. Meine Güte – das ist ja zum Trübsinnigwerden: was gibt es denn um Himmelswillen nach der Revolution mit solchen Klosterschülern? Anstelle des neuen Menschen haben wir jetzt die neue Verkniffenheit, übriggeblieben ist die noch viel obszönere Prüderie als die der gewöhnlichen Kleinbürger. Und genauso verlogen: ist frau mit ihnen alleine, erzählen sie ihr schaurig–schwülstigen Schmonzes, anstatt direkt zu sagen, worum es geht, ist ja nichts Böses – aber hier tun sie alle so, als merkten sie nichts. Dabei zeigt sich, wenn man ihnen in die Augen schaut, daß es tatsächlich stimmt, was der gute Christof Wackernagel behauptet hat: kommen alle nur her, um möglichst viele Busen und Mösen und Schwänze auf einmal zu sehen, aber trauen sich nicht, es zuzugeben, sondern verkünden mit bierernster Miene, es ginge um einen politischen Zweck, allein um den natürlich!

Obwohl: diese sauertöpfischen Blicke, diese griesgrämigen Gesichter – könnte es nicht auch sein, daß die tatsächlich schon so fertig sind, daß sie nicht einmal mehr irgendwelche Hintergedanken haben? Ja, dann können wir der Revolution aber endgültig gute Nacht sagen! Die zwicken sich selbst ab, was sie gerne empfinden würden: Repressive Enttabuisierung hieß so was früher – aber damit können die Kids heute natürlich nichts mehr anfangen. Hopfen und Malz verloren: Wenn man sich mal überlegt, was los sein könnte und sollte, wenn Männer und Frauen auf diese Weise zusammen sind und wenigstens die minimalsten biologischen Reflexe noch nicht zerstört wären – und dann zur Kenntnis nehmen muß, wie es wirklich aussieht: dann könnte manundfrau tatsächlich den letzten Rest von Hoffnung verlieren, daß noch mal was wird aus dem einst so ersehnten Reich der Freiheit. Die radikale Linke heute: ein Häufchen muffiger, kleinlicher, verknitterter, stammtischseliger, wehleidiger, komplexbeladener, paranoider, kitschiger, heimlich längst resignierter, manchmal offen verrückter und leider hoffnungslos zurückgebliebener Wachsfiguren. Nur gut, daß es heute nicht mehr um die Amnestie für die politischen Gefangenen geht – die denken sonst glatt noch, wir wollten ihnen eine Haftverschärfung zumuten – hier draußen.

Eisel

Die Männer werden keusch

Der deutsche Mann streckt die Waffe. Die sexuelle Revolution hat ihn geschwächt. Die Frauenbewegung gab ihm den Rest. Kommt nun ein neues Mönchstum? Gar eine männliche Jungfräulichkeit? Oder finden Männer zurück zum alten deutschen Heldenideal, das mit Sex herzlich wenig zu tun hat? Katzenjammer wird jetzt der Frauen Los.

Die weibliche Fachpresse schlägt Katastrophenalarm: BRIGITTE–Reporterin Eva Kohlrusch kommt aus deutschen Ehebetten mit der verheerenden Nachricht zurück, daß der deutsche Ehemann seine Pflichten nicht mal mehr „die Woche zweimal“ erfüllt, wie Doktor Martin Luther gebot, sondern nur noch „2,75mal pro Monat“.

Auf die provozierende Behauptung, Männer seien hinterm Sex her, bekam die BRIGITTE–Reporterin von den befragten Ehefrauen ausnahmslos die Antwort: „Komisch, meiner nicht.“

Am größten ist die Bestürzung in jener Frauenzeitschrift, die sich bisher um männliche Unlust am wenigsten gesorgt hat. EMMA über die neue männliche Keuschheit: „Mir bleibt die Spucke weg. „… Eine düstere Ahnung steigt in ihr auf: Hat sich das ganze männliche Geschlecht gegen sie verschworen? „Ich kann die Männer ja verstehen“, schreibt EMMA. „Denn in der Verweigerung liegt ihre letzte Chance, ihre Männlichkeit zu beweisen. Da enthalten sie uns vor, was wir nicht haben: den kleinen Unterschied. Und zwar genau in dem Augenblick, in dem wir ihn nicht mehr fürchten.“

Vielleicht hat EMMA recht. Kein deutscher Wissenschaftler hat sich mit der Geschichte der Männlichkeit so gründlich beschäftigt wie Professor Rolf Knieper von der Universität Bremen. Der Gelehrte zum STERN: „Solche Fluchtbewegungen des Mannes vor der übermächtig fordernden Frau sind in der Geschichte nicht selten.“ Auf kostbaren, alten Buchmalereien ist zu sehen, wie der heilige Benedikt vor einer ganzen Horde lüsterner Weiber im Galopp in die Wildnis flieht. Benedikt hat an der Wende vom Altertum zum Mittelalter gelebt. Er gilt als „Vater des westlichen Mönchstums“. Professor Knieper: „Im späten Altertum waren die Frauen sexuell übermächtig. Die Antwort darauf war der enorme Rückzug der Männer ins mittelalterliche Mönchstum.“ Vieles deutet darauf hin, daß eine neue Welle des Mönchstums auf uns zukommt…

Ernst zu nehmen aber ist ohne Zweifel die große Zahl gestandener Männer, die nach langen und intensiven Erfahrungen mit Frauen ein ganz neues Bedürfnis nach sexueller Enthaltsamkeit verspüren. „Gerade in dem Augenblick, wo eine Partnerschaft zerbrach“, sagt in San Francisco Doktor Zilbergeld, „rannte ein Mann früher sofort hinter allen möglichen Röcken her. Jetzt gönnen viele sich erst mal ein halbes Jahr im Zölibat.“

Abends die „Königlichen Konzerte“ von Couperin in Stereo anhören statt das Beziehungsgelaber einer Frau in Mono – das ist schöner. Im Frühtau Pilze sammeln gehen, statt ihr das Frühstück ans Bett bringen zu müssen – es ist einfach schöner. Fußball spielen ist auch schöner. Sogar Saufen ist schöner. Bücher lesen, Meditieren ist schöner. Oder auch nur mal ein halbes Jahr lang Bodybuilding machen statt Sex – es ist so schön im Keuschheits–Untergrund. „Keinen einzigen habe ich bisher kennengelernt“, sagt Doktor Zilbergeld, „der das Experiment der sexuellen Enthaltsamkeit bereut hätte.“…

„Das ganze Empire“, pflegte meine englische Großmutter zu sagen, „das ganze britische Weltreich ist von Männern geschaffen worden, die keine Lust hatten, die ganze Zeit mit Frauen im Bett herumzuliegen.“ Aus dieser Einstellung heraus haben Englands Männer auch den Sport geschaffen. Selbst wenn sie sich ganz einfach amüsieren wollten, gingen die Gentlemen nicht zum Weibe, sondern auf die Jagd.

Es gibt eine kleine, lautstarke Minderheit von Männern, die sind weibstoll. Es gibt eine kleine, lautstarke Minderheit von Männern, die sind schwul. Wir aber, die schweigende Mehrheit der Männer, wir sind von klassischer englischer Männlichkeit…

„Es gibt im Bewußtsein der Völker ein paar Archetypen (Urbilder) der Männlichkeit“, sagt Professor Rolf Knieper in Bremen, „es ist auffällig, wie wenig die mit Sex zu tun haben. Nehmen wir zum Beispiel Herkules.“

Den Stall des Augias hat er gereinigt, den kretischen Stier gebändigt, die Säulen des Himmels getragen, Zerberus den Höllenhund besiegt. Hat alles viel mit Männlichkeit zu tun. Aber nichts mit Sex.

Wohl hat er mit der Amazonenkönigin Hippolyte gekämpft wie Siegfried mit Brunhild. Auch er hat das Weib besiegt. Aber ein echter Mann ist kein Phallokrat. Statt die besiegte Amazone sexuell zu mißbrauchen, hat Herkules sie vcrächtlich getötet.

Ist das ein allzu muskulöser Archetyp der Männlichkeit? Gut, dann nehmen wir das Gegenteil. Der klassische Archetyp des sanften Mannes ist Jesus von Nazareth. Mit dem Weib aus Samaria hat er am Brunnen gesessen, abends um die sechste Stunde (Joh. IV, 7). Für die Ehebrecherin hat er Partei ergriffen (Joh. VIII, 4). Die Füße ließ er sich salben und küssen von Maria Magdalena (Luk. VII, 37).

Zugegeben, auch Jesus ist versucht worden. Reichtum, Ehre und magische Kräfte hat ihm der Teufel in der Wüste vorgegaukelt (Mt. IV, 1). Ein Trugbild der Versuchung aber fehlt: das Weib.

Ganz locker ist er selbst mit Dirnen umgegangen. Ganz locker und ganz souverän. Aber mehr hat er nicht gewollt. Denn Jesus war ein keuscher Mann.

Hat irgend jemand irgendwelche Vorurteile gegen Jesus? Na gut, dann nehmen wir das Gegenteil. Als Archetyp des kühlen, intellektuellen Mannes galt in der Alten Welt der Mathematiker Pythagoras. Er soll so intelligent gewesen sein, gleichzeitig auch so stark und schön, daß ihn die Frauen seiner Zeit als Wiederverkörperung des Gottes Apollo verehrten. Die Frauen ihn. Und er? Pythagoras der Weise lehrt, daß ein Mann, der zu Weisheit und Wissen gelangen will, auf zwei Dinge besser verzichtet: erstens auf Bohnen und zweitens auf Frauen.

Ein letztes Wort von Mann zu Mann. Es wird berichtet, daß den alternden Pythagoras, gelegentlich und selten, ein unbegreiflicher Appetit auf Bohnen überkam. Wie, wenn uns in unserem modernen Keuschheits–Untergrund etwas Ähnliches passiert?

Was dann passieren kann, dafür gibt es einen katastrophalen Präzedenzfall. Das ist der Kirchenvater Origenes (183 bis 252). Er war einer der geistreichsten antiken Intellektuellen. Auch er hat im Keuschheits–Untergrund gelebt. In einer Stunde klammheimlicher Verzweiflung hat er sich selbst den Penis abgeschnitten.

Mit anderen Worten: Es kommt nicht nur darauf an, im Keuschheits–Untergrund glücklich zu verschwinden. Es kommt auch darauf an, bei Gelegenheit so gesund wie möglich wieder hervorzukommen. Wie schaffen wir das nur? Keine Sorge! Das ist ein Problem, das wir getrost unseren Frauen überlassen können. In ihrem Bestseller „Der neue Zölibat" beschreibt die amerikanische Psychotherapeutin Gabrielle Brown, wie sich die Frauen um keinen Mann so innig und so leidenschaftlich kümmern wie um den Mann, der sich der Frau entzieht. Den Mann ködern. Den Mann betören. Den Mann verführen. Auch die deutschen Frauen werden das wieder lernen. Sie werden wieder lernen müssen, „bitte" zu sagen. Wahrlich, wahrlich, ich sage euch, auf den Knien werden sie zu uns kommen: „Bitte! Bitte! Bitte!"

Zander

Schnauze voll!

Ich wünschte, ich wäre impotent. Ich habe genug Frauen gehabt. Wer will da schon noch mal durch.

Omar Sharif, 57, Schauspieler

Aufforderung zum Zerfetzen

Im „Kursbuch 71" vom März ironisiert die Frankfurter Autorin Cora Stephan, Jahrgang 1951, die erotisch biederen Resultate des linken Emanzipationsgebarens
Auszug:

Der Mensch, männlich: Seiner Mutter tat er mit den überschulterlangen Haaren und dem weniger männlich denn natürlich sprießenden Vollbart manch Leid an, aber ansonsten war er der Frauen bester Freund. Ein Kind der 70er Jahre, in denen die Errungenschaften von '68 bereits geerntet, eingefahren und verarbeitet waren: unaggressiv, androgyn, selbstkritisch. Er zog handgestrickte Ringelpullover den Hemden und Manschetten vor und bot das gute Gespräch an, bevor er sich im Bett, auf Schmusen, Streicheln und Penetrationsverzicht eingestellt, als gelehriger Schüler der Frauenbewegung erwies. Er ging stets mit zum Frauenarzt, bewährte sich beim Temperaturmessen. Er hielt der Weiblichkeit noch die Stange, als andere sich bereits wieder auf Mackerqualitäten zurückbesannen. Lisa brachte die Wende. Die langen dunklen Haare unseres nach jahrealtem Unmännlichkeitsdiktat kaum noch kenntlichen Frauenfreundes fielen ihrer Schere zum Opfer. Zum Vorschein kam ein lockenköpfiger griechischer Gott, ein Mann ohne Wenn und Aber, ein Lustobjekt. Was könnte man mit einem solchen Prachtexemplar alles anstellen, wenn man nicht gerade in einer verräucherten Szenenkneipe stünde, in der die wechselseitigen Abschlepprituale stets nach dem gleichen Muster ablaufen und überdies von der versammelten Familie beobachtet werden; wenn man nicht vierzehn Jahre dafür gekämpft hätte, daß keiner des anderen Objekt sei, geschweige denn Lustobjekt; wenn man nicht ebenso viele Jahre an einer Mode mitgestrickt hätte, die Mann und Frau in unzugängliche Latzhosen, knallenge Jeans, schwere Stiefel und über den Kopf zu ziehende Pullover gezwängt hat; wenn man nicht wüßte, daß die totale Befreiungswelle, nach der angeblich alles erlaubt ist, unberücksichtigt läßt, daß die Menschen, die sich auch die Lust am Laster, am Fummel, am sinnlichen Genuß, an der Völlerei und dem Rollenspiel gönnen sollen, dazu infolge jahrelanger unerbittlicher Suche nach Identität gar nicht mehr fähig sind.

Wo könnte sich denn das abspielen, diese verstohlene Lust auf weiße Manschetten, die kräftige Handgelenke so attraktiv machen, weil sie die nur für Momente nicht verhüllen – beim kalten Buffet im zuletzt besetzten Haus? Wo hat das Raum und Zeit, diese Sehnsucht nach strengen Jacketts und weißen Hemden, unter denen man sich lange Muskeln und goldene Haut vorstellen kann, nach gut, aber lässig sitzenden Hosen, unter deren Bund sich ein muskulöser Bauch verbergen könnte – in der Disco im alternativen Kulturzentrum, auf der Fete der Wieland 13?

Könnte das in einem klapprigen Käfer oder einer betagten Ente passieren, daß er sie nach dem von überlegener Fürsorglichkeit, bestimmtem Umgang mit dem Kellner, glühenden Blicken und intelligenter Konversation beherrschten französischen Diner a deux schweigend nach Hause fährt, ohne sich zu Undistanziertheiten hinreißen zu lassen wie: „Wollen wir bei dir nicht noch ein Glas Wein trinken", oder, schlimmer noch: „Ich würde jetzt gerne mit dir schlafen."

Vor welcher Wohngemeinschaftstür hätte er Gelegenheit, sich trotz mühsam unterdrückter Begehrlichkeit – die sich womöglich gerade noch in einer starken Umarmung ausdrücken dürfte, vielleicht auch in einem leidenschaftlichen Kuß, von heroischem Rückzug und einem stolzen Wort der Entschuldigung gefolgt – männlich–beherrscht zu verabschieden, so daß sie die Gelegenheit hätte, sich mit zitternden Knien auszumalen, was angesichts der Selbstverständlichkeit seiner Realisation den Reiz eigentlich schon eingebüßt hat? Klara träumt ihren griechischen Gott in Smokinghosen, in die sich viel besser verstohlen hineinfassen ließe als in knallenge Jeans oder gar – horribile dictu – in Latzhosen. Sie wähnt sich seidenbestrumpft, ihm gegenüber, mit den Zehen sanft geräumige Hosenbeine hochstreifend, sehnt sich nach indirekterem Zugriff, als Röhrenhosen und Stiefel zu gestatten pflegen. Klara imaginiert das Geräusch reißender Hemden, den Fesselungseffekt solcher über männliche Schultern gestreifter Kleidungsstücke, trüge gern das Pendant, ein möglichst teures und um so eher zum Zerfetzen aufforderndes Abendkleid. Kostbar ist, was Opfer fordert. Nur jene, die sich nie in Reizwäsche gezwängt haben, können plötzliche Sehnsucht danach entwickeln.

Doch wer weiß? Nachdem der STERN bereits die männliche Jungfrau und die neue Keuschheit entdeckt hat, Kanzler Kohl den Stresemann und Alice Schwarzer die Boa als wieder salonfähig vorführen, wird der nächste Schritt nicht schwerfallen. Sicher, man wird noch eine Zeitlang die Nase rümpfen: „Ich muß zu diesem dämlichen Ärzteempfang", oder: „Soll ich mir zu dieser abseitigen Promotionsfeier wirklich ein Kleid anziehen?" – aber wie verführerisch sind doch die Aussichten auf wohlbedeckte Männlichkeit, auf verstohlene Blicke und zurückhaltende Flirts, auf Geheimnis statt Diskussion, auf Mittelbares statt der öden Unmittelbarkeit, auf dezente Annäherung, auf spannungsvolles Hinauszögern, auf Rituale, Rituale, Rituale...

Der Mensch, weiblich: Wie zum Hohn treten heute die Töchter kampferprobter Frauen, Racheengeln gleich, in die Arena, bewaffnet mit Petticoats, hochhackigen Schuhen, Strümpfen mit Naht, Kleidchen und aufwendigen Frisuren. Mutter, für die die ersten Jeans mit dreizehn die Befreiung waren, ist darob mindestens ebenso schokkiert, wie weiland ihre Erzeugerin es war, und muß sich auch das gleiche anhören – „du bist spießig".

Stephan

nicht nur den Säuglingen nährendes Organ, sondern für den Mann auch sexueller Auslöser ist. Die sexuelle Libido der Frau zeigt Schwankungen mit dem Zyklus. Zum Zeitpunkt des Follikelsprunges ist sie bei vielen Frauen besonders hoch, und auch die Sexualphantasien haben zu diesem Zeitpunkt ihren Gipfel" *(Eibl–Eibesfeldt)*.

Beim *Mann* dagegen ähnelt der heterosexuell hervorgebrachte Orgasmus einem Sieg, der masturbatorische dagegen seiner Onanie: „Beim Mann bewirkt der Vollzug des Koitus mit einer Frau eine Erhöhung des Testosteronspiegels. Das erinnert an entsprechende Veränderungen des Testosteronspiegels bei Erfolg und Nichterfolg im Wettstreit. Selbstbefriedigung führt zu keiner Erhöhung des Testosteronspiegels" *(Eibl–Eibesfeldt)*.

Misere

„Sie prallen die Hosen und schneiden die Röcke bis fünf Zentimeter unter der Scham. Sie haben die Verhütungspille in der Tasche wie andere die Streichhölzer; aber sie sind nicht geil, so wenig die Verkäuferinnen des Supermarkts musikhungrig sind, bloß weil pausenlos die Musikbox läuft. Sie spüren auch keine Begierde, die sich auf ein bestimmtes Objekt richtet, man hat niemals etwas von Eifersucht gehört" *(Fernau)*.

„Daß Sexualität vor Kindern geheimgehalten wird, ist eine relativ späte Entwicklung. Noch im 16. Jahrhundert gab es keine derartige Mauer um die Sexualität, Kinder sahen alles, nichts wurde in die Kulissen geschoben, nicht einmal die Prostitution. Alles war öffentlich. Es war viel normaler, daß in der Familie Eltern und Kinder im selben Zimmer schliefen, ja oft sogar im selben Bett. Es gab in dieser Zeit Verhaltensregeln wie ‹Wenn Du mit einem höherstehenden Menschen in einem Bett schläfst, dann halte Deine Glieder zusammen und beunruhige ihn nicht›. In meinen Büchern will ich zeigen, daß vieles, was uns heute selbstverständlich ist, nicht selbstverständlich war. Unser Verhalten und Empfinden ist geworden und muß als Gewordenes erklärt werden. Nehmen wir einmal die Nacktheit: Erst allmählich, besonders im 19. Jahrhundert wurde öffentlich Nacktheit mit größter Scham belegt, wenigstens im Falle der Männer. Heute ist eine kleine ‹Delle› in dieser Entwicklungskurve zu beobachten, das Tabu hat sich etwas gelockert" *(Elias)*.

„Der Feudalismus war leibhaftiger als das neue bürgerliche Zeitalter. Öffentliches und gemeinsames Nacktbaden der Geschlechter gehörte zu den Selbstverständlichkeiten des Mittelalters. Erst als die Soldaten Karls VIII. die ‹Franzosenkrankheit› einschleppten, hatte es mit dem Badespaß ein Ende. Fazit: Die Syphilis ist die Mutter unserer heutigen Sittlichkeit " *(Bornemann)*.

Die Situation scheint weit entfernt von einer *sexuellen Befreiung* (ich folge hiermit *Joachim Fernau, Norbert Elias, Ernest Bornemann, Erwin Haeberle* – und übergehe die ebenso ungewöhnlichen wie zweifelhaften Interpretationen von *Hans–Peter Duerr*).

„Moderne Gesellschaften zeigen meist eine eher negative Einstellung gegenüber dem menschlichen Körper, besonders gegenüber seinen sexuellen Funktionen... Man hat sich aber nicht zu allen Zeiten derartige Sorgen gemacht. Für die Griechen und Römer der Antike zum Beispiel war der nackte menschliche Körper ein ganz vertrauter Anblick... Statuen bestimmter Gottheiten, des Hermes und Priapus zum Beispiel, zeigten einen erigierten Penis als Symbol der Stärke und Fruchtbarkeit (was wir bei unserem Religionsstifter oder einem seiner Jünger als etwas ungewöhnlich erleben würden, der Verf.). Künstlerische Darstellungen von Geschlechtsorganen wurden als Schmuck oder Talisman getragen. Bei den Darstellungen der klassischen Komödien gehörte ein riesiger Phallus zum Kostüm. Kurzum, der menschliche Körper und die menschliche Sexualität fanden offen und fröhlich Beifall. Der Kontrast zu unserer heutigen Welt könnte kaum größer sein" *(Haeberle)*. Und der Reifenring der Sittlichkeit wird momentan durch die sexuelle Katastrophe Aids noch enger gespannt und gespannt werden müssen!

Auch der heute überall praktizierte, vermeintlich notwendige *Schutz der Kinder* vor sexuellem Wissen und sexuellen Erfahrungen ist erst sehr jungen Ursprungs: „Bis in das 18. Jahrhundert war von solchen Sorgen eigentlich nie die Rede. Der berühmte Humanist Erasmus von Rotterdam schrieb noch im frühen 16. Jahrhundert einen sehr beliebten Text für Kinder, in dem es um die Themen wie Sexualität vor, in und außerhalb der Ehe ging, um Schwangerschaft, Geburt, Prostitution, Aphrodisiaka, Kastration, und Geschlechtskrankheiten (Erasmus: Colloquia familiaria). Ein paar Jahrhunderte später hielt man dann diese Texte sogar für Erwachsene für zu gewagt. So verwandelte sich die positive Einstellung gegenüber dem Körper und seinen Funktionen nach und nach in Prüderie" *(Haeberle)*.

Das geht so weit, daß heute in den meisten Bundesstaaten der USA nur zwei spezielle Handlungen *gesetzlich* gestattet sind: Masturbation des einzelnen und ehelicher Koitus in privatem Rahmen.

Wir haben es schon weit gebracht! In der *bundesdeutschen Rechtsprechung* sind wir seit 1969 mit Abschaffung des Straftatbestandes des Ehebruchs, der Unzucht mit Tieren („Wie ich Dir, so do mie"), der Erschleichung außerehelichen Beischlafs und der Homosexualität zwischen Erwachsenen juristisch ein entscheidendes, mentalitätsmäßig ein geringes Stück vorangekommen. Ein Irrlicht flackert allerdings auch bei uns noch: die Erregung öffentlichen Ärgernisses (1980 noch 14,3% der Verurteilungen). Wo darf ich und wo nicht? Im Park? Im Wald? Im Auto? Im Kino? Wir werden noch später in diesem hervorragenden Kapitel sehen, daß es da durchaus Kollisionen mit diesem Tatbestand geben könnte (die zu vermeiden ich natürlich jeder liebestollen Leserin und jedem oberaffengeilen Leser hier anraten muß).

Auch der *rechtliche Kinderschutz* wie leider auch die *Kinderstrafbarkeit* sind bei uns immer noch sehr weit gefaßt: So „kann bereits der 14jährige Junge, der eine 13jährige bestimmt, sexuelle Handlungen an einer anderen 13jährigen vorzunehmen, in den Bereich strafrechtlicher Verfolgung gelangen" *(Haeberle)* – Schwachsinn, wo ist dein Schrecken! Und wozu hat das geführt? „Seit Jahren pfeifen die Spatzen eine melancholische Melodie von den Dächern: Die Männer Mitteleuropas sind als Liebhaber gewöhnlich so geeignet wie Raddampfer für die Zugspitze. Daß auch in Amerika nicht lauter Märchenprinzen hausen, zeigt der *Hite–Report*: 90 Prozent der befragten Frauen sind mit ihren Partnern unzufrieden. Immer mehr wird über Sex geredet und geschrieben, immer weniger findet statt" *(Schomann)*. Da haben wir den Salat!

„Würden die nordamerikanischen Sexualgesetze strikt und ohne Ausnahme durchgesetzt, säßen so viele Sexualverbrecher im Gefängnis, daß es nicht mehr genügend Menschen gäbe, um sie zu bewachen... Bestimmte sexuelle Handlungen können zum Beispiel in einem Staat (der Vereinigten Staaten!, der Verf.) eine lebenslängliche Gefängnisstrafe nach sich ziehen, während sie in einem anderen überhaupt nicht strafbar sind" *(Haeberle)*.

Woody Allen antwortete mal auf die Frage, ob er Sex für etwas Schmutziges halte: „Ja, wenn du's richtig treibst."

Befreiung

Mit welchen Leitsätzen nun könnten wir dieser sexuellen Befreiung wieder (im phylo– wie im ontogenetischen Sinne gemeint!) näherkommen? Rückkehr zur totalen Umarmung durch die Familie incl. vieler Kindlein? Keine geringere propagiert sie als die jahrelang sexuell ausgeflippte *Germaine Greer*: „‹Wir haben dem Sex zuviel Bedeutung beigemessen›, sagt die 45jährige. Sie selber machte da keine Ausnahme. In ihrem berühmten ersten Buch ‹Der weibliche Eunuch› forderte sie in erster Linie sexuelle Freiheiten, ohne die sie sich eine Befreiung der Frau nicht vorstellen konnte.

Getreu diesem Motto lebte sie nur der Lust und ließ Langeweile nie aufkommen: ‹Meine Liebschaften waren immer so kurz, daß sie von Leidenschaft geprägt waren.› Dennoch behauptet sie heute, daß ihr ein Orgasmus nicht mehr bedeutet als der Genuß einer Mango: ‹Ganz nett›. Sowieso glaubt sie, daß ein Mann einer Frau nur halb soviel Lust spenden kann wie ein Baby, ‹wenn wir schon von totaler Umarmung reden›. Und davon redet sie, seit sie in Indien, Thailand und Vietnam Frauen getroffen hat, die sich über Empfängnisverhütung und sexuelle Befriedigung nicht im geringsten den Kopf zerbrechen. Die selbstbewußt, ausgeglichen und voller Würde sind, weil sie sich von ihrer Familie geliebt und respektiert wissen. Das ist die ‹totale Umarmung›, in der eine Frau sich geborgen fühlt. Und deswegen möchte Germaine Greer verhindern, daß die westlichen Weltmächte diesen Frauen der Dritten Welt Pille und Spirale, Vibratoren und

„1. Mein zentrales und immer wiederkehrendes Leitmotiv besagt: Sexuelle Gefühle sind immer schön und positiv zu bewerten – ob sie sich auf einen Partner beziehen oder ob sie sich am eigenen Körper abspielen. 2. Sexualität ist nicht nur einfach ‹da›, sondern muß gelernt werden – so wie z.B. auch die Fähigkeit zum Denken geübt und gelernt werden muß. Junge (aber auch ältere) Menschen können im sexuellen Handeln immer wieder Neues (und Schönes) dazulernen. 3. Dieser Lernprozeß ist nur möglich, wenn man es lernt, mit dem Partner über sich und seine sexuellen Erfahrungen zu sprechen. Man lernt sprechend und handelnd miteinander – nie, indem man nur schnell (und stumm) seine ‹Nummern abzieht›. 4. Daraus folgt: Lernen braucht immer Zeit – sexuelles Lernen braucht besonders viel Zeit. Man sollte sich diese Zeit nehmen und ganz gelassen an diesen schönen und lustvollen Lernprozeß herangehen. 5. Daraus folgt: Zwar bringt das Bumsen selbst sicher oft ein besonders schönes Gefühl – aber es ist ganz und gar nicht das einzige, was man ‹lernen› muß. Alle Stufen an sexuell–zärtlichen Handlungen gehören dazu und können auch in sich selbst ein Ziel sein. 6. Daraus folgt: Man sollte sich nicht krampfhaft nur auf das Bumsen konzentrieren und sich damit unter Leistungsdruck stellen" *(Jaeggi)*.

Pornographie aufdrängen. ‹Selbst in den abgelegensten Gegenden Neuguineas›, sagt sie, ‹kommt man mit der Geburtenkontrolle ganz von allein klar: Man verzichtet für einige Jahre auf sexuelle Aktivität. Und niemand leidet darunter!› Das bestätigt sie in ihrem Verdacht, daß der ganze Sexrummel bei uns weniger einem natürlichen Bedürfnis als den geschäftlichen Interessen einer Sex–Industrie entspringt: ‹Menschen leiden nur dann, wenn sie auf der einen Seite ständig aufgereizt werden und auf der anderen Seite Sex ständig vorenthalten bekommen; das ist das europäische und amerikanische Muster›...

In den ‹unterentwickelten› Ländern dagegen traf Germaine Greer auf ein hochentwickeltes Zusammengehörigkeitsgefühl, das auch durch lange Phasen der Enthaltsamkeit nicht gestört wird. Das hat die feministische Autorin so beeindruckt, daß sie in ihrem neuen Buch ‹Sex and Destiny› für Keuschheit und Selbstkontrolle, für Mutterschaft und Familienzusammenhalt plädiert. Denn unser Weg in die sexuelle Freiheit, findet sie, hat nichts Gutes gebracht: ‹Die Beziehungen zwischen Mann und Frau waren 1966 schlecht. Heute sind sie noch schlechter.› Sie ist nicht die einzige, deren Hoffnungen enttäuscht wurden. Bei einer Umfrage, an der 106.000 Leserinnen der amerikanischen COSMOPOLITAN teilnahmen, gaben 33 Prozent an, daß ihre sexuellen Erlebnisse seit der Revolution trivialer und weniger intensiv sind. Und genau die Hälfte der Befragten wünscht sich wieder mehr Gefühl" *(Seeling)*. – Mit diesen Vorstellungen kommt die *Greer* einer Entwicklung sehr entgegen, die unsere Männerwelt ergriffen zu haben scheint: null Bock.

Perversionen & Exzesse

Das nächtliche Klauen von Damenunterwäsche wird dabei ebenso befriedigungsarm, nervenaufreibend und juristisch bedenklich wie das ewige Hose–Herunterlassen im Park, das feuchte Herumlungern in Pornokinos (weniger juristisch als ökonomisch bedenklich), das schlaffe nackte Herumliegen im Englischen Garten, das lustvoll–schmerzliche Auspeitschen (aktiv und passiv) oder nicht–enden–wollendes Wichsen.

Bei der Frage, wie frei wir heutzutage in sexuellen Dingen sind, ist zuerst die sexuelle Spreu vom Weizen zu trennen. Welche zu unterscheidenden sexuellen Empfindens– und Verhaltensweisen gibt es? Sind sie tatsächlich, wie Frau *Jaeggi* euphorisch–vereinfachend sagt, alle immer schön und positiv zu bewerten? Ich bin der eigentlich trivialen, aber wohl in Psychologenkreisen leider innovativen Meinung, daß es im sexuellen Erleben und Verhalten mehr oder minder natürliche Formen gibt, von denen letztere dann, unnatürlich, in die *Perversionen* hineinreichen bzw. sich dort fortsetzen. Meines Erachtens ist das Durchblättern eines Pornoheftes ohne entspannende sexuelle Aktivierung und Aktivität weniger natürlich (aber sicherlich körperlich gesünder!) als ein Bordellbesuch mit leidlichem Beischlaf (in unserer Aids–Ära zur Hand–Massage mit Gummi heruntergekommen), dieser wiederum weniger natürlich als ein gepflegtes Beisammensein mit einem festen Partner. An dieser Stelle ist nun aber zu betonen, daß mit der graduellen Klassifizierung nach Natürlichkeit keine allzu krasse Diffamierung der weniger natürlichen Stufen einhergeht, es sei denn, sie wirken sich, wie bei den schwereren Perversionen, gesellschaftsschädigend aus – wie ich das z.B. von Sadismus und Pädophilie behaupte.

Das *Kriterium der Natürlichkeit* ist schwer zu definieren bzw. einzugrenzen. Zum einen sollten hier psychobiologische Überlegungen eine Rolle spielen, insbesondere evolutionäre, zum anderen aber auch psychische, die uns für die einzelnen sexuellen Erlebens- und Verhaltensweisen den Grad an kurz– und langfristiger wechselseitiger Bedürfnisbefriedigung – oder positiv ausgedrückt: an Lustgewinn – abschätzen lassen. Für den gleichen Lustgewinn braucht es immens mehr Aufwand, wenn man ihn ausschließlich pervers zu erreichen versucht und sich dazu noch auf eine oder einige wenige Perversionen verlegt.

Schauen wir uns in diesem Lichte die sexuelle Entwicklung unserer zivilisierten Gesellschaften an, so sehen wir leicht, daß nur eins passiert ist: die vitalen sexuellen Aktivitäten sind in den Keller gerutscht, d.h. zunehmend tendenziell unnatürlicher oder perverser geworden, während die *natürlichen Formen* im Rückgang begriffen sind. Einige Statistiken belegen allerdings in neuester Zeit wieder eine leichte Erholung bei der Jugend – ich bleibe da noch etwas skeptisch!

Sicher ist, daß z.B. der freiere Umgang mit dem anderen Geschlecht in früheren Jahrhunderten zu finden war – von den Fruchtbarkeitsriten und sexuellen Gepflogenheiten der alten Germanen über die gemischtgeschlechtliche Badekultur im Mittelalter bis hin zu kaiserlichen Lobpreisungen der örtlichen Prostituierten bei Staatsbesuchen (was bei unseren Präsidenten und Kanzlern nur schwer vorstellbar ist!?). Daran ändert auch die von *Tacitus* seinen Römern gepriesene germanische Tugendhaftigkeit nichts: Gemessen an dem morbid–dekadenten (Sexual–)Leben der voritalienischen Oberschicht, überhaupt im Vergleich zu jeglichen exzessiv–perversen Obsessionen, erscheint natürliche Sexualität immer etwas tugendhaft–schlicht.

Über Personen mit überwiegend oder ausschließlich perverser sexueller Betätigung wird immer wieder vermerkt, daß sie mit natürlicheren Formen sexueller Befriedigung ihre Schwierigkeiten haben: „Es hat den Anschein, daß Exhibitionisten häufig sexuell gehemmt oder unbefriedigt sind... Der ‹Voyeur› ist meist sexuell frustriert. Er fühlt sich nicht imstande, eine eigene sexuelle Beziehung aufzubauen. Sein heimliches Beobachten stellt einen Ersatz für sexuelle Erfüllung dar... In der jüngeren Vergangenheit wurde der Ausdruck ‹Transvestit› jedoch zunehmend nur für solche Personen verwendet, die sich durch ihre gegengeschlechtliche Kostümierung sexuell erregt fühlen, deren Verkleidung also ‹fetischen Charakter› trägt“ *(Haeberle)*.

Lieben

Stöhnen & Schreien
Toben & Balgen
Schäferstündchen in Feld & Wald
Kratzen & Beißen
Schmollen & Schmusen
Kneifen & Kuscheln
Händeschütteln & Händchenhalten
Tätscheln, Tatschen & Grapschen
Streicheln & Kneifen
Verführen & Kokettieren
Werben & Warten
Trennen & Sehnen

Hierarchie der Natürlichkeit sexueller Verhaltensweisen

Beischlaf mit festem (Ehe–)Partner
dto. mit Freund(in)
dto. mit Flirtbekanntschaft
dto. mit Bettbekanntschaft
dto. mit Prostituierter/m
Onanie
Voyeurismus
Exhibitionismus
Transvestismus
Fetischismus
Masochismus
Sadismus
...
Pädophilie
...
Nekrophilie

Nach diesen hoffentlich sehr illustrativen Ausführungen zum Kriterium Natürlichkeit soll nun nichtsdestotrotz ein Versuch gemacht werden, einzelne sexuelle Verhaltensweisen nach ihrer Natürlichkeit zu klassifizieren und zu ordnen (wobei die moralische Seite völlig außer Betracht bleibt!): Je weiter unten das Verhalten steht, desto unnatürlicher respektive unbefriedigender und/oder aufwendiger ist das Verhalten.

Wie ist nun obige Aufstellung zu interpretieren? Wir (den in Wissenschaftskreisen so liebevoll gepflegten Pluralis majestatis mag ich auch!) wollen eins sagen: Je höher in der Hierarchie die dominanten sexuellen Beschäftigungen anzusiedeln sind, desto natürlicher ist die Sexualität entwickelt, was nun nicht heißen soll, daß man beim Betrachten eines Pornofilms rot vor Scham wird oder beim Herunterlassen der Hose in der gemischten Sauna sich wie ein Exhibitionist oder Voyeur (je nach Sichtweise) fühlen sollte.

Je höher die Verhaltensweise in der Hierarchie steht, desto eher darf oder sollte man sogar davon etwas haben. Hinzu kommt allerdings, daß, wer von vielen Perversionen (nicht aber den schwersten!) ein wenig hat, sich als ausgesprochen gesund empfindend betrachten kann.

Wohin,

wenn's zu Hause nicht geht (weil keiner von beiden allein wohnt)? Dann muß man sich was einfallen lassen, um den Seitensprung zu vollziehen. Wir haben einige Einfälle zusammengetragen – gewöhnliche und ungewöhnliche.

- Mit ihm gemeinsam nachts einschließen lassen: im Kaufhaus, in der Halle. Camping– und Wohnwagenausstellung, im Freibad (auch gut als Alibi).
- Umkleidekabinen (Tip für München: Müller'sches Volksbad).
- Autokino.
- Baustellen, Ruinen, Denkmäler.
- Solarium – das ist wie in der Sonne (heißer Tip: aus Sparsamkeit eine Einzelkabine nehmen. Und danach in den Pool).
- Fahrstuhl.
- Eisenbahn – nicht nur im Schlafwagen, auch im Abteil geht's.
- Ruderboot.
- Auf Nachtflügen im Jumbo–Jet.
- Open–air–Festival: Wenn Dexter Gordon sein Saxophon an die Lippen setzt oder Miles Davis ein Trompetensolo bläst, kommen „good vibrations". Da Jazz– und Rocknächte von außen oft kühl werden, hilft ein Schlafsack.
- Büro – im Notfall auf dem Teppich bleiben.

COSMOPOLITAN

Interessanterweise lassen sich pervers anmutende Lüste experimentell recht schnell erzeugen respektive verstärken: Zeigt man männlichen Versuchspersonen abwechselnd Dias mit nackten Frauen in verführerischen Posen und dazwischen Bilder mit harmlosen Frauenstiefeln, so stellt sich in der Endphase des Experiments heraus, daß die Männer allein durch den Anblick der Stiefel erregt wurden. Die Anziehungskraft dieser Fetische hielt allerdings nicht allzu lange an. Im Prinzip aber lief bei diesem Versuch ein Stück von dem ab, was jedem Menschen einmal widerfahren ist.

Voyeurismus und Fetischismus sind nur extreme Ergebnisse – geprägt wurden sie jedoch genauso durch äußere Einflüsse wie jedes andere sexuelle Verhalten auch. Neben diesen offiziellen Perversionen gibt es noch eine Reihe von *ausgesprochen abartigen Abartigkeiten*, von denen *Cynthia Heimel* wirklich abrät: „Fesseln, Geschlechtsverkehr, während jemand zuschaut, andern beim Geschlechtsverkehr zuschauen, Unterwäsche aus Leder, Unterwäsche aus Gummi, Peitschen, Goldduschen oder Watersports (... erkundige dich bei jemand anders. Mir ist nicht danach), Gruppensex, Partnertausch, Sodomie, Drogen."

Nichts einzuwenden ist hingegen gegen Sex „auf dem Teppichboden oder unter dem Küchentisch. An der Wand stehend, auf der Badewanne sitzend. Unter der Dusche, auf der Treppe... im Gang eures Mietshauses, auf dem Rasen, dem Dach oder dem Rücksitz eures Autos... auf dem Rasen, dem Dach, im Auto anderer Leute... im Taxi, Bus, Flugzeug oder Zug. Im Wald, am Strand. Im Meer, im Swimmingpool. Auf dem Balkon oder im Wintergarten eurer Schwester. Im Museum. Im Treppenhaus von Bürogebäuden. Hinter Supermärkten. Auf dem Billardtisch, auf Kinderspielplätzen (natürlich erst abends, wenn keine Kinder mehr da sind)... In Schränken auf Partys. In Aufzügen und Sitzungssälen. Am Rand einer Klippe. Wenn ihr so was vorhabt, zieht ihr am besten weite Röcke an, die man im Nu hochheben und wieder runterlassen kann. Wichtig ist auch, keinen Slip zu tragen, sondern höchstens Strümpfe und Hüftgürtel" *(Heimel)*.

Dem sind allenfalls noch die Parkbank, das Kornfeld, die Umkleidekabine im Freibad, der Hausflur bei geöffneter Tür zur Straße und ein (lebensgefährlicher) Französisch–Kurs bei 100 km/h auf der Autobahn hinzuzufügen. Beim Sex treibt es die Bundesbürger aus den vier Wänden in die Natur: Bei einer Umfrage der Illustrierten NEUE REVUE gaben 35 Prozent an, sich am liebsten im Freien zu lieben. 31 Prozent der Bundesbürger nannten das Wasser – See, Pool, Freibad – als bevorzugten Liebesplatz im Sommer 1989. Über sieben Prozent machen Sex auf dem Balkon, auf der Veranda oder in der Loggia. Für die Älteren fast unvorstellbar: 17 Prozent der Befragten lieben sich gern auf dem öffentlichen Parkplatz, 13 Prozent im Park, drei Prozent auf dem Schulhof. Beliebt ist danach immer noch die Firma, in der es laut Umfrage zehn Prozent der Bundesbürger gern *treiben*. Spaß macht der Sex aber auch in der Disco (sieben Prozent), in der Garage (acht), im Keller (sechs), auf dem Küchentisch (vier) und auf dem Heuboden (vier Prozent). Als Einzelfälle wurden selbst der Baukran, der Kühlraum oder das Wartezimmer genannt. – Wenn's mal so wäre: die Stichprobe der NEUEN REVUE dürfte hochselegiert und damit einseitig und völlig unrepräsentativ sein. Also: nicht ganz ernst zu nehmen, aber anregend.

Homosexualität

An welcher Stelle der Hierarchie die *Homosexualität* einzuordnen ist, das mag der geneigte Leser nach Gusto selbst für sich entscheiden! – nur: als so ganz natürlich, wie manche Autoren das tun, kann ich *(mit Eibl–Eibesfeldt)* diese Art der sexuellen Aktivität, wenn sie dominiert, nicht so empfinden. Da wird schon manchmal weit über das

Ziel der berechtigten gesellschaftlichen Anerkennung dieser Formen sexuellen Verhaltens hinausgeschossen. Sei's drum.

Zuerst gibt es wohl in einigen Fällen der Homosexualität eine *ererbte Veranlagung*, eine Disposition zu hypertrophen homophilen Tendenzen: „Auf eine genetische Disposition zur Homosexualität weisen die Untersuchungen von solchen Homosexuellen hin, die Zwillingsbrüder haben. Alle monozygoten Zwillingsbrüder in der Untersuchung von F. J. Kallmann waren ebenfalls homosexuell. Bei den heterozygoten Zwillingen bestand dagegen eine geringe Konkordanz" *(Eibl–Eibesfeldt)*.

Ja es scheint gar einen *evolutionären Mechanismus* zu geben, der *homosexuelles Erbmaterial* über die Generationenfolge hinwegrettet: Homosexuelle Männer könnten nämlich eine erhöhte Fürsorgebereitschaft bezüglich der Kinder ihrer Verwandtschaft haben, die, in toto betrachtet, einen Selektionsvorteil für diese Familie darstellt und dadurch die rezessiven homosexuellen Anteile Blutsverwandter unterstützt.

Tatsächlich scheint ein nicht unbeträchtlicher Prozentsatz Homosexueller diese Neigung schon in frühester Jugend zu erahnen (was für genetische Anteile spricht). 3/4 aller Jungen, die von klein auf in ungewöhnlichem Ausmaß weibliche Kleider und Spiele bevorzugen, werden homosexuell!

Daneben gibt es *sozialisationsbedingte* Formen von Homosexualität. Sie kann durch eine typische *Eltern–Kind–Konfiguration* provoziert werden, wie eine amerikanische Studie gezeigt hat. Es wurde die Lebensgeschichte von 106 heterosexuellen Männern mit der von 100 homosexuellen verglichen. Überzufällig häufig fand sich bei letzteren Homosexuellen eine besonders enge, wenn auch bisweilen stark ambivalente Bindung an ihre Mutter und ein recht distanziert erlebter Vater, der sich nicht die Menge um seinen Sohn gekümmert hat, ja bisweilen sogar recht feindselig war. Oft fehlte er auch ganz oder war nur eine Randfigur in der Familie. Auch *Morris* sieht das so: „Noch ein ganz anderer, aber nicht minder wichtiger Faktor kann eine Rolle bei der Ausbildung einer Tendenz zur Homosexualität spielen. Falls in einer Familie der Nachwuchs unter den Einfluß einer stark maskulin betonten, dominierenden Mutter gerät oder einen übermäßig weichen, femininen Vater erlebt, kann es zu beträchtlicher Verwirrung kommen: Die Verhaltensweisen zeigen in die eine Richtung, die anatomischen Merkmale in die entgegengesetzte. Wenn jetzt mit Eintreten der sexuellen Reife die Söhne auf die Suche nach Partnern mit den Verhaltens– (und weniger mit den anatomischen) Eigenschaften der Mutter gehen, werden sie dazu tendieren, sich eher Männern anzuschließen als Frauen. Und das Umgekehrte ist bei den Töchtern zu befürchten. Das Ärgerliche an den sexuellen Problemen ist eben dies: Die stark verlängerte Phase der kindlichen Abhängigkeit bringt so enorme Überlagerungen bei den Generationen mit sich, daß es immer wieder zu Störungen kommen kann – der weibische Vater war vielleicht auch schon beeinflußt von sexuellen Anomalien seiner Eltern und so fort. Derlei Schwierigkeiten können sich für lange Zeit, von Generation zu Generation, fortsetzen, bis sie sich allmählich verlieren oder aber sich so verschärfen, daß sie von selbst ein Ende finden, weil nämlich nun jede Fortpflanzung überhaupt ausgeschaltet ist." Just diese Familienkonstellationen habe ich in meiner Praxis immer wieder bei homosexuellen Klienten gefunden: frappierend durchgängig!

In Tierversuchen konnte man nachweisen, daß mit *Hormonen* behandelte Föten später ihr sexuelles Interesse auf das eigene Geschlecht richten. Also auch noch physiologisch–hormonelle Bedingungen.

Und dann noch die Geschichte mit der *Prägung* – in einmaliger Allianz das Lieblingskind psychoanalytisch orientierter Mediziner, lerntheoretisch orientierter Psycho-

„Wie bereits erwähnt, ist gleichgeschlechtliches Verhalten unter Kindern häufig und unter heranwachsenden Jugendlichen nicht ungewöhnlich. In den Jahren vor der Pubertät haben Kinder in unserem Kulturkreis häufiger sexuellen Kontakt zu Menschen gleichen Geschlechts als zu solchen des anderen Geschlechts. In dieser Zeit werden heterosexuelle Spiele sogar eher unterbunden, während homosexuelle Aktivitäten kaum Beachtung finden. Erst später kehrt sich die Situation um. Wenn Jugendliche die Pubertät erreicht haben, wird von Jungen und Mädchen erwartet, daß sie ausschließlich heterosexuelle Interessen entwickeln. Jeder Versuch homosexueller Aktivität wird streng verurteilt. Trotzdem haben viele Menschen weiterhin – auch bis ins hohe Alter – homosexuelle Kontakte. Für viele von ihnen stellen diese Kontakte nur vereinzelte Episoden in einem sonst heterosexuellen Leben dar. Für andere werden sie zu gelegentlichen Erlebnissen, für wieder andere sind sie die bevorzugte oder auch einzige Form sexuellen Verhaltens" *(Haeberle)*.

Schwule Gruppe Marburg

Wer mitmachen kann:	Jeder, der sich mehr oder weniger angesprochen fühlt, bzw. einfach mal unverbindlich bei uns reinschauen möchte.
Unsere Ziele:	Aufklärungs , Informations und Öffentlichkeitsarbeit; Ängste abbauen und schwules Selbstbewußtsein unterstützen
Was wir machen:	Erfahrungsaustausch in lockerer Atmosphäre; gemeinsame Unternehmungen (Grillen, Fahrten, Wandern) Feten organisieren und feiern; Mitwirkungen bei verschiedenen Veranstaltungen; Pflege von Kontakten zu Gruppen in anderen Städten
Wie wir erreichbar sind:	regelmäßig jeden Montag ab 21.30 Uhr im Kulturzentrum KFZ, Schulstr. 6, Marburg Tel.: 06421/13898 Ansprechpartner: Ziggy, Tel.: 06421/64523
Organisationsform:	ungeleitete Selbsthilfegruppe in Anlehnung an den "Bundesverband Homosexualität"

8/89 B - 2 - 3

„Entzieht man männlichen Ratten während einer kritischen Periode ihrer Embryonalentwicklung Testosteron, dann kommt es zu einer Feminisierung ihres Hirns. Die Ratten werden später beim Einsetzen der Geschlechtsreife homosexuell. Man kann diese Entwicklung induzieren, indem man die schwangeren Ratten streßt. Dann scheidet deren Nebennniere Substanzen aus, die den Testosteronspiegel des Embryos senken. Dörner fand nun, daß unter den während der streßvollen Periode des Zweiten Weltkrieges geborenen Männern ein höherer Prozentsatz an Homosexuellen anzutreffen ist. Das Hirn primärer Homosexueller reagierte auch auf Östrogeninjektionen mit Ausschüttung von ovulationsinduzierenden Hormonen – so wie ein weibliches Hirn auf die Signale vom Ovar reagiert –, was ebenfalls darauf hinweist, daß das Hirn dieser Männer feminisiert ist. Heterosexuelle Männer reagieren nicht so" *(Eibl–Eibesfeldt)*.

logen und *Lorenz*–orientierter Biologen: Homosexualität wird in einer sensiblen Phase durch bestimmte verführerische Erlebnisse geprägt: „Läßt man junge Stockerpel künstlich in einem Käfig mit erwachsenen Stockerpeln aufwachsen (normalerweise beteiligen sich Stockerpel überhaupt nicht an der Jungenaufzucht), so versuchen die so aufgezogenen Jungtiere als Erwachsene vorwiegend oder ausschließlich mit *männlichen* Artgenossen ein Paar zu bilden, verhalten sich also bei ihrer Werbung und den Paarungsversuchen homosexuell (die Paarung mißlingt immer, weil der Partner–Erpel kein weibliches Paarungsverhalten ausübt)... die sensible Phase für die *sexuelle Prägung* beginnt mit der dritten und klingt ab mit der achten Lebenswoche... bei der sexuellen Prägung sind dazu Tage nötig... die sexuelle Prägung spielt sich dagegen zu einer Zeit ab, in der noch keinerlei Sexualverhalten zu beobachten ist... Ein sexuell prägungsbedürftiges Tier braucht dafür ein Vorbild; es muß garantiert sein, daß dieses Vorbild ein erwachsener Artgenosse von ihm ist. Dafür bieten sich *nur die Eltern*. Die sexuelle Prägung muß daher vor Auflösung der Familie, damit aber vor dem Geschlechtsreifwerden der Jungen erfolgen. Hiernach ist verständlich, aus welchen biologischen Gründen sexuelle Prägung und ausgereiftes Sexualverhalten zeitlich voneinander getrennt sein und in verschiedene Lebensphasen fallen müssen" *(Hassenstein)*.

Und noch eine mögliche Genese der Homosexualität: *heterosexueller Notstand* – sei er durch innere Hemmung (Hemmungshomosexualität) oder durch äußere Verhinderung (homogen–sexuelle Zusammensetzung der momentanen Lebensgemeinschaft, z.B. beim Militär, in Internaten und Klöstern) entstanden. Auch dieser Mechanismus läßt sich in Tierversuchen demonstrieren und in Humanfeldstudien beobachten.

Alexander d. Gr. (356–323 v. Chr.)
Griechischer Feldherr und Eroberer

„So sagt man zum Beispiel, daß die berühmteste aller griechischen Elitetruppen, die ‹Heilige Schar von Theben›, die schließlich von Philipp von Mazedonien besiegt wurde, nur aus Liebespaaren bestanden habe" *(Haeberle)*.

Lustaufbau

Erst müssen wir einen kleinen Ausflug in die *Psychophysiologie* machen. Unser unwillkürliches (vegetatives) Nervensystem gliedert sich in den *Sympathikus*, der für Arbeit, Angriff, Flucht, Kampf, Anstrengung usw. zuständig ist, und den *Parasympathikus*, der Entspannung, Erholung, Verdauung, Schlaf regelt und fördert. Beide stehen normalerweise in einem *Wipp–Verhältnis* zueinander, d.h., es kann immer nur einer dominieren und feuern.

Interessanterweise ist nun die erste Phase der sexuellen Erregung mit Erektion des Gliedes und Lubrikation der Scheide parasympathisch gesteuert, während die Schärfe & Geilheit, der Orgasmus und Samenerguß sympathikoton zustande kommen und abgefeuert werden. Da nun beide aber in einem antagonistischen Verhältnis zueinander stehen, kämen wir in die mißliche Situation, daß uns kurz vor dem Höhepunkt unserer Lust Saft und Kraft ausginge – dieser Abgrund wird nun von Mutter Natur durch einen zweiten Mechanismus überbrückt: die berührungsmäßige (taktile) Stimulation von Glied und Scheide. Diese muß mit zunehmender Sympathikus–Aktivität stärker werden (aber nicht zu stark – das tut weh). Tut sie das nicht, dann bleibt's weg: tote Hose – Ofen aus!

„Impotenz in der ersten Nacht ist ein weitverbreitetes Phänomen, worüber man sich keine unnützen Gedanken zu machen braucht" *(Heimel)*. Besonders für Schuldgefühle verheirateter Männer soll bei deren Seitensprüngen ihr Penis eine sensible Antenne sein: „Der Penis kennt die Zehn Gebote und macht seinem Besitzer einen Strich durch die Rechnung. ‹Finger weg von diesem Mädchen›, befiehlt der Penis. ‹Aber ich möchte doch so gern›, bettelt der Mann."

Das kann auf verschiedene Art und Weise passieren: ellenlanges Vorspiel bei schon totaler sympathikotoner Überreizung, ungleiche Größenverhältnisse von Glied und Scheide, zu feuchte Scheide, ängstliches oder gestreßtes (Arbeit, Lärm, Ärger, Hetze, Schuldgefühle usw.) sympathikotones Reingehen in die ganze Geschichte ohne entsprechende starke taktile Reizung der heißen Zonen (Glied und Scheide), das erste Mal mit einer neuen Frau.

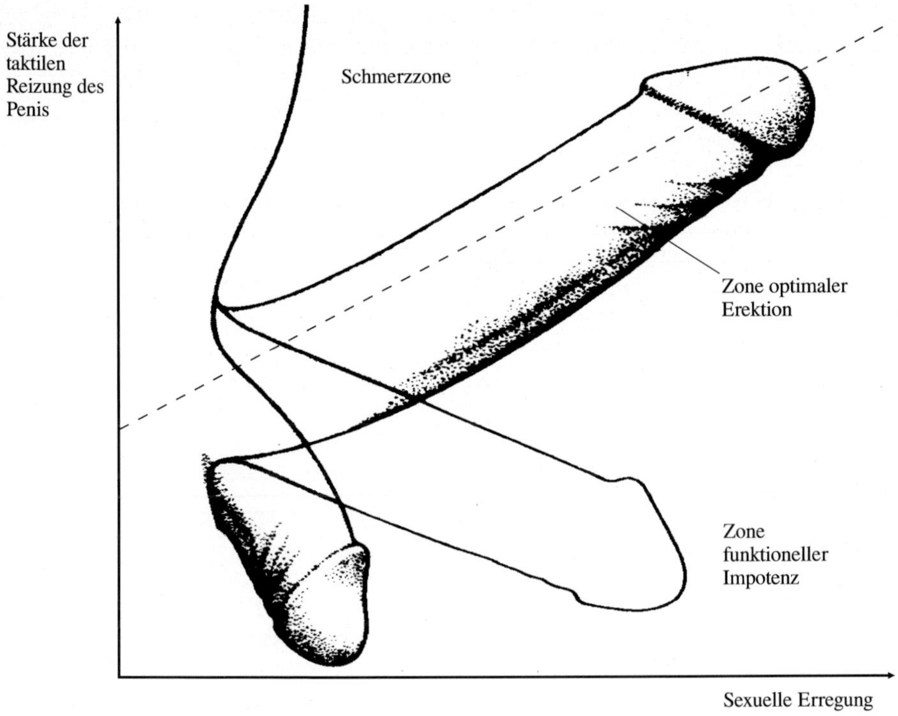

„Wie jeder weiß, ist morgens der allerbeste Zeitpunkt für Sex. Die Vögel zwitschern, das Sonnenlicht strömt durchs Fenster, und der Mann, der neben dir aufwacht, hat bereits einen steifen Schwanz" *(Heimel)*.

Für manche dieser Ursachen – nicht natürlich für die Schuldgefühle – heißt die Lösung: keinen Sekt (und Kaffee!) und Kerzenschein vorher, Strapse vorerst mal weglassen, absolut uninteressiert tun und erscheinen, in medias res die Sache in die Hand oder den Mund (und kurz darauf in die Scheide!) nehmen – und das möglichst morgens um 5 Uhr, in der größten parasympathischen Tiefschlafphase.

Das Dumme an dieser Lösung ist allerdings, daß beide Beteiligten zu dieser Zeit meist überhaupt keine Lust haben (denn die ist ja sympathikoton!), die dann erst durch Streicheln und Schmeicheln provoziert werden muß – wenn sich einer von beiden dazu aufraffen kann! Eine genaue Beschreibung einer lustvolleren Methode, den Kleinen aufzupäppeln, gibt uns *Heimel*: „Ein Penis ist auf dem Weg zum Höhepunkt fest, standhaft, zielstrebig und rücksichtslos, gleicht aber in den ersten Stadien der Erektion eher einem zarten Pflänzchen. Du mußt sanft und behutsam mit ihm umgehen, mußt ihn aufpäppeln, bis er groß und stark wird.

a) Beginn damit, ihn liebevoll zu lecken. Der Kopf des Penis wird freudig erregt werden, wenn er mit einer Art sachter Kreiselbewegung geleckt wird.
b) Nachdem du deine Aufmerksamkeit der Eichel gewidmet hast, wirst du auf der Unterseite einen länglichen Wulst entdecken, dem du genauso viel Zeit widmen solltest. Wenn die Zunge an dieser Stelle leckt und drückt, fängt der Penis vor Erregung an zu pulsieren. Der Penisbesitzer wird unzusammenhängendes Zeug stammeln, aus dem du heraushörst, daß er dir einen Smaragdring schenkt, wenn du nur ja nicht aufhörst.
c) Hör plötzlich auf und nimm den Penis so weit in den Mund, wie's geht. Er wird sich wundern, warum er nicht selbst auf die Idee gekommen ist. Saug zärtlich daran, als wäre es ein wohlschmeckender Lollypop.

Inzwischen müßte der Penis eigentlich voll erigiert sein. Falls nicht, wiederhole a), b) und c)."

Eine unorthodoxe, wenn auch bei 90% aller Fälle indizierte Maßnahme: „Ein saftiger Streit ist nicht die schlechteste Methode, um dieses Problem in den Griff zu kriegen. Such dir irgendeinen Anlaß aus, wie z.B. seine Haare und abrasierten Bartstoppeln im Waschbecken. Oder daß er immer so geizig mit Trinkgeldern ist. Wie gesagt, jeder beliebige Anlaß ist recht. Wenn du deine Rolle gut spielst, hast du ihn bald so weit, daß er herumbrüllt und Schaum vor'm Mund hat. Vielleicht packt er dann endlich mal aus und verrät dir, was sein wirklicher Kummer ist. Auf jeden Fall kannst du dich auf eine heiße Liebesnacht gefaßt machen" *(Heimel)*.

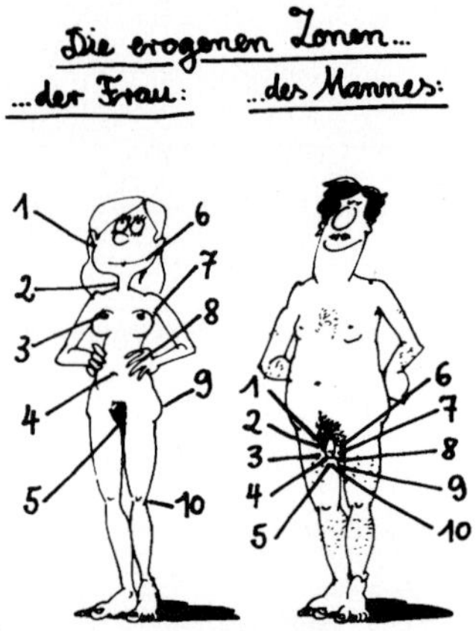

Erst „sobald der Orgasmus keine Pflicht mehr ist, die mit Hilfe von Sex–Ratgebern und Handbüchern wie beim TÜV überprüft wird, werden die Liebenden fähig, sich angstfrei in den Fluß der sexuellen Energien zu stürzen und darin rauschhaft unterzugehen" *(Kneissler)*.

„Der weibliche Orgasmus ist ebenfalls singulär; da er noch relativ unzuverlässig und in mehreren Formen eintritt, ist er wahrscheinlich eine jüngere evolutionäre Errungenschaft" *(Zimmer)*.

„Schimpansenweibchen, die Vortritt am Futterplatz wollten, boten sich Männchen durch sexuelles Präsentieren (Zudrehen der Kehrseite) an und wurden dann auch begattet. Sie setzten ihre Geschlechtlichkeit instrumental ein, um bestimmte Ziele zu erlangen. Darin wird bereits die Anbahnung der Emanzipation weiblichen Geschlechtsverhaltens vom ursprünglichen Zweck der Fortpflanzung sichtbar. Beim Menschen ist diese Emanzipation des Geschlechtsverhaltens sehr weit gediehen. Das menschliche Kopulationsverhalten wurde über den ursprünglichen Zweck der Befruchtung hinaus in den Dienst der Partnerbindung gestellt. Dazu hat sich die Fähigkeit und emotionelle Bereitschaft der Frau entwickelt, einen Mann auch außerhalb der fruchtbaren Tage zu ‹empfangen› und ihm damit eine die Bindung stärkende Befriedigung zu gewähren. Sie erlebt ferner einen Orgasmus, der sie ihrerseits stark an den Mann bindet. Bei den Säugern scheinen sonst nur einige weibliche Primaten etwas dem Orgasmus Vergleichbares zu erleben" *(Eibl–Eibesfeldt)*.

Der *Orgasmus des Mannes* bleibt selten aus, kommt selten zu spät und häufig zu früh (Präcox). Reicht die männliche Sensibilisierung für aufsteigende Säfte und sein Training im Still– und Innehalten anfangs noch nicht aus, um den vorzeitigen Abschuß zu verhindern, so kann frau mit der in der sexualtherapeutischen Literatur (zu?) oft genüßlich zitierten *Squeeze–Technik* (schon bei dem Wort bekommt man(n) eine Gänsehaut) aushelfen. Im richtigen Moment (kurz vor dem Erguß) packt sie seinen Penisschaft unterhalb der Eichel kräftig mit Daumen und zwei Fingern – und drückt derart kunstvoll das Rohr ab, so daß die Lunte bei ihm ausgeht. Abgeregt kann dann von neuem wieder an– und aufgeregt werden.

Haben wir es mit dem Gegenteil zu tun, der *retardierten oder ausbleibenden Ejakulation*, so gilt es, den Herrn etwas zu enthemmen, ihm seine übergroße Zurückhaltung und Hemmung sowie seine ausgeprägte Fixierung auf die vermeintlichen oder tatsächlichen Erwartungen seiner holden Geschlechtspartnerin zu nehmen bzw. ggf. nur für einen auf 1/2 bis 1 Jahr begrenzten Zeitraum hintanstellen zu helfen.

Nun zur weiblichen Lust. Dabei ist im Auge zu behalten, daß der *Orgasmus der Frau* eine wunderschöne Sache ist, aber mit Sicherheit nicht das höchste Ziel sein muß. Dazu haben zu viele Frauen zu selten oder gar nie einen (egal, ob dies auf die vielbeschworene Männerherrschaft der letzten 4 Mio. Jahre zurückgeht oder auf das evolutionär erst recht späte Erscheinen und die etwaige noch rudimentäre Installation des weiblichen Orgasmus). „Denn bei einer Erhebung der Forschungsgruppe SEAT unter 5.000 Bundesbürgern antworteten auf die Frage: ‹Sind Sie sexuell auch befriedigt, ohne Ihren Orgasmus zu bekommen?› fast 40 Prozent aller Frauen mit ‹immer› und ‹oft›. Und 53,4 Prozent der Frauen gaben an, sich nie selber zu befriedigen. Demnach steht der Orgasmus nicht im Mittelpunkt der weiblichen Sexualität" *(Seeling)*.

„Da erstens nur ein einziger Mann die Paarung vollzieht und zudem immer derselbe, bedeutet es für das weibliche Geschlecht keinen besonderen Vorteil, sexuell zu reagieren genau dann, wenn der Mann gerade erschöpft ist. Und so wirkte sich nichts gegen die Entwicklung eines Orgasmus bei der Frau aus. Im Gegenteil: Zwei Faktoren förderten sie sogar sehr stark. Der eine ist die ungeheure Befriedigung, die sie dem Akt der geschlechtlichen Vereinigung mit dem Ehepartner verleiht – und diese wiederum dient, wie alle Vervollkommnungen im Bereich des Sexuellen, dazu, die Paarbindung zu festigen und die Familie als Einheit zu erhalten. Der zweite Faktor wirkte sich dadurch förderlich aus, daß er die Chance der Befruchtung ganz beträchtlich erhöhte. Um das zu verstehen, müssen wir abermals auf unsere Primaten–Verwandtschaft zurückblicken. Wenn ein Affenweibchen vom Männchen besamt worden ist, geht es davon, ohne daß die Gefahr eines Verlustes der Samenflüssigkeit besteht, die sich jetzt im Innersten seines Vaginaltrakts befindet. Denn das Weibchen läuft ja auf allen vieren, die Richtung seines Vaginalschlauchs ist mehr oder weniger horizontal. Wäre bei unserer eigenen Art eine Frau vom Erlebnis der Begattung so unangerührt, daß sie sich ebenfalls unmittelbar danach davonmachen würde, so hätten wir es mit einer ganz anderen Situation zu tun. Sie nämlich geht aufrecht auf zwei Füßen, und die Richtung ihres Vaginalrohres verläuft beim Gehen fast senkrecht: Allein unter dem Einfluß der Schwerkraft müßte die Samenflüssigkeit durch den Vaginaltrakt abwärts rinnen und teilweise verlorengehen. Deshalb bedeutet es einen in jeder Hinsicht großen Vorteil, daß die Frau in horizontaler Lage verbleibt, auch nach der Ejakulation und dem Ende der Begattung. Die starke Reaktion des weiblichen Orgasmus, der die Frau sexuell befriedigt und erschöpft, hat just diesen Effekt. Und deshalb ist er in doppelter Hinsicht von Nutzen...

Die Phase der Begattung ist im typischen Fall sehr viel kürzer als die des Vorspiels. Der Mann gelangt zur Endhandlung, dem Ausstoßen des Spermas, meist innerhalb weniger Minuten, falls er sich nicht bewußt einer Verzögerungstaktik bedient. Während bei den übrigen Primaten die Weibchen in der Abfolge ihres Sexualverhaltens anscheinend keinen Höhepunkt erleben, steht der nackte Affe diesbezüglich einzigartig da: Wenn der Mann den Begattungsakt über eine längere Zeit hinauszieht, erreicht auch die Frau schließlich einen Höhe– und Endpunkt, das explosive Erlebnis des Orgasmus – genauso heftig und die Hochspannung lösend wie beim Mann und auch physiologisch mit dem seinen identisch, ausgenommen lediglich die Ejakulation. Manche Frauen erreichen diesen Punkt sehr schnell, andere überhaupt nicht; im Durchschnitt kommt es dazu zehn bis zwanzig Minuten nach Beginn der Begattung. Diese Diskrepanz zwischen Mann und Frau bezüglich der Zeit, die für das Erreichen des sexuellen Höhepunktes und das Lösen der Spannung benötigt wird, ist sonderbar...

Hier mag genügen, daß der Mann den Faktor Zeit ausschalten und den weiblichen Orgasmus auslösen kann, und zwar entweder durch Verlängern und Steigern der Reizung beim Vorspiel (so daß die Frau bereits vor Einführen des Penis hoch erregt ist); außerdem dadurch, daß er sich während der Begattung verzögernder Techniken bedient und so seinen eigenen Höhepunkt hinausschiebt; ferner durch Fortsetzen der Begattung unmittelbar nach der Ejakulation so lange, bis die Erektion zurückgeht; oder schließlich dadurch, daß er nach kurzem Ausruhen die Begattung zum zweitenmal vollzieht. In diesem Fall ist sein Sexualtrieb bereits abgeschwächt; er wird also ganz automatisch längere Zeit bis zum nächsten Orgasmus brauchen und so der Frau genügend Zeit lassen, auch den ihren zu erreichen. Dem Eintreten des Orgasmus bei beiden Partnern folgt gewöhnlich eine beträchtliche Zeit der Erschöpfung, Entspannung, Ruhe, häufig auch des Schlafes“ *(Morris)*.

Manuelle Stimulation vor, während oder nach dem Koitus bringt's bisweilen mehr als das beste männliche Stück – auch der Mund (und Zunge) sollte nicht gehalten werden. Allerdings Vorsicht: „Viele Männer werden's nicht gleich schaffen. Sie halten die Klitoris nämlich für eine Art Winzling von Penis und behandeln sie entsprechend. Ein Penis verlangt geradezu nach kräftigem Druck (Achtung: erst bei relativ starker Erregung!, der Verf.), während die Klitoris ein empfindliches kleines Biest ist. Wenn man sie zu fest und zu direkt anfaßt, tut sie weh. Man muß sich sozusagen vorsichtig anpirschen“ (*Heimel*).

Noch so ein empfindliches kleines Biest scheint der vielgesuchte (und selten gefundene) *G–Punkt (Gräfenberg–Zone, G–Spot)* zu sein: An der Vorderwand der Vagina liegt die Harnröhre, deren stimulierendster Teil liegt an der hinteren Harnröhre, da, wo sie vom Blasenhals austritt. Diese Stelle soll man mit dem in die Vagina eingeführten Finger an deren Vorderwand spüren können. Drückt oder reibt man sie, „resultiert zunächst ein vorübergehendes Harndranggefühl, das dann in ein sexuelles Lustgefühl übergeht. Gleichzeitig schwillt das stimulierte Gebiet an, wird fester und erreicht eine eiförmige Ausdehnung von etwa 1,5 mal 2 cm... Als Resultat sexueller Stimulierung dieser Zone sind vielfach Ejakulationen einer prostatischen Flüssigkeit aus der weiblichen Harnröhre beobachtet worden... Nach Berichten einiger Frauen wurde der Orgasmus infolge dieser Stimulierung als besonders befriedigend empfunden“ *(Haeberle)*.

Und dann ist da noch die Gruppe der *Pubococcygeus–Muskeln (PCs)* vom Schambein zum Steißbein (die bei Tieren für das Schwanzwedeln sorgt). Diese Muskeln sind beim Menschen für die rhythmischen Kontraktionen beim Orgasmus zuständig. Wenn der PC abschlafft, leidet auch die Orgasmusfähigkeit. Sie lassen sich mittels der nach einem amerikanischen Gynäkologen benannten beliebten Kegel–Übungen trainieren. Angeblich soll's ein bißchen was für die Orgasmus–Fitneß bringen.

Und auf den Trichter mit dem *Ohrläppchen & der Nase* hilft uns *Morris*: „Das jägerische Leben, das uns zu unserer nackten Haut und zu sensiblen Händen verholfen hat, gab uns damit auch größeren Spielraum für sexuell erregende Berührungen von Körper zu Körper, wie sie besonders für das die Paarung einleitende Vorspiel wichtig

Zum *Vortäuschen eines Orgasmus* äußert sich unsere Sex–Lehrerin *Cynthia* in gewohnter Manier rigoros: „Tja, wenn du's unbedingt tun mußt, dann mußt du wohl, aber tu's lieber nicht.“ Recht hat sie, denn wie soll der Alte jemals auf den richtigen Dreh kommen mit

Kitzler, Kitzeln und Kratzen,
Stellung, Schieben und Stoßen,
Warzen, Warten und Weitermachen,
Spielen, Spalten und Spurten,

und vielem mehr, wenn er als Rückmeldung immer nur Theater sieht.

sind, für all das Streicheln, Reiben, Pressen, Tätscheln, das es in dieser Häufigkeit bei anderen Primaten nicht gibt. Außerdem werden so spezialisierte und reich innervierte Organe wie Lippen, Ohrläppchen, Brustwarzen, Brüste und Genitalien hoch sensibel für erotische Berührungsreize. Die Ohrläppchen haben sich offenbar sogar eigens zu diesem Zweck erst entwickelt. In Anatomiebüchern liest man oft, sie seien bedeutungs– und zwecklose ‹Auswüchse›; manchmal hat man sie auch als ‹Überbleibsel› aus der Zeit gedeutet, als wir noch größere Ohren hatten. Aber gerade das kann nicht stimmen. Denn wenn wir uns daraufhin die anderen Primaten ansehen, werden wir feststellen, daß sie gar keine fleischigen Ohrläppchen haben. So sind diese also höchstwahrscheinlich keine ‹Überbleibsel›, sondern Neuerwerbungen; und wenn wir außerdem wissen, daß die sich bei sexueller Erregung mit Blut füllen, anschwellen und übersensibel werden, dann kann es eigentlich kaum noch einen Zweifel daran geben, daß ihre Ausbildung einzig und allein der Schaffung einer weiteren erogenen Zone gedient hat. (Man möge nicht annehmen, das lächerliche Ohrläppchen werde hier überbewertet; es sind Fälle bekannt, und zwar bei Männern wie bei Frauen, in denen allein durch Reizung der Ohrläppchen ein Orgasmus ausgelöst werden konnte.)

In diesem Zusammenhang ist auch unsere vorspringende, fleischige *Nase* interessant, mit der wir nämlich ebenfalls einzigartig unter den übrigen Primaten dastehen. Sie ist selbst den Anatomen derart rätselhaft, daß sie keine Erklärung für ihre Existenz vorbringen können; einer hat sie als ‹Luxusbildung ohne funktionelle Bedeutung› bezeichnet. Demgegenüber ist denn doch wohl nicht recht glaubhaft, daß ein so auffallendes und von der Nasenform bei den Primaten so abstechendes Merkmal sich ohne jede Funktion entwickelt haben sollte. Und wenn man dann liest, daß die äußere Nasenwand ein schwammig schwellfähiges Gewebe enthält, das durch Blutstau bei sexueller Erregung zur Vergrößerung der Nase und zur Erweiterung der Nasenlöcher führt, dann beginnt man zu staunen."

Vaginismus und Dyspareunie erfordern u.U. vor Einschalten der Fingerfertigkeit des Mannes weniger ängstigende Penisattrappen, wie wir sie in den ebenfalls vielzitierten *Hegarstiften* (nicht zu verwechseln mit Hägar's Stift) vorfinden: kleine hohle Stahlstäbe, die desinfiziert (für ganz Ängstliche oder bei promiskuischer Gruppenbenutzung), erwärmt (morgens auf 36,6°, abends auf 36,9° Celsius!) und eingeschmiert (Gleitcreme ohne Sonnenschutzfaktor) mancher Frau sympathischer sind als der kleine Finger des Herrn (wenn schon: Fingernägel vorher schneiden und mit Fingerkuppe bündig feilen, desinfizieren, erwärmen und einschmieren!). So, nun wird die dünnste Einheit gaaaanz langsam und vorsichtig sukzessiv (über 1 bis 5 Liegungen hinweg) von 0,1 bis 10 cm eingeführt und bis zu letztendlich 15 Minuten drin gelassen (spätestens dann ist die korrekte Erwärmung sichergestellt). Das Vorgehen entspricht dabei einer *Systematischen Desensibilisierung in vivo vulva* und kann von *Entspannungsmaßnahmen* (AT, PMR) flankiert sein.

Abgeschlossen wird die therapeutische Experimentierphase mit dem Ausprobieren unterschiedlichster *Stellungen*. Von der altindischen Liebeskunst im Kamasutra bis hin zu *Beate Uhses* Bücher– und Video–Repertoire bieten sich zahlreiche Ratgeber und Bildbände zur Anregung an. Allerdings zeigt die Erfahrung (und nicht nur die des Autors), daß die meisten Stellungen eher eine gymnastische denn eine erotisierende Funktion haben.

Von daher sollte sich keiner diskriminiert fühlen, der recht schnell zu *08/15* zurück kehrt und die nächsten 40 Jahre dabei verbleibt. *Morris* sieht's wissenschaftlich: „Die Stellung vis–a–vis ermöglicht außerdem eine maximale Reizung der Klitoris während der Beckenstöße des Mannes. Gewiß wird sie stets, und zwar unabhängig von der Stellung des Mannes in bezug auf die Frau, passiv gereizt durch die Zugwirkung der Stöße des Mannes; bei der frontalen Paarung kommt jedoch der direkte rhythmische Druck

„Wer den Muskelkater noch in allen Gliedern spürt, denkt vor dem nächsten Stellungsk(r)ampf über eine Alternative nach. Mein Geheimtip: die Missionarsstellung "*(Burges)*.
„Viele ‹Trendsetter› lehnen diese Position als altmodisch ab, doch das ist Quatsch, auf den sie nicht mal selbst reinfallen. Die Missionarsstellung ist große Klasse. Ihr könnt euch tief in die Augen schauen, wenn ihr wollt, und mit den Beinen hast du volle Bewegungsfreiheit. Du kannst deine Hacken um seine Knöchel schlingen oder um seinen Nacken, du kannst die Füße gegen seine Brust stemmen, die Beine um seine Taille winden. Jedes dieser Manöver ist angenehm für beide Beteiligten" *(Heimel)*.

Kontraindikationen sieht Frau *Burges* bei Klaustrophobie der Frau, erdrückendem Übergewicht des Mannes und massiver Emanzipation von beiden („Wenn Sie Feministin sind, denn dann müssen Sie den Rücken frei haben"). Ob die Kirche, personifiziert durch ihre zahllosen, emsig tätigen Missionare, bei der Namensgebung nun Pate gestanden hat oder das Ganze eine Verballhornung der Immissionsstellung ist, braucht uns nicht zu interessieren. *Comfort* lobt sie als „einzigartig befriedigend... unerreicht in ihrer Anpassungsfähigkeit zur Stimmung: Sie kann unbändig heftig oder sehr zart, lang oder rasch, mehr oder weniger tief sein. Sie ist der Ausgangspunkt für alle Stellungsreihen."

der männlichen Beckenregion auf die Zone der Klitoris hinzu, was die Reizung ganz beträchtlich erhöht. Und schließlich spricht auch ein anatomisches Merkmal dafür, daß diese Stellung die für unsere Art naturgegebene ist, nämlich die Form des Vaginalrohrs. Beim Vergleich mit anderen Primaten–Arten stellt sich heraus, daß es deutlich nach vorn gebogen ist, ja sogar stärker gebogen, als man für dieses passive Ergebnis des Überganges zur aufrechten Körperhaltung erwarten sollte. Wäre es jedoch für das weibliche Geschlecht unserer Art wichtig gewesen, seine Genitalien dem Mann für ein Aufreiten von hinten darzubieten, so hätte – und daran kann kein Zweifel sein – die natürliche Auslese diesen Trend schon sehr bald gefördert, und es wäre bei der Frau zur Ausbildung eines mehr nach hinten führenden Vaginalschlauchs gekommen. So erscheint es durchaus einleuchtend, daß die Frontalstellung die natürliche Grundstellung für unsere Art ist. Selbstverständlich gibt es eine ganze Reihe von Abwandlungen, bei denen das Vis–a–vis nicht ausgeschlossen wird: Mann oben, Frau oben, Seite an Seite, im Sitzen, im Stehen und so weiter. Die am besten funktionierende und häufigste ist jedoch die, bei der beide Partner liegen, der Mann über der Frau. Nach amerikanischen Untersuchungen läßt sich schätzen, daß in den USA 70 Prozent der Bevölkerung nur diese Stellung einnehmen; auch solche Personen, die ihre Stellung wechseln, bedienen sich meist der frontalen Grundstellung, und weniger als zehn Prozent machen Gebrauch von Stellungen, bei denen der Mann sich hinter der Frau befindet. Auch eine sehr ausgedehnte Untersuchung an allen möglichen Kulturen und fast zweihundert verschiedenen Gesellschaftsordnungen in allen Teilen der Welt hat zu dem Ergebnis geführt, daß die Begattung von hinten bei keiner einzigen der überprüften Gemeinschaften als das Übliche gilt."

Die Dame darf es allerdings in gesteigerter Erregung nicht verpassen, die inverse *Sandwich–Stellung mit „Sie oben – Er unten"* mehrfach auszutesten: Da reibt sich der Kitzler wunderbar am männlichen Schambein (oder wie immer der knochige Hügel oberhalb des Schwanzes heißt)! Ihm kann sie es ja, falls ihm diese Stellung nicht so paßt, dann hinterher gewendet machen (da schlafft ja nach ihrem etwaigen Orgasmus glücklicherweise nichts ab!).

Wem dieses vorsichtige therapeutische Vorgehen im Rahmen einer Desensibilisierung zu lahm ist (oder Vermeidungsverhalten zu sehr unterstützt und persistiert), mag zu drastischeren Maßnahmen greifen wie dem *massierten Vorgehen* nach *Zimmer II.*: Klienten liegen in Anwesenheit des dezent abgewandten Therapeuten bekleidet auf dem Bett und umarmen sich 20–30 Minuten lang – der Therapeut kämpft in der Zeit mit seiner Schamröte. Oder der *graduellen Annäherung*, bei welcher mild–unangenehme Gefühle (auf Skala von 1–10 solche unterhalb 4–5) von den Klienten für ca. 2 Minuten zu ertragen (habituieren) sind und gewöhnlich in dieser Zeit bezüglich ihrer aversiven Quantität noch weiter absinken. Werden bei diesen forcierteren Vorgehensweisen die Liebenden nicht überfordert, sondern nur gefordert, so ist ähnlich wie in der Angst–Therapie bei den Konfrontationsverfahrenen ein zügigerer und nachhaltigerer Abbau von Ängsten zu erwarten.

In die therapeutische Bredouille kommt man allerdings, wenn der Partner nicht mitmacht, sich getrennt hat oder keiner bzw. noch nie einer da war. Hier stößt der Therapeut in der Übbarkeit seiner therapeutischen Maßnahmen schnell an die Grenzen unserer christlichen Gesellschaft. Die Geschichte mit den *Ersatzpartnern* (ausgewählte, therapeutisch wirkende Prostituierte) haben *Masters & Johnson* nach einer Reihe von Prozessen enttäuschter, therapieunwilliger Ehefrauen und moralisch–christlich–kämpferischer Frauenorganisationen dann auch wieder fallengelassen; auch der renommierte Verhaltenstherapeut *Wolpe* soll mit solchen Frauen gearbeitet haben (hört! hört!). Einer

Missionarsstellung

Wer sich von Vorurteilen befreit, erkennt die Vorteile der Missionarsstellung:

- Sie ist eine hervorragende Ausgangslage. Einmal kann man in dieser Position unkompliziert ins Liebesleben eindringen. Zum anderen hilft sie als Ouvertüre, sich aufeinander einzustimmen und den gemeinsamen Rhythmus zu finden. Deshalb fehlt sie auch bei keiner Premiere: Sowohl beim allerersten Mal als auch beim ersten Mal mit einem neuen Mann nimmt die Missionarsstellung eine Spitzenposition ein. Gerade wenn man einander noch nicht intimer kennt, ist dies ein sicheres Terrain.
- In keiner anderen Liebeslage kann man den geliebten Körper so intensiv spüren: Brust, Bauch, Beine – totale Deckung.
- Weil die Köpfe in gleicher Höhe sind, ist die Kommunikation von Mund zu Mund, von Mund zu Ohr, von Mund zu Hals eine der einfachsten Übungen (gell, Frau Barber!). Küsse oder Worte können über kürzeste Distanz ausgetauscht werden.
- Wer die Augen nicht verschließt, kriegt Eros in all seinen Erscheinungen zu Gesicht: entrückt, liebevoll, animalisch.
- Und von wegen passive Lage für die Frau! Sie hat die Hände frei, um – wenn sie will – alle Hände voll zu tun zu haben. Seine gesamte Rückenpartie bietet sich ihrem Zugriff. Und sie hat Beinfreiheit, um den Lustdruck zu regeln. Sie kann ihn sanft umschlingen oder ihn in die Zange nehmen – und streicheln, soweit die Füße ragen.
- Die Missionarsstellung hilft schließlich aus der Zeitnot. Beim Quickie, wenn's auf die Minute ankommt, will man nicht erst die ganze Garderobe ablegen und sich nicht unnötig verknoten. Klar, schnell und eindringlich muß es sein.

Und wenn Ihnen die rein sexuellen Vorzüge noch nicht reichen, dann garantiere ich: In der Missionarsstellung lieben Sie auf Nummer Sicher! Denn die Krankheits– oder Unfallgefahr ist gleich Null:

- Zerrungen und blaue Flecken bleiben aus (es sei denn, ein Verkehrsrowdy kommt über Sie).
- Ihr Gleichgewicht wird nicht gestört.
- Die Sexakrobaten haben Schnupfen – Sie haben Deckung gegen Zugluft. Vor allem im Nieren– und Beckenbereich.

Egal, was Sie sonst noch in petting haben – winden Sie sich nicht lange. Die Missionarsstellung gibt Ihnen Rückendeckung. Sie werden platt sein!

Burges

Stellungnahme zu dieser Vorgehensweise muß ich mich in Anbetracht der durch Aids noch verschärften Tabuisierung und Sanktionierung des ältesten Gewerbes enthalten.

Es gibt aber auch Methoden, sexuelle Hemmungen und Ängste mit *Singles* zu mindern und zu lindern. Vorstellungsübungen im Sinne eines Angstvorwegverarbeitungstrainings (vormals: Systematische Desensibilisierung) können im Rahmen des reichhaltigen Angebots an Pornofilmen plastisch unterstützt werden, sollten aber nicht zu extensiv betrieben werden, da es sonst zu einer Adaptation des Erregungsniveaus an diese geringe visuelle Stimulation kommt – und der Sympathikus dann bei der Reizfülle später im Bett voll zuschlägt! Das ist überhaupt ein Problem bei der Anwendung von Angstmaßnahmen auf die Sexualität: Dürfen sie geil machen, oder geht dann alles in die Hose?

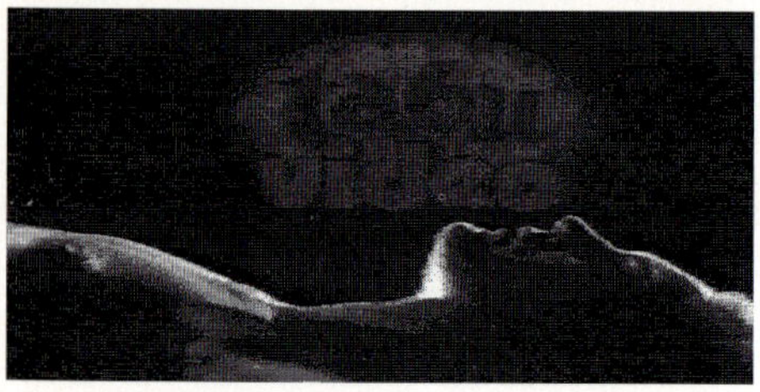

Masturbation

Was weiterhin, in Maßen betrieben, etwas lockern kann, ist Masturbation (*help yourself*). „Die Masturbation bietet zwar keinerlei ‹Partnerreize›, ist aber sehr viel leichter zu vollziehen und kommt dementsprechend sehr viel häufiger vor: Die Schätzungen der Zahl derer, die irgendwann in ihrem Leben einmal onaniert haben, belaufen sich auf 58 Prozent bei den Frauen und auf 92 Prozent bei den Männern. Wenn all diese für das Weiterbestehen der Art unnützen Handlungen stattfinden, ohne daß sie das Fortpflanzungsvermögen des betreffenden Individuums auf lange Sicht beeinträchtigen, dann sind sie harmlos. Sie können sogar biologisch vorteilhaft werden, dann nämlich, wenn sie daran mitwirken, sexuelle Verklemmung zu verhindern, die oft genug zu sozialen Mißhelligkeiten führt. In dem gleichen Augenblick aber, in dem sie eine sexuelle Fixierung verursachen, werden sie zum Problem“ *(Morris)*. – *Diogenes* onanierte noch mitten auf dem Marktplatz – Kinder auf Gemälden, sogar der viktorianischen Ära, mitten auf der Straße. Von der kirchlich organisierten und unters Volk gebrachten Anschauung, daß man dadurch wahnsinnig oder wenigstens dumm wird, Rückenmarksschwund bekommt, in jedem Falle aber für die Mannesblüte nicht mehr genug Samen übrig bleibt, ist man glücklicherweise wieder abgekommen.

„Von solch düsteren Prophezeiungen einmal abgesehen, ist der Ruf nach haushälterischem Umgang mit den Ejakulationen niemals ganz verstummt. Durch die Jahrhunderte zieht sich die bange Frage, wieviel ‹Schuß› man denn wohl habe, und die nagende Ungewißheit, ob der Vorrat auch ausreiche. Mit dem Wahlspruch ‹immer ans Alter denken›, mag mancher alte Herr, der in Jünglingsjahren ordentlich sparsam mit dem ‹Pulver› umgegangen war, herbe Enttäuschungen erlitten haben“ (*Korte*).

Demgegenüber hat sich der idiotische, medizinisch durch rein gar nichts zu untermauernde Glaube, daß der Geschlechtsverkehr (und natürlich auch der selbsterzeugte Samen(v)erguß) den Mann seiner Kräfte beraube, durch fast alle primitiven Kulturen bis hin in unsere emotionale Oberprimitivkultur erhalten: Vor typisch männlichen Unternehmungen wie Kämpfen, Jagen, Fischen, Boxen und Fußballspielen haben die Männer ihren Samen bei sich zu behalten. Allenfalls Könige, Kaiser und Präsidenten der Vereinigten Staaten dürfen ihn täglich ergießen – diese natürlich weniger ins Taschentuch als vielmehr in den Schoß einer zumeist amtlich ausgesuchten Schönen (woraus der Schluß zu ziehen wäre, daß entweder der Samenerguß Geist und Körper doch nicht allzusehr schade oder man beides für die Ausübung dieser Ämter nur in geringem Umfange benötigt).

„Wollust und übermäßige Hingebung an die gesteigerten Mahnungen des Geschlechtstriebs ist der vorzüglichste Zerstörer der Schönheit geworden; die Onanie in der Jugend, der zu zeitige und maßlose Geschlechtsumgang im frühreifen und reiferen Alter hat unzählige Schönheitsanlagen verwüstet und aus ursprünglich ausdrucksvollen und anmutigen Gesichtern sehr bald bleiche, beschattete, gefurchte und erschlaffte gemacht. Unzählige Ruinen bezeichnen die Spur dieses Triebes. Wie unendlich viele Schönheiten durch Onanie zugrunde gehen, oder im Eheleben durch Wollust schnell zum Abwelken gebracht werden, kann der vertraute Familienarzt am Besten beurteilen, aber man braucht nur in das sociale Leben zu blicken, um die fortschreitenden Wirkungen der zerstörenden Unmäßigkeit dieser Art in den Erscheinungen junger Eheleute zu erkennen und aus den Gesichtszügen und der Haltung junger Mädchen und Jünglinge den physischen Wurm ihrer Körperlichen und seelischen Hinfälligkeit zu errathen“ (*Klencke*).

Wie geht's aber? Männer streicheln, kneten, reiben, drücken, meist mit einer Hand, ihren Penis. Die andere freie Hand blättert dabei entweder die Seite des Pornoheftes um oder kann dazu benutzt werden, weitere erogene Zonen des Körpers zu stimulieren.

Um die sexuelle Erregung insgesamt zu intensivieren, wird manchmal der Hodensack in die Hand genommen oder ein Finger in den Anus eingeführt. Die Sache mit dem Anus ist heutzutage so eine Sache – und das nicht nur beim Onanieren, sondern vielmehr auch beim Bumsen: „In unserer reinlichkeitsbetonten Kultur mit ihrer starken Unlust an den Ausscheidungsvorgängen ist die Erregbarkeit im Analbereich oft psychisch stark eingeschränkt. Tabus oder Peinlichkeitsgefühle können die natürlichen Reaktionen hier blockieren" *(Schwabenthan). Eine* Masturbationstechnik ist dabei wirklich schädlich: *Wichsen ohne Erektion* (das geht!). Das ist ein Gegentraining gegen jeden späteren Beischlafversuch.

Ein bißchen aufwendiger gestaltet sich das weibliche Masturbieren: Beidhändig werden die ganze Vulva (*Bornemann*: „Becher, Fleischtopf, Pfanne, Feige, Pflaume, Zwetsche, Saftpresse, Mundloch, Harfe, Quetschkommode, Rührtrommel, Spieldose, Spielbank"), die Klitoris, die kleinen Schamlippen, bisweilen auch die Brustwarzen gestreichelt. In die Vagina werden dabei die Finger nur eingeführt, „um einen festen Halt für die Hand zu bekommen, mit der dann die äußeren Geschlechtsorgane stimuliert werden" *(Haeberle)*.

Die Masturbation ist bisweilen sogar die Ultima ratio, z.B. nach stundenlangem Herumknutschen im Park oder leichtem bis mittelschwerem Petting ohne Samenerguß. In diesen mißlichen Fällen kann es bei der holden Männlichkeit zu einem sog. *Samenstau* führen, der dem Verfasser dieses Werkes um Haaresbreite ob seiner Schmerzhaftigkeit und einer schmerz– und testosteronbedingten Ohnmacht den Blinddarm gekostet hätte. Herunter vom OP–Tisch und unter Schmerzen nach Hause ins heimische Bett, war dem Spuk schnell im Handbetrieb ein Ende bereitet. *Frau Irene* klärte Jahre später im Wartezimmer eines Arztes die eigene wie auch die Unwissenheit des behandelnden Chirurgen auf.

Das Herumfuhrwerken in der Vagina mit Fingern, Kerzen, Gurken oder Bananen findet nur in Pornofilmen und Männern zu Gefallen statt. Was allerdings bei Frauen gut funktioniert, ist der Schenkeldruck auf Pferd wie auf Fahrrad („Manche Frauen können sogar beim Fahrradfahren einen Orgasmus bekommen", *Haeberle*). Das Reiben der Geschlechtsorgane an Gegenständen wie Kissen, Handtüchern, Bettbezügen oder Matratzen betreiben beide Geschlechter mit Erfolg. Elektrische Masturbationsgeräte für Männer, Vibratoren und Metallkugeln für Frauen vervollständigen mit zweifelhafter Wirkung das Technik–Programm.

Sexualtherapie

Einer intensiven Therapie sollte ein gradiertes System von therapeutischem Filtern und Sieben vorangestellt werden, wie es z.B. *Annon* in seinem *PLISSIT–Modell* entwickelt hat. In den meisten Fällen sexueller Schwierigkeiten reicht die moralische Erlaubnis und mitmenschliche Beruhigung (*Permission*), um sexuelle Ängste, Schuldgefühle und Hemmungen soweit zu dämpfen, daß die sich entwickelnden sexuellen Aktivitäten den Rest besorgen. Zeigen sich die Klienten nur hiervon noch wenig beeindruckt, schreitet der Therapeut zur nächsten Tat: der begrenzten Information (*Limited Information*) über sexuell relevante Anatomie und Physiologie. All das tun wir hier in diesem Kapitel. Die nächste Stufe machen spezifische Anregungen und Vorschläge für Übungen aus (*Specific Suggestions*), wie ich sie im folgenden darstellen werde. Erst die wahrlich wenigen Patienten, die durch die Maschen dieser Sexualakrobatik durchfallen, bedürfen einer intensiven Therapie (*Intensive Therapy*). Dabei stehen Partnerprobleme, Probleme im Umgang mit Aggressionen, massive moralisch–sexuelle Ängste, Traumata oder eine ausgekochte Selbstwertproblematik zur Klärung und Therapie an. Nur im äußerst seltenen Fall einer eigenständigen Sexualproblematik empfiehlt es sich, eine *Systematische Desensibilisierung* oder ein *Interventionspaket* nach *Masters & Johnson* vor dem Einführen durchzuführen.

Doktorspiele für Erwachsene nennt *Haeberle* spielerische Übungen der Partner in Scheide („Finger im Uhrzeigersinn kreisen lassen" – Therapeuten wie *Hartman & Fithian* in Los Angeles machen es vor) und an Penis („auf empfindliche und unempfindliche Stellen abtasten").

Das Prinzip bei diesen Methoden ist, daß man Angst (Beratung, Informationen, schrittweises Üben) und Leistungsdruck (teils paradoxes, teils ernsthaftes Beischlafverbot) vermindert, Entspannung durch psychisches Training (Progressive Muskelrelaxation, Autogenes Training) oder Beruhigungsmittel (Methohexital–Natrium,) verstärkt und die Liebenden schrittweise vorsichtig aufeinander zuführt (Desensibilisierung in vivo, sensate focus).

Das in neuester Zeit vielzitierte und epidemisch verbreitete *LM–Syndrom* (Lust–Mangel, nicht Leck–mich!) ist, trotz der sexuellen Betroffenheit, nur schlußendlich eine sexuelle Störung. In diese innere Weigerung (bei Frauen verbreiteter als bei Männern, in den USA als *Inhibited Sexual Desire* die heute schon am häufigsten festgestellte sexuelle Störung) fließen die trüben Quellen der heutigen Hektik, sozialen Isolation, subdepressiven Antriebs– und Aktivitätslosigkeit, Aggressionshemmung & entsprechender –stau, Umweltverschmutzung, Fehlernährung, Überforderung durch Unterforderung usw. usf. Betroffen sind vor allem berufstätige Paare: Karriere und Streß lassen ihnen keinen Raum, keine Muße und keine Kraft mehr für sexuelle Aktivität.

Sexuell gestörte Beziehungen

Konzept und Technik der Paartherapie

Herausgegeben von
G. Arentewicz · G. Schmidt

Unter Mitarbeit von
R. Bulla-Küchler · U. Clement · M. Gaschae
M. Hauch · F. Pfäfflin · G. Thiessen-Liedtke
I. Wickert

Springer-Verlag
Berlin Heidelberg New York 1980

Indikationen für psychotherapeutische Maßnahmen sind nach Ausschluß organischer Ursachen: Erektionsstörungen (Hänger, Wachstumsschwierigkeiten, Dehnungsprobleme), verfrühte, verspätete oder ausbleibende Ejakulation (Früh– vs. Spätzündung, Ladehemmung), Vaginismus (gedrückte Verhältnisse, Schwanzklemme), Dyspareunie (Schmerzen während oder nach dem Geschlechtsverkehr).

Arentewicz & Schmidt arbeiteten folgende, von mir darstellerisch stark verfremdeten Schritte in der Therapie funktioneller Sexualstörungen aus – und stellten diesem *Standardprogramm* Zusatzübungen für einzelne Störungen zur Seite: Masturbation, Vaginismus, vorzeitiger und verzögerter Samenerguß. Jeder Abschnitt umfaßt mehrere Sitzungen, Koitusverbot gilt bis zum Erreichen der entsprechenden Stufe rigoros, allenfalls Selbstbefriedigung ist erlaubt. Die Wahrnehmung der Partner soll dabei ausschließlich auf das *eigene* Erleben und Empfinden gerichtet sein.

Streicheln 1:
Täglich 1/2 bis 1 Std., alternierend für jeweils 5 Minuten mal er, mal sie, nicht unter der Bettdecke (und nicht Samstagvormittag in der Fußgängerzone), im Hellen und nackt wie Gott (oder wer das auch immer verbrochen hat) uns schuf, auf dem Bauch, auf dem Rücken, alles – nur Schwanz, Muschi und Brüste nicht! Mit Hand, Finger, Mund, Zunge, Fuß und Ellenbogen! Gipfel dieses Übungsparts ist das gemeinsame Baden sowie das gegenseitige Einseifen und Eincremen. Bei alledem dürfen schon live (und nicht erst in der nächsten therapeutischen Sitzung) *Rückmeldungen* vermittels „Ah!", „Ih!", „Ba–ba", „Owa!", „Booa!", „Oh!", „Au!", „Mach's noch einmal, Sam" übermittelt werden. Diese werden dann off line in etwas gesetzterer Sprache Tage später dem begierigen Therapeuten übersetzt, der seinerseits weitere Hilfestellungen gibt, Ermahnungen und Ermutigungen ausspricht: „Weiter so!", „Lassen Sie das!", „Das ist Ihr gutes Recht!", „Warum nicht!", „Probieren Sie es mal so rum!".

Alle diese lustvollen Synonyma lauschte *Bornemann* dem Volksmund ab.

Streicheln 2:
Nun wird der männliche „Begeisterungsknüppel, Bettzipfel, Blitzableiter, Brunzrüssel, Damenstift, Eierschläger, Feuerlöscher, Gebärvater, Hammer, Lötkolben, Lustzapfen, Pimmel, Quasimodo, Schwellkörper, Stecken, Wempling, Wetzkegel, Zebedäus, Zinken oder Zitteraal" platonisch mit einbezogen; genauso natürlich Frauchens „Bitschigogerl, Düse, Einstiegsluke, Feuerofen, Freudental, Liebesmuschel, Nadelöhr, Pfefferdose, Pflutsche, Poschemine, Stoßspalte, Vögelnest, Wundertüte und Zwutscherl". Auch darf nun endlich ein wenig mit weichen Teilchen („Brüstung, Gedütt, Oberbau, Wonnebibber, Titten und Reizwellen") gespielt werden. Das Streicheln sollte in dieser Phase noch nicht zielgerichtet sein auf Erregung, Koitus, Orgasmus, sondern ein eigenständiges lustvolles Erlebnis sein (hoffentlich brennt da keinem die Sicherung durch!).

Erkundung:
Weiter geht's mit Hügel– und Höhlenforschung. Penisschaft, Eichel und Eier gegen Schambein, –lippen und Kitzler. Große Inspektion mit Äuglein, Fingerchen, Lippen und Zünglein. Die Partner sind wieder sukzessiv (nicht simultan) Forscher und Erforschte(r). Sind beide nicht ganz verklemmt, so dürfen Infos und gar Anleitungen zur Masturbation gegeben und getauscht werden.

Immer noch soll nicht erregt werden, was mir etwas ausgebufft erscheint (aber wenn's hilft: „Packen wir's an". Glüht der Kolben und das Feuerloch, so wird schön stillgehalten, bis der Anfall vorbei ist, und dann erst geht's weiter. Auf gar keinen Fall aber wird irgend etwas irgendwo reingesteckt – verstanden!).

Stimulation:
Ran an die Buletten. Es darf gereizt werden, daß die Schwarte kracht. Alle Körperteile dürfen benutzt werden. Alles außer dem Einen darf versucht und erreicht werden. Der Vulkanausbruch sollte aber nicht stattfinden. Ein Spiel mit dem Feuer, wie es sonst nur völlig ausgebuffte Lust–Gourmets treiben: Erregung hoch – runter, wieder hoch, wie-

der runter (was dabei sonst noch hochgeht, sollte ihm aber vor wie nach völlig wurscht sein!). Erst in der fortgeschrittenen Übungsphase darf (muß aber nicht!) mal so ganz verhalten gefeuert und gespritzt werden. Alles ohne Leistungsdruck – völlig egal, wie's läuft! Hauptsache, es macht ein bißchen Laune.

Introduktion:
Das Einführen ist ab jetzt erlaubt, aber kein Muß. Hier weiche ich nun (und nicht nur in der gewagten Darstellung) etwas von den Autoren *Arentewicz & Schmidt* ab. Der Mann auf dem Rücken, und die Frau reitet – wie die Autoren das empfehlen –, das ist nach meinen (unseligen) Erfahrungen (und denen von so beschlagenen Autoren wie *Burges, Comfort* oder *Heimel*) nicht die leichteste Position für die Frau zur Entspannung und für den Mann zum Reindrücken. Das geht bei 08/15 immer noch am besten: Sie liegt mit weit geöffneten Schenkeln, und er drückt seinen Knuddel irgendwie hinein. Dann erst mal Ruhe (ich lese da immer noch was von Erregung–Halten und so – so ein Quatsch, nach meinen obigen erleuchtenden vegetativen Ausführungen: Ruhe muß einkehren, das ist's). Und dann empfehlen unsere beiden Autoren weiter, keinerlei Koitus–Bewegungen zu machen: wieder danebengetippt! Schön langsam und in aller Seelenruhe ein bißchen *schieben und ziehen*. Dabei kann die Liebste sogar die Beinchen schließen, um die Reibungsfläche zu erhöhen. Und bloß nicht zuviel Gleitcreme und Speichel vorher schmieren (wie unsere Autoren wieder nicht ganz richtig empfehlen); das verringert doch die wechselseitige taktile Stimulation. Es ist gar nicht so schwer! Wir brauchen für den Vorgang viel *parasympathische Ruhe* und eine gehörige Portion der Sympathikus–Aktivität angemessene *taktile Stimulation*. Ist die Verkrampfung der Scheide tatsächlich so stark und die Lubrikation tatsächlich so weg, daß es unserem Liebespaar weh tut, dann natürlich ran mit der Gleitcreme. *Sie* darf in diesem Falle dann auch schon mal im Vorfeld ein bißchen mit den Hägarstiften spielen.

Hat die *Frau* die größeren Ängste als er, und steht sein Luststengel ein wenig, *dann* sollte sie reiten und die Sache federführend in die Hand nehmen. Das nimmt ihr Penetrationsängste. Hat *er* die größeren Erwartungs– und Leistungsängste, so hängt viel von ihrer Gelassenheit, Geduld, Ruhe, Freundlichkeit und Fingerfertigkeit ab. Ruhe und Geduld ausstrahlen und dabei so ganz nebenbei sein Liebstöckl gerade so hart anfassen, daß es ihm nicht weh tut, vielleicht die Eichel – nicht ohne Vorhaut dazwischen – berühren, aber ansonsten schon munter ans Werk gehen: mal betörend langsam, dann wieder furios schnell und kräftig. Dazwischen vielleicht immer mal wieder ein Päuschen einlegen zum Abregen und Aufbauen. Schamhaargenau das gleiche gilt vice versa mit geringfügigen technischen Abwandlungen für die beklommenere Dame. Mal mit den Fingerchen, dann wieder mit der Schwanzspitze ganz vorsichtig und behutsam hinein in das Venusgebirge. Wenn *sie* möchte, auch mal etwas fester zupacken und zustoßen. Das wär's dann!

Furioso:
Nun verlassen wir unsere Lehrmeister und üben selbst. Flutscht *er* rein, tut *ihr* das nicht mehr weh, so kann munter drauflos gebumst werden. Ist es *ihr* zu wild: piano; fühlt *er* die Säfte zum Abschuß steigen: pianissimo (Stop–and–go). Schlafft *er* ab: forte, schläft *sie* ein: fortissimo. Und dazwischen können durchaus mal Pausen liegen – ja es darf sogar zwischendrin geschlafen werden, wenn beide es wünschen (oder die sympathikotone Lage eines der Partner es erfordert). Ob die Partner sich auf die Höhe des Orgasmus aufschwingen wollen, voreinander lieber masturbieren oder ein Ausklingen mit Streicheln und Beieinanderliegen vorziehen, sollte auch in dieser letzten Phase noch freigestellt werden – alles, um den Leistungsdruck draußen zu halten (Erektion, Lubrikation und Orgasmustiming werden es danken).

Jetzt kommt das heikelste Kapitel: „Hinein in's Naß mit Bade–da…". Da darf jeder Schuhanzieher benutzt werden. Für das Weibchen gilt: „Macht hoch die Tür, die Tor macht weit", für das Männchen: „Jetzt kommt der H…" – lassen wir das.

Geübte Frauenfinger sollen sogar noch bei einem Truck–Driver nach 600 völlig entnervenden und überreizenden Kilometern auf diesem vibrierenden Bock eine einführungsfähige Erektion hervorzaubern!

Restriktionen

Ein allzu frommes Elternhaus, häufige oder wenige tiefsitzende Beschämungen, doppelte elterliche und gesellschaftliche Moral (Sexualität ist nach außen hin schlecht und unanständig und gefährlich und und und – hinter vorgehaltener Schlafzimmergardine macht sie aber insgeheim einen Rest von Spaß), nach dem 7. Lebensjahr langwährende Frustration sexueller Bedürfnisse und vieles mehr kann einen unbescholtenen Menschen so weit bringen, daß er nicht nur den von ihm sog. Geschlechtsverkehr mit äußerstem Unwohlsein betrachtet, sondern in toto seinen ganzen Körper (und den möglicher Sexualpartner natürlich auch). Das drückt sich nun nicht darin aus, daß er sich weigert, im Freibad öffentlich die Hose runterzulassen, sondern eher dort, wo sich noch Sexualität abspielt: im Bett. Für das Freundschaftschließen mit dem eigenen Körper bietet *Zimmer II.* folgende Übungen an:

Spiegelübung: Haben wir keinen Menschen parat, der uns pausenlos sagt, daß wir den hinreißendsten Body dieser Hemisphäre zur Schau tragen (oder mißtrauen wir diesem), so ist ein Spiegel ganz hilfreich, der uns unser nacktes Alter ego vor Augen führt (15 Min. pro Tag genossen, stimmt uns der Anblick schon nach Tagen versöhnlicher). Auch ein solcher über dem Bett an der Decke oder ein Ganzkörperspiegel im Badezimmer, verbunden mit dem nackten Schlafen und Umherlaufen im Bad, tun das ihrige. Zur korrekten Übung gehört jetzt nur noch das besinnliche, wohlwollende Reflektieren der aufkommenden Gedanken und Gefühle, die gelassen wahrgenommen werden sollten. *Haeberle* gibt sich (trotz deutscher Abstammung und Sozialisation) wieder amerikanisch–forsch und empfiehlt durchaus die Anwesenheit und Mitwirkung des Therapeuten bei dieser Übung (ich glaube, ich würde in Marburg/L.–Deutschland von den Kollegen in Zusammenarbeit mit meiner Ehefrau gesteinigt, wenn ich dies täte). *Erickson* praktizierte sie auch: „Dem anwesenden Therapeuten sagt dieses Verfahren viel über das Körpergefühl und die Selbsteinschätzung eines Patienten, denn oft glauben körperlich sehr attraktive Menschen, daß sie häßlich seien, oder völlig normal gebaute Menschen sind ohne vernünftigen Grund mit bestimmten Körperteilen unzufrieden. Die Übung bringt also nicht selten ganz überraschende Dinge zur Sprache und wirkt dadurch entlastend oder sogar befreiend. Außerdem kann sie helfen, Mißverständnisse zwischen den Partnern aufzudecken und zu beheben. Letzten Endes wird damit auch die sexuelle Kommunikation verbessert."

„Guten Tag! Ich bin Dein Schwänzchen. Ich bin zwar klein, aber oho. Wenn ich wachse, erreiche ich vielleicht das Doppelte meiner Größe – das reicht sogar, die Riesendame ‹Ada› zu befriedigen. Manchmal hänge ich gar traurig in der Gegend rum, dann wieder wippe ich lustig wie ein Blumenstengel. Mein blauroter Pilzkopf ist zum Anschaun etwas gewöhnungsbedürftig, aber eigentlich gar nicht so unansehnlich, wie mir der/die… immer weismachen wollte…" Tja, so könnte es gehen!

Körperliches Zwiegespräch: Diese Übung ist noch lustiger. Stellen Sie sich vor, Sie unterhalten sich mit Ihrem Penis/Ihrer Muschi/Ihren Brüsten/Ihrem Po/Ihren sexy Schultern oder noch ganz anderen Körperteilen. Ein solcher Dialog kann manche Mißhelligkeit aus dem Wege räumen.

Auch *Informationen* über Größen, Tiefen, Schwächen, Mängel, Normen und Stärken können manche entgleiste Kognition wieder ins Lot bringen. Glieder müssen verdammtnochmal nicht groß und fest sein, Scheiden nicht weit oder, wahlweise, eng, Busen und Pobacken nicht prall, Bäuche nicht weg, Hände nicht warm, Schlünde nicht tief, Achselhöhlen nicht trocken, Orgasmen nicht da oder gleichzeitig, Puls nicht ruhig und Finger nicht nichtzittrig. Wenn's so ist: o.k. Wenn's nicht so ist: genauso o.k.

Die von mir so gern verordneten *sexuellen Lockerungsübungen* finde ich bei *Haeberle* wieder unter dem ominösen Code SAR (*Sexual Attitude Restructuring*). So schlimm, wie sich das anhört, ist es gar nicht! Die Amerikaner haben hierzu spezielle Filme und Videokassetten mit „Dokumentarfilmen, aufgenommen mit gewöhnlichen Menschen (nicht mit Schauspielern), ohne Drehbuch, ohne Regie und ohne vorgefaßte Meinung

Macht Gewalt gewaltig Lust?
Für viele Paare ist Aggression schlagender Beweis ihrer Zuneigung. Charlotte Seeling meint, daß die Lust auf Gewalt in jedem von uns steckt.

... In unserem Sprachgebrauch gilt alles als Gewalt, womit man einem Menschen weh tut. Das kann ein böses Wort genauso sein wie eine Ohrfeige. Wir haben uns angewöhnt, in der Gewalt nur eine zerstörerische Kraft zu sehen, und wer sie einsetzt, gilt als böse. Was ist dann aber mit der Mutter, die ihrem Kind auf die Hand schlägt, damit es nicht den heißen Herd berührt? Handelt sie nicht aus Liebe? Also muß die Gewalt der Liebe nicht unbedingt abträglich sein. Und der Lust kann sie ganz sicher förderlich sein! Die nämlich pflegte immer schon die enge Nachbarschaft zur Gewalt – und profitierte von den Grenzüberschreitungen. Was wir zivilisierten Menschen gar nicht gern wahrhaben wollen. Aber unversehens verraten wir uns dann doch. Wie kommt es sonst, daß bei allen Umfragen die Versöhnung im Bett als besonders befriedigende Begegnung bezeichnet wird? Wir geben das sozusagen als Beweis dafür an, daß es uns glücklich macht, wenn wir gut miteinander sind. Aber ist es in Wahrheit nicht die Tatsache, daß wir bös zueinander waren, die den Versöhnungsfick so aufregend macht? Gerade weil man sich vorher mit Worten und vielleicht sogar Tätlichkeiten verletzt hat, umarmt man sich mit solcher Heftigkeit. Es ist der Versuch, den Verlustängsten mit Einverleibung des Partners zu begegnen. Da wird nicht selten geklammert und gebissen, daß es weh tut! Welch schöner Schmerz! Da wünscht sich keiner, daß er nachläßt – erhöht er doch die Lust erheblich...

Eine Erfahrung, die jeder kennt. Und doch behaupten wir, daß nur Perverse an der Gewalt beim Sex Gefallen finden können. Denn Gewalt bedeutet Gefahr, und die Liebe heute hat ein risikoloses Geschäft zu sein, ein Garant für ungetrübte Glücksgefühle. Entsprechend erwarten wir von der Erotik, daß sie konsumierbar sei wie Kaviar: Genuß ohne Reue garantiert...

Wir haben die Erotik zum Sex reduziert, gereinigt von allem Verpflichtenden und Gefährlichen. Und die Gewalt haben wir ganz ausgesperrt.

Aber sind aus reißenden Wölfen deswegen Lämmer geworden? Begegnen wir uns nur noch, um uns gegenseitig Gutes zu tun? Der amerikanische Psychoanalytiker Robert Stoller glaubt das nicht. Er behauptet, „... daß feindselige Gefühle offen oder verborgen – die sexuelle Erregung erzeugen und steigern und daß ihre Abwesenheit zu sexueller Indifferenz und Langeweile führt." Das paßt natürlich nicht in unser Bild von der lieben Liebe. Und erst recht nicht zu unserer Auffassung von Gleichberechtigung. Da sollten Besitzanspruch und Kampf, Macht und Gewalt, Unterdrückung und Unterwerfung ja abgeschafft sein. Aber verträgt das Ideal der Liebe nur Friede, Freude, Eierkuchen?

Wenn es denn so ist, dann darf es nicht wundern, daß bei der lauteren Liebe die Lust leicht auf der Strecke bleibt. Denn Aggression und Erregung sind offenbar nahe Verwandte. Jedenfalls schrieben die amerikanischen Psychologen Seymour Feshbach und Neal Malamuth nach einer Reihe von Tests an der Universität von Kalifornien in Los Angeles: „Wir haben herausgefunden, daß die Darstellungen von Aggression in Büchern, Magazinen und Filmen die Höhe der sexuellen Erregung von Menschen steigern können und daß umgekehrt Materialien, die sexuell erregend sind, zu aggressivem Verhalten reizen."

Zu den Versuchspersonen gehörten Frauen ebenso wie Männer – und sie reagierten kein bißchen unterschiedlich. Auch die Frauen waren nach dem Lesen erotischer Texte so weit enthemmt, daß sie einen Assistenten gnadenlos mit Stromstößen traktierten (daß die Leitung unterbrochen war, wußten sie nicht). Die Frau, das friedfertige Wesen? Da sind erhebliche Zweifel angebracht...

Haben wir vergessen, daß ohne ein gewisses Maß an Gewalt gar keine Annäherung möglich ist? Im Grunde genommen geht jede Umarmung schon zu weit. Sogar ein Tier beansprucht einen gewissen Kreis um sich herum als Privatsphäre. Jeder Dompteur weiß das. Nur wenn es ihm gelingt, in diesen Kreis zu treten, ohne angefallen zu werden, wird ihm auch die Dressur gelingen. Ein Risiko ist immer dabei. Und so ist es auch beim Menschen. Um ihm nahezukommen, muß ich ihm erst einmal zu nahe treten – das ist ein Akt der Gewalt, der mit Gefahr verbunden ist.

Natürlich: Wir Menschen können uns durch die Sprache verständigen. Aber sollen wir vor jedem Schritt fragen, ob er auch gestattet ist? Wer mir so kleinmütig käme, dem würde ich schon aus Trotz ein Nein entgegensetzen. Wer nicht wagt, der soll mich nicht gewinnen...

Das Begehren lebt von der Verweigerung. Und die Lust von der Vergewaltigung. Ich weiß, dieser Satz ist eine Ungeheuerlichkeit. Aber ich meine nicht jene ganz gemeine Gewaltanwendung, mit der eine Frau gegen ihren Willen zum Verkehr gezwungen wird. Ich meine vielmehr, daß die Vereinigung auch mit Zustimmung immer noch ein Akt der Gewalt bleibt... Das Eindringen ist nun einmal eine Aggression, und wer jede Form der Gewalt verabscheut, muß gegen die Penetration sein. Aber wird Sex dadurch schöner?

Eher scheint es, als ginge die Lust dadurch verloren. Und zwar nicht nur den Männern, die sich als Softies zum Kuschelsex bekehrten. Auch die Frauen selber fanden die reinen Streichelarien nicht lange aufregend. Den Softie freilich kann man nicht auffordern: „Nun lang doch mal kräftig hin." Er entzieht sich dem Zugriff. Die Frau, die nicht länger Sexobjekt sein will, ist deswegen (noch) nicht in der Lage, selber Objekte zu bilden.

Sind wir Frauen nicht zum Begehren fähig? Ohne Aggression geht das nicht. Und daran mangelt es uns auch nicht... Unsere Aggressionen richten wir meist nicht nach außen, sondern nach innen. Statt sie gegen andere auszuagieren, wandeln wir sie in Schuldgefühle um. Aber unter veränderten Voraussetzungen kann das rasch anders werden... Sex als Spaß für jeden und garantiert ohne Gewalt. Wie wir es haben wollten. Wollten wir das wirklich? Wir wollten nicht mehr geknechtet, geprügelt und gewaltsam genommen werden. Aber war das auch ein Plädoyer für die absolute Idylle?

Cora Stephan schreibt: „Wenn ich meinem sehr sensiblen Freund eine knalle, weil er mich zur Weißglut gereizt hat, traut er sich nicht, zurückzuschlagen. Ein positives Ergebnis unserer langjährigen Aufklärungsarbeit? Ja und nein. Der Gute setzt mich als Schwächere voraus – und, entschuldige bitte, das empfinde ich als ungeheure Kränkung. Ich bin aus den Adelskreisen ausgestoßen, denn ich gelte nicht als satisfaktionsfähig."

Ja, so kann man uns Frauen auch zur Friedfertigkeit verdammen. Nach dem Motto: Die kommen als Gegner nicht in Frage – nur als Opfer. Genau das aber sollten wir uns nicht gefallen lassen. Was nicht heißt, daß wir der Gewalt der Männer nun die Gewalt der Frauen entgegensetzen sollen. Niemand will, daß ein Volk von Schlägern aus uns wird. Im Gegenteil. Aber wahrscheinlich läßt sich die Gewalt leichter in den Griff kriegen, wenn man sich nicht voller Angst von ihr abwendet. Sie ist nun einmal allgegenwärtig. Auch und gerade in der Liebe.

Seeling

irgendwelcher Art. Die Filme zeigen alle erdenklichen Arten sexuellen Verhaltens von Individuen, Paaren oder Gruppen und demonstrieren unwiderlegbar eine große individuelle Variationsbreite. Damit wirken sie unrealistischen sexuellen Normvorstellungen und stereotypen Rollenauffassungen entgegen."

Dazu finden in solchen oft einwöchigen Kursen Vorträge, Gruppendiskussionen, Entspannungsübungen, Rollenspiele und viele andere intellektuelle und emotionale Erfahrungen statt. Wir rückständigen Deutschen müssen auf kommerzielle Ware zurückgreifen, sei sie drucktechnisch, photomechanisch oder kinematographisch ausge-

Diesen so aufgeklärten Zeitgenossen kann man dann nur wünschen, daß sie das dort präsentierte Sexualverhalten bitte nicht in der Realität erwarten sollten. Vor allem die 24 Stunden am Tag ausschließlich oberaffengeilen Weibchen finden sich auf diesem Erdball nur ausgesprochen selten.

richtet. Ein breites Sortiment bietet meine verehrte *Beate Uhse.* Der Literaturfreund hält sich an das *Kamasutra*, an *Bocaccio, Ovid, Casanova, Josephine Mutzenbacher, Don Juan, Erica Jong, Fanny Hill, Stendhal, Joachim Fernau, Cynthia Heimel, Henri Miller, Charles Bukowski* usw. usf.

Kinoliebhaber(innen) ergötzen sich von 13–17 Jahren an allen nicht–enden–wollenden Folgen von „Eis am Stiel", danach an „Emanuelle", den Verfilmungen obiger Bücher sowie an einem der 23.472 Soft– oder gar Hardcore–Pornos.

Vitalität

„Liebende, die die Aggression aus ihrem Schlafzimmer verbannen, betrügen sich selbst um eine vielschichtige und aufregende Erfahrung und werden wahrscheinlich sogar eine echte erotische Erfüllung nie erleben" *(Bach)*.

Nach *Mandel et al.* gibt es „eine Fülle ‹aggressiver› körperlicher Kontakte in glücklichen Partnerbeziehungen, die die Intensität erotisch–sexueller Interaktionen steigern bzw. untrennbar eine Dimension derselben sind." Hier werden Erkenntnisse des *Vatsyayana* (Kamasutra, Indien, 4.–5. Jahrhundert n. Chr.) nach eineinhalb Jahrtausenden in die Psychologie eingeführt. Auch *Stoller* sieht körperliche und geistige Aggression, in moderatem Ausmaß selbstverständlich, als ein wesentliches Element menschlichen Sexuallebens: „My theory makes sexual excitement just one more example of what others have said for millenia: that humans are not a very loving species – especially when they are making love. Too bad."

„Man sagt, daß der Geschlechtsverkehr die Gestalt eines Kampfes hat… Denn Liebe ist ihrem Wesen nach ein Streit und hat einen widersprüchlichen Charakter" (*Scharfe*).

Warum nun Aggressivität und Sexualität so nah beieinanderliegen, das erläutert uns *Scharfe*: „Die physiologischen Reaktionen von Wutanfall und sexueller Erregung sind sich bemerkenswert ähnlich: schnellerer Puls, reduzierter peripherer Blutkreislauf, Sauerstoffmangel, höhere Absonderung von Adrenalin, reduzierte Aktivität des Verdauungssystems usw.; die Gehirnzentren für beide Triebe liegen neuroanatomisch nah beieinander." Interessant ist, daß auch das Dominanzverhalten in die Sexualität eingebracht wird – und zwar in seiner deftigsten Form von sadomasochistischen Tendenzen, die in gemäßigter Ausprägung als gesund für Leib & Seele, für Wut & Sex betrachtet werden!

„‹Mein Softie hat sich schlaff gekuschelt›, klingt ihr Klagelied. ‹Ich kann mich gar nicht mehr erinnern, wann ich zum letztenmal im Bett so richtig gerammelt habe. Es muß etwa tausend Jahre her sein›" *(Seiter)*. Und dann zitiert sie *Woody Allen* aus seinem Jahrhundertwerk „Was Sie schon immer über Sex wissen wollten, aber bisher nicht zu fragen wagten" (im Titel, aber wirklich nur da, *Reuben* nachempfunden), wie er neben seiner Freundin „kniete und sie stundenlang vom Haaransatz bis zu den Fußspitzen streichelte. Dabei brummelte er beschwörend: ‹Errege dich, errege dich›. Und während er hektisch versucht, seinen explodierten Massagestab in den Griff zu kriegen, dreht sie sich um – und schläft ein."

Hierbei gilt jedoch die Warnung, daß man mit Versuchen in dieser Richtung vorsichtig sein sollte: Eine Verbindung von Sexualität und Aggression herzustellen, ist zwar *keine neue* Kunst, wie *Bach & Goldberg* fälschlicherweise schreiben (vielmehr eine uralte! – s.o.). Sie wieder zu erlernen, verlorengegangen, wie sie uns in unserer Phylo– und Ontogenese nun mal ist, ist aber nichtsdestoumso tatsächlich gefährlich, solange „man noch nicht gelernt hat, zwischen den feindseligen, entfremdenden und den positiv verstärkenden und bindenden Elementen der Aggression zu unterscheiden."

„Daß sich Männer mit einem Zuviel an Zärtlichkeit selbst keinen Gefallen tun, haben sie auch schon bemerkt. Bei einem Männer–Kongreß in Bremen äußerte die Mehrheit einer Arbeitsgruppe den dringlichen Wunsch, mal wieder ‹richtig stoßen› zu dürfen. Daß sie mit diesem Anliegen bei ihren Frauen möglicherweise offene Türen einrennen, darauf sind sie allerdings nicht gekommen… Schade. Denn wenn's nicht zum Prinzip erhoben wird, spielen Frauen ganz gern mal das Objekt der Begierde. Und mit demselben Anspruch wollen sie ihren Mann hin und wieder in dieser Rolle vernaschen" *(Seiter)*.

Das Ehepaar *Mandel* empfiehlt Muskelkontaktübungen bei Partnern, die schon von ihrer Vorgeschichte her aggressiv gehemmt sind, speziell im sexuellen Kontakt. Ich stelle solche a.a.O. (Kap. Aggressivität oder so?) in diesem wundervollen Werk dar.

Über den Zusammenhang zwischen *körperlicher Fitneß und sexueller Munterkeit* läßt sich sinnieren. Da ist das bereits verfilmte Schreckgespenst des erotisch dahinsiechenden Superjoggers. Demgegenüber muß hier mal festgestellt werden, daß ohne eine gewisse körperliche Kondition und Zähigkeit in Bett oder Gebüsch nicht allzu viel los sein kann. Das Vögeln hat nun mal viel mit Bewegung zu tun („auf und nieder, immer wieder"). Und auch der Anblick eines sportlich oder wie auch immer trainierten männlichen wie weiblichen Bodys schlägt doch immer noch ganz schön sexuell zu Buche – es sei denn, Sie lieben das ätherisch–zart–zerbrechliche Liebeserlebnis.

Organische Faktoren für Sexualstörungen können u.a. sein: Phimose, Zuckerkrankheit, Einnahme bestimmter Medikamente, Herzinfarkt, Durchblutungsstörungen im Becken und Genitalbereich usw. (Umfang und Präzision der Darstellung organischer Faktoren stehen in jedem Buch über Sexualität in umgekehrtem Verhältnis zu ihrer epidemiologischen Bedeutung). Sie sollten natürlich in jedem Falle vorher abgeklärt sein.

Bei *sozialer Isolation*, in der wir alle mehr oder minder leben, versiegt die Lust anscheinend proportional mit der sozialen Verarmung (anscheinend häufiger und eher bei Frauen) – oder dient umgekehrt als Ventil für soziale Leerlauferregungen (schlecht, wenn dies bei den Partnern gerade entgegengesetzt ist). Hier läßt sich das Nachlassen der Lust aber im Grunde nicht mehr trennen von deprimierten und depressiven Verstimmungen, bei denen gerade diese sexuelle Unlust ja oft ein Phänomen ist. Soziale Aktivierung und Anregung (bis hin zur Flirtermunterung), wie sie im Aktivitätsaufbau betrieben werden, sind hier angezeigt.

„Unabhängig vom Ausbildungsgrad und früherem Beruf haben Frauen, die ausschließlich die Familie versorgen, eine signifikant geringere Chance, ihre sexuellen Störungen durch Paartherapie entscheidend zu verbessern. Dies ist in Zusammenhang zu sehen mit der Tatsache, daß sich bei Hausfrauen besonders oft schwere Beeinträchtigungen der Sexualität – Erregungs– und Orgasmusstörungen mit ausgeprägten sexuell aversiven Reaktionen – finden. Ausgelaugt durch die vielfältigen emotionalen (was meinen die Autoren wohl mit „emotional"?, der Verf.) Ansprüche der Familie, beengt durch soziale Isolierung, zurückgeworfen auf den engen häuslichen Bereich, abhängig vom Mann und ermüdet von der alltäglichen Monotonie, erstickt ihre Sexualität, die Störung ist ein Sich–Entziehen aus diesen Belastungen und aus der von der Frau verlangten emotionalen (vgl. oben, der Verf.) Fürsorge, eine letzte Möglichkeit, ihre Nähe–Distanz bzw. Autonomie–Abhängigkeits–Balance aufrechtzuerhalten. Die Therapie kann diese Lage oft nicht ausreichend ändern, obwohl wir gerade mit diesen Frauen immer wieder versucht haben, die Situation zu entspannen durch Ermutigung zur Teilzeitarbeit und einen gelegentlichen Rückzug aus der Familie während der Freizeit" *(Arentewicz & Schmidt)*.

Koketterie, Verführung & Leidenschaft

Verführen ist dann angesagt, wenn eine(r) von beiden zum Zeitpunkt X gerade will und der/die andere gerade nicht (30–100% der Zeit des zur Verfügung stehenden 24–Stunden–Tages). Und noch etwas: Verführen ist verdammt was anderes als das Fragen, Verhandeln und *Verabreden* zum Geschlechtsverkehr. Genauer gesagt, ist Verführen das ganze Gegenteil, wenn auch das Ergebnis auf den ersten Blick das gleiche zu sein scheint. Aber wirklich nur auf den ersten Blick, denn was sich nach einer Verführung im Bett abspielt, dürfte doch schon etwas anderes sein als nach einer Verabredung. Selbst oder gerade wenn die Verführung auch nicht länger dauert als die schnöde Verabredung („Gehen wir zu mir oder zu dir?"). Es gibt nämlich *vier Arten von Geschlechtsverkehr*: einer, der nicht zustande kommt, weil einer oder beide partout nicht wollen; einer, der nur durch eine Verführung zustandezubringen ist (diese Sorte gibt's heute fast nicht mehr, während sie zu früheren Zeiten nach zuverlässigen Informationen aus informierten Historikerquellen 92% aller Vögeleien ausmachte); einer, der aus wohlwollendem Mitleid des nicht wollenden Partners abgezogen wird (ersetzt heute

Heimel hat wieder ein besonderes Rezept, indem sie Sex für körperliche Fitneß empfiehlt, welche dann ihrerseits wieder auf den Sex zurückstrahlt und das Ganze zu einer Art Circulus eroticus werden läßt. „Es wird wohl keinen überraschen, daß Sex ein ideales Training ist. Man schwitzt, keucht, bringt den ganzen Kreislauf in Schwung. Die Schenkel werden geschmeidiger, der Unterleib wird belastbarer. Es versteht sich wohl von selbst, daß du nicht einfach nur so daliegen darfst. Setz dich oft auf deinen Partner oder treib's in verschiedenen Positionen, die Schenkel– und Wadenmuskeln beanspruchen, z.B. auf dem Küchentisch oder beim Bodenschrubben. (Du tust natürlich nur so, als ob...) Auf einem Stuhl ist es auch zu empfehlen, an der Duschstange hängend kann sehr gut für den Trizeps sein. Vielleicht bittest du mal deinen Arzt um Rat. Zweimal Sex pro Tag müßte eigentlich genügen, um dich in Form zu halten. Schlecht ist allerdings, wenn dein Liebhaber an Ejaculatio praecox leidet. Dann müßt ihr's wohl viermal täglich treiben."

„Ach, wir beide kommen eigentlich prima miteinander aus, wenn nur Sie da oben weniger Schwierigkeiten machen würde!"

„Die typische ‹veredelte Verführung› besteht aus Küssen, Liebkosen der Brüste, manuellem Petting der Genitalien und Geschlechtsverkehr... Fast jede Frau wird küssen. Weshalb? Weil sie vom Küssen nicht schwanger werden kann. Küssen ist aufregend und schadet heutzutage selten ihrem Ruf. Streicheln der Brüste ist meistens der zweite, allgemein übliche Schritt, den Frauen Ihnen auf dem Weg zu ihrer Verführung zubilligen werden. Viele Frauen, die es lange Zeit nicht dulden, daß Sie sich auch nur einen Zentimeter unterhalb ihrer Gürtellinie begeben, sind recht freigiebig, wenn Ihre Hände oder manchmal auch Ihre Lippen die Wanderschaft auf ihren Brüsten antreten... Und wenn Sie das dankbar hinnehmen, was an Teilen ihrer Anatomie sie Ihnen zur Handhabung mit Fingern und Lippen freigibt, dann wird sie Ihnen schließlich trotz ihrer Einstellung (in Wirklichkeit: im Einklang mit ihrer Einstellung) auch ihre intimeren Bereiche anbieten. Wenn ein Mädchen – ob zögernd oder nicht – ein großzügiges Petting erlaubt und wenn sie speziell den Hand– oder Mundkontakt mit ihrer Klitoris–Gegend zuläßt, dann haben Sie praktisch (obwohl nicht immer!) gewonnenes Spiel. Nach genügender Reizung ihres Klitoris–Bereichs können Sie gewöhnlich Ihren Penis einführen – und Sie haben es geschafft“ *(Ellis)*. – Wenn's denn mal immer so einfach wäre!

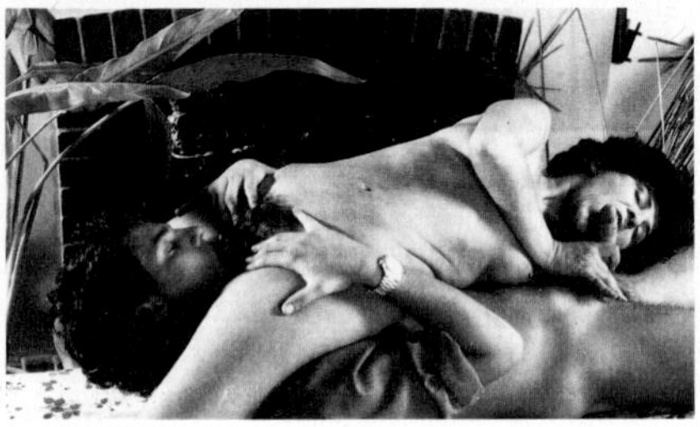

„Wie weckst du den Mann richtig auf, mit dem du vögeln willst? Streichle ganz sanft seinen Penis und flüstre ihm kaum hörbare Liebesworte ins Ohr. Er wacht auf, was bleibt ihm schon anderes übrig, dem armen Kerl. Tu so, als seist du in tiefem Schlaf und würdest von einem Traum gequält, so daß du dich hin und her windest. Versuch dich so zu legen, daß dein Popo sich an seine Lenden schmiegt. Winde dich dann noch ein bißchen weiter wie eine Schlange. Falls er der Kerl ist, für den wir ihn halten, wird er in diesem Moment schläfrig nach deinen Brüsten greifen, worauf du sinnlich stöhnst und dich unter der Bettdecke verkriechst. Sobald du unter der Decke verschwindest, kommt er bestimmt auf Ideen. Laß ihm seinen Spaß. Wenn er dann deinen Kopf sanft aber entschieden noch tiefer drückt, kannst du ja ruhig die Erstaunte spielen“ *(Heimel)*.

jene 92%), und einer, bei dem beide synchron, unisono, harmonisch wollen (8% der zustande gekommenen Beischlafunternehmungen). Zuerst eine *Ermahnung an die Damen* der Schöpfung: Schlafen Sie nie, nie, nie mit einem Mann beim ersten Rendezvous: „Dies ist eine eiserne Regel – ohne Ausnahmen. Es sei denn, du *willst* es wirklich“ *(Heimel)*. *Cynthias* zweite Regel, für die es nun aber wirklich keine Ausnahme mehr gibt, lautet: „Geh nie mit einem Mann ins Bett, den du erst kurz vorher auf der Straße oder in einer Kneipe kennengelernt hast. Niemals!“

Eigentlich steht der gesamte weibliche Part dieses Kapitels in den „Sex–Tips für Girls“ von *Cynthia Heimel*. Sie beginnt mit „Richtiges Benehmen“: „Unhöflich ist es,
– lachend auf den Penis zu deuten,
– zu sagen, daß es dein Mann genauso macht,
– zu schnarchen, wenn dein Partner noch den Kopf zwischen deinen Beinen hat,
– zu fragen, ob er schon in dir drin ist.“

Weiter geht's mit einer munteren Beschreibung von *Leidenschaft:* „Na ja, ich stöhne, schreie und winde mich ziemlich viel. Manchmal beiße ich vor Lust auch zu. Dann wieder bitte und flehe ich um mehr...“). Aber zuvor: „Küß ihn unbedingt, bevor ihr ins Bett geht... Oralverkehr bringt deine Gesichtsmuskeln auf Vordermann. Wenn du's oft genug tust, bekommst du sogar hohe Wangenknochen wie eine Tatarenschöne. Hast du keinen Mann zur Verfügung, tut's auch ein Dauerlutscher. Keine Sorge, die meisten Männer stellen sich liebend gern zur Verfügung. Versuch's aber nicht mit dem Liebhaber deiner besten Freundin, sonst ist ein gebrochenes Kinn der ganze Erfolg... Die Eichel in deinem Mund, der Rest liebevoll von deiner Hand massiert... laß aber bitte deine Zähne aus dem Spiel... verzichte auf ausgeklügeltes Penisnagen, es sei denn, du wirst *schriftlich* von deinem Partner dazu aufgefordert... Die Hoden haben es auch sehr gern, ein bißchen gestreichelt und geleckt zu werden. Geh aber behutsam mit ihnen um.“

Doch auch das Lecken und Schlecken des Mannes beim Weibe (Cunnilingus) weiß *Cynthia* anzuregen: „Manche Männer lieben oral–genitalen Sex und werden bei der kleinsten Ermunterung tief hineintauchen. Falls du einen solchen Mann kennenlernst, behandle ihn gut. Stopf ihn mit Kaviar und Champagner voll und sorg dafür, daß deine Freundinnen ihn nicht zu sehen kriegen. Viel häufiger trifft man auf einen Mann, der davor zurückschreckt... Hier einige Vorschläge:
– Verrat ihm, daß Burt Reynolds bekannt dafür sei, lieber zu sterben, als einem Mädchen nicht diesen Gefallen zu tun.
– Schau träumerisch in die Ferne und...“

Bitte, bitte, meine Damen und Herren, lesen Sie das (und alles andere) bei *Cynthia Heimel* im Original nach! Was Köstlicheres habe ich in Sachen Sex nicht in meinen feuchten Händen gehalten.

Nun zur *Tageszeit*: Morgens ist okay (von wegen der Vögel und der Morgenlatte), „Sex am Nachmittag hat so was Laszives, Enthemmtes, ‹Sündiges› und ist deshalb besonders reizvoll.“ Abends? Wenn, dann vielleicht mal vor der Nouvelle cuisine und dem *Spielberg*–Film beim verspäteten Anziehen der Spitzenstrümpfe im Beisein des Holden („Stolzier ein bißchen vor ihm auf und ab und frag ihn, wie sie ihm gefallen. Dabei mußt du natürlich den Rocksaum ziemlich hochziehen...“). Und nachts? Koketterie at its best!

Das *Paradigma der Koketterie:* den anderen scharf machen und gleichzeitig ein bißchen so tun, als wollte man gar nicht – sich etwas zieren. Davon zuviel macht Männer wie Frauen wahnsinnig, davon aber einen richtigen Schuß, das macht sie wild – und verhindert zuverlässig das Lust–Mangel–Syndrom.

„Laß ihn ausgiebig an deinen Brüsten herumspielen. Entzieh dich ihm mit einer anmutig schlängelnden Bewegung – das wirkt auf ihn provozierend –, falls er versucht, die Hand unter deinen Rock zu schieben...“ – und das geht bei *Cynthia* dann seitenlang wundervoll so weiter.

Reizstoffe

So, und nun zu den *Utensilien* einer richtigen Verführung: „Der Eisschrank sollte nicht gähnend leer sein. Einige Bier– und Weinflaschen sind das Minimum, dazu noch ein paar kalte Delikatessen, obwohl es eine Pizza notfalls auch tut... Vielleicht verzichtet ihr lieber ganz aufs Essen... Zünde bloß keine Kerzen an oder leg romantische Platten auf, falls es bei dir zu Hause passieren soll. Kerzen und Musik sind Verführungsklischees und ernüchtern einen Mann garantiert... Dabei vergißt er völlig, daß er ja auch vorhatte, dich zu verführen. Er spürt plötzlich Leistungsdruck, das arme Kerlchen. Folglich wird er so nervös, wie du's sowieso schon bist (und was dann im Bett passiert, durften wir weiter oben schon lesen!, der Verf.)...“ *(Heimel)*.

In fortgeschritteneren (und gekühlteren) Stadien der Beziehung geht Liebe dann aber wirklich durch den Magen (und auf dem Tisch). Um unwillkürlich aufkeimende Fehlurteile bezüglich der eigenen *äußeren Erscheinung* im Keime zu ersticken, empfiehlt *Cynthia*: „Pflege diplomatische Beziehungen zu deinem Spiegel, behandle ihn wie deinen besten Freund. Ein klein wenig Narzißmus ist gut für Seele und Körper.“ Das haben wir ja sogar schon als Therapie empfohlen bekommen (selbst Psychologen kommen auf so manchen Trichter zurück!).

Für folgende Frauentypen hält unsere Lehrmeisterin Kleidungskollektionen bereit: „Das kleine Mädchen“, „Die Verführerin“, „Die Domina“, „Die Designer–Type“, „Der Hippie–Typ“ und „Der konservative Typ“. Alles in allem muß man als Mann (zusammen mit dem Anwalt, der über *Cynthia Heimel* wohnt) schon sagen, daß hochhackige Schuhe auch noch aus dem abgesessensten, abgehungertsten oder abgearbeitetsten Po einen schönen solchen machen.

Auch *Strümpfe* mit, aber zur Not auch ohne Netz, die an ihrem herrlichen oberen Ende noch ein wenig Oberschenkel fühlen lassen (im Gegensatz zu den Scheiß–Strumpfhosen! „Merk dir, daß nur perverse und gestörte Männer Strumpfhosen leiden können. Strumpfhosenliebhaber sollen schon öfter unschuldige alte Damen erwürgt haben“, *Heimel*), bringen das Blut so manchen Liebhabers in zusätzliche Wallung (Vorsicht: mit der müssen beide umgehen können, sonst wallt alles daneben!). Schwarz oder weiß macht sich die gesamte Armierung noch immer besser als rosa, geblümt oder lila (= der letzte Versuch): „Denk also immer daran, ein kleines, sündiges Schwarzes auf Vorrat zu haben – für alle Fälle“ *(Heimel)*. Und das über den Strümpfen? „Zwei schwarze Strumpfgürtel und vielleicht noch einen knallroten..., Slips immer über den Hüftgürtel anziehen, nie umgekehrt. Sonst muß der ganze Zauber runter, bevor es zum Sex kommt... Falls du dicke Schenkel oder einen Hängepopo hast, dann zieh ruhig einen hübschen Halbunterrock an... Mit kleinem Busen empfiehlt sich ein BH mit Spitzen oder ein Hemdchen mit Spaghettiträgern und Spitzen am Ausschnitt. Falls es dir an der Taille fehlt, kannst du dich in eine aufregende Korsage zwängen.“

Frauen schwören auf (Unter–)Hosen, die die entscheidende Wölbung kräftig hervorbringt (was manchen Ballettänzer zur Verstärkung mittels Hasenpfote verleitete). Diese Zusammenschnürung des wertvollen männlichen Stücks sollte aber stoffmäßig gut belüftet sein (Netz, Seide, zarte Baumwolle), da es sonst zu dem allseits gefürchteten Hitzestau im Sack kommt, der angeblich fürchterlich auf Potenz & Fruchtbarkeit schlagen soll.

Zur Frage mit der *Reizwäsche* muß ein wenig die Rolle von Mann und Frau in unseren modernen Gesellschaften diskutiert werden. Das tut nun wieder *Cynthia* derart süffisant, daß ich mir auch noch dieses Zitat nicht verkneifen kann (obwohl ich nicht hoffen will, daß jemals *ihr* Buch nicht mehr auf dem Markt ist, während das *meinige* noch in irgendwelchen Antiquariaten erhältlich wäre):

„Da wir moderne, befreite Wesen sind, wissen wir genau Bescheid über die sexuelle, emotionale und ökonomische Unterdrückung der Frau. Deshalb sind wir ständig auf der Hut vor der imperialistischen männlichen Dominanz. Dazu gehört auch, daß wir uns gegen chauvinistische Sexualphantasien der Männer wehren müssen. Also darfst du nicht mal erwägen, die folgenden Dinge in den Tiefen deines Kleiderschranks aufzubewahren:

- Eine durchsichtige Schwesternuniform mit weißen Söckchen und weißem Häubchen.
- Ein Funkenmariechen–Kostüm, zu dem rote Stiefelchen und ein neckischer Dreispitz gehören.
- Die ‹Arbeitskleidung› einer französischen Zofe. Also ein schwarzes Minikleid, eine winzige Rüschenschürze, Spitzenhäubchen, Staubwedel aus Federn, schwarze hochhackige Pumps, kein Höschen, dafür aber Netzstrümpfe.

Hast du irgend was davon doch? Verrat's nicht!“

Bitte zu Tisch

Die Lust am Essen und die Lust an der Liebe liegen auf einer Ebene. Deshalb wirft Renate Finkeldey beides in einen Topf

Es ist doppelt gemoppelt zu sagen, daß man getrennt von Tisch und Bett lebt. Denn schließlich sind es diese beiden Möbelstücke, die dem Liebesakt ein Fundament geben. Beide zu nennen, kann deshalb nur einen Zweck haben: der Tatsache, daß dem gemeinsamen Geschlechtsleben nunmehr jede Basis entzogen ist, Nachdruck zu verleihen.

Sie glauben nicht an die Austauschbarkeit von Tisch und Bett? Immer nur im Bett geliebt und am Tisch gegessen? Nie im Bett gegessen und auf dem Tisch geliebt? Dann wissen Sie also weder, wie Krümel piken, noch, wie man richtig „Tischlein, deck mich" spielt. Aber wo ein Wille ist, ist auch ein Tisch.

Zugegeben: Es ist Geschmackssache, was oder wer auf den Tisch kommt, und auf welchen Tisch man kommt. Das ist auch nicht theoretisch am grünen oder runden Tisch auszumachen, sondern allein praktisch an verschiedenen Spieltischen zu erproben. Nur so kann man den eigenen Fe–Tisch finden. Für manche ist es der Nierentisch. Allerdings taugt er nur für die ganz Sanften: Sie fühlen sich in der Bucht des Nierentisches geborgen – und die zarten Beinchen des Nierentisches sind nichts für Freunde heftiger Bewegungen. Ganz coole Paare werden früher oder später ihre Alabasterkörper auf den Marmortisch des Hauses legen. Er ist meist recht stabil, verlangt aber, wenn der Hersteller keine Garantie für die Kratzfestigkeit der Versiegelung übernimmt, einen schützenden Überzug.

Beinahe jeder Tisch ist für einen Schonbezug dankbar. Vor allem dann, wenn Tischherr oder –dame ihrer Gewohnheit, Schuhe, Metallstrapse oder scharfe Kleidung anzubehalten, auch bei Tisch nicht entsagen wollen. Je nach Tischsitte sollte ein Platzdeckchen oder eine strapazierfähige Wachstuchdecke untergelegt werden.

Die individuellen Tischmanieren ebenso wie die Wahl des Fe–Tisches wird entscheidend geprägt von Erziehung, sozialem Status und körperlicher Konstitution. Wer als Kind ständig ermahnt wurde, bei Tisch den Mund und die Hände stillzuhalten, wird möglicherweise im Erwachsenenalter zum Zappelphilipp – und liegt auf einem rustikalen Bauerntisch richtig. Der Generaldirektor wird vermutlich nicht vom Konferenztisch lassen, während der häusliche Typ eher auf dem Couchtisch zulangt, die Hobbyköchin frisch auf dem Küchentisch kommt und Progressive die Liebe sogar auf dem Eß– oder Tee–Tisch ästhetisch finden.

In einem Stadium, in dem sich die Tischnachbarn noch nicht zu Tischleuchten entwickelt haben, empfiehlt sich die Hinzuziehung eines Beistelltisches. Er gibt Sicherheit und hilft, hinaufzukommen. Bei extrem kalter Platte ist der Einsatz eines Tischgrills ratsam (bitte höchstens auf Stufe 2!), der behagliche Wärme ausstrahlt. Schließlich kann durch beziehungsreiche Tischdekoration – etwa buntbemalte Eier zu Ostern, Fruchtspieße im Sommer, Nüsse und Tannenzapfen zu Weihnachten – wie auch durch anregende Tafelmusik der Appetit gesteigert werden.

Die Liebe geht durch den Magen – diese sexualwissenschaftliche Erkenntnis belegt die Funktionseinheit von Bett und Tisch. Entsprechend sind die Parallelen der kulinarischen und sexuellen Nutzung eines Tisches. Mal reicht die Zeit nur für einen Schnellimbiß, gewöhnlich gibt es gutbürgerliche Küche und hin und wieder Haute cuisine. Wer noch nicht die rechte Tischfertigkeit hat, wird mit Knacker einfach beginnen und es über Würstchen im Schlafrock bald bis zum Hot dog bringen. Wer die Tischlerei handwerklich beherrscht, führt das Menü über Aperitif und amuse–gueule in mehreren Gängen bis auf den Nachttisch. Wenn die Tischordnung erst einmal in Fleisch und Blut übergegangen ist, wächst das Gefühl für die rechte Zubereitung: süß, pikant oder scharf, halbgefroren oder übergebraten, mit Biß oder durch und durch.

Nach einer kleinen Zigarettenpause noch einmal kräftig zuzugreifen ist durchaus erwünscht. Wenn der Tischherr zögert, ermutigt ihn die Dame, sich nicht zu genieren. Zeigt die Dame zuviel Zurückhaltung, fragt der Herr höflich: „Darf ich noch mal nachlegen?"

Die wachsende Vertraulichkeit bei Tisch erlaubt es, alle Zutaten in die Hände zu nehmen. Auch darf man durch Schlürfen oder Schmatzen bekunden, daß es schmeckt. Beide Partner sollten nicht zögern, überflüssige Dinge unter den Tisch fallen zu lassen. Als unfein dagegen gilt es, einen Gast von der Tischkante zu schubsen. Selbst für den Fall, daß er sich nicht als Tischsegen erweist und demzufolge einfach vom Tisch muß, sollte in Ruhe abgedeckt werden. Nach dem Tafelgenuß gebietet es der Anstand, daß der Herr der Dame zur Hand geht und ihr hilft, reinen Tisch zu machen.

Finkeldey

PS: Werden mehr als zwei Personen zu Tisch gebeten, sollten zur Bestimmung der Ausgangsposition Tischkärtchen aufgestellt werden. Es sei denn, es handelt sich um einen alteingelegenen Stammtisch.

Vom *Obermaterial* her geben sich die koketten Damen „im Bodystocking mit schmalen Trägern, von denen einer immer wie zufällig heruntergerutscht ist, im flatternden T–Shirt, in der schenkelanliegenden Lastexhose, in knappen Shorts, in verwegen kombinierten Haute–Couture–Klamotten, im raffinierten dunklen Strumpf... mit verheißungsvoll dunklen Augennäpfen... mit schillernden Stoffen, die gewisse, sehr bewegliche Körperteile kaum an ihrer freischwingenden Eigendynamik hindern können... mit überall durchschimmernder Unterwäsche aus kostbarer Spitze und in dramatischer Seidenausführung... Neben den weiten, schwingenden Kleidern, mit denen sich schon Marilyn in Szene zu setzen pflegte, gibt es die ganz eng anliegenden Röcke... Die kokettesten unter den Koketten bevorzugen dieses Kleidungsstück, und sie wissen genau warum: wegen des Schlitzes. Ob er vorn, hinten oder an der Seite ist – bei jedem Schritt klafft der Schlitz auf, zeigt etwas, um es gleich wieder zu verhüllen, und das setzt mitunter selbst weibliche Betrachter in Konfusion. Der Rock mit dem Schlitz ist eine Teufelserfindung und heute, wo die Pelz– oder Federboa, dieses klassische Modemerkmal der Koketten, nicht mehr in Gebrauch ist, der beliebteste Anmacher weiblicher Draufgängerinnen... Die Kokette legt sich nie, nie, nie ganz nackt an den Strand, auch dort nicht, wo es alle tun. Radikale Nacktheit ist ihr Frevel... Sie stolziert an den großäugigen Männerhorden vorbei im Tanga, der in der Pofalte klemmt, und präsentiert die sanft schwankenden Halbkugeln ihres Hinterns" *(Wenck)*.

Und zum *koketten Verhalten*: Da ist zuerst der Gang: tänzelnd, wippend, hüftenschwingend, flanierend, stolzierend, die Beine weit ausgreifend setzend, damit ihre Länge voll zur Geltung kommt. Und das Bücken: ein leichtes Nach−vorne−Beugen, bei dem das Herauswölben und Nach−oben−Strecken des Pos das Wichtigste ist. Und die Stimme: charmant, glockenstimmig oder dunkel und angerauht, mit stetigem Vibrato. Und das Lächeln: Todessüße der Femme fatale. Und und und...

Für all das gibt es nun auch *wieder Schulen*. Die alten Griechen schickten schon ihre geschlechtsreifen und −unerfahrenen Jünglinge beizeiten in zartem Alter aufs Land in angesehene Liebesschulen (wir würden sie heute als Bordelle verunglimpfen). Viele Völker hatten und haben Rituale, Orte und Gelegenheiten, Männlein wie Weiblein in die Kunst der Liebe einzuführen. Wir Deutschen haben das jetzt auch wieder institutionalisiert. In Berlin gibt's die, wenn man dem Bericht von *Schomann* Glauben schenken darf, nicht unseriöse Schule der Shivas: „Am Ende der beiden Tage ist mein Körper eine einzige erogene Zone, soviel Streicheleinheiten hab' ich vielleicht mein ganzes Leben nicht genossen."

Verhütung

Die älteste, einfachste, unsicherste, ohne jegliches technisches Gerät auskommende und bei einfacher Anwendung lustfeindlichste Methode ist der Rückzieher, auch *Coitus interruptus* geheißen: Kurz vor dem vermeintlichen Abschuß des kindersegenspendenden Schmands zieht der verhütende Verzeuger seinen Schlauch aus ihrem Rohr und verspritzt den Saft in der Gegend. Dabei werden pro Jahr von 100 interrupierten Frauen stolze 25 schwanger − via Vorschüssen (jeder Tropfen Samenflüssigkeit enthält rund 49.999 Samenfäden zuviel für eine Schwangerschaft) oder verschlafenen Rückzügen. Will man das Ganze nun auch noch lustvoller gestalten, so muß, a la Pornoheft, der endgültigen Ejakulation von der Dame mit Händen, Mund, Brüsten, Schenkeln oder Pobacken noch etwas auf die Sprünge geholfen werden. Manche Männer finden es dabei erotisch, wenn die Gnädige den Samen schluckt, schlürft oder trinkt: „Wenn die berühmte Flut dann endlich kommt − keine Panik! Versuch nicht, sofort zu schlucken. Werde dir erst mal über die Situation klar! Laß das Sperma einen Moment im Mund, damit du kapierst, daß es kein Liter ist, wie du anfangs befürchtetest. Es ist lediglich ein Eßlöffel einer leicht herb schmeckenden Flüssigkeit. Stell dir ja nicht vor, wie winzige, kaulquappenartige Spermatozoen in deinem Mund herumwuseln! Denk lieber, du kostest von einem exotischen Gelee (immerhin sollen nach neuesten Forschungen außer allen möglichen Eiweiß− und Zuckerschleckereien sogar Goldspuren enthalten sein...). Dann wird das Schlucken keine großen Schwierigkeiten mehr machen. Du kannst ja vorsorglich mal mit Austern üben" *(Heimel)*.

Manchen Männern reicht der Anblick und das Gefühl, wenn der Saft zwischen Brüsten, Oberschenkeln (orthogonal!) oder Pobacken hervorspritzt. Für ab und zu sind diese Methoden bei nicht allzu großem Verhütungswillen (Vorsicht: diese ambivalente Kinderwunsch−Mentalität bewirkt maximale Fruchtbarkeit) und allzu großer Geilheit & Leidenschaft ganz nett.

„Einem jungen Paar, das um ein Uhr nachts auf einer versteckten Bank im Stadtpark sitzt und sich durch ein heftiger werdendes Liebesspiel fortreißen läßt, bleibt kaum eine andere Wahl. Apotheken und Drogerien sind geschlossen, sie hätten schon seit einer Stunde zu Hause sein sollen, und ihre erregt klopfenden Genitalien wollen nicht bis zum nächsten Wochenende warten. Sie behelfen sich, so gut sie können" *(Reuben)*.

„Schwierigkeiten wird es bei zahlreichen verheirateten Paaren dann geben, wenn sich diese der Verhütungsmittel so intensiv bedienen, daß sich überhaupt kein Nachwuchs mehr einstellt. Solche Paare werden schweren Belastungen ihrer Paarbindung ausgesetzt sein, bis zum völligen Zerreißen der Bindung. Und die dabei frei werdenden Individuen werden eine ernste Gefährdung jener anderen Paare bedeuten, die es auf sich nehmen, eine Familie zu gründen. Dabei sind extreme Einschränkungen in der Geburtenzahl gar nicht notwendig: Wenn aus jeder Familie zwei Kinder hervorgehen, haben die Eltern damit ihre eigene Zahl wiederhergestellt, ohne daß es zu einer Zunahme kommt. Rechnet man dazu noch die Verluste durch Unfall und Todesfälle vor der Geschlechtsreife, so kann die Rate sogar noch ein wenig höher liegen, ohne daß es zu einem weiteren Ansteigen der Bevölkerungsziffer und damit schließlich zur Katastrophe kommt. Ärgerlich ist aber zunächst doch, daß die mechanische und chemische Empfängnisverhütung als sexuelles Phänomen etwas fundamental Neues darstellt und es deshalb seine Zeit brauchen wird, bis wir exakt wissen, welche Rückwirkungen die Verhütung auf die Sexualstruktur der Gesellschaft haben wird, wenn sie von einer langen Generationskette praktiziert worden ist und sich allmählich aus den alten Traditionen neue herausgebildet haben. Es ist immerhin denkbar, daß sich dabei indirekte, heute noch gar nicht vorherzusehende Störungen oder Brüche im Sozial− und Sexualgefüge ereignen. Nur die Zeit kann es uns lehren.
Aber was immer auch geschehen mag − die Alternative: die Geburtenbeschränkung nicht einzuführen, führt zu weit schlimmeren Konsequenzen" *(Morris)*.

Einen Haken sieht Reuben bei der Geschichte: „Der Eisprung kann praktisch an jedem beliebigen Tag des monatlichen Zyklus eintreten – sogar während der Menstruation selbst. Ein bestimmter Rhythmus? Das verflixte kleine Ei kümmert sich nicht viel um Rhythmen."

Spiralen

Spiralen sind so lange ganz gut, bis etwas schiefgeht. Aber wenn ihr mich fragt, sind sie eigentlich von Anfang an gräßlich. Wenn sie eingesetzt werden, ist das fast eine Operation und tut auch genauso weh. Tagelang hat man Schmerzen und blutet... Täglich sollst du dann das Schnürchen überprüfen, um dich zu versichern, daß dieses verdammte Ding an der richtigen Stelle sitzt. Kein Mädchen, das ich kenne, war in der Lage, das Schnürchen nach den ersten sechs Wochen noch zu ertasten. Irgendwie geht es nämlich da drin hoffnungslos verloren. Es gibt eigentlich nur ein Argument, das für diese Schnürchensucherei spricht. Falls dich jemand beim Masturbieren ertappt, kannst du leichthin lachen und sagen: „Ich prüfe gerade nach, ob die Spirale noch richtig sitzt." Aber im Grunde brauchst du gar keine Spirale, um dich so gekonnt aus der Affäre zu ziehen, oder? Immer wieder wird übrigens berichtet, daß Babys zur Welt kommen und Mamis Spirale mit beiden kleinen Patschhändchen fest umklammern. Außerdem gibt's leider häufig schwere Gebärmutterinfektionen. Penny erzählte mir eine besonders „gelungene" Geschichte aus jener Zeit, als sie sich schwerkrank zum Gynäkologen schleppte. „Hmmm!", meinte der Arzt und kratzte sich am Bart (er war einer von denen!). „Es sieht ganz so aus, als hätten Sie eine üble Gebärmutterentzündung, die durch die Spirale hervorgerufen wurde. Eigentlich müßte die Spirale raus, aber dummerweise sitzt sie inzwischen verkehrt rum. Ich kann sie ohne Operation nicht entfernen. Also verschreibe ich ihnen lieber Antibiotika." Die Antibiotika verursachten bei Penny eine Hefepilzinfektion, und die Gebärmutter entzündete sich erneut. Penny ging es so lausig, daß sie sich zu ihrer Schwiegermutter flüchtete, einer tüchtigen Frau, die sie mit Naturheilmitteln tatsächlich wieder hinkriegte.

Heimel

Das von *Reuben* beschworene Gefühl der Frau dabei, schmählich im Stich gelassen zu werden, trifft nur die Paare, die immer noch krampfhaft versuchen, einen gleichzeitigen Orgasmus zu zelebrieren. Alle anderen machen's der Frau sowieso vorher, so daß dem Interruptus für die Frau keine lustmindernde Wirkung zukommen muß.

Knaus–Ogino dienen der mathematisch begabten Liebhaberin von Thermometern einen Algorithmus (*Reuben*: „Zeugungsroulett – auf die Dauer gewinnt die Bank") an, mit dessen Hilfe sie ihre unfruchtbaren Tage abschätzen kann: je nach Aufwand eine kürzere sicherere oder eine längere unsicherere Zeitspanne für die nachwuchsfreie Liebe. Ein rechtes Affentheater mit viel frustrationsbeladenen Intermezzi. Allenfalls dafür tauglich, daß man jeden Monat für ein paar Tage mal unbeschwert gummi– und schaumfrei bumsen kann. *Haeberle* gibt uns eine Tabelle für *mit* Zählen *ohne* Thermometer.

Die vielgepriesene und –verdammte *Pille*: „Auf den ersten Blick scheinen Antibaby–Pillen die rettende Lösung zu sein. Du schluckst jeden Morgen eine und wirst nie schwanger. Was will man mehr? Nehmt sie trotzdem nicht. Tut's nicht! Sie können nämlich so fürchterliche Dinge bewirken wie: Schlaganfälle, Herzattacken, Brust–, Gebärmutter– oder Leberkrebs (ich lese gerade den ‹Waschzettel› der Pillenpackung, während ich dies tippe), schmerzhafte Regelblutungen, Ausbleiben der Regel, Unfruchtbarkeit, Übelkeit und Erbrechen, Magenkrämpfe und Blähungen, Blutstürze, Zwischenblutungen, Migräne, Depressionen, allergische Reaktionen, Bluthochdruck, vergrößerte und schlaffere Brüste, dunkle Hautverfleckungen, Gewichtszunahme oder –verlust, Magenschmerzen, Hefepilzinfektionen, Asthma, Krampfanfälle, Harnretention oder –inkontinenz, Gelbsucht, Schwindel, Nervosität, Schwerhörigkeit, Haarausfall, Veränderungen im Sexualtrieb, Entzündungen der Nasenschleimhaut, Zahnfleischerkrankungen, grauer Star, Unverträglichkeit von Kontaktlinsen, Müdigkeit, Rückenschmerzen, Scheidenentzündungen, Entzündungen der Bauchspeicheldrüse, der Leber oder des Dickdarms, Veitstanz, Brennen und Kribbeln, rheumatische Arthritis oder sogar Tod... Abgesehen von alledem simulieren Antibaby–Pillen eine Schwangerschaft, und man nimmt sie fünf Tage pro Monat nur deshalb nicht, weil man glauben soll, man hätte seine Periode, die aber gar keine richtige Periode ist, sondern eher eine Art psychologische Beschwichtigung" *(Heimel)*. Rauchen und über Dreißig potenzieren die schlimmsten dieser Folgen. Sog. Minipillen (3 Schwangerschaften pro Jahr bei 100 anwendenden Frauen) sollen sie angeblich mindern (der Nebenwirkungsteil ihrer Waschzettel fällt ein wenig knapper aus). Der vielzitierte Lustverlust kann von diesen Pillen auf hormonellem Weg gefördert werden (permanente Schwangerschaft dämpft Libido), kann aber auch als psychische Nebenwirkung auftreten. Das permanente Gefühl der Schein–Schwangerschaft mindert seinerseits ein wenig die Lust; der durchgehend unbeschwert freie Zugang zum Weibchen tut den Rest.

Cynthia Heimel rettet sich, nolens volens, zum *Diaphragma* – so eine Art Tarnkappe für den Muttermund, welche die Frau in Verbindung mit einer spermiziden Creme max. 6 Stunden vor dem Schwanz des Geliebten einführt und mindestens 8 Stunden danach drinhalten sollte. Mit Wasser und Seife dann ausgewaschen, kann es wieder benutzt werden. „Mein Gott, wie ich dieses Diaphragma hasse! Manchmal sitzt es auf Anhieb, dann wieder verklemmt sich dieses tückische Biest und rührt sich nicht von der Stelle. Klebriges Spermizid überall, falls man nicht diese Art Häkelhaken von Einführhilfe benutzt, worauf manche schwören, der aber nur zu bestimmten Sorten von Diaphragma gehört. Außerdem kann er einem auch ziemlich Scherereien machen... In meiner langjährigen Beziehung zu Diaphragmen gab's immer wieder erbitterte Kämpfe... Natürlich gewinne am Ende immer wieder ich. Wenn ich dann verschwitzt und triumphierend aus dem Bad komme, hockt mein Typ garantiert vor der Mattscheibe und schaut sich gebannt einen Film an. Was soll eine Frau tun? Eine Frau muß sich in den Zen–Buddhismus vertiefen! Erst wenn man eine höhere Bewußtseinsebene erreicht hat, weiß man mit tödlicher Sicherheit, wann, wo und wie man das Diaphragma einzuführen hat.“

Cynthia rät zum Wie: Entspannung („‹Es› führt das Diaphragma ein“), und zum Wo und Wann: „Als Zen–Jüngerin führt man das wundersame Ding ein, wann immer eine winzige Chance zum Sex besteht. Nach dem Abendessen ist meist der günstigste Zeitpunkt, wenn man sich nicht permanent mit unerleuchteter Angst herumquälen will. Nach einem langen Kuß grübelt man sonst bang: ‹Soll ich jetzt im Bad verschwinden?› Und kurz darauf: ‹Oder vielleicht lieber jetzt?›, weil die Bluse ja schon aufgeknöpft ist. Warum sich's nicht leicht machen? Entweder man wird oder man wird nicht gebumst, aber auf jeden Fall ist man – wie ein Zen–Bogenschütze – immer bereit.“

„Gut, den nehme ich, Herr Apotheker."

Für aktive, initiative, emanzipierte Frauen, die nicht lange mit dem Mann über dessen Sym– oder Antipathie gegenüber Präservativen herumdiskutieren wollen, das mühsame Mittel der (mühevollen) Wahl, vom Timing her ähnlich (Zeit = max. eine halbe Stunde vor Koitus einschäumen), von der Sicherheit her umstritten (Pearl–Index = 5 Schwangerschaften je 100 Jahre Anwendung lt. *Haeberle* vs. 1 Schwangerschaft bei der ersten Anwendung bei *Heimel*), ist der *Vaginalschaum*. Manche raten zur Kombination mit Präservativen – und das soll auch schon mal einer gemacht haben: Die Frau wurde dabei *nicht* schwanger.

Doch nun zu dem Verhütungsmittel, welches in unserer aidsgeprüften Zeit wohl bei nicht ärztlich testierten Sexualkontakten (wenn man sie sich überhaupt noch zu pflegen getraut) das Sine qua non ist: das *Präservativ*. Die Sache mit den Präservativen ist, daß es eigentlich nur wenige Präparate gibt, die sich in ihrer durchgelassenen Sensitivität merklich von Lastwagenreifen unterscheiden.

STIFTUNG WARENTEST test KOMPASS KONDOME

test

	Preis/Stück in DM (günstigstes Angebot)	Gebrauchsinformation	Allgemeine Beschaffenheit	Handhabung	Technische Prüfung	test-Qualitätsurteil
Bewertung		10 %	10 %	10 %	70 %	
Beate Uhse Gold	0,42	++	+	+	O*)	zufriedenstellend
Hydas Maximum	0,42	+	+	+	O*)	zufriedenstellend
London sicher	0,50	+	O	+	O*)	zufriedenstellend
Fromms FF Feuchtfilm	0,54	+	+	+	+	gut
London gefühlsecht	0,60	+	+	+	O*)	zufriedenstellend
Blausiegel ABC	0,65	++	+	+	+	gut
Fromms Duett	0,67	gleich mit Blausiegel hauchdünn extra				zufriedenstellend
Ritex Ideal	0,68	+	+	++	++	sehr gut
Lord's ABC	0,69	+	O	+	O*)	zufriedenstellend
Lord's de Luxe	0,72	+	+	+	–*)	mangelhaft
Curafam ABC	0,77	gleich mit Lord's ABC				zufriedenstellend
Anderlandt Das echte Gummi	0,80	++	+	++	O*)	zufriedenstellend
Blausiegel hauchdünn extra	0,83	+	+	+	O*)	zufriedenstellend
R 3 med	0,83	+	+	+	O	zufriedenstellend
Liberty Extra Creme Spezial	1,–	+	+	+	+	gut
London Love	1,–	+	+	+	++	sehr gut
R 3 activ feucht	1,–	+	+	++	O*)	zufriedenstellend
Durex Topsafe	1,15	O	+	+	++	sehr gut
Fromms Con-tacta med	1,25	++	+	+	O*)	zufriedenstellend
Spezialkondome für »safer sex«						
The Hot Rubber	0,56	++	+	++	O*)	zufriedenstellend
HT Spezial extra stark	1,67	+	O	+	O	zufriedenstellend

Fromms ist so eine Firma, deren Gummis fast alles spürbar lassen – mit oder ohne Gleitfilm. Die Frauen klagen manchmal über den verbleibenden Gummiring am Ende (oder Anfang?) des Parisers (also in der Nähe des Penisschaftes): Er reibt wohl bisweilen etwas in der Scheide. Aber ansonsten kann und soll bei einem Frommser keiner sagen, er bekäme nichts mehr mit (auch von dieser Firma bekommt der Autor leider keine Prozente für diese Werbung)!

Wie wird er angelegt? Die spätere Sexualberaterin *Rita Mühlenberger* glaubte, wie man so hört zusammen mit unzähligen Damen und Herren, daß man die Dinger aufrollt und wie einen Kaffeewärmer über eine Kanne stülpt (Fehler der ersten Art). Weit gefehlt: „Während er mir zuschaute, schüttelte er sich vor Lachen, und dabei bemerkte ich, wie ihm sein bestes Stück runterfiel und schlappmachte. Mit flinkem Fingerspiel gelang es mir, ‹ihn› wiederzubeleben." Auch ein weiterer Versuch, das Verhüterli über (2. Fehler: Vorhaut muß vorher zurück) die Vorhaut aufzurollen, mißlang: Der aufgerollte Wulst war innen (Fehler Nr. 3) statt außen. Und nun muß die Gnädigste nur noch darauf achten, daß beim Ansatz das Sperma–Reservoir mit Daumen und Zeigefinger zusammengedrückt wird, damit *er* glaubt, daß da Platz für seinen Schuß ist. Natürlich funktioniert das alles nur, wenn der Kolben steht, wozu man vielleicht erst mal (und bisweilen zwischendrin) was tun sollte. Sogar ein Abschlaffen mit aufgesetztem Pariser kann alles wieder zunichte und, sollten ihn beide wieder zum Stehen bringen, ein neues Kondom (und eine neue Prozedur) erforderlich machen. Den Versuch, ein falsch angesetztes Kondom nachträglich weiter nach oben oder nach unten zu schieben, quittierte nicht nur der Freund von Frau *Mühlenberger* mit Schmerzensschreien: „Merke: Da Kondome innen trocken sind, können sie auf dem Glied nicht nachgerichtet werden, sondern müssen sofort sitzen... Mehr als das Reservoir an der Spitze darf auf keinen Fall überstehen (wenn auch mancher Mann sich eine derartige optische Verlängerung seines Schwänzchens nur allzugern wünscht: Aber meine Herren, wie schlabbrig sieht diese verlängerte Gummi–Vorhaut denn aus!)."

Das *Märchen vom Platzen der Präservative* erweist sich zu 99% als Kaschierung der männlichen Insuffizienz, den Schwanz direkt nach dem Abschuß rauszuziehen und dabei noch den unteren Rand des Kondoms festzuhalten, damit es nicht herunterrutscht. Der Kolben erschlafft nämlich verdammt schnell, und das Sperma wirkt als Schmiermittel verdammt gut – und schon rutscht das Ding ab, und die verdatterte Frau spricht in fälschlicher Ver– & Anerkennung der ungeheuren männlichen Leistung während des Aktes von einem Platzen, was sich letzterer dann nur allzu gerne sagen und gefallen läßt. Und so kam das Märchen vom Platzen der Präservative in die Welt und hält sich dortselbst hartnäckig. Wer, wie der Autor im zarten Alter von 8 Jahren, Präservative des öfteren sehr zum Schrecken vorbeieilender älterer Damen als Luftballons mißbraucht hat, weiß um die Zähigkeit dieses Materials. Also: „Wenn man aber weiß, wie schnell ein Glied danach erschlaffen kann, sollte man als Frau hurtig selbst mit Hand anlegen und darauf achten, daß Penis und Pariser auch beim Herausziehen hübsch beisammenbleiben" *(Mühlenberger)*.

Das Abrutschen ist in vielen Fällen vermeidbar, wenn man das Schwänzchen nicht in übergroßer Hast schon vor Anlegen der Gummierung mal reinsteckt – sei es in Mund oder Möse. Speichel und Saft wirken gleichermaßen als Gleit– & Rutschmittel. Trotz alledem haben diese Dinger eine doch erfreulich niedrige Versagerquote von 3% schwangerer Frauen im Jahr, die der Minipille nicht nachsteht und durch Beachtung obiger wertvoller Regeln vielleicht noch ein wenig zu drücken ist.

Zwei Wermutstropfen träufelt uns im Brustton auch meiner Überzeugung und Erfahrung *Cynthia Heimel* auf die Gummis: „Männer hassen sie! Da haben sie eine erstklassige Erektion und sehnen sich nach einem schönen warmen Plätzchen, müssen sich aber statt dessen in so ein kaltes Gummiding einzwängen. Erektionen sind etwas Hochsensibles und welken oft schon beim bloßen Gedanken an Gummis förmlich dahin." Da hilft nur ein wenig Übung, Geduld und Erotisierung des Vorgangs des Anlegens. Vielleicht kann hier das Weib die Sache ein wenig versüßen mit allerlei lustigen Fingerspielchen. Die Erektion wird's danken!

Last not least nun die nach der Masturbation zweitperfekteste aller Verhütungsmethoden: die *Sterilisation* – aus, Schluß, Sense. Über sie brennen, ja lodern in manchen völlig verfahrenen Ehen, in denen man eigentlich keinerlei geschlechtliche Aktivitäten mehr vermuten sollte, wahre Geschlechterkämpfe. Wer soll's machen lassen? Bei *ihm* ein relativ risikoloser ambulanter Eingriff, bei *ihr* eine Operation mit einem mindestens eintägigen Krankenhausaufenthalt – neuerdings durch die Operationstechnik der *Laparoskopie* (was immer das ist) vereinfacht und verkürzt. In diese Schlacht mischen sich (hypochondrische) Ängste, (evtl. latenter) Kinderwunsch vs. –antipathie, Dominanzansprüche, aufgestaute Wut, sexueller Appetit, Trennungswünsche und manch andere Motive munter mit ein. Wie dem auch sei: Wenn die Sache mit Kindern nicht psychisch für alle Zeiten verfahren ist (und wer weiß das schon?), ist von dieser Radikalkur abzuraten. – Wobei wir dann schon beim nächsten Thema wären.

„Falls ihr euch die Eileiter unterbrechen laßt, wird euch sofort danach die Reue packen und erkennen lassen, daß ihr schon immer Kinder haben wolltet. Ihr werdet all die mühsamen Formalitäten für eine Adoption auf euch nehmen und sieben Jahre lang auf ein passendes Baby warten. Später werdet ihr euch dann ewig mit der schrecklichen Vorstellung herumquälen, daß der natürliche Vater eurer kleinen Sonja vielleicht so ein Typ wie Charles Manson war" *(Heimel)*.

***Jenny James*: „Männer im Bett“**

Den Männern gehört durchaus die Sympathie der Autorin, doch Schonung dürfen sie von ihr nicht erwarten. Mit scharfen Schnitten seziert sie die männliche Sexualität und legt dabei gnadenlos ihre Schwächen bloß. „Der moderne Mann hat zwar seinen Körper, dummerweise aber nicht seinen Kopf verloren.“ Über dieses Dilemma des vermeintlich starken Geschlechts ist schon viel geschrieben worden, aber selten so lebendig, so provozierend, so angriffslustig. Amüsiert wandelt man durch die Galerie typischer Spielarten männlicher Bett–Charaktere. Dem ex und hopp–Problemfall empfiehlt Jenny James einen sportlichen Wettbewerb: „Wenn ihr üblicherweise in vier Sekunden kommt, dann versucht es jetzt in zwei.“ Dem Feministen hält sie seine „im Grunde schlecht kaschierte Verachtung“ der Frauen vor. Da ist ihr der ehrliche Chauvi schon lieber: Die Bezeichnung ist für sie nur ein „dümmliches Etikett der Frauenbewegung für Männer, mit denen sie nicht fertig werden.“ Jenny James plädiert für ein energisches Ausleben von Enttäuschung, Zorn und Angst vor der Frau; ohne diese Aggressionen ist Sex für sie nicht lebendig, sondern eine fade Suppe, und führt zu Haß, Machtstreben und Atomraketen.

Poppe

VOGUE behauptet: „Dumm ist gut im Bett“ gilt auch für Männer

München (lin). In der Zeitschrift MÄNNER VOGUE (MV) beschäftigt sich Mariela Sartorius mit der Frage „Wie man erkennt, ob Mann es bringt“. In Umkehrung der von Männern oft aufgestellten Behauptung „Dumm ist gut im Bett“ stellt sie fest, daß diese Allerweltsweisheit (?) auch auf die meisten Männer zutrifft: „Je anspruchsloser im Geist, desto besser sind sie im Bett.“

Folgende Spezies Mann hat die MV–Autorin erkannt:

– *Den wenig ge– und verbildeten Mann:* Er glaubt an den globalen Urschrei aller Frauen nach einem, der es ihnen mal wieder so richtig besorgt.
– *Der Pferdeschwanz–Träger:* Will mit dem Schwanz im Nacken eindeutig auf einen anderen Körperteil hinweisen: die Nase (werden Haare aus dem Gesicht gekämmt, wirkt die Nase automatisch größer…).
– *Der Ski–Latzhosenträger:* Sieht immer schwanger aus, ist aber oft reizend und zärtlich und sagt später zu seiner Frau einmal Mutti.
– *Der Sexualprotz im Porsche:* Bei ihm bleibt immer etwas zu wünschen übrig.
– *Der Einnister:* Bleibt am Morgen danach noch ein bißchen liegen und ist am Abend immer noch da.
– *Haushaltshelfer und Kuschler* hält die Autorin für klassische Depressive und somit brillante Liebhaber: „Sie machen das Richtige zur richtigen Zeit – außer wieder gehen.“
– *Der bindungsscheue Zurückzieher:* Hat bereits Panik im Blick, sobald man seinen Mantel in den Schrank hängt, statt ihn über die Stuhllehne zu werfen. „Er ist schnell – und auch schnell wieder weg.“

Aphrodisiaka

Und wenn alles nichts hilft, dann greifen wir tief in das aphrodisierende Schatzkästlein der Natur: Eier, Zwiebel, Sellerie, Spargel, Austern, Trüffel, Knoblauch (Ägypter: pro – Griechen: kontra), Majoran, Meerrettich, Vitamin E, Knabenkraut, Yohimbe–Rinde, Alkohol, Pulver aus Nashornhorn, Milch („macht müde Männer munter“), getrocknete Hoden von Stieren, Böcken und Hähnen, Urin eben begatteter Stuten, frischer Rinderkot, Spanische Fliege (Vorsicht: oft tödlich!), Ziegengalle mit Honig, Wein mit gebranntem Hirschschwanz, der Penis des Tigers in Wein eingelegt, Brühe aus Giftschlangen, die Riesenmuschel Geoduck… – die Liste ist schier endlos. „Erst im vergangenen Jahr hat das Hamburger Institut für interdisziplinäre Sexualforschung die 216 angeblichen Wundermittel untersucht, die bei uns rezeptfrei erhältlich sind“ *(Weber)*.

Was ist dran? „Kein einziges enthält wirksame Substanzen auch nur in annähernd ausreichender Konzentration, um einen körperlichen Effekt erzielen zu können.“ Allenfalls eine Magenverstimmung hole man sich, und die Wirkung des beigemengten Alkohols verspürt man: leicht enthemmend. Einzig der lust– und erektionssteigernden Wirkung der Yohimbe–Rinde mit seinem Wirkstoff *Yohimbin* ($C_{21}H_{28}O_4N_2$) vermochte *Weber* auf die Spur zu kommen: „Der Penis wird besser durchblutet, die Erektion gefördert, zusätzlich nimmt die Reizempfindung der Nerven am Penis zu. Auch bei Frauen soll die bessere Durchblutung der Geschlechtsorgane das sexuelle Empfinden steigern. Rund fünf bis zehn Milligramm Yohimbin, dreimal täglich genommen, gelten als normale Dosis, auch wenn dieses Medikament bei verschiedenen Personen unterschiedlich starke Wirkung zeigt… 3,5 Gramm gelten heute als tödliche Dosis.“ Im Schlaf konnte seine potenzsteigernde Wirkung bei den nächtlichen Erektionen von Dr. Dr. *Jovanovic* am Stuttgarter *Zentrum für Chronomedizin* schon nachgewiesen werden: Ihre Dauer steigerte sich nach 5–6wöchiger Medikamenteneinnahme um mehr als 150%. Unklar ist bisher, ob es beim Beischlaf genauso funktioniert wie beim Schlaf. Alles spricht allerdings dafür. Die BUNTE teilt mit: „Potenzmittel, die den Wirkstoff Yohimbin enthalten, sind nach Ansicht des Bundesgesundheitsamtes bedenklich. Diese Präparate können Muskelzittern, Schlaflosigkeit, Angst, Blutdruckerhöhung, Herzklopfen, Übelkeit, Erbrechen und Leberschäden zur Folge haben.“

Die mobile Munterkeit dieser mikroskopischen Samenquappen war z.B. bei kalifornischen Studenten durch Prüfungsangst und wenig Schlaf auf 10% abgesunken – das reicht nicht zur Heldenzeugung. Der psychische Streß beim (meist) ungewohnten Onanieren in der andrologischen Sprechstunde kann die Zahl der Spermien bei manchen Männern um einige hundert Millionen auf Null drücken. Schon beim zweiten Versuch zeigen sie sich dann wieder. Eigenartig auch das Phänomen des Schwangerwerdens nach der vermeintlich letzten Rettung, der Adoption eines Kindes. Ja schon die Anmeldung zur medizinisch–andrologischen Begutachtung verhilft vielen Männern zur ebenso plötzlichen wie späten Schwängerung ihrer Gemahlin. Der Münchner Dermatologe und Androloge PD Dr. *Vogt* versucht das mit dem Nachlassen des Leistungsdruckes bei beiden Partnern zu erklären.

„Man schätzt, daß jedes fünfte Paar keine Kinder bekommen kann" *(Haeberle)* – max. der Hälfte von ihnen kann man helfen. „Die Ursachen der Probleme liegen häufig beim Mann." Ein *Überwärmung der Hoden* soll bereits die Zeugungsfähigkeit beeinträchtigen. Gefährdet wären demnach vor allem Männer mit sitzender Tätigkeit, die bei geschlossenen oder überkreuzten Beinen ihre Keimdrüsen ständig erwärmen. Auch eng anliegende Unterhosen, Schlafen in der Unterhose oder unter einer dicken Daunendecke gefährde bereits die Spermienbildung, ebenso wie Schwitzen in der Sauna oder heiße Bäder.

Durch *körperliche Krankheiten* (Mumps, Tripper u.a.m.), *Rauchen, Alkohol, Umweltverschmutzung, radioaktive Strahlen* sowie durch *Streß* (oder gar durch psychische Fehlhaltungen?) kann einmal die Zahl der Samenzellen pro Schuß (normalerweise immerhin 200–500 Mio. kleine Biester) reduziert sein, zum anderen kann ihre Entwicklung und ihre Beweglichkeit gestört sein.

Auch beruflicher Streß, das zeigen eindrucksvolle Fallberichte, kann die Samenentäußerung auf ein zeugungsinsuffizientes Minimum reduzieren. Ebenso wie das Wohnen in größeren Städten. Alles in allem drückt diese Zivilisation ganz schön auf die Zeugungsfähigkeit: „So zeigt eine schwedisch–norwegische Studie, daß die Zahl der normalen Spermien bei schwedischen Männern im Laufe der letzten 30 Jahre von 53 auf 37 Prozent gesunken ist" *(Walter)*.

Wichtigste *Maßnahmen* bei der psychologischen Behandlung dieses Problems sind somit, Angst, Streß und Leistungsdruck von dem Zeugungsvorgang abzuziehen. Hier muß zuweilen in den beruflichen und privaten Alltag der Betroffenen eingegriffen werden, Änderungen im Freizeitverhalten angeregt und die Zukunftsperspektive, auch gerade eine *ohne* Kinder, beackert werden. Auch ein entspannteres Sexualleben trägt sicherlich sein Scherflein zur Zeugungsfreudigkeit mit bei (selbst dem Wetter messen manche Meteor–Sexologen eine Bedeutung bei, wie man dem Wort „Ein Wetter zum Helden–Zeugen" entnehmen kann).

Eine uralte Methode, die aufgrund der rüden Verstoßungssitten im alten und neuen Ägypten dortselbst eine lange Tradition und hohe Kultur hat: Die monatelang unschwangere *Ägypterin* trifft mit ihrer freudiger gebärenden Freundin ein Arrangement. Letztere führt sich, bevor sie mit ihrem Gatten Geschlechtsverkehr praktiziert, Hanf oder Watte in ihre Vagina ein, tut's dann mit ihm und eilt heimlich anschließend mit dem spermagetränkten Bausch zur Freundin (Vorsicht: beim Eilen noch drinlassen, sonst verkühlen sich die Kleinen) und tauscht ihn mit dieser von Vagina zu Vagina aus. Das einige Male praktiziert, hat nicht selten zum Erfolg geführt.

Sind nun die Ursachen medizinisch und psychologisch nicht behebbar, so flüchten sich Frauen und Paare bisweilen in die *künstliche Befruchtung*. Entweder wird der an sich taugliche Samen des Ehemannes genommen oder, wenn der nicht quirlig genug ist, der eines anonymen Spenders, welchselber ihn beim Onanieren abgelassen hat (nach obenstehenden, erleuchtenden Ausführungen muß der darin schon einige Übung und eine gewisse Ruhe haben, sonst taugt sein Samen auch nichts). Die größten *Erfolge* werden zwischen dem 4. und dem 14. Behandlungsmonat angegeben, sind absolut gesehen aber eher *mickrig und gefährlich*. „Nach neuesten Forschungsberichten liegen die realen Chancen für eine Geburt mit Hilfe der ivF (in–vitro–Fertilisation = künstliche Befruchtung) zwischen vier bis sechs Prozent. Die offiziell dazu angegebenen Zahlen bewegen sich zwischen 15 und 20 Prozent... Befunde sprechen dafür, daß eine erfolgreiche künstliche Befruchtung generell zur *Risikoschwangerschaft* führt. Vermehrt kommt es dabei zu Spontanaborten, Früh– und Mehrlingsgeburten, erhöhten Kaiserschnittraten und einem Lebensbeginn des Kindes im Brutkasten... In einer Nachuntersuchung von ehemaligen ivF–Patientinnen zeigte sich beispielsweise, daß bereits 15 Monate nach Abbruch der erfolglosen Therapie 38,8 Prozent der Frauen schwanger geworden waren" *(Erb)*.

Partnerschaft

Wer wieviele? * Wer mit wem? * Sozialer Austausch in Paarbeziehungen * Perspektiven * Umerziehung des Partners

In einem Teil der Fälle führt bekanntermaßen die interpersonale Attraktion vom Flirten über erotischen und sexuellen Kontakt mit Gefühlen der *Verliebtheit* in längerwährende Bindungen, Ehen oder Beziehungskisten. Dabei finden nun später leider Veränderungen der Partner im Verhalten wie im emotionalen Erleben statt. Gegenüber der euphorisch geprägten, projektionsbegünstigten Zeit der Verliebtheit, in der eine aufregende Entdeckungsreise angetreten wird, werden mit Fortdauer der Beziehungen Entdeckungen gemacht, die nicht unbedingt erfreulich, wiewohl der Realität näher sind. Verliebtheit kann als eine Art Anfangsphase von Beziehungen auftreten; eine Unterscheidung zwischen romantischer Liebe und Verliebtsein, wie sie alltäglich im Sinne der Ernsthaftigkeit einer Beziehung gemacht wird, läßt sich anhand der Empfindungen zum Zeitpunkt ihres Erlebens in der Regel nicht erkennen. *Walster & Walster* weisen in diesem Zusammenhang auf Studien hin, denen zufolge derartige Etikettierungen abhängig vom Zeitpunkt der Beurteilung sind. Beziehungen in voller Blüte werden eher als romantische Liebe bezeichnet, solche, die aus irgendeinem Grunde beendet wurden, anschließend eher als Verliebtheit. Dritte, etwa die Eltern, die bestehende Beziehungen nach diesen Kategorien beurteilen, drücken damit in erster Linie aus, ob sie die Verbindung positiv bewerten oder nicht.

So robust sich die *Liebe* in der Phase der Verliebtheit gebärdet, so empfindlich ist sie später gegenüber jeder Art von Emotionsentgleisung. Ob es ihre Schwestern Flirt und Lust betrifft oder ihre rauhbeinigen Brüder Necken, Ärgern und Angriffslust, ihre Schwiegermutter, die Eifersucht, oder das schwarze Schaf in der Familie: die Feindseligkeit; auch gegenüber Ängsten jeglicher Couleur ist die Liebe empfindlich, und in sozialer Isolation mag sie gar vollends dahinschwinden. Schuldgefühle hängen ihr um die Beine, und Trauer kann sie arg schütteln. Vor allem bei Wohlstand und Unterstimulation gebiert die Liebe ein Gebrechen nach dem anderen. Und dann noch ein ganz eigenartiger Verwandter der Liebe: Angst vor Nähe und Verantwortung.

„Die Ehe ohne Trauschein, als Schnupperphase und Bewährungsprobe gerühmt, erfreut sich zwar zunehmender Beliebtheit, ist aber kein Garant für stimmige Partnerwahl und solide Ehen – im Gegenteil. Paare, die bereits vor der Trauung gemeinsame Erfahrungen sammeln, sammeln scheint's keine. Zu diesem überraschenden Ergebnis kommt eine großangelegte Umfrage der US–Demographen Lary Bumpass und James Sweet von der University of Wisconsin. Eheleute, so ermittelten die Wissenschaftler, die schon vor der Hochzeit Tisch und Bett teilen, laufen ein um 40 Prozent höheres Scheidungsrisiko" (DER SPIEGEL).

Wer wieviele?

Doch auch per se scheint die ehe– oder *partnerschaftliche Bindung* zwischen Männlein & Weiblein sehr unzuverlässig und variabel zu sein: „Die Entwicklung zur Paarbindung, wie sie sich bei unserer Art abgespielt hat, begünstigt begreiflicherweise die Einehe, erfordert sie aber nicht absolut. Es kann durchaus vorkommen, daß als Folge des schweren und gefährlichen Jägerlebens die erwachsenen Männer rar werden und deshalb die überlebenden die Paarbindung mit mehr als nur einer Frau eingehen. So kann auch die Geburtenziffer erhalten bleiben und erhöht werden, ohne daß es zu

Heiratsangst

Ein sehr einfaches, aber sicher nur begrenzt wirksames Verfahren schlägt das Ehepaar *Mandel* vor: eine orthodoxe Systematische Desensibilisierung bezüglich Heiratsangst. Die dort verwendete Angsthierarchie sei hier wiedergegeben.

„... Phase 4 enthielt die Desensibilisierung von Heiratsängsten und die Analyse des Kältegefühls. Beim Versuch, eine sog. Angst–Hierarchie aufzustellen (wie man sie bei dieser Methode der Systematischen Desensibilisierung verwendet), zeigte sich, daß keine angstauslösenden Reize unmittelbar sexueller Art gefunden werden konnten, dagegen sehr massive Stimuli, die mit Bindung und Heirat zu tun haben.

Wir stellten folgende Hierarchie auf, wobei die Frau die jeweiligen Items selber nach ihrem Angstwert einstufte in einer Skala von 0–100.

Angstwert	*Hierarchie:*
(10–20):	mit dem Freund eine Kücheneinrichtung im Kaufhaus flüchtig ansehen, dann hineingehen und genau ansehen;
(30):	eine Wohnstube in Gedanken einrichten; Vorhänge aussuchen, den Schreiner bestellen, besprechen usw.;
(40–50):	mit dem Freund irgendeine Schlafzimmereinrichtung im Kaufhaus anschauen: flüchtiger und genauer;
(50–60):	gemeinsam eine Schlafzimmereinrichtung anschauen, die beiden sehr gefällt;
(70):	Hochzeitsvorbereitungen allgemeiner Art (z.B. Musik bestellen, Polterabend arrangieren);
(70–80):	ein Brautkleid im Schaufenster ansehen, selbst probieren, kaufen;
(80–90):	einen Ehering im Schaufenster aussuchen, kaufen;
(100):	die eigene Hochzeit (vor allem die kirchliche Feier).

Bei der Durcharbeitung einer solchen Hierarchie beginnt man mit den Vorstellungen bzw. Situationen, die kaum Angst auslösen, man schreitet dann fort zu den stärker angstauslösenden Reizen. Die Situationen bzw. Vorstellungen wurden während der Desensibilisierung noch weiter differenziert."

– Aber lassen wir den Schwachsinn.

bedrohlichen Spannungen kommt, wie sie entstehen könnten, wenn man die überschüssigen Frauen ‹schonen› wollte. Würde nämlich der Paarbildungsprozeß so exklusiv, daß er Polygamie bei Männerknappheit total unterbindet, so käme es zu einer bedrohlichen Entwicklung – man braucht nur daran zu denken, wie besitzgierig die Frauen in dieser Hinsicht sind und was für böse sexuelle Rivalitäten zwischen ihnen dadurch heraufbeschworen werden. Gegen eine Vielehe wiederum wendet sich der durch die vergrößerte Familie erheblich verstärkte Zwang, sie und den ganzen Nachwuchs wirtschaftlich zu unterhalten. So war die Möglichkeit für die Polygamie in einem gewissen Umfang gegeben, wenn auch mit starken Einschränkungen. Und es ist interessant festzustellen, daß die Vielehe zwar noch bei einer Zahl weniger bedeutender Kulturen existiert, daß aber alle großen Gesellschaftsordnungen (die zudem die weit überwiegende Mehrheit der Weltbevölkerung unserer Art ausmachen) die Einehe haben; auch bei denen, die eine Vielehe zulassen, bleibt diese – wie der Islam zeigt – normalerweise auf eine kleine Minderzahl der betroffenen Männer begenzt. Nicht weniger interessant wäre es, darüber nachzudenken, ob das Aufgeben der Polygamie bei nahezu allen großen Kulturen tatsächlich ein wesentlicher Faktor für das Erreichen ihres derzeitigen Hochstandes gewesen ist. Hier sei nur dies festgestellt: Was immer auch dieser oder jener unwichtige und zurückgebliebene Stamm heute in dieser Hinsicht tut – der Hauptstrom der Entwicklung unserer Art hat zur Paarbindung in ihrer extremen Form geführt, nämlich zur dauernden Einehe" *(Morris)*.

Das *Fazit*: „Wir kennen bisher keine Menschengruppe, die ohne eheliche Dauerpartnerschaft lebt. Und in den meisten Fällen lebt ein einzelner Mann mit einer einzelnen Frau in ehelicher Gemeinschaft. Es gibt allerdings auch andere Eheformen. Von 849 Gesellschaften gestatten nach P. M. Murdock (1967) 708 Polygynie (83,5 Prozent). Nur 137 Gesellschaften (16 Prozent) sind dem Gesetz nach monogam und 4 polyandrisch. Diese Aufstellung vermittelt den Eindruck, Polygynie wäre für uns Menschen typisch. Das Bild täuscht jedoch. Nur gelegentlich polygyne Ehen sind nämlich 2,5mal so häufig wie Ehen, bei denen Polygynie üblich ist. Das heißt: Auch in den polygynen Gesellschaften sind die Männer zumeist nur mit *einer* Frau verheiratet. In Prozenten sind nach G. P. Murdock und D. R. White 1 Prozent der Ehen polyandrisch, d.h., eine Frau ist mit mehreren Männern verheiratet, 17 Prozent sind monogam, 51 Prozent gelegentlich polygyn und nur 31 Prozent üblicherweise polygyn. Für die Buschleute schätzen M. M. West und M. J. Konner (1976) den Prozentsatz polygyner Ehen mit maximal 5 Prozent. Es handelt sich meist um Versorgungsehen. Ein Mann ist verpflichtet, die

Witwe seines Bruders zu heiraten. Der Ausdruck ‹Vielweiberei› für Polygynie ist irreführend, da selbst in polygynen Kulturen die Männer nur selten mit mehr als zwei Frauen verheiratet sind“ *(Eibl–Eibesfeldt)*.

Die Natur läßt uns in diesem Punkt ratlos. Unzweifelhaft hat sie uns mit der Fähigkeit ausgestattet, dauerhafte, unter Umständen sogar lebenslange Partnerschaften einzugehen. Aber durchsetzbar ist strikte *Monogamie* nur unter Zwang, dem Druck der ökonomischen Umstände und mit Hilfe von einschüchternden Geboten. Wo wie heute in einigen im Luxus lebenden Zivilisationen der ökonomische Druck nachläßt und damit wie vorauszusehen auch die sozialen Sanktionen abgeschwächt werden, fallen die Ehen massenhaft auseinander.

Kopflos stürzen sich die Menschen in *Bindungen*; die Heirats– und Bekanntschaftsanzeigen der Presse sind ein beredtes Zeugnis für ein Bindungsbedürfnis, das relativ autonom ist. Es läßt sich nicht reduzieren auf das sexuelle Bedürfnis, nicht auf das Bedürfnis nach Kindern, nicht auf das nach ökonomischen Erleichterungen und Sicherungen, und schon gar nicht geht es aus persönlicher Vertrautheit hervor – es handelt sich hier ja sozusagen um an die Allgemeinheit gerichtete Bindungsappelle an sich.

Und ebenso kopflos stürzen die von keinen sozialen und ökonomischen Notwendigkeiten zusammengehaltenen Paare wieder auseinander: „Ihr Lächeln, weiß ich, wärmte mich noch lang', noch als ich allein mit mir war, und die Erinnerung in mir klang noch lange deutlich und klar. Ich frag' mich, ob sie manchmal an mich denkt, und ich wünschte, sie wäre bei mir. Ich hätt' all' meine Tage gerne verschenkt, für den einen, nur einen mit ihr“ *(Reinhard Mey)*. Daß uns die Natur in dieser Hinsicht wirklich ziemlich freigelassen zu haben scheint, uns selber auszusuchen, wie wir leben möchten, und daß uns wirtschaftliche Situation und die Zerschlagung der kulturellen Konventionen noch freier machen, bereitet uns ewige, quälende Verlegenheit. Sie ist unser nie ausgehender Gesprächsstoff; sie ist das Hauptmaterial, aus dem Romane, Dramen und Filme gemacht werden.

Hören wir uns in unserer wissenschaftlichen *Liebesnot* doch mal bei den Kollegen um. Welche Ratschläge wissen sie zur Therapie der kranken Liebe? Da greift so mancher zu bizzarer Nomenklatur: von Kollusionen als des Übels Wurzel ist da bei einem Herrn *Willi* die Rede, von spiralförmigen Kommunikationssequenzen ohne Anfang und Ende bei Herrn *Watzlawick*; *Schmidtbauer* prangert die Angst vor Nähe an und *XYZ* fordert endlich das Nein in der Liebe. Da sind Frauen, die zu sehr lieben, und Männer, die lieben lassen, vor allem aber ist zu wenig Reziprozität in der Liebe – sagt die empirische Psychologie.

Ich erwähnte als einen vermeintlichen pathologischen Knackpunkt bei der Liebe die *Angst vor Nähe und Verantwortung*. Sei's drum! Zu den Ursachen und Folgen dieses mehr oder minder pathologischen Phänomens haben sich Psychoanalytiker in immer wiederkehrenden Kaskaden von rhetorischen Akrobatakten diagnostisch und phänomenologisch verbreitet (und damit jede Menge Eulen nach Athen getragen, denn das Phänomen ist absolut klar und leicht zu diagnostizieren), die ich an dieser Stelle ihrer therapeutischen Unergiebigkeit wegen nicht zitieren möchte. Es scheint, als stecke hinter der Angst vor Nähe eine solche vor selbständiger Übernahme von Verantwortung für einen anderen Menschen. Diese Bereitschaft dürfte stark mit der eigenen Selbstsicherheit korrespondieren, die entweder aufgrund innerer Gegebenheiten (Sozialisation zur Unsicherheit) oder äußerer Lebensbedingungen (Studium, finanzielle Unsicherheit usw.) geschädigt ist. Übungen und Verhaltensaufforderungen, die die Selbständigkeit, Übernahme von Verantwortung und das Treffen von eigenständigen Entscheidungen provozieren, könnten im Rahmen eines Selbstsicherheitstrainings angezeigt sein. Wie

Ihr Lächeln war wie ein Sommeranfang

Ihr Lächeln war wie ein Sommeranfang.
Unbefangen und bald verhangen,
sanft wie ein Sonnenaufgang
in regendurchnäßtem Wald.
Ich hab' nie erraten,
wem ihr Lächeln galt,
doch ich wünschte wohl,
es galt mir,
und ich gäbe alle Reichtümer,
Macht und Gewalt
für ein Lächeln,
ein Lächeln von ihr.

Reinhard Mey

Wo ich allerdings den von *Hahlweg et al.* exakt diagnostizierten und etwas naiv–lerntheoretisch begründeten *Zwangsprozeß*, in dem sich beide Partner nur noch mittels Bestrafung umzuerziehen versuchen, einordnen soll, ist mir etwas unklar: am ehesten noch bei den fehlgeleiteten Aggressionen, auf keinen Fall bei einer mißverstandenen Lerntheorie, wie das die Herren Autoren tun.

Warum Männer manchmal Ungeheuer sind

1. Warum Männer so häufig lieber unter sich sind

... Gefragt, was sie vor allem an der Gesellschaft des eigenen Geschlechtes schätzen, antworten fast alle Männer gleichlautend: „Weil wir die gleiche Sprache sprechen", „weil wir die gleichen Probleme haben!" Männer sprechen über den Beruf, über Autos, über Probleme und wie sie sich lösen lassen (oder auch nicht), wie Dinge funktionieren und wie sie mit den Realitäten des Lebens fertig werden. Ihre Lebensaufgabe: Aktion. Sie reden auch nicht über solche Themen, die Frauen für absolut nebensächlich und überflüssig halten, um ihr Gefühlsleben zu verbergen, sondern weil diese Themen ein Teil ihrer Welt sind.
Typische Männerfreundschaften:

Die Kollegen. Banker unterhalten Freundschaften zu anderen Bankern. Mit Werbeleuten, Rechtsanwälten, Ärzten ist es nicht anders. Weil es reizvoll ist, über die gleichen Probleme zu sprechen, gemeinsame Interessen zu teilen. Ein Beispiel dafür ist die Freundschaft zwischen dem amerikanischen Star–Jockey Willie Shoemaker (1,47 m) und dem Basketball–Riesen Wilt Chamberlain (2,13 m). Obwohl der kleine Shoemaker niemals einen Rebound am über drei Meter hoch hängenden Korb eindrücken wird und es auch der lange Chamberlain mit Sicherheit niemals schaffen kann, einen Derby–Sieger über die Ziellinie zu reiten, verbindet die beiden einiges. Beide sind Berufssportler, haben sich mit dem gleichen Wettbewerbs–Streß auseinanderzusetzen...

Die Kumpel. Keine Verbindung auf Leben und Tod oder Gewinn und Verlust, trotzdem eine endlose Kette von gemeinsamen Aktionen. Oft arrangieren sie es, daß Frauen und Kinder bei ihren Aktionen (Sport, Angeln, Wagen reparieren) zusehen. Eine Frau, die so einen Kumpel geheiratet hat, ist mehr Mutter als Ehefrau.

Der Held und sein Herold. Der Held zieht dank besonderer Qualitäten Bewunderung auf sich. Damit es auch keinem entgeht, braucht er den Fan, den Ausrufer und Herold. Und was der Herold wiederum braucht, ist das Gefühl, zu einer Person zu gehören, die er als überlegen anerkennt. Wenn eine Frau solch einen Herold geheiratet hat, wird sie schnell dahinterkommen, daß sie auf seiner Rangliste der Zuneigung immer nur die Nummer 2 sein wird. Vielleicht ein Trost: auch er ist nur eine Nummer 2.

Die Konkurrenten. Sie kämpfen um das gleiche Mädchen, bewerben sich um die gleiche Position. Sollte einer gewinnen, wird er triumphieren – trotzdem: die beiden bleiben Freunde. Es sind Männer, die vor allem den Kampf und die Herausforderung lieben.

Die Clique. Gruppe von Männern, eine älter gewordene Bande. Sie treibt es zu gemeinsamen Erlebnissen. Vielleicht wird einer mal heiraten und beim Rest den Nachahmungstrieb hervorrufen. Danach werden sie schnell wieder beisammen sein.

Verheiratete Junggesellen: eine Jagdgesellschaft, immer auf der Fährte nach weiblicher Beute. Aber viel harmloser, als sie tun...

2. Warum Männer mit ihren Frauen immer ums Geld streiten

... Sechs Gründe haben die Männer für ihre Knauserigkeit parat.

Grund 1: Geld macht zu selbständig. Wenn eine Frau über Geld verfügt, kann sie Entscheidungen treffen.

Grund 2: Geld gehört zur Intimsphäre. Man(n) spricht nicht darüber.

Grund 3: „Ich schaffe an, und sie hat den Spaß." Das gönnt er ihr nicht.

Grund 4: Das Hintertürchen. Er braucht selbst das Geld. Mal alleine weggehen, was ausgeben. „Je mehr Geld ich ihr gebe, desto mehr an Freiheit verliere ich!"

Grund 5: Sie wirft das Geld ja doch nur zum Fenster hinaus. Und je mehr sie bekommt, desto höher werden ihre Ansprüche.

Grund 6: „Ich habe die Sorgen, also will ich auch alle Rechte." Und die ganze Macht: das Geld.

Wenn Männer ihre Frauen knapp halten, dann geht es also gar nicht so sehr um Mark und Pfennig – es geht um Macht.

Männer und Geld – eine innige Beziehung, doch glücklicherweise ist so einiges im Wandel. Zwei von zehn Ehefrauen sind heute schon die Finanzminister ihrer Familien. Bedeutet dies nun: sie haben in der Ehe die Hosen an? Nein, sagt der Tiefenpsychologe Tobias Brocher, „es bedeutet nur, daß es eine Menge Frauen gibt, die mehr Talent zum Geldverwalten haben als ihre Männer." Und daß es heutzutage immer mehr Männer gibt, die dieses Talent anerkennen.

3. Warum Männer ihre Frau betrügen, auch wenn sie sie lieben

Ganz einfach. Weil sie sich einsam fühlen... Kein normaler Mann hält diesen Zustand längere Zeit aus. Diese Einsamkeit ist das Hauptmotiv männlicher Untreue. Es ist die Einsamkeit des Mannes, dessen Frau in ihren Pflichten als Hausfrau und Mutter zu ersticken droht, die aufgehört hat, Geliebte und Gefährtin ihres Mannes zu sein, die ihn mit Problemen überschüttet und in vielen Fällen einen zusätzlichen Grund noch mitliefert, weil sie nicht nur ihren Mann vernachlässigt, sondern auch sich selbst.

Was aber dann wirklich zum Seitensprung führt, ist sehr viel komplizierter. Dinge, die in Männerseelen vorgehen, werden Frauen nie erleben – was umgekehrt ja auch nicht anders ist. Seitensprünge sind nicht selten Notrufe, Selbsthilfeprogramme der durch Schicksalshiebe angeschlagenen männlichen Seele.

Typisch dafür ist der Seitensprung als Wetten–daß–Ergebnis: Ausgelöst durch Talfahrten aller Art. Durch Mißerfolg. Eine Pleite. Dann kommt es nicht selten zum Abenteuer des Mannes, der glaubt, sich einiges schuldig zu sein. Der sich beweisen will, daß er nach wie vor der alte ist, daß er immer noch kein Risiko scheut, sich gegen Widerstände aller Art durchsetzen kann. Für ihn wird der Sex zu einer Droge – einem Aufbaupräparat. Genommen nach Niederlagen aller Art. Manchmal hilft's.

Der Seitensprung als Reise in die Vergangenheit: Sex als Sentimental Journey. Was ihn fasziniert, ist eine Kombination aus vertrauten Merkmalen. Eine Traumfrau scheint wieder zurückgekehrt. Diese Reize wirken so stark, weil er sich von einem Erlebnis noch nicht hat lösen können. Erinnerungen schwingen nach – das Phänomen funktioniert nach dem Prinzip der unerledigten Arbeit, und die läßt einen Mann nicht ruhen. Reisen in die sexuelle Vergangenheit nehmen nur häufig ein schnelles Ende. Und haben deshalb auch nur in seltenen Fällen eine Zukunft.

Der Seitensprung als exotischer Abenteuer–Urlaub: Der Hintergrund solcher Expeditionen: Reiz fremder Haut, unbefriedigte Sexualität und überschätzter sexueller Aberglaube. Hit exotischer männlicher Wünsche ist die Asiatin (19 Prozent wünschen sie sich), gefolgt von der Negerin (18 Prozent). Als exotisch gilt aber auch schon die Französin (14 Prozent) und die Schwedin (13 Prozent). Zu bewerten als Proberunde am Steuer eines Sportwagens, den er sich eigentlich nicht leisten kann.

Der Seitensprung – weil er sich etwas davon verspricht: Der heftige Flirt des Aufsteigers, praktiziert mit der Sekretärin des allerhöchsten Chefs oder vom Kellner mit der Frau des prominenten Gastes. Das alles bedeutet: Eindringen in die Privatsphäre eines Mannes, der in einem gewissen Sinne Vorbild ist. Spaziergang in ausgeborgten Luxusstiefeln – meist ein paar Nummern zu groß.

Jeder vierte Mann bekennt sich dazu, seine sexuellen Wünsche so hin und wieder mit einer anderen Frau zu befriedigen. Kommt es nicht dazu, fehlt ihm die Gelegenheit. An seinem schlechten Gewissen liegt es weniger: Sechs von zehn Männern glauben, daß die Ehe stärker gefährdet ist, wenn die Frau einen Seitensprung macht, als wenn sie es selbst tun. Vor allem Frauen, die an einen Mann geraten sind, der sich selbst als ganzer Kerl bezeichnet, haben sich auf einiges einzurichten. Denn diese Typen erleben die meisten Liebesabenteuer.

Typisch für den Mann, der sich als Hahn aufspielt: er ist sportlich aktiv, bastelt möglicherweise gern, haßt aber Küchenarbeit, verachtet Homosexuelle und spielt den Kavalier der alten Schule.

Und zum Schluß noch eine Zahl, über die es lohnt, ein wenig nachzudenken: 12 Prozent aller Ehemänner sind auf der Suche nach ihrer Traumfrau. Was allerdings auch bedeutet, daß 88 Prozent sie schon gefunden haben.

PETRA

diese Übungen konkret aussehen, ist von der individuellen Lebenssituation des Klienten abhängig – die Kreativität des Therapeuten ist hier ungemein gefordert!

Eine ganz andere Erklärung für so manche eheliche Last gibt *Eibl–Eibesfeldt*: „Vielleicht gibt es so etwas wie eine androgeninduzierte Appetenz nach Anerkennung. Ich vermute es. Wir wissen, daß Erfolg den Androgenspiegel des Mannes anhebt – und zwar unmittelbar. Das legitimiert aber nicht den Familientyrannen. Ich nehme an, daß diese krasse Ausdrucksform männlichen Dominanzstrebens zur Pathologie der modernen Gesellschaft gehört, die einen Mann mit vielen Frustrationen in einer Kernfamilie zurückläßt, die alles auffangen muß, was früher in der Kleingruppe im Rangstreit der Männer und vor allem im Einsatz bei der Verteidigung der Gruppe nach außen verarbeitet wurde."

Wer mit wem?

Bei einer Befragung unverheirateter Paare hinsichtlich der von ihnen empfundenen Liebe sowie der *elterlichen Interferenz* (Ablehnung des Partners oder der Beziehung) zu zwei Zeitpunkten (1.: 8 Monate eng befreundet, 2.: 14–18 Monate zusammen) wurde eine positive Korrelation gefunden: wo mehr Ablehnung, da mehr Liebe! Dieser *Romeo–und–Julia–Effekt* wird dahingehend interpretiert, daß der durch den Widerstand der Eltern induzierte Streß in der Anfangsphase der Beziehung über eine erhöhte physiologische Erregung der Partner ihre romantische Zuneigung fördert. Allerdings ist auch zu bedenken, daß eventuell nur solche Paare bei hoher elterlicher Interferenz zusammenbleiben, die von vornherein mehr romantische Liebe zueinander empfinden als andere. Was allerdings für die Fortdauer der Beziehung der elterliche und schwiegerelterliche Ablehnungs–Streß bedeuten kann, mag sich ein jeder von uns anhand seiner eigenen Altvorderen verdeutlichen. Die Psychologen suchten lange die Frage nach den glückbringenden *Faktoren der Partnerwahl* zu entscheiden. Ganze Regale lassen sich mit Veröffentlichungen der sozialpsychologischen *Interpersonal–Attraction–Forschung* füllen. Die Ausbeute ist recht unergiebig.

Ein Befund, der mir gleichermaßen für die Prophylaxe wie für die Rehabilitation von Ehe–Bruch interessant ist, sei erwähnt: Was die Geselligkeit und die soziale Initiative, die zwei Grundpfeiler der *Extraversion*, betrifft, so sollten sich Gleiche mit Gleichen gesellen (vielleicht war bei genauer semantischer Betrachtung dies Ergebnis in dem Sprichwort schon vorweggenommen). Die Eheprognose scheint bei geringer Distanz bei 2 Betriebsnudeln oder 2 Stubenhokkern günstiger, als wenn einer dauernd bremst und der andere mit Vollgas in die soziale Welt möchte.

Das in den USA zeitweise beliebte *Merry–the–girl–next–door–Prinzip* scheint diskussionsbedürftig. Sicherlich wurden in vorgeschichtlicher Zeit innerhalb des Nexus (Verbund verschiedener Horden, der bekanntschaftliche Beziehungen pflegt) geheiratet. Gegen eine Inzucht innerhalb der Horde installierte die Natur aber wohl ein Prinzip, nachdem allzu große früh– & kindliche Vertrautheit den Paarungs–Appeal absenkt.

Ein zweites Prinzip ist wirksam. Der/die potentielle Partner/in sollten Vater/Mutter, Bruder/Schwester, dem gegengeschlechtlichen Elternteil oder Geschwister nicht völlig unähnlich sein, aber um Gottes Willen auch nicht zu ähnlich – sonst sperrt die Inzucht–Schranke via Generalisierung alles Erotische ab. Eine gewisse *Durchmischung der Gene* scheint dem Überleben der Nachkommenschaft (und der Rasse?) wohl dienlich zu sein.

Eine bitter–herbe Erfahrung mußten die Konstrukteure des neuen Israel machen. Ursprünglich gingen sie davon aus, daß sich im Kibbuz (miteinander–) paarungswillige junge Leute entwickeln. Diese aber streben in ihrer Sturm– & Drangzeit durchweg nach draußen.

Unter die Haut

Du hast dir oft den Mund verbrannt
Hast 'n Eid auf mich geschworn
Kästen Sekt auf mich verwettet
Kästen Sekt meinetwegen verlorn

Du hast deine Nummer geändert
Bist weit weg von mir gezogen
Bist für mich durchs Feuer gegangen
Und hast oft für mich gelogen

Du bist vom höchsten Felsen gesprungen
In die tiefsten Meere getaucht
Bist um die halbe Welt geflogen
Um da zu sein, wenn ich dich brauch

Du hast mir viele Briefe geschrieben
Seitenlang an einem Tag
Die fingen an und hörten auf
Weißt du nicht, daß ich dich mag

Du hast meine Träume gelebt
Die nicht mehr auszuhalten warn
Hast mich tausendmal verflucht
Und wieder geliebt mit Haut und Haar'n

Mit dir geht es mir gut
Mit dir will ich leben
Vor dir war nichts
Und nach dir wird's nichts geben

Das ist Liebe, die mich umhaut
Liebe, die bei mir reinhaut
Die geht mir unter, unter die Haut

Beide Prinzipien stellen die Motoren der immer wieder beobachteten *Exogamie* dar: „Wie bei allen Arten mit Paarbindung ‹gehören› die Eltern einander: Die Mutter ‹besitzt› den Vater, wie umgekehrt er sie. Sobald der Nachwuchs mit der Pubertät seine eigenen Sexualsignale zu zeigen beginnt, wird er zur sexuellen Konkurrenz – die Söhne sind nun Rivalen des Vaters, die Töchter Rivalinnen der Mutter. Es wird also die Tendenz bestehen, sie zu vertreiben. Beim Nachwuchs aber wird sich die Neigung einstellen, ein eigenes Revier als Basis der eigenen Familie zu gründen. Dieser Trieb muß ja schon bei den Eltern vorhanden gewesen sein, als sie sich ihre erste Familienheimstatt schufen; dieses Verhalten wird also jetzt lediglich wiederholt. Das elterliche Revier, beherrscht und ‹besessen› von Vater und Mutter, hat nun für die Kinder nicht mehr die alten, richtigen Eigenschaften: Es ist ebenso wie die dort lebenden Individuen jetzt sozusagen schwer belastet mit den ursprünglichen und mit zusätzlichen Elternsignalen. Der Nachwuchs widersetzt sich ihnen und geht daran, sich eine neue Grundlage für die eigene Fortpflanzung zu schaffen...

Mit alledem hängt offensichtlich eine weitere Eigenheit unserer Art zusammen, das *Hymen oder Jungfernhäutchen*. Bei den niederen Säugetieren erscheint es als embryonales Stadium im Zuge der Ausbildung des Urogenitalsystems; beim nackten Affen jedoch bleibt es durch Neotenie erhalten. Das bedeutet, daß die erste Begattung im Leben der Frau einige Schwierigkeiten macht. Da die Entwicklung sich des langen und breiten damit abgemüht hat, die Frau so sexuell reaktionsfähig zu machen wie nur möglich, ist man zunächst etwas stutzig: Was soll dann ein Jungfernhäutchen, das doch nur begattungswidrig sein kann? Dennoch ist es nur ein scheinbarer Widerspruch. Indem das Hymen den ersten Begattungsversuch erschwert und schmerzhaft werden läßt, sorgt es dafür, daß er nicht leichtsinnig unternommen wird. Nun gibt es aber selbstverständlich in der Phase der sexuellen Reifung jenes Versuchen und Herumsuchen nach dem rechten Partner. Und die Jungmänner sehen eigentlich nicht ein, weshalb sie sich mit dem Begatten zurückhalten sollten. Bleibt die Paarbindung aus, so haben sie sich zu nichts verpflichtet und können weitersuchen, bis sie die Richtige finden. Anders die Jungfrauen: Wollten sie soweit gehen, ohne daß es zur Paarbindung kommt, könnte es sehr leicht passieren, daß sie schwanger sind und dem Tag entgegensehen müssen, an dem sie Elternpflichten zu übernehmen haben ohne jede Hilfe von männlicher Seite. Hier soll das Hymen also etwas bremsen: Die Jungfrau soll erst wirklich starke und tiefe Gefühle entwickelt haben, bevor sie den letzten Schritt tut – so starke Gefühle, daß sie bereit ist, physisches Unbehagen auf sich zu nehmen, wenn sie die Beine spreizt" (*Morris*).

Sozialer Austausch in Paarbeziehungen

Die Fähigkeit, meine Bedürfnisse zu befriedigen, physische Attraktivität, Eigenschaften, die ich mag, und Einstellungen, die den meinen ähneln, aber auch etwas Andersartiges, was meine Aufmerksamkeit fesselt und meine Neugier erregt: dies alles sind Gründe, einen Kontakt lohnenswert erscheinen zu lassen – mögliche *Belohnungen*.

Im *austauschtheoretischen Ansatz von Thibaut & Kelley* wird jede stattfindende oder antizipierte soziale Interaktion, bezogen auf das vorliegende *Kosten–Belohnungs–Verhältnis*, als *Gütekriterium* gesehen. Als Belohnung können alle positiv erlebten, als Kosten alle negativ erlebten Aspekte einer Interaktion oder Beziehung aufgefaßt werden. Dieser jeweils individuell bestimmte Wert (Kosten–Belohnungs–Relation) wird an zwei Vergleichswerten gemessen: dem Vergleichsniveau (CL, Comparison Level) und dem Vergleichsniveau für Alternativen (CL alt). Wenngleich diese Theorie vielleicht etwas einseitig die rationalen Vergleichs– und Bewertungsaspekte innerhalb von Beziehungen betont, so beschreibt sie in ihrer Allgemeinheit sicher im Beziehungsgeschehen wirksame Mechanismen.

Beim *Austausch von Belohnungen* sind die verschiedensten Kombinationsmöglichkeiten denkbar, die sich jeweils an den individuell unterschiedlichen Bedürfnissen und Möglichkeiten der Interaktionspartner orientieren können. Es läßt sich quasi eine unendliche Zahl von Belohnungen und Verstärkern vorstellen, die ausgetauscht werden können, von gesellschaftlich anerkannten und von vielen Personen als solche empfundenen, wie Schönheit oder sozialer Status, bis zu spezielleren, die vielleicht nur wenige Menschen ansprechen, wie eine bestimmte Art von Humor, Interesse für Salsa–Musik oder Skateboardfahren, die Vorliebe, morgens lange zu schlafen oder vor Sonnenaufgang Waldspaziergänge zu machen.

Wie sehen aber Bedingungen aus, unter denen beide Partner mit einiger Wahrscheinlichkeit sowohl beim Vergleich mit CL als auch mit CL alt zu zufriedenstellenden Ergebnissen kommen? Ein mögliches Element solcher Bedingungen findet sich in der von *Walster, Berscheid & Walster* formulierten *Gerechtigkeitstheorie (Equity–Theorie)*. In ihr werden die *Ergebnisse* (outcomes) und *Beiträge* (inputs) der Interaktionspartner in Relation zueinander gesetzt. Equity oder distributive Gerechtigkeit entspricht der Wahrnehmung, daß alle beteiligten Personen relativ gleiche Gewinne erhalten.

Vier Haupthypothesen bilden die Grundlage der Theorie:

„1. Individuen versuchen, ihre Ergebnisse zu maximieren.
2. Da das unbeschränkte Gewinnstreben der einzelnen Personen vielen (vor allem den schwächeren) Menschen schaden würde, werden von Gruppen Normen für die gerechte Verteilung von Belohnungen und Kosten festgelegt. Eine solche Norm ist die Gleichheit der Verhältnisse zwischen Gewinn und Beitrag für alle Mitglieder. Gruppen achten auf die Einhaltung dieser Norm, indem sie jene Mitglieder belohnen, die sich gerecht verhalten, und diejenigen Personen bestrafen, die ungerecht sind.
3. Wenn sich jemand in einer ungerechten Beziehung befindet, ist das für ihn unangenehm. Das Unbehagen ist um so größer, je größer die Abweichung von der Gerechtigkeitsnorm ist.
4. Personen, die sich in einer ungerechten Beziehung befinden, versuchen, ihr Unbehagen zu beseitigen, indem sie wieder Gerechtigkeit herstellen. Je größer die Ungerechtigkeit ist, desto größer ist der aversive Spannungszustand, und desto stärker ist die Motivation zur Wiederherstellung von Gerechtigkeit“ *(Herkner)*.

Wird *Ungerechtigkeit* in einer Partnerschaft empfunden, bestehen verschiedene Möglichkeiten, damit umzugehen. Man kann bemüht sein, die tatsächlichen Verteilungsverhältnisse zu ändern, man kann Korrekturen an der eigenen Einschätzung vornehmen (etwa im Sinne einer Dissonanzreduktion: Mein Partner behandelt mich schlecht, ich verlasse ihn trotzdem nicht; also muß er irgendwelche besonderen Qualitäten haben), oder man kann aufhören, weiter in die Beziehung zu investieren und aus dem Feld gehen, die Partnerschaft aufkündigen.

Etliche Untersuchungen mit verheirateten und unverheirateten Paaren bestätigen die Bedeutung der Verteilungsgerechtigkeit für Paarbeziehungen. Am wohlsten fühlen sich Personen innerhalb ihrer Beziehungen, die diese als ausgeglichen hinsichtlich ihrer eigenen und der Beiträge ihres Partners einschätzen. Das Gefühl der Benachteiligung wirkt sich am negativsten auf die Zufriedenheit aus; das Gefühl, im Vorteil zu sein, wird nur von Frauen als unangenehm erlebt (Schuldgefühle), Männer stört eine solche Situation kaum. Es wurde auch festgestellt, daß bei verheirateten Paaren Männer mit dem Gedanken spielten, die Beziehung zu verlassen, wenn sie sich benachteiligt fühlten, Frauen eher an Scheidung dachten, wenn sie sich im Vorteil sahen.

Das CL stellt eine Art Modalwert der von einem Individuum in der Vergangenheit erfahrenen Interaktionsergebnisse dar. Liegt das gegenwärtige Ergebnis darüber, wird es als angenehm empfunden, liegt es darunter, nicht.

Das CL alt stellt das niedrigste Niveau dar, das im Vergleich zu erreichbaren alternativen Beziehungen oder Lösungen akzeptiert wird. Fällt die Bewertung einer Beziehung unter CL alt, so wird sie aufgelöst.

In Relation zum CL stellt sich für die Person dar, wie befriedigend die gegenwärtige Beziehung ist, im Verhältnis zu CL alt dokumentiert sich die Abhängigkeit von der Beziehung.

Ein Extremfall wäre z.B.: das Kosten–Belohnungs–Verhältnis fällt unter CL (unbefriedigende Beziehung), es liegt aber noch über CL alt (nichts Besseres erreichbar); unter diesen Bedingungen könnte auch eine relativ belastende Beziehung Bestand haben.

Er war einen Kopf kleiner, häßlich und 17 Jahre älter. Aber für die Primadonna *Maria Callas* war der Tankerkönig *Aristoteles Onassis* die große Liebe. Sie verließ ihren Mann, und Onassis ließ sich scheiden. Neun Jahre dauerte die heftige Romanze. Sie flogen um die halbe Welt, nur um sich eine halbe Stunde sehen zu können. Dabei stritten sie wie kein anderes Paar: Sie ohrfeigte ihn in aller Öffentlichkeit, und er schrie so, daß er tagelang heiser war. **FREUNDIN**

Sag mir, wo die Männer sind

Erbarmungslos zerpflückt die italienische Schriftstellerin Barbara Alberti das Klischee vom Latin Lover

Liebe Lotte, Du fragst mich nach den Männern meines Landes, von denen Du so viel gehört hast. Aus Deinen Sätzen lese ich Andeutungen heraus, daß Du voller Vorurteile bist. Ich werde versuchen, Dir zu beweisen, daß sie falsch sind.

Du hast Glück: Neben meiner 40jährigen einschlägigen Erfahrung auf diesem Gebiet kann ich aus dem Material einer Korrespondenzsammlung schöpfen, die aus der Zeit stammt, in der ich für ein Wochenmagazin Leserbriefe beantwortete.

Von Deiner Tante Margaret, die in ihrer Jugend hier war, zitierst du den berüchtigten Satz: „Die Italiener wollen alle nur das eine." Wenn das, worauf sich Tante Margaret bezieht, das gleiche ist, woran ich denke, dann muß ich sagen, ja, leider ist es wahr. Auch heute wollen die Männer bei uns nur das eine: reden.

In zahllosen Briefen haben mir Frauen von diesem maßlosen männlichen Bedürfnis berichtet. Hier ein Beispiel: „Er lud mich zum Abendessen ein, machte mir den Hof. Dann lockte er mich zu sich nach Hause. Dort war die Kulisse der Verführung – Musik und gedämpftes Licht – schon vorbereitet. Und als ich in der Falle saß, begann er zu reden, reden, reden. Je mehr er redete, desto erregter wurde er. Und ich sah aus meiner Ecke mit einem leeren Glas in den Händen zu, wie er den Höhepunkt seines einsamen Vergnügens erreichte. Gegen Ende des Monologs noch ein paar heftige Angebereien – da! Er kommt! Endlich Ruhe, er ist leergepumpt, er hat sich dargestellt, seine Libido ist total befriedigt. Erschöpft von seiner Darbietung bettet er den Kopf auf das Sofa und schläft ein..."

Zweites Vorurteil von Tante Margaret: Der italienische Mann will nicht arbeiten. An was für gute alte Zeiten das erinnert! Zeiten, als der Italiener noch eine liebeshungrige Raubkatze war, glänzend von Brillantine, mit polierten Fingernägeln und unendlicher Muße für Amouren.

Heute hat er keinen Sinn mehr für Phantastereien. Er strotzt nur so vor Arbeitswillen, und das einzige, was ihn juckt, ist die Karriere. Wenn Du bei einer Party eine Traube von sichtlich elektrisierten, erregten, schwitzenden Männern siehst, die miteinander wetteifern, der Person in der Mitte Feuer zu geben, dann glaube ja nicht, daß im Zentrum dieses hingebungsvollen Interesses eine hinreißende Frau steht. Wenn sich der Kreis der Anbeter öffnet, erblickst Du in der Regel einen Politiker, einen Chefredakteur oder einen Fernsehdirektor – nicht das ewig lockende Weib, sondern die heiß begehrte Macht erotisiert den Italiener. Für die Liebe ist er nicht mehr zu haben. Aber für den Karrieresprung, die Gehaltserhöhung, für den sozialen Aufstieg ist er zu jedem romantischen Opfer bereit, selbst dazu, nie mehr eine Frau anzuschauen. Es sei denn, sie ist seine Chefin oder die Frau seines Chefs.

Und diese kleine Schwellung in der Hose? Nein, Lotte, es ist nicht das, was Du denkst, sondern ein Parteibuch, vielleicht auch zwei! Denn wie zu Zeiten des Faschismus sind viele Stellen ohne Parteibuch nicht zu kriegen.

Drittes Vorurteil: Die Italiener überfallen Dich. Du schreibst, Du hättest Angst, allein herumzuspazieren. Da ist etwas Wahres dran, und es betrifft die Männer im Rudel. Hüte Dich vor ihnen. Wenn Du allein bist und sie Dich nachts treffen, ersetzt der Sadismus jenen erotischen Funken, den sie nicht mehr verspüren, seit die Frauen frei sind. Deswegen: Lauf und ruf um Hilfe. Aber das Szenario: „Du bist mit einem einzigen Mann zusammen, er wirft Dich auf's Sofa..." – vergiß es. Es passiert nicht mehr. Der Feminismus hat den Italienern stark zugesetzt. Sie wissen nicht mehr weiter. Ganz gleich, wie alt sie sein mögen, sie sehen aus wie Kinder in den Trümmern eines Kindergartens. Aus kurzen Hosen schauen haarige Waden raus, mit ratlosem Blick schauen sie sich um: Wo ist die Mama?

Viertes Vorurteil: Die Italiener sind Muttersöhnchen. Sie sind es längst nicht mehr ihren Müttern gegenüber. Denn die haben heute auch mit 70 noch ihre Liebhaber und erobern die Welt auf dem Mofa. Allenfalls sind sie es der Frau gegenüber, die sie kennenlernen und die sie – auch wenn sie erst 20 sind – zu einem Muttchen dressieren wollen, das sie hätschelt und verwöhnt. Du erzählst von zwei Deiner Freundinnen, deren italienische Liebhaber sich später als brave Ehemänner eifersüchtiger Gattinnen und Väter mehrerer Kinder entpuppten. Dabei sind wir bei Vorurteil Nummer fünf: Alle Italiener sind verheiratet. Das ist falsch.

Fast alle Italiener sind frei, weil sie keiner haben will. Die italienische Frau hat die finanzielle Unabhängigkeit entdeckt und damit die völlige Entbehrlichkeit der Männer. Seither streichen diese herum, ständig auf der Suche nach Heim und Herd. Ab und zu werden sie von jemandem geheiratet, aber nach einem oder zwei Kindern wieder verlassen. Dabei behält die Frau in der Regel die Wohnung und die Kinder, also alles. Und der Mann? Ruiniert von Alimenten, ferngehalten von den heimischen Kochtöpfen, zahlt er teuer für ein Fest, zu dem er nicht eingeladen ist, und weiß nicht, wo er abends essen gehen soll. Was ihm bleibt, ist die Stundenfrau. Nicht für den Sex, sondern als Erinnerung an ein Zuhause. Die Sehnsucht nach der Frau von einst, die kochte, bügelte und wartete, steht ihm in den Augen, macht ihn streitsüchtig, weinerlich, erinnerungsselig und jeden Mitleids unwürdig.

Das italienische Volk besteht heutzutage aus glücklichen alleinstehenden Frauen und Männern auf der Jagd. Junge Ausländerinnen wie Du sind ihre bevorzugte Beute. Wenn Du nicht aufpaßt, sind sie imstande und heiraten Dich. Traue ihnen nicht, es sind lauter Mitgiftjäger. Sie wollen alle Deine Energien.

Wie sie aussehen? Jedenfalls nicht mehr wie der von Dir erwähnte Onkel Enrico, den Du als Fünfjährige kennengelernt hast und an den Du Dich erinnerst, weil er kahl, kugelrund und gutmütig war. Dieser Typ Mann ist ausgestorben. Fitneß–Center, Saunen, Solarien und die plastische Chirurgie haben die männliche Rasse revolutioniert. Alle sind schön, alle sind gleich. Es gibt nur noch zwei Männer mit Bauch: Onkel Enrico und Maurizio Costanzo, Italiens beliebtester Showmaster. Die Frauen vergöttern ihn, denn er ist das letzte Relikt einer Gattung, aus der dann die Schönlinge mutierten – Sexsymbole, die untauglich sind für den Gebrauch, weil sie sich ausschließlich darauf konzentrieren, sich als Sexualobjekte darzustellen, statt Sexualität zu erleben.

Liebe Lotte, ich weiß, daß ich diesen Brief mit der Anmaßung einer befreiten Sklavin geschrieben habe, ohne Erbarmen. Daher schließe ich mit ein paar tröstlichen Zeilen. Vor kurzem war ich bei einem Schönheitswettbewerb für Männer. In der Jury saßen nur Frauen, und wir waren gekommen, um zu lachen und Rache für unsere jahrhundertelange Demütigung zu nehmen. Statt dessen sind wir vor der Geschichte dieser Jungs errötet. Alle, die kamen, waren arbeitslos, viele häßlich. Und sie stellten sich nackt hin in der Hoffnung, einen Job zu finden. Wie immer in den Zeiten der Verwirrung findest Du die Tugend dort, wo Du sie am wenigsten erwartest.

Es grüßt Dich herzlich
Deine Babara

PS: Wenn Du einen Italiener treffen solltest, der Dir tatsächlich gefällt, dann nimm ihn uns nicht weg! Es ist, als würde man den Hungernden Brot klauen oder in der Wüste einen Baum ausreißen. Mach eine Entdeckungsreise, aber wenn es nicht unbedingt nötig ist, dann laß uns die Erinnerung an eine aussterbende Rasse im Lande.

Alberti

Barbara Alberti, 45, hat neben zahlreichen Romanen auch Theaterstücke und Drehbücher verfaßt. Populär wurde sie durch ihre Rubrik „Sprechen wir von Liebe" in der Frauenzeitschrift AMICA, wo sie Leserbriefe sehr persönlich und oft leidenschaftlich beantwortete.

Austausch in Beziehungen ist immer auch unter einer zeitlichen Perspektive zu sehen, d.h., vieles geschieht sozusagen auf Vorschuß, es findet normalerweise kein dauerndes gegenseitiges Aufrechnen der ausgetauschten Belohnungen und geleisteten Kosten statt (das geschieht u.U. dann kurz vor der Scheidung). Der rationale, systematische Tenor dürfte in vivo selten sein, eher herrschen diffuse Empfindungen des Zukurzkommens oder des Zufriedenseins vor.

Ein wesentliches Moment, das in den austauschtheoretischen Überlegungen noch nicht enthalten ist, ist das der stellvertretenden Kosten und Belohnungen. Das *Konzept der indirekten Kosten und Belohnungen* schlägt *Krebs* zur Erklärung sogenannter intrinsisch motivierter Hilfeleistungen vor; mir erscheint es aber durchaus auch auf Austauschprozesse in Paarbeziehungen anwendbar. Bezogen auf Situationen, in denen hilfsbedürftigen Personen Hilfe geleistet werden soll, besagt dieses Konzept, daß neben den unmittelbaren Kosten der Hilfe (Mühe, Gefahr, Zeitverlust) und der für sie zu erwartenden Belohnungen (Ansehen, Lob, Geld), die einen Einfluß auf die Entscheidung zur Hilfe beim Helfer nehmen, auch indirekte Kosten (Schaden, Schmerz des Hilfesuchenden) und indirekte Belohnungen (Erleichterung, Freude beim Hilfesuchenden) eine Rolle spielen. Wieweit sie das tun, hängt vom Ausmaß der Empathie des Helfers ab; die Maximierung der positiven Konsequenzen sieht also für einen empathischen Helfer anders aus als für einen weniger empathischen.

Im allgemeinen kann davon ausgegangen werden, daß in längerwährenden Liebesbeziehungen ein Maß an Vertrautheit und emotionaler Nähe der beiden Partner erreicht wird, das zumindest außerhalb akuter Streits eine Übernahme der Perspektive des anderen und somit Empathie in besonderem Maße ermöglicht. Somit ist einerseits damit zu rechnen, daß das, womit ich den anderen belohne (wenn es nicht sowieso schon eine Aktivität ist, die mir selbst Spaß macht), auch für mich eine Belohnung darstellt, andererseits aber auch damit, daß die Kosten, die meine Handlungen meinem Partner verursachen, mich als indirekte Kosten belasten können.

Walster & Walster berichten von einer Längsschnittuntersuchung, bei der sich herausstellte, daß die physisch attraktiveren Frauen der beobachteten Gruppe Männer mit höherem Status heirateten.

Walster, Berscheid & Walster haben 22 Bereiche zusammengestellt, in denen Beiträge von den Beziehungspartnern geleistet werden, z.B. persönliche Beiträge (aufgeschlossen, freundlich, informiert sein; Pflege von Aussehen und Gesundheit etc.), emotionale Beiträge (zeigen, daß man den Partner mag, auf seine Gefühle eingehen etc.), tagtägliche Beiträge (Zeit und Arbeit in den Haushalt stecken, Humor haben, nicht zu häufig betrunken sein etc.). Da die Darstellung des Verhältnisses der *Input–Outcome–Relationen* der beiden Interaktionspartner den Eindruck einer objektiven Repräsentation der tatsächlichen Austauschbeziehung nahelegt, soll hier noch einmal betont werden, daß es sich um die jeweils *subjektive* Wahrnehmung der beiden Partner handelt.

Perspektiven

Aronson vertritt mit seinem *Gesetz der ehelichen Untreue* einen deutlichen Standpunkt. Es besagt im wesentlichen, daß Partnerschaften auf lange Sicht scheitern müssen, und zwar aus folgenden Gründen:

1. Aufgrund langzeitigen Austauschs von Verstärkern findet eine Sättigung und Adaptation statt, die Möglichkeiten, sich gegenseitig effektiv zu belohnen, schwinden (das Kompliment eines Fremden wirkt mehr als das vom Partner).
2. Nach langwährendem Austausch positiver Reize gewinnt ein negativer an Schmerzhaftigkeit.

Aus dieser Konstellation könnte auf Dauer als Folge die Suche nach Selbstbestätigung primär durch positive Reize von Fremden und empfindliche Verletzungen von seiten des Partners resultieren. Sein Gesetz hat *Aronson* von einer Untersuchung abgeleitet, in der die Versuchspersonen im Verlauf von Urteilssequenzen positiv und/oder negativ beurteilt wurden. Die Versuchspersonen sollten anschließend angeben, wie sympathisch ihnen die Beurteilerin sei.

Es zeigte sich u.a., daß in der Gruppe, die zunächst negativ und dann positiv beurteilt wurde, größere Sympathie gegenüber der Beurteilerin angegeben wurde als in der Gruppe, die nur positiv beurteilt wurde. *Berscheid et al.* kritisieren dieses experimentelle Vorgehen. Es sei erforderlich, da es sich ja bezogen auf den Aspekt des Gesetzes

Der Gesang meiner Frau machte mich rasend.

der ehelichen Untreue um konkurrierende positive Reaktionen handele, beide Bedingungen – ausschließlich positives Feedback (Bedingung 1) gegenüber anfänglich negativem, dann positivem (Bedingung 2) – bei einer Versuchsperson mit zwei verschiedenen Beurteilern zu realisieren. Hierbei stellte sich dann auch heraus, daß der ständig freundliche Beurteiler sympathischer empfunden wurde. Beide Ergebnisse lassen sich im Sinne von Kontrasteffekten interpretieren: im ersten Experiment eine Aufwertung der zweiten Versuchshälfte durch die negative erste, im zweiten eine Aufwertung des ständig positiv erlebten Partners gegenüber dem teilweise negativ urteilenden. Wenngleich also diese experimentellen Befunde, die ja auch nur analog zum tatsächlichen Geschehen in Paarbeziehungen betrachtet werden können, nicht die *Aronsonschen* Annahmen stützen, so sind sie doch teilweise recht plausibel.

In einer Untersuchung von *Braiker & Kelley* von verheirateten Paaren wurde die unterschiedliche Bedeutung von *Belohnungen und Kosten für vier Phasen der Beziehungen* (oberflächliche Bekanntschaft, ernste Freundschaft, Verlobung, Ehe) erfaßt. Als Hauptdimensionen wurden faktorenanalytisch eine generelle Dimension der Liebe (Belohnung) und eine von Konflikt und Negativität (Kosten) ermittelt. Es stellte sich heraus, daß die Bedeutung beider mit der Dauer der Beziehung anwächst. Konflikte wirken also nicht beeinträchtigend für die Beziehung, sie sind wahrscheinlich vielmehr als bedeutsames Element für den Beziehungsfortschritt zu betrachten. Vor allem zwischen der ersten und zweiten Phase nimmt die Bedeutung von Auseinandersetzungen deutlich zu; nach Höflichkeit und Verklärung der Anfangsphase (Verliebtheit) werden Meinungsverschiedenheiten erkannt und ausgetragen.

Ein anderer Punkt, der an dieser Stelle Erwähnung verdient, ist der Wunsch der meisten, wenn nicht aller Menschen nach der Befriedigung *zweier gegensätzlicher Bedürfnisse* im Rahmen heterosexueller Beziehungen: des Bedürfnisses nach Sicherheit, Vertrauen, Nähe und des Bedürfnisses nach sexueller und anderer Aufregung, nach neuen Reizen, Abwechslung.

Herkner formuliert wie folgt: „Aronsons ‹Gesetz› ist aber sicher zu pessimistisch, denn aus den bekannten Gesetzmäßigkeiten über Verstärker lassen sich Maßnahmen ableiten, um den beschriebenen Effekt zu verhindern. Gelegentliche Kontaktunterbrechungen und Abwechslung in der Art der positiven Stimuli müßte hier zielführend sein." Das individuell gewünschte Verhältnis von Aufregung und Sicherheit könnte in entsprechender Weise aktiv hergestellt werden durch Nähe ohne Enge, selbständige Lebensführung beider und abwechslungsreiches Beziehungsgeschehen bei gleichzeitiger Zuverlässigkeit.

Umerziehung des Partners

Der liebe Gott weiß alles – der Lehrer weiß alles besser.

Fast alle Partner, wilde oder legale Gatten und Gattinnen, geben sich der Illusion hin, ihres holden Ehe– oder Partnerschaftsgespons' Oberlehrer(in) sein zu dürfen. Sie zeigen ihm und ihr auf, wo's in der Kindererziehung, in der Politik, in der Mode, im Beruf, in der Ökonomie (vornehmlich, was das Aufrollen von Zahnpastatuben betrifft), in der Ernährung, in der PKW–Branche (was PS–Zahl, Farbwahl und Türenzahl angeht), wo's in ich–weiß–nicht–noch–was im Leben und in unserer Zeit langgeht. Und das tun sie, wenn wir *Hahlweg, Revenstorf & Schindler* Glauben schenken dürfen, mit unbrauchbaren Lehrmitteln: ausschließlich oder überwiegend mit Strafe, bis die ganze Angelegenheit in den von den Autoren favorisierten sog. *Zwangsprozeß* einmündet – eine Ehefalle, aus deren Krallen es nach Meinung unserer Autoren ohne Therapie, Verwöhnungstage oder Ehescheidung kein Entrinnen mehr gibt. Die Therapie sieht *Hahlweg et al.* zufolge so aus, daß man tunlichst sein Konditionierungsinstrumentarium umzustellen habe – von der Bestrafung auf Belohnung, von Gezänk auf Verwöhnungstage. Schön wär's, wenn das funktionieren würde. Die dazu wissenschaftlich eruierten Daten lassen bei genauerer statistischer Betrachtung noch manchen Wunsch offen.

Unsere Altvorderen vertraten da eine andere Strategie. Sie waren gar nicht so sehr darauf erpicht, ihren Partner umzuerziehen, sie hatten nicht diesen pädagogischen Wunderglauben und Eifer. Sie gaben sich zufrieden, arrangierten sich mit ihrem Partner so, wie er nun mal ist, blieben im großen und ganzen bei ihrer eigenen Linie und installierten eine Art friedlicher Koexistenz. Basta!

Familiensinn

Kinderwunsch & Kinderliebe * Kindererziehung * Vetternwirtschaft

Es gibt wohl keinen präziseren Indikator für die *Morbidität und Dekadenz einer Gesellschaft* als die Ausprägung ihres Familiensinns und ihrer Liebe zu Kindern. Um beides ist es bei uns erbärmlich schlecht bestellt.

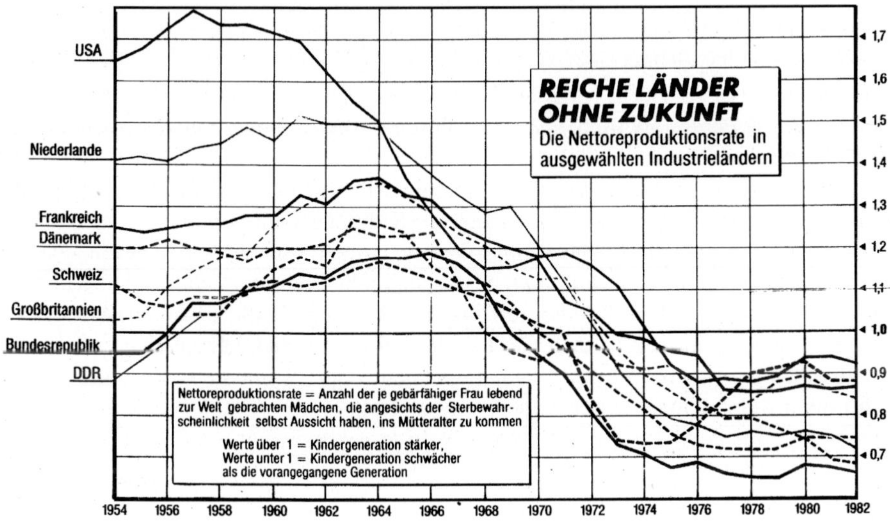

Seit den 60ern, spätestens seit 1966 geht es mit der Geburtenzahl in den zivilisierten Ländern bergab, zwischen 1968 und 1974 sackt die Nettoreproduktionsrate unter 1, d.h., die ganze Gesellschaft schrumpft – was ja nicht nur ein Nachteil sein muß! Die BRD ist in dieser schicksalsweisenden Statistik wieder mal der Trendsetter. Auch in der ungezügelten Autoraserei sind wir auf der Welt führend, im Tablettenkonsum zeitweise auch, in der Kinderfeindlichkeit, der Putzwut – und im Pampigsein. Sollte es zwischen all dem verborgene Abhängigkeiten, Wechselwirkungen und Interdependenzen geben? Wer wollte uns das beantworten?

Daß wir zuwenig Kinder in die(se) Welt setzen, ist vielleicht noch ein glücklicher Wink des Schicksals. Daß wir aber unsere Kinder dann mit unseren Autos massenweise zu Tode fahren oder schwer verletzen, daß wir sie mißhandeln und Hunderte totprügeln, daß wir sie scharenweise in den Selbstmord treiben, das ist schon eine traurig–bezeichnende *Bilanz*.

In keinem Land der Erde sterben so viele *Kinder auf der Straße* oder werden durch Verkehrsunfälle verletzt wie hierzulande. 1983 sind allein in Niedersachsen über 6.000

Nach Angaben des gemeinnützigen *Deutschen Kinderhilfswerks* wurden im Jahr 1984:

- O fast 30.000 Kinder mißhandelt und mehrere Hundert zu Tode geprügelt.
- O Über 100 Kinder von sechs bis zwölf Jahren begingen Selbstmord.
- O Jedes sechste Kind ging unter Tabletteneinfluß in die Schule.
- O 6.000 Schulkinder waren wegen regelmäßigen Alkoholgenusses in ärztlicher Behandlung.
- O 57.000 Kinder, die ohne Familie sind oder aus unvollständigen Familien stammen, leben in Heimen. O Durch Behinderung sind fast 100.000 Kinder extrem benachteiligt.
- O Fast eine halbe Million Kinder leben von Sozialhilfe.

Kinder bei Verkehrsunfällen verletzt worden – und 99 tödlich! Aber das hält uns alle nicht ab, weiter munter aufs Gaspedal zu drücken. Dabei ist jeder Autofahrer, der mit 50 km/h durch eine Wohnstraße (und welche Straße ist *keine* Wohnstraße!) donnert, ein potentieller (Kinder–)Mörder. Ein Kind, in dem *richtigen* Sekundenbruchteil zwischen zwei parkenden Autos auf die Straße tretend, würde *keiner* verschonen (können!). Ich biete mich an, dies jedem, der es nicht glaubt, in einem Puppenversuch zu demonstrieren.

Doch beginnen wir mit dem *Geburtenrückgang*. Als erstes müssen wir *Bindungswunsch & –fähigkeit* unter die Lupe nehmen. Wieder zeigen die Herren der Schöpfung die pathologischeren Defizite. Die New Yorker Damen *Rhodes & Potash* kommen zum gleichen Ergebnis wie ihre österreichischen Geschlechtsgenossinnen *Benard & Schlaffer*: Es gibt drei Sorten von Typen: brauchbare, kurzfristig akzeptable und nichtsnutzige – das war's! Doch auch der brauchbare Mann ist noch weit vom Ziel entfernt: „Er erwartet sehr viel, aber gibt nicht automatisch ebensoviel zurück. Ihm muß man behutsam beibringen, daß eine Beziehung aus Geben und Nehmen besteht und daß Kompromisse möglich sind... Typ I kann man lieben" *(Posche)*. Den nichtsnutzigen aber sollte frau so schnell wie möglich zum Teufel jagen: „Er kann seinen Charme an– und ausschalten. Alles läuft nach seinen Spielregeln." Auf gar keinen Fall sollten sich Frauen bei solch einem Typen ihre typischen Frauen–Fragen stellen, so da sind: „Erwarte ich von den Männern zu viel?, „Bedränge ich ihn zu sehr?" Solche Selbstzweifel verbuchen *Rhodes & Potash* als *Was–hab–ich–falsch–gemacht–Syndrom* und verbieten es ihren Klientinnen.

„Wer dann nicht die Schafwollsocken bereit hat, um sie dem Fluchtverdächtigen über die ‹kalten Füße› zu streifen, der muß halt für den nächsten Versuch das Strickmuster beherrschen. Frauen sollten lernen, sich die gelehrigsten Exemplare unter den Männern herauszupicken, statt sich ständig mit den eigenen Gefühlen auseinanderzusetzen" *(Posche)*.

Und dann erst die *Angst vor einer Bindung*. Damit Frauen nicht alle Farbsignale übersehen und plötzlich gegen die geschlossene Schranke knallen *(Posche)*, haben *Rhodes & Potash* ein paar klassische *Männerfloskeln* aufgeschrieben, hinter denen sich die Fratze der Bindungsangst verbirgt: „Ich brauche mehr Freiraum" heißt: „Ich will raus aus der Beziehung"; „Ich bin nicht reif für eine Bindung" heißt: „Ich hab' Angst, daß ich schon zu tief drinstecke"; „Ich bin in dich verliebt, aber ich liebe dich nicht" heißt: „Da draußen gibt es noch bessere Frauen für mich" oder „Wenn du wirklich die Richtige für mich wärst, käme ich mir nicht so eingesperrt vor."

Kinderwunsch & Kinderliebe

Da ist als weiteres der *Kinderwunsch*. Wo er nicht wie in den hochzivilisierten Ländern von selbst in den Keller geht, wird er propagandistisch gedrückt (nützt auch das nichts, helfen nur noch Reihen– & Massensterilisationen wie in Indien). Die rigorose Ein–Kind–Politik der letzten Jahre in der *Volksrepublik China* zeitigt ihre Erfolge: Heute haben 70 bis 90% der Familien in den großen Städten nur noch ein Kind. Das Ergebnis der *Einzelkind–Sozialisation* charakterisiert *Petzold* folgendermaßen:

- sie haben ein weit schlechteres Sozialverhalten als die vorherige Generation;
- 4jährige Kinder im ersten Kindergartenjahr beteiligen sich weniger an Gruppenaktivitäten als Geschwisterkinder;
- 30% der Einzelkinder verhielten sich unkooperativ, aber nur 7% der Geschwisterkinder;
  manche Einzelkinder waren besonders eigensinnig, zeigten schlechte Eßgewohnheiten, gingen achtlos mit fremdem Eigentum um und verhielten sich Erwachsenen gegenüber respektlos;
- andere Einzelkinder waren eher schüchtern, konnten sich nicht selbst anziehen und legten sehr viel Wert auf modische Kleidung (nach diesem letzten Kriterium ist die weibliche BRD verseucht von dissozialer Modephilie);

– auch die Beurteilung 4–9jähriger Einzelkinder von ihren gleichaltrigen *Peer group* fällt so beängstigend aus, daß die VR China es vorzog, diese Studie erst gar nicht zu veröffentlichen: egozentrischer und selbstbezogener seien sie.

Mit *Petzold* bin ich der Meinung, daß vor allem die Überbehütung respektive eine zu intensive Erziehung (wie immer sie aussehen mag) die Wurzel dieser Übel sind. Kinder lernen gerade Sozialverhalten von anderen Kindern – und nicht von Eltern, Großeltern, Erziehern und Lehrern.

Nichtsdestoumso sollten natürlich die ersten Lebensjahre eingebettet sein in eine innige *Bindung zwischen Mutter und Kind*, die allenfalls durch eine zeitweilige Präsenz des Alten noch ergänzt wird. Der Mensch braucht als Spätentwickler eine lange und intensive Mutter–Kind–Beziehung, wie sie auch schon für alle Altwelt– & Menschenaffen typisch war. Leider ist diese Mutter–Kind–Beziehung in den siebziger & erst recht in den achtziger Jahren unseres 20. Jahrhunderts zum Füttern–Windeln–Umziehen–Maulhalten–und–vor–allem–Schlafen–Schlafen–Schlafen *entartet*. Das höchste Ziel moderner Mütter ist es, die Schlafens– & Maulhaltezeit ihrer Sprößlinge auf 23,5 Std. pro Tag zu bringen (Rest von 1/2 Std.: Nahrung aufnehmen & sich umziehen lassen). Chronische Entzündungen ihrer bisweilen doch recht zarten Kindlein im Genital– und Analbereich durch die im wahrsten Sinne des Wortes Scheiß–Windeln werden dabei ebenso gleichgültig hingenommen wie die schleichende sensorische, emotionale und geistige Verblödung der armen Würstchen. Macht nichts, die intellektuelle Entwicklung wird ihnen dann wieder in der Schule eingebläut! Emotional dürfen sie später sowieso nicht mehr sein, und ihre sensorischen Bedürfnisse können sie ja dann vor der Flimmerkiste befriedigen.

Schon 1952 fand *Bowlby* im Auftrag der WHO heraus, daß jede Form von *frühkindlicher Mutterentbehrung* katastrophale Folgen hat: übertriebene Ansprüche an andere, Zorn, Angst und Hysterie, wenn sie nicht erfüllt werden, oder das Gegenteil der Gefühlskälte bis hin zur Psychopathie. Kommt uns beides heute sehr bekannt vor – und unseren Kindern in 10 Jahren erst!!!

„Nun gibt es sicher viele Eifersuchtsdelikte, und das enge Zusammenleben in der modernen Großgesellschaft belastet die ehelichen Beziehungen ebenso wie die Einstellung zum Kinde sicherlich in besonderer Weise. Dabei handelt es sich jedoch um pathologische Entwicklungen der Neuzeit. Normalerweise, und das lehrt auch der Blick auf jene Kulturen, die nicht der technisch–zivilisierten Massengesellschaft angehören, sind Familienmitglieder einander freundlich verbunden. Daß die Beziehung konfliktfrei ist, soll damit sicher nicht behauptet werden. Es soll auch nicht übersehen werden, daß die Frau heute in der isolierten Kleinfamilie als Mutter besonderen Belastungen ausgesetzt ist und öffentliche Institutionen, wie etwa Kindergarten, zu ihrer Entlastung braucht. Das Bedürfnis des Kindes nach persönlicher Zuwendung seitens der Eltern darf dabei aber nicht zu kurz kommen. Sicher lehren uns die verschiedenen Ausprägungen von Ehe und Familie, daß der Mensch auch in diesem Bereich sehr anpassungsfähig ist. Aber wir werden zeigen, daß dieser Anpassungsfähigkeit auch Grenzen gesetzt sind, die man beachten sollte, wenn man das allgemeine Wohl im Auge hat. Der Mensch ist durch stammesgeschichtliche Anpassungen auf die eheliche Partnerschaft und das Familienleben vorbereitet“ *(Eibl–Eibesfeldt)*.

Der Hauptfaktor für das *Schwinden von fürsorglicher Mutterliebe* dürfte die wahnsinnigmachende *soziale Isolation* sein, in der die Mütter heute allenthalben stecken. Ähnliche Phänomene beobachten wir im Zoo oder in der Zwingerhaltung von Hunden: die Muttertiere werden gegenüber ihren Zöglingen feindselig, ablehnend, vernachlässigend. Körperkontakt, lebensnotwendig für die Kleinen, wird mehr und mehr vermieden, erschwert oder durch die verdammten Klamotten inzwischen beim homo sapiens unmöglich gemacht.

„In Völkern, bei denen die Mütter ihre Kinder mit sich herumtragen, schreit das Kind kaum einmal; Babygeschrei ist eine Eigentümlichkeit jener Zivilisationen, in denen die Mütter ihre Kinder in Wiegen, Betten und Kinderwagen verstauen und sich selber überlassen. Und man kann kurz darüber spekulieren, ob diese für die abendländischen Völker charakteristische systematische Trennung von Müttern und Kindern in diesen eine etwa lebenslange nervöse Unruhe und Unbefriedigtheit zurückläßt, die wiederum dazu geführt hat, daß sie über die ganze Erde ausgeschwärmt sind. Selbständigkeit lernt das Kind nicht, indem man es sich möglichst oft selber überläßt und so gleichsam seelisch abhärtet; selbständig wird das Kind, das eine enge und ungestörte Mutterbeziehung hat und aus dieser alleine herauswächst. Die Mutterbindung entsteht beim Menschen so langsam, daß der Prägungsforscher Eckhard Hess es vorzieht, nicht von einer sensitiven Phase des Kindes zu sprechen. In den ersten sechs Lebensmonaten lernt das Kind langsam seine Mutter erkennen und bindet sich an sie. Erst nach diesen sechs Monaten ist die Bindung in der Regel vollendet. Gleichzeitig beginnt es, sich ge-

Wozu denn noch Kinder

… Das Gotteswort „Seid fruchtbar und mehret euch“ hat seine Bedeutung als moralisches Gebot verloren. Der ökonomische Nutzen, den Kinder für die Eltern als Arbeitskräfte und Ernährer einmal hatten, ist seit der modernen Sozialgesetzgebung dahin; statt dessen kosten sie nur noch. Und zum ersten Mal in der Geschichte lassen sie sich wirksam verhüten. Der dramatische Geburtenrückgang setzte 1965 mit dem Siegeszug der Pille ein. Blieb früher nur jede achte Ehe – meist ungewollt – kinderlos, so ist es heute schon fast jede fünfte…

Psychologen wissen, daß die Erfahrungen in der eigenen Kindheit die Bereitschaft, Leben weiterzugeben, stark beeinflussen. Soziologen haben nachgewiesen, daß Zeiten wirtschaftlicher Depression schon früher die Gebärfreudigkeit beeinträchtigten: In der Weltwirtschaftskrise um 1930 gab es schlagartig weniger Babys.

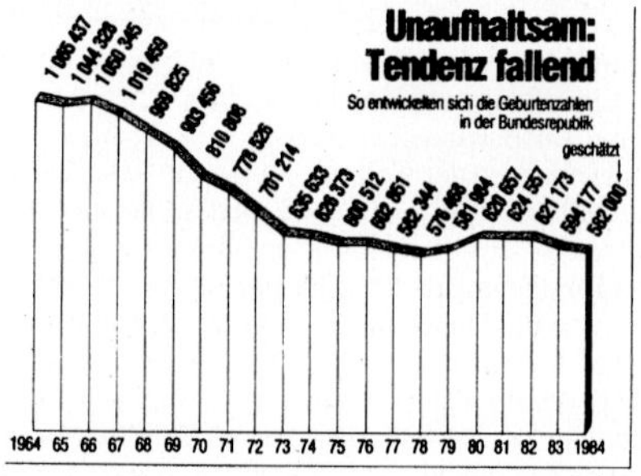

Auch der Trend zu immer weniger Kindern ist keine neue Erscheinung. Er wird bereits seit hundert Jahren registriert. Neu ist nur sein Tempo: Seit 1972 werden zu wenig deutsche Babys geboren, um die Bevölkerungszahl konstant zu halten, seit 1974 hat die Bundesrepublik Deutschland die niedrigste Geburtenrate der Welt, seit 1975 nimmt die Bevölkerung ab, weil auch nicht mehr genügend ausländische Babys da sind, um das Defizit auszugleichen.

Die Gastarbeiter passen sich in ihrem generativen Verhalten – so der Fachausdruck – dem Gastland an. 1984 hat die Nettoreproduktionsrate den bisherigen Tiefstand erreicht. Die Geburtenrate sank um rund zwei Prozent, obwohl sie wegen der starken Jahrgänge, die jetzt im Heiratsalter sind, eigentlich hätte steigen müssen. Nur etwa 582.000 Kinder haben im vergangenen Jahr das Licht der Bundesrepublik erblickt. Wenn es so weitergeht, wird das Volk der Dichter und Denker um das Jahr 2400 aussterben. Und eine der Ursachen wird gewesen sein, daß es sich zu viele Gedanken gemacht hat. „Die Reflexion über Kinder“, so fand die Zeitschrift ELTERN heraus, „führt nicht zu vermehrtem Kinderwunsch, sondern zu einem verschärften Problembewußtsein und als Folge zu einer verstärkten Distanz bis hin zur Ablehnung.“…

Nur noch einem von zehn Ehepaaren, so deckte eine Studie mit dem Titel „Kind oder Konsum“ auf, ist ein Baby viel wichtiger als Wohlstand oder Berufserfolg. Das liegt vor allem an den Frauen, die heutzutage eine genauso gute Schulbildung wie die Männer haben. Machte vor dem Zweiten Weltkrieg nur jedes 50. Mädchen Abitur, so ist es inzwischen jedes vierte. Entsprechend selbstbewußt geben sich weibliche Teenager: Bei einer Umfrage der Zeitschrift BRIGITTE setzten die meisten die Verwirklichung ihres Berufszieles an die Spitze ihrer Wünsche – vor Mann und Kind… Die Frauen ziehen derweil ihre Konsequenzen. In allen Schichten bekommen berufstätige Frauen weniger Nachwuchs als nichtberufstätige, vollzeitbeschäftigte weniger als teilzeitbeschäftigte. Je höher die Qualifikation, desto geringer die Neigung niederzukommen. In dem gestiegenen Interesse am Beruf – das übrigens nicht auf gut ausgebildete Frauen beschränkt bleibt, sondern sogar bei Akkordarbeiterinnen nachgewiesen wurde – sehen Bevölkerungswissenschaftler die wichtigste Ursache für den gegenwärtigen Geburtenrückgang…

Wie in den meisten bundesdeutschen Ehen, so hat auch bei den Werles die Frau die endgültige Kinderzahl bestimmt, das heißt: sie beschränkt. Männer wünschen sich häufig mehr Nachwuchs als Frauen.

Und noch etwas wird sich ändern, das sich nicht mit Zahlen erfassen läßt – das menschliche Klima. Unsere Welt wird vollends eine Welt der Erwachsenen werden, getrimmt auf Leistung, verplant bis ins letzte Detail, rationalisiert und kommerzialisiert. Die Tugenden, die der Umgang mit Kindern erfordert – Rücksichtnahme, Einfühlungsvermögen, Selbstlosigkeit und Liebesfähigkeit –, werden verkümmern. Was Kinder geben können – Zärtlichkeit, Phantasie, Kreativität und Spontanität –, wird seltener erfahren werden.

„Ich bin anders geworden durch meine Kinder, lebensbejahender“, sagt Christine Burdach, 34, aus München. Die ehemalige Lehrerin weiß genau, wieviel Geld, wieviel Zeit, wieviel Nerven und Kraft ihre Kinder sie kosten. Aber sie empfindet sie trotzdem als bezaubernde Wesen. Mit ihnen die Welt neu zu entdecken und um ihrer Zukunft willen Mißstände in dieser Gesellschaft abzuschaffen – darin sieht Christine Burdach ihren Lebenssinn. „Jedes Kind bedeutet für mich auch ein Stück Hoffnung.“ Sie hat vier.

Heide

Während meine Mutter glaubte, daß unser Verhältnis durch ironisierte Umgangsformen an Leichtigkeit und Lockerheit gewinnen könne, schien mir gerade dadurch seine niederschmetternde Zähigkeit offenbar.

genüber Fremden ablehnend zu verhalten, auch wenn es bisher keinerlei negative Erfahrungen mit Fremden gemacht haben sollte. Es weiß jetzt, welche Person es in der Nähe zu haben wünscht. Nach dem dritten Lebensjahr beginnt sich die Mutterbindung zu lockern; langsam wird für das Kind die Gesellschaft der Altersgenossen wichtiger als die der Mutter“ *(Zimmer)*.

Was bei den Kindern letztendlich herauskommt, ist *Schreien*, später sind es *psychische Störungen*. Das absolut Teuflische ist aber, daß *feindseliges, bestrafendes Verhalten* der Mutter die Bindung des Kindes an sie nicht lockert, sondern gerade festigt: „Auch hier festigt Bestrafung die Bindung, und wir wissen, daß Kinder, die von ihren Müttern mißhandelt werden, dennoch stark an diese gebunden sind und sich einer Trennung widersetzen. Bei den in hierarchisch strukturierten Gruppen lebenden Pavianen sind ranghohe Männchen das Fluchtziel der Halbwüchsigen und der rangniederen Erwachsenen; interessanterweise auch dann, wenn diese selbst die Ursache der Angst sind“ *(Eibl–Eibesfeldt)*. Wir werden hier an die *Freudsche Identifikation mit dem Aggressor* erinnert, die ja z.B. in den nationalsozialistischen deutschen KZs prägnant zu beobachten gewesen sein soll: Häftlinge identifizieren sich mit ihren Peinigern und späteren Mördern! Warum sich die Natur diesen perversen Mechanismus einfallen ließ, bleibt mir vorerst noch verborgen – aber es ist leider so!

Doch es ist noch nicht alles verloren. Hier und da beobachtet man auf unseren Straßen Mütter & Väter, die mit ihren (Klein–)Kindern herzen und scherzen.

Selbst die *Väter* bringen's manchmal: „Ich beobachtete in allen von mir besuchten Kulturen, daß die Väter mit ihren Kindern zärtlich umgehen, und zwar auch in so typisch männerorientierten kriegerischen Kulturen wie den Eipo, den Yanomami oder den Himba. Ich betone dies, da es bis vor kurzem in unserer Gesellschaft als unmännlich galt, sich in der Öffentlichkeit zärtlich mit einem Säugling abzugeben. Das mag eine Folge des Lebens in der anonymen Gesellschaft und somit neueren Datums sein, denn auf dem Lande geben sich Väter ihren Kindern gegenüber auch in unserer Kultur ungezwungen herzlich. In der anonymen Gesellschaft neigen wir ja generell dazu, starke Gefühlsäußerungen zu unterdrücken. Die *Yanomami–Väter* pflegen morgens, während die Mutter verschiedene häusliche Arbeiten verrichtet, 15 bis 30 Minuten mit ihren Kleinen zu spielen, gleich, ob es sich dabei um Buben oder Mädchen handelt. Sie nehmen die Säuglinge zu sich in die Hängematten, stemmen sie hoch, sprechen zu ihnen in der typisch hohen Babysprache, küssen und betätscheln sie. Das Repertoire der zärtlichen väterlichen Verhaltensweisen gleicht qualitativ dem der mütterlichen Yanomami. Väter füttern die Kleinen auch mit Vorgekautem. Sie zeigen aber weniger oft als Mütter Verhaltensweisen sozialer Körperpflege (Lausen, Abputzen, Entfernen von Pickeln etc.). Sie gehen mit ihren Kleinen sportlicher um, spielen mehr. Die Kinder sprechen auf diese Interaktionen mit den Vätern sehr positiv an. Sie jauchzen, plappern, und man hat den Eindruck, daß sie den Umgang mit dem Vater als Ereignis besonderer Art schätzen. Solche Spielsitzungen erleben die Yanomami–Säuglinge auch, wenn der Vater gegen Mittag oder am frühen Nachmittag zu den Seinen heimkehrt, und am Abend vor der Nachtruhe. Im ganzen hat ein Yanomami–Säugling ein– bis eineinhalb Stunden intensiven Vaterkontakt pro Tag. War der Vater daheim, nahm er den Säugling oft zwischendurch für einige Minuten zu sich, um ihn kurz zu herzen. Nachts übernehmen die Väter oft ein Kleinkind, das nicht mehr trinkt, zu sich in die Hängematte, während die Mutter den Brustsäugling betreut. Das Kind schläft die ganze Nacht beim Vater, von seinem Körper gewärmt. Da die Yanomami nackt in den Hängematten liegen, frieren Kleinkinder leicht" *(Eibl–Eibesfeldt)*.

Im Vater–Mutter–Vergleich liegen allerdings die Mütter immer noch um Längen vorne.

„Vergleicht man nun einmal das Verhalten von Müttern mit ständig schreienden Säuglingen mit dem von Müttern mit ruhigeren, so findet man die Lösung: Die erste Kategorie von Müttern ist im Umgang mit ihren Kindern zaghaft, nervös, ängstlich, die zweite bedächtig, ruhig, gelassen. Schon in diesem zarten Alter nämlich ist der Säugling durchaus in der Lage, aus Unterschieden in den Beruhigungsreizen einmal ‹Sicherheit› und ‹Schutz›, das andere Mal ‹Unsicherheit› und ‹Alarm› zu verspüren. Eine aufgeregte Mutter mag machen, was sie will – sie signalisiert ihrem Kind immer nur ihr Aufgeregtsein. Und dieses signalisiert in der angemessenen Weise zurück, schreiend nämlich, womit es Schutz vor der Ursache der Erregung fordert. Dies jedoch erhöht lediglich die Qual der Mutter, die damit wiederum das Schreien des Säuglings steigert. Schließlich schreit sich das unglückliche kleine Wesen krank, und seine physischen Schmerzen vermehren nur noch sein ohnehin beträchtliches Elend. Um diesen Circulus vitiosus zu durchbrechen, gibt es nur ein Mittel: Die Mutter muß die Situation erkennen und muß sie meistern dadurch, daß sie selbst ruhiger wird" *(Morris)*.

Häufigkeit von Nähe und Kontakt bei den !Kung–Buschleuten *(Maxwell–West & Konner)*

	Vater (alle Beobachtungen)	*Vater (wenn anwesend)*	*Mutter (immer anwesend)*
Alter: 0–26 Wochen			
Körperkontakt	3.80	43.27	123.46
Gesicht/Gesicht	0.47	8.46	11.56
Bis 2 Fuß entfernt von Bezugsperson	0.09	1.07	10.54
2–15 Fuß entfernt	0.00	0.00	0.11
Alter: 27–99 Wochen			
Körperkontakt	3.85	32.13	58.41
Gesicht/Gesicht	0.25	1.43	3.69
Innerhalb 2 Fuß	2.26	13.00	32.91
2–15 Fuß entfernt	0.77	4.41	8.38

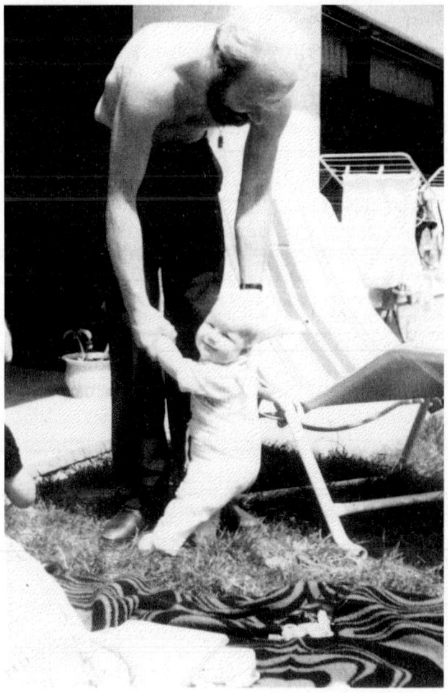

Doch es gibt in der Beschäftigung mit den lieben Kleinen zwischen *Vätern und Müttern* neben den quantitativen auch *qualitative Unterschiede*. „Während Mütter ihre Säuglinge füttern, wischen sie deren Hände und Gesicht öfter ab, als es Väter in der gleichen

Menschenjunges

... Mögest Du all' das erfahren und all' das erleben,
was erlebenswert und was im Leben wichtig ist.
Mög' es noch Wiesen und Bäume und Maikäfer geben,
wenn Du im Maikäfersammelnalter bist.
Mögen auch allzeit Nägel, Strippe, Murmeln, Litze,
Kleister, Brausepulver, Buntstifte und Feuerstein,
Schraubenzieher, Isolierband, Knete und Lakritze
reichlich in Deinen Hosentaschen vorrätig sein.

Reinhard Mey

Doch es ist wieder *noch* komplizierter: „Das Verhalten der *Väter und Mütter* zu ihren Kindern wird von deren Geschlecht entscheidend mitbestimmt, und zwar so, daß die Eltern dem jeweils gegengeschlechtlichen Kind mehr affektive Zuwendung, dem gleichgeschlechtlichen dagegen mehr Anregung und Spiel bieten. So halten Mütter ihre kleinen Söhne öfter und länger an sich gedrückt als ihre Töchter, während die Väter umgekehrt ihre kleinen Töchter bevorzugt herzen. Dagegen zeigten Frauen öfter ihren Töchtern Spielzeug und bewegten ihre Töchter, während Väter bevorzugt mit ihren Söhnen so spielten und ihnen mehr visuellen und taktilen Anreiz boten als den Töchtern. Die Eltern ergänzen einander in ihrem Verhalten zum Kinde... Ab dem 2. Lebensjahr interagieren Väter doppelt so häufig mit Söhnen als mit ihren Töchtern. Mütter treffen keine solche Unterscheidung. Jungen bevorzugen daher mit zwei Jahren ganz deutlich ihren Vater als Interaktionspartner, Mädchen dagegen die Mutter" *(Eibl–Eibesfeldt)*.

Situation tun. Das gilt auch für andere Routinehandlungen in der Betreuung. Nordamerikanische Väter spielen mehr mit ihren Kindern als Mütter, und zwar körperlich. Das gilt für drei Monate alte Kinder ebenso wie für zweijährige. Väter halten Neugeborene mehr, schaukeln sie öfter und reizen sie mehr als Mütter. Später engagieren sie sich stärker in körperlichen und neuen Spielen, sie balgen sich mit ihren Kleinen. Mütter dagegen spielen mehr verbal. Die Kinder reagieren auf die Väter aufgeregter als auf ihre Mütter. Nordamerikanische Väter schaukeln ihre Kinder mehr als Mütter, lächeln und küssen sie aber weniger als diese. M. E. Lamb beobachtete amerikanische Väter und Mütter in ihrem vertrauten Heim. Wenn Mütter spielten, so fand er, dann meist mit konventionellen Spielen wie Guckguck–dada oder mit Spielzeug. Väter dagegen spielten sportlicher (Bewegungsspiele). Mütter spielten mit ihren Kindern mehr als doppelt so häufig wie Väter visuelle Spiele, bei denen sie ihren Kindern Bewegungen vormachten, die deren Aufmerksamkeit banden (46 Prozent gegen 20 Prozent aller Spiele, die sie mit den Kindern spielten).

In der Triade *Mutter–Vater–Kind* spielen die Eltern wahrscheinlich bei der Sozialisation des Kindes komplementäre Rollen... Die Kleinkinder wissen um die Rollen bereits sehr früh Bescheid. 15 Monate alte Kleinkinder, die man aufforderte, einen Elternteil zu einem Spiel auszuwählen, erkoren ihren Vater öfter als ihre Mutter, und das, obgleich Väter in der westlichen Welt nur sehr wenig Zeit mit ihren Kindern verbringen. Nach H. Keller schwanken die Angaben zwischen 27 Sekunden pro Tag und 8 Stunden pro Woche. Auf die Kinder hat das Verhalten der Väter zweifellos großen Einfluß. Neun Monate alte Kinder, deren Väter sich zu Hause viel mit ihnen beschäftigt hatten, ertragen den Streß eines kurzen Alleinseins besser als Kinder, deren Väter sich wenig mit ihnen beschäftigt hatten. Auch in ihrer geistigen Entwicklung waren erstere den letzteren überlegen" *(Eibl–Eibesfeldt)*.

Interessant ist, wie sich *Kinder in Angstsituationen* verhalten, zu wem sie flüchten. „Obgleich Väter sich nur kurze Zeit am Tage ihren Kindern widmen, sind diese dennoch an Vater und Mutter gebunden. In fremder Umgebung suchen 12 bis 18 Monate alte Kinder bei Konfrontation mit Fremden zunächst bei der Mutter Schutz. Ab Ende des zweiten Lebensjahres sind Vater und Mutter gleichgesuchtes Fluchtziel. Zuhause in vertrauter Umgebung flüchten nordamerikanische Kinder bei Angst vor Fremden auch zum Vater. Eipo–, Buschmann– und Yanomami–Säuglinge bevorzugen stets die Mutter als Fluchtziel. Beide Elternteile sind demnach für die emotionelle Entwicklung des Kindes wichtig" *(Eibl–Eibesfeldt)*.

Sicher ist aber, daß sich die Väter in ihrem Umgang mit den allzuoft sehr unvernünftigen (Klein–)Kinderchen nicht überstrapazieren sollten. Ihre Geduld ist begrenzt und ihre Aggressivität oft überschäumend. Frauen sind eben weniger aggressiv und hätten eine weitaus größere Geduld, wenn sie nicht in ihrer sozialen Isolation an den Rand des Wahnsinns geraten wären.

Kindererziehung

Neben dem mütter– & väterlichen Einfluß spielen die *soziale Gemeinschaft und die Kindergruppe* eine viel unterschätzte Rolle. „Das Kind braucht für sein gutes Gedeihen beides, eine enge Mutter–Kind–Beziehung – in die natürlich auch eine Ersatzmutter treten kann – und ein differenziertes soziales Bindungsnetz. In den Diskussionen wird bedauerlicherweise oft einseitig die Bedeutung der Mutter–Kind–Dyade oder der Gemeinschaft betont, so, als stünde die Alternative ernsthaft zur Diskussion... Bei Naturvölkern kümmern sich viele Personen um ein Kind. Es wächst, eingebettet in eine Vielzahl sozialer Beziehungen, heran und stellt dabei aktiv Kontakte her.

Dreijährige Kinder schließen sich allerdings bereits der Kindergruppe an. In diesen Kindergruppen werden sie nun im eigentlichen Sinne erzogen. Die älteren Kinder erklären ihnen die Spielregeln. Sie ermahnen sie, wenn sie aus der Reihe tanzen, d.h. sich ungezogen verhalten: z.B. anderen etwas wegnehmen oder sonst Aggressionen zeigen. Die Sozialisierung des Kindes wird demnach im wesentlichen in der Kindergruppe vollzogen. Die Kleineren tasten über erkundendes Herausfordern ihren sozialen Handlungsspielraum aus. Die älteren Spielgefährten geben sich den Kleineren gegenüber zunächst sehr tolerant. Später allerdings weisen sie sie durchaus in ihre Schranken. So erfahren die Kinder im Zusammenleben in der Kindergruppe, was bei anderen Anstoß erregt und welche Regeln sie beachten müssen. Das ist im Grunde in den meisten Kulturen so, in denen Menschen in überschaubaren Gemeinschaften leben.

Von den älteren Kindern wird auch die Vielzahl der Kinderspiele tradiert. Auszählreime und Spielregeln lernen die Buschmann–Kinder nicht von ihren Eltern, die vieles davon bereits vergessen haben, da sie es seit ihrer Kindheit nicht mehr spielten. Es gibt eine *Kinderkultur*, die unter Umgehung der Erwachsenen von den älteren auf die jüngeren Kinder übertragen wird. Innerhalb der Kindergruppe herrschen deutliche Rangordnungen. Es sind dabei in der Regel die älteren Kinder, die im Zentrum der Aufmerksamkeit stehen. Bei den Buschleuten waren in den gemischten Kindergruppen meistens ältere Mädchen die ranghöchsten. Sie unterwiesen, schlichteten, straften, trösteten und organisierten die Spiele. Ältere Jungen waren in diesen Spielgruppen weniger zu sehen, da sich Buben dann gerne zu weiter umherstreifenden Jungengruppen vereinen, um z.B. Kleintiere zu jagen.

Die Mädchen bleiben dagegen mit den kleineren Kindern näher am Heim zusammen, auch mit denen des anderen Geschlechts. Erwachsene nehmen auf das Verhalten der Kinder in den Kindergruppen nur wenig Einfluß. Nur wenn sie Protestweinen ihres Kindes hören oder lauten Streit, mischen sie sich ein, indem sie mahnend oder schimpfend die Stimme erheben. Auf die bemerkenswerte soziale Kompetenz der Kleinkinder wiesen wir bereits hin. Im Vorschulalter reagieren sie bereits sehr differenziert auf die Stimmungen ihrer Spielgefährten. Von vergnügten Stimmungen werden sie angesteckt. Sie lachen z.B. mit, wenn andere mitlachen. Nehmen sie Äußerungen des Trauerns wahr, dann aktiviert das oft bereits bei den ganz Kleinen Mitgefühl, das sich darin äußert, daß sie tröstend abgeben und teilen. Daneben gibt es auch die ansteckende Wirkung des Trauerns. Zeigt ein Kind Äußerungen des Schmerzes, dann beruhigen die anderen, und sie erkundigen sich nach der Ursache. Die Kinder zeigen diese Reaktionen spontan und nicht erst auf verbale Aufforderung. Fröhliche Kinder zeigen mehr emphatische Reaktionen als traurige.

Während die Eltern–Kind–Beziehung wegen der Macht– und Kompetenzunterschiede von Eltern und Kindern asymmetrisch ist, sind die Beziehungen der Kinder untereinander ausgewogener. Sie sind durch Gegenseitigkeit und Kooperation charakterisiert. Eine über 8 Monate an 49 englischen Kindergartenkindern (3,6 bis 4,2 Jahre) durchgeführte Erhebung von R. Hinde und Mitarbeitern (1983) ergab übereinstimmend, daß Kinder nur im Umgang mit ihresgleichen neutrale Gespräche, freundliche Antworten, Erklären, aber auch Verweigern, Zurückweisen, Widerspruch und feindliche Abwehr zeigten, während das Verhalten zu Erwachsenen in der Kindergartensituation durch Abhängigkeit und Unselbständigkeit charakterisiert war. In der Familiensituation ist die Asymmetrie der Erwachsenen–Kind–Beziehung sicherlich gemildert, vor allem bei Naturvölkern. Hier treten insbesondere bestimmte Kategorien von Erwachsenen – bei Buschleuten die Großeltern – als Scherzpartner auf, zu denen man auch als Kind ein ungezwungenes Verhältnis hat. In der Kindergruppe wächst das Kind in die Gemeinschaft, und es erlebt durch den Erwerb von sozialem und technischem Geschick eine Art sozialen Aufstieg, der sich mit einem Ansteigen seiner Rangposition

„In kleinen Gemeinschaften, wie etwa in den Horden der Buschleute, steht ein Säugling geradezu im Zentrum freundlicher Aufmerksamkeit, vor allem, wenn er das Alter erreicht hat, in dem er auf freundliche Zuwendung seinerseits mit Zuwendung reagiert. Ich habe bei den *!Ko–Buschleuten* (Botswana, Kalahari) wiederholt ausgezählt, wie oft ein Kind von anderen Gruppenmitgliedern als den Eltern zum Kontakt aufgefordert wird. Es zeigte sich, daß praktisch kein Erwachsener und kein Kind an dem Säugling flüchtig vorbeigeht, ohne ihn zumindest anzureden oder zu betätscheln. Meist nimmt man den Säugling kurz zu sich, herzt ihn, spielt mit ihm und reicht ihn dann der Mutter zurück. An einem Tag pflegt in so einer kleinen Gemeinschaft praktisch jeder Erwachsene einmal freundlichen Kontakt mit einem Säugling. Besonders intensiv bemühen sich allerdings kleine Mädchen um ihn, die ihn mit Ausdauer umhertragen und mit anderen um diese Gunst sogar konkurrieren.

Sobald ein Kind laufen kann, beginnt es, in die Kinderspielgruppe hineinzuwachsen. Es kann zunächst nicht mitspielen, sondern nimmt, betreut von einem Babysitter, als Randspieler an den Aktivitäten der Kinder teil. Bei Gruppenspielen schaut es zu; es ahmt die Älteren nach, aber eine direkte Teilnahme ist wegen seines Ungeschicks noch nicht möglich. Geselliges Zusammenspiel beschränkt sich auf einfache Spielchen mit dem Babysitter“ *(Eibl–Eibesfeldt)*.

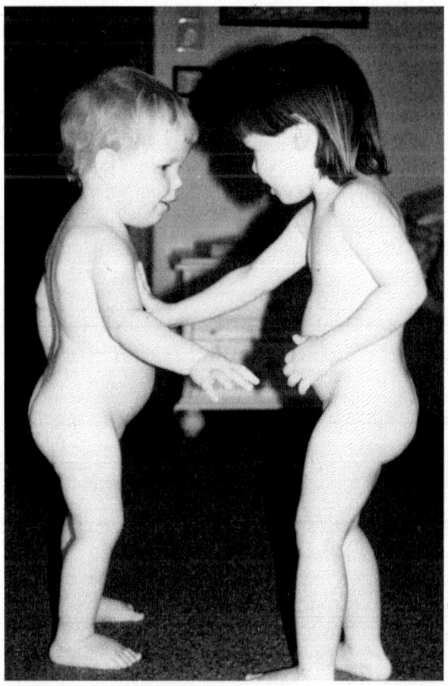

Die Kluft zwischen den Generationen wird größer

Die Familie ist bei uns nicht mehr in der Lage, die Kinder in die Welt der Erwachsenen zu integrieren

Ursprünglich und in früheren Zeiten übernahm den Schutz der Kinder und, soweit überhaupt nötig, der Jugendlichen die Familie...

Es muß die Frage gestellt werden, warum wohl die Familie insuffizient geworden ist, wie auch die Frage, wovor denn eigentlich Kinder und Jugendliche geschützt werden müssen. Doch wohl vor den Erwachsenen und der von diesen gestalteten Welt. Tatsächlich bemühen wir uns im Laufe dieses Jahrhunderts, das auch einmal als „Jahrhundert des Kindes" apostrophiert wurde, unsere Kinder und die heranwachsende Jugend immer mehr von dieser Welt fernzuhalten, nicht nur in Kinderhort und Kindergarten und damit zeitweise von der Erlebniswelt der Familie, die in diesen Stunden ohnehin nicht existent ist, sondern auch in der übrigen Zeit. Das Fernsehprogramm unterscheidet zwischen Kinderprogramm, das die Erwachsenen nicht interessiert, und dem Erwachsenenprogramm, das die Kinder nicht sehen dürfen, und in den Ferien gibt es eigene Angebote für Familien mit Kindern, damit man diese von den übrigen Erwachsenen fernhalten kann.

Wer lernt noch von den Eltern?

Viel entscheidender aber ist, daß die Kinder und Jugendlichen von der Arbeitswelt der Erwachsenen ferngehalten werden, und zwar von Jahrzehnt zu Jahrzehnt für eine längere Zeit, heute mit der Verlängerung der theoretischen Ausbildung für einen immer größeren Teil der Jugendlichen und Heranwachsenden bis weit in das dritte Lebensjahrzehnt hinein. Erlebten im letzten Jahrhundert noch die meisten Kinder in Landwirtschaft und Handwerk von klein auf unmittelbar mit, was der Vater arbeitete, was ihm gelang und mißlang, so trennte sich im Zeitalter der Industrialisierung Familie und Arbeitswelt immer mehr, und die Arbeitswelt der Erwachsenen war für die Kinder nicht mehr unmittelbar mitzuerleben.

Die Kinder konnten bis dahin auch Anteil nehmen oder gar helfen, an der Erwachsenenwelt teilnehmen, was heute vielleicht noch da und dort in der Landwirtschaft möglich ist, wenn der Sohn etwa – ohne Führerschein, versteht sich – den Erntewagen mit dem Traktor einfährt, wenn er nicht gerade für sein Abitur arbeiten und sich theoretische Kenntnisse über irgendein fernliegendes Thema aneignen muß.

Jedenfalls können heute nur noch wenige Jugendliche in einer Form tätig werden, die ihnen die Gewißheit bringt, daß das, was sie tun, notwendig und sinnvoll ist, wenn sie es nicht täten, dies ein Erwachsener an ihrer Stelle tun müßte.

Das gleiche galt früher für die Tochter, die der Mutter im Rahmen der klaren Rollenzuweisung helfen konnte oder sie vielleicht – etwa bei kinderreichen Familien – vertreten mußte. Die Entwicklung, die Technisierung, Industrialisierung und Rationalisierung brachten eine fast totale Trennung von Familie und Arbeitsplatz mit sich, und viele Kinder haben keine Vorstellung mehr davon, was der Vater und die inzwischen berufstätige Mutter tatsächlich tagsüber tun. Um die Produktion ungestörter, rationeller und fehlerfrei zu machen, faßt man die Lehrlinge – die Auszubildenden – in eigenen Ausbildungswerkstätten zusammen, wo sie zwar gut, aber völlig neben der Arbeitswelt der Erwachsenen her ausgebildet werden und nicht tun, was wirklich gebraucht wird. Sie arbeiten nur auf Konzept, die Reinschrift ist erst nach wenigstens drei Jahren erwünscht. Jugendliche, die eine Verwaltungstätigkeit ausüben oder ihr Studium absolvieren wollen – und das sind auch prozentual fünf- bis zehnmal so viel wie vor 100 Jahren – müssen sich sogar bis zu ihrem 20. bis 25. Lebensjahr, ja sogar noch länger auf der Spielwiese der praxisfernen und oft praxisfremden Ausbildung festhalten lassen, bleiben sozial und ökonomisch unselbständig, abhängig, bleiben Kinder, bis sie beinahe 30 Jahre alt sind. Die Herabsetzung der Volljährigkeit auf 18 Jahre ist neben dieser Tatsache der reine Hohn.

Die Verwandtschaft schwindet

Die Aufspaltung der Welt der Erwachsenen in eine familiäre und eine Arbeitswelt hat letztlich die besondere Welt der Kinder, die Kindheit, erst entstehen lassen. Aries, der französische Historiker, hat dies in seiner „Geschichte der Kindheit" aufzeigen können. Er wies auch nach, daß die Familie als soziale und sozialisierende Institution überhaupt erst in der Mitte dieses Jahrtausends entstanden ist und daß vorher die Kinder keine eigene Rolle spielten, sondern zwischen den Erwachsenen lebten, aufwuchsen und durch Teilnahme und Anschauung von ihnen lernten.

Die Familie aber hat sich in den letzten Jahrzehnten gegenüber den letzten Jahrhunderten sehr stark verändert. Nach dem 2. Familienbericht der Bundesregierung betrug die durchschnittliche Kinderzahl der lebend geborenen Kinder um die Jahrhundertwende noch 4,1 pro Ehe, 1970 noch 2,0, und zur Zeit dürfte sie bei 1,5 liegen. Das heißt, daß heute etwa 40 Prozent der Kinder Einzelkinder sind und daß deren Kinder, so sie einmal welche haben werden, keinen Onkel und keine Tante, keinen Vetter und keine Cousine kennen werden. Die Verwandtschaft als eine Gruppe von Menschen, die sich in irgendeiner Weise füreinander verantwortlich fühlen, schwindet, und die Möglichkeit von emotionellen Beziehungen engen sich für das einzelne Kind in der Familie schließlich auf Vater und Mutter ein.

Der Vater aber ist meistens außer Haus und sieht seine Aufgabe oft nicht in der Familie, so daß nur die Mutter übrig bleibt. Wenn diese aber, weil sie sich durch ein oder zwei Kinder nicht mehr ausgelastet fühlt, den verständlichen Wunsch nach Selbständigkeit und Anerkennung in einer Leistungsgesellschaft hat oder sich einfach einsam fühlt und deswegen auch berufstätig wird, schrumpft die Zeit, in der das Kind Beziehungen zu einer von ihm geliebten Person erleben kann, auf eine oder wenige Stunden am Tag zusammen.

Das war in früheren Jahrhunderten zweifellos anders. In der Familie, in der meist drei Generationen zusammen lebten – 1961 waren es noch etwa 20 Prozent, 1972 nur noch etwa zehn Prozent – war das Kind in ein ganzes Geflecht von emotionellen Beziehungen eingebettet zu Großeltern, Onkel, Tante und Geschwister, das auch dann Sicherheit und Schutz bot, wenn etwa die Mutter durch Tod oder Scheidung ausfiel. Auch bot ein solches Netz Sicherheit vor groben Beziehungsstörungen, vor Fehlerziehung und Kindesmißhandlung...

Kinder bleiben ein Luxus

Die Familie kann aber auch ihre Funktion als Übungsfeld der Sozialisation nicht mehr erfüllen, wenn die Sozialerfahrungen, die früher in einer größeren Lebensgemeinschaft vom Kinde gesammelt wurden, heute nicht mehr zu gewinnen sind. Damit gewinnen Schule und außerfamiliäre Gemeinschaften ungleich größere Bedeutung. Die Zuständigkeit außerfamiliärer Institutionen und Gruppen aber führt zu einer weiteren Entfremdung zwischen Erwachsenen einerseits und Jugendlichen und Kindern andererseits und zur Abgrenzung der letzteren...

So wird nichts die Eltern in Zukunft dazu veranlassen können, wenn überhaupt, mehr als nur ein bis zwei Kinder zu bekommen, als die ganz private Freude daran. Da andererseits aber die Sicherheit der Kinder und ihr Hineinwachsen in die Gemeinschaft unabdingbare Forderungen bleiben, wird man sich darauf einstellen müssen, daß andere Formen der Lebensgemeinschaft zwischen Erwachsenen und Kindern die klassische Familie mehr und mehr ersetzen werden. Da die Familie als solche erst in geschichtlicher Zeit entstanden ist, wird man sich an den schockierenden Gedanken gewöhnen müssen, daß sie auch wieder verschwinden könnte. Die Politiker, die die Familie und ihre Unersetzlichkeit beschwören, haben sie erst zu einem Zeitpunkt entdeckt, als sie zu zerfallen begann.

Wie die *Familie der Zukunft* aussehen wird, ist schwer zu sagen. Ein Aufwachsen in Kindergruppen ähnlicher Altersstufen würde die Bedürfnisse nach emotionaler Beziehung einerseits und Identifikationsmöglichkeit mit den Erwachsenen andererseits nicht befriedigen. Wohl aber wären Gemeinschaften und Zusammenschlüsse von mehreren Kleinfamilien mit kinderlosen Erwachsenen denkbar. Bedingung für die gesunde Entwicklung der Kinder wäre allerdings eine hinreichende Stabilität und Konstanz solcher Gemeinschaften. Das Familienrecht aber wird dies im Laufe der Zeit berücksichtigen müssen...

Lemp

verbindet. Die Älteren dominieren in freundlicher Weise über die Jüngeren. In der Kindergemeinschaft können sich die Kinder ihre Spielpartner wählen. Sie können sich mit Gleichgeschlechtlichen zusammenfinden, Andersgeschlechtliche aufsuchen oder exklusive Freundeszirkel bilden. Schließlich kann das Kind auch alleine spielen, wenn ihm danach zumute ist.

Die hier geschilderten Verhältnisse trafen auch auf unseren Kulturbereich zu. Sie änderten sich erst mit der Ausbildung der anonymen Massengesellschaft und mit der im technischen Zeitalter fortschreitenden Zerstörung der Siedlungen durch den Verkehr.

Kinder können sich nicht mehr so frei sozial im Raume entfalten wie einst. Als Ersatz für die fehlende Möglichkeit, in nach Alter und Geschlecht gemischten Kindergruppen zu spielen, faßt man sie schon früh in *Kindergärten* zusammen. Hier finden sie sich bestenfalls mit verschiedenaltrigen Vorschulkindern zusammen. Ältere, erfahrene Kinder fehlen. Ihre ordnende und organisierende Funktion übernimmt die Kindergärtnerin. Aber sie ist nun einmal eine Erwachsene, zu fern dem Kindesalter, um sich wirklich noch einfühlen zu können. Kein Erwachsener vermag so unbeschwert die oft unsinnig anmutenden Auszählverschen herzusagen. Es fehlt dem Erwachsenen auch das emotionelle Engagement, das den kindlichen Vor– und Mitspieler auszeichnet. Mit dem Wegfallen der älteren, vorpubertären Kinder verlieren die Kleinen ihre anregendsten Spiel– und Sozialisationspartner außerhalb der Kernfamilie. Außerdem geht darüber auch die Kinderkultur zugrunde, denn diese wird nicht von Erwachsenen tradiert. Die Erwachsenen nehmen das Treiben ihrer Kinder am Rande wahr. Sie greifen nur selten ein, zum Beispiel dann, wenn der Streit zwischen Kindern eskaliert und einer weint. Dann ergreifen die Angehörigen in der Regel die Partei des Weinenden und schimpfen den Aggressor aus. Buschleute neigen dazu, Weinende zu trösten, Yanomami und Himba dagegen ermuntern ebensooft zur Gegenaggression“ *(Eibl–Eibesfeldt)*.

Ein Befund, welcher den modernen Zeitgeist, den femininen, feministischen und gleichwohl den maskulinen (was von dem noch übrig ist) gleichermaßen aufbringt wie dereinst die Erkenntnis, daß die Erde nun doch wohl um die Sonne kreist und nicht umgekehrt – ein solcher Befund ist der, daß auch in unserer die Gleichberechtigung bis zur geschlechtslosen Gleichmacherei der Geschlechter propagierenden Zeit, die nolens volens nur noch den gewissen rein körperlichen Unterschied in der Geschlechtsarchitektur vorerst noch stehen läßt, daß also auch in dieser asexuellen Zeit gewisse emotionale Tendenzen in unseren Kinderchen selbige Gefallen an einer geschlechtsbezogenen & –spezifischen Sozialisation & Erziehung finden lassen.

Das Phänomen der *koedukativen, geschlechtshomogenen und –homogenisierenden Erziehung* benennen und beklagen *Tiger & Fox*: „Als erstes möchten wir hier Patricia Sextons Ansichten über den feminisierten Mann wiedergeben; damit ist das Produkt eines Schulsystems gemeint, das weitgehend von Frauen beherrscht wird und in dem weibliche Merkmale vor den männlichen bevorzugt werden. Zunächst einmal gelangen Mädchen früher zur Reife als Jungen, die somit ständig im Nachteil sind, da sich alle statistischen Bewertungen auf das Alter stützen und da im Namen der Gleichheit Geschlechtsunterschiede nicht berücksichtigt werden, wenn es um die Verteilung von guten und schlechten Zensuren geht. Generell sind Jungen physisch aktiver und unternehmungslustiger als Mädchen, doch in der Schule gilt es seltsamerweise als Tugend, sich ruhig zu verhalten, ordentlich in der Bankreihe zu sitzen, sich gemessenen Schritts zu bewegen und sich wie Nonnen zum Frühstück und wie Häftlinge zum Spiel zu begeben. Jungen sind aggressiver als Mädchen, doch in der Schule werden gerade diejeni-

Diese Platte von meinem verehrten *Reinhard Mey* ist absolute Pflichtlektüre für jeden Erzieher. Im Lied „Zeugnistag“ z.B. wird die einzig rechte elterliche Haltung bei kindlichen Straftaten dargelegt: „Wie gut es tut, zu wissen, daß dir jemand Zuflucht gibt, ganz gleich, was du auch ausgefressen hast!“ Wunderschön! Oder das Dankeschön für die Kinder im „Happy Birthday To Me“, oder ......

„Die Buben bilden oft gleichgeschlechtliche Spielgruppen für Jagd– und Kampfspiele, an denen gelegentlich erwachsene Männer kurz teilnehmen. Die Buben gesellen sich dann auch von sich aus gerne zu den Männern... W. C. Mackey (1979) beobachtete in neun Kulturen, Irland, Spanien, USA, Indien, Peru, Karaja–Indianer (Brasilien), Elfenbeinküste, Marokko, Japan, auf öffentlichen Plätzen das Verhalten von Männern und Frauen ihren Kindern gegenüber. Es zeigte sich, daß die Frauen zwar häufiger mit Kindern beisammen waren, daß aber auch die Männer einen erheblichen Teil der gemeinsam verbrachten Zeit mit den Kindern interagierten. Das Geschlecht der Kleinkinder beeinflußte das Verhalten der Väter nicht in signifikanter Weise – wenn man alle Kulturen vergleicht –, doch überwogen ältere Jungen in reinen Männergruppen, während jüngere Jungen unterrepräsentiert waren. Jungen zogen Männergesellschaft, Mädchen Frauengesellschaft vor, wenn die Erwachsenen in gleichgeschlechtlichen Gruppen versammelt waren“ *(Eibl–Eibesfeldt)*.

gen belohnt, die aufmerksam zuhören, die Regeln befolgen, weder den Lehrer noch die Klasse stören und ihre Mitschüler möglichst in Ruhe lassen. Jungen, die sich eher wie Mädchen denn wie Jungen benehmen, schneiden in diesem System besser ab als ihre ausgelassenen und eigensinnigen Freunde.

Der Zweck des Erziehungssystems ist es, junge Menschen auf die Erwachsenenrolle in der jeweiligen Gemeinschaft vorzubereiten. Historisch gesehen, waren die Programme der formalen Erziehung auf die Hervorbringung von tüchtigen männlichen Erwachsenen ausgerichtet, welche die dominierenden Rollen übernehmen konnten. Als dann die Koedukation eingeführt wurde, hielt man es verständlicherweise für niederträchtig und diskriminierend, daß die Mädchen nur deshalb, weil sie Mädchen waren, etwas anderes lernen sollten als die Jungen, und so kam es dazu, daß vielerorts die Identität der männlichen und weiblichen Erziehungsstrukturen eher die Regel als die Ausnahme war. Dementsprechend unterscheidet sich an vielen Schulen und Hochschulen, jedenfalls in Europa und Amerika, die weibliche Ausbildung nur geringfügig von der männlichen. Doch der Kern des Dilemmas besteht darin, daß die Mädchen zwar in einer kostspieligen und anspruchsvollen Prozedur all das lernen, was die Jungen traditionsgemäß lernen müssen – freilich heutzutage in einem stärker ‹feminisierten› Verfahren als früher–, dann aber nur einen extrem geringen Anteil an den Gruppen und Aktivitäten nehmen, für die sie theoretisch ausgebildet worden sind. Die geschlechtsbedingte Struktur der Berufswelt hat sich in sechzig Jahren kaum verändert, obwohl die absoluten und relativen Zahlen der ausgebildeten Frauen absolut ungewöhnlich stark zugenommen haben... Bei den anderen Primaten und auch noch bei den meisten Menschen ist das weibliche Lernprogramm vorwiegend auf die Mutterschaft und den häuslichen Bereich abgestellt, das männliche Lernen dagegen auf die Gruppen, in denen der junge Mann sich eines Tages als Politiker, Beschützer, Mahner, Jäger, Denker usw. wiederfinden wird. Was von dem gelehrt und was von wem gelernt wurde, war auf die klar umrissenen Zukunftsaussichten bezogen, welche die Jungen anstreben und die Alten vorzeichnen konnten...

Koedukation, insbesondere in der höheren Schule, bedeutet, daß beide Seiten etwas aufgeben in dem Streben nach einem gemeinsamen Lebensstil. Die Folge davon ist, daß viele der reinen Initiationsfunktionen der Erziehung verwischt werden. Die höhere Schule wird immer mehr zu einem Balzrevier und immer weniger zu einem Kampfplatz. Während also die Mädchen in einem Lebensabschnitt, in dem das Liebeswerben die erste Stelle in ihrem Repertoire einnimmt, sich Wissen nach einer für Jungen vorgesehenen Methode anzueignen versuchen, werden die Jungen, die sich eigentlich die männlichen Künste aneignen sollten, zunehmend in eine weibliche Verhaltensstruktur hineingezogen.“

Die Folge: eine *Maskulinisierung der weiblichen Erziehung* in punkto Erziehungsziele und eine weiß Gott nicht dem archaischen und potentiellen Jäger angepaßte künstliche, *feminine Sozialisation unserer Knaben*, was den Erziehungsstil von Ruhe, Frieden, Stillsitzen, dissozialem & kooperativ–restriktivem Spielen & Lernen (in der Spielecke, der Bauecke und der Küchenecke dürfen nur jeweils max. 3 Kinder spielen – Regelung im Kindergarten zu Wehrda/Marburg/L.) und was zugleich auch die Erziehungsinhalte betrifft, die so gar nicht auf Jagen, Fischen & Angeln, Schlachten, Anpirschen & Beobachten, Bäume erklettern, Balgen, Boxen & Kämpfen, Speerwerfen, Bäume fällen, Rennen, Tiere töten, Schwimmen & Tauchen ausgerichtet sind. Statt dessen kaprizieren wir uns ausschließlich auf so kläglich blutarme Tätigkeiten wie Lesen, Schreiben und Rechnen, die allenfalls zur Entwicklung von Mondraketen gut sind, wobei wieder kein Mensch weiß, was wir da oben wollen & sollen.

Daß nun, und das dürfte die gesellschaftspolitisch brisante Pointe sein, eine solche Erziehung & Schulung der *Jungen* in Richtung Jagd– & Verteidigungshandwerk (im natürlichen Sinne: ohne Waffen) sich in den Händen von erfahrenen Jägern, Fischern & Kriegern besser ausnehmen würde als in den anderen Zwecken & Stilen angepaßten sorgsamen, fürsorglichen Händen von Müttern, Kindergärtnerinnen und Lehrerinnen, kann manche(n) bis zum Platzen aufregen, läßt sich aber, nüchtern betrachtet, nicht von der Hand weisen.

Mancher *Ehestreit* um Modalitäten & Ziele der Kindererziehung ist ein Streit der Geschlechter um etwas, was beide schon prinzipiell aus ihrer Konstitution heraus anders erleben und begreifen. Vätern, die an Sinn & Art der Erziehung ihrer Söhne durch ihre Frau (ver)zweifeln, kann von daher nur der Rat gegeben werden, sich selbst in diesen außerordentlich wichtigen Erziehungsprozeß einzuschalten. Wie sie es allerdings dann in unserer Gesellschaft mit den obengenannten Erziehungszielen halten, muß ihnen selbst überlassen bleiben. Ich denke aber, daß ein langsames Hin– und späteres langsames Wegführen zum und vom Jäger & waffenlosen Krieger sinnvoll und für die Knäblein lustvoll & spaßig, vital & gesund – und möglich ist.

„Dazu kommt noch, daß die Rolle der Frau von vornherein klarer definiert und daher mit keinen Unsicherheiten behaftet ist. Sie bewährt sich für jederman sichtbar im Kind. Die Frau hat damit eine natürliche Machtposition, während der Mann sich erst in der Auseinandersetzung mit anderen bewähren muß, sei es als Jäger, Krieger, Pflanzer oder Anführer. Er ist auf solche Bewährung hin selektiert worden und bedarf als einzelner der dauernden Anerkennung über Leistung. Ein Zug, der der Frau keineswegs fehlt – nur ist sie weniger davon abhängig als der Mann, dessen Streben nach Anerkennung viel ausgeprägter ist. Auch stellt die Identitätsfindung und die Loslösung von der Mutter den heranwachsenden Sohn vor viel größere Probleme als die Töchter, die sich ja voll mit den Müttern identifizieren können. In manchen Kulturen führt dies zu extremen Formen forcierter Absetzung“ *(Eibl–Eibesfeldt)*.

Parallel hierzu würden die *Mädchen*, und jetzt setze ich mich auch noch bei den letzten bis hierher geneigten Leserinnen in die Nesseln (oder?), an ihren Müttern, Kindergärtnerinnen und Lehrerinnen reifen und modellernen: auf das Leben hin, das sie später führen wollen. Wenn es das einer Fachärztin für Innere Medizin, einer Pilotin oder einer Bundeskanzlerin ist, dann kann die Erziehung unserer Mädchen genauso laufen, wie das heute der Fall ist: Schule, Studium, Berufsausbildung – ohne den Jagd– und Kampf–Schlenker der Jungen.

Soweit zur intendierten, gesteuerten Erziehung. Die effektive *Sozialisation*, zumindest der Jungen, findet allerdings zum Leidwesen aller Erzieher, Eltern und Pädagogen (glücklicherweise) ganz woanders statt: auf der Straße, *in der Bande*.

Noch aus einer ganz anderen Ecke bekommt die *gleichgeschlechtliche Erziehung* Schützenhilfe. *Noreen Webb* von der *University of California* fand heraus, daß in gemischtgeschlechtlichen Klassen Mädchen fast ausschließlich bei ihren männlichen Klassenkameraden Unterstützung suchen (aus welchem Grund auch immer), die just ihnen aber die Hilfe verweigern; die Jungen helfen sich untereinander, zeigen aber den Mädchen die kalte Schulter. Die Konsequenz für Frau *Webb*: *Unterricht in gleichgeschlechtlichen Gruppen*.

„Bei solchen Banden kann es sich um Pfadfinder oder eine militärische Abteilung handeln, um Musikkapellen, Rudermannschaften, Studentenverbindungen oder um eine Horde technisch begabter und lebensmüder Rebellen, die mit ausrangierten Automobilen in einem unwegsamen Gelände umherrasen, wobei einer dem anderen beweisen will, daß er der bessere Fahrer ist. Mädchen neigen weniger zu solchen Dingen, und sie werden noch weit weniger in kriminelle Aktivitäten verwickelt (abgesehen vom Ladendiebstahl – einer neumodischen Abart des ‹Sammelns› – und von Prostitution, einer altmodischen Form der Ausbeutung, mit der sie am besten vertraut sind)...

Die Rolle, die diese Gruppen im Leben der ihnen angehörenden Jugendlichen spielen, ist klar. Die Jugendlichen verbringen viele Stunden an Straßenecken, in Klubhäusern und auf Sportplätzen, also überall dort, wo sie geduldet werden. Die Taten von Sporthelden und anderen Größen, die ihre Phantasie beschäftigen, werden sorgfältig und mit Sympathie registriert, besprochen und analysiert. Diese Leistungen des Gedächtnisses und des analytischen Denkens würden einen Lehrer, den die apathischen Reaktionen der Jungen auf die Genüsse der Mathematik und der europäischen oder amerikanischen Geschichte zur Verzweiflung bringen, in Erstaunen versetzen. Jungen verstehen sich am besten auf das, was sie am meisten interessiert. Von daher erklärt sich, daß sie der Schule leichteren Herzens ade sagen als die Mädchen, obgleich für sie in mancher Hinsicht mehr auf dem Spiel steht. Die jugendlichen Banden können für die Älteren zu einem Problem werden, wenn sie die soziale Ordnung stören, zu deren Aufrechterhaltung sie, die Älteren, sich verpflichtet fühlen. Trotzdem ist die Existenz der Banden unerläßlich, denn in ihnen lernen die Jungen unmittelbar vor ihrer endgültigen Aufnahme in die Welt der erwachsenen Männer eine Reihe von wichtigen Fertigkeiten und Gesinnungen kennen: Wie verhält man sich einer Gruppe gegenüber loyal, wie steigt man in ihrer Hierarchie auf? Wie erfüllt man eine Führungsaufgabe, wenn man dazu befähigt ist, und wie erweist man sich als kooperativ, wenn man dazu nicht begabt ist? Wie identifiziert man sich mit dem Totem oder Symbol der Gruppe,

Zu diesen Betrachtungen paßt die empirische Erkenntnis, daß Jugendliche in Motorrad– & Rockerbanden signifikant weniger neurotisch und psychosomatisch gestört sind als ihre wohl– und zumeist überbehüteten angepaßten Leidensgenossen aus gutsituiertem Hause.

Im Lichte dieser humanethologischen Erkenntnisse erscheint die psychotherapeutische Suche nach Selbstbestätigung, –sicherheit und –bewußtsein, gleichgültig welcher Couleur (psychoanalytisch in der frühen Kindheit, gesprächstherapeutisch in den Selbstheilungskräften emotionaler Verbalisationen, verhaltenstherapeutisch in den Kognitionen und der Selbstbehauptung), als ein einsamer Versuch, durch Nabelschau, Selbstreflexion und Egozentrismus die verlorenen sozialen Geister zu substituieren. Demgegenüber kann ich von einem Klienten mit Arbeitssucht und psychoreaktiv–streßbedingter Depressivität berichten, der durch Eintritt in den Gesangverein der Krankenkasse 83 weitere fruchtlose Sitzungen erspart hat – und sich ausgesprochen stabilisiert fühlte.

und wie macht man sich ihre Interessen zu eigen? Wie findet man sich dazu bereit, einen großen Teil seiner Zeit lediglich dafür zu opfern, daß die Gruppe funktioniert? Wie kommt man dahin, daß man in extremen Situationen für das Kollektiv Wunden oder gar den Tod in Kauf nimmt? Wie erkennt man die Grenzen der eigenen Privatsphäre? Wie wird man stark, weil man nicht allein ist, und wie bringt man es über sich, jenen Mitgliedern, die man eigentlich nicht leiden kann, zu helfen, nur weil sie der Gruppe angehören und aus keinem anderen Grund? Wie tut man Dinge, die man verabscheut, und begeht man Grausamkeiten, die einem persönlich zuwider sind? Mit anderen Worten: Man lernt, daß es eine sogenannte Moral gibt, die absolut ist und dennoch durch die jeweilige Gruppe vermittelt wird. In ihren Banden üben die Jungen die Begeisterung für eine gemeinsame Sache und die sorgfältige Kontrolle der Begeisterung, beides brauchen sie, wenn sie in die Reihen der Männer überwechseln und Befehle mit innerer Bereitschaft und im richtigen Geist auszuführen haben.

... in allen Fällen wird der persönliche Status eines Mannes bestimmt durch eine oder mehrere Gruppen, mit denen er sich unmittelbar identifiziert. Die Prozesse der Aufnahme, der Anerkennung, der Bestätigung, der Beförderung und sogar der persönlichen Befriedigung sind jene elementaren Prozesse der männlichen Bindung, welche für die Jagdgruppen kennzeichnend waren und die selbst in den exklusivsten männlichen Organisationen der Gegenwart mit primitiver und atavistischer Energie rekapituliert werden" *(Tiger & Fox)*.

Watzlawick gibt in seiner „Gebrauchsanweisung für Amerika" schon den gutgemeinten Ratschlag, auf amerikanischen Highways bloß keinem vermeintlichen Unfallopfer mehr Hilfeleistung angedeihen zu lassen; es könnten entweder raffinierte Trickverbrecher sein, oder das Opfer verklagt einen später wegen *falscher* Hilfeleistung!

Vetternwirtschaft

Ein weiterer dritter Indikator für die Knebelung oder Degenerierung unseres Familiensinns ist die Ächtung des *Nepotismus*, der Vetternwirtschaft. In unseren Verwandten leben je nach Verwandtschaftsgrad auch unsere eigenen Gene. Diesen kann man also nicht nur durch eigene Überlebens– & Fortpflanzungseffizienz auf die Sprünge helfen, sondern auch durch Unterstützung der lieben Verwandten (soweit wir in ihnen auch subjektiv eine gewisse Seelenverwandtschaft zu entdecken imstande sind). Eltern, Kinder und Geschwister haben durchschnittlich zur Hälfte meine eigenen Gene, Nichten & Neffen, Großeltern, Enkel, Onkel und Tanten noch ein Viertel; also sollte ich gegenüber meinen Neffen nur noch halb so altruistisch sein wie gegenüber meinem Bruder, meinem Cousin gegenüber wiederum die Hälfte davon (Verwandtschaftsgrad 0,125). Daß dies offensichtlich nicht in dem Ausmaß beim Menschen der Fall ist, liegt wohl weniger daran, daß er den Sippenegoismus nicht hat (dafür tritt er wiederum zu oft zutage), sondern daß bei dieser komplexen Kreatur Mensch verschiedene andere soziale Gewinn– und Verlustrechnungen oft dieses harte Sippendenken überlagern.

Wilson grenzt gegen diesen harten *Altruismus* einen weichen (reziproken) ab, der von der konkreten Situation abstrahierend gibt und nimmt im Vertrauen darauf, daß alle Nehmenden auch Gebende sind. Dieses Prinzip läßt sich sogar auf die Gene und ihre Verbreitung erweitern. „Sie zeigten, daß es neben der direkten Selektion, die sich in den Nachkommen eines Organismus niederschlägt (‹Darwinian fitness›), auch eine sehr wirksame indirekte Selektion geben kann, indem sich bestimmte Gene beziehungsweise deren Allele dadurch verbreiten, daß ihre Träger anderen Individuen, die Träger gleichartiger Gene oder Allele sind, altruistisch helfen, so daß diese einen höheren Fortpflanzungserfolg haben. Der Altruist kann dadurch zur Verbreitung seiner Gene beitragen, selbst wenn er dabei auf eigene Fortpflanzung verzichtet" *(Eibl–Eibesfeldt)*. Auch diese Nächsten–Hifsbereitschaft war mal unter Menschen sehr verbreitet, entartet aber in unseren modernen Zivilisationen immer mehr.

Aggressivität

Feindseligkeit * Diagnostik * Reaktiv–aggressive Emotionen * Frustration * Angst & Ausweglosigkeit * Spontan–aggressive Emotionen * Verachtung * Aggressionsverstärker & –dämpfer * Katharsis? * Vitale Aggressionsäußerung

Süffisant formuliert *Morris* die menschlichen Irrungen und Wirrungen in punkto Aggression: „Den Aggressionstrieb, der in uns steckt, können wir seinem Wesen nach nur verstehen, wenn wir seine Wurzeln dort suchen, wo er herstammt – dort nämlich, woher wir selbst kommen: bei unserer tierischen Herkunft. Als biologische Art sind wir heutzutage so befangen durch die von uns geschaffenen Möglichkeiten der Massenproduktion von Gewalt und ihrer Anwendung zur Massenvernichtung, daß wir nur allzu leicht die Objektivität außer acht lassen, wenn dieses Thema zur Diskussion steht – wie schon die Tatsache zeigt, daß die intellektuellsten Intellektuellen nicht selten höchst aggressiv werden, wenn sie darlegen, wie dringend notwendig es ist, die Aggression zu unterdrücken. Nun – das ist keineswegs überraschend. Denn wir sitzen, um es milde auszudrücken, ganz hübsch im Schlamassel: Wir haben die besten Aussichten, uns selbst bis zum Ende unseres Jahrhunderts mit Stumpf und Stiel auszurotten.

Der einzige Trost, der uns bleibt, ist, daß wir, als Art, es erstaunlich weit gebracht haben, und das nicht etwa in langer Zeit, wie das bei Arten sonst so ist, wohl aber mit einer erstaunlichen Fülle von Ereignissen. Doch bevor wir nun darangehen wollen, das zu untersuchen, was wir in Angriff und Verteidigung an Perfektion – an wahrhaft exzentrischer Perfektion – geleistet haben, müssen wir zuvor das Wesen der Gewalt in der Welt der Tiere untersuchen, in der es keinen Faustkeil und keinen Speer, keine Kanone und keine H–Bombe gibt. Tiere kämpfen miteinander aus ein oder zwei guten Gründen: Entweder wollen sie sich einen Rang in einer hierarchisch geschichteten Gesellschaftsordnung erkämpfen (womöglich den höchsten), oder sie wollen sich einen territorialen Anspruch auf ein Stück Land – ein Revier – erobern (beziehungsweise das Recht darauf verteidigen). Manche Arten haben eine strenge soziale Rangordnung, jedoch keine festen Reviere. Andere besitzen feste Reviere, kennen aber keine Hierarchie. Und es gibt schließlich auch Arten mit Rangordnung und Revierbesitz – sie haben es also mit beiden Gründen der Aggression zu tun. Zu dieser Gruppe gehören wir, und dementsprechend gibt es bei uns Aggression auf beiderlei Art."

Lorenz zählt als *positive Auswirkungen des sogenannten Bösen* im Tierreich u.a. auf:

a) Auswahl des Stärksten für die Weiterzucht (biologische Potenz).
b) Sicherung der Aufzucht: Die Aggression bringt starke Verteidiger für die Brut zustande (das brutpflegende Geschlecht ist jeweils das aggressivste).
c) Die intraspezifische Aggression bewirkt gleichmäßige Verteilung der Tierart über den Lebensraum, und zwar so, daß auch der Schwächere ein eigenes, wenn auch kleineres Gebiet erhält.
d) Ausbildung einer Rangordnung durch ritualisierte Kämpfe, wobei durch die Tötungshemmung gesichert ist, daß der Schwächere überlebt, während die so entstandene Rangordnung die ständige Notwendigkeit weiterer Rivalitätskämpfe reduziert.

„Wir haben bis jetzt noch nicht über das ‹Aggressionsproblem› gesprochen. Der Grund ist: Es gibt kein spezielles Aggressionsproblem – ungeachtet der vielen Liter Druckerschwärze, die für diese Diskussion aufgewendet worden sind. Die Aggression in der Spezies Mensch unterscheidet sich in nichts von der Aggression in allen anderen Tierarten. Sie entspringt den gleichen Ursachen und dient den gleichen Funktionen. Sie ist ein unabdingbarer Faktor in den evolutionären Prozessen einer jeden Art, die sich geschlechtlich fortpflanzt... Daß eine Art durch Aggressivität gekennzeichnet ist, bedeutet nicht, daß die Angehörigen dieser Art nicht kooperieren und sich niemals hilfreich oder loyal oder liebevoll verhalten – ganz im Gegenteil. Die Aggression ist eine wesentliche Komponente solcher Tugenden, und die Ethologen haben schlüssig nachgewiesen, daß wir sie, die Aggression, als eine konstruktive Bestrebung sehen müssen, als eine positive Triebkraft, die sich für die Art günstig auswirkt" *(Tiger & Fox)*.

„Ob jedoch die gesamte Komplexität aggressiven Verhaltens ausschließlich über psychodynamisch unspezifische Lernprozesse ohne Annahme eines spezifischen aggressiven Potentials als antriebsenergetischen Hintergrund und ohne differenziertes intrapsychisches Strukturmodell umfassend verstanden werden kann, scheint mir nach allen Erfahrungen sehr zweifelhaft. Wahrscheinlich sind die lerntheoretischen Ergebnisse richtig (und zweifellos ein bereichernder Aspekt), jedoch nicht weitgreifend genug; sie erscheinen im ganzen ziemlich ‹flach›“ *(Elhardt)*.

Befragt man die *Psychologen*, so erfährt man über *drei Arten von Aggressionen* etwas: solche, die einer erfahrenen *Frustration* folgen *(Dollard & Miller)*, solche, die im Kino, vor dem Fernsehschirm und durch *Modelle* erzeugt werden *(Bandura)* und solche, die aus bedingungslosem *Gehorsam* resultieren *(Milgram)*. Alle seien schlecht und übel und sollten aus dieser Welt verbannt werden.

Fragen wir zum Thema Aggressionen *Biologen und Verhaltensforscher*, so erfahren wir, daß es neben diesen Aggressionsarten (Frustration, Nachahmung und Gehorsam) noch eine ganze Reihe von wahrscheinlich viel wichtigeren Aggressionen gibt. *Hassenstein* beschreibt aus der Sicht der Verhaltensbiologie *mindestens 12 verschiedene Aggressionsformen* beim Menschen, die in vielerlei Hinsicht völlig getrennt abzuhandeln sind.

Für alle Formen aber gelten folgende Feststellungen: „Eine Hauptaussage über die Aggression bei Tieren und Menschen heißt: Aggressives Verhalten ist vielursächlich. Aus der Verhaltensbiologie kennen wir die Regel der doppelten Quantifizierung...: Die meisten Verhaltensweisen gehen zurück auf äußere Bedingungen wie Sinnesreize und innere Bedingungen wie innere Reaktionsbereitschaft und Antriebe, die z.B. vom Hormonspiegel abhängen... Der Streit um die Frage ‹Ist Aggressivität reaktiv oder spontan?› – oder mit anderen Worten: ‹Gibt es einen Aggressionstrieb?›, ist überflüssig; denn es gibt Aggressionsformen, die typischerweise als Reaktion vorkommen, also nicht als triebhaft gelten können, z.B. Angriff aus Angst und Ausweglosigkeit, und solche, die auch gegen den friedlichen Artgenossen ausbrechen, die man also als triebbedingt empfindet, so die aggressive soziale Exploration. Heute ist nur eine differenzierte Aggressionsbetrachtung vertretbar“ *(Hassenstein)*.

„Die Amerikaner z.B. werden zur Aggressivität erzogen, zugleich aber sollen sie umgänglich und rücksichtsvoll sein. Die Gewalt wird in der Unterhaltungsindustrie und in den Massenmedien verherrlicht, in persönlichen Beziehungen und im alltäglichen Umgang jedoch verdammt. Die amerikanische Gesellschaft bietet keine institutionell gebilligte Möglichkeit, die Verwirrung und Schuld aufzulösen, die aus diesem Konflikt der sozialen Werte erwachsen. Eine Folge ist, daß die Neurosen, so wie sie sich zu Freuds Zeit um die Sexualität herum ansetzten, heute, obwohl sexuelle Konflikte noch keineswegs verschwunden sind, oft von Konflikten hinsichtlich der Aggression herrühren“ *(Frank)*.

Genauso wie in der Sexualität finden wir in unseren modernen Gesellschaften, was die Aggressivität betrifft, heute eine *doppelte Moral* mit all ihren destruktiven Folgen auf das Seelenleben. Strenggenommen haben wir es hier mit dem gleichen Prozeß zu tun, der der Sexualität widerfahren ist: Gesunde, vitale, persönliche, emotionale Aggressionen werden unterdrückt, und *Perversionen*, vor allem der aggressive Voyeurismus, werden gesellschaftlich gefördert. *Ansehen* dürfen wir uns *alles*, *selbst tun* dürfen wir *nichts*.

„Seine Kulturentwicklung hat dem Menschen eine dreifache Verwischung des Phänomens eingebracht. Einmal kann er Aggressionen ausleben, ohne in irgendeiner Weise tätlich zu werden; der größte Teil menschlicher Aggressivität vollzieht sich untergründig, unsichtbar, in den seelischen ‹Wunden›, die wir uns raffiniert, vielleicht sogar unter der Decke eines auf den ersten Blick besonders fürsorglichen und liebevollen Verhaltens, in einem fort beibringen. Oder aber wir agieren Aggressionen symbolisch aus: In Büchern, Filmen, Schaustellungen simulieren wir gewalttätige Handlungen und genießen ihre Simulation, ohne die Risiken ausgelebter Aggressionen eingehen zu müssen. Und schließlich praktizieren wir in größtem Maßstab intra– wie interspezifische Aggression in Kriegen, Verbrechen in Schlachthäusern oder mit unseren chemischen Vertilgungsmitteln, ohne dabei auf irgendwelche subjektiven Aggressionsinstinkte angewiesen zu sein – gleichmütig, sachlich, emotionslos und darin besonders schrecklich. Wenn aber auf der einen Seite schon ein unterlassener Geburtstagsglückwunsch Aggression sein kann, auf der anderen Seite Aggression ohne wirkliche Aggression erlebt wird und schließlich die blutigsten Gemetzel ohne alle Aggressionen vonstatten gehen können, wird der schlichte pauschale Begriff untauglich zur Beschreibung dessen, was sich dort abspielt, wo sich die Menschen der Zivilisationen gegenseitig schädigen... Die modernen Tötungstechniken machen den Mord zu einem anonymen, verwaltungstechnischen Vorgang. Ihm fallen angeborene Hemmungsmechanismen kaum

Aggressionsmotive

Aggressivität heißt Bereitschaft zur gegnerischen Auseinandersetzung. Aggressives Verhalten kann als Ausdruck von ganz unterschiedlichen inneren Bedingungen bzw. Verhaltensbereitschaften auftreten:

– Im Sinne einer allgemeinen Selbstverteidigung wehren sich Tiere aggressiv gegen Schreck, Schmerz oder gegen Feinde.
– Raubtiere greifen Beutetiere an; dabei wagen sie sich an um so größere und stärkere Feinde, je hungriger sie sind. Das Angriffsverhalten der Raubtiere ist ein Appetenzverhalten für die Nahrungsaufnahme; demgemäß ist es von der Ernährungsbereitschaft abhängig.
– Vor dem Feind flüchtende Tiere gehen in vielen Fällen zum Gegenangriff gegen den Verfolger über, sobald eine bestimmte „kritische Distanz“ unterschritten wird... Ein sonst keineswegs aggressiver Hund kann zum „Angstbeißer“ werden, wenn ihm etwa in einer überfüllten Straßenbahn ein Passant zu nahe kommt und er nicht ausweichen kann. Hier also schlägt die Verhaltenstendenz zur Flucht (subjektiv: die Angst) in Aggression um.
– In der Brunst befindliche männliche Tiere können extrem angriffslustig gegen Rivalen sein. Hier ist die sexuelle Bereitschaft mit der aggressiven identisch.
– Viele höhere Tiere verteidigen einen bestimmten räumlichen Bereich gleichsam als Eigentum und greifen Eindringlinge an, um sie zu vertreiben. Hier ist die Aggressivität also gebunden an die Revierbehauptung und damit an das Kennen (= Gelernthaben) eines bestimmten Geländebereichs.
– Bei den meisten in Gruppen lebenden Säugetieren und Vögeln entsteht eine soziale Rangordnung durch die Ergebnisse von Auseinandersetzungen zwischen den Individuen. Dieser Rangstufenkampf ist ein normaler Bestandteil des gruppeninternen Sozialverhaltens.
– Bei vielen in Gruppen lebenden Säugetieren und Vögeln löst der Angstschrei eines Tieres den kollektiven Angriff auf den Gruppenfeind aus. Diese Gruppenaggression ist ansteckend, d.h., es greifen auch diejenigen Tiere an, die den auslösenden Angstschrei nicht gehört haben...
– Stößt die Verwirklichung irgendeiner Verhaltenstendenz auf ein Hindernis, so kann dies einen Angriff gegen das Hindernis veranlassen; dies ist Aggression aus Frustration. Wie jedermann weiß, soll man z.B. einem Hund nicht den Knochen wegnehmen, an dem er gerade nagt, weil er dann bisweilen beißt.
– Auch das Spielen vieler Lebewesen enthält Angriffs- und Kampfhandlungen; sie sind so beschaffen, daß der Spielkampfgegner nicht verletzt wird. Hier ist also die Spielbereitschaft der Motor von Angriffshandlungen.

Die vorangegangene Übersicht zeigt: In die „gemeinsame Endstrecke“ des Aggressionsverhaltens münden die steuernden Signale von einer ganzen Reihe verschiedener Verhaltensbereitschaften. In dieser Hinsicht ist Aggression also – wie die Fortbewegung – ein Mehrzweckverhalten.

Unterschiede im Verlauf verschieden motivierten Aggressionsverhaltens: Bei der Selbstverteidigung kann der Feind verletzt werden; der sexuelle Rivalenkampf aber ist prinzipiell unblutig, doch gibt es Sieger und Besiegte; und beim spielerischen Kampf wird kein Sieg, sondern allein das Kämpfen angestrebt. – Besonders interessant ist der Vergleich zwischen den beiden sozial bedingten Kampfarten Rangstufenkampf und Gruppenaggression. Beide spielen sich zwischen Artgenossen ab; beim Rangstufenkampf gehören diese demselben Sozialverband (z.B. Rudel) an, beim Kampf zwischen verschiedenen Gruppen aber natürlich verschiedenen Verbänden. Die Unterschiede sind:

– Der Rangstufenkampf ist in der Regel unblutig; er wird durch Unterlegenheitssignale beendet; die Aggressivität greift selten auf andere Gruppenmitglieder über; und die Gegner leben in der Regel nach dem Kampf weiter in derselben Gruppe zusammen.
– Der Kampf gegen Gruppenfeinde, auch wenn sie Artgenossen sind, wird nicht durch soziale Signale beendet, sondern durch Vertreiben oder Töten der Unterlegenen; die Motivation ist ansteckend durch die ganze Gruppe hindurch; und ein Einbeziehen des Gegners nach dem Kampf in die eigene Sozialstruktur ist undenkbar.

Bei einigen der zuvor beschriebenen Aggressionsformen gibt es eindeutig einen Drang zum Kämpfen. Er äußert sich in Angriffshandlungen gegen Artgenossen, auch wenn diese den Angriff durch kein eigenes aggressives Verhalten provozieren. So etwas kommt vor bei sexueller Rivalität, bei Auseinandersetzungen an Reviergrenzen, beim Kampf zum Erreichen einer höheren Rangstufe im Sozialverband sowie beim spielerischen Angriff. In diesem Sinne gibt es also sogar mehrere „Aggressionstriebe“.

Außerhalb der oben zusammengestellten Aggressionsmotivationen gibt es noch weitere aggressive Verhaltensweisen, die aber nur unvollkommen erforscht sind. Hierfür folgen fünf Beispiele:

– Bei Tieren, die in Gruppen leben, gibt es eine ausgesprochene Aggressivität gegen Artgenossen, deren Aussehen vom Durchschnitt abweicht.
– Raubkatzen-Mütter töten bisweilen kranke oder schwache eigene Junge.
– Wenn sich innerhalb einer Gruppe zwei niederrangige Mitglieder streiten, so fährt vielfach ein höherrangiges Tier dazwischen und trennt die Gegner.
– Wenn sich zwei Tiere in Anwesenheit von Artgenossen paaren, werden sie bisweilen von diesen angegriffen („Anstoßnehmen“).
– Manche Singvögel „hassen“ auf Eulen.

Besondere Aggressionsursachen beim Menschen: Aus der im Tierreich feststellbaren Vielursächlichkeit der Aggressivität läßt sich für den Menschen eine Hypothese herleiten: daß er auf der Ebene der aggressiven Verhaltenstendenzen kaum sehr viel einfacher angelegt sein dürfte. Beim Menschen kommen überdies noch mindestens drei weitere Aggressionsursachen zu denen der Tiere hinzu: Das Nachahmen von aggressivem Verhalten, welches man bei anderen beobachtete oder dessen Opfer man war; das bewußt kalkulierte Planen und Durchführen von aggressiven Aktionen; und das Ausführen befohlenen Aggressionsverhaltens aus Gehorsam.

Hassenstein

noch ins Wort. ‹Das Gehirn›, schrieb der niederländische Verhaltensforscher Niko Tinbergen in diesem Zusammenhang, ‹findet sich bedroht durch einen Feind, den es sich selbst geschaffen hat. Es ist sein eigener Feind... Daß das Gleichgewicht zwischen Angriffslust und Furcht gestört ist (und diese Störung ist die Ursache der Kriege), liegt an drei Folgen der kulturellen Evolution. Es ist ein altes Kulturphänomen, daß Kriegern durch Gehirnwäsche und Psychoterror beigebracht wird..., Flucht – ursprünglich ein Verhalten von Anpassungswert – sei verächtlich, ‹feige›. Ein zweiter kultureller Exzess besteht in unserer Fähigkeit, Tötungswerkzeuge herzustellen und einzusetzen, vor allem Waffen mit Fernwirkung. Sie machen das Töten leicht, nicht nur, weil ein Wurfspeer oder eine Wurfkeule bei gleichem Kraftaufwand viel mehr Schaden zufügen als eine Faust, sondern auch und hauptsächlich, weil die Fernwaffen das Opfer daran hindern, seinen Angreifer mit seinen Beschwichtigungs-, Beruhigungs- und Notsi-

gnalen zu erreichen. Sehr wenige Bomberbesatzungen, die bereit zu Zielwürfen sind, ja sogar begierig auf sie, wären auch bereit, Kinder (und genausogut auch Erwachsene) mit eigener Hand zu erwürgen, zu erstechen, zu verbrennen.›" *(Zimmer)*.

Dabei ist das mit den Aggressionen gar nicht so schwer: „Wenn es um aggressive Auseinandersetzungen ohne Waffen geht, steht ein Repertoire von Verhaltensweisen für Angriff, Verteidigung, Submission und Rückzug zur Verfügung, das nicht ausschließlich (welch allzu vorsichtige Formulierung, Herr *Eibl–Eibesfeldt*!, der Verf.) kulturell bedingt ist und das die Auseinandersetzungen im allgemeinen so regelt, daß es zu keiner ernsthaften Schädigung des Partners kommt" *(Eibl–Eibesfeldt)*.

„Es ist doch Unsinn, dem Menschen weiszumachen, Ärger sei schlechtes Benehmen oder man solle sich nicht hassen. Das ist sehr romantisch und sehr idealistisch. Ich glaube nicht, daß es nur die sozialen Bedingungen sind, die die Menschen verärgern. Mein Grundprinzip ist, daß das menschliche Wesen oder menschliche Tier oder die menschliche Seele sehr leicht ärgerlich wird – das trifft auch für mich zu... Die ganze Idee, das Ziel unserer Lehre ist, daß jeder Mensch Ja zum Ärger, zur Aggression sagt und es als eine persönliche Pflicht annimmt, diese Aggression selbst zu kontrollieren und selbst in schöpferische oder jedenfalls harmlose und nicht tödliche Bahnen zu bringen. In diese Richtung zu gehen hieße (das ist meine Utopie), eine neue Ethik der Aggression zu vertreten. Die alte Ethik war ja auch furchtbar; diese Aggressionsleute... pathologische Massenmörder... Die neue Idee ist... die Ethik einer selbstverantwortlichen Aggression" *(Bach)*.

„In manchen nahezu primitiven Vorstellungen spukt die utopische Heilserwartung einer möglichen aggressionslosen Welt, in der ‹Freud auf das Lustprinzip verkürzt, mit Marx angerührt und zum Lieblingsgericht der non–frustration–children aufgebacken wird›, oder es wird eine soziale Revolution durch sexuelle Befreiung und der damit verbundenen Desaggressivierung erhofft (Motto: make love not war)" *(Elhardt)*.

Feindseligkeit

Buss et al. konnten aufgrund faktorenanalytischer Untersuchungen Unterschiede zwischen Feindseligkeit und Aggression feststellen. Daraus entwickelten sie Anfang der 60er Jahre einen Aggressionsfragebogen *(Buss–Durkee–Inventar)*.

Buss definiert *Feindseligkeit* (hostility) „als bei Aggressionen häufig, aber nicht unbedingt vorhandene Attitüde, gekennzeichnet durch negative Gefühle, Geringschätzung von Personen und Ereignissen." Der Autor weist darauf hin, daß Feindseligkeit als ein überdauerndes Merkmal anzusehen ist.

Aggressivität (aggressiveness) bezeichnet er als Gewohnheitsbildung (habit), als Bereitschaft, in Form von Aggression zu reagieren. Aggression wird hier als ein Verhalten beschrieben, bei dem einem anderen Organismus, einem Opfer, Schaden zugefügt wird. In einer späteren Veröffentlichung machte *Buss* den Vorschlag, zu unterscheiden zwischen *instrumenteller Aggression*, die weitgehend der willkürlichen Kontrolle unterliegt und zur Erreichung bestimmter Ziele eingesetzt wird, und der *affektiv–expressiven Wutaggression*, die in deutlich geringerem Maße der willkürlichen Kontrolle unterworfen ist und bei der mögliche negative Konsequenzen und Nebenwirkungen verhältnismäßig wenig oder überhaupt nicht reflektiert werden. Diese Art der Aggression wird häufig auch als reaktive Aggression bezeichnet.

Die *Beziehung* zwischen Feindseligkeit und Aggression beruht zum großen Teil darauf, daß die beiden Reaktionen durch denselben Reiz ausgelöst werden. Durch die Sprache ist es für den Menschen im Gegensatz zum Tier möglich, bestimmte Reize symbolisch über Jahre beizubehalten. So kann der Mensch über Zurückweisungen, Angriff und Enttäuschung lange Zeit grübeln.

Buss erklärt die Feindseligkeit innerhalb des lerntheoretischen Erklärungsmodells als „a conditioned anger response". Feindseligkeit zeigt im Gegensatz zu Aggressivität

Krieg auf der Straße

Die Weltgesundheitsorganisation (WHO) hat in einer Schätzung des weltweiten Verkehrsunfallgeschehens prognostiziert, daß bis zum Jahre 2000 etwa sechs Millionen Menschen auf den Straßen getötet und 350 Millionen Menschen verletzt werden. Es ist jedoch vor allem der alltägliche Krieg, die im System angelegte Rücksichtslosigkeit und Brutalität gegen alle Schwächeren: gegen die kleinere Hubraum– und PS–Klasse, gegen Fahrradfahrer, Fußgänger, Kinder, Rentner. Das Resultat dieses Kriegs: eine halbe Million Verletzte und 12.000 Tote pro Jahr; das sind zwölfmal so viel, wie jährlich durch Mord und Totschlag umkommen. Die programmierte totale Autogesellschaft scheint sich zu tief ins Bewußtsein aller – auch der kritischen Geister – gefressen zu haben, als daß ein Weg zu einem menschlichen, effektiven und umweltfreundlichen alternativen Transportwesen durch Diskussion kraft der besseren Argumente gefunden werden könnte.

NATUR

oder *Wut* keine autonome physiologische Erregung oder äußerlichen körperlichen Ausdruck. Nach *Buss* löst ein Wutreiz nicht nur eine Wutreaktion aus, sondern auch die passive Reaktion des Beobachtens und Etikettierens des Reizes. Dabei werden die Personen, die den schädigenden Reiz gegeben haben, und der Reiz selbst gleichzeitig negativ bewertet. Je länger nun die Wut bestehen bleibt, desto länger besteht auch die Assoziation zwischen den autonomen Aspekten der Wut und der verdeckten negativen Sprachreaktion. Nachdem die Wut zurückgegangen ist, bleiben die negativen Bewertungen wie Groll, Neid und der Glaube, daß andere einen bedrohen, bestehen. Dieses Überbleibsel bezeichnet *Buss* als Feindseligkeit. Sie bestimmt die negativen Gefühlsreaktionen gegenüber denselben Personen bzw. Reizen bei der nächsten Begegnung. Feindseligkeit ist insbesondere durch den überdauernden Charakter gekennzeichnet, der auf den verfestigten negativen Etikettierungen beruht.

Diagnostik

Dreieinhalb Instrumente stehen uns zur *Diagnostik der Ärgerbereitschaft* zu Diensten. Der sich um die neudeutsche Aggressionsforschung wahrlich wenig verdient gemacht habende Herr *Selg* hat mit den Herren *Fahrenberg* und *Hampel* (von denen mir bisher keine diesbezüglichen Klagen bekannt geworden sind) das *Freiburger Persönlichkeitsinventar (FPI)* entwickelt. Hier brachten sie die Skalen „Spontane Aggressivität" (emotional unreif) vs. „nicht aggressiv, beherrscht" und „Reaktive Aggressivität, Dominanzstreben" (was diese beiden Emotionen außer einer korrelativen und faktorenanalytischen Beziehung miteinander zu tun haben, verschweigen uns die Autoren) vs. „nachgiebig, gemäßigt" unter. Vom guten Appetit über das Köpfen von Blumen mit Hilfe eines Stockes und einer Begeisterung für das Jagdhandwerk bis hin zum Spaß am Quälen von Mensch und Tier reichen die Indizien für spontane Aggressivität. Die für reaktive haben meist was mit dem Hinhalten der anderen Backe und Schlägereien zu tun.

Wie die Autoren beide Aggressionsarten tendenziös–lapidar bewerten, ist durch die oben zitierten Eigenschaftsworte hinlänglich charakterisiert und wird im Manual weiter ausgewiesen: *das Bild emotionaler Unreife*. Wie nun kommen die Autoren zur Skala und zum Urteil. Ersteres läßt sich mit statistischer Idiotie charakterisieren, letzteres verschlägt einem vollends die Sprache. Von den insgesamt 26 Items der Skala „Spontane Aggressivität" entsprechen ganze 12 Fragen der *Inhaltsgültigkeit* spontaner Aggressivität. Die restlichen gehören ganz anderen Persönlichkeitskonstrukten an (reaktive Aggressivität, Risikobereitschaft, Appetit, Tendenz zu sozial erwünschter Darstellung, Nervosität – „Ich kaue oft auf meinen Lippen oder Fingernägeln", Schadenfreude, Konzentrationsfähigkeit, Reizhunger – sensation seeking, Vorliebe für urbane Wohnformen, Neigung zu Tagträumereien, Gewissenhaftigkeit, positive Selbstverstärkung – „Ich spreche manchmal über Dinge, von denen ich nichts verstehe" u.a.m.). Sie haben Eingang in diese Skala gefunden, weil den Testautoren anscheinend die Geschichte mit dem Rückgang der Störche und dem der Geburten unbekannt geblieben ist. Einfach weil irgend etwas miteinander korreliert und in einer speziellen Item–Konfiguration in einem Faktor einer per se schon dubiosen Faktorenanalyse auftaucht, sollte schon der Psychologiestudent im Vordiplom nicht schließen, daß diese beiden Variablen in irgendeiner inhaltlich sinnvollen Beziehung zueinander stehen.

Auch die Enttarnung und Zurückweisung von 5 dieser absurden inhaltsungültigen Items durch die *Rasch*–Analyse ficht die Testautoren in keinster Weise an: Sie scheinen ihren Test weder selbst durchgelesen noch die Erkenntnisse ihrer eigenen Analysen zur Kenntnis genommen zu haben! Tja, und so kommt dann dieses Zerrbild einer angeblich emotional unreifen spontanen Aggressivität auf die Welt.

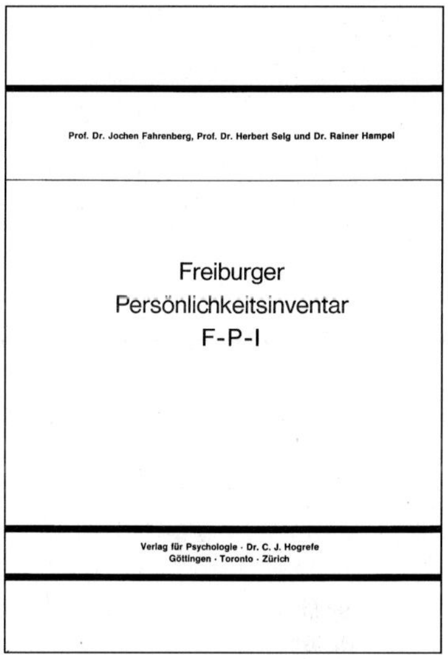

So dürfen die Herren Testautoren versichert sein, daß „Es fällt mir meist leicht, mich auf meine Arbeit zu konzentrieren" (Item 119) und „Ich würde lieber in einer lebhaften Großstadt wohnen" (Item 139) weiß Gott nichts mit spontaner Aggressivität zu tun haben. Sie korrelieren nur eben gerade um 0.3 respektive 0.2 mit dieser Skala (und das noch im Rahmen der höchst unfeinen Manier, Itemselektion vermittels Faktorenanalyse und Itemanalyse in Form von Trennschärfen– und Innerer–Konsistenzberechnung an derselben Stichprobe durchzuführen – da kriegt man selbst mit Zufallszahlen Pseudo–Reliabilitäten hin; mein Gott, wo ist Ihr Vordiplom geblieben?). Aber was heißt eine solche Itemkorrelation schon: in *der* Höhe und *überhaupt*?

Mit dieser schlicht–dümmlichen Methode könnte ich eine faktorenanalytisch reine Skala über Storchbeobachtungen („Ich habe in meinem Leben selten Störche gesehen") und Kinderfreu(n)d(l)ichkeit („Ich freue mich wenig auf mein 9. Kind") konstruieren und dann Skala der Bereitschaft–Zucker–auf–das–Fensterbrett–zu–legen nennen. Was für ein statistischer Schwachsinn!

Trotz allem (oder um ihrer Abneigung gegenüber den verfluchten Aggressionen noch stärkeren Ausdruck zu verleihen) haben dieselben Herrschaften dann ihr Aggressionsdetektorinstrumentarium im *Fragebogen für Aggressionsfaktoren (FAF)* auf die Spitze getrieben. Hier haben wir es jetzt mit 5 Faktoren der Aggressivität zu tun. Zu den schon im FPI verbrochenen Faktoren wird jetzt so was wie Depressivität mit Selbstaggressionen und Gewissensstrenge mit Aggressionshemmungen hinzugenommen. Die Konstruktionsmethode ist von der gleichen korrelativ–faktoren– & –clusteranalytischen Einfältigkeit geprägt wie der FPI (und fällt damit in ihrem validitorischen Sinngehalt weit hinter die ebenfalls sehr schlichte Konstruktion des guten alten MMPI mit Hilfe von Extrem–Gruppen–Diskrimination zurück!). Aber immerhin: Es gibt jetzt schon mal so was wie eine Depressivität mit Selbstaggressionen, wobei uns allerdings die Feinheit der deutschen Sprache die grundlegende Haltung der Testautoren durch das *mit* statt des *durch* offenbart: Wir haben es hier nur mit einer noch weitaus mißlicheren Form der ohnehin schon mißlichen Aggressivität zu tun: der gegen einen selbst. Und es gibt eine Aggressionshemmung, einen *Gegenspieler* der spontanen Aggressivität, der „evtl. aber nur ein Wissen um gängige ‹Spielregeln› zum Ausdruck" *(Hampel & Selg)* bringt. Trotzdem billigen die Herren dieser menschlichen Fähigkeit der Aggressionshemmung selbstquälerische Gewissensaktivitäten zu. Also allzu gehemmt sollte die sonst so emotional unreife spontane Aggressivität denn doch nicht sein.

Die Validität dieser Skalen ist derart umwerfend, daß heranwachsende Straftäter in bis auf die 2. Stelle hinter dem Komma genau gleichem Ausmaß wissen, was sie bei Spontaner Aggressivität anzukreuzen haben, wie männliche Psychotherapiepatienten im Twenalter: x = 7.26 vs. 7.23. Nur die Psychosomatiker geben sich ein wenig weniger spontan aggressiv in ihrer Selbstdarstellung: x = 5.55. Entmutigend ist dabei allerdings wieder, daß der Standardmann gleichen Alters genauso wenig spontane Aggressivität zugibt wie der Psychosomatiker. Da haben wir wieder den Salat mit diesen Scheiß–Selbstbeschreibungen, die dann doch nur mit der Tendenz zu sozial erwünschter Darstellung zu tun haben, anstatt mit dem tatsächlichen Empfinden und Verhalten.

Die *reaktive Aggressivität* ist recht intensiv in die mehr oder weniger klinischen Persönlichkeitstests eingegangen. *Selg, Fahrenberg & Hampel* widmen ihr eine Skala im Freiburger Persönlichkeitsinventar. Da ist von Zurückschlagen die Rede, „wenn man mich schlägt", von Geschirr–Zerschlagen, die Beherrschung–Verlieren, eine gesalzene–Strafe–Wünschen, von Fliegen–an–der–Wand–Fangen und von Zurückschreien. Es kommen passable Reliabilitätsabschätzungen raus und eine fragwürdige Validität. Im allgemeinen messen solche Selbstbeschreibungs–Skalen Antwortstile, insbesondere die *Tendenz zu sozial erwünschter Darstellung*. Was aber jeweils als sozial erwünscht gilt, hängt von dem Kontext der Testung ab.

Spielberger (und seine Übersetzer & Adaptierer *Schwenkmezger & Hodapp*) setzen in ihrer *Anger–Expression–Skala* ebenfalls noch auf die verbale Selbstauskunft. Sie fragen sich, ob Ärger mehr ausgedrückt wird *(anger out)*, mehr nach innen gerichtet und unterdrückt wird *(anger in)* oder gar kontrolliert (wie auch immer, dazu gleich) werden kann *(anger control)*. Die Unterscheidung out vs. in basiert dabei auf Befunden über psychologische Korrelate kardiovaskulärer Störungen sowie Formen des Bluthochdrucks, wie sie von *Spielberger* zusammenfassend dargestellt wurden!!! Als Ärgerausdruck werden sowohl physische Angriffe auf andere Personen oder Objekte ausgewiesen wie auch verbale Attacken (Kritik, Beschimpfungen, verbale Bedrohungen, Schimpfworte und Flüche). Die Zielausrichtung und –erreichung (i.S.v. *Kornadt*) ist dabei leider nicht erfragt.

Die *Anger–Control–Dimension* wurde posthoc aufgrund faktorenanalytischer Ergebnisse angefügt. Hier geht es um Ruhe bewahren, cool oder kalt bleiben, sich schnell wieder beruhigen. Anscheinend finden sich hier die etwas ruhigeren Pbn (mit niedrigem Testosteronspiegel?) wieder. Tatsächlich bilden diese Items einen korrelativ–ladungsmäßig gut gegen *anger in* abgegrenzten Faktor, was auch immer er mißt. Die mit *anger in* geben zu, daß sie sich aufregen, diesen Ärger aber nicht mitteilen und ausdrücken; die von *anger control* geben an, kaum Ärger zu haben. That's the difference! Mit der Anger–out–Skala korreliert die Control zu immerhin .41 (gemeinsamer Varianzanteil von gut 16%). Die *inneren Konsistenzen* der drei deutschen Skalen liegen zwischen .73 und .86 – für die Control–Skala mit dem niedrigsten Wert nicht berauschend. Die *Retest–Werte* liegen in der gleichen Größenordnung.

Etwas trickreicher als durch plumpe Befragung (zumeist Tendenz zu sozial erwünschter Darstellung) hat es *Rosenzweig* in seinem *Picture Frustration Test* angestellt – nur daß er die ganze psychoanalytische Nomenklatura mitschleppt. Schade, daß er zu der in diesem Kapitel angesprochenen spontanen Aggressivität gar nichts aussagt (nur zur Frustrationsaggressivität!).

Mein Modell soll die Entstehung, Verstärkung und Äußerungsform aggressiven Empfindens und Verhaltens darstellen:

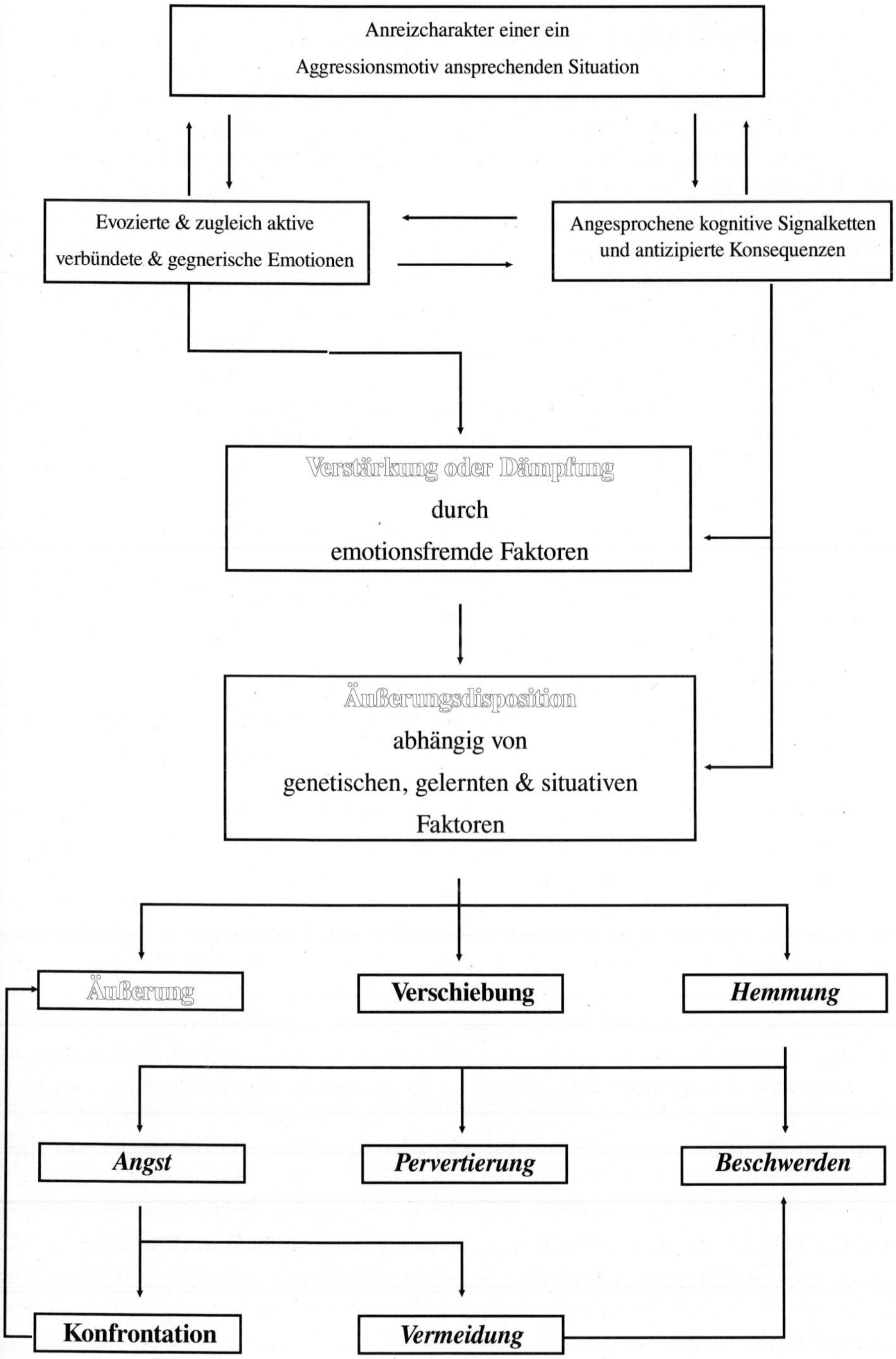

Zum Beispiel durch Alkohol, körperliche Anstrengung, auf die nicht mehr attribuiert wird, *Schachters & Singers* Adrenalinspritze, Vitamin–B–Mangel, Sedativa (konnen wie Alkohol in milder Dosierung die aggressive Stimmung verstärken = *Eysencks* Medikamenten–Paradoxon), Testosteronspiegel, ...

Hier setzten unsere Lernerfahrungen mit Aggressivität an, die Instruktion eines Versuchsleiters in einem Katharsis–Versuch zur Aggressivität – vor allem aber die vieltausendfachen Konditionierungen unserer Erziehungs– & Sozialisationsagenten & –partner in punkto Äußerungsmöglichkeit von Aggressionen.

Der Mensch ist gut

Der Mensch ist gut! Da gibt es nichts zu lachen!
In Lesebüchern schmeckt das wie Kompott.
Der Mensch ist gut. Da kann man gar nichts machen.
Er hat das, wie man hört, vom lieben Gott.

Einschränkungshalber spricht man zwar von Kriegen.
Wohl weil der letzte Krieg erst neulich war...
Doch: ließ man denn die Krüppel draußen liegen?
Die Witwen kriegten sogar Honorar!

Der Mensch ist gut! Wenn er noch besser wäre,
wär er zu gut für die bescheidne Welt.
Auch die Moral hat ihr Gesetz der Schwere:
Der schlechte Kerl kommt hoch – der Gute fällt.

Das ist so, wie es ist, geschickt gemacht.
Gott will es so. Not lehrt bekanntlich beten.
Er hat sich das nicht übel ausgedacht
und läßt uns um des Himmels willen treten.

Der Mensch ist gut. Und darum geht's ihm schlecht.
Denn wenn's ihm besser ginge, wär er böse.
Drum betet: „Herr Direktor, quäl uns recht!"
Gott will es so. Und sein System hat Größe.

Der Mensch ist gut. Drum haut ihm in die Fresse!
Drum seid so gut: und seid so schlecht, wie's geht!
Drückt Löhne! Zelebriert die Leipziger Messe!
Der Himmel hat für sowas immer Interesse. –
Der Mensch bleibt gut, weil ihr den Kram versteht.

Erich Kästner

„Auch nach zwei Weltkriegen, Hunderten von begrenzten Kriegen und Millionen und aber Millionen gewaltsam Getöteten, halten viele von uns noch immer hartnäckig an dieser Anschauung fest, daß wir der Gewalt Einhalt gebieten können, indem wir die Verhältnisse ändern. Weil die Gewalt erlernt wird, brauchen wir nur einfach aufzuhören, sie zu lehren, müssen wir ihr nur jeden Anlaß entziehen, damit sich die Menschen in jene guten und friedfertigen Wesen verwandeln, die sie von Natur aus sind" *(Tiger & Fox)*.

„... Worauf die Naturalisten unweigerlich antworteten: Wenn es aber eine erbliche Disposition zur Aggression gibt, wird sie sich eher unter Kontrolle bringen lassen, wenn man sie ins Auge faßt, als wenn man sie abstreitet... Angesichts der erdrückenden Zeugnisse der Gewalt ließ sich der Mensch schwer zu einem eigentlich von Natur aus sanften, nur von der Kultur pervertierten Wesen erklären... Wo auch immer der Blick in die Vorgeschichte und Geschichte des Menschen fällt: Es hat Gewalt geherrscht, und diese Gewalttätigkeit wäre nicht denkbar, wenn uns die Natur nicht mit den Voraussetzungen dafür ausgestattet hätte" *(Zimmer)*.

Die *Entstehung von Aggressionen* geht mindestens auf die *Art der jeweiligen aggressiven Emotion* zurück und die *Qualität ihrer Bewertung der Situation*. Eine Verknüpfung dieser inneren Bedingungen muß mit dem *Anreizcharakter der aktuellen äußeren Situation* erfolgen, denn ohne einen ggf. noch so unbedeutenden Stimulus wird das Motiv nicht angesprochen. Dazu kommen ggf. zu vernachlässigende kognitive Bewertungen der äußeren Situation („Diesem Schwein ist alles zuzutraun!" z.B.).

Reaktiv–aggressive Emotionen

Milgram untersuchte ausführlich, wie bestürzend weit menschliche Versuchspersonen gehen, wenn ihnen befohlen bzw. drängend nahegelegt wird, andere vermeintlich echte Versuchspersonen wegen Nichtigkeiten zu quälen. Ein sicherlich düsteres Kapitel in der Anthropogenese, welches im übrigen Tierreich nicht geschrieben wurde! Nicht nur *Koestler*, sondern eine ganze Reihe von Psychologen, Historikern und Soziologen sehen nach Drittem Reich (Praxis) und den *Milgram– & Bandura*–Studien (nachgelieferte Theorie) die menschliche Eigenschaft zum *Gehorsam* als u.U. zerstörerischer an als die egoistischen und selbstsüchtigen Impulse des Menschen.

Was nun die *Nachahmung*, speziell die von Aggressionen, betrifft, so begeben wir uns auf das Lieblingsterrain der psychologischen Aggressionsforschung. Es gibt also außer den Frustrationsaggressionen noch andere, und an denen sind nun gerade die schuld, die uns als Vorbild hingestellt werden (ausgleichende Gerechtigkeit!): die bösen Stars (und mit ihnen allenfalls noch als Mittäter die Massenmedien) und bösen Väter (und auch Mütter?). Welcher unserer bescheuerten Vorfahren auf diese nichtige Idee verfallen ist, Aggressionen zu zeigen: diese Frage bleibt in der gesamten Nachahmungs–Diskussion relativ unbehandelt. Es werden den Modellen allenfalls Teilerfolge mit funktioneller Aggression zugestanden, einer Aggressivität, die angeblich eingesetzt wird, um ein bestimmtes Ziel zu erreichen, und die natürlich destruktiv ist und niemals nachgeahmt werden sollte! Aus diesem verderblichen Erfahrungsschatz schöpfen dann unsere schlechten Vorbilder und aggressivieren uns. In dieser Diskussion versteckt sich dann noch ein zirkulärer Logik–Fehler („eine Katze, die sich in den Schwanz gebissen hat"): Nachgeahmt werden nur erfolgreiche Modelle – es gibt aber nach Meinung dieser Theorie keine gute (= erfolgreiche) Aggression – trotzdem wird allenthalben, wenn man *Bandura* und der Gemeinschaft der modernen Aggressionsforscher Glauben schenken darf, Aggressivität nachgeahmt – wo kommt denn deren Erfolg pausenlos her?

Unbestritten soll sein, daß, wenn ich aus einem *Bud–Spencer–, Rambo– oder James Bond–Film* gehe, meine Arme auffallend lässig herabhängen und mein Gang breit und schwer ist – genauso wie nach einem Pornofilm meine Knie weich und meine Hände feucht sind. *Banduras* Kinder, die ein potentes Modell im aggressiven Umgang mit einer Gummipuppe und Spielzeug nachahmen, lassen sich von der vorbildhaften Aggressivität anstecken. Natürlich wirken Modelle, Fotos und Filme in gewisser eingeschränkter Weise via Identifikation und Nachahmung als Stimulus für die Erreg(ier)ung entsprechender Emotionen. Aber das ist eigentlich ein emotionaler Nebenaspekt – und an sich völlig trivial! Es ist in der Natur sehr sinnvoll, Individuen, die auf der Karriereleiter in der Rangordnung über einem stehen, nachzuahmen – auch in ihren aggressiven Verhaltensweisen. Ich kann daran erst mal nichts Negatives finden. Was soll also der an die Wand gemalte (Nachahmungs–)Teufel (so einen Teufel hatten wir in der Pornographie–Diskussion vor nicht allzulanger Zeit auch – und in bestimmten frommen Bevölkerungsschichten wie auch bei den Herren *Bandura, Walters & Selg* noch heute)!

Daß beim homo sapiens aus solchen Nachahmungstendenzen *militante Massenbewegungen* werden, die Kriege heraufbeschwören, liegt wahrscheinlich zum geringsten Teil an seiner Nachahmungs– und Gehorsamsneigung; der Teufel steckt in der neocorticalen *Waffenentwicklung*, die sämtliche Aggressionsantagonisten kaltstellt, sowie in seiner Fähigkeit zur *sprachlichen Verabredung*, Verschwörung und der daraus resultierenden Möglichkeit zur innigen Koalitions– und Armeebildung.

„Die utopische Idee, menschliche Aggression sei nur auf wirtschaftliche und politische Frustrationsfaktoren zurückzuführen und alle Aggressionsprobleme wären in dem Moment hinfällig, sobald man die entsprechenden gesellschaftlichen Verhältnisse geschaffen hätte, kann man nur als das Märchen vom Schlaraffenland bezeichnen. Tatsächlich sind gerade die erfolgreichen Schichten der Bevölkerung, die man für zufrieden halten möchte, ganz besonders aggressiv“ *(Bach)*.

Auch der vielzitierte so ausgeprägte Fremdenhaß dieser unserer Spezies, den wir mit sehr vielen überhaupt nicht militanten Spezies dieses Erdballs teilen, dürfte eine sehr untergeordnete Rolle bei der Kriegsgenese spielen.

Frustration

Stäcker erleuchtet uns hierzu wissenschaftlich: „Frustrierung bedeutet operational Belohnungsreduktion oder Belohnungsaufschub, also Nicht–Bekräftigung nach vorgängiger Bekräftigung. Diese frustrierenden Ereignisse sind unter bestimmten Bekräftigungsproportionen und in Abhängigkeit von den vorher applizierten Belohnungsgrößen und den daraus resultierenden Erwartungen Vorläufer von primären, aversiven, emotionalen und motivationalen Reaktionen, die wir als ‹Frustration› bzw. primären Frustrationseffekt etikettieren. Bewertungen, Benennungen, Frustrationstoleranz mediieren den Grad, in dem Frustrierungen zu Frustrationen führen. Eingetretene Frustration führt über die Ausbildung antizipatorischer Reaktionen, die als Konditionierung begriffen werden, zu sekundären motivationalen Reaktionen, die hinwiederum Hemmungswirkung entfalten. Frustrierung führt also im Fall der Frustration zu unmittelbar intensivierten und mittelbar zur Schwächung der Reaktionen. Wir nehmen an, daß beide Effekte in Abhängigkeit von der Lerngeschichte und Persönlichkeitsmerkmalen für die Folgen verantwortlich sind, also etwa für die Entwicklung aggressiver Verhaltensbereitschaften oder aber für Vermeidungsverhalten. Sind die beiden Frustrationseffekte nicht durch intermittierende Bekräftigungen, Frustrationstoleranz, situative Bedingungen oder Bewertungsreaktionen geschwächt, tritt also der Fall der voll entwickelten frustrativen Sequenz ein, wird als primäre Folge Vermeidungsverhalten resultieren.“

Interessant ist an dieser Darlegung, daß die alte *Frustrations–Aggressions–Hypothese* überführt wurde in eine Verallgemeinerung, nach der Frustration erst einmal eine unspezifische Erregung mit nachfolgender Intensivierung des Folgeverhaltens hervorruft. Dies Folgeverhalten, so *Stäcker*, ist bei mäßiger *Frustrationserregung* durchaus konstruktiv und führt zu Handlungssequenzen, die als vermehrte Anstrengung bei der Problembewältigung imponieren; erst mit zunehmendem Frustrations– und Erregungsgrad wächst die Wahrscheinlichkeit konkurrierender Reaktionen, die mit der Zielrichtung unvereinbar sind, also deviantes Verhalten entlassen. Nach dieser erstaunlichen Gleichsetzung von Frustrationsaggressionen mit deviantem Verhalten arbeitet sich *Stäcker*, getreu den Prinzipien der psychologischen Aggressionsverdammung, in einen einfach postulierten Circulus vitiosus von Frustration, nachfolgender Aggression, daraus wiederum resultierenden vermehrten Frustrierungen usw. usf. rein, indem er letztere einfach wieder behauptet. Es ist immer wieder interessant, wie absolut rationale wissenschaftliche Überlegungen plötzlich, sozusagen mitten im Satz, abreißen und unter Beibehaltung einer (pseudo)wissenschaftlichen Nomenklatur und Diktion nahtlos übergehen in implizite Persönlichkeitstheorien (das ist ein Faktum, dem wir bei unseren Überlegungen immer wieder begegnen).

„Die Frustrations–Aggressions–Hypothese wandelt sich so über eine Frustrations–Ärger–Wut–Hypothese letztlich zu einer (unspezifischen) Frustrations–Antriebs– oder Frustrations–Erregungs–Hypothese... Erregung... als Veränderung des Frustrierten... erklärt, warum nach jeder Frustration jedwede Reaktion intensiv wird“ *(Elhardt)*.

Wohin mit Frust?

Ein weiteres Beispiel dafür, wie sich hinter einer sich wissenschaftlich gerierenden Fassade ganz *Naiv–Weltanschauliches* verbirgt, sind die Ratschläge von *Verres* und *Sobez* zum „konstruktiven Umgang mit Konflikten", die ich anhand der zusammenfassenden Checklist von Lernzielen hier wiedergebe. In ihr sind alle Tendenzen, die in der wissenschaftlichen Frustrationsforschung vertreten werden, auf den Punkt gebracht.

Im ersten Teil der Lernziele bin ich es, der sich über einen Interaktionspartner ärgert: In diesem Fall muß ich mich erst mal rückversichern, ob ich mit meinen Verhaltensinterpretationen nicht völlig schiefliege, denn sie können durch subjektive Fehlwahrnehmungen verfälscht sein; sodann habe ich genaue Informationen über die empfundenen Gefühle zu geben, wobei ich einen destruktiv–anklagenden (feindseligen) Ausdruck von Gefühlen vermeiden soll, also: „blöde Kuh" und „alter Hornochse" sind wohl nicht drin, da ich auch verhaltensbezogen kommunizieren, wunde Punkte des Partners respektieren und dazu noch den Partner vorwarnen, daß man verärgert ist, soll. Nun ja – absolut skurril wird es jetzt, wenn man sich vice versa anschaut, was man tun soll, wenn der andere am Kochen ist: Umgang mit einem ärgerlichen Interaktionspartner. Hier gelten nun nicht etwa die spiegelbildlichen Regeln, sondern ganz andere: dem Interaktionspartner Freiraum zur unzensierten Kundgabe seines Ärgergefühls geben, d.h., der darf unzensiert toben, während ich im umgekehrten Fall ja wahrscheinlich einer verzerrten Verhaltensinterpretation erlegen bin und allenfalls genaue Information über meine empfundenen Gefühle geben durfte – und das noch mit Vorwarnung!

Ich habe nun noch aktiv zuzuhören, Gefühlsäußerungen des anderen nicht zu zensieren (hier wiederholen sich die Autoren in ihrer Betulichkeit) und nicht den Ärger des anderen, sondern den gemeinsamen Umgang damit zum eigenen Problem zu machen, d.h. im Klartext: Auch für das unzensierte Toben des anderen trage ich noch eine gewisse Mitschuld. Es kommt noch schöner: Ärgeräußerungen des anderen nicht pauschal als feindselige Angriffe interpretieren (wieder mal spinne *ich* also!) und allenfalls Antwortmöglichkeiten auf antizipierte feindselig–provozierend vorgebrachte Ärgeräußerungen von Interaktionspartnern ausprobieren und einüben (wie freundlich, daß ich nicht ganz mein Maul halten muß, wo ich doch schon so fehlsichtig bin). Ich möchte dem geneigten Leser weitere Blüten dieses Werkes ersparen und betonen, daß ich, wenn ich nach dieser Verrücktmacherei verführe, mir, meiner Frau, meinen Kindern, meinen Freunden und Verwandten und vor allem meinen Klienten einen verdammt schlechten Dienst erweisen würde. Es ist im Grunde das alte „Wenn du auf die eine Backe, pardon: Wange gehauen wirst, so halte die andere (‹Backe› erschiene mir an dieser Stelle im Sinne von *Götz von Berlichingen* angemessener) hin" – nur etwas zaghafter und wissenschaftlich verklausulierter formuliert. Wie erfrischend ist dagegen das Versöhnungsspiel von *George Bach*, sein „Vesuvius– und Virginia–Woolf– Ritual", sein 2x5–Minuten–Streitspiel und und und.

Zwei Momente sind wohl bei Frustrationen zu beachten: Lassen sich die Anlässe für diese oder jene Frustration ausschalten, umgehen oder umbewerten? Diese Strategie wird allerorten propagiert, ist jedoch m.E. nur selten anzuwenden (Frustrationsmanagement). Der häufigere Fall ist der, daß ein geeigneter emotionaler Ausdruck für die zu intensiv geratene Frustration und ihre nachfolgende intensivierte Ärgerreaktion zu finden ist.

Zurück zu den Frustrationsaggressionen, die „zunächst von der Größe der produzierten Erregung und dann von den bisherigen Erfahrungen mit dieser Verhaltenstechnik abhängen" *(Stäcker)*. Hier wird nun wieder der alte *lerntheoretische Blödsinn* verzapft, der uns seit dem glorreichen Aufstieg des *Behaviorismus* unermüdlich vorgebetet und eingehämmert wird. Wer macht denn eigentlich dauernd positive Erfahrungen mit dem Zertreten von Spielzeug und dem Zerschmeißen von Tellern?! Zumindest muß irgendein verruchter Vertreter dieser unbestritten (aber sicherlich aus anderen Gründen) fragwürdigen Spezies homo sapiens sapiens irgendwann in grauer Vorzeit diese nicht–enden–wollende Kette von erfolgreichen Erfahrungen mit dieser aggressiven Verhaltenstechnik begonnen haben und diese Erfahrung über einen unglaublich geschickten pädagogisch–missionarischen Einsatz an seine wenige Monate alten Kinder, Enkel, Urenkel, Ururenkel usw. weitergegeben haben – anders wäre es nicht vorstellbar, daß heute eine solche Inflation angeblich frustrationsbedingter, über positive Erfahrungen verstärkter Aggressionen stattgefunden hat.

Trotzdem – ich liebe Menschen ...

Das *missing link* in all diesen entgleisten Überlegungen sind *instinkt–gesteuerte aggressive Reaktionen* auf intensive Frustrationen, die, direkt ausgedrückt, schnell verpuffen und zumeist absolut harmlos sind – die aber, unterdrückt, beängstigend hypertrophieren, pervertieren und eskalieren, so daß ohne mit der Wimper zu zucken die Zeichnung einer Neutronenbombe auf dem Reißbrett durchaus als adäquater Ersatz für familiäre Schwierigkeiten oder sonstige allgegenwärtige Frustrationen betrachtet werden kann.

Daß der *Ausdruck von Aggressionen* nach einer Frustration gar noch *lustbetont* sein kann und darin seine Existenzberechtigung findet, liegt uns dann aber gänzlich fern – wie soll man auch eine solche Lust verbal, d.h. kognitiv, mit einem Fragebogen erfassen? Etwa mit Fragen wie „Macht es Ihnen Spaß, sich zu ärgern?" oder ähnlich – das geht nicht, meine Herren, da ist der Neocortex in seiner unendlich anmutenden Differenzierungsfähigkeit wahrlich überfordert! Bei all diesen instinktbetonten Überlegungen soll allerdings nicht bestritten oder aus dem Auge verloren werden, daß die ursprünglichen vitalen aggressiven Reaktionen auf intensive Frustrationen mannigfaltig verschiebbar, unterdrückbar, pervertierbar und modulierbar sind – dieser Umstand ernährt Myriaden emsiger Psychologen und Autoren, die in eifriger Kleinarbeit immer wieder neue Facetten und Nuancen dieses Zusammenhangs herausarbeiten (und dabei Schwierigkeiten mit der Sicht des Waldes haben, in dem sie sich befinden). Gegebenenfalls sind sogar *kognitiv gesteuerte*, also vom Neocortex initiierte *Frustrationen* denkbar, die dann sicherlich via kognitiver Bewertungsreaktionen gemildert (oder gesteigert) werden können. Je nach Stärke des kognitiven Anteils bei der Evozierung der Frustration ließe sich demnach der nachfolgenden Erregung kognitiv gegensteuern. Das trifft aber sicherlich nur für einen bescheidenen Teil der Frustrationsaggressionen zu und kann nicht, wie die Kognitive Therapie es gerne sähe, auf alle verallgemeinert werden.

Angst & Ausweglosigkeit

Die Aggressivität aus Angst und Ausweglosigkeit wird prägnant im Tierreich beobachtet, wo Tiere in einer ausweglosen Situation zum *Mut der Verzweiflung* greifen und angreifen.

Auf einer solchen Dimension wären bei der Ausweglosigkeit, der ohnmächtigen Verzweiflung die elektrisch gereizten Ratten im ausweglosen *Käfig von Herrn Laborit* anzuordnen, deren aggressive Stimmung dann schon in psychosomatische Beschwerden umschlägt, da sie in keiner Weise mehr ausgelebt werden kann, weder pervers noch verschoben. Gibt man diesen Ratten die Möglichkeit, ihre Aggressivität auf einen ebenso unschuldig auf dem elektrischen Boden hockenden und durch diesen Boden gereizten Ratten–Kumpan zu verschieben, so erfahren wir, was es heißt, daß der Partner in der Ehe dem anderen nicht nur Sexualpartner, sondern auch Aggressionspartner sein sollte: Beide Ratten halten sich durch intensives Balgen und Kämpfen gesund!

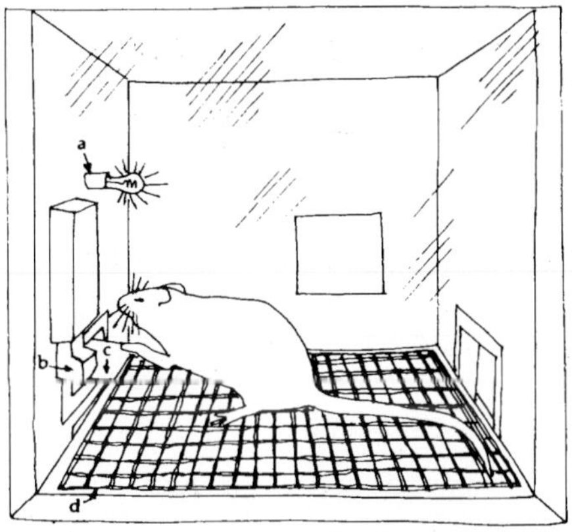

(a) Licht (b) Futtermagazin (c) Hebel (d) elektr. Rost

Eine *Skinner*–Box

In derartigen Studien zur Reaktion von Tieren auf Schmerzreize wurden entweder Vermeidungs– oder Kampfreaktionen betrachtet, jeweils alternative Reaktionen wurden nach Möglichkeit unterbunden. Dies gelang jedoch nicht immer, und so fanden Ratten in einer Situation, in der sie Elektroschocks durch die Stäbe eines Bodengitters erhielten, wodurch aggressives Verhalten evoziert werden sollte, einen *Ausweg*, sich der Reizeinwirkung zu entziehen, indem sie sich auf Gitterstäbe gleicher Polarität stellten. In diesem Fall kämpften sie nur halb so häufig mit einem Kumpan, der ihr Schicksal teilte, wie normalerweise unter sonst gleichen Bedingungen.

Etliche Untersuchungen befaßten sich daraufhin mit dem Einfluß, den verschiedene Variablen (z.B. vorheriges Vermeidungstraining, Nähe der Ratten zueinander etc.) auf das Auftreten von Aggression und Vermeidungsverhalten unter dem entsprechenden Paradigma haben. *Azrin, Hutchinson & Hake* untersuchten die Interaktion von *Vermeidungs– und Aggressionsverhalten* bei Paaren von Ratten und Totenkopfäffchen und kamen dabei u.a. zu dem Schluß, daß, sobald ein Angriff stattgefunden hat, das Vermeidungsverhalten aufgrund zeitlicher und räumlicher Imkompatibilität verhindert wird. Das Vermeidungsverhalten, mit dem die Schockeinwirkung in diesem Fall beendet werden konnte, war ein konditionierter Hebeldruck.

Eine *Waechter*–Box

Beim Menschen scheint dies *Umkippen von Angst in Angriff* auf jedem Niveau der Angst–Eskalation ein gut funktionierender Mechanismus zu sein. Schon die geringfügige Unsicherheit 1 Std. vor dem gesellschaftlichen Ereignis eines Theaterbesuchs kann die Stimmung im Badezimmer beim Fertigmachen recht gut anheizen: „Hetz doch

Hoffnungslosigkeit

Eine Studie von *Wolfe, Ulrich & Dulaney*, in der das *Vermeidungsverhalten* in realitätsgerechterer Weise operationalisiert wird, d.h., die Schockeinwirkung kann beendet werden, indem das betroffene Individuum flieht:

Die Versuchsapparatur bestand aus einer kleinen Startbox (6″ x 6″), in der sich die Rattenpaare zu Beginn des Experiments aufhielten. Von dieser durch eine Art Tor, das vom Versuchsleiter geöffnet werden konnte, getrennt, war eine größere Kammer (24″ x 12″ x 6″) in der sich eine sogenannte Sicherheitsplatte befand, die im Gegensatz zum übrigen Boden des gesamten Vesuchskäfigs nicht elektrisiert (100 Volt, 2 ma) und mit einem Schalter verbunden war, der, sobald eine Ratte die Sicherheitsplatte erreicht hatte, den Strom abschaltete. Es wurden vier Rattenpaare gleicher Herkunft in die Untersuchung einbezogen, sie unterschieden sich wie folgt: Paar 1 und 2 – alle Tiere erhielten ein individuelles Fluchttraining vor Beginn der Hauptuntersuchung, Paar 3 – ein Tier dieses Paares erhielt das Fluchttraining, Paar 4 – kein Fluchttraining. Das Training bestand jeweils aus drei Durchgängen, bei denen die Tiere einzeln 100 Elektroschocks von .5 Sekunden Dauer (Pausen zwischen den Stimuli .5 Sekunden) in der Startbox erhielten, bis mit der Öffnung des Tores eine Fluchtmöglichkeit eröffnet wurde. Im eigentlichen Experiment bekamen die Paare in der Startbox eine entsprechende Zahl von Schocks, bis das Tor geöffnet wurde. Sobald ein Tier die Sicherheitsplatte erreicht hatte, wurden die Schocks für beide beendet, abhängige Variable waren die Fluchtlatenz und die Zahl der beobachteten aggressiven Verhaltensweisen. Folgende Ergebnisse werden berichtet: Die Wahrscheinlichkeit aggressiven Verhaltens war am höchsten, wenn die Tiere auf engem Raum aversiven Stimuli ausgesetzt waren, geringer, wenn ihnen dabei mehr Raum zur Verfügung stand, und am geringsten, wenn sie eine effektive Fluchtmöglichkeit hatten. Wurde ein erfahrenes (Fluchttrainig) mit einem in dieser Hinsicht naiven gepaart, so erhöhte sich die Fluchtlatenz etwas. Bei dem Paar, in dem kein Individuum ein vorheriges Training erhalten hatte (Nr. 4), dauerte es etwas länger, bis eine stabile Fluchtlatenz erreicht wurde, die durchschnittliche Latenzzeit blieb auch etwas länger als bei den anderen Paaren. Allerdings war bei Paar Nr. 4 erstaunlicherweise die Häufigkeit aggressiven Verhaltens bei Fluchtmöglichkeit im Verhältnis zu den anderen Paaren am geringsten. In allen Fällen wurde beim Auftauchen einer Gelegenheit zur Flucht das Kämpfen unterbrochen. Wurde die Fluchtreaktion ineffektiv gemacht, d.h., das Betreten der Sicherheitsplatte beendete nicht die aversive Stimulierung, trat wieder aggressives Verhalten auf, jedoch in geringerem Maße als zuvor in der Startbox. Diese Ergebnisse zeigen, daß hier das aggressive Verhalten nicht einfach als Reaktion auf aversive Reizeinwirkung betrachtet werden kann; eine realitätsgerechte Vermeidungs– oder Fluchtmöglichkeit wird vorgezogen, erst die Ausweglosigkeit der Situation, die *Unmöglichkeit alternativer hilfreicher Reaktionen provoziert die Aggressivität.*

nicht immer so!", ist genauso Argument wie „Trödel doch nicht immer so!". *Bartling et al.* fanden in der Zeit vor Beginn einer angekündigten Reizüberflutung im Rahmen von Angst–Therapien unter zahlreichen Stimmungsfacetten einzig einen Anstieg der aggressiven Gestimmtheit am Tag vor der Reizüberflutung.

Ich gehe davon aus, daß es ein Kontinuum von Frustration gibt, an dessen einem Ende soziale Unsicherheit liegt und am anderen Ende das Gefühl der Ausweglosigkeit. Dazwischen sind soziale und existentielle Ängste anzusiedeln. Diese verschiedenen Frustrationen können jeweils Auslöser verschiedener Aggressionsmotive sein.

„Strafe (wenn sie unmittelbar bei der Tatausführung erlitten wird) und Erfolglosigkeit können eine Hemmung der Aggression setzen. Aber eine hohe Bereitschaft, mit Bestrafung von Aggressionen zu rechnen, korreliert wahrscheinlich mit hoher Bereitschaft, auch im allgemeinen mit Bestrafung und Mißerfolg zu rechnen (und führt zu neurotischen Erlebens– und Verhaltensstörungen)" *(Elhardt)*.

Vielleicht läßt sich mit dieser Form der sog. *Zwangsprozeß* erklären, der in unbefriedigenden Ehen so häufig gefunden wird: Jeder übt, um den anderen zu ändern, auf ihn negativen Druck aus – was zu einer vertrackten gegenseitigen Verzahnung von Bestrafungen führt. Auch das im Aktivitätsaufbau bei der Therapie unser aller schlechter Stimmung wie der Depressionen penetrant durchschlagende Phänomen der *Erwartungsspannung und –depression* wird aus diesem Kanal der Angst–Aggressivität gespeist.

Spontan–aggressive Emotionen

„Aus der Perspektive der Evolution sind folgende Aussagen möglich: Wir sind von Natur aus eine aggressive Spezies, die sich leicht zur Gewalttätigkeit hinreißen läßt; wir haben Mittel und Wege gefunden, die es uns gestatten, Gewalt wirksam und in großem Stil auszuüben. Unsere kulturellen Systeme erzeugen ständig Gewalt; in diesen Systemen gibt es immer Gruppen von Männern, die zur Gewalt hin tendieren. In den letzten Jahrtausenden der Menschheitsgeschichte hat sich die Gewalt aus ihrem engen evolutionären Rahmen gelöst; aus der Evolution ergeben sich nur wenige Verhaltensmuster für eine Kontrolle der Gewalt in der heute gegebenen Größenordnung. Die atavistischen Auslöser der Gewalt sind noch immer vorhanden, aber die Mechanismen der Gewaltritualisierung, die sich in den von eng begrenzten Konflikten geprägten Zeiten unserer Vorfahren entwickelt haben, versagen in den riesigen, komplexen und schwerbewaffneten internationalen Gesellschaftssystemen von heute. Die Lösung, wenn es überhaupt eine Lösung gibt, liegt in der mittelalterlichen Einstellung zur Gewalt. Überläßt man die Menschen ihren eigenen Möglichkeiten, so kämpfen sie – oder vielmehr, die Männer kämpfen. Sie brauchen Liebe *und* Krieg. Das beruht nicht auf einem elementaren Tötungsinstinkt, doch das Endresultat ist zweifellos das gleiche. Daß es sich hier nicht um einen Urtrieb handelt, der nach Ausdruck verlangt, läßt uns immerhin ein wenig hoffen. Wir können die Gewalt vermutlich nicht dadurch aus der Welt schaffen, daß wir aufhören, sie zu lehren, aber wir können sie durch Ritualisierung und Vereinbarungen eindämmen und begrenzen. Wir dürfen uns nicht auf ‹natürliche› Kontrollen verlassen: Sie funktionieren nur in dem engen Rahmen, den wir unwiderruflich verlassen haben. Aber auch Ritualisierung und Vereinbarungen vermögen die Gewalt nicht völlig auszuschalten; sie kanalisieren und begrenzen sie nur. Und eben dies ist auch unsere Aufgabe. Wir müssen einsehen, daß wir einen Hang zur Gewalt haben, daß wir gern bereit sind, sie anzuwenden, daß ihre Ausübung uns Lust bereitet und daß wir uns von ihr Vorteile erhoffen" *(Tiger & Fox)*.

„Bei den Tierarten gibt es nach Lorenz Aggressionen ohne Liebe lange vor und durchaus neben den liebesfähigen Gattungen, aber es gibt keine Liebe ohne Aggressionen. Gerade die Aggression aber erzwingt Liebe und Freundschaft und ein persönliches Band. ‹Das Aggredere im ursprünglichsten und weitesten Sinne, das Anpacken einer Aufgabe oder eines Problems, die Selbstachtung… würde wahrscheinlich mit der Ausschaltung des Aggressionstriebes aus dem menschlichen Leben verschwinden. Ebenso verschwände sehr wahrscheinlich eine sehr wichtige und spezifische menschliche Fähigkeit, nämlich das Lachen!›" *(Elhardt)*.

Aus irgendeinem Grund ließ Mutter Natur dem Menschen eine spontane Aggressivität zur Lust geraten: das *Lachen, Necken & Ärgern*. Im Alltag wie in Psychologenkreisen in Vergessenheit versunken, lauert dieses Aggressionsmotiv im verborgenen. Vom neckischen Da–du–böser–Feind–da–hast–du–deinen–Wattebausch–wieder bis hin zum teuflischen Spaß ließe sich diese Aggressionslust treiben.

Kinder und nicht–gymnasial–zerschulte Jugendliche, Beschwipste und Betrunkene, Narren, alte, aus einer anderen Zeit stammende Menschen, Handwerker, Heiratsschwindler, Urlauber, Seemänner, Wehrpflichtige und schon mal hier und da ein sog. Erwachsener betreiben bisweilen diese *aggressive Lust*. Wie kommen dahinter, um was es sich da handelt? Meist ist das Necken und Ärgern Selbstzweck – eine Lust. Bisweilen kann es jedoch auch funktional eingesetzt werden, zum Anbändeln, Flirten z.B., zur Unterhaltungsförderung oder zur aggressiven sozialen Exploration.

Auch bei der Aufforderung zum Spiel wird geneckt und geärgert (ein Umstand, den wir Erwachsenen bei unseren Kindern reihenweise fehlinterpretieren: die wollen oft nur spielen!!!!!). „Kinder explorieren viel im sozialen Bereich. Sie bieten freundlich an, dann wieder necken sie den Partner und lernen aus dessen Reaktionen. Explorativ–aggressiv erkunden sie ihren sozialen Handlungsspielraum" *(Hassenstein)*.

Selbst die Steigerung des Ärgerns, das *Quälen*, dürfte seinen archaischen Ursprung im Jagdhandwerk und in der Selbstverteidigung haben. „Gibt man einem Säugling, der bereits sitzen, aber noch nicht laufen kann, einen Stock, dann kann man einige recht typische Verhaltensweisen beobachten. Der Stock wird z.B. gerne dazu benutzt, um auf den Boden, auf Objekte, aber auch Menschen zu schlagen. Der Schlag wird dabei von oben nach unten geführt. Ich habe das nicht nur in unserer Kultur, sondern auch bei den *Yanomami, Eipo, Himba* und anderen beobachtet. Es ist mir nicht aufgefallen, daß eine Mutter einen kleinen Säugling im Schlagen unterwiesen hätte. Erst viel später, als Aufforderung, jemanden zu schlagen, sah ich solche Unterweisung – das Schlagen wurde toleriert, solange es nicht zu eifrig praktiziert wurde, dann jedoch als lästig abgebremst… Mit Steinen schlägt und wirft das Kind… Hierin drückt sich die Disposition zum Werkzeuggebrauch ganz deutlich aus. Es gibt in der Häufigkeit, mit der Stöcke und Steine als Werkzeuge in bestimmter Weise von Kindern benutzt werden, Geschlechtsunterschiede. Ich habe sie bei den Himba ausgezählt" *(Eibl–Eibesfeldt)*.

„In der Tat spielen Raubtiere besonders viel. Das Beutefangen erfordert viel Geschick, und zur Technik der Überwältigung großer Beute lernt ein Raubtier sehr viel" *(Eibl–Eibesfeldt)*.

Über Stock und Stein ***(Eibl–Eibesfeldt)***

Stockgebrauch im Spiel:	Jungen	Mädchen
Schlagen auf Tiere (Hund, Kälber)	13	7
Schlagen auf Menschen	8	2
Schlagen gegen Objekte (Zäune, Bäume etc.)	34	13
Verschiedenes (Stochern, zwei Stöcke gegeneinanderschlagen, Umhertragen)	60	17
	115	39

Werfen mit Steinen:	Jungen	Mädchen
Aggressives Werfen auf Menschen	2	7
auf Hunde	6	3
Spielerisches Geschicklichkeitswerfen, oft als Weitwerfen über die Kralhecke	149	44
	157	54

„Eines der beliebtesten Spiele der Eipo–Jungen ist das Graspfeilspiel, bei dem sie mit den Stengeln harter Gräser aufeinander schießen. Sie üben dabei die verschiedenen Kampftechniken, einschließlich der Gebärden des Verhöhnens und Triumphierens“ *(Eibl–Eibesfeld).*

Es ist bei normal entwickelten Kindern, denen es in unserer heutigen aggressionsgehemmten Zeit weiß Gott kein Erwachsener vorgemacht hat (und auch im Fernsehen finden wir andere Formen von Quälen, als es Kinder machen, so daß wir das Märchen vom Nachahmungslernen auch hier wieder vergessen können), offensichtlich verbreitet – für die Quälmethoden von uns aggressionsverkorksten Erwachsenen muß man schon einen Blick haben (sie sind mit Sicherheit sadistischer als die vergleichsweise harmlosen Quälereien der Kinder).

Sowohl für die handwerkliche Jagd ohne Werkzeuge als auch für die Verteidigung ohne Waffen ist es eminent wichtig, daß Aggressionsantagonisten wie *Angst und Ekel* in ihren Schranken gehalten werden. Das kann spielerisch, in der weiten Grauzone zwischen Spiel und Ernst, im Qälen geübt werden. Im Kampf mit humanen und bestialischen Angreifern wie auf der Jagd nach Beutetieren darf die aggressive Hemmung paraquälerischer Fähigkeiten nicht allzu groß sein, sonst kriegt man die Biester nicht kaputt und die Feinde nicht vom Hals.

Die beobachteten *Geschlechtsunterschiede* sind bei diesen Funktionen nur allzu plausibel: Jagd und Verteidigung sind in praktisch allen Kulturen auch bis heute noch überwiegend Männersache (wenn auch Frauen ohne männlichen Schutz Verteidigungsfähigkeiten heute bitter nötig haben). Also lassen Sie Ihre Kinder doch einer Fliege mal was zuleide tun – wer soll denn sonst später die Lämmchen, Kälbchen, Hühnchen und Fischlein schlachten, die Sie doppelbödig–verlogener Moralist selber täglich fressen (und deren Reste Sie dann nach dem Mittagessen ohne mit der moralischen Wimper zu zucken in den Mülleimer werfen)? Und wer soll Sie gegen die (wahlweise) bösen Russen oder Amerikaner oder etablierten Bürger oder Ausbeuter oder oder... verteidigen?

Daß auch diese Emotion entgleisen, eskalieren und hypertrophieren kann und dann zum *Sadismus* gerät, sollte uns auch hier wiederum nicht dazu verleiten, das Kind mit dem Bade auszuschütten. Zwischen Klein Benjamin, der einen Käfer übungshalber mit größter Wonne zerquetscht, um später mal Wildschweine jagen, er– und zerlegen zu können, und Marquis de Sade, Inquisitoren und manchen modernen Theologie–Professoren und Bischöfen liegen Welten.

Verachtung

Kühle Abneigung bis hin zu kalter Verachtung und würgendem Ekel sind abzugrenzen einmal gegen heißen Haß, der eher auf Frustrationen zurückgeht als auf echte

Antipathie und schnell in Liebe umschlagen kann, zum anderen gegen Feindseligkeit, die eigentlich einer echten emotionalen Basis entbehrt und perverses Empfinden & Ausdrücken von Aggressionen ist. Feindseligkeit ist auf destruktive Weise offensiv, am Feind interessiert und interessiert an seiner Zerstörung. In einer Untersuchung von *Izard* löste die Geringschätzung auch geringere Feindseligkeit aus als der Zorn.

Geringschätzung und Verachtung sind auf Meiden bedacht und durch selbiges befriedigt. Mit dieser Definition stehe ich im Gegensatz zu *Izard*, der annimmt, daß Geringschätzung ursprünglich der Vorbereitung auf einen Kampf mit einem gefährlichen Widersacher diente. Aus seinen empirisch eruierten sprachlichen Konnotationen geht diese offensive Interpretation und Definition allerdings nicht hervor; vielmehr stützen sie die Abwendungsreaktion als dominantes Verhalten: 38,6% äußerten in der entsprechend anregenden Situation Geringschätzung (o.k., was sonst!), und 20,5% wollten Gegenstand und Situation der Geringschätzung ignorieren und meiden. Von aggressivem Zugehen auf den Widersacher ist überhaupt nicht die Rede. Diese Unterscheidung und Klärung ist überaus wichtig, denn sie zeigt uns an, wie wir mit diesen Emotionen umzugehen haben. An einem Menschen, den man aus tiefster Seele verachtet, wird man sich noch nicht einmal im Rahmen eines Mordes die Finger schmutzig machen; viel eher wendet man sich verächtlich und angeekelt ab. Für die Kampfvorbereitung haben wir unsere Selbstbehauptung und unser Selbstbewußtsein, unsere Selbstüberschätzung bis hin zur Phantasie der Omnipotenz und Megalomanie. Phantasierte Erniedrigung des Gegners kann dabeisein, Geringschätzung und Verachtung können emotions– und konsequenzenfremd vor diesen Karren gespannt werden (*Cassius Clay* alias *Muhammed Ali*). Aber diese Emotion wie *Izard* als *Motor kriegerischer Eskalationen* anzusehen, das geht meines Erachtens zu weit. Da treffen die Erklärungsmuster von *Tiger & Fox* eher, wonach erst die Neuerung der Sprache die Bildung größerer konspirativer Kampfverbände ermöglicht. Potenziert wird die Durchschlagskraft dieser Armeen dann via der von *Lorenz* benannten Ausschaltung der Aggressionshemmungsmechanismen (Mitleid, Ekel, Angst, Erschöpfung u.a.m.) mittels Waffen. *Sprache und Waffen* sind danach die Übeltäter, welche *normale* Aggressionsmotive zu mörderischen Monstern werden lassen.

Die *Funktion von Geringschätzung und Verachtung* scheint darin zu bestehen, unnötigen Energieverbrauch an ungeeigneten, weil unbedeutenden Kampfobjekten zu vermeiden – unter Aufrechterhaltung der persönlichen Selbstachtung, die ja ansonsten beim Ausbleiben aggressiver Reaktionen leicht Schaden nimmt.

Darüber hinaus kann die Verachtung auch als Rationalisierung und Legitimation für Passivität einem stärkeren Kontrahenten gegenüber herhalten. Man macht aus der Not (der Schwäche) eine Tugend (der Verachtung): „Der ist es mir doch gar nicht wert, daß ich mir die Finger an ihm schmutzig mache" (Vorsicht: Lassen Sie diese Haltung nicht Ihrem Gegner offenbar werden). Ausgesprochen wichtig ist es, die emotionale Antenne für Abneigung wieder (nach innen) auszufahren. Verwechselt man, und das ist bei Emotionen auch möglich, dieses Gefühl mit Haß oder mit der liebgewordenen Perversion der Feindseligkeit, so müht man sich im Kampf mit verachtungswürdigen Personen, Ratten und ekelerregenden Dingen ab, die zu meiden einem besser täte. Meidet man umgekehrt Personen, die man liebt und haßt, so wird man seinen inneren Frieden wiederum auch nicht finden. Diese Emotionen diversifizieren und diskriminieren zu lernen ist vonnöten!

Die milde, flüchtige Form der Abneigung, die *Schadenfreude*, die ihrerseits wieder ein Spektrum hat, vom Belächeln eines komischen Mißgeschicks bis zur gehässigen,

Nein, meine Söhne geb' ich nicht!

Ich denk', ich schreib' euch besser schon beizeiten
Und sag' euch heute schon endgültig ab.
Ihr braucht nicht lange Listen auszubreiten,
Um zu sehen, daß ich auch zwei Söhne hab'.
Ich lieb' die beiden, das will ich euch sagen,
Mehr als mein Leben, als mein Augenlicht,
Und die, die werden keine Waffen tragen:
Nein, meine Söhne geb' ich nicht!

Ganz sicher nicht für euch hat ihre Mutter
Sie unter Schmerzen auf die Welt gebracht.
Nicht für euch und nicht als Kanonenfutter.
Nicht für euch hab' ich manche Fiebernacht
Verzweifelt an dem kleinen Bett gestanden
Und kühlt' ein kleines, glühendes Gesicht.
Bis wir in der Erschöpfung Ruhe fanden.
Nein, meine Söhne geb' ich nicht!

Sie werden nicht in Reih' und Glied marschieren
Nicht durchhalten, nicht kämpfen bis zuletzt.
Auf einem gottverlass'nen Feld erfrieren,
Während ihr euch in weiche Kissen setzt.
Die Kinder schützen vor allen Gefahren
Ist doch meine verdammte Vaterpflicht.
Und das heißt auch, sie vor euch zu bewahren!
Nein, meine Söhne geb' ich nicht!

Ich werde sie den Ungehorsam lehren,
Den Widerstand und die Unbeugsamkeit,
Gegen jeden Befehl aufzubegehren
Und nicht zu buckeln vor der Obrigkeit.
Ich werd' sie lehr'n, den eig'nen Weg zu gehen,
Vor keinem Popanz, keinem Weltgericht,
Vor keinem als sich selber gradzustehen,
Nein, meine Söhne geb' ich nicht!

Und eher werde ich mit ihnen fliehen,
Als daß ihr sie zu euren Knechten macht,
Eher mit ihnen in die Fremde ziehen,
In Armut und wie Diebe in der Nacht.
Wir haben nur dies eine kurze Leben,
Ich schör's und sag's euch grade ins Gesicht:
Die werden es für euren Wahn nicht geben:
Nein, meine Söhne geb' ich nicht!

Reinhard Mey

klammheimlich–mörderischen Freude über Katastrophen des Feindes, ist belebend, erheiternd & beglückend. Die massiveren Formen von Abneigung bis Verachtung sind, emotionsangemessen ausgedrückt, kühlend und beruhigend, nichts, was einen erhitzen, verunsichern und deprimieren sollte. Das *verächtliche Abwenden* des hoch erhobenen Kopfes von seinem Widerpart ist ebenso charakteristisch wie das leider (eine wieder mal unnötige und schädliche Einengung unseres emotionalen Ausdrucksrepertoires) in Verruf geratene und tabuisierte *Ausspucken* vor dem verachteten Subjekt – *Ina Deter* bringt es musikalisch wieder ins Gespräch. Mimische Accessoires sind: Hochziehen der Augenbrauen, ein verächtlicher Blick und gegebenenfalls das Blubben mit den Lippen als Andeutung des Ausspuckens. Die Körperhaltung geht insgesamt auf Abwenden, was unsere obige Interpretation untermauert.

Es erweist sich als ungeheuer quälend, wenn man *Demütigungen* von lächerlichen, rattigen Subjekten in Gegenwart anderer über Monate und Jahre hinweg entgegennimmt, ohne sie mit Geringschätzung und Verachtung abzutun. Das Selbstbewußtsein wird gedrückt, die Selbstachtung zerstört, *Angst–Neurosen im engeren Sinne* können die Folge sein: Unruhe, deprimierte Stimmung und Konfusion über die eigene Stellung in der Mitwelt.

Aggressionsverstärker & –dämpfer

„Einige dieser frühen und spätere Untersuchungen brachten jedoch Hinweise dafür, daß vegetative Veränderungen dann zum Entstehen bzw. der Verstärkung von emotionalen Reaktionen führen können, wenn zusätzliche – innere oder äußere – Emotionsreize vorhanden sind" *(Erdmann)*.

Diese mannigfaltig evozierbare Aggression durchläuft nun eine *Verstärkungsstrecke*, in der sie eine mehr oder minder starke Verstärkung, u.U. auch eine Abschwächung erfährt. Aus Untersuchungen von *Schachter & Singer* wissen wir, daß eine Erhöhung der ergotropen Stimmung, z.B. durch Adrenalin–Gabe, auf die nicht attribuiert werden kann, eine Verstärkung aggressiven Erlebens und Verhaltens bewirken könnte – wie umstritten nach Replikationsversuchen diese Studien auch immer sind. Auch nach schwerer körperlicher Arbeit zeigte sich in einer spezifischen Zeitspanne bei aggressiver Stimulierung eine Erhöhung der aggressiven Bereitschaft *(Erregungs–Transfer–Hypothese)*.

An *Organismusvariablen*, die eine Verstärkung von Aggressionen bewirken können, ist zuerst die *Höhe des Testosteronspiegels* zu nennen, die man auch für den signifikanten Geschlechterunterschied bezüglich der Aggressionsbereitschaft verantwortlich macht und die auch innerhalb des männlichen Geschlechts bedeutungsvoll mit der aggressiven Bereitschaft korreliert. „Bisher wurde ein sehr einheitliches Bild gezeichnet: Männer sind aggressiver als Frauen. Das gilt jedoch, wie neuerdings wieder Frodi et al. (1977) betonen, keineswegs in jeder Hinsicht und unter allen Umständen. Auch im Geschlechtervergleich empfiehlt es sich daher, Aggressivität nicht als allgemeine Eigenschaft zu betrachten, die sich unabhängig von Erfahrungen in beliebigen Situationen gleichartig auswirkt" *(Merz)*.

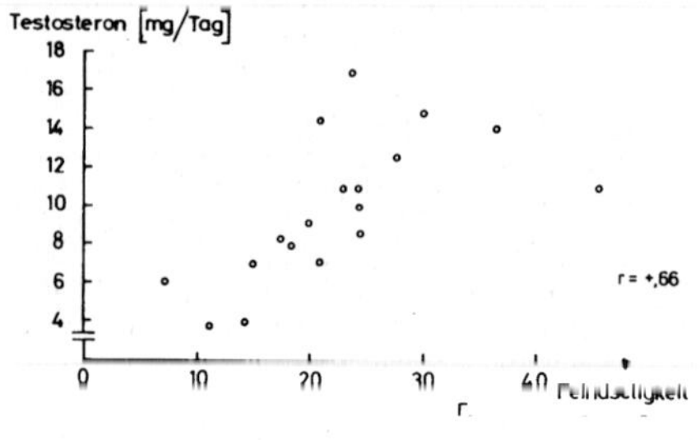

Zusammenhang zwischen Hormonniveau und Feindseligkeit bei 18 Männern (nach Persky et al., 1971). Die repräsentierten Männer waren im Durchschnitt 22 Jahre alt; bei einer im Durchschnitt 45jährigen Gruppe fand sich kein signifikanter Zusammenhang. *Merz*

„Daß es *angeborene Verhaltensunterschiede* zwischen Frauen und Männern geben soll, mag vielen heute als eine dreiste Behauptung erscheinen. Schließlich wirkt in jeder Gesellschaft, in der den Geschlechtern verschiedene Rollen zugewiesen werden, von Geburt an ein Druck auf die Kinder ein, der die Jungen ‹männlich›, die Mädchen ‹weiblich› macht. Man erwartet Verschiedenes von ihnen, belohnt sie für ein unterschiedliches Rollenverhalten: Jedem Geschlecht ist von vornherein sein Verhaltensterrain abgesteckt. Daß es daneben angeborene Unterschiede gibt, daß die tatsächlichen Unterschiede in der Tat kulturelle Variationen über ein genetisches Grundthema sein könnten, ist dennoch nicht die reine Spekulation. Indizien finden sich in so bescheidenen wie exakten anthropologischen Feldstudien wie der von N. G. Blurton–Jones und M. J. Konner. Sie beobachteten eine Zeitlang jeweils eine Gruppe von Jungen und

Mädchen in London und bei den !Kung–Buschleuten. Die Buschmann–Gesellschaft wählten sie einmal als Beispiel für eine voragrarische Jäger–Sammler–Gesellschaft, also als überlebende Vertreterin jenes Gesellschaftstyps, in dem die Menschheit den allergrößten Teil ihrer Evolution zugebracht hat; und sie wählten sie außerdem, weil bei ihr der soziokulturelle Druck in Richtung ‹männliche Aggressivität› und ‹weibliche Passivität› so gering ist, wie man ihn heute nur irgend finden kann. Wenn irgendwo Gleichheit zwischen den Geschlechtern besteht, dann müßte es bei ihnen sein. Die Frauen werden nicht diskriminiert. Sie tragen Verantwortung. Sie beschaffen etwa die Hälfte der Nahrung oder mehr: Sie sammeln Nüsse, während die Männer vorwiegend jagen.

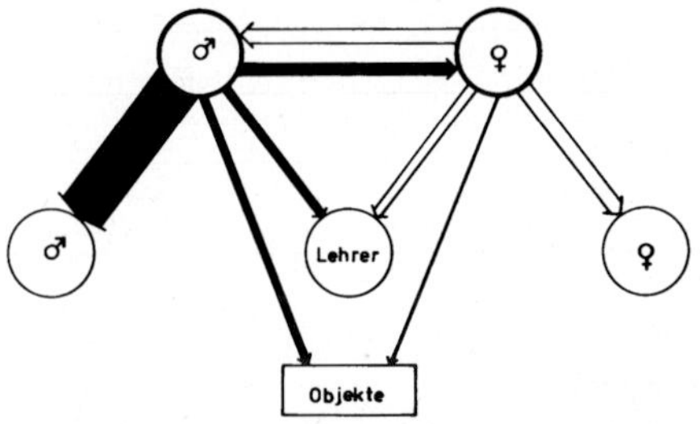

Ziele aggressiver Verhaltensweisen bei Kindergartenkindern (nach Daten aus Hutt, 1972). Die fett gezeichneten Kreise symbolisieren die beobachteten aktiven Kinder, die dünn gezeichneten die Zielperson bzw. –objekte. Die Breite der Pfeile entspricht der Anzahl beobachteter aggressiver Verhaltensweisen. ***Merz***

Aggression ist geächtet, kommt aber dennoch vor (daß die Buschleute unerschütterlich friedlich seien, ist eine schöne anthropologische Legende). Die Dominanzhierarchie ist sehr schwach oder gar überhaupt nicht zu entdecken. Blurton–Jones und Konner nun zählten die aggressiven Akte bei den Spielen der Londoner Kinder und den Kindern am Rand der Kalahari. Das Ergebnis war, daß ‹ernste Raufereien› in beiden Gruppen sehr deutlich bei Jungen häufiger vorkamen als bei Mädchen. Insgesamt waren sie bei beiden Geschlechtern in London häufiger als in der Jäger–Sammler–Gesellschaft. Weniger ernste Aggressionen, ‹Raufspiele›, kamen bei den Londoner und den Buschmann–Jungen etwa gleich oft vor; bei den Londoner Mädchen dagegen fast gar nicht, bei den Buschmann–Mädchen aber fast so oft wie bei den Jungen. Auch in der friedlichen und egalitären Buschmann–Gesellschaft erwiesen sich die Jungen also durchweg aggressiver als die Mädchen“ *(Zimmer)*.

Weiter muß auch die *Aktivität des aufsteigenden retikulären Aktivierungssystems (ARAS)* genannt werden *(Birbaumer)*. Dies ist u.a. von dem Spannungszustand der Willkür–Muskulatur bestimmt, so daß das meistgenannte Anti–Aggressivitäts–Vademecum Autogenes Training vielleicht doch noch einen beschränkten Beitrag zur vielbeschworenen Aggressivitätsreduktion leisten kann – allerdings nur dämpfend auf die Verstärkerstrecke – die originäre aggressive Bereitschaft und Stimulation bekommen wir mit „Ich bin ganz ruhig und gelassen“ nicht weg.

Als gesichert kann darüber hinaus gelten, daß ein *Mangel an bestimmten Vitaminen aus dem Vitamin–B–Komplex* – und seit der Erfindung der segensreichen Getreidemühlen und Reisschälmaschinen leiden ganze Gesellschaften an diesem Mangel – einen Aggressionsverstärker darstellt. Gaben von diesen Vitaminen an Patienten, die unter chronischer Müdigkeit, Schlaflosigkeit und Aggressivität litten, milderten die Beschwerden ebenso, wie sie Menschen, die häufig aus heiterem Himmel gewalttätig werden, beschwichtigen. Ein weiterer physiologischer Faktor bei der Verstärkung ursprünglicher Aggressionen ist die Höhe des *Grundumsatzes* bzw. der Schilddrüsen– & Nebennierenaktivität.

Daß *sexuelle Stimulation* schon bei geringfügigen Anlässen in Aggressivität umschlagen oder, anders ausgedrückt, diese verstärken kann, bedarf keiner empirischen Untersuchung, sondern ist offensichtlich. Die Kriminalstatistik wäre ebenso wie die Boulevardpresse um eine bedauernswerte Rubrik ärmer, wenn es dieses Phänomen nicht gäbe: Vergewaltigung mit Körperverletzung oder Mord. Das gleiche gilt für *Alkohol*, der im Volksmund gewisse Personen enthemmt.

Ein Phänomen, welches leider in Ehe– und Partnertherapien immer wieder eine Rolle spielt, ist die Kopplung von *sozialer Isolation* mit exaltierten Aggressionen, die oft mit dem (fast nie vorhandenen) besten Aggressionsmanagement nicht mehr in den Griff zu kriegen wären. Die Evidenz dieser Kollaboration von sozialer Isolation mit exzessiver Aggressivität braucht sich nicht erst bei der Paranoia zu offenbaren – auch in subklinischen Stadien zeigt sie sich eklatant.

Katharsis?

Bei der *Äußerungsform* wirkt prägend sicherlich die individuelle Sozialisation incl. unserer modernen Erziehung zum menschenmordenden Lämmchen oder, lerntheoretisch gesprochen, die persönliche Lerngeschichte – wie immer das Lernen im Bereich der Aggressivität funktioniert (daß z.B. ein aggressiv strafendes Vatermodell in jedem Falle nachgeahmt wird und zu einer Verstärkung der eigenen Aggressionsbereitschaft führt, dürfte wohl als eine der zahlreichen eher schwachsinnigen Blüten moderner Psychologie gelten).

Bei der Kanalisierung unserer Aggressionsbereitschaft spielen auch *genetische und somatische* Faktoren eine Rolle, ebenso wie *situative Bedingungen*, die in einem Fall vielleicht zu einer Hemmung führen (z.B. über Kognitionen bezüglich der verdammt überhandnehmenden Gefühls- und Ausdrucksregeln in unseren hochzivilisierten Gesellschaften), während sie in einem anderen Falle einen aggressiven direkten Wutausbruch oder eben eine Verschiebung der Aggressionen auf andere Objekte bewirken bzw. zulassen. *Geen & Berkowitz* zeigten, daß geärgerte Personen, die zuvor einen aggressiven Film gesehen hatten, an einen vermeintlichen Kontrahenten mehr Elektroschocks verteilten, wenn dieser Gemeinsamkeiten mit dem Aggressor im Film aufwies, z.B. bloß den gleichen Vornamen trug (tja, manchmal liegt der gesunde Menschenverstand doch nicht so ganz schief mit seiner Meinung über die *Aggressionsverschiebung*.

„Buss interpretiert… die einschlägigen Experimente so, daß die Beobachtung aggressiver Szenen bei denjenigen Menschen zu einer befreienden Abreaktion führe, die in einem affinen Affektzustand (Wut und Ärger) sind. Dagegen führe die Betrachtung von Aggression bei Menschen ohne diesen Affekt zu einem Anstieg der Aggressionsbereitschaft. Inwieweit hier das Selbstwertgefühl und das Ausmaß von Schuldgefühlen noch von Einfluß sind, ist noch nicht genügend geklärt" *(Elhardt)*.

Wir kommen nun wieder zurück zur anfangs schon diskutierten, spannendsten Frage dieses ganzen Werkes: *Darf ich brüllen* oder lieber nicht – oder soll ich sogar? Kriege ich *Neurosen, Magengeschwüre, Bluthochdruck, ja gar einen Herzinfarkt*, wenn ich zu selten brülle? Oder ziehe ich mir diese Krankheiten gerade durch Brüllen zu? *Aggressive Katharsis* oder unnötige Aufregung, das ist hier die Frage. *Schwenkmezger & Hodapp* gehen mit *Spielberger* konform und zitieren wie selbstverständlich die Übersichtsartikel von *Diamond* sowie von *Chesney & Rosenman* und die Einzelpublikationen von *Happel, Holroyd & Gorkin*, von *Cottington et al.* und von *Schneider et al.*, in denen sich die Autoren über Ärgerschäden bei Blutdruck und Herzkoronarien auslassen. Ja *Schwenkmezger & Hodapp* sprechen, wohl zusammen mit *Spielberger*, gar von Neurosen und Depressionen im Schlepptau eines miserablen Umgangs mit Ärger.

Unbestritten: Es gibt ernstzunehmende gegenteilige Befunde. Wenn ich den Zusammenhang zwischen der Ausprägung einer wie auch immer definierten und eingegrenzten impulsiv-cholerischen, polternd-schäumenden Feindseligkeit (vs. ihrer stillen neurotischen Variante) und der Häufigkeit von koronaren Herzerkrankungen untersuche, dann gibt es Leute, die da sogar einen positiven rausbekommen (andere einen negativen, andere gar keinen). *Siegman* hat auf jeden Fall gefunden, daß seine expressiv Feindseligen die stärksten Gefäßschädigungen aufweisen. Das ist einem Befund vergleichbar, wo jemand nachgewiesen hat, daß verheiratete Männer *mit* einem Verhältnis das 2,5fache Rückfallrisiko nach einem Herzinfarkt haben gegenüber solchen *ohne* Freundin (übrigens: Ähnlich riskant soll für Männer die Beteiligung an der Hausarbeit sein, während der Besitz eines Hundes das Herzinfarktrisiko beträchtlich absenkt!). Nehmen wir Abstand von dem *Schwachsinn*, derart weite Spannungsbögen *korrelativ* in den Griff kriegen zu wollen. Zwischen Aggressivität und Herz-Kreislauf-Krankheiten liegen verdammt viele psychologische und soziologische Variablen, deren unkontrolliertes Zusammenspiel uns in jeder neuen Untersuchung ein anderes *buntes Vexierbild* präsentiert.

Geht man auf die Ebene von streßrelevanten und streßabhängigen *physiologischen Variablen*, so ist das Bild relativ eindeutig (und es müßte, wie wir gleich sehen werden, mit dem Teufel zugehen, wenn es das nicht wäre):

Sympathische Aggressivität

Regt sich aber ein starker Aggressionsdrang, so horcht er nur auf den Sympathicus. Sobald der erregt wird, schüttet die Nebenniere das Hormon Adrenalin ins Blut aus mit dem Erfolg, daß das gesamte Kreislaufsystem in den Zustand erhöhter Aktivität gerät: Das Herz schlägt schneller; Blut wird in verstärkter Menge aus der Haut und aus den Eingeweiden in die Muskeln und ins Gehirn gepumpt; der Blutdruck steigt; die Produktion von roten Blutkörperchen wird rapide vermehrt; die Zeit, die das Blut zum Gerinnen braucht, verringert sich. Auch bei den Verdauungsvorgängen und in der Vorratshaltung des Körpers an Nährstoffen gehen tiefgreifende Änderungen vor sich: Die Speichelabsonderung wird eingeschränkt; die Eigenbewegungen des Magens, die Abscheidung von Magensaft und die peristaltischen Bewegungen des Darms sind gehemmt; Enddarm und Harnblase entleeren sich nicht so leicht wie sonst; die in der Leber gespeicherten Kohlenhydrate werden abgerufen und überschwemmen das Blut mit Zucker. Die Atemtätigkeit ist auffallend lebhafter, das Luftholen schneller und tiefer. Die Mechanismen zur Regelung der Körpertemperatur werden aktiviert. Die Haare sträuben sich. Der Körper schwitzt. All das wirkt daran mit, den Organismus für eine kämpferische Auseinandersetzung parat zu machen. Mit einem Zauberschlag ist jede Müdigkeit verschwunden; große Mengen an Energie sind für den bevorstehenden Kampf ums Überleben bereitgestellt. Das Blut wird mit kräftigem Herzschlag dorthin gebracht, wo es jetzt am dringendsten nötig ist, im Gehirn – für schnelles Reagieren – und in den Muskeln – für harte Arbeit. Zugleich erhöht das Steigen des Blutzuckerspiegels die Leistungsfähigkeit der Muskulatur. Die verringerte Blutgerinnungszeit soll dafür sorgen, daß der Blutverlust möglichst niedrig bleibt. Durch die von der Milz in vermehrter Menge gelieferten roten Blutkörperchen wird, im Zusammenwirken mit der gesteigerten Umlaufgeschwindigkeit des Blutes, das Atmungssystem in die Lage versetzt, die Aufnahme von Sauerstoff und die Abgabe von Kohlensäure beträchtlich zu steigern. Das Sträuben der Haare erfolgt, damit die Haut besser der Luft ausgesetzt ist und so der Körper sich stärker abkühlen kann. Dem gleichen Zweck dient die vermehrte Absonderung von Schweiß; so werden die Gefahren einer Überhitzung bei bis zum äußersten gesteigerter Aktivität gemindert. Alle lebenswichtigen Organe und Organsysteme laufen auf vollen Touren. Das Tier ist bereit, sich in den Kampf zu stürzen... Die Mechanismen des Körpers sind für eine Höchstleistung auf volle Touren gebracht. Aber all die aufgewendete Mühe wird nun gar nicht in die Tat umgesetzt.

Wie verhält sich das Vegetative Nervensystem in dieser Situation? Es hat alle seine Truppen an die Front geworfen, aber schon ihr Aufmarsch hat für den Sieg genügt. Was nun? Folgt auf die massive Aktivierung des Sympathicus der Kampf, so wird all das, was im Organismus bereitgestellt ist, auch voll genützt. Die Energievorräte werden verbrannt, bis sich schließlich das Parasympathische System geltend macht und allmählich einen Zustand physiologischer Ruhe eintreten läßt. Unter der Hochspannung des Konflikts jedoch zwischen Aggression und Angst ist alles gehemmt, mit dem Erfolg, daß sich der Parasympathicus wild zu wehren beginnt und das Pendel des Vegetativen Systems wie verrückt hin und her schwingt: In den Augenblicken von Drohen und Zurückdrohen sehen wir zwischen den Anzeichen der Auswirkungen des Sympathicus Symptome des Parasympathicus aufblitzen – eben ist der Mund noch ganz trocken, im nächsten Moment folgt reichlicher Speichelfluß. Der Darm, in Vorbereitung für den Kampf fest verschlossen, wird plötzlich entleert. Nicht anders ist es mit dem Harn. Die Haut, die durch das Abfließen des Blutes zum Gehirn und zu den Muskeln hin ganz blaß geworden war, füllt sich jäh wieder und ist nun stark gerötet. Das schnelle, tiefe Atmen wird schlagartig unterbrochen – es kommt zu Keuchen und Stöhnen. In all dem äußern sich verzweifelte Versuche des Parasympathicus, der aufs höchste gesteigerten Aktivität des Sympathicus entgegenzuwirken. Unter normalen Umständen würde selbstverständlich auf jede der heftigen Reaktionen nach der einen Richtung hin im gleichen Augenblick eine ebenso heftige in entgegengesetzter Richtung antworten; unter den extremen Bedingungen des Angriffsdrohens jedoch gerät alles durcheinander. (Ebenso erklärt sich auch, warum es beim Schock zu Ohnmachten kommt: Das zuvor ins Gehirn geschossene Blut wird von dort mit solcher Gewalt abgezogen, daß tiefe Bewußtlosigkeit eintritt.)

Morris

O Puls
O Blutdruck (systolischer und diastolischer)
O Blutfettwerte
O Hormone (Testosteron, Serotonin, Dopamin, Noradrenalin, Adrenalin, Thyroxin)
O Blutzuckerwerte
O PGR–Reaktion
O Atemfrequenz & –tiefe
O Muskelspannung (glatte und quergestreifte)
O Hautdurchblutung
O Blutgefäßstellung
O Herzschlagvolumen
O Grundumsatz

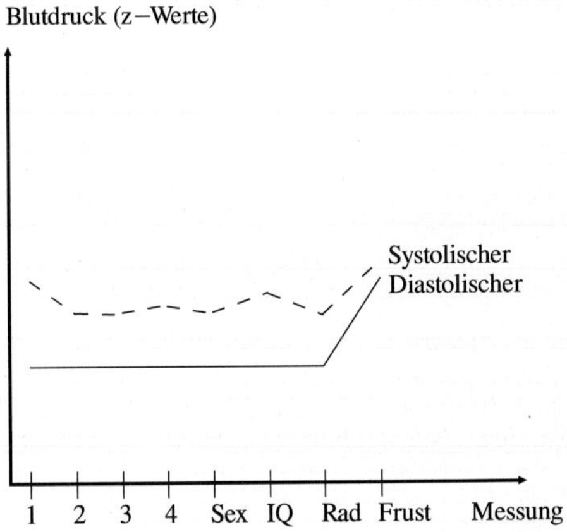

Alle diese Größen und Indikatoren werden im Kontext aggressiver Erregungen im Sinne einer *ergotropen Stimmung* moduliert. Das ist für Konzentration, Angriff und Kampf oder Flucht gedacht.

In meiner Diplomarbeit durfte ich schon den *Blutdruckanstieg nach einer frustrierenden vermeintlichen Intelligenzaufgabe* beobachten. Setzt man Probanden an ein Nachfahrlabyrinth und verbindet man ihnen die Augen, erzählt man ihnen dann während ihrer vergeblichen Versuche, blind das Labyrinth mit einem Stift durchfahren zu wollen, daß Bäckerlehrlinge das im Schnitt in 20 Minuten schaffen und Studenten in 15 Minuten, läßt man dann noch nach 30 Minuten einen vorgeblichen Professor mit der Bemerkung in den Raum treten: „Ist der denn *immer* noch nicht fertig“, so geht der Blutdruck ganz schön hoch. *Hokanson* und mit ihm viele Experimentatoren fanden so was auch immer wieder. Ist ja auch klar: Bei Frustrationen muß der Organismus unter natürlichen Bedingungen vermehrte Anstrengungen aufwenden, um das Hindernis zu umgehen oder aus dem Weg zu räumen (oder gar zu flüchten oder zu kämpfen); dafür braucht er Druck, Puls und Energie (Fett, Zucker). Wohin nun damit, wenn ich in einem Raum über einem dämlichen Labyrinth sitze und weiter blöde angemacht werde? Normalerweise strenge ich irgendwelche Muskeln an; dafür brauche ich die Energetisierung des Organismus, und damit baue ich sie nach einfachen Gesetzen der Physik und Physiologie auch am schnellsten, einfachsten und sinnvollsten wieder ab – fahre sie wieder auf das normale Level herunter. Tue ich das nicht, strenge ich mich somatisch nicht an, so stellt diese Energetisierung mit ihren mobilisierten Energien einen Streß für den Organismus dar, der sicherlich im Einzelfall leicht zu kompensieren ist, der aber wohl auf Dauer nicht gerade gesund sein kann!

„Die Spannung bei *Verlegenheit* kann vollständig durch den körperlichen Prozeß gelöst werden, den man nach außen an unwillkürlichem Lachen erkennt, oder sie kann – zumindest zum Teil – über eine lange Zeit oder sogar unbegrenzt gehalten werden. Ähnliche Hypothesen können über Zorn, Angst und Trauer aufgestellt werden. Ich gehe davon aus, daß *Zorn* in frustrierenden Situationen auftritt. Zorn kann teilweise aufgefaßt werden als ein spezifisches Muster von Veränderungen in der muskulösen und viszeralen Spannung, die zu beschleunigtem Puls und erhöhtem Blutdruck, schnellerer Atmung und Erröten im oberen Teil der Brust, am Hals und im Gesicht führen. Das äußere Zeichen der vollständigen Lösung dieses Spannungsmusters sind heiße Schweißausbrüche, die manchmal, aber nicht immer, von ‹Toben› begleitet werden können (lautes Schreien und kräftige Bewegung) wie bei einem Tobsuchtsanfall oder von unwillkürlichem Lachen wie im Fall von Verlegenheit. Anders als bei Verlegenheit, von der ich annehme, daß es nur ein äußeres Zeichen ihrer Lösung gibt (unwillkürliches Lachen), gibt es bei Ärger zwei: entweder heiße Schweißausbrüche oder spontanes Lachen. Ist das richtig, so würde das bedeuten, daß viel von dem Lachen bei Kindern, die Gewalt in Comics und Fernsehspielen sehen, ein Signal dafür ist, daß unterdrückte Wut entladen wird" *(Scheff)*.

> Auch *Kornadt*, ein sehr besonnener, aber nicht ängstlicher Aggressionsforscher, kommt nach Durchforstung der Literatur und eigenen Untersuchungen zu dem nüchternen Ergebnis, daß, wenn im Experiment wirklich Aggressionsmotive aktiviert wurden und eine zielgerichtete Handlung gegen den Aggressor möglich war, tatsächlich eine eindeutige Katharsis auftrat.

„... die *Katharsis* hat zwei miteinander verbundene, aber voneinander verschiedene Komponenten: die eine ist relativ intellektuell – das Zurückrufen vergessenen Materials –, die zweite ist physisch – die Abfuhr von Emotionen in Tränen, Gelächter oder ärgerlichem Schimpfen. Der kognitiv–emotionale Aspekt besteht aus den Bewußtseinsinhalten während des Wiedererlebens eines emotionalen Ereignisses. Der somatisch–emotionale Aspekt besteht aus der motorischen Abfuhr von Gefühlen in expressiven Äußerungen und Aktionen wie Tränen und Schluchzen bei Trauer oder Zittern und Schwitzen bei Furcht... Nichols & Zax überprüfen auch Material aus Studien über die Wirkung von Therapien, die normalerweise nicht als kathartisch bezeichnet werden: implosive oder Verhaltenstherapien, klientenzentrierte Therapien, Analogiestudien und die Behandlung psychosomatischer Störungen. Sie sind der Auffassung, daß diese Studien teilweise die Theorie der Katharsis untermauern, da all die Methoden zu hohen Graden des emotionalen Ausdrucks zu führen scheinen, welche zum Teil kathartisch sein könnten und zu einer Verbesserung führen. Die Autoren analysieren auch die sozialpsychologischen Studien über Aggression und kommen zu dem gleichen Schluß wie ich, nämlich daß diese Studien für die Theorie der Katharsis wenig relevant seien" *(Scheff)*.

Eine *Zielerreichung* muß seines Erachtens für das aggressive Subjekt erkennbar sein, d.h., je nach angesprochenem aktivierten Aggressionsmotiv sollte Genugtuung eintreten oder Abklingen des Ärgers spürbar sein, Spaß an Wut aufkommen, Schmerz, Angst, Flucht oder Statusverlust beim Kontrahenten erkennbar sein u.v.m. Hier mit Fahrrad–Ergometer oder Pfeilschießen agieren zu wollen, ist nicht nur Schwachsinn, nein: so was kann geradezu ob seiner Irrelevanz für die erregte Aggressivität *neue* solche hervorrufen – statt einer erwarteten Katharsis.

Kurzfristige, aber auch *kurzzeitige Katharsis* wird allenthalben gefunden und zugestanden (*Selg, Eibl–Eibesfeldt, Berkowitz, Kornadt* u.v.m.). Was sämtliche Aggressionsforscher ängstigt, ist ein *langfristiges Ansteigen von aggressivem Empfinden und Verhalten* bei gewährter Möglichkeit zur kathartischen Abreaktion. *Eibl–Eibesfeldt* führt das einfach auf das *Training eines Triebsystems* zurück. Das ist sicherlich gegeben. Daneben oder davor stehen allerdings noch einfachere Erklärungen für dieses mißliche(?) oder gar erfreuliche Geschehen. Zum einen könnte sich bei den katharsis–gewährten Versuchspersonen eine milde Lösung von chronischen Aggressionshemmungen *durch* das (und *im*) Experiment eingestellt haben; zum anderen, und das ist noch einfacher, werden Vpn, denen man schon einmal zugebilligt hat, aggressiv sein zu dürfen, bei späteren Nachbefragungen oder Nachexperimenten nach ihrer anfänglichen Erleichterung i.S. einer kurzzeitigen Katharsis eher dazu neigen, Aggressionen, wo immer sie herstammen, in der Versuchssituation wieder herauszulassen, als solche Vpn, denen das von Anfang an nicht gegönnt war. Das heißt, gerade bei Aggressionsexperimenten ist die Tendenz zu sozial erwünschter Darstellung respektive die Tendenz, sich i.S. des vermuteten Untersuchungsszieles zu verhalten und darzustellen, fatal stark.

Wenn aber der *Abbau, die Milderung von Aggressionshemmungen* hierbei eine Rolle spielt, so haben wir es mit einem sehr gesunden, ja geradezu *therapeutischen Effekt* zu tun. Selbst wenn das von *Eibl–Eibesfeldt* konstatierte Training eines Triebsystems stattfindet, so ist auch daran noch nichts Schlimmes zu finden, wenn wir uns das Zitat („Wenn es um aggressive Auseinandersetzungen ohne Waffen geht...") auf Seite 218 noch einmal durchlesen und vor Augen führen! Was soll diese *verdammte Verteufelung von vitalen Aggressionen mit ihrer zwangsläufigen Tolerierung, ja bisweilen gar Verherrlichung aggressiver Perversionen* (aggressiver Voyeurismus, Katastrophen–Voyeurismus, Wehrdienst, ja –pflicht(!), Autofahren (respektive –rasen), Niedertracht, Hinterhältigkeit, Mord, Mitleidlosigkeit, Teilnahmslosigkeit, Sündendeprimierung, Infamie, Inquisition u.v.v.m.)!?

Ich möchte abschließend einige *Schwierigkeiten* aufführen bei Untersuchungen zur aggressiven Katharsis–Hypothese, die eigentlich nicht schwer abzuleiten und bei weiteren empirischen Untersuchungen zu berücksichtigen sind (die folgenden Überlegungen können analog auf die Betrachtung kathartischer Prozesse bei anderen Emotionen bezogen werden):

1. Zunächst ist es unbedingt erforderlich, zwischen der empfundenen Emotion, ihrem Ausdruck und der von ihr ausgehenden Verhaltensanregung zu unterscheiden. Aggressives Verhalten hat keineswegs immer die *gleiche emotionale Basis*, ihm kann Wut oder Ärger zugrunde liegen (wohl die ihm primär zugeordneten Gefühle), Angst kann eine wesentliche Rolle spielen, möglicherweise ist oft eine emotionale Motivierung aber kaum vorhanden. Erinnert sei z.B. an *Milgrams* Experimente, in denen die Mehrheit der Probanden unter großen Gewissensbissen aggressives Verhalten zeigten, sie aber keinerlei Grund hatten, ihrem Opfer gegenüber Wut zu empfinden. Das Verhalten konnte vollständig aus dem Gehorsam gegenüber dem Versuchsleiter erklärt werden; als emotionaler Aspekt mag hier die Angst in Form der Autoritätsangst gewirkt haben.
2. Es muß genauer definiert werden, *was* eigentlich überhaupt als aggressives Verhalten infolge emotionaler Erregung zu betrachten ist, mit dem eine kathartische Wirkung überhaupt plausiblerweise verbunden sein könnte. Toben und Brüllen, vom Effekt her betrachtet relativ harmlos, aber mit großer motorischer Aktivität verbunden und schon vom Säugling als Antwort auf aversive Stimulation produziert, oder E–Schock–Knöpfchen drücken bzw. den Zeigefinger am Abzugshahn krümmen – hinsichtlich der *Konsequenzen* unbestreitbar gefährlich und gewalttätig, *motorisch* aber kaum vom Anknipsen des Nachttischlämpchens zu unterscheiden.
3. Wird z.B. die Betrachtung aggressiver Handlungen im Film als kathartische Aktivität betrachtet, so darf nicht aus dem Blick verloren werden, daß hier die erwartete stellvertretende *Aggressionsabfuhr* durch Identifikation mit den im Film handelnden Akteuren mit der Funktion des Films als möglichem Aggressionsstimulus konfundiert ist. „Weitere Versuche zeigten, daß Verärgerte ihren Ärger loswurden, wenn sie Filme aggressiven Inhalts betrachten konnten. Dann identifizierten sie sich offenbar mit einer aggressiven Rolle und lebten in ihr ihre Aggressionen aus. In dieser speziellen Situation haben aggressive Filme also eine spannungsentladende Wirkung" *(Feshbach)*.

Andere Untersuchungen zeigten genau die gegenteilige Wirkung der Betrachtung von Filmen aggressiven Inhalts. Eine mögliche Erklärung dieser Differenzen bietet die Distanzierungstheorie von *Scheff*, der wir uns im folgenden eingehender zuwenden werden.

4. Es muß zwischen einzelnen vitalen Aggressionsäußerungen und ihren Perversionen *unterschieden* werden. Wenn wir z.B. Anbrüllen und Angiften oder sich kritisch äußern in einen Topf werfen, dürfen wir uns nicht wundern, daß in einem Fall vielleicht eine Katharsis eintritt, im anderen nicht.
5. Es können keine Experimental– und Kontrollgruppen mit durch die Instruktion induziertem unterschiedlichen *Versuchssinn* (hier: „Hier darf ich aggressiv sein", dort: „Hier sollte ich nicht aggressiv sein") gebildet und verwendet werden.
6. Die Katharsis muß wahrscheinlich ähnlich, aber nicht genauso wie in der Sexualität bis zu einem gewissen Punkt der *psychischen und physischen Abreaktion* geführt werden. Wird sie das nicht, so kommt es zu einem Anstieg aggressiver Empfindungen und Reaktionen (umgekehrt u–förmige Beziehung zwischen aggressiven Gefühlen und der Zeit). Auch die *Art und Relevanz* der Reaktion und ihr Objekt dürfte von Bedeutung sein. Fahrradfahren auf einem Fahrrad–Ergometer dürfte danach eher ein Witz als eine aggressive Abreaktion sein.
7. Es finden starke *Verschiebungen* individueller aggressiver Gefühle bezüglich Zeit und Objekt statt, so daß im Experiment ggf. aufgestaute Aggressionen, die ganz woanders herstammen, entladen werden und so zu einem Ansteigen von Aggressionen bei einer erlaubten Katharsis führen. Andersherum können auch im Experiment aufgestaute Aggressionen auf einen späteren Zeitpunkt und ein anderes Objekt verlagert werden.
8. Es muß die *Möglichkeit einer Versöhnung* nach der aggressiven Katharsis angeboten und angeregt (auch dazu sind wir meist unfähig!) werden. Die Bereitschaft zur Versöhnung ist allerdings nur dann gegeben, wenn Mitleid, Ekel, Scham– und Schuldgefühle provoziert, zugelassen und ausgedrückt werden (und *Milgramsche* Gehorsams–Phänomene ausgeschaltet sind, was experimentell zugegebenermaßen sehr schwer herzustellen ist!).
9. Es muß auf das initiierte und angesprochene *Aggressionsmotiv* geachtet werden: Bei der Verachtungsaggressivität gibt es mit Sicherheit ebensowenig eine kathartische Abreaktion wie bei der Rangordnungsaggressivität, der Selbstbehauptungsaggressivität und vor allem der Aggressivität aus Nachahmung und Gehorsam (diese kommt einem bei Aggressions–Experimenten immer dazwischen!). Allenfalls bei der reinen Frustrationsaggressivität (reaktiv) und der aktiven Jemand–anderes–ärgern–Aggressivität (spontan!) kann eine kathartische Abreaktion überhaupt erwartet werden. Die reine Frustrationsaggressivität läßt sich experimentell sehr schwer erzeugen, ohne daß sie mit anderen Aggressionsmotiven kontaminiert ist. Eine adäquate Abreaktion ist ebenfalls von Experiment zu Experiment von nicht aggressionsgehemmten Experimentatoren zu eruieren, und die Bedingungen zu nachfolgenden versöhnlichen Stimmungen sind im Experiment fast gar nicht herzustellen. Experimente zum Ärgern–Motiv mit anschließender Versöhnungsmöglichkeit und nachfolgender Messung der subjektiven sozialen Distanz zwischen beiden Interaktionspartnern – im Vergleich zu der zwischen Personen, die nebeneinander gewartet haben oder ähnliches gemacht haben – sind mir nicht bekannt (und werden von mir gerade angeregt!).

Kornadt hat eine Verbesserungsliste und betont: „daß Experimente zur Untersuchung der Katharsis eine Reihe von Bedingungen erfüllen müssen. Die wichtigsten sind:

1. Es muß zuvor eine Aktivierung des Aggressionsmotivs stattgefunden haben;
2. es muß ein Aggressionsziel tatsächlich in der Situation gesetzt worden sein;

Etwas abgegriffenes Exemplar – sorry!

3. es darf nicht gleichzeitig in so starkem Maße Aggressionshemmung aktiviert worden sein, sei es situationsbedingt oder überdauernd, daß keine Aggressions–Handlungsausführung eintritt;
4. das gesetzte Ziel muß (subjektiv) als (mehr oder weniger vollständig und durch eigene Aktivität) erreicht erlebt werden;
5. die Gesamtsituation darf nicht etwa zusätzlich ein andersartiges generalisiertes Aggressionsziel aktualisiert haben (das dann auch über die Erreichung des konkreten Ziels hinaus wirksam bleiben und eine Desaktivierung verhindern kann).

Alle Experimente, die hiervon abweichende oder dies nicht kontrollierende Versuchsbedingungen haben, lassen sich nicht richtig deuten, und widersprüchliche Ergebnisse sind zu erwarten, so z.B.:

– wenn eine Katharsis ohne vorherige (oder kontrollierte) Aggressionsmotiv–Aktivierung oder Zielsetzung erwartet wird;
– oder wenn nach aktiviertem Aggressionsmotiv keine Aggressionshandlung von den Versuchspersonen ausgeführt werden soll, sondern ihnen nur ein Film gezeigt wird; was sich hier an eventuellen ‹stellvertretenden› kognitiven Prozessen abspielt, ist noch weitgehend unbekannt und bedarf einer Reihe zusätzlicher theoretischer Annahmen;
– oder wenn – nach einer vorherigen Aggressionsmotiv–Aktivierung – gar keine Aggressionshandlung möglich ist, mit der solche Aggressionsziele erreicht werden können, wie sie in der Situation konkret gesetzt werden (z.B. auf die Frustrationsquelle gerichtet), sondern nur ein neutrales Spiel (z.B. mit Pfeilen auf eine Scheibe schießen). In mehreren Untersuchungen zu diesen Problemen (u.a. auch von Zumkley und Peper) konnte gezeigt werden, daß nach Zielerreichung im strengen, von der Motivationstheorie geforderten Sinne tatsächlich eine eindeutige Katharsis auftrat und daß nach Erreichung von Handlungseffekten, die nur einen Teil der kognitiven Zielmerkmale hatten, auch nur höchstens eine partielle Desaktivierung eintrat, und ferner, daß die bloße Ausführung von ‹aggressionsartigen›, eine gewaltsame Kraftentladung verlangenden sportlichen Handlungen ohne Zielbezug und ohne aggressionsthematische Einbettung keine Katharsiswirkung hat (wie das bestimmten Annahmen der Triebtheorie entsprochen hätte)."

Ein Wort, welches nach meiner unbescheidenen Meinung die ganze Katharsis–Diskussion ad absurdum führen könnte, sei mir an dieser Stelle gestattet: Sprechen wir doch statt von Katharsis einfach von Emotions– respektive Aggressionsausdruck. Bei dieser harmlosen Formulierung wird es vielen Psychologen leichterfallen, anzuerkennen, daß unser Organismus danach drängt, diesen Ausdruck von Aggression zu gegebener Zeit hervor und an den Mann zu bringen. Daß nun dieser Ausdruck von Aggressionen nicht gerade im Anlächeln, Diskutieren, Rechtfertigen und Erläutern („Ich bin jetzt sehr wütend" grien, grins!) besteht (wie uns Heerscharen aggressionsgehemmter Psychotherapeuten weiszumachen versuchen), davon dürfen wir mit minimalen Kenntnissen der Evolutionslehre ausgehen.

Der deutsche Aggressionsforscher *Selg* schreibt in seinem Artikel „Zur Aggression verdammt?": „Welche Variablen im einzelnen auch immer bedeutsam sein mögen, die alte Katharsis–Hypothese, nach der psychoanalytisch orientierte ‹Therapeuten› und Erzieher aggressive Kinder aggressive Filme sehen lassen und zu aggressiven Spielen (sog. Abreaktionen) ermuntern, um einen kathartischen Effekt zu erhalten, ist überholt. Wie Bandura und Walters sarkastisch bemerken, ist es im übrigen erstaunlich, daß die gleiche theoretische Position nicht dazu benutzt wurde, die Vorführung sexueller Filme oder die Lektüre sexuell anregender Bücher zur Reduzierung sexueller Bedürfnisse einzusetzen. Im Gegenteil: Von sexuellen Büchern und Filmen erwarten alle Zensoren immer nur sexuelle Erregung und Verführung, nie aber Befreiung von sexuellen Tagträumen, Onanie– und Koituswünschen."

Ich nehme an, daß spätestens nach dieser Bemerkung *Bandura, Walters & Selg* (und mit ihnen zahllose Mitstreiter gegen die Katharsis–Hypothese) jede Art von sexueller Aktivität und Betätigung eingestellt haben, da sie ja doch „nur sexuelle Erregung und Verführung, nie aber Befreiung von sexuellen Tagträumen, Onanie– und Koituswünschen" herbeiführen (von daher steht zu befürchten, daß dieses Gedankenpotential der psychologischen Wissenschaft über kurz oder lang verlorengehen wird, da mit dem erfolgreichen Bekämpfen der Koituswünsche wohl auch die Fortpflanzung dieser Wissenschaftler Schaden nehmen wird. Aber es gibt ja Fachliteratur – die soziale Tradierung – und Papier ist ja bekanntlich geduldig!).

Auf welchem ausgeklügelten experimentellen *Befundgut* derlei weitreichende und tiefschürfende Schlußfolgerungen gründen, möchte ich an dieser Stelle doch exemplarisch darstellen: *Kenny* ließ eine Experimentalgruppe von Kindern über einen Zeitraum von 4 Wochen mehrmals mit von ihm so etikettierten aggressivem Spielzeug wie Cowboy–, Indianer– und Soldatenfiguren spielen, während eine Kontrollgruppe mit neutralem Spielzeug wie Eisenbahnen & Circusfiguren spielen konnte (mußte?). Dabei stellte sich heraus, daß die Kinder mit dem aggressiven Spielzeug nicht nur häufiger Spiele mit kämpferischem Inhalt inszenierten, sondern daß bei ihnen auch außerhalb des Spiels gehäuft verbal und motorisch aggressive Handlungen beobachtbar waren.

Bei einer bekannten Familie dürfen die Kinder nicht mehr „peng!" sagen, und in unserem Kindergarten werden die Kinder eingeschlossen, wenn Militärautos vorbeifahren – glückliche Kindheit! – mein Job ist auf Jahre hinaus gesichert!

Die in die exemplarisch zitierten experimentellen Untersuchungen eingeflochtenen aggressiven, der Katharsis dienen–sollenden Handlungen kann man nur als *Witz* bezeichnen. Glaubt ein Herr *Kenny* (und mit ihm Herr *Berkowitz*) tatsächlich, daß das Spielen mit Cowboy–, Indianer– und Soldatenfiguren irgendeine Katharsis hervorruft – oder Herr *Konecni* (und mit ihm Herr *Bierhoff*): das Drücken von E–Schock–Knöpfen (dann hätte ja dem Bomberpiloten von Hiroshima ein zufriedener, aggressionsloser Lebensabend beschieden sein müssen – habe gehört, daß der Junge durchgedreht ist – hat sich ja dann immerhin noch bis dato ganz gut gehalten – vielleicht hatte der atomare Holocaust doch wenigstens für *einen* einen kathartischen Charakter?!) – oder Herr *Schönbach* (und mit ihm Herr *Irle*): das Anschauen des Films „Goldfinger" als Katharsis (um hinterher einen Beinahe–Meuchelmörder und –totschläger möglichst milde wegkommen zu lassen). Es ist schon unglaublich, mit welcher Naivität Psychologen sich oft an unsere gesellschaftlich tabuisierten Emotionen pseudowissenschaftlich heranmachen!

Konecni untersuchte in einem Experiment zur *Wirksamkeit kathartischer Effekte* an zuvor beleidigten Versuchspersonen u.a., ob interpolierte Aggression, die – nach der bescheidenen Meinung des Experimentators – der Katharsis dienen könnte, in ihrer Dauer (7 Min. vs. 13 Min. vermeintliche E–Schock–Verteilung) oder Quantität (14 vs. 42 vermeintliche E–Schocks) Auswirkungen auf das Ausmaß der nachfolgenden Aggressionsbereitschaft hat. In dieser Untersuchung führte exzessive Aggression (42 E–Schocks in 7 Min.) zur höchsten Aggressionsbereitschaft, während die gemäßigte Aggression (14mal in 13 Min.) die geringste Aggressionsbereitschaft zur Folge hatte. Dies Ergebnis wird von dem Autor so interpretiert, daß die Vpn einen hohen Standard für aggressive Handlungen erworben haben, sich also daran gewöhnt haben, gewalttätig zu sein (– was würde wohl *Milgram* dazu sagen?!).

Schönbach führte ein Feldexperiment mit Kinobesuchern durch, die sich entweder den Film „Mary Poppins" (neutral) oder den *James–Bond*–Film „Goldfinger" (aggressiv) ansahen. Den Vpn wurde dann eine fiktive Geschichte von einem Verbrechen erzählt, bei denen das Opfer hinterrücks niedergeschlagen und so schwer verletzt wurde, daß es 4 Wochen im Krankenhaus liegen mußte. Die Vpn sollten dann ein ihnen angemessen erscheinendes Strafmaß für den Täter angeben. Hierfür stand eine Skala mit Zuchthausstrafe von 6 Wochen bis zur Todesstrafe und eine weitere Skala für Prügelstrafe von keiner bis 25 Stockhieben pro Inhaftierungsmonat zur Verfügung. Es zeigte sich, daß die Besucher der „Goldfinger"–Vorführung im Anschluß an den Film deutlich höhere Strafen bevorzugten (bzw. anzugeben sich getrauten!) als die vor jeglicher Filmdarbietung und die von „Mary Poppins" gehemmten, pardon: nicht aggressiv stimulierten. Bei anderen Untersuchungen war entgegen dem sicherlich wohlmeinenden Ansinnen der Untersucher leider die aggressivierte (beleidigte) Warte–Kontrollgruppe hinterher aufgeladener als die kathartische Gruppe, die irgendeinen minimalen, angeblich kathartisch wirkenden Blödsinn veranstalten durften.

Aus derlei Untersuchungen faßt *Selg* die *Ergebnisse* der Forschung zur Katharsis–Funktion folgendermaßen zusammen und belegt damit eine weitere Parallele zur Sexualität: „Gelegentlich kann nach einer Aggression auch eine Pseudo–Katharsis durch Erschöpfung auftreten. War die Aggression erfolgreich, ist nach einer Erholung die Wahrscheinlichkeit weiterer Aggressionen erhöht. Betrachtet man den Stand der Forschung zur Katharsis–Hypothese unter dem zeitlichen Aspekt, so läßt sich auch schließen: solange die Betrachtung der Aggressionsfolgen nur über eine kurze Zeitspanne hin erfolgt, ist man geneigt, nach affektbesetzten Aggressionen kathartische Effekte wahrzunehmen. Bei langfristiger Betrachtung vermehren jedoch Beobachtung und Ausführung erfolgreicher Aggressionen die Ausführung weiterer Aggressionen." Ich folge diesen Ausführungen und Erkenntnissen und würde sogar noch weitergehen.

Die eigene These ist, daß sich kurz– und mittelfristige Katharsis bevorzugt bei *aggressiver und physischer Erschöpfung* infolge von Muskelaktivitäten, Schreien, Grimassieren, Lamentieren u.a.m. einstellt. Langfristig wird sich dabei unsere in unserer Gesellschaft völlig gehemmte vitale Aggressionsbereitschaft auf das Maß erhöhen, das der latenten individuellen vitalen Aggressivität, den situativen Bedingungen und den persönlichen psychischen und organismisch–physiologischen Dispositionen entspricht. Vermindert werden dafür Tendenzen zur Ausbildung aggressiver Perversionen – ganz so, wie es in der Sexualität auch ist, Herr *Selg*.

Überträgt man das bei der Katharsis–Hypothese verwendete Untersuchungsdesign auf die Sexualität, so sähe die Fragestellung so aus: *Schafft sexuelle Betätigung Befreiung von sexuellen Phantasien und Wünschen?* In der Untersuchung zu dieser Frage würden wir eine Experimentalgruppe zusammenstellen, deren Versuchspersonen sich bei der Vorführung eines sexuell anregenden Films (oder danach) Penis und Vagina streicheln (lassen) dürften, während die der Kontrollgruppe leer ausgingen (oder noch einfacher wie bei *Schönbach*: die einen schauen sich „Emanuelle“ an, die anderen „Mary Poppins“). Anschließend würden wir beide Gruppe befragen, wie sexuell erregt und stimuliert sie seien (oder wieder wie bei *Schönbach*: ob sie jetzt gerne mit *Brigitte Bardot* respektive *Paul Newman* schlafen wollten?). Dabei würden wir wahrscheinlich das gleiche Durcheinander finden wie in der wissenschaftlichen Literatur zur Katharsis−Hypothese der Aggression: mal ist die Experimentalgruppe erregter als die Kontrollgruppe, mal weniger als diese (weil ihr vielleicht die Untersuchung nicht geschmeckt hat). Vielleicht hat bei dieser oder jener Untersuchung auch die Experimentalgruppe eine Art sexuelle Katharsis, sprich Befriedigung, erlebt, was dann kurz− und mittelfristig die sexuelle Erregung abschwächen würde (nach *Selg* eine Pseudo−Katharsis aufgrund physischer Erschöpfung!), langfristig aber diese *verdammte* sexuelle Bereitschaft vielleicht erhöhen könnte (also auch nicht zu der von *Selg* und anderen gewünschten Befreiung von sexuellen Phantasien und Wünschen führt!).

Es kommt hinzu, daß in Untersuchungen mit einer Experimentalgruppe, die aggressiv sein darf oder soll, und einer Kontrollgruppe, die entweder aktiv durch psychologisierende oder moralisierende Kommentare an Aggressionen gehindert wird oder irgendeine nicht−aggressive alternative Handlung ausführt, der Hase bei der Tendenz im Pfeffer liegt, daß sich Vpn i.a. in psychologischen Experimenten zum einen nach der Tendenz zu sozial erwünschter Darstellung verhalten oder nach dem von ihnen vermuteten erschlossenen oder gar ihnen nahegebrachten Versuchssinn. In der jeweiligen Experimentalgruppe stellt sich der Sinn des Versuchs so dar, daß man hier aggressiv sein darf − und das ist man dann sowohl in der kathartischen als auch, leider (für alle Katharsis−Verfechter), in der postkathartischen, wünschenswerterweise friedlichen, Phase. Mit anderen Worten: Die Versuchspersonen der Experimental− und der Kontrollgruppen befinden sich in unterschiedlichen Versuchen mit einem unterschiedlichen Versuchssinn: die einen in einer vermuteten *aggressiven* Untersuchung, in der Aggressionen erlaubt und erwünscht sind, die anderen in einer *friedlichen* Untersuchung, in der Aggressionen verpönt sind und demnach auch hinterher nicht gezeigt werden.

Durch diesen systematischen Fehler sind fast alle Untersuchungen zur Katharsis−Hypothese verfälscht. Will man ihn umgehen, so muß sich der Versuch für alle Vpn gleich darstellen, d.h., man kann keine *unterschiedlichen Instruktionen* für eine experimentell variierte Katharsis−Möglichkeit geben und muß entweder auf die von selbst produzierten kathartisch−aggressiven Reaktionen der Vpn rekurrieren (dies geschah in der Diplomarbeit von Frau *Laubner*), oder man muß die experimentelle Variable: Katharsis ermöglicht vs. verhindert, so variieren, daß sich in beiden Versuchsgruppen der Versuchssinn gleich darstellt.

Scheff ahnt, daß es mit der Katharsis nicht so leicht ist, und schlägt daher vor: „Unserer Theorie zufolge müßten die Daten die Katharsistheorie noch stärker untermauern, wenn die Forscher die Zuschauer danach getrennt hätten, ob sie eine kathartische Reaktion erlebten, wie z.B. Lachen, oder nicht. Unter den Zuschauern, die eine Katharsis erlebten, müßte die Abnahme aggressiven Verhaltens stärker sein als in der Untersuchung angegeben. Unter den Zuschauern, die keine kathartische Reaktion erlebten, würde es gar keine Reduktion aggressiven Verhaltens geben. Wir würden also den ursächlichen Prozeß isolieren: das Auftreten einer kathartischen Reaktion unter der Bedingung des Ansehens von im Fernsehen gezeigter Gewalt. Die Katharsistheorie wäre leichter zu überprüfen, würde die Katharsis unabhängig von dem auslösenden Stimulus definiert.“

„Auch der Hinweis, aggressives Verhalten (z.B. Fordern nach Nahrung, Betreuung usw.) führe ein Kind überall zum Erfolg und trainiere so aggressives Verhalten − was sicher stimmt −, beweist noch keineswegs, daß es deshalb keinen primären Aggressionstrieb gäbe. Man könnte zwar eine solche Erklärung nach dem Sparsamkeitsprinzip als die einfachste Hypothese zunächst einmal akzeptieren, gäbe es nicht Befunde der Nervenphysiologie, die eine andere Interpretation nahelegen. Man hat beim Menschen u.a. neurogene Wutanfälle nachgewiesen, die auf das spontane Feuer von Zellen im Hirnstamm und Schläfenlappen zurückgehen (Gibbs; Moyer; Sweet und Mitarbeiter). Die spontanen Wutanfälle sind von hirnelektrischen Aktivitäten dieser Regionen begleitet, und durch ihre elektrische Reizung lassen sich diese Wutanfälle auch reproduzieren. Da auch der Gesunde über die gleichen Strukturen verfügt und man auch bei ihm durch Reizung der gleichen Regionen Aggressivität wachrufen kann (Literatur bei Moyer), und da man schließlich weiß, daß jede Ganglienzelle eine Spontaneität aufweist, (Roeder, Bullock und Horridge), ist die Hypothese, daß die menschliche Aggression in diesen automatischen Strukturen ihre Grundlage hat, keineswegs so leicht vom Tisch zu wischen, wie das gelegentlich in Diskussionen geschieht“ *(Eibl−Eibesfeldt)*.

Für die in ihrem Eingangskapitel „Was es mit der Wut auf sich hat“ entworfene Theorie müsste Frau *Bry* der Nobelpreis zugesprochen werden (zur Not wäre ich auch bereit, meinen etwaigen mit ihr zu teilen). Die nachfolgend empfohlene Wut−Praxis fällt dann jedoch dagegen sehr ab.

Zu der Sache mit dem aggressiven Film, die wir von *Schönbach* schon kennen und mit der ja bekanntlich *Bandura* seinen kometenhaften Aufstieg genommen hat: Wir werden später vielleicht erkennen, daß dabei gar nicht mit vitalen Aggressionen hantiert wird, erst recht mit keiner Katharsis, sondern vielmehr mit aggressivem *Voyeurismus*, der auch in der Sexualität beim Spannen zu keiner halbwegs vernünftigen Befriedigung führt, eher kurzfristig zu einer Erregungs– und Spannungszunahme und langfristig zur völlig unbefriedigenden Ausbildung einer waschechten nervenden Perversion – na ja, das nur nebenbei, soweit denken eben Psychologen bisher nicht!

Resümee: Die *Ergebnisse* der empirisch–psychologischen Aggressionsforschung brauchen gar nicht angezweifelt zu werden (obwohl auch dies verdammt oft angeraten sei!); nur gegen die *schwachsinnig–überheblichen Interpretationen* dieser zumeist lächerlich trivialen Befunde sollte man sich abgrenzen und verwahren. Eins zeigt sich aber in jedem Falle: wes Geistes Kind scheinbar so nüchterne Wissenschaftler in punkto Aggressivität (und Sexualität) sind und wie schamlos sie ihre armseligen empirischen Befunde im Sinne ihrer eigenen Weltanschauung fehlinterpretieren.

Ein weiterer Schritt nach dem mimischen, gestischen, motorischen oder gar verbalen Ausdruck von Emotionen ist ihre Tendenz, sich auch im *Verhalten* durchzusetzen, d.h. im Verhalten lenkend durchzugreifen und Verhaltenssequenzen zu provozieren: Weglaufen, Angreifen, Bitten... eine endlose Liste!

Hier gehen *Izard* und seine Mitarbeiter davon aus, daß der Zusammenhang zwischen der Emotion und dem Verhalten nicht mehr ganz so eng ist wie zwischen Emotion und ihrem Ausdruck – sie sprechen von der *Anregung von Verhaltenstendenzen*.

Wie *zaghaft oder vehement* allerdings eine Emotion auf unser Verhalten einwirkt, wie stark sozusagen ihr Impetus ist, darüber läßt sich aufgrund der mannigfaltigen Verschiebungs–, Hemmungs– & Pervertierungseigenschaften von Emotionen nur spekulieren und eigentlich noch gar nicht forschen (wenn es auch absolut erfolglos seit Jahren versucht wird – Papier ist wiederum geduldig!): Es wird dort mit Gleichungen rumgefuhrwerkelt, die zuviele unbekannte Variable enthalten (schon bei 5 wird's in der Mathematik schwierig, wenn ich mich richtig an meine vier höchst erfolgreichen Semester Mathematikstudium erinnere!); da gibt's dann bei Gleichungen mit mehr als 5–6 unbekannten Variablen approximative Schätzverfahren, von denen unsere statistische kanonische Korrelation, multivariate Varianzanalyse und probabilistische Testtheorie noch meilenweit entfernt sind.

Mit Sicherheit läßt sich schreiben, und damit ist die *Kausallücke* zwischen Emotionen auf der einen Seite und ihrem Ausdruck und den angeregten Verhaltenstendenzen auf der anderen schon kräftig (probabilistisch hochwahrscheinlich) aufgefüllt, daß Emotionen sowohl Energien im Organismus aktivieren (die niederzuhalten wir heutzutage die ganzen Tranquilizer und Schlafmittel schlucken) als auch spezifische mimische, gestische, motorische und verbale Verhaltensmuster (für die eigentlich die Energien mobilisiert wurden!) anregen, die erst im Prozeß unserer segensreichen Hochzivilisation (mikrophylogenetisch) und unserer individuellen Sozialisation (ontogenetisch) durchgewalkt werden: in einem unfaßbar extremen Ausmaß in Richtung Verschiebung, Hemmung und Pervertierung.

Was machen wir nun also mit den emotional zur Verfügung gestellten Energien für den entsprechenden Emotionsausdruck und unsere emotional gesteuerten Verhaltenstendenzen? Alle in die arme Großhirnrinde reinbuttern (Sublimierung), wie uns hirnrissigerweise heute überall gepredigt wird? Das haut erwiesenermaßen nicht hin! Wenn uns also instinktive archaische Motive dazu drängen, Emotionen auszudrücken, der Ausdruck seinerseits auch noch in seiner Gestaltung emotional gesteuert ist und wir inzwischen die Insuffizienz, Inkompetenz und Impotenz unseres kognitiven Systems erahnen, hieran grundlegend etwas ohne Schaden für Leib und Seele zu ändern, so können wir uns vorstellen, zu welchen *Irrungen und Verwirrungen* es in Körper und Seele kommt, wenn wir auf Schritt und Tritt gezwungen werden, unseren emotionalen Gefühlsausdruck zu verschieben, zu verzerren, zu verheimlichen oder zu unterbinden. Es kostet den psychischen und physischen Apparat extreme Energien, diese allerorts entfachten emotionalen Energien *in Schach* zu halten – und von den Folgen lebe ich und leben meine zahllosen ärztlichen und psychologischen Kollegen.

Im Grunde erahnen das auch solch trockene Emotionsausdruck–Forscher wie *Ekman & Friesen* (wenn sie es auch nicht bis in die vor– & letzte Konsequenz durchdenken), wenn sie von körperbezogenen Manipulationen (body manipulators – früher self adapters) sprechen, die der Erregungsabfuhr dienen – da haben wir's ja!

Dabei ist diese Entwicklung der extremen Unterdrückung von Gefühlsausdruck in ihrer vollen Brisanz eine absolut moderne der letzten Sekunden in der 4 Millionen Jahre währenden Menschwerdung – schon von daher sollten wir ihr ausgesprochen skeptisch gegenüberstehen, da bisher keine evolutionäre Hand sich schützend über diesen Vorgang ausbreitet.

Vitale Aggressionsäußerung

Es hat sich nicht zuletzt über *Ekman & Friesen* und *Euler & Mandl* bis in das Lager der Psychologen herumgesprochen, was Ethologen seit Jahrzehnten wissen und predigen: daß Ärger– und Aggressionsemotionen in allen Kulturen vorhanden sind (Frau *Mead* hat erwiesenermaßen Unrecht) und überall ganz gleich erlebt und verdammt ähnlich ausgedrückt werden. *Wie*, daran wollen wir uns in den nächsten Kapiteln herantasten, ganz ganz vorsichtig, aber wiederum nicht *zu* mimosen– und zaghaft!

„Die meisten Körperbewegungen sind sehr stark mit der Sprache verflochten. Diese Verflechtung erleichtert möglicherweise die Umsetzung aggressiver Gedanken in verbale Äußerungen und verhindert dadurch gewalttätige Handlungen" *(Scherer & Wallbott)*.

Was können wir nun in Abgrenzung gegenüber feindseligen Haltungen unter vitaler Aggressivität verstehen? Ich möchte ganz grob versuchen, eine positive *Charakteristik einer vitalen Aggressionsäußerung* zu geben:

1.) Die Auseinandersetzung sollte zeitlich recht knapp *begrenzt* sein, womit ein Zeitraum von Minuten bis max. 1/2–1 Std. gemeint ist. 2.) Sie sollte heftig sein, ein wenig über das Ziel hinausschießen und in Wortwahl, Intonation der Stimme, Mimik, Gestik & Lautstärke Merkmale von Wut und Ärger ausdrücken. Dabei sollte es zu *physiologischen und psychologischen energiezehrenden Beanspruchungen* kommen, die erschöpfend wirken. 3.) Sie sollte dazu führen, daß sich beim aggressiven Akteur nach dieser vitalen Aggressionsäußerung ein mehr oder minder starkes, aber für ihn selbst noch tolerierbares Maß an *Schuldgefühlen* – also nicht zu viel und nicht zu wenig – ausbildet (deswegen über das Ziel hinausschießen!), das seinerseits Personen versöhnlich stimmt bzw. einer *Versöhnung* zugänglich macht, so daß es am Ende einer beidseitig vital geführten Auseinandersetzung relativ schnell, d.h. maximal nach Stunden, zu einer Versöhnung kommt.

Alle diese Merkmale gelten für *feindselige Äußerungen und Haltungen nicht*! Zu beachten ist bei Punkt 3 allerdings, daß Menschen mit psychischen Schwierigkeiten oft unter einem Zuviel an Schuldgefühlen leiden, das sie erdrückt und auf das sie schon nicht mehr angemessen mit schuldbewußten Gesten und Handlungen reagieren können. Hinzu kommt noch unsere auf dem Nährboden unseres Ultrarationalismus und unserer Emotionsverdummung, pardon: –verdammung und –verbannung prächtig gedeihende panische *Angst vor Schuld und Schuldgefühlen*, als sei mit ihnen geradewegs der Weg in die Hölle gewiesen. Angst hat nun leider die mißliche Eigenschaft, daß sie immer eine angemessene Reaktion auf das Angstobjekt – in diesem Fall mögliche Schuldgefühle – verhindert.

Bei alledem müssen wir allerdings immer wieder konstatieren, daß man über Aggressionen eigentlich gar nicht reden kann, man muß sie praktizieren – auch das ist wieder genauso wie in der Sexualität!

Wie können wir uns vitalen Aggressionsäußerungen wieder etwas annähern? Der erste Schritt besteht in einer *Sensibilisierung* für Ärgeranlässe. Viele Menschen müssen erst einmal wieder lernen, ihren Ärger überhaupt wahrzunehmen. Hierfür bieten sich tägliche *Ärgerprotokolle* an, Eintragungen in Heft, (Tage–)Buch oder auf Zettel: Was hat mich heute geärgert, irritiert, verunsichert, erzürnt, gewurmt? Für ganz aggressionsgehemmte Probanden läßt sich die Verschärfung einbauen, täglich eine Situation aufschreiben zu müssen – es findet sich mit Sicherheit jeden Tag was, und wenn's die Fliege an der Wand ist, die unaufgerollte Zahnpastatube oder der komische Blick des Partners oder einer Verkäuferin.

„‹Der Nachweis, daß ein Pudding gut ist, besteht darin, daß man ihn ißt.› Der Nachweis, daß unsere Aggressionstechniken positiv sind, besteht in der erfolgreichen Anwendung im täglichen Leben. Werden sie richtig angewandt, sollten sie im allgemeinen freiere, echtere, ausdrucksvollere, weniger defensive, weniger vermeidende, weniger verletzende und freudigere Interaktionen hervorbringen" *(Bach & Bernhard)*.

Cabot & Wanderer nennen derartige Aufzeichnungen, bezogen auf eine(n) Aggressor(in) (in diesem Falle einen Ex–Partner, der einen schmählich verlassen hat), *Vergehenskartei*. Alle Verbrechen dieses Schweins sind da unverblümt einzutragen.

Der zweite Schritt besteht im Ausklamüstern und Proben eines *retrospektiven Ärgerausdrucks*. Der Klient/Schüler/Proband/Lehrling spricht seine protokollierten oder memorierten Ärgersituationen mit seinem Meister durch, und beide überlegen, wie, wo und wann man den Ärger hätte ausdrücken können. Dabei sollte die Zeitspanne und das Ärgerobjekt natürlich dem(r) Ärgerprovokateur(in) möglichst nahe sein. *Wenig* zeitliche und objektbezogene Verschiebung also, wenn diese auch in mancher Situation nicht zu umgehen ist. Besonders Stärkeren (Chefs, Finanzbeamten, dominanten Ehepartnern oder Elternteilen, Catchern, Raubmördern, Flugzeugentführern, Polizisten, Politikern u.ä.) gegenüber bietet sich doch sehr oft eine zeitliche und objektbezogene Verschiebung an. *Wie* man nun seinen Ärger ausdrückt, das hängt von der konkreten Aggressionsemotion, der Situation, der individuellen Sozialisation und Aggressionshemmung u.v.m. ab: ein psychotherapeutischer Drahtseilakt! Ich hoffe, daß die folgenden Kapitel dieses nur zu aggressiven Werkes ein wenig hilfreich dabei sind, auszutüfteln, wie in diesem konkreten Fall der Ärger ausgedrückt werden könnte (es gibt meist unendlich viele Möglichkeiten).

Bezogen auf die Aggressionsart *Rächen* und auf eine Person (wieder der/die oben zitierte Ex) lassen *Cabot & Wanderer* eine sog. *Racheakte* anlegen – und sind in der Therapie dabei sogar behilflich. Eine schöne und dankbare Sache, wie ich in meinen Therapien erfahren durfte.

Steht der jeweilige Ärgerausdruck theoretisch, so geht's ans *Einüben*: Durchgehen der konkreten Ärgersituation mit neuem Verhalten bis hin zum Durchspielen der Situation im Rollenspiel. Wichtig ist nur, daß das Ganze so konkret wie möglich gemacht wird: Was wird gesagt, wie wird es gesagt, welcher Tonfall, welche Mimik und Gestik, wann und wo, wie reagiert der Adressat, wie reagieren wir wieder darauf, welche langfristigen Konsequenzen können eintreten (Enterbung?, Totschlag?, Heiratsantrag?, Polizei?) usw. usf.

Im dritten Schritt kommen wir unserem Ziel nun nahe: Konstruktion und Einübung *prospektiven Ärgerausdrucks*. Welche Situationen kommen öfter, welche lassen sich einrichten und provozieren? Welche sind wichtig, welche nebensächlich, welche einfach, welche schwer? Was ist in dieser Phase, bei dem momentanen Stand der Fähigkeiten, Ärger auszudrücken, machbar, was über–, was unterfordert? Und dann wieder das gleiche wie in voriger Phase: Wie soll der Ärger hier ausgedrückt werden? Konkret durchgehen und –spielen!

Reaktive Aggressivität

Drohen * Schimpfen * Streiten * Rächen * Hassen * Balgen * Beschwichtigen

Die Ausdrucksbewegungen der *Wut*, ihre Mimik, Gestik, Körperhaltung, Motorik und Intonation ist kulturübergreifend. Auch taub und blind geborene Kinder beißen z.B. in Verärgerung die Zähne aufeinander und entblößen sie, legen die Stirn in senkrechte Falten, ballen die Fäuste und stampfen mit dem Fuß auf. Von wem haben sie das? Kein böses Modell kann es ihnen vorgemacht haben.

Wie sieht das *Wüten*, der Wüterich aus? Beim Zorn werden die Augenbrauen scharf herab– und zusammengezogen, die Augen verengt oder zusammengekniffen und der Mund zu einem Rechteck oder Quadrat geöffnet.

Aber auch das Aufreißen der Augen, der stechende Blick, kann Wut ausdrücken. „Der Mensch kann ferner auch vorgegebene Ausdrücke künstlich verstärken. So gibt es einen Gesichtsausdruck der Wut, bei dem die Mundwinkel seitlich geöffnet und herabgezogen werden. Den Ausdruck kann man verstärken, indem man die Mundwinkel mit den Fingern auseinander– und herabzieht. In mittelalterlichen Gemälden finden wir diesen Ausdruck als aggressive Spottgebärde, oft kombiniert mit Zungezeigen, und wir zeigten eine entsprechende Gebärde der Trobriander. Im bayrisch–österreichischen Dialekt gibt es für dieses Verhalten den Ausdruck ‹derblecken›, wobei blekken das alte Zeitwort für ‹die Zähne zeigen› ist. Mittelhochdeutsch heißt blecken sichtbar werden lassen, althochdeutsch blecchen – blitzen, glänzen“ *(Eibl–Eibesfeldt)*.

Wut mit Furcht wiederum wird oft durch einen zusammengekniffenen Mund angezeigt. Die Mundwinkel sind herabgezogen, besonders verächtlich beim Ausdruck kühner Entschlossenheit und damit der Angriffsbereitschaft; hierbei schließt der Mensch auch die Mundspalte. „Zugleich überschatten die vorgezogenen Brauen die Augen wie beim Abblenden gegen helles Sonnenlicht oder beim Fixieren eines fernen Zieles. Dabei treten senkrechte Stirnfalten auf“ *(Eibl–Eibesfeldt)*.

„Die Annahme, daß es sich hier um Verhaltensmuster handelt, die als stammesgeschichtliche Anpassungen vorliegen, wird durch den Kulturenvergleich und durch den Vergleich mit den uns nächststehenden Menschenaffen gestützt“ *(Eibl–Eibesfeldt)*.

Ablehnung (Verneinung durch einen Griechen)

Drohen

Eine besondere Spezialität des Wutausdrucks liegt im *Imponieren & Drohen*. Am beliebtesten ist in dieser Sparte bei allen Völkern das *Drohstarren*, welches sich bis in ein Drohstarrduell auswachsen kann. Der Blick ist groß, starr und fixiert den Kontrahenten zwischen den Augen.

Ein (bis zur Modesaison 1990) männerspezifisches *Drohgebaren* ist die *Betonung ihrer Körpergröße und Schulterbreite* unter Einbeziehung künstlicher Mittel, z.B. durch Haupt– und Schulterschmuck. „Wir dürfen annehmen, daß der Mann früher behaarter war als heute und daß die besondere Anordnung des Haarstriches dazu diente, den Körperumriß des aufgerichteten Vorfahren zu vergrößern. Das Haarkleid wurde im Verlauf der weiteren Hominisation abgebaut, aber die rezeptorische Anpassung konnte als Präferenz geblieben sein und den Mann dazu veranlassen, der Ausschmückung die-

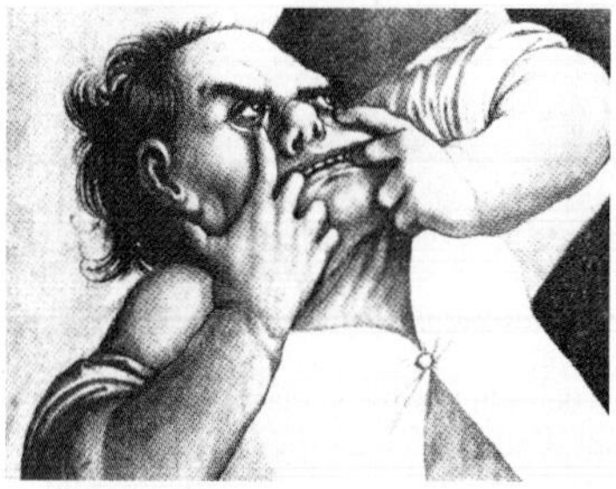

Ausschnitt aus der „Verspottung! Christi“ von *Jan van Hemessen* (1544)

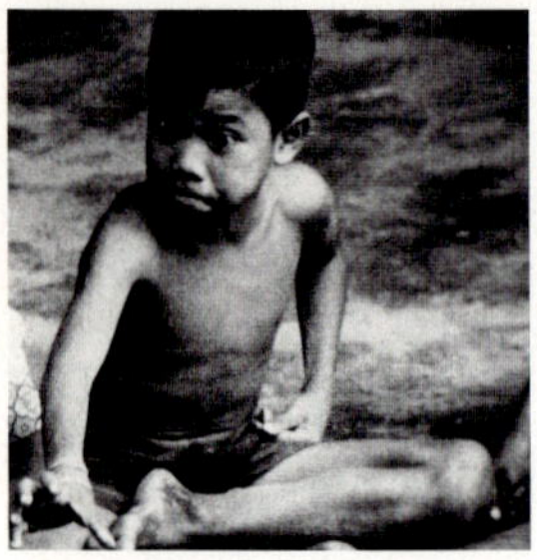

Balinesischer Junge, drohstarrend im gemimten Angriff auf einen Spielgefährten. Die Brauen werden dabei hochgerissen, die Mundspalte ist zusammengepreßt, die Mundwinkel sind leicht abwärts gezogen. Wenn Personen einen Stein oder ein anderes Objekt werfen, heben sie die Brauen in ähnlicher Weise an, vermutlich im Bestreben, klar zu sehen. Auch pressen sie die Mundspalten zusammen, was Menschen überall bei körperlicher Anstrengung tun. ***Eibl–Eibesfeldt***

ser Region besondere Aufmerksamkeit zu schenken" *(Eibl–Eibesfeldt)*. Dazu kommt die *Erektion der Haaraufrichter* (an der Basis der Haarfollikel) bei starker aggressiver Erregung (Schauer, Gänsehaut). „In der Körperhaltung werden die Arme leicht vom Körper abgehoben und nach außen rotiert. Verbunden mit dem Haaresträuben würde dadurch der Körperumriß sicher auffällig vergrößert. Beim Schimpansen, der über die gleiche Imponierhaltung verfügt, kann man das noch beobachten" *(Eibl–Eibesfeldt)*. Also auf an den Affenkäfig und imitiert! Eine mildere Form des Drohstarrens ist das *Drohblicken* (bei Müttern in der Kindererziehung sehr beliebt).

Besonders schön und in unsere moderne Zeit passend ist das *phallische Drohen*. „Wir finden es in einer Streuverteilung weltweit verbreitet und kennen offensichtlich homologe Verhaltensweisen bei nichtmenschlichen Primaten... Hält sich ein Meerkatzentrupp zum Fressen auf dem Boden auf, dann beobachtet man, daß einzelne Männchen mit dem Rücken zur Gruppe ‹Wache› sitzen. Sie halten die Beine dabei leicht gespreizt und stellen ihre auffällig gefärbten äußeren Geschlechtsorgane zur Schau. Der Hodensack ist bei diesen Affen blau und der Penis leuchtend rot; ganz offensichtlich wurde hier auf Signalwirkung selektiert. Das Wachesitzen richtet sich gegen Artgenossen anderer Gruppen. Sie sollen auf Abstand gehalten werden. Kommen Fremde zu nah heran, dann bekommen die Wachesitzenden eine Erektion. Ähnliches hat man von einer Reihe anderer Primaten beobachtet... Das Verhalten ist als ritualisierte Aufreitdrohung zu deuten. Aufreiten ist ja bei vielen Säugern Zeichen für Dominanz, und als solches hat es sich von seiner ursprünglichen Funktion der Paarung abgelöst – es wurde zum soziosexuellen Signal. Beim Menschen finden wir ein vergleichbares phallisches Drohen. Verschiedene Völker Neuguineas betonen den Phallus durch aufgesteckte Phallokrypten (Penishüllen). Wollen Eipo einen Gegner verhöhnen, dann lösen sie die Schnur, die die Spitze der Penishülle um die Lenden festhält, und springen am Ort, meist auf einem erhöhten Platz weit sichtbar. Dabei pendelt die Penishülle auffällig auf und ab. Bei Schreck und Überraschung klicken sie mit dem Daumennagel gegen die Penishülle, um durch diese Drohgebärde die mögliche Gefahr zu bannen... In anderen Kulturen erfolgt dieses phallische Drohen indirekt über phallische Figuren aus Stein und Holz, die man anfertigt, um Grenzen zu markieren, böse Geister abzuwehren" *(Eibl–Eibesfeldt)*.

„Das Keuchen und zischende Stöhnen, ursprünglich eine Folge des aus dem Takt geratenen Atmens, ist zum Brummen, Röhren und zu anderen die Aggression ankündigenden Lautäußerungen geworden. Man hat sogar gemeint, derlei vegetative Atmungsstörungen seien der Ursprung der gesamten Verständigung durch Signale mit Hilfe der Stimme gewesen. Aus ihnen ist aber auf jeden Fall noch eine weitere Art von Schaustellung entstanden – dadurch zu *drohen und zu imponieren*, daß man sich aufbläst: Nicht wenige Arten pumpen eigens dafür entwickelte Luftsäcke und –taschen auf... Das Haaresträuben als äußeres Zeichen des Aggressionstriebes hat zur Ausbildung von Mähnen, Bärten, Mänteln, Schöpfen, Bürsten geführt, in denen das Haar besonders auffallend dadurch wird, daß es verlängert und versteift ist, oft auch in der Farbe gegen das angrenzende Fell absticht... Das vegetativ bedingte Schwitzen des aggressiv gestimmten Tieres hat eine ganze Reihe weiterer Duftsignale entstehen lassen, indem manche Schweißdrüsen sich zu enorm vergrößerten, komplizierten Duftdrüsen entwickelt haben...

Durch all diese Ausgestaltungen ist die Verständigung zwischen den Tieren wesentlich bereichert, ihre ‹Stimmungssprache› deutlicher, informativer geworden: Die Drohgebärden des erregten Tieres lassen sich besser ‹lesen›... Zu ihnen kommt noch eine ganze Reihe weiterer Signale, die sich aus Muskelbewegungen und den durch sie bedingten Körperhaltungen des drohenden Tieres herleiten... Sie sind gespannt, bereit zum Angriff. Aber der erfolgt nicht. Aus dieser Situation ergibt sich mancherlei sehr

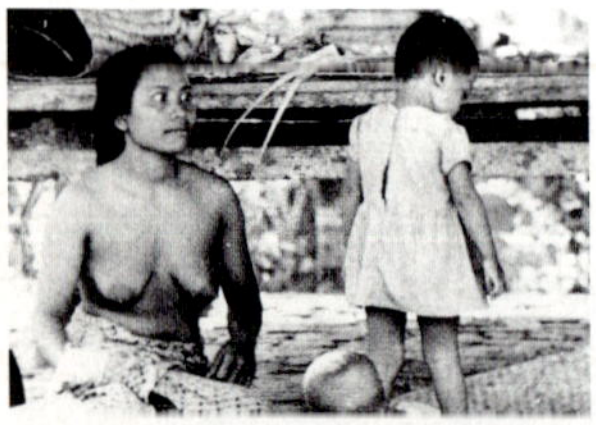

Bei einer anderen verbreiteten Form drohenden Schauens, dem Drohblicken, werden nur die Augenlider, ohne nennenswerte Bewegungen der Brauen, stark angehoben. Dadurch wird mehr vom Augenweiß freigegeben, was den Blick auffällig macht. Balinesische Mutter, die ihr Kind durch Drohblick ermahnt. Das Kind weicht aus. Die Mutter schlug es anschließend noch mit der Hand auf die Beine und wiederholte den Drohblick. ***Eibl–Eibesfeld***

Merkwürdiges: Intentionsbewegungen der Aggression (eine Intentionsbewegung ist eine Anfangsbewegung, die, den Beginn einer Handlung andeutend, zur Ausdrucksbewegung geworden ist), ambivalente Handlungen, Körperhaltungen und –stellungen sowie Handlungen, in denen sich der Konflikt ausdrückt. Sie alle entstehen dadurch, daß der Trieb zum Angriff das Tier vorandrängt, der zur Flucht es zurückhält – es ist buchstäblich zwischen Aggression und Angst hin und her gerissen... Alle diese Intentionsbewegungen dienen als außerordentlich wichtige Verständigungsmittel; wirkungsvoll verbunden mit den vom Vegetativum kommenden Signalen, liefern sie ein sehr genaues Bild von der Intensität des Aggressionstriebes und zeigen zugleich exakt das Gleichgewicht zwischen Angriffstrieb und Fluchttrieb an" *(Morris)*.

Drohen mit erhobenem Zeigefinger Australier (Gidjingali/Arnhemland). ***Eibl–Eibesfeld***

Das *Imponierverhalten* von Menschenmännern weist mit dem männlicher Schimpansen verblüffende Gemeinsamkeiten auf. Beide stampfen mit Beinen und Füßen auf, schlagen gerne mit der flachen Hand gegen die Unterlage (oder, eher letztere, gegen resonierende Baumstämme), schwingen drohend Äste und Stöcke in der Hand, schütteln Äste und Bäume und werfen mit Objekten.

Fraglich ist, ob man die universale Strategie der Aggressionsabblockung durch Androhung eines *Kontaktabbruches* als Drohung betrachten sollte. *Eibl–Eibesfeldt* tut es: „Der Gekränkte wendet sich demonstrativ vom Gegner ab, indem er ihm die Schulter weist oder demonstrativ den Blickkontakt verweigert... Sie ist nur wirksam, wenn eine Bindung zwischen den Streitenden besteht. In der anonymen Gesellschaft verliert dieser Appell an Wirkung. Bereits Säuglinge setzen diese Strategie ein... Der mit Kontaktabbruch Drohende geht aus der Auseinandersetzung in der Regel als Sieger hervor." In dieser Drohgebärde sind wir Deutschen einsame Weltmeister. Eine besonders in der Kinder(v)erziehung bis in die Neuzeit in Mode gebliebene Drohhaltung ist der *erhobene Zeigefinger*.

Seltener geworden ist allerdings das *Gesäßweisen*, was mein liebes Söhnchen Alexander (derzeit 9 Jahre alt) mit größtem Genuß als Droh– und Spottgebärde praktiziert. Ich erkläre hier an Eides Statt, daß er das niemals bei mir oder einem meiner leider genauso erwachsenen Freunde und Bekannten zu sehen bekommen hat. Er muß es aus dem tiefen Schatz seines (und auch meines, wie ich hoffen will!) Erbgutes geschöpft haben. Dieses sog. *anale Drohen* hat ausschließlich aggressive Bedeutung (Verhöhnen, Verspotten, Herausfordern). „In dieser Funktion finden wir ihn (den Akt, der Verf.) weltweit. Die Eipo und Yanomami ziehen dabei die Gesäßbacken auseinander, so daß ihr Anus zu sehen ist (machen mein Alexander und sogar unser Klein–Benjamin, derzeit 5 Jahre alt, auch, der Verf.). Gleichzeitig lassen sie, wenn möglich, einen Wind abgehen (was Alexander und Benjamin dabei täuschend ähnlich mit dem Mund nachvollziehen, der Verf.), weiteres Indiz dafür, daß es sich hier um ein ritualisiertes Defäkieren handelt. Da wir uns vor Fäkalien ekeln, könnte das Analdrohen unabhängig in verschiedenen Kulturen als abweisende Gebärde entwickelt worden sein" *(Eibl–Eibesfeldt)*.

Die *geballte Faust* verliert als Drohfavorit gegenüber dem *erigierten Mittelfinger* von Jahr zu Jahr mehr Terrain (auch beim Drohen erleben wir anscheinend eine Inflation!).

Viele Auseinandersetzungen zwischen Kindern werden auf der Ebene des Drohens ausgetragen. Ein Yanomami–Junge (Vordergrund links) nähert sich einem Mädchen, weist ihm das Gesäß, droht dann mit der Faust, worauf die Bedrohte zurückdroht. ***Eibl–Eibesfeldt***

Schimpfen

Daß die *Schimpfkultur* in Bayern und Österreich am weitesten gediehen sowie wissenschaftlich erfaßt, analysiert und publiziert ist, läßt uns *Aman* auf sage und schreibe 50

Himmelherrgottsakra
Die Wissenschaft vom Schimpfen

„Alle Zähne sollen dir ausfallen, bis auf einen. Damit du Zahnschmerzen haben kannst!" Reinhold Aman zitiert diese Beschimpfung gerne, er mag witzige Verfluchungen. Allerdings interessieren ihn alle Arten von Beschimpfungen, in allen Zeiten und Zonen. Aman ist der erste und einzige Maledictologe der Welt. Die *Maledictologie* ist die Wissenschaft vom Schimpfen. Von den etwa tausend Sprachen und Hauptdialekten hat er bisher zweihundert untersucht. Dabei ist er auf eine weltumfassende Grobeinteilung gekommen. In katholischen Ländern überwiegen die blasphemischen Beschimpfungen (Du Kruzifixkerl!), in protestantischen die sexuellen (Wandervögler) und exkrementalen (Scheißkerl), im Rest der Welt – damit meint er Asien, Afrika und die Südsee – dominieren die Beschimpfungen der Familie. Das bedeutet: es wird immer das am meisten Tabuisierte zum Fluchen und Verfluchen benutzt.

Aman fiel auf, daß die nordamerikanischen Indianer früher die Sippenbeschimpfung vorzogen. Darin sieht er einen sprachlichen Beweis für die Ureinwanderung aus Asien über die polare Landbrücke. Die heutigen Indianer sind so amerikanisiert, daß sie wie die immer noch als prüde geltenden Waps schimpfen, die White Anglo–Saxon Protestants.

Der deutschen Schimpfkraft weist Aman gute Mittelklasse zu. Er ist Niederbayer, sprechen hat er in Straubing gelernt, also auch schimpfen. Inzwischen kann er es in sechs Sprachen. Auch in amerikanischem Englisch, denn Aman lehrte Germanistik an der Universität Wisconsin und wollte dort über das Schimpfen in den mittelalterlichen Epen noch einmal promovieren. Als ihm aber nach sechs Jahren als Hilfsprofessor eine Dauerstellung verweigert wurde, kehrte Aman der Hauptstadt Milwaukee und der kakademischen Welt schimpfend den Rücken. Als mittelloser uomo universale zog er 1977 aufs Land, weil man dort billiger lebt, und eröffnete in Waukesha/Wisconsin seine Schimpfwortzentrale. Zu diesem Zeitpunkt war das erste Ergebnis seines Schimpfwortinteresses schon einige Jahre auf dem Markt: Das Bayrisch–Österreichische Schimpfwörterbuch (1973, als Goldmann–Taschenbuch noch im Handel).

Im Sommer 1977 erschien dann die erste Ausgabe von *Maledicta. The International Journal of Verbal Aggression*, „nach dreijähriger Schwangerschaft", wie Aman es ausdrückt. Zunächst nur hundert Seiten, aber schon erstaunlich vielfältig: Sexualmetaphern in englischen Renaissance–Dramen, Unanständiges im kubanischen Spanisch, Celines Haßsprache, latente Beschuldigungen im Dialekt von Skopje, die Geschichte des Verbums to fuck. Inzwischen geht „Maledicta" an 2.500 Abonnenten in 65 Ländern, sämtlich Intellektuelle. Die Gesamtauflage beträgt 5.000 Exemplare. Der Inhalt ist geradezu abenteuerlich abwechslungsreich, vom Schimpfen in der altindischen Mandarin–Sprache über historische Macho–Rhetorik in Spanien bis zu den heute gängigen Schimpfereien. Und was da als Sprachwissenschaft daherkommt, birgt Aussagen über Verhalten und Denkweisen in Vergangenheit und Gegenwart, vermittelt von Wissenschaftlern, die hier Auslauf fanden auf Nebenwegen ihres Berufs oder Hobbys.

Besonders erfreut Aman das Schimpfrepertoire der Ostjuden. Es zeichnet sich durch besondere Ergiebigkeit und Eigenart aus, weil die Ostjuden einer Mischkultur entstammen (germanisch–slawisch–hebräisch–aramäisch) und weil die Ohnmacht gegenüber ständiger Unterdrückung Intellektualität und verbale Aggression gefördert hat. Die typisch ostjüdische Verfluchung sei auf Entwaffnung durch scheinbare Freundlichkeit aus. „Du sollst berühmt werden...", um dann um so überraschender zuschlagen zu können: „... weil sie eine Krankheit nach dir nennen." Oder: „Drei Schiffsladungen voll Gold sollst du haben – aber das soll nicht reichen, um deine Arztrechnungen zu bezahlen."

Wahrlich unübertroffen an Gemeinheit seien die Schimpfworte der Ungarn und Rumänen, denn in ihrem Übergangsgebiet träfen lateinische und slawische Kultur zusammen, denen das jeweils Vulgärste entnommen wurde.

Weiter in „Maledicta" zu finden: *current event jokes*. Schreckensmeldungen wie Hungersnot in Äthiopien oder Strahlenverseuchung werden in Horror–Witzen oder Scherzfragen verarbeitet. Natürlich finden sich zur Zeit auch jede Menge makabre AIDS–Witze in der Schimpf–Zeitschrift.

Maledictologie kann man nur vorbehaltlos oder gar nicht betreiben. Amans Motto: „They say it – we print it".

Immer wieder macht Aman sich und seinen Lesern den Spaß, die Zurückhaltung der Lexika beim Definieren von sexuellen Unregelmäßigkeiten vorzuführen. Es ist klar, daß die Wörterbücher seit der Revolution der Vulgärsprache (sie ging von England in den fünfziger Jahren aus) und ihrer Multiplikation durch elektronische Medien immer schneller veralten. Aman verspottet ihre Gestrigkeit. Man hat den Eindruck, er erfährt schon morgen, was heute im Trinity College an die Abortwände gekritzelt wird. Aber beim „Dictionary of American Regional English" (DARE) hört bei ihm die Nachsicht auf. Er nennt es unehrlich. Nahezu alle Ausdrücke für Ausscheidungen und Körperteile zwischen Nabel und Knie seien unterdrückt worden. „Es gibt allein im Englischen wenigstens eintausendfünfhundert Ausdrücke für die Genitalien."

Mit Hilfe von „Maledicta" begann er, den prüden Wortpopen von DARE ein DRAT entgegenzusetzen: „Dictionary of Regional Anatomical Terms". Entstehen soll ein internationales, vielbändiges Wörterbuch der Vulgärsprache, das erste echte, unzensierte, ungereinigte. Zur Materialsammlung dient ein Fragebogen, den jeder Maledicta–Leser bekam, der aber auch auf Anforderung verschickt wird (Maledicta Press, 331 South Greenfield Avenue, Waukesha/Wisconsin, 53186 USA), Diskretion zugesichert. Es geht um Benennungen, aber auch um Situationen: Wenn Ihnen jemand mitten ins Gesicht niest – was sagen Sie da? Angenommen, das tat eine gut gekleidete junge Dame? Wenn es aber ein alter Mann gewesen ist? Oder wenn eine Einkaufstasche durchgeweicht ist, der ganze Einkauf auf die Fliesen der Küche donnert, eine Saftflasche zerbricht und Sie vollspritzt – wie reagieren Sie? Wie nennen Sie einen 16jährigen, der gerade im Vorübergehen mit einem Schraubenschlüssel Ihre Autotür zerkratzt

Reden ist Silber
Schreien ist Gold
Sagt mal wieder
was ihr wollt.

Ina Deter

Seiten spüren. Er beginnt mit einer psychologischen Analyse („Warum schimpft der Mensch"), in der er zwar wieder voll auf dieser abgefuckten Frustrations–Aggressions–Hypothese rumreitet, aber dem Frustrierten dabei ja immerhin das Fluchen zubilligt – was die Originalautoren weit von sich wiesen. An seelischen Erregungszuständen kennt er Angst, Begierde, Eifersucht, Furcht, Groll, Haß, Neid, Rache, Ressentiment, Schrecken, Ungeduld, Wut oder Zorn. Die Aggression definiert er dann, wie wohltuend, durchaus positiv als einen Drang, sich selbst zu erhalten, sich zu behaupten, sich durchzusetzen. Und in ihrem Dienst steht das Schimpfen.

„Verbaler Streit gefährdet die innere Harmonie einer kleinen Gruppe weniger als tätlicher Kampf" *(Eibl–Eibesfeldt)*.

„Tierpsychologen nach sollen die Menschenaffen die einzigen Tiere sein, die wie der Mensch ihre Aggression durch eine Art Schimpfen verbalisieren können. Die dem Schimpfen ähnlichen Laute anderer Tiere, wie etwa das Zischen der Schlange, das Fauchen der Katze und das Knurren und Bellen des Hundes, sind jedoch kein primitiveres, hat? Wenn Sie ihm drohen wollen, sagen Sie dann „Dir werd' ich gleich...“ Ja, was wohl? An Standard–Ausdrücken ist der Forscher der Flüche allerdings längst nicht mehr interessiert. „Das Unternehmen wird mich wenigstens 20.000 Dollar kosten und unzählige Arbeitsstunden“, sagt Aman, „Sie aber nur eine Briefmarke und rund zwei Stunden, um an einer einzigartigen, historischen, faszinierenden und nützlichen Pioniertat teilzunehmen. In der Schimpfwortforschung gibt es fast nur unbeantwortete Fragen. Wenn ich sterbe, werde ich nur die Spitze des Eisbergs angekratzt haben. Selbst wenn ich zwanzig Leben hätte, würde ich nicht fertig werden.“ Aus der Zeitschrift wurde ein Jahrbuch. Der nächste Band (Nr. 10 für 1988 und 1989) soll Ende 1989 erscheinen. Schimpfen sei gesund, sagt Aman, denn wer seinen Ärger in sich hineinfresse, steht wie ein Dampfkessel unter Überdruck. Vom Magengeschwür über Herzbeschwerden bis zur Neurose verursache gestauter Ärger viele Sorten von Krankheit. Ein Owagrantlhuawa (Alleweilgrantelhuber, Gewohnheitsschimpfer) tut also viel für seine Gesundheit. Aber was dem Schimpfenden nutzt, schadet dem Beschimpften. Aman weiß von Beschimpften, die sich umbrachten. Soll man also oder soll man nicht? Unbedenklich sei der Angriff auf veränderliches Fehlverhalten wie schlechtes Benehmen oder provozierende Kleidung, meint Aman. (Offenbar denkt er konservativ.) Verwerflich sei Verspottung des Irreparablen, zum Beispiel körperlicher Behinderungen.

Beschimpft wird alles, was nicht normal ist. Und normal ist immer der, der schimpft. „Aggressive Sprache wurzelt in Xenophobie. Wenn wir Fremde beschimpfen, verspotten, nachäffen, zeigen wir uns überlegen, unterwerfen wir sie uns.“ Wer beschimpft wen? Aman zählt auf: „Die Amerikaner die Europäer, die Franzosen die Deutschen, die Preußen die Bayern, die Oberbayern die Niederbayern. Die Armen beschimpfen die Reichen, die Gebildeten die Ungebildeten, die Bauern die Städter, die Frauen die Männer... Mann und Frau, das sind Normabweichungen, die zusammenleben müssen. Deshalb gibt's ja dauernd Krach in der Ehe. Man lebt mit einer anomalen Person zusammen.“

Die Weißen sagen: Neger stinken. Aber in Ghana gibt's die Redensart: „Du stinkst wie ein Weißer aus der Achselhöhle.“ Im Deutschen sei die Berufsschelte häufiger als in allen anderen Sprachen. Allein für Lehrer gebe es bei uns etwa vierzig Beschimpfungen. „Es werden immer die autoritären Berufe angegriffen: Pfarrer, Polizisten, Lehrer.“

Hund, Affe, Esel, Ochse und Kuh und vor allem das Schwein müssen weltweit zum Schimpfen herhalten, wobei aber kulturelle Unterschiede zu beachten sind. Eine als Kuh beschimpfte Frau ist nach unserer Vorstellung dumm und plump, nach französischer aber boshaft. Kein Araber verbindet mit Kamel negative Vorstellungen. Warum wird der Hund, des Menschen bester Freund, so verachtet? Als Herdentier unterwerfe er sich hündisch seinem Herrn als dem Leittier, erklärt Aman. Vor allem aber leite sich die Verachtung des Hundes, wie des Geiers und der Fliege, aus der Aasfresserei her. Die klassischen Griechen verachteten Hunde, weil sie sich auch über gefallene Helden hermachten.

Könnte man aus den Schimpfwörtern das Wertsystem einer Kultur erschließen? Durchaus, sagt Aman. Man müsse nur jeweils das Gegenteil bedenken. Das gehe leicht, denn die Schimpfwörter seien viel zahlreicher und ehrlicher als die Kosewörter. Im Hebräischen gebe es nur zwei Wörter für besoffen – im Deutschen über hundert. Ergo seien die alten Juden keine Säufer gewesen. Die überragende Bedeutung von Gesundheit, Geld und vor allem Religion im Judentum erweise sich durch eine Überfülle von Wörtern. Während wir gerade noch zwischen gottlosen, indifferenten und bigotten Personen unterscheiden, könne der Jude viele Nuancen der Religiosität benennen.

Schlimm sei es, daß die Schimpfwörter verschleißen, ohne daß genügend neue nachkommen. Da es auf den Hauptgebieten für Schimpf (Familie, Religion, Staat, Sex) kaum noch Tabus gebe, könnten neue Schimpfwörter kaum noch auftauchen.

Für typisch dafür hält Aman die Situation in den USA: die Ausdrucksarmut der Amerikaner (2.000 Wörter als Repertoire) lasse auch ihre Schimpfkultur verkommen. Die vorhandenen Schimpfwörter werden überanstrengt und verschleißen um so schneller. Im Bayrischen gebe es immerhin noch 2.500, vermerkt Aman mit Befriedigung.

Was tun gegen den Mangel? Übernahmen aus fremden Sprachen bringen nicht viel, weil das Fremde nicht mit Gefühlen verbunden ist. Auch gewollte Originalität eignet sich nicht als Ventil: „Sie Kaninchenfurzfänger, sie dreimal um den Kirchturm gewickelte Wüstensau!“ Vorübergehend hilft die Steigerung von Gewohntem, etwa durch Vorschaltungen: Du Arschloch, du blödes Arschloch, du saublödes Arschloch und so weiter. Oder durch Verlängerung: Himmelherrgottsakra... und so fort. Man weiß, wie ein gutes Schimpfwort gebaut sein muß: Zischlaute, Verschlußlaute und helle Vokale wie Scheißdreck und Shit. Aber es hat keinen Sinn, welche zu konstruieren, denn wen erleichtert künstliches Schimpfen, wenn er sich natürlich aufgeregt hat?

Daß die eigene Branche Amans Absicht diskreditiert und seine Arbeit als laienhaft abtut, das ist er allmählich gewöhnt. Und auch moralischen Verdächtigungen sah er sich schon ausgesetzt. Gelassene Replik: „Man muß kein Verbrecher sein, um die Sprache der Verbrecher zu studieren.“ Immerhin hat er ein großes Vorbild: Martin Luther, ein großer Schimpfer vor dem Herrn und Verfasser eines Vorworts für ein „Rotwelsch Vocabularius“. Auch Marx war ein Meister im Schimpfen. Das Fluchen sei der Hauptbeweis für Menschlichkeit, sagt Dostojewski (in seinen „Aufzeichnungen aus dem Untergrund“, Teil 1, Kapitel 8), denn das ist nun einmal ein Privileg, das den Menschen von den anderen Tieren vor allem unterscheidet.

Für die Zukunft sieht Aman schwarz. Der erste, der zu Neandertalzeiten geschimpft statt zur Keule gegriffen habe, der habe (nach Freud) die Menschheit auf eine höhere Kulturstufe gehoben. Der weltweite Verfall der Schimpfkultur in der Gegenwart sei mit schuld am Um–sich–Greifen von Gewalt. „Von der physischen Aggression über die verbale Aggression zurück zur Keule.“ Schlimme Aussichten. Scheiße.

Daiber

tierisches Schimpfen, weil sie eine ganz andere Funktion erfüllen, nämlich zu warnen und abzuschrecken. Das echte, menschliche Schimpfen erfüllt vor allem einen anderen Zweck: es ist ein Mechanismus zum Abreagieren von Erregungszuständen“ *(Aman)*.

Aman unterscheidet die neurotische oder magenleidende *Kortikalperson*, die tolerant ihre aggressiven Erregungen unterdrückt, und die *Tiefenperson*, welchselbe zurückschlägt: mit Worten oder, bei ganz Tiefen, mit Fäusten. Es gilt, vor der Schimpfkanonade die *Kalibrierung* derselben blitzschnell an einer zweidimensionalen Analyse des Gegenübers einzurichten: Kortikalmoment vs. Tiefenmoment, Schwäche vs. Stärke. In jedem Quadrupel dieser 2 x 2–Ausgangsmatrix haben wir mit anderen Reaktionen unseres Widerparts zu rechnen: Magengeschwür (kortikal–stark), Neuröschen (kortikal–schwach), Hammel (tiefe–schwach), Bierkrug–im–Gesicht (tiefe–stark). Von daher ist die differentialdiagnostisch stringente Einschätzung unseres Kontrahenten in-

Für den Bewunderer bayrisch–österreichischer Frustrationsbewältigung wie den Sprach– & Literaturwissenschaftler, den Philologen und den Kulturgeschichtler: *Aman, Reinhold: „Bayrisch–österreichisches Schimpfwörterbuch“* München: Süddeutscher Verlag, 1973.

INHALT

nerhalb von Sekundenbruchteilen fast lebenswichtig bei der entsprechenden Wortwahl. Hier müssen alle Sinne geschärft und eingesetzt sein. Der Autor gibt uns dann einen Überblick über Schimpfwörter in der deutschen Literatur, in anderen Literaturen und Sprachen und beklagt mit *Behaghels* (1924) die (Schimpf–)Wortlosigkeit der Forschung: „Das Scheltwort hat bis jetzt wenig die Aufmerksamkeit der Forschung erregt, und an umfassenden Sammlungen fehlt es noch vollständig.“ Hier helfen uns mehrere großartige Werke neueren Datums aus der Scheiße: zum einen *Hella Thal & Eichborns sechssprachiges Wörterbuch der Schimpfwörter, Beleidigungen & Flüche*. „Jeder kennt diese Situation. Man ist im Ausland, unter Ausländern oder sonstwie auf internationalem Parkett. Dem Herzen müßte dringend Luft gemacht werden. Aus welchen Gründen auch immer. Man sperrt den Mund auf. Aber es fehlen die Worte. Du stehst da wie ein Fisch an Land. Kriegst deine Wut nicht los und machst dich noch lächerlich dazu.

Dagegen helfen jetzt ‹schmutzige Wörter›. Sie liefern einen kompakten Wortschatz, der zum Eingreifen in jede bessere Schimpfkanonade befähigt. Egal, ob die Auseinandersetzung auf deutsch, englisch, französisch, spanisch, oder türkisch geführt wird. Wer international zu schimpfen versteht, beweist seine Weltläufigkeit. Und seinen Willen zur Völkerverständigung. Denn so ein satter Fluch oder eine hingeschleuderte Beleidigung stellen ja häufig den ersten Kontakt zwischen Menschen unterschiedlicher Nationalität her. Wird der verbale Angriff geschickt pariert, kommt gewöhnlich Gelächter auf. Das Eis ist gebrochen und Freundschaft kann beginnen“ (*Thal*). Die wichtigsten *Verbalinjurien* seien, wenn auch das Buch zum Erzbestand eines jeden Klinischen Psychologen gehören sollte, hier in Hochdeutsch angerissen: „Aasgeier, Alte Giftspritze, Alter Wichser!, Armleuchter, Arschloch, Affenarsch, Arschgeige, Arschgesicht, Arschkeks–verfluchter!, Dösbaddel, Drecksack, Dreckschleuder, Dummbeutel!, Dumme Nuß!, Dumme Pute, Esel, Fauler Sack, Feiger Hund, Fettarsch, Du fiese Ratte!, Du fieses Schwein!, Filzlaus, Flasche, Flittchen, Fresse!, Geiler Feger, Geiler Specht, Giftzahn, Halsabschneider, Halt den Sabbel!, Himmel, Arsch und Zwirn, Himmelskomiker, Hornochse, Hühnerficker, Hurenbock, Idiot!, Korinthenkacker, …“ Ab da („K“) bitte im Original weiterverfolgen!

Für unsere Brüder und Schwestern im Nordosten des deutschen Vaterlandes schmeißt Fluchhelfer *Constantin* Anno Domini 1986 „Das neue Berliner Schimpfwörter–Buch“ auf den Buchmarkt. Die Lokalisierung der Schimpfwörter ist dabei durchaus nicht auf unsere heimliche Hauptstadt begrenzt; die meisten von ihnen gerieren sich absolut ganzdeutsch, hüben & drüben, oben & unten: „… ist klar, daß die Berliner der üblichen Schimpfworte keineswegs unkundig sind.“ In einem setzt sich *Constantin* aber von anderen unkultivierten Werken ab: „Einige Leser, und auch einige Kritiker (zu denen sich der Verf. dieser Emotionstherapie rechnet), monierten z.B. den weitgehenden Verzicht auf die zahllosen Ableitungen, die mit den deutschen Schimpf–Leitworten Sch… und Arsch gebildet werden können. In ihnen, die eben nicht ausschließlich für Berlin typisch sind, spiegelt sich aber (abgesehen von einigen treffenden Neubildungen) weniger der aufblitzende Sprachwitz als polternd–aggressive Sprachlosigkeit. Ziel der vorliegenden Sammlung war es aber, gerade das zusammenzustellen, was den Pli ausmacht, die Kunst der Beschimpfung, ohne sich und den anderen zu einer Fortsetzung zu zwingen.“

Hier schleicht sich, fast unbemerkt, in die Streitkultur schon die manieriert–dekadente Aggressionsmoral unseres morbiden Jahrhunderts ein. Gerade die therapeutische Anwendung des Schimpfens & Fluchens giert nach Fortsetzung, nach Reaktion. Ihre Provokation als polternd–aggressiv zu denunzieren, heißt das Wasser aus der Suppe zu nehmen – Herrrrrr Constantin!

Zur Ethymologie und Epidemiologie des allgemeindeutschstämmigen Begriffs *Arsch* weiß uns *Constantin* noch einiges zu sagen: „Dieses Wort fehlt im Berliner Schimpfwortschatz ebensowenig wie in dem anderer deutscher Stämme (hört, hört!, der Verf.). Legt doch der Deutsche beim Schimpfen gerade auf den Bereich der Verdauung besonderen Wert, während die Angelsachsen das Sexuelle in den Vordergrund stellen und die Romanen sich sehr stark auf Familienbande und damit verbundene Ehrprobleme konzentrieren. Das an sich bereits aussagefähige Wort ‹Arsch› hat in vielen Verbindungen weitere Steigerungen erfahren...", von denen der Autor dann durchaus im Widerspruch zu seiner einleitenden kultivierten Willensbekundung „Arschgeige, Arsch mit Ohren, Arschficker, Arschkriecher" nennt und erläutert. Doch auch Zivilisierteres ist im Berliner Schimpfschatz vorhanden: „Aas, Affe, Appelfatzke, Atze, Bengel, Dussel, Ekel, Fettsack, Heini, Kaffer, Knilch, Lackaffe, Luder, Macke, Meise, Mücke, Nulpe, Olle, Penner, Quengelfritze, Raffzahn, Saftsack, Schwein, Stiesel, Tränentier, Trulla, Type, Waschlappen, Weihnachtsmann...", während sich in folgenden Titeln der Berliner Humor voll durchsetzt: „Ableja (für Kinder), Auspuffmieze (für Beifahrerin), Biertante (für weibliche Bedienung), Blaufeifer (für blaumachenden Kollegen), Deetz (für Kopf)..." usw. usf.

Der Autor kann uns dann noch auf weiterführende Literatur verweisen, aus der ich das wichtigste Werk hier nennen möchte: „Verflucht und zugenäht. Schimpfwörter aus unserer lieben Muttersprache. Eingesammelt von Sonja Schnitzler und Werner Hirte, 2. (durchges.) Aufl., Berlin, 1978."

Ich darf zum krönenden Abschluß die *berüchtigte Schimpfwortliste* aus meinem ausgesprochen emotionalen Lehr– & Lesebuch: „Die Gefühle" hier auch dem *Fachpublikum* vor Augen führen.

Titel für Herren

Ignorant, Blödmann, Pfeife, Spinner, Pinsel, Seppel, Tattergreis, Säugling, Lutscher, Muttersöhnchen, Tor, Narr, Nichtsnutz, Untier, Elch, Hirsch, Depp, Taugenichts, taube Nuß, Demmleck, Simpel, Dussel, Einfaltspinsel, Dämel, Schweinebuckel, Tolpatsch, Tölpel, Stiesel, Hanswurst.

Schwein, Esel, Affe, Armleuchter, Penner, Schießbudenfigur, Freßsack, Hampelmann, Versager, Niete, Amöbe, Giftzwerg, Schmarotzer, Trottel, Bekloppter, Hornochse, Blindgänger, Doopkopf, Saftsack, Wildsau, Widerling, Kretin, Lump, Fatzke.

Fettsack, Scheißtyp, Stinker, Stinktier, Stinkstiefel, Arschgeige, Ekelpaket, Arschgesicht, Mistvieh, Drecksack, Scheißer, Hosenscheißer, Pisser.

Titel für Damen

Schnepfe, Tussi, blöde Kuh, Seekuh, doofe Nudel, Hexe, albernes Weibstück.

Zimtzicke, Ziege, Giftziege, Giftschlange, dumme Pute, Trampel, Biest, Spinatwachtel, Schreckschraube, Trantüte.

Dämliche Gans, dummes Luder, alte Schachtel, Giftnudel, Giftzahn.

Weiter können wir Anleihen machen im immer noch so stark tabuisierten und mißkreditierten Bereich der Sexualität, so daß gezielte Gossenausdrücke durchaus als Schimpfworte Verwendung finden können.

Titel für Damen und Herren

Schaf, Kamel, Wanze, Wurm, Miststück, Flasche, Ekel.

Drecksau, Arschloch.

Was *Albert Ellis* für die wirkliche Befreiung der Sexualität getan hat, was *Adelaide Bry* an Brückenbau zwischen Sexualität und Aggressivität geleistet hat, das schaffte *George Bach* für die *Rehabilitation, Enttabuisierung und Befreiung der vitalen gesunden Aggressivität*. Seine Ideen, theoretischen Überlegungen und praktischen Übungen sind an Brillanz, Kreativität und Innovationskraft mit nichts anderem vergleichbar. Folgende bei verschiedenen Aggressionsmotiven anwendbare *Streitübungen, –rituale, –techniken oder –spiele* darf ich, hoffentlich mit freundlicher Genehmigung des Autors und seines Verlegers, hier stark verkürzt und hoffentlich werbewirksam als kleines *Sortiment zum Appetitholen* servieren:

„Der *‹Vesuvius›* ist ein Ritual, bei dem man seine angestauten Frustrationen und Abneigungen, empfangene Kränkungen und verborgene Feindseligkeiten, kurz, seine ganze Wut in voller Lautstärke herausschreien darf. Zur Durchführung des Rituals bedarf es der Zustimmung derjenigen Person oder Personen, die daran teilnehmen sollen.

„*Schlechtes Streiten* hat auch in Amerika einen schlechten Ruf, denn die meisten Menschen können sich nur zu gut daran erinnern, wie ihre Eltern sich schlecht gestritten haben... Unsere Idee war, dieses Streiten zu säubern, wie man durch Spielregeln den deutschen Fußball oder amerikanisches Football, Tennis, ja sogar Boxen säubern konnte... Wir wollten praktisch die Streittechnik, den Stil des Streitens verändern, um so den schlechten Geschmack zum guten Geschmack umzuwandeln... Wenn man mit einem Konkurrenten zusammen ist, beide machtlos sozusagen, denn sie müssen miteinander leben, dann erlauben Rituale, daß der Ärger sich nicht aufstaut und in gemeinere, destruktive Formen ausartet. Leute, die sich nicht lieben, brauchen sich auch nicht zu lieben, sie können sich sogar hassen, ohne sich dafür totzuschlagen – denn wir haben Rituale dafür" *(Bach)*.

Der bei dieser Geschichte begossene Pudel sollte sich ausschließlich darauf konzentrieren, aufmerksam und gleichzeitig gelassen zuzuhören: „Es wird von Ihnen erwartet, daß Sie den Ärger Ihres Partners ‹hören› – seinen ‹Druck› verspüren; dagegen wird nicht von Ihnen erwartet, daß Sie irgendwelchen Äußerungen beistimmen.“ Also: alles betroffen, aber gelassen zur Kenntnis nehmen. Ist der Bezug zum eigenen Ego allerdings allzu stark, so muß die Übung in die „Virginia–Woolf–Übung“ überführt werden – dann toben beide!

Man kann es zur privaten, häuslichen oder auch zur beruflichen Konfliktlösung anwenden. Für dieses Ritual ist nur der einseitige Wutausbruch vorgesehen, den die Gegenpartei kommentarlos über sich ergehen läßt.“ (Spätestens jetzt brechen die zwei deutschen und der eine ausländische Aggressionsforscher, denen dieses idiotische Buch aus Versehen in die Hände geraten ist, entweder in Wut aus oder zusammen oder die Lektüre ab.)

Die Übung kann kontemplativ angebahnt werden, indem der angehende Wüterich über den Ärger des Tages erst mal nachdenkt und alle Ärgernisse notiert. Sodann wendet er sich an seinen Streitpartner („übrigens ist das ‹Anhören› ihres Vesuvius ein Freundschaftsdienst und ein Zeichen des guten Willens“), bittet ihn um Anhörung, legt eine Zeitbegrenzung fest – und donnert los, was das Zeug herhält (und der Partner gerade noch aushält – nicht zu zimperlich sein, der hält ’ne ganze Menge aus!). Damit dieser nicht gänzlich das Grausen kriegt, kann der Vulkan in einem gehörigen, angenehmen geographischen Abstand losbrechen (40–374 cm Abstand zwischen Sender und Empfänger; Childerich III. wählte aus naheliegenden Gründen immer gerade knapp die Entfernung zwischen Oberschenkelgelenk und Fußspitzen, wenn er mit seinen Lakaien lamentierte).

Das Ritual kann regelmäßig – möglichst täglich – zu Hause, in der Familie oder an der Arbeit angesetzt werden und braucht und darf nur einige Minuten dauern. Jeder Beteiligte soll drankommen, ob am selben Tag oder an aufeinanderfolgenden Tagen ist egal, muß aber ein für alle Mal festgelegt sein.

Eine *Bachsche* Übung, die in die Kategorie Frustrationsaggressionen einzuordnen ist, ist die *Standpauke mit Wiedergutmachung* (*Kopfwäsche*): Sie besteht aus einer einseitigen verbalen Zurechtweisung von rein anklagendem Charakter bei mehr oder minder schwerwiegenden Verfehlungen des Partners, die nicht wiedergutzumachen oder zurückzunehmen sind. Durch die Übung soll der Frust des Frustrierten ab– und das Ansehen des Schuldigen wiederhergestellt werden. Letzterer muß seine Schuld und Verantwortung anerkennen („Ich bin selber nicht froh darüber, aber ich tat/tu’ es trotzdem“).

Ist dies nicht gegeben, so schreiten wir lieber zu „Vesuvius“ oder „Virginia–Woolf“. Auch leichtere Mißliebigkeiten, die erwiesenermaßen schwer oder gar nicht abzustellen sind, fallen in den Indikationsbereich dieser segensreichen Übung: Verlegen des Autoschlüssels (wodurch der Partner sein Flugzeug, eine Konferenz oder ein Rendezvous verpaßt), Vergessen von Geburtstag, Hochzeitstag oder dem Tag des ersten (erquicklichen) gemeinsamen Beischlafes, Rauchen, Saufen, Huren, PLAYBOY–Lesen, Wunderbar–schmutzige–Witze–Erzählen, Rülpsen, Furzen und was das Herz noch so alles begehrt.

Die Pointe ist hier jetzt eine *Rehabilitationsmaßnahme* (Buße – das kommt uns doch so bekannt vor), die der Ankläger verordnet und mit der sich der Angeklagte einverstanden erklären muß (Wiedergutmachung). Beliebt ist dafür das Mülleimer–Hinaustragen für die nächsten Tage, Wochen, Jahre oder bis ans Ende aller Zeiten.

Danach soll dann, das ist Grundvoraussetzung für beide Seiten, alles vergessen werden bzw. – bei Könnern – schon sein. Das *Verfahren (Bach & Bernhard)*:

1. Laden Sie Ihren Partner zu einem *Kopfwaschen* ein. Der Herausforderer kann vorher sagen, welcher *Anlaß* beim Kopfwaschen behandelt werden soll, er kann es aber auch verschweigen. Tut er das aber, so hat sein Partner, der die Einladung vorerst angenommen hatte, die Möglichkeit, bei Bekanntwerden des Anlasses das Kopfwaschen abzulehnen.
2. Ihr Partner kann bestimmen, *wie lange* die Übung dauern soll. Voraussetzung für die Zeitbegrenzung ist die gegenwärtige Toleranzspanne Ihres Partners.

3. Überlegen Sie sich Ihren *Anklagepunkt* gut, und dann beginnen Sie. Greifen Sie Ihren Partner mit Worten an und versuchen Sie, ihm die kränkende Wirkung seines Verhaltens deutlich zu machen. Beschränken Sie sich dabei auf den behandelten Fall.
4. Die agierende Person beim Kopfwaschen muß die *Themen– und Zeitbegrenzung* beachten; die Person, an der das Kopfwaschen durchgeführt wird, muß *schweigend und aufmerksam zuhören*.
5. Nach Beendigung des Kopfwaschens *umarmen* sich die Partner. Das Ritual ist hiermit beendet, wenn alle Feindseligkeit beendet wurde. Häufig kommt es allerdings vor, daß das Subjekt seine Reue zeigen möchte, oder es fühlt sich schuldig, oder es ist nicht sicher, ob wirklich aller Groll verflogen ist. In solchen Fällen kann der Empfänger des Kopfwaschens um einen Brückenbau bitten.
6. Das Brückenbauen stellt eine bestimmte, zeitbegrenzte *Bußhandlung* dar, zu der sich der Partner bereitfindet, um sein altes Ansehen beim Partner wiederherzustellen, *nicht* aber, um die Kränkung ungeschehen machen zu wollen! Das geht ja per definitionem nicht. Die Art der Bußhandlung muß daher nicht in Beziehung zu der ursprünglichen Kränkung stehen. Da ja das kränkende Verhalten nicht ungeschehengemacht werden kann, wird es auch durch das Brückenbauen nicht aus der Welt geschafft. Nur der zugefügte Schmerz wird gemildert. Ein „Quid pro quo"–Handel ist nicht zulässig.
   Beispiel: „Du meinst also, wenn ich dich den ganzen Nachmittag in Ruhe lasse und uns heute abend ein paar Steaks grille, wirst du mir die beleidigenden Bemerkungen verzeihen, die ich vor deiner Ex–Frau über deine Mutter gemacht habe? Und du wirst mich mit einem Kuß begrüßen, wenn ich die Steaks zum Tisch bringe und mir nichts mehr nachtragen? – Einverstanden!"
   Nach Durchführung der vereinbarten Bußhandlung wird der Beleidigte gebeten, dem Partner uneingeschränkt zu verzeihen.

Für den Fall des nicht ganz grundlosen Schimpfens übergibt uns *Bach* den *Beschwerdesack*, bzw. läßt uns das *Museum der Verletzungen* ausstaffieren. Zwei verletzte Partner meditieren getrennt über ihre eigenen Verletzungen der letzten Jahrzehnte, Jahre, Monate, Tage, Stunden oder Minuten – soweit sie sie auf den Partner kausalattribuieren. Diese tragen sie in eine Liste ein (evtl. als Hausaufgabe fortführen lassen), just wie sie ihnen gerade einfallen.

Zu einem vorbestimmten Zeitpunkt, vielleicht in der nächsten therapeutischen Sitzung, beginnt einer von beiden, seine Liste dem anderen vorzutragen, komplett, mit Erläuterungen und, nur auf Anforderung seinerseits, mit Rückmeldung des Partners. Hat er/sie geendet, packt der andere seinen Beschwerdesack aus. Und nun folgt etwas sehr Originelles:

„a) Einige der Listen–Punkte werden ‹begraben›; manchmal verbrennt sie der Trainer sogar.
b) Einige Punkte werden gegen andere auf der Liste des Partners ausgetauscht.
c) Einige werden zu Streitthemen erklärt.
d) Einige kommen in das Museum der Verletzungen.

… Die so entstandene ‹Museums–Liste› enthält also Punkte aus der Vergangenheit, die zum Vergessen immer noch zu schmerzlich sind. Da sie nun aber in ein Ritual verpackt sind, können sie nicht mehr so ansteckend wirken in der neuen oder laufenden Beziehung. Das Aussprechen von Museumspunkten wird auf vorher ausgehandelte Zeiten reduziert und folgt dann dem Leitfaden für das ‹Liste–Lesen› wie oben beschrieben." Das ist im besten Sinne des Wortes kultivierte, differenzierte Schimpf– und Streitkultur!

Patienten hilft *Zilek* in einem mit *Doctor Döblinger* zusammen konzipierten Studio rhythmisch auf die (Wut–)Beine:

Verein
für rhythmisch–richtiges Gehen
und Herren–Neogymnastik
am 1., 10., 20. jedes Monates von 4–6 Uhr

Ja muß es denn damit enden,
daß einer in seiner eigenen Wohnung
brüllend mit Hämmern
in alle Spiegel fällt?!
O nein!
Der Verein
für rhythmisch–richtiges Gehen
und Herren Neo–Gymnastik
löst dich aus den Krallen der Wut

Doch auch die Konkurrenz ist hellwach. Der Mann der Wissenschaft, *Prof. Dr. Horn*, entwirft in einem schöpferischen Augenblick ein serielles Aggregat mit zehn dreigliedrigen Elementen, die teils ein Klopfwerk ausmachen, welchselbes in einer Art aufklappbarem Sturzhelm montiert ist und die Wut–Fußspreizung des Trägers in ein rhythmisches Klopfen, Schlagen oder Hämmern transponiert – eine der ersten Applikationen des Biofeedback–Paradigmas auf Ärgerreaktionen:

Wuthäuslein nach Prof. Dr. Horn,
mit automatischer Application,
Fußwinkel–Indicator
und
ausfahrbarem Brüll–Trichter.
Medizinische Heil–Apparatur
für schwere, an der Grenze des Klinischen
liegende affektive Zustände.

Doderer

Streiten

Warum wir uns streiten:
1. Frust(ration) & Rache
2. Eifersucht
3. Angst und Ausweglosigkeit
4. Geringschätzung & Verachtung
5. Aggressionslust (Necken & Ärgern)
6. Selbstbehauptung
7. Rangordnungsstreben (Konkurrenz & Rivalität)
8. Gehorsam
9. Nachahmung (Imitation)
10. Angriff gegen den Gruppenfeind (Außenseiterreaktion)

und und und...?

Zur *Indikation des Streitens* eine Bemerkung: In der sozialen Interaktion gibt es 2 Ebenen:

1. Die Ebene der *Vernunft*, Logik, Ratio; sie spiegelt die Struktur des *Neocortex* wider, wird von ihm ausgefüllt und bestimmt.
2. Die Ebene des *Gefühls*, der Motive, Instinkte, Emotionen, Affekte, des Irrationalen; sie spiegelt die Struktur des *Limbischen Systems* wider und wird von ihm bestimmt.

Auf beiden Ebenen gelten unterschiedliche, ja diskrepante und z.T. widersprüchliche Regeln. Es existieren unterschiedliche Hardware, Betriebssysteme und Software.

> Geht es um *echte Probleme* wie das Aushandeln von Rechten, Rollen und Pflichten, um Aufteilung von Gewinnen, Ressourcen und Sexualpartnern, um Interessenkonflikte (zusammen vermeintlich 98% aller Streits, tatsächlich 4%), so sind beide Neocortices gefordert, ein *Kommunikationstraining* indiziert: zuhören, argumentieren, einigen, Kompromisse schließen, Probleme lösen, vernünftig bleiben und und und. Sind aber *Emotionen im Spiel* wie die berühmten um des Kaisers Bart (in den verbleibenden 96% aller Auseinandersetzungen zwischen Menschen & –gruppen der Fall!), so sind die jeweiligen Limbischen Systeme gefordert, ein *Streittraining* ist angesagt. Es folgt z.T. dem Kommunikationstraining diametral entgegengesetzten Regeln.

Die oben genannten *Regeln einer vitalen Aggressionsäußerung* klingen noch relativ harmlos, verwandeln sich aber bei ihrer Realisierung in wahre Bestien! Sie widersprechen allem, was wir über zwischenmenschliche Kommunikation bisher gehört haben: vernünftig, ruhig, überlegt, besonnen, aufmerksam miteinander reden. Beim *guten Streit* geht es unvernünftig, laut, übertrieben, unflätig, barbarisch, chaotisch, ausgelassen, unaufmerksam, beleidigend und rücksichtslos zu (spätestens jetzt habe ich wohl den letzten Leser, der sich noch ganz bei Trost fühlt, verschreckt – lesen Sie bitte bitte trotzdem weiter.

In Wirklichkeit ist die Sache allerdings wohl noch komplizierter insofern, als in jeder Kommunikation neben den dominierenden emotionalen Anteilen auch noch kognitive mitschwingen, die dann in die Kommunikation ein heilloses Durcheinander bringen (sei's drum, damit müssen wir leider leben!).

Diesen *Widerspruch zwischen Kommunikation* (& Kommunikationstraining) *und Streit* (& Streittraining) kann man sich so plausibel machen: Im ersten Fall der Kommunikation kommunizieren zwei Großhirne (mit ihrem beschränkten Einfluß auf unser Erleben, Empfinden und Verhalten) miteinander; dies endet meistens in einer endlosen Diskussion der Schuldfrage, die nicht selten vor Gericht oder auf dem Schlachtfeld in die totale Entzweiung einmündet. Im zweiten Fall des Streitens kommunizieren zwei Stammhirne mit ihren Limbischen Systemen miteinander: Widersprüchliches, Übertreibungen, Beleidigungen, Ungereimtheiten, physische Erregung und Erschöpfung, Schuldgefühle und Versöhnliches sind nicht nur geduldet, sondern elementare Kommunikationscodes, Sprachelemente dieser emotionalen Biocomputer. Sie zu umgehen, zu sublimieren, hieße das Wasser den Berg hinauf zu schicken.

Dieser Stil der Auseinandersetzung markiert schon den Übergang *vom einseitigen zum beidseitigen Wüten*. Hier gibt es zwei Modi vivendi: den *sukzessiven* Streit, wie unsere beiden *Merowinger* ihn praktizieren, und den *synchronen*. Beides ist illegitim und gleichermaßen erfolgreich. *Bach* bevorzugt die undialektische, gleichzeitige Brullerei.

„Die Gespräche oder Auftritte zwischen Childerich III. und Pepin (Pippin) entbehrten nicht gewisser Formen. So zum Beispiel ließen die beiden einander stets vollends ausreden; auch der Wüterich unterbrach Pepin niemals. Sie schleuderten einander oft lange Perioden entgegen, mitunter getrennt von Pausen vollkommenen Schweigens. Dann nahm jeweils der eine oder der andere wieder das Wort" *(Doderer)*.

„Das ‹*Virginia–Woolf*›–*Ritual* ist ein Austausch von Beleidigungen zwischen zwei Personen, bei dem es keine Regeln des guten Anstands oder der Rücksichtnahme zu beachten gilt. Seine Dauer wird vorher gemeinsam festgelegt, etwa auf zwei Minuten... Beide schreien gleichzeitig aufeinander ein. Dabei soll jeder von ihnen versuchen, sich nur auf seinen eigenen Angriff zu konzentrieren und so wenig wie irgend

Auf der Rennbahn

re Ich bin nämlich zum ersten Mal auf der Rennbahn, aber weil Sie ja so gut Bescheid wissen, vielleicht können Sie mir dies und das erklären.
li Na dann passen Sie mal gut auf, passense mal gut auf. Dahinten, wo die No. 1 steht, das ist Wohlnix auf Gänseblümchen.
re Der reitet auf einem Blümchen, (lacht) hohoho, auf einer Blume?
li Doch keine Blume! So'n Pferd! Genau wie Sie kein Mensch sind, sondern ein alter Kaffer.
re Hohoho! Wie gemein!
li Weiter, weiter, weiter. Auf No. 4, Otto Schmidt auf Electrola.
re Ach, der singt da?
li Hören Sie mal, passen Sie mal auf, ich will Ihnen mal was sagen, Herr, auf dem können Sie wetten, könnense wetten, der ist gut. Ich habe da eine ganz sichere Information. Wenn er will, dann macht er's, dann macht er's. Wenn er will. Wenn nicht, dann will er gar nicht.
re Ach, dann will er nicht.
li Nee. Wenn er's nicht macht, dann hat er nicht gewollt oder konnte nicht.
re Er konnte nicht! Ach, wie unangenehm. Naja, so'n Pferd ist ja schließlich auch nur'n Mensch.
li Seinse ruhig, seinse ruhig! Moment, Moment, jetzt gehen sie an den Start. Achtung, jetzt gehen sie an den Start.
re Jetzt gehen sie an den Start? (Pause)
li Jetzt gehen sie an den Start.
re Ach, laufen die denn hier so das ganze Jahr so herum?
li Bei uns in Deutschland nicht, aber in Frankreich, in Biarritz und am Po. (Pause)
re Am Po auch? (Pause) Ach, sind Sie ordinär.
li Achtung! Jetzt geht's los, geht's los. Sie laufen, sie laufen ein. 1, 2, 3, auf, auf los, sie laufen!! Jetzt finishen sie.
re Sie finishen, direkt auf'n Rasen?
li (keine Antwort)
re Ach, wo laufen sie denn, wo laufen sie denn hin? Mein Gott, wo laufense denn?
li (unterbricht) Da, Augenblick! Weiter in Front, weiter in Front!
re Wo laufen sie denn, wo laufen sie denn? Mein Gott, wer gewinnt denn?
li Ja, wer zuerst reinkommt.
re Ja, Gott, wenn er drin ist, weiß ich es ja auch, ne?
re Wo laufen sie denn, wo laufen sie denn hin? Wenn sie sich nur nicht verlaufen, was? Wo laufense denn?
li Nun nehmen Sie doch endlich ihr Opernglas, mein Gott?
re Naja, das muß einem ja gesagt werden. Wo laufense denn? Mein Gott, bei mir's alles dunkel. Was ist denn das? Ach, ich hab' das Glas verkehrt rum. Naja, das kann ja passieren. Wo laufen sie denn, wo laufense denn, mein Gott, wo laufense denn? Wo laufense denn? Ach! Augen! Ach! Och, hab' ich einen Schreck gekricht. Ich sehe immer nur ihr albernes Gesicht.
li Naja, Sie müssen da lang gucken. Gukken Sie doch nicht mich dauernd an. Da sind doch die Pferde! Was glotzense mich an?
re Ach, da sind die Pferde.
li Ja, so!
re Ach, so! Ach, ist das schöööön, ach, ist das schööööööön, ach, ist der Rasen schön grün.
li Ach, wissense. Seinse mir nicht böse, aber Sie sind ein selten dämlicher Hund!!!
re (schnauft!) Pause!
re Wer?
li Sie!
re Ich?
li Ja!
re Nehmen Sie das eventuell zurück?
li Wer?
re Sie!
li Ich?
re Ja!
li Nee!
re Na, denn ist die Sache für mich erledigt!

Loriot

möglich auf das zu hören, was der andere sagt, oder gar darauf zu anworten... Ein gekonntes ‹Virginia—Woolf›—Ritual hat folgende Kennzeichen: keine Unterbrechung im unaufhörlichen Strom der beleidigenden Reden, die auch die absurdesten Übertreibungen enthalten dürfen und von entsprechender Gestik wie sarkastischen Grimassen oder drohenden Bewegungen unterstützt werden. Die Nachwirkungen dieses Rituals auf seine Teilnehmer werden nach deren eigener Aussage durchweg als wohltuend empfunden; sie fühlen sich wie ‹gereinigt› und enger als vorher mit der Person verbunden, die sie gerade beleidigt haben."

Auch hier ist die geistige Einstimmung und Konzentration erforderlich. Die *Gürtellinien* des Widerparts müssen eruiert werden, damit dann gezielt daruntergegangen werden kann. „Versuchen Sie, sich zu erinnern, bei welchen Gelegenheiten Sie beobachtet haben, was den Gegner verletzt, erschüttert oder beschämt hat." Machen Sie sich dabei keine Gedanken und Sorgen um Ihre eigene Verteidigung, da Sie ja gar nicht hinhören und antworten sollten auf das, was der andere Ihnen vorballert. Zur Beendigung wird entweder vorher eine Zeitbegrenzung (1—5 Minuten) benannt oder Abwinkzeichen wie „Ich ergebe mich" oder „Ich hab' genug". Bei der Übung muß immer ein Trainer, der auch Zeitmesser ist, anwesend sein. Er greift jedoch nur ein, wenn einer den anderen körperlich angreift, einer anfängt, sich zu verteidigen und auf Beleidigungen zu antworten, abschaltet oder dichtmacht. Trainer und ggf. Publikum feuern diesen dann an. Sollte der Betroffene dann immer noch nicht reagieren, unterbricht der Trainer die Runde und geht auf ihn ein.

„Der Trainer kann den ‹geistig blockierten› Partner auffordern, einen bestimmten Satz wieder und wieder zu sagen oder das Alphabet zu Hilfe zu nehmen, um eine reichhaltige Liste von Schimpfwörtern aufzustellen, wie z.B. ‹Du Armleuchter! Du blinde Henne! Du dämlicher Hund! Du Elefantenhirn! Du frigider Freddy!› etc. Sobald der ‹sprachlose› Partner wieder Munition hat, läßt der Trainer die Runde noch einmal beginnen" *(Bach & Bernhard)*.

„Es ist z.B. nicht ungewöhnlich, daß bei der ersten Durchführung einer ‹Virginia—Woolf›—Übung die beiden Gegner über das Maß an Feindseligkeit staunen, das sie aufbringen, und zwar sowohl hinsichtlich der Intensität als auch der Bösartigkeit. Dieses Erstaunen braucht aber nicht traumatisch zu sein, wenn Sie bedenken, daß Menschen buchstäblich wandelnde Reservoirs von Aggressionen sind" *(Bach & Bernhard)*.

GEMACH IN CHILDERICHS FLÜGEL DES BARTENBRUCH'SCHEN STADTPALASTES
CHILDERICH III., PIPPIN

CHILDERICH *mit gesteigertem Fußwinkel*
O Schwein der Schweine!
Daß ich dir an die Kaldaunen könnte!
Ich risse dir die Kutteln einzeln aus
und schmisse sie zum Fenster dann hinaus,
weil ich den Hunden solches Fressen gönnte!

PIPPIN *ruhig, ölig und im scrotalen Basse*
Die leere Drohung macht mir wenig bang.
Du bist mir neidig, sei ich noch so klein.
Nennst andre Schweine und bist selbst ein Schwein.
mit bösem, sinistrem Lächeln
Wer wem was ausreißt, wird die Zeit noch zeigen. Ich will für heute lieber davon schweigen.
Er wendet sich zum Gehen

CHILDERICH
Schwein!
Tritt Pippin in den Hintern

PIPPIN, *der sich blitzschnell umgewandt hat, versetzt Childerich einen kräftigen Fußtritt vor den Bauch und geht rasch ab*

CHILDERICH, *allein, als er das Gleichgewicht gefunden, nach Atem ringend, doch nicht ohne Größe*
Dies Schwein wagt's, mich zu treten.
Auf dem Schlachtfeld allein kann solcher Schmach die Sühne werden!
Doch halt! Versammelt er der Kerle nicht starkknochig, grob, jetzt eine rauhe Menge?
mit rasch sinkendem Fußwinkel
Wie soll mein Lumpenvolk denn da bestehn, verfressen und verwöhnt, geil und versoffen?!
Man jagt sie aus dem Feld! Und Pippins Hohn, der Wut der Weiber werde ich zur Beute.
Soll so das Bartenbruch'sche Haus vergehn, der Rettung fern, da ich allein hier stehe und niemand zuhilft?! Unvollendet bleibt mein Werk auch, und zum Ende treibt jetzt schrecklich alles. Dreimal Wehe!
Langes Schweigen

Doderer

Was nun noch fehlt, ist die möglichst nahtlos, spätestens aber nach Stunden unbedingt zu erfolgende *Versöhnung* in Form von „Wollen wir uns wieder vertragen", „Laß uns wieder Freunde sein", „Komm, hier nimm dir eine Praline von mir", „Ich hab's ja so nicht gemeint – aber so bin ich nun mal" oder oder oder. Nach dem Ritual umarmen sich die beiden Gegner, wobei sie dem Publikum *verständnissinnig zublinzeln*.

Streitnachwirkungstabelle *(Bach & Bernhard)*

	+	0	–
Verletztsein	vermindert		verstärkt
Information	neu		alt
Positionsveränderung	Boden gewonnen		Boden verloren
Kontrolle	verstärkt		vermindert
Furcht	vermindert		vergrößert
Vertrauen	vergrößert		vermindert
Rache	vergeben		stimuliert
Wiedergutmachung	aktive		keine
Zentriertheit	zentrierter		weniger zentriert
Selbstwert	mehr		weniger
Katharsis	befreit		verklemmt
Verbindende Wirkung	näher		ferner

Ein *Tonband–, Kassetten–* oder gar *Videogerät* ist Goldes wert: alle Streits aufnehmen und hinterher anhören respektive –schaun: Verhalten, Mimik, Gestik, Stimmodulation, Lautstärke (in Phon – Achtung: logarithmische Skala!), Wortwahl (Säuischkeitsgrad), Gesichtsrötung (nur bei Video möglich!), eigene Schwächen und Stärken im Schimpfen und Streiten erkennen, bewerten und ab– bzw. ausbauen. Auch können so die Streits zur Bewertung, Belehrung oder Belustigung der lieben Verwandtschaft, Nachbarschaft, im Freundes–, Kollegen– und Bekanntenkreis sowie zur Erziehung der lieben Kleinen reproduziert werden.

Rächen

Schon Kinder und Säuglinge, die noch nicht sprechen können, lassen sich nichts gefallen, sondern üben bei Angriffen sofort *Vergeltung*. „Die Lex talionis ist früh angelegt... Gleiches mit Gleichem zu vergelten heißt das ursprüngliche Gesetz... Kinder handeln beim Streit nach dieser Regel" *(Eibl– Eibesfeldt)*. Und Erwachsene, wenn wir uns Ehestreits, politische und diplomatische Auseinandersetzungen, Familienfehden, Nachbarschaftsstreits, Gerichtsverhandlungen u.v.m. anschauen, in nichts, aber auch reineweg in gar nichts minder!

Die vor knapp 2.000 Jahren in die Welt gesetzte Story mit der rechten und der linken Backe ist bis heute ein illusionärer Schmarren geblieben – und wurde und wird von denjenigen, die sie erfunden haben, am allerwenigsten praktiziert. Tatsächlich ist die Hauptquelle der zeitgenössischen Lust an *Filmen* (Krimi, Wildwest, Schicksal, Liebe, Heimat, Abenteuer, Slapstick, Witz, Horror, Kinder) wie an *Sportereignissen* die stellvertretende Befriedigung von Revanche– und Rachegelüsten, wo immer sie auch herstammen. Diese Bedürfnisse scheinen im gleichen Maße beim Menschen wie in unserer Gesellschaft stark stimuliert, aber unbefriedigt zu sein, so daß sie ihren perversen Ausfluß in einem *Rachevoyeurismus* ungeheurer Ausprägung suchen und, wie das so bei Perversionen leider ist, nur sehr beschränkt finden.

Das Rächen ist nach meinen erleuchtenden Andeutungen reaktiv (gehört von daher zum Streiten) und lappt zugleich noch in die Bereiche Rivalität und Konkurrenz über. Die häufigste *Indikation für Rache* ist heute eine (Ehe–)Trennung. Früher, als es noch (fast) keine Scheidungen gab, waren Ehrverletzungen der häufigste Grund für Revanche–Maßnahmen, die allerdings offener ausfielen als die heutige Rache; es waren offene Duelle: Auge um (in) Auge, Zahn um Zahn. Fangen wir beim Rächen mit den eher harmlosen Empfehlungen von *Cabot & Wanderer* an, in denen es um „Trennung aktiv bewältigen" geht. Sie sprechen von *konstruktiver Rache* (worunter sie witzigerweise verstehen, daß man zu seinen Rachegelüsten steht, sie aber nicht in die Tat umsetzen soll), sie legen eine Racheakte an, sie kultivieren mit aller bei Publikationen gebotenen Vorsicht *Rachephantasien*: („Sie wissen genau, daß Sie Ihren Ex nicht wirklich anschwärzen *dürfen* " – natürlich dürfen wir es nicht, aber ich hoffe, dieser oder jener Rächer *macht* auch dieses oder jenes bei *Cabot & Wanderer*, nur: das werden die Autoren nicht veröffentlichen!). Da wird vorgeschlagen und konstatiert: „Sollen Sie die neue Beziehung von Ihrem Ex sabotieren? Ihn bei der Steuerbehörde verpfeifen, weil er nebenbei schwarz gearbeitet hat? Hatte sie Ihnen nicht gestanden, wie sie bei ihrer Firma immer ein paar Schreibmaschinenbänder und Kugelschreiber mitgehen ließ? Und hatte er nicht vor kurzem Hasch besorgt?... Es ist überhaupt nichts Schlimmes dabei, solche Gedanken zu haben, solange Sie imstande sind, sie zu kontrollieren. Im Gegenteil, sie sind sogar recht nützlich, denn sie aktivieren Ihre Lebenskräfte, indem Sie ein gewisses Gefühl von Macht über den verlorenen Partner bekommen. Denn eine der Ursachen für Ihre Niedergeschlagenheit war das Gefühl des Machtverlustes, das Hand in Hand mit dem Liebesverlust geht." Tatsächlich haben Phantasien eine unglaubliche Potenz. Ihre Wirkung auf *Gemüt, emotionales Empfinden und Physiologie* bleibt oft nicht weit hinter der realen Erfahrung zurück. Es kommt nur darauf an, wie plastisch die Vorstellung ist. Das aber läßt sich trainieren.

Rache ist süß, behauptet der Volksmund. Die Autoren eines gewissen „Neuen Lexikons der Rache" gehen weiter, wenn sie einen gewissen Johann zitieren: „Jedes Gefühl durstet nach Befriedigung. Unbefriedigte Gefühle machen dich krank. Du bekommst Magengeschwüre, vielleicht sogar einen Herzinfarkt... Glaub mir, Rache ist nicht nur süß, Rache ist auch eine Art von Notwehr" *(Thorer & Blumenberg)*.

Der Therapeut kann anfangs dem/r Racheanfänger(in) mit der *Verbalisierung* seiner hoffentlich elaborierteren Phantasien hilfreich unter die Arme springen. Schöne Geschichten sind hier auszumalen – in den giftig–schillerndsten Farben! Doch auch die *direkte Art von verbalem Wutausdruck* wird angeregt: „Wenn Sie also plötzlich das starke Bedürfnis verspüren, Ihrem früheren Partner zusetzen zu wollen, dann greifen Sie ruhig zum Hörer (gemeint ist der *Telefon*hörer, nicht ein etwaiger *Zu*hörer – um Gottes willen!, der Verf.). Rufen Sie ihn an und erleichtern Sie sich. Brüllen Sie, überschütten Sie ihn mit Vorwürfen und Drohungen (hört, hört!, der Verf.). Aber lassen Sie sich nicht auf Diskussionen ein... Üben Sie keine Zurückhaltung. Lassen Sie Ihren Aggressionen freien Lauf, solange Sie ausschließlich verbal (hier wieder diese eigenartige Beschränkung auf verbale Aggressionen bei *Cabot & Wanderer*! Mit nonverbalen aggressiven Handlungen, die eigentlich viel wirkungsvoller und befreiender sind, haben sie so ihre Probleme!, der Verf.) zurückschlagen. Werfen Sie dem anderen an den Kopf, wie mies, wie abscheulich Sie ihn finden. Ja, er/sie ist gar nicht der Wundermensch, der Superpartner, zu dem Sie ihn/sie in Ihrer Liebessucht hochstilisierten. Ihre Wut spült Ihre traurigen Gefühle und auch Ihre Angst mit fort. Bald verspüren Sie neue Kräfte."

„Was für ein dummes Gesicht wird sie machen, wenn ihr Chef sie bittet, ihre Tasche mit den stibitzten Farbbändern und Stiften zu öffnen... Sehen Sie nicht schon die Polizei mit ihren Hasch–Hunden um sein Haus schnüffeln?... Erleben Sie, wie Ihr Ex sich im Gespräch mit dem Steuerfahnder verhaspelt... Stellen Sie sich sein/ihr Gesicht vor, niemand sieht gut aus, wenn er große Sorgen und Angst hat. Phantasieren Sie die hektischen Ausrufe aus, die er/sie bei Ihnen macht, um noch etwas zu retten" *(Cabot & Wanderer)*.

Ja die Autoren gehen noch ein kleines Schrittchen weiter und empfehlen das *Drohen*, die wohl wundervollste Erfindung aggressiver Auseinandersetzung. Zum Austesten der Potenz einzelner Drohungen und Drohgebärden empfehlen sie das Gespräch mit guten Freuden, die allerdings nicht mehr auch mit dem Ex befreundet sein sollten. „Je verblüffter Ihre Freunde sind und je entsetzter sie Ihnen abraten, desto besser sind also Ihre Machtmittel." Und dann geht's an die Front. Verbalisieren Sie Ihre Drohungen Ihrem/r Ex gegenüber: „Sie fühlen sich wundervoll stark." Vorsicht ist geboten, wenn Zeugen dabei sind. Also besser unter vier Augen (mit dem Weißen im Auge des Feindes im Blick).

Und für den Fall der Fälle, den *Tag X* wird eine *Racheakte* (auch Geheimakte) angelegt mit allen ausgearbeiteten Rachetaktiken und machiavellistschen Manövern. In diese Akte gehören auch alle Beweismittel gegen Ihren Ex („Genießen Sie es, Dinge zusammenzutragen, die ihn von heute auf morgen in einen ebenso leidvollen Zustand zu bringen vermögen"), alle geschriebenen und (nach Meinung der Autoren *hoffentlich*) nicht abgeschickten Briefe an Ex, Finanzamt, KGB, Gestapo, Polizei, Chef, CIA, König Ludwig XIV u.v.m. Diese Akte sollte absolut geheimgehalten werden; also in den Giftschrank, Tresor, zum Rechtsanwalt oder Ihrem munteren Psychotherapeuten – oder unter das Kopfkissen mit ihr.

Die einzige *Rachehandlung*, die *Cabot & Wanderer* ihren geplagten Verlassenen zugestehen, ist die süßeste Rache, nämlich die *Erregung von Neid*. In Freuden leben und es den Ex wissen/merken lassen. Sich mit den schönsten (wahlweise oberaffengeilsten) Damen oder Herren umgeben und ihm/ihr dies Freudenleben unter die Nase reiben. Oder die Gehaltserhöhung, das neue Auto, die neue Garderobe, die Beförderung, der neue Aufgabenbereich usw. usf.

Und nun: the best of all! *„Das Lexikon der Rache"* von *Thorer & Blumenberg*, ursprünglich natürlich bei Eichborn verlegt, dann auch noch von Heyne aufgegriffen (daß *sowas* überhaupt gedruckt und vertrieben werden darf, ist ein Geschenk und Wunder unserer sonst so aggressionsgehemmten Jurisprudenz und Exekutive). Es steht neben dem *Hopfschen* Reader griffbereit auf dem Schreibtisch des Emotionstherapeuten.

Thorer & Blumenberg schrecken noch vor Mord und Totschlag zurück (und verweisen auf so was wie Gewitter, unvermuteter Autounfall oder Fegefeuer). Recht so! In diese moralisch nicht mehr vertretbaren (es sei denn, es geht um die Verbreitung oder Verteidigung des Christentums!) Sphären dringt ein Handbuch vor, welches einen Titel hat wie „100 Wege seinen Feind fertigzumachen" oder so; es bietet Methoden des Psychoterrors, die juristisch und polizeilich fast nicht festzumachen sind. Mir ist es *leider* nicht gelungen, dieses Werk als erschreckendes Beispiel beizukriegen. Mehr als eine Rezension im Wochenmagazin DER SPIEGEL vor vielen vielen Jahren und Gerüchte von allen Seiten ist mir bisher darüber nicht untergekommen. Sorry!

Zurück zur machbaren, angemessenen Rache. Was da die Herren *Thorer & Blumenberg* so alles empfehlen, traue ich mich hier auch nicht annäherungsweise widerzugeben: Das vorliegende Buch würde zeitgleich mit dem „Lexikon der Rache" konfisziert, und ich laufe Gefahr, die Herren Autoren persönlich in recht unschöner Umgebung intensivst kennenzulernen.

Also die Geschichten mit Knallfrosch oder Plastik–Gasfeuerzeug im *Auspufftopf* des gegnerischen Autos können bei schreckhaften Feinden oder kompatiblen Verkehrssituationen gefährlich ins Auge gehen. Auch das Umbringen der gegnerischen *Aquariumsfische* mittels einer Alka–Seltzer ist nicht die feine Art. Besser macht sich diese segensreiche Tablette schon in den Kammern der feindlichen *Autobatterie* („je eine halbe... eine ganze Tablette ist zu groß für die handelsüblichen Batterie–Öffnungen"). Via *Benzintank* läßt sich wahlweise mit abgebröckeltem Kerzenwachs, 100 Gramm Zucker, einem Büchschen Farbverdünner, einer Handvoll Herbstlaub oder zwei Fäusten voll Sand arbeiten. Das gegnerische *Telefon* ist durch einen Anruf leicht zu blokkieren; man muß nur die feindliche Partei veranlassen, zuerst aufzulegen: „Schwierigkeiten: Ihr eigenes Telefon ist selbstverständlich ebenfalls blockiert. Gut wäre also ein zweiter Apparat oder – wenn möglich – den Anruf aus dem Büro zu tätigen. Sie müssen nur darauf achten, daß möglichst kein Geräusch über Ihren Hörer kommt. Dafür können Sie, wenn Sie möchten, immer wieder Ihren Feind über sein vertracktes Telefon schimpfen hören. Es empfiehlt sich für diese Rache–Maßnahme auch besonders das Wochenende, weil sonst sehr schnell die Störungsstelle der Bundespost Ihren Apparat anpeilt. Also Vorsicht!"

„Eine gute Rache, so sagen die Sizilianer – und die müssen es ja wohl wissen–, eine gute Rache muß langsam gekocht und kalt gegessen werden... Die Gesetze schützen eben auch in einem ‹Rechtsstaat› immer nur die Stärkeren. Die Schwächeren haben von vornherein unrecht und sind deshalb auf ihre Fantasie und ihren Erfindungsreichtum angewiesen... Wer also sich der Rache–Eskalation vollständig enthalten möchte, möge sich an der vielzitierten Bergpredigt orientieren und eben beide Backen oder Wangen oder was auch immer hinhalten und den bösen, menschlich noch nicht so weit entwickelten Nächsten immer feste draufhauen lassen... Das rechte Maß – dies sei dem Leser noch mit auf den Rache–Weg gegeben –, das rechte Maß allerdings gilt es allemal zu wahren. Oft ist auch hier weniger mehr. Und wo gar Leben in Gefahr gerät, da sollte sich der Amateur–Rächer mit Grausen wenden und im Zweifel das Terrain anderen überlassen. Höheren Mächten, die ungestraft Gutes mit Gutem und Böses mit Bösem vergelten können..." *(Thorer & Blumenberg)*.

Subtiler und gemeiner ist das von mir schon mal in Erwägung gezogene regelmäßige *nächtliche Anrufen* (1x pro Nacht) des Erzfeindes, wobei man statt Meldung und irgendwelcher Meinungsbekundungen oder gar Drohungen schlicht und einfach nur eine *Uhr* ticken läßt; das kann ruhig jedesmal eine andere sein, wenn man genug Mitstreiter, Freunde und Verwandte für Anrufe zur Verfügung hat. Das I–Tüpfelchen bekommt diese Methode, wenn die Ratte noch an einer schweren Krankheit leidet. Da kriegt das Ticken der Uhr eine ganz besonders unfeine, ja fast schon makabre Note. Aber zurück zu den milderen Strafen.

Erika, eine Freundin unseres Hauses (nicht unbedingt zu verwechseln mit einer Hausfreundin), hat für gehörnte Ehepartner was parat. *Feigenkakteen (Opuntien)* haben feine Stacheln, die bei leichter Berührung (z.B. beim Drüberziehen der Vorderinnenseite der Unterhose des Ehemannes) sofort abbrechen, so daß die abgebrochenen Spitzen im Berührungsmaterial (in unserem Falle das Latzinnere, sprich der Sack– oder Eierbeutel) hängenbleiben und dort ihr zerstörerisches Unwesen treiben. Positioniert man diese Maßnahme noch zeitlich kurz vor einem vermeintlichen Zusammentreffen des Gatten mit der Nebenbuhlerin, so dürfte deren trautes Beisammensein empfindlich gestört verlaufen. Es soll hier schon peinliches Gelächter über den rotgeschwollenen und punktierten Kolben gegeben haben (von irgendwelchen danebengegangenen Beischlafversuchen ganz abgesehen). Über eine Anwendung dieser Methode bei untreuen Ehefrauen ist bisher nichts bekanntgeworden. Es ist fraglich, wie sich Opuntienstacheln in der dichten Bewaldung des weiblichen Venusgebirges verhalten, ob sie bis an die empfindlichen Erhebungen vorzudringen vermögen. Am *Institut für Sexualforschung* zu Marburg an der Lahn (Schwanallee 31c) läuft dazu gerade ein einschlagendes Forschungsprojekt – erste Ergebnisse lagen bei der Drucklegung dieses Werkes noch nicht vor.

Eine verdammt ähnliche Zielrichtung hat das wohldosierte Beimischen von *Beruhigungsmitteln* (Valium 5–15 mg, Lexotanil, Tranxilium, Adumbran, Limbatril, Tavor 1–2 mg u.a.m.) oder *Barbituraten* in den zwecks Gaumentäuschung gut gesüßten Kaffee oder Espresso kurz vor dem ehebrecherischen Abgang des geliebten Partners. Diese Methode ist erwiesenermaßen selbst von Ärzten als Opfer nicht durchschaut worden. Vorsicht ist allerdings geboten: Eine zu niedrige Dosis (von der individuellen Wirkung und Verträglichkeit dieser Medikamente abhängig) steigert zwar nicht gerade die Lust, aber u.U. die Potenz – da wäre dann alles nach hinten resp. vorne losgegangen! Ist dieser oder ein anderer Fall eingetreten, und ließ sich die Sache nicht vergällen und vergrätzen, so soll es schon Ehefrauen gegeben haben, die das eheliche *Auto* mittels Beil der Windschutzscheibe beraubt (und anschließend gemeinsam mit ihrem dankbar–versöhnten Ehegatten die Scherben von der Straße entfernt) haben.

Schön ist die *Bücherspende* unserer zwei Racheengel *Thorer & Blumenberg*: Pornographische Bücher mit einer *Widmung, Adresse und Telefonnummer* des Gegners werden in den Filialen der städtischen Bücherei in die Regale geschmuggelt; „Ein paar Bände ‹vergaß› N. in der Sparkasse, dem Supermarkt und auf dem nächsten Schulhof – und bei seinem Feind war bald der Teufel los." Zur Plazierung auf dem Schulhof sollte der Rächer allerdings die naiv–schlichte Einstellung gewisser psychologischer Buchautoren haben, daß eine nackte Frau und ein ebenso nackter Mann (oder gar beide) noch kein Kind vom Wege der psychischen Gesundheit abgebracht haben.

In eine absolut andere Richtung geht die künstlerisch–kreative Besprühung gegnerischer Kraftfahrzeuge mit Autolack als *Farbspray* („Nach Zeugenaussagen hat der Hauswirt so geschrien, daß die Fensterscheiben in der gesamten Wohnanlage geklirrt haben"). Doch auch hier ist ein Warnschild angezeigt: Die persönliche Federführung, der eigene künstlerisch–literarische Stil muß tunlichst zwecks Ausschluß von Rückschluß hintangestellt werden. Darüber hinaus (aber das gilt für alle Rache–Mate-

Fern(ver)sprecher

Den Feind mitten in der Nacht, während der Mahlzeiten oder im Morgengrauen anrufen und folgenden Dialog beginnen:
Rächer: „Hallo, mit wem spreche ich?"
Opfer: „Hier ist Schnuppendrall."
Rächer: „Oh, das tut mir aber leid, Herr Schnuppendrall ist im Moment nicht an seinem Platz."
Opfer: „Was? Wer?"
Rächer: „Wie ich schon sagte – Herr Schnuppendrall ist im Moment nicht hier!"
Opfer: „Was erzählen Sie denn da? Ich heiße Schnuppendrall, Sie haben doch mich angeru..."
Rächer unterbricht Opfer und wird etwas heftiger: „Verzeihen Sie, ich sagte Ihnen doch bereits, daß er nicht an seinem Platz ist! Aber ich richte ihm gerne eine Nachricht aus."
Opfer: „Sie Idiot, Sie! (Immerhin ist es 4 Uhr morgens.) Ich heiße Schnuppendrall, und Sie haben mich angerufen, nicht ich Sie! Was wollen Sie eigentlich?"
Rächer: „Beruhigen Sie sich doch, mein Herr. Ich kann doch nichts dafür, daß Ihr Schnuppendrall gerade nicht da ist! Geben Sie mir Ihre Nummer und Ihren Namen, und ich werde dafür sorgen, daß Herr Schnuppendrall Sie sofort anruft, wenn er zurück ist. Im Vertrauen gesagt: Er ist gerade mal außer Haus, um sich einen zu genehmigen. Wissen Sie, er hat da gewisse Probleme mit der Sauferei..."
Opfer verliert die Nerven und knallt den Hörer auf. Tut er's nicht und ist lediglich vor Wut sprachlos, dann wünscht man ihm einen „recht guten Morgen" und ein freundliches „auf Wiedersehen".
Schwierigkeiten:
Laut Gerd F. gibt es keine. Die Nummer hat angeblich bisher stets geklappt und lief in den Dialogen fast identisch ab.

Thorer & Blumenberg

rialien!): „Farbdosen, die verwendet wurden, sollten sofort in sicherer Entfernung in irgendwelche Mülltonnen geworfen werden. Handschuhe, die Farbspritzer auf den Händen vermeiden helfen, ebenfalls wegwerfen.“

Inhaltlich gezielter, dafür künstlerisch weniger ansprechend, sind *dezidierte Informationen und Mitteilungen* („Marie–Antoinette. Telefon ... Bläst wie Ännchen von Tharau“ oder so) an die Benutzer *öffentlicher Toiletten und Fernsprechzellen* an den Wänden derselben. „Wie Emil J. vom Kollegen T. später hörte, holten Leser die arme Marie–Antoinette tagelang bis 4 Uhr morgens aus dem Schlaf.“

Bei spezieller Indikation der Notwehr muß ich als Hundenarr doch auch in diesem Metier noch eine Notbremse für völlig vertrackte *Hunde & Herrchen* zitieren (da gibt es schon reine Bestien, die in ihrer Grausamkeit den meisten Menschen in nichts nachstehen): „Die zwei bis drei Zitronen fein säuberlich auspressen und den Saft so filtern, daß kein Fruchtfleisch mehr darin schwimmt. Dann den Saft mit etwas Wasser leicht verdünnen und in die Spielzeugpistole einfüllen. Jetzt kann der bissige Hund ruhig angehetzt kommen: Ein Schuß mit dem beißenden Saft wird ihn für alle Zeiten kurieren – zumal wenn ihn der Strahl in die Augen oder die Nase trifft.“

Der Bücherspende innerlich und methodisch verwandt ist die Einladung sämtlicher stadtbekannter Penner und abgerissener Typen in die gegnerische Wohnung („Genaue Kenntnis einschlägiger Pennerkneipen ist allerdings unerläßlich. Ebenso ein gewisses schauspielerisches Talent“).

Ich könnte jetzt noch ewig weiterzitieren: *Kleinanzeigen, Nachporto, obszöner Anruf, Postkarte, Präservative* (scheinbar gebrauchte im Hause des Gegners verstreut), *Sand* (bestellen), *Schlüsselloch* (mit Leim verkleistern), *Toiletten* (das gleiche mit Schwamm, starkem Tapetenkleister und Zellophanpapier) und und und. Ich möchte das Werk nicht vorwegnehmen, nur anreißen und Appetit machen.

Zurück zum tödlichen Lieblingsspielzeug des modernen Menschen: unserem *Auto*. *Constanze Elsner* tüftelte ein paar nette Racheabstufungen im Gebrauch von einer Tube Sekundenkleber aus: die Düsen der Scheibenwischeranlage, die Radioantenne (aus– oder eingefahren?), die Türschlösser, das Kofferraumschloß, das Tankschloß, das Zündschloß – oder „wo Sie schon einmal dabei sind – eben alle genannten Teile.“

Nur nebenbei: Was mich an dieser Rachegöttin *Elsner* so stört ist einmal, daß sie ihr zugegebenermaßen großes Werk nur an rachesuchende Frauen richtet („Denn wie er sich abgesetzt hat, das war so mies, daß Sie nur noch eines im Sinn haben: Mordgedanken... Kein Mann ist es wert, daß Sie seinetwegen die nächsten Jahre Ihres Lebens hinter Gefängnisgittern verbringen“); zum anderen, daß sie einer derart platten Degradierung männlicher Qualitäten verfallen ist, indem sie sich hinreißen läßt zu behaupten: „Die wahrhaft hohe Kunst hinterlistiger, tückischer, bösartiger, abgründiger, dämonischer, ach so süßer Rache perfekt zu beherrschen, war schon immer Frauensache.“

Männern gibt sie den bescheiden–bescheuerten Rat: „*Ihre* Lektion ist, sich fortan so zu benehmen, daß es keine Frau danach gelüsten muß, sich an Ihnen auf die eine oder andere in diesem Buch beschriebene Art und Weise zu rächen.“ Ja sind Sie denn beschrubbt, gnä' Frau? Dem gestandenen Mannsbild steht sizilianische Rache genauso gut zu Gesicht wie so einer Rächerin, für die Sie sich halten!

Doch weiter mit *Constanze*: Als nächstens kommt sein (*Elsner*) / ihr (*Rost*) Büro dran: Heilloses–Durcheinander–Schaffen heißt die Parole. Wie? Nun, zuerst Zugang zu den wichtigsten LEITZ–Ordnern verschaffen, sodann mit oder ohne Zufallszahlengenerator (ein Würfel tut's auch) die lebenswichtigen Unterlagen vertauschen und verstecken. Das Chaos zeigt seine Fratze! Eine personenbezogene Steigerung sieht die Autorin darin, an alle Kunden eine *Umzugsmeldung* zu verschicken: Post und Aufträge bleiben aus!

Haben Sie noch oder wie auch immer Zugang zu seinen/ihren *Fotos oder Dias*, so läßt sich folgendes anrichten:
„Schnipsel schnipseln.
Schritt 1: Sie besorgen sich eine scharfe Schere.
Schritt 2: Sie schnappen sich seine Fotos.
Schritt 3: Mit ersterer zerkleinern Sie letztere“
(*Elsner*).

Eins sei mir zum Zitieren noch gestattet: die Geschichte mit dem *Rasengraffiti*: Materialien: „Konzentrierter Katzen– (oder besser Kater–Urin), Essigsäure, hochprozentiger Alkohol wie Stroh–Rum oder jede beliebige Art von Unkrautvernichtungsmitteln.“ Das in eine leere Pril–Flasche (oder womit Sie auch immer Ihr Geschirr pflegen) mit Spritztülle und nächtens auf den Rasen Ihres gehaßten Feindes. Da läßt sich so manches in den Rasen spritzen, äh schreiben, was dann erst Tage (ein, zwei) später an das Licht der Öffentlichkeit dringt. Dieser kann dann noch mit einer ebenso gezielten wie anonymen Information der regionalen Lokalredaktion auf die Sprünge geholfen werden.

Hat Ihr Ex noch oder schon wieder eine(n) Partner(in), so empfiehlt *Constanzchen* folgenden *Unterwäschetrick*: Ein derartiges Dessou (männlich oder weiblich – nur gegengeschlechtlich muß es sein; in jedem Falle aus Nyltest) scheußlichsten Dessins und Kalibers *muß* mindestens einen Tag lang getragen werden. Anschließend wird es, ungewaschen wie es ist, schön fein unsauber duftend verpackt und mit der (neuen oder bezeichnenderweise noch alten) Adresse des(r) Gatten(in) des(r) nicht mehr (oder doch noch viel zu sehr) geliebten Ex der Post übergeben. Dazu ein kleines Begleitschreiben mit etwa diesem Text: „Dies hier mußt du, als du mit ... (Name) das letzte Mal bei uns warst, versehentlich vergessen haben. Gruß! Inge & Hans."

Weniger katastrophal, dafür deftiger (& kostspieliger: ein Hunderter), ist die Sache mit der *Aufblaspuppe*: Kaufen, aufpusten, Zettel um den Hals hängen („Jedes Töpfchen findet ein Deckelchen" oder „Gleich und gleich gesellt sich gern"), verpacken und per Eilboten in Wohnung (oder bisweilen besser in das Büro) schicken.

Zum unguten Schluß noch ein paar Tricks unseres Racheengels im Telegrammstil: *Jauche* („einige Spritzer genügen") auf Klamotten oder in Auto, jeweils *einen Schuh* (Gucci, Rosetti, Sauro u.a. Fabrikate) verschwinden lassen, *Zwiebel oder gekochtes Ei* in Erde eines zu verschenkenden Blumentopfes (ver)stecken (stinkt nach *George Hayduke* infernalisch und ist ausgesprochen schlecht ortbar), *Motten* in Tierhandlung als Spinnen– oder Froschfutter kaufen und in gegnerischen Kleiderschrank schmuggeln – ergibt interessante neue Stoffmuster.

Tauchen wir nach so viel Praxis noch einmal in die Theorie („Rache ist wie ein gutes Essen, wie gutes Trinken. Die Speise muß lange vorbereitet werden, der Wein lange abgelagert sein. Sei auch in der Rache ein Gourmet") respektive in die *Grundregeln des Rächens*. Im „Neuen Lexikon der Rache" werden sie endlich endgültig genannt.

Grundregeln des Rächens

1. Gebot: Lasse dir für deine Rache Zeit. Spontane Wutreaktionen schaden dir meist selbst.
2. Gebot: Beobachte den Menschen, den deine Rache treffen soll, studiere ihn genau. Wo liegt seine Verletzbarkeit?
3. Gebot: Lasse dir nie anmerken, daß du ihn haßt. Sei freundlich und zuvorkommend zu ihm.
4. Gebot: Wenn möglich, freunde dich mit ihm an, trink mit ihm. Der Alkohol ist dein Verbündeter. Er wird dir helfen, seine verwundbaren Stellen zu finden, in die du später dein Racheschwert stoßen kannst.
5. Gebot: Werde nie schwach in deinem Tun. Wiederhole jeden Morgen, am Mittag und am Abend deinen Racheschwur. Er muß ein fester Bestandteil deines täglichen Lebens werden.
6. Gebot: Beginne deine Rache mit kleinen Attacken und steigere sie mit der Zeit.
7. Gebot: Schweige über deine Aktivitäten. Erzähle sie nicht einmal deinem besten Freund (vielleicht ist er der nächste, den deine Rache trifft).

Elsner

Eigenartigerweise richtet sich auch in diesem Racheband die Vergeltung wieder überwiegend gegen Männer. Es wird aber dem(r) Leser(in) ein Leichtes sein, das Geschlecht zu vertauschen respektive sich Varianten & Variationen für das jeweils andere Geschlecht auszudenken und –malen. Tatsächlich finden sich in diesem neuen Werk neue Methoden, deren Speerspitze ich dem(r) geneigten Leser(in) nicht vorenthalten will: Für Damen und Herren in Dienstleistungsberufen (Gerichtsvollzieher, Richter, Polizisten, Staatsanwälte, Frauenärzte, Psychotherapeuten u.v.m.) empfiehlt sich ein Anruf des Partners durch eine gegengeschlechtliche Person, die darauf anspielt, daß gewisse *Dienstleistungen* im Austausch gegen fleischliche Naturalien geboten (oder wahlweise unterbunden) wurden oder werden sollten.

Zum Bleistift (z.B.) die gemeine *Haarmethode* (flankiert von Hilfsmitteln wie: Präservative, Aids–Informationsmaterial, Lippenstifte, Fotos fremder Menschen und Babys – „Dem feigen Papi" –, eigenes Sperma, Tampons und eindrucksvolle Parfüms). Die Haarfarbe soll diskrepant zu der sein, die der Partner unserer Zielperson gewohnt ist. Quellen für solche Haare sind: Waschbecken, Badewannen, Sofas und Kleidungsstücke; man sollte schon ein Weilchen sammeln. Zielorte: Mantel und/oder Autositze. Besonders geistreich finde ich die Methoden, Parfüm und Sperma ins Wageninnere zu befördern; ersteres über eine intensive Besprühung der Lüftungsschlitze auf der Kühlerhaube (der Ventilator besorgt den Rest), letzteres mittels einer feinen Spritze durch die Gummidichtung der Fenster („Jede Frau erkennt Sportlerflecken").

An unappetitlicher Geschmacklosigkeit sind die Autoren nicht zu überbieten: *Präservative*, mit Spucke (oder wie immer) angefeuchtet, bei einer Party des Feindes in der ganzen Wohnung verteilen, Opfer heiß machen und kurz vor *Orgasmus* aus dem Bett steigen, ätzende Chemikalien (für Rosa: Tabasco) auf unbenutzte *Toilettenrolle*, Tierkadaver und abgeschnittene Körperteile (z.B. von possierlichen Ratten) in *Kühlschrank* oder Speisekammer verstecken, *Toupets* und *Perücken* zerschneiden, *Quecksilberchlorid* dem Redner oder Sänger kurz vor dem Auftritt ins Getränk (eine Prise) schmeißen, *Lack auf Musikinstrumente* aufbringen, Waschmittel in den feindlichen *Swimmingpool*, dem Hausbauer *Kot unter den Mörtel* mischen („wird Wochen nach der Fertigstellung und dem Einzug für einen köstlich–süßen Verwesungsgeruch sorgen"), dem Computerfachmann oder –freak *Programme und Dateien* löschen.

Zum Schluß dieses hochwohllöblichen Kapitels noch ein ermunterndes Nachwort der Autoren Thorer & Blumenberg: „Die Zeiten sind längst vorbei, in denen wir alle so lieb zueinander waren. Heute müssen Sie erlittene Schmach nicht länger mit Geduld und milder Nachsicht hinnehmen. Rücksichtslosigkeit und Unverschämtheit sind wieder gefragt. Bedienen Sie sich getrost Ihrer Ellenbogen. Seien Sie nicht zimperlich in der Wahl Ihrer Worte! Rache ist wieder in!"

Mit *Heinrich Heine* und (in) *Constanze Elsner*:
Ja, man muß seinen Feinden verzeihen,
aber nicht früher, als bis sie gehenkt werden.

Marburger Filmschau

„Nur 48 Stunden"
Studio: Amerikas Regie–As Walter Hill hat diese spannende actionreiche Geschichte mit Nick Nolte und Eddie Murphy in den Hauptrollen inszeniert. Nolte spielt einen Polizisten, der mit Hilfe eines zu diesem Zweck aus dem Gefängnis entlassenen Sträflings (Murphy) eine Mordserie aufklären soll. Er hat dazu nur 48 Stunden Zeit... (2. Woche).

„Einmal Hölle und zurück"
Movie: Wieder einmal Action in der Hölle von Vietnam, Ken Wahl als Militärarzt, Cheryl Ladd als Krankenschwester. Der Romanze zwischen beiden stehen eine Menge Hindernisse in Form von Bomben, Granaten und Vietkongs im Wege.

„Der Tanz des Drachen"
Capitol: Leroy, ein New Yorker Junge, hat es im Karate bis kurz vor die Meisterschaft gebracht. Zum Sound von Stevie Wonder, The Temptations, Vanity, Rockwell und DeBarge prügelt er sich durch Harlem, befreit schöne Frauen aus den Händen von Kriminellen und findet seinen wahren Meister.

„Poltergeist"
Studio (Spätvorst.): Spielbergs filmischer Alptraum ist ohnegleichen. Eine präzise Studie des Schreckens, die einen noch Tage verfolgt.

„Geheimcode Wildgänse"
Cinema (Spätvorst.): Eine Reihe Stars kämpft sich durch den Dschungel Südostasiens, um ein Opiumlager zu zerstören. Dabei geraten die Söldner zwischen die Mühlen konkurrierender Rauschgiftbanden. Mit Klaus Kinski, Lee van Cleef, Lewis Collins, Ernest Borgnine.

Sommer–Film–Forum
Kammer:
Sa, So *„Papillon"*: Steve Mc Queen und Dustin Hoffman auf der Gefängnis–Insel.
Mo, Di *„Der Profi"*: Jean Paul Belmondo als eiskalter Kommissar.
Mi, Do *„Lawrence von Arabien"*: David Leans Meisterwerk mit Peter O'Toole, Alec Guinness, Anthony Quinn und Omar Sharif.
Fr *„2001 – Odyssee im Weltraum"*: Stanley Kubricks Science–Fiction–Klassiker setzte Maßstäbe und tut dies heute noch.

Palette:
Mi *„Der Leopard"*: Viscontis Gemälde einer ausgehenden Epoche läuft im Original mit Burt Lancaster.
Do *„Zabriskie Point"*: Antonionis Konfrontation der Konsumwelt mit den Vorstellungen der jungen Generation ist ein Werbefilm für die Zerstörung.
Fr *„Ragtime"*: Milos Forman drehte mit James Cagney.

„Die Günstlinge des Mondes"
Atelier (Hauptpr.): Otar Iosselianis Film, der 1984 den Spezialpreis der Jury der Viennale erhielt, ist eine bissige Satire auf das menschliche Besitzdenken. Durch Diebstahl, Raub, Tausch, Fund, Kauf, Verkauf, Geschenk wandern die Gegenstände in einem atemberaubenden Tempo von einer Hand in die andere. Auch auf der diesjährigen Berlinale lief der Streifen mit großem Erfolg (2. Woche).

Hassen

In einem italienisch–englischen Kriminalfilm suchte ein englischer Kommissar in Italien einen Mörder. Im Gespräch mit seinem italienischen Kollegen verfiel er auf die Idee, eine Person des Mordes zu verdächtigen, welche das Opfer gehaßt haben soll. Da meinte der Italiener: „Sehr geehrter, lieber Kollege, Sie kennen uns Italiener nicht; jemand, den man haßt, wird man nie umbringen. Das ist die wichtigste Person im Leben."

Differentialdiagnostisch das gleiche Problem wie beim Rächen: Hassen ist einerseits reaktiv; andererseits muß ja auch irgendein Teufelchen mit dem Hassen angefangen haben, so daß sich dem Autor die Vermutung aufdrängt, daß uns Menschen auch irgendeine gewalttätige Eigenschaft innewohnt, die uns spontan–reaktiv zu Haß, Lug und Betrug drängt. *Tiger & Fox* leisten mir da Schützenhilfe: „Beide Triebe sind zugleich verherrlicht und verteufelt worden, und dennoch wurden der Tötungstrieb wie der Paarungstrieb als unvermeidlich hingenommen... Richtig angewendet, galten beide Triebe als tugendhaft; falsch angewendet, waren sie verderblich... niemand zweifelte daran, daß Sexualität und Gewalt etwas ‹Natürliches› seien..." Der langen Rede kurzer Sinn: Auch das Hassen und das Lügen handeln wir hier ab – basta!

> Wen haben Sie zum Hassen. Jeder Mensch braucht mindestens einen solchen, den er haßt. Nur falls sich partout kein Mensch persönlich dafür identifizieren läßt, sollte man auf Tiere (Hunde, Katzen, Schlangen, Spinnen u.ä. Getier) ausweichen. Überhaupt scheint der hassende Zeitgeist sich von Zeit zu Zeit immer mal wieder auf andere Objekte zu verlegen.

Beliebt ist der *kollektive Haß*. Da bieten sich nach den Juden heute gut die Raucher an. Ein Zug im Wohnzimmer – und die Einladung ist geplatzt. Wohlwissende Mitglieder dieser Spezies verkrümeln sich daher prophylaktisch, selbst auf Besuch bei so notorischen Rauchernichthassern wie dem Autor, auf den Balkon oder vor die Tür. Auch Personen mit Vorlieben für bestimmte Tätigkeiten, wie „im Park die Hose runterlassen" oder „Spielgeräte in Gaststätten aufstellen", werden gern genommen.

Die anscheinend noch vor dem militärischen Aufrüsten, mit Sicherheit aber weit vor dem mörderischen Autofahren meistgehaßte Erscheinung unserer modernen Gesellschaft ist, wenn man Berichten im SPIEGEL trauen darf, das *(Glücks–)Spielen* an Geräten – weniger das im trauten Kreise von Poker– & Zocker–Kumpanen. Eine eigenartige Wahl! Dabei war das Glücksspiel bei Naturvölkern lebensnotwendig, um die Frustrationstoleranz geschmeidig und flexibel zu halten. Auch im Mittelalter zockten noch 10jährige Kinder mit den Alten in der Kneipe um Geld. Why not – eigentlich? Glücksspiele wie „Mensch ärger dich nicht" oder Würfel–/Karten–Gesellschaftsspiele (17+4, Mäxchen, Mau–Mau, Romme, Notengebung in der Schule) fallen komischerweise nicht unter diese Sanktion. Die Welt ist schon verrückt!

Als eine gute Mittellösung zwischen dem hassenden Verdammen von Tätigkeiten und dem persönlichen Haß persönlich bekannter Personen erscheint der kollektive Haß gegenüber Minder– oder Mehrheiten: Juden, Amerikaner, Türken, Psychologen, Männer, Frauen und Kinder. Den Haß–Ausdruck den drei letzten Gruppen gegenüber wollen wir daher im folgenden aus Gründen der Psychohygiene ein wenig fördern. *Norbert & Nena Golluch* wie auch *Stano & Suse Kochan* (jeweils verheiratet – oder in Personalunion?) lehren uns das Männer–, Frauen– und Kinderhassen. Was diesen 2–4 haßerfüllten Gehirnen dabei so alles einfällt, ist schon erstaunlich.

Fangen wir mit dem bei der einen Hälfte der Menschheit nur allzu beliebten Part des *Männerhasses* an. Das diesbezügliche Werk gliedert sich in die Hauptkapitel „Schutzmaßnahmen gegen Männer", „Die besten Methoden, Männer loszuwerden" und ein Dictionary: „Das ABC des Männerhasses". In der ersten Sektion handeln die bescheuerten Autoren solche niederträchtigen Gemeinheiten ab wie *„Treiben Sie es schrill!*: Verlassen Sie unverzüglich den Rahmen der Normalität. Wählen Sie Ihre Kleidung, Ihre Haartracht und Ihre Kosmetik so, daß Ihre eigene Mutter Sie nicht wiedererkennt – und vor allem – nicht kennen will. Tragen Sie getigerte Socken zum Schlafrock Ihres Großvaters, unter dem das Fischbeinkorsett Ihrer Großtante hervorblitzt. Gegen die Witterung wählen Sie einen übergroßen Spätaussiedlermantel aus den Sechzigern, dessen clochardhafte Ausstrahlung angenehm zu Ihrem Astro–Make–up aus den späten Jahren des 21. Jahrhunderts kontrastiert. Vielleicht wird den einen oder anderen Mann Ihr exotisches Aussehen reizen – aber schon im zweiten Gedankengang wird er sich geistig vor Augen führen, wie Sie und Ihre Aufmachung ihn bei der Gartenparty seines Abteilungsleiters kompromittieren. So geil er Sie findet – das ist ihm zu heikel."

Eine gerade in den Vereinigten Staaten wie im deutschen Schwabenlande gleichermaßen sehr beliebte und verbreitete Methode ist *„Machen Sie auf unscheinbar"*: im Kittel auf die Straße, Lockenwickler im Haupt, Pantoffeln und Schürze, ungeschminkt (allenfalls Asche aus dem Herd oder, wenn Sie keinen haben, den Staub zwischen den Rippen der Zentralheizung!) und unfrisiert („Brechen Sie das Verhältnis zu Ihrem Friseur ab"), mausgraue Sackmode.

Haben nun alle Schutzmaßnahmen versagt, so wird es für die eingeschliffene Männerhasserin kein Vergnügen von Dauer sein – also: Wie wird man den Kerl dann wieder los?

Methode 1: *„Brennen Sie mit einem Liebhaber durch!"* Allerdings sollten Sie „diese romantische, aber recht fragwürdige Methode nur anwenden, wenn Sie sich deutlich verbessern können; sonst treiben Sie den Teufel mit dem Beelzebub aus: Liebhaber sind meist auch Männer." Und wie soll das vonstatten gehen? „Machen Sie sich also leise und klammheimlich aus dem Staube... Kalifornien oder die Sandwich–Inseln wären kein schlechtes Reiseziel. Aber der Schwarzwald oder Norderney tun es auch. Geben Sie sich da nur keine allzu große Mühe. Entweder ist nach 4 Wochen Ihr Geld alle, oder Sie stellen fest, daß Sie vom Regen in die Traufe geraten sind. Aber nur nicht verzagen. Sie haben ja die Masche unterdessen ganz gut drauf. Brennen Sie doch einfach mit einem neuen Liebhaber durch. Und wenn der es nicht mehr tut – Männer gibt's wie Sand am Meer. Wie, das bringt nichts, finden Sie? Zugegeben, das haben wir uns auch schon gedacht. Aber versucht wird es doch immer wieder. Und dann muß doch was dran sein..."

Die komplementäre Methode zum eigenen Abhau'n ist das *Rausschmeißen („Schmeißen Sie ihn einfach raus!")*. Von langer Hand vorbereitet bedeutet hier: Aikido, Jiu–Jitsu oder Taekwondo bis mindestens zum braunen Gürtel, je nach Körperkraft des gehaßten Gatten („Wenn er aufmuckt, kriegt er eine reingesemmelt, die sich gewaschen hat"). Eher unsportlichen Damen empfehlen die Autorinnen, sich vertrau–

ABC des Männerhasses

Arbeit =
1. für Männer: Lebensinhalt und schwere Bürde
2. für Frauen: lustige Freizeitbeschäftigung, die vor Langeweile schützt

Bett –
1. vorgeblich Wirkungsstätte des sexuell aktiven Mannes
2. tatsächlich der Ort, wo er von seinen vorgeblichen Heldentaten ausruht

Donald = Comic-Ente mit der Charakterstruktur eines durchschnittlichen Mannes
Eierlikör = Kraftelixier des häuslichen Mannes
Frust = Normalzustand des Mannes
Furz = hinterlistige Äußerung männlicher Unbekümmertheit
Geschlechterkampf = von der Natur vermutlich so nicht vorgesehene, permanente Auseinandersetzung zwischen den Geschlechtern, die rätselhafterweise noch nicht zum Aussterben der Menschheit geführt hat
Kerl = besonders übertriebene Ausprägung eines Mannes
Muskel = Bewegungsorgan des menschlichen Körpers, beim Manne meist besonders geschwollen oder völlig abgeschlafft
Nashorn = Tier, das es wie die Männer macht: immer mit dem Kopf durch die Wand
Nein! = abschlägiger Bescheid, den Männer bei Frauen meist mit „Ja!" übersetzen
Putz = vom Maurer aufgetragene Wandverkleidung, auf die Männer gerne hauen
Streit = Gespräch zwischen Männern und Frauen
Zahnbürste = Reinigungsgerät, das Männer im Reisegepäck zu vergessen pflegen

Golluch & Kochan, weibl.

„Sie kennen seine schwachen Stellen am besten. Kalbsrippchen? Eisbein mit Sauerkraut? Nudelauflauf? Schnitzel mit Speckknödeln? Egal, Hauptsache hochkalorisch. Je runder er wird, desto unbeweglicher wird er. Ab zweieinhalb Zentnern läuft er Ihnen nicht mehr hinterher. Wenn er es versucht – Sie sind schneller. Meiden Sie jeden Diätplan, mästen Sie ihn, bis er platzt – niemand wird es Ihnen verübeln. Sie haben schließlich nur mit rührender Hingabe für sein leibliches Wohl gesorgt, wie es Millionen Frauen für ihre Männer tun. Da haben Sie sich nichts vorzuwerfen. Gegessen hat er schließlich alles allein. Wie alle seine fettleibigen Leidensgenossen auch. Und wenn Sie es nicht zum Knall treiben wollen, schicken Sie ihn zwischendurch immer mal wieder zur Diät ins Kurheim nach Helgoland. Dann sind Sie ihn für ein, zwei Monate los. Hinterher geht alles von vorne los. Er macht's wie der Mond (zunehmend – voll – abnehmend), und Sie haben in jeder Phase Ihre Ruhe" (*Golluch & Kochan*, weibl.).

ABC des Frauenhasses

Antrag = Eheangebot eines umnachteten Liebhabers
Baby = larvenhafter Mensch; von der Mutter auf die Welt gebracht, vorgeblich, um den Fortbestand der Menschheit zu sichern; wahre Absicht: den Mann zu knebeln und zu knechten
Busen =
1. B. der Natur: poetische Umschreibung für naturnahe Lebensweise, z.B. auf Vatertagsausflügen
2. gefährliches Lockmittel der Frauen, das u.a. auch bei der Aufzucht der Kinder eine Rolle spielen kann

Familie = verschärfte Ehe, meist mit Kindern
Geld = Zahlungsmittel des Mannes, das durch die Frauen nur noch halb so viel wert ist
Hausmann = degenerierter Softi, der sich alles bieten läßt
Krise = Alltagssituation mit Frauen
Liebe = unheilbare Geisteskrankheit mit schwerem, meist aber nicht tödlichem, später tödlich langweiligem Verlauf
Nerven = strapaziertes Organ der Reizleitung, auf dem Frauen bei Männern herumtrampeln
Sexualität = starker Primärtrieb, der sich auch bei Frauenhassern merkwürdigerweise auf Frauen richtet
Unlust =
1. unbotmäßiges Verhalten einer Frau, die sich einem Manne verweigert
2. rechtmäßiges Verhalten eines Mannes, der zu irgend etwas nicht motiviert ist

Vater = bezahlender Mann mit Kindern
Xanthippe = die Ehefrau und Geißel des Sokrates; lebt heute in einer Vielzahl von Neuinkarnationen

Golluch & Kochan, männl.

ensvoll an die deutsche Schloß– und Schlüsselindustrie zu wenden – just in dem Moment, wo er mal wieder in der Kneipe mit seinen Saufkumpanen um die Wette protzt. Für extremes Kräftegefälle zwischen Frau und Mann empfehlen *Nena & Suse* „das Schloß mit siebenfacher Stiftverdrillungssicherung und elektronischer Außenvers(r?)iegelung." Als Notration gestehen sie dem Misthund Proviant für maximal zwei Tage vor der Tür zu (was allerdings nach den reichen Erfahrungen der beiden Damen selten genutzt würde, da es der Alte im Winter sowieso keine zwei Tage draußen aushält und da, Sommer wie Winter, sein besoffenes Gebrüll im Treppenhaus eh die Nachbarn veranlassen würde, die Polizei zu bemühen).

Das zu den direkten Maßnahmen. Hinterlistiger ist das *Einspannen der eigenen Verwandtschaft* („Das Verwandtschaftskomplott – einer gegen alle"), gänzlich hinterfotzig aber das *fürsorgliche üppige Bekochen* des begnadeten Hausschweins von Mann.

Neben dieser verbreiteten feinen Art des Männerhasses soll es nun mißratene Kreaturen dieser Spezies geben, die zu allem Überfluß gerade diese so geschundenen *Frauen hassen*. Dieser fast zu vernachlässigenden Minorität soll nun doch ein Abschnitt meines Werkes gewidmet sein. Wir können da auf die liebenden Ehegatten unserer beiden ausgiebig zitierten Damen zurückgreifen: *Norbert Golluch & Stano Kochan*. Sie haben da Methoden auf der Hinterhand, *„aus den Klauen der Frauen zu entkommen – oder: Es gibt ein Leben ohne Frauen!"*

Die gerade schon sprichwörtlich beliebte Strategie beginnt mit der Äußerung: „Ich geh' mal eben Zigaretten holen" und endet mit dem Verschwinden auf Nimmerwiedersehen („Endlich mal eine Entscheidung, die Sie ganz alleine treffen dürfen!"). Für den Fall, daß Sie nur gerade mal eine *kleine Pause* aus dem Beziehungstrott wünschen, empfehlen die Autoren, kurz vor der Rückkehr am nächsten oder übernächsten Tag ordentlich zu kübeln, damit der Wiedersehensstreß, sturzbetrunken wie Sie sind, erträglich ausfällt. „Wenn's aber für immer sein soll: Scheckheft, Paß oder Personalausweis nicht vergessen. Am besten nehmen Sie auch Ihre wertvolle Briefmarkensammlung und den Bausparvertrag mit. Diese Wertsachen deponieren Sie sinnvollerweise einige Tage zuvor bei Freunden, damit *sie* keinen Verdacht schöpft." Eine harmlosere Art, zumindest stundenweise aus *ihren* Klauen zu entkommen, läuft über die *Kneipe* an der Ecke. Doch der Teufel steckt im Detail: Wie seile ich mich plausibel und ohne Gesichtsverlust ab? Die Autoren haben zwei probate Tricks an der Hand:

„1. *Der männlich–feste Entschluß*
Verkünden Sie einfach: Ich geh' jetzt in die Kneipe! Punktum. Zwei– bis dreimal im Monat können Sie so entfliehn, ohne Ätzendes zu Ohren zu bekommen. Immerhin was. Wenn das schon nicht mehr klappt, sollten Sie vielleicht besser gleich ganz kleine Brötchen backen oder sich einsargen lassen.

2. *Der treue Hund*
Ein praktischer Hausgefährte ist der Hund – wenn man(n) in die Kneipe will. Schon durch einfaches Zureden ist das Tier für ein gemeinsames Gassigehen zu gewinnen – es ahnt ja nicht, daß es direkt wieder in die rauchige Kneipe muß.

Für die mehr planmäßige Ehescheidung empfehlen die Autoren dann doch den *Alkohol*. Aber aufgepaßt: Die meisten Männer fangen das völlig falsch an. „Wer heimlich oder nur in mäßiger Öffentlichkeit trinkt und dabei weiterleidet, unterstützt die Bestrebungen der Frauen nur und manifestiert ihre völlig unangemessene Stellung in der Gesellschaft. Nur wer sich hemmungslos und ohne jeden Vorbehalt in den Suff stürzt, lallend vor der Haustür liegt, ins Konferenzzimmer seiner Firma torkelt, sturzbesoffen der Schwiegermutter unsittliche Anträge macht, völlig breit lauthals vom Balkon grölt, hat Aussichten, als untragbar eingestuft und aus der Ehe oder Beziehung ausgemustert zu werden. Also, keine Halbheiten, meine Herren, die meisten von ihnen zeigen doch schon schöne Ansätze. Ex! Noch 'ne Runde! Und ex! Doppelex beidhändig! Sturztrunk à gogo! Nach einer erholsamen Entziehungskur sind Sie sicher ein neuer Mensch – völlig auf sich gestellt und – ohne Frau. Lassen Sie Ihre rote Nase leuchten – als Fanal des männlichsten Mannestums und des glühenden Frauenhasses!"

Unter dem Kapiteltitel „Abstoßungsstrategien" nennen die findigen Autoren dann noch den *Bierbauch*, den *herbmännlichen Duft* eines Iltismännchens, das gerade einen verdorbenen Hering verzehrt hat, *Pusteln, Pickel und Karbunkel, zu enge Kleidung*, am besten Synthetik (das verstärkt Ihr ganz persönliches Aroma), *alte, eingetragene Sokken, mit Ofenruß und Schmieröl eingefärbte Fingernägel* und eine geradezu umwerfende *Zurück–Zur–Natur–Mentalität*, die jegliche Kleidung vergessen läßt und eine gesunde Ernährung (Wurzeln, Beeren, Bären, Elche, Säbelzahntiger und Auerochsen) garantiert.

Sei's drum. Kommen wir nun zur dritten Gattung Mensch: den *lieben Kleinen*. Wir können literaturmäßig bei unseren Autoren bleiben, die auch zu diesem Thema was zu sagen wissen. Mit Schutzmaßnahmen gegen Kinder geben wir uns hier nicht mehr ab, die sind allgemein bekannt und wurden für die ewig Gestrigen im Kapitel „Paarung" zu allem Überfluß noch mal abgehandelt. Also gleich in medias res zu den *besten Methoden, Kinder zeitweilig loszuwerden*.

Zu diesem Thema möchte ich keine weiteren Stichworte im Sinne eines ABCs geben; die Phantasie der Deutschen in Sachen Kinderhaß ist eh schon derart exzessiv und epidemisch ausgebildet, so daß ich Eulen nach Athen tragen würde.

Da ist ad 1 die *Kindergartenmethode* für Eltern mit Blagen im Alter von 2 bis 5 Jahren. Ganz uneingeschränkt empfehlen unsere beschränkten Autoreneltern diese Methode nicht, aber „weil die Schäden, die ein Kind in den Morgenstunden anrichten kann und wird, anders nicht zu vermeiden sind und sicherlich kein Elternpaar nervlich und finanziell in der Lage sein wird, die eigenen Kinder *nicht* in den Kindergarten zu schikken", kommen wir um die Darstellung dieser Praktik des modernen homo sapiens nicht herum:

„Zunächst vorweg: Fälle, in denen Kindergärtnerinnen von wütenden Kindern zerrissen werden, sind unseres Wissens bisher nur sehr selten vorgekommen. Dennoch sind die Boshaftigkeiten und Widerspenstigkeiten, mit denen Kinder das Personal eines Kindergartens quälen, ohne Zahl.

- Nur selten wollen Kinder einsehen, daß Kindergärtnerinnen eine großartige Ausbildung genossen haben und deshalb genau wissen, was Kinder wollen. Immer wieder soll es vorkommen, daß Kinder sich weigern, z.B. ein Haus mit Garten und Sonnenblume zu malen, obwohl dies nach dem Wissensstand der Pflegerinnen gut für sie ist.
- Schon häufiger soll es vorgekommen sein, daß Kinder die ihnen angebotenen Beschäftigungsmittel zu Wurf– und Zielübungen mißbraucht haben.
- Nicht selten kommt es zu motorischen Ausbrüchen der einsitzenden Kinder, durch die u.U. der Ablauf ritueller Sanges– und Tanzübungen gestört wird.

Kinder, die in den drei genannten Arten oder ähnlich auffällig geworden sind, nennt man *sozial gestört*. Diese Störung wird in der Personalakte des jeweiligen Kindes vermerkt und an weitere Erziehungspersonen oft lebenslang weitergegeben.

Und: Wenn Ihr Kind erst einmal 6 Jahre alt ist, beginnen rosige Zeiten: von 8.00 Uhr bis 13.00 Uhr ist Ihr Kind in der Schule! Sogar die Möglichkeit einer Ganztagsschule steht Ihnen offen" (*Golluch & Kochan*, männl. & weibl.).

Zwei Fliegen mit einer Klappe schlägt man mit dem *Verwandten–Besuchs–Trick*: Sind diese mißliebig, so ist man die Kinder für ein ganzes Weilchen los und ein gut Teil seiner Rachegedanken ebenfalls. Ist es aber der reiche Erbonkel, so „genügt oft schon ein kurzer Besuch Ihres Sprößlings, und Onkel setzt Sie zum Alleinerben ein, wenn Sie nur Ihr Kind wieder zu sich nehmen."

Eine (fast) sichere Methode, die lieben Kleinen gänzlich loszuwerden und ihnen dabei noch eine sehr praktische Erziehung angedeihen zu lassen, ist die *Zoologische–Garten–Methode*, auch bisweilen *Kuckucks–Methode* geheißen. Einem Besuch im

„Sollten Ihnen die obengenannten Schutzmaßnahmen zu aufwendig sein oder Ihre Möglichkeiten übersteigen, genügt auch etwas Ruß, den Sie in Ihrem Gesicht verreiben. Rennen Sie schreiend und tobend auf die Kinder zu, die Ihren Wohnbereich betreten wollen. Eine Schutzmaßnahme also auch für mittellose Kinderhasser. Allerdings werden sich Ihre Nachbarn fragen, ob Sie noch alle Tassen im Schrank haben" (*Golluch & Kochan*, männl. & weibl.).

Zoo sind Ihre Kinder mit Sicherheit nicht abgeneigt, „und alles weitere ist ein Kinderspiel: Halten Sie sich einfach längere Zeit beim Affenkäfig auf. So, wie Ihre Kinder erzogen sind, werden sie sicher über kurz oder lang den Graben überqueren und sich in die Affenherde integrieren – bei der Wärme und Geborgenheit in so einer Affenfamilie vielleicht sogar ein Gewinn für Ihren Nachwuchs. Sie finden also Ihre Ruhe wieder, ohne daß Ihre Kinder die für ihre Erziehung so wichtigen Familienbande missen müssen. Sollten Ihre Kinder allerdings nicht im Gehege bleiben wollen, ist vor der Rückkehr nach Hause eine wichtige Sicherheitsmaßnahme geboten: Nachzählen, sonst ist Ihr Anhang plötzlich größer als vorher. Besonders stark behaarte Kinder unbedingt auf Familienzugehörigkeit prüfen!"

Gegen fremder Leute Kinder fallen den Autoren die *Dauerlutscher–Falle* (direkt neben der Tür der Wohnung oder des zu schützenden Wohnraums plaziert) ein, die *Etagen–Klappe* (unter der Fußmatte – und ab geht's ins nächst–untere Stockwerk), die *Kinder–Schleuder* (nach Art des Schleudersitzes unserer Düsenjets der Bundeswehr konstruiert; Achtung: aus Humanitätsgründen den Fallschirm nicht vergessen!), *My–Home–is–my–Castle–Ausbau* der eigenen Wohnung bzw. des eigenen Häuschens (Zugbrücke mit Wassergraben, Mauerzinnen, Pechnasen; Vorsicht: „nur bis zum schulpflichtigen Alter – im Geschichtsunterricht lernen die Kinder alles, was sie zur Erstürmung Ihrer Festung brauchen. Rechnen Sie schon ab dem 4. Schuljahr mit Rammböcken und Sturmleitern").

Balgen

Was, glauben Sie, möbelt unser archaisches Selbstbewußtsein mehr auf: ein Professorentitel oder der schwarze Gürtel im Karate? Wenn ich mir Inhaber und Träger dieser so unterschiedlichen Qualifikationen anschaue, dann ist mir eins klar: mit Sicherheit der Gürtel mehr als der Titel. Hier schlagen uns anscheinend unsere Instinkte wieder ein unvermutetes Schnippchen.

> Ob ein Angreifer meinen Titel achtet, bleibt seiner Kinderstube überlassen, meine Handkantenschläge muß er, wenn er um Leib und Leben besorgt ist, achten. Unser Selbstbewußtsein scheint enger mit unserem Gefühl von Stärke, Überlegenheit und unserem Sicherheitsbedürfnis verwoben zu sein, als wir es uns eingestehen wollen.

That's it! Nach einer bisher geheimgehaltenen Studie meines *Instituts für empirische Statistifizierung* fallen ziemlich genau 93,487% aller *Streitanlässe* in diese mißliche Kategorie. Sie untergliedern sich in Streits aus Erwartungsspannungen heraus (Theaterbesuch, Einladung, Tanzkurs, Konfirmation der Kinder, Kindergeburtstage, Besuch der Schwiegermutter, Warten auf den Geldboten mit der Million Lottogewinn, Beerdigung – nicht die eigene!, Urlaub u.v.m.), die präzise 52,333% ausmachen, in Poststreß–Streits (Arbeit, Abgase in Rush–hour, Anschiß von Chef, Vitamin–B–Mangel, Sonnenlicht–Deprivation, 2–12 Stunden zurückliegender Kaffeegenuß, Hektik usw. usf.) mit 41,123% sowie in 0,031% endogene Streits. Die verbleibenden 100–93,487=6,513% aller Streits haben ein wirkliches Problem zur Grundlage und sollten eigentlich gar keine Streits werden; hier ist ein bedauerlicher Unfall passiert: statt zu kommunizieren wird gestritten – Scheiße! Diese Liste stellt die *wirklichen* Streitanlässe dar.

Der Zulauf der Judoschulen durch Kinder (die von ihren Eltern geschickt und motiviert werden), Patienten (bei denen Psychotherapeuten und Ärzte diese motivierende Funktion übernehmen) und Frauen, die zu Recht um ihr Wohl fürchten – dieser Zulauf spricht eine eigene Sprache. Daneben: Karate, Bodybuilding, Jiu–Jitsu, Selbstverteidigung, Model Mugging – eine Killer–Abart des Karate für ernsteste Ernstsituationen der Selbstverteidigung –, das gute alte Boxen, Fechten, Ringen, Catchen, Tai–Chi, Taekwondo, Eishockey, American Football und und und. Vielleicht sollten wir so übergescheiten Psychotherapeuten mal untersuchen, ob ein Kurs in einer dieser *schlagkräftigen Sportarten* nicht doch diesem oder jenem Klienten (und vielleicht sogar uns selber) mehr bringt als ein liebes, braves, zahmes Selbstsicherheitstraining.

Im Rahmen ihrer „konstruktiven Aggressivität" regt das damalige Ehepaar *Mandel* bei verschiedenen Indikationen *Muskelkontaktübungen* an. Waffen, wie wir sie gleich in Form der Bataca–Schläger kennenlernen werden, lehnen sie ab – auch wenn sie noch so Spaß machen! Die *Indikation*, Sinn und Zweck: „... scheint es möglich, leichtere Spannungen damit abzubauen, Gereiztheiten, hinter denen kein großer Konflikt

Wut

Mit dem Wecken der Aggression kommt es bei uns zu der gleichen physiologischen Unruhe, zu den Muskelspannungen und Erregungen, die wir bei den Tieren kennengelernt haben. Und wie bei den anderen Arten gibt es auch bei uns eine Reihe von Übersprunghandlungen. In mancher Beziehung allerdings sind wir nicht so gut daran wie andere Arten: Aus den fundamentalen Reaktionen haben sich nicht immer deutliche Signale entwikkelt. So können wir zum Beispiel dem Gegner nicht durch Aufrichten der Körperbehaarung imponieren und ihn damit einschüchtern. In Augenblicken großen Schrecks steht uns zwar das Haar noch „zu Berge", als Signal jedoch ist das Haaresträuben wohl kaum noch von Nutzen. In anderer Hinsicht jedoch ist es schon besser: Unsere nahezu totale Nacktheit, die es uns unmöglich macht, das Körperhaar zur Bürste aufzustellen, gibt uns dafür die Möglichkeit, durch Erröten und Erbleichen kräftige Signale aufleuchten zu lassen. Wir können „kreideweiß vor Wut" sein, „rot vor Zorn" oder „blaß vor Angst". Auf das Weiß muß besonders geachtet werden: Es zeigt Aktivität an. Erscheint es gemeinsam mit anderen Ausdrucksbewegungen, die einen Angriff ankündigen, dann bedeutet es höchste Gefahr. Zusammen mit Ausdrucksbewegungen der Angst ist es jedoch ein Signal der Panik.

Die Blässe entsteht, wie man sich erinnern wird, durch Aktivierung des Sympathicus, des „Los!"-Systems, und mit dem ist nicht leicht umgehen. Die Rötung hingegen ist weniger beängstigend. Denn sie wird verursacht vom Parasympathicus, der heftig versucht, das verlorengegangene Gleichgewicht wieder zum Einpendeln zu bringen – sie zeigt also an, daß es mit dem „Los!" eben doch nicht losgehen wird: Der Gegner, der einen wütend mit rotem Kopf anstarrt, ist weit weniger zum Angriff bereit als der Bleiche mit den zusammengekniffenen Lippen. Bei dem Zornroten ist die Konfliktsituation bereits so weit gediehen, daß er sich zurückhält, gehemmt ist – der Blasse jedoch liegt nach wie vor auf der Lauer. Mit beiden ist nicht zu spaßen. Aber der mit dem zornesbleichen Gesicht ist viel eher bereit, zum Angriff überzugehen, es sei denn, er wird schnellstens beschwichtigt, oder es wird ihm mit einer noch massiveren Gegendrohung geantwortet.

In ähnlicher Stimmung bedeutet schnelles, tiefes Atmen Gefahr; geht es jedoch in ein unregelmäßiges Schnaufen und Keuchen über, so ist die Bedrohung schon weniger stark. Die gleiche Beziehung besteht zwischen dem trockenen Mund der unmittelbar bevorstehenden Attacke und dem Geifern des schon recht kräftig gehemmten Angriffs. Harn- und Kotlassen, Schwächegefühl, Ohnmacht stellen sich meist ein wenig später ein, im Sog der mächtigen Schockwelle, die mit Momenten äußerster Spannung einhergeht.

Sind Angriffstrieb und Fluchttrieb gleichermaßen stark aktiviert, so kommt es bei uns zu einer Reihe charakteristischer Intentionsbewegungen und ambivalenter Haltungen. Die bekannteste ist das Heben der geballten Faust – ein Gebaren, das auf zweierlei Weise ritualisiert worden ist. Es wird in einiger Entfernung vom Gegner gezeigt – zu weit von ihm entfernt, als daß der Schlag mit der Faust sofort folgen könnte. So ist die Funktion der geballten Faust nicht mehr mechanischer Art, sondern die eines visuellen Signals. (Am rechtwinklig über dem abgestellten Oberarm gereckten Unterarm ist sie bei den kommunistischen Parteien und im roten Machtbereich zur formalisierten Geste trotziger Herausforderung geworden, bei uns einst verbunden mit dem akustischen Signal „Rot Front".) Noch weiter ritualisiert wurde das Ballen der Fäuste durch zusätzliche Vor- und Zurückbewegungen des Unterarms. Auch dieses Schütteln der Faust ist in seiner Wirkung viel mehr visuell als mechanisch. Wir vollführen rhythmisch wiederholte „Schläge" mit der Faust, bleiben dabei aber in sicherer Entfernung. Während wir solchermaßen drohen, kann der ganze Körper kurze, vorwärts gerichtete Intentionsbewegungen machen – Handlungen, die immer wieder von selbst gehemmt werden, um nicht „zu weit zu gehen". Die Füße können kräftig und laut aufgestampft werden, und die Faust donnert nieder auf etwas, das gerade in nächster Nähe ist.

Dieses Auf-den-Tisch-Schlagen ist ein schönes Beispiel für eine Verhaltensweise, die man häufig auch bei anderen Tieren beobachten kann. Dabei geschieht folgendes: Das Objekt, das zum Angriff reizt (der Gegner), flößt zu viel Angst ein, als daß die direkte Attacke gewagt wird; dennoch wird die Angriffsbewegung vollführt – aber nicht in Richtung auf den gefürchteten Feind, sondern auf etwas, das weniger einschüchternd wirkt – auf jemanden, der ganz harmlos und unbeteiligt dabei steht (und damit zum „Prügelknaben" wird, wie wir alle es schon erlebt haben), oder auf etwas Unbelebtes, das dabei in Trümmer gehen kann.

Dieses Umlenken der Angriffsbewegung hat man sehr treffend als „Radfahrerreaktion" bezeichnet („nach oben einen Buckel machen, nach unten treten"). Wenn eine Ehefrau im Zorn eine Blumenvase auf den Fußboden schmeißt, so ist es – natürlich! – in Wirklichkeit der Kopf des Mannes, der da zerschmettert wird. Interessanterweise machen es Schimpansen und Gorillas häufig ganz ähnlich: Sie reißen Zweige und Äste ab, schlagen sie auf den Boden und schmeißen sie herum – was wiederum eine höchst eindrucksvolle visuelle Wirkung hat.

Als spezialisierte und wichtige Begleiterscheinung treten zu all diesem Aggressionsgebaren drohende Ausdrucksbewegungen des Gesichts. Sie, und dazu unsere in Wörtern geäußerten akustischen Signale liefern uns die am genauesten funktionierende Methode, unsere Angriffsstimmung mitzuteilen. Während wir mit unserem Lächeln... einzig dastehen, ist unser Mienenspiel bei der Aggression, so ausdrucksvoll es auch sein mag, weithin das gleiche wie bei allen anderen Primaten. (Ob ein Affe wütend ist oder erschrokken, sehen wir auf einen Blick; wie aber seine Gesichtszüge sind, wenn er freundlich gestimmt ist, müssen wir erst lernen.)

Die Regeln sind ganz einfach: Je stärker der Angriffstrieb den Fluchttrieb überwiegt, desto mehr ist das Gesicht nach vorn gezogen, und umgekehrt ist es, wenn die Angst die Oberhand bekommt: dann richtet sich das Mienenspiel sozusagen nach hinten. Beim Angriffsgesicht werden die Augenbrauen finster gerunzelt nach vorn gebracht, die Stirn bleibt glatt, die Mundwinkel sind nach vorn gezogen, die Lippen werden zu einem dünnen Strich zusammengekniffen. Wird Angst zur vorherrschenden Stimmung, so erscheint das Schreckgesicht: Die Augenbrauen werden angehoben, die Stirn ist gerunzelt, die Mundwinkel sind zurückgezogen, die Lippen öffnen sich und lassen die Zähne sehen.

Dieser Ausdruck ist nun allerdings häufig verbunden mit anderen Signalen, die sehr aggressiv wirken, und deshalb hält man Stirnrunzeln und Zähnezeigen wohl auch für Anzeichen von Wut. In Wirklichkeit aber sind sie Kennzeichen der Angst – eine Frühwarnung sozusagen, die besagt, daß sehr viel Furcht herrscht, trotz des Andauerns der Droh- und Einschüchterungsgesten, die der übrige Körper vollführt. Noch immer aber bedeutet diese Miene natürlich eine Drohung – man darf sie keinesfalls leicht nehmen. Wenn nämlich wirkliche Furcht gezeigt werden soll, dann wird das Mienenspiel ganz aufgegeben, und der Gegner zieht sich ängstlich zurück. All dieses Mienenspiel haben wir mit den Affen gemeinsam, eine Tatsache, an die man sich erinnern sollte, falls man einmal Gelegenheit hat, einem großen Pavian von Angesicht zu Angesicht gegenüberzustehen.

Es gibt aber noch weitere Ausdrucksbewegungen des Gesichts, nicht angeborene, sondern erfundene, kulturell erworbene, die unser Drohrepertoire bereichern (zum Teil aber dadurch an Bedeutung verloren haben, daß nur noch Kinder sich ihrer bedienen), beispielsweise die Zunge herausstrecken, die Backen aufblasen, eine lange Nase machen, Gesichter schneiden. Bei den meisten Kulturen ist außerdem eine ganze Reihe von Gesten des Drohens und Beschimpfens (denn auch Beschimpfen ist Aggression) in Gebrauch, an denen der übrige Körper beteiligt ist.

Aus Intentionsbewegungen, die dem Aggressionsverhalten zugeordnet sind (vor Wut aufspringen!), haben sich wilde Kriegstänze unterschiedlichster und oft weitgehend stilisierter und ritualisierter Art entwickelt. Dabei ist ein Funktionswandel eingetreten: Sie sind nun nicht mehr eine dem Feind direkt gezeigte Darstellung der Angriffsstimmung, sondern sollen die Stimmung wecken, die Gruppe „aufheizen" und „einstimmen".

Morris

Partnerstreits

Fragt man die Leute, so hört sich alles nach echtem Problem an (unser Neocortex macht uns da was vor); hier eine solche überflüssige Statistik:

Darüber streiten sich Paare

Die Hitliste der Themen, über die sich Paare in die Haare kriegen (nach einer aktuellen Umfrage, Mehrfachnennungen waren möglich): In 61% aller Fälle geht's ums Geld, 52% drehen sich um Treue und Eifersucht, 47% um Kindererziehung, 38% um Sex, in 34% der Fälle geht's um das Verhalten des Partners, in 31% um unterschiedliche Interessen, bei 18% ist das Aussehen des Partners der Knackpunkt, in 13% die Verwandtschaft. Selten gibt es Auseinandersetzungen über Anschaffungen (6%), berufliche Dinge (5%), Freunde (2%).

So häufig streiten sich Paare

Die Statistiker haben's herausgefunden: Bei einem Paar kommt es im Durchschnitt 2,4mal pro Woche zu kleineren Streits. Fast wöchentlich gibt es einen offenen Disput, und alle zehn Wochen kommt es zum Krach. In 68% der Fälle beginnt die Frau mit dem Streit, dafür lenkt sie auch eher wieder ein, nämlich in 61% aller Fälle. Ein schwerer Streit dauert im Schnitt 1 Stunde und 36 Minuten und zieht sich bis zur Versöhnung über 2,4 Tage hin. Hauptstreittag ist Sonntag (27% aller Streits), ganz selten wird freitags gestritten (5%).

FREUNDIN

„Klaus-Dieter, Klaus Dieter, du bist ein blöder Schieter"

„Gertrude, Gertrude, verlasse meine Bude!"

steht, der bewußtgemacht und durchgesprochen werden müßte, die aber bekanntermaßen doch zu erheblicher Verstimmung führen, wenn sie regelmäßig zum überflüssigen ‹Streit um des Kaisers Bart› oder zum Nörgeln und Raunzen führen. So kann man etwa beobachten, daß nach einer körperlich anstrengenden Arbeit oder sportlichen Unternehmung der Ärger bzw. die Ärgerbereitschaft gegen den anderen verflogen ist. Oft aber erlaubt die häusliche Situation eine solche Aktivität nicht – dann können solche Übungen helfen. Auch mit Kindern gestalten sich kritische Stimmungen besser, wenn die Eltern manchmal mit ihnen balgen, statt zu argumentieren. Viele allzu verkopfte Akademikerpaare könnten lernen, Spannungen auf partnerliche Art auch körperlich auszutragen, statt sich in häufig wirklichkeitsferne Argumentationsgebäude zu versteigen, was meist mit einem ergebnislosen Streit endet." Es freut mich aufrichtig, daß ich und meine Frau nicht die einzigen auf diesem Erdball sind, welche mit Akademikern Erfahrungen dieserart machen durften.

Die oben erwähnten *Balg–Übungen* stellen auch ein gutes *Diagnostikum* für Aggressionshemmungen dar (mit Sicherheit in höherer Validität als die nichtssagenden faktorenanalytischen Selbstdarstellungs–Fragebögen wie FPI, FAF, *Rosenzweig* oder MMPI). Hierbei kann zu große Zaghaftigkeit ebenso ein Indikator für Hemmung sein wie scheinbar hemmungslos übertriebene Aktionen und Reaktionen (Stau). Also schauen Sie sich mal an, wie (un)angemessen jeder seine Geschicklichkeit und Kraft einsetzt. „... eine Übungsfolge, die in etwa folgenden Verlauf nimmt und zuerst in der Therapiesitzung, später zu Hause ausgeführt wird: Sich im Gegenüberstehen an der Schulter packen und gegenseitig wegschieben; sich abwechselnd wegschieben, wobei einer seinen Standpunkt zu halten sucht; einer liegt auf dem Bauch, der andere packt ihn bei der Schulter und rüttelt ihn (Achtung: nicht hochreißen, um den Hals nicht zu verrenken!); Fortsetzung Bauchlage, der andere packt ihn am Gesäß und rüttelt ihn; Rückenlage eines Partners am Boden, der andere kniet über ihm, hält ihn fest, versucht, sich nicht abwerfen zu lassen. Evtl. ergänzende Übungen: Schubsen, Beißen, Balgen. Unerläßlich sind einige Instruktionen des Therapeuten: Bei den Übungen im Wegschieben und Abwerfen sollen die Partner zwar so viel Kraft wie möglich einsetzen, aber über längere Zeit ein Kräftegleichgewicht halten. Die Übungen werden so aneinandergereiht, daß die aktivere Rolle abwechselnd der eine, dann der andere Partner innehat... Der andere soll weder körperlichen noch seelischen Schmerz erleiden; ist dies doch der Fall, soll er es sofort signalisieren, worauf die Übung unterbrochen oder abgeändert wird. Andererseits sollen die Übungen so intensiv wie überhaupt möglich durchgeführt werden, ohne Nachdenken und Diskutieren" *(Mandel et al.)*.

Bach führt den Begriff der *Waffenbegrenzung* ein und setzt ihn praktisch in seinen *„Besieg mich!"–Übungen* um. Die streitenden Personen sollen dabei vorher Macht– und Kraftungleichheiten soweit über Verhandeln reduzieren, daß der angreifende Partner eine Chance hat, sein Ziel zu erreichen. Ziel der *Stoßversion* ist es, den physisch stärkeren Partner an eine nackte Wand oder freie Fläche zu drücken oder zu stoßen. Die Stärke des künstlich zu schaffenden Handicaps wird nun in Vorübungen ausgetestet: Darf der Stärkere vielleicht nur auf einem Bein stehen, soll er die Hände hinter den Rücken legen, sich nicht so stark vorbeugen, beide Beine zusammengebunden bekommen, nur auf Zehenspitzen stehen, in der Hocke verbleiben u.ä.m. All das ist aber zwischen den Kontrahenten auszuhandeln – ein witziges Spiel, was da gespielt wird. Eine Variante für kleine Räume ist die *„Setz Dich!"–Übung*: „Ich werde dich so lange hinunterdrücken, bis du auf dem Boden sitzt." Anschließend wird über vermeintliche oder tatsächliche Gemeinheiten gesprochen und das Ganze unter Ausschluß derselben wiederholt.

Bataca–Kampf: Das ist nun ganz was Böses: Hier wird für wenige Sekunden (20–30) mit gesetzlich geschützten (Copyrigth) Schaumstoff–Schlägern aufeinander eingedroschen (was man allerdings mit Personen, die eh schon zu Gewalttätigkeiten neigen, tunlichst gar nicht oder nur sehr moderat in Angriff nehmen sollte). Die Schläger machen beim Auftreffen schön Krach, tun aber kaum weh. An Grundregeln nennt *Bachs* „aggression lab":

„1. Der Gegner wird *von allen Seiten* mit dem Bataca–Schläger angegriffen. Ein Ring, eine Matte oder Kreidemarkierungen am Boden bezeichnen das Kampffeld.
2. Der Bataca–Schläger kann *offensiv oder defensiv* gebraucht werden. Man kann in einer oder auch in jeder Hand einen Schläger halten. Wenn *ein* Schläger benutzt wird, halten Sie den freien Arm in Kinnhöhe defensiv angewinkelt, wobei Hände und Finger geschlossen bleiben. Wehren Sie die Schläge des Gegners mit dem Unterarm ab.
3. *Wertung* (bei Feindseligkeitsritualen auslassen): Die Wertung basiert auf den härtesten, saubersten und schwierigsten Schlägen, die durch den Schutz des Gegners landeten. Feste Schläge auf Rücken und Magen des Gegners werden am höchsten gewertet, mit 4 oder 5 Punkten. Ein fester Schlag auf den Oberarm, Hüfte oder Beine erhält 1 oder 2 Punkte.
4. *Runden:* Die Zeitdauer und Rundenzahl sollte sich nach dem Alter, Gewicht und Ausdauer der Teilnehmer richten. Ein ‹Zeitmesser› sollte anwesend sein. Drei Runden von je zwei Minuten Dauer mit einer Minute Pause werden als Maximum vorgeschlagen.
5. Als *‹Fouls›* gelten alle Schläge, die mit dem freien Arm, der Faust, dem Ellbogen ausgeführt werden. Vermeiden Sie Kopfschläge! Wenn ein Gegner zweimal ein ‹Foul› liefert, hat er damit den Kampf verloren.
6. *Vorsichtsmaßnahmen:* Schlagen Sie Ihren Gegner nicht ins Gesicht oder an den Kopf, und nutzen Sie nicht seine Lage aus, wenn er ausrutscht oder hinfällt. Auf keinen Fall dürfen Sie den Schläger des Gegners ergreifen oder festhalten. Benutzen Sie Ihren Bataca–Schläger nur im Bataca–Spiel. Es wäre doch schade, wenn die Hülle beschädigt und Sie daran gehindert würden, noch viele Stunden der Freude mit ihm zu erleben.
7. *Körperliche Kondition:* Das Bataca–Spiel ist ein ausgezeichnetes Konditionstraining. Sie sollten sich über Ihre körperliche Kondition im klaren sein, bevor Sie sich auf Bataca–Spiele einlassen, wenn erforderlich auch einen Arzt aufsuchen."

Zwei Indikationen gibt es für dies Spielchen: einmal die *Bataca–Züchtigung* als nonverbale Alternative, Unterstützung oder Ergänzung zur Kopfwäsche, als Ausdrucksmöglichkeit feindseliger, strafender Gefühle durch gespieltes Schlagen des Beleidigers. Zum anderen kann die Schlägerei *beidseitig a la „Virginia–Woolf"* ausgetragen werden. In beiden Fällen läßt sich der juristisch bewanderte Trainer zuvor *Selbstverantwortlichkeits– & Haftungsausschließungserklärungen* von den Kämpfern unterschreiben (auf den Abschluß von bilateralen *Lebensversicherungen* zugunsten des Trainers bestehen nur wenige).

Für die Wütenden und Brüskierten gilt, daß die *Erlaubnis* des Partners einzuholen ist und *Einschränkungen (Waffenbeschränkungen)* auszuhandeln sind. Ein Erwachsener, der gegen (s)ein Kind kämpft, kann das auf den Knien machen; es kann die nicht–dominante Hand des Stärkeren bestimmt werden, ein Bein hochgebunden oder beide Beine zusammengebunden werden. Schläge oberhalb der Schultern, unterhalb der Hüften und in die Eier resp. Muschi sind weiterhin verboten. Der Schlag soll dem Schwung eines Tennisschlägers ähnlich sein, stoßende oder niederschlagende Bewegungen gelten als unsportliches, ja gemeines und bisweilen schmerzhaftes (Magen & Ovarien) Tabu („Der Bataca ist ein Schläger – kein Schwert").

Die *einseitige Züchtigung* eines Beleidigers kann in 10–Sekunden–Stufen ablaufen, wobei jedesmal zwischen zwei Runden über eine weitere solche verhandelt wird. So

Heilsamer Krach in der Ehe

Ein gekonnter Ehekrach ist hilfreich für den Bestand der Partnerschaft. Zu diesem Ergebnis gelangten amerikanische Psychologen von den Universitäten in Seattle und Madison in einer mehrjährigen Untersuchung. Danach ist die Voraussetzung für die heilsame Wirkung eines Ehekrachs das gegenseitige Zugeständnis, den Zorn über die Partner freimütig zu artikulieren. Allerdings müssen Mann und Frau bestimmte Regeln einhalten. Eher abträglich etwa sind Beschwerden, die in weinerlichem Ton vorgebracht werden, dem Partner tadelnswerte Gedanken und Motive unterstellen oder ihn dazu zwingen, sich zu verteidigen oder zu entschuldigen, statt für das Problem die Verantwortung zu übernehmen. Für eine glückliche Ehe ist der wohlgezügelte „Zorn der Ehefrau", so einer der beteiligten Forscher, „ein wichtiger Bestandteil". Bei den beobachteten Paaren hatten meist die Frauen den Krach ausgelöst.

DER SPIEGEL

In einer Studie mit Ehepaaren „... zeigte die durchschnittliche Stärke der Schläge, daß Ehemänner härter schlugen als Ehefrauen... Je länger die Ehe schon bestand, desto weniger Aggression zeigte die Frau! Diese Studie unterstützte die Auffassung, daß häufiger spielerischer Streit glücklichen Paaren leichterfällt als unglücklichen."

In einer anderen Studie „Gibt es noch Kavaliere?" waren zwei Gruppen ausgewählt worden: „Eine davon war mehr für die herkömmliche Rolle der Frau, die andere vertrat den Standpunkt der Frauenbewegung... Das Ergebnis zeigte, daß die ‹Traditionellen› die Stärke ihrer Schläge bedeutend zunehmen ließen, als sie den ‹kämpfenden› Frauen in der zweiten Runde gegenüberstanden; die Kraft blieb freilich immer noch etwas unter der Intensität der ‹Liberalen›" *(Beier)*.

bald ein unfairer Schlag ausgeteilt wurde, unterbricht der Trainer sofort die Übung, und die Partner müssen wieder ganz von vorne anfangen, einschließlich des Einholens und Erteilens der Erlaubnis zur Weiterführung der Übung. Der die Schläge empfangende Partner steht ruhig (soweit möglich) und aufrecht da, so daß der Frustrierte sauber und fair zuschlagen kann. Letzterer soll beim Austeilen seinen Ärger auch noch verbal ausdrücken und bei jedem Schlag ein Schimpfwort (u.U. bei Phantasielosigkeit oder Unerfahrenheit jedesmal dasselbe) oder eine Anklage ausrufen. Ein Foul bei der beidseitigen Keilerei kann in der nachfolgenden Spielunterbrechung durch einen freien Schlag des Opfers gesühnt werden. Fühlt sich einer vom Partner überwältigt oder hat er aus anderen Gründen gründlich die Schnauze voll, so läßt er seine Keule los, bietet die Kehle dar oder hißt die weiße Fahne: Gnade! Pause! Ende! Schluß! Sense! Basta!

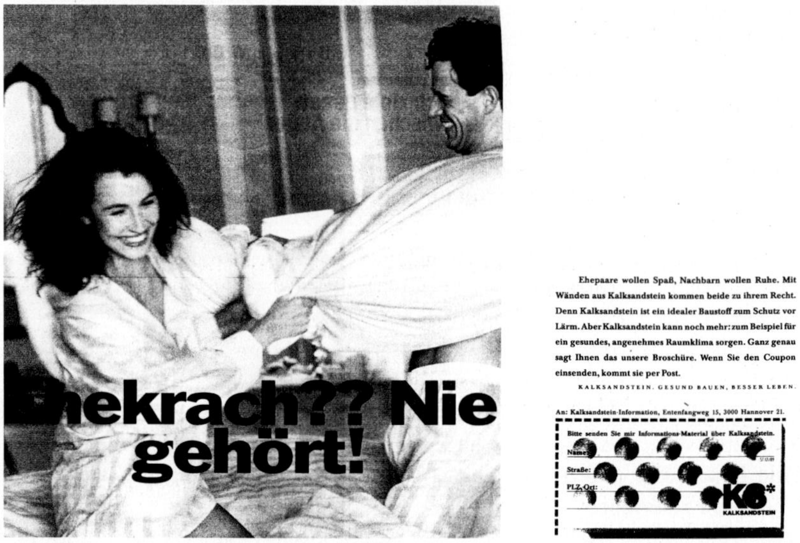

Zwei streitende Walbiri–Frauen (Zentralaustralien). Sie bedrohen einander mit Prügeln. Die Angreiferin schlägt zu, die Angegriffene pariert mit quergehaltenem Prügel. Unbewaffnete Frauen mischen sich ein und versuchen zu schlichten. ***Eibl–Eibesfeldt***

Beliebt ist auch die *Kissenschlacht*, bei der Sofa–, Kopf– oder Mooskissen (bisweilen auch, variatio delectat, Quallen, Sandkugeln, Stofftiere, Bierkrüge oder – leider auch – stehende Messer) wechselweise dem Partner an den Kopf geschmissen werden. Dies kann wieder simultan oder sukzessive erfolgen, je nach Zahl der zur Verfügung stehenden Waffen und dem Hortungscharakter der Mitstreiter. Besonders effektvoll ist das Zerstäuben des Kisseninhaltes (Federn, Schaumstoffflusen, Mooshärchen und Erde). Hier kommt es schon mal anschließend zu einer gemeinsamen verbindenden Einsammelei der Teilchen, die recht unterhaltsam sein kann. Etwas handfester geht es in den von *Bateson* geschilderten *Ringkampf–Ritualen* des *Maui–Stammes* auf Neuseeland zu: „Dort gehört niemand zur Gruppe, wenn er nicht – zumindest in der Zeremonie – seine Bereitschaft gezeigt hat, sich buchstäblich in die Gruppe hineinzuboxen."

Beschwichtigen

Zum Dämpfen aggressiven Verhaltens anderer lassen sich sämtliche bekannten *Aggressionsantagonisten* verwenden. Da sind erst einmal die Demuts– & Unterwerfungsgesten, dann die Angst, die Freundlichkeit, das Abstellen eigener Aggressions–Cues, die Fürsorglichkeit, das So–tun–als–wäre–nichts (mit oder ohne Pfeifen), das Bitten und Betteln um Gnade und Rücksicht, das Schenken. Dabei braucht durchaus nicht unbe-

Beschwichtigung

Dadurch, daß wir, kulturell bedingt, über unsere nicht eben sehr wirkungsvollen natürlichen Waffen hinaus künstliche tödliche Waffen herstellen, sind wir eine potentiell höchst gefährliche Art geworden, und so ist es nicht verwunderlich, daß uns eine außerordentlich breite Skala von *Beschwichtigungssignalen* zur Verfügung steht.

Da sind zunächst die uralten Demutzeichen des Sich–Duckens und Angstkreischens, in die wir uns mit den anderen Primaten teilen. Hinzu kommt eine Vielfalt weiterer für das Ausdrücken der Unterwerfung formalisierter Verhaltensweisen. Das Sich–Ducken wurde erweitert zum Kriechen und Sich–auf–den–Boden–Werfen – klassisches Beispiel die Proskynesis, der Fußfall vor dem Perserkönig, bei dem der Huldigende mit der Stirn auf den Boden schlug und die Kleider der Majestät oder die Erde küßte. Nicht ganz so intensiv wird die Unterordnung bezeigt durch Knien, Sich–Verbeugen und Knicksen. Stets geht es dabei um eines: den eigenen Körper im Verhältnis zu dem des Überlegenen kleiner werden zu lassen. Beim Drohen „pusten" wir uns „auf" – lassen den Körper so hoch und so breit wie möglich erscheinen. Deshalb muß das Demutverhalten in die entgegengesetzte Richtung zielen: Der Körper muß möglichst „erniedrigt" werden (das Wort trifft die Ausdrucksbewegung und das, was sie besagt, sehr genau)...

Auch wie sich das Verneigen und Verbeugen aus dem ursprünglichen, primitiven Sich–Ducken der Primaten entwickelt hat, ist interessant. Das wesentliche Moment hierbei ist nämlich das Niederschlagen der Augen. Denn seinem Gegenüber ins Gesicht starren gehört ganz typisch zur schärfsten Aggression überhaupt – als Teil des wildesten Wutgesichts und als Begleiterscheinung des Gebarens äußerster Angriffslust. (Aus diesem Grunde ist auch das Kinderspiel „Wer zuerst wegschaut", bei dem es ja darauf ankommt, sich anstarren zu lassen, so schwer; aus dem gleichen Grunde gilt es als denkbar unhöflich, wenn man lediglich aus Neugier auf den Säugling im Körbchen starrt, und noch bis zum Ersten Weltkrieg brachte einem das „Fixieren" eines Waffenstudenten unweigerlich eine Forderung zum Zweikampf auf schwere Säbel ein.) Ganz gleich jedenfalls, ob man sich tief oder weniger tief verbeugt – stets bleibt in der Verneigung das Neigen des Gesichts erhalten...

Eine intensivere Reaktion auf das Angestarrtwerden ist das Bedecken der Augen mit den Händen oder das Verstecken des Gesichts in der Ellenbogenbeuge. Aber schon das einfache Schließen der Augen löscht den starren Blick des Gegenübers, und so ist es in diesem Zusammenhang interessant, daß manche Leute zwanghaft immer wieder ihre Augen schließen, sobald sie mit Fremden sprechen...

Wir sprachen schon davon, daß Schimpansen den aggressiven oder überlegenen Artgenossen beschwichtigen, indem sie ihm die offene Hand hinstrecken. Wir machen es mit der bittenden oder flehenden Geste genauso, und bei uns ist daraus zudem die grüßende Gebärde des freundschaftlichen Händedrucks und Händeschüttelns geworden. Solche Freundschaftsgesten entstehen überhaupt oft aus Unterwürfigkeits– und Beschwichtigungssignalen... Unter bestimmten Umständen hat sich dann wieder der Handschlag umgewandelt in das Verschränken der eigenen Hände oder in das Händeringen. In manchen Kulturen sind die verschränkten Hände zum allgemeingültigen Zeichen des Grußes und der Beschwichtigung geworden...

Es gibt auf dem Gebiet der Demut– und Beschwichtigungsgesten noch zahlreiche weitere kulturell bedingte Sonderheiten, so etwa die Signale, die zeigen sollen, daß man sich geschlagen gibt, die weiße Flagge beispielsweise, die Kapitulation bedeuten kann, aber auch dem Parlamentär mitgegeben wird...

Bei unserer eigenen Art ist kindliches Verhalten seitens Erwachsener besonders häufig bei der sexuellen Werbung: Das Liebespaar befleißigt sich häufig eines Babygeplappers, und das nicht etwa, weil die Verliebten sich damit für ein künftiges Elternverhalten vorbereiten wollen, sondern weil die kindliche Ausdrucksweise beim Partner mütterliche beziehungsweise väterliche Gefühle weckt und dadurch aggressivere Stimmungen (oder solche der Angst) unterdrückt. Wenn man in diesem Zusammenhang daran denkt, wie sich aus solchem Verhalten das Betteln um Futter und das Füttern bei der Balz der Vögel entwickelt hat, wird man amüsiert feststellen, in welch außergewöhnlichem Maß das gegenseitige Füttern beim „Balzen" unserer Art vorkommt: In keiner anderen Zeit unseres Lebens sind wir mit so viel Hingabe und Ausdauer bemüht, einander Leckerbissen in den Mund zu stecken oder Schokolade anzubieten – gegebenenfalls von Mund zu Mund... Häufig vollführen wir streichelnde und tätschelnde Bewegungen, um einen Aufgeregten zu beruhigen, und viele führende Angehörige der Gesellschaft verbringen Stunden damit, sich von Untergeordneten mit viel Getue schönmachen zu lassen...

Auch zu Übersprunghandlungen kommt es bei Begegnungen aggressiver Art; zumeist treten sie in Situationen hoher Belastung oder Spannung auf... Im Erregungszustand der Konfliktsituation stecken wir uns eine Zigarette an oder putzen die Brillengläser; wir blicken auf die Armbanduhr, zupfen an der Krawatte oder am Schmuck; wir kippen ein Gläschen oder knabbern an einem Happen. All solches Tun kann natürlich auch aus ganz normalen, zweckbestimmten Gründen geschehen; im Übersprung vollführt, dient keine dieser Handlungen einem Zweck... Bei jeder Party, bei jedem Essen, bei jeder kleineren oder größeren gesellschaftlichen Veranstaltung werden, sobald die gegenseitigen Beschwichtigungsrituale des Händeschüttelns und Anlächelns vorüber sind, Übersprungzigaretten und Übersprungdrinks und Übersprunghäppchen angeboten...

Bei jeder sozialen Wechselbeziehung innerhalb einer kleinen Gruppe von Individuen kann man mühelos herausbekommen, wer die untergeordneten Angehörigen der jeweiligen Gruppe sind – die mit den auffallend häufigeren Übersprung–Putzhandlungen. Das eine wirklich in dieser Gruppe führende Individuum hingegen läßt sich daran erkennen, daß bei ihm solche Handlungen fast überhaupt nicht vorkommen. Sieht man jedoch bei einem angeblich leitenden Mitglied der Gruppe des öfteren kleine Übersprunghandlungen, so bedeutet dies, daß seine offizielle Vorrangstellung irgendwie durch die übrigen anwesenden Individuen bedroht ist.

Morris

dingt Versöhnungsbereitschaft vorhanden zu sein. Auch die nackte Angst vor dem Aggressor oder eine (momentane oder chronische) Unwilligkeit, sich zu streiten, können eine Beschwichtigungsmentalität und –haltung hervorkitzeln oder aufrechterhalten.

Sehr frühe und einfache Beschwichtigungsgesten finden wir im *Fremdeln* des (Klein–)Kindes wie im *Genieren*. Auch die *Verlegenheit* Erwachsener, ja sogar das zielgerichtete *Wegschauen* haben in erster Linie Beschwichtigungsfunktion. „Einerseits brauchen wir den Blickkontakt, um mit unserem Mitmenschen zu kommunizieren. Wir teilen so mit, daß die Kanäle für die Kommunikation offen sind. Andererseits dürfen wir nicht zu lange den Blick halten, denn sonst wird er zum Starren und damit bedrohlich... E. Waters und Mitarbeiter (1975) zeigten, daß bei Annäherung eines Fremden an ein Kind der Pulsschlag des Kindes schnell ansteigt, auch wenn der Fremde sich mit

„Hunde und Wölfe rollen sich auf den Rücken und bieten dem Sieger den ungeschützten Bauch, Paviane den ungeschützten Hals dar. Wahrscheinlich ist es ein Rückgriff auf infantiles Verhalten: Jungtiere werden geschont. Indem sie solchermaßen signalisieren, daß der andere ohne weiteres zubeißen könnte, ersparen sie sich, daß er am Ende des Kampfes wirklich zubeißt. Submissionsverhalten beschwichtigt. Daß diese Beschwichtigungswirkung tatsächlich eintritt und der Gegner seinen Vorteil nicht bis zum bitteren Ende ausnützt, ist ein von der natürlichen Selektion begünstigter und somit im Verhaltensrepertoire fest angelegter Effekt" *(Zimmer)*.

freundlichen Worten nähert. Durch Wegsehen kann das Kind den Kontakt abbrechen und seinen eigenen Erregungsspiegel regulieren. Die Pulsschlagfrequenz sinkt beim Wegschauen schnell wieder ab... Schließlich haben wir frühkindliche Xenophobie in allen von uns untersuchten Kulturen festgestellt, bei den Buschleuten ebenso wie bei den Yanomami, Eipo, Himba, Tasaday oder Pintubi, um nur einige zu nennen, und zwar nicht nur dem weißen Besucher, sondern auch Fremden der eigenen Ethnie gegenüber" *(Eibl–Eibesfeldt)*.

Frontales Schamweisen: sexuell präsentierende Tänzerin. ***Eibl–Eibesfeldt***

Der wohl wichtigste Aggressionsblocker ist die *Demut*, die Unterwerfung, Submission. Das Haupt wird geneigt, ja zuzeiten fiel man auf die Füße (heute nur noch im Vatikan üblich), man gibt sich kindlich klein, schlägt die Augen nieder, schaut weg. Eine Steigerung stellt dann das *Weinen* dar, mitleid– und betreuungheischend.

„Bei einer weiteren Umstimmungshandlung nimmt das schwächere Tier die Körperhaltung ein, mit der sich das Weibchen sexuell präsentiert: Auf diese Weise wird ein Reiz gezeigt, der eine sexuelle Reaktion auslöst, die ihrerseits die Angriffsstimmung dämpft. In derlei Situationen bespringt das stärkere Männchen oder Weibchen das schwächere, unterwürfige Männchen oder Weibchen und vollzieht an ihm eine Pseudo–Begattung. Eine dritte Form von Umstimmung zielt darauf, im Überlegenen die Bereitschaft zu aktiver oder passiver Körperpflege zu wecken. Dazu muß man wissen, daß das gegenseitige oder im Sozialverband betriebene Putzen und Säubern im Tierreich eine große Rolle spielt, vor allem natürlich dann, wenn es innerhalb der Gemeinschaft friedlicher und ruhiger zugeht. Und so kommt es, daß ein schwächeres Tier entweder das überlegene zum Putzen einlädt oder ihm Signale gibt, mit denen es um die Erlaubnis bittet, ihm das Fell säubern zu dürfen" *(Morris)*.

Für uns zivilisierte Mitteleuropäer befremdlich ist eine Beschwichtigungsgeste, die, darf man den Humanethologen glauben, unseren Damen zusammen mit ihren nichtmenschlichen Primatenschwestern in die Wiege gelegt wurde: das *Schamweisen*, auch, harmloser, weibliches Sexualpräsentieren genannt. Dabei wird dem Aggressor das entblößte Gesäß zugekehrt bei gleichzeitiger Vorbeugung, so weit, daß die Schamlippen und –spalte deutlich sichtbar werden. Eine weitere weibliche Beschwichtigungsgebärde, „die man in sehr verschiedenen Kulturen findet, ist das *Brustweisen*. Bei den Eipo filmte ich, daß Frauen bei Überraschung ihre Brust fassen und drücken. Stillende Frauen verspritzen dabei etwas Milch..., um zu zeigen, daß sie Mutter sei und daß man ihr daher nichts tun möge... Schließlich tritt die Muttergottes in verschiedenen europäischen Gemälden als Fürsprecher der Menschheit brustweisend vor Gott auf. Cortez berichtet, daß Montezuma seinen Soldaten Frauen entgegenschickte, die aus ihrer Brust den Angreifern Milch entgegenspritzten" *(Eibl–Eibesfeldt)*.

Eipo–Frau, wie sie erschrocken ihre Brust faßt und drückt. Dieses Brustweisen entwickelte sich in verschiedenen Kulturen unabhängig voneinander als abweisende, schützende Gebärde. ***Eibl–Eibesfeldt***

Vertrauter ist uns das Beschwichtigen und Freundlichstimmen über *Geschenke* oder, allgemeiner, das (ggf. auch leihweise) Anbieten von Objekten. „In französischen Erhebungen wurden freundliche Kontakte und Beschwichtigung in über 50 Prozent der Fälle durch das Anbieten von Objekten bewirkt. Die freundliche Kontaktaufnahme über ein Objekt ist bei nichtmenschlichen Primaten bereits nachzuweisen, doch in viel weniger differenzierter Form. Beim Menschen werden Objekte auch gezeigt, indem man sie hinhält, auf sie mit dem Finger weist und schließlich, indem man über sie spricht. Heimbringsel verschiedenster Art dienen beim Amerikaner wie bei uns als ‹conversation pieces› eine Rolle beim Aufbau von Gemeinsamkeiten. Das Gaben–Überreichen haben wir in allen von uns untersuchten Kulturen sowohl als Strategie freundlicher Kontaktanbahnung als auch zum Zwecke der Aggressionsabblockung beobachtet" *(Eibl–Eibesfeldt)*.

Spontane Aggressivität

Lachen * Lachen als & in der Therapie * Necken * Ärgern * Lügen * Ausreden

Das Prinzip der von mir kreierten *Makeltherapie* leitet sich von der *abgestuften Konfrontation* mit dem Angstreiz ab. Übertragen auf unser Problem heißt das, daß man sich mit Scham & Schuld zu konfrontieren hat – ohne irgendwelche mehr oder weniger religiösen, moralischen oder juristischen Wiedergutmachungsrituale, also z.B. zwanghafte Revisionsmaßnahmen wie exzessives Waschen, Putzen, Büßen, Rosenkranzbeten, Spenden usw. usf. einzuleiten. Diese Konfrontation kann über Übungen, Rollenspiele, Verhaltensaufforderungen, Hausaufgaben u.v.m. erfolgen. Zur Konfrontation und Desensibilisierung gegenüber eskalierten, hypertrophierten Scham– und Schuldgefühlen bietet sich die menschlich–allzumenschliche Fähigkeit und Freude des Andere–Neckens–&–Ärgerns an.

Das schambremsende Ausleben der Kampflust finden wir im Balgen der Kinder, im Raufen und Fingerhakeln der Bayern, im Judo und Jiu–Jitsu der Sportler – und leider nur sehr rudimentär im Betrachten der Sportschau am Samstagabend! Das reaktive Pendant der spontanen Kampflust ist die Selbstbehauptung: zu spät nach Hause kommen, der Schwiegermutter die Hand nicht geben, zum Stammtisch gehen, sich unanständige Filme anschauen, alte Kumpels und Freundinnen wieder treffen, sich eine Kollektion brauchbarer Schimpfworte aneignen und sie zu gegebener Zeit auch anwenden – um nur eine kleine Kollektion schuldhafter Verhaltensweisen zu nennen. Zu der therapeutischen Anwendung gehört allerdings, daß diese selbstbehauptenden Verhaltensweisen als beschämend und schuldhaft erlebt werden und das Schuldbewußtsein nachfolgend ausgedrückt wird – nicht zu viel, aber auch nicht zu wenig! Das leitet den zweiten Abschnitt dieser wundervollen, bahnbrechenden therapeutischen Maßnahme ein: nach der Schaumschlägerei der Schamausdruck. Es gilt, die ganze Vielfalt schamhafter und schuldbewußter Verhaltensweisen und Handlungen wieder aufzufächern: Blumensträuße, Pralinenkästen, Pantoffeln und Bierflaschen, diese ganz gewisse Kopfhaltung (ein bißchen schräg, ein bißchen nach unten, ein bißchen zerknirscht), lächeln, stottern, erröten (wobei das scheue Anblicken des Gegenübers von links unten nach rechts oben hilft), Geschirr abtrocknen, auch mal den Mund halten und dem anderen recht geben.

Wie der geneigte Leser an der Kürze der Abhandlung sieht, ist die Makeltherapie noch ausgesprochen entwicklungsbedürftig. Warum ihre Entwicklung so lange gedauert hat – und auch jetzt noch etwas zaghaft voranschreitet – erklärt uns ein altes deutsches Sprichwort:

„Aus einem verzagten Arsch fährt kein fröhlicher Furz.“

(Martin Luther)

Lachen

Ursula Nuber erzählt folgende Geschichte: Eine junge deutsche Touristin wird mitten in der Nacht in ein kleines Krankenhaus im südlichsten und ärmsten Teil Italiens eingeliefert. Die junge Frau fällt von einer Ohnmacht in die andere, ein Hinweis für die Diagnose: schwere Lebensmittelvergiftung. Die etwa 15 Frauen in dem riesigen Krankensaal nehmen die nächtliche Störung gelassen hin. Sie umringen das Bett der Ausländerin und denken gar nicht daran, die von Angst und Brechdurchfall Geschwächte in

„So wußte bereits Immanuel Kant, daß durch das Lachen ‹das beförderte Lebensgeschäft im Körper, der Affekt, der die Eingeweide und das Zwerchfell bewegt, mit einem Wort: das Gefühl der Gesundheit…› entsteht“ *(Nuber)*.

Als bundesdeutsche Erstveröffentlichung ist es mir unter unsäglichen Mühen gelungen, den *„Kleinen Psychiatrie–Test (K–P–T)"*, des Altpräsidenten der *Schweizerischen Vereinigung Klinischer Psychologen (SVKP), Dr. Hans–Martin Zöllner*, seines Zeichens Leiter des Psychologischen Dienstes der Psychiatrischen Universitätsklinik zu Zürich, aufzutreiben und meiner staunenden Leserschaft mit der wenig zögernden, dafür um so begeisterten Einwilligung des Autors in einer leicht(fertig) gekürzten Fassung zugänglich zu machen. Wir haben es hier mit einem *Bravourstück klinisch–psychologischer Differentialdiagnostik von Ärgerbereitschaft* zu tun, das hiermit glücklicherweise mal nicht vor die Säue, sondern vor das ehrenwerte lesende Fachkollegium dieses wissenschaftlichen Überwerkes geworfen wird.

K – P – T
(Kleinster Psychiatrie–Test)
nach *Dr. Hans–Martin Zöllner*

Instruktion: Entscheiden Sie sich bei jeder Frage für die richtige Alternative – nur eine von vieren ist richtig – Lösungsschlüssel am Schluß!

A Diagnostische Methoden

1. Was ist ein semistandardisiertes Interview?
   a) Nach dem Präsidenten der SVKP benannte Explorationsmethode (richtige Schreibweise: sämistandardisiertes Interview)
   b) Der Interviewer ist unsicher, ob er die Personalien erheben soll oder nicht
   c) Bei anhaltender Verstockheit des Patienten dürfen leichte Foltermethoden (z.B. anderthalb Stunden Traumanalyse) eingesetzt werden
   d) Der Interviewer fragt die „fünf W" ab: Wieviel Uhr? Wann ist Feierabend? Welche Farbe hat meine Krawatte? Warum lassen Sie mich nicht ausreden? Wohin darf ich die Rechnung schicken?
2. Was ist eine Katamnese?
   a) Der Psychotherapeut schaut von Zeit zu Zeit bei seinem Patienten nach, welchen Schaden er angerichtet hat
   b) Ein altpolnischer höfischer Reigen, der Sarabande verwandt (richtige Schreibweise: Katamnaise)
   c) Der Seelenforscher kann auch nach Abschluß seiner Wühlarbeit den Probanden nicht in Ruhe lassen
   d) Wie eine Anamnese, nur von hinten nach vorn geschrieben
3. Was gehört zu einem Neurostatus?
   a) Die Prüfung, ob der Patient den Aufnahmearzt in den Hintern treten kann (Reflexhammer unnötig, Vorbeugen genügt)
   b) Die Freilegung der 12 Hirnnerven und deren Innervationsprüfung mittels eines Amperemeters
   c) Der Mireille–Versuch: ob der Patient auf dem Strich gehen kann, ohne umzufallen
   d) Der Zungen–Einroll–Versuch nach *B. Izarr*: der Patient muß den rechten Zeigefinger des Arztes mit der Zunge so fest umschließen, daß dieser nicht mehr herausgezogen werden kann

B Allgemeine Symptomatologie

4. Was ist Mutismus?
   a) Zustand des Klinischen Psychologen nach vier Jahren Anstellung in einer psychiatrischen Klinik
   b) Übertriebene Zivilcourage
   c) Bei Kühen: unaufhörliches Muhen
   d) Mit Löschungstechniken erfolgreich behandelte Logorrhoe
5. Was ist Inkohärenz?
   a) Normalzustand bei Vereinsversammlungen
   b) Täuschungsmanöver von Schizophrenen zur Verwirrung von Psychiatern
   c) Nichtzurückhaltenkönnen von Kot, Urin und Speichel
   d) Danebengehen des Handschlags zwischen Stationsarzt und Patient auf der Morgen–visite
6. Was ist Logorrhoe?
   a) Das gleiche wie Diarrhoe, nur am anderen Ende des Verdauungskanals
   b) Bei Hochschullehrern: das langsame und genüßliche Zergehenlassen von nichtssagenden Begriffen im Munde
   c) Ausdruck der Freude des Klinikspatienten, wenn er nach drei Wochen Hospitalisation seinem behandelnden Arzt auf der Abteilung das erste Mal begegnet
   d) Der stereotype Gebrauch der Floskel logo bei verwahrlosten Jugendlichen
7. Was ist Affektinkontinenz?
   a) Beim Hinschied des Klinikdirektors füllen sich die Augen des Klinischen Psychologen mit Tränen
   b) Gefühle entweichen gegen den Willen des Betroffenen aus seinem Bauchnabel und hinterlassen bei den Anwesenden peinliche Betroffenheit
   c) Weil der Patient fünf Minuten zu spät zur Therapiestunde gekommen ist, schneidet ihm der Therapeut (Ausbildung in Provokativer Therapie nach *Farrelly*) das letzte Glied des kleinen Fingers der rechten Hand ab und schickt es eingeschrieben den Angehörigen
   d) Kathartische Entschlackungsmethode schizoider Psychiater, eingesetzt in der Familie nach Dienstschluß
8. Was ist Parathymie?
   a) Normalzustand bei Gesprächspsychotherapeuten
   b) Ein Auge blickt freundlich (da Glasauge), das andere grimmig
   c) Der Vater, Anhänger der Schwarzen Pädagogik, verdrischt seinen Sohn mit dem Gartenschlauch und pfeift aufgeräumt dazu „Veronika, der Lenz ist da"
   d) Wenn die SVKP dem SPV (wahrscheinlich: Schweizerische Psychologen–Vereinigung, der Verf.) jährlich 5000.– Franken zahlt und freundlich dazu lächelt
9. Was ist ein psychogener Erregungszustand?
   a) Zustandsbild eines Klinischen Psychologen nach Eruierung des Monatsgehaltes von Oberärzten
   b) Persönlichkeitsstrukturelles Merkmal eines Klinikschefs im Zürcher Weinland
   c) Wahre innere Befindlichkeit bei scheinbar gleichmütigen Analytikern
   d) Zitter vor dem ersten Koitus
10. Was ist Vaginismus?
   a) Diffuse Redeweise bei Psychologieprofessoren

Ruhe zu lassen. Da erscheint ein junger Krankenpfleger und bietet der jungen Frau, die seit zwei Tagen nichts mehr im Magen halten konnte, ein fettes Osso Buco an, das ihm seine Frau für die Nachtschicht mitgegeben hatte. Gelächter. Die junge Deutsche, die noch vor kurzem gedacht hatte, ihr letztes Stündlein hätte geschlagen, kommt aus dem Lachen nicht mehr heraus und steht am nächsten Tag, etwas wackelig zwar, wieder auf den Beinen.

Ein Versuch: Gruppen von Studenten wurden gebeten, ein Problem zu lösen, das Erfindungsgabe erfordert: Sie erhielten Streichhölzer, eine Schachtel Reißzwecken und eine Kerze. Sie sollten die Kerze mit den beigefügten Utensilien so an einer Korkwand befestigen, daß das Wachs nicht auf den Boden tropft, wenn die Kerze angezündet wird. Der Trick bestand darin, eine Reißzwecke aus der Schachtel herauszunehmen und die Schachtel so an der Wald zu befestigen, daß sie als Kerzenhalter diente. Stu-

b) Schließmuskelreflex bei Frauen, die zu sehr lieben
c) Vornehmere Bezeichnung auf Bank und Post für „Schalter geschlossen"
d) Natürliche Methode zum Schutz gegen HIV–Infektion

11. Was ist Schizoidie?
a) Unverzichtbare Eigenschaft zum Überleben in psychiatrischen Kliniken – für Patienten und Angestellte
b) Ernst und Angst – im Kind vereint
c) Als der Psychiater zum Patienten nach dessen Suizidversuch sagte: „Das war ja schon ganz gut, aber das nächste Mal machen wir es noch besser, gell!"
d) Die Kunst, Distanz und Nähe in der Kommunikation so geschickt zu regulieren, daß das Gegenüber nicht weiß, ob es kopulieren oder fliehen soll

12. Was ist Asthenie?
a) Wichtigstes Selektionskriterium bei der Eignungsprüfung für Helferberufe
b) Wissenschaftliche Bezeichnung für das Abfallen von Ästen im Gefolge des Waldsterbens
c) Unentschlossenes Suffix zwischen Psych und Neur
d) Spätfolge von exzessiver Onanie (neben Dyskinesien)

13. Was ist Kleptomanie?
a) Ersatzhandlung für Vögeln
b) Ersatzhandlung bei Vögeln (bes. bei Elstern)
c) Ersatzhandlung mit Vögeln (siehe auch unter „Sodomie" bei sexuellen Perversionen)
d) Impulshandlung im Kleiderhaus Vögele

C Behandlungsmethoden

14. Was ist die Wirkungsweise von Antidepressiva?
a) Der Therapeut wird in seinem Gesamtbefinden ausgeglichener und ruhiger
b) Die Compliance des Patienten wird erhöht, und er schläft in den Therapiestunden schneller ein
c) Erst wenn man sie absetzt, sieht man, daß sie nicht geholfen haben
d) Über moderne Sprinkleranlagen auf den Abteilungen gleichmäßig verrieselt, vermögen sie triste Stimmungen im Team und bei den Patienten vorübergehend aufzuhellen

15. Wie funktioniert Hypnose?
a) Die mentalen Innervationen koagulieren an den Synapsen kolloidoform und hindern so die autonomen Nervenimpulse am Weiterspringen (antisaltatorische Wirkung)
b) Der Hypnotiseur droht dem Patienten mit Suizid, wenn dieser nicht die suggerierten Befehle ausführe
c) Funktioniert sie?
d) Nicht die Methode ist wichtig, sondern der Therapeut, der Therapeut, der Therapeut, der Therapeut, der Therap..., der Therap..., der Ther..., der Ther...

16. Was ist katathymes Bilderleben?
a) Ein Druckfehler: es muß heißen „katatones Bilderheben"
b) Vor dem Besuch der Gemäldeausstellung erhalten alle Patienten einen Fluanxol–Trunk (mit Citrus–Geschmack)
c) Wenn Sie Ihren Katalysator inspizieren und der Wagenheber seinen Dienst versagt
d) Arzt und Patient schauen gemeinsam ein Micky Maus–Heftli an

17. Was ist „Verbalisieren emotionaler Erlebnisinhalte"?
a) Kaschierung der notorischen Aggressionshemmung von Gesprächspsychotherapeuten
b) Therapeutische Technik, welche im Patienten das Gefühl erzeugt, der Therapeut nehme ihn hoch
c) Therapeutische Technik, welche das gefühlsmäßige Chaos des Patienten vervollkommnet
d) Therapeutische Technik für Psychologen, welche unter Echolalie leiden (sog. Papageien–Krankheit)

18. Nennen Sie Indikationen für ein Rollenspiel!
a) Hysterisches Selbstdarstellungsbedürfnis des Therapeuten
b) Psychologe, der lieber Choreograph geworden wäre
c) Selbstunsichere, gehemmte Depressive (notfalls mit Gewalt) zur Übernahme von Rollen zwingen
d) Sämtliche Fort– und Weiterbildungskurse für sämtliche Mitarbeitergruppen im Gesundheitswesen

19. Was sind die Vorteile der Familientherapie?
a) Es wird nur die Interaktion der Teilnehmer, nicht diese selbst verändert (sog. systemischer Ansatz)
b) Auch Greise im Steinernen Hochzeitsalter sind noch beliebig veränderbar
c) Jedes Greenhorn von Assistenzarzt beherrscht diese natürliche Methode nach Besuch des Films „Wer hat Angst vor Virginia Woolf"
d) Es gibt keine gesunden Familien

20. Was ist paradoxe Intention?
a) Wenn man zu einem unpünktlichen Patienten mit Ejaculatio präcox sagt: „Sie kommen viel zu spät."
b) Die Wunderheilmethode psychiatrischer Assistenzärzte im ersten Lehrjahr (sie nennen sie meist: „paradoxe Intervention")
c) Wenn man mit einem Suizidalen den gefühlvollen Absprung vom Fensterbrett übt
d) Wenn der Autor dieses Psychiatrie–Tests davon ausgeht, Satire könne heilsam sein...

Lösungsschlüssel: Ganz einfach, immer Alternative a)!

Bewertung:

0–2 R: Wenn zwei solche Knalltüten wie Sie zusammenkommen, bringen Sie beide es immerhin auf IQ 74
3–4 R: Haben Sie schon einmal an ein Computertomogramm bei sich gedacht?
5–8 R: Sie sollten besser Psychiater als Psychologe werden
9–12 R: Ihr Wissen nähert sich bedrohlich dem eines Oberarztes
13–16 R: Herzlichen Glückwunsch: eine Stelle als Leidender Psychologe ist Ihnen sicher
17–18 R: Sie müssen sich noch etwas gedulden, bis der Posten des Psychologischen Direktors einer Psychologischen Universitätsklinik frei wird
19–20 R: Der Nobelpreis für Psychiatrie geht zum ersten Male an einen Klinischen Psychologen

denten, die unmittelbar vor dem Test einen Comic–Film angesehen hatten, waren dreimal häufiger erfolgreich, eine Lösung für das Problem zu finden, als diejenigen, die einen Erziehungsfilm gesehen hatten. Die Wissenschaftler folgerten daraus, daß Menschen, die in guter Stimmung sind, eine größere Fähigkeit besitzen, Ideen auf neue Art und Weise zu kombinieren, das heißt kreativ auf eine intellektuelle Herausforderung zu reagieren. In einer anderen, kürzlich durchgeführten Studie wiesen Testpersonen, die einen spaßigen Film gesehen hatten, einen geringeren Spiegel von Streßhormonen (Adrenalin und Cortisol) auf als eine vergleichbare Gruppe, die diesen Film nicht gesehen hatte. Weiterhin hat die Wissenschaft bisher bestätigt, daß das Lachen die Atmungsaktivität, den Sauerstoffaustausch und die Herzfrequenz steigert; außerdem wird wahrscheinlich die Endorphinproduktion im Gehirn stimuliert. Dadurch wiederum wird die Depression abgebaut. Auch soll Lachen zu Langlebigkeit führen.

„Humor ist eine wertvolle Erfahrung, um Menschen zu verstehen und mit ihnen umzugehen. Man muß daran denken, daß die Widersprüche von Biologie, Kultur und Technik in der Psychologie des Individuums zusammentreffen. Diese Einflüsse und Interaktionen treffen selten für längere Zeit deutlich zusammen. Oft verursachen sie eine bestimmte, aber ganz unspezifische Angst. Im Umgang mit diesen Problemen fühlt der Mensch ständig seine Verantwortung und Endlichkeit. Man muß auch daran denken, daß sich die Realität ständig ändert. Demzufolge muß sich unsere Wahrnehmung von ihr auch ändern, wenn wir angemessen auf sie reagieren wollen. Unser Problem ist es, Gleichgewicht und Perspektive zu behalten, und das ist genau der Punkt, an dem Humor eine wesentliche Rolle spielen kann... Humor befähigt uns, Gleichgewicht, Augenmaß und eine optimale psychologische Distanz in der Vielfalt unseres Lebens zu behalten" (*Farelly*).

Doch was tun, wenn es mit unserem *Humor* nicht zum besten gestellt ist? Versuchen wir es doch mal mit der lebendigen Mechanik der *Schüttelreime*. Etwa so: Buddha nach der netten Fabel / starrt auf seinen fetten Nabel. Aha, so geht das. Oder so: Und weil er Geld in Menge hatte / lag stets er in der Hängematte. Noch einer: Die Boxer aus der Meisterklasse / die hauen sich zu Kleistermasse (*Hirsch*).

Auslöser für Lachen?

- O Da ist zuerst das unschuldige Babylächeln und Kinderlachen, das einer freudigen Übereinstimmung mit der Welt zu entspringen scheint – völlig aggressionslos. Anscheinend ein Ausdruck von Freude, z.B. Wiedersehensfreude (z.B: nach Trennung oder beim Kuckucksspiel).
- O Oder es ist eine kathartische Übersprunghandlung bei Überraschung oder Schreck.
- O Auch beim Schämen und Genieren finden wir ein scheues, verlegenes Lächeln, das in diesem Fall wohl beschwichtigend wirken soll. Oder das Gickern und Kichern der kleinen und großen Mädchen, wenn sie sich verlegen einem Fremden annähern (wollen).
- O Und dann der Wahnsinn: das unmotivierte Lachen am Grab und wo auch immer, die hebephrene, grinsende Pseudofreude.
- O Und das hysterische Lachen: übertrieben, unangemessen, ein wenig gekünstelt und verkrampft.
- O Das Schocklachen, z.B. nach einem Autounfall oder einem Luftangriff.
- O Und dann wieder das berstende, explosive Lachen bei einem Witz oder Mißgeschick.
- O Das feinsinnige Lächeln und Grinsen im Humor.
- O Das Lächeln oder gar Lachen als Begrüßungs–, Bitt–, Bettel– und Beschwichtigungsgeste.
- O Das Belächeln als Ausdruck von Geringschätzung.
- O Das alberne Lachen als Ventil positiver Erregungszustände.

„Warum lachen wir eigentlich?" fragt *Regina Kramer* in der COSMOPOLITAN. „Nein, nicht worüber, sondern warum so und nicht anders. Es wäre ja immerhin denkbar, daß wir vor Fröhlichkeit über einen Stuhl springen oder mit den Schultern wackeln." Und sie gibt uns auch gleich die Antwort: Ursprünglich war es bei unseren affigen Vorfahren das drohende Zähnefletschen. Das kam dann bei der Menschwerdung etwas aus der Mode und wurde umgemünzt und abgemildert in das Grinsen und Lachen.

Nach *Freudscher* Vorstellung tritt im *Humor* das Über–Ich dem Ich hilfreich zur Seite, es betrachtet die Probleme und Leiden des Ich gleichsam aus einer höheren Warte, wie die wohlwollend liebevollen Eltern, die nicht nur streng über die Einhaltung der Normen durch das Kind wachen, sondern auch nachsichtig lächelnd auf die Welt des Kindes schauen. „Sieh her, das ist nun die Welt, die so gefährlich aussieht. Ein Kinderspiel, gerade gut, einen Scherz darüber zu machen." – Dies ist die Botschaft, die der Humor vermittelt.

Der Lustgewinn, der nun aus dem *Witz* zu ziehen ist, ergibt sich aus dem ersparten Hemmungsaufwand (analog zum ersparten Gefühlsaufwand beim Humor). Der Witz ermöglicht den Ausdruck *aggressiver oder sexueller Tendenzen*, er bietet ihnen eine Verkleidung und versetzt sie so in die Lage, den Kontrollen des Ichs und des Über–Ichs zu entgehen.

Durch die nach *Freud* auch im Traum verwendeten Mechanismen der Verschiebung, Verdichtung usw. können diese Tendenzen in sozial akzeptierter Form wenigstens zum Teil abgeführt werden, der Unterdrückungsaufwand wird verringert. „Lachen ist primär aggressiv. Es bindet jene, die gemeinsam lachen, richtet sich aber gegen denjenigen, den man auslacht... Die Lautäußerung des Lachens leitet sich von einer alten Verhaltensweise des Drohens ab, bei dem mehrere Gruppenmitglieder gleichzeitig einen gemeinsamen Feind bedrohen, also um eine Art des ‹Hassens› (mobbing)" *(Eibl–Eibesfeldt)*.

Tatsächlich gibt es keinen Witz, wo sich der Lacher nicht über andere oder sich selbst lustig macht oder normverletzende aggressive Anspielungen auf sexuelle Tabus gemacht werden – wobei der Begriff Tabu sehr weit gefaßt ist.

Gehen Sie bitte alle Ihnen bekannten Witze und Scherze durch. Sie werden keinen finden, der nicht im weitesten Sinne des Wortes aggressiver oder sexueller Natur ist. „Lachen ‹lernen› wir auch in der Zeit, in der wir unsere Triebe beherrschen lernen müssen" *(Kramer)*. Von der unzüchtigen Anspielung unserer lieben Kleinen bis hin zur deftigen Zote der Erwachsenen reicht die Palette.

Die *Freudsche* Theorie des Witzes findet eine Parallele in behavioristischen Vorstellungen, die im Rahmen eines Triebreduktionsmodells annehmen, daß im Witz sexuelle und aggressive Triebe befriedigt werden. Daneben wird die Funktion des Humors in Spannungs– und Angstreduktion gesehen, er ermöglicht in bedrohlichen Situationen durch neue Hinweisreize eine Veränderung der Sichtweise, kann also quasi als spezielle Form der kognitiven Umstrukturierung aufgefaßt werden.

Nach *Berlyne* kann Humor auch als Regulationsmechanismus für Erregungszustände betrachtet werden, im Witz manifestiert sich zunächst eine Phase der Unsicherheit (Erregungsanstieg), darauf folgt eine der Klarheit und Sicherheit (Erregungsabfall). Beide Erregungszustände können als Verstärker dienen, dies hängt dann jeweils davon ab, ob der vorhergehende Erregungszustand als zu hoch oder zu niedrig empfunden wurde. In empirischen Studien ist diese *kathartische Wirkung* sogar beobachtet worden. „Verärgerte, die Witzzeichnungen aggressiven Inhalts ansehen konnten, waren im anschließenden verbalen Test dem Versuchsleiter gegenüber weniger aggressiv als Personen, die keine derartigen Witzzeichnungen sahen" *(Eibl–Eibesfeldt)*.

Die Operateure des *Lach–Ausdrucks* sind Kehlraum, Zunge, Kinnlade und 15 kleine Muskeln im Gesicht. Der englische Philosoph *Hobbes* erkannte es messerscharf: „Wir lachen, anstatt das aufzufressen, dem wir überlegen sind." Und das scheint nicht nur Aggressionen zu entschärfen, sondern bringt darüber hinaus noch positiven Lustgewinn.

Die Endorphinproduktion des Organismus wird angekurbelt und schüttet diese Luststöffchen vermehrt ins Blut (*Kramer*: „Das ist der Stoff, mit dem man Spannungen vertreibt und der Laune Flügelchen anlegt"). Die Rüttel– und Schüttelbewegungen lockern die Skelettmuskulatur und das Zwerchfell, Atemzentrum und Kreislauf (Puls auf 120, Blutdruck hinauf), schaufeln vermehrt Blut und Sauerstoff ins Gehirn. „Wer auf Dauer nicht zum nötigen Ernst zurückfindet, zerrt die Ansatzstellen des Zwerchfellmuskels. Dann hilft nur noch Schieflachen, weil sich die Zerrung lockert, wenn man sich krümmt."

Sind wir fröhlich, weil wir lachen, oder lachen wir, weil wir fröhlich sind? – Diese nette rhetorische Frage stellt *Frau Kramer*, aber auch sie müssen wir etwas entschiedener als diese beantworten. Es gibt zwar Rückkopplungen vom Lachen auf die Fröhlichkeit, aber diese würden sich schnell ohne Fröhlichkeitsnachschub erschöpfen. Es ist die vieldiskutierte Frage nach der *Katharsis* und der Rückkopplung. Auch beim Lachen siegt die Katharsis. Also: zuerst war die Fröhlichkeit, dann kommt das Lachen. Schön wär's, wenn es auf Dauer andersherum funktionieren würde. Ich zumindest würde nicht mehr arbeiten, sondern ausschließlich noch Fröhlichkeit durch bewußtes Lachen erzeugen – das wär's dann.

Stellt man die Hauptpunkte zusammen, so läßt sich unschwer ableiten, bei welchen *Störungen* kaum mit Heiterkeit zu rechnen ist:

- Humor erfordert die Fähigkeit zur vorübergehenden Selbst–Distanzierung und Ent–Identifizierung.
- Humor erfordert vorübergehend die Aufgaben gewohnter Bezugsrahmen.
- Der Witz und zum Teil der Humor bieten eine Ausdrucksmöglichkeit tabuisierter aggressiver und sexueller Tendenzen.

Neben dem Depressiven hat auch der Zwanghafte wenig zu lachen, für ihn dürften ebenfalls die erforderliche Flexibilität und Spontanität, die Fähigkeit zum Verlassen gewohnter Bezugsrahmen sowie unter Umständen auch Schwierigkeiten beim Ausdruck aggressiver wie sexueller Tendenzen hinderlich sein. Genauso ist bei Menschen mit einem hohen Maß an Ängstlichkeit eine entspannte Fröhlichkeit und Humor eher selten; dies kann im Zusammenhang mit allen oben angeführten Punkten gesehen werden.

Grinsen

Die Entstehungsgeschichte des Grinsens... läßt sich auf mindestens zwei verschiedene, primitive Verhaltensweisen zurückführen. Die eine ist schützender Natur und wird durch Schreckreize ausgelöst. Es handelt sich dabei um eine sehr typische Grimasse, die unter ähnlichen Umständen auch beim Menschen auftritt. Dazu braucht man sich nur sein eigenes Verhalten zu vergegenwärtigen, wenn man beim Schalten aus Versehen die Kupplung nicht weit genug durchtritt. Eine andere Form des Grinsens zeigt sich beim hochfrequenten Vokalisieren von Tieren. Bei vielen Tierarten tritt das Grinsen als Begleiterscheinung beim Ausstoßen hoher Töne auf: beim Miauen der Katze, beim Wiehern der Pferde, beim Kreischen der Lemuren, beim schrillen Rufen der Affen, beim Schreien der Paviane und beim Schreien der Menschen (man denke an den jammernden Ausdruck von streitenden Kindern). Die Entwicklung vom primitiven Grinsen bis hin zum menschlichen Lächeln konnte nur teilweise nachvollzogen werden. Physisch ist die Entwicklung relativ eindeutig. Das Lächeln ist ein direkter Abkömmling des Grinsens. Die Verbindung zwischen lautem Lachen und Grinsen ist ebenfalls leicht zu sehen, wenn man bedenkt, daß Grinsen und Vokalisieren ursprünglich zusammen auftraten. Das Hauptproblem besteht darin, herauszufinden, wieso Lachen mit Freude und Wohlbefinden assoziiert worden ist... Das Lächeln aus Freude bleibt schwer zu interpretieren... Es ist denkbar, daß Grinsen seinerzeit eine Reaktion auf erschreckende Reize war und daß es sich beim Menschen inzwischen zum Zeichen einer Reaktion auf kleine, angenehme Änderungen in der Reizsituation entwickelt hat. Die Annahme wird durch die Tatsache unterstützt, daß man Babys zum ersten richtigen Lachen bringen kann, indem man sie kitzelt oder mit ihnen „Wo bin ich?" spielt (wobei entscheidend ist, daß sie überrascht werden). Ebenso besteht die Wirkung der meisten Witze auf einem gewissen Grad von Überraschung.

Scherer & Wallbott

„Arthur Koestler meint, das laute Lachen enthalte oft ein Element ‹der Befriedigung, daß man selbst schlau genug ist, um die Pointe zu erfassen. Diese Mischung von Bewunderung und Selbstbewunderung macht jene intellektuelle Befriedigung aus, die uns der Witz verschafft›" *(Hirsch)*.

Wortwitz

Wortwitze bauen auf die Mehrdeutigkeit von Wörtern. Die Mehrdeutigkeit kann z.B. durch eine Veränderung des Zusammenhangs oder eine andere Satzstellung herausgestellt werden. Wortwitzen fehlt meist die typische Dialogform von Witzen.

Das Blödeln als Regression: Auch wenn sich das Blödeln offenkundig gegen unser Denksystem richtet, so ist es doch selbst ein System, „denn nur dieses System unterscheidet es wiederum vom Blödsinn". Wer sich im Blödeln versuchen will, findet fachkundige Anleitung in Hans Weigels: „Blödeln für Anfänger".

Unfreiwillige Komik, worüber Kinder lachen: Eine der Wurzeln der Gattung Witz, die es übrigens erst seit etwa dem Jahre 1840 gibt, ist die unfreiwillige Komik. Sie entsteht, wenn Aussagen einen unbeabsichtigten Doppelsinn enthalten, oder wenn wir uns versprechen. Etwa so: *Inserat für ein Färbemittel: „Mit unserer neuen Tönung fällt ihr Haar schon nach dem ersten Versuch gleichmäßig aus." Hirsch*: „Solche Augenblicke schenken gleichsam ein Naturprodukt, während die üblichen Witze etwas von Fabrikware an sich haben".

Kalauer erleichtern die Last des Denkens: „Auch beim Kalauer geht es, wie beim Wortwitz immer, um zwei Gedanken oder Bedeutungen, die zusammenprallen und auseinanderkommen wollen. Wenn es dabei etwas gewaltsam zugeht, ist es halt ein Kalauer. Er ist wohl der Proletarier unter den Witzen. Das macht ihn gerade stark". *„Warum hat Müller seinen Sohn Hamlet genannt?" „Ja, sein oder nicht sein, das ist die Frage."* „Das Niveau kränkt uns, darum verziehen wir schmerzlich das Gesicht. Genommen wird so was aber doch gern".

Schüttelreime, die lebendige Mechanik: *„Buddha nach der netten Fabel / starrt auf seinen fetten Nabel.* Keine Frage, hier geht es um Schüttelreime, um jene Kunstgebilde, bei denen man nur die Konsonanten am Anfang der Reimworte auszutauschen braucht – und schon ergibt sich alles wie ein technisches Wunder. Weh' dem, der sich auf dieses Spiel einläßt: *Der Geist, den man beim Schütteln rief / wird leicht vom vielen Rütteln schief.* Am Schüttelreim können wir wirklich etwas über Witze lernen. Sie vergreifen sich unausweichlich im Ausdruck, was auf eine zynische oder ungeschickte Weise komisch wirken kann. *Die Boxer aus der Meisterklasse / die hauen sich zu Kleistermasse*".

Wortspiele, von der Technik gepaart: „Die Unterscheidung von Technik und Tendenz, die mir für die Erklärung des Humors grundlegend scheint, hat Sigmund Freud eingeführt. Vor ihm sprach man von dem Gegensatz von Intellekt und Gefühl". Der Dichter Jean Paul sagte in seiner „Vorschule der Ästhetik" im Jahre 1904 vom Witz, er sei „der verkleidete Priester, der jedes Paar kopuliert", was gewöhnlich etwas geschönt zitiert wird: „jedes Paar traut". „Diese Trauung sollte nicht gewaltsam sein, sondern elegant und leicht, etwa so: *Unter uns wohnt ein kinderloses Ehepaar, über uns ein eheloses Kinderpaar*". Mit einer eleganten Technik läuft alles reibungslos und mit einem Minimum an Veränderung wird erreicht, daß sich der Sinn völlig herumdreht. So wie in diesem Bericht des Wiener Journalisten Daniel Spitzer 1869 aus Bad Ischl: *Das Ehepaar lebt auf ziemlich großem Fuß. Nach Ansicht der einen soll der Mann viel verdient und sich dabei etwas zurückgelegt haben, nach der (Ansicht) anderer wieder soll sich die Frau etwas zurückgelegt und dabei viel verdient haben.* „Dieses bald geflügelte Wort hat Sigmund Freud einen ‹geradezu diabolisch guten Witz› genannt... Lustvolle Themen hat der Witz genug, ich möchte hier aber nur seine Technik untersuchen. Kann uns die Eleganz der Technik auch Lust bereiten? Freud meinte, ‹daß die Techniken des Witzes selbst Lustquellen sind›. Bei den Wortspielen, die wir hier gerade betrachten, stammt unsere Lust wohl aus der Beobachtung, wie diese Witze mit der Sprache so mühelos zu spielen wissen".

Doppelsinn. Der Witzhörer erfindet mit: „Vom Wortspiel hat Kuno Fischer gesagt, es habe ‹nicht bloß zwei Bedeutungen, sondern zwei Gesichter, das eine ist Maske, das andere das wahre Gesicht; jenes sieht harmlos aus, dieses hat den Schalk im Nacken›. Ja, unschuldig muß es klingen. Ein Beispiel: *Ulli spricht eine dufte Biene auf der Straße an: ‹Wohin auf den hübschen Beinen?› ‹Ins Kino›, ruft sie, ‹wenn nichts dazwischenkommt.›* Anspielungen mit ihrem Doppelsinn kommen immer da vor, wo Tabus herrschen und einen harmlosen Wortlaut verlangen. Deswegen gibt es Anspielungen vor allem auf sexuellem Gebiet, bei Beleidigungen und in Diktaturen. *Ein alter preußischer Beamter soll im Dritten Reich zum Abschied ein Bildnis des Führers bekommen und darf wählen, ob er ihn als Bild oder Büste haben will. ‹Ich kann mich nicht entscheiden›, sagt er nach langem Grübeln, ‹ob ich ihn lieber aufhängen oder an die Wand stellen möchte.›* Wer eine Anspielung bekommt, muß aufpassen, daß er sie versteht. Zu Recht sagt Arthur Koestler, der Zuhörer müsse ‹den Vorgang der Erfindung des Witzes bis zu einem gewissen Grade wiederholen, ihn in seiner Phantasie neu schaffen›".

Gedankenwitz

Gedankenwitze spielen nicht mehr mit Worten, sondern zeichnen sich durch gekonnte Definitionen, Übertreibungen, Verrücktheiten und Absurditäten aus.

1. Definitionen
Sprüche und Aussprüche – alles paradox: *„Wenn Männer in das Alter kommen, wo sie keine schlechten Beispiele mehr geben können, fangen sie an, gute Ratschläge zu geben.* Was solche Sprüche und Aussprüche kennzeichnet, ist wohl, daß sie ein bißchen verrückt, widersinnig und verblüffend sind. Wir können uns vielleicht darauf einigen, diese Widersinnigkeit paradox zu nennen. ‹Das Paradox ist das prototypische Paradigma des Humors›, sagt Gregory Bateson, der kalifornische Anthropologe. Diese Einsicht hat William F. Frey, ein Schüler von Bateson, gründlich ausgearbeitet: Das Paradox führe allgemein zu Kreativität und Lust, es schenke dem Leben Reichtum, nicht nur im Humor, auch im Spiel, in Träumen, im Drama und in der Psychotherapie. Als Beispiel mag dieser politische Witz dienen: *Aufsatzthema in Budapest: ‹Warum haben unsere sowjetischen Freunde im Oktober 1956 in Ungarn interveniert?› Ein Schüler schreibt: ‹Weil die Ungarn versucht hatten, sich in ihre eigenen Angelegenheiten einzumischen.›* Das Paradoxe ist heute Mode, auch bei den Spontisprüchen auf Betonwänden. Spontaneität will wohlüberlegt sein, oder, was ich besonders mag: *Als Gott den Mann schuf, übte sie noch*".

Darstellung durchs Gegenteil, verblüffend: *„Ein Hotelgast morgens zum Ober: ‹Ich hätte gern zwei zu hart gekochte Eier, eiskalten Speck, verkohlten Toast, tiefgefrorene Butter und lauwarmen Kaffee.› Darauf der Ober: ‹Das dürfte etwas schwierig sein.› Der Gast: ‹Wieso, gestern ging's doch auch!›* Diese Art, seine Meinung zu sagen, kann man wohl als ‹Darstellung durchs Gegenteil› bezeichnen. Fast die ganze Serie ‹Radio Eriwan› macht davon Gebrauch, etwa so: *Frage: ‹Ist es wahr, daß man alle Pilze essen kann?› ‹Im Prinzip ja. Einige Pilze allerdings nur einmal.›* Diese Technik dient dazu, uns erst einmal ordentlich in die Irre zu führen, um so größer ist dann die Verblüffung" (Hirsch, 41).

Auf dem Kopf, die doppelte Wirklichkeit: *„Zwei Bazillen treffen sich. ‹Ich hab dich seit Wochen nicht gesehen, warst du krank?› fragt der eine. ‹Ja›, antwortet der andere, ‹ich hatte Penicillin.›"* Die Wirklichkeit in ungewohnter Perspektive. Die Welt steht Kopf – ganz wörtlich, wie in diesem Witz: *In einer Höhle hängen viele Fledermäuse, alle ordentlich mit dem Kopf nach unten. Nur eine hängt mit dem Kopf nach oben. ‹Was ist denn mit der los?› fragt eine Neue. ‹Ach, die hat den Yogafimmel.›* Es muß nicht immer ein Tierwitz sein, der uns eine verrückte Welt vorführt. Umgekehrt, als es normal ist, geht es in vielen Witzen zu. *Der Ehemann nachts zum Einbrecher: ‹Gott sei Dank, daß sie endlich da sind! Seit zwanzig Jahren weckt mich meine Frau jede Nacht, weil sie denkt, Sie seien gekommen!›*".

Übertreibungen schlagen den Ball hin und her: *„‹Unser Badezimmer ist so klein, wenn die Sonne reinscheint, müssen wir rausgehen.› ‹Das ist doch gar nichts. Unsere Küche ist so niedrig, daß wir darin nur Omeletts und Schollen braten können.›*".

Überbietungswitze. Wie man Orientierung gewinnt: „Manche Geschichten sind offenbar erst dann zu Ende, wenn sie die schlimmste Wendung genommen haben. *Der Friseur zum Lehrling: ‹Warum hast du bloß so dreckige Hände?› ‹Es war heute noch keiner zum Haarewaschen da.›* Die Technik ist beneidenswert schlicht. Man nehme eine peinliche Situation und überbiete sie noch deutlich. An Wirkung wird es nicht fehlen. *Familie Haas hat an eine Studentin vermietet. ‹Mutti›, ruft Tobias, ‹bei der Studentin liegt ein fremder Mann im Bett!› Die Mutter läßt entsetzt die Zeitung sinken, als Tobias auch schon Entwarnung gibt: ‹Gar nicht wahr! Ist ja nur Vati.›* Die Technik scheint so einfach, daß wir zum erstenmal das Gefühl haben können, ein Rezept in der Hand zu haben, um selbst Witze zu erfinden. Wenn die Sache so anfängt: *Der Schauspieler steht betrunken auf der Bühne und weiß seinen Text nicht mehr. Verzweifelt versucht ihm die Souffleuse das Stichwort zu geben...* Wie könnte das weitergehen? Mit einer deutlichen Verschlimmerung.

Untertreibungen und Überlegenheit: „*Rabinowitsch kommt auf den Bahnsteig und sieht nur noch den abfahrenden Zug. ‹Haben Sie den Zug verpaßt?› fragt der Bahnhofsvorsteher. ‹No na›, antwortet Rabinowitsch, ‹verscheucht werd' ich ihn haben.›* “.

2. Indirekte Darstellung

Anspielung. Nur das Unvollständige wirkt komisch: „*‹Na, was hat der Sepp gesagt, als du ihn zur Rede gestellt hast?› ‹Eigentlich nichts Besonderes. Und die Schneidezähne wollte ich mir sowieso mal ziehenlassen.›*“ Wieder geht es um eine Peinlichkeit; offenbar wirkt der Sachverhalt dann komisch, wenn die Anspielung dringend nötig ist, damit man um die Sache herumreden kann... Der Wortlaut eines Witzes ist immer ein schadhafter Text. Damit meine ich einen Text, der absichtlich unvollständig, irreführend oder doppeldeutig ist. Die Anspielungen, die wir uns hier gerade vorgenommen haben, sind nur eine Technik unter vielen, um die Mitteilung zu verkürzen und das Verstehen zu erschweren. Diese Mängel des Witztextes haben alle den gleichen Zweck: Sie sollen den Witzhörer dazu bringen, den Witz selbst zu vervollständigen und damit zu zünden. Die Witztechnik muß verknappen, weil sie verhüllen muß! Komisch wirkt nämlich nur das, was scheinbar verborgen bleiben sollte und plötzlich am Tage liegt“.

Angedeutete Vorwürfe – eine erste Tendenz: „*Empört faucht die Ehefrau ihren Mann an: ‹Jetzt weiß ich auch, mit wem du mich betrügst – ich weiß bloß nicht, mit was!›* “.

Auslassung, und doch kein Rätsel: „*Ober zum Gast: ‹Darf ich Ihnen eine schöne Ochsenzunge empfehlen?› ‹Nein, ich esse nicht, was andere schon im Maul gehabt haben. Bringen Sie mir lieber zwei Eier.›*“.

3. Mißverständnis

Fremdwörter als Beispiel für einen Kontrast: „*Der Bauer erklärt seinen Feriengästen, wie das mit den Hennen ist: ‹Mit der Legalität sind wir nicht so zufrieden, eher schon mit der Brutalität.›*“.

Der Witzableiter (XIV)

POINTEN, DIE SICH VERDRÜCKT HABEN

Von Eike Christian Hirsch

üller geht an Krücken. „Verkehrsunfall“, sagt er. „Schrecklich!“ ruft sein Kollege aus, „ohne Krücken nen Sie nicht mehr gehen?“ „Weiß ich t“, sagt Müller, „mein Arzt sagt ja, Anwalt nein.“ Das ist nicht ganz t zu verstehen. Leider sind diesmal e dran, die einen ganzen Gedanken- auslassen.

tet, daß ich tauglich bin. Aber immer ver-

Ein römischer Kaiser fragte einen F den, über die Familienähnlichkeit tend: „War deine Mutter nicht in Ro wesen?“ – und dieser versetzte: „nie, wohl mein Vater.“ Heute ist dieser schon deshalb unverständlich, weil sich mit hochgestellten Herrschaften r mehr so auskennt. Es geht hier – wenn de Männer Halbbrüder sind – um die

Der Witzableiter (XIV)
Pointen, die sich verdrückt haben

Müller geht an Krücken. „Verkehrsunfall“, sagt er. „Schrecklich!“, ruft sein Kollege aus, „ohne Krükken können Sie nicht mehr gehen?“ „Weiß ich nicht“, sagt Müller, „mein Arzt sagt ja, mein Anwalt nein.“ Das ist nicht ganz leicht zu verstehen. Leider sind diesmal Witze dran, die einen ganzen Gedankengang auslassen. *Eine auffallend attraktive Frau kauft in einer Pariser Parfümerie ein Eau de Toilette und bezahlt mit einem Fünfhundert–Franc–Schein. „Bedauere“, sagt die Dame an der Kasse, „der Schein ist nicht echt.“ „Dann hat man mich“, sagt die Frau, „eben vergewaltigt.“* Ein bißchen Lebenserfahrung gehört wohl zum Verstehen dieser Witze dazu. Schließlich muß der Witzhörer die Auslassung mit eigenen Kenntnissen überbrücken. *„Wünschen die Herrschaften noch etwas?“ fragt der Hoteldiener, nachdem er das Gepäck des Paares abgesetzt hat. „Danke, nein“, sagt der Mann. „Vielleicht noch etwas für die Frau Gemahlin?“ „Ach ja, das ist eine Idee“, sagt der Mann, „bringen Sie mir eine Postkarte.“*

Der Soziologe Helmuth Plessner hat diese Technik als „witzige Prägnanz“ bezeichnet, die einen ganzen Gedankengang übergeht und zu „einer verschwiegenen Mehrdeutigkeit“ führt. Als Beispiel zitierte er selbst den *Stoßseufzer eines Berliner Zoobesuchers angesichts einer Giraffe: „So'n Hals und denn 'n Kümmel!“* Diese Auslassung kann man wohl deshalb recht leicht verstehen, weil es sich um einen Einfall aus den Tiefen des Gemüts handelt.

Verschlüsselter ist schon ein Ausspruch, den Sigmund Freud als Beispiel für eine Auslassung zitiert. Sie stammt aus der Festschrift eines Wiener Künstlerballes. Auf Hochdeutsch etwa: *„Eine Ehefrau ist wie ein Regenschirm. Man nimmt dann doch eine Droschke.“* Das muß ich wohl erläutern. Es fehlt der Zwischensatz „wenn es regnet“ und am Schluß die Gleichsetzung Droschke/Dirne. Das ist Doppelsinn aus der Zeit der doppelten Moral. Uns kommt es heute zu rätselhaft vor. *„Warum bist du eigentlich nie Soldat gewesen?“ „Keine Ahnung. Dabei habe ich bei jeder Musterung mit dem Stabsarzt sogar um tausend Mark gewettet, daß ich tauglich bin. Aber immer vergeblich.“* Hier spürt man, finde ich, deutlich die Verwandtschaft von Witz und Rätsel. Als Rätsel würde der Gedanke wohl lauten: „Wie kann man eine Musterung mit Geld beeinflussen, ohne zu bestechen?“ Der Unterschied besteht darin, daß ein Rätsel die Einzelteile gibt und nicht das Ergebnis, während der Witz das Ergebnis (hier: Wette) gibt, aber uns ein fehlendes Teil intuitiv ergänzen läßt.

„Einer aus meiner Klasse“, erzählt der Sohn seinem Vater, „hat behauptet, ich sähe dir ähnlich.“ „So, so“, sagt der Vater, „und was hast du ihm geantwortet?“ „Nichts“, sagt der Sohn, „er ist stärker als ich.“ Das ist so ziemlich das Komplizierteste, was ein Witzhörer heute noch hinnimmt. Früher scheint das anders gewesen zu sein. Jean Paul zitiert 1804 eine Anekdote, deren Knappheit er besonders gelungen findet: *Ein römischer Kaiser fragte einen Fremden, über die Familienähnlichkeit spottend: „War deine Mutter nicht in Rom gewesen?“ – und dieser versetzte: „nie, aber wohl mein Vater.“* Heute ist dieser Witz schon deshalb unverständlich, weil man sich mit hochgestellten Herrschaften nicht mehr so auskennt. Es geht hier – wenn beide Männer Halbbrüder sind – um die Frage, wessen Mutter dann das uneheliche Kind hatte. Etwas verzwickt. Dennoch zitieren diesen Witz, leicht modernisiert, noch Sigmund Freud und Arthur Koestler als Vorbild für eine gelungene Auslassung. *„Ich habe mich gestern mit meinem Mann gestritten.“ „Und wer hat gewonnen?“ „Der Juwelier.“* Das ist doch wenigstens auf Anhieb zu begreifen, auch wenn hier ebenfalls viel ausgelassen worden ist. Aber das Ende ist bekannt („Der Juwelier“), und die Lücke schließen wir intuitiv.

Eine amerikanische Fluggesellschaft bot in einer Werbeaktion allen Ehefrauen an, ihre Männer auf Geschäftsreisen zu begleiten – zum halben Preis. Später wurden alle Frauen, die das Angebot genutzt hatten, schriftlich gefragt, wie ihnen die Reise gefallen habe. Die Antworten lauteten alle gleich: „Welche Reise?“ Es ist weniges so peinlich wie der Augenblick, da man zugeben muß, als einziger nicht mitlachen zu können, weil man die Pointe verpaßt hat. Beim Rätsel darf man scheitern, einen Witz aber muß man sofort mitkriegen, oder man hat verspielt. Man hat schon deshalb verspielt, weil man später nicht mehr lachen kann, wenn die Suche zu mühsam gewesen ist.

Hier blamiert sich hoffentlich nicht der geneigte Leser, sondern nur die dritte Dame, die unfreiwillig ein Geheimnis preisgibt: *An einem heißen Sommertag gehen drei Damen in der Anlage ihres Tennisclubs spazieren. Plötzlich geraten sie an einen Mann, der nackt im Gras liegt und, um nicht erkannt zu werden, schnell sein Gesicht bedeckt. Da sagt die eine Dame: „Im ersten Augenblick dachte ich, es sei mein Mann, ist er aber nicht.“ „Das hätte ich dir gleich sagen können“, meint die zweite. Die dritte Dame sieht noch mal kurz hin und sagt dann: „Der ist überhaupt nicht aus unserem Tennisclub.“*

Hirsch

Lachen als & in der Therapie

Der Einsatz humorvoller Interventionen erfordert vom Therapeuten ein hohes Maß an *Empathie*, da, wie *Wittmann* formuliert, beim Lachen in der Therapie die Verletzungsgrenze des Gegenübers leicht überschritten werden kann. Hier ist die aggressive Komponente im Witz von Bedeutung, die in schwacher Form im wohlwollenden Auf–den–Arm–Nehmen enthalten ist und in extremer Form im Spott, Hohn und Sarkasmus auftaucht. Der Therapeut sollte darauf achten, nicht der Versuchung zu erliegen, den Humor zum *Instrument seiner Selbstdarstellung* zu machen (schau her, wie geistreich ich bin), ihn zur Vermeidung unangenehmer Themen zu nutzen oder gar mit seiner Hilfe die eigenen Aggressionen gegenüber seinem Klienten auszuleben. Aggressionen, die auf witzige Weise vermittelt werden, können besonders verletzend sein, da kein offener Angriff vorliegt und somit eine aggressive Abwehr kaum möglich ist, ohne befürchten zu müssen, sich als humorlos weiterem Spott auszusetzen. Im Rahmen einer Auseinandersetzung hat der Witzige den Vorteil, daß er sich der Verantwortung für die indirekt vermittelten Inhalte seiner ironischen Äußerungen entziehen kann. Sofern es gelingt, die eher feindseligen Elemente im Witz, das Auslachen, zu vermeiden, eröffnet sich die Möglichkeit, mit Hilfe des Humors eine schmunzelnde Lockerung sexueller Tabus und den sonst oftmals verbotenen Ausdruck aggressiver Gefühle zu ermöglichen.

Die entspannende Wirkung des Humors und des Lachens kann z.B. in der *Gruppentherapie* immer dann nutzbringend eingesetzt werden, wenn die Atmosphäre in einer bestimmten Situation zu angespannt oder aggressiv wird, um eine sinnvolle Weiterarbeit zu gewährleisten. Humor kann sogar, wie von *Ventis* gezeigt wurde, die Rolle der Entspannung bei einer Systematischen Desensibilisierung übernehmen. In diesem Falle waren die Items der in sensu durchgegangenen Angsthierarchie für die Klientin in unvorhersehbarer Weise pointiert.

Die Annahme einer veränderten Sichtweise auf seiten des Klienten wird unter anderem dadurch erleichtert, daß im Humor *indirekte Mitteilungen* gemacht werden können und der Klient die Freiheit behält, diese zu verstehen oder auch nicht. Umgekehrt fällt es dem Klienten unter Umständen leichter, *problematische Inhalte* mit Hilfe witziger Metaphern oder Analogien anzusprechen. Die humorvolle Perspektive des Therapeuten kann Modellwirkung haben, der Klient erhält eine Möglichkeit, seine *Probleme zu relativieren* und eventuell zu *entdramatisieren*. Ein nicht ausschließlich ernstes Klima in der Therapie vermeidet die einseitige Konzentration auf unangenehme Emotionen und Leiden und kann so der Förderung eines Sinns für die Freude dienen. Zusätzlich wird das therapeutische Bündnis durch gemeinsames Lachen gefestigt, in einer humorvollen Weise vorgebrachte Deutungen des Therapeuten können leichter vom Klienten angenommen werden, so daß verdrängte Erinnerungen, Gedanken und Gefühle angstfreier bewußtgemacht werden können.

Zu den speziellen psychotherapeutischen Kunstgriffen, die Humor beinhalten, gehört die Erklärung von Zusammenhängen mit Hilfe von Anekdoten, Witzen und Sprichwörtern. Auch die übertreibende Spiegelung des Klientenverhaltens, wohlwollendes Aufziehen (z.B. bezüglich *irrationaler Anschauungen*) und die *paradoxe Intention*, die Verschreibung des gefürchteten Verhaltens, sind hier zu nennen. Entsprechende Vorgehensweisen finden sich in der *Gestalttherapie*, wo Klienten zum Abbau des Selbstkontrollzwangs zur übertriebenen Darstellung bisher vermiedenen Verhaltens aufgefordert werden und auf spielerische Weise in einen Dialog mit ihren Symptomen oder auch mit ihren Körperteilen treten sollen.

Von der therapeutischen Verwendung eines Witzes berichtet zum Beispiel *Grotjahn:* Eine Klientin mit starken masochistischen Zügen quälte sich selbst, indem sie einen Mann, den sie kennengelernt hatte und eigentlich sehr mochte, übertrieben kritisierte und heruntermachte. *Grotjahn* nahm an, daß die Klientin eine Deutung ihres Verhaltens als autoaggressiv zur Selbstbestrafung verwenden würde, und erzählte ihr folgenden Witz: „Ein Jude spielt mit einem Mann Karten, ärgert sich aber über die Schwerfälligkeit und Dummheit seines Partners, wirft schließlich die Karten hin und zieht aus der Situation die Schlußfolgerung: Was kann man schon von einem Mann verlangen, der mit mir Karten spielt."

Den Einsatz *humorvoller Übertreibung* im Rahmen der Therapie eines depressiven Klienten beschreibt *Wittmann*: „Als in einer Sitzung das Jammern überhaupt nicht mehr abreißen wollte und alle kontrastierenden Sichtweisen, die ich immer wieder versuchte einzuführen, an einer Mauer von Elendsschilderungen abprallten, intervenierte ich folgendermaßen: ‹Das müßte man allen anderen Menschen klar machen, wie schlecht es Ihnen geht.› Der Patient stutzte erst, schien mich mißtrauisch anzugucken und etwas verlegen zu grienen. Er fragte verlegen zurück: ‹Wie? Soll ich mich auf dem Marktplatz ausstellen?› Ich antwortete direkt und immer noch etwas gereizt: ‹Wenn das bißchen Publikum für Sie reicht!› Erst zögernd, dann glucksend, begann der Patient zu lachen, was sich allmählich steigerte und mich ansteckte."

Ein ähnliches Beispiel, bei dem das festgefahrene Verhaltensmuster eines Klienten mit Hilfe einer *humorvollen Bemerkung* in Bewegung gebracht werden konnte, wird von *Deikman* dargestellt: „Er bewarf sich mit Dreck dafür, daß er seine Chancen ‹vermasselt› hätte, besonders, da man ihn allgemein für höchst intelligent und liebenswert hielte. Ich hörte ihm eine Weile zu und kam dann mit einem alternativen Standpunkt: ‹Ich meine, Sie tun sich unrecht. Sie sind nicht ein prima Kerl, der alles vermasselt – Sie sind selber ein Schlamassel, das seine Sache gut macht!›."

„Die Psychotherapie der Zukunft wird mehr Gebrauch machen als je zuvor von spielerischen und humorvollen Wechselwirkungen zwischen dem früher ‹todernsten› Therapeuten und den Klienten, besonders in der Gruppentherapie. Ein Patient, besonders in schwerer Depression, der fähig ist, über seine Krisensituation nicht nur zu weinen, sondern auch zu lachen, hat in meiner Erfahrung eine günstige Prognose. Also weg mit der ernsten, leidvollen Miene des traditionellen Therapeuten! Spielen und Lachen sollten ihm auch selbst gut tun" *(Bach)*.

Die Art und Weise, wie sich *Humor und Witz im Rahmen einer Gruppentherapie* präsentieren, kann dem Therapeuten wichtige Informationen vermitteln. Gemeinsames Lachen festigt das Zusammengehörigkeitsgefühl in einer Gruppe, es kann aber auch eine Ausschlußfunktion gegenüber einzelnen Gruppenmitgliedern oder dem Gruppenleiter haben. Wird der Therapeut häufig aus dem Humor der Gruppe ausgeschlossen, sollte ihm dies Anlaß zur Überprüfung seines Leitungsstiles sein. Lacht ein Gruppenmitglied in der Regel nicht über das, was die anderen amüsiert, kann dies darauf hinweisen, daß es sich nicht zugehörig fühlt. Häufig übernimmt der Humor innerhalb einer Gruppe auch eine Kontrollfunktion, er ermöglicht es, in nicht allzu offener, scharfer Form Verstöße gegen die Gruppennormen zu sanktionieren. In diesem Zusammenhang ist aber auch daran zu denken, daß er leicht zur Abwehr durchaus ernstgemeinter und ernstzunehmender Standpunkte dienen bzw. mißbraucht werden kann.

Und dann die eigentlich wichtigste *Funktion des Lachens*: das Lachen selber als per se *heilende Kraft*. „Es gibt ernstzunehmende Hinweise darauf, daß Lachen ein Therapeutikum ersten Ranges sein kann" *(Nuber)*. Diese gehen bis auf die Bibel (und weiter) zurück, in der geschrieben steht, daß ein fröhliches Herz der beste Arzt sei. Der Journalist *Norman Cousins* wollte es wissen und beschritt diesen Weg als Ultima ratio bei der Therapie seiner unheilbaren, tödlichen Spondylitis rheumatica ankylosans, bei der sich das Bindegewebe im Rückgrat nach und nach auflöst. Filmbeiträge der *versteckten Kamera* und Filme der *Marx–Brothers* waren die Mittel der Wahl. Die so (und mit Vitamin C) provozierte Remission der Krankheit erstaunte Laien wie Fachwelt – und wurde nur allzu bereitwillig in die Placebo–Ecke abgeschoben.

Inzwischen propagieren Lach–Fachleute allerdings diese Medizin bei Herzkrankheiten, Krebs, Tuberkulose und Depressionen. Man schreibt die therapeutische Wirkung der durch Lachen erhöhten Endorphinproduktion zu, dem erhöhten Sauerstoffaustausch und der verbesserten Durchblutung. Auch eine schmerzstillende Wirkung ist immer wieder beobachtet worden, so daß Lachen in der Schmerztherapie eingesetzt wird.

„Herumalbern, den Clown spielen, spontane Verspieltheit, lauthals lachen (anstatt beherrscht zu kichern), liegen im männlichen Ausdrucksverhalten jenseits der Grenze des Erträglichen. Mir tut es immer weh, wenn ich die peinlich berührten und kritikvollen Blicke sehe, die einem Mann gelten, der sich gehenläßt, herumalbert oder sich irgendwie kindlich aufführt. Die unausgesprochenen Botschaften, die an ihn gerichtet werden, lauten: ‹Du machst dich selbst zum Narren› oder: ‹Benimm dich doch nicht wie ein Esel!›. Ist es ein älterer Mann, so klingt es ‹Je oller, je doller› durch den Raum. Und ist seine Frau in der Nähe, so zeigt sich deren Unbehagen gewöhnlich sehr bald in ihren Versuchen, ihn ‹zu Verstand› zu bringen" *(Goldberg)*.

So lächerlich es klingt, aber wer's nicht drauf hat, muß es *lernen*, das *Witzig– und Unterhaltsamsein*. Unsere so unselige Sozialisation ist eben *auch* darauf angelegt, uns beizubringen, wann, wo und über wen oder was wir noch lachen dürfen: „Wem klingt es nicht in den Ohren: ‹Hör auf zu kichern!›, ‹Darüber lacht man nicht!›, ‹Man lacht nicht über Ältere!› – also über verstaubte Konventionen. Ist die Sozialisation geglückt, weiß der Erwachsene, wo, wann und in welcher Intensität er lachen darf. Gewünscht ist das beherrschte Lachen in der ganzen Doppeldeutigkeit des Wortes" *(Rosenfeld & Pfeiffer)*.

Nicht nur Vertreter haben mit einem Witzspicker angefangen. Eine ausgesuchte Liste von 10–20 Witzen im Telegrammstil auf einem kleinen Zettel untergebracht hilft aus der humorlosen Bredouille. Das ist die Vorübung. Das *Erzählen der Witze* sollte zu Hause allein oder im Kreise enger Vertrauter geübt werden. Das Wichtigste ist die richtige Reihenfolge. Und wenn Sie schon unbedingt vorher fragen wollen, ob die anwesenden Hörer den Witz schon kennen, dann geben Sie ihnen als Stichwort nicht gerade die Pointe („Kennen Sie den, wo der Milchverkäufer zu dem Mann, der 3 Eier haben will, sagt: ‹Ich auch›?"). Das Zweitwichtigste ist die Redegeschwindigkeit: je schneller, desto besser. Zwischen dem Tuckern eines einzylindrigen Kutterdieselmotors und dem Ballern eines MGs liegen hier Welten. Die Kür machen dann die geschickt eingestreute Sprachdynamik mit u.U. kleinen Redepäuschen und die Mimik aus. Beides sollte spannungsgeladen und energisch sein (die allzu liebevoll erzählten Witze bleiben einem meist im Halse stecken). Als *literarischen Fundus* empfehle ich die Kollektion des Eichborn–Verlages: „Witze aus Schule und Uni", „Alle–Witze – nur nicht Oma, die liegt im Koma", „Blödel–Witze", „Prominenten–Witze", „Klerika-

Metrisch
In der Bundesrepublik wurde ein neues Längenmaß eingeführt: das Kohl. Das ist die Entfernung von einem Fettnäpfchen zum anderen.

Nina Hagen
Nina betritt einen Sex–Shop und meint zum Verkäufer: „Ich möchte das gelbe Buch dort mit den Kontakt–Adressen und den Vibrator hinter Ihnen.“ „Von mir aus können Sie das Telefonbuch haben, Frau Hagen, aber meine Thermoskanne bleibt hier.“

Maßstab
Zwei Nonnen unterhalten sich im Klostergarten über die Qualität des Spargels. Sagt die eine: „Also, der aus Schwetzingen ist dieses Jahr so groß, daß man sich direkt schämen muß, ihn in der Hand zu halten.“

len–Witze“, „Politische Witze“ (3 Bände), „Kontaktanzeigen“ (2 Bände), „Bärologie – Mein libär Bär...“, „Dein Traum–Job – Büstenhalter und andere Berufe mit Zukunft“, „Frau Olga–Verse“ aus dem STERN und „Verdrehte Sprichwörter“ (Bd. 1: „Gelegenheit macht Liebe“, Bd. 2: „Kleine Socken jucken auch“). Die hier zitierte Witz–Handbibliothek kostet insgesamt 15 x DM 5.– = DM 75.–, das lohnt sich (wie mir der Verleger bisher verschwiegen hat, soll nach dem Durchbruch meiner vor Ihnen liegenden Emotionstherapie, ca. im Jahre 2001, eine in Leder gebundene Gesamtanthologie unter das bis dahin sicher gänzlich humorlos gewordene Volk geschleudert werden – na ja, warten wir's ab).

Von mittlerem Schwierigkeitsgrad sind (Graffiti–)*Sprüche*, die, irgendwo aufgeschnappt oder selbst zurechtgelegt, von unserem Humorkandidaten einer weiteren Verbreitung zugeführt werden können. Das Enfant terrible der deutschen Verlegerszene, unser verehrter *Vito von Eichborn*, hat sich mit seiner reichen Sammlung von Sponti– (6 Bände), Blödel– (2 Bände) und Schüler–Sprüchen (3 Bände), Fundsachen aus der Zeitung (2 Bände) und Sprüchen aus der Beziehungskiste (1 Band) auch um diesen Bereich gekümmert und verdient gemacht. Das Preis–Leistungs–Verhältnis ist bei DM 5.– pro Band geldbeutelschonend, ja atemberaubend.

Von hier bis zur *schlagfertigen Antwort* auf eine *anzügliche Bemerkung* ist nun noch ein weiter Weg. Retrospektive Beleuchtung und Besprechung aller einschlägigen Äußerungen im sozialen Umfeld des Klienten oder Humorschülers ist unabdingbare Voraussetzung dafür, später einmal in einem angemessenen zeitlichen Abstand geistreich kontern zu können. Hier sollte der Therapeut all seinen Humor zusammenkramen und dem Probanden einige passende Antworten auf zurückliegende Affronts an die Hand geben. Diese könnten dann im Rollenspiel eingeübt werden. Kristallisieren sich dabei für den Schüler typische Anwürfe heraus (z.B. „Na, du drahtbrillige Giftschlange“ oder „Seht mal, der gelackte Saftheini kommt wieder“), so können für diese Äußerungen Standardantworten zurechtgelegt werden (wie „Halt die Schnauze, du verdrecktes Nagelschwein“). Auch diese werden im Rollenspiel trainiert und fixiert. Bibliotherapeutisch empfiehlt sich hier wieder *Vitos* Sortiment.

Necken

Maßnahmen wie das Vertauschen von Salz und Zucker werden in diesem Werk vorausgesetzt; die Autoren gehen gleich zu schwierigeren Übungen über: „Ein Gebräu aus Essig, Wasser, Zucker, Salz und einem Schuß Maggi“ sieht wie Weißwein aus, ist unauffällig in Weinflaschen abfüllbar und erzeugt köstliche Grimassen. Auch die wissenschaftlich abgesicherte Erkenntnis, daß Erbsen auch extradarmal geräuschvoll quellen, läßt sich in eine neckische Maßnahme umsetzen: Ein Becher mit trockenen Erbsen in Wasser auf ein Brett unter Bett oder Schreibtisch (wegen der notwendigen Ruhe nur bei Beamtenschreibtischen möglich!) gestellt, erzeugt wunderbare spukähnliche Laute. Das Austauschen von Zahnpasta in der Tube durch Schuhcreme ist nur noch bei den althergebrachten ehestreitfähigen Blechtuben möglich: von hinten raus– und reinquetschen. Stricknadeln in einer Zigarre haben zwei sich gegenseitig potenzierende Eigenschaften: Sie werden verdammt heiß und hindern die abgebrannte Asche am Abfallen, veranlassen darob den Raucher, mit den Fingern nachzuhelfen, welchselbe dann die erstgenannte Eigenschaft zu spüren bekommen. Einfach und gleichermaßen in Schule, Büro und Familie anwendbar ist das Verkleben von Türrahmen mittels zusammengeklebter Zeitungen: Irgendein Kleber, je nach Bildungsgrad der Herkunftsfamilie des Neckers ein bis zwei Zeitungen, aus denen eine Fläche zusammengekleistert wird, die den Türrahmen ausfüllt, sodann an der Innenseite der Tür dran damit.

Das Herausgeber–Ehepaar *Hopf* hat da schon was zusammengetragen, das ZDF hat mitgearbeitet und *Otto Maier* hat's in einem Ravensburger Taschenbuch gedruckt. Wahrhaft eine Fundgrube, schwer, überhaupt daraus was auszuwählen: ein Standardwerk für jeden Emotionstherapeuten.

Weiter geht's: Netzstecker, die nicht richtig stromführend in der Dose stecken, mit Wolle oder Gras gefüllte beige Strumpfhose im Bett, so daß die Füße herausschauen, ein am Po unbemerkt befestigter Zettel mit der Aufschrift „Frühling am Po" und und und... Das muß im Original gelesen werden!

Etwas *ernsthafteren Schelmen* bietet *Doderer* den *Artikel–Katalog seiner Dritten Abteilung* an: „Sie hatte nicht die höchste Würde, diese Abteilung; sie war hierin mit ‹public life› oder ‹distractions› (Störung ernster Männer) nicht zu vergleichen; aber ihr eignete die größte Ausdehnung und Vielfalt des Arbeitsgebietes, und sie hatte fünfmal so viel Angestellte – Konstrukteure, Technologen, Laboranten, Industrievertreter und Agenten – als die beiden anderen Sektionen zusammengenommen. Ihre Tätigkeit umfaßte viele, ja fast alle Gebiete unseres täglichen beruflichen und gesellschaftlichen Lebens. Das zeigt allein schon ein einziger Ausschnitt aus dem Artikel–Katalog, von dem auch Zilek ein Exemplar besaß, und dessen Ergänzungen und Verbesserungen (Deckblätter zum Einarbeiten) er laufend aus London erhielt...:

No. 10729. *Schrecksessel.* Besonders bei Teegästen wirksam. Ursache nicht ohne weiteres einsichtig. Plötzliche Verkürzung eines Beines, das sich wieder ergänzt hat, wenn man nachsieht. Verschütten des Tees so gut wie gewährleistet.

No. 10730. *Untertassen, pneumatisch.* Haften einige Sekunden an der Teetasse.

No. 10731. *Verschluß–Schrauben von Flaschen, Zahncremetuben etc. etc.* aus hochelastischem Materiale, bei Herunterfallen springend. Teufelstänze am Steinboden des Badezimmers, Verrollen in entfernteste Ecken.

No. 10732. *Nähnadeln ohne Öhre* (0,5%ige Beimischung).

No. 10733. *Pein–Flaschen* (zahlreiche Ausführungen). Sichere und ganz allmähliche Verpestung von Bücher–Kästen, Wäsche–Schränken, ganzen Zimmern. In verschiedenen Farben, je nach Verwendungszweck. Schwer auffindbar. Nur 2 mm dick, können überall rasch eingelegt oder eingeschoben werden. Jeder Geruch, je nach persönlichen Antipathien, lieferbar. Elegant und unauffällig, Form wie Zigarettenetui. Durch Drehen des Verschlusses mit geöffneter Düse gebrauchsfertig.

No. 10734. *Schneidende Kragenknöpfe.* Meist normal funktionierend. Jedoch von Zeit zu Zeit Hervorschnappen einer winzigen Klinge. Erzeugt stark blutende Schnitte, Befleckung von Hemd und Kragen gewährleistet. Eintritt der Störfunktion besonders bei gesteigerter Eile.

No. 10735. *Wasserhähne*, vorstehend, immer in der Mitte des Beckens, um Vorbeugen beim Waschen zu verhindern.
(Heute welteinheitlich von H. & Qu. – Von 10735 machte vor dem zweiten Weltkriege nur das Hotel Viktoria an der Frauenmauer zu Nürnberg eine Ausnahme.)

No. 10736. *Künstlicher Taschengrus.* In Miniaturpackungen. Mit dauernder Schmutzwirkung auf Fingerspitzen und Nägel. Ganz unauffällig, winziges Quantum genügt. Aus den Taschen der Anzüge kaum mehr herauszubringen. Wutanfälle mindestens mittlerer Stärke gewährleistet."

Da ist so mancherlei spaßig Zeug für Necker und Schrecker. Nun lassen Sie mich allerdings noch anmerken, daß die Zeit auch an dem Geschlecht der *Merowinger* nicht spurlos vorbeigegangen ist, so daß die og. *Fa. Hulesch & Quenzel Ltd.* in London in neuester Zeit eine gewichtige Konkurrenz bekommen hat. Ich darf Ihnen hier einen Auszug aus dem vortrefflichen Sortiment von CAO präsentieren und zu regem Kaufe animieren. Für *Verbal–Necker* ist *Bornemann* ein Quell, ja ein Jungbrunnen. Seine Briefmacken, Erbschaftsversprechen und Behördengesuche (Stichwort: „Barbusiger Zierfischverkauf") sind das Köstlichste, was ich diesbezüglich bisher lesen durfte.

„... So einen Sohn wie Sie hätt' ich mir immer gewünscht. Mein eigener leiblicher Sohn ist leider 1942 im Felde geblieben. So stell ich mir seit vielen Jahren vor, Sie wären mein Sohn, mein Lieblingssohn. Und nun habe ich Ihnen als Ihre alte Mutter einen Pullover gestrickt... Nun müssen Sie den Pullover nur noch anprobieren. Ich würde mich riesig freuen, wenn Sie schon bald mal vorbeikommen könnten.
Mit mütterlichen Gefühlen"
gez. *Carola von Gästern* (alias *Winfried Bornemann*)

Der Adressat war beschämt:
„... Ich danke Ihnen sehr dafür. Ihre liebenswürdige Geste hat mich sehr berührt. Gerne würde ich den Pullover bei Ihnen abholen... Ich würde mich sehr freuen, Sie kennenzulernen, und bin
mit recht freundlichen Grüßen in Verbundenheit
Ihr ...."
gez. Manfred Wörner

Ärgern

Das Scheinheiligste, was mir je untergekommen ist. Einfach göttlich!

Der *Überlappungsbereich* von Necken über Scheinheiligkeit zu Ärgern ist ungeheuer – was kaum überwindbare definitorische Probleme aufwirft: Ist es noch Nekken? – bereits Scheinheiligkeit? – oder gar schon Ärgern? Ich muß diesbezüglich auf die völlig wissenschaftliche Literatur von *Prof. Dr. K. O. Rinth–Enkacker* verweisen, der diese Problematik sah, kam und besiegte („veni, vidi, vici" oder so). Eine zweite Frage schließt gleich an: Ist Ärgern spontan oder reaktiv? Eine dritte: An welchem Punkt genau geht das reaktive Ärgern in das Rächen über? Eine weitere: Ist Rächen überhaupt ausschließlich reaktiv, oder hat es nicht über eine Verquickung mit Emotionen der Rivalität und Konkurrenz eine spontane Komponente? Fragen über Fragen. Wer wollte sie beantworten? (Ich auf jeden Fall nicht!)

A. & A. Hopf gehen zusammen mit der „Kommission zur Untersuchung, Wiederbelebung und Ausarbeitung von Empfehlungen zur Situation des Streichespielens "(*Prof. Dr. Nicolaus Pupen–Streicher, Prof. Dr. h.c. Thees Battel* u.a. Hohlköpfe) von einem dreistufigen Verlauf des *Schweregradienten für Humor* aus:

1. Stufe: Der *edukational* erzieherische Streich: praktischer Spaß, der bezweckt, jemandem eins auszuwischen.
2. Stufe: Der *politische* Streich: Streiche beziehen sich diesmal auf Institutionen, Gebräuche, Regeln und gesellschaftliche Hierarchien.
3. Stufe: Der *nonsense*, wahnsinnige Streich: Triebkraft ist die Freude am Leben. Kreativität und Phantasie schwappen über.

Die Autoren geben uns darüber hinaus eine Dimension von Streicheleinheiten an die Hand, die sich vom einfachen Spaß bis zu den gesellschaftlich–philosophischen Fragestellungen tiefsinnigster Art erstreckt. Auf diesem Kontinuum läßt sich jeglicher Scheiß einordnen, quantifizieren und karikieren.

Wen dürfen wir necken? Also erst mal den oder die wir lieben, also potentielle Ehepartner, weil sich, was sich liebt, neckt. Dann aber vor allem unsere gleichgeschlechtlichen Geschwister und, zumindest bei den Buschleuten und vielen Ethnien Afrikas, die Großeltern". Sie sind dort (wie ist es bei uns?) keine Autorität, „sie sind ‹Scherzpartner›..., und die Kinder können sich in solchen Scherzpartnerschaften in Neckereien und anderen Formen scherzhafter Aggression von inneren Spannungen befreien... Dagegen sind die Beziehungen zu den Geschwistern des Gegengeschlechts formalisiert, ebenso die Beziehungen zu den Schwiegereltern und zu allen jenen, die Scherzpartner der Schwiegereltern sind" *(Eibl–Eibesfeld)*. „Wenn dann die Angegriffenen Ansätze zur Flucht oder zum spielerischen Gegenangriff machen, kann sich das Kind vor Freude gar nicht lassen" *(Hassenstein)*.

Nun, fangen wir bei *Wilhelm Busch* an, ich würde sagen bei Max und Moritz (obwohl das schon zum Nachmachen teilweise recht starker Tobak ist – aber schöööṅ vertraut!). Vielleicht die Geschichte mit den Maikäfern im Bett, wahlweise sind auch Frösche dienlich. Oder mit einer geringen Dosis Schwarzpulver in der Pfeife – die Industrie bietet da auch schon Fertigprodukte in Form von Knallzigarren an. Die Sache mit dem Hühnerklau durch den Schornstein ist bei dem Stand heutiger Herdbaukunst schon schwieriger zu realisieren. Aber wie wär's mit ....?

Jaques Tati hilft mit „Mein Onkel" weiter: Passanten vor einer Straßenlaterne von hinten anpfeifen: knall! – und schon sind sie vor selbige geknallt.

Fritjof & Erica Limmes (Hrsg. des *„Lexikon der Gemeinheiten"*) gehen härter zur Sache. Da ärgert eine gewisse Gitta erst sich über die durch Boutiquen und Modegeschäfte geförderten sexistischen Trends, dann selbige. Ihre Methode ist infam: Sie senkt ihre Schuhe (mit halbhohem Absatz wegen der „Brücke" oder profilierter Sohle wegen der Riefen) in Hundehaufen und latscht damit in die hintersten Ecken der gehaß-

Herbstmilch
Lebenserinnerungen einer Bäuerin

Am letzten Abend nun, da war die Drischleg. Das wurde ein lustiger Abschluß mit etwas Tanz und verschiedenen Spielen, bei denen es gar nicht zimperlich zuging. In der Tanzpause ging das mit dem Stockschlagen an, ein Bursch bückte sich in den Schoß eines anderen, der auf einem Stuhl saß und ihm die Augen zuhielt. Die andern standen im Halbkreis hinter ihm und hauten ihn mit der flachen Hand gekonnt auf den Hintern, und der Geschlagene mußte den Täter erraten, sonst war der nächste Schlag fällig.

Auch die Weibersleut kamen dran, alle setzten sich im Kreis auf den Boden und stellten Gänse dar, die auf dem Markt zum Verkauf waren. Einer der Burschen spielte den Verkäufer, ein anderer wollte eine schöne fette Gans erwerben. Das ging mit lustigen Gesprächen hin und her, und während der eine die Vorzüge pries, mäkelte der andere an der Ware herum. Er kraulte die Haare, das Gefieder war ihm nicht recht, die Gans ist in der Mauser, und je witziger geredet wurde, um so mehr Gelächter gab es. Dann hob der Käufer die Gans an, die eine war ihm zu schwer und fett, die andere zu leicht, er griff ihr an den Schenkel, die ist ja ganz blau, bis dann das Weiberleut drankam, auf das es eigentlich abgesehen war. Als sie dann zur Gewichtsprüfung angehoben wurde, schob ihr von hinten schnell ein Bursch eine flache Schüssel mit kaltem Wasser unter den Hintern, die Gans wurde fallengelassen, und es gab ein Mordsgelächter.

Oder die Burschen bauten einen Brunnen, wobei sich vier von ihnen im Quadrat auf den Boden legten, das war die Einfassung des Brunnens. Das Brunnenrohr stellte ein anderer dar, der legte sich quer über die vier. Nun sollte der Brunnen Wasser bringen, also wurden mit dem Arm des Liegenden Schöpfbewegungen gemacht. Es kam kein Wasser, ganz klar, denn zuerst mußte in das Brunnenrohr Wasser gegossen werden, damit das Ventil ansaugt. Inzwischen hielten die unterliegenden Burschen den Querliegenden ganz fest, denn dem ging nun schon ein Seifensieder auf. Zwei Mägde waren jetzt zur Stelle, die eine knöpfte ihm den Hosenschlitz auf und die andere goß ihm mit einem Schnabelhaferl Wasser hinein, und siehe, der Brunnen brachte Wasser.

Beim Zahnarztspiel bekam einer eine Handvoll Salz in den Mund, und beim Gickerlfangen saß einer auf einem Stuhl mit zwei Kochlöffeln in den Händen. Er hatte die Beine gespreizt, er war der Fänger. Der Gickerl kniete vor ihm auf dem Boden, gackerte aufgeregt und mußte blitzschnell mit dem Kopf zwischen den beiden Kochlöffeln mal nach oben, mal nach unten durchfahren, und der Fänger klappte mit den Löffeln schnell zu, um ihn zu erwischen.

Oder die Burschen bauten eine Straße, bei der am Straßenrand Bäume eingepflanzt wurden. Die Burschen stellten sich in Abständen links und rechts der Straße auf. Die jungen Bäume brauchten aber einen Halt, deshalb mußten ihnen die Pfähle zugeteilt werden. So bekam ein jeder Baum ein Mädchen. Während nun der Baum an den Pfahl gebunden wurde, der Bursch also das Mädchen festhielt, fiel den Straßenbauern ein, daß die Pfähle ja durch Brennen vor Fäulnis geschützt werden müssen. Da schmierten andere Burschen die Wangen der Mädchen mit Ofenruß ein, das war ein dauerhafter Schutz.

Ja, und der Schmied, der einen Hengst zu beschlagen hatte, das war auch recht lustig. Ein Bursch führt einen anderen als Hengst zum Schmied, damit er neue Hufeisen aufgezogen bekommt. Der Hengst gebärdet sich recht wild, und alle schauen auf ihn. Auf einer Bank liegt ein Bursch, das ist der Blasebalg. Sein eines Bein ist mit einem Strick, der über einen Ring zum Balken der Decke führt, hochgezogen und wird so nach Art eines Blasebalgs auf und ab geführt. Der Schmied macht seine Sprüche, der Hengst ist unruhig, der Knecht hat alle Mühe mit ihm, und alles paßt auf, was dem Hengst geschehen wird. Wenn nun das eine Bein des Blasebalgs grad oben an der Decke ist, gießt ihm einer mit einer Kanne Wasser ins Hosenbein, dem Hengst aber passiert nichts.

Wimschneider

ten (reaktiv?) Etablissements. Bei Aufdeckung der Schweinerei verlangt sie dann noch zu allem Überfluß von dem genervten Personal eine Reinigung ihrer Schuhe, was die, völlig verdattert, dann bisweilen sogar tun!

Eine nicht minder stinkende, aber hygienischere Variante wissen die Autoren von ihrem französischen Gewährsmann *Claude D.* zu berichten, der einem verhaßten Versicherungskonzern einen Liter Buttersäure in den Frischluft–Stutzen ihrer Klimaanlage schüttete. Das Versicherungswesen dieses Gebäudekomplexes soll sage und schreibe zwei Tage geruht haben. Eine Verschärfung der Aktion ließe sich nach Angaben von *Claude* erreichen, wenn es einem gelingt, die Buttersäure (in jeder Chemikalienhandlung erhältlich oder selbst gebraut: Lösung aus Rohrzucker und Weinsäure mit faulem Käse, saurer Milch und Kreide bei 35 Grad vergären lassen) in den schmalen Spalt vor der Tür eines Aufzugs in den Schacht zu träufeln: schwer zu entfernen und verderbenbringende Zerstäuberwirkung durch das aerodynamische Pumpen des auf– und absteigenden Aufzugs über alle Ritzen. So geht's ja nicht, meine Dame und meine Herren. Gut, daß die Herausgeber auf Anzeigen wegen Körperverletzung und mögliche Schadenersatzforderungen (wohl noch in Millionenhöhe!) verweisen.

Aber wo wir gerade bei der Jurisprudenz sind – eine Lektion in Sachen „Juristische Aspekte der Zechprellerei“ möchte ich übergehen und komme dann gleich zur Methode des verabscheuenswürdigen Auffüllens von halbleergetrunkenen Whiskyflaschen in Hotel–Minibars mittels Wasser, Tee oder Kaffee.

Lächerlich einfallslos, aber ganz nett, ganz verboten und *anonym* sind dagegen die dem gesunden Menschenverstand entspringenden Methoden: Motor an der Ampel absichtlich ausgehen lassen und, mit oder ohne (Vorsicht: Verschärfung!) Hampelei am Steuer, mindestens eine Grünphase überspringen, das beliebte Klingelputzen oder einfach mal PLAYBOY, Reizwäsche (mit Verkäufer/in über Dessins und Geschmack diskutieren) und Präservative (Anwendung mit Verkäuferin besprechen!) einkaufen, sich vordrängeln, schwarzfahren, Platz im Bus/Straßenbahn/U–Bahn/Zug fordern (evtl. mit eingeweihtem Strohmann dort als Vorübung), für DM 5.– Benzin/Diesel tanken und alle mit dem Reifendruck, Öl und Scheiben aufhalten (pfui!), Myriaden von Schuhen anprobieren und keine kaufen, Fensterscheiben einschmeißen (um Gottes willen nicht! Die holen heute gleich die Polizei!), im Supermarkt in langer Schlange kurz vor der Kasse noch mal ausscheren, Sachen nachholen und wieder an alten Platz einzugliedern versuchen, an der Kasse dann noch bestimmtes Rückgabe–Kleingeld fordern (3 Groschen, 4 Markstücke, 1 Zweimarkstück usw. usf.), an schlecht, aber immerhin noch einsehbaren Orten pinkeln (Vorsicht: Die sind heute verdammt schnell mit dem Exhibitionismus–Vorwurf) usw. usf. Der Phantasie sind, außer den juristischen, keine Grenzen gesetzt.

Speziell für den *schulischen Bereich* gibt *Heckenschütz* praktische Tips & Anweisungen: Der stinkende Fisch, an die Unterseite des Lehrerpults genagelt, läßt da ebensoviel Freude aufkommen wie Leim auf dem Lehrerstuhl. Überhaupt ist diesbezüglich der Eichborn–Verlag voll auf der Rolle.

Der *Stinktrick* und seine Variationen: reifer Camembert, Scheibe Harzer Rolle, verfaulender Hering u.a.m. an die Rückwand des Schrankes oder der Schublade des Lehrerpults, hoch hinter die höhenverstellbare Tafel, von unten an die Platte des Lehrertisches genagelt, geklebt oder gepappt.

Ein schönes Spiel ist *„Der Lehrer im Uhrwald"*. Notwendige Utensilien: mindestens 8–10 Digitaluhren an 8–10 Handgelenken von 8–10 Schülern, die 8–10 programmierbare Alarmtöne im Abstand von 1–3 Minuten aussenden. Der Lehrer bekommt hierdurch mindestens 1–3 x 8–10 unruhige Minuten, in denen psychologisch interessierte Schüler ihre Studien über sozial (in)kompetentes Lehrerverhalten fahren können. Um die multimediale Demonstrationswut des Lehrers einzuschränken, bietet sich die kreideantagonistische Haftwirkung von Margarine an der *Schultafel* an: vor Beginn der Stunde leicht einfetten!

„Wer viel fragt, kriegt viel Antwort. Obwohl die Schule so tut, als gäbe es Sex nicht, obwohl die Klassensätze der Klassiker für die Schullektüre von prüden Pädagogen zensiert sind: Sex lauert überall. Wieso hat Gretchen in Goethes Faust am Ende ein Kind im Arm? Was bedeutet es, wenn bei Tacitus Germanen ihren Frauen ‹beiwohnen›? Fragen wir unsere Lehrer danach, sie sind dazu da, uns zu antworten. – Auch wenn der Englisch–Lehrer lieber über unregelmäßige Verben sprechen möchte: Die Frage, was randy (= geil), prick (= Schwanz) oder tu fuck (!) bedeutet, muß er beantworten, auch wenn sie unschuldig von einem Schüler oder einer Schülerin gestellt wird. Solche Fragen sind ideal zum Testen von Lehrern. Wenn ein Lehrer sich verlegen dreht und windet wie ein gefangener Aal, weiß man, was von ihm zu halten ist. Der aufgeschlossene Pädagoge wird lässig–locker mit der Situation fertig – solche seltenen Vögel muß man hegen und pflegen, bei ihnen macht Schule Spaß – und so einen Lehrer kann man auch um Rat bitten, wenn man mal Probleme hat – auch wenn sie nichts mit der Schule zu tun haben" *(Heckenschütz)*.

Auch das *Zankapfelspiel* paßt hierher, das wohl schwierigste und schönste Spiel von *Bach*: „In diesem Ritual unterrichten wir vornehmlich die ‹zartfühlenden Paare›, deren rücksichtsvolle Interaktion jede Spannung und Aufregung aus ihrem Sexualleben getilgt haben. In diesem Ritual wird mit gegenseitigem Einverständnis (habe ich bei meiner Frau nicht eingeholt, der Verf.) eine Art der sexuellen Herausforderung praktiziert. Der herausfordernde Partner legt es darauf an, den anderen zu verärgern (pfui – wie gemein!, der Verf.), bis der sich von ihm abwendet (recht hat er, der Verf.), um dann alles zu versuchen, seinen Widerstand zu überwinden (so ein Quatsch, der Verf. – oder?). Mit anderen Worten, der Herausforderer übernimmt die Rolle des Werbenden

Telefon–Power.
Ein Freistundenschüler ruft von einer Telefonzelle aus im Schulsekretariat an und meldet sich mit falschem Namen, weil er dringend einen bestimmten Lehrer sprechen möchte. Wenn die Schulsekretärin nach dem Grund des Anrufs fragt, sagt man, es sei eine sehr persönliche Angelegenheit. Flugs wie am Monatsende zur Sparkasse eilt die Sekretärin zum jeweiligen Lehrer und bittet ihn aus der Klasse ins Sekretariat. Sehr schön, wenn Klausuren geschrieben werden.

Christo oder das total verpackte Automobil.
Wenn der Kunstunterricht was getaugt hat, wissen die Schüler der Oberstufe, daß der amerikanische Verpakkungskünstler Christo Kunst schafft, indem er Häuser, Brücken oder Teile von Landschaften kunstgerecht verpackt. Es erfordert nicht mehr als einige Rollen Toilettenpapier, um das Kraftfahrzeug eines unliebsamen Pädagogen so gut zu verpacken, daß er nicht nur einige Zeit braucht, um es wieder auszupacken, sondern auch zur Zielscheibe des Spotts von Lehrern und Schülern wird. Das erforderliche Material liefert die Schulverwaltung zum größten Teil kostenlos. Toilettenpapier gibt es auf den Schülertoiletten. Kosten: eine Rolle Tesafilm.

Der magische Hosenschlitz.
Noch immer gibt es den jungen Studienrat, der in der Mädchen Oberstufe besonders auftritt, weil er unsicher ist. Klar, daß bei ihm alle mit besonders tiefem Ausschnitt oder engem Pullover zum Unterricht kommen. Ein alter Trick, der ihn manchmal so sehr verunsichert, daß er aus der Klasse rennt: Sämtliche Schülerinnen eines Kurses starren pausenlos auf den Reißverschluß seiner Hose, wobei manche so tun, als müßten sie krampfhaft ihr Lachen unterdrücken.

und versucht, das Interesse des Partners zu gewinnen. Das Ziel dieser Übung ist die Versöhnung im Geschlechtsakt (auch noch solche Schweinereien!, der Verf.), in dem sich beide in aggressiver Erregung befinden… Der Mann kann zum Beispiel sagen: ‹Junge, Junge, es hat wirklich Spaß gemacht, mit Jimmys Frau zu tanzen und zu sprechen. Sie redet so frei und sieht so sexy aus – und der Busen!› Sobald er sieht, daß seine Frau über diesen Vergleich der Frau seines Freundes mit ihr wütend wird, schaltet er um und versucht, ihren Widerstand zu durchbrechen" – und sie ins Bett zu kriegen. Das ganze Spiel hat allerdings nur dann eine Chance, wenn die moralische Schuld bei der und für die Attacke beim Angreifer liegt, d.h., wenn die Attacke nicht in einer – womöglich noch als zu Recht bestehend anerkannten – Schuldzuweisung (z.B. „Du und deine Mutter…!", „Das ist ja das Übliche mit dir!", „Du bist ja sowieso verrückt!") besteht – in einem solchen Fall geht alles in die Hose (und nicht ins Bett!). Umgekehrt kann *er sie* wegen ihrer Flirterei mit anderen Männern auf der Party anmachen und, wenn *sie* endlich einschnappt oder sich aufregt, liebevoll versuchen, die Sache wieder einzurenken und *sie* zu beschwichtigen.

Last not least die archaisch–traditionellen *Spott– & Ärgermethoden* unserer Altvorderen. In der Altersgruppe von 1 bis 88 Jahren beliebt ist das Zungezeigen mit oder ohne Mundwinkel auseinanderziehen, Naseziehen, Gesäßweisen (oder lecken lassen!), Vogelzeigen und das Schamweisen (bei uns leider mit zunehmendem Alter aus der Mode gekommen). „Spotten leitet sich vom Spucken ab, den gleichen Ursprung hat das Zungezeigen; es sollte nicht mit dem sexuellen ‹Züngeln› verwechselt werden, das vom Lecken abstammt. Beim spottenden (aggressiven) Zungezeigen wird die Zunge betont vorgestoßen oder herabgeklappt und längere Zeit so zur Schau geboten" *(Eibl–Eibesfeldt)*.

Lügen

Es gibt ein *spontanes* Schummeln und Lügen, um Vorteile zu erreichen oder zu necken und zu ärgern, sowie ein *reaktives*, was wir als Ausrede oder Notlüge etikettieren. Sei's drum. Beim Necken und Ärgern wird vice versa geschummelt, geheuchelt und gelogen, also erteile ich auch diese Lektion hier.

„Was jeder gern verschweigt – die Wissenschaft hat's jetzt ans Licht der Sonnen gebracht: dreizehnmal pro Woche tut's der Normale – wir ahnten ja schon, von uns auf andere schließend, daß biederen Gesichtern nicht immer und unbedingt zu trauen ist. Täglich zweimal und sonntags einmal lügen wir im Durchschnitt, und wir können froh sein, daß wir nicht auch dreizehnmal pro Woche erwischt werden. Die Seelenwissenschaft, die sonst immer so schnell weiß, wo unsere Komplexe herkommen, hat zum alltäglichen Sündenfall ‹Lüge› lange geschwiegen, doch dieser Zustand hat sich in den letzten Jahren geändert… Doch während wir schon beginnen, unsere Lügner–Seele in pathologische Symptome zu zerlegen, stehen bereits andere Psychologen bereit, uns zu trösten: Das Lügenkönnen sei etwas sehr Wertvolles, versichern sie uns. Schon die erste erfolgreiche Lüge sei eines der wichtigsten und glücklichsten Ereignisse im Leben eines Kindes. Erkenne es doch, nachdem es mit ein bis zwei Jahren die Eltern das erstemal hereingelegt hat, daß diese nicht allwissend sind. Und vorbei sei es mit der naiven Idealisierung der Eltern, die auf Bewunderung ihrer Allwissenheit fuße. Darüber hinaus weiß der frischgebackene kleine Lügner jetzt, daß er seine Gedanken ganz für sich alleine hat, oder auf edelpsychologisch ausgedrückt: daß er eine separate, von anderen unterschiedliche Persönlichkeit ist. Auch später bewirke die Lüge viel Positives: So muß ein Teenager beispielsweise, um zur vollständigen Persönlichkeit zu reifen, seine Grenzen ‹austesten›. Da tut die Lüge manchen guten Dienst, den man ihr nicht allzu

Seitensprung–Lügen

Alibis gehören zu den schwierigen Begleiterscheinungen des Seitensprungs. Was sagen Sie dem eigenen Partner? Welche Ausrede paßt, wenn's plötzlich passiert ist und länger gedauert hat? Ausreden für vorher und nachher:

- Nur mit der Wahrheit lügen! Also: „Ich bin/war mit meinem Lover unterwegs." Das glaubt er nie.
- „Meine Chefin hat mich zum Abendessen eigeladen. Da kommt bestimmt mehr Kohle heraus."
- Selbsterfahrungs–Workshop in der Toskana (mit und ohne Töpfern).
- „Ich gehe/war zur Massage und zum Schwimmen." (Haare naß machen!)
- „Ich mußte einen Verehrer abwimmeln, der mich nicht in Ruhe gelassen hat."
- Eine Geschäftsreise.
- „Ich habe mich in der Stadt verlaufen und jemanden nach dem Weg gefragt. Der hat mich im Auto mitgenommen. Zu sich."
- „Zwei große Hunde haben mich bedroht, und ich habe mich nicht von der Stelle gewagt. Stundenlang. Jetzt will ich nur noch schlafen."
- „Ich dachte, eine Nacht allein würde dir guttun."
- „Ich muß einem Kollegen beistehen, der schrecklichen Liebeskummer hat."
- „Ich muß meinen alten Koffer aus Berlin vom Nachtschalter am Bahnhof abholen."
- Ein paar Einkehrtage (Exerzitien). Nur für katholische Seitenspringerinnen.
- Schlafwandeln.
- „Ich hatte zuviel getrunken und habe im Auto übernachtet."
- Auf die Schönheitsfarm übers Wochenende. Das Resultat wäre/ist ähnlich wie das des Seitensprungs.
- Dem Partner einen Gutschein für einen Kurs (je nach Hobby) schenken.
- Abends bzw. nach Dienstschluß zur Kosmetikerin wg. Hautreinigung (erspart anschließendes Schminken).
- Vorträge zu Themen, die er nicht mag.
- Frauengruppen–Treffen.
- Seminare: Esoterik, Buchhaltung usw.
- Bastelabend im Kindergarten (notfalls beim Kind der Freundin).
- Ehrenamt mit nächtlichem Engagement.
- Nach dem Abendessen einen ausgedehnten Verdauungsspaziergang machen.

Eine eiserne Regel: Beziehen Sie in Ihr Alibi niemanden ein, den er auch kennt – selbst die beste Freundin hat mal einen schlechten Tag und verquatscht sich.

COSMOPOLITAN

borniert verübeln sollte. Um die Entwicklung der Kunst des Lügens zu untersuchen, ließen wieder andere Psychologen zwei– bis dreijährige Kinder unter ihrer Aufsicht lügen. Das jeweilige Versuchskind wurde ermahnt, sich nicht nach einem schönen Spielzeug, das im Raum lag, umzusehen, während der Versuchsleiter hinausging. Nur zehn Prozent der Kinder guckten tatsächlich nicht. Vom Rest gab etwa ein Drittel zu, daß sie geguckt hatten, ein Drittel leugnete, und das restliche Drittel sagte gar nichts, war nur sehr verlegen.

Die verlegenen, die gar nichts sagen, seien Kinder, die das Lügen noch nicht gelernt haben, interpretieren die Psychologen ihre Ergebnisse; wenn sie könnten, würden sie lügen. Schließlich seien sie im Durchschnitt wesentlich nervöser als die Lügner gewesen, die von allen Kindern am entspanntesten wirkten. Richtig gut lügen können Kinder mit zehn bis vierzehn Jahren – dann sind sie so gut und so normal wie anständige, dreizehnmal wöchentlich lügende Erwachsene..." *(Mechsner)*.

„Ein Räuber wird seine Beute mit allen Mitteln zu überlisten versuchen, und diesem wiederum kann jedes Mittel der Täuschung (z.B. durch Mimikry) recht sein, um dem sonst sicheren Tod zu entkommen" *(Eibl–Eibesfeldt)*.

Eibl–Eibesfeldt möchte das Täuschen und Lügen auf den *zwischenartlichen* Verkehr zwischen Räuber und Beute beschränken, betrachtet dort beides als wichtige Waffen. Für die *innerartliche* Interaktion fordert er, selbst bei agonalen Auseinandersetzungen, Verträge. Nur im Rahmen von Konventionen sind in Krieg und Zweikampf Listen gestattet – Arglistigkeit und Täuschung, die den Rahmen der Konventionen überschreiten, sind verboten. „Verträge galten darum früher als heilig. Man konnte sie kündigen, aber nicht brechen. Wir sind dabei, diese Errungenschaft einer langen und mühseligen kulturellen Entwicklung über Bord zu werfen, und das mag wohl unseren Untergang besiegeln... Bereits W. Wickler (1971) betonte, daß im Tierreich Selektionsdrucke gegen Mißverständliches und Lügenhaftes bestehen und auf wahre Verständigung Wert gelegt wird" *(Eibl–Eibesfeldt)*.

Zum Thema „Schummeln – aber richtig!" in Schule und Uni hat *Thomas Brockmann* fast alles Machbare in seinem gleichnamigen „Lehrbuch für den routinierten Täuschungsversuch" (1.–7. Auflage von Februar bis August 1984!!!! Na, in welchem Verlag wohl?????) ge– und versammelt. Der Autor betont, daß sein Werk nicht vom Kultusminister empfohlen wird (– ein Schicksal, welches, wie ich befürchte, auch mein Lehrbuch ereilen wird). Schon im Vorwort gehen die Pferde mit ihm durch, wenn er statt von „Lehr–" von „Leer–Anstalten" spricht und die Verantwortung für die künftig steil ansteigende Mortalitätsrate (insbesondere aufgrund von Herzinfarkten) im Le(h/e)rkörper brüsk von sich weist. „Ansonsten wünscht der Autor viel Spaß beim Verschlingen dieser brisanten Lektüre und hofft, daß der Leser diesem starken Tobak gewachsen ist." Die Nachfrage nach diesbezüglich aufbauendem Material war dann in kürzester Zeit derart stark gestiegen, daß neben den zahllosen Neuauflagen des Grundlagenwerkes schon 1985 ein 2. Band („Schummeln – aktuell!") „Mit neuen Tips und Tricks" fällig war.

Nun, das Leben wird von Jahrhundert zu Jahrhundert härter, und mit jedem Menschlein mehr auf diesem Erdball wird der innerartliche Konkurrenzdruck (fast schon unerträglich) größer. Am ehesten bekommen das unsere *lieben Kleinen* zu spüren, und das fängt schon in der Schule an. Weil das nun so ist, möchte ich ihnen doch ein wenig listenreiche Verschlagenheit zubilligen und in diesem Werk zukommen lassen.

Beginnen wir deswegen auch gerade mit der Schule. Bevor wir uns an eine konkrete *Schummel–Methode* ranmachen, sollte sich jeder nach *Brockmann* folgende *Fragen* stellen:

„1. Was weiß ich, und was fehlt mir noch?
2. Wie umfangreich ist der Stoff, der auf den Schummelzettel muß?
3. Welche Möglichkeiten des Schummelns bestehen vor Ort?
4. Welche Verfahren bin ich bereit anzuwenden?"

Das sine qua non reifen Schummelns hat *Brockmann* in seinem *Regelkatalog* zusammengetragen:

„1. Nur ein Verfahren verwenden, das man wirklich beherrscht und lange geübt hat.
2. Nur schummeln, wenn ich absolut sicher bin, nicht entdeckt zu werden.
3. Sich auf keinen Fall nervös machen und unter Zeitdruck setzen lassen.
4. Jedes unnötige Risiko vermeiden und lieber mal eine Arbeit ‹vergeigen›."

Der Autor beginnt dann mit *klassischen Methoden* aus Opas Trickkiste (er hatte anscheinend eine Ahnenfolge, von der er sich was abschneiden konnte!). Da wird mit Postkarten, Karteikarten, Linealen, Löschblättern, Netz– und Seidenstrümpfen (auch hier sind Strumpfhosen wieder tabu – das hatten wir schon mal!), Dekolletes bei ausreichendem Brustvolumen und komplexen Gummiband–Mechanismen im Ärmel („Schummelzettelrakete") gearbeitet. Weiter geht's mit einer Aufarbeitung der Theorie:

Von „Schummeln aktuell“ möchte ich an dieser Stelle nur noch das Inhaltsverzeichnis wiedergeben, da der schummelbedürftige Emotionstherapie-Therapeut (und ggf. auch sein Klient) sowieso auf die Original-Literatur zurückgreifen sollte, ja muß.

INHALTSVERZEICHNIS (*Brockmann*)

Professionelle EINLEITUNG

I. *AKTUELLES AUS DER TRICKKISTE*
1.1 Mit Chemie den Lehrer ausgetrickst
1.2 Der Fuß mit dem gewissen Etwas
1.3 Adressenaufkleber – bewährt und billig
1.4 Die allwissende Holzleiste
1.5 Ein Geniestreich für Studenten
1.6 Das endlose Schummelvergnügen
1.7 Die Uhr der Zeit
1.8 Die bayerische Variante
1.9 Sankt Nikotinus, der hilfreiche Partner
1.10 Schummeltheater mit Rollenspiel
1.11 Unerlaubte Hilfsmittel – überall zu haben
1.12 Die Klappen-Variante
1.13 Technik mit Stiften
1.14 Krankheit – schamlos eingesetzt
1.15 Dreistigkeit siegt
1.16 Schummeln bei der Bundesbahn
1.17 Mit Baldrian durchs Jura-Examen
1.18 Notbremse für chronische Sitzenbleiber
1.19 Elektronisches Schummeln in Perfektion
1.20 Geheimtür für Rechenspezis

II. *TRAPEZNUMMER DES SCHUMMELNS: DAS COMPUTER-SYSTEM*
2.1 Der Trick
2.2 Ungeahnte Möglichkeiten
2.3 Der Schwierigkeitsgrad
2.4 Die Grundbedingungen
2.5 Sendeleistung und Gerätegröße
2.6 Antenne und Frequenz
2.7 Gesetzgeber und Realität
2.8 Programmgestaltung und Gebrauchshinweise
2.9 Computersprache und Datenübertragung
2.9.1 Das Computer-Alphabet
2.9.2 Aus drei mach eins – die Schnittstelle
2.9.3 Ohne Kabel durch die Luft – die Übertragung
2.10 Sender und Empfänger
2.11 Der Datenweg als Planskizze
2.12 Anmerkung zum Computer-Schummeln

III. *MÜNDLICHE PRÜFUNGEN FÜR TRICKSER UND STRATEGEN*
3.1 Systematische Zeiteinteilung
3.2 Strategie 1
3.3 Strategie 2
3.4 Strategie 3
3.5 Strategie 4
3.6 Der todsichere Weg durch das mündliche Abi

IV. *DAS WORT ZUM SCHUMMELN: DIE KUMIS SPRECHEN*
Mitglieder der Ständigen Kultusminister-Konferenz plaudern aus dem ‹Nähkästchen›

V. *PROMINENTE PACKEN AUS: VON MEISEL BIS ADENAUER*
Inge Meisel... Knut Kiesewetter... Eugen Roth... Albert Einstein... Theodor Heuss... Björn Engholm... Winfried Bornemann... Erich Rauschenbach... Walter Kempowski... Bertolt Brecht... Helga Feddersen... Wilhelm Wieben... Wim Thoelke... Jürgen Roland... Konrad Adenauer

VI. *HITS AUS DER SCHUMMEL-SZENE*
Kein wertloser Freiraum mehr... Bluff ohne Notausstieg... Nichts geht über Redefreiheit... Die Hysteriker-Methode... Durstig auf Wissen... Auf die Oberfläche kommt es an... Mit der Mode gehen... Drehprinzip und Rundung... Hart an der Grenze... Die externe Arbeit – zum Platz geliefert... Neue Dimensionen... Heißgeliebtes Ratschefummel... Aufgeklebt und angelupft... Schummelenzyklopädie – optimal plaziert... Auf die Optik kommt es an... Dem Buch ans Eingemachte gehen... Geheimnisvoller Jeansflicken... Multiple Choice – eine lockere Prüfungsform... Das Ei zum Erfolg... Der Reinraus-Spikker... Psychotrick mit Elternhilfe... Landstreichern abgeguckt... Haarspray und Teleskopspicker... Der leichte Gang durchs Prüfungsquiz.

VII. *ACHTUNG, MOGEL-TEST*
7.1 Das Geheimnis der Mogel-Tests
7.2 Mogel-Tests, die Waffe der Pauker
7.3 Wie man den Test-Pauker austrickst
7.3.1 Die Prüfungssituation
7.3.2 Die Prüfungsform
7.3.3 Mahnende Worte
7.3.4 Kontroll-Ergebnisse
7.3.5 Selbstkorrektur
7.3.6 Kopiermöglichkeiten
7.3.7 Testbewertung
7.4 Anmerkung zum Mogel-Test

VIII. *DER WEG ZUM ERFOLG: SCHUMMELN NACH SCHULE UND UNI*
8.1 Der Traum von einem Volontariat
8.2 Ausbildung zur Krankengymnastin – unmöglich?
8.3 Medizinstudium – chancenlos?
8.4 Promovierte aus dem Rennen geschlagen

ZUM SCHLUSS

„Der Ort“, „Die Größe des Schummelzettels“, „Die Aufsichtsperson“ (Typ A, A_1, A_2, B, C, D und E), „Der zu spickende Stoff“, „Die Kleidung“ sowie „Das Verhalten danach“ (nein, nicht was Sie denken!).

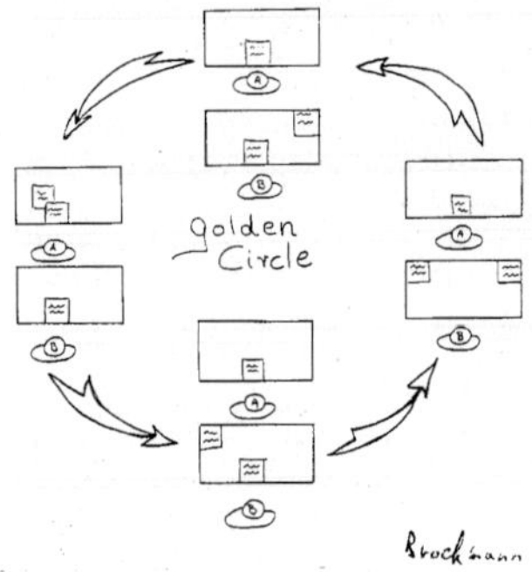

Nach dieser Vorbereitung schreitet der Autor nun zu den elaborierten *modernen Verfahren der Täuschung*. Dreh- und Angelpunkt ist das von ihm entwickelte *WBI-System*, welches er dem Paradigma der beliebten Fernsehsendung „Was bin ich?“ von *Robert Lembke* nachempfunden hat (Auslandslizenzen für dieses System sind derzeit wohl nur noch für die Fidschis sowie die DDR zu haben). Im Brustton der Überzeugung kann *Brockmann* denn auch sagen:

„Nutzt du WBI, bist du fit wie nie“

Für den Nachbau des emotionstherapeutisch bearbeiteten Schummel–Klienten sei hier die Printplatte nach *Brockmann* abgedruckt:

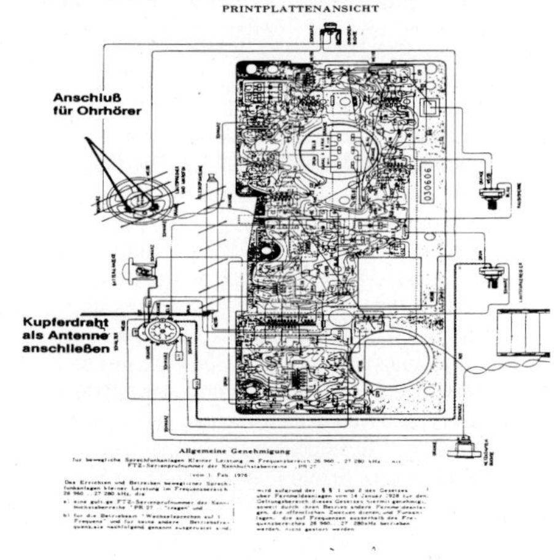

Wie weit der Bogen moderner Methoden des Bescheißens gespannt ist, weiß der Autor uns kenntnisreich vorzumachen. Von dem technisch unproblematischen, allein auf social skill's basierenden *Golden Circle* (eine Bravourleistung rationaler Problembewältigungsstrategien), bei dem Klausuren sukzessiv–circulär bearbeitet werden,... bis hin zu aufwendigen *Sprechfunkanlagen* „kleiner Leistung im Frequenzbereich 26960 ... 27280 kHz mit FTZ–Serienprüfnummer der Kennbuchstabenreihe ‹PR 27›" reicht die Palette. Der Ablauf des Golden Circle bzw. der Informationsaustausch läuft wie folgt:

- B sitzt dicht hinter A und läßt sich zwei Klausurbögen geben.
- B löst die erste Aufgabe und schiebt den Bogen zur rechten vorderen Ecke seines Tisches.
- A greift nach hinten, nimmt den abgelegten Bogen von B und schreibt die erste Aufgabe ab.
- Währenddessen hat B die zweite Aufgabe auf seinem zweiten Klausurbogen gelöst.
- A ist mit dem Übertragen fertig und packt den Bogen bei B auf den Tisch, und zwar auf die linke vordere Ecke des Tisches.
- Anschließend greift A nach hinten rechts, nimmt den Bogen von B mit der zweiten Aufgabe, notiert den Lösungsweg... etc.

Ausreden

Doch nun zu den gänzlich reaktiven Ausreden nach vollends spontanen Aktionen. Adam redete sich im Paradeise auf Eva raus, die auf die Schlange; letztere ließ es auf sich sitzen. Ausrede zeugt von *Schuldbewußtsein* und rührt dadurch, sagt *Snyder*. „Seit der Mensch Fehler macht, braucht er Ausreden", hat er geschrieben. Welche Erleichterung für unsere schuldbeladene Seele: *wir dürfen*!!!

„Wir können den Widerspruch zwischen Determinismus und freiem Willen nicht aufheben, aber wir sollten uns die Zweideutigkeit unserer Freiheit vor Augen halten. Haben wir wirklich freie Wahl? Müssen wir wirklich Verantwortung für alles übernehmen? Im Zentrum des philosophischen Streites um Freiheit und Determinismus hat die Ausrede ihren Platz gefunden. Wenn wir auch nie zugeben werden, daß unsere Handlungen weitgehend vorbestimmt sind, so weigern wir uns doch auch, uns als wirklich frei zu sehen. Denn wenn wir wirklich die volle Verantwortung für unsere Handlungen übernehmen, laden wir gleichzeitig Berge von Schuld auf uns und verbauen uns Fluchtwege. Ausreden sind solche Fluchtwege: ‹Ich wollte das nicht tun›, ‹Es war ein Unfall›, ‹Irgend etwas hat mich dazu getrieben›. Da wir unfähig sind, das Dilemma zwischen Verantwortung und Freiheit zu lösen, richten wir uns in diesem Zwiespalt ein und versuchen, damit zu leben. Dieser Zwiespalt ist der Nährboden für Ausreden. Ausreden haben eine magische Kraft, denn wenigstens zeitweise erlösen sie uns von dem Zwang, ständig zwischen Dingen unterscheiden zu müssen, für die wir verantwortlich und für die wir nicht verantwortlich sind. In unserer Gesellschaft gilt im allgemeinen die Regel: Jeder muß die Verantwortung für sein Verhalten tragen. Aber selbst wenn uns diese Regel ständig bedroht, bleibt uns ein Hintertürchen, ein heimlicher Fluchtweg aus Schuld und Verantwortung. Ausreden amnestieren uns. Weil es sie gibt, weil wir immer wieder auf sie zurückgreifen können, können wir auch in einer konfusen und verwirrenden Welt weiterleben. Wenn es die Gnade der Ausrede nicht gäbe, wären wir vielleicht zu verschreckt und zu ängstlich, um überhaupt noch etwas zu tun... Ausreden spielen in unserem Leben eine zentrale Rolle, unser Umgang mit Ausreden entscheidet mit darüber, wie wir mit uns selbst und anderen Menschen zurechtkommen... Ich glaube, Ausreden sind ein Hilfsmittel, mit dem Menschen die unver-

Ausreden
Der heimliche Lehrplan

Wenn Eltern ihre Kinder fragen „Wer hat das getan?“ oder „Hast Du das getan?“, geben sie ihnen Gelegenheit, sich zu rechtfertigen oder ihre Schuld zu leugnen. Wir haben beobachtet, daß Eltern, ältere Geschwister und andere Autoritätspersonen kleinere Kinder im Gebrauch von Ausreden regelrecht anleiten. Sie geben ihnen ziemlich genau zu verstehen, wann und wo Ausreden angebracht sind. So formen sie den späteren Umgang mit Ausreden, Entschuldigungen und Alibis. In vielen Fällen bieten die Älteren den Kleineren Erklärungen an, die den Doppelcharakter von Trost und Ausrede haben: „Mami weiß ja, daß Du den Dreck nicht absichtlich in die Küche geschleppt hast, aber…“

Wenn die Kinder älter werden und ihre Grundausbildung im Sicherausreden abgeschlossen haben, übernehmen Lehrer und Altersgenossen den Fortgeschrittenen–Unterricht. Die Ausreden werden kunstvoller. Je besser Kinder und Jugendliche die Konsequenzen ihres eigenen Verhaltens übersehen können und je mehr sie über Verantwortung lernen, desto perfekter entwickelt sich auch ihre Fähigkeit, Entschuldigungen und Ausreden für Fehler zu finden. Das Klassenzimmer ist ein ideales Trainingsgelände für das Erlernen von Ausreden, und dort lassen sich am besten die Interaktionen zwischen der Autoritätsperson Lehrer und dem Lernenden beobachten. Die wohl bekannteste Szene ist die, wenn ein Schüler seine Hausaufgaben nicht gemacht hat. Der Lehrer fragt nach den Gründen, und er erhält in der Regel eine Pro Forma–Ausrede: „Ich habe mein Heft zu Hause vergessen“ oder „Ich habe keine Zeit gehabt“. Diese Standard–Ausrede, von der beide Seiten wissen, daß sie nicht der Wahrheit entspricht, zieht in der Regel eine Belehrung über Pflicht und Pünktlichkeit nach sich.

Im „Buch der Listen“ hat William R. Jackson die originellsten Ausreden in dieser Situation zusammengetragen:
– Meine kleine Schwester hat das Schulheft zerkaut.
– Der Hund/die Katze hat sein/ihr Geschäft darauf gemacht.
– Wir hatten kein Toilettenpapier mehr.
– Unsere Heizung ist ausgefallen, da mußten wir alles Mögliche verbrennen, um nicht zu erfrieren.
– Ich habe das Heft einem Freund gegeben, und sein Haus ist abgebrannt.
– Meine Mutter hat das Heft aus Versehen weggeworfen.
– Ich habe meine Aufgaben gemacht, ich schwöre es, aber ich habe es am Bett meiner kranken Mutter liegengelassen, die ich die ganze Nacht gepflegt habe.

So einfallsreich diese Ausreden auch sein mögen – sie erfüllen alle das Ausrede–Kriterium: Sie schützen das Image des Betroffenen. Der kleine Fehler in der Fassade wird repariert.

Was würde geschehen, wenn ein Schüler ganz ehrlich antwortete: „Ich habe keine Lust gehabt, meine Aufgaben zu machen“? Auf jeden Fall würde er keine Pro Forma–Antwort auf diese Ausrede erhalten. Denn er signalisiert, daß er die Norm nicht anerkennt, sondern es auf eine Konfrontation angelegt hat.

Die Wiederherstellung einer intakten Fassade scheint ihm gleichgültig zu sein, aber darüber hinaus gefährdet er auch das Image des Lehrers. Denn wenn der sich nicht gegen diese Frechheit wehrt, gibt er der ganzen Klasse zu verstehen, daß die Hausaufgaben eigentlich nicht so wichtig sind. Er wird also den Schüler streng bestrafen, strenger jedenfalls, als wenn er eine normale Ausrede gebraucht hätte. In diesem Negativ–Beispiel wird deutlich, welche wichtige, harmonisierende Rolle Ausreden spielen – sie schützen nicht nur denjenigen, der sie gebraucht, sondern auch den Adressaten.

Das Erlernen von Ausreden und Entschuldigungen ist Bestandteil der moralischen Erziehung und ein unverzichtbares Element in der Sozialisation. Höflichkeit, Rücksichtnahme, soziale Anpassung sind Lernziele, die ohne das Element Ausrede nie erreicht werden können.

Snyder, Higgins & Stucky

meidliche Kluft zwischen Anspruch und Wirklichkeit, zwischen Wollen und Können erträglicher gestalten. Enttäuschungen, Fehler, Versagen – sie sind im Laufe des Lebens unvermeidlich, und damit sie uns nicht einengen und erdrücken, müssen wir uns wehren – auch und vor allem mit Ausreden. Wir müssen uns selbst und anderen erklären, warum wir gesteckte Ziele nicht erreicht oder Erwartungen nicht erfüllt haben. So gesehen, sind Ausreden nichts anderes als die Wiederherstellung der kurzfristig beschädigten Selbstachtung.“ – Vielen Dank, Herr *Snyder*, für diese Rehabilitation der wohl von Psychotherapeuten mit am meisten verkannten menschlichen Fähigkeit!

Ausreden für Frauen	Ausreden für Männer
Themenbereich 1: Zu spät nach Hause gekommen Mußte meinen Opa aus dem Puff abholen.	Mußte Helmut bei der Lorbeerernte helfen.
Themenbereich 2: Keine Lust auf Sex Nur wenn ich meine Gesichtsmaske dabei auf–behalten kann. Die Bananen–Quark–Mischung muß eine Stunde drauf bleiben.	Gegen dieses Parfüm bin ich irgendwie al–lergisch. Ich glaube, weil meine Oma es trug.
Themenbereich 3: Ein Wochenende für sich rausschlagen Das Gefühl, daß ich mal ein Wochenende für mich ha–ben kann und dabei zu wissen, daß ein geiler Typ zu Hause auf mich wartet, finde ich total erotisch.	Laß mich mal zwei Tage allein. Ich will wissen, ob ich mich wieder auf dich freuen kann.
Themenbereich 4: Einen Seitensprung entschuldigen Endlich habe ich mal einen gefunden, der das Rezept von „Tiramisu“ hat. Du weißt doch, von der Nachspeise, die du beim Italiener so affengeil fand'st.	Die hatte so was Mitleiderregendes. Da wurde ich einfach schwach.

WOHL DEM, DER LÜGT

Ein junger Hamburger hat eine Marktlücke entdeckt: Lügen gegen Bares. Sein »Ausreden-Service« wurde ein voller Erfolg

Für seine Arbeit braucht Borris Brandt nur ein Telefon. In ein paar Minuten heckt er Schwindeleien aus, die seinen Kunden aus der Patsche helfen sollen – »Zuspätkommern«, »Fremdgängern« oder »Drückebergern«, die sich auf seine Kleinanzeigen melden

Der Reporter stellt die passende Frage: „Guten Tag, ich soll einen Artikel über Sie schreiben. Hab' aber keine Lust dazu. Wissen Sie nicht eine gute Ausrede für mich?" Nur eine kurze Pause am anderen Ende der Leitung. „Klar. sagen Sie einfach, ich sei unheimlich beschäftigt und hätte nie Zeit."

Das ist mal wieder gelogen. Borris Brandt hat Zeit. Aber lügen ist nun mal das Geschäft, von dem er lebt. Der 25jährige Hamburger erfindet Ausreden auf Bestellung und gegen Bezahlung.

Zum Beispiel für die Frau, die einen Jugendfreund treffen will, ohne daß ihr krankhaft eifersüchtiger Mann davon erfährt. Nach wenigen Minuten hat Brandt die Lösung: Gegenüber dem Ehemann gibt er sich telefonisch als Plattenproduzent aus, der die Frau als Backgroundsängerin für seinen neuesten Hit anheuern will. Der Mann, geschmeichelt über die vermeintliche Karriere seiner Frau, schöpft keinen Verdacht. Und sie kann ein paarmal zu Proben gehen. Später wird Brandt dem Gehörnten irgendeine neue Platte schicken: „Hört doch eh keiner, wer da im Hintergrund singt."

Je dreister und unwahrscheinlicher eine Ausrede sei, desto eher glaube man sie, verrät der gar nicht faule Ausredner. Der Erfolg gibt ihm recht: Mit seinen raffinierten Lügen hat er bereits Freunde vor der Bundeswehr bewahrt, Eheleute vor dem Scheidungskrieg und Angestellte vor der Kündigung. Etliche gute Lügen–Taten sollen folgen. Vor kurzem hat er eine Schwindel–Firma aufgemacht, den „Hamburger Ausreden–Service". Bedarf dafür scheint vorhanden. Bis zu 100 Anrufer melden sich jeden Tag auf Brandts Kleinanzeigen im „Hamburger Abendblatt", manche freilich nur aus Neugier.

Brandt sagt selbstbewußt: „Ich garantiere jedem, daß ich eine Ausrede finde, die tatsächlich funktioniert." Wie für den Mann, der nichts mehr fürchtete, als schon wieder seine Schwiegermutter besuchen zu müssen. Ihm half der Lügenprofi, indem er sich als Pannendienstler ausgab und der Schwiegermutter im breiten Plattdeutsch erzählte, am Wagen ihres Schwiegersohnes sei die Achse gebrochen. Die Reparatur zog sich insgesamt drei Wochen hin.

Pro Lüge berechnet er zwischen 10 und 25 Mark, je nach Schwierigkeitsgrad. Teurer kam die Sache jenem Geschäftsmann zu stehen, für den Brandt eine ganze Dienstreise fingieren mußte. Er hat auf dessen Namen Spesen gemacht und Rechnungen und eine örtliche Zeitung vom entsprechenden Tag besorgt. Die konnte der Kunde seiner Frau präsentieren – unauffällig und wirkungsvoll.

Für die meisten Ausreden braucht der gelernte Werbekaufmann höchstens zehn Minuten. Schon früh hat er sich in dieser Kunst geübt. Zu flunkern, der Bus habe sich verspätet, war ihm schon in der Schule zu simpel. Seine Busse wurden von Kuhherden blockiert oder bei Unfällen demoliert. Brandts Ausreden sind Kurzgeschichten, spontan erfunden, in wenigen Sätzen erzählt.

Manchmal rettet er auch plumpe Ausreden anderer. Da hatte einer seinen Kollegen im Betrieb verschwiegen, daß er Vater ist. Doch Kinder bringen einen manchmal um den Schlaf, und so kam der Mann wieder mal zu spät in seine Firma. Seine Entschuldigung, er sei beim Zahnarzt gewesen, glaubte ihm keiner. Prompt meldete sich Ausredenkünstler Brandt: „Hier Zahnarzt Krause. Einer ihrer Mitarbeiter hat Papiere bei mir vergessen. Er kann sie sich abholen."

Auf diesen Fall ist Brandt besonders stolz: „Alle waren hinterher beschämt, daß sie ihrem Kollegen nicht geglaubt haben. Dem nehmen sie in Zukunft alles ab." Ausreden mit Langzeitwirkung. Kriminelle Sachen aber mache er nicht, etwa Alibi–Beschaffung für krumme Dinger. „Ich will ja niemandem schaden. Im Gegenteil: Alle sollen zufrieden sein, auch die, die hintergangen wurden."

Nur so gut zu lügen, daß es wie Wahrheit erscheint, reicht ihm nicht. Seine Geschichten sollen aufregender als die Wirklichkeit sein: „Die meisten Menschen haben einen langweiligen Alltag. Meine Ausreden sind spektakulär, da haben die Leute plötzlich was zu erzählen."

Seine größte Sorge ist nicht, daß ihm die Ideen ausgehen. Er fürchtet vielmehr, daß weniger geschulte Ausredner sich verlügen. Am liebsten macht er alles selbst: „Das kann ich nun mal am besten."

Ungebrochenes Selbstvertrauen ist sein Erfolgsrezept, Motto: „Wer seine eigenen Lügen nicht glaubt, dem glaubt sie auch kein anderer."

Kucklick

Ausreden für Schüler

Themenbereich 1: Zu spät gekommen
Habe an den elektrischen Zaun einer Kuhweide gepinkelt. Bin zwei Stunden nicht losgekommen.

Themenbereich 2: Keine Hausaufgaben gemacht
Meinem Ghostwriter ging es plötzlich ganz dreckig.

Themenbereich 3: Abschreiben/Mogeln
Wollte mal schauen, welchen Stuß mein Nachbar wieder verzapft.

Themenbereich 4: Blaumachen
Habe aus Versehen eine Flasche Franzbranntwein getrunken.

Themenbereich 5: Gerade mal nicht aufgepaßt
Ich mache lieber den Mund nicht auf. Habe seit Tagen Verstopfung.

Themenbereich 6: Klassenraum kurz verlassen müssen
Meine Mutter hat mir heute so viel Backobst ins Müsli getan – das wirkt!

Snyder systematisiert die Ausreden in 3 Typen, die wir uns nun mal anschauen wollen:

Typ 1: *Ich war's nicht.* Zu diesem Typ gehören die ‹primitiven› Versuche, jede Verbindung zu einem Fehler oder einem Fehlverhalten zu leugnen, abzustreiten, auf andere zu schieben: ‹Ich habe davon nichts gewußt›, ‹Ich kann es gar nicht getan haben, denn zu diesem Zeitpunkt war ich noch im Büro›, ‹Das war der Hund›, und so weiter.

Typ 2: *So schlimm war's nicht.* Dieser Typ Ausreden zielt darauf ab, einen Fehler herunterzuspielen, wegzuerklären, gute Gründe für das Fehlverhalten zu liefern. Etwa so: ‹Ich bin ja nur eine dreiviertel Stunde zu spät gekommen›, ‹Ich habe ihn ja nur einmal geschlagen›, ‹Ich hab' ja wirklich alles versucht, um den Streit zu vermeiden›, ‹Die Prüfung war wirklich gemein›.

Typ 3: *Ja, aber...* Dieser Typ Ausreden beginnt mit einem Eingeständnis, gefolgt von einer Erklärung, die Fehler und Schuld wieder aufheben soll. ‹Ja, ich habe das gesagt, aber ich war betrunken›, ‹Ich muß außer mir gewesen sein›, ‹Ich hab' doch nur Spaß gemacht›, ‹Das wollte ich wirklich nicht›. Zu dieser Kategorie von Ausreden gehört auch der Versuch, sich selbst als Handelnder von der Handlung abzutrennen, den Fehler oder das Versagen auf Stimmungen, Temperament, besondere Empfindlichkeiten und so weiter zu schieben.

Wie effektiv der Typ 3 von Ausreden empfunden wird, dürfen wir in der noch so miesen Kindererziehung immer wieder beobachten: „Ich tue es doch nur zu deinem Besten", „Ich will doch nur dein Bestes". Mit dieser Methode sind schon Wahnsinnstaten wie die Bombardierung von Hiroshima oder Dresden zu rehabilitieren versucht worden, indem behauptet wurde, der hunderttausendfache Mord hätte den Krieg verkürzt und so Millionen Menschenleben gerettet. Da fehlen einem die Worte (und der Ekel würgt im Halse). Aber Auswüchse, Exzesse und Perversionen gibt es bei allen Emotionen, auch beim spontan–reaktiv–aggressiven Lügen und Ausreden. Und wir haben uns ja in der Emotionstherapie geschworen, die Das–Kind–mit–dem–Bade–ausschütten–Marotte nicht mehr mitzumachen.

Wie der Hammerverein aus Münster dem kleinen Thomas eine tüchtige Abreibung verpaßte.

Rivalität

Gefangenendilemma * Strategien * Neid * Eifersucht * Über– & unterordnen

Es wird in allen Selbstsicherheitstechniken im Grunde – und das betonen alle Autoren einhellig – abgezielt auf das *Austarieren von eigenen Rechten mit denen der anderen*: eine Problematik, die sich nur in Konstant–Summen–Situationen in dieser Stringenz stellt. Situationen, in denen Lösungen und Ausgänge möglich sind, von denen beide Interaktionspartner in ähnlicher Weise profitieren oder die beiden einen ähnlichen Schaden zufügen, tauchen in diesem Konzept praktisch nicht auf und sind mit den konzept–immanenten Methoden auch nicht anzugehen.

Die Frage der Selbstbehauptung könnte nämlich in solchen Situationen einer sinnvollen Lösung der Situation durchaus im Wege stehen: Das allgemeine *Unbehagen am Selbstsicherheitskonzept*, das gerade von den eigenen Vertretern am stärksten ausgedrückt wird, dürfte genau hierin seine unbewußten und unreflektierten Wurzeln haben. Kaum ein Autor eines assertiven Trainingsprogramms, der nicht im Vorwort, in der Einleitung oder gar bei jeder vorgestellten Übung *(Feldhege & Krauthan, Alberti & Emmons)* vor dem Anwachsen aggressiven, asozialen Verhaltens warnt und umfangreiche Bemühungen in Szene setzt, assertives gegen aggressives Verhalten abzugrenzen *(Lange & Jakubowski, Liberman)*.

Ist ein wie auch immer verstandenes assertives Verhalten kooperationserzeugendem Verhalten dienlich, abträglich – oder haben beide Dimensionen überhaupt nichts miteinander zu tun? Über diese Frage sollten wir uns bei jeder vorgestellten oder therapeutisch in Angriff genommenen Übungssituation soweit Gedanken gemacht haben, daß wir sie für diese konkrete Situation ansatzweise beantworten können. Den Willen und die Fähigkeit hierzu möchte ich als konstituierende Bedingung festlegen für eine erweiterte Definition sozialer Kompetenz, die wir *kooperative Kompetenz* nennen könnten. Zwei Grundpfeiler sollten sie bestimmen:

1. Kenntnis, Wille und Fähigkeit, die Struktur (Handlungsalternativen, Auszahlungsmatrizen) sozialer Situationen zu erkennen.
2. Strategien entwickeln können, die *langfristig* den eigenen Gewinn in Relation zum gewünschten/akzeptierten Gewinn der Interaktionspartner maximieren.

Die *Nicht–Null–Summen–Situationen* sind von komplexer Art und erfordern zu ihrer Bewältigung neben Selbstbehauptung auch Merkmale wie Kreativität, strategisches Verhalten, Kooperativität, Vertrauen und vieles mehr. Die *Konstant–Summen–Situationen*, die nur wettbewerbliches Verhalten im spieltheoretischen Sinne zulassen, stellen einen Spezialfall von Situationen dar mit einer sehr beschränkenden Aussage über die in dieser Situation für die beteiligten Personen entstehenden Nutzen und Kosten: daß sie nämlich für alle möglichen Situationsausgänge sich zu Null ergänzen bzw. konstant sind. Ist diese Bedingung nicht gegeben, gibt es also mindestens einen möglichen Situationsausgang, für den die Summe von Nutzen und Kosten der Interaktionspartner nicht Null oder gleich der aller anderen Situationsausgänge ist, so haben wir es mit einer Nicht–Null–Summen–Situation zu tun. Hier könnte es darum gehen, diejenigen

Die Fähigkeit 2 deckt sich in den meisten Dilemma–Strukturen mit der Entwicklung effektiver kooperationserzeugender Handlungsstrategien. Ich möchte allerdings nicht verschweigen, daß auch – in speziellen Situationen – absolut ausbeuterisches kompetitives Verhalten unter Bedingung 2 gefordert sein kann. Wichtig ist hier die Notation *langfristig*; an ihr scheitern die meisten *kurzfristig* ausbeuterischen Strategien! Langfristig bringen sie keinen egoistischen Nutzen, da die kooperative Zusammenarbeit dabei flötengeht und der maximale eigene Nutzen davon in Mitleidenschaft gezogen wird.

individuellen Handlungsmöglichkeiten zu finden, die zu diesem Ausgang führen könnten, und sie in der Interaktion mit dem Partner entweder herbeizuführen oder zu vermeiden, je nachdem wie das Situationsergebnis zu bewerten ist.

Solche Nicht–Null–Summen–Situationen bieten nun eine breite *Palette von möglichen Situationsausgängen*, von asymmetrischen Kosten–Nutzen–Verhältnissen bei den interagierenden Personen bis hin zu Dilemma–Situationen, in denen sich gegeneinander ausschließende Motive im Individuum miteinander in Konflikt geraten. Es tauchen Phänomene auf wie Drohung, Verweigerung einer Entscheidung, Änderung der Strategie, Versprechen und vieles mehr. In vielen Fällen stellt man bei genauerer Situationsanalyse fest, daß die skizzierte Konstant–Summen–Situation die Reduktion einer komplexeren Nicht–Null–Summen–Situation darstellt, die z.B. der Dimension beidseitige Kooperation vs. beidseitiger Wettbewerb beraubt ist.

Hier nun einige *Spiele*: Ein erstes Beispiel ist das im sog. *Wasserwaage–Spiel* realisierte Dilemma. Ein Elternpaar mit Kind, ein Ehepaar mit Therapeut, 3 Geschwister oder wechselweise jeweils 3 Teilnehmer einer Gruppentherapie, Selbsterfahrungs– oder Supervisionsgruppe werden in folgenden Konflikt gebracht: Jeder soll für sich ein Problem lösen, das Bestandteil eines Gruppenproblems und einer Gruppenlösung ist. Das Dilemma: Handelt jeder für sich oder für die Gruppe? Die Pointe: Jeder kann nur für die anderen was tun, nichts für sich selbst – er kann allerdings die anderen auffordern, für ihn was zu tun, und: er kann die Wünsche der anderen abblocken.

Ich habe das *Wasserwaage–Spiel* für die Fernsehsendung „Mensch Meier“ mit *Alfred Biolek* angeregt, und es ist wohl kein Zufall, daß von drei Gruppen just die kooperativ orientierte „Alternative Rindergenossenschaft Schleswig–Holstein“ Gruppensieger wurde! Hier nun eine etwas andere Siegertruppe – ebenfalls aus dem Umfeld der Rindviehzucht:

Die *Idee*: Drei Teilnehmer sitzen an den Ecken eines dreieckigen Tisches, dessen eigene Ecke sie in der Höhe verstellen können; vor ihnen eine Wasserwaage im Tisch, die quer angeordnet ist, deren Neigung also nur diese beiden Mitspieler beeinflussen können, nicht die vor der Ecke sitzende Person – das gilt für die anderen beiden vice versa. Die Instruktion geht in die Richtung, daß jeder seine (vorab völlig verstellte) Wasserwaage ins Lot bringen solle, daß aber auch der ganze Tisch ins Lot gebracht werden soll, wobei, je nach Formulierung der Instruktion, mal das Gewicht auf den individuellen Gewinn gelegt werden kann, mal auf den Gruppengewinn, immer jedoch eine Misch–Motivation aus individuellem und gemeinschaftlichem Streben angesprochen werden sollte. In einer solchen Situation kann das Durchsetzen von eigenen Interessen, die egoistische Gewinnmaximierung, in Situationen diagnostiziert und später trainiert werden, die dem Arbeitsleben weiß Gott näher stehen als das bloße Anmelden eigener Bedürfnisse. Der Gruppengewinn ist mit dem individuellen Gewinn derart verzwackt verzahnt, daß ein ausgesprochenes Gespür dafür entwickelt werden muß, wie man die Gewichte setzt!

Bei dem *Akme–Bolt–Spiel* handelt es sich um die Beförderung von Gütern in zwei Lastkraftwagen. Die Güter sind auf zwei verschiedenen Plätzen in der Stadt und sollen auf andere zwei Plätze gebracht werden. Jeder Teilnehmer hat die Möglichkeit, sich entweder für einen kürzeren oder für einen längeren Weg zu entscheiden. Es zählt für jeden die *Zeit*, die er braucht, um ans Ziel zu kommen. Jeder Weg ist aber mit gewissen Schwierigkeiten verbunden. Der *kurze Weg* (c) ist nur so breit, daß allein ein Lkw ihn befahren kann: Entweder nur der eine oder nur der andere kann zur selben Zeit auf demselben Platz der Straße sein. Der *Umweg* ist auch keine eindeutige Lösung des Dilemmas; man gewinnt bei ihm nicht viel, ja könnte sogar aufgrund des erhöhten Zeitaufwandes Verluste einfahren. Die Lkws haben einen Vorwärts–, einen Rückwärtsgang und den Leerlauf. Man kann Akme–Bolt so verschärfen, daß man beiden Spielern die Möglichkeit gibt, ihren *Vorwärtsgang* eingeschaltet zu verschließen, indem sie, sinnbildlich, nach dem Anfahren den Schlüssel aus dem Fenster werfen können.

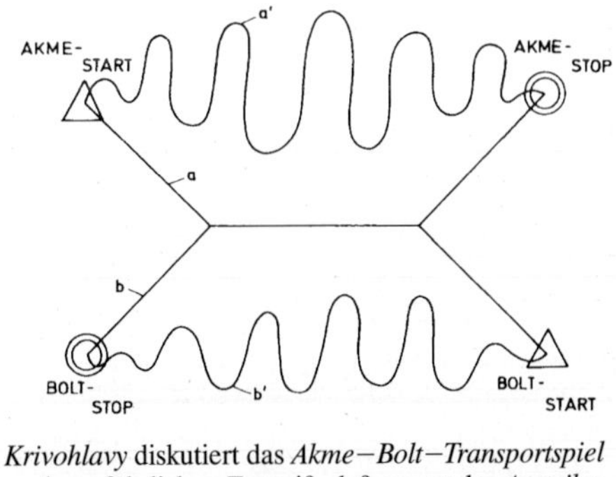

Krivohlavy diskutiert das *Akme–Bolt–Transportspiel* noch ausführlicher. Er weiß, daß es von der *Amerikanischen Psychologischen Gesellschaft (APA)* einen Fernsehfilm namens „The Social Animal“ über *Akme & Bolt* gibt, auch, daß dort das Spiel als Apparat (original elektrische Vorrichtung) zum Kauf angeboten wird. Er zitiert darüber hinaus eine ganze Reihe weiterer Variationen und Varianten, die nicht uninteressant sind.

Eine weitere Komplikationsvariante ist die Einführung zweier *Bahnschranken* mit oder ohne *Wegzoll*. Jeder Spieler kann *die* Schranke bedienen, die für ihn selbst am Anfang des gemeinsamen Weges liegt – für den Mitspieler am Ende! Für die Öffnung seiner Schranke kann jeder Spieler von seinem Kontrahenten einen selbstbestimmbaren Wegzoll in Form von Punkten oder Zeiteinheiten fordern. Um den Konflikt zu verschärfen, kann die gemeinsame Strecke (c) verlängert werden. Dadurch werden die Umwege interessanter. Auch könnte es beiden Spielern verschwiegen werden, welche Strecke jeweils der Mitspieler wählt; eine Verständigungsmöglichkeit zwischen den Spielern darf natürlich *nicht* gegeben sein. Erst wenn beide sich auf der gemeinsamen Strecke begegnen, könnte der Konflikt offenbar werden. Ist die kürzere Strecke eine große Abkürzung, so könnte es sogar attraktiv sein, sie erst zu befahren, wenn der andere schon durch ist.

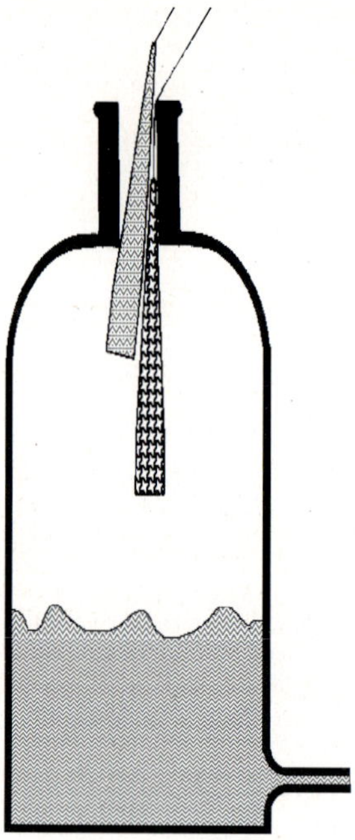

Herausziehen von Zäpfchen: 6 Zäpfchen sind in einer Flasche, jedes hängt an einem Faden an einer Angel eines jeden Mitspielers. Der Hals der Flasche ist so eng, daß immer nur ein Zäpfchen gleichzeitig hindurchpaßt. Der Konflikt wird verschärft, indem man Wasser in die Flasche laufen läßt. Die Zäpfchen, welche feucht werden, blähen sich so auf, daß sie überhaupt nicht mehr durch den Flaschenhals passen. Das Wasser läuft derart schnell in die Flasche, daß die Teilnehmer es mit Sicherheit nicht schaffen, *alle* ihre Zäpfchen herauszuziehen. Wer und welches Paar bringt seine Zapfen trocken ins trockene? Das Spiel simuliert das Verhalten von Menschen in Paniksituationen, z.B. einem Feuer im Theater.

9er Verhandlungsspiel: Stellen Sie sich vor, Sie haben DM 9000.– im Lotto gewonnen (wahlweise: Tante Elfriede hat eine kleine Vorerbschaft von DM 9000.– schon jetzt losgeschickt). Jeder von Ihnen hat einen geheimen Wunsch, den er sich nicht traut, dem Partner mitzuteilen. Für diesen Wunsch gibt es eine untere Preisgrenze, unter der man dieses Teil beim besten Willen nicht erwerben kann. Auch diese Grenze wollen und können Sie Ihrem Partner nicht mitteilen. Nun teilen Sie mal schön Tante Elfriedes 9 Mille auf. Da viel reden in solchen Fragen eh nichts bringt (vielmehr immer nur der gewinnt, der den größten Dickkopf hat und/oder am besten quatschen und argumentieren kann), dürfen Sie dabei leider keinen Ton sagen: deswegen diese etwas zu groß geratenen Pflaster über's Schnäutzchen. Hier nun für jeden die *untere* Grenze Ihrer Verhandlungsbereitschaft, die Sie *nicht* unterschreiten dürfen. Auf geht's. Jeder von den 6 Kandidaten zieht nach Zufall eine von 6 Karten: 1, 1, 2, 2, 3, 3.

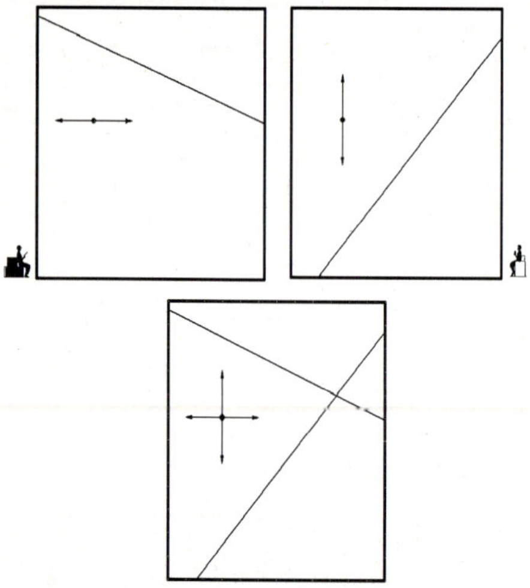

Das Zweipartner–Belohnungssystem–Spiel: Jeder Partner hat vor sich einen Bildschirm, auf dem sich eine Linie und ein Punkt befinden. Der Punkt steht für beide an der gleichen Stelle, die Linie liegt unterschiedlich. Diese Tatsache ist beiden bekannt, die genaue Lage jedoch nicht. *Er* kann mittels Hebel den gemeinsamen Punkt in der Horizontalen verschieben, *sie* in der Vertikalen. Jeder hat die Aufgabe, den Punkt möglichst nah an *seine* Linie heranzuziehen. Um das Spiel spannender zu machen, kann man die beiden Linien sich *nicht* kreuzen lassen. Je näher der Punkt nach der knappen Zeitbegrenzung an der eigenen Linie dran ist, desto höher die *gewonnene Punktzahl*. *Kommunikation* zwischen den Partnern kann vollständig oder rudimentär erlaubt sein. Ggf. dürfen nur Nachrichten übermittelt werden wie: „Bitte höher/tiefer/nach rechts/nach links" oder „Lassen Sie den Punkt, wo er ist".

Gefangenendilemma

Als interessantestes Beispiel für Konfliktsituationen sei das berühmt–berüchtigte Gefangenendilemma (GD, oder: Prisoners Dilemma, PDG) angeführt, das *Paradigma der skizzierten Lebenssituation*: „Zur Einführung des mathematischen Gefangenendilemmas wird gern die folgende Geschichte erzählt: In einem fiktiven Staat haben zwei Gefangene zwar gemeinsam ein Kapitalverbrechen begangen, sie konnten aber dennoch nur angesichts eines harmloseren Delikts, des verbotenen Waffenbesitzes, hinter Schloß und Riegel gebracht werden. Für eine Verurteilung wegen des Kapitalverbrechens fehlt der Justiz nämlich hinreichendes Belastungsmaterial. Dieses Verbrechen würde im Falle einer Verurteilung mit immerhin 9 Jahren Gefängnis bestraft, während der unerlaubte Waffenbesitz lediglich eine Strafe von 1 Jahr nach sich zieht. Insgesamt droht den beiden jeweils eine Maximalstrafe von 10 Jahren. Der Staatsanwalt glaubt, die Gefangenen mit Hilfe einer List zu einem Geständnis bewegen zu können. Zu diesem Zweck werden beide zugleich in getrennten Räumen verhört. Es winkt dabei folgender Anreiz für ein Geständnis: Gestehen beide das Kapitalverbrechen, so wird ihnen je ein Jahr Gefängnis von der Gesamtstrafe erlassen, was bedeutet, daß sie dann für den unerlaubten Waffenbesitz nicht mehr bestraft werden. Gesteht nur einer das gemeinsame Kapitalverbrechen, so soll er dafür besonders belohnt werden. Er wird dann für keines der Delikte mehr bestraft und statt dessen sofort freigelassen. In diesem Fall muß aber sein Komplize die vollen 10 Jahre im Gefängnis verbringen. Der Staatsanwalt hat mit seinem Angebot den Gefangenen einen Konflikt beschert, den sie miteinander auszutragen haben, ohne daß sie dabei miteinander kommunizieren können. Es soll davon ausgegangen werden, daß jeder Gefangene für sich persönlich einen möglichst kurzen Gefängnisaufenthalt anstrebt. Als *Auszahlung* kann dann die Anzahl der Jahre betrachtet werden, die der Spieler gegenüber der Höchststrafe von 10 Jahren einspart. Wichtig ist beim spieltheoretischen Auszahlungsbegriff, daß er tatsächlich den von einem Spieler bevorzugten Ausgang widerspiegeln muß. Andernfalls gilt ein spieltheoretisches Modell als fehlspezifiziert. Die Abhängigkeit des Erfolgs der einzelnen Spieler von der Strategienwahl beider läßt sich in einem übersichtlichen Schema darstellen, das ‹Auszahlungsmatrix› genannt wird: Die Auszahlungsmatrix mit ihren Zahleneintragungen stellt das Ergebnis eines Abstraktionsvorgangs dar, bei dem nebensächliche Details der ursprünglichen Geschichte bewußt ausgeblendet wurden. Es wird hier in kompakter mathematischer Form die für eine spieltheoretische Analyse wesentliche Struktur des Konflikts zum Ausdruck gebracht. Unzählige weitere Beispiele von Konflikten ließen sich aufzählen, die zu einer ähnlichen Auszahlungsmatrix führen, falls man sie zum Gegenstand einer strategischen Analyse macht" *(Hammerstein & Bierhoff)*.

Das Delikt zu gestehen, ist die *kompetitive (wetteifernde) Wahl*, das Delikt zu leugnen, die *kooperative Wahl*. Jeder einzelne Gefangene ist motiviert zu gestehen; im Interesse beider Gefangenen wäre es jedoch besser, das Delikt zu leugnen. Das individuelle Interesse eines Gefangenen besteht in der kompetitiven Wahl bei gleichzeitiger kooperativer Wahl des anderen. Da nun beide Gefangenen nicht wissen, wie der andere entscheidet – ob kompetitiv oder kooperativ –, ist unter dem Aspekt der Gruppe die beiderseitige kooperative Wahl zu leugnen die günstigste (soziales Interesse).

Ausgehend von der oben beschriebenen Gefangenensituation wurde in der psychologischen Forschung das Gefangenendilemma per *Auszahlungsmatrix* standardisiert.

		Interaktionspartner II	
		A	B
Interaktions–	A	R (R)	S (T)
partner I	B	T (S)	P (P)

A: Die kooperativ geheißene Handlungsalternative kann jedem der beiden Interaktionspartner nicht den höchsten, dafür aber den zweithöchsten Nutzen bringen, birgt aber dabei das größte Risiko in sich.

B: Die kompetitiv geheißene Handlungsalternative gibt die Chance des größten Nutzens, wobei das Risiko geringer ist als bei kooperativem Verhalten.

„In der wissenschaftlichen Literatur ist wohl kaum ein anderes *Spiel* (im Sinne eines mathematischen Konfliktmodells) so oft zum Gegenstand von Erörterungen gemacht worden wie das Gefangenendilemma. Insgesamt könnte man weit mehr als 2.000 Arbeiten zitieren, die sich mit diesem Spiel bereits auseinandergesetzt haben. Die Zahl solcher Veröffentlichungen nimmt auch heute noch beinahe wöchentlich zu. Es ist nicht verwunderlich, daß das Gefangenendilemma einen Bestseller darstellt, da es die folgenden beiden Eigenschaften besitzt: Zum einen läßt es sich ohne große Umschweife sehr einfach schildern, zum anderen stellt es aber trotzdem besonders eindringlich den Kern des Konfliktstoffes dar, der sich hinter kooperativem Verhalten verbergen kann – ein Konfliktstoff, der Kooperation bei Mensch und Tier behindern kann, sie oft stark erschwert und diese gar nicht selten vollständig untergräbt. Damit trifft uns das Gefangenendilemma an einem sehr empfindlichen Nerv: Die Welt sähe wohl mit Sicherheit weitaus harmonischer aus, wenn es noch öfter gelänge, den in diesem Dilemma ausgedrückten Konfliktstoff zu überwinden" *(Hammerstein & Bierhoff)*.

RATIONAL–KOOPERATIVES VERHALTEN
IM PRISONER'S DILEMMA GAME

Inaugural–Dissertation
zur
Erlangung der Doktorwürde
des
Fachbereichs Psychologie
der Philipps–Universität Marburg

Vorgelegt von
Wolfgang Rost
aus
Lietzow/Rügen

Marburg 1981

Die Angaben in Klammern beziehen sich auf die Bewertung der Situationsausgänge durch Interaktionspartner II; sie sind zu denen von I spiegelsymmetrisch um die Diagonale.

Zur Prüfung, ob diese Situation von Probanden tatsächlich als Gefangenendilemma erlebt wird, ist mir was Nettes eingefallen: Ich ließ Vpn die vier Situationsausgänge auf Kärtchen nach ihrem hedonistischen Gehalt, ihrer Erlebensqualität & −quantität in eine Rangfolge bringen. „Wie positiv bzw. negativ würden Sie diesen Situationsausgang erleben?" Diese zahlreichen Rangfolgen werden mit der Methode des Paarvergleichs zu Skalenwerten verrechnet (auch ganz schön, diese Methode!) und über den Chi−Quadrat−Anpassungstest gegen den Zufall abgesichert. Das geschieht so, daß man die Skalenwerte in z−Werte rücktransformiert, z−Werte für eine zufällige Rangwahl heranzieht, die Summe der quadrierten Differenzen zwischen beobachtetem minus erwartetem Wert dividiert durch den Erwartungswert bildet und die so gebildete Chi−Quadrat−Prüfgröße mit der tabellarisch erfaßten kritischen Größe (mit 3 Freiheitsgraden) vergleicht.

	konstruktiv	profilierend
konstruktiv	.33	−.5
profilierend	.45	−.27

Skalenwerte: Die Rangfolge ist mit einer Chi−Quadrat−Prüfgröße von 9.12 gegenüber dem kritischen Wert von 7.81 auf dem 5%−Niveau signifikant.

Die Rangfolge der Auszahlungsbeträge:
T = .45 › R = .33 › P = −.27 › S = −.5

Hier eine völlig bedeutungslose Darstellung der beiden betreffenden Arbeitnehmer mit der Gattin des Chefs.

Die vier möglichen Situationsausgänge werden üblicherweise nach *Rapoport & Chammah* benannt mit:
R = Belohnung (Reward)
T = Versuchung (Temptation)
S = Verlust des Betrogenen (Suckers pay off)
P = Strafe (Punishment)
Für die Situationsausgänge gilt die Bedingung: T größer R größer P größer S

Wenn hier weiter vom Gefangenendilemma die Rede ist, so ist damit nicht speziell an die oben erzählte Geschichte von Gefangenen und Staatsanwalt gedacht. Gemeint ist, abstrakter, ein Konflikt, dessen Auszahlungsstruktur durch eine Matrix zum Ausdruck gebracht werden kann. Ich möchte zur Illustration der allgemeinen Gefangenendilemma−Situation (GD−Situation) aus dem Bereich der *Arbeitsbeziehungen* ein Beispiel einer *theoretisch möglichen Interaktionssituation* skizzieren.

Situationsbeschreibung: Für zwei Arbeitnehmer in gleicher Position beim selben Arbeitgeber bestehen die Möglichkeiten, innerhalb ihrer Anstellung in eine höher dotierte Position aufzurücken, in gleicher Position mit heraufgesetzter Vergütung zu verbleiben oder auch bei gleichbleibender Vergütung, und als viertes, gekündigt zu werden. Angenommen, das Kriterium für derartige Maßnahmen sei der Eindruck, den ihr gemeinsamer Vorgesetzter von ihnen hat. Jeder der beiden Interaktionspartner hat die zwei Handlungsalternativen:

A: dem Vorgesetzten gegenüber ein wenig profilierendes, unauffälliges Verhalten zu zeigen und dem Interaktionspartner gegenüber ein kooperatives,

B: sich gegenüber dem Vorgesetzten in ein positives Licht zu setzen in einer Art und Weise, die den Mitbewerber um den besseren Posten in Mißkredit bringt.

Wir könnten dabei die Handlungsalternative A als kooperatives, die Alternative B als defektives Verhalten bezeichnen.

Situationsausgänge: Angenommen, der Vorgesetzte träfe seine Entscheidungen nach folgenden (vielleicht bisweilen nicht ganz realitätsfernen) Regeln:

1. Zeigen beide ein konstruktives, sich gegenseitig stützendes Verhalten, wobei jeder darauf verzichtet, sich dem anderen gegenüber zu profilieren (beidseitig kooperative Wahl), so werden beide in ihrer Position belassen und in der Vergütung heraufgesetzt. Der höher dotierte Posten würde mit einem Dritten besetzt.
2. und 3. Setzt sich einer von beiden dem Vorgesetzten gegenüber auf Kosten des anderen in ein positives Licht (einseitig kooperative Wahl), so bekommt er den höher dotierten Posten, während der andere gekündigt wird. Das gleiche gilt symmetrisch für beide Interaktionspartner.
4. Zeigen beide das konkurrierende Ellenbogen−Verhalten (beidseitig defektive Wahl), so beläßt der Vorgesetzte aus einer gewissen Verunsicherung heraus beide in ihrer derzeitigen Position bei gleicher Vergütung.

Die *Bewertung der Situationsausgänge* könnte sich vorrangig an der Höhe der Position orientieren und nachrangig an der Höhe der Vergütung oder bei entsprechend gestaffelter Vergütung auch nur an dieser. Wäre das der Fall, so ergäbe sich für diese Situation eine Auszahlungsmatrix des PD−Typs:

		Interaktionspartner II	
		A	B
Interaktions−	A	R	S
partner I	B	T	P

mit der Ungleichung: T › R › P › S

Für eine Einzelentscheidung gibt es in einer solchen Situation bei Ausschluß von Kommunikation keine Lösung. Das Dilemma kann sich jedoch je nach absoluter Höhe, respektive Bedeutung der Auszahlung der Bewertungen, verschärft oder auch als relativ geringfügig darstellen. In folgenden drei exemplarisch angeführten GD–Auszahlungsmatrizen ist der *Dilemma–Charakter der Situation* unterschiedlich stark:

Zu kooperativem Verhalten anregend:

	A	B
A	10	−2
B	11	−1

Zu kompetitivem Verhalten anregend:

	A	B
A	2	−9
B	10	1

Starker Dilemma–Charakter:

	A	B
A	2	−1
B	3	0

Krivohlavy charakterisiert das *Paradoxe der GD–Situation* sehr schön: „Wenn sich zwei Leute in der GD–Situation treffen, die beide sehr vorsichtig und recht klug sind oder die beide recht gierig orientiert sind, bzw. wenn einer von der einen und der andere von der anderen Art ist, so gibt es nur eine einzig kombinierte Wahl: die RR–Wahl (entspricht der BB–Wahl, der Verf.). Dabei verliert jeder Teilnehmer bei jeder Entscheidung... sowohl der Vorsichtige, als auch der Gierige. Dabei könnten sie in dieser Situation beide in jedem Schritt... gewinnen!“

In der zur Kooperation anregenden GD–Situation ist der Nutzen bei beidseitiger Kooperation – absolut gesehen – groß, das Risiko nicht viel größer als bei kompetitivem Verhalten; die Versuchung zu kompetitivem Verhalten ist relativ gering (11–10 = 1) und das Risiko fast so hoch wie bei kooperativem Verhalten. Auch ist bei beidseitig kompetitivem Verhalten – absolut gesehen – ein Verlust zu verzeichnen. Umgekehrt verhält es sich bei der zu kompetitivem Verhalten anregenden Matrix: geringer Gewinn mit hohem Risiko bei kooperativem Verhalten, eine große Versuchung zu kompetitivem Verhalten bei – absolut und relativ gesehen – geringem Risiko.

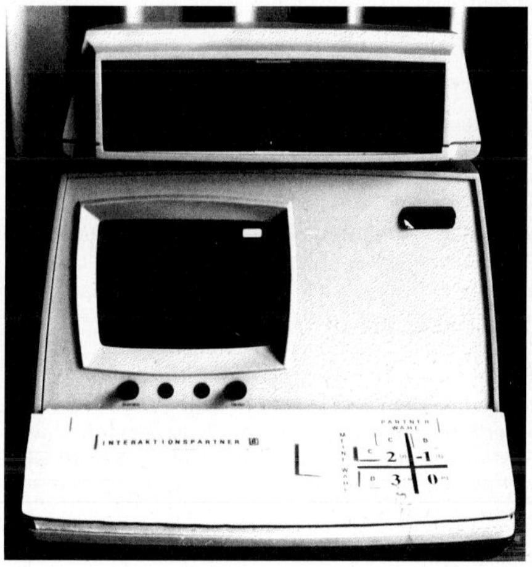

Würde man sich nun aber bei der unteren Matrix mit starkem Dilemma–Charakter vorstellen, daß die Ziffern zu gewinnende oder zu bezahlende Tausendmarkscheine angeben, so müßte man schon eine Reihe von Background–Variablen kennen, um halbwegs valide Vorhersagen machen zu können, wie sich jeder der beiden Interaktionspartner entscheiden wird. Die in Frage kommenden Prädiktor–Variablen dürften sich dabei einmal aus der emotionalen Befindlichkeit rekrutieren, zum anderen aus situativen Gegebenheiten.

In der *therapeutischen Anwendung* kann das Spiel in jeder Sitzung mit verwandter Spielstruktur und Auszahlungsmatrix in *eingekleideter* Form (Geschichte, Kostüme) mit echten Situationsausgängen (in die Punkte verpackt sind!) präsentiert werden. Die Paare spielen möglichst simultan mit/gegeneinander.

Jeder der Partner muß sich dabei unabhängig voneinander für eine von zwei Alternativen entscheiden. Der Witz ist nun der, daß der eigene Punktgewinn nicht nur von der eigenen Entscheidung abhängt, sondern auch von der des/r Partners/in. Das bekommen die Paare vorher klargemacht, samt der möglichen Punktgewinne. Sie dürfen sich dabei nicht absprechen.

Welche Rolle würden Sie bei *dieser/m* Frau/Mann spielen (wollen)?

	Heimchen	Hausdrache/Xanthippe
Pantoffelheld	Herzlichen Glückwunsch, zwar ein bißchen langweilig das Leben, aber man wurschtelt sich so durch: 2 Punkte für jeden!	Hau drauf Mathilde, das gibt Freude: 5 Punkte für die Holde. Tja, unser Pantoffelheld hat da wenig zu lachen: 0 Points, das wär's.
Macho/ Pascha	Herzlichen Glückwunsch, mit der Frau werden Sie sehr, sehr glücklich: 5 Punkte für den Pascha. Nur unser Heimchen wird da einiges durchmachen: 0 Punkte.	Hier geht's rund: Kampf bis auf's Messer, aber wenigstens läßt sich keiner unterkriegen: 1 Punkt für jeden!

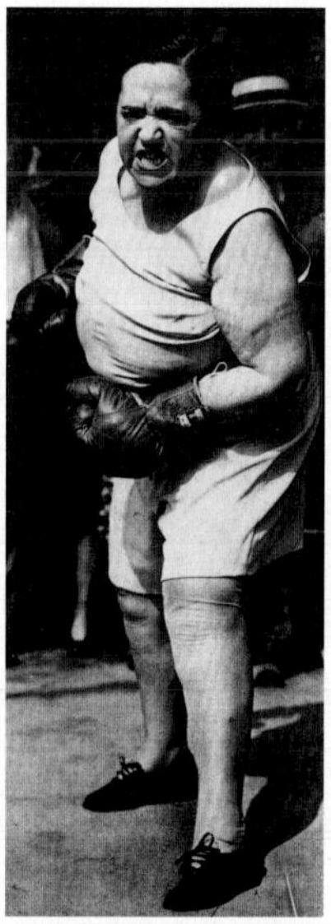

Strategien

Alle diese Überlegungen betreffen den sogenannten *One–Shot–Versuch* – eine einmalige Interaktion. Betrachtet man nun, was in der Realität sozusagen die Regel ist, eine längere Interaktionssequenz, so beeinflussen andere oder weitere Variablen die Handlungsweise, und zwar in erster Linie *strategische Absichten*. Bei der Betrachtung der Strategien, die in solchen Interaktionssequenzen angewendet werden können, ergibt sich ein ähnliches Phänomen wie bei der Betrachtung der Auszahlungsmatrizen: Es gibt Strategien, die über die Durchgänge hinweg den Interaktionspartner eher zu kompetitivem Verhalten anregen, wie z.B. 100% kompetitive Wahlen, und solche, die im Schnitt zu hoher Kooperation bei dem Interaktionspartner führen.

Die Klasse sogenannter *rational wohlwollenden TFT–Strategien* umfaßt nach *Micko et al.* für GD–Situationen die Strategien, die sich empirisch als am ehesten *kooperationsanregend* bei naiven Versuchspersonen gezeigt haben. Die Autoren legen das Verhalten durch folgende drei Regeln eindeutig fest:

1. *Übergeordnete Regel:* Wenn sich der Interaktionspartner bei der vorangegangenen Interaktion kooperativ verhielt, dann verhalte dich bei der nachfolgenden Interaktion ebenfalls kooperativ.
2. *Untergeordnete Regel:* Wenn sich der Interaktionspartner bei der vorangegangenen Interaktion kompetitiv verhielt, du dich hingegen kooperativ, dann verhalte dich bei den i folgenden Interaktionen kompetitiv und bei den darauffolgenden j Interaktionen kooperativ (i, j = 1,2...N).
3. *Anfangsregel:* Verhalte dich bei der ersten Interaktion kooperativ.

Die Strategien dieser Klasse unterscheiden sich also darin, nach wieviel Interaktionsdurchgängen mit beidseitig kompetitiven Wahlen sie *kooperative Angebote* machen und wieviele solcher kooperativen Angebote für den Fall gezeigt werden, daß Regel 1 nicht zur Anwendung kommt (Parameter j). Für den Parameter j, die Zahl kooperativer Angebote, sollte hinreichend lange gelten, wofür es – bezogen auf die kooperationserzeugende Effizienz – im Durchschnitt wie auch für den individuellen Fall sicherlich ein Optimum gibt.

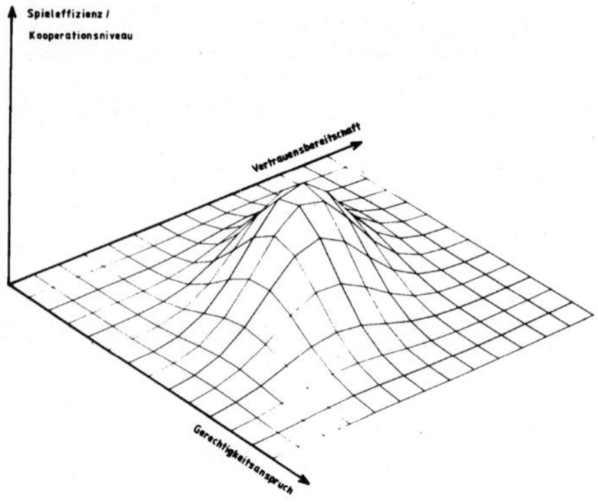

Welche *Persönlichkeitsmerkmale* korrespondieren mit *kooperativ–kompetentem Verhalten* in derartigen Dilemma–Situationen? Meine Annahme ist, daß für kooperatives Verhalten in Gefangenendilemma–Situationen ein mittlerer Grad von *Vertrauensbereitschaft* und ebenso ein mittlerer Grad von *Gerechtigkeitsanspruch* förderlich ist.

Beginnen wir mit der *Vertrauensbereitschaft*. Ein Zuviel an Vertrauen behindert eine rechtzeitige Selbstbehauptung, ein angemessenes Abblocken von Ausbeutungsversuchen; auch laufen die ganz Vertrauensseligen Gefahr, bei enttäuschtem Vertrauen in ein wiederum unangemessenes Mißtrauen zu verfallen, was im Gefangenendilemma dazu führt, daß man keine (oder zu kurze, halbherzige) kooperativen Angebote mehr macht und sich auf die sichere kompetitive B–Wahl zurückzieht.

Vertrauensbereitschaft messen wir über den von mir entwickelten *Fragebogen zur Vertrauensbereitschaft*. Basis der Skalenentwicklung war ein umfangreicher Itempool, der neben eigenen, neuformulierten Items übersetzte und umformulierte Items einschlägigen Skalen verwandten Validitätsanspruchs enthielt. Der Itemanalyse vorgeschaltet wurde eine m.E. obligatorische Maßnahme: eine Itemselektion von 3 unabhängigen Ratern nach Inhaltsgültigkeit! Die verbleibenden 40 Items wurden dann klassisch selegiert. Darüber hinaus wurden 3 Items rausgeschmissen, die höher als r = .20 mit der Skala zu sozial erwünschter Darstellung nach *Marlowe & Crowne* (MCSDS) korrelierten. Die verbliebenen 30 Items zeigten zufriedenstellende Itemcharakteristika:

- *Innere Konsistenz* nach *Kuder–Richardson*: r = .88
- *Retest–Reliabilität* nach 2–5 Wochen: r = .95
- *Cluster–Analyse* nach *Ward* über *Mahalanobis*–Distanzen, deren 3 Fehlerkurven ohne deutliche Sprünge stetig progressiv ansteigen.

Schön ist auch an der Skala, daß sie bezüglich systematischer lateraler Ankreuztendenzen (i.a. die Ja–Tendenz) durch die balancierte Zahl umgepolter Items (jew. 15 in jede Richtung formuliert) neutral ist.

Skala zur Vertrauensbereitschaft

	Prozentuale Häufigkeit stimmt:			
	nicht	kaum	teilweise	vollständig
Ich finde, man sollte auch Fremden nicht gleich mit Mißtrauen begegnen.	1	2	38	59
Vertrauen in andere Menschen zu setzen ist unklug.	47	29	21	22
Mit Vertrauen kommt man heute nicht weit.	38	38	28	5
Um mit anderen Leuten gut zurechtzukommen, sollte man ihnen offen begegnen.	1	1	46	52
Es macht mir nichts aus, gute Bekannte um eine Gefälligkeit zu bitten, selbst wenn ich es ihnen nicht vergelten kann.	6	17	35	42
Ich mache mir selten darum Gedanken, ob mich jemand übervorteilen will.	13	22	38	27
Die meisten Leute sind nett, ohne dabei auf ihren Vorteil bedacht zu sein.	7	33	53	7
Es gibt kaum jemanden, der mir wirklich schaden will.	4	10	38	48
Wenn man sich auf Versprechen anderer Leute verläßt, wird man meistens enttäuscht.	11	38	47	3
Es gibt immer eine Reihe von Leuten, die einem übel wollen.	19	39	36	6
Es ist falsch, jedem mit Mißtrauen zu begegnen.	2	9	38	51
Ich weiß meistens im voraus, wenn mich jemand übervorteilen will.	24	40	31	4
Vertrauen ist gut, Kontrolle ist besser.	24	26	40	9
Andere Leute halten mich für vertrauensselig.	7	26	51	16
Wenn man offen ist, wird man meistens von anderen ausgenutzt.	17	44	34	3
Wenigstens neun von zehn Leuten würden einem nichts wegnehmen, auch wenn man sie unbeobachtet ließe.	4	15	39	41
Wenn man anderen Leuten distanziert begegnet, wird man nicht so leicht enttäuscht.	15	32	42	10
Wenn Ihnen jemand einen Gefallen tut, werden Sie herausfinden, daß er das aus einem ganz bestimmten Grund tut.	18	44	30	7
Ich glaube, ich habe zu anderen Menschen viel Vertrauen.	3	15	60	21
Bei Leuten, die etwas freundlicher sind, als ich es erwarte, bin ich auf der Hut.	20	40	30	10
Vertrauensselige Menschen sind mir sympathisch.	4	19	52	25
Im Umgang mit anderen Menschen sollte man Vertrauen zeigen.	0	4	49	46
Im Umgang mit anderen Menschen sollte man sich lieber vorsichtig verhalten.	12	46	38	3
Die meisten Leute halten ihr Versprechen.	1	15	63	20
Auch gelegentliche Enttäuschungen sollten einen im Vertrauen zu anderen Menschen nicht erschüttern.	1	6	40	52
Es ist sicherer, niemandem zu trauen.	42	37	18	3
Man sollte den Umgang mit anderen Menschen nicht durch Mißtrauen belasten.	1	4	45	49
Mein Motto ist: Vertraue Fremden nie!	56	27	16	1
Es ist besser, jemandem mal zu Unrecht mißtraut zu haben, als für sein Vertrauen enttäuscht zu werden.	31	37	26	61
Ich verhalte mich in sozialen Beziehungen meist so, daß ich nicht enttäuscht werde.	4	31	45	9

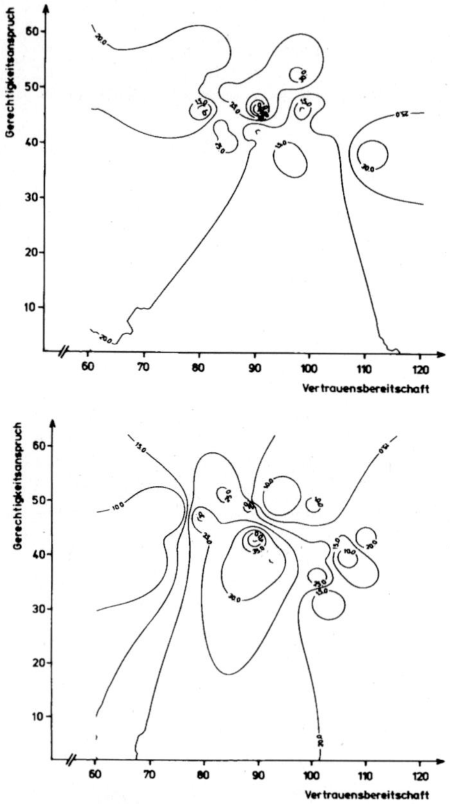

Zwei Landkarten zum Spielerfolg, gemessen in der erreichten Punktzahl, von Frauen (oben) und Männern (unten) im Gefangenendilemma beim Spiel um Geld. Eingezeichnet sind kaum mehr entzifferbare Höhenlinien, deren Höhe die erreichte Punktzahl spiegelt.

Der vermutete und oben formulierte Zusammenhang zwischen der so erfaßten Vertrauensbereitschaft und dem Verhalten im Gefangenendilemma ist nun ganz verblüffend.

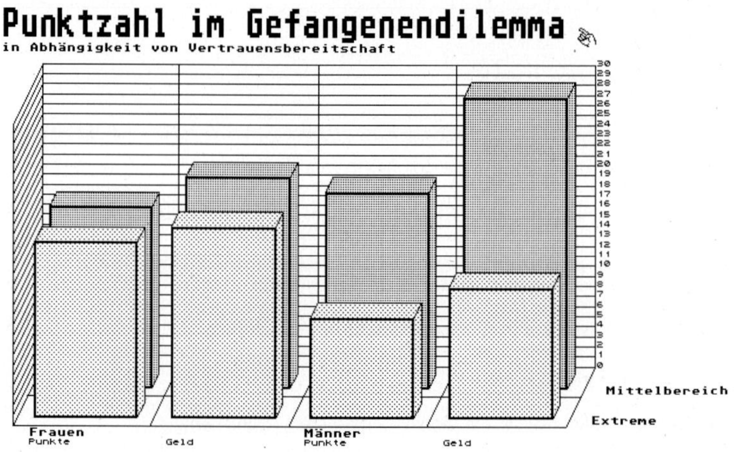

Vertrauensbereitschaft scheint nur bei den *Männern* eine Rolle zu spielen – und zwar die, daß ihre *rational–kooperative Effektivität* bei einem Zuviel oder einem Zuwenig an Vertrauen fürchterlich in den Keller geht, während sich die holde Männlichkeit bei einem mittleren Maß an Vertrauensbereitschaft durchaus in Höhen aufzuschwingen vermag, die die nicht minder holden Damen knapp unter sich lassen. Bei dem erreichten *Niveau beidseitiger kooperativer Wahlen* fällt die Vertrauensbereitschaft bei beiden Geschlechtern ins Gewicht. Die extrem ver– oder mißtrauenden Personen bringen es hier nicht weit.

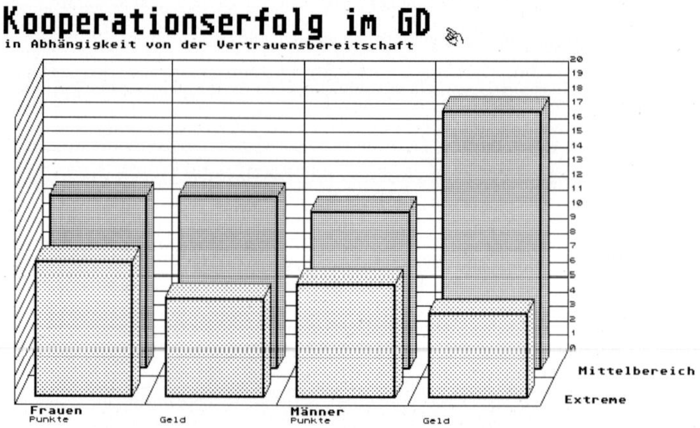

Nicht sehr viel anders wurde die *Skala zum Gerechtigkeitsanspruch* von mir konstruiert – bis auf die Tatsache, daß es zur Itemkonstruktion kaum Modelle gab. Auch lag bei der Skalen–Vorform die Korrelation zur sozialen Erwünschtheitsskala (MCSDS) mit r = –.31 beträchtlich hoch. Aus diesem Grunde selegierte ich die Items vorrangig nach dieser Inhaltsinvalidität; dazu benutzte ich eine Modifikation (Umkehrung) des *Gulliksen*–Verfahrens. Nach diesen und allen üblichen Prozeduren kamen dann folgende nicht ganz so erbaulichen Werte zustande:

– *Innere Konsistenz* nach *Kuder–Richardson* 20: r = .69
– nach *Spearman–Brown, Flanagan, Kristof*: r = .72

Auch diese konkrete Skala zum Gerechtigkeitsanspruch möchte ich dem geneigten Leser nicht vorenthalten und rufe dazu auf, sie im Kapitel „Scham und Schuldgefühle“ oder „Sich schämen“ oder wie immer das in der Endfassung dieses Werkes heißen wird, nachzuschlagen.

Die *kooperative Kompetenz* ist, wie erwartet, bei einem mittleren Gerechtigkeitsanspruch am ausgeprägtesten:

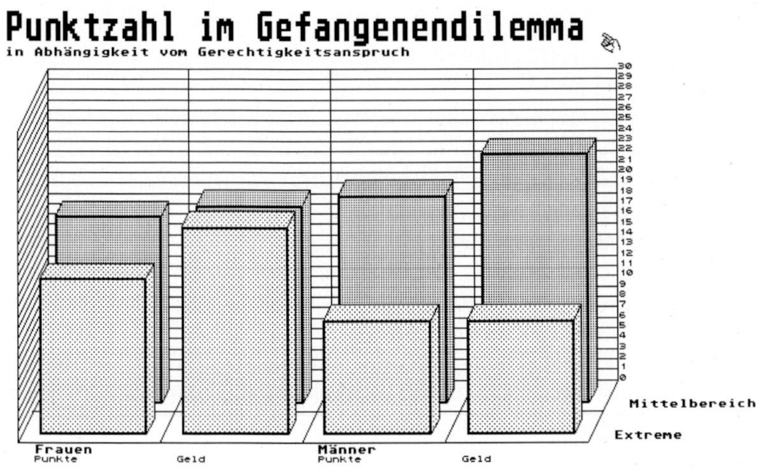

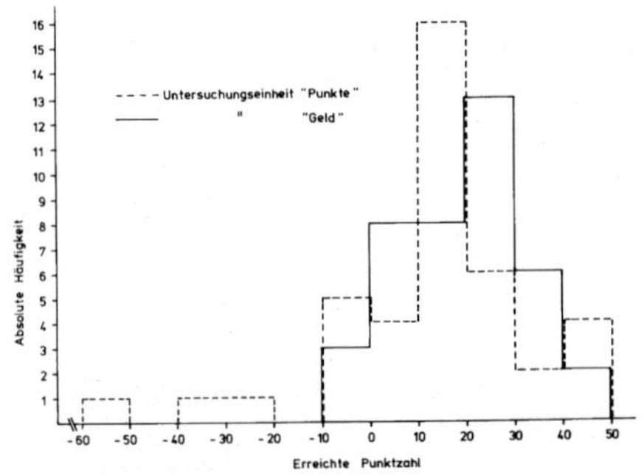

Allerdings zeigten nur etwa 20% der Probanden *kooperationsanregendes Verhalten*, was mich bezüglich des weltweiten militärischen Gefangenendilemmas, in dem wir uns leider befinden, nicht sehr hoffnungsvoll stimmt – und ebenfalls nicht bezüglich der Entwicklung der Ehescheidungsrate. Im Zuge der Friedensbewegung gibt es eine gemäßigte Richtung (weder totaler Pazifismus noch militanter!), die von vertrauensstiftenden Maßnahmen in der Politik, in der Diplomatie und im (Ab–)Rüstungswesen spricht. Die Strategie dieser Teilbewegung kommt unserem kooperationsanregenden Verhalten sehr nahe.

Sie sehen: Der Sachverhalt ist sogar bei einer Reduktion der Wirklichkeit auf 2 Interaktionspartner mit jeweils nur 2 Handlungsalternativen und einer klar vor Augen stehenden Auszahlungsmatrix mit offenbaren Kosten und Nutzen schon recht *kompliziert* für unseren nur begrenzt einsichtigen Verstand. Ich denke, wenn wir diese und andere komplexe Dilemma–Situationen emotional angehen würden, dann kämen wir ganz gut zurecht:

Wir dürfen uns
nicht ausnutzen lassen,
sollten aber,
unabhängig von allzu strengen Gerechtigkeitsvorstellungen,
kooperative Angebote
machen und ihre Wirkung abwarten!

– das alles *nicht* aus altruistischen Gründen, sondern *ausschließlich* um den eigenen persönlichen Nutzen aus der Interaktion zu maximieren, allerdings unter Zurückstellung unserer Rangordnungsaggressivität, die uns danach drängt, auf relativen Gewinn zu spielen und darüber unsere Rangposition gegenüber unserem Interaktionspartner zu klären.

Diese Neigung, auf relativen Gewinn zu spielen, ist beim modernen Zivilisationsmenschen anscheinend so stark hypertrophiert, daß er die sehr einfachen Prinzipien, nach denen man bei diesem Spiel, dem Gefangenendilemma, sowohl den eigenen als auch den gemeinsamen absoluten Gewinn maximieren kann, vergißt, nicht wahrnimmt oder verdrängt und das sozusagen mit barer Münze bezahlt – auch wieder ein Einfluß der Großhirnrinde, der für die Spezies verderblich sein kann.

Bevor wir uns also mit Selbstbehauptung beschäftigen, sollten wir wieder ein Gefühl dafür entwickeln, ob es eine Situation ist, in der ein Kuchen aufgeteilt wird (Konstant–Summen–Situation), oder ob es eine komplexere, weitaus häufiger anzutreffende Nicht–Null–Summen–Situation ist, bei der emotionale Strategien gefragt sind, die weit über das sich einfach durchsetzende Verhalten hinausgehen.

Diese Strategien rational–kooperativ zu nennen, finde ich inzwischen einen Hohn, da wahrscheinlich gerade unsere Ratio unsere diesbezügliche Inkompetenz ausmacht und evoziert. Der geneigte Leser möge es mir verzeihen, wenn das Attribut *rational* oben noch vorkommt! Illustrieren wir diese Überlegungen an einigen *Beispielen aus assertiven Trainingsprogrammen*: Da ist die beliebte Übung mit dem selbstunsicheren Akteur,

DIE ZEIT – Nr. 13 – 25. März 1988

Turnier der Diamantdiebe

Computerspiele zeigen: Im „Kampf aller gegen alle“ siegen die Kooperativen, die rasch verzeihen und bestrafen, über die Ausbeuter und Egoisten

Von Andreas Diekmann

Thomas Hobbes benötigte noch einen Leviathan, dieses alttestamentarische Ungeheuer, vollen oder einen leeren Koffer hinterlegen. In beiden Fälle schneide ich besser ab, wenn ich Kooperation, genüber einem

Rapoport, der Papst der Dilemma–Spielforschung, schickte die TFT–Srategie auf *Axelrods* Computer–Turnier für Gefangenendilemma–Strategien. Sie holte in diesem wie in einem weiteren Turnier in der Gesamtwertung „Aller gegen alle“ gegen 60 Gegner–Strategien den Lorbeer–Kranz bezüglich der erreichten Punktzahl. „Gleichsam wie beim Kampf Davids gegen Goliath gewinnt ein einfaches Prinzip gegenüber zahlreichen, teilweise überkomplexen Mammutprogrammen“ *(Diekman)*.

der in einer *Warteschlange* oder einem Laden wartend sich eines Vordränglers erwehren muß. Sie kommt in fast allen Trainingsprogrammen vor. Nutzen und Kosten dokumentieren sich hier in dem Rangplatz innerhalb der Warteschlange – das Recht ist auf seiten des brav Wartenden. Die favorisierte Null–Summen–Lösung ist klar: assertive Zurückweisung des Vordränglers. Eine allseitig destruktive Nicht–Null–Summen–Lösung, bei der *alle* Beteiligten in der Warteschlange verlieren, ist leicht vorstellbar: Die beiden Kontrahenten streiten sich über einen beträchtlichen Zeitraum hinweg, in dem niemand abgefertigt bzw. bedient wird. Eine Bemerkung wie „Zeit ist Geld – Sie wollen es wohl billiger haben“ könnte über humoristisch–affirmative Reaktionen die emotionale Situationsbewertung – die Auszahlungsmatrix – erweitern und einen kooperativ getönten Situationsausgang schaffen.

Das Problem der Durchsetzung von *Beschwerden bei Behörden* wird in ähnlicher Manier angegangen. Der Beschwerdeführer soll nicht nachgiebig, aber auch nicht aggressiv sein Anliegen vorbringen und durchsetzen. Allenfalls wird zum strategischen Vorgehen die Methode der eskalierenden Assertion anempfohlen. In diesem Fall haben wir es dann nicht mehr mit einer einmaligen Interaktion zu tun, sondern mit einer Sequenz interaktiver Handlungen.

Die Theorie der Nicht–Null–Summen–Spiele regte zahlreiche Untersuchungen zum strategischen Verhalten in interaktiven Handlungsabfolgen an. Die Strategie der eskalierenden Assertion könnte am ehesten verglichen werden mit der sog. *Tit–for–Tat–Strategie*: Auge um Auge, Zahn um Zahn, einen Kuchen für einen Kuchen. Diese Strategie hat einige Vorteile, insbesondere im Hinblick auf kooperationserzeugendes Verhalten. Man nennt sie allgemein die Strategie des *Fair play*. Bis zur Entwicklung der rational wohlwollenden TFT–Strategien galt sie als die *Königin der kooperationserzeugenden Strategien*. Das Dumme an der Sache ist aber: Tit–for–Tat gewinnt *nie* beim Spiel mit nur *einem* gegnerischen Programm. Eine einfache Überlegung zeigt, daß diese Strategie nur maximal so viel Punkte sammeln kann wie der Gegenspieler. Diese aber verlieren im Spiel gegen andere Strategien mit ihrem strategischen Algorithmus derart viele Punkte, daß Auge–um–Auge in der Gesamtwertung siegt! Nur: Ein Patentrezept ist sie in einem Einzelspiel eben nicht – schade!

Der große Nachteil dieser Strategie ist, daß sie – wenden beide interagierenden Parteien sie an – sich in einem nicht unbeträchtlichen Teil der Fälle in einem *Circulus vitiosus gegenseitiger Destruktion* festfrißt, aus dem es mit diesem strategischen Verhalten kein Entrinnen mehr gibt. Von daher wird sie auch immer wieder als Rationalisierung für kriegerische Eskalationen angeführt – wieweit sie tatsächlich an ihnen schuld ist, wäre Gegenstand eines interessanten Untersuchungsansatzes!

Aus dem Manko dieser reinen Auge–um–Auge–Strategie führt uns unsere rational–wohlwollende TFT– Strategie heraus. Sie macht ja von Zeit zu Zeit einseitige (und vom Gerechtigkeitsempfinden her völlig unmotivierte) kooperative Angebote, wartet die Reaktion des Gegenübers ab, geht auf sein kooperatives Einschwenken ein und blockt sein etwaiges Ausbeuter–Verhalten (im Falle seines Nicht–Einschwenkens) durch Rückschaltung auf kompetitives Verhalten ab.

Ein weiteres Beispiel assertiven Verhaltens ist das *Zurückweisen unberechtigter Forderungen des Partners*. Hier wird eine einzelne dyadische Interaktion aus einem vielleicht lebenslangen Interaktionsprozeß herausgegriffen. Auch bei diesem Ratschlag steht das Fair play Denken wieder Pate. Es scheint nun aber leider so zu sein, daß allein ein ausgeprägtes Darauf–Achten, was in der Interaktion berechtigt und was unberechtigt ist, das TFT–Denken, schon das dyadische Zusammenspiel behindert und nur allzu oft in die gerade beschriebene wechselseitige TFT–Destruktionsfalle führen kann. Ein solches (ge)rechtendes Zweiersystem scheint ausgesprochen anfällig zu sein gegen Störungen von außen und gegen den üblichen Sand im Getriebe. Gründe und

Methoden, um derartige Interaktionssituationen in defektive Zustände zu bringen, gibt es viele; solche aber, mit denen man sie einer bi– oder multilateralen kooperativen Lösung zuführt, sind oft kompliziert, unsicher und riskant.

Betrachten wir den Fall, daß Herr A. in einem Geschäft an einen ausgesprochen verdrießlichen und unhöflichen Verkäufer gerät. Welche der im Konzept der sozialen Kompetenz enthaltenen assertiven Fähigkeiten würde diese Situation erfordern? Hat man nicht das Recht, von einem Verkäufer zuvorkommend behandelt und bedient zu werden? Sollte hier die Fähigkeit, Nein zu sagen, zur Anwendung gebracht werden? Oder kommt es jetzt nur darauf an, seine Wünsche adäquat offen zu äußern?

Begegnet man dieser Situation mit assertivem Konstant–Summen–Denken, so sieht man sich vor die Alternative gestellt: entweder der Verkäufer agiert seine berechtigten oder unberechtigten Aggressionen und schlechte Laune an mir aus, oder ich trete diesem Vorhaben entgegen, zeige mich befriedigt assertiv und indigniere ihn, ggf. mit vollem Recht. *Lazarus* verließ in einer solchen Situation dieses (selbst)gerechte Null–Summen–Denken und (er)fand eine *kooperative Nicht–Null–Summen–Handlungsalternative*:

In der Sprache assertiver Trainingsprogramme liest sich die Situationslösung folgendermaßen: „Sie haben etwas gekauft und merken zu Hause, daß es Ihnen jetzt nicht mehr gefällt… Am nächsten Tag gehen Sie in das Geschäft zurück und wollen das Kleidungsstück umtauschen… Der Verkäufer zeigt sich entrüstet… Der Verkäufer ist ausweichend… Sie gehen darauf nicht ein und sagen energisch: ‹Ich habe keine Gebrauchtware gekauft und möchte auch nicht weiter mit Ihnen darüber diskutieren. Wenn Sie sich nicht zuständig fühlen, dann möchte ich den Geschäftsführer sprechen›" *(Ullrich & Ullrich)*.

„… while shoping for shirts, I was served by an extremely surly and unobliging salesman. He was brusque und most unhelpful… Should I personally upbraid him?… Should I rort him to the manager? Each of the foregoing responses represents an attack, with or without justification. It is in fact poor psychology, for aggressive behaviors often serve to escalate counter–aggressive and defensive responses. Instead of attacking him, I simply said: ‹You seem to be having a hell of a bad day. Is something wrong?› He responded by informing me that his wife was in the hospital and that he was anxious about her."

Unproblematisch war diese originelle Frage nicht, ging doch Herr *Lazarus* das Risiko ein, von dem Verkäufer sozusagen in aller Öffentlichkeit angeherrscht zu werden, er solle sich gefälligst um seinen eigenen Dreck kümmern und seine Nase nicht in anderer Leute Angelegenheiten stecken, überhaupt gehe ihn das einen Scheißdreck an… Durch die Erweiterung des Handlungsspielraums haben wir es in diesem Beispiel schon mit einer Dilemma–Situation zu tun. Herr *Lazarus* macht, spieltheoretisch gesprochen, mit seiner Frage ein kooperatives Angebot, das, wird es erwidert, zu einem beidseitig kooperativen Situationsausgang führen kann. Geht der Verkäufer – aus Unsicherheit oder Arroganz heraus – nicht darauf ein, so hätte *Lazarus* in seiner emotionalen Bilanz eine Brüskierung zu verbuchen.

Würde man für diese relativ einfache Situation eine mögliche Auszahlungsmatrix konstruieren, so ergäben sich für jeden der beiden Interaktionspartner mindestens drei Handlungsalternativen:

1. *Kooperatives Verhalten:* freundliche Frage des Kunden / Verkäufer berichtet von seiner Frau.
2. *Keine Reaktion:* Kunde enthält sich einer Forderung oder Bemerkung / Verkäufer bleibt bei seinem unfreundlichen Verhalten.
3. *Kompetitives Verhalten:* Kunde verlangt den Geschäftsführer / Verkäufer fängt an, unverschämt zu toben (s.o.).

Dabei würde sich zeigen – und das gilt für die meisten Nicht–Null–Summen–Situationen –, daß die Situationsausgänge der reduzierten Konstant–Summen–Sichtweise, wie sie ja unsere *Ullrichs* zeigten, vollständig oder annäherungsweise in unserer skizzierten erweiterten Nicht–Null–Summen–Handlungsmatrix enthalten sind.

Kombiniert man diese drei alternativen Verhaltensweisen beider Interaktionspartner vollständig, so ergibt sich eine 3 x 3–Situationsmatrix: Jeder der beiden Interaktionspartner hat dann schon für sich 9 mögliche Situationsausgänge emotional (rational sollte er es erst gar nicht versuchen: da ist unser Neocortex viel zu inkompetent und langsam!) zu bewerten. Dabei kann nicht angenommen werden, daß die Bewertung der einzelnen Situationsausgänge für beide interagierenden Personen gleich oder auch nur ähnlich ausfällt. Es entstünde schon in diesem einfachen Beispiel eine asymmetrische Auszahlungsmatrix mit 2 x 3 x 3 = 18 emotionalen Bewertungen.

Neid

„Es ist eine Schwäche, die wir alle miteinander teilen und am wenigsten zuzugeben wagen. Es gibt keinen Mann und keine Frau, nicht einmal ein Kind, das nicht schon diesen Stich in der Herzgegend gespürt hat, der daraus resultiert, daß ein anderer etwas bekommt, was wir selber haben wollen“ *(Brothers)*.

Was ist eigentlich Neid? Neid zählt wie Trauer, Freude, Lust, Angst, Scham, Verletzlichkeit und Wut zu den ganz natürlichen Empfindungen, die wir leider zu gerne verdrängen, da uns ein offenes Eingeständnis zu peinlich und auch zu lächerlich ist. Gerade den Neid gibt kein Mensch ohne weiteres zu, denn das Beneiden der Mitmenschen ist ein Tabu in unserer Gesellschaft.

Sei es das Traumauto, welches sich der Nachbar vor die Garage gestellt hat, sei es das neue Kleid, das man seit Tagen in der Boutique bewundert und das sich schließlich die beste Freundin geleistet hat: jedesmal kommt das Gefühl der *Mißgunst* in einem auf. Man möchte das besitzen, was sich der andere angeeignet hat, ohne sich dabei vielleicht richtig zu überlegen, ob man es eigentlich wirklich gebrauchen könnte, ohne darüber nachzudenken, ob es einem wirklich so hundertprozentig gefällt. Hauptsache, der andere hat einem nichts voraus. Ein jeder kennt den *Futterneid*, der uns nicht nur in der Tierwelt, sondern auch in der Familie begegnet. Was, der Bruder ißt ein Joghurt? Hoffentlich ist jetzt noch eins für mich da!? Ran an den Kühlschrank, Joghurt raus – obwohl man gerade erst einen dicken Schokoladenriegel verspeist hat. Es ist ein köstliches Spiel – und haben wir Besuch, so werden die Teller komischerweise immer aufgegessen, da sich die Kinder gegenseitig anfeuern; denn jeder möchte der Stärkste werden.

Neid kann also als Ansporn wirken. Man strebt ein bestimmtes Ziel an, und bei Erreichen dieses Ziels hat man sich ein Stück selbstverwirklicht. Neid als positiver Antrieb! Doch das ist bisher leider von den wenigsten Menschen verstanden worden.

Ist man auf jemanden neidisch, so sieht man immer nur das Erstandene, den Erfolg, nicht aber den Einsatz, der dahintersteckt, und erst recht nicht die Probleme, die der andere vielleicht trotz seines Erfolges noch hat. Neidische Augen sind unersättlich, und sie sehen nur das, was sie sehen *wollen*. Das äußert sich dann in Bemerkungen, die man im Beisein des Beneideten macht, um ihm somit weh zu tun, was eine Genugtuung für die eigene Person bedeutet. Doch Neid wird auch anders zum Ausdruck gebracht.

Stellt überwiegend die negativen Seiten des Neides dar, diffamiert ihn entgegen der eigenen Intention weiter. Mittel dagegen: drüber reden! Das war's denn.

Hegt man das neidische Gefühl, so gibt es die verschiedensten Möglichkeiten, es zu wahren, aber bloß nicht darüber reden! Man kann beispielsweise – und hier folge ich der Anordnung in *Betsy Cohens* Buch – in *Selbstmitleid* fallen und dann Äußerungen von sich geben wie z.B.: „Ich wollte, mir ginge es auch mal so gut wie der/dem...“ Man kann sich aber auch über die Ungerechtigkeit in dieser unserer Welt beklagen und jammern: „Immer hab' ich so ein Pech! Warum hat ausgerechnet der/die immer so ein Glück?“ Oder man tut so, als würde einem das Glück des anderen nichts ausmachen, und gibt sich überlegen. Eine weitere und sicherlich am meisten verbreitete Alternative ist die, der *Sache aus dem Weg* zu gehen, d.h., die Situationen, die Anlaß zum Neiden geben, zu meiden. Das kann natürlich auch zu Kontaktabbrüchen führen, wenn man beispielsweise von einer Freundin, auf die man wegen des Neugeborenen neidisch ist, Abstand nimmt, da man das harmonische Mutter–Kind–Bild nicht erträgt. Des weiteren kommt Neid dadurch zum Ausdruck, daß man sich zu einer Gratulation beispielsweise durchringt – nach dem Motto: *keep smiling*! – und der andere das bemerkt, da es nicht aufrichtig, sondern gequält klingt. Nur wenigen Menschen gelingt es, ihren eigentlichen momentanen Gefühlszustand zu vertuschen und hinter einer strahlenden Maske zu verbergen. Etwas, das uns auch sehr bekannt ist, nennt sich *Geschwätz*. Man zieht Nutzen aus den Schwächen des anderen, indem man über diese re-

Kleines Lexikon des Neides

Abstandsneid: Neid der Höherstehenden, Besserverdienenden, Privilegierten auf den sozialen Aufstieg, Einkommensverbesserungen und zunehmende Gleichbehandlung der sozial Schwächeren. Abstandsneidische befürchten, daß der Abstand zu den sozial weniger gut Gestellten geringer wird und ihr Überlegenheitsgefühl somit zusammenschmilzt. Besonders die Äußerungen von Funktionären wohlhabender Bevölkerungsschichten (etwa Ärzten) sind häufig von Abstandsneid motiviert.

Angst vor dem Neid: Dieses Motiv verhindert häufig besondere Anstrengungen, Erneuerungen oder Anschaffungen bei sonst durchaus leistungs– und innovationsfreudigen Personen. Angst vor dem Neid treibt dazu, Prahlereien und öffentlich zur Schau gestellten Stolz zu vermeiden, seine Einkünfte und persönlichen Vorteile zu verbergen.

Eifersucht: Eifersucht wird häufig mit Neid verwechselt. Ein wesentlicher Unterschied liegt jedoch in der sozialen Situation, der diese Emotionen entspringen. Neid entsteht in einer Zweier–Konstellation: A ist neidisch auf B. Eifersucht setzt dagegen ein „Dreiecks–Verhältnis" voraus: Zwei Rivalen A und B wetteifern miteinander um die Gunst eines „Wunschobjektes" C. Häufig spielt dabei eine Rolle, daß einer der Rivalen glaubt, einen legitimen Anspruch auf C zu haben – etwa, wenn A und C Ehepartner sind und B ein „Ehebrecher".

Existenzialneid: Neid auf die bloße Existenz des anderen, die Ablehnung seines Daseins. Der Philosoph Max Scheler beschrieb die Grundhaltung, die dahinter steht, so: „Alles kann ich Dir verzeihen; nur nicht, daß Du bist und das Wesen bist, daß Du bist; nur nicht, daß nicht ich bin, was Du bist."

Führerneid: In vielen Kulturen werden zwar einerseits Personen gesucht, die eine Rolle als Oberhaupt oder Stammesführer ausführen können, andererseits beneidet man diese Leitungsfiguren sofort um ihre Macht, die sie durch die Bestimmung oder Wahl erworben haben. Manchmal ahndet ein Volk eine kurzzeitige legitime Herrschaft mit der Tötung oder Beraubung des Führers. Führerneid steht Ambitionen auf Leitungspositionen oft im Wege. Die „Neidhammelei", die Wolf–Dieter Hasenclever bei seinen grünen Mitkämpfern vermutet, wenn er die Berufung auf basisdemokratische Prinzipien als Mittel zur Absetzung von Führungspersonen der Partei „entlarvt", dürften diesem Phänomen zuzuordnen sein.

Futterneid: Die Kehrseite des Geizes. Futterneid entsteht aus Mangelerlebnissen, die das Selbstwertgefühl beschädigen. Daher erwacht der Wunsch, alles bei sich zu behalten und den anderen nichts zu gönnen aus Furcht davor, sonst selbst verhungern zu müssen.

Generationenneid: Neid der Altersgruppen untereinander. So neiden etwa die Jungen den Alten ihren Einfluß, ihre finanziellen Möglichkeiten, ihre Gestaltungschancen in der Gesellschaft; die Alten wiederum werden gequält von den Gedanken an die Jugendlichkeit und das längere Leben der Jüngeren, an ihre bessere Gesundheit, aber auch an deren sexuelle und soziale Freizügigkeit. Ein Teil des Jugendprotestes und der Abwehr der Erwachsenengenerationen kann als Effekt von Generationenneid begriffen werden.

Geschlechterneid: Jeder, der in einer Mehr–Kinder–Familie aufgewachsen ist, kennt dieses Phänomen aus eigener Erfahrung. Im Kampf um Zuneigung und Aufmerksamkeit der Eltern entwikkeln Kinder Eifersucht und erblicken häufig in scheinbaren oder tatsächlichen Bevorzugungen von Geschwistern (etwa wenn ein älteres Kind abends länger fernsehen darf) einen Anlaß zu Neid. Allein die „Entthronung" des Erstgeborenen durch das zweitgeborene Kind kann heftige Aversionen und Neidemotionen hervorrufen, die jedoch durch eine Hinwendung zum Neuankömmling, indem das Erstgeborene pflegende Verhaltensweisen der Eltern imitiert, zumindest entschärft werden können.

Kollegenneid: Eine Neidform, die typisch für Situationen des Wettbewerbs um Anerkennung, Gehalt und Macht ist. Je härter das Konkurrenzprinzip gilt, und je mehr der Wettbewerb zum Verdrängungskampf ausartet, je weniger folglich Solidarität gepflegt wird, um so stärker werden Handlungen in Betrieben, Behörden oder anderen Institutionen durch Kollegenneid motiviert. Als Folge tauchen dann nicht nur höhere Leistungsmotivationen bei einzelnen auf, sondern auch Sabotage und Intrige.

Konfessionsneid: Im Land der Glaubensspaltung wurde er geradezu institutionalisiert, denn seit dem 16. Jahrhundert lagen die großen Konfessionen in einem heftigen Verdrängungskampf. Durch ökumenische Bestrebungen ist er heute zwar zwischen den Kirchen eingedämmt, wendet sich aber um so leichter gegen außerökumenische Konkurrenten, etwa gegen die sogenannten „Jugendsekten". Manche Aktivitäten der kirchlichen Sektenbeauftragten werden offensichtlich dadurch motiviert.

Konkurrenz: Sie fördert die Entwicklung von Neid. Grundsätzlich kann Konkurrenz zwar die Leistungsbereitschaft und Leistungsfreude steigern, sie führt aber dann leicht zu Neidreaktionen, wenn am Ende des Wettbewerbs Sieger und Besiegte stehen.

Lust an der Neiderregung: Manchmal scheint es Menschen geradezu Spaß zu bereiten, in anderen Neid zu erregen. Dabei fällt dann auch die sonst übliche Angst vor dem Neid der anderen weg. Voraussetzung dafür scheint ein kompensatorisches Überlegenheitsgefühl zu sein, nach dem Motto: „Ich fühle mich besser und vergesse meine Unterlegenheit, fühle mich gar noch überlegen, wenn ich Dich dadurch demütigen kann, daß Du neidisch wirst!" Ein sadistischer Grundzug kann dabei kaum geleugnet werden.

Neidauge: Angst vor dem „bösen Blick" des mißgünstigen Nachbarn findet sich in sehr vielen Kulturen. Die schützenden Hände oder Glasaugen, die z.B. in islamischen Ländern als Halsschmuck getragen werden, sollen den bösen Blick abwehren. Dabei spielen sicher Projektionen eigener Neidimpulse eine Rolle. Die europäischen Hexenverfolgungen wurden zum Teil von solcher projektiven Angst vor dem bösen Blick motiviert.

Neid des Unterlegenen: Sobald in einer sozialen Situation Sieger und Besiegte „erzeugt" werden, entsteht ein Nährboden für den Neid des Unterlegenen. Die pädagogische Methode der „Spiele ohne Verlierer" ist ein Versuch, diesem Neid zu entgehen.

Ressentiment: Aus dem Gefühl der Wehrlosigkeit und ohnmächtigen Unterlegenheit entspringt eine Umdeutung der tatsächlichen Situation (durch Verdrängen der Aversion): die eigene Schwäche wird zur Stärke erklärt, die in Wirklichkeit bewunderte Fähigkeit des Beneideten als Untugend diffamiert. Nietzsche und Scheler haben die kreative Kraft des Ressentiments im kulturellen Prozess hervorgehoben.
Besonders disponiert zum Ressentiment sind alle benachteiligten und unterlegenen Individuen und Gruppen, die ihre Feindseligkeit verdrängen müssen. Je anspruchsvoller die Benachteiligten werden, desto mehr wächst das Ressentiment. Nach Emanzipation strebende Gruppen hielt Scheler für besonders ressentimentgeladen, weil die Feindseligkeit untergeordneter Gruppen in Zeiten gesellschaftlichen Wandels besonders ansteige.

Rivalität: An sich ist Rivalität ein wertneutralerer Begriff als Neid oder Eifersucht, der zunächst nur das Ringen um eine bessere soziale Position bezeichnet. Im Ergebnis kann Rivalität aber zu Sieg und Niederlage führen und so neiderzeugend wirken, es sei denn, jemand hat gelernt, ein „guter Verlierer" zu sein. Dies setzt aber ein sehr stabiles Selbstwertgefühl voraus sowie eine hohe soziale Wertschätzung des Wetteifers (etwa im Sinne von „Dabeisein ist alles").

Sexualneid: Gemeint ist damit der Neid derer, die sich sexuell benachteiligt fühlen gegenüber anderen, die sexuell erfüllter zu sein scheinen oder es tatsächlich sind. In vielen Kulturen neiden Männer den Frauen ihre größere Orgasmusfähigkeit, Zölibatäre denen, die Sexualität genießen, ihre Lusterlebnisse. Sexualneid darf man hinter vielen Mahnungen älterer Menschen an jüngeren vermuten, sich sexuell so einzuschränken, wie sie selber es in ihrer Jugend zu tun gezwungen waren.

Dunde

Ein Beispiel hierzu: „Behauptet Andrea zum Beispiel, daß sie auf Janets Geld nicht neidisch sei, so sagt sie statt dessen: ‹Mich interessieren an einem Menschen die geistigen Werte.› Dennoch achtet Andrea ständig auf Janets Ausgaben. Sie weiß, wie viele Ohrringe Janet besitzt, wieviel Geld sie für Modebrillen und wieviel sie im letzten Winterurlaub ausgegeben hat. Dennoch besteht Andrea darauf, daß Janet *sie* wegen *ihrer* geistigen Qualitäten beneide. Janet, die extravagante Lebedame, hat niemals den Wunsch nach einem geistigeren Leben geäußert. Sie beklagt sich nicht. So wird deutlich, daß Andrea und nicht Janet neidisch ist“ *(Cohen)*.

„Eine Mutter geht mit ihren beiden Töchtern Röcke einkaufen. Sie wählt einen roten und einen blauen Rock. Dann fragt sie die ältere der beiden Schwestern: ‹Welche Farbe möchtest du, Rot oder Blau?› Die ältere Schwester ist sich sicher: ‹Das ist mir egal, ich möchte den Rock, den sie bekommt.›“ *(Elliott)*.

det, seine eigenen Fähigkeiten und Stärken dabei natürlich in den Himmel hebt. Es findet also eine Abwertung der anderen Person statt, die eine Aufwertung des eigenen Ichs begünstigt. Menschen, die neidisch sind, versuchen ihre Mißgunst auch häufig dadurch zu unterdrücken, indem sie wiederum ihre Mitmenschen neidisch machen wollen. Genau das entgegengesetzte Verhalten zeigt sich in der *Idealisierung* der beneideten Person. Sie ist perfekt, sie ist einfach wunderbar, und man steht ihr überall zur Seite, blickt zu ihr auf.

Eine weitere zur Idealisierung entgegengesetzte Form ist die *Projizierung* des eigenen Neides nach außen. Man gibt vor, ein anderer sei neidisch, man überträgt also seine neidischen Gefühle auf eine andere Person – man projiziert. Die nächste Maske des Neides nennt sich *der neidische Snob*. Snobismus kommt auch aus einem Gefühl der Unterlegenheit und des Neides. Man gesteht sich seinen Neid nicht ein, sondern lacht über jene Menschen, deren Handeln man gerade beneidet, macht sie schlecht, und hinterher tut man dasselbe – nur geheim.

Bei allen vorhandenen Dingen fragt man selbstverständlich nach der *Entstehung* – so auch beim Neid. Dieser entsteht – und das kann sich fast ein jeder Mensch selbst herleiten – durch einen *Mangel, den man empfindet*. Das beginnt schon in der Kindheit, wenn nämlich der Spielkamerad ein neues Auto oder eine neue Puppe bekommen hat, während man selbst noch mit den alten, verkratzten Autos und der augenlosen Puppe spielt. Man möchte auch gerne ein neues Spielzeug bekommen, und der nächste Kaufhausbesuch wird für die Eltern der reine Streß, da sie ein jammerndes und quängelndes Kind an der Hand führen. Später sind es dann Kleidungsstücke, ist es die schlanke Figur der Freundin oder die geniale Anlage des besten Freundes. Es sind hauptsächlich materielle Dinge, auf die wir neidisch sind. Das ist bei unserer heutigen Gesellschaft auch kein Wunder. Durch die Medien wird man quasi aufgeheizt, immer mehr zu verdienen, damit die neue programmierbare Waschmaschine auch endlich im eigenen Haushalt steht, nachdem sie sich der Nachbar schon längst gekauft hat. Schöner, schneller und sauberer – zeigen, wieviel Geld man hat, daß man welches hat, auch wenn man kaum welches hat! Die Konkurrenz ist groß, und schließlich will man ja en vogue sein.

Die Arbeit an sich und der Beitrag zur Gesellschaft haben nicht mehr solch einen Stellenwert wie in früheren Zeiten, wo der Neid nicht so epidemisch ausgebreitet war wie heutzutage. Doch wie wichtig Gefühle und menschliche Werte sind, zeigt sich darin, daß das *Selbstwertgefühl* eines Menschen im Kindesalter bestimmt wird und dieses durch unzureichende Spiegelung gleich Null werden kann. Spiegelung bedeutet hierbei, daß sich die Mutter dem Kind zuwendet, auf seine Bemühungen eingeht. So kann sie sich z.B. Zeit für ihr Kind nehmen, wenn es ein Bild gemalt hat. Sie sollte es in Ruhe anschauen, das Kind nach Motiven fragen, es erklären lassen und dann das Bild aufhängen, so daß dem Kind eine positive Spiegelung zugute kommt. Es wird stolz auf sich sein und sich sagen, daß sein Werk gelungen und anerkannt ist und somit auch das Kind selbst. Doch sollte man sich wiederum davor hüten, sein Kind in Übermaßen zu loben, ihm zuviel der positiven Spiegelung zukommen zu lassen. „Die Erwartungen an das Glück sind in diesem Fall zu hoch geschraubt, und die existentiellen Bedingungen können dann einfach nicht akzeptiert werden“ *(Cohen)*.

Ich erwähnte bereits den Futterneid, welcher nicht nur bei Tieren, sondern auch bei uns Menschen und vor allem bei Kindern deutlich wird. Doch gibt es noch einen anderen speziellen Neid, der besonders in der Kindheit vertreten, aber auch noch im Erwachsenenalter vorhanden ist – den *Geschwisterneid*. Er ist wie jeder Neid als etwas Natürliches anzusehen, aber dennoch bedarf es des Sich–Eingestehens und der Kommunikation, um das Verständnis füreinander zu begünstigen. Beim Geschwisterneid spielen mehrere Faktoren eine Rolle, wie z.B. die Reihenfolge, in der man geboren wurde, die Geschlechtszugehörigkeit, das Alter. Dem Sohn werden mehr Freiheiten zugebilligt als der Tochter, die ein Mädchen ist und somit meist stärker unter die Obhut der Eltern gerät. Das jüngste Kind in der Familie, das Nesthäkchen, wird am meisten beneidet, weil die Zügel der Erziehung nicht mehr so stark angezogen werden und weil er einfach mehr verwöhnt wird, der süße, kleine Fratz.

> Machen Sie dabei bloß nicht den Fehler, Ihren Kindern stets das gleiche zukommen zu lassen, um den Neid vermeiden zu wollen. Die *Rangordnung* ist ein natürliches Gesetz, und gewisse Privilegien für das älteste Kind in der Familie sind damit vorbestimmt; diese würden ihm durch Gleichbehandlung versagt. Außerdem lernen Kinder nur aus der gewissen *Rivalität*, die unter ihnen als Geschwistern besteht.

„Hier kann gelernt werden, wie man mit Konflikten umgeht und sie beilegen kann; wie man kein Spielverderber ist; wie man gewinnen kann, ohne seinen Gegner zu erniedrigen; wie man verlieren kann, ohne sich als Versager zu fühlen... Wenn man um die Liebe der Eltern wetteifert, lernt man sie zu teilen... Man lernt auch, etwas dickhäutiger zu werden und nicht jede Enttäuschung oder jeden Mangel an Zuwendung als das Ende der Welt zu betrachten... Oft gewährt man seinen Geschwistern größere Einblikke in die eigene Seele als den Eltern und vertraut ihnen Geheimnisse an, die man den Eltern auf keinen Fall preisgeben würde. Mit den Geschwistern kann man anders kämpfen als mit allen anderen Menschen“ *(Cohen)*.

Bleiben wir nun in der Familie, und gehen wir auf den *Neid zwischen Müttern & Töchtern* ein. Dieser Neid, welcher größtenteils von den Müttern ausgeht, basiert auf mehreren Gründen. Erst mal kann es das äußere Erscheinungsbild sein: Die Mutter wird älter, sieht ihre heranwachsende oder auch schon erwachsene Tochter in der Blütezeit ihres Lebens, während sie selbst – die Mutter – ihr Älterwerden kaum mehr verbergen kann. Zweitens: der Erfolg der Tochter im Berufsleben, Karriere. Die Zeiten haben sich geändert, die Frauen sind emanzipierter, unabhängiger und allgemein freier geworden. Die zugeschriebene Rolle der Hausfrau wird teilweise zweitrangig, teilweise auch gar nicht mehr angenommen. Uns wird gesagt, wie wir uns kleiden sollen, was und wieviel wir essen dürfen, wie wir unsere Kinder zu erziehen haben usw. Da bleibt nicht mehr viel von der Autorität der Mutter, die in der Familie in früheren Zeiten die moralischen Werte vermittelte. Man wendet sich mit Fragen an Fachleute. Der Neid der Mutter richtet sich auf zwei Dinge:

1. auf Chancen, die ihre Tochter hat und die sie nicht hatte;
2. auf Eigenschaften, die sie früher besaß, aber jetzt verloren hat.

Der Neid der Mutter kann sich darin äußern, daß sie aggressiv wird und ihre Tochter ständig kritisiert, andererseits aber auch versucht, ihre Tochter perfekt zu machen.

Eine weitere Neidform ist der *Partnerneid*: der Ehemann, der neidisch ist auf den größeren Erfolg seiner Frau; die Ehegattin, die Neid empfindet, da ihr nicht die gleichen beruflichen Chancen gewährleistet werden wie ihrem Mann – Neid aufgrund des Erfolgs/des Aufstiegs des Partners. Dieser Neid wird allenfalls im Zaum gehalten durch die Identifizierung mit den Erfolgen des Partners („Das haben wir gemeinsam geschafft“), wie wir sie in archaischen Ehen noch finden. Schwierig ist es allerdings dann, wenn beide Partner auf demselbem Gebiet tätig sind. Der *Konkurrenzkampf* läuft, und wer ihn gewinnt, hat auch gleichzeitig schon verloren, denn er wird sich vor Angriffen und bissigen Bemerkungen nicht mehr retten können, es sei denn, ein Arbeitsplatzwechsel findet statt. Doch beruht der Neid nicht immer nur auf dem beruflichen Erfolg. Er kann auch auf dem Erfolg in sozialer Hinsicht und auf dem umfangreicheren Allgemeinwissen basieren.

„Untersuchungen zum Geschwisterverhalten ergeben, daß Brüder und Schwestern in drei wichtigen Bereichen miteinander konkurrieren: Leistungen, Sexualität und gesellschaftliche Beziehungen. Nur selten dominiert ein Geschwisterteil auf allen drei Gebieten“ *(Cohen)*.

„Der Neid einer Mutter schafft für die Tochter eine ausweglose Situation. Die Mutter möchte, daß ihre Tochter hat, was sie nicht hatte. Erreicht die Tochter das aber, was für die Mutter nicht möglich war, so ist die Mutter neidisch. Schafft die Tochter es hingegen nicht, die Ziele der Mutter zu verwirklichen, wird sie kritisiert“ *(Cohen)*.

Ein Krampenschlag* vor Tag

Ein Krampenschlag vor Tag

Der du vorm Fenster stehst: vielleicht hab ich vor Jahren dich gekannt und dir die Schaufel zugereicht und hab dich meinen Freund genannt. Das ist vorbei. Lang hungert mich. Ich tät dein Werk genausogut. Und säh ich auf der Straße dich, ich zöge nicht vor dir den Hut.

Weißt du, Gesell, was Hunger ist? Und weißt du's auch, was gilt es mir? Den Karren, der die Erde frißt, das Scheit, den Krampen neid ich dir. Ich ließ dich nicht herein zur Tür; du reißt mit jedem neuen Schlag, kannst du auch zehnmal nichts dafür, mehr als das Pflaster auf vor Tag.

Text: geschrieben am 6. 5. 1934 von ***Theodor Kramer***
Musik: ***Thomas Friz***

Ein altes russisches Sprichwortet lautet: *„Der Neid brütet Schwäne aus faulen Enteneiern“* – und sinnlich analog, nämlich inhaltlich durchaus negativ besetzt, gebrauchen auch wir den Begriff in unserem täglichen Umfeld. *Siegfried Rudolf Dunde* aber nähert sich dem Thema in seinem bei Kösel neu erschienenen Buch unter ganz anderen Vorzeichen. Er wagt den Versuch, Neidstrukturen psychologisch zu sichten und ihr Vorhandensein innerhalb unserer Gefühlslandschaft als nutzbar zu legitimieren. Seine Definitionen zum Erscheinungsbild Neid geraten dabei Schuppen–von–den–Augen–fallend treffend und virtuos in ihrer literarischen Stimmigkeit.

Das unbequeme Stachelgewächs Neid zunächst als Gefühlsform zu betrachten, ist ein berechtigter Ansatz, man sollte allerdings nicht außer acht lassen, daß die von *Dunde* (auf hervorragende Weise) formulierten Tabuisierungs– und Verdrängungsmechanismen für alle Gefühle gelten, nicht nur für den Neid! Das betont der Autor selbst auch. *Dunde* droht aber daneben einem häufigen Phänomen in seiner Art auf den Leim zu gehen und allzuleicht den Sirenengesängen der thematischen Vorgabe zu erliegen. Oft wird versucht, jeden Bereich und jede mögliche psychische Erscheinung mal mehr, mal weniger krampfhaft unter das Joch dieser einen Sichtweise zu zwingen – und plötzlich lauert der Neid hinter jeder Kloschüssel.

Nun, ganz so schlimm kommt es nicht. Geschichtliche Anleitung als auch der Bezugskomplex Kirche–Gesellschaft sind durchweg plausibel und filigran in ihrer Deutungsweise! Im folgenden entfächert *Dunde* die begriffliche Annäherung an den Neid stammbaumanalog. Auf der inhaltlichen Ebene bestimmen dabei zwei Linien das Bild: die des Destruktiv– und die des Symptomneides sowie deren jeweilige Unterformen. Offen an dieser Stelle bleibt jedoch, ob es sich nicht vielleicht beim Destruktivneid (Gruppenegoismusneid) um die eigentliche Perversion des Neides im psychologisch–pathologischen Sinn handelt. Soll meinen, pervers der Emotion nach und im Denken und Handeln derart nachhaltig beeinflußt, daß das gesunde Preis–Leistungs–Gefüge zwischen Motivation und Handeln völlig verschoben wäre. Hier eine Abgrenzung zu leisten (was *Dunde* zugunsten seiner intakten Begriffsarchitektur gar nicht leisten kann), würde bedeuten, nach der bipolaren Dimensionalität der *Scheffschen* Distanzierungstheorie zu verfahren und der eigentlichen Destruktion die Stadien des sogenannten „gesunden Neides“ gegenüberzustellen (leider auch ein Begriff, der nach semantischem Totalschaden geradezu schreit!): gesund, aber dennoch im Sinne einer Skala zwischen schwach erlebtem Neid, anzusiedeln im Bereich „lustvoll/motivierend“, bis hin zu sehr starkem, quälenden Neid. Der wesentliche Unterschied liegt also in der relationalen und ästhetischen Distanz zur jeweiligen Emotion, ihrer erlebten Intensität.

Ursache beider Erscheinungsmuster und erkennbar bei allen subjektiv problematischen Gefühlen ist das Nicht–Ausleben der emotionalen Form, unabhängig davon, ob man soziologisch oder einfach nach der Symptomatik definiert.

Zurück zu *Dundes* Neidwerk! – Kaum ein Bereich wird als analytisches Jagdrevier ausgeklammert. Selbst verschiedene politische Systeme werden „neidgetüvt“, wobei man zu der beruhigenden Erkenntnis gelangt, daß die Prinzipien der Neidschaffung von der Gesellschaftsform unabhängig sind und der Unterschied lediglich in der eher offenen oder eben subtileren Art und Weise des Vorgehens offenkundig wird. Möglich aber, die Ideologen der Welt hätten für den Versuch, politische Massenbewegungen ausschließlich über den lenkbaren Neid zu kalkulieren, kaum mehr übrig als ein nachsichtiges Lächeln. Doch der Leser sollte sich nicht die Nerven an solch halsbrecherischen Theorietiefflügen zerfransen. Vielleicht genügt es zu sagen, daß die Gefahr in technokratischen Systemen, das menschliche Fühlen und Handeln gezielt zu motivieren und zu kanalisieren, durch das Prinzip „Destruktivneid“ begünstigt ist, dies allein jedoch den Selektionsdruck hin zu Indoktrination und Kritiklosigkeit nicht vollends klären kann. Nach *Lorenz* z.B. ist die grundsätzliche Intoleranz des modernen, zivilisierten Menschen gegenüber Unlust–Situationen schlechthin der eigentliche „Konditionierer“. Nein, a rechte Gaudi diesbezüglich wird bei *Dunde* erneut die Lektüre der Details. Vor dem Bühnenbild des rein maskulinen Neidgefüges auf den Brettern der Macht, über den ersten Akt der Impotenz als Erzgespenst des Mannes, der Versagerangst, bis zum finalen Potenzneid (!) gerät die „Bombe“(nstärke) als moderne Inkarnation der Phallusanbetung zum durchaus nachvollziehbaren Dokumentarstück. *Dunde* geht noch etwas weiter. Unsere Atomphalli führen aufgrund des Destruktivneides leider nicht zu Schöpfung, sondern zu dem inzwischen hinlänglich bekannten Horror des eher staubförmigen Aggregatzustandes der Häuser, Felder und Familien!

Auch die Ableitungen des Komplexes „Neid & Geschlecht“ sind so originell wie stringent. Die Entwicklungsstufen Penisneid/Orgasmusneid bilden das fekunde Sozio–Agar–Agar für die Konstruktion Ehe, die als primär geschichtliches Nebenprodukt des männlichen Lustneides eine Vielzahl materieller und geistiger Keuschheitsgürtel verkörpert.

Dunde begnügt sich nicht damit, zu konstatieren, daß ungleiche Schüsseln nun mal schiele Augen machen, sondern öffnet dem Leser auch eben diese. Er versucht, und dabei sickert die (durchaus konzedierbare!) Theologenambition etwas durch, seine Feststellung beharrlich in die positive Utopie überzuleiten. Es wird deutlich, daß die Geschichte des Neides auch die Geschichte der grundsätzlichen Verschiedenheit der Menschen ist – im Lichte männlicher Dominanz wohlgemerkt. Nicht erst seit *Freud* ruht das Patriarchat auf den Säulen von Homophobie und Sexismus, und die darin verborgenen Verdrängungsmechanismen fällen einen latenten Neid auf die (geschlechtliche) Andersartigkeit aus, der sich im ungelenken Dahinstolpern zwischen Bewunderung und moralischer Anrüchigkeit niederschlägt.

Allmählich gewahrt man als Leser den Punkt, an dem *Dunde* nicht nur Sand, sondern schon ganze Dünen im menschlichen Verhaltensgetriebe freilegt, und sein Anliegen scheint dies: die Versklavung des einzelnen über seine rollenstereotypen Schranken aufzubrechen.

Eine Umsetzung, die man im ganzen als sehr gelungen ansehen muß, wenngleich auch das Kapitel der begrifflichen Abgrenzung Neid – Eifersucht, das *Dunde* zwangsläufig nicht erspart bleibt, etwas im Morast des Unwissenschaftlichen verhungert. Ein an der Definition bergseitig belasteter Innenski, den man jedoch verzeihen kann, ohne ihn gleich auf dem Weg zum literarischen und (pseudo)wissenschaftlichen Pistenrowdytum zu wähnen – denn das Schlußkapitel belehrt eines Besseren!

Geradlinig und kühn bringt *Dunde* zusammenfassend zum Ausdruck, was ihm neben der analytischen Arbeit im Thema Neid am Herzen liegt: die Umwandlung eines gesellschaftlich tabuisierten und ungeliebten Gefühls in einen selbstverwirklichend wirksamen, positiven Impuls. Gerade dieses Bemühen, nämlich in sich eher negative Gefühle – respektive Erlebniskomponenten – nach deren konstruktiven Funktionen hin auszuleuchten, stellt den Autor in einen sehr modernen Bereich zwischen Psychoanalyse, theologischer Position, Humanethologie und Problembewältigung.

Damit noch nicht genug! Nach vollbrachter Lektüre alsdann noch beiläufig die berufliche Zuordnung des Autors überfliegend, erfährt die Pupille des ein oder anderen Interessierten womöglich spontane Erweiterung, denn *Dunde* ist als Psychologe, Theologe und Soziologe auch gleichzeitig noch wissenschaftlicher Referent im Bundesgesundheitsministerium. Eine Tatsache, die hinsichtlich der Entwicklungen in unserer Republik – zumindest auf diesem Sektor – zu kühnen Hoffnungen Anlaß gibt.

Rost & Dietz

Merkt man, daß der Partner im Bekanntenkreis beliebter ist, so schwindet die Lust, gemeinsam die Feiern zu besuchen; oder, ist man zusammen dort, fallen Sticheleien, versucht man, sich selbst in den Mittelpunkt zu stellen. Man trägt womöglich noch die negativen Charakterzüge des Partners an's Licht und wartet auf Mitleid – hoffentlich wartet man vergeblich!

Männer beneiden die Fähigkeit der *Frauen*, Kinder zu gebären bzw. schwanger zu sein, stillen zu können; sie scheinen sie auch wegen ihres Geschlechts zu beneiden, oder warum ist es sonst in vielen Kulturen üblich, „die Geschlechtsorgane der weiblichen Stammesmitglieder bei Erreichen der Pubertät oder gar früher zu verstümmeln. Steckt da nicht doch der Destruktivneid von Männern dahinter, die eine gefürchtete Orgasmusfähigkeit der Frauen – gar wenn sie größer sein sollte als bei einem selbst – als unverschämt betrachten? Auf eine Veränderung des Mannes besteht keine Hoffnung, solange Männer ihren Neid auf Frauen verleugnen und den weiblichen Symptomneid als ‹Emanzengetue› diffamieren. Sicher sind Frauen oft neidisch auf größere Lebenschancen von Männern, aber die Privilegien der Männer sind doch häufig sehr ambivalent. Natürlich fällt es Männern leichter, sich ein interessantes Berufsfeld abzustecken. Aber auf dem Boden eines entfremdeten Arbeitsdaseins wächst zugleich ein leiser Neid auf das Hausfrauendasein, das als Symbol für Geschütztheit und Freiheit von Kontrolle durch Vorgesetzte gilt, mag sich da auch noch so viel Illusion und Nichtwissen über eine angeblich problemlose Hausarbeit beimischen“ *(Dunde)*. Und schließlich ist da die Emanzipation, welche die traditionelle Männergesellschaft angreift und in sie eindringt.

Frauen beneiden Männer angeblich wegen ihres Penis. Womit wir beim Penisneid von *Freud* angelangt wären. Er – also *Freud* – ging davon aus, daß die Frauen auf den Penis neidisch seien, der das Symbol für männliche Macht und Freiheit darstellt. „Heute geht man eher davon aus, daß die Frau nicht unbedingt den Penis an sich haben möchte oder den Mann darum beneidet. Was sie hingegen haben möchte, ist das, was der Penis in unserer Kultur repräsentiert, nämlich Status und Macht des Mannes“ *(Cohen)*. Was man gegen den Neid tun kann? Nun, das, was ich schon die ganze Zeit über empfehle: ihn zugeben und ausleben.

„Im offenen Gespräch über Neidgefühle könnten Männer und Frauen die eigene Unfreiheit ebenso erkennen wie ihre Illusionen und zugleich zu Solidarität mit dem anderen fähig werden. Das könnte sogar den maskulinen Lust–Neid mindern“ *(Dunde)*.

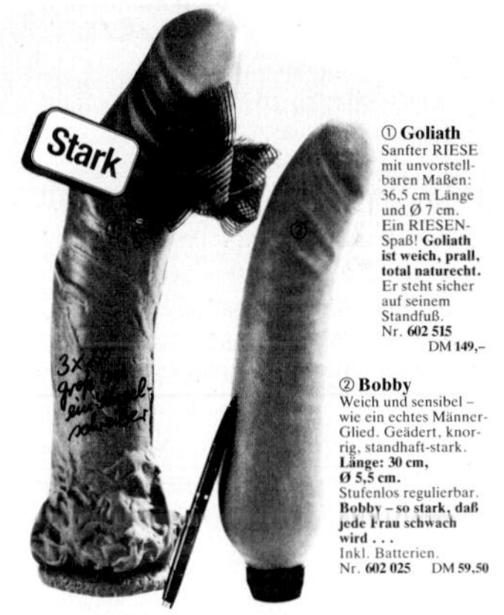

Eifersucht

Während wir bei Neid etwas begehren, was andere besitzen, fürchten wir in der Eifersucht, Dinge, Rechte, Zuwendung, Fürsorge oder Sexualpartner von anderen abgejagt zu bekommen. Es handelt sich bei der Eifersucht schlichtweg um *sexuelle Rivalität*, d.h. Konkurrieren um den Sexualpartner. Dabei finden wir oft Situationsstrukturen, die unseren Dilemma–Situationen nahestehen, gerade dem Gefangenendilemma.

Hinsichtlich der *Anlässe*, die zur *Auslösung von Eifersuchtsgefühlen* führen, bestehen deutliche interkulturelle wie interindividuelle Unterschiede. Es lassen sich irrationale Ängste und emotional stimmige Aspekte im Erleben von Eifersucht identifizieren. Angemessen wäre z.B. die Befürchtung, daß der Partner sich unter bestimmten Umständen abwenden und man verlassen werden könnte – auch, weil ein anderer möglicherweise attraktiver ist. Irrational, zumindest in den meisten Fällen, ist die Annahme, in jedem dem Partner einigermaßen sympathischen Menschen lauere der Rivale, und Verlassenwerden bedeute das Ende der Welt. Zwei Punkte scheinen der Entwicklung von Eifersucht förderlich zu sein: ein hohes Maß an Besitzstreben und eine eher geringe Sicherheit hinsichtlich der eigenen Attraktivität.

Im Zusammenhang mit Eifersucht lassen sich *Geschlechterunterschiede* beobachten. Männer neigen dazu, sie abzuleugnen, Frauen geben häufiger zu, eifersüchtig zu

„Frischverliebte sind häufig und heftig eifersüchtig. Ob dieses Gefühl als Indikator für die Dauer und Qualität einer Beziehung gelten kann, darüber geben bisherige Untersuchungen widersprüchliche Auskünfte: einerseits gibt es kaum eine romantische Liebe ohne Eifersucht, andererseits ist besonders der ausgeprägte Neurotiker von Eifersucht geplagt. Wer schließlich als Eifersüchtiger verheiratet ist, ist mit seiner Ehe nicht sehr zufrieden und streitet häufig mit dem Partner.

Nun gingen Psychologen der Western Illinois University diesen Zusammenhängen mit einer Längsschnittuntersuchung auf den Grund (Psychological Reports, 1986). Eine erste Befragung zur Eifersucht war 1978 mit unverheirateten Studenten–Paaren durchgeführt worden. Sieben Jahre später erreichte man immerhin noch zwei Drittel der ehemaligen Versuchspersonen und befragte sie erneut. Diesmal allerdings nach der gegenwärtigen Beziehung zum damaligen Partner. Dabei kam heraus, daß zwar die meisten der Beziehungen inzwischen zu Bruch gegangen waren. Bei denen aber, die zu festen Beziehungen oder Ehen geworden waren, hatte es im Anfangsstadium der Partnerschaft mehr Eifersucht gegeben als bei den anderen“ *(Erb)*.

Krähenindianer

Am Abend vor einem Überfall auf die Feinde sitzt eine Gruppe Krähenindianer, vorwiegend junge Männer, um das Lagerfeuer und ist damit beschäftigt, eine große Wurst aufzuteilen. Jeder jugendliche Draufgänger, der sich ein Stück von der Wurst abschneidet und sie dann seinem Nachbarn weiterreicht, zählt dabei die Namen all seiner Geliebten auf, die er seit dem letzten Kriegszug gehabt hat. Er tut das mit unbekümmerter Ehrlichkeit, auch wenn in seiner Liste die Frau oder Tochter eines Kameraden auftauchen sollte. In den Augen eines älteren Mannes erscheint ein schmerzlicher Ausdruck, wenn der Name seiner Frau mehr als einmal genannt wird, aber er macht keine Bewegung. Ein junger Mann hört den Namen seiner Geliebten und zuckt leicht zusammen, doch er nimmt sein Wurststück und beginnt ohne Zögern mit seiner eigenen Namensliste. Bei jeder anderen Gelegenheit würde ein solches Wissen jeden Mann mit Wut und Rachsucht erfüllt haben. Aber dies ist der Abend vor einem Kriegszug. Im Morgengrauen müssen diese Männer gegen ihre Feinde zusammenstehen; sie müssen gemeinsam kämpfen und möglicherweise gemeinsam sterben. Deshalb erneuern sie an diesem Abend das Band, das sie als Männer zusammenhält, indem sie einander versichern, daß die Beziehungen, die zwischen Kriegern auf dem Kriegspfad bestehen, alle anderen Beziehungen überlagern, insbesondere die zu den Frauen

Tiger & Fox

sein. Die Ursachen sehen Männer primär in äußeren Bedingungen, dem Rivalen, der Partnerin, während Frauen dazu neigen, die Ursachen für ein tatsächliches oder befürchtetes Abwenden des Partners bei sich zu suchen, Schuldgefühle zu entwickeln. Dementsprechend sind auch die Umgehensweisen mit der Eifersucht unterschiedlich. Männer neigen dazu, in erster Linie ihr beschädigtes Selbstwertgefühl wieder aufzupäppeln. Frauen versuchen, die Beziehung zum Partner zu verbessern, wenn sie glauben, Grund zur Eifersucht zu haben.

Die *Themen der Rivalität*, der Eifersucht sind mannigfaltig. Die sexuelle Rivalität ist bei Mann und Frau sicherlich das Hauptthema. Einen großen Schub bekommen diese Empfindungen in der Pubertät. In jüngeren Jahren spielt eher die geschwisterliche Rivalität um die elterliche Aufmerksamkeit und Zuwendung eine Rolle. Auch im geselligen Umgang finden wir dies Eifersuchtsthema, wenn wir uns dabei ertappen, daß wir die Freunde unserer Freunde bisweilen überzufällig häufig nicht mögen bzw. ihnen distanziert begegnen. Ein weiteres Thema für Eifersucht ist Rivalität um materielle und ideelle Versorgungsleistungen eines Partners, der mit diesen allzu multilateral und freigiebig umgeht, anstatt sich ausschließlich auf die Familie oder Sippschaft zu beziehen.

Eifersucht ist zuallererst einmal ein natürlicher *Antagonist zu sexuellen und genetischen Expansionsbedürfnissen*. Seit *Darwin* ist es kein Geheimnis mehr, daß eines jeden Lebewesens und damit auch des Menschen höchstes Bestreben in der Verbreitung seiner eigenen Gene liegt. Da nun aber nicht nur die wilde Verbreitung der Gene, sondern auch ihre pflegende Aufzucht und Sozialisation evolutionär wichtig sind, hat sich die Natur die einhaltgebietende Eifersucht einfallen lassen, die u.a. neben den bisweilen aufkommenden, auch natürlich angelegten Schuldgefühlen bei derlei Aktivitäten promiskuische Rumbumserei eingrenzen soll.

Zur sexuellen Lust steht die Eifersucht in einem ganz gleichen Fließgleichgewicht (soll man es labil oder stabil nennen?) wie die Schuldgefühle („Der Geist ist willig, das Fleisch ist schwach"): mal obsiegt die Lust, meist die Eifersucht und das Schuldgefühl. Der Selektionsvorteil von Eifersucht für Tiere, die gemeinsam ihre Nachkommen aufziehen in einer Rollenverteilung, wo *er* für einen notwendigen Teil der Nahrungsversorgung zuständig ist und *sie* sich zu einem beträchtlichen Teil ihrer Zeit um die Gören kümmern muß, liegt auf der Hand: Sie haben weniger Kuckuckseier im Nest und werden bei begrenzten Ressourcen und einer daraus resultierenden limitierten Nachkommenzahl mehr ihre eigenen, auch eifersüchtigen Gene an die Nachwelt weitergeben als ihre nicht eifersüchtigen Konkurrenten.

Hupka untersuchte als Sozialpsychologe an der *California State University* in Long Beach anthropologische Berichte aus zwei Jahrhunderten. Es gab und gibt *Gesellschaften*, in denen Eifersucht selten und in schwacher Ausprägung vorkommt, wie bei den *Todas* in Südindien, deren Kultur kaum Besitzansprüche auf Dinge und Menschen ausgebildet hat, in der es wenig Einschränkungen sexueller Befriedigungsmöglichkeiten gibt und Ehe und Nachkommenschaft kein Plus für soziale Anerkennung darstellen. Ein anderes Extrem kennen wir aus *Karl May*: die ach so beliebten *Apachen* in Nordamerika. „Sexuelle Befriedigung war etwas, das man sich durch eine lange Zeit der Enthaltsamkeit verdienen mußte und das eifersüchtig gegen Rivalen geschützt wurde."

„Amerika und auch die Bundesrepublik haben eine paar– und familienorientierte Gesellschaft. Diese Gesellschaft legt auf Eigentum und Privatbesitz großen Wert. Sie ist charakterisiert durch Wettbewerb und durch den starken Wunsch nach einer perfekten Beziehung. All diese Aspekte der modernen Industriegesellschaft führen dazu, daß in ihr Gefühl und Ausdruck stärker werden (sollten oder müßten, der Verf.)" *(Aronson & Pines)*.

Man kann also davon ausgehen, daß der *kulturellen Prägung unserer Eifersuchtsempfindungen und –äußerungen* viel Spiel gegeben ist. Schwierig zu ertragen werden die eifersüchtigen Regungen aber dann, wenn, wie in unseren hochzivilisierten Gesellschaften, alles darauf angelegt ist, Besitzansprüche und Eifersucht zu nähren, das Empfinden und der Ausdruck derselben aber in unserer gesellschaftlichen Mentalität verteufelt, zerredet, negiert und sanktioniert wird – eines von den vielen gesellschaftlichen double binds, in die wir eingebunden sind.

Bei all dem sollten wir aber im Auge behalten, daß ein harter Kern unserer Eifersuchtsempfindungen von keiner Kultur und Gesellschaft eliminiert und ausgemerzt, wegsozialisiert oder –gedrückt werden kann. Mit einer pathologischen, weil zu ausgeprägten und unangemessenen Neigung zur Eifersucht geht häufig ein *geringes Selbstwertgefühl* einher. Nicht nur, daß der Eifersüchtige sich selbst geringer einschätzt aufgrund der Tatsache, daß er Eifersucht empfindet – dies kann infolge der lang praktizierten Eifersuchts–Verteufelung hinzukommen –, sondern daß ein geringes Selbstwertgefühl ursächlich für eine Aufblähung und Eskalation der gesunden Eifersucht steht. Dies belegen auch die empirischen Ergebnisse von *Aronson & Pines*, während die von *White* andeuten, daß dieser Zusammenhang von mangelndem Selbstwertgefühl und Eifersucht *nur bei Männern* der Fall zu sein scheint. Es ist klar, daß, wer sich selbst ungünstig einschätzt, kaum davon ausgehen kann, daß ihm sein Partner sicher ist. Hinzu kommt, daß man die Alternative, die Chancen, einen neuen Partner finden zu können, relativ gering einschätzt. Das heißt, die Verlustangst ist bei geringem Selbstwertgefühl größer, sowohl aufgrund der höher eingeschätzten Wahrscheinlichkeit des Verlustes als auch seiner verheerenden Folgen wegen (vielleicht für immer allein zu bleiben).

Auch unter den Psychologen gibt es Pragmatiker, und die haben sich aufgrund empirischer Untersuchungen im Bereich der Sozialpsychologie die *Equity–Theorie* ausgedacht bzw. abgeleitet *(Walster, Berscheid & Walster)*. Equity besagt, daß alle an einer sozialen Beziehung beteiligten Personen danach trachten, aus der Interaktion einen gleichen Gewinn abzuschöpfen. Man geht davon aus, daß in unausgeglichenen Beziehungen Unbehagen besteht und damit auch das Bestreben, das Unbehagen zu beseitigen und Ausgleich zu schaffen. Der Selbstunsichere aber glaubt, hier nicht viel beitragen zu können, weil er ja nichts zu bieten habe, und lebt in der ständigen Befürchtung, verlassen zu werden.

Tatsächlich zeigt auch eine Untersuchung von *Bierhoff*, daß die Neigung zu außerehelichem Geschlechtsverkehr bei Personen, die sich benachteiligt fühlen, am ausgeprägtesten ist.

Auch aufgrund der *Austauschtheorie (Thibaut & Kelley)*, die das Streben nach Maximierung der positiven Konsequenzen, also der Nettobelohnungen (gleich Bruttobelohnung minus Kosten) postuliert, stehen die Chancen aus der Sicht desjenigen, der sich selbst niedrig einschätzt, schlecht. Was er dem Partner an Bruttobelohnungen bieten zu können glaubt (Belohnungsklassen sind z.B. Liebe, Status, Informationen), ist schon wenig; zieht man dann noch theoriegemäß die Kosten, die gerade der Selbstunsichere erzeugt, ab (Kosten entstehen z.B. bei Abwertung, Beleidigung, Angst, Verwirrung), so bleibt dem Partner netto wenig übrig – er hätte also allen Grund, sich davonzumachen.

Daß die *Verlustangst* gar nicht so unbegründet ist, dafür sorgt nicht zuletzt das Verhalten des Selbstunsicheren: Ständiges Fragen, Vergleichen und Einfordern von Treueschwüren können das Leben zur Hölle machen und die Energien der Beteiligten so aufsaugen, daß das Befürchtete wahr wird (selbsterfüllende Prophezeiung). Der *therapeutische Umgang mit Eifersucht aus Verlustangst* orientiert sich an dem Konfrontations–Paradigma bei der Angsttherapie: man muß sich mit dem, wovor man Angst hat, konfrontieren.

Ein Umstand, der mit Sicherheit bei vielen von uns zu einer Hypertrophierung vitaler, gesunder Eifersuchtsgefühle beiträgt, ist unsere soziale Isolation. Auf dem Weg über eine Eskalation der Verlustangst, die natürlich um so ausgeprägter ist, wo sich unsere intimeren sozialen Beziehungen auf wenige oder gar nur eine Person beschränken, kommt es zwangsläufig zu einer verstärkten Eifersucht.

Das bedeutet aber in diesem Fall: mit der Möglichkeit eines Verlustes des Partners. Kognitive Vermeidung dieser Vorstellung (z.B. „Diese Beziehung war und ist so gut, sie muß & wird immer halten") ist danach falsch; eine gedankliche und emotionale Haltung, die nicht auf die Ewigkeit dieser Beziehung baut und die Möglichkeit eines Verlustes des Partners nicht völlig ausklammert, ist gesünder. Gelenkte Tagträume, die sich mit der Möglichkeit einer Trennung und dem Danach beschäftigen, können konfrontativen therapeutischen Charakter haben.

Eifersucht

Im Kampf gegen die „schwarze Schwester der Liebe“ (Hildegard Baumgart) greifen Psychotherapeuten mitunter zu ungewöhnlichen Mitteln: Nach einer Affäre ihres Ehemannes gibt eine Frau keine Ruhe. Sie ist besessen von dem Gedanken an die andere. Die Frau durchwühlt seine Kleidung, kontrolliert Telefon und Terminkalender – der Mann ärgert sich, fühlt sich nicht wiedergeliebt; beide gehen gemeinsam in die Behandlung. Der Therapeut schlägt dem Mann eine „Strafe“ vor: Er soll 24 Stunden lang seiner Frau Rede und Antwort stehen zu seinem überwundenen Verhältnis. Die Frau verliert lange vor Ablauf dieser Frist die Lust zu fragen, sie ist früher „befriedigt“. In Wirklichkeit hatte sie ihn mit ihren Weinanfällen und ihrer Nachforscherei schon längst ausreichend bestraft.

Eine Frau ist wahrhaft davon überzeugt, ihr Mann werde von Blondinen angezogen; und ganz besonders von jener Blondine, die kürzlich gegenüber eingezogen ist. Der Therapeut greift zu einer ungewöhnlichen List. Er sagt in einer gemeinsamen Sitzung: „Ich bin Buddhist und glaube daher an Wiedergeburt. Ich glaube, daß das Interesse Ihres Mannes an Blondinen seinen Ursprung im früheren Leben hat, in denen er von Blondinen zurückgewiesen wurde.“ Er empfiehlt der Ehefrau, das Interesse ihres Mannes an Blondinen noch zu verstärken. Also macht sie ihn auf der Straße, in Geschäften, bei Fernsehsendungen auf Blondinen aufmerksam, legt ihm Zeitungen und Zeitschriften mit dem blonden Gift auf den Tisch, blond, blond muß alles sein. Nach vier Wochen sagt die Frau: „Mir ist ganz schlecht von den vielen Blondinen – das Ganze interessiert mich nicht mehr.“

Ein Arzt wird von der wahnhaften Eifersucht seiner Frau so belastet, daß er alle Kontakte zur Gesellschaft abbricht. Auf Anraten eines Therapeuten versucht er, den Spieß umzudrehen: Er täuscht seinerseits Eifersucht gegenüber seiner Frau vor, ruft zu ungewöhnlichen Zeiten an, beargwöhnt neue Kleider und moniert selbst die harmlosesten Blicke seiner Frau nach anderen Männern. Das Resultat: Die Frau fühlt sich geschmeichelt angesichts seiner neuen Aufmerksamkeit – und verliert ihre Eifersucht.

Eine holländische Untersuchung von 1982 bei 50 Paaren mit außerehelichen Beziehungen hat ergeben, daß 65 Prozent der Betroffenen wenigstens einmal mit ihrem Rivalen in dem Dreiecksverhältnis geredet haben, bei 44 Prozent kam der Rivale aus dem Freundeskreis, oder man freundete sich sogar mit ihm an. Diese Paare gehörten fast ausschließlich der Oberschicht an.

„Je irrealer der Rivale“, sagt Hildegard Baumgart, „desto gefährlicher die Eifersucht.“ Bei ihren 30 Fällen spürten 14 in erster Linie Haß oder Wut gegenüber der dritten Person. In 13 Fällen war die Aggression gegen den Partner gerichtet.

Die Annahme, Frauen entwickelten mehr Phantasie als Männer, wird von vielen Forschern bestätigt. Und bei Frauen ist auch das Bedürfnis, geliebt zu werden, viel ausgeprägter. Ein Genfer Psychoanalytiker bat seine Patienten, sich zwei verschiedene Situationen vorzustellen:

1. Dein Partner schläft mit dir und denkt dabei an die andere Person;
2. dein Partner schläft mit jemand anders und denkt dabei an dich.

Welches Bild war weniger belastend?
70 Prozent der Männer wählten die erste Situation, 70 Prozent der Frauen die zweite.

Krug

Othello im Zeitalter der Beziehungskiste

Mit dem Degen aus dem Spanien–Urlaub drohen; Haustiere „entführen“; Einrichtungsgegenstände zertrümmern; das sind Reaktionen, die eher für Männer typisch sind. Von Eifersucht rasende Frauen bevorzugen andere Ausdrucksmittel. Sie rufen die Rivalin – oder vermeintliche Rivalin, denn sehr sehr oft ist der Mann wirklich nur bei einer Besprechung, die etwas länger dauert, oder auf einer Geschäftsreise einen Tag aufgehalten worden oder mit dem Auto liegengeblieben – zu nächtlicher und zu frühmorgendlicher Stunde an, in der Angst?, Hoffnung?, ihren Willi in flagranti zu ertappen.

Sie schreiben anonyme Briefe. Sie drohen der Gegnerin – telefonisch– mit Gewalttaten. Sie versuchen, durch Vortäuschung eines eigenen Liebesverhältnisses – oder durch ein tatsächliches – den Partner nun seinerseits eifersüchtig zu machen und zu bestrafen. Alles aus Eifersucht...

„Liebe“, schreibt Judith Viorst, „ist, wenn er zum Essen viel zu spät kommt und Du weißt, daß er entweder irgendwo lebensgefährlich verletzt am Straßenrand liegt oder ein Verhältnis hat, und Du hoffst, daß er lebensgefährlich verletzt ist.“

Eifersucht läßt sich in verschiedene Kategorien einordnen. Da gibt es einmal die reine Eifersucht in ihrer heftigsten, klassischsten Form: als Charakterzug, der weder Fakten noch Berechtigung braucht, um in Aktion zu treten. Es gibt Menschen, die eifersüchtig sind, und Menschen, die eifersüchtig machen. Dann gibt es noch Menschen, die den Vorwurf der Eifersucht als Freibrief für alles verwenden. Diese drei Spielarten sind die häufigsten, und sie verdienen einen genaueren Blick.

Menschen, die eifersüchtig veranlagt sind, sind es immer. Sie sind auch nicht bloß auf den Partner oder die Partnerin eifersüchtig, sondern auf ihre gesamte Umwelt. Sie sind auch eifersüchtig in Situationen, die ihre Interessen und ihre Wünsche gar nicht berühren...

Diese Art von Eifersucht hat ihre Ursachen meist nicht in der Liebesbeziehung selber, denn der Leidende wird sie in all seinen Beziehungen wiederholen; sie entstammt der Kindheit und der Erinnerung an die Tage, als tatsächlich eine bestimmte Person ihre ganze Aufmerksamkeit ihm widmete.

... „betrogen“ ist hier ein wichtiges Kernwort, denn typisch für eifersüchtige Menschen sind die endlosen abendlichen Gespräche, in denen der Partner beschworen wird, doch wenigstens alles zuzugeben und nicht zu lügen, da man alles verzeihen könne, bloß nicht eine Täuschung. Wer wirklich und ehrlich nichts zu verbergen hat, für den können solche Beziehungen eine Qual werden. Es gibt aber auch Menschen, die Aufmerksamkeit – sogar Panik – bei ihren Lebensgefährten sehr schätzen, es anscheinend brauchen. Es gibt Menschen, die Eifersucht erzeugen. Gelingt die Beziehung gerade gut, herrscht allseits Harmonie, dann fühlen sie sich beunruhigt. Eine Partnerin, die Verständnis hat für abendliche Besprechungen mit Geschäftskollegen, die Verspätungen gelassen erträgt und die Erklärungen immer glaubt, beweist in ihren Augen damit nur ihre Gleichgültigkeit. Oder will sie sich damit nur einen Freiraum für eigene Freiheiten schaffen?...

Aber auch die Ablehnung der Eifersucht kann man zum eigenen Vorteil einsetzen. Diese Strategie ist ein Relikt aus der Studentenbewegung der 60er Jahre, als ausschließliche Zweierbeziehungen verpöntes Beweisstück für materialistisches Denken und einen rückständigen Bewußtseinsstand waren: Biederkeit, Besitzdenken und Kleinbürgerlichkeit bewies man, wenn man treu war, sonst nichts. „Du wirst doch nicht etwa eifersüchtig sein“, wurde zur Pauschalantwort auf alle Forderungen des Partners nach mehr Nähe und Verbindlichkeit. Aus der Studenten– und Alternativszene und nach der Ära der „offenen“ Ehe sickerten Reste dieser Haltung in die gutbürgerliche Beziehung und Ehe hinein und erwiesen sich immer dann als sehr nützlich, wenn ein Partner seine Seitensprünge machen wollte, ohne die Mühe von Heimlichkeiten oder Rechtfertigungen auf sich zu nehmen...

Auch Theodor Reik machte sich anhand seiner Patientengeschichten Gedanken über die Bedeutung von Eifersucht und vor allem über die unterschiedlichen Erscheinungsformen dieser Emotion bei Männern und Frauen. Er war überzeugt, hier ganz grundlegende, nicht bloß in der Sozialisation, sondern auch im Wesen der Geschlechter begründete Unterschiede festgestellt zu haben. Die Eifersucht der Männer, so Reik, sei viel intensiver. Der Mann leidet, quält sich, verliert den Verstand und wird gewalttätig. Frauen hingegen neigen eher dazu, pragmatisch einen Plan auszuarbeiten, um die Rivalen auszustechen; zu Amok–Läufen und Blutbädern sind sie, meinte der berühmte Analytiker, nicht veranlagt. „Frauen können närrisch sein, aber sie sind keine Narren“, schließt er daraus.

Dagegen aber fassen Frauen den Raum für Eifersucht viel weiter. Männer, so glaubt Reik beobachtet zu haben, sind primär auf den Bereich der Sexualität fixiert. Sie sind erst dann wirklich eifersüchtig, wenn „ihre“ Frau oder Freundin mit einem anderen Mann geschlafen hat. Sogar gleichgeschlechtliche Kontakte mit einer zweiten Frau erleben sie als weit weniger bedrohlich. Frauen hingegen fühlen sich auch dann betrogen und bedroht, wenn der Mann eine andere Frau zu sehr bewundert, zu oft von ihr spricht oder – auch rein platonisch – zu häufigen privaten Kontakt zu ihr hat... Umgekehrt, meint Reik, wäre kaum ein Mann zu finden, der auf John Travolta oder Alain Delon eifersüchtig ist. Dafür aber gibt es umgekehrt keinen „weiblichen Othello", denn Frauen werden nicht gewalttätig, wenn ihnen der Liebste ausgespannt wird.

Reik hätte, was letztere Verallgemeinerung betrifft, lieber einmal mit der Polizei sprechen sollen als mit seinen offensichtlich friedfertigen Patientinnen. Denn Frauen, die von der Gattin ihres Geliebten gruselige Drohungen erhalten, wenden sich gar nicht selten „in Angst und Unruhe", wie der gesetzliche Terminus lautet, an die Ordnungshüter. Zerschlagene Fensterscheiben, halbstündige Drohanrufe und Denunzierungen bei ihren Chefs und Nachbarn sind nicht selten; es spielen sich auch in Treppenhäusern wüste Szenen zwischen Frau und Freundin oder Geliebter ab.

Was soll man nun den Menschen raten, die ihre Eifersucht bändigen wollen? Wichtig ist, daß man sich der Art der eigenen Eifersucht bewußt wird. Ist man Opfer eines sadistischen Polygamen geworden oder einer jener emotional labilen Personen, die sich nur neben einer verunsichert schmachtenden Person wohlfühlen können, dann muß man aus diesem Spiel aussteigen – notfalls, indem man die verkorkste Beziehung aufgibt. Dramatische Auftritte, Racheakte und Glanzleistungen der Privatspionage helfen wenig.

Benard & Schlaffer

Mein Platz sei stets an deiner Seite

Frauen neigen dazu, sich in einer Partnerschaft bis zur Selbstaufgabe anzupassen. Ihr Ziel ist die vollkommene Symbiose mit dem Partner. Dafür stellen sie ihre eigene Person ganz hintenan.

Diese zwanghafte Anpassung treibt manchmal geradezu groteske Blüten. So lernte eine Freundin von mir vor einiger Zeit einen linken Lehrer kennen, und plötzlich ging eine wundersame Wandlung mit ihr vor. Sybille, die bis dato immer in den neuesten Modefummeln herumlief, kaufte sich plötzlich einen Parka, marschierte tapfer auf Demos mit und las Günter Wallraff statt Erica Jong. Sybille, die selbst beim Skifahren nur dem „Apres" etwas abgewinnen konnte, entdeckte auf einmal ihre Liebe zur Natur und ging im Herbst mit in die Pilze. Und im Fernsehen schaute sie sich fortan nur noch Sendungen wie „Report" an, obwohl sie viel lieber „Dallas" gesehen hätte...

Hinter dieser Klammeräffchen-Attitüde steckt nur allzuoft die Angst, dem Mann nicht zu genügen oder ihn zu langweilen, wenn man sich nicht auf seine Hobbys einklinkt, und – uneingestanden – eine gehörige Portion Mißtrauen. Gelegenheit macht Liebe, fürchtet da so manche Frau, und ehe sich der Partner in die hübsche Sprachstudentin oder die ranke Tennispartnerin verguckt, bleibt das liebende Eheweib besser da, wo es seiner Meinung nach unverbrüchlich hingehört: an seiner Seite.

Also kraxelt sie mit auf Berge, tritt dem Verein für Bobtail-Züchter bei, übersteht lebensgefährliche Wildwasserfahrten in Kanada oder interessiert sich plötzlich brennend für die Grundkenntnisse des Schachspielens. Das ist wie bei dem Märchen vom Wettlauf zwischen dem Hasen und dem Igel: Wo auch immer der Mann hinläuft – die Frau ist schon da und kräht: „Ik bün all do!"

Aus dieser Unfähigkeit vieler Frauen, die Männer ihr eigenes Leben leben zu lassen, sind wahrscheinlich die oft geschmähten englischen Clubs entstanden: ein Refugium für all jene Männer, die einfach nur mal in Ruhe ihre Zeitung lesen wollen. Denn wenn einer immer den Daumen drauf hat, immer kontrolliert, was der andere gerade tut oder vorhat, dann wird der Wunsch nach Freiheit, nach „Atmenkönnen" immer größer. Druck erzeugt Gegendruck – in diesem Fall das Bedürfnis nach Ausbruch, nach Alleinsein.

„Der Mensch schwankt zwischen dem Bedürfnis nach Geselligkeit und dem Wunsch nach Einsamkeit", schreiben Nena und George O'Neill in ihrem Buch „Die offene Ehe". „Nur wenn wir allein sind, können wir neue Kräfte sammeln, über uns selbst nachdenken und uns für das Zusammenleben mit unseren Mitmenschen stärken. Wenn man sich den Menschen, mit denen man zusammenlebt, immer ganz gibt, so ist das eine Verleugnung der eigenen Persönlichkeit und des Bedürfnisses nach Selbsterneuerung. Die Forderung, daß der Partner ständig zur Verfügung steht, ist nicht nur eine Beschneidung seines Rechts auf Privatleben, sondern hemmt auch seine Weiterentwicklung."

Das Autorenpaar, selbst seit 27 Jahren verheiratet, erwähnt in diesem Zusammenhang das kuriose „Signal-System", das ein bekannter Psychologe mit seiner Frau vereinbart hat: Wenn der Professor nicht gestört werden möchte, weil er über ein kniffliges Problem nachdenkt, setzt er sich einfach seine Segelmütze auf. Möchte umgekehrt seine Frau ihre Ruhe haben, bindet sie sich ein Kopftuch um – manchmal nur für ein paar Stunden, manchmal sehr viel länger. Dann respektiert jeder das Bedürfnis des Partners nach Alleinsein und drängt sich ihm nicht auf.

In den meisten Fällen besteht diese Offenheit nicht. Welcher Mann wagt es schon, das liebevolle Angebot seiner Frau abzulehnen, ebenfalls Squash-Stunden zu nehmen? „Zu zweit macht es doch viel mehr Spaß!" ruft sie ebenso fröhlich wie suggestiv aus. Und er nickt grimmig und macht gute Miene zum bösen Spiel der ewigen Zweisamkeit. Würde er nämlich wahrheitsgetreu sagen: „Mir macht es allein aber viel mehr Spaß" wären die meisten Frauen tief gekränkt.

Dabei bleibt eine Beziehung nur durch das ständige Wechselspiel von Nähe und Distanz lebendig. Unter dem Stichwort „Trennen" ist im „Lexikon der Liebe", einem Beihefter der Zeitschrift ELTERN, denn auch folgendes vermerkt: „Ohne Trennen gäbe es kein Begehren, kein Verlangen, keine Anziehung; ohne die Distanz voneinander kein Zusammenkommen. Das Auflösen dieser natürlichen Distanz ist einer der Schlüssel der sexuellen Lust. Und aus genau diesem Grunde muß man sich auch immer wieder trennen... Deshalb gehört das Sich-Trennen ebenso zur Kunst der Liebe wie das Sich-Finden. Deshalb ist das Sich-Loslassen so wichtig wie das Sich-Festhalten. Man muß beides können, jedes zu seiner Zeit."

Zum Sich-Loslassen gehört auch der Mut, offen zu seinen eigenen Desinteressen zu stehen. Warum zum Beispiel soll ich auf einmal Interesse für den spanischen Maler Francisco Goya heucheln, wenn für mich Malerei überhaupt erst mit den Jungen Wilden anfängt? Für beide Partner gewinnbringender ist es, ehrlich zu sagen: „Davon versteh' ich nichts, das sagt mir nichts, mit Kunstgeschichte hab' ich eh nichts am Hut..." Das heißt ja nicht, daß man nicht doch gelegentlich von dem Wissen des anderen profitieren kann – etwa beim Madrid-Besuch mit Einkaufsbummel und Prado-Besuch.

In einer Partnerschaft getrennte Wege zu gehen, muß ja nicht ein Aus-dem-Weg-Gehen bedeuten. Die größere Distanz bringt uns einander manchmal näher als die im wahrsten Sinne des Wortes atemberaubende Nähe. Vielen Frauen macht das Eigenleben ihrer Männer nur deshalb Angst, weil sie dem nichts entgegenzusetzen haben. Während er sich mit Freunden trifft oder seinen Hobbys nachgeht, sitzen sie zu Hause und warten. Sie leben, wie es dann so schön heißt, „für die Familie". Das heißt: Sie leben durch ihn und für ihn. Oder, wie Jean Paul das einmal ironisch formulierte: „Wenn Frauen lieben, lieben sie in einem fort – Männer haben inzwischen zu tun."

Und wenn die Männer dann weg sind, ausgebrochen aus diesen Gefängnis-Ehen, in denen die Frauen entweder ständig in der vorwurfsvollen Warteposition verharren oder den Männern nicht von der Seite weichen, dann stehen diese Frauen vor dem totalen Nichts. Sie haben sich nur durch den Partner verwirklicht, die Welt nur durch seine Augen gesehen, sich nur für Dinge interessiert, für die er sich auch interessiert. Dieses Abhängigkeitsverhältnis rächt sich jetzt. Die Frauen haben keine eigenen Freunde mehr, keine eigenen Interessen, keine eigene Meinung – sie waren nichts als ein Abklatsch, ein Sprachrohr des Partners.

Deshalb sind Freiräume in einer Partnerschaft so wichtig. Deshalb müssen Sie nicht alles mitmachen aus Liebe zu Ihrem Partner. Deshalb aber brauchen Sie auch Zeiten, in denen Sie gewissermaßen Ihr Kopftuch aufsetzen und dem Partner signalisieren: Ich wünsche jetzt Distanz – Zeit für mich, Zeit, mich weiterzuentwickeln und Dinge zu tun, die mir ganz persönlich Spaß machen. Und dann hab' ich wieder Lust auf Nähe. Auf dich.

Zschocke

Diese der Psychoanalyse entlehnte Annahme besagt, daß eigene Wünsche nach außerehelichen Beziehungen, die zumeist unbewußt bestehen, dem Partner unterstellt werden. Dies kann mit um so größerer Intensität geschehen, je stärker man selbst sich das Ausleben derartiger Wünsche versagt. *Fenichel* nannte diese Art von Eifersucht eine „unbewußte Neigung zur Untreue, die auf den Partner projiziert wird".

Ich bin froh – bin ich froh –
ein langweiliges Fest,
mich hält hier nur dein Satz,
„daß man sich blicken läßt,
ist wichtig für mich Schatz",
ein Herr trinkt ein Glas Wein,
bei ihm beschwer ich mich,
welch Trottel lud uns ein,
da sagt er: „Das war ich" –
ich bin froh, daß du nicht explodierst
und nicht so wie andere reagierst,
ich bin froh,
nie wirst du rot vor Wut,
nie gibt es böses Blut,
ich bin froh – bin ich froh.

Ein attraktiver Mann,
ich habe mich verknallt,
und deshalb dann und wann
mich nicht in der Gewalt.
Du duldest diese Schmach
und siehst drüber hinweg,
du trägst mir nie was nach,
es sei denn mein Gepäck –
ich wär froh,
wenn du mal explodierst,
einmal so wie andre reagierst,
ich wär froh,
du bliebst kein stummer Fisch
und schlügst mal auf den Tisch,
ich wär froh, wär ich froh.

Lisbeth List

Fälle *wahnhafter Eifersucht*, d.h. solche, in denen das Gefühl trotz vorbildlicher Treue und Bravheit des Partners auftritt bzw. das Ausmaß eifersüchtiger Gefühle in keinem nachvollziehbaren Verhältnis mehr zur Schwere des Vergehens steht, können (müssen aber nicht!) über die *Projektion eigener Wünsche* nach Lösung, Freiheit und Erfahrung auf den Partner entstehen. Tatsächlich fanden *Aronson & Pines* in ihrer Befragung, daß jemand, der wegen eines realen oder eingebildeten Seitensprungs seines Partners eifersüchtig ist, durchaus selbst untreu sein kann (ein in einer psychotherapeutischen Praxis ebenso häufig zu vernehmendes Phänomen wie im nachbarschaftlichen Klatsch & Tratsch). Wer also selber eine Neigung zu Seitensprüngen hat, verdächtigt auch seinen Partner ähnlicher Absichten. Was man aber sich selbst nicht erlaubt, das will man auch dem anderen nicht zugestehen, und es empfiehlt sich, höllisch aufzupassen, daß der Partner nichts in dieser Richtung unternimmt, damit der eigene Verzicht nicht umsonst war. Dieser Prozeß vollzieht sich natürlich im allgemeinen nicht bewußt: Die eigenen Wünsche wären einmal viel zu bedrohlich und würden sich zum anderen dann wahrscheinlich einen Weg zu ihrer Realisierung suchen, so daß es gar nicht zu dieser exzessiven Versagung käme. In der therapeutischen Praxis gibt es dementsprechend Fälle, in denen der Eifersüchtige, nachdem er selbst ein außereheliches Abenteuer hatte (was beileibe natürlich nicht in der Therapie angeregt oder gar initiiert wurde!), von seinem quälenden Gefühl befreit war.

Die gesteigerte Eifersucht aufgrund von *persönlicher Versagung und Projektion* kann wiederum bevorzugt bei geringem Selbstwertgefühl auftreten: Die eigenen Wünsche werden auch nicht ansatzweise ausgelebt, weil man entweder überstarke Verlustangst hat, wenn es rauskäme, oder sich selbst gar nicht zutraut, für andere attraktiv sein zu können. An dieser Stelle wird es nun wichtig, einem möglichen Mißverständnis vorzubeugen.

Das *Ausleben eigener Wünsche und Bedürfnisse* ist nicht so zu verstehen, daß jeder sexuell und beziehungsmäßig macht, was er will, oder daß das hier gefordert wird – im Gegenteil. Die natürliche, vitale Eifersucht des Partners sollte dem ebenso Grenzen setzen wie das ebenso gesunde Schuldgefühl des Täters. Nur: Diese Grenzen sollten nicht so eng sein, daß ein Blick, ein nicht–sexueller Flirt, ein Scherz und ein neckendes Gespräch auf einem Fest versagt bleiben, und: Der Zaun sollte nicht so hoch sein, daß man ihn nie mit einem vertretbaren Schuldgefühl behaftet übersteigen könnte.

Eine Situation, die unabhängig von Projektionen zu einer exzessiven, eifersüchtigen *Suche nach Schuld* bei dem Partner führen kann, ist eine Überladung mit Schuldgefühlen. Diese können sexuellen Phantasien entstammen, rühren aber im allgemeinen aus ganz anderen Quellen her. Die mütterliche Schuldvergiftung steht dabei an erster Stelle (meist potenziert durch die Maßnahmen des durchtriebenen Ehemannes, der diese geschlagene Kerbe bei seinem Eheweib schnell ausgemacht hat und, gar nicht dumm – wie er meint! –, weiter in selbe schlägt, wenn es ihm zupaß kommt). Diese sexualfremden Schuldgefühle lassen sich nun dadurch mildern, daß man dem Partner einen Makel nachweist (oder anhängt) – und da bieten sich sexuelle Verfehlungen bisweilen gut an. Die intensive Beschäftigung mit den möglichen Untaten des anderen kann schon recht gut von den unangenehmen, plagenden Schuldgefühlen ablenken bzw. die subjektiv unausgeglichene Schuldgefühl–Bilanz (der Mutter und dem Partner gegenüber) ausgleichen helfen.

Gelegentlich findet man wahnhafte, übersteigerte Eifersucht aus einem der Verlustangst diametral entgegengesetzten Grund: Der Antrieb ist die Suche nach einer *Legitimation zur Beendigung oder Lockerung der Beziehung*. Wer selbst nicht die Kraft findet, eine unbefriedigend gewordene Beziehung zu beenden, kann so dem Partner die Entscheidung zuspielen („Wenn er das jetzt auch noch macht, ist aber Schluß – er hat es nicht anders gewollt“). Dieser Prozeß befindet sich im Spannungsfeld zwischen zwei Bestrebungen: nicht der Böse, das Schwein sein zu wollen, das den Partner vor die Tür setzt, und sich somit Schuld aufzuladen und den Rückzug zu verbauen, aber genausowenig der Erniedrigte, Machtlose sein zu wollen, der vor die Tür gesetzt wird.

So hält sich ein *Schwebezustand*, in dem man einerseits wünscht, der Partner möge einen Fehltritt begehen, ihn andererseits aber fürchtet, was seinen Ausdruck in gegenseitigem Belauern und besonders heftigem Eifersuchtsverhalten finden kann. Eifersucht steht mit ihren Mitstreitern Schuldgefühl und Mitleid beim Partner in einem geregelten, antagonistischen Verhältnis zu sexueller Lust, kameradschaftlichen Ausschweifungen und dem Bedürfnis nach ungebundener Freiheit. Das Ganze kann man als *Spannungsfeld* oder auch als *Regelsystem* betrachten, wobei dann äußere Stimuli (z.B. eine Verführung) als (bisweilen willkommene) Störgröße wirken, die es dann später wieder einzuregeln gilt („mea culpa“, „Asche auf mein Haupt“ usw. usf.). Diese Regelung gelingt allerdings nur, wenn das System flexibel und angemessen auf Störungen reagieren kann. In der nüchternen Sprache der Kybernetik ist eine Verführung durch eine attraktive Person des anderen Geschlechts ebenso eine Störgröße wie eine begründete oder unbegründete Eifersuchtsreaktion des Partners oder aufkommendes eigenes Schuldgefühl oder Mitleid. Mit all diesen Störgrößen sollte unser Regelkreis kompensatorisch dämpfend mitschwingen.

Theatergesellschaft Oy

gegründet 1927

's schwarze Fleckerl

Bauernposse in drei Akten
von Rolf Gordon

Alle drei Akte spielen in einer Stube im Kaltererhof. Der zweite Akt spielt zwei Tage nach dem ersten Akt und der dritte Akt am selben Tag wie der zweite Akt, nur einige Stunden später.

Personen und ihre Darsteller

Lorenz Kalterer, Altbauer auf dem Kaltererhof	Herbert Melder
Barbara, seine Frau	Traudl Melder
Lenzl, beider Sohn, Bauer vom Kaltererhof	Peter Schuster
Leni, seine Frau	Gisela Dobler
Hieronymus Birnstingl, Gemeindeschreiber, Lorenz' Freund	Stefan Hartmann
Stanzi, seine Frau	Fini Beinder
Roserl Wagner, Lenis' Freundin	Marlies Schwarz
Kasimir Schüsserl, Viehhändler, Lenzl's Freund	Heribert Schäffeler
Spielleitung:	Reiner Mayr
Souffleuse:	Resi Erd
Bühnenbau und Bühnenbild:	Mitglieder der Theatergesellschaft

Wenn Ihnen unsere Aufführung gefallen hat, empfehlen Sie uns bitte weiter. Vielen Dank!

Über– & unterordnen

„Überlegenheit ist das Ziel der Aggression, nicht Vernichtung“ *(Morris)*. Nach den vielen impliziten Ermahnungen, bei aller Konkurrenz doch die Kooperation nicht zu vergessen, nun eine Lanze für die *Rangordnung*. Sie schafft auf dem Hühnerhof ebenso Ruhe wie in der Firma, in der Armee (oder, wie sie bei uns verlogen–vornehm genannt wird, Bundes*wehr*), im Kindergarten und in der Schule, im Pentagon und Bundestag, in der Kneipe, im Straßenverkehr, im Mietshaus, in der Universität – und sie täte es auch stärker in der Politik, wenn wir sie nicht mit unserer allzu freiheitlich–demokratischen Grundordnung kujonieren würden (auwei, was ist mir da bloß rausgerutscht??!).

„Der moderne Mensch hat zur Autorität ein gespaltenes Verhältnis. Zum einen schwebt ihm vor, frei in einer Gesellschaft Gleicher zu leben, in der keiner über dem anderen steht; zum anderen hängen sich jene, die sich antiautoritär geben, ungeniert die Bilder von Autoritäten an die Wand (& beten sie devoter, ja fast schon religiös an als mancher Autoritätsgläubige!!!, der Verf.). Die Bereitschaft, sich Leitbildern unterzuordnen, steht in verblüffendem Gegensatz zur Ablehnung jeder Art von Dominanz. Wie erklärt sich dieser Widerspruch? Nun, ich behaupte, daß es sich nur um einen scheinbaren Widerspruch handelt. Die unübersehbare Neigung, Rangordnungen zu bilden, setzt nämlich voraus, daß der einzelne den Drang verspürt, sich anderen im Rang überzuordnen, was Rebellion gegen den Höherrangigen hervorruft... Bei Naturvölkern wächst das Kind in der gemischtaltrigen Gruppe vom Geführten zum selbst Führenden heran und probt so alle Rollen. Gesellschaften ohne Rangordnungen erfordern ständig Repressionen. Egalität muß in diesem Falle gegen das Rangstreben der einzelnen erzwungen werden. Sie ist nichts primär Natürliches. Das Machtstreben des Menschen ist ein Ansporn zu Höchstleistungen und damit ein Motor kultureller Entwicklung. Der Antrieb ist jedoch gefährlich, da es für ihn keine abschaltende Endsituation gibt. Es handelt sich um einen offenen Trieb“ *(Eibl–Eibesfeldt)*.

„Eine der ernstlichsten, bedeutungsvollsten, im Gesellschaftsleben wichtigsten Begebenheiten für die Hennen ist die Rauferei, dieser plötzliche, oft furchtbare Kampf zwischen zwei Geschöpfen. Meist, wenn auch nicht immer, entscheidet es sich beim Kampf, welche von zwei Hennen Despot über eine andere sein soll... Es gibt nicht zwei in derselben Gesellschaft lebende Hennen, die nicht genau wissen, wer von ihnen „über“ und wer „unter“ ist. Und diese Rangordnung hängt nicht so sehr von der Stärke der Hennen ab, als von der Gewohnheit oder von gewissen Umständen bei dem ersten Zusammentreffen der Hennen... Es erwies sich bei den verschiedensten und eingehendsten Experimenten, daß die Neigung zur sozialen Gliederung den Hühnern im Blute liegt, und daß sie sich – wenn die Zeit ihrer Entfaltung gekommen ist – bei den jungen Tieren zeigt, gleichgültig, ob diese ihr ganzes Leben abgesondert von den älteren waren oder nicht. Diese Neigung beruht mit anderen Worten auf Vererbung, nicht auf Nachahmung“ *(Schjelderup–Ebbe)*.

Sozialer Status

Soziale Unterschiede im Sinne eines Oben und Unten sind in unserer Gesellschaft unübersehbar. Es gibt bessere und schlechtere Wohnviertel, Erholungsorte, Kleidergeschäfte; vornehmere und gewöhnlichere Kleidung, Sportarten, Eßgewohnheiten; Rangordnungen finden sich nicht nur beim Militär, sondern auch in Krankenhäusern, Betrieben und Schulklassen. Generale unterscheiden sich wie Cognac oder Hotels nach der Zahl der Sterne. Den Individuen kommt also eine Stellung in einer Hierarchie zu, die man durch ihren sozialen Status, ihre Schichtzugehörigkeit oder auch ihre soziale Klasse bezeichnet. Die Abstufung mag als mehr oder weniger fein, als nahezu kontinuierlich aufgefaßt werden, wenn man viele Schichtabstufungen macht (z.B. „obere Oberschicht", „mittlere Oberschicht" bis schließlich zur „unteren Unterschicht" und den „sozial Verachteten"), sie mag grob bleiben (etwa „herrschende" und „ausgebeutete Klasse") oder schließlich in eine mehr qualitative Unterscheidung von Schichten übergehen (Bürger, Bauern, Soldaten usw.), die auf die Funktion der Schichtzugehörigen in der Gesellschaft hindeutet. In allen Fällen ist die Schichtzugehörigkeit ein Hinweis auf den sozialen Status in der Gesamtgesellschaft, sie bestimmt (teilweise) Ansehen, Macht, Einkommen.

Soziale Schichtung und damit Statusunterschiede scheinen ein universelles Phänomen zu sein. Man findet sie in einfachen Jäger– und Sammlerkulturen mit nomadischer Lebensweise, ja sie ist schon aus vorgeschichtlichen Funden, etwa der Ausstattung von Gräbern, und aus alten schriftlichen Überlieferungen, wie dem Alten Testament, zu entnehmen. Statusunterschiede in modernen Gesellschaften zeigen uns wohl täglich die Massenmedien (z.B. „high society", „low class"). Es treten Staatsoberhäupter, Präsidenten, Vorsitzende und Zweite Vorsitzende (und, bei Abtrennung der Funktion, Ehrenvorsitzende), Erste Sekretäre und andere VIPs auf. Es handelt sich dabei um gesellschaftlich „institutionalisierte Funktionsrollen", die man auch als „Ämter" bezeichnen kann. In Teilgruppen der Gesellschaft, etwa Parteien oder Vereinen, finden sich die Statusunterschiede wieder, oft unter den gleichen Bezeichnungen.

In der Humanpsychologie ist der soziale Status beziehungsweise die Schichtzugehörigkeit – die Ausdrücke werden oft in der gleichen Bedeutung verwendet, oder sie überschneiden sich – ein wichtiges Merkmal. Viele andere Merkmale variieren mit dem sozialen Status, so Lebensgewohnheiten und Lebensziele, Einstellungen und Interessen, Bildungsanspruch und Erziehungsziele....

Als Indikator für den sozialen Status werden Merkmale herangezogen, die nicht dem einzelnen, sondern der Familie zukommen. Nicht selten begnügt man sich mit dem Beruf des „Haupternährers", also im Regelfall des Vaters, und der Art seiner Schul– und Berufsbildung. Man macht wohl keinen nennenswerten Fehler, wenn man behauptet, die in der Psychologie verwendeten Skalen zur Statusbestimmung erfaßten das Ansehen der Familie in der größeren Gesellschaft. Ebenfalls ohne Risiko ist die Vorhersage, daß in Zukunft bei der Feststellung des Status einer Familie Ausbildung und berufliche Stellung der Mutter mitberücksichtigt werden dürften. Neben Ausbildung und Beruf werden zur Statusbestimmung auch Einkommen und Besitz der Familie herangezogen; beides trägt wiederum zum Ansehen bei. Betrachtet man beide Gesichtspunkte getrennt, also Bildungsstand und Wohlstand je für sich, so zeigt sich, daß die Bildung, nicht der Wohlstand, die psychologisch bedeutsame Variable ist. Bildungsstand und Wohlstand hängen jedoch, wenn auch nicht sehr eng, zusammen. Man kann vermuten, daß der Zusammenhang in Zukunft noch lockerer wird.

In unserer mobilen Gesellschaft müssen die heranwachsenden Kinder ihren Status überwiegend selbst erwerben, wobei sie wohl fast immer auf die Unterstützung ihrer Eltern rechnen können. Im Gegensatz dazu steht der zugewiesene Status in „Kastengesellschaften" (beispielsweise in Indien) oder Aristokratien.

Bei sozial lebenden Tieren sind Rangordnungen so geläufig, daß man sie bei empirischen Untersuchungen stets beachtet und eine eigene Terminologie verwendet. Man spricht vom „Alpha"–Tier (dem Ranghöchsten) und „Omega"–Tier (dem Rangniedrigsten). Rangkämpfe bei sozial lebenden Tieren und in unseren Schulklassen zeigen viele Ähnlichkeiten. Sie sind altersabhängig, werden abgebrochen, wenn der Besiegte seine Niederlage eingesteht, weiterer Kampf sich also für beide Partner nicht mehr lohnt, und sie führen zu ähnlichem Ausdrucksverhalten. Der Sieger bleibt am Platz und imponiert, der Besiegte verläßt die Kampfstelle und macht sich klein. Man kann das menschliche Verhalten hier wohl als homolog zu dem anderer Arten betrachten.

In einer Hinsicht scheinen menschliche Gesellschaften eine Sonderstellung einzunehmen. Da der einzelne gleichzeitig verschiedenen Gruppen angehört, kann er in diesen Gruppen jeweils einen anderen Status einnehmen. Der Präsident des Gesangvereins ist dort der Erste, gewissermaßen das „Alpha–Tier", steht zugleich etwa als Facharbeiter auf einem mittleren Rang in seinem Betrieb, zu Hause hat er möglicherweise nichts gegen Ehefrau und Schwiegereltern zu vermelden, ist dort also in der „Omega–Position". Die Möglichkeit, gleichzeitig zu verschiedenen Gruppen zu gehören, dort jeweils einen Status und eine Rolle zu haben, geht wohl auf die Fähigkeit des Menschen zurück, nicht nur in der sinnlich gegebenen, sondern auch in einer gedanklich repräsentierten Welt zu leben. Bei nicht–menschlichen Arten bedeutet Gruppenzugehörigkeit zugleich räumliche Nähe. Die Redensart „aus den Augen, aus dem Sinn" beschreibt die sozialen Beziehungen des Menschen nicht; sie ist ein Vorwurf, keine Feststellung. Menschen können ihre Gruppenzugehörigkeit über Raum und Zeit hinweg lange bewahren. Deshalb verabschieden wir uns auch, was anscheinend bei keiner anderen Art vorkommt. Wir geben damit der Absicht Ausdruck, trotz der Trennung verbunden zu bleiben.

Tschanz, Merz & Vogel

Wenn die Rangordnung einmal etabliert ist, brauchen die Tiere nicht mehr um jeden Bissen Nahrung oder jeden kleinen anderen Vorteil gegeneinander zu kämpfen. Dieses *Dominanzprinzip* ist bei fast allen sozial–interaktiv lebenden Tieren & Tierverbänden ausgebildet, also auch bei der (Dornen)krone der Schöpfung, dem sich so weise dünkenden Menschen. Die Dominanz regelt dabei Zugang und Anfang zu/mit allem, was im Leben Spaß macht und nur begrenzt dem Sozialverband zur Verfügung steht: *Fressen, Vögeln, Cha–Cha–Cha.*

„Die Tiere geraten etwa um eine Nahrungsquelle oder um einen Platz in Streit. Eines der Tiere bleibt Sieger. Durch solche Rangstufenkämpfe lernen innerhalb einer zusammenlebenden Gruppe allmählich alle Tiere einander individuell kennen, und es entsteht eine Rangordnung. Randordnungen bilden sich auch zwischen Tieren ganz verschiedener Arten und Herkunft aus, ein Zeichen dafür, wie allgemein die Voraussetzungen dafür sind: Zur Bildung einer Rangordnung ist es notwendig, die Erfahrungen von Siegen und Niederlagen mit dem Aussehen der jeweiligen Gegner zu verknüpfen und dann gegen Überlegene nichts mehr zu unternehmen" *(Hassenstein).*

„Dominant sein heißt, je nachdem, den Vortritt haben beim Fressen, bei der Eiablage, bei der Wohnstätte, beim Zugang zu Geschlechtspartnern. Dies ist einer der weitestverbreiteten Vorteile der Dominanz: Sie garantiert, daß sich die lebenstüchtigeren, durchsetzungskräftigeren Tiere eher und stärker fortpflanzen als die anderen. Ob Mäuse, Ratten, Kaninchen, Haushühner, Hirsche, Bergschafe – die Väter der Nachkommen sind, oft überwiegend, die dominanten männlichen Tiere. In den oligarchischen Gesellschaften der Paviane, von mehreren Männchen streng regierte Trupps, haben fast nur die dominanten Männchen die Chance der Kopulation. Dem untergeordneten Tier entgehen diese Privilegien. Bei manchen Arten tritt ein, was ‹psychische Kastration› genannt wird: Sein Kopulationsbedürfnis erlischt. Bei anderen verläßt es seine Gesellschaft und versucht sein Glück anderswo ein weiteres Mal. Solche Emigranten halten den Fluß der Gene innerhalb einer Art aufrecht, sind also eine willkommene und nützliche Erscheinung für die Evolution einer Art. Bei anderen wiederum warten untergeordnete Tiere, daß die dominanten alt, krank, schwach werden, und versuchen sich dann an ihre Stelle zu setzen. Bei vielen Affen und Menschenaffen ist Dominanz an Alter gebunden: Alter heißt Erfahrenheit und ist der Beweis, den Gefahren lange Zeit über erfolgreich getrotzt zu haben; es verleiht einen Statusvorsprung. Jüngere Männchen erkennen ihn auch dann noch an, wenn sie eigentlich kräftig genug waren, die bewährten Anführer zu stürzen“ *(Zimmer)*.

Diese Integration des *Alters* in den Kriterienkatalog für Rangposition kommt nun leider heute in unserer wahnwitzig schnellebigen Zeit immer mehr abhanden. Oder sollte ihr soziales Wissen sie vor dem Abschieben retten?? *Eibl–Eibesfeldt* meint es: „Im sozialen Bereich verfügen die Alten jedoch über einen Erfahrungsschatz, den man nicht so ohne weiteres aus Bibliotheken und Computern abrufen kann. Eine Mutter, die mehrere Kinder aufgezogen hat, hat Erfahrungen gesammelt, die gewiß nicht veralten.“ Einen ungewöhnlichen Rang–Impetus nennt *Hassenstein*: die *Kampfbereitschaft*. Allein der wie auch immer initiierte und entstandene Drang, die Rangordnung in Frage zu stellen, kann zu höheren Ehren führen.

Was können wir aus alledem für die *Psychotherapie* lernen? Nun, das allgegenwärtige Vorhandensein von Rangordnungen, die Unmöglichkeit, in vielen anderen Situationen eine solche zu installieren (wie z.B. am Wühltisch des Sommerschlußverkaufs, im Stau auf der Autobahn, bei der Familienzusammenkunft anläßlich der Konfirmation der Tochter...), sowie die totale Ablehnung dieses Prinzips bringt viele Menschen an den Rand der Verzweiflung. Was ist denn noch wahr, was darf ich denn noch? Zu unserem Glück sollten wir uns zu unserem Rangordnungsdenken bekennen und es wo immer es geht ausleben. Selbst wenn die multiplen Hierarchien, in die wir uns damit hineinmanövrieren, vielleicht hie und da Stilblüten treiben.

Darüber, daß dies nicht in wildem *Rangkampf–Chaos* endet, beruhigt uns *Morris*: „Nicht nur die Plätze, an denen sich das Individuum meist aufhält, müssen als Revier behauptet werden – auch das Individuum selbst hat sich zu verteidigen. Es muß seinen Sozialstatus behaupten und, wenn möglich, verbessern, doch hat dies mit Vorsicht und Umsicht zu geschehen, wenn man nicht die dem Zusammenwirken dienenden Kontakte aufs Spiel setzen will. Dabei werden all die kleinen und feinen Signale von Aggression und Unterwerfung, die wir bereits kennen, ins Treffen geführt. Das Zusammenwirken in der Gruppe verlangt eine sehr weitgehende Anpassung in der Erscheinung, also in der Kleidung, und im Verhalten, und dieser Anforderung fügt man sich; innerhalb der Grenzen solcher Anpassung liegt aber auch noch ein weites Feld für Rivalitäten um die Stellung in der Rangordnung. Und dieser Konflikt – hier Anpassung, dort Verteidigung des Ranges – läßt es zu Signalen von kaum glaublicher Subtilität kommen: Die Art, wie der Schlips gebunden oder wie das Tuch in der Brusttasche gefaltet ist, winzige Unterschiede im Akzent – solche und andere scheinbar völlig nebensächlichen Kleinigkeiten sind außerordentlich bedeutungsvoll für das Ermitteln des Sozialstatus; ein kundiger Angehöriger der Gesellschaft deutet sie mit einem Blick. Er würde allerdings völlig versagen, sähe er sich plötzlich in die soziale Rangordnung eines Eingeborenenstammes auf Neuguinea versetzt; in seiner eigenen Kultur jedoch wird er sehr schnell gezwungen, sich zum Experten zu entwickeln. An sich haben diese ganz geringen Un-

Die jeweils jüngere Generation hat wohl den Eindruck (und muß ihn leider auch haben), daß das Alter aus fähigen, die Welt, die Gesellschaft und vor allem die Technik verstehenden & beherrschenden Menschen zurückgebliebene Witzfiguren macht, die nicht einmal mehr eine 6spurige Straße überqueren können, eine normale Orangensaftflasche aufkriegen, geschweige denn im Automaten eine Karte für die S–Bahn (Bereich 3, halber Senioren–Preis) zu lösen vermögen. Deswegen müssen wir leider demnächst „Alter“ als Kriterium für Status und Rangposition streichen, auch wenn in der Politik der meisten Staaten noch alte Männer das Sagen haben. Das sind so die letzten immer mehr von den Jungen umkämpften Rückzugspositionen dieser alten Säcke: Staatenlenker und so!

„Eigentlich sollte ich mich freuen – Drittbester im Brummen – aber trotzdem – –“

Kassenwart im Kaninchenzüchterverein, Stürmer in der Fußballmannschaft, Hochgedienter bei den Briefmarkensammlern und Schütze Arsch im letzten Glied im Beruf: aus all diesem einen einheitlichen Status abzuleiten, überfordert uns nicht selten.

Tierische Politik

Wieder haben wir es mit einem Ausleseprozeß zu tun, der nicht nur die stärksten Männchen begünstigt, sondern auch die selbstsichersten, zielstrebigsten, raffiniertesten und in gewissem Sinne kooperationsbereitesten. Sie müssen mit den übrigen männlichen Tieren in vielerlei Hinsicht kooperieren; sie müssen zudem die Zustimmung der Weibchen finden. Ein ranghohes Männchen, das von den Weibchen völlig abgelehnt wird, kann unter Umständen seinen Rang einbüßen, weil ihm die Weibchen zu sehr zusetzen. Und die starken Männchen können sich die weibliche Zustimmung nur dann sichern, wenn sie die Jungtiere der Gemeinschaft dulden und betreuen.

Die nicht der Hierarchie angehörenden Tiere achten sorgfältig auf das Tun und Lassen ihrer Bosse. Wahrscheinlich ist dies eher ein Kriterium für den Zusammenhalt der Primatengruppen als die Sexualität. Die rangniederen Tiere scheinen darauf programmiert zu sein, die tonangebenden Tiere genau zu beobachten, die jedoch ihrerseits den unter ihnen Stehenden wenig Beachtung schenken und mit relativer Gleichgültigkeit die nähere Umgebung betrachten, solange sie nicht herausgefordert oder beunruhigt werden. Die am Rande der Gruppe nach Nahrung suchenden Tiere benehmen sich dabei so ängstlich besorgt, daß sie häufig sogar zu fressen aufhören, um ihre ganze Aufmerksamkeit auf die dominierenden Männchen zu konzentrieren.

Wer soviel Aufmerksamkeit auf sich zieht, kann augenscheinlich auch dazu beitragen, die Struktur einer Gruppe zu verändern. Tiere verfügen über verschiedene Möglichkeiten, ihr Dominanzverhalten zu demonstrieren, das, wie die Intelligenz bei uns Menschen, nicht gleichmäßig über die Population verteilt ist. Die dominierenden Tiere sind nicht notwendigerweise jene, welche aus den meisten Kämpfen als Sieger hervorgehen, sondern oft gerade diejenigen, welche ihren Artgenossen die meiste Aufmerksamkeit abnötigen. Und innerhalb ihrer Grenzen schätzt die Gruppe ein Tier so ein, wie es sich selber einschätzt. Folglich dominiert das Tier, das sich am meisten wie ein dominierendes Tier benimmt und die anderen davon überzeugen kann. Das ist der Grund, warum ein fremdes Tier häufig die Spitzenposition in einer Gruppe usurpieren kann. Der Reiz der Neuheit, der ihm eigen ist, sorgt dafür, daß es beachtet wird und erklärt auch, warum ein einmal zu einer dominierenden Stellung aufgestiegenes Tier lange Zeit dominierend bleiben kann: Es ist schwer, die Aufmerksamkeit von ihm abzuwenden...

Auch die weiblichen Tiere kennen eine Rangordnung, die allerdings nicht so streng festgelegt ist wie die männliche Hierarchie. Diese aus Weibchen bestehenden Untereinheiten können – etwa bei den pavianähnlichen Makaken – ebenfalls rangmäßig abgestuft sein. Die Rangfolge der Weibchen ist von Bedeutung, weil die Söhne hochstehender Mütter eine bessere Chance haben, in der Hierarchie aufzusteigen, als die Nachkommen der rangniedrigen Weibchen. Das liegt vielleicht daran, daß die hochstehenden Mütter den dominierenden Männchen näher sind und die Möglichkeit haben, ihre Kinder länger in deren Umgebung aufwachsen zu lassen. Die Söhne des gemeinen Volks müssen sich schon ein Jahr nach der Geburt an den Rand der Gesellschaft zurückziehen, während die Aristokratensprößlinge zwei oder drei Jahre lang am Hofe bleiben dürfen. Die starken Männchen gewöhnen sich daran, sie anzuerkennen und zu tolerieren, und die Jungtiere wissen ihrerseits, daß sie zu Höherem berufen sind. Ihre Mütter können wahrscheinlich sogar manche Männchen ausstechen; die Jünglinge machen die Erfahrung, daß andere Tiere vor ihnen flüchten, und außerdem nehmen sie die selbstsichere Haltung der ranghohen Weibchen an.

Ein Alpha–Männchen beherrscht seine Weibchen und demonstriert damit seine Vorrangstellung; seine erotischen Aktionen sind weniger signifikant als seine politischen. Selbst die bürokratischen Polygamisten von heute bewirken das gleiche mit ihrer scheinbar asexuellen Methode, indem sie Scharen von Stenotypistinnen, Assistentinnen, Sekretärinnen, Krankenschwestern, Sprechstundenhilfen und anderen mehr oder weniger vorgebildeten Frauen kommandieren...

Das Ergebnis der „Zeugungsschlacht" ist ein soziales System, das zutiefst von Hierarchien und Wettbewerb geprägt wird. Und wenn die menschliche Politik eine konstante Spannung zwischen dem von der Gemeinschaft hochgehaltenen Ideal der Gleichheit und dem privaten Ziel einer glückbringenden Ungleichheit aufweist, so ist das nur ein Spiegelbild unserer Stammesgeschichte...

Die Männer beherrschen allgemein die politische Arena. Die Frauen können einen großen Einfluß auf den Gang der politischen Ereignisse ausüben, aber die formale Organisation, vom Stammesverband bis zum Weltreich, ist vorwiegend ein Geschäft der Männer.

Hierbei handelt es sich unverkennbar um eine Aktivität, die sich von den biologischen Wurzeln des männlichen Verhaltens herleitet. Der Primatenmann herrscht über die Gruppe und sorgt für Ordnung innerhalb ihrer Grenzen. Er schützt sie vor anderen Gruppen und vor Raubtieren. Er betätigt sich politisch im Kreise seiner männlichen Artgenossen, indem er die einen beherrscht, sich bei anderen einschmeichelt und mit wieder anderen – und das ist das Entscheidende – haltbare Bündnisse schließt. In jedem Fall aber dominiert er über seine Weibchen. Die Weibchen üben indes einen nicht zu übersehenden Einfluß aus. Ein Anführer vermag sich nur schwer zu behaupten, wenn er nicht das Vertrauen der weiblichen Tiere besietzt, die im konkreten Sinne als der stabilste Kern der Gruppe zu betrachten sind...

Bei den Menschen können die Politiker zwar auf die weiblichen Wählerstimmen angewiesen sein, aber die Politiker selbst sind fast ausschließlich Männer. Es hat natürlich weibliche Herrscherinnen gegeben, die viele ihrer männlichen Pendants überragten – das gilt zum Beispiel für zahlreiche Königinnen. In diesem Fall ist das Prinzip der Erbfolge von so zentraler Bedeutung, daß eine Frau akzeptiert wird, wenn ein männlicher Nachfolger fehlt. Aber keine Königin hat sich jemals mit weiblichen Beratern, weiblichen Beamten, weiblichen Generälen etc. umgeben. Die Amazonen existieren lediglich in der Phantasie der Männer. Sogar in Gesellschaften, in denen die Thronfolge die Frauen mehr begünstigt, geben die Männer letztlich den Ton an. So etwas wie ein Matriarchat gibt es nicht. Wo die Erbfolge von Frauen bestimmt wird, ist der Erbe eines Mannes der Sohn seiner Schwester, doch ein solches System verleiht der Schwester nicht mehr Macht, als sie einer Ehefrau dort zukommt, wo der Erbe eines Mannes dessen eigener Sohn ist.

Eine der wichtigsten Auswirkungen des Jägerlebens war die Vertiefung der Kluft zwischen Männern und Frauen in bezug auf das Verhalten. Die Männer gingen auf die Jagd, die Frauen nicht. Dies blieb sehr lange ein entscheidender Faktor. Die neuerworbene Fertigkeit, Tiere zu erlegen, ließ die bereits bestehenden Geschlechtsunterschiede noch stärker hervortreten. Denn wenn die Männer sich bisher schon zusammengetan hatten, um über „Politik" zu reden, um den Nachwuchs auszubilden und die Horde zu verteidigen, dann wurde es jetzt noch wichtiger, daß sie sich verbündeten, um außerhalb des Lagers Tiere zu jagen, die mit der Zeit immer größer und gefährlicher wurden und denen nur eine Gruppe, und zwar ausschließlich eine Männergruppe, gewachsen war. Wenn wir uns daran erinnern, daß sich die Größe des Gehirns in diesem frühen Jägerstadium verdoppelte – eine der erstaunlichsten Organveränderungen in der gesamten Natur –, dann können wir ermessen, daß die Selektionsfaktoren, die hier wirksam wurden, in der Tat gewaltig gewesen sein müssen. Aus der alten Bindungsstruktur der Primaten wurde die neue, eindrucksvolle Struktur des kooperativen Jagens. Daraus erwuchs unsere Fähigkeit, auf den relativ schwachen Bindungen, die zwischen Männern existieren, so großartige und anspruchsvolle Strukturen wie etwa Weltreiche, Raumfahrtprogramme, Industrieunternehmen, Bewässerungssysteme oder die mittelalterliche Kirche zu errichten.

Den Frauen muß das Gebaren der Politiker hoffnungslos grotesk und fast erschreckend irrelevant erscheinen angesichts der einfachen Belange des Wahlvolks, der Kinder oder all der Leute, denen es nur um saubere Luft, ein vernünftiges Gemeinschaftsleben und dergleichen simple Belange zu tun ist. Politiker sind wahrhaftig komische Käuze, mit ihren wohlgesetzten Phrasen und ihren Versammlungen, ihren Ausschüssen, absonderlichen Protokollvorschriften und ihrer Angst davor, einen schwachen und furchtsamen Eindruck zu machen.

Tiger & Fox

terschiede in Kleidung und Gebaren keinerlei Bedeutung; für das Jonglieren im Spiel um das Halten der Stellung innerhalb der höheren, beherrschenden Rangstufen unserer sozialen Hierarchie aber sind sie von überragender Wichtigkeit.“

Ein Umstand macht das Rangregeln allerdings wahnsinnig schwer: die krebsartig *verwucherten sozialen Beziehungen* in unseren anonymen *Städten*: „Selbstverständlich haben wir unsere Stammesgeschichte nicht deshalb durchlaufen, um in riesigen Zusammenballungen Tausender und aber Tausender von Individuen zu leben. Unser Verhalten ist darauf abgestellt, daß es in kleinen Stammesgruppen von vielleicht weniger als hundert Individuen funktioniert, bei denen jedes Stammesmitglied jedes andere persönlich kennt, wie es auch bei den Tier– und Menschenaffen der Fall ist. In einer Sozialstruktur dieses Typs regelt sich das Einreihen in die Rangordnung mit Leichtigkeit, und die Hierarchie wird stabil, wenn man einmal von dem allmählichen Wechsel absieht, wie er durch das Älterwerden und Sterben der Mitglieder eintritt. Ganz und gar anders und unvergleichlich stärker belastend ist die Situation in den Städten. Tag für Tag kommt der Städter mit zahllosen Fremden in Berührung – und das ist etwas für alle anderen Primaten–Arten Unerhörtes. Es ist völlig unmöglich, mit ihnen allen in irgendwelche persönlichen Beziehungen hinsichtlich der Rangordnung zu treten, obwohl das eigentlich der natürliche Gang der Dinge wäre. Statt dessen dürfen sie alle durcheinanderwimmeln, nicht beherrscht und nicht beherrschend“ *(Morris)*.

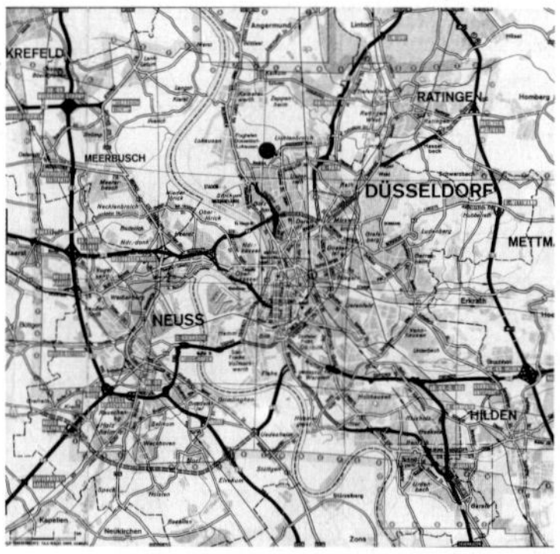

Die Rudimente sozialer Gruppen (Nachbarschaft, Kindergarten, Schulklasse, Verwandtschaft) zeigen dabei durchaus noch Rangordnungen und die Folge: „Eine Analyse der Beziehungen zwischen Rang und Freundschaft ergab, daß die Rangdifferenz zwischen Freunden gegen Null tendiert; rangbenachbarte Kinder sind in der Regel befreundet“ *(Eibl–Eibesfeldt)*. Ich denke, daß im sogenannten Status–Denken ein ähnliches Phänomen auch unter Erwachsenen noch zu betrachten ist – wie immer wir dazu stehen.

Kinder mit hohem Ansehen in Spielgruppen *(Eibl–Eibesfeldt)*

1. Sie treten als Initiatoren von Spielen auf und zeigen generell mehr Initiative als andere Kinder.
2. Sie organisieren die Spieltätigkeit der anderen und bestimmen somit deren Tätigkeit in entscheidender Weise.
3. Sie sind weniger ortsgebunden, bewegen sich freier im ganzen Raum.
4. Sie spielen mit verschiedenen Kindern.
5. Sie nehmen häufiger an Rollenspielen teil.
6. Sie greifen bei Streit schlichtend ein und treten dabei bevorzugt als Beschützer des Schwächeren auf. Sie unterstützen also bevorzugt Verlierer. Während der Zeit allerdings, in der zwei Ranghohe um die Spitzenposition wetteifern, stehen die Emporstrebenden bei Konflikten anderen Ranghohen bei. Sie unterstützen in diesem Falle den Gewinner, anstatt wie sonst den Verlierer. Mit dieser Strategie werben sie um kräftige Freunde. Haben sie so ihre Rangposition gefestigt, dann werden sie wieder zu „Beschützern“.
7. Sie initiieren häufiger körperliche Kontakte. Eine typische Dominanzgeste ist das „schützende“ Handauflegen, primär wohl eine betreuende Geste.
8. Gibt man Ranghohen Bonbons zum Verteilen, dann behalten sie dabei die Kontrolle über die anderen Kinder, die Rangtiefen in diesem Fall sogleich entgleitet.
9. Sie sind aggressiver als der Durchschnitt, aber keineswegs die Aggressivsten.
10. Sie stellen sich häufiger prahlend zur Schau.

… Kinder mit geringem Ansehen

1. Sie achten auf den Ranghöheren.
2. Sie gehorchen den Ranghöheren.
3. Sie fragen mehr.
4. Sie suchen den Kontakt mit Ranghohen.
5. Sie weichen ihnen aber gelegentlich auch aus.
6. Sie bieten den Ranghohen Geschenke und Hilfe an.
7. Sie zeigen den Ranghohen Dinge und erzählen ihnen.
8. Sie geben sich unscheinbar und submissiv.

„Das Verhalten der ranghohen und rangniederen Kinder ist natürlich in vielfacher Weise differenzierter als das Rangordnungsverhalten nichtmenschlicher Primaten. Es stimmt aber in wesentlichen Grundzügen doch so weitgehend überein, das man hier gemeinsames Erbe vermuten darf. Den Menschen und den Primaten gemeinsam sind das Aufmerksamkeitskriterium sowie als Merkmale der Ranghohen insbesondere die unter den Punkten 3, 6, 7, 9 und 10 genannten Kriterien. Für das Verhalten der Rangniederen gilt 2, 4, 5 und 8. Ferner gilt 6 insofern, als Rangniedere Ranghohe lausen.

Eine Reihe weiterer Faktoren bestimmte nach den genannten Untersuchungen den Rang eines Kindes: Ranghohe hatten in der Regel die längste Kindergartenerfahrung; sie waren mit dem Kindergarten vertraut. Buben hatten im allgemeinen eine höhere Rangstellung als Mädchen, und sie zeigten in Deutschland und bei den Buschleuten einen stärkeren Drang, sich anderen gegenüber imponierend hervorzutun. Ferner spielt die gute Beziehung eines Kindes zur Kindergärtnerin eine Rolle, so daß in gemischten Gruppen gelegentlich auch Mädchen die Alphastellung einnahmen. Auch hier knüpft das Verhalten an das der nichtmenschlichen Primaten an. Bei Schimpansen und Rhesus–Affen überträgt sich der Rang der Mutter auf das Kind“ *(Eibl–Eibesfeldt)*.

Blickkontakt

Frauen blicken Frauen *und* Männer häufiger an, als Männer dies tun. In südosteuropäischen und arabischen Kulturen ist Blickkontakt häufiger als in Mitteleuropa. Extravertierte Personen schauen andere länger und öfter an als introvertierte; autistische Personen zeigen nahezu keinen Blickkontakt. Bei Schizophrenen ist er meist sehr reduziert, sie werfen nur kurze, scheue Blicke auf ihren Gesprächspartner. Depressive schließlich blicken den anderen ebenfalls kaum an, sie schauen meist vor sich auf den Boden. Sind Personen körperlich weit voneinander entfernt, ist die Auftretenswahrscheinlichkeit von Blickkontakt größer. Wenn eine andere Person den Blick nicht erwidern kann, sieht man dieser häufiger und länger ins Gesicht. Bei schwierigen Aufgaben, auch bei intimen und affektbesetzten Gesprächsthemen wird der Blickkontakt reduziert. Schließlich blicken wir eher Personen an, denen wir freundlich gesinnt sind, und schauen einer statushöheren Person eher in die Augen als einer, die einen geringeren Status hat als wir selbst... So fanden Fromme und Beam (1974), daß nur niedrig-dominante Personen bei Zunahme von Blickkontakt eine größere interpersonale Distanz wählten, während bei hoch-dominanten das Gegenteil eintrat. Unsichere Männer gaben an, daß sie sich in Gegenwart von Frauen gleichen Alters mehr beobachtet fühlen, während unsichere Frauen sich in Gegenwart von älteren Frauen am meisten beobachtet fühlen... Exline und Messick (1967) berichteten, daß abhängige Personen in Situationen mit geringer sozialer Verstärkung häufiger Blickkontakt zeigen als dominante Personen, die selten, und als abhängige Personen, die häufig sozial verstärkt wurden. Dominante Personen zeigten mehr Blickkontakt bei häufiger als bei seltener Verstärkung, jedoch war dieser Unterschied statistisch nicht signifikant.

Scherer & Wallbott

„Die Erscheinung der sozialen Rangordnung ist bei höheren Wirbeltieren, die aggressiv sind und dennoch in Verbänden zusammenleben, eine regelmäßige Erscheinung. Ausnahmen sind mir nicht bekannt. Damit sich eine Rangordnung entwickeln kann, muß das Individuum einerseits aggressiv sein und nach Rang streben. Es muß aber auch bereit sein, nach Niederlage eine niedere Rangstellung zu akzeptieren und dann zu gehorchen.

Die soziale Rangordnung dürfte ursprünglich in erster Linie ein Mechanismus sein, die Aggressionen innerhalb einer Gruppe zu neutralisieren. Sie ist zunächst nur in diesem Sinne Anpassung. Bei höheren Säugern bilden sich jedoch auf der Basis der Rangordnung arbeitsteilig differenzierte Gruppen. Die Ranghohen übernehmen zum Beispiel bei vielen Affen eine Reihe von Aufgaben. Sie verteidigen die Kleinen, führen die Gruppe, halten sie zusammen und schlichten Streit zwischen Gruppenmitgliedern. Bei Gefahr suchen sie Auswege. Bei diesen Tieren wird die Ranghöhe nicht mehr allein durch körperliche Kraft und Aggressivität bestimmt. Es kommt vor allem auf von uns positiv bewertete soziale Eigenschaften an wie die Fähigkeit, Freundschaften zu schließen und Jungtiere zu betreuen. Ausschließlich aggressive Individuen sind keineswegs besonders ranghoch...

Ranghohe Affen sind bei Gefahr das Fluchtziel der Rangniederen. Erfahrungen werden im allgemeinen von Ranghöheren den Rangniederen tradiert. Dagegen zeigt der Ranghöhere nur geringe Bereitschaft, vom Rangniederen zu lernen. Bei der weiten Verbreitung der sozialen Rangordnung unter den höheren Säugern ist zu erwarten, daß dem Menschen eine Disposition dazu ebenfalls angeboren ist. Dafür gibt es auch viele Hinweise. Zunächst findet man im Kulturenvergleich, daß Rang und Prestige in irgendeiner Form fast immer eine große Rolle spielen. Es gibt zwar egalitäre Kulturen, aber jene, die ich kenne, sind da sicher sekundär. Die oft als Musterbeispiel dafür angeführten Buschleute der Kalahari erzwingen die Gleichheit über besonders ausgefeilte Schenk- und Teilrituale, die für eine gleichmäßige Verteilung des Besitzes sorgen. Darüber hinaus gibt es aber auch bei den Buschleuten Personen von Ansehen. Gute Jäger und Sammler werden geschätzt, ebenso gute Trancetänzer, und man strebt nach Wertschätzung. Jede Horde hat einen Anführer. Schließlich respektiert man die Alten beiderlei Geschlechtes wegen ihrer Erfahrungen. Schließlich entwickeln sich in den Kinderspielgruppen deutliche Rangordnungen.

Das Streben nach Rang und Ansehen führt in den verschiedenen Kulturen zu den merkwürdigsten Prestigesitten. In unserer Kultur schaffen sich die Menschen die seltsamstem Ersatzpyramiden, um dann an deren Spitze zu thronen, sei es als König der Bierfilzsammler oder der Zierfischzüchter. Auch ahmen Rangniedere gerne die Rangsymbole der Ranghohen nach. Schon kleine Kinder streben nach Rang und müssen in diesem Drange eher gebremst als dazu ermutigt werden.

Eine sehr merkwürdige Form innerartlicher Aggression ist die Außenseiterreaktion. Sie richtet sich gegen Gruppenmitglieder, die im Verhalten oder Aussehen von der Norm abweichen. Schjelderup-Ebbe fand, daß Hühner Gruppenmitglieder mit künstlich veränderten Kämmen angriffen, van Lawick-Goodall beschreibt, daß ihre Schimpansen auf Gruppenmitglieder, die durch Kinderlähmung ein verändertes Verhalten zeigten, mit heftigen Aggressionen reagierten.

Auch wir Menschen neigen dazu, Mitmenschen, die sich von der Norm abweichend verhalten oder abweichend aussehen, zu verspotten und anzugreifen. Der Dicke, der Stotternde oder der Rothaarige sind Zielscheibe des Spottes in Schulklassen. Das Verhalten erzwingt die Angleichung des Außenseiters, sofern ihm das möglich ist. Die gegen die Außenseiter gerichtete Aggression hat in diesem Sinne eine normerhaltende Funktion, und das mag in den Kleingruppen der Altsteinzeit adaptiv gewesen sein. Heute gilt das sicher nicht" *(Eibl-Eibesfeldt).*

Selbstbehauptung

Aggressionsrituale * Sebstbewußt sein * Sich behaupten * Disputieren

Im gesamten Tierreich, also auch zwischen den Menschen, existiert immer *innerartliche Aggression*, die aus verschiedenen Gründen für die Arterhaltung sinnvoll sein kann. Es wird dadurch Abstand zwischen Familien geschaffen, der die jeweilige Nahrungsgrundlage gewährleistet *(Revierbehauptungs–Aggressivität)*, es erfolgt die Besiedelung größerer Gebiete, der Kampf zwischen sexuellen Rivalen führt zur Durchsetzung der Gene des Stärkeren, und das Sozialleben wird durch Rangordnungen geregelt (hört! hört!: Seit Jahrzehnten sind wir damit beschäftigt, diese in möglichst allen Bereichen des menschlichen gesellschaftlichen Zusammenlebens einzureißen – welch segensreicher, sozialen Frieden stiftender Prozeß aus dieser Perspektive!).

Ist Selbstbehauptung und Rivalität *spontan oder reaktiv*? Selbstbehauptung hat auf der einen Seite etwas Spontanes, denn hätten wir nicht unser Rivalitäts– und Durchsetzungsbedürfnis, so gäbe es keine diesbezügliche Auseinandersetzung; andererseits, schielt keiner nach meiner Position und meinem Kuchenanteil, so wäre auch Ruhe im Stall – es ist auch ein reaktives Element mit im Spiel. Die Lösung: Wir machen für diese Aggressionsmotive der Selbstbehauptung und Rivalität einfach neben *reaktiv* und *spontan* jeweils eine neue Kategorie auf, was in diesem meinem Werk geschehen ist (ein Konzept, was auch schon im Skalenaufbau des Freiburger Persönlichkeits–Inventars – FPI – realisiert ist).

„Mir selber fällt die Vorstellung schwer, der Mensch könnte, bei entsprechender Erziehung, plötzlich jede Distanz aufgeben und zu einer Kontaktspezies werden, die wahllos über– und untereinanderwimmelt; und es ließe sich irgendeine Ordnung unter Ungleichen und potentiellen Rivalen ohne irgendeine Form von Hierarchie herstellen. Außerdem ist unser Bedürfnis, für eine Ordnung im Raum zu sorgen und bei der Begegnung mit unseren Artgenossen Klarheit darüber zu gewinnen, wer der Über– und wer der Unterlegene ist, so tief verbunden mit unserem Selbstbehauptungsanspruch, der älter ist als alle Gefühle, dem die Gefühle erst auf einer späteren Entwicklungsstufe als ein fortgeschrittener Kontrollmechanismus beigegeben wurden, daß man fast sagen könnte: beide Bedürfnisse sind identisch mit unserem Selbstbehauptungsanspruch. Dann aber ist es auch mehr als unwahrscheinlich, daß wir sie uns bloß ‹ausgedacht› haben oder daß sie uns im Laufe unserer Lebensgeschichte durch Konditionierungen unbewußt anerzogen werden. Was nicht ausschließt, daß Gefühlskonditionierungen und Ratio sie erheblich umgestalten und verunstalten“ *(Zimmer)*.

Aggressionsrituale

Nicht im Sinne der Arterhaltung wäre es, wenn die Tiere und Menschen sich bei territorialen oder Rangordnungskämpfen gegenseitig umbrächten (wie das heute mit unseren Waffen so gepflegt wird). Von daher hat sich die Evolution bei Tieren, die von Natur aus mit gefährlichen Waffen ausgerüstet sind (z.B. Meerechsen – der Mensch ist von Natur aus nur mit seinen Händen ausgerüstet, der Neocortex mit seinen potenten Waffenentwicklungen vom Faustkeil bis zur Neutronenbombe ist bisher noch in einer ausgesprochen kritischen evolutionären Versuchsphase), *Aggressionsrituale, ritualisierte Kampfformen, Turnierkämpfe und Ventilsitten* ausgedacht und mit Erfolg ausgetestet, die es erlauben – etwa in Gesangsduellen bei den *Eskimos* – Aggressionen auf nicht allzu zerstörerische Weise auszuleben.

Zum Beispiel findet man besagte *Gesangsduelle*, die auch noch von Kopfstößen (aua!!) begleitet sein können, in Grönland, auf den Aleuten und an der Westküste Alaskas. Orientiert an einem traditionellen Muster werden für den individuellen Anlaß gestaltete Gesänge vorgetragen, und das Publikum applaudiert dem besseren Sänger, selbst wenn er im Unrecht ist *(Rangordnungsaggressivität)*. Auf diese Weise werden alle Streitgründe, in Ausnahmefällen auch Mord, geregelt. *Eibl–Eibesfeldt* zitiert das Beispiel eines Gesangsduells, bei dem ein Mann versucht, seine frühere Ehefrau von

„Wettbewerb und Wettstreit sind notwendig, damit sich die natürliche Auslese vollziehen kann. Jedes Tier muß mit anderen um Nistgelegenheiten, Territorien, Futter, Geschlechtspartner und Dominanz wetteifern, weil sonst keine Selektion stattfinden könnte. Die Selektion kann selbstverständlich auch das furchtsame Ausweichen begünstigen, wenn es sich um eine Art handelt, die auf Tarnung oder Heimlichkeit oder Fluchtverhalten ausgerichtet ist. Erst nach einer genaueren Untersuchung des Artverhaltens können wir sagen, nach welcher Seite das Pendel ausgeschlagen ist. Bei den erfolgreichen, gesellig lebenden höheren Säugern (unter anderem) ist es entschieden nach der Seite der Aggression ausgeschlagen, und es gibt keine Garantie und vor allem keinen Beweis dafür, daß unsere eigene Art eine Ausnahme bildet“ *(Tiger & Fox)*.

ihrem jetzigen Mann zurückzukriegen. Die zitierten Passagen erinnern teils an Plädoyers bei Gerichtsverhandlungen, sind aber darüber hinaus mit allerlei delikaten Beschimpfungen gespickt. Der frühere Ehemann betitelt seinen Widersacher als „miserable wretch who loves human flesh...", der neue Mann bezeichnet den alten nicht minder zimperlich. Auch im deutschsprachigen Raum finden sich derartige Gesangsduelle oder Wechselgesänge:

„Jetzt hot oana gsunga
is eams Rotz owagrunna
wann er no amoi singt
dann schneuz ma eam gschwind!"

Während hier wohl eher die Lustkomponente bei Spannungsreduktion im Vordergrund steht, handelt es sich bei den Eskimos bemerkenswerterweise um ritualisierte Auseinandersetzungen, die zu ernsthaften und endgültigen Entscheidungen führen.

Noch erheblich weniger zartfühlend geht es bei den kriegerischen *Waika*–Indianern zu. *Eibl–Eibesfeldt* berichtet über verschiedene Abstufungen von Aggressionsritualen, die von *Faustschlägen* auf die Brustmuskulatur bis zum auf die jeweiligen Köpfe gerichteten *Schlagabtausch mit schweren Holzkeulen* reichen. Jeweils zwei Männer stehen sich gegenüber und fügen sich bei den Kämpfen z.T. schwere Platzwunden am Kopf zu, deren Narben sie später stolz auf dem rasierten Schädel präsentieren (etwas Ähnliches kennen wir doch auch, meine verehrten schlagenden Herren Akademiker). Wird einer der Kämpfer bewußtlos, so kommen seine Verwandten herbei und bemühen sich, ihn wieder auf die Beine zu bringen, damit er sich mit einem weiteren Schlag am Gegner rächen kann (keine Angst, so was wollen wir nicht in die Psychotherapie einführen!). Der Gegner wartet indessen und hält seinen Kopf in die schlaggerechte Position. Am Ende des Kampfes äußern die Gegner ihre Zufriedenheit, sich züchtig geschlagen zu haben, Aufregung und Zorn sind vorüber, und die Gegner werden wieder Freunde. Vergleichbare Ritualisierungen sind von Stämmen der *Walbiri* in Zentralaustralien bekannt, wo verärgerte Männer sich gegenseitig mit den *Steinmessern* Rücken und Schultern zerfleischen, bis sie erschöpft zusammenbrechen, um anschließend wieder friedlich nebeneinanderzusitzen – ein Prozeß, den wir mit unserer angeblich friedenstiftenden Jurisprudenz leider noch nicht hinbekommen haben – vielleicht sollten wir doch nicht nur unsere angehenden Psychotherapeuten, sondern auch unsere Juristen ein bißchen zur Nachhilfe zu den Waika–Indianern schicken?

Auch wenn diese Sitten reichlich rank erscheinen mögen, so erfüllen sie doch die Funktion, ernsthaften Streit zwischen befreundeten Dörfern abzufangen, und bieten die Möglichkeit, nach einer solchen harten, aber doch kontrollierbaren Auseinandersetzung wieder friedlich zusammenzuleben.

Selbstbewußt sein

„Daß die Menschen in der industriell–bürokratischen Großgesellschaft sich selber so oft als nichtig erleben, daß sie auf ihre entfremdete Arbeit keinen Stolz entwickeln können, daß sie auch sonst wenig Bestätigung für irgendein Tun und Lassen erhalten, daß sie menschliche Anerkennung suchen und nicht finden und mit der Anhäufung der bloßen Symbole der Anerkennung, Geld und Besitz, kompensieren, daß sie sich nirgends zugehörig fühlen und mit ihrer Gesellschaft und deren Autoritäten so oft nicht einverstanden sind und es vermeiden, sich mit ihr zu identifizieren – all dies beschädigt ihr Selbstbewußtsein und macht sie auch ihren Kindern gegenüber unsicher. Und es ist anzunehmen, daß Menschen mit einem beschädigten Selbstbewußtsein ihren Kin-

„1967 hat die amerikanische Psychologin Diana Baumrind eine kleine, aber sprechende Probe aufs Exempel gemacht. Sie untersuchte 32 drei– bis vierjährige kalifornische Kindergartenkinder, und dann brachte sie in Erfahrung, welcher Art ihr Familienhintergrund war.

Eine Gruppe von Kindern war dabei, die waren selbstbeherrscht, selbstbewußt, neugierig, gesellig, realistisch, kompetent, zufrieden und wußten sich durchzusetzen – sie waren all das, was das Ideal des autonomen Menschen meint. Ihre Eltern, so stellte sich heraus, waren ‹beständig, liebevoll, gewissenhaft und sicher in ihrem Umgang mit den Kindern. Sie achteten die Entscheidungen ihres Kindes, ... begründeten ihre Anforderungen›, zeigten jedoch ‹feste Kontrolle und stellten hohe Ansprüche an ihre Kinder›. Eine andere Gruppe dieser Kinder war unzufrieden, unsicher, furchtsam, weniger offen für Gleichaltrige, in Streßsituationen eher feindselig. Ihre Eltern, so stellte sich heraus, waren weniger liebevoll, führten ein strenges Regime, begründeten ihre Forderungen nicht, ermutigten das Kind nicht, zu äußern, wenn es nicht einverstanden war.

Die dritte Gruppe schließlich umfaßte jene Kinder, die die schwächste Selbstbeherrschung und das geringste Selbstvertrauen zeigten. Ihre Eltern waren selber unsicher und desorganisiert, stellten keine Ansprüche an ihre Kinder, setzten ihnen gegenüber nichts durch" *(Zimmer)*.

dern gegenüber eher eine destruktive Autorität an den Tag legen oder eine unsichere Autorität, die sich selber keinen Glauben schenkt" *(Zimmer)*.

Stolz auf sich selbst zu sein, selbstbewußt sein, ist keine Fähigkeit, die wir erlernen müssen. Kinder *sind* von Geburt an selbstbewußt. Aber leider wird dieses gesunde, natürliche Selbstbewußtsein in unserer dreimalvermaledeiten sog. Erziehung kurz und klein geschlagen: „Mach dies nicht, mach das nicht", „Da siehst du es wieder, habe ich dir nicht gleich gesagt...", „Nein, nein, nein" usw. usf. Untersuchungen haben ergeben, daß heutzutage über 90% aller *elterlichen Äußerungen* Verbote und Gebote sind. Da ist für affirmative, bestätigende Äußerungen nur noch sehr sehr wenig Platz! Kurz und ungut: Unser natürliches Selbstbewußtsein wird in unserer modernen Sozialisation ratzeputze kaputtgemacht – und dann muß 20 Jährchen später so ein Therapeut herbei, der es wieder aufzubauen versucht – na denn, prost Mahlzeit!

„Kinder und Erwachsene (ebenso wie höhere Tiere) greifen solche Hindernisse aggressiv an, die sich ihren Absichten in den Weg stellen, gleich welcher Natur diese Hindernisse sind. Diese Art der Aggressivität ist ein unentbehrliches Verhaltensinstrument, um die Befriedigung lebenswichtiger Bedürfnisse durchzusetzen. Kann das aggressive Verhalten dieses Ziel erreichen, so ebbt die Aggressivität wieder ab. Wenn aber die Erzieher gar nicht merken, daß sie entwicklungsnotwendige Bedürfnisse des Kindes unbefriedigt lassen, und wenn sie dann auch gegen den aggressiven Widerstand des Kindes bei ihrem einengenden Erziehungsstil bleiben, dann tun sie das im Widerspruch zu zwei kindlichen Verhaltenstendenzen: zu den Tendenzen der Verselbständigung (Erkunden, Spielen usw.) und zu denen der Aggressivität, die zur Durchsetzung der Verselbständigungstendenzen mobilisiert worden sind. Das Ergebnis ist dann, falls sich die Erzieher durchsetzen, eine Hemmung sowohl der Verhaltensentwicklung in Richtung zur Selbständigkeit als auch eine Hemmung der Aggressivität... Bei gesunden Kindern sind die Kleinkindjahre durch die Vielzahl der Tendenzen des Selbständigwerdens – Bewegungsdrang, Erkunden, Spielen, Nachahmen usw. – gekennzeichnet; dagegen steht bei den milieubedingten Verhaltensstörungen, die in diesen Jahren ihren Ursprung nehmen, der eine spezielle Verhaltensbereich, die Aggressivität, im Vordergrund" *(Hassenstein)*.

Beck hat die *Stolz–Liste* populär gemacht. „Wir wollen mal Dinge aufschreiben, die Sie an sich gut finden, auf die Sie so ein bißchen stolz sind. Das können kleine Sachen sein wie, daß Sie es genießen können, auf einer Waldwiese zu liegen und den Bienen nachzuschauen; das kann auf der anderen Seite aber auch Ihr atemberaubendes Examen vor 13 Jahren sein oder die Tatsache, daß Sie es schon mehr als 2 Jahre an der Seite Ihres Ehegesponstes ausgehalten haben, ein Mensch mit stabilen sozialen Beziehungen sind. Oder daß Sie gut zuhören können, Musik lieben, sich im Leben eigentlich ganz passabel durchgeschlagen haben. Daß Sie Ihre Eltern nicht umgebracht haben, ja hie und da sogar ganz gut mit ihnen hinkommen. Wir fangen einfach mal an zu sammeln. Was könnten wir denn zuerst aufschreiben?" So könnte der Anfang aussehen. Und siehe da, trotz vehementer Proteste der Patienten zu Anfang der ganzen Prozedur schwenken sie zu 100% recht schnell auf die Stolz–Linie des Therapeuten ein, produzieren Ideen, bekommen immer leuchtendere Augen und machen gegen Ende der Sitzung den Eindruck, als hätten sie nun seit genau 22 Jahren darauf gewartet, daß ihnen jemand die Erlaubnis gibt, einmal über ihre Vorzüge sprechen zu dürfen.

Die in der Sitzung begonnene Liste wird zur nächsten Sitzung zu Hause (Hausaufgabe!) vervollständigt (oder zumindest fortgeschrieben) und wieder mitgebracht. Therapeut und Patient überarbeiten sie in dieser nächsten Sitzung, und sie wird (nächste Hausaufgabe) *schön* zu Hause abgetippt, wieder (in der nunmehr 3. Sitzung dieser Interventionsphase) mitgebracht, vom Therapeuten demonstrativ *für die Akten* fotokopiert und dem Patienten zur täglichen Lektüre ans Herz, in die Brieftasche, unters Kopfkissen oder an die Kühlschranktür gelegt respektive gehängt.

Eine Stolz–Liste

1. Ehe: Kommen gut und harmonisch miteinander aus, Knatsch ist schnell wieder verzogen
2. Mann: Kein Pascha, männliche Attribute sind nicht da (worauf diese Klientin unverständlicherweise stolz war!!? Der Verf.) – neutral, starke Persönlichkeit, zielstrebig, mit beiden Beinen auf der Erde
3. Therapie: daß ich sie in die Wege geleitet habe
4. Mündliche Prüfung: Habe mich gut gehalten
5. Meine Phantasie: Tagträume, könnte gut Kleider entwerfen, Bilder, Dekorationen
6. Toleranz: Politische, soziale Fragen, Rassismus
7. Kritikfähigkeit: Gehe unvoreingenommen an Dinge heran, haben alle 2 Seiten, die man kennen muß
8. Habe Mann bei Vorträgen geholfen
9. Gute Deutschaufsätze in Schule
10. Bei Augenoperation assistiert und laut OP–Plan dabei den Chefarzt & die OP–Schwester in einem ersetzt
11. Habe einmal ziemlich viele Steinpilze gefunden

DER GROSSE BLUFF

SO WERDEN SIE EINE ERFOLGREICHE ANGEBERIN

Warum bescheiden im

Jawohl, ich bin eine Blenderin. Ich stelle mein Licht

Der große Bluff

So werden Sie eine erfolgreiche Angeberin

Jawohl, ich bin eine Blenderin. Ich stelle mein Licht grundsätzlich nicht unter irgendeinen Scheffel, sondern lasse es, wann immer ich eine Gelegenheit wittere, leuchten und strahlen. Mit aller Kraft versuche ich, das ursprünglich eher matte Flackern meiner Fähigkeiten wie einen Laser zu bündeln und auf die Pupillen meiner Mitmenschen abzuschießen. Blenden ist eine Tätigkeit, die das Wahrnehmungsvermögen anderer deutlich einschränkt. Wer von mir geblendet wird, schließt instinktiv die Augen und kann meine Unsicherheit, meine Fehler oder gar meine Schwächen nicht mehr sehen.

Mit dem Blenden kann es, was die wohltuende Wirkung auf die eigene Biographie angeht, nur noch das Millionen–Machen aufnehmen. Nachdenklich stimmt jedoch, daß beide Beschäftigungen von weiten Teilen der Bevölkerung als anrüchig, fast anstößig, geächtet werden. Ein Resultat der elterlichen und lehramtlichen Erziehungsbemühungen. Der Bitte–nach–Ihnen–Pädagogik, die darauf abzielt, anderen die Logensessel des Lebens zu überlassen, während man sich selbst freiwillig in das Gewühle auf den Stehplätzen verbannt.

Auch mir schrieb eine verantwortungslose Tante ins Poesiealbum, ich möge doch bitte blühen „wie das Veilchen im Moose, bescheiden, sittsam und rein, und nicht wie die stolze Rose, die immer bewundert will sein." Weil sie mir diesen Wegweiser in die Verliererabteilung so überaus liebevoll mit Trockenblüten und Silberglitter verzierte, gab ich mir zwischen meinem siebten und siebzehnten Lebensjahr alle Mühe, in puncto Unscheinbarkeit mit dem Zwerggewächs zu wetteifern. Ich war immer brav, drängte mich nie vor, sprach nur, wenn ich gefragt wurde, und schaffte es zu böser Letzt schließlich, mich durch intensives Erröten auch optisch meinem botanischen Vorbild immer mehr anzugleichen. Doch endete meine Karriere als Veilchen jäh und schmerzvoll in der Pubertät. Die Märchenprinzen stiegen nämlich mitnichten von ihren Rössern, um mich, bezaubert von meinen verborgenen inneren Werten, am Wegesrand zu pflücken: Sie galoppierten statt dessen in Rudelformation und mit wachsender Begeisterung hinter den Rosen her, für die sie doch von Rechts und Tante Margas wegen nichts als Verachtung hätten empfinden müssen.

Mit Verbitterung mußte ich zur Kenntnis nehmen, daß ich für den Prinzen überhaupt nicht existierte. Auf mich warteten vor dem Schultor nur die männlichen Veilchen; die ungelenken Jünglinge mit den kalten Schwitzehändchen und den aufgeregt hüpfenden Adamsäpfeln. Wenn sie ihre klapprigen Fahrräder auf dem Nachhauseweg neben mir herschoben, entging ihnen keineswegs, daß ich immer wieder voll Sehnsucht zu den Rosen schielte, die im offenen Käfer–Cabrio mit ihren attraktiven Burschen an uns vorbeisausten. „Das sind doch üble Angeber", sagten die Veilchen dann im vergeblichen Versuch, mir die Knaben madig zu machen.

Allmählich begriff ich: Bei jeder Spezies ist das Balzverhalten mit Imponiergehabe verbunden. Alle geben an, alle machen sich größer, als sie in Wirklichkeit sind. Der permanente Leidensdruck meines permanenten Liebeskummers zwang schließlich auch mich, entsprechende Techniken zu studieren und im stillen Kämmerlein einzuüben. Und siehe da: Nach achtmonatigem Intensivtraining hatte ich nicht nur meinen ersten Prinzen, sondern auch deutlich an Erfahrung gewonnen. Beglückt stellte ich fest, daß das Blenden in sämtlichen Bereichen des Lebens von Nutzen ist. Im Beruf, im Umgang mit Fremden, Freunden und Feinden hat es sich aufs beste bewährt.

Wenn ich nun im folgenden die Grundtechniken aufliste, gebe ich zu bedenken: Das Blenden ist eine hohe Kunst, Talent allein genügt nicht. Nur tägliches Training und eiserne Disziplin führen zur Meisterschaft, unterscheiden den Profi vom Amateur.

Körperhaltung

Wer, auf welchem Gebiet auch immer, Erfolg haben will, braucht als erstes einen guten Auftritt. Im wahrsten Sinne des Wortes. Egal, ob Sie in eine Prüfung, ein Vorstellungsgespräch oder auf eine Fete gehen: Tun Sie es mit federnden, elastischen Schritten, stolz erhobenen Hauptes, mit nach hinten gezogener Schultermuskulatur. Orientieren Sie sich dabei an der königlichen Haltung von Tänzern oder dem arroganten Gebaren von Stierkämpfern.

Halten Sie sich niemals ängstlich an der Türklinke fest, sondern schreiten Sie mutig und forsch in die Mitte des Raumes, wo Sie selbst dann Blickkontakt mit dem/der Erstbesten aufnehmen. Wenn erst mal einer Sie anschaut, werden infolge des Herdentriebes bald alle Augen auf Sie gerichtet sein. Alsdann empfiehlt sich ein gewinnendes Lächeln und eine möglichst lockere Begrüßungsformel (weiteres unter dem Passus „Sprache").

Ein Hund könnte zwar noch Ihre Angst riechen. Da bei uns Menschen jedoch der erste Eindruck stets von optischen Reizen geprägt wird, ist das Resultat eines gelungenen Auftrittes verblüffend. Sie werden prompt in die Gattung der erfolgsgewohnten Jungdynamiker eingestuft, man unterstellt Ihnen Selbstsicherheit, wenn nicht gar Überlegenheit. Selbst die strengste Prüfungskommission hält Sie für blendend (!) vorbereitet und wird deshalb von vornherein darauf verzichten, Sie mittels Fangfragen aufs Glatteis zu locken. Beim Personalchef stellen sich wie auf Knopfdruck Assoziationen der erfreulichen Art ein, wie Sie nämlich selbst Krisen mühelos meistern werden. Was schließlich die Fetengäste anbelangt: Niemand wird auf den Gedanken verfallen, Sie kämen vielleicht deshalb solo, weil erotische Partner für Sie generell Mangelware sind. Statt dessen wird man ihre Erscheinungsform als Single Ihrem verwöhnten Geschmack zuschreiben, neugierig auf Sie werden und alsbald um Ihre Gunst buhlen.

Anfängern empfehle ich auch gern, ein solch positives Entree auf dem gesellschaftlichen Sektor nicht gleich durch ihren naturgemäß noch holprigen Small talk wieder zu vertölpeln. Besser macht es sich, sich schweigend mit einer Schulter an eine zentrale Wand zu lehnen, mit dem Spielbein das Standbein anmutig zu überkreuzen und mindestens eine Hand tief in der Blazertasche zu versenken. In dieser locker–lässigen Haltung stehen Sie selbst den steifsten Empfang und die snobistischste Vernissage heil und sicher durch. Wenn es Ihnen dann noch gelingt, die Lippen zu einem amüsiert–herablassenden Lächeln zu kräuseln, werden Sie, auch wenn Sie keiner kennt, Beachtung finden. Signalisieren Sie doch dadurch jedem Anwesenden, daß solche Veranstaltungen für Sie zum Alltäglichen gehören, mehr noch, daß Sie an weitaus feschere gewöhnt sind. Sie sichern sich damit einen Ruf als weltgewandte Society–Löwin.

Schon bei den simplen Tricks der Körperhaltung wird deutlich, worauf die Kunst des Blendens letztlich basiert: Mit der eigenen zur Schau gestellten Sicherheit werden die anderen permanent verunsichert. Wer dies erst einmal verinnerlicht hat, ist reif für die zweite Lektion.

Requisiten

Niemand soll mir mehr erzählen, im Sport gewinne stets nur der Bessere! Meine die lokale Fachwelt verblüffenden Erfolge im Tennis habe ich keineswegs meinem Aufschlag oder einer zwingenden Vorhand zu verdanken. Aber ich bereite mich auf jedes wichtige Spiel sorgfältig vor, leihe mir von allen Freunden so viel Rackets, wie ich nur bekommen kann. Nachdem ich meine Gegnerin freundlich begrüßt habe, packe ich, ohne unziemliche Hast, meine beachtliche Schlägersammlung von etwa acht bis zehn Exemplaren aus, prüfe kritisch den Saitenklang, mache ein paar kraftvoll elegante Probeschwünge durch die Luft. Nach etwa 15 Minuten, wenn die andere schon ungeduldig mit dem Fuß tippt oder krampfhaft Lokkerungsübungen vollführt, entscheide ich mich dann aufgrund der Bodenbeschaffenheit, der Ballmarke, der Luftfeuchtigkeit und überhaupt – für meinen eigenen Schläger. Selbstredend sind meine Gegnerinnen in den Grundfesten ihres Selbstvertrauens erschüttert. Mit schöner Regelmäßigkeit servieren sie zum Auftakt gleich mehrere Doppelfehler.

Die Bedeutung geschickt ausgewählter Requisiten für das erfolgreiche Blenden kann gar nicht hoch genug eingeschätzt werden. Viel positiven Wirbel um die eigene Person verursachen erfahrungsgemäß Automobile – möglichst Cabrios – einschlägiger Hersteller. Leider kann ich mir so ein Ding auch nicht leisten; ist aber eines meiner Projekte mit einer möglichst spektakulären Vor– oder Vorbeifahrt verbunden, scheue ich mich nicht, bei einem Autoverleiher vorstellig zu werden.

Etwaige Peinlichkeiten, wenn mich die von meiner Leihkutsche Geblendeten einen Monat später in meiner Rostlaube ausmachen, lassen sich leicht aus der Welt schaffen. Ich überführe dann eben gerade gefälligkeitshalber den Wagen einer bettlägrigen Freundin vors Krankenhaus. Erwischt man mich auf dem Rad, hat das natürlich ausschließlich Fitneßgründe. Winterliches Busfahren wird mit dem Umstand begründet, daß beim eigenen Gefährt aufgrund immenser PS–Ausstattung trotz meisterlicher Fahrkunst ständig die Reifen durchdrehen. Gut macht sich dabei das Augenzwinkern geheimen Einverständnisses: Wem sag' ich das...

Die bestgehüteten Bestandteile meiner Grundgarderobe sind drei kleine Etiketten: „100% Kaschmir", „Jil Sander" sowie „Karl Lagerfeld, Paris". Vorzugsweise nähe ich sie in meine Sonderangebotsjacken und –mäntel; überraschende Triumphe lande ich damit regelmäßig bei hochnäsigen Kellnern in Feinschmeckertempeln, deren Beflissenheit steil ansteigt, wenn sie solch ein Teil zur Garderobe tragen dürfen, bei Geschäftspartnern (Denkblase: „Offensichtlich wird sie von der Konkurrenz schon seit langem mit Aufträgen überhäuft") und bei potentiellen Liebespartnern („Sie hat sich für mich in Unkosten gestürzt").

Apropos Liebe: Vor Jahren durfte ich einen Profiblender kennenlernen, der sich mit sicherem Instinkt auf die für ihn wichtigsten Requisiten konzentrierte. Sein Einraumappartement war von denkbarer Kargheit, auf allen „überflüssigen Möbelplunder" (sprich: unrentable Kosten) hatte er verzichtet. In der Mitte des Raumes stand einsam ein riesiges Rundbett. Von plumpen Manövern war er jedoch weit entfernt. Während ich – völlig geblendet natürlich! – noch etwas schüchtern und steif am Bettrand Platz nahm, rief er seine kleine Tigerkatze zu sich, nahm sie auf den Schoß und streichelte sie voll Hingabe, bis ihr verzücktes Schnurren auch das letzte Warnsignal aus meinem Innern übertönte. Ein Meister!

Sprache
Sprache als das subtilste Mittel menschlicher Kontaktaufnahme eignet sich wie kein anderes dazu, ein ursprünglich eher unscheinbares Ego mit Intelligenz– oder Seelenstreß gleisnerisch aufzuschirren.

Mit der schlichten Erwähnung der Tatsache, daß mein Intelligenzquotient über 80 liegt, kann ich niemanden beeindrucken. Um mit meinen bescheidenen Geistesgaben trotzdem zu glänzen, muß ich in die Trickkiste greifen. Damit ich mich auch im geselligen Kreis von Schwerintellektuellen sicher bewegen kann, habe ich mir in den letzten Jahren ein Vokabular kompliziertester Wortgebilde erarbeitet, das ich locker nach Bedarf in die Konversation einblenden kann. Egal, ob ich verstanden habe, was mein Gegenüber gerade minutenlang vormonologisierte: Mit meiner Anregung „Dieses Subjet sollten Sie aber doch lieber multiperspektiv angehen", nehme ich sofort an seiner Seite Platz auf dem Expertenpodium. Wortpomp wie „Die Faktizität der Ereignisse stellt die Thematik doch in einen ambivalenten Kontext" oder „Der Regisseur weicht in seiner inhaltistischen Konzeption ab", läßt mich funkeln und sprühen. Er hat die gleiche Wirkung wie eine Nebelbombe aus dem James–Bond–Auto. Durch die dichten Sprachschwaden kann niemand sehen, daß ich eigentlich keine Ahnung habe. Vor einem Auditorium unternehmungslustiger Yuppies kann ich natürlich selbst mit dem imposantesten Wortgetöse keinen Staat machen: Bei denen zählt nur die Aktion. Aber so bescheiden sich die meine im Vergleich auch ausnehmen mag – sie läßt sich immer noch sprachlich blendend aufputzen. Auch wenn es mich noch so sehr drängt, den Yuppies klarzumachen, daß auch ich dazugehöre, daß auch ich mir voriges Jahr sogar eine Reise nach Mauritius habe leisten können – ich muß mich, so schwer es mir fällt, erst einmal beherrschen. Ich muß warten, bis mir der Gesprächsverlauf irgendeinen ganz anderen Einstieg erlaubt. Erzählt zum Beispiel jemand von seiner neuen Kamera, dann habe ich ein ausgezeichnetes Stichwort. „Neulich in Port Louis", flechte ich dann so beiläufig und cool wie möglich ein, „hat mich meine 28er Optik doch ganz schmählich im Stich gelassen. Aber was soll's. Urlaubsfotos sind ja doch immer Schnee von gestern!" Ein glanzvoller Rundumschlag, mit dem ich nicht nur vornehm auf meine pekuniären Verhältnisse hinweise, sondern auch noch den stolzen Kamerabesitzer glatt aus–blende.

Bewege ich mich auf gesellschaftlich völlig fremdem Parkett, weiß also nicht, mit wem ich es zu tun habe, wende ich eine weitere, ganz andersartige Sprachtechnik an: das Name–Dropping. Selbst wenn es von mir Unbekannten nur so wimmelt: zwei kenne ich mit Sicherheit, und zwar die Gastgeber. Natürlich würde ich mich einem Fremden nie mit dem Small–talk–Auftakt nähern, ob er denn auch ein Freund von Herrn und Frau Schmidt sei. Das wirkt klobig. „Ralf und Inge haben sich aber wieder mächtig Mühe gegeben", weist mich hingegen nicht nur als Insiderin aus, sondern impliziert zugleich auf feine Art, daß den beiden nur unter großen Anstrengungen gelingt, was ich zum Beispiel mühelos zustande brächte.

Mit dem Name–Dropping brilliere ich auf dem Terrain. Meine Faustregel ist: Immer nur Vornamen fallen lassen! Bedeutende Filmemacher, Autoren oder Sportler sind für mich nur „der Niki". Niemand hat sich bislang getraut, mich zu fragen, ob ich die Zelebritäten denn wirklich kenne. Und sollte es mal jemand tun, dann habe ich auch schon eine Antwort parat: „Wer kennt den eigentlich nicht?" werde ich, mit maliziösem Unterton, sagen.

Bei aller Bescheidenheit schmeichle ich mir, es in der hohen Kunst des Blendens inzwischen schon zu einer gewissen Virtuosität gebracht zu haben. Meinem Veilchenstatus weine ich keine Träne mehr nach. Als voll erblühte Rose sonne ich mich im Lichte allseitiger Beachtung. Und wenn ich gelegentlich jemand treffe, der mich aussticht, der mir die Schau stiehlt, dann kann ich ja immer noch die Notbremse ziehen. „Peinlich, diese Aufschneider", pflege ich dann indigniert zu murmeln und mich angewidert abzuwenden. Um mir ein neues Publikum zu suchen.

Darius

... und wo wir gerade beim Angeben sind: Lesen Sie doch mal im abgebildeten COSMO–Heft (Nr. 11, November 1988) die Rezension meines (des Verfassers) Buches „Die Gefühle – ein ausgesprochen emotionales Lehr– & Lesebuch" aus dem Birkhäuser–Verlag, Basel! Die hört sich so an: „Der Autor geht informativ, aber gleichzeitig humorvoll und sinnlich auf die Psyche des Menschen ein – eine Rarität auf dem Psycho–Markt." Man darf gespannt sein, was die COSMO erst zu dem vor Ihnen liegenden Werk sagt!

Soziale Kompetenzen von Kindern im vorsprachlichen Alter

1. zum Kontakt auffordern durch:
   a) Spiellaute
   b) Ausdrucksbewegungen
   c) Umarmintentionen
   d) über Objekte als Vermittler durch:
      Hinweisen auf ein Objekt mit dem Zeigefinger
      Zeigen eines Objektes durch Vorhalten
      Überreichen eines Objektes
      Überreichen von Nahrung und Füttern
2. zum Spiel auffordern:
   a) als Randspieler
   b) durch Herausforderung zur Nachahmung (Aufbau einer Gemeinsamkeit)
   c) durch Mitspielen oder Anbieten eines Spielobjektes
3. Objekte von anderen erwerben:
   a) durch Wegnehmen und Fordern, wobei das Kind mit Verteidigung rechnet, denn es entreißt und droht mimisch. Bereits im vorsprachlichen Alter reagieren sie auf Protest und geben dann zurück. Die Annahme wird aber dann vom Angegriffenen oft verweigert (Schmollen, Kontaktablehnung). Die Ontogenese der Besitznorm ist noch ungeklärt.
   b) indirekt durch Bekunden des Interesses, Erwartungshaltung mit Bittgebärden (Aufhalten der Hand) und Lächeln, Aufbauen einer Gemeinsamkeit durch Bekundung von Übereinstimmung
4. Kontakte lösen, ohne Kontaktabriß zu bewirken (Sich–Verabschieden)
5. Sich–selbst–Darstellen:
   a) als einer, der Betreuung sucht (Kindchenappelle)
   b) als einer, der Betreuung gewährt (Fürsorgeappelle)
   c) imponierend, um Achtung zu gewinnen, und/oder Dominanz über andere
6. Kontakt verweigern, um einen Partner zu bestrafen
   a) durch Schmollen und Abkehr (Blickverweigerung)
   b) durch Ablehnen von angebotenen Gaben
7. Aggressionen abblocken
   a) durch Beschwichtigen: Lächeln, Kopfneigen, Kopfsenken
   b) über Schmollen und Androhung des Kontaktabbruches, Blickvermeidung
   c) Anbieten von Objekten
8. Verteidigen durch Drohen und Kämpfen
   a) von Objekten
   b) von Partnern
   c) des eigenen Individualraumes
   d) der eigenen Rangposition
9. Angreifen
   a) als explorative Aggression
   b) als Beistehen
   c) zur Verteidigung der eigenen Person und von Objekten (präventiv)

Eibl–Eibesfeldt

Beck hat noch eine intensivere Methode erfunden, fehlerhafte, selbstabwertende Gedanken umzupolen: die *2(bis 3)–Spalten–Technik*. Eine DIN–A4–Seite wird längs in 2–3 Spalten geteilt (mittels senkrechter Striche!), über die dann folgende Titel kommen: *links: automatische Gedanken*, wahlweise: irrationale, unvernünftige, negative, abwertende, unsichere; *rechts: vernünftige Gedanken*, wahlweise: positive, selbstbewußte. Nach Maßgabe des Therapeuten taucht, um eine etwaige Situationsabhängigkeit aufzudecken und zu demonstrieren, in der *Mitte* eine 3. Spalte auf: *Situation*, in der dieser Gedanke auftauchte.

Sich behaupten

„Bereits im Alter von einem Jahr zeigen die Buschmannkinder eine Reihe von *Verhaltensweisen der Aggression*, die durchaus funktionell sind. Solche aggressiven Akte werden durch einige sehr charakteristische Situationen ausgelöst:

a) *Das Rauben von Gegenständen*
Ist ein anderes Kind im Besitz eines Gegenstandes, den der Säugling selbst gern haben möchte, dann versucht dieser ihn zunächst zu packen und zu entreißen. Gelingt dies nicht gleich, dann schlägt er nach dem anderen mit der Hand oder er kratzt ihn, oft stößt er ihn mit der Handfläche schiebend um. Das Rauben eines Objektes ist eine elementare Reaktion des Kleinkindes. Ich beobachtete sie in allen mir mittlerweile bekannt gewordenen Kulturen (Waika–Indianer, Samoaner, Europäer, Himba (Bantu), Papuas, Australier, Balinesen u.a.). Sie entwickelt sich gegen das erzieherische Vorbild und oft auch gegen den Erfolg, denn in den meisten Kulturen wird der Objektraub durch Einschreiten der Erwachsenen oder der älteren Geschwister unterbunden. Oft bestraft man den Aggressor, der sich schließlich das Rauben abgewöhnt.

b) *Das Verteidigen von Objekten*
Angegriffene Säuglinge verteidigen ihr Spielzeug. Sie entziehen es zunächst dem Zugriff, und oft wird der Angreifer anschließend geschlagen, umgeworfen oder gekratzt. Die Verhaltensweisen der kleinen Angreifer gleichen einander in bemerkenswerter Weise über die Kulturen hinweg. So fällt überall das Bemühen auf, den Gegner umzuwerfen.

c) *Das Verteidigen eines Platzes*
Im Alter von einem Jahr beginnen Säuglinge den Platz an ihrer Mutter und gelegentlich auch den Spielplatz gegen andere Kinder zu verteidigen. Zwischen Geschwistern kann man mitunter sehr scharfe Rivalität beobachten. Südlich von Tsumkwe filmte ich u.a. eine !Kung–Mutter mit zwei Knaben. Der jüngere war etwa zehn bis zwölf Monate alt, der ältere etwa dreieinhalb bis vier Jahre. Der jüngere duldete nicht die Nähe des älteren. Er trat gezielt nach ihm, wenn er neben der Mutter saß, versuchte ihn zu kratzen und bewarf ihn auch mit Gegenständen. Der ältere war seinerseits bestrebt, dem Bruder etwas anzutun. Er bemühte sich, ihm sein Spielzeug wegzunehmen, und zwar ganz offensichtlich, um ihn dadurch zu ärgern, denn er behielt das Spielzeug nicht, sondern warf es sogleich weg. Auch kratzte und schlug er den Kleinen, wann immer sich dazu Gelegenheit gab. Die Mutter hatte viel zu tun, ihre Söhne voneinander zu trennen. Der jüngere Sohn war bei weitem der aggressivere. Er begann den Streit, und da die Mutter ihn stets beschützte, war der ältere starken Entbehrungserlebnissen ausgesetzt. Er weinte oft aus Wut und Verzweiflung. Manchmal nehmen Buschmannmütter auch fremde Babys kurzfristig an die Brust. Die eigenen sehen das nicht gerne. Sind sie älter, dann dulden sie es, demonstrieren jedoch durch ihr Verhalten, daß die Mutter eigentlich ihnen gehört.

d) *Fremdenablehnung (Fremdenfurcht und Fremdenfeindschaft)*

Mit acht bis zehn Monaten beginnen Buschmannbabys Fremdenfurcht zu zeigen. Nähert sich ihnen ein Fremder, dann wenden sie sich ab und klammern sich schutzsuchend an ihre Bezugsperson, den Kopf an deren Körper bergend. Oft weinen sie. Mit zunehmendem Alter ändert sich die Reaktion. Die Kinder fliehen nicht nur, sie wehren den Fremden auch aktiv ab, indem sie z.B. nach ihm schlagen. Ich habe die Fremdenablehnung durch das Kleinkind auch in vielen anderen Kulturen beobachtet. Es handelt sich um eine elementare, wohl angeborene Verhaltensweise des Menschen. Diese Annahme konnte ich durch Beobachtungen an taubblind Geborenen erhärten. Bei diesen Kindern entwickelt sich die Fremdenablehnung, obgleich die Kinder nie schlechte Erfahrungen mit Fremden sammeln" *(Eibl–Eibesfeldt)*.

Wolpe führte *Selbstunsicherheit* (er benutzte hierfür den Ausdruck *unassertivness*) hauptsächlich auf eine zugrundeliegende Angst zurück. „Die Bezeichnung Selbstbehauptung steht für die sichtbare Äußerung aller Gefühle, die sich von Angst unterscheiden... Selbstbehauptung beinhaltet zwar im allgemeinen ein mehr oder weniger aggressives Verhalten, es kann jedoch auch freundliche, herzliche und andere, nicht angstbetonte Gefühle einbeziehen."

Selbstsicheres Verhalten demonstriert sich für *Wolpe* vor allem durch Äußerung von Gefühlen (außer Angst), wobei Ärger und Aggression im Vordergrund stehen. Mit dem Verfahren der Systematischen Desensibilierung vermittelte er seinen Klienten diese Verhaltensweisen, die seiner Ansicht nach mit Angstreaktionen inkompatibel sind, d.h., es findet eine reziproke Hemmung statt.

Eine reaktive Form der Selbstbehauptung ist die aggressive *Selbstverteidigung* bei einem persönlichen Angriff, der verbal oder tätlich sein kann. Diese Aggressionsart würden wir unter Selbstbehauptung subsummieren, wie auch die selbstbehauptende Partizipation an der *Aufteilung eines Kuchens*. Beide Situationen zeichnen sich dadurch aus, daß, egal wie sie ausgehen, die Summe von Kosten und Nutzen über beide Interaktionspartner summiert konstant ist: Im Extremfall ist einer der Verlierer und der andere der Gewinner, oder beide treffen sich in der Mitte und teilen sich den Kuchen halbe halbe auf. Solche Situationen nennen wir *Konstant–Summen–Situationen*, oft auch unscharf Null–Summen–Situationen genannt. Im Konzept der Sozialen Kompetenz sind bisher in erster Linie solche Konstant–Summen–Situationen angesprochen worden.

Seit Jahrzehnten entwirft, entwickelt und überprüft die *Sozialpsychologie* Spiele zum *Nicht–Null–Summen–Paradigma*. Dagegen geht die *Klinische Psychologie* in ihren Konzepten zur sozialen Kompetenz noch immer von den unrealistischen Null–Summen–Situationen aus: entweder ich oder der andere. Die Lösung ist der Kompromiß: jeder die Hälfte, Durchsetzen der eigenen Rechte und Bedürfnisse, ohne die der anderen zu verletzen. Von Rivalität, Kooperativität, Vertrauen & Mißtrauen, Streben nach absolutem oder relativem Gewinn, Gerechtigkeitsanspruch, kooperativen Angeboten & Abblocken von Übervorteilungsversuchen, von kooperativer Risikobereitschaft ist bisher nicht die Rede gewesen.

Für das vorliegende Werk erscheint daher eine *Definition der Selbstsicherheit* von *Zimmer*, in der die beiden Bereiche Durchsetzungsvermögen und soziale Kontaktaufnahme gleichermaßen berücksichtigt werden, am geeignetsten: „Selbstsicheres Verhalten ist erfolgreiches Interaktionsverhalten, das dem Individuum größtmöglichen Gewinn bei vergleichsweise geringem Aufwand bringt, ohne daß die Interessen des Partners übergangen werden."

„Ist eine Partnerbeziehung ein Nullsummen– oder ein Nichtnullsummenspiel? Um das zu beantworten, müssen wir uns fragen, ob es zutrifft, daß da die ‹Verluste› des einen Partners dem ‹Gewinn› des anderen entsprechen. Und hier scheiden sich die Geister. Der Gewinn, zum Beispiel, der im eigenen Rechthaben und dem Nachweis des Irrtums (dem Verlust) des Partners liegt, läßt sich durchaus als Nullsummenspiel auffassen. Und viele Beziehungen sind es auch. Um sie dazu zu machen, genügt es, wenn einer der beiden eben das Leben als Nullsummenspiel sieht, das nur die Alternative zwischen Gewinn und Verlust offenläßt. Alles weitere ergibt sich zwanglos, auch wenn die Philosophie des anderen zunächst nicht dahingehend ausgerichtet war. Man spiele also Nullsumme auf der Beziehungsebene – und man kann sich darauf verlassen, daß die Dinge auf der Objektebene langsam, aber sicher zum Teufel gehen. Was Nullsummenspieler nämlich leicht übersehen, verbissen, wie sie in die Idee des Gewinnens und gegenseitigen Übertrumpfens sind, ist der große Gegenspieler, der (nur scheinbar) lachende Dritte, das Leben, demgegenüber beide verlieren. Warum fällt es uns bloß so schwer, einzusehen, daß das Leben ein Nichtnullsummenspiel ist? Daß man daher gemeinsam gewinnen kann, sobald man nicht mehr davon besessen ist, den Partner besiegen zu müssen, um nicht besiegt zu werden? Und – für den routinierten Nullsummenspieler ganz unfaßlich – daß man sogar mit dem großen Gegenspieler, dem Leben, in Harmonie leben kann?" *(Watzlawick)*.

Auf einer ausgesprochen praktischen Ebene geben *Ullrich & Ullrich 7 Charakteristika sozial kompetenten Verhaltens* an:

- Den Willen haben, für sich selbst zu entscheiden und die eigenen Gefühle und Ansprüche kennenzulernen.
- Blockierende unangenehme Gefühle, die eigene Unsicherheit verlernen.
- Wissen, wie man etwas am wirkungsvollsten und zweckmäßigsten erfüllt.
- Die Wünsche, Erwartungen und die Forderungen anderer Menschen richtig erkennen, deren Berechtigung abwägen und sie zu angemessener Zeit berücksichtigen.
- Den Spielraum und die Sachzwänge sozialer Strukturen, Einrichtungen und die Rolle deren Vertreter analysieren und diese Erkenntnisse in das eigene Verhalten mit einbeziehen können.
- Wissen, welches Verhalten wann, wo und im Hinblick auf die Erwartungen der anderen, auf die eigenen Ansprüche und die Möglichkeiten der sozialen Struktur angezeigt ist.
- Wissen, daß soziales Kompetentsein nichts mit Aggression zu tun hat, sondern auch Rechte und Gefühle des anderen respektiert.

In ähnlicher Weise grenzen *Lange & Jakubowski* selbstsicheres Verhalten ein als das Einstehen für persönliche Rechte und das Ausdrücken eigener Gedanken, Gefühle und Einstellungen in direkter, aufrichtiger und angemessener Art, die nicht die Rechte anderer Personen verletzt. Auch die Autoren *Liberman et al.*, *Dawley & Wenrich* und das Ehepaar *Galassi* sehen und definieren so assertives Verhalten und selbstvertrauende Einschätzung der eigenen Person und anderer Menschen. *Lazarus* gibt folgende *Gliederung sozial kompetenter Verhaltensweisen*:

- Die Fähigkeit, Nein zu sagen.
- Die Fähigkeit, jemanden um einen Gefallen zu bitten oder einen Wunsch zu äußern.
- Die Fähigkeit, positive und negative Gefühle adäquat ausdrücken zu können.
- Die Fähigkeit, allgemeine Konversation zu beginnen, aufrechtzuerhalten und zu beenden.

Ich möchte eine Reihe der zwischenmenschlichen Situationen, deren Bewältigung im Kontext der sozialen Kompetenz angesprochen wird, daraufhin untersuchen, welchen Nutzen und welche Kosten die an der Interaktion beteiligten Personen bei den verschiedenen Situationsausgängen haben bzw. hätten. Hierzu einige spieltheoretische Vorüberlegungen:

Kosten und Nutzen einer jeglichen Handlungsalternative hängen im allgemeinen in sozialen interaktiven Situationen von der Kombination der eigenen Handlung und der Handlung der anderen an der Interaktion beteiligten Personen ab. Im Falle der dyadischen Interaktion – und auf solche wollen wir die Betrachtung beschränken – lassen sich die unterschiedlichen Situationsausgänge für die beiden Beteiligten in Form einer *Auszahlungsmatrix* darstellen. Im einfachsten Fall hat jeder der beiden Personen zwei Handlungsalternativen, so daß sich für jeden eine 2 x 2–Matrix des *Netto–Nutzens* (Nutzen – Kosten) ergibt.

Betrachtet man nach diesem Schema die Beispiel– und Übungssituationen der verschiedenen *Trainingsprogramme* zur sozialen Kompetenz, so stellt man fest, daß ein Großteil der Situationen als nach dem Konstant–Summen–Paradigma aufgebaut betrachtet werden: Die Summe von Kosten und Nutzen der an der Interaktion beteiligten Personen soll für alle möglichen Situationsausgänge konstant sein. Einige beispielhaft genannte *Übungssituationen* sollen das verdeutlichen. Die *Übungen* können im Rollenspiel eingeübt werden und als In–vivo–Training entweder in der Gruppe mit dem Therapeuten bzw. Trainer oder als Hausaufgabe draußen geübt werden. Dabei sollten sie natürlich dem individuellen Schwierigkeitsgrad nach gestaffelt werden. Die in der Literatur genannten Übungsprogramme tun das schon recht gut und sind für solche

Übungen sehr zu empfehlen. Ich möchte von verschiedenen Autoren (ein wenig repräsentativ) einen Querschnitt an Übungen aufführen, damit sich der (an)gehende Psychotherapeut ein Bildchen darüber machen kann, welches Programm er als erstes in die Hand (und die Mache) nimmt.

Selbstsicherheitstrainings

Ullrich & Ullrich:
- O Entgegenkommenden Passanten nicht ausweichen; als erster durch Tür eines Lifts, Kaufhauses oder Verkehrsmittels gehen (ohne andere rücksichtslos beiseite zu schubsen!!)
- O Inanspruchnahme eines reservierten Platzes (Zug, Restaurant, Theater, Konzert)
- O Durchsetzung von Beschwerden, eigenen Steuervorstellungen und Gehaltsvorstellungen bei Behörden und Chefs
- O Ablehnen unberechtigter Forderungen eines Partners (Mutter, Vater, Schwiegereltern, Mann, Frau, Kinder…)
- O Aus– und Anprobieren diverser Schuhe (immer die armen Schuhgeschäfte – nur weil der Verkauf ein wenig Umstände macht!) und Verlassen des Geschäfts ohne Kauf
- O Umtausch von etwas, das Ihnen jetzt nicht mehr gefällt
- O Sich im Speiselokal 2–3 Spezialitäten erklären lassen (das mit dem Zurückgehenlassen von kaltem/versalzenem/saurem/zu durchgebratenem/angebranntem Essen ist natürlich auch drin)
- O Die Aufmerksamkeit anderer Gäste im Lokal auf sich lenken (geräuschvoll schneuzen, laut niesen, eine Gabel fallen lassen und vom Ober ein neues Besteck verlangen, sich verschlucken, heftig husten…)
- O Vordrängler, Ruhestörer, Sichtversperrer (Kino, Sonne, Aussicht), Vertreter, Betrüger, aufdringliche Nachbarn (wo gibt's die noch?), Kreditbitter, Kollegenaufträge & –forderungen, Beschuldiger zurück–, in Schranken oder beiseite weisen

Alberti & Emmons:
- O Sich um 2 Uhr morgens gegen Lautstärke und Munterkeit der 12jährigen Tochter und ihrer 5 Freundinnen verwahren in einem Tonfall, der erkennen läßt, daß Sie es ernst meinen
- O Dem um Stunden verspäteten, leicht angetrunkenen Ehemann erklären, daß sein kaltes Essen in der Küche steht
- O Tante Margrets (keine Erbtante!) Besuchsankündigung gleich am Telefon von drei Wochen auf ein Wochenende runterschrauben
- O Sohn Erich bei seiner Rückkehr von einer Schulparty um 3 Uhr früh sagen, daß man sich Sorgen gemacht hat
- O Als Kunde, Untergebener, Chef, Student alles mögliche zurückweisen oder verlangen

Lange & Jakubowski:
- O Zurückweisung unangemessener und zu umfangreicher Arbeit
- O Bitten um einen guten Platz in einer Warteschlange
- O Verbale Zurückweisung von Unterbrechungen, Forderungen, Anweisungen oder unerwünschten Angeboten
- O Bitten um eine Gehaltserhöhung

Liberman et al.:
- O Den Vermieter darum bitten, Reparaturen durchzuführen
- O Sich der unfairen Kritik des Vorgesetzten widersetzen
- O Dem Ehemann klarmachen, daß man als Frau wieder arbeiten gehen möchte; den Ehemann darum bitten, daß er einige Pflichten bei der Kindererziehung mit übernimmt; darum bitten, den Familienwagen fahren zu dürfen

Feldhege & Krauthan:
- O Einen lauten Hausmitbewohner eindringlich bitten, abends die Haus– und Wohnungstür leise zu schließen
- O Mit einem zigarettenrauchenden Arbeitskollegen eine Regelung treffen, nur noch in den Arbeitspausen oder außerhalb des Zimmers zu rauchen
- O Meine Grundrechte (7 sind mit Erläuterungen aufgeführt), meine Rechte am Arbeits/Ausbildungsplatz und als Schüler (Hausaufgaben, Klassenarbeiten, Klassensprecher) wahrnehmen und wahren
- O Personalchef um einen Tag Urlaub (für Hochzeit der Schwester) ersuchen
- O Hausbesitzer zur Reparatur eines defekten Wasserrohres veranlassen
- O Ein zu großes Kleidungsstück umtauschen
- O Den Vorgesetzten eines ungefälligen Beamten zu sprechen wünschen
- O Einen Mitreisenden auffordern, im Nichtraucherabteil nicht zu rauchen
- O Beim Autokauf um den Preis handeln
- O Einen Buchladen wieder verlassen, wenn das gewünschte Buch erst bestellt werden müßte (gut, daß das *vor* dem Erscheinen von *Feldhege & Krauthan* nur wenige zu machen pflegten – sonst wäre bis heute noch *nicht ein* Exemplar dieses Werkes über den Ladentisch gegangen!)

Der Erfolgsautor *Kirschner* hat's mehr mit der Gesundbeterei. Zum Mutmachen ist das Büchlein ganz nett, die Vorschläge halten sich allerdings derart im Allgemeinen auf, daß für die konkrete Praxis wohl selten was bei rumkommt. Auch hat er selbst mit einigen emotionalen Gegebenheiten, wie z.B. dem Prestigedenken oder seinem sozialen Anerkennungsbedürfnis, große Probleme. Ich habe versucht, was aus dem Band herauszuziehen, voila:

„Die Welt, in der die Gemeinschaft alles ist und der einzelne nichts, ist eine Erfindung von Leuten, die andere für ihre eigenen Interessen gefügig machen wollen. Als Lohn versprechen sie Frieden und Einigkeit, Sicherheit und Glück und auch sonst alles, wonach wir uns sehnen. Was ist von diesen Versprechungen bisher eingetreten? Sehen Sie sich um, dann wissen Sie, was daraus geworden ist. Nüchtern müssen wir erkennen:
- O Wer immer nur Rücksicht auf andere nimmt, ohne an sich selbst zu denken, wird ausgenützt.
- O Nachgiebigkeit wird als Schwäche ausgelegt und verleitet andere dazu, uns weiter auszubeuten.
- O Niemand hilft uns, wenn er nicht selbst dabei einen Vorteil sieht. Und sei es nur der, sein schlechtes Gewissen zu beruhigen.

Die Schlußfolgerung liegt nahe: Den Nutzen, den eine Gemeinschaft aus den Opfern einzelner zieht, ist nichts weiter als der Nutzen, den einige wenige aus der Gemeinschaft ziehen."

Da ist dann noch die Aufforderung, endlich erkennen zu wollen, was man im Leben *wirklich* will und nicht nur, um anderen zu gefallen – ja was will ich denn wirklich? Und will ich es wirklich *nicht*, um anderen zu gefallen, bla, bla, bla usw. usf. Ich erspare es dem geneigten(r) Leser(in). Wer weiß, wie man ein Egoist ist, und dazu nur noch die nötige Erlaubnis und Rechtfertigung braucht, dem hilft dieses *erbauliche Werk*!

Die Zuflucht

Zweck:
Diese Übung sieht vor, daß dem Individuum irgendeine Aktivität oder ein bestimmter Bereich ausschließlich vorbehalten ist, ohne daß die anderen Angehörigen der Familie oder der sozialen Gemeinschaft daran teilnehmen können oder Zutritt dazu haben. Durch diese Übung soll man lernen, sich solche Intimbereiche zu schaffen und sie zu nutzen. Wir empfehlen jedem Angehörigen einer Gemeinschaftsgruppe, einen bestimmten Bereich für sich zu bestimmen und von den anderen zu verlangen, daß sie ihn respektieren. Diese Intimbereiche sollten Bestandteil einer jeden Beziehung sein als wirksame Maßnahme – nicht gegen Trennungen, aber doch gegen übermäßigen Schaden, Schmerz oder Gewalttätigkeiten, die allzuoft damit verbunden sind. Die Intimbereiche sollen auch immer wieder daran erinnern, daß psychologische Abhängigkeiten sehr erschöpfend wirken können und daß regelmäßig, in periodischen Abständen schöpferische Kontaktpausen eingelegt werden müssen. Solche Intimbereiche helfen also nicht nur dabei, endgültige Trennungen zu erleichtern, sie ermöglichen vielmehr auch zeitweilige Ferien der Partner voneinander, ohne damit gleichzeitig Angst vor Zurückweisung und andere Motive für destruktive Feindseligkeit hervorzubringen. Zusätzlich soll der Intimbereich Sicherheitszonen schaffen vor jeder Art von Aggression, sei sie nun konstruktiv, programmiert oder anders. Eine so hoch spezialisierte Form des Intimbereichs erlaubt bestimmten Interaktionsmustern – wie z.B. Streiten – keinen Zutritt. Man kann nun andere Bereiche so kennzeichnen, daß innerhalb ihrer Grenzen vorübergehend bestimmte Aktivitäten nicht gestattet sind – z.B. Sexualität, Trinken, Fernsehen, zu bestimmten Partys gehen usw. Auf diese Weise kommt jeder Partner hin und wieder zu einer sehr notwendigen Verschnaufpause. Unglücklicherweise werden gerade im Beginn einer Beziehung Intimbereiche geschafffen. Wenn dann aber einmal – scheinbar aus heiterem Himmel – das Bedürfnis, sich zurückzuziehen, erwacht, so kann dies Panik auslösen und eine Überbewertung von Feindseligkeitsgefühlen nach sich ziehen, da man versucht, sich sein Freiheitsbedürfnis zu erklären. Paradoxerweise wird hierdurch eine Trennung beschleunigt und die Motivation hierfür intensiviert. Es ist typisch für eine Partnerschaft ohne Intimbereiche, daß der Ausbruch eines lange angewachsenen Bedürfnisses nach Unabhängigkeit mit Entsetzten zur Kenntnis genommen wird. Was bei vorhandenen Intimbereichen eine vorübergehende, erholsame Trennung gewesen wäre, endet hier mit einem destruktiven Bruch. Die Beherrschung einer Intimbereich–Strategie vermindert die Wahrscheinlichkeit für gewaltsame Trennungen und unnötige feindselige Interaktionen, die oft auch bei vorübergehenden Trennungen vorkommen.

Verfahren:
1. Achten Sie darauf, ob Sie manchmal bei einer Labor–Übung früher ermüden als die anderen. Wenn dies der Fall ist, auch wenn Sie anfangs stark engagiert waren, müssen Sie sich möglicherweise einen Zufluchtsbereich schaffen. (Das ist auf jeden Fall besser, als gegen Ihren Wunsch weiterhin an der Gruppen–Aktivität teilzunehmen.)
2. Wenn Sie bei der Einführung einer neuen Übung das Gefühl haben, Sie könnten bei ihrer Durchführung nach einer Zuflucht verlangen, definieren Sie eine solche vor Beginn der Übung und fragen Sie Ihre Partner, ob sie damit einverstanden sind. Als Zuflucht kann gelten:
   a) ein Aus–Signal (ein Wort oder eine Geste genügt);
   b) eine bestimmte Handlung oder Verhaltensweise, die nur Ihnen vorbehalten ist;
   c) eine Zeitgrenze;
   d) ein Signal zur Rückkehr in die Gruppe. Zeigen Sie Ihre Beschreibung der vier Zufluchtselemente der Gruppe und verhandeln Sie gemeinsam über nötige Änderungen, so daß Sie und auch die Gruppe zufriedengestellt werden.
3. Nehmen Sie an der neuen Übung teil. Möglicherweise brauchen Sie Ihre Zuflucht gar nicht. Spüren Sie jedoch früher als irgendein anderer aus der Gruppe Erschöpfungsanzeichen, so machen Sie Gebrauch von Ihrer Zuflucht. (Die zweite Phase einer „Verrücktmacher–Übung", in der eine Person mit einem „Verrücktmacher" konfrontiert wird, stellt eine Situation dar, in der eine Zuflucht anzutreten anzuraten sein könnte.)
4. Schaffen Sie sich Ihre eigene Version einer Verhaltens–Zuflucht. Hier folgen einige Vorschläge, die für Ihre Situation angemessen sein können oder auch nicht:
   a) gymnastische Entspannungsübungen,
   b) Spaziergang,
   c) Kaffee trinken,
   d) in einer Ecke sitzen und lesen.

Bach

Petermann:
- O Sensibilisierung für Gesichtsausdrücke (Glück, Überraschung, Trauer, Furcht, Wut, Ekel, Verachtung und Interesse)
- O Stimmigkeit von Gesichtsausdruck und Selbstverbalisation
- O Kognitiver Abbau von Angstvermeidungsverhalten
- O Diskriminationsfähigkeit für Sozialverhalten und Gefühlszustände anhand von Comic–Sequenzen usw. usf. (fast nicht auflistbar)

Frau *Petermann* hat sich allerlei Spiele, Übungen, Videofilme, Tonkassetten, Fragebögen, Comics, Bildchen, Arbeitsblätter, Verstärkerpläne, Selbstgespräche, Situationsbeschreibungen, Beobachtungsbögen und Instruktionskärtchen ausgedacht. In ihrem theoretischen Anspruch betreibt sie einen *Therapieziele–Rundumschlag*: Bewußtmachen von sozialer Angst und unsicherem Verhalten, Sensibilisierung der Wahrnehmung, Reflexion von Erwartungen, Beurteilungskriterien und Verhaltensweisen (hört, hört!), Selbstkontrolle, Einüben von Verhaltensweisen aus unterschiedlichen Verhaltensbereichen in Abstimmung zu verschiedenen Interaktionspartnern – der nackte Wahnsinn! In der *Praxis* sieht das dann, obwohl programmatisch eingefaßt, völlig chaotisch, aber genial und, wahrscheinlich, sehr sehr effektiv und wirkungsvoll aus.

Neben den Übungssituationen führen *Feldhege & Krauthan* auch Prinzipien und Beispiele für selbstsichere verbale und nonverbale Ausdrucksformen auf. Für *Redewendungen*, mit denen man berechtigte Ansprüche und Forderungen äußern kann, nennen sie:

1. *„Ich"–Gebrauch* anstelle von „man" oder „wir" (unsicher) bzw. „Du" oder „Sie" (aggressiv – nach Meinung der Autoren!).
2. *Gebrauch von direkten Aufforderungen* statt indirekter (unsicher) oder kategorischer (aggressiv).
3. *Eindeutige und konkrete Formulierung der Forderung:* Welche Forderungen und Anliegen habe ich? Wie kann ich sie unmißverständlich ausdrücken? Was muß ich unbedingt dazu sagen, damit der andere genau weiß, was ich will?

An Beispielen nennen sie Formulierungen wie „Ich verlange von Ihnen...", „Ich habe ein Recht auf...", „Ich möchte Sie noch einmal eindringlich auf Ihre Pflichten..." Dabei springt einem permanent und in jeder Tabelle die panische Angst der Autoren (die sie mit 99% aller Selbstsicherheitstheoretiker und –praktiker teilen) vor aggressivem Verhalten ins Gesicht. Bloß nicht die Contenance verlieren, immer schön beherrscht und cool bleiben. Daß das nicht Tenor des vorliegenden Werkes ist, brauche ich wohl nicht zu betonen.

„...und dann hab ich zu ihm gesagt: Chef,
hab ich gesagt, noch so ein Wörtchen
und wir sind geschiedene Leute.
Du, der hat zuerst geguckt wie ein Auto.
Nun ja, ich hab ihn etwas zu hart rangenommen,
zugegeben, aber ich glaube, er hat jetzt kapiert,
wen er sich da als Layouter geholt hat.
Du, ich trau ihm ehrlich zu, daß er
mein bestimmtes Auftreten letztlich zu schätzen
weiß..."

Auch *Alberti & Emmons* sorgen sich um die *parasprachlichen Merkmale* selbstsicheren Verhaltens und meinen da welche ausgemacht zu haben (das ist ein schwieriges Metier: Jeder hat eine hohe Evidenz und Sicherheit bezüglich dessen, was er für selbstsicher hält – aber interpersonell kommt empirisch–wissenschaftlich immer kein Konsens raus):

– *Blickkontakt:* klar
– *Körperhaltung:* ungewöhnliche Nähe aufbauen (*Rost*: leicht breitbeinig und –armig stehen, dabei etwas nach vorne geneigt, ohne den Kopf zu senken – die typische Orang–Utan–Haltung)
– *Gesten:* angemessen (nicht übertrieben gestikulieren)
– *Gesichtsausdruck:* mit der Aussage übereinstimmend
– *Ton, Modulation und Lautstärke:* gleichbleibend (halte ich z.B. für Quatsch!)
– *Zeitpunkt:* der richtige (manche Autoren schrecken aber auch vor keiner nonsenshaften Banalität zurück)

Bei den langfristigen Bewältigungstechniken ist die *Einstellungsänderung* recht interessant. Die Autoren gliedern sie in 4 Schritte:

1. Schritt: Analyse und Beschreibung der alten, unangemessenen Einstellung.
2. Schritt: Erarbeitung einer neuen, angemessenen Einstellung.
3. Schritt: Verstärkung der neuen Einstellung, worunter sie verstehen, daß man die neue Einstellung durch möglichst viele Argumente für sie und möglichst viele gegen die alte absichert. Diese sind möglichst oft ins Gedächtnis zu rufen.
4. Schritt: Überprüfung der Einstellungsänderung, d.h., sie im Verhalten und Handeln erproben, zu revidieren oder zu festigen.

Ganz gleich gliedern sie die *Zukunftsplanung*, wobei zu derlei Fragen schon von anderen Autoren im Rahmen der Erarbeitung von Problemlösefertigkeiten Elaborierteres gesagt und geschrieben wurde.

Disputieren

Smith sagt uns, wie man *ohne Skrupel Nein* sagt, nach *Lazarus* eine der vier Kategorien sozial kompetenten Auftretens. Der Autor hat's mit der *Sprache*, die er für die aggressive mitmenschliche Auseinandersetzung als Segen der Evolution preist. Bei *Eibl–Eibesfeldt* schimmert eine ähnliche Anschauung auch durch, während Autoren wie *Tiger & Fox* die Sprache (neben der Fähigkeit zur Waffenentwicklung & –gebrauch) als einen der Hauptverantwortlichen für die militanten, todbringenden zwi-

„Der Mensch ist also nicht instinktiv gezwungen, zu kämpfen oder zu fliehen, wenn er überleben will. Er besitzt die einzigartige Fähigkeit, mit anderen sprechen zu können und auf diese Weise Schwierigkeiten zu bewältigen" *(Smith)*.

Anleitung zum Unglücklichsein
Wenn Du mich wirklich liebtest; würdest Du gern Knoblauch essen

Schon vor 70 Jahren verwies Bertrand Russell darauf, daß Aussagen über Dinge und Aussagen über Beziehungen streng zu trennen sind. „Dieser Apfel ist rot", ist eine Aussage über die Eigenschaft dieses Apfels. „Dieser Apfel ist größer als jener", ist eine Aussage, die sich auf die Beziehung *zwischen den beiden Äpfeln* bezieht und die daher nichts mit dem einen oder dem anderen Apfel allein zu tun hat. Die Eigenschaft des Größerseins ist keine Eigenschaft eines der beiden Äpfel, und es wäre glatter Unsinn, sie *einem* der beiden zuschreiben zu wollen.

Diese wichtige Unterscheidung wurde später vom Anthropologen und Kommunikationsforscher Gregory Bateson aufgegriffen und weiterentwikkelt. Er stellte fest, daß in jeder Mitteilung immer beide Aussagen enthalten sind; oder in anderen Worten, daß jede Kommunikation eine Objekt– und eine Beziehungsebene hat. Damit hat er uns geholfen, besser zu verstehen, wie man mit einem Partner – irgendeinem Partner, aber je näher desto besser – rasch in Schwierigkeiten kommen kann.

Nehmen wir an, eine Frau fragt ihren Mann: „Diese Suppe ist nach einem ganz neuen Rezept – schmeckt sie dir?" Wenn sie ihm schmeckt, kann er ohne weiteres „ja" sagen, und sie wird sich freuen. Schmeckt sie ihm aber nicht, und ist es ihm außerdem gleichgültig, sie zu enttäuschen, kann er ohne weiteres verneinen. Problematisch ist aber die (statistisch viel häufigere) Situation, daß er die Suppe scheußlich findet, seine Frau aber nicht kränken will. Auf der sogenannten Objektebene (also was den Gegenstand *Suppe* betrifft) müßte seine Antwort „nein" lauten. Auf der Beziehungsebene müßte er „ja" sagen, denn er will sie ja nicht verletzen. Was sagt er also? Seine Antwort kann nicht „ja" *und* „nein" sein, denn das Wort „jain" gibt es in der deutschen Sprache nur als Witz. Er wird also versuchen, sich irgendwie aus der Zwickmühle zu winden, indem er zum Beispiel sagt: „schmeckt interessant", in der Hoffnung, daß seine Frau ihn richtig versteht. *(Die Puristen unter den „Kommunikationstrainern", die treuherzig annehmen, es gebe so etwas wie richtige Kommunikation, deren Grammatik man erlernen kann wie die einer Fremdsprache, haben dazu allerdings eine Antwort; etwa „Die Suppe schmeckt mir nicht, aber ich bin dir herzlich dankbar für die Mühe, die du dir damit gemacht hast." Nur in den Büchern dieser Fachleute fällt ihm die Frau dann gerührt um den Hals.)* Die Chancen sind minimal. Da empfiehlt es sich schon eher, dem Beispiel eines mir bekannten Ehemannes zu folgen, dessen Frau ihm nach der Rückkehr aus den Flitterwochen beim ersten Frühstück im neuen Heim eine große Schachtel *Corn Flakes* auf den Tisch stellte, in der (auf der Beziehungsebene) wohlgemeinten, aber (auf der Objektebene) irrtümlichen Annahme, daß er sie gern äße. Er wollte sie nicht kränken und nahm sich vor, das Zeug halt in Gottes Namen zu schlucken, und sie dann, wenn die Schachtel leer war, zu bitten, keine neue zu kaufen. Als gutes Weib aber hatte sie aufgepaßt, und noch bevor die erste Schachtel ganz aufgebraucht war, stand bereits die zweite da. Heute, 16 Jahre später, hat er die Hoffnung aufgegeben, ihr schonend beizubringen, daß er *Corn Flakes* haßt. Ihre Reaktion könnte man sich ausmalen.

Übrigens ist die deutsche Umgangssprache wenigstens in dieser Hinsicht noch etwas klarer als zum Beispiel die englische oder italienische. *„Would you like to take me to my plane tomorrow morning?"* (wer fährt schon gerne um 6 Uhr morgens zum Flugplatz?) oder *„Ti dispiacerebbe far la cena stasera?"* (selbstverständlich habe ich keine große Begeisterung, wenn ich beim Nachhausekommen von der Arbeit auch noch kochen soll) sind klassische Beispiele. Jaja, ich weiß, die „richtige" Antwort müßte separat auf den beiden Kommunikationsebenen gegeben werden, also zum Beispiel: „Nein, zum Flugplatz als solchem zieht mich aber auch gar nichts; doch den Gefallen, dich hinzubringen, tu ich dir gern." Die Bedeutung dieses Kommunikationsmusters für unser Thema dürften Sie nunmehr bereits ahnen. Denn selbst wenn es der Partner fertigbringt, in der eben erwähnten Weise zu antworten (und wer drückt sich schon so gespreizt aus?), kann der andere die Situation zu einem Problem breittreten, indem er den Gefallen nur dann anzunehmen gewillt ist, wenn der Partner auch wirklich *gern* zum Flugplatz fährt. Und wie jener sich nun auch dreht und windet, den Fallstricken der Vermischung von Objekt– und Beziehungsebene wird er nicht entkommen. Am Ende dieser fruchtlosen Debatte werden beide wütend aufeinander sein. Sie sehen, das Rezept ist verhältnismäßig einfach, sobald man den wichtigen Unterschied zwischen diesen beiden Kommunikationsebenen erfaßt hat und daher imstande ist, sie nicht nur irrtümlich, sondern bewußt durcheinanderzubringen. Eines der erbaulichsten mir bekannten Beispiele ist die als Kapitelüberschrift erwähnte Konfusion zwischen Knoblauch und Liebe.

Der Grund, weshalb diese Konfusionen auch dem Anfänger leichtfallen, hat mit der Schwierigkeit von Aussagen auf der Beziehungsebene zu tun. Über Gegenstände – Knoblauch inbegriffen – läßt sich ziemlich leicht sprechen – aber über die Liebe? Versuchen Sie es nur einmal ernsthaft. Noch sicherer, als die Erklärung eines Witzes dessen Humor abtötet, führt das Palavern über die scheinbar selbstverständlichsten Formen menschlicher Beziehungen fast garantiert in immer größere Probleme. Als beste Zeit für derartige „Aussprachen" empfiehlt sich der späte Abend. Um 3 Uhr morgens ist dann auch das zunächst einfachste Thema bis zur Unkenntlichkeit zerredet, und beide Partner sind am Ende ihrer Geduld. Schlafen können sie dann aber nicht...

Watzlawick

schenmenschlichen Kriege betrachten. Auch im Rahmen der persönlichen (ehelichen, kollegialen, familiären, freundschaftlichen, nachbarschaftlichen) Agonien erscheint mir die Erfindung der Sprache in ihrem Wert immer zweifelhafter. Unsere instinktiven Aggressionsantagonisten sind anscheinend dem Phänomen Sprache nicht angepaßt, nicht gewachsen – und versagen jämmerlich. So ist es wohl zu erklären, daß bei verbalen Auseinandersetzungen (fast) alles erlaubt zu sein scheint. Gerade im intimsten, dem ehelichen, Disput sind hier der Infamie, Niedertracht und Gemeinheit keine Gürtellinien heilig. Aber auch Institutionen wie die Kirche, Schule, Staat, Militär oder Jurisprudenz haben mit der Sprache wahrlich genug Unfug, Unheil und Elend unter die Menschheit gebracht, als daß man die Sprache noch als Segen feiern könnte.

Da wir uns aber *sprachlichen Auseinandersetzungen* nun mal nicht völlig entziehen können, seien hier einige der vernünftigsten Strategien, Methoden und Maßnahmen *Smiths* als Kostprobe einer etwaigen eigenen Lektüre des Werkes aufgeführt. Da ist z.B. das *Recht II* auf Selbstsicherheit: *Jeder hat das Recht, keine Gründe oder Entschuldigungen zur Rechtfertigung seines Verhaltens vorzubringen.* In der Rechtsprechung nennen wir das das Aussageverweigerungsrecht.

Einige der *Smithschen* Rechte haben dann einen etwas stilblütigen Charakter, wie das *Recht V: Jeder hat das Recht, Fehler zu begehen und die Verantwortung dafür zu übernehmen.* Erst mal: Vielen Dank für dies Recht; zum zweiten: Ob das nun, psychisch und psychohygienisch oder –hedonistisch, ein Fortschritt ist, die Verantwortung für eigene Fehler übernehmen zu dürfen oder gar zu müssen, das weiß ich angesichts der gern angewendeten, wundervoll antidepressiven externen Kausalattribuierung eigener Fehler (und des sehr erleichternden Sich–etwas–in–die–Tasche–Lügens) weiß Gott nicht, Herr *Smith*!

Ganz nett sind solche Rechte wie „Ich weiß nicht“ sagen zu dürfen, unlogische Entscheidungen treffen zu dürfen (ich hoffe, er meint nicht *idiotische*, sondern eher *emotionale*), „Das verstehe ich nicht“ sagen zu dürfen oder „Das ist mir gleichgültig“.

Nach den Rechten nun die *Methoden*, sie durchzusetzen. Alle verbalen Aktionen sollten paraverbal begleitet sein von einem innigen, aber nicht *zu* innigen *Blickkontakt* (Auge–in–Auge–Kontakt). „Fehlender Auge–in–Auge–Kontakt, das häufigste Anzeichen von Angst, ist eine erlernte Vermeidungsreaktion. Wir lernen sie, ohne daß es uns bewußt ist.“ Gegen alle unsere inneren Hemmungen und Unsicherheiten angehend, ist dieser Kontakt peu a peu wieder aufzubauen (mit oder ohne Schweißperlen auf der Stirn, Butter in den Knien und Rumoren im Bauch): üben, üben, üben!

Die erste Strategie (Stufe): *Beharrlichkeit.* „Einer der wichtigsten Aspekte der verbalen Selbstsicherheit ist, daß Sie Ihre Wünsche beharrlich wiederholen, ohne dabei zornig, gereizt oder laut zu werden“ *(Smith)*. Eine Technik, die das Ganze auf die Spitze treibt (und daher auch als Paradigma fungieren kann), ist die *Schallplatte mit Sprung*, über deren Urheberschaft Uneinigkeit besteht (*Smith* schreibt sie seinem Kollegen *Wanderer* zu, *Flowers* bedankt sich bei einem gewissen *Guerra*). „Durch die Übung, wie eine Schallplatte mit Sprung zu reden, lernen wir, beharrlich zu sein und am Thema festzuhalten, immer wieder das zu sagen, was wir sagen wollen, und alle Abweichungen vom Thema, die von der Gegenseite vorgebracht werden, zu ignorieren. Mit Hilfe dieser Technik verhindern Sie, daß die Gegenseite Sie einschüchtert; Sie wiederholen so lange, was Sie wünschen, bis die Gegenseite Ihrem Wunsch nachkommt oder kompromißbereit ist.“ In der Originalliteratur läßt sich illustrierend ein endloses Gezeter um eine Portion Fleisch eines gewissen Karl mit einem Angestellten an der Warenausgabe eines amerikanischen Supermarktes nachlesen. Motto: „Ich möchte mein Fleisch haben“ – an dieser Stelle hat die Schallplatte von Karl einen Sprung, und eh’ der Angestellte der Fleischabteilung und sein Leiter noch einen Riß in ihre Schüssel bekommen, geben sie Karl zum Happy–End seinen Fleischklops, worauf dessen Platte mit einem „Das ist nett von Ihnen. Ich warte hier auf Sie“ bis zu der ominösen Bemerkung „Danke, ich werde das meiner Frau sagen“ weiterläuft.

Weiter mit mehr kämpferischer verbaler Auseinandersetzung: der Zurückweisung oder besser dem *Unschädlichmachen von Kritik*, echter oder imaginärer, barscher oder nörgelnder, Selbst– oder Fremdkritik. Ziel der folgenden drei verbalen Fertigkeiten (Vernebelungstaktik, negative Selbstsicherheit und negative Befragung) ist es, die typische, negative emotionale Reaktion auf ein Mindestmaß zu reduzieren. *Drei Prinzipien der Vernebelungstaktik* führt der Konstrukteur auf:

1. *Übereinstimmung mit Teilen* der Kritik, die der Wahrheit entsprechen:
   Mutter: „Du bist gestern wieder spät nach Hause gekommen. Ich habe bis halb ein Uhr versucht, dich anzurufen.“
   Tochter: „Das stimmt, Mutti. Ich bin gestern wieder lange aus gewesen.“
2. *Übereinstimmung mit der Möglichkeit,* daß Teile der Kritik stimmen:
   Mutter: „Wenn du so oft erst nach Mitternacht nach Hause kommst, wirst du deine Gesundheit ruinieren.“
   Tochter: „Da könntest du recht haben.“ (Oder: „Wahrscheinlich hast du recht.“ Oder: „Ich bin ganz deiner Meinung. Wenn ich nicht so oft ausgehen würde, könnte ich besser ausschlafen.“)
3. *Übereinstimmung im Prinzip:*
   Mutter: „Du weißt, wie wichtig es ist, daß ein Mädchen gut aussieht, wenn es einen netten Mann zum Heiraten finden will. Wenn du so oft spät nach Hause kommst, wirst du bald nicht mehr gut aussehen. Und das willst du doch nicht, oder?“
   Tochter: „Du hast recht, Mutti. Was du sagst, klingt vernünftig, und ich werde in Zukunft nicht mehr so lange ausbleiben, wenn ich merke, daß es mir nicht guttut.“

„Eine Voraussetzung für die Bewältigung manipulativer Kritik ist, daß man kritische Bemerkungen nicht abstreitet (damit würde man nur in gleicher Münze zurückzahlen), nicht in Abwehrstellung geht und nicht mit Gegenkritik reagiert. Während meiner Zeit an der Klinik in Sepulveda begann ich, eine Methode zur Bewältigung von Kritik zu entwickeln. Ich erklärte den Patienten, daß es ihnen beim Erlernen dieser Methode helfen würde, wenn sie sich manipulativer Kritik gegenüber verhalten würden wie eine ‹Nebelbank›. Eine Nebelbank verfügt über einige bemerkenswerte Eigenschaften. Sie hat ein großes Beharrungsvermögen. Wir können nicht klar durch sie hindurchsehen. Sie bietet keinen Widerstand, wenn wir in sie eindringen. Sie wehrt sich nicht. Sie hat keine harten Flächen, von denen ein Wurfgeschoß zurückprallen könnte, so daß wir es aufheben und abermals gegen sie schleudern könnten. Wenn wir einen Gegenstand durch die Nebelwand hindurchwerfen, bleibt sie davon unbeeinflußt. Schließlich geben wir es auf, den hartnäckigen, unabhängigen, nicht manipulierbaren Nebel verändern zu wollen, und lassen ihn in Ruhe“ *(Smith)*.

„Nehmen wir an, Sie haben versprochen, einen Ordner mit Informationsmaterial auf Ihrem Schreibtisch liegenzulassen, weil ein Arbeitskollege es am Wochenende durchsehen will. Am Montag kommt der Kollege zu Ihnen und fragt, wo der Ordner war. Sie erinnern sich, daß Sie ihn am Freitag in den Aktenschrank eingeschlossen haben. Was könnten Sie jetzt sagen? Wenn Sie die Methode der negativen Selbstsicherheit anwenden, würden Sie wahrscheinlich folgendes sagen: ‹Ach herrje! Ich habe vergessen, den Ordner auf meinem Schreibtisch liegenzulassen. Wie dumm von mir! Anscheinend leide ich schon an Verkalkung.› Was wollen Sie jetzt tun?“ *(Smith)*.

Anni, eine attraktive junge Frau, hatte ein Paar wadenhohe Party–Stiefel gekauft. Schon beim ersten Tragen löste sich der Absatz des linken Stiefels ab. Sie war so aufgebracht, daß sie schwor, sie würde das Geld zurückverlangen, das sie für diese minderwertige Ware bezahlt hatte.

Verkäufer: „Kann ich etwas für Sie tun?"
Anni: „Vielleicht, aber ich möchte lieber mit Ihrem Abteilungsleiter sprechen." *(Vernebelung)*
Verkäufer: „Der ist zur Zeit beschäftigt. Wollen Sie sich über irgend etwas beschweren?"
Anni: „Ich glaube gern, daß er beschäftigt ist, aber ich möchte trotzdem mit ihm sprechen." *(Vernebelung & Schallplatte mit Sprung)*
Verkäufer (nach kurzem Überlegen): „Ich will versuchen, ihn herzuholen."
Anni: „Gut, ich möchte ihn gerne sprechen." *(Schallplatte mit Sprung)*
Der Verkäufer verschwindet durch eine Tür hinter dem Ladentisch und kommt nach ein paar Minuten wieder.
Verkäufer: „Er wird gleich kommen."
Anni (sieht auf die Uhr): „Danke."
Nachdem fünf Minuten verstrichen sind, wendet Anni sich wieder an den Verkäufer.
Anni: „Wie heißt Ihr Abteilungsleiter?"
Verkäufer (verlegen): „Oh! Er heißt Herr Simon."
Anni: „Bitte richten Sie Herrn Simon aus, daß ich ihn immer noch sprechen möchte. Wenn er jetzt keine Zeit hat, möchte ich wissen, wann es ihm besser paßt oder wann ich mit seinem Chef sprechen kann." *(Schallplatte mit Sprung und praktikabler Kompromiß)*
Der Verkäufer geht schnell wieder in das rückwärtige Büro und kommt ein paar Sekunden später mit Herrn Simon zurück. Herr Simon wendet sich an Anni.
Abteilungsleiter: „Was kann ich für Sie tun?"
Anni (zeigt ihm die defekten Stiefel): „Ich möchte das Geld zurückhaben, das ich vorige Woche für diese Stiefel bezahlt habe. Sie sind defekt. Gleich beim ersten Tragen ging ein Absatz ab."
Abteilungsleiter (betrachtet die Stiefel): „Hmm... Das ist bei dieser Art Stiefel noch nie vorgekommen." *(Mögliche Andeutung: ‹Was haben Sie damit gemacht?›)*
Anni: „Ich glaube Ihnen, daß das noch nie vorgekommen ist, aber jetzt ist es passiert, und deshalb interessieren mich die anderen Stiefel nicht, die Sie verkauft haben. Ich bin nur an diesem einen Paar interessiert und möchte mein Geld wiederhaben."
(Vernebelung, Selbstenthüllung und Schallplatte mit Sprung)
Abteilungsleiter (steckt die Stiefel wieder in die Tüte): „Wir versuchen zuerst immer, defekte Ware zu reparieren, bevor wir den Kaufpreis zurückerstatten. Ich werde die Stiefel in unsere Werkstatt schicken, vielleicht können sie repariert werden."
Anni: „Ich verstehe, daß Sie zuerst versuchen wollen, die Stiefel zu reparieren, bevor Sie mir mein Geld zurückgeben, aber ich bin nicht daran interessiert, daß sie wieder in Ordnung gebracht werden. Ich möchte mein Geld wiederhaben."
(Vernebelung, Selbstenthüllung und Schallplatte mit Sprung)
Abteilungsleiter: „Es ist bei uns nicht üblich, daß wir defekte Ware zurücknehmen und den Kaufpreis rückerstatten."
Anni: „Ich glaube Ihnen, daß das bei Ihnen nicht der Brauch ist, aber diese Stiefel sind nicht akzeptabel, und ich möchte mein Geld zurückhaben."
(Vernebelung und Schallplatte mit Sprung)
Abteilungsleiter: „Sie sagten, daß Sie die Stiefel nur einmal getragen haben?"
Anni: „Ja, und ich möchte eine Rückerstattung des Kaufpreises." *(Schallplatte mit Sprung)*
Abteilungsleiter: „Haben Sie in den Stiefeln getanzt?"
Anni: „Ich verstehe Ihre Frage nicht. Inwiefern ist es für diese Stiefel nicht zuträglich, wenn man darin tanzt?" *(Negative Befragung)*
Abteilungsleiter: „Nun, manche Leute nehmen beim Tanzen keine Rücksicht auf ihre Schuhe."
Anni: „Da haben Sie sicher recht, aber sind diese Stiefel denn so schlecht verarbeitet, daß man darin nicht tanzen sollte?" *(Vernebelung und negative Befragung)*
Abteilungsleiter: „Nein... Man sollte in diesen Stiefeln tanzen können."
Anni: „Das freut mich zu hören. Es bestätigt meine Meinung, daß diese Stiefel Ausschuß sind. Ich möchte mein Geld zurückhaben." *(Selbstenthüllung und Schallplatte mit Sprung)*
Abteilungsleiter: „Ich bin sicher, daß wir sie einwandfrei herrichten können."
Anni: „Ich kann Ihre Einstellung verstehen, aber wenn ich für eine Ware so viel bezahle, und dann stellt sie sich als defekt heraus, ist sie für mich nicht akzeptabel. Ich möchte eine volle Rückerstattung des Kaufpreises." *(Vernebelung, Selbstenthüllung und Schallplatte mit Sprung)*
Abteilungsleiter: „Aber das können wir nicht tun."
Anni: „Ich glaube Ihnen, daß das Ihre ehrliche Meinung ist, aber ich möchte eine Rückerstattung und keine reparierte Ware für mein Geld."
(Vernebelung und Schallplatte mit Sprung)
Abteilungsleiter: „Ich werde versuchen, was ich tun kann." *(Er geht weg. Nach ein paar Minuten kommt er zurück und wendet sich an Anni:)* „Ich kann verstehen, daß das alles für Sie sehr lästig ist, aber ich habe gerade mit unserer Werkstatt gesprochen. Sie befindet sich in der Feldstraße. Wenn Sie die Stiefel selbst hinbringen, wird man sie sofort reparieren. Wenn wir sie hinschicken, dauert es eine Woche, bis Sie sie zurückbekommen."
Anni: „Das sehe ich ein, aber ich habe nicht das geringste Interesse daran, daß diese Stiefel repariert werden. Ich bestehe auf einer vollen Rückerstattung des Kaufpreises." *(Vernebelung, Selbstenthüllung und Schallplatte mit Sprung)*
Abteilungsleiter: „Aber wir können das Geld nicht zurückzahlen. Nach den Lieferungsbedingungen dürfen wir in solchen Fällen den Kaufpreis nicht rückerstatten."
Anni: „Ich glaube Ihnen, daß Ihr Lieferant keine Rückerstattung erlaubt. Aber es interessiert mich nicht, ob der Lieferant eine Rückerstattung macht oder nicht. Ich möchte, daß Sie die Rückerstattung vornehmen." *(Vernebelung, Selbstenthüllung und Schallplatte mit Sprung)*
Abteilungsleiter: „Das ist ja das Problem. Wenn der Lieferant uns nicht entschädigt, können wir Ihnen den Kaufpreis nicht zurückzahlen."
Anni: „Ich glaube Ihnen, daß Sie ein Problem mit dem Lieferanten haben. Aber das ist Ihr Problem, nicht meins. Es interessiert mich nicht, welche Probleme Sie mit der Fabrik haben. Mich interessiert nur, daß Sie mir den Kaufpreis voll rückerstatten." *(Vernebelung, Selbstenthüllung und Schallplatte mit Sprung)*
Abteilungsleiter: „Aber eine Rückerstattung würde einen Verlust für uns bedeuten."
Anni: „Ich glaube Ihnen, daß Sie dabei Geld verlieren würden, aber das interessiert mich nicht. Ich bin nur an einer Rückerstattung des Kaufpreises interessiert." *(Vernebelung, Selbstenthüllung und Schallplatte mit Sprung)*
Abteilungsleiter: „Ich kann die Rückerstattung nicht veranlassen, dazu bin ich nicht autorisiert."
Anni: „Das glaube ich Ihnen, und deshalb möchte ich den Namen Ihres Vorgesetzten wissen, der eine Rückerstattung genehmigen kann." *(Vernebelung und praktikabler Kompromiß)*
Der Abteilungsleiter schweigt.
Anni: „Können Sie mir den Namen sagen, oder soll ich mich an jemand anders wenden?" *(Praktikabler Kompromiß)*
Abteilungsleiter: „Ich will sehen, was ich für Sie tun kann." *(Er geht in das rückwärtige Büro und kommt nach ein paar Minuten wieder zurück.)* Für gewöhnlich tun wir das nicht, aber wenn Sie mir Ihre Quittung geben, schreibe ich Ihnen eine Anweisung für die Kasse aus."
Anni: „Haben Sie vielen Dank."

Smith

Nehmen wir nun an, daß die Kritik weniger eine nörgelnde ist und dafür mehr eine berechtigte solche. Wie gehen wir damit um? „Einen in der Kindheit anerzogenen Glauben kann man kaum dadurch ändern, daß man bewußt darüber nachdenkt; das gleiche gilt auch für die Anschauung, daß Fehler etwas Unrechtes sind. Zuerst müssen wir unser verbales Bewältigungsvermögen ändern, wenn wir mit einem Fehler konfrontiert werden, damit unsere Empfindlichkeit gegen Kritik (auch gegen Selbstkritik) geringer wird. Erst wenn das erreicht ist, können wir uns von der anerzogenen Anschauung, daß ein Fehler eine Schuld ist, befreien" (*Smith*).

Es gibt *Fehler*, deren Ursachen und Urheber mir und anderen Menschen relativ unklar sind. In dieser Grauzone gilt das Motto, die Ursachen lieber extern zu attribuieren, d.h. bei anderen oder in den *Umständen* zu suchen, sich rauszureden, sich und den anderen etwas vorzumachen, sich etwas in die Tasche zu lügen. Ist aber ein eigener Fehler und seine Urheberschaft evident, offenkundig & −bar, so wird die vorgeschlagene Strategie zum Bumerang, man stößt andere Menschen vor den Kopf, macht sich selbst lächerlich und andere wütend. Hier kommt es nun auf eine soziale Fähigkeit an, die uns anscheinend heute abhanden gekommen ist: das Eingestehen von eigenen Fehlern, *ohne* gleich zu glauben, die Welt stürze ein und der Himmel käme herab.

Entweder sind wir so vollgeladen mit echten und eingeredeten (Kirche, Eltern) Schuldgefühlen, daß in den berstenden Sack auf unseren Schultern nichts mehr hineinpaßt, oder wir haben eine Schuldgefühl−Allergie, eine Überempfindlichkeit gegenüber jeglicher Art von Schuldzuweisung. Sei es wie ihm wolle, wir tun uns heute mit dem Eingestehen eigener Schuld, mit der sog. *negativen Selbstsicherheit* verdammt schwer.

Auch das läßt sich üben. Ich gehe bei meinen Patienten bisweilen so weit, daß wir es üben, Fehler zu machen und sie nachher einzugestehen. Es bietet sich aber auch bei den ohnehin gemachten Fehlern genügend Übungsterrain. Wichtig ist, daß man die anschließende *Katastrophisierung der Folgen* des Fehlers nicht mitmacht, sondern den Fehler Fehler sein läßt und damit basta! Zum Beispiel ist es auch bei Kritik am Äußeren der eigenen Person oft sehr ratsam, der Anmerkung zuzustimmen, der Schlußfolgerung aber, daß man nun der Glöckner von Notre Dame oder die Hexe aus dem Silberwald sei, den Wind aus den Segeln zu nehmen. Das geschieht dadurch, daß man das abschließende Urteil über diesen Makel selbst fällt, indem man z.B. sagt: „Ich bin auch nicht begeistert davon" oder: „Ja, das steht mir einfach nicht".

Wieder etwas witziger ist die Technik der *negativen Befragung* bei eher nörgelnder, anklagender, litaneienhafter Kritik. Schickt sich unser Kritiker an, uns die Leviten zu lesen, so haken wir nach jedem Kritikpunkt oder −abschnitt, wenn er Luft holt, ein, wiederholen diese(n) Punkt(e) und fragen nach weiteren Anlässen für Kritik. Wir fassen jedesmal *alle* bisher vorgebrachten Kritikpunkte zusammen, indem wir sie wiederholen – gerade so, wie wir das aus unserem schönen Volkslied „Schickt der Bauer den Jockel aus" kennen. In einer etwas weiter gefaßten Definition nennt *Smith* auch schon das einfache Nachfragen nach Fehlern und Anlässen für Kritik (also *ohne* eine solche penetrante Zusammenfassung jedesmal) negative Befragung.

Bei alledem ist eine Sache nicht aus dem Blickwinkel zu verlieren. *Egal*, welche dieser wundervollen Techniken ich auch gerade anwende und in welchem Stadium ich mich gerade befinde: Bietet das Gegenüber einen *praktikablen Kompromiß* an, so muß ich sofort einschwenken, mich einkriegen und einrenken. Das ist manchmal gar nicht so einfach, wenn man sich in der Schallplatte mit Sprung, in der negativen Befragung oder in der Vernebelung gerade so richtig eingeschossen oder festgebissen hat.

Rednerschule ernennt Bahr zum „Redner des Jahres"

Als politischer „Redner des Jahres 1987" ist gestern das SPD−Präsidiumsmitglied Egon Bahr ausgezeichnet worden. Bahr erhielt das vom Förderkreis Politische Rhetorik und von der Bonner Rednerschule verliehene Goldene Mikrophon. Geehrt wurde er für seine Debattenbeiträge im Bundestag, vor allem für seine Rede in der Abrüstungsdebatte vom 2. September 1987. Damals gab Bundeskanzler Kohl ohne Kabinettsentscheidung den Verzicht auf die Pershing Ia bekannt. Der Jury gefiel besonders folgende Redepassage Bahrs: „Der Bundeskanzler hat diesmal das Richtige falsch gemacht. Die CSU sagt, er hat das Falsche falsch gemacht. Daß er das Richtige richtig gemacht hat, glaubt wohl nur der Kanzler, aber er sagt es nicht. Nur der Kollege Schäuble meint, der Kanzler habe gar nichts Neues gemacht, aber das sei eilig gewesen."

dpa

Mutter: „Es ist nicht richtig von dir, daß du Vater so behandelst."
Lore: „Was tue ich denn Falsches?"
Mutter: „Nicht herzukommen, wenn er dich sehen möchte!"
Lore: „Was ist denn daran falsch, daß ich nicht kommen möchte, wenn er mich sehen möchte?"
Mutter: „Eine gute Tochter würde ihren Vater besuchen."
Lore: „Wieso macht es eine schlechte Tochter aus mir, wenn ich Vater nicht besuche?"
Mutter: „Wenn du uns wirklich liebhättest, würdest du den Wunsch haben, uns zu besuchen."
Lore: „Wieso bedeutet es, daß ich euch nicht liebhabe, wenn ich euch dieses Wochenende nicht besuchen will?"
Mutter: „So etwas habe ich in meinem ganzen Leben noch nicht gehört!"
Lore: „Was denn, Mutter?"
Mutter: „Eine Tochter, die ihrer Mutter widerspricht."
Lore: „Was ist denn so seltsam daran, wenn ich dir widerspreche?"

Scham

Auslösung * Scham(Schuld−)reaktion * Angst * Trend * Aggressive Scham * Sexuelle Scham * Soziale Scham * Streits vs. Gerichtsverhandlungen * Störungen * Versöhnung

Irgendwo in den düsteren Schächten angegrauter Studienerinnerungen stieß ich auf das brisante Zitat eines meiner Lehrer, dessen Sinn mir erst Jahre später aufging:

„Die Welt wird von Schuldgefühlen regiert.“

Eine Äußerung, die – so profan wie keck – sicherlich der systematischen Ausleuchtung bedarf: Da meinen die einen, die Welt würde vom Kapital regiert, die anderen, von der Vernunft (diese Traumtänzer werden glücklicherweise immer weniger!), und dann wieder welche, die meinen, der liebe Gott regiere hinter den Kulissen die Welt. Und da kommt nun einer daher, der behauptet, die Welt würde von Schuldgefühlen regiert... Muß man sich erst die Hand abhacken, um ein ausgeglichener Mensch (oder gar Psychotherapeut) zu werden? Sollte unter diesem Aspekt der Rollstuhl *Milton Erickson* bei seinen phänomenalen therapeutischen Erfolgen behilflich gewesen sein? Auch *Freud* widerrief seine erste Angsttheorie nicht, weil seine Frauen doch nicht von ihren Vätern vergewaltigt worden sind, sondern aus Schuldgefühlen seinen eigenen Eltern gegenüber, denen mit dieser Theorie qua Elternschaft ein vermeintliches Zuviel an Schuld zugeflossen wäre.

Izard führt zur Begriffsbestimmung und Beschreibung der *Erscheinungsform von Scham* den Begriffskontext verschiedener Autoren auf:

Tomkins:	Demütigung, Niederlage, Verfehlung, Entfremdung.
Lewis:	Schüchternheit, Scheu, Bescheidenheit, Verlegenheit, Kränkung, Demütigung, Geringschätzung und Verachtung des Selbst, Gefühl der Unzulänglichkeit und Gelähmtheit, Beschämung.
Zimbardo:	Befangenheit, Sorge um das Management des Eindrucks auf andere, Sorge um soziale Einschätzung u.a.m.
Modigliani:	Verlust der Selbstachtung.

Izard stützte empirisch die Hypothese von *Tomkins*, wonach die Scham durchaus mit positiven Emotionen der Freude und des Interesses assoziiert ist: Scham wird durch die nur unvollständige Reduktion der neutralen Aktivität einer positiven Emotion ausgelöst, die nicht gelöscht oder in eine unangenehme verwandelt, sondern nur gedämpft wird.

In ihren Auffassungen über Scham liegen Sozialpsychologie, Soziologie und Humanethologie eng beieinander. *Scham als Sorge um die soziale Einschätzung* der eigenen Person und um die Veränderung dieser Einschätzung ins Negative grenzt durchaus an die biologische Sichtweise: *Angst vor sozialer Ablehnung* durch wichtig erscheinende Personen oder die soziale Bezugsgruppe. Der Soziologe und Historiker *Elias* schreibt: „Es ist, oberflächlich betrachtet, eine Angst vor der sozialen Degradierung oder, allgemeiner gesagt, vor den Überlegenheitsgesten anderer... Er fürchtet den Verlust von Liebe oder Achtung von anderen, an deren Liebe und Achtung ihm liegt oder gelegen war.“

Nach *Darwin* und *Izard* wollen wir Scham und Schüchternheit als Synonym betrachten (allenfalls letztere als Disposition, als Persönlichkeitsmerkmal nuancieren) und gegen das Schuldgefühl abgrenzen. Scham scheint emotionaler, instinktiver, einfacher strukturiert zu sein und läßt sich leichter auslösen als das eher kopfgesteuerte Schuldgefühl, welches sich mehr an Normen, Regeln, Sitten und Gebräuchen orientiert. Wir könnten auch sagen, Scham ist die emotionale Mutter des kognitiven Schuldbewußtseins. Der Begriff *Schuldgefühl* erübrigt sich angesichts dieser Definition.

Generell verletzt das Verhalten, das Schamgefühle hervorruft, einen moralischen, ethischen oder religiösen Kontext, Gebote und Verbote. Das *Gebäude gesellschaftlicher Normen und Regeln* ist errichtet auf dem Fundament relativ einfacher, instinktiv–emotionaler Regeln des Zusammenlebens, die beim Übergang von isolierter Einzeljagd zur kooperativen Gruppenjagd wichtig wurden: Die Evolution erfuhr ihre erste konstante Steigerung zu einer Art Handel, ein Geben und Nehmen im Sinne des Aufteilens von Beute u.ä. zwischen Jägern und deren Familien. Hier mußte sich ein emotionaler *Gerechtigkeitssinn* installieren, dessen Stützen neben Scham und Dankbarkeit Reue, Mißtrauen, Entrüstung, Freundschaft, Sympathie und Schuldempfindungen waren.

Letztere werden allerdings erst dann wichtig, wenn zwischen dem Geben und Nehmen ein gewisser Zeitraum liegt, der mittels des emotionalen Gedächtnisses überbrückt werden muß, wenn also das Geben in Schenken übergeht und das Nehmen in Geschenke–Entgegennehmen: Schuldbewußtsein als das Pfand, als der Schuldschein eines Geschenkes.

Die *Funktion der Scham* im emotionalen Gefüge besteht in ihrer dämpfenden Wirkung auf offensive, exponierende und verletzende Akte. Scham ist ein emotionaler Gegenspieler von sexueller Freizügigkeit, exhibitionistischen Tendenzen, aggressivem Durchsetzungsverhalten und dem ungestümen Drang in neue soziale Räume. Sie bremst allzu extrovertiertes Verhalten. Wir müssen daher von sexueller, aggressiver und sozialer Scham getrennt sprechen, je nachdem in welcher antagonistischen Funktion wir unsere Schamhaftigkeit betrachten – und sicherlich ist ihr Erscheinungsbild in jedem dieser drei Bereiche unterschiedlich ausgeprägt.

Wer als Enddreißiger den gemischten *Sauna–Premieren–Effekt* (wahlweise FKK–, Baggersee– oder Porno–) miterlebt hat, stellt möglicherweise fest, wie leicht ein wenig Übung die Schamgrenzen lockert, die von unseren Erziehungsagenten in mühevoller Konditionierungsarbeit Jahr für Jahr enger gezogen wurden.

Tatsächlich empfundene oder vermeintliche Geringschätzung anderer schürt die Angst vor Ablehnung ebenso wie Exponierung der eigenen Person von Emotionen, Wünschen und Bedürfnissen – oder wie Lob; all das macht die daran nicht gewöhnte Person angreifbarer und verletzlicher und damit anfälliger für soziale Ablehnung. Die dabei schamauslösend wirkenden Reize stammen aus drei emotionalen Bereichen: Sexualität, Aggressivität und sozialem Bindegefühl. Die *Entwicklungsdynamik der Scham*, nach der Häufigkeit und Intensität von Schamreaktionen mit zunehmendem Alter abnehmend, verläuft parallel zur sozialen Integration in der Gesellschaft.

Für die Art und Intensität schamauslösender Stimuli scheint die Natur uns mit einem Programm im Sinne einer Reaktionsnorm ausgestattet zu haben, einer vorgegebenen Bandbreite, in deren Rahmen unsere Sozialisation die Schamgrenzen relativ leicht mittels Konditionierung (enger) und Konfrontation (weiter) zu verschieben vermag.

Unsere prosaische Sichtweise betrachtet *Schuldbewußtsein* (vgl. Schuldgefühl) schlichtweg als Angst vor Strafe oder Ablehnung und Disziplinierung durch den Ranghöheren. Man kann noch einen Schritt weitergehen und annehmen, daß *Schuldgefühle* selbst zu einem gewissen Teil in der kognitiven Beschäftigung bestehen. Schuldgefühle scheinen mehr als Schamgefühle konditioniert oder kognitiv gesteuert zu sein. Bezogen auf diesen Zusammenhang stehe ich tatsächlich der lerntheoretischen Interpretation sehr nahe, und Termini wie Schuldreaktion, –gedanken und –grübeleien scheinen hier angemessener als gerade Schuldgefühl.

„Während Scham das Denken eines Menschen nur zeitweilig verwirrt (manipuliert), stimuliert Schuldgefühl viele Gedanken, eine gewöhnlich starke kognitive Beschäftigung mit dem Vergehen und der Entwicklung von Plänen, um die Dinge wieder in Ordnung zu bringen" (*Izard*).

Auslösung

Wir müssen bei Schamgefühlen mit einer dreifachen Auslösung rechnen:
- *instinktiv–emotionale* (vorprogrammierte) Auslöser (z.B. Fremdeln);
- *sozialisationsbedingte* Modulation dieser Auslöser innerhalb der vorgegebenen Reaktionsnorm vermittels Konditionierung (z.B. keiner Fliege ein Haar krümmen können vs. Vier–Sterne–Generale mittels Homosexualitäts–Vorwurf schassen);
- *kognitive* Auslöser (z.B. Muttern zu Weihnachten nicht besuchen).

Am Beispiel der sexuellen Scham macht *Christa Meves* die instinktiv–emotionalen Anteile des Schamgefühls und ihre nicht immer glückende pädagogische Modulation belustigt–süffisant deutlich: „Besonders begeisterte FKK–Anhänger unter den Eltern haben immer wieder mit Befremden feststellen können, daß bei ihren Sprößlingen mit dem Älterwerden eine den Eltern befremdliche ‹Prüderie› auftaucht, die die Kinder

„Zusätzlich zu den natürlichen Auslösern für Schuldgefühl schreibt jede Kultur und jede Institution (z.B. Familie, religiöse Organisation), die mit menschlicher Ethik und Moral befaßt ist, bestimmte Verhaltensnormen vor und versucht, sie heranwachsenden Kindern zu vermitteln. Diese Vorschriften (moralisch–ethische Prinzipien) bilden die kognitive Komponente des Gewissens" (*Izard*).

veranlaßt, ihre Genitalien zu verhüllen. Hier lassen sich sogar aus dem Verhalten der Kinder Rückschlüsse ziehen, welche Ideologie in der Familie die größere Starre besitzt: die der Freikörperkultur oder die der Verschworenheit aufs Antiautoritäre. Die Kinder der ersteren werden solange bedrängt und wegen ihrer ‹falschen Scham› verhöhnt, bis sie sich ihrer Verschämtheit schämen und die Badehose weglassen; die Kinder der zweiten machen die große Zahl der Familien aus, in denen die ältlichen Eltern vor Kampen auf Sylt alle Merkmale eines behäbigen Wohlstandsbürgertums in freimütiger Nacktheit allen Blicken offerieren, während sich bei ihren Kindern durch das Tragen von Höschen zeigt, daß sich auch bei der antiautoritären Erziehungsform echte Natürlichkeit durchzusetzen vermag."

Auch *Doktorspiele* (eine der ersten offensichtlichen modernen sexuellen Regungen) sind im allgemeinen ebenfalls ohne direkten erzieherischen Einfluß seitens der Eltern von Schamgefühlen begleitet, die evtl. genetische Wurzeln haben, die mit Sicherheit aber auch von der Haltung, die Umwelt, Eltern und Erzieher, Kindergärtnerinnen etc. den Geschlechtsorganen und ihren Funktionen gegenüber einnehmen, beeinflußt werden.

Um die Ausbildung der konditionierbaren oder kognitiv programmierbaren Anteile der Scham haben sich fast alle Religionen dieses Erdballs, in vorderster Linie auch die unsere christliche, gesorgt und verdient gemacht. Wer glaubt, daß diese *kirchlichen Bemühungen* um unsere schamhafte Devotion und Servilität der Vergangenheit angehören, der mag sich x–beliebige Predigten, Hirtenbriefe, Kirchentagsberichte und –resolutionen, Erbauungsbücher oder Beichtspiegel anschauen: Scham & Schuld sind immer noch die probatesten Mittel, die Schäflein an der Kandare zu halten.

„Es wäre falsch, den christlichen Hintergrund der alteuropäischen Formen des Sich–Schämens zu unterschätzen… Von schwerwiegender Bedeutung wurde der enge Zusammenhang, den der heilige Augustinus zwischen Erbsünde, Geschlechtlichkeit und Wollust hergestellt hat… Aloysius von Gonzaga, 1726 heiliggesprochen, lehnte es ab, seine eigene Mutter zu küssen – aus Angst, durch diese familiäre Zärtlichkeit zu schamlosen, sinnlichen Gedanken verführt zu werden" (*Kaltenbrunner*).

Scham– (Schuld–)reaktion

Während andere Emotionen oft deutliche mimische Ausdrucksformen haben, zeigt sich das *Schamgefühl* eher unauffällig: Der Mensch senkt den Kopf, wendet den Blick ab bzw. wirft nur flüchtige Blicke auf beteiligte Kommunikationspartner, er schlägt die Augen nieder oder bedeckt sie mit den Händen, wendet sich ab, läuft weg oder versteckt sich gar, versucht Kopf oder Körper mit den Händen zu verbergen oder zu verhüllen, lächelt verlegen, kichert oder lacht – bisweilen nimmt das Gesicht auch einen geknickten, bedrückten Ausdruck an. *Schuldbewußtsein* beeinflußt Erleben, Ausdruck und Verhalten eines Menschen in der Regel für einen Zeitraum, der sich definiert durch Sozialisation, soziales Umfeld bei Schamauslösung und der thematischen Zuordnung nach einem (oder mehreren) der o.a. Teilbereiche.

Neben unwillkürlichen körperlichen Reaktionen bieten sich noch eine Reihe neocortikaler Erfindungen als Scham– und Schuldausdruck an. *Sühne– und Reuerituale* leisten hier hochwertigste Balanceakte, und ihr Spektrum ist kunterbunt: Kerzen spenden, Spenden spenden, Steine schleppen, auf Knien rutschen, 100mal „Ich will das nie wieder machen" aufschreiben, Hände in Unschuld waschen, Füße küssen, Selbstgeißelung, Rosenkranz–Beten, Fastenzeiten, Askese, Enthaltsamkeit von irdischen Genüssen wie Beischlaf, Kaviar und Rotwein – um hier nur die bedeutsamsten zu nennen.

Die Schamgefühle drängen also nach Ausdruck, nach Entlastung durch die Resonanz der Adressaten bzw. der sozialen Umwelt. Die *Schamreaktion* ist eine prophylaktische Maßnahme, die über unterwürfiges, niedliches, scheues, mitleiderregendes, putziges, reumütiges Verhalten der befürchteten sozialen Ablehnung entgegenwirken will. Scham kann dabei so stark sein, daß der betreffende Betroffene lieber verschämt, aber ehrenhaft in den Tod (Kreuzzug, Krieg, Selbstmord) geht, als daß er die antizipierte soziale Ablehnung riskiert. Angesichts der immensen – bisweilen maßlos unterschätzten – Bedeutung sozialer Gruppenzugehörigkeit und Anerkennung für den einzelnen (in archaischen Zeiten ebenso wie heute) hätte diese regulative Emotion ohne Zweifel ihren evolutionären Sinn.

Scham mißt und bestimmt sich also über ihren Ausdruck und verkörpert in diesem Sinne nichts Deprimierendes an sich. Sie versöhnt uns mit unseren Mitmenschen, führt zur inneren Entlastung und öffnet damit wieder den Blick auf die persönliche Zukunft unserer sozialen Beziehungen, kann mitunter sogar positiv erlebt werden. Nach der *Distanzierungstheorie* von *Scheff* hängt denn auch der ästhetische, als angenehm erlebte Intensitätsbereich von einer Reihe von Faktoren ab, wie der subjektiven Reizstärke, der inneren Beteiligung und Betroffenheit sowie der Stärke der kathartischen Abreaktion. Je stärker diese ist, desto geringer darf meine ästhetische Distanz zum emotionalen Geschehen sein. Ist eine solche *emotionsbezogene Reaktion* nur eingeschränkt möglich, so vertrage ich vielleicht gerade noch einen Film ab 12 J. (FSK), um richtig schön weinen zu können, um wütend zu werden, um Angst zu haben. Allenfalls gereichen noch ein paar katastrophenschwangere Sequenzen aus dem Reich des Medienhorrors zu angenehmem Schauer und verlegenem Betroffenheitsempfinden, und vom gigantischen Heer mutig hingemetzelter Reizschwellen kann die Therapie ohnehin ganze Arien singen.

Ist nun aber das Empfinden (bei identischer Reizkonstellation) eher überreaktiv und man möchte schon vor Scham im Erdboden versinken, man glüht schon vor Wut, ist bereits todtraurig oder stirbt vor Angst, ist die Berührung durch das Geschehen derart tief, daß die *ästhetische Distanz* unterschritten ist und die Empfindungen eine aversiv–deprimierende Qualität annehmen.

Koppeln läßt sich diese Ausführung mit einer für alle Emotionsformen geltenden Eigenart, nämlich der des Verdrängens: Scham und Schuld in Ausdruck und Erleben zu verdrängen, ohne ihr eigentliches Energie– und Wirkungsgefüge zu manipulieren oder zu mildern. Nach *Scheff* kann die *Spannung bei Verlegenheit* – zumindest zum Teil – über eine lange Zeit oder sogar unbegrenzt gehalten werden und treibt dann im verborgenen ihr destruktives Spiel. Die Mechanismen der gesellschaftlichen Tabuisierung werden ebenfalls wirksam, ausgenommen vielleicht im kirchlichen Rahmen, wo sie als abgesegnetes Regulativ eine feste Funktion haben und (günstigenfalls) im gleichen Maße, wie Schuldgefühle dort erzeugt worden sind, dann auch wieder gelindert werden.

Angst

Verdrängen wir nun Scham und Schuld, so stellt sich zuallererst ein Phänomen ein, welches von der Wut und der Trauer hinreichend bekannt ist: Angst vor dieser Emotion und allen ihren potentiellen Auslösern oder Vorläufern.

Aus meiner therapeutischen und persönlichen Erfahrung habe ich den Eindruck gewonnen, daß Frauen eher unter einer von Müttern angelegten und von Ehemännern ausgenutzten Überlast an Scham– und Schuldempfindungen leiden, während Männer (und nicht nur Verteidigungsminister und Willi Wacker), bedingt durch ihre schulische und berufliche Sozialisation, eher eine Scham– und Schuld–Allergie, eine panische Angst vor derlei Gefühlen kultivieren.

2. Ich erinn're mich zum Beispiel noch an einen Stehempfang, / fade Schnäpse, fade Leute, und die Zeit wurde mir lang. / Und so sagte ich jemandem „statt hier dämlich rumzustehn, / woll'n wir in der nächsten Kneipe nicht 'ne Runde flippern gehn?" / „Abgemacht", sagte der, „aber komm'se, geh'n wir heimlich, / ich bin nämlich hier der Gastgeber" – „ist mir das peinlich."

5. Ein Freund schenkte mir ein Ölgemälde, das so scheußlich war, / daß ich es spontan gestiftet habe zum Weihnachtsbazar. Doch als sich drei Tage später wieder ein Besuch ergab, / rief er: „Sieh doch nur, was ich Dir beim Bazar ersteigert hab'". / „Ein Gemälde, fast so wie Dein's, das ist doch fein, nicht?" / „Häng' sie doch mal nebeneinander" – „ist mir das peinlich."

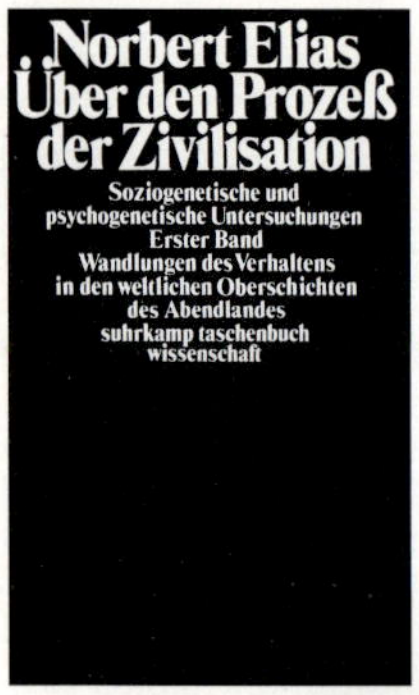

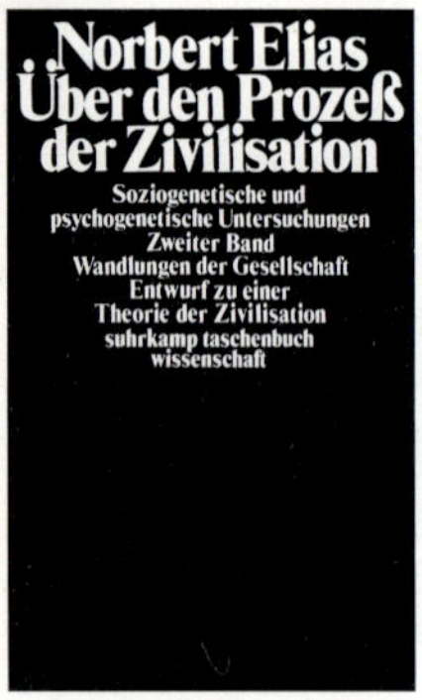

Was ich unter Zivilisation verstehe

Antwort auf Hans Peter Duerr

Die Vorstellung einer naturnotwendigen sozialen Entwicklung in die Richtung auf ein glücklicheres Zusammenleben der Menschen ist mir völlig fremd. Den Fortschritt, an den manche unserer Väter glaubten, den universellen und automatischen Fortschritt, gibt es nicht. Aber Fortschritte, ebenso wie Rückschritte in bestimmter Hinsicht, lassen sich beobachten. Die Schwierigkeit ist, daß die tatsächlich beobachtbaren gesellschaftlichen Entwicklungsprozesse weit komplexer sind als das alte Fortschrittsmodell der Entwicklung. Man muß vieles verlernen, was man von alters her zu wissen glaubt, um die tatsächlich beobachtbaren Entwicklungen als solche wahrzunehmen, und erst recht, um realitätsnahe Modelle solcher Prozesse vorzulegen.

Die meisten vorhandenen Modelle sind viel zu kurzfristig. Man denke zum Beispiel an die Entwicklung, die von der hörbaren Sprache als Verständigungsmittel zu handgeschriebenen und schließlich zu gedruckten oder anderswie mechanisch produzierten Verständigungsmitteln führte. In diesem Falle handelt es sich um eine mehrere tausend Jahre umfassende Entwicklung, an der eine ganze Reihe verschiedener Gesellschaften beteiligt waren. Dennoch vollzog sie sich in einer unzweideutigen Abfolgeordnung. Es gibt keinen Grund, anzunehmen, daß der Übergang zum Drucken notwendigerweise aus der Entwicklung des Schreibens und Lesens hervorging; aber man kann vielleicht sagen, daß die Entwicklung des Druckens die des Schreibens zur Voraussetzung hatte.

Die Vorstellung einer universell geradlinigen Vorwärtsentwicklung der Gesellschaft ist sicherlich irreführend. Aber es ist ebenfalls irreführend, anzunehmen, daß es überhaupt keine langen Entwicklungsgänge in einer Richtung gibt. Das Wachstum der Menschheit ist ein Beispiel für eine Entwicklung dieser Art. Gewiß gab es Katastrophen, die die Zahl der Menschen ganz erheblich verringerten, und sie können sich jederzeit wiederholen. Aber diese Rückwärtsbewegungen hielten bisher, auf lange Sicht hin betrachtet, das Wachstum der Menschheit nicht auf. Nichts spricht dafür, daß die Menschen dadurch glücklicher wurden oder daß die Zunahme auch weiterhin die Oberhand über die Abnahme haben muß. Aber wenn man die ganze ideologische Wunsch- und Furchtmetaphysik beiseite schiebt, hat man immer noch eine unzweideutige Entwicklung, eine ungeplante, langfristige Veränderung in einer bestimmten Richtung vor Augen.

Das zahlenmäßige Wachstum der Menschheit steht ganz gewiß nicht allein. Es geht Hand in Hand mit einer sehr charakteristischen Veränderung der Figurationen, die Menschen miteinander bilden, also etwa mit einer Entwicklungslinie, die von kleinen Familienverbänden zu kleinen und großen Stämmen führt. Gegenwärtig läßt sich die bisher letzte Phase dieser Entwicklung, der Aufgang aller Stämme in Staaten beobachten. Die Frage ist nicht, ob man solche Veränderungen für gut oder schlecht hält. Die Frage ist, wie und warum sie vor sich gehen. Frage wie Antwort sind ideologisch neutral.

Gleiches gilt schließlich und endlich von den langfristigen zivilisatorischen Veränderungen der Menschen in der einen oder anderen Richtung, in der Richtung einer zunehmenden oder abnehmenden Zivilisation. Auch dies ist, langfristig betrachtet, eine Entwicklung, eine aus der Verschränkung vieler Absichten hervorgehende, primär ungeplante, ziel- und zwecklose Veränderung des sozialen Standards der individuellen Selbststeuerung. Wenn man von vornherein die Annahme macht, wie Duerr es tut, daß es ausreichend sei, die Veränderungen etwa zwischen den mittelalterlichen und den gegenwärtigen Standarden der Selbststeuerung flüchtig zu erwähnen und im übrigen so vorzugehen, als habe sich in dieser Hinsicht nichts Wesentliches verändert, dann muß man in bestimmter Hinsicht die Augen schließen und sich blind stellen. Ein einziges Beispiel muß hier genügen. Bei der Entwicklung der individuellen Selbststeuerung, bei der Zivilisation der einzelnen Menschen, schiebt sich gegenwärtig zwischen Kindheit und soziales Erwachsensein eine zehn- bis zwanzigjährige Zwischenstufe, eine ungewöhnlich lange Schul- und Lehrzeit. Die Verlängerung dieser Zwischenstufe hat unter anderem das Auseinanderfallen von biologischer Reife und sozialem Erwachsensein zur Folge. Formell dient diese Zwischenstufe der Aneignung des umfangreichen Spezialwissens, das ein Mensch braucht, um in diesen Gesellschaften die Funktion eines normalen Erwachsenen ausfüllen zu können. Weniger formell betrachtet zeigt sich, daß diese lange Schul- und Lernzeit jedes einzelnen Menschen die Entwicklung einer Selbststeuerung mit sich bringt, die höchst komplex, variabel, stabil und allseitig ist.

Im Mittelalter und in abnehmendem Maße über das Mittelalter hinaus bestand in europäischen Ländern die Masse der Bevölkerung aus Analphabeten. Heute sind Analphabeten nicht nur relativ seltene Außenseiter, die Masse der Bevölkerung muß überdies ein vergleichsweise sehr weitgespanntes Wissen erwerben. Die emotionale Anspannung, die dieser Wissenserwerb verlangt, mag dem Beobachter entgehen, weil sie für die gegenwärtig Lebenden zur Selbstverständlichkeit geworden ist. In der alten Zeit konnten Eskimokinder zwischen zehn und vierzehn Jahren den Beitrag eines Erwachsenen zum Bestand der Familie leisten. Der Übergang vom Kind zum Erwachsenen war fast bruchlos. Wenn man von den Priestern absieht, galt das auch noch für die Masse der Bevölkerung im Mittelalter. Es war vielleicht nicht alltäglich, aber doch möglich, daß ein zwölfjähriger Prinz eine Armee anführte. Es genügt nicht, einzelne Fälle von Schamverhalten miteinander zu vergleichen, wenn man vergleichende Aussagen über den Zivilisationsstandard mittelalterlicher und neuzeitlicher Menschen machen will. Die lange Zwischenperiode zwischen Kindheit und Erwachsensein, die sich in der Neuzeit langsam herausbildet, ist nur eines der Beispiele für den Unterschied zwischen der zivilisatorischen Umformung des Individuums in dieser früheren Zeit und in der Gegenwart.

Recht unverständlich bleiben mir die Vorwürfe, die mir Duerr wegen einiger Bordellszenen macht, die auf burgundischen Miniaturen zu sehen seien. Ich habe diese Miniaturen in meinem Buch nicht besprochen; sie sind nur in einem zu anderem Zweck als Note beigefügten Zitat erwähnt. Ausführlich besprochen hingegen habe ich Bilder des unbekannten Hausbuchmeisters. Dort ist unter anderem ein Badehäuschen abgebildet, zwei Männer und ein Mädchen sitzen nackt im Wasser, ein zweites Mädchen ist im Begriff dazuzusteigen. Mein Kommentar berichtet einfach, was da zu sehen ist. Was da zu sehen ist, spricht kaum mit Bestimmtheit dafür, daß es sich um eine Bordellszene handelt.

Aber selbst wenn: Sicher ist, daß der soziale Status der Bordelle damals ein anderer war als heutzutage. Es konnte vorkommen, daß eine größere Stadt dem Kaiser und seinem Gefolge bei einem offiziellen Besuch auch das Bordell als Willkommensgruß zur Verfügung stellte. Man vergleiche das mit dem amerikanischen Präsidentschaftskandidaten, der vor kurzem alle Chancen, gewählt zu werden, verlor, weil dem verheirateten Mann ein Rendezvous mit einer Freundin nachgewiesen werden konnte.

Duerrs Äußerungen sind voll lauter Töne. Viel Lärm um nichts.

Elias

Es wird innerpsychisch versucht, mit dieser speziellen Angst umzugehen. Das kann nun auf verschiedene Weise erfolgen. Der Anlaß für Angst, also das Aufkommen von Schuld und Schuldgefühlen, kann auszuschalten versucht werden (Mustergatten– und *Braves–Bübchen–Phänomen*): Flucht– und Vermeidungsverhalten. Hier kenne ich den Ehemann, der sich sonntags regelmäßig von 7.00 Uhr, wenn er gewöhnlich aufwachte, bis 10.00 Uhr, wenn seine Gattin in den Morgen blinzelte, schlaf– und ruhelos im Bett wälzte, weil das Aufstehen ja die Frau stören würde, und statt dessen lieber wandern würde. Oder jemand, der trotz finanziell gesicherter Verhältnisse abends mit einer übergehängten Decke vor dem Fernseher sitzt, weil er in der Verhandlung um das Heizungsaufdrehen seiner Freundin gegenüber argumentativ, insbesondere aber selbstbehauptungsmäßig den kürzeren gezogen hat. Oder einen eigentlich gestandenen Mann, der regelmäßig bei den Schwiegereltern trotz Berufstätigkeit abends noch den Fußboden geputzt hat, weil diese und seine Frau das so wollten („Man möchte ja keinen Streit haben!"), und sich von ihnen begutachten ließ – in den Vierzigern dann allerdings an Krebs verstarb! Oder die eßsüchtige Tochter, die sich jahrelang keine Turnschuhe für den Alltag gekauft hat und damit die einzige in ihrer Klasse ohne Turnschuhe war, weil ihre Mutter sie sonst zwei Tage nicht angeschaut hätte, usw. usf. (Liebe Leserin, lieber Leser, tun Sie sich an dieser Stelle einen Gefallen und tun Sie diese drastischen Beispiele nicht mit einem hämischen Lächeln ab: Hier gilt ebenfalls die biblische Weisheit von dem Splitter im Auge des anderen und dem Balken im eigenen Auge; prüfen Sie sich also bitte ehrlich selbst auf solche Kopf–und–Schwanz–Einklemm–Phänomene – Sie werden *einige* finden!)

Holger schämte sich schrecklich. Nicht so sehr, weil Hilde ihn zum 1. Mal nackt sah, sondern weil er gestern vor ihr geprahlt hatte, er habe 3 Eier.

Eine weitere Methode, mit unterdrückten und ängstigenden Schuldgefühlen umzugehen, wenn man den Anlaß nicht mehr ausschalten kann, ist, die Schuld zu legitimieren, sie wegzurechtfertigen, sie zu bagatellisieren oder einfach gänzlich zu negieren – also alles Rationalisierungstechniken, wie wir sie aus anderen Bereichen gut kennen. Dies kann geradezu kuriose Formen annehmen wie z.B. das heutige männliche (bisweilen auch weibliche) *Heiligenschein–Polieren*, welches in unseren moderndden, pardon: modernen beredten Mittel– und Oberschicht–Ehen bis zum Exzeß mit einer bewunderungswürdigen Ausdauer zelebriert wird.

– wohlgemerkt: in meiner Praxis zu 90% bei diesen braven Bürschchen von Ehemännern anzutreffen, bei denen eine panische Angst vor Schuld einen diabolischen Bund mit einer ausgeprägten Hemmung vitaler Aggressionen und der daraus resultierenden Pervertierung oder Extremisierung dieser Aggressionen eingegangen ist.

Man hat den Eindruck, die Wiederkunft unseres HERRN steht nicht mehr aus, sondern ist schon vielzigtausendfach, wenn nicht millionenfach, in unseren Kleinfamilien erfolgt! Bei genauerem Hinsehen allerdings springen einem die Schattenseiten dieser Mustergatten nur zu drastisch ins Gesicht: „Ich kann es nicht aushalten, wenn du (einmal im Jahr, der Verf.) so laut wirst – du bringst mich noch ins Grab mit deinem Schimpfen!" Pfui Teufel vor so einer Äußerung.

Hilft nun alles nichts mehr, so stellt sich mit tödlicher Sicherheit schon bei Vorliegen minimaler, absolut lächerlicher Schuldbeträge das ein, was wir als *Aggressivität aus Angst* und Verunsicherung bezeichnet haben – und mit dieser Aggressivität wird dann so pervers umgegangen wie z.B.: ins Unrecht setzen, verrückt machen, exzessive Brutalität mit Handgreiflichkeiten (Zerlegen der Wohnungseinrichtung, Würgen, aus dem Fenster werfen u.v.m.).

Trend

In den gesellschaftlich gesteuerten *Scham–Komponenten* hat nun *Elias* einen zivilisatorischen Trend festgestellt. Es gibt eine Reihe berechtigter Bedürfnisse und Wünsche, die gesellschaftlich heute nicht mehr die Anerkennung genießen, die ihnen gesundheitlich eigentlich zusteht. *Elias* öffnet uns die Augen, wenn er uns aufzeigt, was wir z.B. mit unserem *hochbakteriellen kathartischen Schleim* machen, der früher in der Wiese,

später in den allerorts vorzufindenden Spucknäpfen landete: wir schlucken ihn herunter und mit ihm so manches andere, was nicht minder pathogen wirkt!

Auch das *Rülpsen und Furzen* hat nicht mehr ganz so die Bedeutung, die ihm zu Zeiten *Martin Luthers* noch zukam: „Warum rülpset und furzet Ihr nicht, hat es Euch nicht geschmecket?“ Magen– und Darmbeschwerden sind die Folge.

Das *Husten und Niesen* hat eine ebenso ausgesprochen ungesunde retrograde, autoaggressive Pervertierung durchgemacht. Statt daß wir unsere Bazillen mit lautstarkem Husten und Prusten in die Freiheit hinauskatapultieren und damit unserem kränkelnden Organismus entheben (wir könnten sie dann auch noch nach *Frau Doktor Luzie* tottrampeln!), behalten wir sie in Bronchien und Nase, bis erstere Schleim schlagen und letztere sich selbst voll davon hat und das Laufen anfängt – und das nur, weil wir es inzwischen in unserer schamhaften Dekadenz als unfein empfinden, mal lauthals zu niesen.

Nach was lecken wir uns eigentlich heute noch die Finger? Schauen Sie sich eine Geburtstags– oder Abendgesellschaft an, die Hähnchen verzehrt: Wie schelmisch–verstohlen–freudig–entschuldigend wird mit ermüdender Beharrlichkeit gerechtfertigt, daß man ja hier nun sogar laut *Knigge* mal die Finger zum Essen benutzen darf – wie schön!

Aggressive Scham

Da haben wir einen ganzen *Strauß aggressiver Gefühle*: von der reaktiven Wut bis zur spontanen Aggressionslust, von der passiven Frustration über das aktive Rivalitäts– und Konkurrenzverhalten bis hin zum absolut spontanen Necken und Ärgern – eine Vielfalt aggressiver Gefühle, von den Psychologen auf die Frustration (und Nachahmung) reduziert, von Biologen und Humanethologen wie *Eibl–Eibesfeldt* und *Hassenstein* zu neuem wissenschaftlichen Leben erweckt. Diese zahlreichen aggressiven Dispositionen und Neigungen werden nun, das wissen wir seit *Lorenz*, von hardwaremäßig installierten *Aggressionsantagonisten* in Schach gehalten: Mitleid, Angst (die eigene und die des Gegners), Schwäche, Ekel, Schamgefühle, Schuldbewußtsein u.a.m. Einer dieser Widersacher ungezügelter Aggressivität ist also die Angst vor sozialer Ablehnung und Bestrafung, unser emotionales Scham– und Schuldempfinden. Die *Kombattanten* – hier die auf welche Weise auch immer entstandene Wut oder Aggressionslust, dort Gefühle von Scham und Schuld – stehen sich normalerweise in einem labilen Gleichgewicht gegenüber; wird die Balance gestört, so obsiegt auf der einen Seite sozio(ehemals psycho)pathische Niedertracht, Gewissenlosigkeit, Infamie, Intriganz und Gemeinheit, auf der anderen Seite im wahrsten Sinne des Wortes deprimierende Scham– & Schuldlast.

Gambaro frustrierte Vpn, erregte damit *Frustrationsaggressionen* und gab einigen von ihnen anschließend die Möglichkeit, dem Frustrator vermeintliche *Elektroschocks* verpassen zu können. Als Mediatorvariable erfaßte er über einen Fragebogen ihre Schuldgefühltendenzen. Die Vpn mit hohen Schuldgefühlwerten zeigten bei ihrem Gegenschlag eine geringere Abnahme des *diastolischen Blutdrucks* (der bei der Frustration ordentlich angestiegen ist. Vgl. die hervorragende Diplomarbeit des Autors zu diesem Thema!) als die mit niedriger Schuldgefühlneigung; bei beiden senkte sich allerdings der hochgeschnellte Blutdruck eher als in der zornerfüllten und dabei belassenen Kontrollgruppe.

> Nun ist noch eine *elende Mischung* denkbar (und verdammt oft anzutreffen): eine Aggressionshemmung im persönlichen & intimen Umgang mit den vertrauten Mitgliedern der begrenzten sozialen Gruppe – gepaart in einer unheiligen, unheimlichen Allianz mit blinder Scham– und Rücksichtslosigkeit gegenüber Personen, die außerhalb dieser Gruppe stehen. Hier scheinen viele der natürlichen Aggressionshemmungen ausgeschaltet zu sein, und es wirkt nur noch das kulturell überformte Schuldbewußtsein – ein wahrhaft wandelbares Chamäleon mit archaischem Kern.

Wie uns nach *Lorenz* zunehmend mehr Verhaltensforscher aufzeigen, werden die meisten natürlichen emotionalen Aggressionsantagonisten durch zwei Dinge ausgeschaltet und unwirksam gemacht: *Waffen & Sprache*. Die Waffen machen den Feind unsichtbar, unfühlbar, unhörbar; die Sprache verführt zu Konspiration und Koalition. Wir schämen uns gegenüber einer anonymen Öffentlichkeit in weit geringerem Ausmaß, wenn wir uns der sozialen Unterstützung unserer kleinen sozialen Gruppe sicher sind: Was haben wir an sozialen Sanktionen zu befürchten, wenn unsere intimen und vertrauten Partner und Freunde uns die Stange halten!?

Von der *Aggressionslust* ganz zu schweigen. Vorsicht aber: Begehen wir nicht den heute sehr verbreiteten Fehler, *Kampfeslust* mit waffentechnischer, atomarer, biologischer oder chemischer Vernichtungskraft zu verwechseln; beide stehen eher in einem reziproken, umgekehrt proportionalen Verhältnis zueinander: Der *elementare Kampf* findet ohne Waffen, mit allen emotionalen Aggressionsbremsen statt. Einen Hauch dieser Kampfeslust spüren wir heute nur noch im emotional raffinierten Sport, auf dem Fußballplatz oder im Boxring. Im großen und ganzen ist aber unsere Kampfeslust pervertiert in aggressiven Voyeurismus, der sich vor dem Fernseher und im Kino austobt – und bisweilen in perfiden Mord und Totschlag entgleitet.

„Gemessen an dem Kampffuror des abessinischen Kriegers – ohnmächtig ganz gewiß gegenüber dem technischen Apparat des zivilisierten Heeres – oder an dem Furor der verschiedenen Stämme in der Völkerwanderungszeit, erscheint die Kampflust auch der kriegerischsten Nationen in der zivilisierten Welt als gedämpft... sie ist durch eine Unzahl von Regeln und Verboten, die zu Selbstzwängen geworden sind, eingeengt und gebändigt. Sie ist so verwandelt, ‹verfeinert›, ‹zivilisiert› wie alle anderen Lustformen, und nur noch im Traum oder in einzelnen Ausbrüchen, die wir als Krankheitserscheinungen verbuchen, tritt etwas von ihrer unmittelbaren und ungeregelten Kraft in Erscheinung“ (*Elias*).

Sexuelle Scham

Richten wir unseren ernüchterten Blick auf die sexuelle Scham. Über den Zusammenhang von Verhüllung (vs. Nacktheit), Schamhaftigkeit und Sinnenfreude wird allenthalben spekuliert. Da gibt es *aufrechte Richter*, die dieser Tage einen Exhibitionisten in Nordhessen zu einem Jahr Gefängnis verdonnern, wo allenthalben die Nackten und Halbnackten im Freibad, am Flußufer und Baggersee, im Kino und am Kiosk sich zeigen und offenbaren. Andererseits muß man sich dennoch vorsehen, daß man beim *Pinkeln in Wald und Flur* nicht von Oma (mit Hänschen) an der falschen Stelle erwischt wird: Ein Prozeß wegen Exhibitionismus steht ins Haus.

Den verbreiteten Kurzschluß, Nacktheit habe etwas mit Sinnenfreude und die Verhüllung der Scham etwas mit Sinnenfeindlichkeit zu tun, der als unausgesprochenes Grundaxiom so mancher Theorie und manchem Buch schlicht zugrunde gelegt wurde, diese *naive Platitüde* sollten wir tunlichst gleich fallenlassen.

„Sehr oft werden die Geschlechtsorgane durch Kleidung verborgen. Es gibt jedoch auch Völker, die für unsere Begriffe splitternackt gehen, z.B. die *Yanomami*, deren Frauen nur eine dünne Schnur um die Leibesmitte tragen. Aber selbst diese Schnur ist symbolisch ‹Bekleidung›. Fordert man eine Frau auf, sie abzulegen, dann gerät sie genauso in Verlegenheit wie eine Frau unserer Kultur, wenn man sie bäte, sich auszuziehen“ (*Eibl–Eibesfeldt*).

Die *Eigenschaft, sich zu schämen*, ist in allen Kulturkreisen anzutreffen: ob die erogenen und erotisierenden Zonen zu sehen oder verhüllt sind, ob im Bett der Teufel los ist oder das Ganze dem deutschen Sprachgebrauch folgend als Beischlaf am Samstagabend nach dem Baden abgetan wird. „Let's do it on the road“, von Popsängern lauthals verkündet, hat sich zu keiner Zeit, in keiner Gesellschaft durchgesetzt – außer bei *Kulthandlungen* in Fruchtbarkeitsreligionen. Wenn der Beischlaf auch nicht mehr überwiegend mit dem Rosenkranz in der Hand durchgeführt wird, so schaffen es unsere vitalen gesunden exhibitionistischen Tendenzen doch nicht, daß wir uns allerorten, in der Telefonzelle wie im Gourmet–Restaurant, am überfüllten Strand wie in der Arbeitsbesprechung, der Liebeslust hingeben. Die Scham grenzt die Geographie der Sexualität ein, was nicht heißt, daß nicht ein gehöriger *Spielraum* für Ausgelassenheit, Spontanität, Darbietung und Beobachtung von Lust gegeben wäre. Realitätsnahe Übungen verschieben die Schamschwelle in gewissen Grenzen sehr leicht! Im übrigen erlaubt „das Verhüllen der Scham... ferner besondere Formen gezielter Koketterie, und es wirkt Adaptationserscheinungen bei den Ehegatten entgegen“ (*Eibl–Eibesfeldt*) – was den, wenn man *bei Sinnen ist*, (per se leider nicht so ohne weiteres zu beobachtenden) umgekehrt proportionalen Zusammenhang zwischen Nacktheit und Sinnenfreude nahe

„Das menschliche Geschlechtsverhalten ist in allen Kulturen, die wir diesbezüglich kennen, von Verboten geregelt“ (*Eibl–Eibesfeldt*).

Der große Duerr – die große Dürre
Schafft Duerr Elias, Fernau und Bornemann?

„Ich versuche diese Tatsache – wenn es eine ist – zu erklären und zu zeigen, daß Theorien wie die von Elias dazu gedient haben, angeblich ‹Wilde›, ‹Primitive›, ‹Kulturarme› oder ‹Naturnahe› zu kolonisieren, und zwar mit der (natürlich nur meist vorgeschobenen) Begründung, man wolle ihnen doch nur helfen, den Prozeß der Zivilisation gewissermaßen im Zeitraffer nachzuholen" (*Hans Peter Duerr*. Will man *Duerr* nicht böswillige Verleumdung und hysterische Profilierungssucht attestieren, so muß man ihm vorhalten, daß er *Elias* nicht, selektiv oder verzerrt gelesen hat (ich selbst neige zu vorangestellter Sichtweise).

Duerr treibt mit rhetorischen Taschenspieler-Tricks eine professorale *Köpenickiade* der Eloquenz. Mit Dönekens und Anekdoten über seine Erfahrungen (und die von alten nudistischen Hasen) mit Erektionen in Nudistenkamps versucht er *Elias* ans Bein zu pinkeln.

Herr Duerr, man sieht einem erigierten Penis nicht an, ob dieser seinem Meister peinlich ist; und die empirisch weiß Gott nicht abgesicherte Tatsache, daß bei Nudisten seit den siebziger Jahren wieder vermehrt Erektionen vorkommen, ist kein Zeichen für eine sexuelle Liberalisierung.

Die auch von *Duerr* beobachtete Tatsache, daß in dieser nackten zivilisierten Gesellschaft öffentlich beobachtbarer genitaler Koitus und Cunnilingus… selten vorkommt, belegt dann, entgegen der Intention unseres hochfliegenden Nudistenexperten, gerade wieder *Elias*, der sagt, daß die moderne Nacktheit deswegen wieder zugelassen werden konnte, weil „ein hohes Maß von Zurückhaltung zur Selbstverständlichkeit geworden ist" (frecherweise auch noch nach *Duerr* zitiert!). Das von unserem unverschämt Nackten immer wieder zitierte *Phantomkleid*, mit welchem archaische Gesellschaften ihre Nacktheit verhüllen (*Eibl–Eibesfeldt* zeigt uns da die *Yanomami–Frauen* auf, deren Feigenblatt zu einer dünnen Lendenschnur, quasi als Gürtel, geschrumpft ist), gibt es in zivilisierten Ländern nicht – und vielleicht ist das der grundlegende Irrtum Herrn *Duerrs*, der sein eher minder kunstvoll zusammengebasteltes Kartenhaus zum schnellen Einsturz bringt. Bei uns alterniert im Wechsel der Jahreszeiten und der Mode Verhüllung und Enthüllung – sehr zur Freude unseres natürlichen oder pathologisch entarteten Exhibitionismus & Voyeurismus! Wenn wir im Frühjahr die ersten blanken Busen und von affengeilen Tangas aufgemotzten Pobacken im Freibad zu sehen bekommen (ganz zu schweigen von der totalen Nacktheit am Baggersee), dann rettet uns wirklich nur noch die von *Elias* angeführte vieltausendfache Konditionierung des Triebverzichts vor Grapschen, Verführen und Vergewaltigen: unsere ontogenetisch gelernte Angst, Unsicherheit, Hemmung, unser überstrapaziertes Scham- und Schuldbewußtsein. Ob in dieser Misere nun noch eine parasympathisch gesteuerte Erektion des Mannes oder Lubrikation der Frau herausspringt bzw. -tritt, das ist eine Frage der individuellen Physiologie. Bin ich zu sehr an die Nacktheit adaptiert, tut sich nichts, bin ich völlig geil, adrenerg überreizt, tut sich bei an diesen Orten leider fehlender taktiler Stimulation von Glied und Scheide ebenfalls nichts – das habe ich sehr schön und spannend in meinem Buch beschrieben.

Bleiben wir bei Nacktheit und Scham stehen, so erfahren wir nichts. *Schamschranken* sind bezüglich spezifischer Verhaltensweisen relativ leicht und schnell zu verschieben. Das erste Entkleiden in der gemischten Sauna kann noch Überwindung kosten – 5 Minuten nackt im Schwitzraum, und die Scham bezüglich der Nacktheit ist verschwunden. Solche partiellen gegenläufigen Tendenzen im Prozeß der Zivilisation hat *Elias* immer erkannt und benannt. Aber während sich *Duerr* mit der Nacktheit im *Oböna–Katalog* auseinandersetzt und das mittelalterliche Badehaus entsprechend unserer modernen restringierten Schamvorstellung als Bordell tituliert, weil dort im Kontext der Nacktheit noch gevögelt wurde, beschäftigt sich *Elias* mit dem Prozeß, dem Fluß der Dinge in seiner Gesamtheit – unter Einschluß dessen, was sich in und außerhalb des Schlafzimmers abspielt. *Duerr* ist ein schlichtes Kind unseres naiven Kulturoptimismus, der sich jetzt schon, angesichts der Fratze von Dekadenz, Umweltzerstörung, Krankheit und Perspektivlosigkeit, mit einer Erhaltung dessen, was war, zufrieden gibt – wie bescheiden.

Herr Duerr, ein absolut oberlehrerhaft gemeinter Ratschlag: Räumen Sie Ihren Schreibtisch auf; das bringt bisweilen auch wieder etwas Ordnung ins Gehirn.

Nun zum Anfang unserer Betrachtungen zurück, zum Kolonisator *Elias*. Es scheint so, daß nicht nur in der Politik (und nicht nur im Norden unserer Republik unter der Einwirkung von 4,5 mg Lorazepam) eine schamlose, perverse Infamie um sich greift, sondern nun auch schon in der sog. Wissenschaft.

Herr Duerr, wissen Sie eigentlich noch, was Sie schreiben?

Die Tatsache, daß *Elias* sich in manchem Interview schämt (auch er hat die vieltausendfachen Scham–Konditionierungen durchlaufen), diese Zivilisation anzuprangern, kann doch, wenn man auch nur kurz in seine Bücher reingeschaut hat, einen halbwegs achtbaren Bürger, der sich noch bei Trost fühlt, nicht dazu verleiten, *Elias* Tendenzen zu zivilisatorisch–kolonial–imperialistischer Entwicklungshilfe anzuhängen – einem Mann, der nicht nur einmal schreibt: „Die Gesellschaft beginnt an bestimmten Funktionen, die positive Lustkomponente durch die Erzeugung von Angst allmählich immer stärker zu unterdrükken oder, genauer gesagt, zu ‹privatisieren›, nämlich ins ‹Innere› des einzelnen, in die ‹Heimlichkeit› abzudrängen und die negativ geladenen Affekte, Unlust, Abscheu, Peinlichkeit allein als die gesellschaftsüblichen Empfindungen in der Konditionierung herauszuarbeiten."

Herr Duerr, Sie können versichert sein, daß dieser Mann und diese seine Erkenntnisse niemals zu dem beitragen werden, was Sie ihm in Ihrer egozentrischen Verblendung nur allzugern andichten würden!

legt. Selbst das *Spannen*, das sich seit der Erfindung des Schlüssellochs, des Fernrohrs, der Photographie und Kinematographie zunehmend größerer Beliebtheit erfreut, ist allenfalls ein Zeichen dafür, daß die Perversionen des Exhibitionismus und Voyeurismus hypertrophieren und sich in den zivilisierten Gesellschaften epidemisch ausbreiten – mehr nicht!

Aber wie kommt es nun zu sexueller Schamhaftigkeit? Welchen *evolutionären Vorteil* bringt sie? *Eibl–Eibesfeldt* klärt uns auf: „Während des Sexualaktes ist der Mensch so an seinen Partner hingegeben, daß er die Umwelt nicht mehr klar wahrnimmt und daher verwundbar ist. Vermutlich ist das auch einer der Gründe, warum er sich beim Sexualakt verbirgt. Bereits bei nichtmenschlichen Primaten, aber auch bei einigen Vögeln (z.B. den Graugänsen), provoziert die geschlechtliche Vereinigung außerdem Angriffe insbesondere der männlichen ranghohen Gruppenmitglieder. Sie bemühen sich durch Drohen, aber auch durch Angriffe, nach Möglichkeit Kopulationen zu unterbrechen. Das ist eine Form geschlechtlichen Rivalisierens, durch das sich Ranghohe die Optionen zur weiteren Verbreitung ihres Erbgutes freihalten... Auch das führt dazu, daß Kopulationen im Verborgenen stattfinden."

Soziale Scham

Die früheste und bekannteste Form sozialer Scham finden wir im *Fremdeln*. Unsere lieben Kleinen praktizieren es mit uneinsichtiger Beharrlichkeit vom ersten Lebensjahr an, und sogar wir reifen Erwachsenen schleichen auf der Stehparty noch mit freundlichem Lächeln und gebeugtem Rücken um die vielen fremden Menschen herum (in der jüngeren Generation pervertiert in ein cooles Pokerface – just the same story). *Scheu, Scham und Genieren* muten in diesem Zusammenhang wie eine milde Form sozialer Unsicherheit und Angst an, die dann auch wirklich entsteht, wenn sich der Fremde unverschämt nähert oder uns unverschämt anstarrt.

„Kaltenbach und Mitarbeiter beschreiben, daß nicht nur die Säuglinge bei Annäherung eines Fremden Vermeidereaktionen zeigen, sondern in noch stärkerem Maße die Mütter. Deshalb, so meinen sie, sei die Fremdenfurcht des Säuglings kein besonderes entwicklungsspezifisches Phänomen. – Sicher hat auch der Erwachsene zum Mitmenschen ein zwiespältiges Verhältnis. Neben Impulsen der Zuwendung induziert dieser auch deutliche Scheu. Deshalb verliert das Konzept der Fremdenfurcht für den Entwicklungspsychologen aber nicht an Bedeutung. Die Scheu des Menschen vor dem Mitmenschen gehört zu den Universalien, und sie beeinflußt unser soziales Zusammenleben entscheidend. Sie führt dazu, daß wir uns u.a. gerne von Fremden abschließen – eine Besonderheit, die sicher die kulturelle Evolution des Menschen beschleunigt hat. Über die längste Zeit seiner Geschichte lebte der Mensch in relativ geschlossenen Kleinverbänden ihm vertrauter Personen, vor denen er keine Angst hatte. Fremde spielten nur als gelegentliche Besucher oder als Freunde eine Rolle... Heute dagegen leben wir in erster Linie in anonymen Gesellschaften, in denen die meisten Mitmenschen, denen man im Alltag begegnet, Fremde sind. Die angstauslösenden Signale der Mitmenschen kommen daher mehr zur Wirkung, und das gesamte Verhalten ist in Richtung auf Mißtrauen verschoben. Man hat festgestellt, daß Menschen in Großstädten um so schneller gehen, je größer die Städte sind (M. H. und H. G. Bornstein). Es besteht ein klarer Zusammenhang zwischen Siedlungsdichte und Gehgeschwindigkeit. Muß man mit Fremden einen Bus oder Aufzug teilen, dann vermeidet man den Blickkontakt; E. Goffman sprach von ‹civil inattention›. J. Newman und C. McCauley zählten, wie oft Passanten in drei verschieden großen Städten Augenkontakt mit einer an einem Postamt und an einem Geschäft postierten weiblichen bzw. männlichen Versuchsperson aufnahmen. In der Großstadt erhielten die Personen die wenigsten Blickkontakte, in der ländlichen Kleinstadt die meisten...

Das kann zu Verhaltensfixierungen führen, die der Betreffende nicht mehr los wird, so daß er zuletzt selbst im Kreis der ihm Vertrauten nicht mehr aus sich herausgehen kann und dauernd die Maske trägt... Nicht der Mitmensch an sich belastet uns in der Stadt, sondern der Fremde. Im übrigen sind wir gerade in den Städten einsam, da wir aus dem uns vertrauten Verband der Großfamilie und Freunde herausgelöst worden sind. Die Bekannten eines Städters leben dank unserer großen Mobilität über weite Gebiete verstreut... Untersuchungen in *Neuguinea* haben erwiesen, daß sich auch dort mit der Verstädterung die zwischenmenschlichen Beziehungen in der eben aufgezeigten Richtung ändern (P. R. Amato)... Wir scheuen den Fremden, suchen aber auch seine Nähe. Wir müssen uns allerdings dazu über wiederholte zwanglose Begegnungen näherkommen können; die aber setzen Stätten der Begegnung voraus, wie sie früher etwa

„Ich möchte vor Scham im Erdboden versinken", „mich zu Tode schämen" oder bin zumindest „schamrot bis hinter die Ohren" und und und. Schämen Sie sich noch? Unsere *Staatsdiener und –oberhäupter* jedenfalls scheinen es nicht mehr zu tun (oder wenn, dann nur noch sehr, sehr kurz und äußerst, äußerst zaghaft). Ob es die präsidiale Finanzierung der *Contras* aus Iran–Waffengeldern ist, die verflickte gräfliche Parteispenden–Affäre oder der trotz 2 Millionen Arbeitsloser von einem gar nicht bangen Mann gepriesene Aufschwung oder absolut unverschämte Gift– und Atommüllagerungen von in Europa einmaligen Ausmaßen bei unseren Geschwistern jenseits der deutsch–deutschen Grenze; ob es die Schamlosigkeit der Berichterstattung von *BILD bis Tagesschau* ist, in der selbst Sterbende dem sensationsgeilen Publikum ins Wohnzimmer ausgeliefert werden: Wir scheinen die unverschämteste Gesellschaft zu sein, die es je gab.

„Ursel, ich glaube, der meint dich."

der Dorfplatz, der Brunnen oder die Schänke darstellten. An solchen Stätten mangelt es in der Großstadt, deren Straßen in erster Linie dem Verkehr dienen. Die Meinung, man brauche dem Menschen nur etwas hinzubauen und er würde sich schon anpassen, hat zu einer unmenschlichen Städteplanung geführt" (*Eibl–Eibesfeldt*).

Eine andere Form *schamhafter Wärme* steigt in uns hoch, wenn wir *Geschenke* entgegennehmen: „Der Akt des Gebens ist vielleicht der entscheidende Schritt auf dem Weg zu wahrhaft menschlichen Sozialbeziehungen: Er impliziert eine Verpflichtung, das Geschenk zu erwidern. Er begründet ein Verhältnis wechselseitiger Verbindlichkeiten, wie es in der Tierwelt unbekannt ist… Kein Affe hat jemals Schulden gehabt" (*Tiger & Fox*). Auch verdientes oder gar unverdientes *Lob* verunsichert unser sonst so robustes Gefäßsystem und läßt vermehrt Blut in die Kapillaren der oberen Extremität.

Streits vs. Gerichtsverhandlungen

Wie können wir nun die Angst vor Schuld diagnostisch erfassen? Mit einem bißchen Gespür für dieses Phänomen springt es einem im Gespräch mit dem Klienten bzw. mit dem Ehepaar oder der Familie geradezu ins Auge. Wenn wir

a) nach den von der Bezugsperson (Ehepartner, Elternteil) ungeliebten ausgeübten Aktivitäten fragen: meist totale Einengung;
b) uns mal einige Streits schildern lassen: sind es keine *echten* Streits, sondern Gerichtsverhandlungen.

Das Phänomen der Vermeidung möglicherweise schuldhaften Verhaltens und damit der Angst vor Schuld können wir recht gut an der Zahl und Intensität von Aktivitäten abschätzen, die der Sozialpartner (Ehepartner, Elternteil) mit *Schuldzuweisungen und Liebesentzug* bestraft: Treffen einer alten Freundin, Stammtisch, Einladen eines Kumpels nach Hause – um die ersten vier von 2.378 verbotenen Verhaltensweisen aufzuzählen.

Mit einer depressiven und zwanghaften Klientin, die unter exzessiven Schuldgefühlen bzw. unter einer panischen Angst vor diesen litt, habe ich systematisch geübt, andere Leute zu ärgern und Streiche zu spielen. Wir werden diese zaghaften therapeutischen Ansätze als die von mir wohl erstmals (hoffentlich!) in den Kanon der Psychotherapie eingeführte *Makeltherapie* (volksmündlich auch Furztherapie geheißen) wiederfinden.

Diese Angst vor vermeintlicher Schuld und den daraus resultierenden hypertrophen Schuldgefühlen ist meines Erachtens nach die Hauptursache für selbstunsicheres Verhalten und mangelnde Durchsetzungsfähigkeit.

Ein mehr persönlichkeitspsychologischer Ansatz, der Vermeidung von Schuld auf die Schliche zu kommen, liegt in der Anwendung der Skala *Anständigkeit* des *Unsicherheitsfragebogens* von *Ullrich & Ullrich*, die folgendermaßen charakterisiert ist: „… eine überhöfliche Beachtung von Normen und eine übergroße Peinlichkeit im Hinblick auf eine mögliche Verletzung solcher Anstandsregeln…"

Fragebogen zum Gerechtigkeitsdenken
Die Fragen sind mit „stimmt überhaupt nicht / kaum / teilweise / vollständig" zu beantworten:

- O Wenn es offensichtlich ist, daß mein Partner einen Streit begonnen hat, so soll er es auch sein, der ihn wieder beilegt.
- O Ich bin dann bereit, Kooperation zu zeigen, wenn ich auch bei anderen die Bereitschaft dazu sehe.
- O Ich halte es für unklug, jemandem nachzugeben, der im Unrecht ist.
- O Man braucht den Leuten nur freundlich zu begegnen, dann sind sie fast immer zu Zusammenarbeit bereit.
- O Bei den meisten Leuten muß man sehr viele freundliche Vorleistungen bringen, bis sie einem freundlich gesonnen sind.
- O Aus Schaden wird man klug.
- O In sozialen Beziehungen sollten alle Beteiligten gleichviel profitieren.
- O Man sollte bei Freunden und Bekannten darauf achten, daß man nicht immer selbst derjenige ist, der den Kontakt aufrechterhält.
- O Ich kann freundlich zu Leuten sein, die etwas tun, was ich für falsch halte.
- O Mehrmals bin ich der letzte gewesen, der einen Versuch aufgegeben hat.
- O Ich merke mir, wenn sich jemand mir gegenüber unfair verhalten hat.
- O Beim Streit gibt es wie beim Krieg immer einen Schuldigen.
- O Wenn sich jemand falsch verhält, sollte man nicht darüber hinweggehen.
- O Man sollte nicht zu viele Nachteile in Kauf nehmen, um jemanden für eine Zusammenarbeit zu gewinnen.
- O Wenn sich mir gegenüber jemand unfair verhält, dann soll er das durch entsprechendes Verhalten wieder gutmachen.
- O Wenn zwei Leute sich streiten, sollte derjenige einlenken, der den Streit begonnen hat.

Die Items 4, 9 und 10 sind umzupolen.

Ich sprach oben lapidar von einer Abhängigkeit dieser Tendenz von der sozioökonomischen Schicht. Interessanterweise ließen sich für diese Skala signifikante Unterschiede zwischen Hilfs– (niedrige Werte) und Facharbeitern (hohe Werte) sichern!

Ein weiterer Ansatz, dem Phänomen Angst vor Schuld diagnostisch beizukommen, ist die Erfassung des *Gerechtigkeitsanspruchs* nach dem Motto: Wenn ich selber schon so anständig bin, dann verlange ich das auch von allen anderen (übrigens: eine mußturbatorische irrationale Forderung nach *Ellis*).

Ein Training zur *Sensibilisierung der Wahrnehmung verschiedener Streitmerkmale*, insbesondere zur Schulung der Unterscheidung zwischen emotionalem Streit und Rechten, läßt sich mit nebenstehender *Rating–Skala* durchführen, mit der man jeweils 10–Sekunden–Intervalle verschiedener Videoszenen beurteilen lassen kann. An *Filmmaterial* schlage ich Szenen aus „Wer hat Angst vor Virginia Woolf“ mit *Elizabeth Taylor & Richard Burton* vor sowie „Szenen einer Ehe“ von *Ingmar Bergman* als Negativbeispiel und „Der gezähmte Widerspenstige“ mit *Ornella Muti & Adriano Celentano* als ein positiveres Beispiel.

	Frau	Mann
Feststellung		
Frage		
Rechtfertigung		
Argumentation		
Schuldzuweisung		
Schuldbekenntnis		
Beschimpfung		
Aufforderung		
Ablehnung einer Aufforderung		
Giftige Spitze, Zynismus, Ironie		

Störungen

Was aus einem *Zuwenig an Schamgefühl* wird, wissen wir, wenn wir in die Presse und das Fernsehprogramm (incl. Tagesschau) schauen: schamlose Menschenverachtung und Naturzerstörung. Diese Psycho– & Soziopathie anzuprangern, sollten wir nicht müde werden.

„Ja man darf ohne zu übertreiben sagen, daß die ökologisch notwendige Scheu vor einer nicht bloß als Beute, Material oder Müllhalde verstandenen Natur gleichsam die Außenseite jener innerlichen und die innere Integrität beschützenden Gabe ist, die den Menschen als wirklich humanes Wesen auszeichnet: der Gabe, sich zu schämen“ (*Kaltenbrunner*).

Als Psychotherapeuten haben wir mit dem anderen Extrem zu tun, mit Menschen, die unter einem vermeintlichen oder tatsächlichen *Zuviel an Schamgefühlen* und Schuldbewußtsein leiden, an ihrer Verdrängung oder einer panischen Angst vor jedem Quentchen Scham & Schuld.

Störungen, die sich aus eskalierten Scham– und Schuldempfindungen herleiten, sind neben allgemeiner und spezieller sozialer Unsicherheit Depressionen, die Errötungsangst, Zwangsverhalten, –gedanken & –impulse, psychogener Tremor (evtl.), Schwitzattacken – um die wichtigsten zu nennen. Es ist allerdings oft schwer zu entscheiden, ob nicht die Ursachen dieser Störungen auch mit im Bereich stark provozierter aggressiver Gefühle anzusiedeln sind. Bei manchen Klienten hat man diesen Eindruck.

Die *Errötungsangst* kann als eine durch negative Rückkopplung eskalierte Schamreaktion aufgefaßt werden. Dieser Mechanismus hat schon *Darwin* stark beschäftigt: Erröten ist eine, wenn auch nicht obligatorische, so aber häufige vitale Erscheinung der Schamreaktionen. Wird sie aufgrund entweder zu häufiger Initialisierung oder via körperlicher Dispositionen (Schilddrüsenüberfunktion, bestimmte Kreislauf–Parameter u.ä.) leicht auslösbar gemacht, so tritt sie in einem der Situation unangemessenen Ausmaß auf und ruft über die Selbstwahrnehmung oder die tatsächliche oder antizipierte Reaktion der Umwelt ihrerseits wieder eine Verstärkung der Schamreaktion her-

„Erröten ist nicht nur unwillkürlich; der Wunsch, es zu unterdrücken, führt zur Selbstaufmerksamkeit und steigert damit die Neigung zu erröten“ (*Darwin*).

Ein Fragebogen zur Erfassung von Schuldgefühlen der Töchter gegenüber ihren Müttern

O Ihre Mutter teilt Ihnen mit, daß sie Sie am Wochenende besuchen will. Sie haben aber geplant, in dieser Zeit alte Freunde zu besuchen, und sagen ihr daher ab.
a) Wie würde Ihre Mutter reagieren?
b) Wie würden Sie sich fühlen?

undankbar	o–o–o–o–o	rücksichtsvoll
gerecht	o–o–o–o–o	unverschämt
unschuldig	o–o–o–o–o	schuldig
beschämt	o–o–o–o–o	unbefangen
schlecht	o–o–o–o–o	anständig

c) Hätten Sie in dieser Situation so gehandelt?
ja O nein O

O Sie fahren mit einer Freundin zu Ihren Eltern, obwohl es Ihrer Mutter lieber wäre, daß Sie alleine kommen, weil Sie dann mehr Zeit füreinander hätten.
O Ihre Mutter kritisiert Ihre Kleidung (Figur oder Ähnliches). Sie bitten sie, das zu unterlassen.
O Ihre Mutter hat Ihnen einen Pullover geschenkt, der Ihnen nicht gefällt. Sie sagen ihr das.
O Sie fahren Weihnachten nicht nach Hause, sondern mit Freunden zum Skiurlaub.
O Ihre Mutter hat für den Sommer eine Kur beantragt, und sie erwartet, daß Sie in dieser Zeit den Haushalt versorgen. Sie lehnen es ab.
O Ihre Mutter ist für drei Tage zu Besuch, und Sie besuchen an einem Abend Ihren Freund, den Ihre Mutter nicht mag.
O Am Geburtstag kommt es zwischen Ihnen und Ihrer Schwester (Bruder oder ein anderes Familienmitglied) zu einem Streit.
O Sie kommen mittags nach Hause. Ihre Mutter hat mit dem Mittagessen auf Sie gewartet, Sie haben aber keinen Hunger und sagen, daß Sie nichts essen möchten.
O Sie sind mit dem begonnenen Studium/der begonnenen Ausbildung nicht zufrieden. Sie teilen Ihren Eltern mit, daß Sie etwas anderes machen wollen.
O Für Sie hat der Muttertag keine besondere Bedeutung. Sie sagen Ihrer Mutter, daß Sie ihr deswegen nichts schenken wollen.
O Sie unternehmen etwas alleine mit Ihrem Vater (Kino, Kneipe o.ä.).
O Sie sind gereizt und nervös, und das Verhalten Ihrer Mutter geht Ihnen auf die Nerven. Sie sagen ihr, daß sie Sie in Ruhe lassen soll.
O Sie sind in Ihrer Heimatstadt zu Freunden gefahren und haben Ihre Eltern nicht besucht.
O Ihre Mutter beklagt sich wieder einmal bei Ihnen über ihre schwierige Situation. Sie haben keine Lust, auf sie einzugehen.
O Sie sollen am Wochenende zu Hause mitarbeiten. Sie sagen, daß Sie etwas vorhaben.
O Sie sollen einen Pflichtbesuch bei Ihren Großeltern auf Wunsch Ihrer Mutter machen. Sie lehnen das ab.
O Sie haben im Urlaub zuviel Geld ausgegeben und müssen Ihre Eltern um eine Finanzspritze bitten.
O Es war mit Ihrer Mutter ausgemacht, daß sie Sie am Wochenende besucht. Jetzt ruft ein Freund an, den Sie sehr selten sehen können und möchte Sie zum gleichen Zeitpunkt besuchen. Sie machen die Verabredung mit Ihrer Mutter rückgängig.
O Sie sind am Wochenende zu Hause und merken, daß Sie mal wieder auf Ihre altbekannte Tochterrolle festgeschrieben werden und sprechen das an.
O Sie sind aus der Kirche ausgetreten und teilen das Ihrer Mutter mit.
O Sie wollen für ein paar Jahre mit Ihrem Freund ins Ausland gehen und sprechen mit Ihrer Mutter darüber.
O Sie haben den Geburtstag Ihrer Mutter vergessen.
O Sie schmusen mit Ihrem Freund, und Ihre Mutter kommt ins Zimmer.
O Sie waren im Urlaub und haben nicht, wie versprochen, zu Hause angerufen.

„Eine Untersuchung an depressiven Patienten von Marshall und Izard zeigte, daß Schüchternheit zu den wichtigeren Emotionen im Emotionsprofil depressiver Patienten gehörte" (*Izard*).

vor. Die Therapie folgt dem Paradigma der Reizkonfrontation und ist darauf angelegt, den Patienten mit der Situation, die er befürchtet, zu konfrontieren: mit der Reaktion der sozialen Umwelt auf sein unangemessen hypertrophes Schämen und Erröten. Er muß durch Übungen lernen, das *Versteckspiel* vor seinen Mitmenschen („Hoffentlich merkt niemand, daß ich mich schäme/rot werde") aufzugeben, sich zu schämen respektive rot zu werden, und die Reaktion seiner Schaminitiatoren offen entgegenzunehmen – nicht leicht für g'schamige Zwangspatienten, Depressive, Sozial– oder Erythrophobiker. *Lewis* sieht im Falle nicht entladener Scham, Scham, die nicht ausgedrückt wurde und der entsprechend auch nicht die soziale Rehabilitation durch die Mitmenschen folgte, die Gefahr einer Depression. Der *Geschlechtsunterschied* bei der Anfälligkeit für Schamreaktionen wie auch bei der Depression zugunsten der Frauen steht damit im Einklang. Die Therapie hat also *Schamantagonisten* aufzubauen und zu stärken, so da sind: Neugier, sexuelle und aggressive Lust, Wut, Selbstbewußtsein, Fröhlichkeit, Aktivitäts– und Sinnenfreude.

Die *Produkte erdrückender Schuldgefühle* sind also Depressionen und Zwänge. Depressive Gefühle des eigenen Unwerts und der Schuld an allem Elend dieser Welt sind zentrale Momente der einen Störung, Normunsicherheit und Sozialangst stellen die Dreh– und Angelpunkte in der Genese von Zwängen dar. Auch schizophrene Wahnvorstellungen, Halluzinationen und Stimmenhören haben überwiegend das Schuldthema zum Inhalt. Entgegen *Lewis* messe ich der Paranoia in diesem Zusammenhang nur eine geringe Bedeutung bei: Hier spielen extreme soziale Isolationstendenzen und –leistungen eine weitaus größere Rolle in der Entstehungsgeschichte. *Beck* fand Schuldgefühle als Symptom bei 80% der mittel und schwer Depressiven. Negative Selbstbewertung, Selbstkritik und Selbstvorwürfe fanden sich als typische Merkmale. Laut *Beck* bringt die Depressivität eine niedrige Schwelle zur Annahme persönlicher Verantwortung für Ereignisse mit negativem Ausgang mit sich.

Durchgängig in der Literatur findet sich Übereinstimmung darüber, daß *Depressionen bei Frauen* häufiger auftreten als bei Männern. Dies hängt von verschiedenen Faktoren ab. Die Einschränkung der Berufstätigkeit führt bei Frauen fast unausweichlich zu einem großen *Gewicht der Kindererziehung* und damit zu einer engen Bindung zwischen Mutter und Kind. Das Kind ersetzt die Kontakte zur Außenwelt und stellt die einzige mögliche Quelle der Selbstbestätigung dar.

Entsprechend schwierig ist es für die Mutter, ihm Unabhängigkeit und Selbständigkeit zuzugestehen. Hinzu kommt die Notwendigkeit, die eigene Situation zu rechtfertigen – was vor allem durch die Weitergabe der eigenen Rollendefinition an die Tochter möglich ist.

Die Identifikation mit der Tochter beginnt beim weiblichen Säugling, von dem die Abgrenzung weit schwerer fällt als vom kleinen Sohn. Auch sind weibliche Babys eventuell wegen ihrer besseren neurologischen und allgemeinphysiologischen Koordination leichter lenkbar und erhalten dadurch eher verbale Zuwendung als ihre „schwierigen" Brüder. Da sie unproblematischer sind, reichen bei ihrer Erziehung auch „mildere" Strafmittel aus: *Liebesentzug* ist eine in der Mädchenerziehung besonders häufig eingesetzte Strafe.

Liebesentzug hat zwei wesentliche Folgen. Auf der einen Seite macht die *Tochter* die Erfahrung, daß Liebe und Zuwendung abhängig sind von Wohlverhalten und daß offene Aggression tabu ist. Besonders schwerwiegend ist dabei, daß Mädchen durch ihre mehr auf Nähe angelegte Erziehung von dieser Zuwendung auch abhängiger sind. Darüber hinaus wird, und das ist die andere Seite, eigenes Verhalten beurteilt nach seiner Wirkung auf andere („die Mutter ist traurig"), nicht nach sachlichen Kriterien. Untersuchungen legen den Schluß nahe, daß auf diese Weise Selbstkritik und Gewissen besonders stark ausgebildet werden und gleichzeitig ein Einklang mit den eigenen Gefühlen und Handlungen erschwert wird.

Auch *Söhne* können natürlich durch eine enge Bindung an die Mutter Nachteile in ihrer Entwicklung erleiden, doch wird ihre Situation in verschiedener Hinsicht erleichtert. Sie haben als zusätzliche Identifikationsfigur den Vater, zu dem die Bindung wegen seiner häufigen Abwesenheit jedoch nicht so eng wird. Auch fordert das Erziehungsideal für Jungen eine stärkere Förderung der Außeninteressen, der Kontakte zu anderen Kindern und der sachlichen Fähigkeiten, die damit zu einer Möglichkeit der Selbstbestätigung außerhalb der Familie werden.

Sicherlich sind weibliche Schuldgefühle nicht die einzige Ursache für die Depression, dennoch scheint hier ein Faktor zu sein, den man nicht aus dem Auge verlieren sollte.

Zur Bestimmung des Ausmaßes von *Schuldgefühlen bei Frauen* entwickelte *Mosher* eine Skala. Er fand eine positive Korrelation zwischen Schuldgefühlen und Ängstlichkeit und eine negative Korrelation zwischen Schuldgefühlen und Selbstwertgefühl.

Frauen mit einem hohen Score auf dieser Skala zeichnen sich durch ein hohes Maß an Konformität, mehr Interesse an freundschaftlichen, nicht–sexuellen Kontakten zu Männern, durch insgesamt weniger Interesse an heterosexuellen Kontakten aus. Sie sind selbstkritisch, fordern in Beziehungen ein hohes Maß an Fürsorge und zeigen wenig Aggressionen. *Fesh & Stamps* fanden, daß eine Person mit einem hohen Maß an Schuldgefühlen nicht mit ihren eigenen Emotionen, Handlungen und Überzeugungen in Einklang steht, daß ihr Hauptmerkmal Selbstunsicherheit ist.

Eine US–amerikanische Studie von 1970 unter College–Studenten stellte bei einer Auswahl unter 38 bipolaren Items u.a. folgende Eigenschaften als Frauen zugeschrieben fest:
- leicht beeinflußbar
- unterwürfig
- abhängig
- nicht aggressiv
- passiv
- emotional

Andere Untersuchungen ergeben, daß Frauen im allgemeinen weniger oder nur verbal aggressiv reagieren und daß sie nach Aggressionsäußerungen weit eher mit Schuldgefühlen reagieren als Männer.

Versöhnung

Unabdingbarer Bestandteil einer vitalen Aggressionsäußerung ist die Versöhnung. Ausnahmen bilden allenfalls Aggressionsmotive, die der Geringschätzung und Verachtung nahestehen. Unter den Rachemotiven finden wir solche. Umgekehrt entspringt natürlich nicht jede Rache Motiven von Geringschätzung und Verachtung! Auch hier kann es zu versöhnlichen Tendenzen und Verhaltensweisen kommen. Beim Necken und Ärgern aber, beim Ärgerausdruck, beim Schimpfen und Streiten, beim Wüten & Balgen und bei anderen aggressiven Auseinandersetzungen ist die Versöhnung Sinn und Ziel und damit *obligatorisch*. Wie ich bei der Aggressivität schon feststellen durfte, ist Schuldbewußtsein der Motor zur Versöhnung. Da jede vitale Aggressionsäußerung überschäumend über das Ziel hinausschießt (und schießen sollte!), produziert und initialisiert sie beides.

Von dem Normalverlauf sind verschiedene Abarten abzugrenzen. Zuerst einmal können die *Amplituden extremisiert* sein (oder auch natürlich nur jeweils eine, die Ärger– oder die Versöhnungsamplitude). Der Ärger und/oder die Versöhnlichkeit fallen exzessiv aus – ein recht strapaziöses Leben!

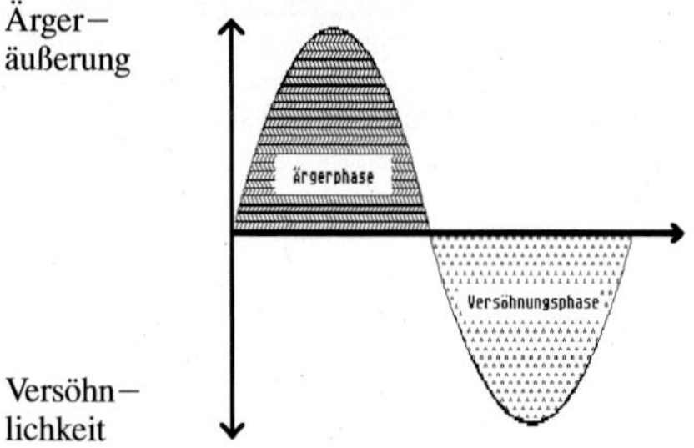

Das Gegenteil ist eine emotionsarme, konturlose Stumpfheit im Erleben und/oder im Verhalten: Die Verläufe von Ärger und Versöhnlichkeit sind eher *flach*.

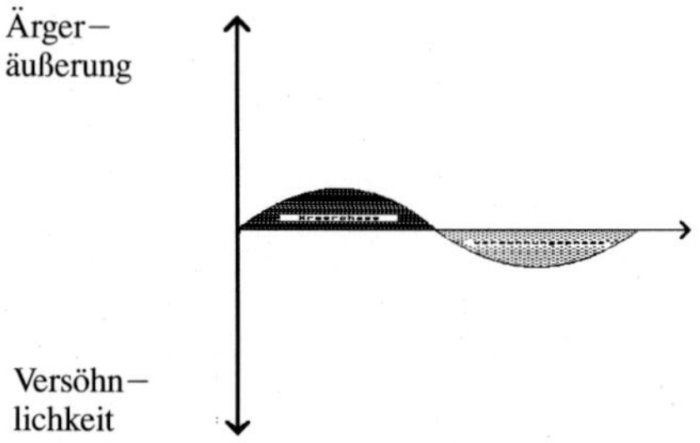

Als weitere denkbare Möglichkeit gibt es die nur Wütenden mit einer Unfähigkeit zur Versöhnung, die *Falken*, sowie die ausschließlich Versöhnlichen, unfähig, Ärger zu empfinden und/oder auszudrücken, die *Tauben*.

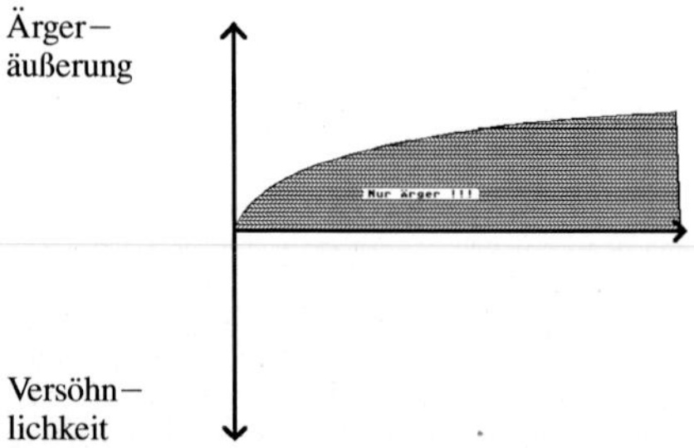

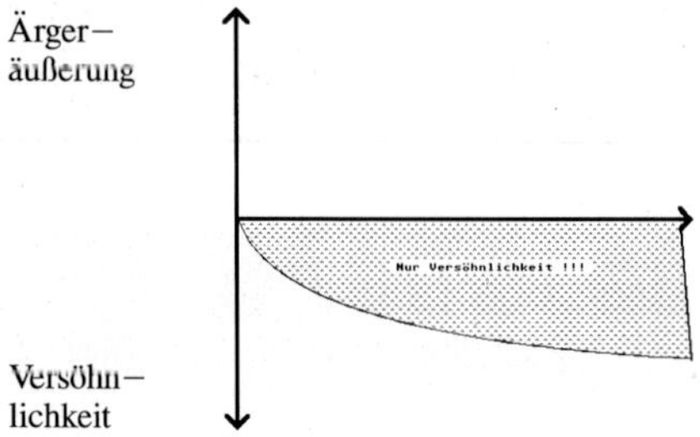

Die geeignetste, verbreitetste (bei allen Völkern) und traditionsreichste (bis hin zu unseren Vorfahren auf den Bäumen) Methode ist das *Versöhnungsritual*. Es regelt den Prozeß der Versöhnung und läßt Beteiligte ihr Gesicht wahren. Die einschlägigen Rituale reichen vom Lächeln, Handreichen und Handreichungen (Hammer–Anreichen, Tasse–Kaffee–Bringen) bis zum Friedenspfeife–Rauchen. Auch Neck– und Schäkergesten können verwendet werden: Zunge–Rausstrecken, Anrempeln, milde Schimpfworte (in der Grauzone zwischen Schimpfwort und Kosename), Schamweisen, Ärgern, Nase–Ziehen/–Machen. Oder *Versöhnungsformeln*: „Ich bin dir wieder gut“, „Laß es uns vergessen“, „Komm, sei wieder gut“, „War nicht so gemeint“.

Auch *Entschuldigungen* sind geeignet; vom „Tut mir leid“ bis hin zur mea culpa, „Asche auf mein Haupt“ reicht die Palette. Dabei muß man sich durchaus nicht vor Schuldgefühlen im Staub wälzen. Was allerdings mit Sicherheit *nicht* ausreicht, ist, daß man nach einer Weile einfach nur so tut, als wäre nichts gewesen. Das heizt zwar die Auseinandersetzung nicht mehr direkt an, ist aber als Versöhnungsgeste völlig ungeeignet, zu billig! Tatsächlich gibt es Menschen, die würden lieber ins Gras beißen, sich erhängen oder Krebs kriegen, als daß sie einmal in ihrem Leben zugeben, daß irgend etwas, was sie getan haben, nicht eben gerade so recht war. Eine solche Haltung kann verschiedenen psychischen Dispositionen entspringen: falschem Stolz, mangelndem Selbstwertgefühl (nur der Klügere gibt nach!?), Verwöhnung (habe es nicht nötig, mich zu entschuldigen). Eine weitere Methode, die Versöhnung voranzutreiben, stellt die Übergabe von *Geschenken* (Pralinen, Blumensträuße, Karten, Spielzeug u.v.m.) dar.

Wie läuft nun das Versöhnen? Im Gegensatz zum Beschwichtigen (die Grenzen sind wieder mal fließend!) handelt es sich beim Versöhnen um einen beidseitigen Prozeß. Das Aggressions– und Dominanzgefälle ist hier nicht so stark wie bei der mehr einseitigen Beschwichtigung. Auch darf die Versöhnungsbereitschaft bei beiden Parteien nicht allzu diskrepant sein, sonst funktioniert es (noch) nicht (warten!). In stabilen sozialen Beziehungen sollte es daher ein Schwingen geben zwischen aggressiven Verhaltensweisen und versöhnlichen – den *Ärger–Versöhnungs–Swing*.

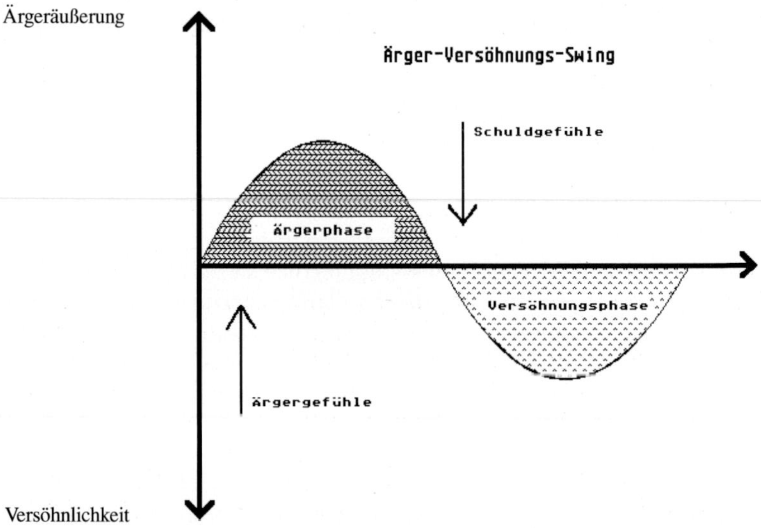

Angst

Angeboren oder erworben? * Agoraphobe Angst * Vermeidungsverhalten * Klassifikation der Ängste * Therapie

Der Nutzen einer Unterscheidung zwischen *Angst und Furcht*, die in der Psychologie meist getroffen wird, ist umstritten. Meist wird Furcht als Spezialfall der Angst bei einer Konfrontation mit einer akuten Gefahrensituation betrachtet. *Izard* erachtet Furcht als eines der zehn fundamentalen Gefühle, während er Angst als ein übergeordnetes Gefühlsmuster ansieht, in das neben Furcht andere Gefühle wie Ärger, Traurigkeit, Schuld und Scham mit eingehen.

Eine weitere häufig getroffene Unterscheidung ist die zwischen Angst als akutem Zustand und *Ängstlichkeit* als Persönlichkeitsmerkmal, wobei im ersten Fall die akute Reaktionsweise, im zweiten die chronische Erregungsbereitschaft verstanden wird. Ängstlichkeit als Disposition bezieht sich auf interindividuelle Unterschiede in der Bereitschaft, auf Gefahrensituationen ängstlich zu reagieren. Hierbei ist jedoch zu fragen, ob eine generelle Angstneigung, unabhängig von der jeweiligen Situation, überhaupt besteht – oder ob nicht vielmehr die Unterschiede der Angstreaktionen ein und derselben Person in verschiedenen Situationen so ausgeprägt sind, daß man eigentlich nicht mehr von einem einheitlichen Persönlichkeitsmerkmal sprechen kann. Gerade die psychologische Therapie bezieht sich auf diese Überlegung und diagnostiziert zunehmend mehr nur die Angst in einzelnen spezifischen Situationen und nicht eine generelle Ängstlichkeit.

Als Grundphänomen von Emotionen haben wir die Eigenschaft kennengelernt, daß sich bei ihrer Verdrängung Angst vor ihnen und den Folgen aufbauen kann. So haben wir soziale Ängste als Ausfluß verdrängter, unbefriedigter sozialer Bedürfnisse, sexuelle Ängste bei Un– oder nur leidlich befriedigter Lust, Angst vor Aggressionen bei einem eigenen Wutstau oder nur rudimentär zu befriedigenden aggressiven Perversionen (z.B. Feindselig– und Giftigkeit), Angst vor Schuldgefühlen (und das daraus resultierende Rechten und Heiligenschein–Polieren) bei uneingestandener Schuld und mangelhaftem Ausdruck derselben, ja gar Angst vor Ängsten (Phobie) oder Angst vor Tod und Teufel, pardon: Trauer bei verdrängtem Trauerpotential – um die wichtigsten *Emotionsängste* zu nennen.

Der Frage, ob eine Person an sich habituell oder in einer speziellen Situation *wenig Angst* hat *oder* dies innerlich, unbewußt *verdrängt*, kann man sich von mehreren Seiten nähern. In der empirischen Psychologie ist man den Weg des Aufspürens unbewußter und unbeabsichtigter Angstäußerungen in der *Verdrängungsphase* bei experimenteller Stimulierung der Angst gegangen. *Epstein* fand bei angstleugnenden Fallschirmspringern (Anfängern) eine Diskrepanz zwischen unbedeutenden verbalen Äußerungen von Angst und einem erheblichen physiologischen Arousal (Hautleitfähigkeit, Herzrate und Atemfrequenz) mit bisweilen starkem Tremor, Brechreiz und Ohnmachten. Der Urva–

ter des empirisch–psychologischen Verdrängungskonzepts, *Byrne*, entlockte seinen Versuchspersonen bei unterschwellig dargebotenen Dias mit tabuisierten Inhalten verräterische Wahrnehmungen, physiologische Reaktionen und Nicht–Wahrnehmungen (und entwickelte daraufhin einen wenig aussagekräftigen Fragebogen zur Erfassung dieser Persönlichkeitsdimension). *Asendorpf* ließ seine Probanden zu einem äußerst peinlichen Thema („Nach der Operation war er impotent...") frei assoziieren und machte für die Verdränger bei den verfänglichen Sätzen (im Gegensatz zu den harmlosen) in Gesichtsausdruck und Herzrate Anzeichen von Angst aus.

Angeboren oder erworben?

Klassische Einteilung von Phobien über ihren Inhalt *(Marks)*

–phobia	Angst vor:
Acro–	Höhen (Gr. acro)
Agora–	offenen Plätzen (Gr. agora)
Ailuro–	Katzen (Gr. ailuros)
Arachno–	Spinnen (Gr. arachin)
Antho–	Blumen (Gr. anthos)
Anthropo–	Menschen (Gr. anthropos)
Aqua–	Wasser (Lat. aqua)
Astra–	Blitz (Gr. Asterope)
Bronto–	Donner (Gr. bronte)
Kerauno–	Donner (Gr. keraunos)
Claustro–	geschlossenen Räumen (Lat. claustrum)
Cyno–	Hunden (Gr. cynas)
Demento–	Irrsinn (Lat. demens)
Equino–	Pferden (Lat. equus)
Herpeto–	Reptilien (Gr. herpetos)
Mikro–	Bakterien (Gr. mikros)
Muro–	Mäusen (Lat. mus)
Myso–	Schmutz (Gr. mysos)
Numero–	Zahlen (Lat. numero)
Nycto–	Dunkelheit (Gr. nyx)
Ophidio–	Schlangen (Gr. ophis)
Pyro–	Feuer (Gr. pyr)
Thanato–	Tod (Gr. thanatos)
Tricho–	Haaren (Gr. tricho)
Xeno–	Fremden (Gr. xeros)
Zoo–	Tieren (Gr. zoos)

Die Vergleichende Verhaltensforschung, die Ethologie, wie auch die Entwicklungs– und die Emotionspsychologie können gut belegen, daß es angeborene, instinktiv angelegte Angstreaktionen auf bestimmte *Reizklassen* (Schlüsselreize, Gestalten) gibt. Das ist der Grund, warum Ängste bezüglich Mäusen, Spinnen, Abgründen, geschlossenen Räumen, Alleinsein, Dunkelheit und vielem mehr unbestritten häufiger vorkommen als vor Ziegelsteinen, Bäumen und Tapeten.

> Jede Angst hat eine (evtl. zu vernachlässigende) reale instinktive Komponente und eine gelernte konditionierte (auch die kann ggf. zu vernachlässigen sein), die vielleicht auf dem von der Zwei–Faktoren–Theorie nach *Mowrer* skizzierten Weg entstanden ist.

Ebenso weiß man, daß Kinder in bestimmten Situationen Angst haben, in denen sie mit Sicherheit vorher nie waren, was das Vorhandensein eines instinktiven Anteils stützt. Als Beispiel kann die Acht–Monats–Angst des Säuglings angeführt werden. Auch *Bräutigam* vertritt die Auffassung, daß phobische Ängste an rudimentäre Instinktradikale anknüpfen. *Seligman* bezieht sich in seiner *preparednes–theory* ebenfalls darauf.

Eine Beobachtung, die für diese Disposition für bestimmte Angstreize spricht, machte schon 1969 *Marks*: Er bemerkte die Häufigkeit von Hunde–, Katzen– und Schlangenphobien und demgegenüber das ausgesprochen seltene Vorkommen von Lammphobien. Mir selbst ist aufgefallen, daß ich in meiner Praxis noch nie einen Steckdosenphobiker sah – und ich selbst nach drei lebensgefährlichen 220–Volt–Stromschlägen („manche lernen's nie!") im zarten Alter von 3–5 Jahren auch keiner geworden bin. Für Strom liegt anscheinend beim homo sapiens keine instinktive Angst–Präparierung vor, ebenso wie für das Herangehen an mit 50–150 km/h dahinrasende Blechkisten bis auf weniger als 1 Meter Abstand, wie wir es alle auf unseren Bürger(abschuß)steigen tun (man stelle sich statt der Straße einen 1.000 Meter tiefen Abgrund neben einem vor – welch phobischer Unterschied!).

In der ersten in der Literatur bekanntgewordenen Behandlungsserie kindlicher Phobien hat *Jones* sieben verschiedene Methoden systematisch miteinander verglichen: 70 *phobische Kinder* im Alter von 3 Monaten bis zu 7 Jahren, die kurzzeitig in einer therapeutischen Einrichtung untergebracht waren, wurden behandelt. Als erfolglos erwiesen sich folgende Methoden: Obwohl den Kindern das angstauslösende Objekt ohne jede aversive Konsequenz vorgeführt wurde, blieb der gewünschte Erfolg aus; das Ansprechen der Vernunft erwies sich als erfolglos; die Aufklärung über die Ungefährlichkeit des Objektes war zwecklos; durch Zwangsmaßnahmen – indem das Kind am Schreien oder Davonlaufen gehindert wurde – war die Gewöhnung an das gefürchtete Objekt nicht zu erreichen (negative Adaptation); die bloße Unterdrückung der Angst –

in Gegenwart anderer Kinder – konnte die Angst selbst nicht beseitigen; ein Ablenkungsversuch – in dem das Kind einen begehrten Gegenstand aus der Nähe des angstauslösenden Objektes holen sollte – konnte die Angst nicht zerstreuen.

Die *normalen* Ängste vor Gefahren, die Existenzangst im obigen Sinne, gehen mit einer *sympathikotonen, ergotropen Stimmung* und Stimulierung einher. Sie sollen uns auf Arbeit, Anspannung, Angriff oder Flucht einstimmen und derartige Reaktionen physisch und psychisch vorbereiten.

Anders scheint es bei *Asthmaanfällen* zu sein, die man bis dato genauso behandelt und entsprechend entspannt hat; hier wird gemunkelt, daß sie vielleicht sogar *parasympathischer Natur* sind und einem sympathikotonen Rebound–Effekt entspringen können.

Als dritte angstbezogene physiologische Variable haben wir noch das *Hypophysen–Vorderlappen–System* mit seinem Hauptindikator, dem Cortisol. Dieses sog. zweite Streßsystem könnte in einer bestimmten Kombination mit dem ersten Streßsystem für agoraphobe Panikattacken verantwortlich zeichnen.

Dabei können wir davon ausgehen, daß es sich um qualitativ unterschiedlich erlebte Ängste handelt, die bei Adrenalinausschüttung eintreten (Angst mit Angriffs– oder Fluchttendenz, also Copingtendenzen), und solchen, die bei erhöhtem Cortisolspiegel empfunden werden (Gefühl der Hilflosigkeit und Ohnmacht, Niedergeschlagenheit und Unsicherheit). Es gibt gewisse Angst–Störungen, die nicht einmal diesen drei Systemen (Sympathikus, Parasympathikus und Hypophysenvorderlappen) eindeutig zuzuordnen sind: *Schluck– und Sprechkrämpfe, Stottern, Schwitzattacken*.

Verschiedene *physiologische Störungen* rufen Angstzustände hervor. In erster Linie ist das bei einer mangelhaften Sauerstoffversorgung des Gehirns der Fall, die ihrerseits wieder auf eine schlechte Gehirndurchblutung, Lungen– und Kreislaufschwächen, Anfällen von Angina pectoris oder einen Herzinfarkt zurückgehen kann. Auch Asthmaanfälle sind von starken Angstzuständen begleitet (eigenartigerweise Keuchhusten nicht – nur für die Umstehenden). Authentisch agoraphobe Symptome (agoraphober Schwindel, Todesangst, Panik, Schwitzen u.a.m.) entstehen bei akuter Unterzuckerung, die im Vorstadium und in der Zuckerkrankheit öfter auftreten oder durch eine Übersäuerung des Magens, aber auch durch zu hoch dosiertes Insulin hervorgerufen werden können.

Ein allgemein oder aus bestimmten anderen Gründen *hoher Adrenalinspiegel* macht aus Angst–Mäusen Angst–Elefanten. Ähnlich fördert ein erhöhter Grundumsatz (klinisch auffällig oder nicht!) eine allgemeine Disposition, mit Ängsten zu reagieren, erhöht also die Angstneigung (über die Verstärkerstrecke).

Agoraphobe Angst

Sehr häufig habe ich vor und während der Entstehung einer Agoraphobie Fehlfunktionen der *Schilddrüse* festgestellt bzw. eine Funktion der Schilddrüse, die am Rande des Normalbereichs lag. Eine Statistik hierüber wäre sehr aufschlußreich. Leichte physiologische Erregbarkeit dürfte den meisten Agoraphobikern ebenfalls eigen sein.

Das Problem der Angst ist ein *Problem der Aktivierung des Organismus*, die im allgemeinen als Reaktion des Lebewesens auf Umgebungsreize verstanden wird. Das Auftreten einer aktuellen Angstreaktion ist in der Regel an einen extrem steilen Anstieg der Erregung und/oder ein hohes tonisches Aktivierungsniveau gebunden.

Auf der physiologischen Ebene lassen sich die *Panikattacken* beschreiben durch Herzklopfen, Schwindel, Ohnmacht, Hyperventilation, Zittern, Schweißausbrüche, Magendruck und Übelkeit. Von diesen Symptomen beobachten wir Herzklopfen, Zittern, Schweißausbrüche, Magendruck und Übelkeit auch bei den sympathikotonen Erregungszuständen wie z.B. bei Tierphobikern, während Schwindel, Neigung zu Ohnmacht, ohne daß diese jedoch eintritt, und Hyperventilationsattacken bei den rein sympathikotonen Erregungszuständen seltener oder gar nicht beobachtet werden. Agoraphobe Patienten, die *beide* Erregungszustände kennen, auch den sympathikotonen z.B. aus Prüfungen, aggressiven Auseinandersetzungen, aus sexueller Aktivität, z.B. dem Beischlaf, beschreiben diese Art von Erregung auch *anders* als die physiologischen Erscheinungen während ihrer Panikattacken, d.h. ohne die physiologischen Symptome von Schwindel, Ohnmachtsangst und Hyperventilationsneigung.

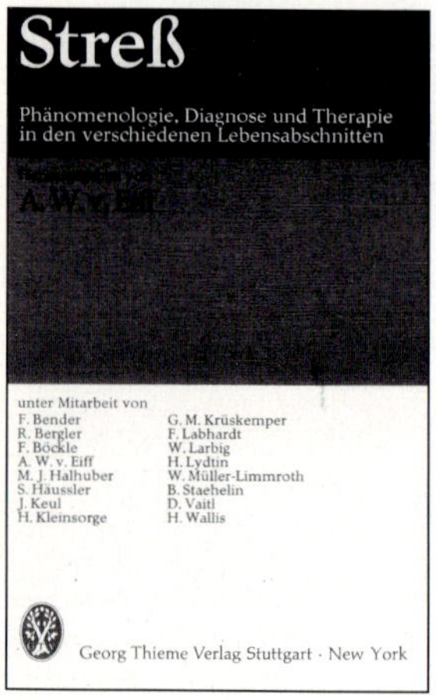

Weiterhin ist festzustellen, daß durch eine *Innervation des Sympathikusstreßsystems*, z.B. infolge eines Schrecks, bestehende Panikattacken gekappt bzw. beendet werden. So war die Panikattacke eines Busfahrers bei einem Beinaheunfall plötzlich weg und die Panikattacke eines Ehemannes im Auto, nachdem er von seiner Frau eine Ohrfeige bekommen hatte, ebenfalls völlig verschwunden. Selbst die Panikattacke eines Schülers während einer Klassenarbeit stellte sich erst dann ein, als der sozusagen ergotrope Teil der Klassenarbeit, d.h. die arbeitsintensive Phase, beendet und die Arbeit nur noch ins reine zu übertragen war – oder die Panikattacke eines Pfarrers stellte sich nicht während der Predigt ein, sondern in den Phasen, wo er vor dem Altar stand und inaktiv war.

Ich vermute, daß auf der physiologischen Ebene bei den komplexen Phobien in den Panikattacken, aber auch in dem Schwindel, der häufig zu beobachten ist, ein anderes als das Sympathikusstreßsystem wirksam wird. *v. Eiff* nennt neben dem Sympathikussystem ein zweites Streßsystem, nämlich das *Hypothalamus–Hypophysenvorderlappen–Hormonsystem,* dessen emotionale Korrelate er ähnlich beschreibt wie die, die wir in Panikattacken vorfinden. Ich vermute, daß es während der Panikattacken in erster Linie zu einer Aktivierung des zweiten Streßsystems kommt und daß das Sympathikussystem ebenfalls erregt ist, aber nicht in dem Ausmaß, wie es bei einer rein sympathikotonen Erregung der Fall sein dürfte.

Diese Hypothese wird auch durch die Beobachtung gestützt, daß die Panikattacken vornehmlich in reizarmen, monotonen Situationen auftreten, wie wir sie im Gottesdienst in der Kirche, in der Warteschlange im Supermarkt, im Theater, abends im Bett, also in den typischen panikauslösenden Situationen der Agoraphobiker haben. Durch starke Sympathikuserregung wird der sympathikovasale Anfall, der zu Unrecht diesen Namen trägt, eher gedämpft, bzw. es kommt erst gar nicht zu einem Anfall. Ich habe noch nie erlebt, daß z.B. während Prüfungssituationen, bei großem Engagement während des Beischlafs oder während einer heftig geführten aggressiven Auseinandersetzung auch nur der Gedanke an einen Anfall, an eine Panikattacke gekommen ist, geschweige denn, daß sie dort aufgetreten ist.

Meines Erachtens kommt es für die Panikattacken auf das *Erregungsgefälle* zwischen Sympathikuserregung und der Erregung des Hypophysen–Vorderlappen–Systems an. Besteht ein großes Gefälle zugunsten der Sypathikuserregung, so treten Panikattacken nicht oder nur abgeschwächt auf; ist dieses Gefälle gering oder besteht es sogar zugunsten des Hypophysen–Vorderlappen–Systems, so ist der Organismus disponiert zu Panikattacken.

Vermeidungsverhalten

Ein für die Therapie wichtiges weiteres Merkmal ist, wie die Person mit ihrer Angst, die sie in einer speziellen Situation hat, umgeht. Neigt sie eher dazu, aus der Situation zu fliehen oder sie schon im vorhinein zu vermeiden, oder stellt sie sich sozusagen der Angst?

Wir sprechen vom Vermeidungsverhalten, das wir auch wieder ggf. situationsspezifisch erfassen und bei der Therapie berücksichtigen müssen. Für die Therapie ist diese Größe des Vermeidungsverhaltens i.allg. wichtiger als die Intensität der ursprünglichen Angst, da die Therapie bei dem Abbau des Vermeidungsverhaltens ansetzt. Allerdings läßt sich die Stärke der Vermeidungstendenz ihrerseits nur gemessen an der Stärke der ursprünglichen Angst erkennen und bemessen – ein schwieriges Dilemma!

Marks nannte 1978 die *Konfrontation als Hauptmerkmal* aller Angsttherapien: von der Systematischen Desensibilisierung in sensu, in vivo bis zur Reizüberflutung. Emotionspsychologen würden sagen: „Wir müssen wieder lernen, die Angst zuzulassen." Angst ist zuerst einmal ein natürlicher Mechanismus, uns vor Gefahren zu bewahren und interne Bewältigungsdispositionen (Coping-Reaktionen) für die gefährliche Situation in Gang zu setzen.

Bei der *Angstvorwegverarbeitung* kann man die These vertreten, daß die Angst sozusagen scheibchenweise vorher verarbeitet wird. Das Angstmaximum tritt trotzdem auf, jedoch hat man sein Ausmaß verringert, weil ein Teil der Angst vorher schon Stück für Stück verarbeitet wurde. Dagegen meint *Epstein*, daß das Angstmaximum nur verlagert wird. Diese beiden Theorien müssen sich jedoch nicht gegenseitig ausschließen, sondern können sich sogar ergänzen. So wäre es denkbar, daß das Maximum verlagert und gleichzeitig auch die Höhe des Maximums verringert wird. Die *Angstdynamik* ist dabei unabhängig von der habituellen (Ängstlichkeit) oder situativen Angstintensität.

Natürlicher Angstverlauf

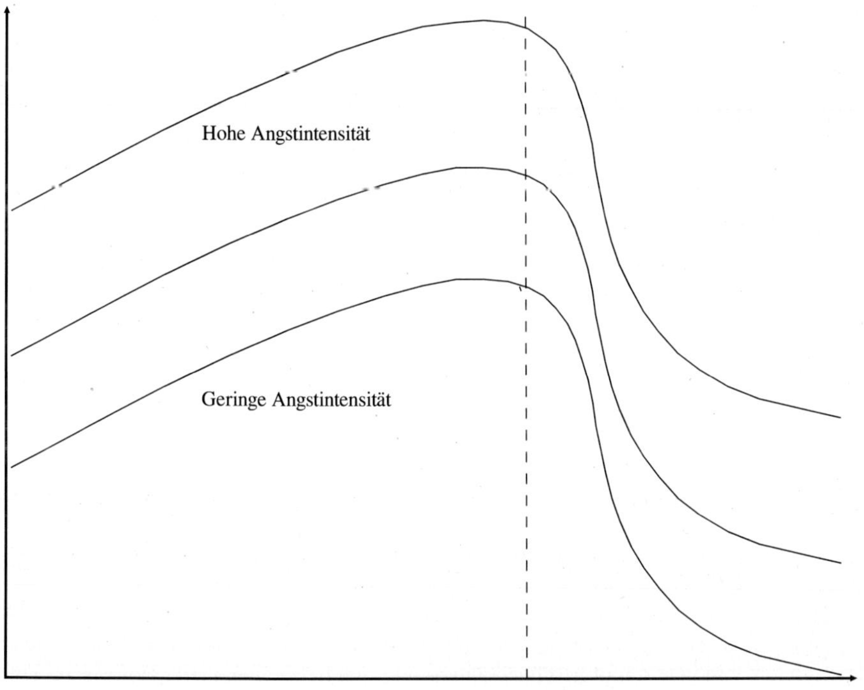

Bei der (heute nur zu üblichen) *Angstverdrängung* sähe der Kurvenverlauf nun nicht mehr so glücklich aus:

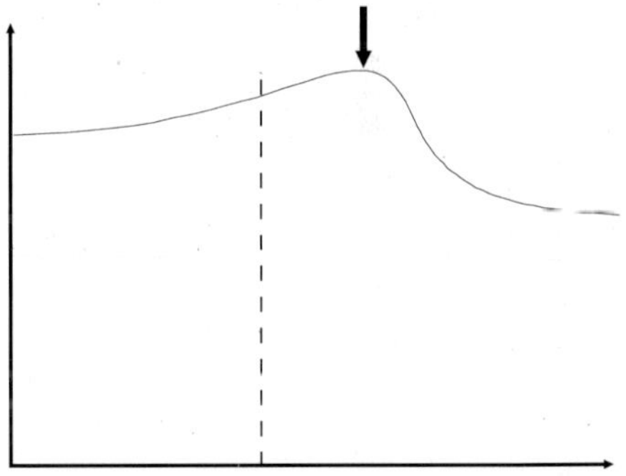

Der Angst–Peak, die *Angstspitzen* lägen *in* der Angstsituation und richten dort ihr Unheil an. Doch auch hier gilt, daß die Angst nicht in den Himmel (respektive die Hölle) wächst,

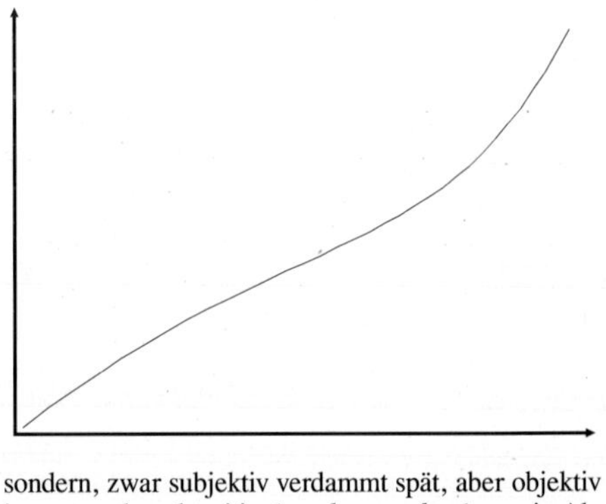

sondern, zwar subjektiv verdammt spät, aber objektiv immer noch rechtzeitig *Angsthemmechanismen* in Aktion treten, die unsere Erregung wieder herunterdrükken. Ob wir uns unter diesen Coping–Mechanismen physiologische oder psychische Faktoren vorzustellen haben, ist bisher von der Wissenschaft noch nicht so recht geklärt. Wahrscheinlich wirken auch hier wieder Soma und Psyche schön Hand in Hand zusammen.

Ein zweiter segensreicher Mechanismus drückt nun bei wiederholten Konfrontationen mit dem Angstreiz, der Angstsituation bei entsprechender Frequenz dieser Konfrontationen die Gesamtangst, die Fläche unter der Angstkurve, herunter, dämpft also die *in* der Angstsituation insgesamt empfundene Angst mit jeder Konfrontation mehr.

Der Segen der Konfrontation

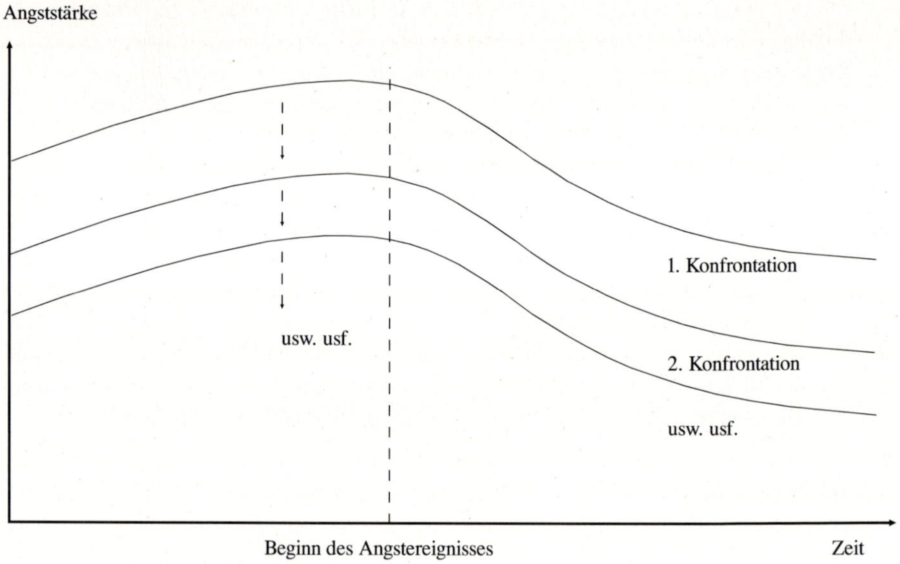

Den umgekehrten Effekt haben wir bei *Flucht* aus der Angstsituation heraus. Hier steigen wir bei jeder erneuten Konfrontation mit dem Angstreiz auf einem höheren Angstlevel ein; es kommt über die fluchtbeendeten Konfrontationen hinweg zu einer Angstverstärkung.

Der Fluch der Flucht

Suchbild: Was hat sich gegenüber oben verändert?

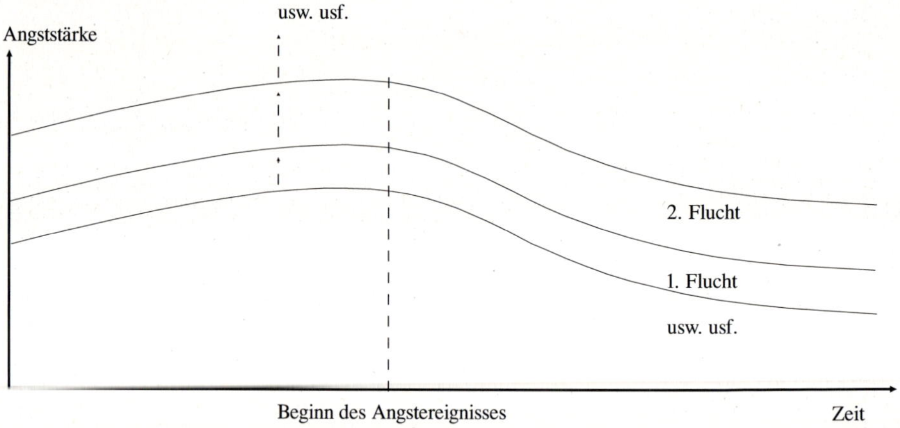

Autoren wie *Goldstein* postulieren bei *Agoraphobikern* noch massive Flucht– und Vermeidungsreaktionen, nennen darüber hinaus Veränderungen der Mimik und Gestik, der Sprechweise sowie motorische Trägheit oder auch das Gegenteil: motorische Unruhe. Wie schon erwähnt, betrachte ich Flucht– und Vermeidungsreaktionen nicht als kardinale Symptome, allenfalls Tendenzen in dieser Richtung, ohne daß es jedoch zu einer motorischen Aktion kommen muß. Meine Erfahrungen zeigen, daß es bei über den Daumen gepeilt ungefähr einem Drittel bis der Hälfte aller Agoraphobiker zu keinen Flucht– oder Vermeidungsreaktionen vor bzw. während der Panikattacken kommt und daß nichtsdestotrotz die Panikattacken auch über einen längeren Zeitraum nicht abflachen.

Einfache Phobien, lerntheoretisch begründbar entstanden, sind ohne Flucht– und Vermeidungsreaktionen nicht denkbar, während derartige Reaktionen bei den komplexen Phobien keine notwendige Voraussetzung für die Aufrechterhaltung der Störung darstellen.

„Eigenen Charakter scheinen die *Phobien des Kindesalters* zu haben. Normale Angst oder schon Phobie?" (*Davison & Neale*).

Dies steht im Einklang mit der weiter unten dargelegten Theorie zur Entstehung und Aufrechterhaltung der Panikattacken und damit der Störung.

Klassifikation der Ängste

Eine sinnvolle *Einteilung von Ängsten* ist die in:

1. *Existenzangst* i.S. der Bedrohung oder Verletzung der körperlichen Unversehrtheit in der Todesangst, Infektions– oder Verletzungsangst, Herzangst, Höhenangst, Angst vor Tieren oder Angreifern, Flugangst, Dunkelangst, Angst vor freien Plätzen, Donner, fließendem oder tiefem Wasser u.v.m.
2. *Leistungsangst* bei Prüfungen, in der Schule und im Sport.
3. *Soziale Angst*, die eintritt, wenn man sich der Begutachtung und Beurteilung anderer Personen aussetzt.

Buss teilt *soziale Ängste* ein in: Verlegenheit, Scham, Schüchternheit und Publikumsangst. Vor allem bei letzterer haben wir es mit einem Übergang zur Leistungsangst zu tun, während die Scham und mit ihr ggf. auch die Schüchternheit wieder als primäre Emotion betrachtet werden können, die ihrerseits unabhängig von dem Phänomen Angst eskalieren und entgleisen kann. Vielleicht ist gar die ganze soziale Angst nichts anderes als Scham?

Der Star–Analytiker der Angst, *Fritz Riemann*, identifizierte vier Grundformen der Angst: Die schizoide, die depressive, die zwanghafte und die hysterische Angst. Die ersten drei kennen wir noch, die letzte ist aus der Neurosen–Mode gekommen, weitere werden wir kennenlernen.

Einteilung von Ängsten:

- O einfache Phobien (Tier–, Situations–, Schul– und solche des Kindesalters)
- O komplexe Phobien (Agora–, Herz–, Claustrophobie)
- O soziale Ängste (Rede–, Autoritäts–, Kontakt–, Fehlschlag–, Errötens–, Kritik–, Anständigkeit, Schuldgefühle, Nicht–fordern–Können, Nicht–Nein–sagen–Können, Psychogener Tremor, Schwitzattacken, Stottern, Schreibkrampf)
- O Hypochondrie
- O Angstneurose i.e.S.
- O Blutphobie & Höhenangst
- O Ängste bei Zwängen
- O psychotische Ängste

Tierphobien sind diagnostisch leicht abzugrenzen, werden aber in der psychotherapeutischen Praxis selten angetroffen, nur 3% aller Phobien sind nach *Marks* solche. Sie treten überwiegend bei Frauen auf (warum auch immer!?) und beginnen häufig in der frühen Kindheit. Man kann vermuten, daß Tierphobien und das daraus resultierende Vermeidungsverhalten bei Jungen aufgrund des sozialen Drucks und der geschlechtsrollenspezifischen Sozialisation eher gelöscht werden. Zur Gruppe der *Situationsphobien* gehören Ängste z.B. vor Donner, Dunkelheit, fließendem Wasser, Einbrechern, schnellen Autofahrern, Schwiegermüttern (oder ist das eine soziale Angst?) usw. usf.

Marks trifft eine interessante Ausgliederung, indem er die *Schulphobie* separat nennt: eine Verquickung aus Angst vor der Schule (manchmal nur vor dem Verklopptwerden dortselbst) und Trennungsangst von der Mutter. Die letztere Komponente kann sich auch nur in einer (unbewußten) Verstärkung des Vermeidungsverhaltens des Kindes durch die Mutter ausdrücken (und als Trennungsangst verkannt werden). Die deutsche Unterteilung in Schulangst und Schulphobie erscheint ein wenig künstlich und ausgesprochen überflüssig, da es in der Praxis tatsächlich fast immer eine Mischung aus beiden obengenannten Elementen ist.

Marks gibt in seinem Standardwerk zur Symptomatologie von Phobien folgende *Definition*: Eine Phobie ist eine spezielle Form der Angst, die ...

Die multiple Situationsphobie

Der Begriff der multiplen Situationsphobie wurde 1976 von *Ullrich & Ullrich* eingeführt und immerhin noch 1980 von *Bartling, Fiegenbaum* und *Krause* in ihrer Veröffentlichung „Reizüberflutung" usurpiert.

Die Autoren *definieren* die multiple Situationsphobie über drei Kriterien: 1. Es liegen mehrere verschiedene angstauslösende Reize bzw. Situationen exterozeptiver oder interozeptiver Art vor, 2. auf die die Betreffenden mit Angstgefühl und körperlichem Mißempfinden reagieren, 3. und die sie nach Möglichkeit zu vermeiden suchen.

Diese Definition ist derart weit, daß sie mit dem Begriff „Phobie" gleichzusetzen ist. Sie geht damit hinter Klassifikationen wie z.B. der von *Marks*, der sich auch *Davison & Neale* noch angeschlossen haben, zurück. So differenziert *Marks* zwischen Tierphobien, den Agoraphobien, sozialen Phobien, einer Restkategorie mit verschiedenen spezifischen Phobien und nennt zudem noch die Schulphobien. Die gesamte angloamerikanische Literatur der letzten 20 Jahre räumt zudem der Agoraphobie eine Sonderstellung innerhalb der Phobien ein. Dies betrifft insbesondere das Erscheinungsbild, Theorien zur Genese und die Häufigkeit der Störung.

Des weiteren ist zu fragen, ob das in der Definition der multiplen Situationsphobie postulierte *Vermeidungsverhalten* tatsächlich immer vorauszusetzen ist. Lerntheoretische Modelle zur Genese von Phobien, z.B. die Zwei–Faktoren–Theorie von *Mowrer*, sehen im Vermeidungsverhalten ein notwendiges Postulat zur Erklärung der Entstehung und Aufrechterhaltung der Ängste. Meines Erachtens ist jedoch bei den Agoraphobien, oder besser bei den komplexen Phobien, Vermeidungsverhalten durchaus nicht mehr zu postulieren und wird in einem großen Prozentsatz von Fällen auch nicht mehr beobachtet, obwohl die Ängste in gleicher oder sogar zunehmender Stärke bestehen.

Auch die phänomenologische Beschreibung der multiplen Situationsphobie macht eine Unterscheidung von Tierphobien bzw. einfachen Phobien und komplexen Phobien wie z.B. der Agoraphobie sehr schwer. *Bartling et al.* beziehen sich auf *Rachman & Bergold*, die als *Beschreibungsmerkmale* auf der subjektiv–verbalen Ebene Gefühle wie Angst, Spannung und Panik nennen; dazu führen *Bartling et al.* wieder *Ullrich & Ullrich* an, die die chronische Agoraphobie durch folgende *körperliche Beschwerden* charakterisiert sehen: Angst, Zittern, Herzjagen, starkes Schwitzen, Kopfschmerzen und Schwindelgefühl. Wie wir im folgenden sehen werden, ist das Hauptmerkmal der komplexen Phobie jedoch ein panisches Gefühl von Todesangst, was allein durch den Begriff *Panik* nicht eindeutig beschrieben ist. Als Panik könnte man auch die Angst eines Hundephobikers vor dem kläffenden Hund bezeichnen oder die eines Prüfungskandidaten vor der Prüfung. Insofern ist allein der Begriff Panik zur Definition m.E. unzureichend. Zutreffender ist hier der Begriff Panikattacke, wenn er als zentrales charakterisierendes Moment die Todesangst bzw. ein Gefühl, „daß jetzt in diesem Moment etwas unerklärlich Fürchterliches passiert", enthält.

1. den Bedingungen der Situation nicht angemessen ist,
2. weder durch Erklärungen noch durch rationale Begründungen beseitigt werden kann,
3. keiner freiwilligen Kontrolle unterliegt und
4. zu einer Vermeidung der gefürchteten Situation führt.

Andere Autoren nennen zusätzlich noch andere Aspekte: *Errera* und *Rachman & Bergold* betonen die hohe Persistenz der Angst über längere Zeiträume sowie die Exzessivität, d.h. hohe Intensität oder Häufigkeit der Reaktion.

Zur *Häufigkeit echter, klinisch auffälliger Phobien* lassen sich aus Untersuchungen von *Agras, Sylvester & Oliveau* folgende Angaben ableiten: 77 von 1.000 Personen leiden unter ihnen, 2 von 1.000 weisen so schwere Phobien auf, daß sie als arbeitsunfähig gelten bzw. nicht mehr in der Lage sind, eigenständig ihren Haushalt zu führen. *Marks* gibt an, daß 2–3% seiner ambulant behandelten Klienten Phobiker sind, bei mir sind es fast 50%, allein über 30% aller meiner Klienten sind Agoraphobiker: Hier sind wohl starke Selektionseffekte via Überweisungsverhalten und Patientenweiterleitung wirksam.

„Vater versuchte mich auf dem Nachhauseweg zu bespringen. Mutter lief heulend hinterher. Am Horizont zog ein Gewitter auf. Ich glaubte, die Welt müsse untergehen."

Die *Agoraphobie* gilt in Übereinstimmung mit anderen Autoren als die häufigste Form. Weitere sind dann *Claustrophobien* (meist sind dies allerdings Agoraphobien!), *Akrophobien* (nicht klinisch auffällig, sehr verbreitet, in der klinischen Form auch zumeist eine Agoraphobie), *Todes–, Krankheits– & Verletzungsangst* (meist eine in den depressiven Formenkreis einzuordnende Hypochondrie), *Sexualphobien* und *Tierphobien*. Dazu kommen natürlich die oben genannten *Situationsphobien* (bei *Leitenberg*: spezifische Phobien)

Zu den *Entstehungszeitpunkten* der einzelnen Phobien macht *Marks* folgende Angaben: Das mittlere Alter beim Beginn von Tierphobien errechnet er auf 4 Jahre, bei sozialen Ängsten setzt er es im frühen Erwachsenenalter an (zwischen 18. und 19 Lj.), bei Agoraphobien im Schnitt bei 24 Jahren. Zahlreiche Phobien zeigen *Spontanremission*; die Wahrscheinlichkeit solcher Verbesserungen ohne Behandlung sinkt nach *Lazarus* jedoch erheblich, wenn die Phobie bereits über ein Jahr besteht.

Zur *Langzeitentwicklung* liegen nur wenige Studien vor; *Agras, Chapin & Oliveau* beobachteten 30 Phobiker (Erwachsene und Kinder) über einen behandlungsfreien Zeitraum von fünf Jahren. Sie stellten fest, daß 100% der kindlichen Phobien völlige oder teilweise Besserung zeigten. Demgegenüber hatten sich die Symptome der Erwachsenen nur zu 43% gebessert, 20% blieben unverändert und 33% wiesen Verschlechterungen auf.

Ängste und Phobien im Kindesalter unterscheiden sich von Angstzuständen im Erwachsenenalter
- durch größere Streuung der Ängste,
- durch geringere Persistenz,
- im Objektbezug.

Holmes stellte in einer früheren Arbeit fest, daß von 50 Kindern im Alter von 2 bis 6 Jahren sich in experimentellen Situationen zwar noch 50 v.H. bis zum vierten Lebensjahr vor dunklen Zimmern fürchteten, etwa 15 v.H. vor dem Alleinsein, 21 v.H. vor lauten Geräuschen und etwa 26 v.H. vor fremden Personen, daß aber von den 6jährigen Kindern dieser Gruppe keines mehr an diesen Ängsten litt.

Einige spezielle Phobien jedoch, die vor allem auf bestimmte *Tiere* gerichtet sind, nehmen dagegen bis zum Alter von 6 Jahren kaum ab und bleiben in vielen Fällen bis ins Erwachsenenalter bestehen.

Eine dritte Komponente in der Unterscheidung typisch kindlicher Ängste von denen Erwachsener ist der *Objektbezug*. Während die meisten der typisch kindlichen Ängste auf Realobjekte bezogen sind und in der Regel einem Löschungsprozeß unterliegen, zeichnen sich Angstzustände, die bei Jugendlichen bzw. Erwachsenen bestehen, dadurch aus, daß sie sich meist auf komplexere, insbesondere auf soziale Situationen beziehen. Im Verlauf der kindlichen Entwicklung nehmen unmittelbare Ängste ab, während sich gleichzeitig mit zunehmender Reife jene vermehren, die auf die potentielle Erfahrung von sozialer Mißbilligung, sozialer Isolierung usw. gerichtet sind.

Kindliche Ängste

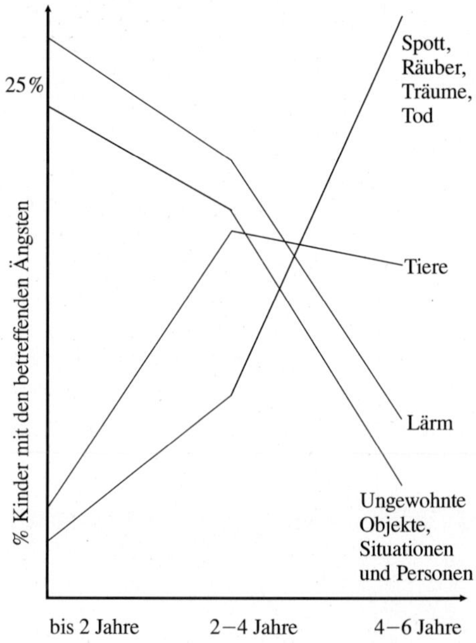

Im Gegensatz zu den einfachen Phobien lassen sich bei der *Agoraphobie* verschiedene *differentialdiagnostisch bedeutsame Elemente* feststellen. Das prägnanteste Symptom sind die subjektiv sehr dramatischen *Panikattacken* mit Todesangst, Ohnmachtsängsten, Ängsten, daß einem im Moment etwas Unerklärliches, aber Entscheidendes passiert, oder der Angst, durchzudrehen – und zwar hier und jetzt. Dieses Phänomen entspricht dem Begriff des *panicing*, wie es auch *Marks* in seinen Untersuchungen zur Agoraphobie immer als wichtiges diagnostisches Element beschreibt. *Demuth* stellt aus medizinischer Sicht diese Panikattacken als *sympathikovasalen Anfall* dar mit hohen Blutdruckwerten, Pulsbeschleunigung, Ohnmachtsängsten, Schweißausbrüchen, Gesichtsröte oder –blässe und Gliederzittern. Gegenüber dem *Herzinfarkt* läßt sich der sympathikovasale Anfall einer Panik erst mal durch ein ärztlicherseits durchgeführtes EKG abgrenzen; hinzu kommen Merkmale wie fehlendes Schmerzempfinden im Brustbereich oder linkem Arm, panische Angst (ohne Anzeichen einer momentanen depressiven Verstimmung, bisweilen aber mit Suizidalität!), ein Schwindel, ohne daß die wahrgenommene Umwelt schwankt, Monotonie der aktuellen Situation, also keine äußere körperliche oder nervliche Beanspruchung – außer durch die Panikattacke selbst. Nicht zuletzt ist zu erwähnen, daß eigenartigerweise Agoraphobiker trotz dieser massiven physiologischen Erscheinungen in einer Längsschnittuntersuchung über mehrere Jahre eine geringere Erkrankungsrate an Herz–Kreislauf–Krankheiten aufweisen als die Durchschnittsbevölkerung. Für die Abgrenzung von *Kreislaufkollaps, Schock* und *Ohnmacht* gilt, daß ein Agoraphobiker laut Literatur nie, nach meinen Erfahrungen allenfalls bei seiner ersten Panikattacke wirklich umkippt und ohnmächtig wird – später nie mehr! Eine Neigung zu *Unterzuckerungszuständen*, die im Extremfall zu einem Insulinschock führen, fördert insbesondere nächtliche Panikattacken. Der niedrige Blutdruck scheint wegen der Ähnlichkeit seiner Symptome mit dem agoraphoben Erregungsschwindel ein begünstigender Faktor für die Ausbildung von Panikattacken zu sein, dies aber wohl nur auf psychischem Weg; körperlich betrachtet haben die meisten Agoraphobiker einen normalen Blutdruck, ebensoviele wie mit einem zu niedrigen scheinen einen zu hohen zu haben.

Die *Hyperventilation* nun kann Symptom einer Panikattacke sein, kann aber auch andere psychische oder körperliche Gründe haben und würde dann das Auftreten von Panikattacken psychisch und somatisch fördern. Sie ist medizinisch gesehen wohl im allgemeinen harmlos, führt aber im Extremfall, der bei Agoraphobikern sozusagen nie beobachtet wird, zur Ohnmacht, die dann wiederum gesundheitliche Konsequenzen haben kann via Sturz oder Autounfall. *Margraf & Ehlers* messen der chronischen und aktuellen Hyperventilation eine Funktion in der Kausalkette der Genese von Panikattakken bei: Bei Personen, die chronisch hyperventilieren, kommt es zu Veränderungen in der homöostatischen Balance, die bewirken, daß der Organismus auf leichte aktuelle Hyperventilation stärker, z.B. mit Benommenheit, reagiert. Hier eine Liste der drei *Hauptsymptome* und ihrer möglichen Ausformungen:

1. *Panikattacken* mit Angst vor Tod, Herzinfarkt, Kreislaufkollaps, Ohnmacht, Verrücktwerden, Ersticken, Erblindung, Schreianfall, verwirrtem Reden, Stuhl– oder Harndrang; irgend etwas mit Übelkeit, Schwitzen, Atemnot, weichen Knien, Herzklopfen, –jagen & –stolpern, Zittern, Kloß im Hals, trockener Kehle, Hitzewallungen, Kribbeln in Fingern, Armen und Beinen, Druck oder Engegefühl in der Brust; mit Desorientierung.
2. *Schwindel*: Alles wie durch einen Schleier wahrnehmen, eingeengtes Gesichtsfeld, Verstärkung durch schnelle Kopfdrehung, wie betrunken, Ohnmachtsgefühl, *kein* Schwanken des optischen Bildes, wie Watte im Kopf, Schwanken und Taumeln beim Gehen (tatsächlich oder subjektiv empfunden).
3. *Angst vor den Panikattacken.*

Mit einem erschütternd menschlichen Ausdruck des Entsetzens sitzt ein Brüllaffe in der Falle zwischen herannahenden Rettern und dem Tod durch Ertrinken im überschwemmten Dschungel von *Suriname*. ***Stan Wayman***

Die *Verbreitung* der so definierten Agoraphobie ist immens und nimmt augenscheinlich von Jahr zu Jahr zu. Während 1970 *Marks* unter seinen ambulant behandelten Patienten nur 2–3% Phobiker (allg.) ausmacht, so läßt sich heute schon *unter der unselegierten Gesamtbevölkerung* dieser Republik ein Prozentsatz von 2–4 allein Agoraphobikern feststellen; damit ist die Schätzung des Wiener Psychiaters Prof. *Heinz Katschnig*, der auf 1 Mio. Bundesbürger kam, eher noch untertrieben. Das in der Vergangenheit immer wieder festgestellte Geschlechterverhältnis von mehr als doppelt soviel betroffenen Frauen wie Männern könnte sich dabei auch weiter zuungunsten des gar nicht mehr so starken Geschlechts verschieben. Hierüber liegen mir allerdings noch keine verläßlichen aktuellen epidemiologischen Daten vor. Hier eine (fast) vollständige *Liste* agoraphobe Ängste und panikauslösender Situationen, in denen es für die/den Klientin(en) oft von immenser Bedeutung ist, ob sie/er allein (meist verschärfend, selten mildernd) oder in Begleitung (meist, aber nicht immer entlastend) sind:

O Warteschlange in Geschäft, Supermarkt oder Kaufhaus
O Kaufhaus, Kino, Theater, Museum, Schulraum, Saal, Stadion, Halle
O Fahrstuhl, Flugzeug, Bus, Eisenbahn, Auto, U–Bahn, Schiff
O offenes Feld, tiefer Wald, große Plätze, freies Wasser
O Essen im Restaurant, Friseur, Wartezimmer von Arzt
O Tunnel, Parkhaus, Tiefgarage, Schwimmbad
O hohe Orte (Turm, Bergspitze, Hochhaus, Brücke)
O Straßen, Autobahnen
O Stau, rote Ampel, aufgenötigtes Gespräch
O Party, Feierlichkeit, Hochzeit, Taufe, Beerdigung, Versammlung
O allein zu Hause
O entfernt von zu Hause
O entfernt von *sicherem* Ort (Arzt, Klinik, Polizei)
O Gedränge, Menschenauflauf

Panikmache

Popper nennt bei Agoraphobikern irrationale Überzeugungen und Erwartungen besonders bezüglich der Fähigkeit, unabhängig zu handeln. Ich halte die kognitiven Überzeugungen in keiner Weise für irrational, wenn man sich in die Panikattacken einfühlen und nachvollziehen kann, wie subjektiv dramatisch sie auf der emotionalen und physiologischen Ebene verlaufen. Die Patienten berichten, daß sie in ihrem Leben nicht nur einen, sondern tausend Tode sterben und daß sie diese Krankheit ihrem ärgsten Feind nicht wünschen. Nimmt man an, daß solche Feststellungen nicht nur hysterische Übersteigerungen eines nicht sehr dramatischen Gefühlszustandes sind, so muß man sagen, daß der kognitive Überbau, der sich aus solchen emotionalen Zuständen entwickelt, durchaus angemessen ist. Zum Beispiel dürfte der Biß eines Hundes, der eine Tierphobie auslöste oder verstärkte, als vergleichbar dramatisch erlebt werden wie schon eine leichte bis mittelschwere Panikattacke. Von daher möchte ich die Kognitionen, die die Angstzustände eines Agoraphobikers begleiten, nicht als irrational etikettieren.

Im Zusammenhang mit den Panikattacken ist allen Agoraphobikern eine *Kognition* gemeinsam, und zwar die Meinung, daß sie sich durch ihre Gedanken in die *Panikattacke hineinsteigern* (ein Fehlschluß, der vom dem Zeitgeist verpflichteten, kognitiv orientierten Psychologen genährt und verstärkt wird). Es gehört schon ein gewisser therapeutischer Aufwand dazu, dem Patienten diese Meinung auszureden, denn es ist mir bisher nicht gelungen, einen Agoraphobiker zu finden, der sich in einer nicht monotonen Situation durch seine Gedanken in eine Panikattacke hineinzusteigern vermochte. Da ich davon ausgehe, daß Agoraphobiker prämorbid nicht debil sind und daher bewußt oder unbewußt Situationen, in denen Panikattacken auftreten könnten, antizipieren, glaube ich, daß der Agoraphobiker bei dem Gedanken, er steigere sich selbst in die Attacke hinein, einem Trugschluß erliegt. Er verwechselt Ursache und Wirkung, so daß er im nachhinein meint, er hätte sich, weil er die Panikattacke antizipiert hat, hineingesteigert, und sie wäre dadurch entstanden. Die Panikattacke ist nicht eine Folge des Gedankens, daß sie kommen würde, sondern der Gedanke ist die Antizipation einer Panikattacke.

Die Theorie, daß Gedanken die Panikattacken auslösen, ja verursachen, verbreiten mit wachsender Begeisterung u.a. die Marburger Forscher *Jürgen Margraf & Anke Ehlers*. Sie können sich dabei auf so aufschlußreiche Forschungsergebnisse wie die folgenden stützen:

Agora– & Herzphobiker reagieren auf *kognitive Angstmache*, daß ihr Herzinfarkt vor der Tür steht, empfindlicher als Vergleichsprobanden oder z.B. Zwangspatienten. Um das zu beweisen, meldeten sie beiden Gruppen einen künstlich beschleunigten Herzschlag zurück (und das noch in einem eh schon Panikattacken provozierenden relativ claustrophobogenen Versuchsraum). Damit wurde nachgewiesen, daß jemand, der für bestimmte Ängste aufgrund seiner Vorerfahrungen empfindlich sensibilisiert ist, bei Angstmache mit mehr Angst reagiert als jemand, der noch keine empfindlichen Erfahrungen mit diesen Ängsten gemacht hat. So könnte ich etwa (wenn mir die DFG auch noch dies finanzieren würde) vergewaltigte Frauen versuchshalber in einen finsteren Keller im Marburger Südviertel einsperren und ihnen ankündigen, daß sie gleich ihr Vergewaltiger dort besuchen würde und sie die nächsten Stunden gemeinsam von der Außenwelt abgeschlossen und unbeobachtet verbringen würden: Ich würde feststellen, daß diese Frauen stärker beängstigt sind als meine nicht vergewaltigte Kontrollgruppe. Folge ich jetzt dem Interpretationsstrang unserer forschen Forscher, so käme ich zu der Schlußfolgerung, daß die Angst vor der Vergewaltigung kognitiver Natur ist – und entsprechend kognitiv umstrukturierend therapiert werden müßte. Na denn, viel Spaß dabei!

Ein anderer, nicht minder schlichter Versuchsansatz bestand darin, Agoraphobiker *hyperventilieren* zu lassen. Während der Versuchsgruppe mit der Feststellung, daß jetzt etwas Unangenehmes auf sie zukäme, Angst gemacht wurde, bekamen die Kontroller gesagt, daß jetzt eine nette kleine Übung gemacht werde – und siehe da, auch hier fruchtete wieder die Angstmache. Interpretation s.o.!

Auch der Befund, daß Agoraphobiker „häufig ihre *Aufmerksamkeit nach innen* lenken" und „ihren Körper nach möglichen Anzeichen drohender Gefahr" absuchen, ist nicht sehr aufschlußreich. Hier hinkt der Vergleich mit den vergewaltigten Frauen sogar noch. Die Situation der virulenten Agoraphobiker ist noch viel eklatanter: Sie werden, sozusagen solange sie ihren zugrundeliegenden Annäherungs–Vermeidungs–Konflikt noch haben, permanent von ihren subjektiv todbringenden Panikattacken vergewaltigt und überwältigt. Daß man da vorsichtig wird und vermehrt auf Anzeichen horcht, ist ja wohl kein Wunder. Das würden die Damen und Herren Forscher in einer solchen Situation auch machen. Also: Was besagt das? Nichts!

Und dann noch die Geschichte mit dem *Eiswasser*: das verbinden die Agora– & Herzphobiker nun nicht mit einer Gefährdung ihres Herzens – und haben natürlich hier keine gegenüber Nicht–Phobikern erhöhte Angst und Pulsbeschleunigung (wen wundert's?).

Wer, wie Agoraphobiker, in seinen Panikattakken nicht nur *einen* Tod, sondern Hunderte oder Tausende subjektiv gestorben ist, der wird natürlich bei auch kognitiven, vor allem aber emotionalen und physiologischen Ankündigungen seines Abgangs vermehrt Angst empfinden. Die Gedanken sind dabei der klassisch konditionierte, *minimale* kognitive Überbau des Panikgeschehens. Vor wie nach werden aber die Panikattacken zu 90–99% durch die Situationsmonotonie via dem oben skizzierten Mechanismus ausgelöst – mit oder ohne Gedanken.

Ein Beispiel dafür, wie auch mit verkehrten theoretischen Annahmen und Fehlinterpretationen empirisch–wissenschaftlicher Befunde die Psychotherapie nichtsdestoumso ein gutes Stück vorangebracht werden kann.

Das Gemeinsame dieser panikauslösenden Situationen ist das subjektive Erleben von *Monotonie*. Nicht zu verwechseln mit äußerem Stimulationsmangel, der sicherlich in einem Supermarkt am Samstagmittag um 12 Uhr in einer langen Warteschlange nicht gegeben ist. Den Zustand subjektiver Monotonie möchte ich als das Korrelat einer Situation beschreiben, in der ein gewisses Maß an Aufmerksamkeit verlangt wird, das mit Routinehandlungen und bisweilen sogar absoluter Inaktivität gekoppelt ist.

Es passiert sozusagen nichts, was den Patienten – bezogen auf seine derzeitige Lebenssituation – in seinem Erleben und Denken berührt, er kann sich aber nichtsdestotrotz dieser Situation nicht ohne weiteres entziehen. Wir finden vergleichbare Panikattacken und Angstzustände auch bei *Naturvölkern*, die sich über einen relativ langen Zeitraum extrem stimulationsarmen Situationen aussetzen, z.B. die *Eskimos*, die oft tage– und

> **Konflikte**
>
> Ein recht selbstbewußter Agoraphobiker erklärte mir über mehr als 10 Sitzungen, daß seine Ehe absolut in Ordnung sei; erst als ich fragte, ob er wieder heiraten würde (und wenn ja, dieselbe Frau?), schlug er die Hände über dem Kopf zusammen und meinte: niemals! Es stellte sich dann auch heraus, daß er seine eigene Schwester zu seinem Geburtstag aufgrund des Verbots seiner Ehefrau nicht einladen durfte, da sie nicht standesgemäß sei. Täte er dies, so müßte er tagelangen Knatsch, von dem es schon genug gab, zusätzlich in Kauf nehmen. Ein Kuraufenthalt führte – ebenfalls für den Klienten überraschend – dazu, daß er mit fliegenden Fahnen Frau und Kinder wegen eines Kurschattens verlassen wollte (Seitensprung hin, Seitensprung her, aber wenn man deswegen gleich den Partner verlassen will, dann stimmt doch etwas mit der Beziehung nicht!). Es stellte sich schließlich heraus, daß der Klient schon seit Jahren in einem desolaten inquisitorischen Ehekäfig gefangen war, den er glaubte, nur durch eine nicht in Frage kommende Scheidung (Kinder, Finanzen, Einsamkeit, usw.) verlassen zu können.
>
> Oder: Man ist soweit gekommen, daß man sich mit seinem Chef im Treppenhaus geprügelt hat und dieser die Treppe hinuntergeflogen ist; das, was man weiter beruflich zu erwarten hat, ist dann genau dazu angetan, eine Agoraphobie hervorzurufen oder zu verstärken – falls man in der Firma noch länger bleibt. Auch nicht bewußt wahrgenommene Dominanzkonflikte im Berufsfeld, die zu diagnostizieren dem Gespür des Therapeuten dann überlassen bleibt, nähren oft eine komplexe Phobie: Eine fachliche und menschliche Pfeife von Chef, der seinen akademisch ausgebildeten Mitarbeitern im Kaufhaus auflauert, um festzustellen, ob sie dort Essensbons widerrechtlich einlösen, ist für einen prämorbid selbstbewußten Mann ebenso ein Problem wie Chef und Management eines Busunternehmens, die den Fahrern derart enge Daumenschrauben ansetzen, daß die täglichen Fahrtstunden nach Monaten und Jahren zum Vorhof der Hölle werden (Fragen an den Therapeuten: Kündigen? In der Gewerkschaft noch aktiver werden? Bummelstreik? – alles nicht so ganz unproblematisch!).
>
> Was würde der therapeutisch engagierte Leser mit einer Mutter machen, die gegen die Tochter mit ihrem aggressionsgehemmten hinterfotzigen Schwiegersohn koaliert, zudem noch im Nachbarhaus wohnt und täglich bei der Tochter auf der Matte steht mit guten Ratschlägen, An– und Zurechtweisungen und Beschimpfungen? Schlüssel abnehmen? Wegziehen? Aufbau sozialer Kompetenz gegenüber der Mutter? Scheidung?

nächtelang in ihrem Kanu sitzend auf einem See, umgeben von Eisbergen, weißem Himmel und einer glatten Wasseroberfläche, angeln und dort nach einer gewissen Zeit ebenfalls die gleichen Panikattacken und Angstzustände entwickeln. Ebenso ist es Gemeingut, daß sowohl Kinder als auch Erwachsene bei länger anhaltender Inaktivität und Monotonie eine innere Unruhe entwickeln, die regelrecht zu motorischen Erregungszuständen, wie wir sie gerade auch häufig bei Kindern finden, führen kann. Die These, daß monotone Situationen Panikattacken auslösen, läßt sich auch noch durch die Beobachtung erhärten, daß Situationen, die nervlich und/oder körperlich beanspruchend sind, die also eine erhöhte Sympathikusaktivität hervorrufen, wie z.B. anstrengende körperliche Arbeit, Beischlaf, Wutausbrüche, konzentrierte geistige Arbeit, Rotz–und–Wasser–Heulen u.v.m., nicht dazu angetan sind, Panikattacken auszulösen, sondern sogar noch bestehende Panikattacken beenden oder kupieren.

> Meine *Theorie* ist nun die, daß dieser Zustand subjektiver Monotonie aufgrund eines die *Gedankentätigkeit* blockierenden Annäherungs–Vermeidungs–Konfliktes extrem leicht zu provozieren ist. Ich gehe davon aus, daß kurze Zustände von Monotonie durch angenehme Gedanken, die um potentielle Verstärker (ein Flirt, ein gutes Essen, Belobigungen usw. usf.) kreisen, um Zukunftsperspektiven, die aus Plänen bestehen oder einfach aus der Beobachtung der Umgebung resultieren, ausgefüllt werden. Der aktuelle virulente Konflikt blockiert diese Gedankentätigkeit und erzeugt von daher bei relativ vielen Stimuluskonstellationen recht schnell einen Zustand der inneren Leere und Monotonie, der seinerseits dann das Gefühl der Panik als Ultima ratio auf den Plan ruft.

Während also ohne eine bestehende Agoraphobie diese Gedankentätigkeit erst nach einer relativ langen Zeit extremer Reizdeprivation Panikattacken auslöst (Stichwort: Eskimos), erlebt der Agoraphobiker aufgrund der Blockierung dieser Tätigkeit innerhalb von Sekunden oder Minuten diesen Zustand der inneren Leere.

Ein weiterer Faktor, der solche ausfüllenden und aktivierenden Gedanken blockieren könnte, ist eine primäre depressive Entmutigung bzw. eine sich sekundär aus der Existenz von Panikattacken entwickelnde *Beunruhigung und Angst.* Diese Faktoren verstärken dann den oben genannten Blockierungseffekt. An diesem ganzen Prozess ist vornehmlich, und das könnte *v. Eiff* recht gut erhärten, das zweite Streßsystem, das *Hypophysen–Vorderlappen–System* beteiligt. Erst sekundär kommt es zu einer Innervation des Sympathikussystems aufgrund der Angstzustände.

Ich vertrete also die Auffassung, daß in der Genese ein Annäherungs–Vermeidungs–Konflikt vorliegt, der diese Störung verursacht, und daß erst im weiteren lerntheoretisch begründbare Prozesse ablaufen, die dann u.U., wenn der Konflikt längst beigelegt ist, zu einer *Verselbständigung* der Symptomatik führen. In diesem Stadium wäre lerntheoretisch begründbare Therapie wie Systematische Desensibilisierung oder Reizüberflutung durchaus angebracht. Sie sind auch früher angebracht, haben dort aber eine andere Funktion und Prognose.

Faktoren auf der Symptomebene

- O *Vermeidungsverhalten*
- O *Drogen* (Rauschgift , Tranquilizer oder Alkoholrebound oder entzug)
- O *Kaffee– und Fruchtsäurekonsum*, die zu einer Übersäuerung des Magens und Blutes führen. In den USA verzichten nach Umfragen 60% der Agoraphobiker bereits gänzlich auf Kaffeekonsum; in meiner Praxis sind es nach der ersten Sitzung und meinen gutgemeinten Suggestionen sogar fast 100%!
- O *Fehlvorstellungen über Gefährlichkeit von Panikattacken*
- O *Krankheiten* (Schilddrüsenüber– oder –fehlfunktion, Hypoglykämie z.B. bei Diabetes oder seinen subklinischen Vorstadien, Migräne, prämenstruelle Beschwerden, Kalziummangel, niedriger Blutdruck, Herzprobleme)

Konflikte auf der Ursachenebene

- O Ablösungskonflikt von *Eltern*
- O persönliche Anbindung durch *Hochzeit*
- O Dominanzkonflikte in der *Ehe* (mit und ohne Trauschein) *und der Familie* (Schwiegereltern, Eltern, Kinder, Schwiegerkinder, usw.)
- O Dominanz– (Chef, Vorgesetzte) oder *Konkurrenzkonflikt* (Kollegen, Untergebene) an Arbeit
- O *Perspektivkonflikte* (Arbeit, Wohnort, Ausbildung)
- O *Wartephase* (z.B. vor Beginn der heißen Prüfungsvorbereitung)
- O *Verlust oder Trennung* von einer (ggf. ambivalent) geliebten Person
- O häusliche *Anbindung* durch Geburt eines (weiteren) Kindes
- O *Perspektivstauchung* durch Tod, Krankheit, Unfall oder Operation bekannter oder nahestehender Personen
- O eigene *Krankheit, Unfall oder Operation*

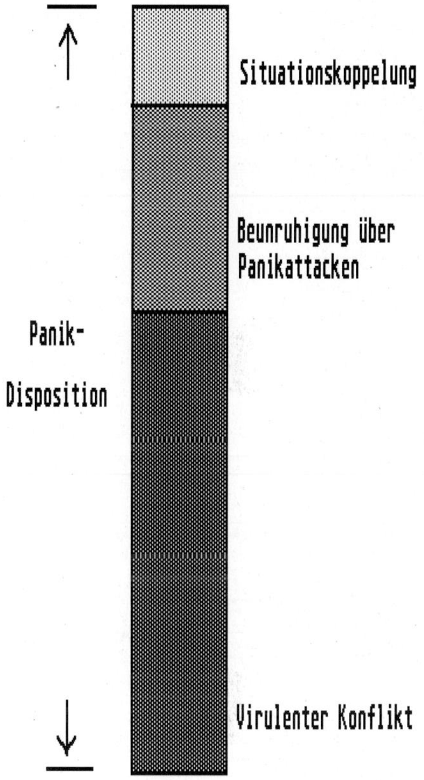

Man kann sich also eine ausgewachsene Agoraphobie aus *drei Komponenten* entstanden und zusammengesetzt vorstellen:

1. Power des ursprünglichen Annäherungs–Vermeidungs–Konfliktes,
2. sekundäre Beunruhigung über die als äußerst dramatisch (meist lebensbedrohlich) empfundenen Panikattacken,
3. Kopplung des unkonditionierten Stimulus Panik an Situationsmerkmale via klassische Konditionierung.

Zur Analyse und Identifizierung potentieller störungsrelevanter Konflikte empfiehlt es sich, einen *anamnestischen Plan* dieser Art aufzustellen:

Datum: Symptomstärke: Konflikte:

Beginnen sollte diese Konfliktanamnese in dem Zeitraum von 1/2 bis 1 Jahr vor der ersten Panikattacke. Sie endet mit der ersten Sitzung und wird über den Zeitraum der Therapie kontinuierlich fortgeschrieben. Zur *Wirkungsbedeutsamkeit* dieser einzelnen Komponenten möchte ich an dieser Stelle (lange vor einer etwaigen empirischen Überprüfung dieser Theorie) meine unmaßgebliche Meinung kundtun. Am stärksten wirkt der Faktor, der auch ursprünglich das Krankheitsgeschehen in Gang gebracht hat: der psychische Konflikt. Dieser erhält nach den ersten Panikattacken (und der evtl. zusätzlich noch beunruhigenden Reaktion der Umwelt darauf: Krankenwagen, Intensivstation, bedenkliche Gesichter, Kenntnisgabe und –nahme entsprechender Zeitungsartikel usw. usf.) einen zusätzlichen Beunruhigungsüberbau, den abzubauen sich alle möglichen Therapieansätze (sogar die kognitiven!) als Leistung auf die Schulterklappen heften (und können). Und dann noch die relativ unerhebliche Situationskopplung. Sie und die Beunruhigung sind die Spielwiese der Reizüberflutung. Hier verbucht das symptomorientierte Verfahren seine Erfolge.

Therapie

Bei der Entstehung neurotischen Verhaltens spielt laut *Wolpe* Angst eine entscheidende Rolle: „Angst ist gewöhnlich das entscheidende, zentrale Merkmal eines derartigen Verhaltens und ist ohne Ausnahme bei der Entstehung beteiligt.“ Unter Angst versteht *Wolpe* ein Muster vegetativ–physiologischer Reaktionen, das Teil eines Reaktionsrepertoires des Organismus auf schädlich–aversive Stimulation darstellt.“ Aus seinen Untersuchungen zur Ausbildung tierexperimenteller Neurosen und deren Behandlung, bei denen sich gezeigt hat, daß Angstreaktionen durch bloße Gegenüberstellung mit dem Angstobjekt oder auch durch dessen längeren Entzug nicht gelöscht werden können, leitete *Wolpe* das Prinzip der *reziproken Hemmung* ab. Diesen Begriff entlieh er dem physiologischen Modell von *Sherrington*, in dem dieser ursprünglich die Hemmung eines Reflexes durch einen anderen meinte (werden z.B. die Streckmuskeln des

Armes angespannt, so werden die Beugemuskeln entspannt). Dieses einfache physiologische Prinzip übertrug *Wolpe* auf komplexe neurophysiologische Prozesse. Er nahm dabei an, daß eine Reaktion A alle übrigen Reaktionen hemmt, welche dieselbe nervöse funktionelle Einheit betreffen. „Wenn eine die Angst hemmende Reaktion in Gegenwart angstauslösender Reize hervorgerufen werden kann, wird sie die Verbindung zwischen diesen Reizen und der Angst schwächen." *Wolpe* hält sexuelle Erregung, Entspannung und selbstbehauptendes Verhalten als physiologisch inkompatibel mit Angstreaktionen. Er führt hierzu die von *Simonov* im Jahre 1967 durchgeführten Untersuchungen an, die eindeutige Hinweise auf die Existenz unabhängiger und reziprok hemmender Zentren für Wut und Angst im Mittelhirn ergaben. Theoretisch leitete er sein Konzept der reziproken Hemmung vorwiegend aus den Lerntheorien ab, und hier besonders aus den *Hull*schen Vorstellungen einer konditionierten Hemmung. Auf *Wolpes* Konzept übertragen bedeutet dies, daß auf der Basis der reziproken Hemmung durch bestimmte Verhaltensreaktionen (Entspannung, Selbstbehauptung) eine konditionierte Hemmung auf die konditionalen Angstreize aufgebaut wird. Aus den oben genannten Überlegungen entwickelte *Wolpe* das Konzept der *Systematischen Desensibilisierung* oder *Gegenkonditionierung*, welches er auch für das Selbstsicherheitstraining verwendete.

Das verhaltenstherapeutische Verfahren der Systematischen Desensibilisierung war wohl eines der ersten und ist mit Sicherheit das am umfangreichsten experimentell untersuchte Verfahren. Aufgrund der Ergebnisse dieser zahlreichen Untersuchungen muß heute *Wolpes* theoretisches Konzept – eine zur Angst antagonistische Reaktion löst eine reziproke Hemmung der Angst aus – abgelehnt werden. Denn Angst ist nicht nur, wie *Wolpe* meinte, etwas rein Physiologisches. Verschiedene Studien zeigten, daß Angst als psychologisches Konstrukt auch auf kognitiver und motorischer Ebene aufzufinden ist und diese drei Systeme weitgehend unabhängig, aber interagierend miteinander sind.

Auch ist die Löschung von Angstreaktionen durch Darbietung des konditionierten angstauslösenden Reizes durchaus möglich, wenn dieser wiederholt und lange genug dargeboten wird. Obwohl bis heute noch kein umfassendes Modell zur Erklärung des Desensibilisierungseffektes herangezogen werden kann, nimmt man an, daß die Angstreduktion nicht allein auf Gegenkonditionierung beruht, sondern auf wechselnde Wirkung vielfältiger Mechanismen wie Extinktionsphasen, operanter Mechanismen, kognitiver Veränderungen, Selbstkontrollmaßnahmen usw. zurückzuführen ist.

Man muß sich im Lichte emotionstherapeutischer Konzepte fragen, ob bei dieser klassischsten aller verhaltenstherapeutischen Prozeduren die Angst desensibilisiert wird oder ob sie im Anfangsstadium der Therapie nur besser über die Zeit verteilt wird, also eine Sensibilisierung stattfindet – und darüber hinaus Angstantagonisten wie Neugier, Selbstsicherheitsstreben und Aggressivität gestärkt werden und damit das Vermeidungsverhalten abgebaut wird.

Der Terminus *Reizüberflutung* (die Begriffe Flooding, Konfrontation, Habituationstraining, Implosion sind oft *Synonyma* oder kennzeichnen Modifikationen) bezeichnet eine Methode zur Behandlung phobischer Ängste, bei der der Klient über einen relativ langen Zeitraum mit den angstauslösenden Reizen konfrontiert wird, ohne daß er Flucht- oder Vermeidungsverhalten zeigen darf. Es gibt eine große Anzahl mehr oder weniger verschiedener Techniken des therapeutischen Verfahrens Reizüberflutung. Fast alle weisen aber drei Gemeinsamkeiten auf: direkte Konfrontation, relativ lange Expositionsdauer und unterbundenes Vermeidungsverhalten. Diese drei Faktoren sind für die Effizienz der Reizüberflutung von entscheidender Bedeutung.

Die Darbietung der angstauslösenden Stimuli findet in der Realität (in vivo) statt, und zwar in graduierter oder unmittelbarer Form, d.h. mit oder ohne Abstufung der Reiz– & Angststärke.

Bei der unmittelbaren Konfrontation sucht der Klient gleich zu Beginn der Therapie die für ihn am meisten angstauslösende Situation auf. Als graduierte Annäherung gilt eine In–vivo–Exposition in Form einer abgestuften Sequenz, beginnend mit einer wenig angsterzeugenden Situation. In einer Untersuchung zu *Angst– und Behandlungsverläufen* bei der Therapie mit Reizüberflutung stellten *Bartling* und Mitarbeiter die beiden Verfahren gegenüber. Sie kamen dabei zu dem überraschenden Ergebnis, daß nicht wie erwartet bei der graduierten Darbietung eine geringere Erregung (Angst) und damit auch eine größere Habituation auftritt; vielmehr wurde bei der unmittelbaren Konfrontation durchweg eine geringere Erregung gemessen. Ausnahme war nur die Angst zu Beginn der Therapie (Erwartungsangst). Auch sind die Therapieerfolge bei der unmittelbaren Konfrontation stabiler als bei der graduierten. So kommen *Bartling* und Mitarbeiter denn auch zu der Überzeugung, daß, obwohl beide Therapieverfahren sich als erfolgreich erwiesen haben, doch „vom Standpunkt der emotionalen Belastung, aber auch aufgrund der Therapieeffekte und deren Stabilität eine gewisse Präferenz für die Behandlung mit unmittelbarer Konfrontation abzuleiten ist."

Es werden verschiedene *Darbietungszeiten* verwendet. Sie schwanken zwischen 30 Minuten und 8 Stunden. Eine optimale Darbietungszeit ist nicht bekannt. Untersuchungen zur Variable „Expositionsdauer" von *Baum*, *Weinberger* u.a. haben aber ergeben, daß eine längere Reaktionsverhinderung effektiver ist als eine kürzere, denn sie führt offensichtlich zu verstärkten Habituationseffekten. Nach *Ullrich & Ullrich* soll die Darbietungszeit nicht vor Therapiebeginn festgelegt werden; als Abbruchkriterium sollte eine Erregungsreduktion während der Konfrontation dienen.

Wichtige Regeln der Reizüberflutung

1. *Angstvorwegverarbeitung*: Übung fest vornehmen – nicht vom Befinden abhängig machen, täglich 3x vorstellen – vorher Reinsteigerungsthese ausreden.
2. Zu *kurze Angstsituation* oder *Flucht* steigert Angst.
3. Gewöhnung und Abnahme der Angst bei *längerer Angstsituation* (1–2 Stunden).
4. *Ablenkung und Tranquilizer* scheinen Therapieerfolg nicht zu schmälern, sondern eher zu steigern.
5. *Unmittelbare, nicht abgestufte Konfrontation* scheint der abgestuften leicht überlegen zu sein – „Vermeidungsverhalten wird kurz und klein geschlagen!"
6. Ansteigen der Angst ins Unermeßliche tritt nicht ein: körperliche und psychische *Angsthemmungsmechanismen* werden wirksam.
7. *Intensivtraining* an aufeinanderfolgenden Tagen.
8. Anschließend: *Selbstkontrollphase* (selbst üben).

Schwierig ist manchmal das Konstanthalten der *Reizintensität* respektive der subjektiven Angstintensität (z.B. bei einer Mäusephobie oder einer agoraphoben Angst im Auto, selbst am Steuer, über Autobahnbrücken zu fahren). Der Angstreiz ist von kurzer Dauer: Die Maus flitzt vom Bett unter den Schrank, und schon ist das *direkte* Erlebnis vorbei; ebenso die Autobahnbrücke, auch sie weilt nur kurz unter den Rädern. Hier hilft eine *hochfrequente kurze Konfrontation*: langsam immer wieder über die Autobahnbrücke juckeln oder eine *Abwandlung der Situation* (Maus im Käfig). Beides hat sich bewährt. Auch sind Fotos und Videofilme sehr geduldig.

Epstein entwickelte im Rahmen seiner Versuche mit erfahrenen und unerfahrenen Fallschirmspringern seine Theorie der *Intensitätsmodulation*. Personen, die wenig Erfahrung mit (speziellen) aversiven Situationen haben, neigen dazu, die starke Angstreaktion bis *kurz vor* oder gar *nach* dieser Situation zu verdrängen; dies geschieht durch Verleugnung der Angst und Bedrohung. Im Extremfall kommt es zu der sog. biologischen Notfallverteidigung: Kurz vor dem Angstereignis kommt es zu Panik, Tre-

Ich selbst erstelle selten eine Hierarchie. Sowohl bei Prüfungsängsten wie auch bei einfachen Tier– oder Situationsphobien kann in sensu gleich mit den konkreten Angstsituationen gearbeitet werden. Allenfalls bei einer schrittweisen In–vivo–Konfrontation mit den Angstreizen könnte es bei Tierphobien zu extremen Zuständen (Zittern, Therapieabbruch, Ohnmacht) kommen, die eine Abstufung angeraten sein lassen. Aber auch hier braucht man, das zeigen die Erfahrungen mit der abgestuften Reizüberflutung, nicht zu zimperlich zu sein. Die Abstufung sollte sich eher danach richten, was ich ich dem Patienten zumuten kann.

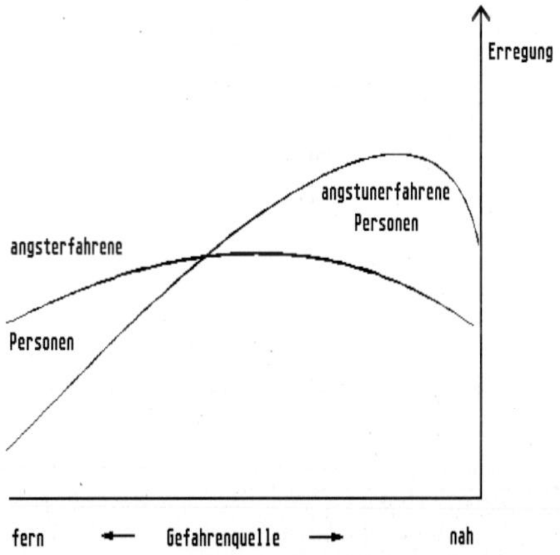

Die Frage, ob dabei nur ein Maximum zeitlich nach vorne verschoben wird oder die Angstkurve bei konstantem Integral, d.h. bei gleicher Fläche unter der Kurve, einer Verflachung anheimfällt, soll aus eigener Erfahrung und Erfahrungsberichten & –beobachtungen (bei) meiner(n) Patienten beantwortet werden. Auf dieser Datengrundlage können wir uns relativ sicher sein, daß die Angst bei optimaler Angstvorwegverarbeitung verflacht – was sehr angenehm ist: Es kommt nicht mehr zu Übelkeit, Erbrechen und ähnlichen Exzessen.

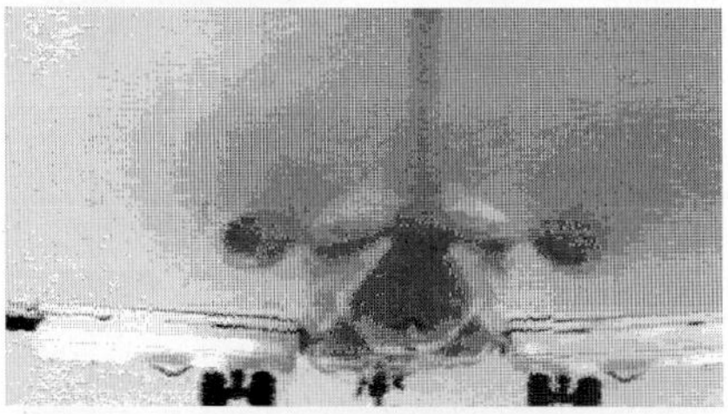

Flugangst

Ein literarisch besonders ausgefallenes Beispiel einer Angst–Situations–Schilderung, in diesem Fall für eine agoraphob determinierte Flugangst, möchte ich beispielhaft anführen; dabei ist allerdings zu bemerken, daß diese von Klienten erstellten Beschreibungen normalerweise im Telegrammstil oder wie auch immer erstellt werden (sollten):

Der Flug oder
die Physiognomie eines Horrors.

„flie–gen" (V) 1. durch die Luft schweben; sich mit dem Flugzeug fortbewegen, mit dem Flugzeug reisen; (fig.) sich rasch bewegen, eilen...

So definiert es der „Wahrig", und schon beim Tippen dieser ersten Zeilen vibriert mir der Brustkorb – aber ein Zurück gibt es nun nicht mehr. Der Flug ist gebucht. Der zwölfte Dezember wird eigenen, undurchschaubaren Gesetzen gehorchen, unbeirrbar wird der vor Wochen in Gang gekommene, filigrane Mechanismus seine Arbeit tun und nicht eher ruh'n, bis seine zehntausend Meter hohe Aufgabe erfüllt ist.

Das dumpfe Scharren des Weckers an solch grausamem Morgen wird dem Schließgeräusch eines Sargdeckels nicht unähnlich sein, was soll's, man hört ja so einiges.

Schwer wie Blei schieben sich meine Beine unter der Decke hervor. Spontan versuchen ein paar rudimentierte Vorfreudegefühle sich einen Weg zu bahnen, aber sie zerschellen jämmerlich an der allmächtigen Phalanx aus Zweifel und Selbsthaß. Fast unbeteiligt sehe ich mich einige Kleidungsstücke von Stuhl oder Boden pflücken, stockend und unmotiviert wie ein altersschwacher Dieselrasenmäher. Warum ich mich eigentlich so quäle, weiß ich schon nicht mehr. Eines aber weiß ich:

In vier Stunden ist mein Bruder hier, um mich abzuholen. Richtig: duschen, erst mal duschen, Viertelstunde Zeit vertreiben und am Versuch scheitern, sich unter heißen Wassertropfen zu verstecken. In F. steht die Maschine. Geduldiges Aluminium, hält einiges aus – oder?

Frühstück? Ein Wort mit zwei „ü" drin und Fragezeichen dahinter. Dort, wo früher einmal mein Magen war, ist nur noch Steppe. Übungsfeld für konventionelle Sprengköpfe, aber schon mein Großvater soll nach Kriegsende gesagt haben, es gäbe neben guten Schuhen nur noch eines, das wirklich wichtig sei: gutes Frühstück. Also schaufele ich ein Arrangement energiereicher Substanz in mich hinein und weiß hinterher weder wie es aussah, noch wie es schmeckte. Die gepackte Reisetasche steht neben der Tür, spannt gemächlich den Bogen und jagt mir einen Pfeil genau unters Sternum. Vernichtende Wirkung, keine Gegenwehr. Feuchtkalte Hände zaubern eine Zigarette aus der Packung, und in F. steht die Maschine. Geduldiges Aluminium, hält einiges aus – oder?

Ich spüre die Zeit dahinkriechen, ich kann sie schmecken, metallisch und feindlich – ein Uhr!

Es klingelt pünktlich, und wir gehen zum Wagen. Die Stufen hinab durch den Garten. Vor jeder Reise ist dies der Augenblick, in dem die Unausweichlichkeit des Kommenden mich blutgeil an der Kehle packt. Eine Woche lang fort sein, keine Chance, in die eigene Wohnung zu flüchten. Keine Katzen, keine Gitarre, keine vertrauten Leute. Eine Reise – warum und wozu? Die Antwort darauf bleibt mir erspart, denn bestürzt stelle ich fest, daß wir schon fast auf der Autobahn sind. IN FRANKFURT STEHT DIE MASCHINE ...

Die kommenden Minuten sind bestimmt nicht das, was man gemeinhin einen flockigen Autoturn nennt, im Gegenteil. Die in diesem Fall zu bezeichnende Autofirma – die Promotionsgötter mögen es mir vergeben – zöge ihren Slogan „Soviel Auto braucht der Mensch" sicher schlagartig zurück, so sie das zweifelhafte Vergnügen meiner Bekanntschaft genösse.

Mein Bruder, am Steuer, unbeirrbar, automatisiert und völlig unbestechlich – mein Gott, er hätte das Zeug zum Flugkapitän! Ich schaue aus dem Fenster. Eilig reißt es mich hinweg, vorbei an kaum noch bekannten Dörfern und Feldern. Gambacher Kreuz, Wetterau, dann Milupa zur Rechten, und schon frißt man sich hinein in die Peri pherie dieses metropolitanen Flughafens mit reichlich Stadt drumherum. Sieht man genauer hin, bemerkt man schon einige „Vögel" über Frankfurt–Süd, und ein paar Kilometer weiter hängen sie beinahe über uns, drängen wie honigbeladene Bienen dem Einflugloch zu. Meine Gesichtszüge konturieren zu einem prachtvollen Bahnunglück, und mein Bruder, nach kurzem Blickkontakt, versichert mir glaubhaft, daß ich nicht träume. Ich träume auch noch nicht, als ich am Terminal aus dem Wagen steige und mir ein eisiger, mit Kerosinfahnen durchsetzer Wind ins Gesicht fegt. Jetzt bloß nicht mehr lockerlassen, bleib hart, Alter – also kurzer, drehbuchgerechter Männerabschied und auch den letzten Rest an Selbstsicherheit zügig verpulvert...

Paralysiert und in mundgerechte Stücke zerteilt, schmettert es mich vor eine Dame hinter der Annahme. Sieht nicht schlecht aus. Schade drum, Flugpersonal. Ich nehme mich zusammen. Sie merkt nicht, daß meine gesamte Nervenmasse in Fetzen und völlig unbrauchbar bereits vor dem Bugrad der wartenden Maschine liegt, und so spult sie ohne wesentliche Unterbrechung ihr Programm über Gepäck, Gatenumber etc. herunter. Kaum noch Wartezeit. Durch den Zoll und hinüber zum Wartebereich. Da steht sie ...

Unaufdringlich blaß schimmert sie vor sich hin, wiegt ihren schlanken Leib in der matten Wintersonne und weiß längst schon, daß ihre unendliche Geduld den Sieg über mich davonträgt. Mit etwa hundert Mithäftlingen sehe ich, wie sich endlich die silberne Tür öffnet, wie die Hölle ihre Pforte auftut. Nun wird's eng. Endgültig überflüssig die Gedanken an Zuhause, die Zweifel an der Stabilität der Bierpreise in der nächsten Woche oder die Frage, ob überhaupt, wann und wie lange Therapeuten in der Badewanne singen. Egal, scheißegal, Mann. Beim Betreten des Innenraumes schließe ich für einen Moment die Augen und öffne sie gerade noch rechtzeitig genug, um mit einem sensationellen, serienmäßig eingebauten Stewardessenlächeln aufs gnadenloseste zu kollidieren. Ein Lächeln wie gemeißelt. Eine Frau, deren Gesichtszüge selbst nach dem hundertsten Passagier noch keine Verschleißspuren zeigen und mich zu der Feststellung nötigen, daß es sicher nicht das erste Mal ist, daß sie fliegt.

Ich finde schließlich meinen Platz und verstaue den kläglichen Rest Lebendgewicht in der Gletscherspalte zwischen Sessellehne und Vordersitz, indes eine weitere grinsende Schönheit mit gelbem Schlauchboot um den Hals im Gang steht, um in geübter Gestik darauf zu verweisen, daß auch Fasching nicht mehr weit ist. Die Motoren summen bereits ihren Grabgesang, als ein kaum spürbarer Ruck durch die Maschine den Vorhang auftut für das nun nicht mehr aufzuhaltende Szenario. Ganz gemächlich, so als wäre das alles nicht so gemeint, schleppt sich der Vogel in sein Startloch. Ein kurzes, aber um so überflüssigeres Zögern noch, und es donnert und saust nur noch um mich herum. Plötzlich befreite, gigantische Kräfte jagen einen Haufen Blech über die Piste, und dieser, so als wolle er aller Weisheit spotten und den ungläubigen Zweiflern ins Angesicht lachen, erhebt sich unbeirrt vom Boden ...

... und wenn sie noch nicht geflogen sind, so fliegen sie gleich heute!
(alte Lufthansaweisheit)

mor, Brechreiz oder Ohnmacht, so daß nicht selten das Ereignis selbst dann gemieden wird (ab geht's mit dem Flieger wieder runter auf den Flugplatz). In seltenen Fällen kommt diese Notfallreaktion auch *in* der Situation, was natürlich katastrophale Folgen haben kann. Mit steigender Angsterfahrung wandelt sich jetzt dieses *Alles–oder–nichts–Hemmungssystem* in ein moduliertes *Angst–Kontrollsystem*, welches die Erregung zeitlich weiter *vor* das Angstereignis verschiebt und in dem Zeitraum bis zum Beginn des Angstereignisses fein moduliert: mal mehr zuläßt, dann wieder mehr verdrängt, so daß die Angst auf einem erträglichen Niveau gehalten und verarbeitet wird, d.h., die Angst trainiert in dieser Zeit *Coping–Mechanismen*, die später in der Angstsituation selber wirksam werden sollen (der Organismus boxt sich sozusagen warm).

Die *therapeutische Anwendung der Angstvorwegverarbeitung* kann folgendermaßen vor sich gehen: Der Klient wird angeleitet, sich z.B. im Imaginationstraining mit seiner Angst auseinanderzusetzen. Gleichzeitig wird versucht, Vermeidungsverhalten zu verhindern und zu vermindern. Der Abbau des Vermeidungsverhaltens ist auch Bestandteil anderer Techniken, z.B. der *Systematischen Desensibilisierung*, in der auch eine Art Vorstellungstraining gemacht wird. Auch bei ihr kommt das Prinzip der Angstvorwegverarbeitung zum Tragen (und ersetzt die überflüssige Theorie der reziproken Hemmung von *Wolpe*).

In der Technik der *Reizüberflutung* ist das Paradigma ebenso verankert, indem man die Klienten anleitet, sich in den Tagen vor den Konfrontationssitzungen schon intensiv vorzustellen, was demnächst auf sie zukommen wird (die kognitive Welle versucht diese Form der Angstvorwegverarbeitung allerdings wieder abzubauen, indem behauptet wird, daß die Gedanken an eine Panik just diese kausal und nicht nur als konditionierter Stimulus auslösen – welch ein idiotischer Schwachsinn). Grenzen werden der Plastizität und Dramatik der Angstvorwegverarbeitung in der Reizüberflutung dadurch gesetzt, daß die Klienten bei zu intensiver Vorstellung gegebenfalls nicht zur ersten Überflutungssitzung erscheinen. Sinnvoller wäre es hier, wenn man der Reizüberflutung ein *Vorstellungstraining* vorschaltet.

Dieses Vorstellungstraining kann man koppeln mit einer abgestuften Reizüberflutung. Das bedeutet, die Klienten sollen sich bestimmte Situationen, die hierarchisch angeordnet sind, vorstellen und sich dann in die Situation begeben und sie durcherleben. Jedoch muß die Situation im Vorstellungstraining zu bewältigen sein, da sonst der Klient die reale Situation nicht mehr aufsuchen will. Man müßte also eine abgestufte Reizüberflutung durchführen und jeweils zwischen den einzelnen Stufen intensive Vorstellungsphasen einbauen.

Ausschließlich bei Tierphobien arbeite ich mit Abstufungen der Angstsituationen, mit wenigen Abstufungen in der In–sensu–Phase. Bei allen *anderen* beziehe ich mich intensiv und extensiv auf die Angstsituation selbst, also auf die anstehenden Prüfungen, den geplanten Flug, den Vortrag, die Auseinandersetzung mit Chef, Schwiegermutter oder Ehemann, den Kinobesuch oder den Einkauf im Supermarkt.

Auch auf die *Entspannung* vor und zwischen den Vorstellungen wird von mir wenig oder gar kein Gewicht gelegt. Das hat verschiedene Gründe. Zum einen stellte sich in Therapieerfolgsstudien heraus, daß Entspannung auch bei der traditionellen Systematischen Desensibilisierung kein wichtiger Bestandteil zu sein scheint; zum anderen belegt auch die Effizienz der Reizüberflutung, die ja gerade im Fehlen der Entspannung und im intensiven Erleben der Angst die Systematische Desensibilisierung kontrastiert, die Überflüssigkeit der Entspannungsmaßnahmen. Also ein wenig entspannen, um die Konzentration zu erhöhen und die *Vorstellungsfähigkeit* zu beflügeln, und dann rein ins vorstellungsmäßige Vergnügen. Wichtige *Bestandteile* der Vorstellung sind: plastisch wie ein Video–Clip, eher visuell, weniger inhaltlich ausgerichtet (Video–Clip ohne Ton), viel Angst bei der Empfindung, dabei aber positive Kognitionen über den Aus-

„Stellen Sie sich vor, es ist der Tag der Prüfung – Sie wachen schon früh um 5.00 Uhr auf – wälzen sich unruhig im Bett hin und her – versuchen, noch einmal einzuschlafen – Sie müssen aber immer an die bevorstehende Prüfung denken – um kurz nach 6.00 Uhr stehen Sie auf – Ihnen ist ganz übel vor Aufregung – Sie gehen ins Bad und machen sich fertig – Ihre Hände zittern – Sie ziehen sich an, kochen sich einen Pfefferminztee und schmieren sich ein Brot – obwohl Sie überhaupt keinen Appetit haben, zwängen Sie sich ein paar Bissen hinein, für Ihren Blutzuckerspiegel – gegen Viertel vor acht gehen Sie aus dem Haus und machen sich auf den Weg in das Prüfungsgebäude – Sie kommen dort an, gehen die Treppen hinauf – sehen die anderen Mitprüflinge – reden mit diesem oder jenem – melden sich dann bei der Aufsicht, zeigen Ihren Studentenausweis vor und bekommen Ihre Tischnummer – Sie schauen sich in dem Saal, in dem die Prüfung stattfindet, um: die blauen Vorhänge, die Tische, Sie schauen aus dem Fenster auf die Bäume – nun suchen Sie sich Ihren Tisch und setzen sich – Sie sind wahnsinnig aufgeregt, das Herz schlägt Ihnen zur Kehle heraus, die Knie sind weich, es ist Ihnen ganz zittrig, im Magen ist es Ihnen übel und schlecht – Sie schauen sich im Saal um – Sie sehen die Kommilitonen, vorne die Aufsichtspersonen – alle reden miteinander – Sie schauen sich an, wer vor und neben Ihnen sitzt – nach einiger Zeit werden die Prüfungsbögen ausgeteilt – Ihre Angst wird immer schlimmer – Sie schauen auf den Bogen und haben das Gefühl, daß Sie gar nichts verstehen – Sie überfliegen die ersten Fragen – die erste ist sehr schwer, und Sie gehen zur zweiten über – Sie machen sich an die Lösung heran – langsam und allmählich merken Sie, wie die Angst ein wenig weniger wird, etwas nachläßt – Sie werden etwas konzentrierter und gelassener und gehen die einzelnen Fragen durch – die Zeit verfliegt, Sie werden aber immer ruhiger... nach 4 Stunden gibt die Aufsicht das Zeichen, daß die Prüfung nun beendet ist – Sie geben Ihre Aufzeichnungen ab und verlassen den Saal – Sie haben das Gefühl, daß Sie Ihr Bestes gegeben haben und daß die Prüfung geklappt haben könnte."

So könnte eine *Verbalisierung einer Angstvorstellung* aussehen. Alles am Stück, gleich in der ersten Vorstellungssitzung.

gang der Prüfung. Ich habe damit hervorragende Erfahrungen gemacht, ohne reziproke Hemmung mit wechselweiser Entspannung a la *Wolpe*, ohne Abstufung a la *Florin*.

> Das Prinzip der Vorwegverarbeitung könnte die *Wirksamkeit* beider in gewisser Hinsicht ja konträrer Verfahren, der Reizüberflutung und der Systematischen Desensibilisierung, ganz gut erklären. Bei der Systematischen Desensibilisierung macht man nebenbei auch eine Angstvorwegverarbeitung. Nur fehlt dort die entsprechende Gewichtung. Bei der Reizüberflutung passiert das automatisch durch die Ankündigung dieser Therapie.

Für die Reizüberflutung kann man aus dieser Angstvorwegverarbeitung zusätzlich noch ein Prinzip ableiten: Viele Klienten, z.B. Agoraphobiker, beschäftigen sich mit der Angstsituation, indem sie sich zwar vornehmen, sich nun bald dieser einmal auszusetzen, jedoch immer diverse Bedingungen parat haben, unter denen es dann doch nicht geht. Wenn man nun in der Therapie das Prinzip der Angstvorwegverarbeitung einsetzen will, sollte man den Klienten anleiten, daß er sich die Situationsbewältigung entweder überhaupt nicht oder aber ganz fest und für einen bestimmten Zeitpunkt vornimmt: man verstärkt die *Erwartungsangst*. Nach dieser Theorie ist die Erwartungsangst das therapeutische Agens bei der Reizüberflutung, sie bewirkt in der Reizüberflutung die Reduktion der realen Angst, d.h., man darf sie nicht bekämpfen, sondern sollte sie verstärken und als therapeutischen Wirkfaktor betrachten.

Speziell bei *Agoraphobien* als häufigster Sonderfall in der Angsttheorie & –therapie bietet sich folgender *Dreischritt* an:

1. Phase: Konfliktanalyse und –bearbeitung,
2. Phase: Kognitive und emotionale Umstrukturierung bez. der Einstellung zu Panikattacken und Schwindelzuständen,
3. Phase: Abbau des Vermeidungsverhaltens durch symptomzentrierte Angst–Interventionen,

dazu kämen noch symptomzentrierte Gegenmaßnahmen gegen die Panik.

Wie in dem Kapitel zur Psychodynamik dargelegt, liegt der komplexen Phobie sozusagen als Nährboden ein *Annäherungs–Vermeidungs–Konflikt* zugrunde, den wir auch als unlösbar erscheinenden Entscheidungskonflikt beschreiben können. Dieser ist *meist*, aber *nicht notwendigerweise*, sozialer Natur. Die therapeutische Zielrichtung ist die Stärkung von Selbstbehauptung und Durchsetzung des Klienten in seiner Beziehung, Erhöhung der Kompetenz im Umgang mit eigenen Emotionen und Entwicklung von Autonomie und Selbstbestimmung. Große Worte! *Ärger– und Unsicherheitsprotokolle* tun hier ebensogute Dienste wie das Durchspielen alltäglicher Situationen im *Rollenspiel*. Allerdings beginnt die Komplexität der anstehenden problematischen sozialen Situationen da, wo herkömmliche Selbstsicherheitstrainings aufhören, diese anzuwenden hieße Eulen nach Athen tragen – das haben Agoraphobiker zumeist drauf („nicht wahr, Wolfgang?!")! Der Therapeut ist also in seiner (hoffentlich vorhandenen) sozialen und emotionalen Intelligenz gefordert – und zwar oft bis an seine eigenen Grenzen oder darüber hinaus (vielleicht sind aber auch die des Autors nur einfach schnell erreicht!).

Während man bei den einfachen Phobien lerntheoretisch begründbaren Verfahren wie Systematischer Desensibilisierung oder Reizüberflutung eine recht gute *Prognose* bezüglich ihrer Wirksamkeit geben würde, ist die Prognose bei komplexen Phobien von der *Virulenz des zugrundeliegenden Konfliktes* abhängig. Arbeitet dieser Konflikt noch aktiv, so ist die Prognose bei einer Reizüberflutung die, daß der Klient es lernt, die Panikattacken durchzustehen, sich das Vermeidungsverhalten abbaut und die Panikattacken an Intensität und Häufigkeit nicht noch zunehmen. Eine positive Nebenwirkung ist

Du mußt wahnsinnig sein!

Ein Blick auf die Garderobenuhr, es ist zwanzig nach vier, das wird ja immer früher, Mann, was machst du jetzt schon hier? Du redest mit dir selbst, weil der Moment gekommen ist, wo du keinen mehr aussteh'n kannst und unausstehlich bist. Du gehst dir auf den Nerv, stehst wie ein Fremder neben dir und siehst dich auf– und abgeh'n wie ein eingesperrtes Tier. Im Saal, mehr so aus Höflichkeit, hast du Licht und Ton gecheckt, du weißt, die Jungs, die machen das längst ohne dich perfekt. Du spielst ein altes Stück an, doch der Text fällt dir nicht ein, du spürst, ein kaltes Fieber kommt heimtückisch und gemein. Du stimmst am Instrument herum, natürlich stimmt es längst, du legst es wieder weg, und dir wird übel, wenn du denkst:

Du mußt wahnsinnig sein,
Da rauszugehen, ganz allein,
Trotz all der Höllenqualen,
Die dich lähmen und zermahlen,
Du mußt wahnsinnig sein,
Dich in die unbarmherzig grellen Scheinwerfer hinzustellen,
Und dir die Seele aus dem Leib zu schrei'n,
Du mußt wahnsinnig sein!

Reinhard Mey

in diesem Falle, daß ein sozialer Rückzug durch Abbau des Vermeidungsverhaltens vermieden und von daher die Gefahr einer sekundären Depression vermindert wird. Außerdem wird in der Therapie in der ersten Phase dieser Konflikt bewußtgemacht, und es wird mit Interventionen wie einem Problemlösetraining, Aufbau sozialer Kompetenz, soziotherapeutischen Maßnahmen u.a. die Möglichkeit geschaffen, daß der Konflikt verarbeitet oder beigelegt wird.

Solange der *Konflikt noch virulent* ist, mache ich jedoch meinen Patienten nicht die Hoffnung, daß durch übende Verfahren, wie Systematische Desensibilisierung oder Reizüberflutung, die Panikattacken und Schwindelzustände verschwinden oder sich auch nur drastisch in Intensität und Häufigkeit reduzieren. Eine solche Prognose ist in diesem Fall gefährlich, da sie, wenn sie gegeben wird und nicht zutrifft, allgemein Demoralisierungstendenzen Vorschub leistet und die Patienten regelrecht in eine sekundäre Depression bringen kann. Hier nur mit Erregungskurven und lerntheoretisch begründbaren (oder gar kognitiven!) Modellen und den daraus abgeleiteten Prognosen zu hantieren, erscheint mir von daher gefährlich.

Anders sieht die Prognose aus, wenn der *Konflikt beigelegt oder entschärft* ist und sich die Störung auf lerntheoretisch begründbarem Wege verselbständigt hat. Wird hier durch kognitive Umstrukturierung die Einstellung bezüglich der Panikattacken erzeugt, daß man im Rahmen von übenden Verfahren lernen soll, diese durchzustehen, und führt man dann solche übenden Verfahren durch, so ist m.E. die Prognose ähnlich, wie wir sie bei einfachen Phobien haben, wenn nicht sogar besser, da es sich bei dem besprochenen Klientel um recht selbstbewußte Personen handelt, die ihrem Vermeidungsverhalten im allgemeinen recht drastisch zu Leibe rücken. So führen – und hier wäre wieder eine genauere Statistik wichtig – bestimmt ein Drittel meiner Klienten ihre Reizüberflutung selbständig durch, stufen auch relativ wenig ab und zeigen recht beherztes Verhalten – beherzteres, als wir es im allgemeinen bei Tierphobikern oder einfachen Phobien finden. In jedem Falle hat aber die Reizüberflutung ihre *Daseinsberechtigung*:

1. verhindert sie eine sekundäre Depression durch sozialen Rückzug,
2. wird die Beunruhigung und Situationskopplung abgebaut, und es kommt darob zu einer Symptomverbesserung.

Eine von Psychotherapeuten häufig vertretene Auffassung ist, daß die Panikattacken und Angstzustände operant funktional von den Klienten eingesetzt werden und sozusagen konsequenzenkontrolliert sind. Wer ein gewisses Maß an Empathie aufbringt und sehr viel Erfahrung mit Panikattacken und Schwindelzuständen hat und außerdem die Konsequenzen in den einzelnen Paniksituationen analysiert und systematisiert, stellt fest, daß diese Theorie absolut unhaltbar ist. Der sekundäre Krankheitsgewinn oder das, was angeblich operant aufgrund sozialer Verstärkung die Panikattacken aufrechterhalten soll, steht in keinem Verhältnis zur Stärke und Intensität dieser Panikattacken und ist häufig überhaupt nicht zu beobachten. Daß natürlich nach Auftreten der Störung Zuwendungsappelle & –reaktionen eintreten, ist völlig klar. Hier müßte jedoch Ursache und Wirkung genau geklärt werden, und es spricht vieles dafür, daß diese Zuwendungsreaktionen nicht die Ursache im Sinne einer konsequenzenkontrollierten Angst sind, sondern die Wirkung – und damit nicht zu den aufrechterhaltenden Bedingungen zählen, bzw. nur insoweit, als sie Vermeidungsverhalten stärken (das hinwiederum seinerseits, wenn sich der Prozeß verselbständigt hat, die Störung aufrechterhält).

Trauer

Therapeutische Maßnahmen * Weinen * Todesfälle * Trennung * Suizidalität

In den meisten, wenn nicht in allen Fällen entstehen Kummer oder Trauer als Reaktion auf einen *Verlust* bzw. eine Trennung. Schlimmstenfalls der Tod einer nahen Bezugsperson, aber auch Trennungen von Partnern, Freunden, Tieren, liebgewordenen Gegenständen, Körperteilen (z.B. nach Operationen), Verlust des Arbeitsplatzes, der gewohnten Umgebung bei Wohnungswechsel usw. können Reaktionen von Trauer oder Kummer auslösen. Auch wenn ein Trennungs– bzw. Verlustereignis nicht unmittelbar ersichtlich ist, könnte man Trauerreaktionen als Folge einer Trennung interpretieren: z.B. das Gefühl von Frustration, wenn ein bestimmtes Ziel nicht erreicht werden kann. In der vorwegnehmenden Phantasie könnte die Erreichung des Ziels schon zum Bestandteil der eigenen Person geworden sein, so daß es hiernach wie eine *Trennung* (von einer liebgewordenen Vorstellung nämlich) wirkt, es nicht zu bekommen.

Charakteristische Verläufe von Trauerreaktionen im Falle schwerer Verluste wurden vielfach beschrieben und untersucht. *Lindemann* beschreibt ein psychologisches *Störungssyndrom*: vermehrte Beschäftigung mit dem Bild des (in diesem Falle) Verstorbenen, ein schmerzliches Sich–Vergraben, ein emotionales Leid; physiologische Störungen: Appetitverlust, Erschöpfung, abnorme Atmung; und Störungen in den sozialen Beziehungen: Feindseligkeit, Hilflosigkeit und Beziehungsunfähigkeit. Ein gelungener *Trauerprozess* umfaßt nach *Lindemann* drei Schritte:

1. das Akzeptieren der schmerzlichen Gefühle,
2. die aktive Rückerinnerung an verschiedene, gemeinsame mit dem verlorenen Menschen erlebte Situationen und Ereignisse und
3. das allmähliche Einüben und Erproben neuer Interaktionsmuster und Rollenbeziehungen, die die Funktionen, die der Verstorbene im Leben des Überlebenden ausfüllte, teilweise ersetzen können.

Bei Trauerprozessen, die sich nicht auf einen Todesfall beziehen, kann man einen ähnlichen, wenn auch gemilderten Verlauf beobachten. Die Phase tiefer Traurigkeit und Verzweiflung fällt vermindert oder überhaupt nicht auf. Der Betroffene findet Möglichkeiten, der übergroßen Schmerzempfindung zu entgehen, sei es durch Ablenkung in übermäßigen Aktivitäten, dem Nichtwahrhabenwollen des Geschehenen oder einer allgemeinen Einschränkung der Wahrnehmung für innere Vorgänge.

Therapeutische Maßnahmen

In der Therapie führt kein Weg daran vorbei, die schmerzhaften Ereignisse nachträglich zu durchleben und die versäumte *Trauerarbeit* nachzuholen. Verständlicherweise wirkt ein solches Ansinnen jedoch für den Betroffenen äußerst bedrohlich, so daß er erhebliche Widerstände dagegen aufbringen wird. Eine begreifliche Angst des Klienten ist, vom Schmerz übermannt zu werden, diesen nicht aushalten zu können, oder die

Die Kunst des Scheidens
Konstruktives Abschiedstraining

Shakespeare nannte das Abschiednehmen Liebender einen „süßen Schmerz". Nun ist das Abschiednehmen in seiner paradoxen Natur eine Erfahrung, die keineswegs nur den Liebenden vorbehalten ist. Unsere Übungen sollen eine gründliche Erfahrung des Abschiednehmens vermitteln und dadurch Erschütterungen und Verlegenheiten verhindern. Des weiteren soll ein aggressives, aufrichtiges Abschiednehmen psychologisch ungeschickte, geschmacklose und destruktive Formen des „Lebewohl" ausschalten („Bis bald" – die Höflichkeitslüge). Es gibt je nach Standort verschiedene Definitionen für die richtige Art und Weise des Sich–Trennens. Der herkömmliche Abschied ist ein Ritual des Verschleierns, bei dem man den paradoxen, konflikterregenden Ängsten ausweicht und die Tatsache, daß das Abschiednehmen eine Konfliktsituation darstellt, in der sich fast jeder unwohl fühlt, leugnet.

Als Folge äußern sich Trennungsängste in allen möglichen schmerzhaften und destruktiven Symptomen. Zum Beispiel: man verliert seine Autoschlüssel; man weiß plötzlich den Weg zum Flugplatz (Bahnhof) nicht mehr und verpaßt dadurch sein Flugzeug (seinen Zug), was großen Ärger aufeinander auslöst; man streitet verbissen um die lächerlichsten Belanglosigkeiten; man ertappt sich bei Wünschen nach Flugzeugabstürzen oder Autounfällen (man wünscht den Tod des scheidenden Partners: „Wie kann er mich nur verlassen und lieber woanders hingehen wollen"); man nährt Zurückweisungsphantasien, indem man sich während der Abwesenheit mit anderen beschäftigt. Das häufigste Symptom des körperlichen Widerstandes gegen ein Auseinandergehen ist ungeheure Erschöpfung. Gleichzeitig kann eine sexuelle Abneigung entstehen oder aber das Gegenteil, ein plötzliches Verlangen nach Sexualität, wenn zu seiner Befriedigung nicht mehr genug Zeit übrig ist. Andere wieder geben sich unrealistischen, detaillierten Wiedervereinigungsvorstellungen hin. Oder es werden noch in letzter Minute eine ganze Menge völlig unnötiger Anweisungen gegeben: geh auf jeden Fall mit dem Hund zum Tierarzt; vergiß nicht, die Autozulassung zu bezahlen; sorg dafür, daß das Baby seine Vitamine bekommt etc.

Die Natur des Abschiednehmens

Scheiden ist süß, wenn man eine Pause voneinander braucht und dabei sicher ist, a) daß man den Kontakt wieder aufnehmen wird und b) daß der wiederaufgenommene Kontakt auch weiterhin mindestens ebensoviel gegenseitig empfundene Freude enthalten wird, wie dies zur Zeit des Abschieds der Fall gewesen ist. Es ist klar, daß in den tatsächlichen Abschiedssituationen selten vom „süßen Scheiden" im obigen Sinne gesprochen werden kann. Das Aufkommen von Trennungsangst ist weitaus wahrscheinlicher als das der reinen, seligen Freude. Das Bittere am Abschied ergibt sich aus vielen verschiedenen Quellen und Umständen wie z.B.: „Ich werde diesen Menschen nie wiedersehen"; „Wenn ich diesen Menschen wiedersehe, mögen wir uns vielleicht nicht mehr so gern und müssen wieder ganz von vorn anfangen"; „Wenn die Katze aus dem Haus ist, tanzen die Mäuse auf dem Tisch"; „Aus den Augen, aus dem Sinn".

Ein Aspekt der aufrichtigen Trennung bei unverheirateten Paaren ist das Mitteilen von vorhandenen Befürchtungen. Dies sollte ohne Rückmeldung geschehen und nur als eine Äußerung der im Moment empfundenen Angst aufgenommen werden: „Ich weiß, daß wir uns bald trennen müssen, und ich fange schon an, mir Sorgen zu machen, daß du mich vielleicht nicht mehr so gern haben wirst, wenn wir uns wiedersehen." Diese Befürchtungen sollten ausgesprochen werden und damit genug; leere Beteuerungen helfen hier gar nichts. Statt dessen könnte man den Abschied so umwandeln, daß man aus seiner Sorge über die Trennung eine Sicherheit über die Tiefe des eigenen Gefühls gewinnt. Ein Beispiel für diese Art der Trennung ist die „Gute Nacht"–Übung, die manchmal während eines Wochenendseminars durchgeführt wird.

„Gute Nacht"–Übung

Das Ziel dieser Übung ist, die Angst vor einer vorübergehenden Trennung dadurch zu vermindern, daß man sich vor dem Auseinandergehen positive Gefühle mitteilt und sich für den nächsten Morgen verabredet. Man wählt sich einen Partner zu einem Spaziergang, bei welchem man sich einen Platz aussucht, der beiden gefällt. Dort pflückt man einen Grashalm oder ein Blatt und verfährt folgendermaßen:

1. Sie streichen mit dem Blatt über Gesicht und Körper Ihres Partners und denken eine Weile nach, bevor Sie drei positive Äußerungen über ihn oder sie machen als Antwort auf die Frage: Warum sollte ich dich wiedersehen? oder: Warum möchte ich dich wiedersehen?
2. Wenn Sie Ihre drei „Liebeserklärungen" im Geiste formuliert haben, geben Sie ein non–verbales Zeichen, das Ihre Sprechbereitschaft zum Ausdruck bringt.
3. Derjenige, der seine Sprechbereitschaft zuerst signalisiert hat, beginnt mit seiner ersten Erklärung. Der Partner hört schweigend zu. Wenn der Sprecher seine erste Erklärung beendet hat, äußert der Partner die seine.
4. Nun sagen Sie sich abwechselnd Ihre Erklärungen, bis Sie beide fertig sind. Dann beenden Sie das Ritual durch eine non–verbale „Gute Nacht"–Geste.

Bach

Befürchtung, daß einfach alles zu Ende ist, wenn er sich die Tragweite seines Verlustes klarmacht. Eine ähnliche Angst finden wir bei allen verdrängten Emotionen.

Die therapeutische Vorgehensweise ist, einen Zugang zum Erleben schmerzlicher Trauergefühle zu finden. Dies hat aber auf der Basis einer vertrauensvollen, stabilen Therapeut–Klient–Beziehung zu geschehen, wo der Klient sicher sein kann, beim Durchleben der bedrohlichen Gefühle Verständnis und Beistand zu finden – eine wichtige Voraussetzung, damit der Klient sich darauf einlassen kann.

Das *Durchleben der Trauer* sollte in einer kontrollierten, schrittweise sich annähernden Form geschehen, wobei der Klient dann die Erfahrung macht, daß es durchaus möglich ist, sich für eine *begrenzte Zeit dem Schmerz auszusetzen*, und daß er ihn doch ertragen und lernen kann, damit umzugehen, ohne ihn ständig wegdenken zu müssen, sich abzulenken usw. Eine Hilfe kann hier eine relativ starke Strukturierung von Übungen und eine klare zeitliche Begrenzung (vgl. Trauerrituale) sein, die zeigt, daß man dem Leid nicht unbegrenzt ausgesetzt sein muß, wenn man es einmal zuläßt.

Des weiteren wird der Klient bald die Erfahrung machen, wie sich mit dem Zulassen der unangenehmen Gefühle auch die angenehmen wieder einstellen und er das Le-

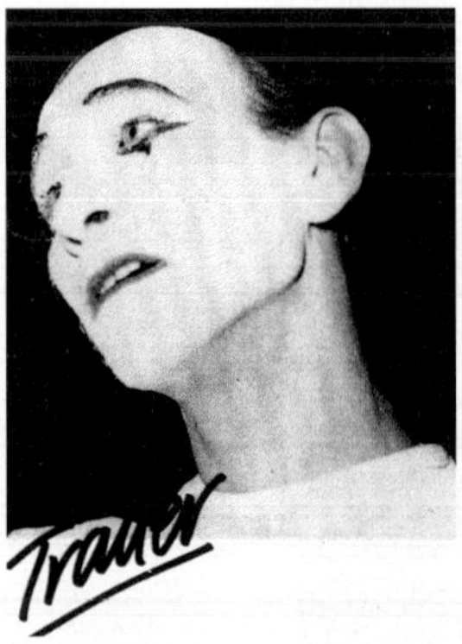

Beispielsweise kann man den Klienten zunächst durch ein wiederholtes Sprechenlassen von Sätzen wie „Ich werde sie nie wiedersehen", oder „Es wird nie wieder so sein wie früher" zu einer Auseinandersetzung mit der schmerzlichen Realität bewegen.

Eine Klientin, die in der Blüte ihres Lebens von dem Tod ihres Mannes überrascht wurde, sprach monatelang mit ihm, auf dem Friedhof, in der Wohnung, in unbeobachteten Momenten bei der Arbeit, überall, wo ihr danach zumute war und sie sich gehenlassen konnte; sie erzählte ihm alles, was sie erlebt hatte, diskutierte mit ihm über vergangene Erlebnisse und Ereignisse und klärte in diesen Gesprächen sogar Streits und Differenzen mit ihm.

Die Macht des Flötenspiels

ben wieder reichhaltiger und intensiver erfährt. Oder wie die Kraft, die zunächst darauf verwendet werden mußte, Schmerz und Trauer niederzudrücken, allmählich frei wird, um neue Wege einzuschlagen, neue Beziehungen zu knüpfen und etwas aufzubauen. Ein solches therapeutisches Konzept sollte dem Klienten auch kognitiv transparent gemacht werden.

Hat man Klienten in einer akuten Verlustsituation, so lassen sich aus dem bisher Gesagten Strategien im Sinne einer *Krisenintervention* herleiten, die spätere pathologische Folgeerscheinungen verhindern helfen können. Zunächst geht es darum, dem Betroffenen zu helfen, seinen Schmerz zu spüren und auszudrücken (wie es in unserer Gesellschaft keineswegs gern gesehen wird). Sodann werden Situationen, die in der Erinnerung mit dem Objekt des Verlustes verknüpft sind, gemeinsam schrittweise durchgegangen und allmählich herausgefunden, welche Aspekte davon in der Zukunft eventuell durch neue Partner ersetzt oder teilweise erfüllt werden könnten – der globale Wunsch, das Verlorene zurückzubekommen, in handhabbare Teilschritte untergliedert. Dies geschieht am besten durch *gezielte Konfrontationen, erlebnisaktivierende Methoden und Widerspiegeln von Gefühlen*. Im folgenden sind *Abschiedsbriefe oder Übungen* (z.B. „Was würden Sie ihm gerne noch sagen, wenn er hier wäre?") nicht nur geeignet, am eigentlichen Trauerprozeß zu arbeiten, sondern auch die häufig beteiligten Gefühle von Aggression oder Schuld mit einzubeziehen.

Zwei potente Trauer–Katalysatoren sind *Muße & Musik*. Eine *blaue Stunde*, gleich ob mit dem Messias von *Händel* oder Liedern von *Reinhard Mey*, kann Steine zum Erweichen bringen: „Eh' meine Stunde schlägt", „Abgesang", „Ich möchte im Stehen sterben", „Meine Söhne geb' ich nicht". Auch unsere Volkslieder enthalten sehr oft Komponenten der Trauerprovokation & –verarbeitung: „Hoch auf dem gelben Wagen", „Am Brunnen vor dem Tore", „Horch, was kommt von draußen rein", „Ade nun zur guten Nacht", „Zwei Königskinder", „König von Thule" u.v.m.

Eigenartigerweise bewirkt *Autofahren*, allein und am Steuer, und *Singen* eine Trauerenthemmung: ersteres wahrscheinlich über eine entspannte Aktivierung, zweites über verstärkten Sauerstoffaustausch und Kreislaufstimulierung, die ihrerseits auf die Verstärkungsstrecke von Emotionen einwirken; ideal, wenn man beides miteinander kombiniert. *Filme* von *Chaplin* wie „The Kid" oder „Goldrausch" zeigen die ungeheure Nähe von Lachen und Weinen; innerhalb von Sekunden bringt dieser emotionale Großmeister den Zuschauer vom Lachen zum Weinen und vom Weinen zum Lachen. „Der Förster vom Silberwald" ist allerdings nicht minder geeignet, den Strom der Tränen zu entfesseln.

Weinen

Trauer ist, im Unterschied zu aggressiven Gefühlen, eine vom Betroffenen und seinem sozialen Umfeld erwartete Emotion infolge eines Todesfalles. Dennoch wird ihr Ausdruck, der ja notwendiger Bestandteil eines vollständigen Emotionsgeschehens ist, häufig unterdrückt. Hier ist es erforderlich, Trauergefühl *und* Ausdruck, nämlich Weinen, behutsam zu provozieren und positiv aufzunehmen und zu begleiten. Die *Bedeutung des Weinens* als Ausdruck der Trauer wird durch Untersuchungen zur Zusammensetzung der Tränenflüssigkeit unterstrichen. So konnte *Frey* von der *Universität Minnesota* zeigen, daß *Endorphine*, die bekanntlich schmerzlindernde Wirkung haben und die Stimmungslage beeinflussen, und *Prolaktin*, das in erster Linie den Milchfluß bei schwangeren Frauen steuert, aber auch bei Streß und emotionaler Belastung produziert wird, in Tränen enthalten sind. Dabei stellte sich heraus, daß im Tränenfluß, der durch Kummer und Rührung ausgelöst wurde, erheblich mehr Prolaktin enthalten ist als in solchem, der auf Zwiebelschneiden zurückgeht.

In einer Stellungnahme des Anthropologen *Montagu*, der dem Weinen große Bedeutung beimißt, heißt es: „Kulturen, in denen das Weinen als normales und gesundes Verhalten gilt, zeichnen sich durch ein erheblich größeres Maß an menschlicher Wärme und damit ganz allgemein durch eine wachere Menschlichkeit aus. Weinen trägt zur Gesundheit und zur Menschlichkeit des Individuums bei und vergrößert seine Anteilnahme am Wohlergehen der Mitmenschen. Wie schade, daß so viele Völker der Welt gar keinen Gebrauch davon machen!"

Nun haben Wissenschaftler festgestellt: In der *Tränenflüssigkeit* sind Streßhormone drin, sie werden beim Weinen aus dem Organismus ausgeschwemmt und entlasten daher diesen. Wir dürfen wieder weinen, ach was: *Rotz und Wasser* heulen! Die Nasennerven sind den Sehnerven nämlich benachbart, beide reizen sich gegenseitig mit. Daher können wir besser niesen, wenn wir gen Himmel und Sonne blicken, und sondern Nasenschleim, sprich Rotz ab, wenn wir richtig heulen. Nicht schlimm – auch wenn kein Taschentuch parat ist, da darf's ruhig mal laufen.

„Wie es eine ganze stufenlose Reihe von Ausdrucksbewegungen vom flüchtigsten Lächeln zum wiehernden Lachen gibt, so gibt es für die entgegengesetzten Gemütszustände des Schmerzes, der Trauer, des Leidens eine ebensolche Reihe, die vom leisen Seufzen über das lautere Schluchzen und das laute Weinen bei rinnenden Tränen bis zum Schreien reicht. Das Schreien als Ausdruck körperlichen Schmerzes ist typisches Säugetierverhalten. Seine stammesgeschichtliche Herkunft gibt kein Rätsel auf. Anders ist es mit dem Weinen, also der Absonderung von Tränen. Nur Menschen weinen Tränen. Sie tun es nicht sofort nach der Geburt; das Neugeborene schreit mit zugekniffenen Augen, aber es weint nicht. Die ersten Tränen treten in der Regel erst nach etwa sechs Lebenswochen auf, zuweilen sogar erst nach drei oder vier Monaten" (*Zimmer*).

Doch Weinen hat neben seiner kathartischen Funktion auch noch eine *Signalfunktion*, die Wärme, Zuwendung, Fürsorge oder Bedürfnisbefriedigung anfordert. „Das Lächeln belohnt die Mutter, das Weinen ruft sie herbei" (*Zimmer*). Doch nicht nur die Mutter: auch Ehepartner, Krankenschwestern, Passanten, Nachbarn, der liebe Gott und Mutter Maria sind gefragt und in diesem Zustand gerne gesehen (letztere eher seltener).

Doch nicht immer steht das Weinen als Hilfesuchen. Oft ist es nur ein *Kontaktruf*, der durch Streicheln, Sprechen, Hochnehmen oder die Wahrnehmung des mütterlichen Herzschlags zu beruhigen ist. Eine noch sanftere Variante ist der *Stimmfühlungslaut*, „eher ein kurzes, stoßweises Aufseufzen während des Schlafs, eine jener im Tierreich weitverbreiteten Lautäußerungen, deren Zweck es ist, stimmlich die Nähe der vertrauten Artgenossen auszudrücken und damit aufrechtzuerhalten. Der Stimmfühlungslaut des Kindes ruft die Mutter nicht herbei, sondern teilt ihr nur mit, daß es da und alles in Ordnung ist; bleibt er aus, so fühlt sich die Mutter beunruhigt und sieht nach ihrem Kind" (*Zimmer*).

Wie so viele genetisch vorgeschlagene Reaktionsweisen läßt sich das Weinen kulturell, lerntheoretisch in seinen *Äußerungsformen* (Anlaß, Intensität, Erscheinung) stark modulieren. „Es gibt Kulturen, in denen es als schändliche Hartherzigkeit gilt, in traurigen Situationen nicht zu weinen; andere, in denen es insbesondere den Männern als Schwächlichkeit ausgelegt wird, jemals zu weinen. Auch innerhalb eines Kulturkreises

Die *evolutionäre Entwicklung* des Weinens schildert uns *Zimmer*: „Die Verhaltensforschung knüpft eng an Darwins Gedanken an, wenn sie heute die Tränen als stummen Hilferuf deutet. Tränen seien zunächst aufgetreten, wenn der Hominide auf trockenem Boden angegriffen wurde und sich kampfbereit machte: um Staub aus dem Auge zu spülen und die Atemwege anzufeuchten. Der feuchte Blick, der erhöhte Augenglanz, der in dieser Situation regelmäßig auftrat, muß dann zu einem autonomen Signal geworden sein mit der Bedeutung ‹Ich werde angegriffen, bitte helft mir›. Dieses Weinen als autonomes Signal muß sich dann verallgemeinert haben, um schließlich nicht nur in Situationen der unmittelbaren physischen Bedrohung aufzutreten, sondern in vielen Situationen der Hilfsbedürftigkeit, des Leids, aber auch der freudigen Erschütterung und der plötzlichen Rührung, die beide oft ebenfalls von einem Gefühl hilfsbedürftiger Vereinzelung begleitet werden. Die deutsche Sprache vollzieht diese Verallgemeinerung ziemlich genau nach: ‹Ich fühle mich angegriffen, ich bin ergriffen!› Beim Weinen ist gewöhnlich der Kopf gesenkt und der Körper in sich zusammengesunken: Es ist Teil eines umfassenderen Unterwerfungsverhaltens mit dem Ziel, den anderen friedlich zu stimmen oder gar zur Hilfeleistung zu veranlassen."

Sein Schweigen

Sein Schweigen hat mich oft gekränkt und manchmal aufgeregt / doch, wenn er redet, sagt er, was er von mir hält und denkt.

Und ich merke, daß ihm zum Heulen ist und daß er's nicht zeigen kann / sagt nur, daß er auch meinen Arm vermißt, und da denke ich manchmal nicht daran.

Sein Schweigen hat mich oft gekränkt und manchmal aufgeregt / doch, wenn er redet, sagt er, was er von mir hält und denkt.

Und ich sehe, was seine Blicke sagen, und fühle, was er meint / ich glaube, er wollte mich oft schon fragen, wie das ist, wenn man richtig weint.

Ina Deter

wandelt sich die Bereitschaft zum Weinen: Zu Zeiten der deutschen ‹Empfindsamkeit› saßen allen, die als kultiviert gelten wollten und in Werther ihre Idealfigur sahen, die Tränen locker. Als hundert Jahre später ein stoisch–militärischer Ehrenkodex die Oberhand gewann, machte sich ein weinender Mann verdächtig oder unmöglich. Weinen ist also keineswegs ein ‹geschlossenes› genetisches Programm; es ist einer förderlichen oder entgegenwirkenden Kontrolle durch das Milieu offen" (*Zimmer*).

„Die Ausdrücke ‹große Jungen weinen nicht› und ‹Heulsuse› hallen tief in der männlichen (und nicht nur der männlichen, der Verf.) Psyche nach, schnüren den Fluß der Tränen und die volle Erfahrung der Traurigkeit ab" (*Goldberg*). Anders bei Naturvölkern wie dem kalifornischen Indianerstamm der *Quechan*, bei denen Weinen von jedem Betroffenen regelrecht erwartet, also in der Sozialisation gefördert wird. Die meisten traditionellen Gesellschaften haben genau festgelegte Klageperioden. Daß dies Klagen und Trauern durchaus nicht negativ empfunden wird, müssen wir uns, die wir es nicht mehr kennen, von den Frauen Trojas berichten lassen: „Wie gut sind Tränen, wie süß sind Klagelieder, ich würde lieber Klagelieder singen als essen und trinken – wie süß sind Tränen für die vom Unglück Geschlagenen, und das Weinen von Klageliedern und die kummervolle Muse" (*Alexiou*).

Wir müssen entweder zeitlich weit zurück oder geographisch weit weggehen, um solche Freiheit im Trauern zu erleben. Das moderne *China* zelebriert das *Guerilla–Theater* mit folgenden Auswirkungen: „Während sich die Tragödie einer armen Bauernfamilie entwickelte, weinten die Frauen um mich herum offen und ohne Scheu. Als ich mich umwandte, sah ich auf allen Seiten, wie die Tränen die Gesichter herunterliefen. Niemand schluchzte, niemand schrie, aber alle weinten still vor sich hin. Die Agonie auf der Bühne schien Tausende schmerzlicher Erinnerungen hervorgelockt zu haben, ein bodenloses Reservoir von Leid, das niemand kontrollieren konnte... die Frauen, eng aneinander gekauert in ihren dunklen Steppjacken, erzitterten, als hätte sie ein Windstoß aufgescheucht... Plötzlich hörte die Musik auf, die Stille auf der Bühne wurde unterbrochen von dem Zirpen einer Grille. In diesem Moment wurde ich einer neuen Qualität in der Reaktion des Publikums gewahr. Die Männer weinten und ich mit ihnen" (*Hinton*).

Daß die etwaige kulturelle *Unterdrückung & Knebelung des Weinverhaltens* nicht sehr gesund ist, dafür spricht der relativ kurze Wirkzeitraum dieser Kultur–Errungenschaft. Darauf, daß nicht oder kaum noch geweint werden darf, hat sich unser psychischer und physischer Organismus mit Sicherheit noch nicht einmutiert. Nicht zu weinen dürfte also wie nicht zu schimpfen und nicht zu juchzen ein *Stressor* sein. Also: let it flow, wie gesagt, wenn es sein sollte, Rotz & Wasser gleichermaßen.

Ein Phänomen, durch welches jede Emotion und ihre Äußerung angeheizt werden kann, auch die Traurigkeit, ist die sogenannte *soziale Ansteckung*, früher gemeinhin sehr zu Unrecht Massenhysterie geschimpft. Zwei Bedingungen müssen dabei aber gegeben sein: Die Äußerung des Gefühls muß provoziert und erlaubt oder sogar mehr oder minder üblich sein, und eine oder mehrere Personen müssen die Kettenreaktion in Gang bringen, den Anfang machen: in Gesellschaft weint es sich normalerweise leichter und schöner. Allerdings sind wir heutzutage in unseren Breitengraden derart beklommen und verklemmt, daß wir allenfalls noch im stillen Kämmerlein zu weinen vermögen – schade! Aber auch hier hilft: üben, üben, üben!

Todesfälle

Trauer ist neben Zorn die im Vordergrund stehende emotionale Reaktion auf Verlust und Trennung. Schon bei kleinen Kindern läßt sich bei nur vorübergehender Trennung

Den Tod eines Freundes betrauern

Der Tod eines Freundes kann einen Menschen in seinen Grundfesten erschüttern, indem er Gefühle auslöst wie Unglauben, Leugnen der Wirklichkeit, Fassungslosigkeit, eine Empfindung von Kälte und Leere, Sich–Zurückziehen, Schuldgefühle darüber, daß er selber lebt; Zorn, weil er alleingelassen wurde; schmerzhaften Kummer und anhaltende Trauer. Ähnliche Reaktionen können auftreten, wenn plötzlich und unerwartet eine tiefe, schöne Beziehung vorzeitig endet.

Die Gefühlsmerkmale eines trauernden Verhaltens sind selten frei von Feindseligkeit, Ärger, Frustration. Eine ungeheure Bitterkeit kann den ganzen Menschen einhüllen und das Reservoir an ungelöster, aufgestauter Feinseligkeit und Wut auf „die Fallen und heimtückischen Hinterhalte des Schicksals" weiter anfüllen.

Um seine Selbstkontrolle zurückzugewinnen und einen realistischen Blick auf Leben und Tod zu ermöglichen und um das Ärger–Furcht–Reservoir abzubauen, kann es eine psychologische Hilfe sein, einen Nachruf zu verfassen. Schreiben Sie auf, was Sie beim Gedanken an den verlorenen Freund oder die zerbrochene Verbindung empfinden, und dann lesen Sie es Ihren vertrautesten Personen vor.

Ein Nachruf

Diese Übung soll bewirken, daß sich Menschen mit dem Tod von Personen und Beziehungen abfinden lernen und Kontrolle gewinnen über die oft destruktiven aggressiven Gefühle, die im Zusammenhang mit dem Verlust auftreten.

1. Erinnern Sie sich an den Tod irgendeiner für Sie bedeutsamen Person und/oder an den Bruch einer wichtigen Freundschaft oder Liebesbeziehung.
2. Suchen Sie sich das aus, was Sie noch nicht ganz überwunden haben, und schreiben Sie einen Nachruf. Beschreiben Sie dabei die Art der vergangenen Beziehung, was sie für Sie bedeutet hat und warum Sie sie jetzt so sehr vermissen. Was haben Sie verloren? Suchen Sie nach Spuren irgendwelcher ärgerlich–bitterer Gefühle und erwähnen Sie diese. Erwähnen Sie auch alle Konfliktsituationen und Streite – konstruktive oder destruktive –, an die Sie sich gut erinnern können. Fassen Sie zusammen, was Sie aus der vergangenen Bindung gelernt haben.
3. (Steht zur Wahl) Laden Sie einen oder mehrere Freunde ein, um ihnen Ihren Nachruf vorzulesen, oder veranlassen Sie eine gemeinsame Nachruf–Lesung als Gruppenerfahrung in Ihrer vertrautesten Labor–Gruppe.
4. (Alternative) Zeichnen oder basteln Sie ein Erinnerungswerk – eine Collage, eine Foto–Zusammenstellung, eine Andenkensammlung (Schallplatten, Blumen etc.) – und zeigen Sie anderen diese Arbeit. (Dieser Vorschlag gilt für Übende, die non–verbale Ausdrucksweisen vorziehen.)

Bach

von der Mutter *Ausdrucksverhalten* beobachten, das als Zeichen von Traurigkeit verstanden werden kann. Bedenkt man nun die häufig mit dem Kummergefühl verbundenen *Begleiterscheinungen* wie Erschöpfung, Appetitlosigkeit, Schlaflosigkeit, mangelnde Initiative bis hin zur Apathie oder – umgekehrt – ausgeprägte Rastlosigkeit, so mag man sich die Frage stellen, warum Mensch und (z.T.) Tier mit dieser *sinnlosen* und *negativen* Emotion geschlagen sind. Steht sie nicht auch noch zu allem Überfluß dem Aufbau einer neuen Beziehung zu einem neuen Partner im Wege? Bei genauerer Betrachtung läßt sich jedoch die *evolutionäre Bedeutung dieses Gefühls* erkennen: „Dadurch, daß die Trennung von der Gruppe oder von einzelnen Mitgliedern sowohl psychisch wie physisch zu einem extrem schmerzhaften Ereignis wird, wird maximale Gruppenkohäsion bei den Arten gewährleistet, für die soziales Zusammenleben unentbehrlich ist" (*Hautzinger*).

Die Fähigkeit zur und die Notwendigkeit der Emotion Trauer hängt also ganz eng mit dem für den Menschen wie für viele Tierarten so wichtigen *Bindungsgefühl bzw. –verhalten* zusammen, wie der Vater der Bindungstheorie, *Bowlby*, gleichermaßen eingehend wie überzeugend dargelegt hat. Wollte man den Versuch machen, Verlustkummer vollständig zu vermeiden, würde das bedeuten, keinerlei Bindung einzugehen, was schlechterdings unmöglich ist.

Beim Verlust eines wichtigen Beziehungspartners oder Angehörigen durch Tod können Trauergefühl und –verhalten natürlich nicht im Dienste einer Wiederherstellung des Kontaktes stehen; sie treten aber notwendigerweise auf und streben nach Ausdruck, da sie in unserem Emotionssystem verankert sind.

Phänomene, die bei einer normalen Trauerreaktion auftreten können *(Worden)*

Gefühle:	Traurigkeit, Zorn, Schuld und Selbstbeschuldigung, Angst, Verlassenheit und Einsamkeit, Müdigkeit, Hilflosigkeit, Schock, Sehnsucht, Befreiung, Erleichterung, Betäubung und Abgestumpftheit.
Körperliche Empfindungen:	Leeregefühl im Magen, Brustbeklemmungen, Zugeschnürtsein der Kehle, Überempfindlichkeit gegen Lärm, Gefühl der Depersonalisation, Atemlosigkeit, ein Gefühl der Kurzatmigkeit, Muskelschwäche, Energiemangel, Mundtrockenheit.
Gedanken:	Unglauben und Nichtwahrhabenwollen, Verwirrung, Intensive Beschäftigung mit dem Toten, Gefühl der Anwesenheit des Verstorbenen, Halluzinationen.

Schade, daß du gehen mußt, lang vor deiner Zeit, / so wie ich die Dinge seh', tut's dir selbst schon leid. / Einfach so hinauszugeh'n, hast du nicht bedacht, / was dein Fortgeh'n uns, mein Freund, für einen Kummer macht.

Hier liegt deine Pfeife noch und dein Tabakstopf, / daß du nicht mehr rauchen sollst, geht nicht in meinen Kopf. / Hier steht noch ein Birnenschnaps, den ich mir jetzt eingieß', / Dir zum Gruß, der keinen Schluck im Glas verkommen ließ.

Schade, daß du gehen mußt, ausgerechnet heut', / dabei hättest du dich so an dem Bild erfreut. / Wie die Freunde um dich steh'n, und wie sie verstört / Witzchen machen, damit man keinen sich schneuzen hört.

Allen hast du das vererbt, was bei dir rumstand, / deine Schätze eingetauscht für eine Handvoll Sand. / Geige, Bücher, Bilder, Kram und dein Lieblingsglas. / Bloß das Erben macht uns heut' doch keinen rechten Spaß.

Schade, daß du gehen mußt vor der Erdbeer–Zeit. / Auch dein Most vom vor'gen Jahr wäre bald so weit. / Du, der heute den noch siehst, der uns're Wege lenkt. / Frag' ihn unverbindlich mal, was er sich dabei denkt.

Sicher geht es dir bei ihm eher recht als schlecht. / Sicher sucht er grade wen, der dort mit ihm zecht. / Hoch auf deiner Wolkenbank bei Tabak und Wein, / leg zwischen zwei Flaschen mal ein Wort für uns mit ein.

Reinhard Mey

Verhaltensweisen:	Schlafstörungen, Appetitstörungen, geistesabwesendes Verhalten, soziales Sichzurückziehen, Träumen vom Verstorbenen, Meiden von Erinnerungen an ihn, Suchen und Rufen, Seufzen, rastlose Überaktivität, Weinen, Aufsuchen von Orten oder Beisichtragen von Gegenständen, die an den Toten erinnern, Kult mit Objekten aus seinem Besitz.

„Aber bei einer Trauerreaktion kommt es nicht zu dem Verlust des Selbstwertgefühls, den die meisten klinischen Depressionen mit sich bringen. Das heißt: das Selbstwertgefühl von Menschen, die jemanden verloren haben, wird durch diesen Verlust gar nicht oder nur für kurze Zeit beeinträchtigt. Und wenn die Hinterbliebenen des Verstorbenen sich schuldig fühlen, handelt es sich gewöhnlich um ein Schuldgefühl im Zusammenhang mit einem bestimmten Aspekt des Verlustes, weniger um ein allgemeines, alles umfassendes Schuldgefühl" (*Worden*).

Diese vielfältigen *Manifestationen der Trauer* (die ja auch etliche weitere Emotionen als das Gefühl der Traurigkeit umfassen) mögen teilweise als recht auffällig erscheinen, tatsächlich ergeben sich auch Überschneidungen mit Merkmalen der Depression. So gibt es auch keine eindeutigen, allgemeingültigen Kriterien, wann eine Trauerreaktion als übermäßig oder die Grenze zur Depression überschreitend bezeichnet werden sollte; es ist immer die Betrachtung des Einzelfalls maßgeblich.

Unterschied zwischen Traurigkeit und Deprimiertheit

	Traurigkeit *aktiv*	*Deprimiertheit* *passiv*
Weinen & Schluchzen:	eher	weniger
In milder Form:	angenehm	nicht unangenehm: leer
In mittlerer Stärke:	vitale Unruhe	inneres Getriebensein oder Apathie
In starker Ausprägung:	Erschöpfung	Selbstmordgefährdung oder Dahindämmern

Selbst bei Tieren lassen sich entsprechende Verhaltensweisen beobachten; *Lorenz* beschreibt etwa das Verhalten einer Graugans bei Trennung vom Paarungspartner wie folgt: „Als erste Reaktion auf das Verschwinden des Partners versucht eine Graugans mit aller Macht, ihn wiederzufinden. Sie ruft dauernd, buchstäblich Tag und Nacht, den dreisilbigen Distanzruf, läuft eilig und aufgeregt im gewohnten Gebiet umher, an Plätzen, wo sie sich mit dem Vermißten zusammen aufzuhalten pflegte, dehnt ihre Such–Exkursionen immer mehr aus und fliegt, immer rufend, weit umher... Alle obigen beschriebenen, das vegetative Nervensystem sowie das Verhalten betreffenden Symptome finden sich in weitgehend analoger Weise bei sich grämenden Menschen."

Die Trauerarbeit, also die Verarbeitung eines Todesfalles, umfaßt nach *Worden* vier *Traueraufgaben* (im Sinne von Entwicklungsaufgaben), die durchlaufen werden müssen, damit eine gelungene Bewältigung erreicht werden kann. Eine nicht hinreichende *Lösung* dieser Traueraufgaben kann dazu führen, daß dieses Unaufgearbeitete die weitere Entwicklung des Betroffenen hemmt.

Die erste Aufgabe besteht darin, den *Verlust als Realität zu akzeptieren*. Das oftmals auftretende Nichtwahrhabenwollen, Leugnen, kann sich auf die Tatsache des Verlustes („Er ist gar nicht tot"), seine Bedeutung („Er war ein schlechter Vater, und wir haben uns nicht nahegestanden") oder auf seine Endgültigkeit („Er wird wiederkommen") beziehen; dies alles ist als erste Reaktion durchaus normal und wird erst durch Daran–Festhalten problematisch – das verhindert, zur nächsten Aufgabe überzugehen.

Diese zweite Aufgabe umfaßt die *Notwendigkeit, den Trauerschmerz zu erfahren*. „Wenn es notwendig ist, daß der Hinterbliebene den Trauerschmerz durchleidet, damit die Trauerarbeit geleistet wird, dann steht zu erwarten, daß alles, was der Vermeidung oder Unterdrückung dieses Schmerzes Vorschub leistet, den Trauervorgang verlängert" (*Parkes*). Möglichkeiten der Vermeidung liegen etwa in einer Flucht in die Empfindungslosigkeit, Unterdrückung der entsprechenden Gefühle, Abwehr schmerzlicher Gedanken oder von Gedanken und Erinnerungen an den Verstorbenen überhaupt sowie in gezielter Stimulierung nur positiver Vorstellungen. Andauernde Rastlosigkeit und ständiger Ortswechsel können auch der Abwehr einer Konfrontation mit der Trauer dienen. Die aus Gründen der Unlustvermeidung naheliegende Tendenz, unangenehmen Gefühlen auszuweichen, wird durch eine in unserer Kultur verbreitete Fehleinschätzung von Trauer und Melancholie unterstützt und getragen. „Das Sicheinlassen auf Trauer ist als krankhaft, ungesund, demoralisierend stigmatisiert. Für richtig hält man es, daß Freunde den Trauernden aufmuntern und von seinem Kummer ablenken" (*Gorer*). Daß aber die Unterdrückung dieses Gefühls wie anderer unerwünschter Gefühle äußerst ungünstige Folgen hat, liegt auf der Hand. „Früher oder später brechen manche von denen, die jedes bewußte Trauern vermeiden, zusammen, und zwar meist in einer Form von Depression" (*Bowlby*).

Diagnostik abnormer Trauerreaktionen

Wird ein akuter Todesfall nicht angemessen verarbeitet und bewältigt, können *komplizierte oder abnorme Trauerreaktionen* auftreten:

- Die *chronische oder protrahierte Trauerreaktion*.
  Der Betroffene klagt darüber, mit seiner Trauer nicht fertigzuwerden, er trauert über einen außergewöhnlich langen Zeitraum.
- Die *verzögerte Trauerreaktion*.
  Hiermit ist der Fall einer *Emotionsverschiebung* gemeint, d.h., eine Gefühlsreaktion auf einen tatsächlich erlittenen Verlust wurde nicht entsprechend ausgedrückt, sie erfolgt quasi verzögert bei einem Ereignis, bei dem normalerweise keine so intensive Trauer erwartet würde.
- Die *übertriebene Trauerreaktion*.
  Treten exzessive und/oder lähmende Gefühle der Verzweiflung und der Angst vor dem Tode auf, so kann von einer übertriebenen Trauerreaktion gesprochen werden. Sie steht häufig mit unbewußten Schuldgefühlen und einer ambivalenten Beziehungen zum Verstorbenen in Zusammenhang.
- Die *larvierte Trauerreaktion*.
  In diesem Fall zeigen sich beim Betroffenen nichtaffektive Symptome, die er nicht in Zusammenhang mit einem Verlust bringen kann. Es können physische Symptome, psychosomatische Beschwerden oder Schmerzen, aber auch psychiatrische Symptome und Verhaltensauffälligkeiten auftreten; *Shoor & Speed* erwähnen delinquentes Verhalten als Ausdruck einer larvierten Trauerreaktion. Hier führt also eine Unterdrückung von Wahrnehmung und Ausdruck der Emotion Trauer zu einer Störung im Emotionssystem mit entsprechend ungünstigen psychischen oder physischen Konsequenzen.

Als *diagnostische Hilfe* zur Identifizierung einer komplizierten Trauerreaktion in Fällen, wo sie nicht vom Betroffenen selbst als solche empfunden und bezeichnet wird, führt *Worden zwölf Anhaltspunkte* auf, die ich verkürzt wiedergebe:

1. Ein Klient kann *nicht über einen lange zurückliegenden Verlust/Todesfall sprechen*, ohne frische, intensive Trauergefühle zu empfinden.
2. Ein relativ *unbedeutender Vorfall löst eine starke Trauerreaktion* aus.
3. In einem klinischen Interview werden *spontan verlustbezogene Ereignisse thematisiert*.
4. Ein Hinterbliebener scheut sich deutlich, etwas an der materiellen Hinterlassenschaft des Verstorbenen zu verändern (*Konservierung*).
5. Ein Klient entwickelt *physische Symptome*, die denen ähneln, unter denen ein verstorbener Angehöriger vor seinem Tode litt. Derartige Symptome treten oftmals dann auf, wenn sich der Todestag jährt, oder sie markieren das Erreichen des Alters des Toten durch den Klienten.
6. Radikale *Veränderungen im Lebensstil* des Hinterbliebenen, Vermeiden von Aktivitäten, die mit dem Verstorbenen zusammenhängen, Abkapselung von Freunden und Familienangehörigen.
7. Eine lange *Vorgeschichte* der Niedergeschlagenheit, anhaltendes Schuldgefühl, geringes Selbstwertgefühl, auch Euphorie nach einem Todesfall.
8. Zwanghaftes *Imitieren* des Verstorbenen, um den Verlust zu kompensieren; dies kann sich auch auf zuvor abgelehnte Verhaltensweisen erstrecken, damit diese Ablehnung gleichsam wiedergutgemacht werde.
9. *Selbstzerstörerische Impulse*.
10. Alljährlich wiederkehrende, *unerklärliche Traurigkeit*.
11. *Krankheits– oder Todesphobie*, die sich oftmals auf die Todesursache des Verstorbenen bezieht.
12. *Vermeidung der Teilnahme an Ritualen und Aktivitäten*, die mit dem Tode in Zusammenhang stehen, z.B. auch des Besuchs der Begräbnisstätte. Kein oder geringer Beistand für den Betroffenen während der Trauerperiode.

Der Kummer–Effekt

Die Sterblichkeit Verwitweter ist in den ersten beiden Jahren nach dem Verlust des Partners oder der Partnerin besonders hoch. Das bestätigt eine Untersuchung von *Young, Benjamin & Wallis* von 4.486 Witwern im Alter von über 54 Jahren in *England* und *Wales*, nach der im ersten halben Jahr nach dem Tod der Partnerin eine zu altersmäßig vergleichbaren verheirateten Männern relativ signifikante Erhöhung der Sterblichkeitsrate um 40% gefunden wurde, was einer Sterblichkeit der Witwer von 4,8% gegenüber 3,2% bei Verheirateten entspricht. Oder anders ausgedrückt: bei einer vergleichbaren Stichprobe von 100 Verwitweten würde man im ersten halben Jahr 5 Todesfälle erwarten können gegenüber 3 in der Kontrollgruppe. Diese Sterberate näherte sich aber bereits im zweiten Halbjahr der von altersmäßig vergleichbaren Verheirateten.

„Relativ zu gleichaltrigen verheirateten Männern starben diese Witwer mit besonderer Häufigkeit an degenerativen *Herzerkrankungen und Kreislaufproblemen*. Das Wort vom ‹gebrochenen Herzen›, wie auch *Lynch* (1977) in seinem populären Buch über die medizinischen Folgen der Einsamkeit betont, scheint also weit mehr zu sein als nur dichterische Wortmalerei. Neben diesen Herz– und Kreislauferkrankungen fanden sich auch Grippe, Bronchitis und Lungenentzündung mit erhöhter Häufigkeit. Auch die Selbstmordrate zeigte im ersten Jahr einen deutlichen Höhepunkt“ *(Stroebe et al.)*.

Ekblom fand ähnliche Ergebnisse aufgrund einer in Schweden durchgeführten Untersuchung von 351 Witwern und 283 Witwen im Alter von 75 Jahren. Auch hier zeigten die Verwitweten, verglichen mit den alters– und geschlechtsspezifischen Sterbeziffern von Verheirateten, während der ersten 6 Monate nach dem Tod des Partners oder der Partnerin eine um 36% erhöhte Sterberate.

In einer Untersuchung über die Sterblichkeit verwitweter Frauen im Alter von unter 70 Jahren fanden *Cox & Ford* heraus, daß die Sterblichkeit der Witwen im zweiten Jahr ihre größte Erhöhung aufwies, was einen Geschlechterunterschied im Zeitpunkt der Gefährdung vermuten läßt. Bestätigt hat dies eine Untersuchung von *McNeill* in der die Sterbedaten von 9.247 Bewohnern *Connecticuts,* deren Partner oder Partnerinnen 1965 verstorben waren, drei Jahre lang verfolgt wurden. Während sich bei den Witwern das erste halbe Jahr nach dem Tod der Partnerin als besonders gefährdet erwies, fand sich bei den Witwen die größte Gefährdung erst im zweiten Jahr.

„Unsere Überzeugung, daß die erhöhte Sterblichkeit von Verwitweten durch psychologische Prozesse mit ausgelöst wird, stützt sich jedoch nicht nur auf die erwähnten negativen Belege, sondern auch auf die Tatsache, daß der Verlust eines Partners zu erheblichen psychischen und physischen Streßerscheinungen führt. In mehreren Untersuchungen der physischen und psychischen Gesundheit von kürzlich Verwitweten zeigten sich neben dem erhöhten Auftreten physischer Beschwerden auch häufig Anzeichen von Depressionen sowie Symptome allgemeiner emotionaler Störungen (Unruhe, Schlaflosigkeit, Unfähigkeit, Entscheidungen zu fällen usw.). Weiterhin nahmen die Verwitweten mehr Beruhigungsmittel, tranken mehr Alkohol und rauchten mehr als vor dem Todesfall und vernachlässigten ihre Ernährung. Dies sind zwar alles normale Symptome des ‹Kummer–Syndroms› die aber sicherlich eine schwere Belastung des physischen Systems darstellen“ *(Stroebe et al.)*.

Krankheiten machen bei den Verwitweten der Altersgruppe 25–34 nur 35% der Todesursachen aus, die bei dieser Altersgruppe hauptsächlich in Unfällen und Selbstmorden liegen. Der Verlust eines Partners in jüngeren Jahren wird wohl als besonders traumatisch erlebt, da in diesem Alter der Tod häufig unerwartet und unvorbereitet kommt, was größere Streßerscheinungen zur Folge hat als ein nach langer Krankheit eintretender erwarteter Tod. Der Tod eines Mannes in diesem Alter bringt die Hinterbliebenen häufig in finanzielle Schwierigkeiten, oder der überlebende Ehemann hat mit der Versorgung noch kleiner Kinder schwierige Probleme.

Aufgabe drei besteht in der *Anpassung an eine Umwelt, in der der Verstorbene fehlt*. Dies kann, je nachdem in welcher Beziehung der Hinterbliebene zum Verstorbenen stand, recht Unterschiedliches umfassen; hier sind auch Rollenverteilungen und Dominanzverhältnisse von Bedeutung. „Bei einem schmerzlichen Verlust durch Tod ist dem hinterbliebenen Menschen selten klar, was er im einzelnen alles verloren hat. Das Hinscheiden des Gatten zum Beispiel kann, muß aber nicht, den Verlust eines Sexualpartners, Kameraden, Buchhalters, Gärtners, Baby–Betreuers, Zuhörers, Bettwärmers usw. bedeuten; es hängt davon ab, welche Rolle dieser Gatte normalerweise gespielt hat“ (*Parkes*). Diese häufig zunächst als Überforderung empfundene Anpassungsleistung kann bei erfolgreicher Bewältigung sogar ein positives Gefühl erhöhter Kompetenz im Vergleich zur Zeit vor dem Todesfall entstehen lassen.

Die vierte Aufgabe beinhaltet die *gefühlsmäßige Ablösung vom Verstorbenen und die Investition der emotionalen Energie in andere Beziehungen*. Schwierigkeiten bei dieser den Trauerprozeß abschließenden Aufgabe ergeben sich häufig aus dem Gefühl, daß die Aufnahme einer neuen, emotional bedeutsamen Beziehung einen Verrat am Dahingegangenen bedeute. „Für viele Menschen ist die Aufgabe IV die schwierigste. Sie verbeißen sich an diesem Punkt in ihren Gram und merken später, daß das Leben für sie seit dem Verlust stehengeblieben ist“ (*Worden*).

Die *Dauer des normalen Trauerprozesses*, in dem diese Phasen durchlaufen werden, ist nicht eindeutig zu bestimmen; es lassen sich zum Teil recht große Differenzen beobachten: „Meines Erachtens ist das Trauern zu Ende, wenn die Traueraufgaben bewältigt sind. Man kann dafür keine definitive Frist festsetzen, obwohl es in der Literatur immer wieder versucht wird – vier Monate, ein Jahr, zwei Jahre, nie. Wenn es um den Verlust eines sehr nahestehenden Menschen geht, würde ich für die völlige Lösung aus der Beziehung mindestens ein Jahr ansetzen, und für viele Menschen sind selbst zwei Jahre keine zu lange Zeit“ (*Worden*). Das beste Heilmittel gegen verbannte Trauer ist und bleibt das *Trauerritual*. „Mandelbaums Analyse von Bestattungsriten illustriert die positive Auffassung von Ritualen des Lebenszyklus. Er zeigt, in welcher Weise die Bestattung und die Trauerzeremonien der *Kotas* in Südindien nicht nur die Trauer der Hinterbliebenen lindern, sondern wie die Bestätigung der Rangordnung im Dorf wichtige soziale Funktionen erfüllt“ (*Scheff*).

Als Paradigma für ein mildes Trauerritual nennt *Scheff* das *Kuckuck–Spiel*, welches jede Mutter und mancher Vater mit den lieben Kleinen spielt: Verstecken als Trennung, als Auslöser, das subjektiv aufgebaute Mischungsverhältnis von Spiel und Ernst als Distanzmittel und Katharsis im befreienden Lachen.

Scheff nennt drei notwendige Elemente für erfolgreiche rituelle Bewältigung:
1. Die *Provokation* von Trauer und Schmerz durch Konfrontation mit traurigen Reizen: Erinnerungen, Bilder, Stimulationen u.a.m.
2. Ein *Regulans* (Distanzierungsmittel), mit dem man die Distanz und Nähe zu den stimulierten Empfindungen von Trauer optimal *ästhetisch* justieren kann:
   - *Plastizität* von Vorstellungen, Schilderungen oder Bildern,
   - beruhigende *kompensatorische Gedanken* wie z.B. an ein Leben nach dem Tod, einen gütigen Gott, eine Wiedergeburt, ein Paradies,
   - *Dauer* der Verdrängung der realen traurigen Reize.
3. Eine *Abfuhr* der Spannung vermittels Seufzen, Weinen, Schluchzen, Schreien, bisweilen sogar Lachen: die Katharsis im wahren Sinne.

TOD, DER NOT STILLT

Drei Monate lang hat der Ostberliner Photograph Rudolf Schäfer in der Pathologie der Charité-Klinik Tote portraitiert – junge Frauen, alte Männer, Kinder. Es sind Dokumente eines Todes, der aus unserer Gesellschaft verbannt ist, obwohl es ihn alltäglich, zu jeder Minute gibt. Entstanden sind die Arbeiten im Jahre 1981, und ursprünglich waren sie nicht für die Öffentlichkeit bestimmt. Doch nun legt Schäfer sie in dem Buch »Der ewige Schlaf« vor: Bilder der Würde und des Friedens

Auch in den *Bestattungs– und Trauerriten* finden wir eine wohlausgewogene Regulierung der Distanz, die der Trauernde zu seinen Empfindungen jeweils einnimmt: Zeiten der stillen Trauer, der Organisation des Alltags („Das Leben geht weiter“), der Erinnerung (z.B. Begehung des Todestages, gesellschaftliche Trauertage, Grabpflege), des Weinens und Trostes wie auch des Feierns (Leichenschmaus) wechseln im Trauerjahr und darüber hinaus.

Dem Trauererleben und –ausdruck stehen zwei Bedingungen entgegen: einmal die Hemmung solcher Regungen, ihre Abqualifizierung und Diskriminierung als Schwäche, kindisches und unreifes Verhalten; zum anderen tun wir uns mit dem täglichen Bombardement todtrauriger Informationen, Bilder und Filme in den Massenmedien Zeitung, Radio und Fernsehen schwer: Abstumpfung, Habituation, eine krampfhafte innere Regungslosigkeit ist die Folge.

Es existieren darüber hinaus noch spezifische Einflußfaktoren, die das Auftreten einer *komplizierten Trauerreaktion* wahrscheinlich machen. Bestand etwa eine hochambivalente Beziehung zwischen Verstorbenen und Hinterbliebenen, kann dies eine besonders starke Ausprägung der häufig auftretenden Aggressions– und Schuldgefühle bedingen, was den Umgang mit ihnen erschwert. Auch bei hochgradiger Abhängigkeit wird die Verarbeitung des Verlustes kompliziert. Ein hoher Grad des Merkmales Ängstlichkeit oder ein ausgeprägtes Selbstkonzept der Stärke („Männer weinen nicht") beim Hinterbliebenen können der Bewältigung im Wege stehen. Außerdem spielen Charakteristika der Verlustsituation und des sozialen Umfelds eine wichtige Rolle. Hier ist etwa an Situationen zu denken, wo der Verlust ungewiß (bei Vermißten) oder das Ausmaß kaum faßbar ist (z.B. bei Katastrophen, Massenmorden). Besondere Probleme treten z.B. auch bei Selbstmorden auf, die häufig extreme Schuldgefühle aktivieren und gleichzeitig als Tabuthemen behandelt werden.

Aus dem bisher Dargestellten wird deutlich, daß in vielen Fällen *Hilfestellung beim Trauern* sinnvoll und notwendig ist. *Worden* unterscheidet zwischen *Hinterbliebenenberatung und –therapie*, wobei erstere die Unterstützung bei der Verarbeitung eines aktuellen Trauerfalls, letztere die Behandlung der beschriebenen komplizierten Trauerreaktionen, die im Zusammenhang mit weiter in der Vergangenheit liegenden Todesfällen stehen, zum Ziel hat. Da beiden dieselben Prinzipien zugrunde liegen, sie jeweils an der Lösung der Traueraufgaben orientiert sind, folge ich dieser strikten Trennung nicht. Es sei nur vorausgeschickt, daß, bezogen auf die Traueraufgaben, bei einem akuten Trauerfall naturgemäß bei Aufgabe 1 begonnen wird, während bei einer abnormen Trauerreaktion die Aufgabe identifiziert werden muß, bei der der Klient quasi stehengeblieben ist.

Grundlegender erster Schritt ist die *Aktualisierung* des Verlustes, d.h., der Betroffene muß ermutigt werden, über ihn zu sprechen; dies geschieht am besten durch konkrete Fragen, die sich auf den Todesfall, seine Umstände, die Bestattung usw. beziehen. Dies begünstigt die Lösung der ersten Traueraufgabe, sich mit dem Verlust auseinanderzusetzen und ihn als Realität zu akzeptieren. Wesentlichen Raum nehmen dann die *Identifizierung und der Ausdruck* der verschiedenen in Zusammenhang mit dem Toten und seinem Sterben beim Hinterbliebenen angeregten Gefühle ein; diese sind neben Trauer häufig Aggression, Schuld, Angst und Hilflosigkeit. Oftmals werden sie unterdrückt und somit nicht in hinreichendem Maße bewußt, es kann zur Verschiebung von Emotionen kommen.

Da diese Emotionen oft als äußerst aversiv und angstauslösend empfunden werden, ist eine vertrauensvolle Therapeut–Klient–Beziehung besonders wichtig. Häufig ist eine Annäherung an die abgewehrten Gefühle über angenehme Erinnerungen und Emotionen in bezug auf den Verstorbenen empfehlenswert. Liegt der fokussierte Todesfall weiter in der Vergangenheit zurück (bei komplizierter Trauer), so können Fotos vom Verstorbenen ein nützliches Hilfsmittel zur Stimulierung von Erinnerung und Emotion sein.

Aggressive Gefühle können zum einen aus der Tatsache des Todes herrühren, man ist wütend, daß man ihn nicht verhindern konnte; zum anderen aus dem Gefühl, vom Verstorbenen verlassen worden zu sein. Da aber aggressive Gefühle gegenüber dem Verstorbenen nicht *zulässig* sind, werden sie häufig verschoben. Suizidideen sind oft

„Der historische Rückblick zeigt aber, daß das Trauern vielen Menschen durch Familie, Kirche, Bestattungsriten und andere soziale Bräuche erleichtert wurde... Ich betrachte die Hinterbliebenenberatung als eine wirksame Ergänzung traditioneller Interventionen, die manchen Menschen nicht weiterhelfen oder ihnen nicht zugänglich sind" *(Worden)*.

Eh' meine Stunde schlägt

Eh' meine Stunde schlägt
möchte ich mit meinen liebsten Freunden
noch einmal um jenen Tisch versammelt sein,
der in tiefen Kerben uns're Namen trägt.
Und mit ihnen will ich trinken,
bis unsere Augen sehn,
wie in der vertrauten Stube
drei Barken vor Anker gehn.
Und auf jeder sollen hundert
gute Musikanten stehn
und die Wassermusik spielen,
und das Herz wird mir aufgehn,
eh' das erste Schiff mit mir an Bord
vom Lebenskai ablegt,
wenn meine Stunde schlägt.

Eh' meine Stunde schlägt
würd' ich doch zu gern alles verschreiben
was an Herzblut mir noch bleibt in ein paar Zeil'n.
All das Ungesagte, das sich in mir regt,
doch für meine letzten Verse
will ich einen Pegasus,
einen Gaul, der statt vier Hufe,
vier Raketen haben muß.
Und auf seinen Rücken steig' ich
endlich schwerelos und frei
auf dem letzten Höhenflug,
und mit nicht wen'ger als M 3
will ich, daß er mich
mit Donner bis ins Fegefeuer trägt,
wenn meine Stunde schlägt.

Eh' meine Stunde schlägt,
möchte ich die Stürme noch erleben,
die zur Zeit der Tag– und Nachtgleichen im Herbst
in den Bäumen toben, daß es mich seltsam bewegt.
Und an einem Sommermorgen
noch aus einem Korb im Frei'n
Brot und Schinken mit Dir teilen,
Früchte auch und Frankenwein.
Dann will ich bei Dir einschlafen
dort im Gras, und dann will ich
nur noch die Erinnerung
an Walderdbeeren und an Dich,
wenn Vergessen sich allmählich
über meine Sinne legt,
wenn meine Stunde schlägt.

Reinhard Mey

„Wenn der Zorn weder auf den Verstorbenen gelenkt, noch auf einen anderen Menschen verschoben wird, kann er nach innen gerichtet und als Depression, Schuld oder herabgesetztes Selbstwertgefühl erfahren werden. In extremen Fällen kann Zorn dann zu Selbstmordgedanken oder gar –handlungen führen. Der kompetente Hinterbliebenenberater wird sich immer nach Selbstmordgedanken erkundigen" (*Worden*).

die Folge; sie können allerdings auch aus der Vorstellung erwachsen, dem Verstorbenen nachzufolgen und sich auf diese Weise wieder mit ihm zu vereinen.

Da direkte Fragen nach aggressiven Gefühlen gegenüber dem Toten häufig vehement abgewehrt werden, empfiehlt *Worden*, den Hinterbliebenen berichten zu lassen, in welcher Hinsicht der Verstorbene ihm fehle und in welcher Hinsicht nicht. Auf diese Weise werde die Bereitschaft erhöht, auch Gefühle des Ärgers und der Ablehnung zu artikulieren. Neben der Förderung des Ausdrucks dieser Gefühle ist es auch wichtig, den Betroffenen zu verdeutlichen, daß sie nicht die Emotionen der Zuneigung unterbinden – was häufig befürchtet wird –, sondern daß eine Koexistenz unterschiedlicher Gefühle durchaus möglich und normal ist. In den Fällen, wo ein Hinterbliebener ausschließlich aggressive und ablehnende Gefühle (Enttäuschung, Wut) in bezug auf den Verstorbenen äußert (dies kann dann im Dienste der Trauervermeidung stehen, die *emotionale Balance* ist in Richtung Aggression gekippt und erstarrt), ist es angezeigt, positiv getönte Erinnerungen, Emotionen der Zuneigung und Liebe ins Bewußtsein zu bringen, um somit auch den Ausdruck der Trauer zu ermöglichen.

Schuldgefühle stehen häufig im Zusammenhang mit der Vorstellung, nicht genug für den Verstorbenen oder die Verhinderung seines Todes getan zu haben oder aber nicht genug zu trauern. Hier ergibt sich für die Therapie die Notwendigkeit einer Realitätsprüfung, in deren Rahmen mit dem Klienten sein tatsächliches Verhalten durchgegangen wird; häufig kann so verdeutlicht werden, daß er eigentlich alles Mögliche zum Wohle des Verstorbenen unternommen hat, daß es ihm eben nur nicht möglich war, das Unabwendbare zu verhindern.

Ein weiterer Weg, mit Schuldgefühlen, vermeintlichen oder tatsächlichen Versäumnissen gegenüber dem Toten umzugehen, liegt in einer *fiktiven Interaktion* mit ihm, die der Erleichterung oder Auflösung der Gewissensnöte dient. Hierzu ist es erforderlich, daß der von Schuldgefühlen Geplagte in Wechselrede mit dem Verstorbenen tritt; dies kann geschehen, indem er sich den Dahingegangenen mit geschlossenen oder offenen Augen ins Bewußtsein ruft und zu ihm spricht; es ist unter Umständen hilfreich, die *Leere–Stuhl–Technik* aus der Gestalttherapie zu nutzen, bei der ein nicht anwesender Interaktionspartner quasi auf diesen imaginiert wird. In Gruppen können auch Rollenspieltechniken verwendet werden, in deren Rahmen gegebenenfalls auch weitere, für die Thematik relevante Familienangehörige dargestellt werden. Bei diesen Techniken wird die Befreiung von intensiven Schuldgefühlen durch ein neues Verständnis für die eigene Situation des Hinterbliebenen erzielt, das sich letztlich in einem Verzeihen von seiten des vor– oder dargestellten Verstorbenen ausdrückt.

Auf eine problematische Form des Umgangs mit Schuldgefühlen in Familien soll hier noch hingewiesen werden. Es kommt vor, daß bei nicht bewältigtem Schuldgefühl zur Entlastung der Mehrheit der Familienangehörigen ein *Sündenbock* identifiziert wird, der die *Schuldenlast* zu tragen hat. Diese Rolle steht der Bearbeitung der Schuldgefühle der übrigen Familienmitglieder im Wege; das Erkennen seiner Funktion im Familiensystem und die Anregung zur Auseinandersetzung mit den eigenen Schuldgefühlen bei den übrigen Angehörigen kann dem Sündenbock helfen, aus dieser recht ungemütlichen Position zu entkommen.

Angstgefühle nach einem Todesfall beziehen sich häufig auf die Vorstellung, nicht ohne den Toten weiterleben zu können; der Hinterbliebene befürchtet, daß er sein Leben nicht selbständig meistern kann. Hier ist es zunächst wichtig, das Bewußtsein des Klienten für seine eigene Kompetenz zu schärfen; dabei hilft der Blick in die Vergangenheit auf erfolgreich und aus eigener Kraft bewältigte Lebensaufgaben vor dem Verlust. Angst wird aber auch dadurch angeregt, daß nach einem Todesfall das Bewußtsein für die eigene Sterblichkeit deutlich gesteigert ist. Da diese Tatsache normalerweise weitgehend aus unserem Bewußtsein verdrängt ist, kann es zu einer plötzlichen und in-

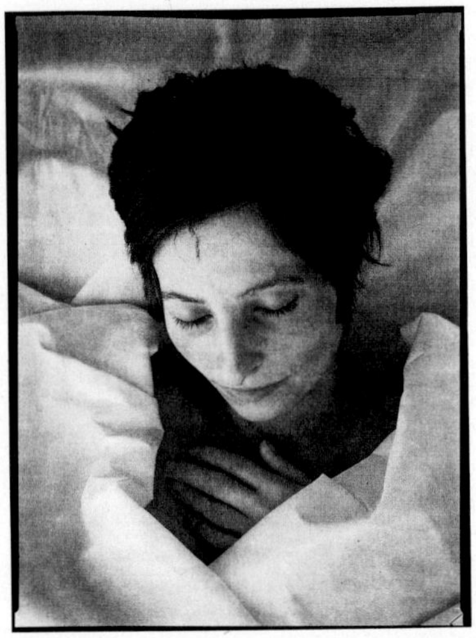

Der Tod ist nichts Schreckliches; nur die fürchterliche Vorstellung vom Tode macht ihn furchtbar (Epiktet)

Geleitete Sterbemeditation

Einen Weg, sich mit der eigenen Sterblichkeit auseinanderzusetzen und dabei Ängste reduzieren zu können, beschreiben *Tausch & Tausch* in ihrem Buch „Sanftes Sterben". Es ist dies die *„Geleitete Sterbemeditation"*, die die Vorstellung des eigenen Todes beinhaltet. Sie berichten, daß die Mehrheit der Teilnehmer, die sich mit dem Wunsch nach einer näheren Beschäftigung mit Sterben und Tod an einer derartigen Meditation beteiligten, diese als hilfreiche und förderliche Erfahrung bezeichneten; bei vielen habe sie eine Verminderung von Ängsten vor dem Tod bewirkt und ihre Fähigkeit im Umgang mit Sterbenden günstig beeinflußt. Darüber hinaus gab eine große Zahl an, die Meditation habe ihren konkreten Alltag in verschiedenen Bereichen positiv verändert, ihr Wunsch, intensiver und bewußter zu leben, sei gewachsen, ebenso die Bereitschaft, Veränderungen im eigenen Leben in Angriff zu nehmen. Weitere Untersuchungen zu Effekten der Sterbemeditation liegen von *Marlies Lohmann und Daniela Tausch* vor.

tensiven Verunsicherung kommen. *Worden* betont in diesem Zusammenhang die Erfordernis, sich sehr differenziert auf den jeweiligen Klienten einzustellen: In manchen Fällen sei es ratsam, abzuwarten, bis diese Verunsicherung von selbst abnimmt, in anderen sei es hilfreicher, diesbezügliche Ängste und Gedanken direkt anzusprechen.

Wie es mit dem *Ablauf des Trauerns heute* bestellt ist, mag der geneigte Leser an sich, seinen Freunden, Bekannten und Nachbarn ablesen. Das Lamento der griechischen Klageweiber, schaurig–schön dargestellt in dem Film „Alexis Sorbas", wird er nicht mehr hören. Selbst das harmlose, aber nichtsdestotrotz heilsame Ritual des schwarzbekleideten Trauerjahres ist aus der Mode gekommen, wird nur noch als Last der Konvention empfunden (vielleicht sind aber auch unsere Sozialbeziehungen so entartet, daß die schwarze Trauerkleidung gar keine soziale Zuwendung und emotionalen Reminiszenzen mehr brächte?).

Es kommt vor, daß Hinterbliebene Gegenstände aufbewahren, die dem Toten gehört haben und die nicht nur die Rolle normaler Erinnerungsstücke spielen, sondern eine überwertige Bedeutung erhalten; dies kann so weit gehen, daß sie ihr Besitzer ständig bei sich trägt. *Worden* bezeichnet sie als *verbindende Objekte*, die mit den sogenannten sicherheitgebenden *Übergangsobjekten* (Kuscheltiere, Schmusedecken) vergleichbar sind, wie sie kleine Kinder als Hilfsmittel bei ihrer Entwicklung zu größerer Selbständigkeit nutzen. Sie können eine durchaus sinnvolle Funktion haben; bei extremer Fixierung des Hinterbliebenen (z.B. übersteigerte Angst, sie zu verlieren) ist es angebracht, sie in die Therapie einzubeziehen, da sie eine Rolle im Umgang des Klienten mit seinen ambivalenten Gefühlen gegenüber dem Verstorbenen spielen können.

Hierzu ein Beispiel: „Eine Patientin behielt von der Garderobe ihres Mannes nur zwei oder drei Stücke, die sie ihm geschenkt hatte und die für sie gemeinsame positive und glückliche Zeiten repräsentierten. Indem sie diese Dinge aufbewahrte, hielt sie ihre negativen Gefühle in bezug auf die vielen unglücklichen Zeiten im Zusammenleben mit ihm auf Distanz. In der Therapie wurde ihr bewußt, daß dies eine der Funktionen ihrer verbindenden Objekte war" (*Worden*).

Weitere Aufgaben von Hinterbliebenentherapie und –beratung bestehen darin, den Klienten dabei zu unterstützen, sich an die neue Lebenssituation ohne den Verstorbenen anzupassen (im Sinne der dritten Traueraufgabe), neue Problemlösestrategien und Kompetenzen zu entwickeln. Schließlich richtet sich das Augenmerk auf die emotionale Ablösung und die Fähigkeit zur Wiederaufnahme neuer, gefühlsmäßig intensiver Beziehungen; diesen können wiederum Schuldgefühle gegenüber dem Verstorbenen im Wege stehen. Das Zulassen und der Ausdruck von Zuneigung und Liebe zu anderen Menschen sollten in dieser Phase gefördert werden. Grundsätzlich ist es notwendig, mit einer recht langen Zeit der Trauer zu rechnen; sie kann an Todestagen oder zu anderen kritischen Zeiten wieder verstärkt aufleben, auch sind individuelle Unterschiede in der Trauerreaktion zu bedenken. So mag es vorkommen, daß einigen Familienmitgliedern das Trauerverhalten eines Angehörigen als nicht angemessen erscheint; hier ist es unter Umständen notwendig, der Errichtung von *Trauernormen* entgegenzuwirken.

Manche Hinterbliebene sorgen sich hinsichtlich ihrer geistigen Gesundheit, wenn sie bestimmte Phänomene einer Trauerreaktion bei sich selbst entdecken. Es können aber vorübergehend Halluzinationen, Gefühle der Ablenkbarkeit o.ä. in einer solchen Situation durchaus als normale Verhaltensweisen verstanden werden, so daß die Betroffenen beruhigt werden können. Die Trauerreaktion ist nichts Pathologisches, es sollte allerdings auf Entgleisungen geachtet werden, wie sie sich etwa in problematischen Bewältigungsversuchen (extremer Alkoholkonsum, übermäßiger sozialer Rückzug) oder in den genannten komplizierteren Trauerreaktionen zeigen.

Die Vielzahl der möglichen *Todesumstände*, die zusätzliche und andere Probleme aufwerfen, können dementsprechend noch speziellere Herangehensweisen erfordern. So macht es hinsichtlich der Auswirkungen eines Todesfalles auf die Hinterbliebenen einen Unterschied, ob es sich um einen absehbaren Tod nach langer Krankheit oder um einen überraschenden infolge eines Unfalles, Mordes oder Selbstmordes handelt, ob es sich bei dem Verstorbenen um einen sehr alten Menschen an der Schwelle des Todes oder um einen sehr jungen, vielleicht um ein Kind handelt.

Mein Vermächtnis ist geschrieben,
klaren Kopfes bis zuletzt,
ich laß' noch Platz für das Datum,
den Rest unterschreib' ich jetzt.
Dieses ist mein letzter Wille,
doch ich hoffe sehr dabei,
daß der Wille, den ich schreibe,
doch noch nicht mein letzter sei.
Wär er's doch, schreib auf den Grabstein,
den ich mir noch ausbeding':
„Hier liegt einer, der nicht gerne,
aber der zufrieden ging."

Reinhard Mey

Todkranke Kinder

Wir begannen solche Bilder, die von todkranken Kindern gemalt wurden, für deren Eltern zu interpretieren, damit auch diese verstehen konnten, was ihr Kind ausdrücken wollte, und damit sie darauf in angemessener Weise – und nicht etwa mit irgendeiner Art von Verleugnung – antworten konnten. Wir zeigten ihnen auch, wie man noch aus einem Sterbezimmer ein Wohnzimmer machen kann. Wir erklärten ihnen, daß ein Schlafzimmer hierfür nicht so geeignet ist wie der Raum, in dem sich auch sonst das eigentliche Familienleben abspielt. Denn dieses Zimmer liegt meist näher an der Küche, und man nimmt den Duft des Kaffees und der Suppe wahr, die gerade gekocht wird; hier hat man auch vielleicht ein großes Fenster zum Garten, und man sieht, wie es Frühling wird, wie die Bäume blühen, der Postbote zur Haustür geht und wie die Kinder aus der Schule kommen. Wir wollten, daß diese Patienten bis zum Tod wirklich leben durften, anstatt daß sie in ein stilles Schlafzimmer abgeschoben wurden. Auf ihrem Nachttisch sollten Blumen stehen, die Kinder gepflückt hatten und die dort jetzt wichtiger waren als ein Monitor oder eine Transfusionsapparatur. In einem solchen Zimmer gab es kein Beatmungsgerät, höchstens einmal eine Sauerstoffflasche, die dem Patienten das Atmen erleichterte. Schon ein Kind konnte damit umgehen, ein Bruder oder eine Schwester des kleinen Kranken vielleicht, die auf diese Weise dem Patienten einen Liebesdienst erweisen und sich darüber freuen konnten, daß auch sie etwas Nützliches zur Pflege des geliebten Menschen beitrugen.

Unsere Untersuchungen haben ergeben, daß in unserer Gesellschaft heute immer noch 75 Prozent der Menschen in Krankenhäusern, Heimen oder Anstalten sterben und daß die überwiegende Mehrzahl von ihnen lieber zu Hause stürbe. Dabei ist es im Grunde so einfach, die Angehörigen auf das Nachhausekommen eines Todkranken vorzubereiten und den Patienten so weit zu bringen, daß er sich zu Hause wohl fühlt und ohne unnötige Angst und Aufregung lebt... Und dadurch, daß sie zu Hause sterben, helfen sie ja nicht nur sich selbst, nein, sie können so auch einem Kind, dem Ehepartner oder einem Geschwister zeigen, daß Sterben kein Alptraum ist – es sei denn, wir selbst machen einen daraus. Ein Kind, das den Tod eines Bruders oder einer Schwester, des Vaters oder der Mutter, des Großvaters oder der Großmutter zu Hause erlebt hat – einen Tod in einer Umgebung voller Liebe und voller Frieden –, wird keine Angst vor Tod oder Sterben mehr haben; und diese Kinder werden die Lehrer künftiger Generationen sein!

Kübler–Ross

Auf deinem Grabe saß ich stumm
in lauer Sommernacht;
die Blumen blühen rings herum,
die schon dein Grab gebracht.
Und still und märchenhaft umfing
ihr Duft mich, süß und warm,
bis ich in sanftem Weh verging,
wie einst in deinem Arm.

Friedrich Hebbel (1813–1863)

In der heutigen Zeit, in der alte Riten und Religionen weitgehend ausgedient haben oder ausgehöhlt sind, in der aus der synthetischen Welt der Medien *Sterben und Tod* alltäglich als unwirkliches Geschehen in die Wohnstuben flutet und der wirkliche Tod sich auf den Intensivstationen oder in Altenheimen unter der Obhut professioneller Helfer abspielt, scheint es schwer, sich wirklich damit auseinanderzusetzen, *was uns selbst und unseren Nächsten mit Sicherheit bevorsteht.* Macht uns die Konfrontation mit unserer Trauer und Melancholie nicht vor allem deshalb hilflos, weil sie uns Isolation und Ablehnung in Aussicht stellt statt Trost und Unterstützung? Ist die vermeintliche Stärke, die sich in der Kontrolle der Trauer ausdrückt, nicht in Wirklichkeit eine Schwäche, die aus der Furcht erwächst, einmal zugelassene Traurigkeit zöge uns hinab und ließe uns nicht mehr los?

Trennung

„Man kann bei einem Kind nicht messen, an wem es mehr hängt. Das ist psychologisch getarnter Unsinn... Ehen kann man beenden. Elternschaft nicht" *(Behringer & Anders).*

Daß der Partner unter die Räder kommt, ungewollt und ohne gefragt zu werden seinen Löffel abgeben muß, das ist die eine Sache – eine Trennung, der berühmte Weg zum Zigarettenautomaten ohne Rückkehr oder das schmähliche Verlassen wegen eines(r) anderen, das ist eine andere Sache.

Mit Trennung durch Tod mußten die Menschen zu allen Zeiten umgehen können, darauf hat die Natur uns im nötigen Umfang durch unsere (heute leider verkümmerte) Trauerfähigkeit vorbereitet.

Auf die Schmach, die Beleidigung, den unbändigen und schwer zu bändigenden *Affront eines Sitzenlassens, den Verlust der lebenden und lebendigen Kinder* sind wir anscheinend weit weniger vorbereitet. Was wir in einem solchen Falle mit unserer ohnmächtigen, weißglühenden Wut machen, läßt sich in der Kriminal– und Selbstmordstatistik, den Patientenlisten von Nervenkliniken und den Rezeptkosten–Kalkulationen von Versicherungen nachlesen.

Der Gipfel ist erreicht, wenn Kinder im Spiel sind, die dann für einen der beiden Elternteile quasi gestorben sind und für die dieser Elternteil ebenfalls weg vom Fenster ist – alles im Bewußtsein, daß dies Geschehen willentlich oder aus Unfähigkeit herbeigeführt wurde. Ich möchte die Behauptung wagen, daß wir für das *Phänomen der Scheidung* in der Phase der Aufzucht unserer lieben Kleinen keine biologischen Coping–Mechanismen mitbekommen haben oder nur sehr dürftige!

Obwohl *Scheidungen* in der Natur bei sozial und mono– oder polygam lebenden Wesen vorkommen (*Lorenz* berichtet von den Scheidungen der Graugänse, deren Zweitehen – ebenso wie beim Menschen – dann im Schnitt von noch kürzerer Dauer sind als die Erstehen), können wir dieses Phänomen getrost als *Entgleisung mit bisweilen psychischem Katastrophen–Charakter* betrachten. Die ins astronomische steigenden Scheidungsquoten (bis zu 50% derzeit, ca. 80% in 50 Jahren) lassen uns die Funktionstüchtigkeit moderner Eheführung erahnen. Zweifel an der Monogamie des Menschen, Zweifel an der Institution Ehe und Zweifel an der modernen Kleinfamilie kommen je nach Fokussierung der Betrachtung auf. Der ursprüngliche Sinn dieser Verbindung zweier im wahrsten Sinne des Wortes gegensätzlicher Menschen ist dabei weitgehend aus dem Blickfeld geraten: die Sicherstellung der Aufzucht unserer Kinder, ihres physischen Schutzes, ihrer physiologischen Versorgung und ihrer psychischen Erziehung. Trennung ist modern, ist angesagt und scheint in fast allen Fällen unumgänglich. Über die *psychosozialen Folgewirkungen* von Scheidungen auf die betroffenen *Kinder* ist unglaublich viel geschrieben worden – auch leider viel Blödsinn.

Das endgültige Verschwinden eines Elternteils von der kindlichen Bildfläche darf als ein Vorgang zu betrachten sein, der in der Natur eingeplant ist und für den diese uns und unseren Kindern *Bewältigungsstrategien* in die Wiege gelegt hat. Nicht allerdings für die begleitenden Modalitäten einer Ehescheidung mit ihren Vor– und Nachwehen: Der Tod eines Elternteils ist in vielen Fällen das kleinere Übel!

Daß in Anbetracht so manchen ehelichen und familiären Alltags wiederum die Scheidung gegenüber dem ehelichen Chaos und Elend das kleinere Übel ist, sei seinerseits unbestritten. Zu entscheiden, wann was nun die bessere Lösung darstellt, bedarf eines ausgesprochenen Fingerspitzengefühls. Die bundesdeutsche *Tendenz zur Trennung*, die sich in der untherapierten Bevölkerung schon mächtig ausgebreitet hat, wird meist gleichermaßen in der Ehe– und Familientherapie wie im Privatleben der therapierenden Therapeuten vorangetrieben; was nach der Trennung kommt, rutscht dabei ohnehin hinter den therapeutischen Horizont: *nach mir die Sintflut*.

Die *Männer* stehen der Auflösung einer Ehe (und allen ihren befürchteten oder tatsächlichen Vorläufern & Ankündigungen) nicht selten ohnmächtig hoffnungslos, depriminiert und 20mal häufiger als ansonsten suizidal gegenüber. Der Grund hierfür liegt allerdings meist in einer ganz anderen als der ehelichen Ecke verborgen: Die Ehefrau war der in dieser Bedeutung völlig insuffiziente Ersatz für die aus der Mode gekommene, nicht existente Jagdgemeinschaft, der Männer einziger sozialer Rückhalt (außerhalb der Arbeitsbeziehungen)! Diese *Jagdgemeinschaft* ist uns phylogenetisch im Prozeß unserer Zivilisierung im Rahmen der arbeitsteiligen und technisierten Arbeitswelt

Ab heut' und ab hier

Ab heut' und ab hier
geh'n wir auf verschied'nen Wegen.
Es taugt nicht, daß wir
noch erklär'n und überlegen.
Es ist nichts mehr zu bereden,
das ist alles längst gescheh'n.
Es bleibt jetzt allein für jeden,
seinen ersten Schritt zu geh'n.

Das heißt nicht: „Bis bald!",
das heißt nicht: „Bis später!",
das heißt nicht: „Auf Wiederseh'n!",
das heißt: „Lebewohl!".

Wozu noch versteh'n,
und wozu ein Urteil sprechen,
wozu auch zuseh'n,
wie wir die Brücken zerbrechen.
Wozu unser Buch aufschlagen,
das den Grund doch nicht verrät?
Und auf all' unsere Fragen
käm' die Antwort doch zu spät.

Tja, was sagt man dann,
nach all der Zeit: „Alles Gute?"
Hört sich komisch an,
und so ist mir auch zumute,
laß uns aufhör'n, uns zu kennen,
ohne Spruch und Redensart,
uns ohne viele Worte trennen,
eh' das Lächeln noch erstarrt!

Reinhard Mey

„*Europäische Maskulisten–Bewegung (Kontaktadresse: Postfach 1578 in Brüssel):* ‹Das gegenwärtige Recht in Sachen Scheidung›, meint Funktionär *Meinck*, 46, ein *Diplom–Ingenieur aus München,* ‹nimmt sich aus wie ein unerbittlicher Rachefeldzug für jahrtausendelange Unterdrückung, Ausbeutung und Kujonierung der Frau.› Die sozialliberale Koalition habe sich bei ihrer Familienrechtsreform offenbar vom ‹Jammerbild der verlassenen, mit vielen kleinen Kindern sitzengelassenen Frau› leiten lassen" (DER SPIEGEL).

Scheidung ist gefährlicher als das Rauchen

Dr. Jack Dominian, Direktor des Marriage Research Centre am Middlesex–Hospital, referierte vor dem königlichen Ärzte–Kolleg über „zerrüttete Ehen und Gesundheit". Er stellte fest, daß die Partner aus einer kaputten Ehe in den seltensten Fällen sang– und klanglos auseinandergehen. In der Mehrzahl folgen der Ehekrise auch seelische und körperliche Störungen. Zitat der Ärztezeitschrift MEDICAL TRIBUNE aus den Ausführungen des Psychiaters: „Die erste Stufe ist ein neurotisches Beschwerdebild mit Schlaflosigkeit, Appetitlosigkeit oder Eßgier, depressiver Verstimmung, Ängsten und Stimmungsschwankungen, Konzentrationsschwäche und Handlungsunfähigkeit. Symptomen also, die unvermeidlich zur Verordnung eines Tranquilizers führen." Verständlicherweise legt sich der Scheidungskummer bevorzugt aufs Gemüt. Das beweist auch schon folgender Vergleich: Während normalerweise von den 30– bis 40jährigen Männern rund 19 Prozent neurotische Symptome aufweisen, macht die Zahl der Neurotiker unter den Getrenntlebenden und Geschiedenen 29 Prozent aus. Auch unter depressiven Menschen mit einem oder mehreren Selbstmordversuchen ist die Zahl der Geschiedenen überproportional hoch. Dr. Dominian: „In einer Population von 100.000 Menschen liegt die Selbsttötungsrate Verheirateter bei 9,9, die von Alleinstehenden und Verwitweten bei 16,3, die von Geschiedenen aber bei 47,9 und die von Getrenntlebenden, aber Nochverheirateten sogar bei 204,4." Die seelische Belastung einer Trennung oder Scheidung spiegelt sich auch in den Aufnahmezahlen von psychiatrischen Kliniken wider: Geschiedene Männer kommen sieben–, geschiedene Frauen dreimal häufiger als Verheiratete in stationäre Behandlung. Es verwundert nur wenig, daß die Lebenskrise beim Scheitern einer Ehe auch körperliche Folgen nach sich ziehen kann. Vor allem das Herz ist betroffen, stellt Dr. Dominian fest und verweist auf eine Reihe von Studien, die übereinstimmend ergeben haben, daß Geschiedene in allen Altersgruppen häufiger an Herzversagen leiden als Verheiratete. Auffällig häufig sind Männer jüngerer Jahrgänge betroffen. An Herzleiden, die mit hohem Blutdruck einhergehen, sterben doppelt so viele Geschiedene und Getrenntlebende wie Verheiratete. Geradezu verblüffend der Vergleich des britischen Psychiaters über die Gefährlichkeit des Rauchens und des Geschiedenseins. Dr. Dominian: „Werden Raucher mit Nichtrauchern konfrontiert, so imponieren die Enthaltsamen beim Myokardinfarkt mit einer deutlich niedrigeren Sterblichkeitsrate. Geschiedene nehmen in beiden Kategorien wiederum Spitzenpositionen ein. Das Überraschende an dieser Statistik ist jedoch die Tatsache, daß der Status ‹geschieden und Nichtraucher› nur um ein Haar weniger gefährlich ist als der Status ‹verheiratet und exzessiver Raucher›!" Glücklich verheiratete Frauen und Männer, die zudem Nichtraucher sind, werden das gern hören. Sie scheinen jedoch bereits eine Minderheit zu sein: In der *Bundesrepublik* rauchen 9,9 Millionen Männer und 7,7 Millionen Frauen im heiratsfähigen Alter. Außerdem werden jedes Jahr 120.000 Ehen geschieden. Die Feststellungen des britischen Arztes werden übrigens von Erhebungen in der Bundesrepublik Deutschland mit auffälliger Genauigkeit bestätigt. Der Düsseldorfer Internist Dr. Klaus Laros hat eine Umfrage unter Geschiedenen über die gesundheitlichen und sozialen Folgen der Scheidung durchgeführt und die ersten 100 Antworten – von 98 Männern und 2 unterhaltspflichtigen Frauen – ausgewertet. Er stellte dabei fest: Bei 44 Prozent der Befragten blieben die gesundheitlichen Schäden nicht auf Depressionen beschränkt. Sie erlitten Herzinfarkte oder schwere Herzrhythmusstörungen, erkrankten an Magen– oder Zwölffingerdarmgeschwüren und Magenblutungen, mußten sich wegen plötzlich aufgetretener Durchblutungsstörungen Gefäßoperationen unterziehen oder zogen sich einen Schlaganfall zu. Vorher nicht bekannte Krankheiten wie eine Diabetes, Schilddrüsenüberfunktionen oder multiple Sklerose, in einem Fall sogar ein Lungentomur, traten plötzlich in Aktion. Sieben der 100 Befragten wurden Alkoholiker, zwei sind mittlerweile von Psychopharmaka abhängig. Längst überwundene Behinderungen wie zum Beispiel Stottern traten wieder auf. Die Erkrankungen im Gefolge einer Scheidung erscheinen dem Düsseldorfer Internisten so charakteristisch, daß er für sie einen neuen Krankheitsnamen kreierte: Wenn es nach Dr. Laros geht, werden die Folgeleiden einer kaputten Ehe in Zukunft als „depressives Scheidungssyndrom" auf den Krankenblättern der Ärzte erscheinen.

Kuthy

„Wie ist es möglich", dachte Corinna, „daß ein einziger Ellenbogen in einer klaren Fleischbrühe den liebsten Menschen so fremd machen kann?"

genommen worden *(Blinddarm–Effekt)* und wird unseren Buben ontogenetisch in der Erziehung von ihren dafür unverständigen Müttern und Kindergärtnerinnen abspenstig gemacht. Dräut nun eine eheliche Trennung, so wird dem Manne dieses heterosoziale Jagdgemeinschaftssubstitut auch noch entzogen; das dünne Eis der ausschließlich auf den Partner bezogenen sozialen Bindung droht zu brechen (oder ist bereits): Nicht selten gehen dann *Bäume in die Knie*. Auch in der Ehe kann das Gefühl, auf diesem dünnen sozialen Eis zu stehen, schon katastrophale Folgen für das männliche Agieren haben: Verunsicherung, Selbstunsicherheit, geringe Attraktivität bis hin zu Waschlappigkeit in höchster (Im–)Potenz.

Anders bei der holden *Weiblichkeit*? Für sie scheint eine Trennung, haben sie die Wehen, Preßwehen und Nachwehen erst einmal überstanden, bisweilen den Charakter einer *Erlösung* zu haben (was allerdings auch sie nicht daran hindert, relativ zügig und willig die nächste Beziehung anzusteuern). Befragungen haben gezeigt, daß die Ehe für Frauen heutzutage eher depressionsfördernd, für Männer depressionsmindernd zu sein scheint.

Die deprimierte Stimmung und Depressivität der partnerschaftlich gebundenen Frau, der Ehefrau, rührt dabei, unabhängig von den zahllosen persönlichen Attribuierungen und öffentlichen Ergüssen zu diesem desolaten Thema, zuerst daher, daß sie ein soziales Alltagsdasein fristet, welches im Gefängnis unter *verschärften Haftbedingungen oder Isolationsfolter* rangiert.

Bei dieser täglichen aversiven Stimulation wäre es dann hilfreich, wenn sie sich des Abends mit ihrem Göttergatten, a la Herrn *Laborits* Ratten, balgen und streiten könnte. Anstelle eines angemessenen *Sparringspartners* kommt allerdings so gegen 17.30 Uhr ein von Bürokratie & Arbeitswelt, von Hektik und Rush–hour, von Stillsitzen und Grübeln völlig entnervter, ge– & überreizter, absolut aggressionsgehemmter (was die vitale Aggressivität betrifft), abgeschlaffter, geschlagener Kerl (wahlweise auch Trottel, Waschlappen, Bursche) nach Hause, der nur noch seine Friedhofs– & Krankenhausruhe haben will und zu keinem Fight & Kämpfchen mehr bereit oder fähig ist. Auch die Lösung unserer noch preußischeren Brüder und Schwestern hinter dem ehemals so eisernen Vorhang, Muttern vollends in den außerhäusigen und nicht minder entfremdeten Arbeitsprozeß zu integrieren, scheint keine Dämpfung der Scheidungsquoten zu bringen: Im Gegenteil, sie klettern noch höher. Die Isolationsfolter wird durch Doppelstreß und Familienentfremdung ersetzt, abends sitzen sich zwei genervte Kämpen gegenüber.

Eine ausgearbeitete VT–Selbsthilfeanleitung zur aktiven *Bewältigung einer Trennung* von *Wanderer & Cabot* umfaßt ein 12wöchiges Programm in 24 Stufen, das den Liebeskummer heilen soll. Der Liebeskranke wird wie ein Süchtiger behandelt, der zunächst einen Entzug durchzumachen hat, worauf dann alle mit der Situation in Verbindung stehenden Probleme, z.B. Selbstmordideen, sexuelle Enttäuschungen, Eifersucht, neue Kontakte, alte falsche Beziehungsmuster etc. mit VT–Techniken angegangen werden. Jede Woche wird in zwei Stufen unterteilt.

Schlechte Bücher sind meist erhältlich: sie verkaufen sich nicht – oder sind ein Bestseller. Gute Bücher sind schnell vergriffen; so ist es mit diesem:

In der *1. Stufe*, genannt „die Selbstdiagnose“, wird eine *Checkliste* aufgeführt. Außerdem vergleichen die Autoren die Liebe mit einer Sucht und die erste Trennungswoche mit Entzugserscheinungen eines/r Süchtigen.

Die *2. Stufe*: Besiegen Sie das Bedürfnis, mit dem Expartner Kontakt aufzunehmen... wenn Sie es schaffen. Holen Sie sich keine guten Ratschläge und keine Nachrichten, wie es Ihrem Ex jetzt ergeht. Hier lautet der Ratschlag der Autoren: Keinen Kontakt zum Ex, weder direkt noch indirekt. Geht das allerdings nicht, dann sollten Sie Ihr Bedürfnis akzeptieren, sich hinterher keine Vorwürfe machen und es ohne Erwartungen tun! Die *oberste Regel*: Alle Freiheiten, die Ihr Wohlbefinden steigern, sind erlaubt!

Sehr interessant ist hier noch das *Kontobuch der aufgestauten Gefühle*. Alle Fragen, Lösungen, Versprechen, Vorwürfe, Gefühle, Beschimpfungen sollen in dieses Buch und vor Telefonierbedürfnissen durchgegangen werden. Außerdem empfehlen die Autoren ein baldiges Treffen, um einen Neubeginn oder den Schlußstrich zu entscheiden.

Das Thema der 2. Woche lautet „die Versöhnung“, und so gibt es in der *3. Stufe* den Verhaltensvertrag von *Dr. Richard Stuart*. Hierzu müssen beide Partner bereit sein. Die Partner erstellen dann eine Problemliste, wobei aber entschieden darauf geachtet werden muß, daß ein gegenseitig positives Verstärkerprogramm aufgestellt wird.

4. Stufe: Die bittere Erkenntnis kann kommen, wenn Sie feststellen, daß Sie zu unterschiedliche Bedürfnisse und Wertvorstellungen haben *(professionelle Hilfe)*.

In der 3. Woche, (genannt) „wenn es keine Hoffnung mehr gibt“, beschäftigt sich die *5. Stufe* mit der Selbstmordverhütung. Hierbei wird zuerst die *Tom–Sawyer–Phantasie* genannt, nämlich die Szene, wo Tom mit seinen Freunden seiner eigenen Beerdigung beiwohnt. Hierbei sollen also die Reue– oder die Hinterher–leid–tun–Gedanken im Vordergrund stehen. Rache und Schuldgefühle werden später jedoch vom Expartner/in eher mit anderem Akzent erzählt! Im Anhang kopiert ist das *Selbstmordverhütungsprogramm*. Außerdem raten die Autoren, sich lieber mit dem Ex in Verbindung zu setzen – Erfahrungen der Gleichgültigkeit seien zwar hart, aber ernüchternd. Des weiteren kommen noch Themen wie „Die erworbene Hilflosigkeit, und wie man ihr

Einige Ratschläge mögen auf den ersten Blick unseren Verstand befremden. So empfehlen die Autoren in Stufe sieben eine Aversionstherapie, in der man ein mit faulen Eiern getränktes Riechgläschen zur Hand nehmen soll, sobald nostalgisch–sehnsüchtige Gefühle in unpassenden Momenten aufkommen („Ihnen wird dann übel, wenn Sie an Ihre verlorene Liebe denken“). Die Wirkung einer solchen Maßnahme ist unvorstellbar, aber sehr erfahrbar! Überwiegend handelt es sich bei dem Programm um einen ausgewogenen Wechsel zwischen einem kontrollierten Zulassen des Schmerzes und einem parallelen Neuaufbau von Beziehungsfähigkeit und zufriedener Lebensführung.

Dieses *Selbsthilfeprogramm* in zwölf verschiedenen Wochen wird unterteilt mit folgenden Hauptthemen und dem Erkennen derer:

1. Der Schmerz
   a) Die Selbstdiagnose: Check–Liste „Liebe als Sucht"
   b) Bedürfnis, Kontakt aufzunehmen, besiegen, Ratschläge vermeiden, Telefon vermeiden, Kontobuch treffen
2. Die Versöhnung
   a) Der Verhaltensvertrag: Bitten bzw. positives Formulieren
   b) Die bittere Erkenntnis: professionelle Hilfe oder Verlust des Partners
3. Wenn es keine Hoffnung mehr gibt
   a) Selbstmordverhütung: Erste–Hilfe–Programm „Zurück zum eigenen Körper, Zärtlichkeit, Sex und Wut"
   b) Die Einsamkeit: Angst vorm Alleinsein
4. Die Klagemauer
   a) Antidepressionstechniken: Gedankenstopp, Aversionstechnik
   b) Den Schmerz einkreisen
5. Die Droge Liebe
   a) Abkehr von der Liebessucht: Sperr–Techniken
   b) Sexuelle Pannen: Impotenz
6. Der Kampf mit den Reizen
   a) Der Reizunterscheidungstag
   b) Schwarz auf weiß für Ungläubige
7. Rache ist süß
   a) Eifersucht – und wie man mit ihr umgeht: Rational–Emotive–Therapie „Die zielgerichtete Wut"
   b) Heilsamer Zorn
8. Abschied von gestern
   a) Der Sprung ins kalte Wasser – Ihr Implosionstag: Reizüberfluten
   b) Systematische Entweihung
9. Unter Menschen
   a) Außenkontakte – und deren Ängste
   b) Entdecken Sie Ihre verborgenen Fähigkeiten und Wünsche
10. Lernen Sie mit Ihrer Freiheit umzugehen
    a) Testen Sie Ihren Erfolg bei anderen Menschen
    b) Kampf um den letzten Rest alter Abhängigkeit
11. Neue Beziehungen und ihre Probleme
    a) Erkennen Sie falsche Beziehungsmuster und befreien Sie sich von Ihrer Beziehungsangst: Schwarzseher, Anpasser...
    b) Techniken für den angstfreien Umgang mit dem neuen Partner: Kritiküben, positive Gesprächsführung, Verhaltensverträge
12. Wiederbegegnung
    a) Prüfen Sie die Umstände
    b) Das Treffen: Wagnis, Vorbereitung, Treffpunkt, Kleidung... geheilt

begegnet" – z.B. mittels Verschaffen von Aufmerksamkeit, Leute besuchen, Partys geben, ins Kino gehen, das eigene Leben in die Hand nehmen als auch in Ordnung bringen... mittels Erstellen einer Liste der Aktivitäten, für die man sich dann belohnt. Motto: Sei lieb und konsequent zu Dir und verwandle lieber Trauer in Wut!

Die *6. Stufe*, die Einsamkeit: Erster Schritt hierbei ist, möglichst wenig alleine zu sein, Verabredungen treffen etc. Zum zweiten soll der/die Alleingelassene die Freuden des Alleinseins genießen lernen und sich die Freunde aussuchen können, er/sie sollte die Selbstwertgefühle steigern, eine Erfolgsliste anfertigen und/oder anderen helfen.

Die *7. Stufe* beinhaltet die Antidepressionstechniken, wie z.B. den Gedankenstopp. In dieser Stufe soll eine Vergehenskartei angelegt werden mit allen bösen Dingen, die der Ex getan hat, also Hoffnungen sollen nun endlich begraben, und Spionagedienste im Bekanntenkreis sollen aufgegeben werden. Zum Schluß dieser Stufe kommt noch der *Klagebrief*, der wie das Kontobuch aufgebaut ist.

Dieser wird im *8. Schritt*, „den Schmerz einkreisen", eingebaut – die Tränenstunde: Eingeschlossen in einem Raum nach Belieben mit allen Emotionen, Stift und Klagebrief – schmerzhafte Emotionen dürfen von jetzt an nur noch in dieser Zeit beklagt werden!

Die 5. Woche, die *8. Stufe*, „Die Droge Liebe", bzw. die *9. Stufe*, „Abkehr von der Liebessucht", spricht für sich selbst: Liebe wird als Sucht oder Droge behandelt, und ihr wird mit einer Sperr–Technik begegnet!

10. Stufe: Sexuelle Pannen, Impotenz, Frigidität und eine kleine Sextherapie in herkömmlich verhaltenstherapeutischem Sinne.

6. Woche: Der Kampf mit den Reizen oder besser: Der Kampf mit seinen/ihren Reizen, z.B. Auto, Regenschirm etc., eine neurotische Reizgeneralisierung. Man begegnet ihr mit der *11. Stufe*: dem Reizunterscheidungstag. An diesem Tag wird allen *Auslösern* nachgelaufen und diese als falscher Reiz entlarvt. Der/die Stimuli werden langsam für den/die Verlassenen uninteressant.

In der *12. Stufe* wird der Reizunterscheidungstag wiederholt mit einer Fotokamera, daher auch der Name „schwarz auf weiß für Ungläubige".

Die 7. Woche beginnt mit der Erkenntnis, daß Depressionen nach innen gekehrte Wut sind, und damit ist das Motto „Rache ist süß" geklärt. Beginnen wir nun mit der „Eifersucht und wie man mit ihr umgeht". Zuerst einmal darf man die Wut zulassen, aber der Zorn soll aufgeklärt werden; zum einen durch Besitzverhältnisse, die aufgeklärt werden (Mein, Dein!), und durch die RET–Therapie nach *Ellis*, indem *falsche* Gedanken durch *richtige* ersetzt werden (Beispiel: Er hat mir meinen Ex weggenommen, durch: Mein Ex ist von mir gegangen). Jetzt, in der *14. Stufe* kommt der heilsame Zorn. Der Patient fühlt sich nicht länger als Opfer, deshalb sind hier wieder Kontakte wie Telefonieren erlaubt, um der Wut Luft zu machen – aber nur verbal! bzw. in der Phantasie und/oder mit einer *Geheimakte*, in der alles steht, was er/sie ihm/ihr antun könnte. Sollten diese Rachegedanken doch eskaliert sein, und es treten Schuldgefühle ein, raten die Autoren, zu einem Psychologen zu gehen.

Alles in allem soll es aber am besten sein, wenn es dem/der Verlassenen gutgeht und er diese Freuden zeigt. Der *Implosionstag* – hier wird das Maximum an Trauerarbeit geleistet, denn alle Erinnerungsgegenstände, die im Verlauf der vorhergehenden Phasen in die Implosionskiste gesperrt wurden, werden jetzt herausgeholt – also Reizüberfluten.

Die *16. Stufe* entweiht systematisch alles, was nicht in der Kiste war (z.B. Parkbänke etc.).

9. Woche: „Unter Menschen" – die *17. Stufe* bezieht sich also auf Außenkontakte. Motto: Weggehen, Selbstvertrauen und –bewußtsein stärken – kognitiver Ansatz: falscher Gedanke vs. richtiger Gedanke; außerdem Angst vorwegnehmen!

In der *18. Stufe* heißt es: „Entdecken Sie ihre verborgenen Fähigkeiten und Wünsche“, machen Sie eine Bestandsaufnahme der Pluspunkte, z.B. Ihres Körpers etc. Was sind Ihre Wünsche an die Zukunft? Planen von Aktivitäten, Anschaffungen und Erkennen von geheimen Wünschen.

10. Woche: „Die große Freiheit“ bzw. *19. Stufe*, in der man seine Erfolge bei anderen Menschen testen soll – also auch hier Selbstbewußtsein wieder mal groß geschrieben!

Die letzten Reste der alten Abhängigkeit sollen durch Protest und Rollenaufgabe in der *20. Stufe* bekämpft werden.

In der 11. Woche widmen sich die Autoren den Problemen der neuen Beziehungen. Die *21. Stufe* lautet daher: „Erkennen Sie falsche Beziehungsmuster, und befreien Sie sich von Ihrer Beziehungsangst“. Hier wird unterschieden zwischen Schwarzsehern, also denen, die nur auf den ersten Fehler des Neuen warten, und dem Anpasser, der Angst vorm Alleinsein hat und daher seine Wünsche und Bedürfnisse in den Hintergrund stellt. Beide befürchten letztendlich, das Drama zu wiederholen; hier sollen die Angst–Immunisierung (ähnlich der Desensibilisierung) oder die Situationskarten helfen (Karten sollen hierarchisch aufgebaut werden).

Die *22. Stufe* beschäftigt sich mit Techniken für den angstfreien Umgang mit dem neuen Partner. Hier ist eine Technik, Kritik in der Beziehung von Anfang an zu formulieren – positiv! Man muß sich selbst auch nicht als makellos darstellen, die Unabhängigkeit soll gewahrt bleiben. Zu *Beziehungs– und Machtspielen* gibt es die Platte mit der Sprung–Technik (Wiederholungstechnik, um beim eigenen Willen zu bleiben, wenn man a) gern nachgibt oder b) gern überrollt wird); die Tarnkappen–Technik (auf alle Argumente eingehen, keine Angriffsfläche lassen); die Ich–bin–eben–so–Technik (ähnlich oben); die Frage–Technik (nach den Hintergründen oder Kritik) und die Selbstenthüllungstechnik (Appell an Verständnis, Nachsicht und Hilfe)!

Die 12. Woche: Wiederbegegnung. *23. Stufe*: „Prüfen Sie die Umstände“ oder auch: „Prüfen Sie die Motive“. Es sollte der echte Wunsch sein, wichtige Angelegenheiten und die innere Sicherheit zu klären, die Trennung voll überwunden zu haben.

24. Stufe: Das Treffen, die Vorbereitung, der Termin, der Treffpunkt, die Kleidung sollten gut durchdacht und nicht im Sinne einer Wiedervereinigung gesehen werden!

Das im Selbsthilfeprogramm erwähnte *Kontobuch der aufgestauten Gefühle* ist ein besonderes Notizbuch, in das Sie nichts anderes hineinschreiben als all die Dinge, die Sie Ihrem Expartner so gern sagen möchten. Legen Sie sich dazu einen Kugelschreiber oder Stift nur für diesen Zweck zurecht, das trennt die Konto–Buchführung stärker vom Alltag ab. Sie tragen dort Fragen ein, die Sie ihm stellen wollen, Lösungen, die Ihnen für Ihre Beziehung eingefallen sind, Versprechen, Vorwürfe, Gefühle, Beschimpfungen. All das gehört in dieses Heft.

Bevor Sie nun das nächstemal mit Ihrem Ex telefonieren, nehmen Sie sich Ihr Kontobuch der Gefühle vor und gehen es Punkt für Punkt durch. Sie werden merken, daß Sie gar nicht mehr alles, was Sie darin eingetragen haben, aussprechen wollen, und schließlich erscheint Ihnen das gesamte Kontobuch als eine sich ständig wiederholende Litanei von langweiligen, zum Teil albernen Notizen. Doch bis dahin ist es für Sie noch ein schönes Stück.

Es gibt wichtige *Gründe*, solch ein Kontobuch zu führen: Es bewahrt Sie vor der demütigenden Situation, Ihren Expartner jedesmal anzurufen, wenn Sie einen Gedanken haben, den Sie ihm unbedingt mitteilen wollen. Indem Sie Dinge aufschreiben, schaffen Sie sie aus Ihrem Kopf. Sie laufen nicht mehr den ganzen Tag herum, drehen und wenden den Gedanken und fragen sich, ob Sie nun deshalb anrufen sollen oder nicht, wie Sie es am besten anbringen und ob Sie es nicht womöglich inzwischen vergessen.

85 Prozent aller Ehen gehen in die Brüche, nahezu jeder fünfte Europäer endet durch Selbstmord, und jeder Deutsche trinkt durchschnittlich vier Liter Wein pro Woche. Dies höllische Szenario prophezeit die Wiener „Studiengruppe für Internationale Analysen“ für das Jahr 2075. Zerstörte zwischenmenschliche Beziehungen werden einem materiellen Aufschwung gegenüberstehen: In 100 Jahren werden alle Westeuropäer ein Studium abschließen und im Beruf 175.000 Mark jährlich verdienen. Wie vorher die Energiekrise gemeistert wird, mögen die Wissenschaftler nicht verraten.

Scheidungsrituale

Scheidungsrituale sollen den Trennungsschmerz erleichtern und einen Versuch darstellen, zum Schluß doch noch etwas aus dem Entfremdungsverlauf zu lernen. Rückblickende Erkenntnis kann die zerstörerisch schmerzvollen Aspekte ausgleichen und die Situation in eine „kreative Scheidung" umwandeln, die hilft, Wunden zu heilen.

Scheidungsrituale vermindern auch die Chancen für Rachepläne aus Enttäuschung und Haß, die häufig von selbstsüchtigen Scheidungsanwälten und unverständigen „Gesinnungsgenossen" genährt werden und die in manchen Fällen schon Leben gekostet haben.

Von den 48 Personen der 24 „geschiedenen" Paare sind 31 nach ein bis drei Jahren immer noch überzeugt, daß das Ritual ihnen zu eigener Weiterentwicklung verholfen hat. Vier Ex–Partner haben sich wiedergeheiratet und berichten von anderen, vermutlich besseren Ehen mit den gleichen Partnern.

Nach langen Ferien voneinander haben sie sich wieder vereint. Eine Dame hatte das Ritual zu seiner Zeit als positiv empfunden, hat aber dann später nur mit Haß daran zurückgedacht, besonders nachdem sie erfahren hatte, daß ihr Ex–Ehemann seine neue Freiheit weit mehr genoß als sie selber. Bei vier Personen hat das Scheidungsritual erst kürzlich stattgefunden, so daß man die Nachwirkungen noch nicht beurteilen kann. Einige Personen sind inzwischen von hier fortgezogen, und wir können ihre Entwicklung nicht weiterverfolgen. Immerhin haben uns die vorläufigen Ergebnisse ermutigt, in sorgfältig vorbereiteten und ausgewählten Fällen unsere „Scheidungsrituale" weiterhin durchzuführen.

In den häufigen Fällen, in denen sich nur ein Partner innerlich zurückzieht, während der andere noch unverändert stark empfindet, manchmal nun noch intensiver, enthält der Abschied wieder viel Schmerz und wenig Süße! Für solche Situationen empfehlen wir unseren Übenden die Durchführung einer Übung, die wir „Laß mich frei" nennen.

„Laß mich frei!"

Diese Übung soll dem Partner, der frei sein möchte, sich aber vom Partner festgehalten fühlt, helfen, sich aus der Umklammerung zu lösen.

Sie ist vergleichbar der Übung „Tausendmal Nein!!!" Diese Übung geht von der Voraussetzung aus, daß die bisherige, ambivalente Haltung des nach der verlorenen Freiheit strebenden Partners dem anderen immer wieder Grund gab, sich anzuklammern. Dieses ewige Hin und Her hat die Hoffnungen auf ein Weiterbestehen der Beziehung wachgehalten. Diese Übung soll unmißverständlich klarmachen, daß es keine andere Möglichkeit als die der Trennung gibt. Wenn der Partner, der die Trennung fürchtet, wirklich glaubt, daß er überhaupt keine Chance hat, den anderen zu halten, wird er für ein kreatives Trennungsritual zugänglicher sein. Er wird dann auch hinterher nicht so leicht auf Rachegedanken kommen.

1. Der Partner, der nach der Freiheit strebt, fordert den sich anklammernden Partner zu einer fairen „Beharren–Widerstehen"–Konfrontation auf. Jede Seite lädt einen Zeugen dazu ein. Der trennungsunwillige Partner bekommt hier die Chance zu prüfen, ob der bisher ausweichende Partner die Trennung tatsächlich wünscht.
2. Vor Beginn der Übung führen die Zeugen und die Hauptakteure eine Reihe von „Beharren– Widerstehen"–Übungen durch, um danach eine Nein–Ja–Wertetabelle für die beiden Gegner aufzustellen.
3. Nach einer kurzen Entspannungspause werden die beiden Gegner von den Zeugen aufgefordert, sich in der Mitte des Zimmers aufzustellen und die Übung „Tausendmal Nein" durchzuführen. Die Ja–Nein–Übung wird abgewandelt zum „Bleib!" gegen „Fort!" („Nein, du darfst nicht gehen!" gegen „Doch, ich will gehen!")
4. Es ist wichtig, daß der fortstrebende Partner bei seinem Entschluß bleibt bis zur echten Erschöpfung. Alles andere wäre unüberzeugend. Dies kann nur durchgeführt werden, wenn der Partner ganz unzweifelhaft zur Trennung entschlossen ist.
5. Die Zeugen äußern ihre Beobachtungen und teilen mit, als wie dringlich und echt sie die Notwendigkeit zur Trennung von seiten des fortstrebenden Partners empfinden. Die Zeugen können dem trennungsunwilligen Partner dabei helfen, die Verwirklichung einer Trennung zu akzeptieren.
6. Nun bittet der trennungsunwillige Partner um Hilfe bei seiner Loslösung vom Partner und bei der Verarbeitung des Verlustgefühls.
7. Im Geiste einer echten Kooperation werden Vorkehrungen für ein künftiges kreatives Trennungs–Ritual getroffen. Der fortstrebende Partner wird dazu eingeladen, und er akzeptiert die Einladung unter der Bedingung, daß die Trennung eine beschlossene Sache ist und nicht noch einmal zur Diskussion gestellt wird.

Bach

Im Alter mußten wir Ralfi einäschern, weil er sein Wasser nicht mehr halten konnte.

Durch die Technik, ein solches Kontobuch zu führen, befreien Sie sich weitgehend von den Sie hartnäckig verfolgenden Gedanken und Vorstellungen. Indem Sie Ihre Gedanken an Ihren Expartner immer mehr auf das Kontobuch beschränken, reduzieren Sie automatisch die Zeit, die Sie auf sie verwenden. All die nostalgischen und bitteren Erinnerungen an diesen geliebten Menschen werden an einem Ort gesammelt, der außerhalb von Ihnen ist. Das Aufschreiben ist der Preis dafür, den Sie bezahlen müssen, daß Sie Ihre nostalgischen Gedanken an Ihren Verlust nicht unterlassen, daß Sie im Gegenteil hartnäckig dabei verweilen. Je höher der Preis dafür ist (d.h., je mehr Sie zu schreiben haben), desto rascher werden Sie dieses anstrengende Verhalten von sich aus einschränken.

Sicherlich haben Sie all die Dinge, welche Sie an die gemeinsame Zeit mit Ihrem ehemaligen Partner erinnern, in einer Kiste, einem Schrank o.ä. aufbewahrt, um sich den Anblick der Sachen zu ersparen und um somit sämtlichen Gefühlsausbrüchen aus dem Weg gehen zu können. Diese Kiste nennen wir ab jetzt die *Implosionskiste*. Dennoch ist eine Konfrontation mit diesen Dingen notwendig, damit Sie in Zukunft jene unangenehmen Gefühlsausbrüche nicht weiter belästigen. Es handelt sich also bei dieser Implosionstherapie um eine Art *Reizüberflutungsprozeß*, bei dem Sie mit so vielen Dingen (Auslösern) wie möglich konfrontiert werden, die Ihnen diese schmerzhaften Gefühle bescheren.

Das bedeutet, daß Sie nun also all diese Erinnerungsstücke hervorkramen, sei es ein Kleidungsstück, ein bestimmtes Parfüm, welches er/sie genommen oder Ihnen geschenkt hat, ein Foto, ein Liebesbrief u.v.m.

Suchen Sie sich einen Tag aus, an dem Sie keine Verpflichtungen haben, und sorgen Sie dafür, daß Sie auf keinen Fall gestört werden und keinerlei Möglichkeiten zur Ablenkung finden; denn erst dann können Sie Ihr Trauerritual starten. Kleiden Sie sich dazu möglichst so, wie Sie Ihrem Expartner besonders gefielen, und umgeben Sie sich dann mit den Erinnerungsstücken.

Wichtig ist, daß Sie sich bewußt sind, daß es außer Trauer keinen anderen Gefühlszustand gibt. Sie müssen sich richtig in den Trauerzustand hineinversetzen und durch das ganze Leiden hindurchgehen, bis Sie davon befreit sind und beim Anblick jener Erinnerungsstücke nicht mehr in Tränen ausbrechen. Bis dahin ist es gewiß kein einfacher Weg, denn der Mensch kann nur ein bestimmtes Maß an Trauer verarbeiten, was Sie selbst aber auch schon nach einer gewissen Zeit merken werden, wenn Sie beim Anblick eines Fotos, Kleidungsstückes etc. nämlich schon nicht mehr in Tränen ausbrechen. All die Gefühle und Gedanken, die mit dem Auslöser zusammenhingen, wurden gelöscht.

Dazu bedarf es Ihrerseits jedoch einer langen *Konfrontationsphase* mit den bestimmten Gegenständen, wobei Sie am besten starke Auslöser wählen; denn je heftiger der Schmerz, desto stärker ist der Erfolg!

Man geht davon aus, daß diese Art Reizüberflutung sechs Stunden dauert. Sollten Sie unter dieser Zeit bleiben, d.h., sollten Sie beispielsweise bereits nach vier Stunden keinen Schmerz mehr empfinden, so freuen Sie sich, denn Sie haben den Schmerz schneller überwunden, als es der Normalfall bestätigt. Allgemein sollten Sie bei diesem Trauerritual keinen Alkohol und keine Beruhigungsmittel zu sich nehmen.

Ebenso wird davon abgeraten, zuviel zu essen und zu versuchen, sich in irgendeiner Weise abzulenken. Dagegen wird empfohlen, sein/ihr Lieblingsgericht zu kochen und auch beim Essen zu trauern. Leben Sie Ihre Gefühle voll aus, Sie können schreien, jammern, weinen, schluchzen – unterdrücken Sie Ihre Gefühle nicht, sondern gehen Sie völlig durch Ihren Schmerz durch – das befreit!

Sie haben sich, so wie viele andere Menschen auch, nie richtig mit dem Gefühl der Trauer auseinandergesetzt und fürchten sich nun vor der Praktizierung dieses Trauerrituals. In diesem Fall sollten Sie sich für den *Implosionstag* eine *Person zur Unterstützung* suchen, z.B. einen Verhaltenstherapeuten oder einen guten Freund/eine gute Freundin. Diese Person darf jedoch nicht im gleichen Raum sein wie Sie während des Rituals, ebenso darf sie Sie nicht trösten. Die Trauer und den Schmerz müssen Sie alleine durchstehen. Die Person ist nur anwesend, um Ihnen das Gefühl zu vermitteln, daß jemand in Ihrer Nähe ist.

Der Implosionstag bietet zwar die Gelegenheit, auf *Rachegedanken* zu kommen, jedoch sollten Sie sich das *an diesem Tag verkneifen*. Denken Sie nur an die guten Seiten ihres ehemaligen Partners, an die Art und Weise, wie er/sie Ihnen gefiel und imponierte. Trauern Sie über diesen Menschen und die Eigenschaften, die Ihnen gefielen und mit ihm/ihr verlorengingen.

Nachdem Sie Ihr Trauerritual exerziert und erfolgreich abgeschlossen haben, kann es Ihnen dennoch passieren, daß Sie einen sogenannten *Rückschlag* erleiden, wenn Sie beispielsweise ein bestimmtes Lied hören. Verzweifeln Sie deswegen nicht!

Erst dann, wenn dieser Vorfall öfter eintritt, sollten Sie einen weiteren Implosionstag einlegen, welcher unter den gleichen Voraussetzungen wie der erste stattfinden muß.

Es war einmal

Bitte, erzähl mir von ihr, oh doch, doch das interessiert mich. Was für Hände hat sie? Klingt ihre Stimme jung? Was arbeitet sie? Ist sie selbstbewußter als ich? Laß mich raten, wie sie heißt, aber du darfst nicht sagen, wenn ich recht habe. Birgit, nein, nein, Katrin, vielleicht Dora. Wenn du nur glücklich bist, dann ist alles gut. Ihre Schrift würde ich gerne sehen, ja, wie sie das Wort „damals" schreibt. Lach nicht. Damals ist ein wichtiges Wort. Vielleicht sogar das Wichtigste.

Ja, manchmal kommen noch Zeitungen an meine Adresse, die für dich bestimmt sind. Zeitungen sind eben hartnäckig. Hat sie dieses Hemd ausgesucht? Ist sie musikalisch? Du siehst so müde aus. Du, gibt es den Magnolienbaum noch und den Scherenschnitt, du weißt schon, hast du den aufgehoben? Wirf ihn ruhig weg. Weihnachten wollte ich dir etwas schenken aber ... es war nur eine Kleinigkeit. Ich war bei der Mama, ja, die mag dich noch immer so, ja, es geht ihr gut, schlanker ist sie geworden. Ich liebe dich. Sie hat es sicher auch nicht leicht. Du brauchst so viel mehr Zärtlichkeit, als du verdienst. Warst du mit ihr in Venedig. Nein, das würde mich nicht traurig machen, das nicht.

Nichts spezielles, nur alles, alles. Wir hätten uns besser doch nicht wiedersehen sollen. Ich habe kein Talent für das Schicksal. Weißt du, ich glaube an das, was ich mir wünsche.

Ich rede lauter Unsinn, verzeih'. Bitte schwör mir, daß du von ihr kein Kind wünschst. Ich weiß, ich habe kein Recht, aber schwör's mir, schwör. Hör mir nicht zu, bitte geh', geh', geh', adieu, geh' rasch, rasch geh' bitte, bitte geh'.

Andre Heller

Selbstkorrektursätze für das Alleinsein (*Wanderer & Cabot*)

Falsche Annahmen	*Richtige Gedanken*	*Falsche Annahmen*	*Richtige Gedanken*
Ich werde bis an mein Lebensende allein bleiben müssen.	Ich hatte eine Beziehung, die bitter für mich endete, aber ich habe für mich gelernt und werde neue Beziehungen eingehen.	Ich bin nicht in der Lage, eine dauerhafte Beziehung aufrechtzuerhalten.	Es war nicht mein Fehler, daß die Beziehung auseinandergegangen ist. Ich traue mir ohne weiteres eine neue, gute Partnerschaft zu.
Niemand will mich mehr.	So wie ich mir einen Partner wünsche sehnen sich auch andere nach einer guten Beziehung.	Ich bin allein todunglücklich.	Ich bin lieber allein, als daß ich mit jemandem zusammenlebe, mit dem es nicht klappt.
Ich werde nie wieder eine solche Liebe erleben.	Ich habe eine Lehre aus dieser Beziehung gezogen, und die nächste wird deshalb besser werden.	Beziehungen bereiten nur Schmerzen.	Mein Glück hängt nicht von Beziehungen ab.
Ich kann nur noch oberflächliche Beziehungen haben.	Wenn ich wieder mehr Selbstvertrauen gewonnen habe, kann ich mich wieder gefühlsmäßig engagieren.	Ich habe Angst vor den leeren Wochenenden.	Ich habe endlich Zeit für mich und werde an den Wochenenden eine Menge unternehmen.
Ich werde niemals wieder heiraten.	Ich bin neugierig, was die Zukunft für mich bringt.	Ich werde mich an den Festtagen so schrecklich einsam fühlen.	Ich werde an den Festtagen nette Feiern bei mir arrangieren.
Ich bin zu alt, um noch jemanden zu finden.	Ich bin den anderen an Erfahrung voraus.	Ich kann mich nirgends mehr aussprechen.	Ich will den Kontakt zu meinen Freunden noch verstärken.
Mein Leben ist vorbei.	Ich werde einen neuen Anfang machen.	Mich hat nie jemand richtig geliebt.	Ich habe geliebt und bin wiedergeliebt worden.
Alle anderen haben einen lieben Menschen. Ich aber bin allein.	Ich habe es in der Hand, wieder jemanden kennenzulernen.		
Letzten Endes werde ich doch nur wieder fallengelassen.	Keine Liebe dauert ewig.		

Suizidalität

Die Krisenintervention ist eine von drei wichtigen Phasen einer effektiven Selbstmordverhütung. Vor die Krisenintervention sollte eine generelle *Selbstmordprophylaxe* geschaltet sein, die in der Familie ansetzt und sich auf alle Institutionen, die im Leben durchlaufen werden, ausdehnt (z.B. Kindergarten, Schule, Arbeitsplatz, Jugend- und Altenheime). *Ringel* nennt einige Hinweise auf *Selbstmordgefährdung*:

a) Selbstmordversuche in der Vergangenheit
b) Selbstmordäußerungen und -ankündigungen
c) Bestimmte Bevölkerungsgruppen sollen stärker als andere selbstmordgefährdet sein:
   - rassisch, politisch oder religiös Verfolgte
   - Flüchtlinge
   - Alkoholiker und andere Süchtige
   - Personen, die Straftaten begangen haben chronisch/unheilbar Kranke
   - alte Menschen
   - Personen, die sich in einer Partnerschaftkrise befinden
   - Personen in schwerer sozialer Situation
   - Personen, die in Autounfällen involviert waren
   - Personen mit präsuizidalem Syndrom

In der folgenden Tabelle wurden einige Fragen zusammengestellt, mit denen man die Suizidalität eines Klienten abschätzen kann:

Fragen an suizidale Klienten *(Reimer)*

Suizidalität:	Haben Sie auch schon daran gedacht, sich das Leben zu nehmen?
Vorbereitung:	Wie würden Sie es tun? Haben Sie schon Vorbereitungen getroffen? (Je konkreter die Vorstellungen, desto größer das Risiko.)
Zwangsgedanken:	Denken Sie bewußt daran oder drängen sich derartige Gedanken, auch wenn Sie es nicht wollen, auf? (Sich passiv aufdrängende Gedanken sind gefährlicher.)
Ankündigungen:	Haben Sie über Ihre Absichten schon mit jemandem gesprochen? (Ankündigungen immer ernst nehmen.)
Aggressionshemmung:	Haben Sie gegen jemanden Aggressionen, die Sie unterdrücken müssen? (Aggressionen, die unterdrückt werden müssen, richten sich gegen die eigene Person.)
Einengung:	Haben Sie Ihre Interessen, Gedanken und zwischenmenschlichen Kontakte gegenüber früher eingeschränkt und reduziert?

Die *Krisenintervention* setzt dann ein, wenn ein Selbstmordgefährdeter um Hilfe bittet oder gar einen Selbstmordversuch unternommen hat. Es hat sich gezeigt, daß Personen, die gerade einen Selbstmordversuch unternommen haben, nach der physischen Versorgung meistens sehr gesprächsbereit sind, bevor dann das Vergessenwollen und die Verdrängung des Geschehenen die Gesprächsbereitschaft drastisch reduzieren. Von daher ist es unbedingt erforderlich, daß dem Klienten sofort nach der physischen Versorgung ein Gesprächspartner zur Verfügung steht, der in erster Linie dem Klienten zuhören und zu ihm ein Vertrauensverhältnis aufbauen soll.

Ziel hierbei ist die erste Stabilisierung des Klienten und die Überführung in die Nachsorge. Für den Therapeuten, der mit *Selbstmordgefährdeten* arbeitet, gibt es einige *Maßnahmen*, an die er in jedem Falle denken sollte:

a) Wenn der Klient im Besitz von Schußwaffen ist, sollte er diese einer Person seines Vertrauens geben.
b) Scharfe Messer und Rasierklingen sollten ebenfalls außer Haus gegeben werden.
c) Alle Medikamente, die für den Selbstmord in Frage kommen könnten, sollten weggeworfen werden.
d) Der Klient sollte sich einen Zettel ans Telefon hängen, auf dem alle wichtigen Telefonnummern vermerkt sind. Besonders wichtig ist hierbei die Telefonnummer seines Therapeuten, den er auch nachts anrufen können muß. Daneben sollten Nummern von Vertrauenspersonen aufgeführt werden wie Freunde, Verwandte, Seelsorger, Kollegen u.a.m.
e) Der Therapeut sollte mit seinem Klienten einen *Plan der Hindernisse* ausarbeiten, dessen Schritte der Klient im Notfall unternehmen muß, bevor er seinen selbstzerstörerischen Impulsen nachgeben kann. So hat er z.B. drei Abschiedsbriefe zu schreiben, sein Testament zu machen, seine persönlichen Akten zu ordnen, mindestens drei Anrufe zu tätigen und vor allen Dingen seinen Therapeuten zu erreichen.
f) Es sollte weiterhin eine Liste erstellt werden, auf der alle wichtigen Arbeiten, die sich in der letzten Zeit angehäuft haben, aufgeführt sind. Davon soll er jeden Tag einen Punkt in Angriff nehmen und sich dafür belohnen.
g) Da Hautkontakt gerade in der Phase der Selbstmordgefährdung sehr wichtig ist, sollte sich der Klient nach körperlichem Kontakt umschauen, besonders bei vertrauten Personen, wie z.B. Freunden und Bekannten.
h) Auch die Pflege des Körpers kann dazu beitragen, das seelische Gleichgewicht wiederherzustellen. So sollte der Therapeut seinem Klienten empfehlen, zum Schwim-

„Da hätt' ich einen ganz seltenen Fusel und würde gern ein Gläschen mit Ihnen trinken, weil ich im Grunde so einsam bin wie Sie."

An Selbstmord sterben in der Bundesrepublik erheblich mehr Menschen als bei Verkehrsunfällen. Inzwischen übersteigt die Zahl der Suizide die der Verkehrstoten um fast 50 Prozent. So wurden 1987 im Straßenverkehr 7.763 Tote gezählt, im selben Jahr schieden bundesweit insgesamt 11.599 Menschen freiwillig aus dem Leben. Dies ergaben Untersuchungen an der Würzburger Universitätsklinik. 1976 lag die Zahl der Verkehrstoten noch über der Zahl der Selbsttötungen.

men zu gehen, sich in die Sonne zu legen, zum Friseur oder zur Kosmetikerin zu gehen.

Weiter empfehlen *Wanderer & Cabot*, den Expartner, wegen dem man sich mit diesen Gedanken plagt, davon in Kenntnis zu setzen, denn schließlich stellt der Selbstmord oft eine Botschaft an den ehemaligen Partner dar. Rufen Sie Ihren Ex also ruhig an und erzählen Sie ihm von Ihrem derzeitigen Gefühlszustand. Sie können seinerseits nur zwei Reaktionen erwarten:

1. Er reagiert mit völliger Gleichgültigkeit auf Ihr Vorhaben, was Ihnen natürlich den letzten Rest gibt.
   Doch HALT! Bevor Sie jetzt endgültig den Entschluß fassen, erzählen Sie erst noch einmal ein paar guten Freunden von dem Telefonat, und Sie werden erfahren, daß es doch noch ein paar Menschen gibt, denen Ihr Leben nicht unwichtig ist.
2. Ihr Ex ist von Ihrem Vorhaben natürlich betroffen und wird versuchen, Sie daran zu hindern.
   Nutzen Sie seine Gefühle nicht aus, indem Sie ihn erpressen wollen, denn dadurch wird Ihre Beziehung kaum wiederhergestellt werden können! Vielleicht ahnt Ihr Expartner so etwas aber auch und schickt einen Freund vorbei.

Des weiteren sollten Sie, nach Meinung der Autoren, sofern Sie in einem Hochhaus wohnen, das Betreten der Dachterrasse oder des höhergelegenen Balkons vermeiden. Um auch Ihren tiefsten Trieben standzuhalten, stellen Sie am besten einen Sessel, Tisch o.ä. vor die Balkontür. Sollte Sie der Gedanke beschäftigen, sich mit dem Auto umbringen zu wollen, so benutzen Sie Ihren Pkw nur in den wichtigsten Fällen, um z.B. an den Arbeitsplatz oder zum Einkaufszentrum zu gelangen.

Nutzen Sie die Stoßzeiten, denn dann ist in der Stadt so richtig viel los, und Sie werden nicht in Versuchung geführt, zu rasen. Ihre Autoschlüssel sollten nicht griffbereit irgendwo hängen oder liegen, falls es zu einer Kurzschlußhandlung kommen sollte. Für diese Momente ist ein „Plan der Hindernisse" auch von Nutzen. Arbeiten Sie diesen Plan aus, indem Sie all jene Schritte notieren, die Sie vor Ihrem Selbstmordversuch tun müssen, wie z.B. Telefonate führen, das Testament verfassen, die persönlichen Akten ordnen u.v.m. Je länger diese Erledigungen nämlich dauern, desto schneller wenden Sie sich von Ihrem Vorhaben ab!

In der *Nachsorge* ist es grundsätzliches Ziel der Interventionen, für die psychische Ausgeglichenheit des Klienten zu sorgen, ein besseres Problemlösungsverhalten und eine größere Konflikttoleranz aufzubauen. Des weiteren werden der Familien–, Arbeits– und Freizeitbereich des Klienten Thema der Gespräche sein, und der Klient wird unterstützt, die für ihn lebensgefährdenden Aspekte daraus aufzufinden und für ihn und seine Umwelt sinnvoll zu verändern.

Die Nachsorge richtet sich also auf die *Restrukturierung der Persönlichkeit*, die Lösung grundsätzlicher Konflikte. Sie erstreckt sich auf einen längeren Zeitraum (meist 6 Monate und mehr). Sehr wichtig ist in dieser Phase die Eingliederung des Klienten in Gruppen, in denen er eine positive Sichtweise von der Welt vermittelt bekommt und Freude an Spiel und Spaß und an dem Zusammensein mit Menschen neu erfährt.

Um eine solch umfassende Versorgung (Prophylaxe, Krisenintervention und Nachsorge) garantieren zu können, sind *Institutionen* notwendig, die den verschiedenen Personengruppen allgemein lebensberatend und speziell selbstmordverhütend zur Verfügung stehen. Diese *Zentren* sollten Tag und Nacht erreichbar sein. Es sollten hier sinnvollerweise Fachleute aus verschiedenen Bereichen (z.B. Psychologen, Ärzte, Juristen, Sozialarbeiter) sowie Laienhelfer in einem Team zusammenarbeiten, da der Selbst-

Hermann Pohlmeier
Über die Angst des Arztes vor dem Freitod der Patienten

1971 verfaßt er ein Standardwerk über Depression und Selbstmord. Hauptaussage: Nur wer depressiv ist, begeht Selbstmord. Aber die Forschung bringt ihn weiter und zu der Erkenntnis: Selbstmord verüben auch Menschen, die nicht depressiv sind. Das Befassen mit Einzelfällen, auch mit politischen Suiziden, läßt ihn von der herrschenden Meinung abrücken. Er geht noch einen Schritt weiter und spricht vom Recht des Menschen auf den Freitod: „Selbstmord muß nicht Sinnesverwirrung als Ursache haben. Der freibestimmte Tod ist ganz im Sinne der Würde des Menschen." Spätestens jetzt gilt Pohlmeier als sehr streitbarer Geist in seiner Zunft.

Hinter ihm liegen ein Dutzend Jahre intensiver Forschung: Max–Planck–Institut München, Universität Ulm. 1975 wird Pohlmeier nach Göttingen berufen. Drei Jahre später erscheint „Selbstmordverhütung – Anmaßung oder Verpflichtung?" Die Begegnung mit Jean Amery, der Mitautor des Buches ist, hat Pohlmeier in seinen Selbstmordthesen noch bestärkt.

Neben dem Lehrstuhl widmet er sich seiner ambulanten psychiatrisch–psychotherapeutischen Praxis, besessen von dem Gedanken: wie kann man Selbstmord verhüten? „Es ist ein Spiel mit Leben und Tod", sagt Pohlmeier. Das Einsperren und Bewachen gegen den Willen selbstmordgefährdeter Menschen hält er für entwürdigend und sträflich. „Jede Entscheidung, auch die, Selbstmord zu verüben, verdient Respekt. Wir Ärzte müssen das mühsam lernen." Woher rührt die Angst des Arztes vor dem Selbstmord seines Patienten? Pohlmeier glaubt, daß die eigene Angst des Arztes vor Sterben und Tod durch den Sterbewunsch des Patienten drastisch mobilisiert wird. Zudem hat der Arzt Angst vor Verurteilung. Verurteilung durch das eigene Gewissen, die öffentliche Moral und die Justiz. „Erst wenn ein Arzt frei von diesen Ängsten ist", sagt Pohlmeier, „kann es sich der Patient leisten, mit ihm offen über den Selbstmord zu reden. Geschieht dies, ist schon viel gewonnen. Der Klient muß wissen, daß seine Absicht den Therapeuten nicht verschreckt, daß er verstanden wird. Manchmal sage ich dem Klienten, daß es mich wundert, wenn ich all die Gründe so anhöre, daß er sich nicht schon längst umgebracht hat."

Pohlmeier reflektiert mit dem Klienten all jene Dinge, die ihn im Leben halten, also die Gründe, die ihn bislang vom Selbstmord abgehalten haben. Er steht mit seinen Patienten die Frage durch: „Soll ich, soll ich nicht"; „Zeit gewinnen ist alles", sagt Pohlmeier. Je mehr Zeit beide miteinander gewinnen, desto dünner wird die Begründungskette.

Und wenn der Klient sagt: „Jetzt ist Schluß, morgen tue ich's?" „Wenn der Patient bis hierher Vertrauen hatte, wird er morgen auch noch einmal kommen. Vielleicht läßt sich der Suizid dann doch noch vertagen. Es ist und bleibt ein Wettlauf mit der Zeit, bei dem der Tod durchaus gewinnen kann."

Und wenn der Tod gewinnt? Pohlmeier zögert. Aber dann sagt er doch, daß sein Respekt vor der Entscheidung des Suizidenten bleibt.

Wenn es ein Recht auf Selbstmord gibt, warum dann sogar eine Deutsche Gesellschaft für Selbstmordprophylaxe, deren Präsident er einmal war? Die Diskussion um Hackethals Praktiken hat Pohlmeier nicht nur nachdenklicher gemacht, sondern in schwerste Konflikte gestürzt. Heute bezieht er die Position: Keine Beihilfe zum Suizid! Der Respekt, den er dem Freitod zollt, impliziert für ihn nicht die Hilfe zur Durchführung. Eigenverantwortung für die Tat bezieht für ihn Eigenverantwortung für Mittel und Weg mit ein. Würde er raten, vielleicht ganz einfach als Mensch? „Im privaten Bereich sicherlich. Aber es würde mir Konflikte bereiten, die ich nicht einfach abwälzen könnte."

Hofmann

mord ein sehr komplexes Problem darstellt und daher verschiedene Zugänge angezeigt sind. Die Idee dieser Selbstmordverhütungszentren kommt aus den USA. Mittlerweile gibt es aber auch in der Bundesrepublik in 22 Städten diese wichtigen Anlaufstellen für Suizidgefährdete. Die Adressen dieser Stellen können dem Buch von *Wellhöfer*, „Selbstmord und Selbstmordversuch", UTB 1078, entnommen werden.

Sinnenfreude

Euthymes Erleben & Verhalten * Genußtraining * Sehen * Schmecken * Riechen * Hören * Musik * Tasten

Zahlreiche *gesellschaftliche Entwicklungen* entziehen uns den Boden für genußvolles Erleben. So ziehen sich die Menschen von der Arbeit ins Privatleben zurück. Die Arbeit dient nur dem notwendigen Gelderwerb – man ist froh, wenn es vorbei ist. Damit fällt ein Teil erfreulicher Erlebnisse aus dem schöpferischen Bereich oder dem Körpererleben, z.B. bei schwerer körperlicher Arbeit (wenn sie richtig dosiert ist), weg, und das Privatleben wird von hochgeschraubten Erwartungen überlastet. Die Hoffnung ist, daß das Leben dann nach Feierabend losgeht. Das tut es aber mitnichten, und rasch konsumierte Sinnesreize über Fernseher, Walkman, Alkohol und dergleichen mehr lassen ein Gefühl der Leere zurück. Für jedes Alltagsproblem stehen technische Lösungen zur Verfügung, die Zeit und größere Umstände sparen, aber dabei das Erleben verflachen lassen. Die ständige Verfügbarkeit von Belohnungen ist ein weiteres Übel, das dem Genuß entgegensteht.

„Der Wechsel von Anstrengungen und Befriedigung ist ein zyklischer Prozeß. Er kann mit klaren Emotionen – Antizipation und Vorfreude – verlaufen oder verflachen zur konturlosen Sättigung jedes aufkeimenden Wunsches. Befriedigung wird entwertet, je weniger sie das Ergebnis von Aktivitäten, Bemühen oder zeitweiligem Verzicht ist. Viele Genüsse und Belohnungen sind uns ständig verfügbar, fast alles Eß– und Trinkbare, aber auch langfristige Konsumgüter. Die persönlich erlebten Zyklen von Produktion und Reproduktion, von Bemühen und Belohnen, Verzichten und Sich–Gewähren, von Anstrengung und Entspannung verschwimmen“ *(Probst)*.

Viele Menschen leben ausschließlich auf *Ziele* hin. Auch wenn sie damit z.B. eine glänzende Karriere aufbauen können, hat diese Orientierung ihren Preis. Der *Weg* zum Ziel, der schließlich einen großen Teil der Lebenszeit schluckt, wird als lästige Notwendigkeit betrachtet, hat für sich keinen Wert, ist keine Quelle der Freude, sondern wird lediglich beschritten, um etwas anderes damit zu erreichen. Seelische Krisen (Entlassungsdepression) gerade dann, wenn ein langerstrebtes Ziel erreicht ist, zeugen davon, daß hier etwas schiefläuft. Was uns heute fehlt, ist das Beachten ganz elementarer sinnlicher Eindrücke. Eine Vielzahl der Menschen scheint unter einem Mangel an solchen Empfindungen zu leiden, und es gibt zahlreiche Tendenzen, die auf das Bedürfnis, hier Veränderungen herbeizuführen, schließen lassen.

So ist etwa der rasante Zuwachs von Besucherzahlen in den großen *Museen* von Interesse. Was treibt große Mengen von Besuchern, den einfachen Mann von der Straße dazu, einen Sonntag im Museum zu verbringen. Dies mag mit dem Wunsch zusammenhängen, differenzierter, bewußter Schauen zu lernen, zu erleben nicht mehr nur viel, schnell, bunt, was sowieso nicht geht oder sich abnutzt, sondern über Verstehen und eine Ausbildung des Sehens. Der Wunsch nach Verstehen des Gesehenen drückt sich in dem Bedarf an Führungen und Kunstbüchern aus.

Eine ähnliche Entwicklung gibt es auf dem Gebiet des Hörens. Ständig wird man mit *Geräuschen* berieselt und belästigt: Straßenlärm, Flugzeuge, hellhörige Neubauten, Radio am Arbeitsplatz, im Auto, in der Küche, Musik in der Kneipe. Dies ruft z.T. Abneigung oder doch Gleichgültigkeit hervor und noch eher ein diffuses Gefühl, den Wunsch nach Veränderung. Auch dieses Gefühl macht sich die Industrie zunutze und bietet einen scheinbaren Weg heraus über immer perfektere technische Möglichkeiten, Musik zu hören. Walkman oder CD–Player sollen das totale Hörerlebnis bieten. Es bleibt jedoch zu bezweifeln, ob der Kauf besserer technischer Geräte tatsächlich zu einem befriedigenderen Hörerlebnis führt. Ein anderer Weg (auch schon kommerziell genutzt über neue Zeitschriften, die dem unbedarften Hörer etwa die Werke großer Meister leichter zugänglich machen) besteht darin, gute von schlechter Musik, gut gespielte von schlecht gespielter Musik unterscheiden zu lernen oder, dies wäre wieder mehr das Elementare, selbst, allein oder in Gruppen, Musik zu machen.

Dieses Kapitel beschäftigt sich mit der Emotion *Freude*, speziell mit der Förderung freudvollen Erlebens. Es sollen Ansätze dargestellt und entwickelt werden, inwieweit die Förderung freudvollen Erlebens in den Dienst der Psychotherapie gestellt werden sollte und kann. Ziel einer derartigen Unternehmung ist, die Belange von Emotionen bei psychotherapeutischen Maßnahmen adäquat zu berücksichtigen.

Ein theoretisches und praktisches *Fundament* für den Umgang mit positiven Emotionen wurde im deutschsprachigen Raum von der Arbeitsgruppe um *Lutz* gelegt. *Lutz* und seine Mitarbeiter(innen) extrapolierten die psychologischen Konzepte zum *euthymen Erleben & Verhalten* auf psychotherapeutische Maßnahmen, vornehmlich im Störungsfeld der Depression. Als euthymes Verhalten bezeichnet *Lutz* im weitesten Sinne all das, was der Seele gut tut. Dazu später mehr. Theoretisch ist hier zunächst das *dichotome medizinische Krankheitsmodell* zu diskutieren, welches allzu leichtfertig auf psychologische Störungen übertragen wurde. Hiernach werden psychische Krankheit und psychische Gesundheit als Antagonisten, also als gegeneinander wirkende und sich ausschließende Zustände, betrachtet. Die Umschaltung von Krankheit auf Gesundheit wird nach diesem Modell durch die Beseitigung der Krankheit bewerkstelligt. An das Ergreifen von Maßnahmen zur Förderung der Gesundheit wird nur im Vorfeld der Krankheit, d.h. im Rahmen der Prophylaxe, gedacht.

Geht man über dieses Krankheitsmodell hinaus und betrachtet man *Krankheit und Gesundheit als unabhängige Dimensionen*, die auf komplexe Art und Weise aufeinander einwirken können, so gelangt man zu einer erweiterten Sichtweise therapeutischer Maßnahmen. Es kann jetzt durchaus sinnvoll werden, zur Bearbeitung von Krankheit, zur Linderung von Störungen gesunde Anteile – im somatischen wie im psychischen Bereich – zu stärken. Solche Maßnahmen finden wir, abweichend vom orthodoxen medizinischen Krankheitsmodell, auch schon in der medizinisch–somatischen Therapie, z.B. im Rahmen der Sporttherapie, der Vitamin– oder der Enzymtherapie. Angewandt auf den Bereich psychischer Störungen ist an die Förderung positiver Emotionen wie Genuß und Freude zu denken.

Wer diesbezüglich ein Theoriedefizit in sich spürt, sei auf den phantastisch theoretischen Artikel „Therapietheorie zur Förderung genußvollen Erlebens und Handelns" von *Lutz* in: *Zielke & Marks*: Fortschritte der Verhaltensmedizin (Springer, Heidelberg, 1989) verwiesen.

Euthymes Erleben & Verhalten

Euthyme Verhaltensweisen und Bedingungen lassen sich einteilen in unspezifische, wie z.B. sich entspannen, Urlaub machen, stabile nachbarschaftliche und familiäre Beziehungen, sowie spezifischere, wie etwa alle Formen von Bewältigungs– und Problemlösestrategien, aber auch umschriebene Verdrängungsmechanismen.

Solche Verhaltensweisen und Bedingungen haben *zwei wesentliche Effekte*: Zum einen bewirken sie, daß wir uns wohlfühlen und daß wir über unsere Potenzen wie etwa Kreativität, Freude etc. verfügen können. Zum anderen schützen sie im weitesten Sinne vor Noxen, d.h. vor krankmachenden Einflüssen, oder gleichen deren Effekt aus. Damit haben euthyme Verhaltensweisen im Kontext klinisch–psychologischer Überlegungen eine zentrale Funktion.

Letztlich müssen wir selber angeben und bestimmen, was uns guttut. Dazu brauchen wir sowohl geschulte Sinne als auch unseren Verstand, manchmal auch den Rat Dritter, z.B. wenn es um Grenzüberschreitungen von Genuß zu Abhängigkeit geht.

„Ein Problem ist die genaue Bestimmung von dem, was uns guttut. Bekanntlich sind die individuellen Unterschiede erheblich. *Lutz* gibt einige Anregungen zur *inhaltlichen Bestimmung von dem, was uns guttut*:
„ – realistische Glücks–Erwartungen,
– realistische Hoffnungen auf Harmonie,
– die Berücksichtigung kurzfristiger und langfristiger Effekte,
– der Wechsel von Bedürfnisaufschub und Bedürfnisbefriedigung."

Meine Eltern gaben sich alle erdenkliche Mühe mit mir, und doch brachte ich nichts rechtes zustande.

Lutz vermutet, daß die *Entwicklung neurotischer Verhaltensweisen* von der Wechselwirkung gesunderhaltender und krankmachender Faktoren abhängt. Wohlbefinden und psychische Gesundheit stellen sich dementsprechend dann ein, wenn belastende und entlastende Ereignisse zumindest in einem *Gleichgewicht* sind. Zu neurotischen Verhaltensweisen sollte es kommen, wenn entweder gesunderhaltende Faktoren zu wenig oder krankmachende Faktoren im Übermaß auftreten. Über gesunderhaltende Faktoren ist allerdings bisher wenig Wissen vorhanden.

Durch belastende Ereignisse oder den Wegfall gesunderhaltender Faktoren entsteht eine *Balanceverschiebung*. „Als Folge einer solchen Balanceverschiebung kommt es zu einer Reihe von internen Prozessen und spezifischen Bezugnahmen zur Umwelt. Es wird zu einer Kommunikationsverlagerung kommen, der Betreffende wird sich im Normalfall Zeit für die Störung nehmen und seine Aufmerksamkeit auf die Störung lenken. Er wird sich damit auseinandersetzen, seine Bedürfnislage wird sich insgesamt verändern... Gleichzeitig damit, möglicherweise auch nachgeschaltet, kommt es zu Bewältigungsversuchen; der Betreffende wird über ganz verschiedene Maßnahmen versuchen, die Irritation bzw. die Schädigung zu überwinden. Dies kann durch einen unspezifischen Ausgleich, wie z.B. sich etwas Gutes tun etc., geschehen“ (*Lutz*). Weiter kommt es zu gezielten Bewältigungsversuchen und, durch die Einbeziehung von Freunden, Nachbarn etc., zu einer Änderung der Sozialstruktur. In einem späteren Stadium kann dies einmünden in einen Prozeß der *Aneignung* („Mir passiert das immer wieder“) und der *Chronifizierung* („Mir ist nicht mehr zu helfen“). Vor allem in den Phasen: *Balanceverschiebung, Kommunikationsverlagerung und Bewältigungsversuche* sieht *Lutz* Ansatzpunkte für euthyme Strategien und Verhaltensweisen, die im Sinne von gesunderhaltenden Faktoren ein Gleichgewicht wiederherstellen können.

„Genuß oder Freude kann einer unter vielen anderen Faktoren sein, der gesunderhaltend oder gesundmachend wirkt. Möglicherweise verliert Genuß seine Wirkung, wenn Genießen gezielt und von außen verordnet eingesetzt wird. Günstig erscheint es mir aber, wenn die Möglichkeit zu genießen geschaffen wird, auf die der Patient selber zurückgreifen kann“ *(Lutz)*.

Am Beispiel der *Depressionsbehandlung* soll das Vorgehen unter einem euthymen Konzept illustriert werden. Die übliche Strategie ist die, daß man versucht, Depressive zu aktivieren. „Unter einem euthymen Konzept jedoch würde man auf eine Aktivierung zunächst verzichten und dem Depressiven wieder das Erleben lustvoller Qualitäten vermitteln. Eine Aktivitätssteigerung würde dann zwangsläufig (von alleine) eintreten. Nach diesem Behandlungskonzept sollen zunächst jene Genüßlichkeiten wiedererlebt werden, die für den Depressiven noch möglich sind. Entsprechend der Symptomatik werden dies häufig solche Ereignisse sein, die passiv erfahrbar oder an basale Sinnesleistungen gekoppelt sind. Das sind erfahrungsgemäß zunächst ganz wenige, und sie dürfen keinen offensichtlichen Lust– und Genuß–Anspruch an ihn stellen. Dieser Vorschlag widerspricht einem analytischen Denkansatz, der hierin ein Agieren mit und in der Depression sehen würde. Der Vorschlag zielt darauf ab, den Depressiven in seiner Situation zu belassen, ihn – bildlich gesprochen – nicht herauszuzerren, sondern ihm vielmehr Annehmlichkeiten innerhalb seiner Situation zu vermitteln. Schrittweise soll er seine Kompetenz, Angenehmes zu erfahren, aufbauen“ *(Lutz)*.

Genußtraining

Lutz gibt in seiner *kleinen Schule des Genießens* Tips und nennt Voraussetzungen, die für Genuß gegeben sein müssen:
- Genuß braucht Zeit
- Genuß muß erlaubt sein
- Genuß geht nicht nebenbei
- Genuß: Aussuchen, was dir guttut
- Genuß: weniger ist mehr
- Ohne Erfahrung kein Genuß
- Genuß ist alltäglich

Lutz beschreibt den Teufelskreis, nach dem Kliniker sich ausschließlich auf *kranke* Verhaltensweisen der Klienten stürzen und für Positives gar kein Raum im Konzept vorgesehen ist. Aktiva sind nicht als diagnostische Kategorie vorhanden, können insofern nicht entdeckt werden, und der Klient wird sich erwartungsgetreu krank verhalten. Mit dem Begriff des euthymen Verhaltens als all das, was der Seele guttut, sollen in den Köpfen der Psychologen die Voraussetzungen geschaffen werden, auch Fähigkeiten und Stärken des Klienten wahrnehmen zu können. Was uns guttut, sollte dabei möglichst auf *realistischen Glücks– und Harmoniehoffnungen* beruhen, dem *Wechsel zwischen*

Es ist eine Lust...

... in Wackelpudding zu schwelgen, Schneemänner zu bauen, Teig zu kneten, Wäsche zu bügeln, den ganzen Tag im Bett zu bleiben: Was der eine als Arbeit empfindet, ist dem anderen ein Vergnügen; was der eine verabscheut, ist des anderen Himmelreich. Der Mensch und seine Lüste – ein weites Feld

Ach, das möcht' sie noch mal erleben, sagt meine Freundin versonnen: Wie sie damals, vier Tage vor der Erstkommunion, einen defekten Süßigkeitenautomaten ausgeräumt haben, ein „Pez" nach dem anderen kam herausgerattert, es war der absolute Übergenuß. Noch heute fummelt sie gerne an Automaten – es könnt' ja wieder was umsonst kommen... Weißt du, was für mich heute noch das Höchste ist, schwärmt ein Freund: Schneemannteile rollen, toll, wie da immer mehr baazenbleibt, da kann ich überhaupt nicht aufhören, meine Schneemänner werden immer so groß wie Bismarck–Denkmäler... Für einen dritten ist nach zwanzig Jahren noch immer das Spiel „Memory" eine lustvolle Obsession, allerdings, klagt er, gewinnt er nicht mehr so zuverlässig wie mit acht. Eine vierte Person, als Kochvirtuosin bekannt, bereitet sich, allein daheim, gern Buchstabensuppe und Streichkäse–Schnittchen und verputzt eine ganze Tüte „Russisches Brot". Erinnerst du dich, fragt mein Bruder, was das für eine Lust war, mit dem Strohhalm im Kakao zu blubbern und Höhlensysteme in die Götterspeise zu buddeln, in denen die Vanillesauce aufs verzweigteste versickerte? Er buddelt immer noch im Wackelpudding. Ich selbst hab's nicht aufgegeben, mir immer mal wieder Frigeo–Brausepulver aus dem seit Jahrzehnten unverändert gebliebenen Matrosentütchen in den Handteller zu schütten und die leise schäumende Chemie aufzulecken, am liebsten Waldmeister.

Eine weitere leicht debile Lust scheint darin zu bestehen, die Köpfe von Prominenten, bevorzugt von Politikern, mit Filzstift zu verunstalten. Die Grundmuster sind immer dieselben: Genscher kriegt Punkhaare, Wörner dünne Otto–Strähnen, Margaret Thatcher Zahnlücken, der Kanzler schielt und ist warzenübersät. In manchen Haushalten sind die Zeitschriften nicht wiederzuerkennen, weil diese Art lustbetonter Abfuhr durchgängig die Lektüre zu begleiten scheint. Die innigsten Freunde, die man hat, sind meist Kindsköpfe mit solch infantilen Leidenschaften. Leute, mit denen man die Lust an Kicher– und Lachkollapsen bis zum asthmatischen Röcheln teilt, die selbstvergessenen Pruster und Wieherer, mit denen jeder eh schon komische Film eine verschärfte Ergötzung bedeutet.

Natürlich ist nicht alle Lust so albern. Gern aber unterläuft sie die Lebensmuster reifer Menschen mit „kontraproduktiver" Regression: mit freudiger Faulheit, mit Ritualen sanften Schwachsinns, mit zweckfreiem, spielerischem Sichgehenlassen. Das Bett zum Beispiel: Lieblingsort auch ganz unerotisch lustvoller Visionen. Lieblingswunsch: drinbleiben zu dürfen! „Back–to–the–womb", verschwenderisch lange, dämmern, wühlen, es warm haben. „Ein bißchen Fieber", sagt einer, „hab' ich sehr gern. Da hör' ich irgendwo gedämpft meine Lieben murmeln, muß selbst keinen Pieps sagen und fühl' mich behütet. Fehlt bloß noch, daß man mir „..., dein Vater hüt' die Schaf' vorsingt." Oh, ja, diese leicht lähmenden Erkältungen, sie sind schon eine Lust. Die Vita activa ist ausgeblendet, ganz legitim. Du döst in zauberartig mildem Phlegma, in sanfter Mattigkeit im frischen Linnen, den Rücken komfortabel abgestützt, den doppeltstarken Pfefferminztee in der Thermoskanne daneben; jemand bringt dir ein Tellerchen Kalbsfrikassee oder Zitronenschaum („Meinst du, das verträgt dein Magen?"), du bist umhäuft von zwanzig Büchern für jederlei Leselust, das tragbare TV–Gerät bietet im Vormittagsprogramm „Abenteuer im Gelben Meer" mit Clark Gable und Jean Harlow, und du läßt den großen viktorianischen Roman wieder in die Daunen sinken, der dir noch 978 Seiten wohligster Lektüre verheißt.

Dies ist natürlich eine Winterlust, die möglichst noch fauchender Sturm und das Knacken des Holzes im Kachelofen instrumentieren sollten. Im Juni ist „das geringfügige Krankenlager" ein höchst unfroher Zustand, weil es dich daran hindert, dir die frühsommerlich unwiderstehliche Lust am abendlichen Schwimmen im weichen Moorwasser, der sinkenden Sonne nach, zu erfüllen. Das Wasser, aus dem wir alle kommen: nächst dem Bett scheint es mit den meisten Lustvorstellungen verknüpft.

Von den an weiße Strände brandenden türkisen Wassern wollen wir schweigen, die kommen in jedem „Traumschiff"–Schmonzes vor, genau wie *das* glückliche Paar, das vor einer Karibikkulisse herumhüpft. Nicht jeder aber kennt die „Gumpen"–Lust: das Bad in dem tief ausgewaschenen Becken eines eisigen Gebirgsbaches, nach dem Wandern durch Geröllhalden und stechender Sonne. Der Senner taucht in die Molke im Kupferkessel, die Luxusfrau in den japanischen Designer–Schaum, der Öko in ätherischen Johanniskrautöl–Badezusatz: Von Flüssigkeit umspült sind wir alle mit Lust.

Stets sind Lüste gelebte Erinnerungen an die unmittelbare „un–verfrorene" Erlebnisfähigkeit der Kindheit. Das gilt auch für den Wunsch, etwas zu betatschen, die Lust auf Weiches und Glänzendes, Knisterndes und Glattes. Besonderen taktilen Reiz üben „kleine Wesen" aus: Babys, Kätzchen, Hasen, Küken. Wen kribbelt es nicht, sie zu streicheln, Samthaut, Flauschfell und Daunenflaum zu betasten? Und wer hätte nicht Lust, auch flüchtige und fremdelnde Kreaturen mal neugierig und vorsichtig anzulangen: einen nassen Otter vielleicht, einen Dompfaff oder ein Zwerghuhn, einen Delphin oder ein Murmeltier? Aber auch Botanisches fühlt sich manchmal wunderbar an. Die Blätter der Heilpflanze „Frauenmantel" zum Beispiel, wie aus weichstem Waschleder mit Kaschmir gemacht: So was trüge man wahrlich gern als Gewand am Körper.

Einen Salatkopf zu zerteilen, bis ins immer enger gefaltete kompakte gelbe Herz, gehört zu den elementaren Küchenfreuden. Die sind, der Arbeitsteilung zuträglich, aufs unterschiedlichste gelagert. Knetet der eine mit Hingabe Teig, säbelt der andere (eine verkappte Killernatur?) leidenschaftlich mit schärfstgeschliffenem Messer an rohen Fleischbatzen herum. Manche sind große Rührer und Manscher, manche Liebhaber des Schälens, wobei der einen Stolz das möglichst hauchdünne, der anderen das luftschlangenlange Schalenprodukt ist. Irgendwelche Lust–„Inseln" findet jeder auch im eigentlichen freudlos–trüben Tümpel der Hausarbeit. Keller aufräumen, Kacheln wienern, Wäsche falten oder Silber putzen – alles hat seine Fans, wobei der Lustgewinn der Kelleraufräumer den Wäschefaltern völlig unbegreiflich ist. Besonders eifrig–frohgemut werden solche schlichten Tätigkeiten dann vollzogen, wenn sie den sogenannten Kopfarbeitern dazu verhelfen, eine anstehende Geistesbemühung noch ein Stückchen hinauszuschieben. Da mäht der Psychologe noch schnell eine Wiese mit der Sense, der Journalist speicht ein Fahrrad ein, der Doktorand schamottiert einen Ofen aus und pflanzt acht Meter Johannisbeeren.

Ist der Schreibtischmensch (unter diesen weit verbreitet) ein Liebhaber von Schreibgerät, so hat er wenigstens an diesem seine Lust, wenn ihn der Ort der Pflicht ruft: Liebevoll läßt er den Blick auf den Bakelitschalen voller alter Bleistifte ruhen, auf seiner Füllersammlung und seinen Briefpapieren von „Smython's of Bond Street"; ängstlich checkt er nach, ob ihm nicht vielleicht die Blocks, Notizbücher, Kladden und Papierstöße verschiedenster Formate und Provenienzen zur Neige gehen, was bei einem wahren Papiernarren freilich unwahrscheinlich ist. Irgendwann hat er, ächzend und mit eingeschlafenen Beinen, seine Arbeit fertig und ist nun vorübergehend sogar von der Lust des reinen Gewissens erwärmt. Raus!! Frischluft! Natur! Einmal um den See, in verschärftem Schritt durch morgendliche Stille, in der man jeden Tropfen einzeln von den Blättern ploppen hört...

Dem Heiteren stehen alle Lüste offen: Es kann die Stadt mit dem Kaffeehaus sein oder dem Käsestand am Markt, das Wühlen im Antiquariat, und vielleicht wirft er noch einen Blick in das sehr leistungsfähige Schreibwarengeschäft... Er kann sich zu Hause „Spartacus" auf Video reinziehen, samt einem Plastikbecher Vanillecreme. Oder er macht die aufgehobene Flasche Brunello auf und liest was Anständiges, wobei er keine eitle Lust darauf bezieht, Hitparadenstoff wie Garcia Marquez und Milan Kundera wenigstens so lange zu verschmähen, bis die wieder aus aller Munde verschwunden sind. Und er wird auch nicht Tom Waits hören, mit dem sich die ganze eigene Altersklasse zu verlustieren scheint, und wenn er ins Kino geht, dann aus der gleichen bockigen Unlust an „Kult"–Vergnügungen, gewiß nicht in den letzten Jim–Jarmusch– oder Wim–Wenders–Film...

Just & Meisterstein

„Die Aufgabenstellung, für sich Angenehmes zu entdecken, führt ganz offensichtlich dazu, daß Patienten Tabus überwinden und sich auch ‹ängstigenden› Situationen stellen. Sie erlauben sich z.B., Parfümerien oder Bekleidungsgeschäfte zu besuchen, das Angebot zu erkunden, aber nichts zu kaufen (ein typisches Item eines assertiven Trainigsprogramms). Vor allem aber bei schwer depressiven Patienten, die in den ersten Sitzungen apathisch und teilnahmslos wirkten, hatte die Genußtherapie einen sensibilisierenden Effekt... Sie lernen hier, daß es in ihrem Leben trotz Traurigkeit und Tragik auch schöne Dinge geben kann. Die oft bei depressiven Menschen vorhandene verzerrte Vorstellung, daß nur in einer heilen Welt Genießen überhaupt erst möglich sei, wird durch die Genußtherapie revidiert... Für einige Kollegen vermittelt das Programm wenig Ernsthaftigkeit. Das ist z.T. auch richtig, da in den Therapiesitzungen durchaus schallend gelacht wird. Wenn Patienten – ‹Depressive!› – frohgemut durch das Treppenhaus eines psychiatrischen Krankenhauses pilgern, dann wissen Bezugstherapeuten, daß sie aus der Genußgruppe kommen“ *(Lutz)*.

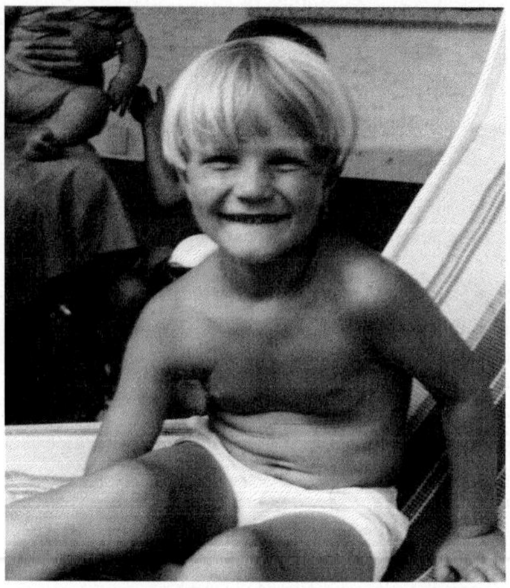

Bedürfnisaufschub und Bedürfnisbefriedigung und *kurz– und langfristige Effekte* berücksichtigen. Daran wird deutlich, daß das, was uns guttut, nicht nur von den Sinnen, sondern auch vom Verstand bestimmt werden sollte. Diese Notwendigkeit ist am Beispiel von Drogenabhängigkeit, Magersucht u.ä. zu erkennen.

> Genuß braucht *Zeit*. Als ein positiver emotionaler Zustand muß er sich mit der Zeit entfalten können. Wahrnehmungsprozesse sind an zeitliche Abläufe gebunden, um zu einem intensiven und differenzierten Erleben werden zu können. Folglich gilt es für jeden, der genießen will, und besonders in der Therapie, die euthymes Verhalten fördern will, einen *zeitlichen Freiraum* zu schaffen, in dem mit Ruhe und Muße einzelne Sinneserlebnisse wirken können.

Dazu gehört auch, einen sinnvollen *Rhythmus in Aktivität und Ruhe* zu finden und die Pausen als erholsam zu erleben. Wichtig ist auch, daß Genießen erlaubt ist. Für viele Patienten, insbesondere Zwangspatienten, ist das aufgrund der Erziehung und Lerngeschichte nicht der Fall. Besonders augenfällig ist dies am Beispiel der Sexualität, wo besonders häufig ein erlebter Genuß von Schuldgefühlen gefolgt ist, wenn er nicht schon vorher dadurch vereitelt wurde. So wird es oft erst nötig sein, durch schrittweise Annäherung Ängste vor dem verbotenen Genießen abzubauen oder über kognitive Umstrukturierung oder Angstbehandlungsmethoden die Einstellung des Patienten zu verändern, so daß er bereit ist, sich etwas zu gönnen.

Des weiteren wird der Mensch um so genußfähiger, je mehr er das Wahrgenommene über ein hinreichend umfassendes Informationsverarbeitungssystem einordnen kann. Dazu gehört auch, daß ihm eine ausdifferenzierte *sprachliche Benennung* seiner Wahrnehmungen zugute kommt. Vielleicht ist es sogar so, daß man das gar nicht wahrnimmt, wofür man über keinen sprachlichen Begriff verfügt. *Probst* schreibt hierzu, daß man nur sieht, was man weiß. Folglich ist es angebracht, in einem *Diskriminationstraining* den Patienten anzuleiten, Vorgänge in seiner Umwelt und seine Reaktionen darauf unterscheiden und benennen zu können. Ratsam ist eine Trennung der Schritte, Beobachtung und Bewertung, damit nicht eine sofort einfließende negative Bewertung des Wahrgenommenen die Beobachtung verzerrt oder unmöglich macht.

Wer feinste Nuancen wahrnehmen möchte, braucht die *volle Aufmerksamkeit*. „Genuß geht nicht nebenbei“ *(Lutz)*. Aber gerade diese Konzentration aufzubringen, dürfte vielen Patienten schwerfallen. Man kann durch vorangehende *Phantasie– und Vorstellungsübungen* diese Fähigkeit fördern; z.B. sind intensive Vorstellungen von Bewegungen, wie das genaue Vergegenwärtigen der Körpergefühle beim Schwimmen, oft gut. Jeder muß herausfinden, nach welcher Fasson er selig wird, und dabei versuchen, nur das, was er wirklich mag, aus einem häufig gegebenen Überangebot auszuwählen. Dies bedeutet natürlich auch gelegentlichen Aufschub der Bedürfnisbefriedigung, und auch hier gilt es, ein sinnvolles und individuelles Verhältnis zu finden.

Sehen

„Ich sehe was, was du nicht siehst...“ Kennen Sie dieses Spiel? Sicherlich, denn es gehört zu jenen Spielen, die gespielt werden, wenn man beispielsweise in einem Wartezimmer sitzt und mal wieder Stunden warten muß oder per Zug verreist und kein anderes Spiel an der Hand hat oder oder oder... Jedenfalls greift man bei diesem Zeitvertreib auf eines der Sinnesorgane zurück, das den Menschen wohl als am wichtigsten erscheint – die *Augen*. Sie nehmen Farben, Strukturen und Größen wahr, warnen uns z.B. vor dem Bodybuilder, der zähnefletschend auf uns zukommt, weil wir mit seiner Frau geflirtet haben; sie vermitteln uns also durch Betrachten und Beobachten von Leuten und Gegenständen einen bestimmten Eindruck von unserer Umwelt. Nur in bezug auf die Natur scheinen bei einigen Menschen (bitte keine Namen!) die Augen noch verschlossen zu sein, oder vielleicht sollten sie mal die rosarote Brille absetzen!? Naja, jedenfalls macht man sich beim Betrachten gewisse Gedanken und ein bestimmtes Bild von der Person/den Personen, deren Bekanntschaft man gerade gemacht hat. Doch Vorsicht mit den ersten Eindrücken! Wie wir alle wissen, hat jeder gewisse Vorurteile dem anderen gegenüber, gerade wenn man den Menschen nicht kennt oder die Bekanntschaft noch in den Windeln steckt.

Auch zur Ankurbelung einer intensiveren visuellen Wahrnehmung greife ich wieder auf *Koppenhöfer & Lutz* zurück, die spezielle *Übungen* dazu angeben. Zuerst wird sich dem *Wahrnehmen von Farben* zugewandt. Dafür benötigt man Gegenstände, die klare Farben besitzen, wie z.B. einen Korb mit gelben Bananen, roten Äpfeln, blauen Pflaumen, einen Strauß gelber Narzissen, roter Tulpen oder ein Gefäß mit bunten Bleistiften, bunten Wollknäueln etc. Es kann aber auch ein Oktaskop sein. Wie bei allen anderen Übungen wird der Patient auch bei dieser wieder dazu angehalten, die Eindrücke, die er im Verlauf der Übung gewonnen hat, zu nennen. Der Therapeut muß erneut die wichtigen Bilder aufgreifen und vertiefen.

Die *Übungen zur Strukturwahrnehmung* könnten so aussehen, daß man dem Patienten Bilder oder/und Fotos vorlegt, die er wieder auf sich wirken lassen soll, wobei wirklich nur auf die Struktur geachtet werden darf. Die Farben bleiben hier ganz aus dem Spiel. Auf den Bildern können beispielsweise Klee, eine Anordnung von Gräsern, eine Reihe Telefonmasten am Horizont etc. sein. Wie gesagt, die Struktur und die Form des Gegenstandes stehen im Mittelpunkt, denn „es geht dabei darum, wahrzunehmen, welche räumlichen Anordnungen es sind, die ein Bild oder eine Szenerie interessant oder angenehm erscheinen lassen“ *(Koppenhöfer & Lutz)*.

Das *Auge* läßt sich von Äußerlichkeiten wirklich leicht beeinflussen. So z.B. auch beim Essen. Einerseits regen wir uns über die ganzen chemischen Stoffe in Obst und Gemüse auf, andererseits fordern wir aber doch wurmfreie Kirschen und Äpfel, sprich tadellose Nahrungsmittel, bei deren Anblick uns das Wasser im Munde zusammenläuft! Es ist also ein Teufelskreis, den wir uns selber aufgestellt haben mithilfe unserer Augen, die ja bekanntlich mitessen. Oder sind Sie nicht der Ansicht, daß das Wurstbrot am Abend mit einem Paprikastreifen oder einem Tomatenstück belegt eher zum Essen anregt als das mit Unlust geschmierte Leberwurstbrot ohne!? Wir versuchen jedenfalls immer wieder mit kleinen Tricks unsere Kinder zum Essen zu bewegen, vor allem zum Aufessen und nicht nur Anessen. So werden beispielsweise kleine Häppchen – mundgerecht natürlich – fertiggemacht, und der Apfel wird in Schnitze geteilt, was einem einfach mehr Spaß bereitet, ihn zu essen – selbst uns Erwachsenen.

Schmecken

„Über Geschmack läßt sich streiten“ – wer kennt diesen so wahren Ausspruch nicht und denkt jetzt an die ach so vielen Auseinandersetzungen mit dem Partner/der Partnerin!? Dabei möchte ich nicht auf den Geschmack bez. Kleidung und Aussehen eingehen, sondern mich ausschließlich auf den Geschmack bez. Nahrung beschränken.

Nun, auch hier sind die Geschmäcker natürlich verschieden, aber es gibt wenigstens Bezeichnungen für die einzelnen *Aromen*, welche der eine mehr, der andere weniger bevorzugt. Das ist bei unserem anderen chemischen Sinn, dem Geruchssinn, ja nicht der Fall, wie wir später noch sehen werden. Unterscheiden kann man zwischen: süß und sauer, salzig und bitter.

Nun denken wir natürlich, daß wir dies alles unserem Geschmackssinn zu verdanken haben, doch das ist nicht der Fall. Verantwortlich hierfür sind die *Mundschleimhäute* und ihr feines Tastgefühl. Sie teilen uns die Beschaffenheit der Speisen mit, ob sie heiß oder kalt, schmerzverursachend sind oder nicht. Natürlich hat auch der *Geschmackssinn* eine Funktion. Er entscheidet, welche Stoffe den Verdauungstrakt passieren dürfen und welche nicht. Dürfen sie nicht, dann äußert sich das in einem angeekelten Gesichtsausdruck, der vielleicht noch von einem „Pfui“, „Bäh“ oder „Igittigitt“ begleitet ist. Das Ganze schmeckt uns dann also nicht.

Neben der Möglichkeit, daß uns etwas nicht schmeckt, gibt es aber noch die Tatsache, daß wir gar nichts schmecken, wobei wir aber annehmen, *daß* wir etwas schmecken. Stillen wir beispielsweise unseren Hunger mit einem Pfeffersalamibrot, dann schmecken wir seine Schärfe nicht, sondern bemerken sie – weil der *Trigeminusnerv* gereizt wird. Dieser spielt auch bei der Geruchswahrnehmung eine große Rolle.

Das Bier-Rad

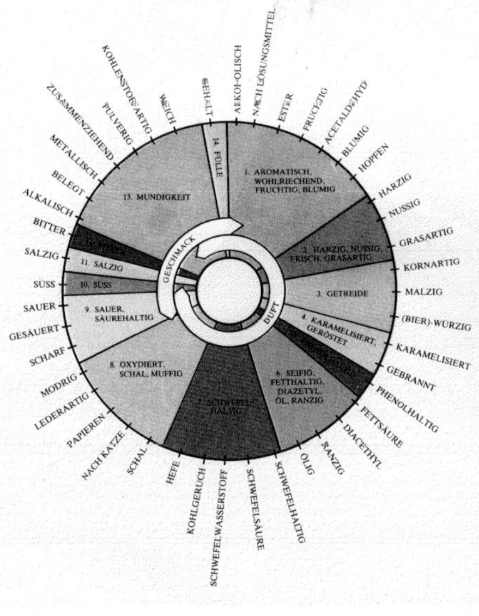

GESUNDE ERNÄHRUNG:

NUR SO HÄLT ESSEN LEIB UND SEELE ZUSAMMEN

Man ist wie man ißt", sagt der Volksmund und tut damit wieder einmal Wahrheit kund: Nur wenige unserer täglichen Gesten und Handlungen verraten so viel über uns wie die Art zu essen und zu trinken. Ob wir riesige Bissen hinunterschlingen oder genüßlich jeden Happen auf der Zunge zergehen lassen, ob wir lustlos im Essen herumstochern oder liebevoll ein ausgesuchtes Stückchen auf die Gabel nehmen – all das sagt mehr über unseren Gemütszustand und unsere Genußfähigkeit aus als beredte Worte.

Die Art zu essen ist freilich nicht nur ein Spiegel der Lebenseinstellung – sie hat auch viel Einfluß auf unsere Gesundheit. Die amerikanische Ernährungspäpstin Wendy

Tief durchatmen und genießen – wer diese Regeln beherzigt, macht aus jeder Mahlzeit eine gesunde Sache. Was Sie noch beachten müssen, sagt Ihnen Christine Unseld-Baumanns

● Essen soll Freude machen. Dazu tragen Erdbeeren im Januar, Spargel im Dezember oder Trüffel im Kilo nicht unbedingt

sondern die Tatsache, daß er gefüllt ist, und schickt dann die Botschaft ans Gehirn: Es ist viel Essen da!

● Inhalieren Sie genießerisch die Düfte. Dieser Geruchsgenuß macht einen Teil der Eßbefriedigung aus und trägt sogar zur Sättigung bei.

● Widmen Sie dem Essen Ihre volle Aufmerksamkeit. Die Tatsache, daß Sie es täglich tun, sollte nicht dazu verführen, es gedankenlos zu absolvieren und schnell hinter sich zu bringen. Machen Sie's auf keinen Fall wie jener Minister, der nach seinem Lieblingsessen befragt, sagte: „Alles, was sich über Akten löffeln läßt."

● Essen Sie langsam und bewußt. Konzentrieren Sie sich auf jeden einzelnen Bissen, nehmen Sie sich Zeit zum Kauen. Beenden

Nur so hält Essen Leib und Seele zusammen
Mit den folgenden Regeln schulen Sie Eß– und Lebensart – und ihre Fähigkeit zum Genießen.

O Essen soll Freude machen. Dazu tragen Erdbeeren im Januar, Spargel im Dezember oder Trüffel im Kilo nicht gerade bei. Wichtig ist vielmehr, Phantasie und Abwechslung ins Spiel zu bringen.
O Verzichten Sie nach Möglichkeit nicht auf eine augenfreundliche Dekoration der Gerichte. Selbst einen simplen Apfel kann man lieblos hinunterschlingen oder sorgfältig in Schnitze zerteilen. Lassen Sie Ihre Augen genüßlich über die Komposition auf Tisch und Teller schweifen.
O Stimmen Sie sich aufs Essen ein. Früher haben die Menschen vor dem Essen gebetet. Auch um sich innerlich und äußerlich auf die Nahrungsaufnahme vorzubereiten. Das Gebet war ein Ritual, das Distanz zum Alltag schaffte und den Menschen zu Ruhe verhalf, die für den Genuß und die richtige Verarbeitung der Nahrung im Körper unerläßlich ist. Nur wenn wir entspannt zu Messer und Gabel greifen, werden im Magen auch ausreichend Verdauungssäfte produziert. In der Hektik des Alltags bleibt oft wenig Zeit zur Einstimmung. Damit Ihnen der Bissen nicht im Hals steckenbleibt, schaffen Sie sich wenigstens ein kleines Ritual:
O Atmen Sie einmal tief durch, bevor Sie sich an den Tisch setzen.
O Überlisten Sie etwaigen Heißhunger, der zu schnellem Schlingen verführt, mit einem großen Glas Mineralwasser vorab.
O Benutzen Sie einen kleinen Teller. Das Auge registriert nicht die Größe des Tellers, sondern die Tatsache, daß er gefüllt ist, und schickt dann die Botschaft ans Gehirn: Es ist viel Essen da!
O Inhalieren Sie genießerisch die Düfte. Dieser Geruchsgenuß macht einen Teil der Eßbefriedigung aus und trägt sogar zur Sättigung bei.
O Widmen Sie dem Essen Ihre volle Aufmerksamkeit. Die Tatsache, daß Sie es täglich tun, sollte nicht dazu verführen, es gedankenlos zu absolvieren und schnell hinter sich zu bringen. Machen Sie's auf keinen Fall wie jener Minister, der nach seinem Lieblingsessen befragt, sagte: „Alles, was sich über Akten löffeln läßt."
O Essen Sie langsam und bewußt. Konzentrieren Sie sich auf jeden einzelnen Bissen, nehmen Sie sich Zeit zum Kauen. Beenden Sie Ihre Mahlzeit auch bewußt. Atmen Sie wieder einmal tief durch. Wer nach dem Essen gehetzt vom Tisch aufspringt, darf sich über Magengeschwüre und graue Haut nicht wundern. Wenn es eilt, nehmen Sie lieber einen Happen weniger.
O Qualität geht beim Essen immer vor Quantität. Auch wenn der Körper zunächst mal alles schluckt, was Sie ihm einverleiben – er wird sich rächen.
O Essen Sie regelmäßig. Wer tagsüber Eßgewohnheiten pflegt, die jeden Hungerkünstler neidisch werden lassen, und dafür abends seinen Bärenhunger auf einmal stillt, nimmt garantiert zu, selbst wenn die Kalorienzahl unter dem Strich die gleiche bleibt: Eine zu konzentrierte Nahrungszufuhr bei einer Mahlzeit überlädt den Magen, überfordert das Verdauungssystem und füllt auf Dauer die Fettspeicher auf, vor allem wenn sie spätabends stattfindet.

Schließlich: Wenn Sie mal „sündigen" – tun Sie's bitte mit Genuß! Gewissensbisse bringen gar nichts; sie sind nur lustfeindlich. Gleichen Sie lieber am nächsten Tag Ihre Sünde wieder aus, indem Sie Alkohol, Süßes und Fett beiseite lassen. Ein Teller mit ballaststoffhaltigen knackigen Salaten und Gemüsen entschlackt gründlich und führt dem Körper alle lebensnotwendigen Vitalstoffe zu.

Unseld–Baumanns

Wichtig ist noch, daß jedes Aroma von einem engen Zusammenwirken von Geschmack und Geruch abhängig ist.

Wie wichtig das Schmecken eigentlich ist, wird einem bewußt, wenn man bedenkt, daß Appetitlosigkeit ein konstitutives Merkmal von Depressionen darstellt. *Lernübungen zum Schmecken* können wichtige Bestandteile in der Behandlung depressiver Menschen sein.

Lutz gibt hierzu eine Anleitung: „Wichtig ist, daß Speisen mit unterschiedlichen Festigkeiten und Geschmacksrichtungen vorgegeben werden. Ein Beispiel für feste Strukturen stellen geraspelte Karotten, für weiche Strukturen gekochte Auberginen dar. Die Geschmacksqualität von Blumenkohl ist z.B. eher süß, die von Zwiebeln eher scharf. Während der Übung wird der Patient aufgefordert, geraffelten Karottensalat mit der Zunge von vorn nach hinten, von rechts nach links im Munde zu schieben und darauf zu achten, welche Änderungen sich bezüglich der Geschmackswahrnehmungen ergeben. Anschließend soll er mit der Zunge Karottenbrei gegen den Gaumen drücken und zwischen die Zähne nehmen. Die Geschmacksqualitäten werden sich ändern. Unmittelbar danach wird er aufgefordert, eine weiche Substanz in den Mund zu nehmen: z.B. gekochtes Auberginengemüse oder Kartoffelsalat." Damit und mit Getränken wird dann dieselbe Übung durchgeführt. Wichtig ist noch, daß sich genug *Zeit* genommen wird, denn die Geschmacksqualitäten müssen sich gut entfalten können, damit die gewonnen Eindrücke des Betroffenen deutlicher zur Wirkung kommen können. „Der Patient bekommt anschließend die Hausaufgabe gestellt, bei der Auswahl der alltäglichen

Speisen auf diese Aspekte zu achten und diese Art des Schmeckens bei jeder Mahlzeit zu realisieren."

Riechen

„Das stinkt mir" oder „Ich kann sie/ihn, überhaupt die ganzen Leute nicht mehr riechen" – wer hat wohl von diesen Aussprüchen noch keinen Gebrauch gemacht? Spricht man in unserem Lande von *Geruch*, so assoziiert man damit meistens Gestank, jedoch selten Wohlgeruch! Unter Geruch versteht man meist Schweiß und die Kreise, die er mit sich zieht.

Trotz der über 100 Millionen Riechzellen bereitet es uns große Schwierigkeiten, einen Geruch genau zu definieren, geschweige denn, ihn aus dem *Gedächtnis* abzurufen oder ihn uns gar nur vorzustellen. „Unser Gedächtnis kann fast alles wiedererstehen lassen, nur Gerüche nicht, obwohl die Vergangenheit durch nichts so vollkommen wieder auflebt wie durch einen Geruch, der einst mit ihr verbunden war" (*Nabokov*). Geht es Ihnen nicht so, daß bei bestimmten Düften Erinnerungen in Ihnen geweckt werden? So denkt man beispielsweise bei dem Geruch von Alkohol an die ersten feucht–fröhlichen Nächte, die man in seiner Jugend erlebt hat, oder bei dem Geruch von Spinat an die vielen Stunden, die man als Kind am Tisch verbracht hat, bis der Teller endlich leergegessen war, usw. Das ist also möglich; aber sich Gerüche ins Gedächtnis zu rufen – diese Fähigkeit wiederum ist uns nicht gegeben. Woran liegt es nun, daß uns die *Geruchsbestimmung* immer in Schwierigkeiten bringt?

Carl von Linne unterteilte die Geruchswelt in 7 Kategorien: aromatisch, wohlriechend, ambrosisch (moschusartig), lauchartig (Knoblauch), kaprylisch (Ziegenbock), widerlich und ekelhaft.

Das Problem liegt darin, daß man bei der Bestimmung eines Geruchs immer vom Gegenstand ausgeht, der den Geruch verursacht. So riecht beispielsweise eine Rose wie eine Rose und Leder riecht nach Leder, aber eine spezifische Bezeichnung für den Geruch, einen Begriff, bei dem man sofort weiß „Aha, so riecht das", gibt es nicht. Man nennt immer den Namen des Gegenstandes.

Gut, in der Küche und in den Parfümerien ist das etwas anders, denn da gibt es spezifische Begriffe: So riecht Pfeffer beispielsweise scharf, und das neue Parfüm von KL hat einen orientalischen Duft – aber allgemein gibt es keine Begriffsbildungen. Nach Meinung des renommierten und von mir gern zitierten Herrn *Zimmer* liegt es daran, „daß wir einerseits Gerüche in der Vorstellung kaum aufrufen können, daß wir sie andererseits als Ganzes erleben und nur mit Mühe zerlegen können."

Daß die Geruchsbestimmung nicht nur mit großen Schwierigkeiten für uns verbunden, sondern auch sehr beeinflußbar ist, zeigte sich in einem Experiment der Riech– und Geschmacksstoffirma *Dragoco*. Sie wies nach, daß selbst die Farbe des Etiketts eines Flacons die Beurteilung des Duftes beeinflußt. So wurde das Parfüm Anais Anais als „sinnlich" von den weiblichen Testriecherinnen befunden, wenn es sich in einer Flasche mit violettem Etikett befand, als „leicht" oder „frisch", wenn der Flacon mit einem grünen Etikett versehen war, und als „modisch" bei einem rosafarbenen Etikett.

Ein weiteres Beispiel für diese *Beeinflußbarkeit der Geruchssinne* ist, daß selbst große Weinkenner einen billigen Wein als *den* Wein bezeichnen, wenn man sie in einem dunklen Weinkeller an jenem Getränk riechen läßt. Es ist also gar nicht so einfach zu behaupten, man habe ein feines Näschen...

Die Schuld ist dabei keinesfalls den *Parfümeuren* zu geben, denn sie müssen bestimmt ein feines Näschen haben! 600–2.000 Gerüche müssen in ihrem Gedächtnis täglich abrufbereit sein, damit sie einen Geruch, zusammengesetzt aus mehr als 100

„Margret Schleidt von der Max–Planck–Forschungsstelle Humanethologie hat untersucht, welche Gerüche die Leute als angenehm oder unangenehm in Erinnerung haben. Den Deutschen, zeigte sich, sind vor allem Naturgerüche lieb: Wald und Holz; Blumen; Wasser, Luft und Erde; Gras und Heu. Dann folgen bestimmte Essensgerüche: Obst; Brot und Kuchen; Fisch und Fleisch auf dem Grill; Kaffee und Tee; schließlich sagen ihnen auch die Düfte der meisten Toilettenartikel und die Gerüche nahestehender Menschen zu. Gar nicht leiden mögen sie die Gerüche der Körperausscheidungen Kot und Schweiß; Abgase und Qualm; Chemikalien; die Gerüche, die von verrottendem Fleisch, faulenden Eiern, angebranntem Essen ausgehen" *(Zimmer)*.

Dabei gibt es verschiedene Duftrichtungen speziell für den Kosmetikbereich. Man unterscheidet zwischen „grünen Noten", „blumigen", „orientalischen" und „Chypre–Noten". So z.B., Chloe/Lagerfeld, Armani/Giorgio Armani, Paris/Yves Saint Laurent, Anais Anais/Cacharel, Paloma Picasso, Chanel No. 5/Chanel, White Linen/Estee Lauder...

Essenzen, mixen können. *Francoise Sagan* sagte einmal, daß das richtige *Parfüm* an der richtigen Frau Freund, Statussymbol und Komplize sei. *Coco Chanel*, die wohl bekannteste Mode–Dame und im Bereich der Haute Couture das Vorbild meiner Tochter schlechthin, äußerte sich folgendermaßen über die so beliebten Duftwässerchen: „Eine Frau, die kein Parfüm benutzt, hat keine Zukunft." Doch am schönsten läßt sich *Giorgio Armani* über jene Flacons und deren Inhalte aus: „Mein Parfüm eilt einer Frau voraus und ist noch da, wenn sie bereits gegangen ist. Es läßt ihre Gegenwart spüren, noch bevor sie da ist."

Doch nicht nur das weibliche Geschlecht legt Wert darauf, gut zu duften. Auch die *Männer* sind eitler geworden und finden es wichtig, gut gepflegt zu sein und auszusehen. Allein in den Jahren 1983 bis 1986 versorgte man(n) sich mit 93 Prozent mehr Pflegecremes und 51 Prozent mehr Duftwässerchen als in den Vorjahren, um sowohl für sich als auch für andere gut zu riechen. Das gilt vor allem in bezug auf das andere Geschlecht, dessen Aufmerksamkeit, wenn man es schon nicht so oder so oder so schafft, man dann zumindest mittels eines wohlriechenden Parfüms auf sich lenken will.

Männertypen:	Schwarzhaarig	Rothaarig	Hellblond, mittelblond	Dunkelblond, braun, brünett	Wie Frauen den Duft einordnen
	Azzaro (5,3)	Antaeus (5,6)	Drakkar noir (5,4)	Drakkar noir (5,3)	Hat was
	Azzaro (4,9)	Antaeus (5,2)	Antaeus (5,1)	Antaeus/Kouros (4,9)	Maskulin
	Drakkar noir (4,8)	Antaeus (4,6)	Antaeus (4,6)	Antaeus (4,9)	Aufregend
	Drakkar noir (4,2)	Drakkar noir (4,3)	Antaeus (4,3)	Antaeus (4,5)	Erotisch
	Cacharel (2,9)	Lagerfeld (3,3)	Drakkar noir (3,6)	Drakkar noir (3,1)	Cool

Und so nutzen Sie unsere Tabelle: Ein Schwarzhaariger wirkt beispielsweise auf Frauen erotisch, wenn er Drakkar noir (Testnote 4,2) nimmt

Und daß man(n) damit Erfolg hat, das hat der PLAYBOY ermittelt. Und zwar schickte er einen Autor des eigenen Betriebs zur GEWIS, d.h. zur *Gesellschaft für erfahrungswissenschaftliche Sozialforschung*. Dort wurde an zehn männlichen Versuchsteilnehmern, sowohl blond– und schwarz– als auch braun– und rothaarig und aus verschiedenen Altersklassen, die *Wirkung der Düfte* getestet. Es wurde also jedem Mann jedes Parfüm einmal an verschiedenen Körperstellen aufgetragen: mal das rechte Handgelenk, dann das linke, mal die rechte Seite des Halses usw. Bei den Düften handelte es sich um die beliebtesten Herrendüfte der höheren Preisklasse. Den zehn männlichen Versuchspersonen wurden dann zehn weibliche Tester wörtlich auf den Hals gehetzt – zum Schnuppern! Dabei durfte so lange und so intensiv wie gewünscht geschnuppert werden; Hauptsache war, daß die Fragebögen, welche an die Damen verteilt wurden, korrekt und spontan ausgefüllt wurden.

Auch setzte man beispielsweise fünf Frauen jeweils für fünf Minuten in einem geschlossenen Raum verschiedenen Herrenparfüms aus und verband sie mit einem *Meßgerät*. Dieses zeichnet Veränderungen des Hautleitwiderstandes auf (es ist quasi mit dem Lügendetektor vergleichbar). Nun stellte sich also heraus, daß die Erregungskurve der weiblichen Versuchspersonen steil nach oben schnellte und sich die Hauttemperatur veränderte, sobald ihnen ihr Lieblingsdüftchen um die Nase wehte.

Doch muß es sich bei den die Frauen erregenden Düften nicht immer unbedingt um Parfüm handeln, denn wie nachgewiesen werden konnte, hat regelmäßiger *Geschlechtsverkehr* bemerkenswert positive Auswirkungen auf die Gesundheit von Frauen – besonders auf die Fortpflanzungs– und Geschlechtsorgane. Ursache dafür sind, das hat man anhand wissenschaftlicher Untersuchungen herausgefunden, die männlichen Pheromone.

Bekannt sind uns die *Körpergerüche (Pheromone)* eigentlich nur aus der Tierwelt, wo sie die Aufgabe chemischer Signale haben, die unter den Tieren zur Kommunikation angewendet werden, zum Erkennen von Geschlecht, Alter, Kopulationsbereitschaft, Dominanz, Angst und den Reviergrenzen des anderen. In bezug auf den Lebensbereich der Menschen ist die Rolle der Pheromone oder auch *Ektohormone* noch weitgehend unerforscht, doch so langsam ist eine Änderung dieses Zustandes abzusehen. Man weiß, daß es sich bei diesen Gerüchen um Körper– und Sexualdüfte handelt, die sowohl anregende als auch regulierende Funktionen haben.

Winnifred Cutler, Endokrinologin an der *University of Pennsylvania*, beschäftigt sich mit jenen Düften und führte einige Tests hierzu durch. So fand sie z.B. auch heraus, daß die *männlichen Pheromone* eine normale und regelmäßige Ausbildung der *Menstruationszyklen* bewirken, ebenso wie sie *Fruchtbarkeits– und Menopausenprobleme* mildern. Dieses Ergebnis wurde durch Experimente bestätigt, die folgendermaßen abliefen:

Frauen, die unregelmäßige Menstruationszyklen haben (Abweichungen von den normalen 28,5 bis 30,5 Tagen), wurde eine Lösung, bestehend aus Alkohol und dem *männlichen Achselschweiß*, auf die Oberlippen gestrichen. Nach drei Monaten hatten sich ihre Perioden normalisiert. Bei der Kontrollgruppe hingegen, also bei den Frauen, denen man nur Alkohol auf die obere Lippe pinselte, war dieser Effekt nicht zu sehen.

Zu dem Phänomen, daß zusammenlebende Frauen, in der heutigen Zeit WG–Frauen, auch oftmals zur gleichen Zeit ihre „Tage" bekommen, wurde bereits 1975 der gleiche Versuch, nur in abgewandelter Form, vom Hirnforscher *Russell* durchgeführt. Er pinselte nichtsahnenden Frauen *weiblichen Achselschweiß*, vermischt mit Alkohol, auf die Oberlippe und – nach einiger Zeit fielen die Menstruationen der Versuchspersonen auf den gleichen Tag wie die der schweißspendenden Frauen.

Zurück zu den männlichen Pheromonen. Woran liegt es, daß sie oftmals des Mannes letzte Rettung sind und dadurch die Frauen auf ihn fliegen? Mitte der 70er Jahre entdeckte man im menschlichen *Achselschweiß* Androstenon und Androstenol. Das sind zwei Substanzen, die chemisch dem Sexualhormon Testosteron ähneln, weiterhin aber keine besondere Funktion haben, außer daß man sie riechen – oder nicht riechen – kann, denn sie verbreiten einen moschusähnlichen Geruch, der jedoch nach einiger Zeit nach Urin stinkt. Diese beiden Substanzen jedenfalls findet man sowohl in männlichem als auch weiblichem Achselschweiß vor; im männlichen jedoch in höherem Maße als im weiblichen. Zum Glück und Pech der Frauen sind ihre Geruchsorgane auch noch empfindlicher als die der Männer! Das liegt wahrscheinlich daran, daß viele Frauen in zuviele Sachen ihre Nase stecken – aber das ist schon wieder ein Kapitel für sich...

Jedenfalls ergab eine Studie des englischen Forschers *Kirk–Smith*, daß *Androstenolgeruch* uns in bezug auf das Verhalten anderer Menschen und der Erotik zugänglicher und unternehmungslustiger werden läßt. So wurden einigen Versuchspersonen Fotos von Tieren, Häusern, Männern und Frauen gezeigt, wobei alle Versuchsteilnehmer Operationsmasken trugen, die teilweise mit Androstenol präpariert waren. Ergebnis dieses Versuchs war, daß die Vpn, welche eine präparierte Maske trugen, die Menschen auf den Fotos als freundlicher, interessanter... und die Frauen sexyer einstuften. Des weiteren besprühte man in einem leeren Wartezimmer die Stühle mit Androstenol und wartete ab, welche Plätze denn nun wohl als erste eingenommen werden würden. Das waren natürlich die mit Androstenol besprühten Stühle. Zu sagen wäre noch, daß es sich bei den *Besetzern* um Frauen handelte.

Ist der Geruch uns nun erst mal in die Nase gestiegen, so wird er von über 100 Millionen Zellen der *Riechschleimhaut* entschlüsselt. Bei den Zellen handelt es sich um echte Gehirn–Neuronen, die mit ihren Axonen (Sendefortsätzen) eine direkte Verbindung zu den Riechkolben des Limbischen Systems haben. Die einzige Stelle, wo das Zentralnervensystem freiliegt und damit ein direkter Kontakt zur Außenwelt besteht, ist das Riechepithel.

Man kann den *Geruchssinn trainieren*. Den meisten Menschen fällt es schwer, wahrgenommene Gerüche exakt zu benennen und die gerochene Substanz aus ihrem Zusammenhang gerissen zu identifizieren. Eine nur vage Geruchsempfindung nimmt Gestalt an, sobald man ihr einen Namen gibt.

So ist es denn auch nicht verwunderlich, daß es 1987 schon 4 US–Pheromonpatente gab und auch die Japaner bereits daran interessiert sind, jene Produktionsrechte zu erwerben. Heutzutage versucht man eben aus allem Kapital zu schlagen. Selbst vor dem körpereigenen, individuellen Geruch eines jeden Menschen wird nicht halt gemacht, obwohl dieser eigentlich eher als unangenehm empfunden wird – es sei denn, es handelt sich um den Geruch nahestehender Personen, wie eine Studie ergab. Laß uns verduften...

Riechen kann man lernen

„Wie viele Geruchskategorien kann nun ein Mensch unterscheiden?“ Die Antworten auf diese Frage gehen weit auseinander. Ob nur wenige oder sehr viele, hängt von den Bedingungen und Umständen bei der Untersuchung ab und hat im Rückblick weniger mit dem Geruchssinn als mit dem Erkenntnisvermögen zu tun. Bei der älteren Untersuchung, die zu dem sehr niedrigen Ergebnis von insgesamt 16 benennbaren Gerüchen kam, mußten die Versuchspersonen viele ungewohnte Gerüche identifizieren. Zunächst wurde festgestellt, wie viele Gerüche die Testperson auf Anhieb benennen konnte, und dann versuchten die Wissenschaftler, diese Fähigkeit durch Wiederholung der Tests zu verbessern. Die Testperson konnte vertraute und sinnvolle Bezeichnungen wählen (wie fischig oder ölig) anstelle der chemischen Fachausdrücke für die im Experiment benutzten unbekannten Gerüche.

Erst nach langer Übung erreichten die Teilnehmer ihre Höchstleistung – „Kanalkapazität“ für Geruchsqualitäten genannt – das heißt, sie hatten die Höchstzahl der für sie erkennbaren Gerüche erreicht…

Daß nicht mehr als sechzehn Gerüche erkannt wurden, hat vermutlich mehr mit der Schwierigkeit, die Namen ausgefallener Gerüche zu lernen, zu tun als mit der tatsächlichen „Kanalkapazität“ der Testpersonen. Wir beschlossen daher, in unserem Labor… nur ganz alltägliche Gegenstände zu benutzen, die in Aussehen und Geruch starke Assoziationen hervorrufen und deren Bezeichnungen im allgemeinen jedem Erwachsenen vertraut sind. Wir wählten 80 Substanzen aus, die jedermann kennt, wie Fleisch (Leberwurst), Fisch (Sardinen), Obst (Orangen), Gewürze (Ingwer), Imbißhappen (Kartoffelchips), Getränke (Bier), Süßigkeiten (Sahnebonbons), Haushaltsartikel (Schuhcreme), medizinische Artikel (Verbandszeug), Werkstoffe (Ton), Artikel zur Körperpflege (Babypuder) und andere bekannte Dinge wie Bleistiftspäne oder Leder.

Aufgefordert, eine Substanz nach der anderen zu riechen und zu benennen, konnten die Testpersonen – junge Frauen mit verbundenen Augen – durchschnittlich 36 davon identifizieren. Die restlichen 44 schienen sie zwar zu kennen, kamen jedoch nicht auf den Begriff… Wo die Frauen versagten, hatten sie offensichtlich Schwierigkeiten, den richtigen Begriff im Gedächtnis abzurufen, obwohl durchaus Assoziationen zwischen Geruch und Bezeichnung vorhanden waren. Die Wahrscheinlichkeit, daß ein „auf der Zunge liegender“ Begriff doch noch genannt werden konnte, war von Fall zu Fall verschieden – selbst bei bekannten Substanzen. Den meisten Testpersonen war zum Beispiel der Geruch von verbranntem Papier ebenso vertraut wie der von Essig oder Pflaumensaft – trotzdem gab es die meisten falschen Antworten bei Pflaumensaft…

Menschen können mit entsprechender Hilfe beim Enkodieren und Abrufen so viele Gerüche definieren, wie sie unterscheiden und namentlich benennen können – und das sind bei entsprechender Übung vermutlich einige Hundert, wenn nicht gar Tausende…

Psychophysikalische Untersuchungen der Fähigkeit, Stoffe nach ihren Eigenschaften zu unterscheiden, sowie Tests der Reizschwelle für Gerüche haben die Behauptung nicht bestätigt, daß Frauen einen besseren Geruchssinn haben als Männer…

Wir fragten 102 Männer und 103 Frauen, wie gut – ihrer Meinung nach – die typische Testperson bei der Definition jeder einzelnen unserer 80 Duftsubstanzen abschneiden würde. Sie werteten die Erkennbarkeit auf einer Vier–Punkte–Skala von „ausgezeichnet“ bis „schwach“.

Beide Gruppen stimmten in erstaunlicher Weise überein. Sie waren auch einer Meinung, als es darum ging zu raten, ob Männer oder Frauen die Duftstoffe besser identifizieren könnten: Mit Ausnahme von sechzehn stereotyp „männlichen“ Substanzen wie Bier, Zigarrenstummeln, Maschinenöl und Holzwolle meinten beide Gruppen, daß wohl Frauen den besseren „Riecher“ hätten. Vor allem bei Lebensmitteln gab man den Frauen einen weiten Vorsprung. 85 Prozent waren auch der Meinung, daß Frauen Gewürze – darunter Vanillepulver, Oregano, Muskatnuß, Knoblauchpulver oder Ingwer – besser identifizieren könnten… Die männliche Überlegenheit beschränkte sich auf nur sieben Substanzen: Whisky, Aftershave Gesichtswasser, Zeichenstifte, Meerrettich, Fleckenwasser, Seife und Wick–Vaporub… Wir haben nachweisen können, daß man seine Fähigkeiten zur Geruchsbestimmung durch Übung erheblich verbessern kann oder, genauer gesagt, durch Erkenntnishilfen (cognitive interventions), bei denen Begriffe benutzt werden, die den Gerüchen bestimmte Wahrnehmungs– und Stoffcharakteristika zuweisen.

Caine

Düfte gegen Depressionen
Schmecken, Riechen, Tasten lernen die Teilnehmer der „Genußgruppe“ in der Psychosomatischen Fachklinik in Bad Dürkheim. Ziel des Programms: die Patienten für positive Erlebnisse zu öffnen

„Ich esse doch, um zu schlucken“, sagt die 47jährige Gudrun. Sie mag das Bananenstückchen nicht zwischen den Lippen halten, nicht mit der Zungenspitze die pelzige Oberfläche abtasten, auch nicht die Banane langsam zu Brei zerkauen. Kaum hat sie einen Happen auf der Zunge, setzt unwiderruflich ihr Kau– und Schluckreflex ein. Im Nu ist der Bissen im Magen.

Dabei sei es „eine intensive sinnliche Empfindung“, die Banane zwischen den Lippen zu haben, sagt die Therapeutin Dorothea Brotzler mit sanfter Stimme und fügt hinzu: „Wir werden noch herausfinden, warum Sie damit Schwierigkeiten haben.“ Zwischen den acht am Boden hockenden Frauen liegen auf einem weißen Leinentuch Orangen, Haselnüsse, Schokoladenstückchen, Knoblauch, Äpfel. „Schmecken lernen“ steht an diesem Tag auf dem Programm der „Genußgruppe“ in der Psychosomatischen Fachklinik in Bad Dürkheim an der Weinstraße. Auch Riechen, Tasten, Sehen, Horchen wird hier erlernt. Denn es gilt, ein weitverbreitetes „Fehlverhalten“ zu korrigieren: Menschen, denen es dreckig geht, die trauern oder unter starker Belastung leiden, können nicht gelassen und fröhlich sein. Das müsse nicht so sein, sagen die Therapeuten. Man müsse nur gelernt haben, zu genießen…

Riechtraining:

Wie auf einem Gemälde des Impressionisten Claude Monet sitzen die Frauen um das weiße Laken gruppiert. „Suchen Sie den Geruch, der Ihnen am liebsten ist, und lassen Sie Ihren Gedanken und Erinnerungen freien Lauf“, sagt Frau Brotzler…

Erfinder der Genußtherapie sind die Psychotherapeuten Eva Koppenhöfer und der Marburger Uni–Dozent Rainer Lutz. Psychologe Lutz fand sein Vorbild im griechischen Philosophen Epikur. Der lehrte, sich in dieser Welt angenehm einzurichten, statt auf ein Leben nach dem Tod zu warten.

Durch das Genußprogramm werden nicht nur alle fünf Sinne verstärkt, erklärt der Wissenschaftler: „Jeder merkt dabei auch, was ihm guttut.“ Diese Erkenntnis sollen die Patienten mit nach Hause tragen und sich täglich etwas Angenehmes gönnen. Schlechte, negative Gedanken und Gefühle werden in der Genußtherapie nicht verdrängt, aber vorübergehend beiseite gelegt. Die Patienten sollen sich auf positive Eindrücke einlassen.

Damit werden Krankheiten nicht kuriert, erklärt Programmerfinder Lutz: „Wir wollen nur gesundes Verhalten aufbauen, als Gegengewicht zur Krankheit.“ Die Therapie könne darum nur ein Baustein innerhalb der Gesamtbehandlung sein. Aber wem es gelingt, sich scheinbar über banale, alltägliche Kleinigkeiten zu freuen, ist schon auf einem guten Weg.

In unserer Wohlstandsgesellschaft, so Lutz, werde als höchster Genuß der Konsum angepriesen. Das aber sei eine Verwechslung: „Konsum folgt der Maxime: Je mehr, desto besser. Die oberste Regel des Genießens dagegen lautet: Weniger ist mehr.“

Kulow

Lutz schlägt *Riechübungen* für die Depressionstherapie vor: „Während schwer depressive Patienten durch kaum einen externen Reiz aus ihrer Apathie geholt werden können, haben olfaktorische Reize in der Regel ihren Aufforderungswert behalten." Der Patient wird aufgefordert, unter verschiedenen Düften, z.B. kleine Fläschchen mit Duftessenzen, wie sie in indischen Läden zu finden sind, den Geruch auszuwählen, der ihm am wenigsten unangenehm ist. Der Depressive, für den vielleicht nichts Schönes mehr existiert, wird also aufgefordert, nicht ein absolutes Urteil über etwas Angenehmes abzugeben, sondern eine Relation zu etwas noch Unangenehmerem zu bestimmen. Dadurch kann schon einmal erreicht werden, daß der Patient sich darauf einläßt, über positive Emotionen zu sprechen. Im weiteren geht es dann darum, über Geruchserinnerungen und dabei aufkommende Bilder, Vergleiche und Assoziationen zu sprechen. So könnte der Patient beispielsweise den Geruch von Zimt mit Glühwein, Zimtsternen oder Weihnachten assoziieren und an die Begebenheiten, die mit dem Geruchsgegenstand in Zusammenhang stehen, zurückdenken. „Durch ein solches Vorgehen können ganz schnell gravierende Probleme der Patienten angesprochen werden. Die Funktion des Therapeuten ist nun, die Verträglichkeit dieser Items mit dem Patienten zusammen auszuloten, Überforderungen festzustellen und gegebenenfalls den Schwierigkeitsgrad zu reduzieren... In jedem Falle sollte er Anleitung zum Akzentuieren positiver und negativer Anteile von Erinnerungen geben und die positiven Aspekte hervorheben. Die negativen Ereignisse sollen nicht weggeschoben, sondern akzeptiert werden als solche, die geschehen sind und zum eigenen Leben gehören" *(Lutz)*.

Hören

In ihrem „Therapieprogramm zum Aufbau positiven Erlebens und Handelns bei depressiven Patienten" stellen *Koppenhöfer & Lutz* das Hören als einen zu bearbeitenden Abschnitt des Therapieprogramms ans Ende, da das Hören als erheblich störend empfunden werde. Doch neben dem Hören kann auch noch etwas anderes als erheblich störend empfunden werden – *Lärm*! Und der ist relativ. Er kann nämlich noch so leise sein, man muß ihn nur hören *wollen*. Will man schlafen, so stört einen die Fliege an der Wand, die ja nun wirklich keinen Lärm verursacht. Überhaupt scheint der Ausdruck von Emotionen in Form von Singen, Rufen oder Schreien verboten zu sein.

„Straßenmusik und das Ausrufen von Waren wurde in England 1864 verboten, die Berner gingen bereits 1628 gegen das Singen vor, gegen bellende Hunde 1784, gegen unnötiges Peitschenknallen 1911, seit 1914 werden plötzlich die Teppichklopfer und die lärmenden Kinder obsolet... Der öffentlich legitimierte Lärm ist schutzwürdig, Lärm ist eine Machtfrage. ‹Nee, Sie können hier nicht spielen. Nein, auch nicht Gitarre, Sie stören die anderen Fahrgäste!› Und der Junge mit der Gitarre steigt mit dem Mann vom Ordnungsdienst wieder aus. Wir fahren nach der kurzen Unterbrechung wieder weiter, Rattern und Schlagen der Schwellen, durchdringendes Knirschen und Pfeifen in der Kurve. Die Gitarre hätte keine Chance..." *(Heitkamp)*.

Welche Mutter fühlt sich in ihrer Haut wohl, wenn sie mit ihrem schreienden Säugling im Bus sitzt und tausend wütende Blicke auf sie gerichtet sind!? „Furchtbar, dieses Geplärre..." Glauben Sie bloß nicht, daß sich auch nur eine Person zu der Frau mit Kind gesellen würde, um ihr bei der Beruhigung/Aufheiterung des Kindes behilflich zu sein. Im Gegenteil, die Leute nehmen Abstand, soweit das möglich ist. Lärm kann schließlich keiner vertragen.

Depressiven Menschen ist auch mit *Horchübungen* zu helfen, wobei dazu Geräusche entwickelt und dem Patienten vorgespielt werden, die dieser auch selbst nachmachen und im Alltag wiederfinden kann. Das sind beispielsweise Geräusche wie das Rauschen eines Wasserstrahls, das Fallen eines Steines, das Kratzen eines Füllfederhalters, das Klicken eines Lichtschalters etc. „Als Beispiel soll hier die Erfahrung einer Genußgruppe in der Weihnachtszeit wiedergegeben werden. Die Patienten entdeckten folgende Geräuschnuancen:

– Christbaumkugeln, die hell aufeinanderklappern,
– Kaffeetassen, die scheppernd aufeinanderklappern,
– Kerzen, die dumpf aufeinanderfallen,
– Tannenzweige, die knisternd verbrannt werden,
– eine Kerze, die ausgepustet wird,

Als Anknüpfung an die Übungen in der Therapie kann man dem Patienten noch eine Hausaufgabe anbieten/auferlegen, bei der es darauf ankommt, daß „Geräusche wirklich unter dem Gesichtspunkt des Genußvollen ausgewählt werden... Bei den Geräuschen ist die Intensitätsfrage sehr wichtig..." *(Koppenhöfer & Lutz)*.

– Nüsse, die geknackt werden,
– Weihnachtsplätzchen, die zerbröselt werden,
– Watte, die zerzupft wird,
– ein Steichholz, das angezündet wird,
– Lametta, das aneinanderklirrt“ *(Koppenhöfer & Lutz)*.

Musik

Während zunächst die Angehörigen verschiedenster Berufssparten Musik zu Heilzwekken einsetzten, gibt es inzwischen auch eigene Ausbildungsgänge zum *Musiktherapeuten*. Neben mehr animateurähnlichen Tätigkeiten in Kurkliniken, wo der Einsatz von Musik zur Annehmlichkeit der Atmosphäre beiträgt, gibt es die kompensatorische pädagogische Arbeit mit behinderten Kindern, die durch Ich–stärkende musikalische Erlebnisse die Persönlichkeit entwickeln und stabilisieren soll.

Von Medizinern wird entspannende Musik in der Zahnheilkunde und Geburtshilfe und zur Unterstützung von Verfahren wie Autogenem Training, Katathymem Bilderleben und Hypnose eingesetzt. Zudem existiert der eigenständige Beruf des Musiktherapeuten. Nach *Haas* liegen die therapeutischen Anwendungsbereiche der Musik in der „Kommunikation als Möglichkeit angstfreier Kontaktaufnahme, aktiv–rezeptiver Veränderung des emotionalen Bereichs, Entspannung und psychophysischer Harmonisierung sowie ästhetischer Erlebnisfähigkeit.“ Somit läßt sich diese Therapieform praktisch für alle psychischen Störungsbilder anwenden. *Musiktherapie* ist in Gruppen– oder Einzelsitzungen, aktiv oder rezeptiv, harmonisierend oder konfliktzentriert durchführbar.

Im *Verlauf* einer vollständigen Musiktherapie können die Teilnehmer nach einer mehr rezipierenden Gewöhnungsphase über Improvisationen, die vom Musiktherapeuten z.B. am Klavier angeregt und strukturiert werden, später zunehmend die Gefühle und Probleme bearbeiten.

Haas schlägt Improvisationen zu Themen wie „Streit“, „Träume“ oder „Gespräch“ vor. Die gemeinsam geschaffenen Klanggebilde werden vorher und/oder nachher bezüglich ihrer Aussagen besprochen, z.T. werden Tonbandmitschnitte den Klienten vorgespielt und ihre emotionalen Aussagen bearbeitet. Durch die Aufzeichnungen der musikalischen Produktionen darf selbstverständlich kein Leistungsdruck entstehen. All das ist natürlich – alternativ oder begleitend – auch mit stimmlichen Äußerungen möglich. Singen, Summen, Schreien und andere vokale Ausdrucksmöglichkeiten sind miteinzubeziehen.

Dies mag für manche Klienten schwieriger sein, weil der Umweg über das Medium fehlt, für andere leichter, weil die Befürchtung, mit einem Instrument etwas falsch zu machen, wegfällt (die Wirkungen der Stimme auf die Psyche, eng verknüpft mit der Atmung, werden übrigens schon seit Urzeiten in der östlichen Meditation genutzt).

Bei *textlichem Gesang*, wie wir ihn in unseren Volksliedern, Schlagern und der moderneren Folkmusic vorfinden, tritt zu diesen Effekten die Emotionalisierung durch den Text, die Aussage, den Inhalt des Liedes. Manchen Musiktherapeuten ist es anscheinend zu schlicht, einfach Lieder zu singen – und dann vielleicht noch altbekannte. Schade! Auch hier tobt sich anscheinend die *Lorenzsche* Neophilie aus, die Sucht nach Neuem und immer wieder Neuem.

„Es ist sehr wichtig, in bezug auf Musik nicht passiv zu bleiben: Passivität entspricht dem typischen Konsumverhalten. Jeder Mensch sollte musikalisch aktiv werden, sei es auch nur in einfachster Form: singend oder summend oder auch nur, indem man mit den Fingern auf dem Tisch einen bestimmten Rhythmus trommelt; das Spielen eines Instruments – so gut wie möglich, aber aktiv – wäre natürlich ideal. Nur so kann sich eine Kreativität – wenigstens teilhabend – entwickeln. Das gilt auch für die Schule; tägliches Singen ist für die Bildung wichtig, vielleicht wichtiger, als ausschließlich und unablässig große Mengen von Wissen einzutrichtern“ *(Luban–Plozza)*.

Rhythmus

Musik appelliert unmittelbar an unsere Empfindungen. Rhythmen ziehen bereits bei niederen Wirbeltieren gewisse physiologische Prozesse in Phase. So kann man mit einem Metronom die Kiemendeckelbewegungen von Fischen in Phase ziehen und verlangsamen oder beschleunigen. Spielt man Personen, deren Herzschlag man zuvor durch eine Übung beschleunigte, Wiegenlieder vor, dann nimmt die Pulsfrequenz schneller ab als in Kontrollgruppen, die nichts oder die Jazz zu hören bekommen. Wiegenlieder aus den verschiedensten Kulturen wirken so. Ihnen ist gemeinsam, daß sie in Melodie und Rhythmus den langsamen Atemrhythmus des Einschlafenden nachvollziehen.

Wir dürfen annehmen, daß es verschiedene basale Rhythmen gibt, die menschliches Verhalten spezifisch beeinflussen, und zwar kulturübergreifend auf ähnliche Weise. Bestimmte Rhythmen beruhigen, andere erregen. Ob darüber hinaus spezifische Rhythmik–Muster als Auslöser spezifische Emotionen wie Aggression oder liebevolle Zuneigung aktivieren, also spezifischer stimmen, wissen wir nicht. Fest steht die auf– oder abregende Wirkung von Rhythmen, ferner ihre koordinierende Wirkung auf Menschen in Gruppen, die nach dem Muster der Koaktion oder Alternation zu gleichzeitigem oder partnerschaftlich aufeinander abgestimmtem, abwechselndem Tun angehalten und in Phase gezogen werden.

Bei den Melodien gibt es sicher auch primäre Leitmotive. Personen können Helden–, Jagd–, Kriegs–, Trauer–, Wiegen– und Liebeslieder, die aus sehr verschiedenen Kulturen stammen, mit großer Sicherheit der richtigen Kategorie zuordnen. Wir erinnern ferner an die Versuche von K. Sedlacek und A. Sychra (1963), die zeigten, daß nicht–tschechisch sprechende Personen die Stimmung eines tschechisch gesprochenen Satzes dennoch richtig interpretieren. Emotionen der Freude und Liebe waren durch höhere Stimmlage und lebhafteren melodischen Verlauf gekennzeichnet. Emotionen der Trauer und Resignation bewegten sich im Melodienverlauf klar unterhalb der Zone neutral gesprochener Sätze...

Musik packt unmittelbarer als die visuelle Kunst. Sie richtet sich in erster Linie an unsere Emotionen, wobei die primären Leitmotive als Auslöser in mehr oder weniger verschlüsselter Form geboten werden. Vermutlich werden auch übernormale Klangattrappen konstruiert, traurige Weisen etwa, die mehr rühren als das natürliche Klagen und Weinen. Auch kann der Künstler durch das richtige Betätigen der Reizschlüssel verschiedene Emotionen in Aufeinanderfolge auslösen und so das „Seelenleben" des Zuhörers in einer Weise aufwühlen, die normalerweise nie erlebt werden kann. Hier werden sicher Spannungen aufgebaut und im Sinne einer Katharsis gelöst.

Durch ständige Wiederholung eines Rhythmus oder einer Melodie können Zustände der Trance, des Außer–Sich–Geratens bewirkt werden. Vermutlich geraten bei dem dauernd wiederholten gleichen Reizanstoß Neuronenkreise ins Schwingen, wobei in Resonanz immer größere Neuronenpopulationen erfaßt werden, ähnlich wie bei einem epileptischen Anfall. Auf diese Weise entstehen veränderte Bewußtseinszustände...

Musik steht häufig im Dienste der Gruppenbindung. Bei der Marschmusik ist dies ebenso offensichtlich wie beim Chorsingen. Und ähnlich wie der Stil in der visuellen Kunst kann auch Musik zum gruppenbindenden Mittel werden. Während meiner Arbeit auf Bali hörte ich als Hintergrundmelodie immer wieder die Gamelanorchester, aber auch die Kinder summten im Spiel die Melodie des Legong–Tanzes. Wir gehen wohl nicht fehl, wenn wir behaupten, daß solche Leitmotive einen starken, die Gruppenidentität mitprägenden Einfluß ausüben. Bei den !Ko–Buschleuten waren es die einfachen Melodien der Melonenballtänze, die immer wieder aufklangen, so daß ich sie freundlich, ja fast heimatlich mit dem Buschmannleben und der Kalahari assoziiere.

Eibl–Eibesfeldt

Hörmann beschreibt seine *musiktherapeutische Arbeit mit Psychiatrie–Patienten*: Eine Gruppe von 10–14 Patienten trifft sich einmal wöchentlich in einem großen Raum, der mit einem Klavier sowie zahlreichen bereitgelegten einfachen Instrumenten wie Rasseln, Triangeln, Xylophonen ausgestattet ist. Die Sitzungen werden auf Tonband aufgenommen und später in der Einzeltherapie ausgewertet. Zu Beginn berichten die Patienten von ihrem Befinden, fassen dies in einem Satz zusammen und versuchen nun jeweils, diesem Satz mit ihrem Instrument Ausdruck zu verleihen. Die Gruppenmitglieder erkunden, wieweit sie sich emotional fallenlassen wollen und können hier in relativ unbedrohlicher Weise mit nonverbaler Kommunikation experimentieren. In einer solchen Gruppe treten die gleichen Beziehungsprobleme wie in einer Gesprächsgruppe auf und wollen gelöst werden.

So gilt es immer wieder, die *Ausbrüche* einzelner in dem gemeinsamen Klanggebilde aufzufangen und zu integrieren. In dieser angstärmeren Atmosphäre kann – so *Hörmann* – mit Konflikten sowohl subtiler als auch unmittelbarer umgegangen werden. Den Abschluß einer Sitzung bildet ein Gespräch mit den Fragen „Wie fühle ich mich?", „Was ist geschehen?", „Was möchte ich mir vornehmen?" Dabei können die Erfahrungen der Teilnehmer sehr unterschiedlich ausgefallen sein, von Entspannung, Aktivierung bis zur Konfrontation mit eigenen Ängsten und Hemmungen. Oft besteht im Anschluß an diesen Teil noch der Wunsch, gemeinsam zu singen oder zu Improvisationen am Klavier zu tanzen.

Für die Musiktherapie gilt, ebenso wie für die Tanztherapie, daß man nicht notwendigerweise eine durchstrukturierte (und mit der entsprechenden relativ aufwendigen Ausrüstung versehene) Therapie durchführen muß, sondern es lassen sich sinnvolle Kombinationen von musiktherapeutischen Elementen und sonstigen Therapieformen schaffen.

„Man kann sich den Weg zur gesunden Lungenfunktion im Alter freisingen", erklärte *Dr. McCormick* in Kansas City. Ähnlich wie etwa durch Schwimmen, Rudern und Yoga–Übungen werde auch beim Singen die Brustmuskulatur gestärkt. Die Befunde könnten auch erklären, „warum viele Berufssänger zwei Jahrzehnte länger leben als Nicht–Sänger".

Musikstücke, die beim Hörer vorhandene Gefühle erlebbar machen können *(Haas)*

a) *depressive Grundstimmung:*
O Ibolele (Frizzi/Schüler): Roy Etzel
O Tränen lügen nicht (Zacar/Holm): Roy Etzel
O Adios (Jose/Ithier/Kunze): Roy Etzel
O Konzert für Violoncello und Orchester Nr. 3 G–Dur (Adagio): L. Boccherini
O Aus Holbergs Zeit op. 40 (Air): E. Grieg
O Konzert für Harfe und Orchester (Andante lento): F. A. Boieldieu
O Sinfonie Nr. 9 e–Moll op. 95 „Aus der neuen Welt" (Largo): A. Dvorak
O Sinfonie Nr. 4 A–Dur op. 90 „Italienische" 2. Satz (Andante con moto): F. Mendelssohn Bartholdy
O Orchestersuite Nr. 3 D–Dur BWV 1068 (Air): J. S. Bach

b) *aggressive Grundstimmung:*
O Peer–Gynt–Suite Nr. 2 op. 55 (Peer Gynts Heimkehr: Stürmischer Abend an der Küste): E. Grieg
O La Mer 1. De l'aube amidi sur la mer: C. Debussy
O Divertimento für Streichorchester (2. Satz: Molto Adagio): B. Bartok
O Bolero: M. Ravel
O Drei Stücke für Orchester op. 6 (1. Stück): A. Berg

c) *regulativ* (Stücke, die so wenig Spannung enthalten, daß sie eine intensive psychophysische Entspannung auslösen können):
O Feuerwerksmusik (Bourree): G. F. Händel
O Brandenburgisches Konzert Nr. 4 BWV 1049 (2. Satz): J. S. Bach
O Konzert für Harfe, zwei Flöten und Orchester (Allegro Larghetto): G. F. Händel
O Peer–Gynt–Suite Nr. 1 op. 46 (1. Morgenstimmung): E. Grieg
O Der Frühling (aus „Die vier Jahreszeiten") 2. Satz: A. Vivaldi
O Canon: J. Pachelbel

„Die suggestive Wirkung der Musik auf das menschliche Gemüt ist schon seit dem Altertum bekannt: euphorisierend bei Militärmärschen, mitreißend bei rhythmischer Musik; bedrückend bei Trauermärschen; zur inneren Sammlung, zu meditativen Gedanken oder zu erhebenden Gefühlen führend bei religiöser Musik u.a. Damals war die Musik in vielen Bereichen des sozialen Lebens ein sehr ausgeprägter psychologischer Faktor" *(Luban–Plozza)*.

Bevor wir an das Erlernen eines bestimmten Instruments denken, sollten wir uns unseren eingebauten Instrumenten widmen: den *Händen* und der *Stimme*. Damit können wir klatschen und singen. Fangen wir damit an, Musik, die wir mögen, mit unseren Händen und unserer Stimme zu begleiten, d.h., im Takt mitzuklatschen und die Melodie mitzusingen. Das Schwierige, aber Wichtige daran ist, daß wir zwei Dinge gleichzeitig tun: Klatschen *und* Singen. Das Singen läßt sich dabei durch Summen, Pfeifen oder Zischlaute ersetzen, das Klatschen durch Klopfen mit den Fingern, Schlagen mit der Hand sowie Wippen oder Stampfen mit dem Fuß (oder was Ihnen sonst noch einfällt). Der nächste Schritt ist, nicht mehr nur zu begleiten, sondern auch selber mit dem Singen und Klatschen anzufangen, wo immer wir Lust und Gelegenheit dazu haben: in der Badewanne, im Bus, morgens im Bett, abends im Gesangverein.

Bei diesen Übungen könnte Ihnen auffallen, daß Ihnen entweder das Klatschen oder das Singen leichterfällt und mehr Spaß macht. Ist es das Klatschen, sollten Sie es mal mit einem *Schlag–(Perkussions–)Instrument* versuchen. Am besten mit einer Conga oder einer anderen großen Handtrommel. Bei der können Sie von Anfang an richtig zulangen, und Sie haben damit ein in jeder Beziehung vollwertiges Instrument. Für eine gebrauchte Trommel sollten Sie zwischen 200,– und 300,– DM anlegen, für ein neues Instrument ab 400,– DM. Ein einfacher Qualitätstest besteht darin, zu hören, ob die Trommel schon bei leichten, federnden Schlägen einen vollen Ton produziert. Die Schläge werden mit der Fläche der vier aneinandergelegten Finger einer Hand (ohne den Daumen) ausgeführt. Für den Unterricht halten Sie Ausschau nach Trommel–Workshops, Rhythmik–Seminaren, Kursen in Musikschulen, und fragen Sie Trommler, die Sie auf der Straße, bei Konzerten usw. sehen. Ausgehend von der Conga finden Sie schnell Zugang zu anderen Instrumenten der Perkussionsfamilie (kleine und große Hand– und Stocktrommeln, Glocken, Rasseln, Gongs...). Mit Schlaginstrumenten können Sie Musik beinahe jeden Stils begleiten, bereichern, spielen, kreieren.

Macht Ihnen das *Singen* Freude, probieren Sie es mit einem *Melodie– oder einem Harmonieinstrument*. Melodieinstrumente zeichnen sich dadurch aus, daß man auf ihnen in der Regel nur einstimmig spielen kann, d.h., man kann nicht mehrere Töne gleichzeitig erzeugen. Zu dieser Gruppe gehören Blasinstrumente wie Flöte, Saxophon, Klarinette usw. Um schöne Töne spielen zu können, braucht man eine gute Blastechnik, und das heißt: viel und regelmäßig üben. Es sind also eher Instrumente für Leute, die Geduld und Ausdauer haben.

Harmonieinstrumente können mehr. Neben Melodien lassen sich auf ihnen auch Akkorde spielen. Zu dieser Gruppe gehören Klavier, Orgel, Gitarre usw. In den genannten Instrumenten stecken die schönen Töne außerdem schon drin. Man braucht sie nur noch anzuschlagen bzw. zu zupfen. Besonders hervorzuheben ist die *Gitarre*. Es braucht zwar auch etwas Geduld und Ausdauer, bis eine Hand lernt, die Saiten sauber zu greifen; aber schon mit drei Akkordgriffen und ein bißchen schrumm schrumm kann man ein gemeinsam gesungenes Lied begleiten. Der Erfolg und damit die Freude am Spiel stellt sich wohl bei keinem anderen Instrument so schnell ein. Dazu kommt, daß man die Gitarre leicht transportieren kann und daß sie erschwinglich ist.

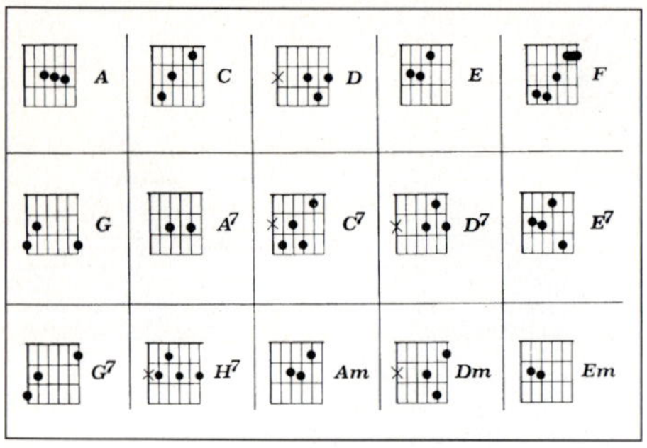

Mit etwas Glück bekommt man ein brauchbares Instrument für unter 100,– DM auf dem Flohmarkt. Weniger riskant ist der Kauf der ungenutzt in der Ecke stehenden Gitarre aus dem Freundeskreis. Für Anfänger geeignet ist ein mit Nylonsaiten bespanntes Instrument mit breitem Griffbrett. Wichtig für einen guten Klang ist die Bundreinheit. Sie wird getestet, indem man für jede Saite den gegriffenen Ton am 12. Bundstäbchen mit dem Flageolett–Ton an derselben Stelle vergleicht. Den Flageolett–Ton erhält man durch leichtes Auflegen eines Fingers auf die Saite in der Höhe des 12. Bundstäbchens und gleichzeitiges kräftiges Zupfen. Die beiden Töne müssen genau gleich sein. Außerdem sollte der Hals gerade sein (der Länge nach anpeilen) und fest mit dem Korpus verbunden. Unterricht bekommt man bei Freunden, in Kursen der Volkshochschulen, bei Gitarrenkreisen der Kirchengemeinden, bei Musikschulen oder über eine Kleinanzeige.

Tasten

„Unsere ersten Wahrnehmungen werden uns durch unser Tastgefühl vermittelt; denn der Fötus erfährt innerhalb des Uterus eine Reihe verschiedenartiger Bewegungen und muß bis zu einem bestimmten Grad von seinen Muskeln Gebrauch machen…

Viele Sinnesorgane sind auf eine geringe Körperfläche verteilt, wie zum Beispiel die Nüstern, Ohren, Augen, während das Tastgefühl sich über die ganze Haut erstreckt und nur an den Fingerspitzen und der Spitze des Daumens differenzierter und zarter ist. Es ist also sehr praktisch verteilt und ermöglicht sowohl das Umfassen kleiner Körper als auch die Anpassung an die Unebenheiten großer Kinder scheinen sich der Umrisse kleiner Gegenstände sowohl mit den Lippen als auch mit den Fingern zu vergewissern. Sie stecken deshalb jedes Objekt, das sie nicht kennen, in den Mund, ob sie nun gesättigt oder hungrig sind.

Wir verschaffen uns als Kind die Vorstellung von einem uns neu gegenübergestellten Gegenstand entweder dadurch, daß wir ihn einfach an uns drücken, um zu fühlen, wie er ist, oder indem wir seine Oberfläche ertasten. Im ersten Fall vergewissern wir uns, indem wir das Objekt mit unseren Sinnesorganen umfassen, betasten, über seine Länge und Breite“ *(Darwin)*.

Es ist gar nicht so einfach, dieses Thema, aber ich versuche mich heranzu*tasten*! Es gibt Menschen, für die der *Händedruck* reine Zeitverschwendung ist. Das jedenfalls ergab eine Umfrage der *Wickert–Institute*. Für jene Menschen hingegen, die scheinbar noch etwas für taktilen Kontakt übrig haben, ist das Händeschütteln einfach menschlich, freundlich, herzlich, Vertrauen schaffend, warm inmitten unserer kontaktärmer werdenden Welt (es scheint doch noch Menschen zu geben, die einen Sinn für die schlechten Veränderungen in dieser Welt haben).

Doch das sind nur noch 55 Prozent der Bundesbürger. 42 Prozent der 2.710 befragten Personen haben etwas gegen den warmen Händedruck, und drei Prozent waren ohne Urteil (die kann man wahrscheinlich auf jede x–beliebige Weise begrüßen…). Interessant wäre noch, daß die Zustimmungen zum Händeschütteln von Süden nach Norden abnehmen! Sollte vielleicht doch etwas Wahres an dem „kühl“ der kühlen Norddeutschen dran sein? Jedenfalls stimmten in Schleswig–Holstein, in Hamburg und Bremen nur 44 Prozent dieser Begrüßung zu, in Baden–Württemberg waren es hingegen 65 Prozent und in Bayern 69 Prozent!. Da schaut's her! Den 42 Prozent kann aber geholfen werden, indem sie das Tasten erlernen. Hier gibt *Lutz* Vorschläge für *Tastübungen* in der Therapie, wobei sich diese Übungen in drei Schwerpunkte gliedern:

– Erfühlen der Struktur von Gegenständen sowie Registration und Benennung,
– Herausfinden der am besten und am angenehmsten zu fühlenden Stellen des Objekts,
– Heranführung der Patienten an das Ertasten der eigenen Körperpartien.

Übungen bezüglich des ersten Schwerpunktes könnten so aussehen, daß dem Patienten Gegenstände vorgegeben werden, die er fühlen soll und von denen er sich schließlich den für ihn am angenehmsten zu fühlenden aussucht. *Versuchsgegenstände* könnten beispielsweise Watte (leicht, weich), ein großer Kieselstein (schwer, rund, glatt, erdbezogen), ein Stück Baumrinde (rauh, rubbelig, unregelmäßig, morsch) oder einige Blätter von Pflanzen (glatt, faserig, symmetrisch, elastisch) sein.

Damit die in der Therapie gewonnenen Eindrücke und Erfahrungen vertieft und auf den Alltag reflektiert werden können, gibt es wie in der Schule Hausaufgaben. Die für diese Übung spezifische *Hausarbeit* könnte so aussehen: „Schauen Sie sich in Ihrer Umgebung um: Was fassen Sie gerne an, was könnte sich angenehm, interessant anfühlen? Fassen Sie auch Dinge an, die Sie täglich um sich haben und die Sie noch nie unter diesem Gesichtspunkt angefaßt haben. Dies kann eine Tischdecke sein, der Schrank, die Tapete, Bleistifte, ihre Bademütze, der Pingpong–Ball etc. Wählen Sie drei solcher Gegenstände, die Sie gerne anfassen, aus, und bringen Sie diese in die

Tastsinn

Es ist überraschend, daß man beim Aufschlagen eines englischen Wörterbuchs unter der Sparte „touch" meist die umfangreichste des ganzen Bandes findet. In dem großartigen „Oxford English Dictionary" ist es die längste Eintragung – volle vierzehn Spalten. Das legt an und für sich ein Zeugnis dafür ab, welchen Einfluß das taktile Erleben der Hand und der Finger auf unsere Vorstellungswelt und Sprache hat. Das Wort stammt ursprünglich von dem französischen „touche" und wird im „Oxford English Dictionary" als „die Handlung und den Akt des Berührens; die Ausübung des Gefühlsvermögens gegenüber einem Stoff oder einem Gegenstand" definiert. Touching wird als „die Funktion oder der Akt, etwas mit der Hand zu befühlen, usw." bezeichnet. Das entscheidende Wort ist hier „befühlen", also fühlen.

Nun ist befühlen zwar nicht unmittelbar Gefühl, im Sinne von Emotion, aber die dadurch ausgelösten sensorischen Elemente rufen die neuralen, glandulären, Muskeln und Geist betreffenden Wandlungen hervor, die wir, wenn sie zusammen auftreten, eine Gefühlsregung nennen. Daher wird eine Berührung nicht als einfacher physischer Umstand, als Empfindung schlechthin, sondern affektiv als Gemütsbewegung erlebt. Wenn wir sagen, eine schöne Tat oder ein Akt der Zuneigung habe uns gerührt oder berührt, beschreiben wir eine emotionelle Erfahrung. Und wenn wir sagen, ein Mensch sei „tief berührt" (auch: „zutiefst getroffen, im Innersten verletzt"), sprechen wir von einer ganz anderen Art des Empfindens. Das Verb „berühren" bedeutete in diesem Zusammenhang, daß ein Mensch verletzbar, daß er sensitiv ist. Wir nennen ihn „empfindlich", wenn er es im Übermaß ist. „In Berührung bleiben" besagt, daß wir in Kontakt bleiben wollen, so weit wir äußerlich voneinander entfernt sein mögen. Das eben ist die ursprüngliche Aufgabe der Sprache, den Menschen mit seinem Nebenmenschen zu verbinden. Aus dem, was das Kind empfindet, wenn die Mutter es in ihren Armen hält oder an sich drückt, bildet sich die grundlegende Möglichkeit der Kommunikation, seine erste Sprache, die erste Herstellung einer Berührung mit einem anderen Menschen, die Grundlage des spezifisch „menschlichen Verhaltens" (the human touch). Das „Oxford English Dictionary" sagt, „touch", also „Berührung", sei das allgemeinste physische Empfinden, das sich über die ganze Haut verbreite, das aber (beim Menschen) speziell in den Fingerspitzen und den Lippen entwickelt sei...

Das Kind, das ohne zärtliche Berührung aufwächst, wird zu einem Menschen, der sich anderen gegenüber nicht nur physisch, sondern auch psychologisch und in seinem ganzen Benehmen ungeschickt verhält. Es sind meist Menschen, denen es an Takt fehlt, eine Eigenschaft, die vom „Oxford English Dictionary" als das „bereitwillige, sensitive Einfühlungsvermögen in das, was im Umgang mit anderen passend und richtig ist, um sie nicht vor den Kopf zu stoßen, sondern, wenn möglich, ihre Neigung zu gewinnen, das Geschick und Urteilsvermögen, das einen Menschen befähigt, mit anderen umzugehen oder mit schwierigen Situationen fertig zu werden, das als ‹die Fähigkeit, zur rechten Zeit das richtige zu sagen oder zu tun› bezeichnet wird."

Das taktile Erlebnis des Kindes scheint sich ausgesprochen auf sein späteres taktvolles Verhalten auszuwirken. Es ist ein faszinierender Umstand, daß das von dem lateinischen „tactum" (das Berührte) abgeleitete Wort „tact" in England bis zur Mitte des 19. Jahrhunderts häufig anstelle von „touch" angewandt wurde. Takt im heutigen Sinne wurde ebenfalls aus dem Französischen des 19. Jahrhunderts übernommen. Das Wort bedeutet im eigentlichen Sinn, den anderen „zart zu berühren". Auch die etymologische Bedeutung von „to touch" (zu berühren) ist der allgemeinen Aufmerksamkeit nicht entgangen, denn wir sagen zum Beispiel von einem taktlosen Mann, er habe „eine schwere Hand". Was das Anwenden des Wortes „Takt" im modernen Sinn so interessant macht, ist das unheimlich klare Wissen darum, was das frühe taktile Erleben für die Entwicklung des Feingefühls in bezug auf das passende und der Lage entsprechende Verhalten bedeutet.

Montagu

nächste Sitzung mit. Weiterhin benötigen wir für unser nächstes Treffen noch folgende genußvolle *Hilfsmittel* (Vorschlag): eine Haselnuß (Kirsche) (klein, rund, hart), eine Orange (Pampelmuse) (weich, handlich, rubbelige Oberfläche), ein Körbchen voller Reiskörner (Pfefferkörner, Kaffeebohnen, Sand) (zahlreich, rieselnd, winzig), ein größeres Stück Baumrinde (großflächig, rauh, verwittert), einen Pelzrest (oder ein Stück Samtstoff) (zart, flächig), etwas Watte (duftig, zerlegbar) und einige Grashalme (kleine Zweige) (elastisch, lang, schwankend)" *(Lutz)*.

Nun zum zweiten Schwerpunkt: Hier soll also erreicht werden, daß der Patient durch unterschiedliches Betasten/Anfassen auch unterschiedliche *Empfindungen* erfährt. Dazu dreht er beispielsweise eine Haselnuß zuerst zwischen zwei Fingerspitzen, wirft sie dann in der hohlen Hand auf und ab und bewegt sie schließlich zwischen beiden Handinnenflächen hin und her. Der Patient wird merken, daß die verschiedenen Behandlungen der Nuß auch unterschiedliche spezifische Empfindungen hinterlassen.

Der dritte Schwerpunkt fordert den Patienten dazu auf, seinen eigenen *Körper* zu ertasten. Der Betroffene soll lernen, seinen eigenen Leib zu fühlen. *Mandel* beschreibt eine *kommunikationstherapeutische Übung* zu diesem Problembereich, bei dem die Partner zunächst mit Hilfe der Instruktionen des Therapeuten einander streicheln, der eine als passiv Empfangender, der andere als der Zärtlichkeiten Gebende. Besonderer Wert soll darauf gelegt werden, daß gerade solche Arten, sich zu streicheln, oder solche Körperregionen, die bisher vermieden worden sind, mit einbezogen werden und die Partner keine Vermeidung davon zulassen.

Dies ist ein wichtiger Unterschied zu vergleichbaren Übungen, z.B. der *Sensate–Focus–Technic* von *Masters & Johnson*, bei der der Gestreichelte ein Veto–Recht hat und somit genau die brisanten oder konfliktträchtigen Stellen oder Streichelarten ausgespart werden können. Lerntheoretisch gesehen kann das „Stop" des Gestreichelten

„Weiter sollen sie herausfinden, wo ihnen der Hautkontakt mit den vorgegebenen Gegenständen am besten gefällt. Sie werden aufgefordert, diese fortan so anzufassen, daß sie ihnen den höchsten taktilen Genuß verschaffen. Zum Beispiel eine Orange fühlt sich am besten an, wenn sie in der hohlen Hand ruht, eine Kirsche paßt gut zwischen Daumen und Zeigefinger, und Reiskörner werden am liebsten mit den Fingerkuppen wie eine ‹Prise› umfaßt. Baumrinde faßt sich am besten mit beiden Handinnenflächen an, Pelzteile werden gerne mit der Wange erfühlt, Watte läßt sich zwischen den Handinnenflächen liegend gut erfahren, und Grashalme fordern u.a. dazu auf, sie mit der Faust fest zu umschließen.

Die Fortsetzung ist der Gedanke, durch Bewegung besondere taktile Eindrücke hervorzurufen: Man läßt Reis durch die Finger rieseln, zupft Watte auseinander, fährt mit der flachen Hand über Samt, läßt eine Orange von Hand zu Hand gleiten, dreht eine Kirsche zwischen Daumen und Zeigefinger, läßt Grashalme in der Faust hin– und herschwanken usw." *(Lutz)*.

dazu führen, daß das Aussparen der brenzligen Aktionen durch ein Gefühl der Erleichterung bei beiden Partnern verstärkt wird und es somit nicht zu einer Verbesserung der Lage kommt, sondern zu einer Verfestigung des *Vermeidungsverhaltens* und Aufrechterhaltung des gegenwärtigen Zustandes. Die wesentliche Chance dieser Übung besteht eben darin, sich gerade mit den dabei aufkommenden unangenehmen Gefühlen (Peinlichkeit, Scham, sich albern vorkommen usw.) auseinanderzusetzen und somit dann eine Veränderung in Gang zu bringen. Den unangenehmen Gefühlen soll also nicht weniger Raum gegeben werden als den angenehmen. Dabei soll kein Wort gesprochen werden. Es ist lediglich gestattet, daß ein Partner eine Berührung, die ihm in störendem Maße Schmerzen bereitet, durch Führen der Hände beendet.

Mandel et al. berichten, daß sie bisher noch kein einziges Paar erlebt hätten, bei dem nicht am Ende der Übung die angenehmen Gefühle dominiert hätten. „Dabei hat es sich als ausschlaggebend erwiesen, eben auch die unangenehmen Gefühle frei aufsteigen zu lassen. Werden sie unterdrückt, dann blockieren sie auf die Dauer unbemerkt die Intensität, die Lebendigkeit der schönen Empfindungen“ (*Mandel*).

„Der äußerlich aktive Partner wird streng angewiesen, zu tun, was ihm gefällt, in derjenigen Weise zärtlich zu sein, die ihm Freude macht, und keine Rücksicht zu nehmen auf dem Hintergrund früherer Erfahrungen.“ So ist einerseits gewährleistet, daß nicht die alten eingeschliffenen Ausweichreaktionen weiter gepflegt werden, und „außerdem kann im erotischen Kontakt nur dann ein beglückendes Erlebnis entstehen, wenn die Partner ihr Zärtlichkeitsempfinden eben in einem bestimmten Sinne ‹rücksichtslos› und ‹rückhaltlos› zum Ausdruck bringen. Die ‹zupackende› Komponente der Erotik, die ja als besonders tief befriedigend empfunden wird, kommt auf die Weise ganz organisch ins Spiel“ *(Mandel)*.

Vom Therapeuten erwartet man, daß er das, was er von seinen Klienten verlangt, auch in seinem eigenen Leben verwirklicht hat: die rückhaltlose, vielfältige und nicht zu vermeidende Zärtlichkeit. An seiner Wortwahl, seinem Ausdruck und seiner Stimme wird man spüren, ob er das, was er an Instruktionen gibt, auch emotional bejaht und für sich selbst verwirklicht hat.

Hat man nun aber keinen Partner oder möchte ihn nicht in diese Übungen miteinbeziehen, so gibt es für die *Einzelperson* noch folgende Übungen: Es gibt einmal *Wärmeübungen*, wobei der Patient beispielsweise zu Hause ein Bad nehmen soll und dabei auf die Bewegungen des Wassers und die unterschiedlichen Sensationen der Haut achten soll. Ebenso sollte er versuchen, einen für ihn angenehmen Temperaturbereich zu erreichen. Eine andere Übung, die dem Patienten die Wahrnehmung des Gegensatzes zwischen schnellem Erwärmen und Abkühlen der Haut ermöglichen soll, besteht darin, daß er seine Hand für nur kurze Zeit auf eine Heizung legt, bis sie erwärmt ist, und danach auf eine kalte Glas– oder Marmorplatte. Außerdem sollten angenehme Bilder und Eindrücke, die der Patient während der Übungen sieht, aufgegriffen und vertieft werden. Bei den Bildern und Eindrücken kann es sich um folgende handeln: am Strand in der Sonne liegen und am Rücken die feinen Sandkörner spüren, oder mit der Handinnenfläche das warme Metall eines abkühlenden Motors fühlen etc.

„In dem Gespräch mit dem Patienten soll in jedem Fall hervorgehoben werden, daß auch *Tastempfindungen* individuell sind und daß sie in ihrer spezifischen Tönung und Ausprägung unterschiedlich zu denjenigen von anderen Personen sein können. Gegenstände werden immer auf eine ganz bestimmte Art und Weise aufgefaßt. *Für den Patienten ist es wichtig, seine Weise des Erfassens herauszufinden...* Die Wahrnehmung soll aktuell sein und nach Möglichkeit einen Bezug zu alltäglichen Dingen haben.

Der Patient kann z.B. angehalten werden zu erspüren, wie er gerade in dieser Sekunde sitzt, steht, liegt und welche Sensationen z.B. die aufliegende Kleidung vermittelt. Er sollte unterschiedliche Materialien, die sich im Raum befinden, neu wahrnehmen lernen. Er kann z.B. über das Holz des Schreibtisches, über das Metall der Schreibtischlampe mit den Fingern fahren, er kann Strukturen dadurch erfühlen, daß er mit den Fingerspitzen über verschiedene Stoffe gleitet und mit den Fingernägeln Unebenheiten nachzeichnet... Die meisten dieser Übungen kann der Patient sehr gut, zum Teil besser, allein zu Hause durchführen. Vorher sollten mit ihm konkrete Absprachen getroffen werden“ (*Lutz*).

Körpergefühl

Licht * Ernährung * Genußgifte * Bewegung * Tanzen * Laufen * Hautkontakt

Licht

– keiner will es missen. Die *Dunkelheit* schlägt einem aufs Gemüt, so daß man am liebsten den ganzen Tag im Bett verbringen möchte, an sozialen Kontakten kaum Interesse hat, unter Schlafstörungen und Freßsucht leidet, leicht reizbar und aggressiv ist, das Konzentrationsvermögen nachläßt ebenso wie das Sexualverhalten. Es kann bis hin zu Störungen im Biorhythmus kommen – bedingt durch die sonnenlose Zeit, welche jene *Winterdepression*, auch *winter blues* und als eigenständiges Syndrom *SAD (Seasonal Affective Disorder – jahreszeitliche Gemütsstörung)* genannt, hervorruft.

Viele Menschen freuen sich darauf, wenn es endlich beginnt, kälter zu werden, wenn man die Drachen zum Steigenlassen vom Dachboden holt und sich auf die Felder begibt, wo der Wind nur so braust, wenn die ersten Schneeflocken fallen und die Skifahrer sich dessen erfreuen. Für viele andere Menschen hingegen beginnt mit Herbst/Winter und an manch grauem Regentag, also in Zeiten, in denen sich die Sonne nicht blikken läßt, eine Leidenszeit.

Der Betroffene leidet aber nicht nur unter Veränderungen im seelischen Bereich, sondern auch der Körper ist davon betroffen. So wurden beispielsweise bei Teilnehmern von *Polarexpeditionen* gegen Ende des Polarwinters folgende Beobachtungen gemacht: Haarausfall, deutliche Leistungsschwäche, Haltungsverfall, niedrige Blutzukkerwerte, Störungen des Wasserhaushalts..., um hier nur einige Auffälligkeiten zu nennen. Mangelndes Licht wird aber auch für *Rachitis* zur Verantwortung gezogen. Da die Sonne auch über die Haut wirkt, diese aber zu wenig von ihrem Licht abbekommt, werden die Knochen brüchig – Rachitis. Unter dieser Krankheit leiden vor allem Kinder, wie es der englische Arzt *Francis Glisson* bereits 1650 beschrieb. Heutzutage sind an dieser Krankheit auch Bewohner nördlicher Regionen und schattiger Nordhänge der Alpen betroffen, während der Süden nur schwach und die Tropen so gut wie überhaupt nicht mit dieser Krankheit konfrontiert werden.

Ein weiteres Merkmal ist die Tatsache, daß der *Winterdepressive* das Schlafengehen so weit wie möglich hinauszögert, da abends die Stimmung des Betroffenen am besten ist, während sie am Morgen durch die starke Ausprägung jener o.g. Symptome gekennzeichnet ist. Das beruht auf der Tatsache, daß, sobald das Tageslicht als Zeitgeber ausfällt, die inneren Uhren vieler Menschen anfangen, frei zu laufen (wie es *Zimmer* in einem Bericht über das Thema beschrieb), und der Tag somit nicht mehr aus nur 24, sondern 25 und mehr Stunden besteht. Die beste Hilfe ist das Licht! Jedoch weniger das künstliche als vielmehr das *Sonnenlicht*.

Versuche zu diesem Phänomen wurden bereits 1980 vom amerikanischen Psychiater *Lewy* durchgeführt. Er setzte einen Patienten jeweils drei Stunden am Morgen und drei Stunden nachmittags einer stärkeren Lichtintensität aus, und nach wenigen Tagen war eine deutliche Besserung eingetreten. Man verlängerte also die Wintertage, stellte einen *künstlichen Frühling* her und belebte damit wieder die angeknackste Psyche des Patienten.

Einen Versuch machte ein Forscherteam des *National Institute for Mental Health (NIMH)*, Bethesta, USA. Hier wurden zwei *Versuchsgruppen winterdepressiver Menschen* jeweils verschiedenem Licht ausgesetzt: die erste Gruppe hellem, weißem Fluoreszenzlicht, die zweite Gruppe gelbem Licht. Ergebnis dieses Versuchs war, daß sich bei der ersten Gruppe nach 3–7 Tagen eine Besserung zeigte, bei der zweiten Gruppe hingegen keine durchschlagenden Veränderungen deutlich wurden.

Auch die Biochemikerin *Anne Wirz–Justice* von der *Universitätsklinik Basel* beschäftigte sich mit diesem Problem und wiederholte jene Versuche der Amerikaner, indem sie betroffene Personen zwei Stunden vor Tagesanbruch und zwei Stunden nach Einbruch der Dunkelheit vor eine Lampe setzte, die eine Beleuchtungsstärke von 2.500

Lux hatte. (Eine Arbeitstischlampe hingegen hat nur eine Beleuchtungsstärke von 100 Lux!) Ergebnis: Bei 80 bis 90% der Versuchspersonen war eine deutliche Verbesserung des psychischen Zustandes eingetreten.

> Photobiologen sind überzeugt davon, daß alle Bereiche unserer Gesundheit durch die Intensität, die Dauer und die Farbe des Lichts beeinflußt werden. Es besteht, wie bei den Tieren und Pflanzen, auch beim Menschen ein enger Zusammenhang zwischen ihm und dem Licht.

„Es ist noch ein bißchen zu früh, um schon endgültige Schlüsse zu ziehen. Es handelt sich hier um einen völlig neuen Forschungsbereich, der insofern besonders wichtig ist, als man bereits eine ganze Reihe von Forschungsergebnissen über jahreszeitlich bedingte Verhaltensweisen auch beim Menschen vorliegen hat – über Depressionen, Selbstmord– und Empfängnisraten. Im nördlichen Finnland beispielsweise sind Frauen im Sommer empfängnisfähiger als im Winter, und das stimmt mit der Tatsache überein, daß Melatonin ovulationshemmend wirkt und nur produziert wird, wenn es draußen dunkel ist" *(Lewy)*.

Es ist ja auch bekannt, daß Hühner bei künstlichem Licht mehr Eier legen... So ist es auch nicht verwunderlich, daß 1983 47.793 Ehen im Monat Mai geschlossen wurden, im Januar hingegen lediglich 14.627! Die sogenannten Frühlings– und Lustgefühle werden offenbar durch die Lichtintensität gesteuert. Wieso hat die *Sonne* solch einen Einfluß auf unseren Stimmungshaushalt? Warum steigt unsere Laune, wenn sich die Sonne blicken läßt? Über das Auge und die Sehnerven wirkt das Licht auf die *Zirbeldrüse*, ein haselnußgroßes Organ an der Basis unseres Gehirns. Wenn die Lichtimpulse ausbleiben, produziert die Zirbeldrüse *Melatonin*, ein Hormon, das die Reaktionszeit verlangsamt und die Aufmerksamkeit einschränkt... Weil die Zirbeldrüse auf Licht reagiert, machen dem Menschen auch die veränderten Hell–Dunkel–Perioden bei interkontinentalen Flügen zu schaffen. Er leidet nach der Reise tagelang unter „jet–lag" – hat Schlafprobleme, Konzentrationsschwierigkeiten und ist niedergeschlagen. Ursache ist auch in diesem Fall die gestörte und gesteigerte Melatonin–Produktion.

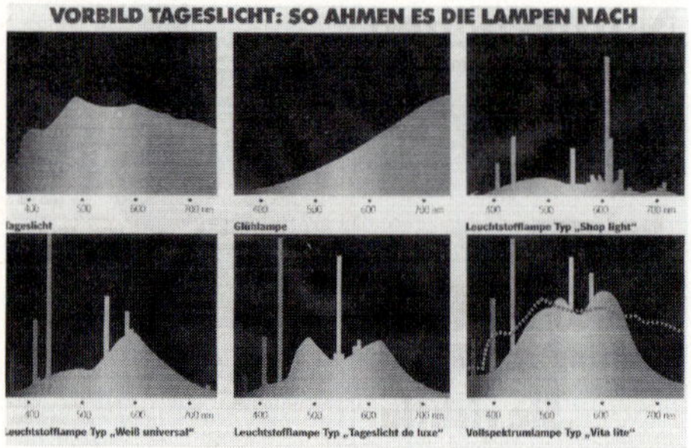

Es spielt also der Wechsel von *Hell und Dunkel* eine Rolle. Aber nicht nur dieser Wechsel steuert die Depressionszyklen, auch das *Spektrum* des Lichts ist von Bedeutung, denn von Experimenten weiß man, daß die spektrale Zusammensetzung des Lichts das Wachstum und Funktionieren lebendiger Organismen beeinflußt.

Die erwähnten Experimente werden auch als *Lichttherapien* oder *Phototherapien* bezeichnet. Man bekämpft mittels Licht diese Winterdepression, „normale" Depressionen, Schlafstörungen und Probleme. In der Medizin wird Licht bei der Behandlung bestimmter Blut– und Hauterkrankungen eingesetzt. Wichtig ist, daß man sich jeden Tag dem Licht aussetzt! Und zwar stundenlang!

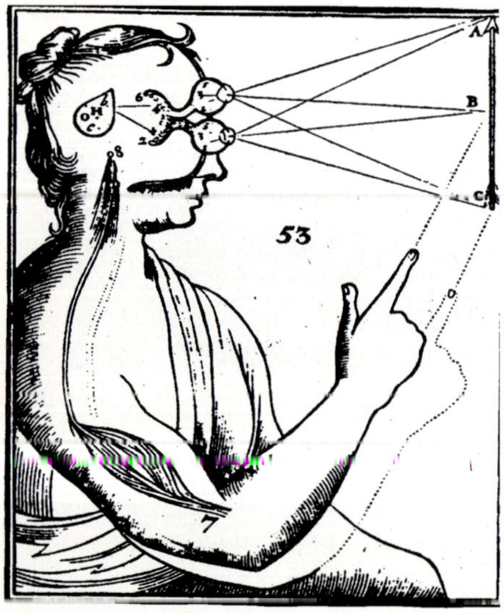

Doch zuviel *UV–Licht* wiederum ist auch schädlich, denn es macht die Augen krank und die Haut zwar knackig braun, aber dies verhindert auch wiederum die *Vitamin–D–Bildung*! Je dunkler die Haut also ist, desto länger muß sich der Mensch in der Sonne aufhalten, damit eine ausreichende Produktion von Vitamin D gewährleistet ist. Im Sommer genügen für die Vitamin–D3–Bildung täglich 15 Minuten, die sich der Mitteleuropäer in der Sonne aufhalten sollte, im Winter hingegen sollte es schon mindestens eine halbe Stunde sein. Dieses Vitamin ist nämlich notwendig, um beispielsweise der bereits erwähnten Rachitis vorzubeugen. Vitamin D bildet sich in der Haut, aus dem Provitamin D3, wenn die UV–Strahlen des Sonnenlichts auf sie einwirken, und sorgt dann in den Zellen der Darmschleimhaut dafür, daß der Körper mit ausreichend Kalk aus der Nahrung versorgt wird.

Da die meisten von uns doch den ganzen Tag sitzend oder stehend in unzureichend beleuchteten Büroräumen, Kaufhäusern, Praxen etc. verbringen, sollte man immer bedenken, daß ein beleuchteter Innenraum kaum ein Zehntel so hell ist wie der Bereich im Schatten eines Baums an einem hellen Sonnentag. Empfohlen werden daher *Vollspektrumlampen* oder andere Leuchtstofflampen, die ein möglichst tageslichtähnliches Spektrum haben *(Tageslichtlampen, Pflanzlampen)*. Sie finden ihren richtigen Platz an Arbeitsplätzen, die überwiegend künstlich beleuchtet werden müssen. Außerdem helfen jene Leuchtstofflampen, wertvolle Energie zu sparen. *Kompaktleuchtstofflampen* gehören ebenfalls in die Klasse energiefreundlicher Lampen. Sie sind eine Alternative zur Glühbirne und eignen sich vor allem für Arbeitsräume im Heim, überall dort, wo das Licht länger als vier Stunden brennt. Die herkömmliche Glühbirne findet ihre Anwendung am Abend, wenn man sich auf das Schlafengehen vorbereitet (was allen Winterdepressiven nach dieser Lektüre jetzt leichterfallen sollte!), denn sie wirkt fast so gut wie ein leuchtend roter Sonnenuntergang.

Ernährung

Für das Seelenleben und die Befindlichkeit spielen nach den uns bekannten derzeitigen Erkenntnissen vor allem die Vitamine des B−Komplexes, vielleicht noch C und Pantothensäure, sowie die Mineralien Kochsalz, Magnesium und Kalium, das Spurenelement Eisen und eine Reihe von Enzymen eine Rolle.

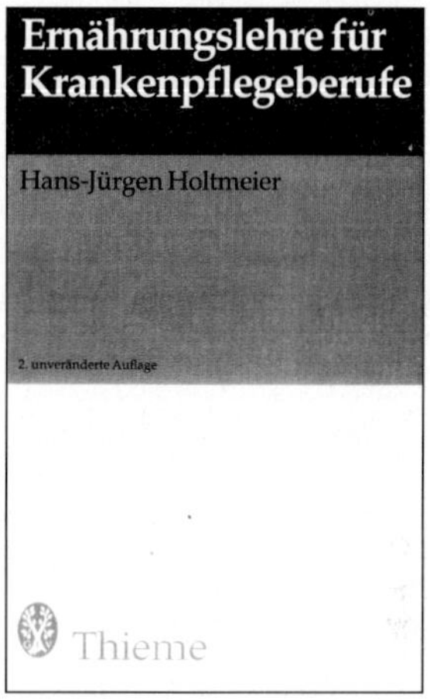

„Nicht die Gefahr von Vitamin−C−, sondern die von Vitamin−B−Mangel ist die größere. Das Extrembild der Beriberi−Krankheit dürfte nur noch in unterentwickelten Ländern und Hungergebieten der Welt auftreten. In den modernen und zivilisierten Nationen ist eher die Gefahr einer mittleren Unterversorgung vorhanden, die zu Störungen des Allgemeinbefindens führen und mit erheblicher Beeinflussung des Allgemeinbefindens einhergehen können“ *(Holtmeier)*.

Eine weniger gesunde Ernährungsgrundlage − muß man leider schon sagen −, die bis dato unverständlicherweise noch nicht den Genußgiften zugeordnet ist, ist der *Zucker*. Bei zuckerreicher Ernährung, so wie sie heute gegeben ist, kommt es zu direkten (z.B. über Malesten mit dem durcheinandergeratenen Blutzuckerspiegel und der überstrapazierten Verdauung) oder auch indirekten (z.B. über den dadurch geförderten Vitamin−B−Mangel) Einflüssen auf Psyche und Befinden.

Die chemisch völlig unterschiedlichen *B−Vitamine (Vitamin−B−Komplex)* sind eigentlich nur wegen ihrer Herkunft unter diesem Namen zusammengefaßt. Sie alle kommen vornehmlich in den Schalen von Getreide und Reis vor. Seit der segensreichen Einführung von Reis− und später Getreideschälmaschinen anno 1896 auf Java, die zahlreichen Gefangenen in den dortigen Gefängnissen einen tödlichen Vitamin−B−Mangel bescherte, läßt sich sagen, daß in unseren hochzivilisierten Weiß− und Graubrot−Gesellschaften, die sich zudem immer mehr auf eine Junk−food− (Dreckessen−)Ernährung umstellen, ein eklatanter, gerade noch subklinischer Mangel an B−Vitaminen herrscht. Unser astronomisch hoher Zucker−, Zigaretten− und Alkoholkonsum machen − und das verschärft den allseitigen Mangel − eine erhöhte Vitamin−B−Zufuhr nötig.

Die psychisch relevanten *Symptome* eines Mangels an Vitaminen des B−Komplexes (vor allem B_1 & B_6) reichen von Müdigkeit, Schwäche und Appetitmangel über Übelkeit, Konzentrations− und Gedächtnisstörungen, Unruhezuständen und Nervosität bis hin zu Depressionen, Koordinationsstörungen, Schlaflosigkeit und pathologischer Aggressivität. Bei Säuglingen imponiert eine übermäßige Schallempfindlichkeit und Schreckhaftigkeit, und es kann sogar zu gelegentlichen epileptischen Anfällen kommen. Alles in allem genau das Bild, was man sich von einer Person mit schwachen Nerven und deprimierter Stimmung macht.

Deshalb ist es auch relativ unsinnig, einmal eine Serumanalyse zur Feststellung eines klinisch auffälligen (das sind die meisten Mangelzustände glücklicherweise noch nicht) Vitamin−B−Mangels zu machen − was da rauskommt, hängt von dem ab, was ich an dem Tag oder am Tag zuvor gegessen habe!

Wie läßt sich nun ein Vitamin−B−Mangel *ausgleichen*? Der scheinbar einfachste Weg wäre, Vitamin−Präparate, wie z.B. Neurobion, zu nehmen. Es ist jedoch so, daß bei Vitamin−B_1−Mangel gleichzeitig eine Unterversorgung an Rohfasern, also lebensnotwendigen *Ballaststoffen* (Verstopfung, chronische Darmleiden bis hin zum Dickdarmkrebs) angenommen werden muß, so daß es langfristig unsinnig ist, Fehlernährung durch irgendwelche Präparate korrigieren zu wollen. In der Ernährung sollte auf tägliche Zufuhr von Getreideprodukten in ihrer Vollkorn−Gestalt (Vollkornbrot, Vollkorn−Haferflocken), ungeschältem Reis, Soja, Linsen, Erdnüssen oder Mandeln geachtet werden, wobei sich diese Lebensmittel gegenseitig ersetzen können. Täglich deswegen, weil die B−Vitamine zu den wasserlöslichen gehören, die der Organismus nicht speichert. Die B−Vitamine in Fleisch, Fisch und Gemüse gehen beim Kochen, Braten, Dünsten, Lagern und Konservieren in hohem Maße verloren (30%−80%!).

Das so beliebte Fertig–*Müsli* mit den zentralen Bestandteilen Haferflocken und (geschwefelten) Rosinen ist leider ebenso wie das Studentenfutter mit geschwefelten Rosinen kein Vitamin–B–Lieferant, da Schwefel das Vitamin B_1 blockiert.

Hier bietet sich an, die Rosinen durch Bananen und frisches Obst zu ersetzen, wodurch auch gleich noch was für das Kalium und Magnesium (Bananen) bzw. Vitamin C (frisches Obst) getan wird. Zur Abrundung des Geschmacks machen sich gehackte oder gestiftelte Mandeln im Müsli ganz gut. Bei den Haferflocken sollte darauf geachtet werden, daß es sich um Vollkorn–Haferflocken handelt – für den Gaumen bei längerem Einweichen (wenige Minuten) in der Müsli–Milch oder dem –Obstsaft kein Problem.

Interessant ist vielleicht noch zum Abschluß, daß wir heutzutage so verrückt sind, die *Güte des Mehls* in Form von seiner Type an dem niedrigen Vitamin– und Mineralstoffgehalt festzumachen. Die Nr. der Type orientiert sich an dem Gehalt dieser Stoffe in mg – wir bevorzugen das Mehl mit dem niedrigsten Gehalt: Type 405, nicht das mit dem höchsten, Type 2000 – wohl nur, weil es sich leichter backen läßt und die Teigprodukte so schön nichtssagend auf dem Gaumen zerschmelzen: Brötchen, Weißbrot, Toastbrot, Kuchen. Ein Irrtum ist weiterhin, daß das normale graue Mischbrot entscheidend mehr Vitamine hätte als das Weißbrot. Einzig das Vollkornbrot (30x jeden Bissen kauen!) oder das geschrotete Brot bringt's – wenn uns der Bäcker nicht mit (Zuckerfarbe) gefärbtem Weißbrot verarscht!

Für körperliche Krankheiten dagegen scheint es eine eklatante Bedeutung zu haben, wie neuere Untersuchungen an der Universitätsklinik Basel zeigten: Herz–Kreislauf–Erkrankungen, Lungen–, Magen– und Mastdarmkrebs. Eine psychogen wichtige indirekte Bedeutung kommt dem Vitamin C über seine Beteiligung an der Speicherung von Eisen zu.

Ein Mangel an *Vitamin C* wird dann beobachtet, wenn Frischobst, besonders säuerliches, zu wenig oder zu selten gegessen wird: Kinder und Jugendliche (verwöhnt durch Süßigkeiten und Junk–food), Junggesellen (zu schlaff zum Einkaufen – Junggesellen–Skorbut) und Ehemänner, die sich aus Glas und Dose ernähren (oder ernähren müssen). Wir wollen uns hier nicht mit der umstrittenen Frage befassen, ob Vitamin C Erkältungskrankheiten vermindert oder verhindert. Direkte Einflüsse von Vitamin–C–Mangel auf das Seelenleben sind bisher allenfalls in Richtung belebende Wirkung bekannt.

Jedoch benötigt das Vitamin C ein Enzym, das *Apoenzym* (hat nichts mit der gleichnamigen protrahierten Jugendbewegung zu tun), um überhaupt im Organismus wirksam werden zu können. Ohne diesen Partner findet es keinen Platz und muß, weil unnütz, den Organismus schleunigst wieder verlassen.

Mangelerscheinungen bezüglich der *Pantothensäure* sind beim Menschen selten, allenfalls bei Behandlung mit bestimmten Medikamenten wie besonders den Sulfonamiden zu beobachten. Psychische *Symptome* eines Mangels können sein: Müdigkeit, Apathie, Schlafstörungen und Schmerzen der Hände. Pantothensäure ist besonders in Hefe, Leber, Niere und Herz vorhanden, darüber hinaus aber in geringerem Maße praktisch in allen pflanzlichen und tierischen Nahrungsmitteln.

„Wissenschaftlich gesichert ist längst, daß allein zwei Dutzend Mineralstoffe und Mikroelemente essentiell, also lebenswichtig, und ein Dutzend medizinisch vorrangig sind" (*Schätzle*).

Die Wirkungen der *Mineralstoffe* und ihre lebenswichtigen Funktionen sind notwendig für den Aufbau des Immunabwehrsystems, für den Energie– und Sauerstofftransport, für die Steuerung und den Aufbau komplizierter Hormone, kurz – die Mineralstoffe sind überall dabei. So sollte man seinen Mineralienhaushalt mal untersuchen lassen, wenn Herz–, Kreislauf–, Stoffwechsel– oder Immunstörungen auftreten, bei entzündlichen Erkrankungen, rheumatischen Beschwerden, bei Schmerzzuständen wie Migräne oder bei Hautkrankheiten.

Neben der mißlichen Wirkung von *Kochsalz* auf den Blutdruck (Hypertonie) spielt sein Einfluß auf die Intelligenz und die Stimmung eine Rolle. In Tierversuchen mit Ratten konnte man feststellen, daß die Tiere bei zu salzhaltiger Ernährung ihre Orientierungsfähigkeit teilweise einbüßten und sich mutloser als die Kontrollgruppe verhielten.

Das Spurenelement *Magnesium* ist für viele Stoffwechselvorgänge im Körper lebensnotwendig. Es aktiviert allein 325 Enzyme und ist der zweithäufigste Mineralstoff im Körper. Dieser kann es nicht selbst erzeugen, es muß mit der Nahrung aufgenommen werden. Dem Mineral Magnesium kommt große Bedeutung im Nervensystem zu.

Liste der psychisch relevanten *Symptome* bei Magnesiummangel

- Vegetative Dystonie: wer hat das nicht schon einmal gehabt – was immer das sei!
- Nervöse Störungen mit Schwindelzuständen, Unruhe, Schwächegefühl, Zittern, oft begleitet von Herzjagen und Herzkrämpfen.
- Magen–Darm–Störungen wie Durchfall, Verstopfung, Übelkeit, Magenkrämpfe.
- Atemnot, Krämpfe, Kopfschmerzen, Spannung und Migräne, Kribbeln in Händen und Füßen, starke Periodenschmerzen und Blackouts, etwa bei Prüfungskandidaten.
- Depressive Symptome: depressive Verstimmungen, Benommenheit, Konzentrationsschwäche, Nervosität, inneres Zittern.
- Ängste.
- Auch die Anämie (Blutarmut) kann ihre Ursache in zuwenig Magnesium haben.
- Ein Mangel an Magnesium kann vorzeitig Wehen auslösen, und Neugeborene, deren Mütter an Magnesium (Mineralstoffen überhaupt) unterversorgt sind, sind schon im frühen Kindesalter streßanfällig, und ihre Immunabwehr ist geschädigt.
- Weitere Schäden, die im späteren Leben auftreten können, aber durch unzureichende Versorgung an Mineralstoffen im Kindesalter verursacht werden, sind Infektionsanfälligkeit, Wachstumsstörungen, brüchige Knochen, ein regelrechter Zahnverfall schon mit Beginn des dritten Lebensjahrzehnts und vorzeitiges Altern.

Ernährungsratschläge für Magnesium (*Cremer et al.*)

- Magnesiumreiches Mineralwasser (ca. 120 mg/kg Wasser);
- Obst: Bananen (1–2 pro Tag), rohe rote Himbeeren;
- Gemüse: Rosenkohl, roher Meerrettich, Erbsen, (weiße) Bohnen;
- Nüsse: Erd–, Hasel–, Para– und Walnuß, Mandeln, Pistazienkerne;
- Backwaren: Kommiß–, Graham–, Knäcke– (Vollkorn), Steinmetzbrot, Pumpernickel;
- Reform–Nahrungsmittel: Bierhefe, Weizenkleie, –keime, Sojamehl;
- Vollkorn–Haferflocken („Kernige");
- unpolierter Reis.

(Vor allem also Kost, die – außer Zucker natürlich – reich an Kohlenhydraten ist, denn gerade in den Kohlenhydraten steckt reichlich Magnesium!)

Aus der Liste der Faktoren, die die Magnesiumaufnahme des Menschen beeinträchtigen können, ist ersichtlich, daß wir in unseren zivilisierten Gesellschaften auch mit dem Magnesiummangel zu kämpfen haben: eiweißreiche Ernährung (heute 1,4 statt 0,9 Gramm pro Kilo Körpergewicht), kalziumreiche Kost (ist entgegen der landläufigen Meinung – sogar mancher Ärzte – in unserer Ernährung gegeben), Mangel an Vitaminen B_1 und B_6 (wie erläutert gegeben), Alkoholkonsum (leider auch gegeben), Magnesium–Mangelernährung (wird wie beim Vitamin–B–Komplex in erster Linie durch die Entfernung der Randschichten bei Getreide und Reis hervorgerufen), fettreiche Ernährung (da brauche ich nichts zu sagen), Konservierungsstoffe und Düngefehler (Rückgang des Magnesiumanteils bei Düngemitteln, Förderung der Auswaschung von Mg aus den Böden), durch die es zu einer Verarmung der Böden und Pflanzen an Magnesium kommt. In den Industrieländern ist der Magnesiumkonsum in den letzten 80 Jahren denn auch um zwei Drittel gesunken!

Da *Kalium* ein Antagonist von Natrium (zuviel Kochsalz!) und Kalzium (in Nahrung ebenfalls überschüssig) ist und kaliumreiche Lebensmittel zumeist auch sehr kalorienreich sind, kann es in Anbetracht der Tatsache, daß der Organismus täglich relativ viel Kalium braucht, leicht zu Mangelzuständen kommen. Die hier interessanten *Symptome* eines signifikanten Mangels können sein: Muskelschwäche, Übelkeit bis Erbrechen, Apathie, Lethargien, Delirien, Erregbarkeit, Reizbarkeit, Herzarrhythmien, Tachykardie und Atemnot – durchweg Symptome, die oft auch, in diesem Fall fälschlicherweise, als psychosomatisch interpretiert werden. Vor allem Abführmittel, falsch oder übertrieben angewendet, und bestimmte Medikamente führen zu einem gefährlichen Absinken des Kaliumspiegels. In folgender *Nahrung* ist Kalium enthalten: Nüsse, Trockenfrüchte, Sojabohnen und den bekannten Kartoffeln.

„Wahrscheinlich gibt es heute keinen Krankheitszustand, bei dem nicht dem Mineral Kalium eine große Bedeutung zukommt. Auch der Gesunde benötigt täglich große Mengen Kalium, die ihm die Ernährung liefern muß" *(Holtmeier)*.

An der *University of Cleveland*, USA, wurde festgestellt, daß Kleinkinder, deren Nahrung zu wenig *Eisen* enthielt, sich ängstlicher und zurückgezogener verhielten als ausreichend mit Eisen versorgte. Bei chronischem Eisenmangel kann nach Meinung der Forscher später die Intelligenz in Mitleidenschaft gezogen werden. Sicher ist darüber hinaus, daß Eisen für die Blutbildung und den Sauerstofftransport im Blut eminent wichtig ist – was, wenn es auf Sparflamme läuft (Anämie), mit Sicherheit auch psychische Folgen für die Befindlichkeit hat. Des weiteren macht sich Eisenmangel in Form von schnellem Ermüden, Reizbarkeit, rauher Haut, Veränderungen der Nägel, Neigung zu Einrissen an den Mundwinkeln und äußerst unangenehmen Entzündungen der Zunge bemerkbar. Zu finden ist Eisen in Spinat, Kresse, Schnittlauch und Hülsenfrüchten, wobei sich der Körper mit der Aufbereitung von Eisen aus Fleisch und Innereien leichtertut.

Ein Eisenmangel kann aus sehr unterschiedlichen Gründen entstehen: bei Frauen oft über Blutverlust bei der Menstruation, bei Kindern z.B. über sehr hohen Milchkonsum, mangelhafter Eisengehalt der Nahrung, Vitamin–C–Mangel u.v.m.

Pommes, Ketchup, Hamburger & Co: schnell gegessen, lang gereut

Zeitliche und berufliche Zwänge pressen uns häufig in ein Korsett, über das Ernährungsberater und –wissenschaftler nur verzweifelt die Hände ringen. Die Managerin trifft es genauso wie die Verkäuferin, den Aufsichtsratsvorsitzenden ebenso wie den Fließbandarbeiter.

Die Eß–Unkultur ist also keineswegs eine Klassenkrankheit. Zu beobachten und schon statistisch festgehalten sind hingegen Ernährungsfehler nach Altersgruppen. So konsumieren die Mitbürger über 50 Jahre übermäßig Fleisch und Wurst und den meisten Zucker; die 36– bis 50jährigen trinken den meisten Alkohol und den meisten Bohnenkaffee, und die meisten Süßigkeiten essen nicht etwa Kinder, sondern die 19– bis 35jährigen.

Was viele von uns im Laufe der Wochen, Monate und Jahre in sich hineinstopfen, ist kaum dazu angetan, uns auf die Dauer gesund zu erhalten. „Schnellimbißkrankheit" nennt man die Folgen dieser Fast–food–Ernährung, die sich böse rächt.

Karies, Magen– und Verdauungsstörungen, Unkonzentriertheit und Gereiztheit infolge von Vitaminmangel, dazu Nervosität, brechende Nägel, spröde Haare und eine unreine Haut sind nur einige der gesundheitlichen Folgeschäden. Später münden sie nicht selten in so bekannte Zivilisationskrankheiten wie Übergewicht, Bluthochdruck, Arteriosklerose, Herzinfarkt, Schlaganfall, Gicht, Diabetes usw.

Kantinen– und Mensaverpflegung ist zwar, wie neuere Untersuchungen bestätigen, in den letzten Jahren allgemein besser geworden, enthält aber oft zuviel Fett und Kalorien und zuwenig Vitamine, Mineral– und Ballaststoffe. Das Energieangebot fällt meist üppiger aus, als es für die Berufstätigen, die ihre Arbeit überwiegend im Sitzen ausüben, nötig wäre. Darum lassen wir uns nicht täuschen: Ein Kantinenessen ist auch heute noch keine ausgewogene Kost.

Bei den Brat– und Brühwürsten, Pommes frites, Hamburgern, bei Eis, Limonade und Cola–Getränken sieht es noch verheerender aus. So ein heißes Würstchen deckt den täglichen Fettbedarf um das Mehrfache. Auch die öltriefenden Pommes frites, manchmal gar noch in altem Fett ausgebraten, sind Kalorienbomben ersten Ranges. Über den Inhalt der sogenannten Hamburger kursieren mehr Vermutungen als Gewißheit. Sicher ist, daß sie häufig minderwertige Zutaten enthalten und überfettet sind. Wie die Verbraucherzentralen ermittelt haben, deckt ein einziger Hamburger ein Drittel des Tagesbedarfs an Salz, dafür fehlen wichtige Vitamine wie A, B_1 und C, außerdem Kalzium. Der überhöhte Salzgehalt wiederum macht durstig (ein Zufall?), was den Konsum an süßen Cola– und Limonadengetränken steigert. Ein Liter dieser Getränke enthält rund 100 Gramm Zucker, das Doppelte dessen, womit wir unser tägliches Leben versüßen sollten! 100 Gramm Zucker sind 33 Zuckerstücke! Diese süßen Teilchen enthalten Säuren, die den Zahnschmelz – speziell der Vorderzähne – angreifen. Dagegen hilft nicht einmal Zähneputzen.

Doch was nützt der erhobene Zeigefinger, wenn viele Gründe, zumindest tagsüber, keine anderen Eßgewohnheiten zulassen. Der einzige Ausweg aus dieser verfahrenen Ernährungssituation ist eine Ausgleichskost zu Hause. Mit einem guten Frühstück und Abendessen kann eine Fast–food–Sünde vom Mittag weitgehend getilgt und ernährungsphysiologisches Gleichgewicht hergestellt werden.

Also: Morgens sollte man statt Toastbrot oder Brötchen ein Müsli aus Haferflocken, Weizenkeimen, Früchten der Saison, angerührt mit Milch, Mineralwasser oder einem Magerjoghurt, zu sich nehmen. Wem das nicht schmeckt, der greift eben zu Vollkornbrot mit Magerquark, etwas Honig oder magerem Käse. Auch der „gesunde" Speiseplan muß nicht langweilig sein. Früchtetee, Obstsäfte, Mineralwasser, aber auch eine Tasse Kaffee und schwarzer Tee sind eine ideale Ergänzung. Zum zweiten Frühstück und für zwischendurch eignen sich Obst, Joghurts, Knäckebrot. Wenn der Magen somit nicht völlig ausgehungert ist, erübrigt sich in vielen Fällen sogar das Kantinenessen oder der Gang zur Würstchenbude. Am Nachmittag läßt sich aufkeimender Hunger wiederum sehr gut mit etwas Obst oder einer anderen gesunden Zwischenmahlzeit decken. Eine Gemüse– oder Salatorgie am Abend darf immer sein. Und Butter, Wurst oder Käse müssen sich ja auch nicht fingerdick auf dem Brot breitmachen. Wenn man dann vor dem Fernseher die Chips gegen ein Stück Obst eintauscht, jubilieren Magen und Taille. Wer sich so einen Speiseplan zusammenstellt, braucht sich trotz gelegentlicher Schnellimbiß–Ernährung keine Sorgen zu machen.

Nach den neuesten Empfehlungen der Deutschen Gesellschaft für Ernährung sollten wir täglich nicht mehr als 60 bis 70 Gramm Fett zu uns nehmen (im Durchschnitt verbraucht der Bundesbürger jedoch 140 Gramm), wobei die versteckten Fette in Wurst (besonders Streichwurst!) Käse, Eiern usw. mitgezählt werden müssen. Mindestens ein Drittel dieser Fette sollte aus mehrfach ungesättigten Fettsäuren pflanzlichen Ursprungs (zum Beispiel hochwertiges Distelöl, Sojabohnenöl und Sonnenblumenöl) bestehen, die der Körper nicht produzieren kann.

Der tägliche Eiweißbedarf liegt bei 0,9 Gramm pro Kilo Körpergewicht, für eine Frau von 60 Kilo also rund 55 Gramm. Etwa die Hälfte davon sollte auch hier pflanzlichen Ursprungs sein. Den Rest der Energie, 50 bis 60 Prozent, liefern die Kohlenhydrate, die in Brot, Kartoffeln, Hülsenfrüchten usw. enthalten sind.

Und immer wieder der Tip: Viel Obst und Gemüse, deren Vitamine, Mineralstoffe und Ballaststoffe das lebensnotwendige „Stoffwechselfeuer" lodern lassen, denn das brennt bei Schnellimbißkost nur auf Sparflamme.

Virchow

Enzyme verhelfen den Vitaminen zur Wirksamkeit. Das Problem liegt jedoch darin, daß unsere Nahrung zum größten Teil aus warmen Speisen besteht, die hohe Gradzahlen erreicht, jedenfalls zu hohe für die Enzyme, welche nämlich bei 50 Grad zugrunde gehen. Das heißt, in unseren warmen Gerichten sind größtenteils gar keine Enzyme mehr enthalten, die aber für den Organismus sehr wichtig sind. Dazu hat man Versuche mit Hunden, Katzen und Tieren in zoologischen Gärten gemacht. Und zwar hat man ihnen anstelle von roher Nahrung, die sie ja sonst zu sich nehmen, gekochtes, sprich enzymloses Fressen vorgesetzt. Die Folge davon war, daß die Tiere von jenen bekannten u.a. Krankheiten betroffen wurden! Somit müßte eigentlich auch für uns klar werden, daß uns die so geliebten warmen Gerichte im Grunde schädigen.

Aber nicht nur die heißen Speisen sind die Übeltäter, auch das Sterilisieren, Pasteurisieren, chemische Konservieren und Färben der Nahrungsmittel trägt nicht zu gesünderen Speisen bei! Es kann eigentlich nicht mehr schlimmer werden, wenn selbst das rohe Gemüse und Obst im natürlichen Zustand immer ungenießbarer wird! Dank an alle Gewächshallen und sämtliche chemischen Mittel, die zur Vergiftung der restlichen gesunden Alternative zu den gekochten (oder besser *ver*kochten) Mahlzeiten beiträgt. In unserem heutigen Essen ist an sämtlichen lebenswichtigen Bausteinen wie Vitaminen und Spurenelementen also so gut wie nichts mehr enthalten. Guten Appetit! Was uns interessieren könnte, sind folgende *Wirkungen von Enzymen*:

1. Bestimmte Enzyme wirken *schmerzstillend*, sie gelten als die Schmerztabletten der Zukunft. Dabei gilt, daß diese Stoffe nicht, wie die Analgetika, die Ursache der Schmerzen vertuschen, sondern über eine Entsorgung der schmerzverursachenden Giftstoffe die Wurzel des Übels packen.
2. Der *Alterungsprozeß* kann durch einen ausgewogenen Enzym–Stoffwechsel verzögert werden. Einer der namhaftesten Alternsforscher, *Ivan Popov*, meint: „Ich glaube, daß der Mensch als Mitglied des Tierreichs zu früh alt wird. Und zu lange alt ist. Sehen Sie sich die wildlebenden Tiere an: Je älter sie werden, desto stärker sind sie – sie sterben in der Fülle des Lebens. Wir aber verbringen das halbe Leben in einem Zustand der Senilität und Kraftlosigkeit."
3. Wenn auch die Wirkung von Enzymprozessen auf das Seelenleben noch völlig ununtersucht ist, so möchte ich doch nichtsdestoumso hier einer Spekulation freien Lauf lassen: Was der körperlichen *Fitneß* zuträglich ist, das hat mit Sicherheit einen Einfluß auf das Seelenleben (im allgemeinen auch noch einen positiven!).

„‹Den sticht der Hafer›, sagt man von einem Menschen, der draufgängerisch ist. Zu Recht. Denn *Hafer* und alle die Produkte, die aus ihm gemacht werden, enthalten einen hormonähnlichen Stoff, der *belebend und antriebssteigernd* wirkt. Daneben steckt in Haferflocken aber auch hochwertiges Eiweiß, mehr als bei allen anderen Getreidearten (nämlich ca. 15 Prozent). Und: Wer am Morgen ein Haferflockenmüsli ißt, hat schon einen großen Teil seines Tagesbedarfs an essentiellen Fettsäuren gedeckt. Der Rest sind B–Vitamine, Mineralstoffe, vor allem auch Ballaststoffe und leicht verdauliche Kohlenhydrate, die beide die Fähigkeit haben, Bakterien im Magen und Darm zu binden und auszuschwemmen" (ESSEN & TRINKEN).

Genußgifte

Alle *positiven Wirkungen*, die man dem *Kaffee* nachsagt, hat er: er öffnet die Bronchien, regt im ZNS das Atemzentrum an, hebt den Blutdruck, erweitert die Herzkranzgefäße, steigert die Konzentration und Ideen–Produktion, reduziert die Reaktionszeit, wirkt antidepressiv, reduziert Migräne und Hochdruck–Kopfschmerzen... und und und. Das alles vollbringt er für einen Zeitraum von 1 bis 2 Stunden. Das *Koffein* erreicht sein Wirkmaximum 30–120 Min. nach Genuß, seine Halbwertszeit variiert zwischen 4 und 10 Stunden. Dann kommt's, der *Rebound–Effekt* schlägt voll zu: der Blutdruck sackt ab (bei dem einen, bei dem anderen schlägt er jetzt vielleicht Kapriolen), die Konzentration geht vollends in den Keller (was um 2.30 Uhr auf der Autobahn tödlich sein kann), Bronchien zu, Atmung flattrig (bis hin zur sog. Schnappatmung), Kopfschmerzen, Stimmung down und innere Unruhe up. Ein wahrhaft depressogenes und angstneurotisches Bild.

White et al. stellten 3 Stunden nach dem letzten Kaffeekonsum gegenüber einer Kontrollgruppe ohne Konsum höheren Muskeltonus und stärkere Angstreaktionen fest. 300 mg Koffein behoben diesen Zustand. In einem Selbstversuch stellte *Roller* nach 6 Stunden Kaffeeabstinenz (900–1100 mg Koffein täglich, bei 90 kg Lebendgewicht) Kopfschmerzen fest, gefolgt von Müdigkeit, Schlappheit, Schmerzen in Beinen und Muskeln (ähnlich einer Grippe!) u.v.m. 3 Stunden nach erneutem Kaffeekonsum waren alle Beschwerden wieder verschwunden – wie schön: also rein damit bis zum nächsten Rebound! Schon 1943 hatte *Pfeiffer* bei 22 kaffeekonsumierenden Vpn 4–6 Stunden

Enzyme – Vitamine – Spurenelemente

Ob ein Enzym wirksam werden kann oder nicht, das hängt keineswegs nur von äußeren Umständen ab, also von Helfern, Gegenspielern, Temperaturen, Säureverhältnissen und dergleichen, sondern ebenso von der eigenen Beschaffenheit. Sie ist auch entscheidend dafür, wo es seinen spezifischen Einsatzort findet. Enzyme sind sehr komplexe Geschöpfe, die zunächst nicht in der fertigen, einsatzbereiten Form vorhanden sind, sondern in Vorstufen, die von sich aus nicht aktiv werden können.

In den meisten bisher bekannten Fällen setzt sich das Enzym zusammen aus einem größeren Eiweißkörper, dem sogenannten *Apoenzym*, und einem kleineren Teil, der nicht aus Eiweiß besteht, dem *Coenzym*. Erst wenn diese beiden Teile zusammengefunden haben, existiert die besondere Art eines aggressiven, aktiven Eiweißkörpers, das sogenannte *Holoenzym*. Erst damit ist das wirksame Enzym vorhanden. Die zwei Bausteine für sich sind unwirksam.

Forschern gelang nun in jüngster Zeit eine überaus interessante Entdeckung: Das Coenzym... ist manchmal ein Spurenelement, also ein Metallteilchen, oft aber auch der Abkömmling eines Vitamins.

Und damit wird plötzlich klar, wie diese Spurenelemente und Vitamine wirken und warum auch so oft die intensivste Kur damit wirkungslos bleiben muß: Gewisse Metalle und manche Vitamine können im Körper erst dann ihre Wirkung entfalten, wenn sie sich an das Apoenzym gekoppelt haben und damit zu einem Teil des Enzyms geworden sind.

Das erklärt vielleicht auch, warum so viele Tests und klinische Versuche mit Vitaminen immer wieder völlig entgegengesetzte Ergebnisse brachten: Das beste Vitamin nützt überhaupt nichts, wenn im Körper der Partner fehlt, der mit ihm zusammen das Enzym bilden sollte. Wenn die Apoenzyme nicht vorhanden sind, werden die Vitamine ungenützt vom Körper ausgeschieden.

Damit ist aber nun auch deutlich geworden, welche unermeßliche Bedeutung den Enzymen zukommt, wie verheerend sich der Ausfall eines Enzyms, ein Enzymmangel oder gar Störungen bei mehreren Enzymreaktionen auf unsere Gesundheit auswirken müssen.

Allgeier

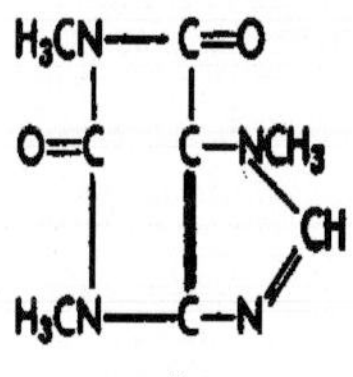

Caffeine

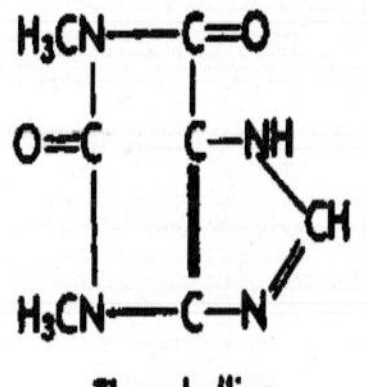

Theophylline

Zucker

Auch auf die Gefahr hin, Ihnen die nächste wohlverdiente Kaffeepause zu verleiden: Mit dem köstlichen Stück Schokoladenkuchen, das Sie sich dabei möglicherweise genußreich einverleiben wollen, drängen Sie Ihrem Körper die satte Menge von sieben Teelöffeln raffiniertem Zucker auf. Was fängt er nun mit diesem unerwünschten Geschenk an?...

In unserem gesamten Blutzuckerkreislauf sind vergleichsweise nur zwei Teelöffel Zucker enthalten. Und zwar als Glucose, die lebenswichtige Energiequelle für alle Zellen unseres Körpers. Bei jeder Bewegung verbrennen die Muskeln körpereigenen Zucker, ohne den auch das Gehirn nicht funktionieren kann. Ausschlaggebend für ein reibungsloses Innenleben ist vor allem eine gleichmäßige und konstante Menge Glucose im Blutkreislauf. Der Schokoladenkuchen bringt nun aber alles durcheinander. Wenn er den Dünndarm erreicht, durchdringt sein Zuckeranteil sehr rasch die Darmwände (viel schneller als beispielsweise die Kohlenhydrate Gemüse oder Vollkorn) und gelangt überfallartig in die Blutbahn. Der Blutzuckerspiegel schnellt blitzartig nach oben. Alarm!

Sofort schickt die Bauchspeicheldrüse Insulin auf den Weg, ein Hormon, das die Menge an Glucose im Blut reguliert. Bei dem Versuch, das plötzliche Überangebot an Zucker auszugleichen, wird aber mehr Insulin als nötig ausgeschieden. Die Bauchspeicheldrüse wollte einfach auf Nummer sicher gehen und einer möglichen weiteren Zuckerattacke vorbeugen. Das überschüssige Insulin entzieht dem Blutkreislauf jetzt aber weiter Glucose. Der Blutzuckerspiegel fällt unter den Normalwert und kann sich nicht mehr einpendeln. Nun entsteht ein Engpaß: Gewebezellen, Muskeln, das Gehirn und andere wichtige Organe werden nicht mehr richtig versorgt. Besonders das Gehirn schaltet auf Sparflamme, weil es keine Energiespeicher hat.

Die Folge: Sie laufen nur noch auf halben Touren. Das süße Hochgefühl ist längst verflogen; eine knappe halbe Stunde später fühlen Sie sich abgespannt, müde, gereizt und können sich nicht mehr voll konzentrieren. Bei häufigen Ausflügen ins Kuchenparadies riskiert man sogar Schlaflosigkeit, Kopfschmerzen, gestörte Sinneswahrnehmungen und Depressionen.

Schwarzwälder Kirschtorte, Nougatriegel oder Eisbecher haben aber noch ganz andere Tücken. Sie stillen den Hunger nicht und verstärken die Gier nach Süßem. Kein Wunder, denn der Körper bekam lediglich Kalorien, von denen er nicht satt wurde. Zuckerkalorien sind leer; die Nährwerte wurden alle schon aus Zuckerrohr oder Zuckerrübe herausraffiniert. Der Körper will aber endlich etwas zum Essen haben. Hunger jedoch wird am schnellsten durch Süßes befriedigt – deshalb der Appetit darauf. Ein Teufelskreis. Als bleibendes Andenken und „Extrazuckerl" gibt es obendrein noch 200 Kalorien für den nächsten halben Zentimeter Hüftspeck!

Um Essen und Getränke zu verdauen, braucht der Körper ein bestimmtes Maß an Vitaminen, Enzymen, Mineral– und Ballaststoffen. Die finden sich normalerweise ausreichend in den Lebensmitteln, die wir zu uns nehmen. Zucker bringt aber nichts mit und bedient sich außerdem noch der Nährstoffe des Körpers. Seine Verbrennung geht vor allem auf Kosten von Vitamin B_1, das sich in Milch, Leber und dunklem Brot findet. Vitamin–B–Mangel kann sich durch anhaltende Schwäche oder Blässe zeigen.

Rund 15 bis 20 Prozent unserer täglichen Kalorienzufuhr entfallen auf Zucker, das sind am Tag zwischen 400 und 700 Kalorien. Der gegenwärtige Pro–Kopf–Verbrauch an raffiniertem Zucker beträgt etwa 120 Gramm täglich. Doch verträglich sind höchstens 40 bis 60 Gramm. Stellen Sie sich als plastisches Beispiel bitte einen prallen Sack mit 44 Kilogramm Gewicht vor. Das ist die Zukkermenge, die jährlich in Ihren Körper wandert – weil von den rund 11.000 käuflichen Lebensmitteln nur wenige frei von Zucker sind.

In verpackten und vorbehandelten Nahrungsmitteln, ebenso in Getränken, sind allein schon drei Viertel des täglichen Zuckerbedarfs enthalten. Linus Pauling, Nobelpreisträger für Chemie, sieht einen Zusammenhang zwischen dem Auftreten von Herzkrankheiten und der Menge an genossenem Zucker: „Jede sechste Frau und jeder dritte Mann leben mit der Wahrscheinlichkeit einer Herzerkrankung vor dem sechzigsten Lebensjahr." Der Schweizer Wissenschaftler Dr. Kieffer nennt Zucker „einen schwarzen Schandfleck auf dem Speisezettel der zivilisierten Völker".

Und der Ernährungswissenschaftler A. Schauss geht sogar so weit zu sagen: „Zucker ist mehr eine Droge als ein Nahrungsmittel." Deswegen würden viele Mediziner den Zucker auch lieber als Genußmittel einstufen; die meisten von ihnen sehen auch allgemein keine körperliche oder psychologische Notwendigkeit, Zucker zu essen. Solch bittere Erkenntnisse sollten aber nicht jeglichen süßen Gedanken vertreiben. Zucker, in Maßen genossen, ist nicht schädlich. Aber verwenden Sie ihn einfach sparsam, wie ein Gewürz. In der Tat wurde noch vor knapp 150 Jahren Zucker wie ein teures Gewürz verkauft.

Nehmen Sie Süßstoff in Kaffee und Tee, er wird unverändert aus dem Körper wieder ausgeschieden. Beim Kochen und Backen kann flüssiger Süßstoff anstelle von Zucker herhalten. Oder kaufen Sie Melasse, auf die schon unsere Großmütter schworen.

Dieser Extrakt aus Zuckerrohr oder Zuckerrübe hat wenigstens viele Spurenelemente und Mineralstoffe. Honig, vernünftig dosiert, ist ebenfalls gesünder. Er besitzt, ähnlich wie Ahornsirup, Vitamine, Enzyme und Spurenelemente.

Häufig wird Fructose oder Traubenzucker als Ersatz für Zucker angeboten. Besonders Diabetiker folgen dieser „Empfehlung". Doch ist Vorsicht angesagt, denn Fructose oder Traubenzucker ist raffinierter Zucker, der lediglich etwas langsamer durch die Darmwände in den Blutstrom gelangt. Und was den angeblich so gesunden braunen Zukker in Bioläden betrifft: der ist nichts weiter als weißer Zucker, mit Melasse gefärbt. Ganz schön raffiniert!

Im Haushalt kann man sich um den Zucker also recht gut herummogeln. Schwieriger ist es wohl, den Versuchungen durch Tortenstückchen, Bonbonnieren und Schokoladetafeln zu widerstehen. Wenn Sie hin und wieder mal schwach werden, ist das kein Kapitalverbrechen an Ihrer Gesundheit. Eine Praline glättet die Seele manchmal eben angenehmer als ein Apfel oder Vollkornkeks. Aber der süße Selbstbetrug darf nicht zur lieben Gewohnheit werden. Je weniger Zucker Sie sich erlauben, um so mehr versüßen Sie sich das Leben. Sollte aber in Gedanken gerade ein Löffelchen Schokosahne auf Ihrer Zunge zergehen, vergessen Sie bitte nicht diese sieben Teelöffel Zucker. Das ist der Spaß doch nicht wert.

Wahler

Entgegen der landläufigen Meinung sind beide Genuß–Stoffe, der im Kaffee und der im Tee, chemisch fast identisch. Tee enthält ebenfalls Koffein und daneben noch Theophylline; beide Verbindungen sind Xanthin–Derivate, ZNS–Stimulantien. Auch ihre Wirkung auf den Organismus ist im Prinzip erst mal gleichartig: nach Meinung von Experten in unserer Gesellschaft verheerender als die des Alkohols („Eh' Sie einem 10jährigen Kind eine Dose Cola geben, geben Sie ihm lieber eine Flasche Bier; die ist weniger gefährlich als die Cola" – aber es ist alles eben relativ, am besten keins von beiden!!).

nach Absetzen der Droge heftigste Kopfschmerzen festgestellt, ebenso wie *Goldstein & Kaizer* 1969 bei 239 kaffeetrinkenden Hausfrauen und und und...

Tatsächlich ist das Erscheinungsbild des *Koffeinismus* (beginnt bei 4 Tassen Kaffee oder 7 Tassen Tee am Tag!), seit Anfang des Jahrhunderts gleichermaßen hinreichend bekannt und verdrängt, praktisch identisch mit dem bestimmter Formen der Depression. Im DSM III steht der Koffeinismus nun endlich drin. Nach Schätzungen sind 10% der amerikanischen Bevölkerung betroffen, 25% insgesamt gefährdet. *Turin* setzt die schädliche Dosis niedriger an: Schon 3 Tassen täglich können Kopfschmerzen, Tremor, Nervosität und Irritierbarkeit hervorrufen.

Die psychologisch interessanten *Symptome* des Koffeinismus sind: Gereiztheit (fällt subjektiv und objektiv nur in geeigneten Schlüsselsituationen auf, z.B. beim Umgang mit Kindern oder Verkehrsteilnehmern), inneres Getriebensein, Ruhelosigkeit, Ängstlichkeit, Irritierbarkeit, Agitiertheit, Muskeltremor, Kopfschmerzen, Schlaflosigkeit, sensorische Überempfindlichkeit und Fehlwahrnehmungen, kardiovasculäre sowie gastrointestinale Beschwerden.

Immer wieder wird eine erhöhte Depressivität von Kaffeetrinkern vermeldet, wobei aber auch eine kurzfristige antidepressive Wirkung des Kaffees diskutiert wird – aber was soll's, der Rebound kommt: „If the stimulating effects of coffeine do, as discussed at the beginning of this section, set into motion a later depressant response, this could not only reinforce coffee drinking but also complicate existing depressive symptoms" *(Sawyer)*.

Greden befragte am *University of Michigan Medical Center* 124 Kaffeetrinker nach ihrer *Overall–Befindlichkeit*. Er teilte sie nach dem Konsum in drei Gruppen: 51 Wenig–Trinker, 53 Mäßig– und 20 Viel–Trinker. Einen linearen Anstieg fand er in der berichteten Ängstlichkeit (21,5%, 25,9% und 31,5%) und in der Pinkel–Frequenz (Diuresis). In drei Fallstudien konnte er allein durch Kaffeeabstinenz die Patienten von ihrem extrem hohen Angst–Level herunterholen.

In der *State–Trait Angstskala* von *Spielberger* wie auch in *Becks Depressionsskala (BDI)* zeigten Viel–Kaffeetrinker höhere Werte als mäßige Trinker oder Abstinente. Die Autorin berichtet auch von 154 psychiatrischen Patienten, von denen, verglichen mit 66 gleichaltrigen und gleichgeschlechtlichen „normal persons", immerhin doppelt so viele 5 und mehr Tassen Kaffee am Tag tranken. Auch andere Autoren fanden erhöhte State–Angst bei starken Kaffeekonsumenten.

Bewegung

Kleine *Kinder* sind noch sehr bewegungsfreudig. Neu erlernte Bewegungsfunktionen werden mit Begeisterung immer wieder ausgeübt, und Gefühlsregungen werden mit dem ganzen Körper ausgedrückt. Wohl jeder kennt, wie sich ein kleines Kind mit dem ganzen Körper freuen kann: Die Arme werden in die Luft geworfen, es hüpft, springt und dreht sich, und alle Gliedmaßen bewegen sich mit.

Der Lust an der Bewegung werden allzubald Grenzen gesetzt durch Ermahnungen der Eltern, die dem Schutz des Kindes dienen sollen (oder der Schonung elterlicher und nachbarschaftlicher Nerven), durch beengte Wohnverhältnisse, ungeeignete Spielplätze, später durch stundenlanges Stillsitzen in der Schule bis zur Bürotätigkeit und dem Autofahren des Erwachsenen. Die Folgen sind neben den hinlänglich bekannten körperlichen Schäden wie Haltungsfehlern und Kreislauferkrankungen auch psychische Einschränkungen.

Der Mensch verzichtet auf ganz elementare Lusterlebnisse, wie sie durch die Freude an Bewegungen erzeugt werden können. Mit dem *Bewegungsmangel* geht eine Reduzierung der Bewegungsvielfalt und eine Einschränkung leiblicher Erfahrungsmöglichkeiten einher. Gleichzeitig werden auch Ausdrucksmöglichkeiten eingeschränkt und somit Kommunikation weniger intensiv. Die heutige hochtechnisierte, spezialisierte und intellektualisierte Umwelt stellt eine Bedrohung elementarer Bedürfnisse und körperlicher Empfindungen dar, wie sie in einer Verleugnung des eigenen Körpers und seiner Bewegungsbedürfnisse zu erkennen ist.

> Um physisches Wohlbefinden zu steigern, müssen Belastungen in bestimmten Bereichen – Kraft, Ausdauer, Gelenkigkeit, Schnelligkeit und Reaktionsvermögen – stattfinden und *Schwellenwerte* überschreiten. Beispielsweise nimmt die Gelenkigkeit nur dann zu, wenn mehrmals hintereinander die Höchstgrenzen der jeweils möglichen Belastungsamplituden erreicht werden.

Man kann die *Wirkungen sportlicher Aktivitäten* in kurz– und längerfristige einteilen. Langfristig kann durch Sport das psychische Gleichgewicht stabilisiert werden, wäh-

Kann sich Sport auf die Persönlichkeit auswirken?

Abele & Brehm trainierten 4 Monate untrainierte Männer mittleren Alters, die sitzende Tätigkeiten ausübten. Es ließ sich erkennen, daß sportliche Aktivität einen direkten Einfluß auf die Persönlichkeit dieser Männer hatte. Zu Beginn dieses Trainings waren alle Männer desinteressiert, ängstlich und konnten nicht viel mit den anderen Übungsteilnehmern anfangen. Die Zustände veränderten sich während und nach den 4 Monaten dahingehend, daß sie Leistungsdruck auf sich selbst ausübten, keine Angst vor körperlichen Schäden durch den Sport hatten und besser mit der Gruppe umgehen konnten.

Damit vom Untersuchungsteam ein objektiveres Ergebnis erzielt werden konnte, selegierten sie durch medizische Untersuchungen aus allen untrainierten Männern einige trainierte heraus und verglichen im folgenden die Untersuchungsergebnisse beider Gruppen. Dabei hat sich folgendes Resultat gezeigt: Die Persönlichkeitsfaktoren (nach *Cattell*) der untrainierten Gruppe glichen sich denen der trainierten an, was auf eine Wirkung der sportlichen Betätigung zurückzuführen ist. Das läßt zwei Mutmaßungen zu:

a) Die Veränderung in der Persönlichkeit kann durch Auswirkungen physiologischer und biochemischer Veränderungen zustande kommen (erhöhte Durchblutung des Gehirns bringt erhöhte Glucose–Zufuhr = Nahrungszufuhr für das Gehirn).
b) Persönlichkeitsveränderungen können auch in einem psychologischen Ansatz gesehen werden: Indem sich ein Mann einer inneren Herausforderung stellt und sie meistert, kann er unabhängiger, leistungsbewußter und sicherer im Leben werden.

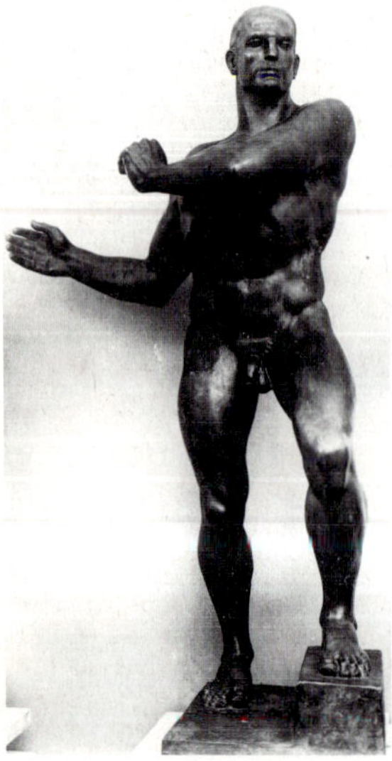

rend kurzfristig eine positive Veränderung der momentanen Stimmung möglich ist. Untersuchungsergebnisse deuten darauf hin, daß rhythmisierte Bewegungen besonders positiv wirken. Aus einer Untersuchung, die *Abele & Brehm* mit über 200 Teilnehmern eines Skigymnastik– und Jazztanzkurses im Alter zwischen 14 und 53 Jahren über mehrere Monate durchführten, gehen folgende Ergebnisse hervor: Die Teilnehmer fühlten sich nach der Sportstunde in gehobener Stimmung, waren ruhiger und verspürten mehr Energie und Tatkraft als vor der körperlichen Anstrengung. „Trainierte sind ruhiger und weniger streßanfällig als Unsportliche."

Insgesamt 17.000 Personen wurden zu einer Studie herangezogen. Leiter dieser Untersuchung war Professor *Paffenbarger jr*, Mitwirkende in gemeinsamer Zusammenarbeit waren die *Stanford*– und die *Harvarduniversität*. „Trainierte Menschen leben im Durchschnitt zwei Jahre länger als untrainierte. Zwei Jahre mögen als wenig erscheinen… Schon wer pro Woche nur 2.000 Kalorien durch körperliche Aktivität verbrennt, hat wesentlich bessere Chancen für ein längeres Leben als eine – so der Team–Jargon–‹Couch–Kartoffel›, eine bewegungsarme Person, die weniger als 500 Kalorien wöchentlich für Körperarbeit benötigt." Wer denkt, sein ererbter robuster Körperbau würde ihm ein langes Leben garantieren, der liegt leider falsch. Ein bißchen kontinuierliche Bewegung sollte schon auf dem Programm stehen, und wenn dann auch noch bis zu 3.500 Kalorien in der Woche dabei verbrannt werden, dann steigt die Lebenschance um weitere 30 Prozent!

Der aus Deutschland stammende US–Professor *Kramsch* war 1983 zum Beweis des Zusammenhangs zwischen Bewegung und Lebenserwartung über den statistischen Vergleich hinausgegangen – allerdings nicht bei Menschen. Er teilte 48 Affen in zwei Gruppen ein. Eine Hälfte lebte ihr Affenleben normal weiter, die andere mußte auf dem Laufband drei– bis viermal wöchentlich 30 bis 40 Minuten joggen: Innerhalb von zwei Jahren starben sieben Affen an Herzversagen – lauter Nichtjogger.

Dennoch wird am Sport auch *heftige Kritik* geübt – „Sport ist Mord" u.ä. –, gerade dann, wenn der Bekannte mit einem Gipsbein aus dem Skiurlaub zurückgekehrt ist, die Freundin einen Tennisarm hat, der Vater eine Zerrung vom Fußballspielen etc. Nun, man kann es treiben, man kann es aber auch übertreiben, und das sollte man beim Sport nicht, denn: „Am meisten gefährdet sind danach mit 65 Prozent die Beine (Squash, Leichtathletik, Tanzen, Badminton, Gymnastik, Fußball, Skilaufen), mit 33 Prozent die Kniegelenke (Ski, Squash, Schlittschuhlaufen, Judo, Fußball), mit 20 Prozent die Sprunggelenke (Badminton, Volleyball, Basketball, Trampolin, Tennis), mit 25 Prozent die Arme (Rollschuh, Judo, Rugby, Handball, Reiten und Eishockey), mit fünf Prozent die Schulterregion (Ringen, Judo, Radfahren, Reiten)" *(Cotta)*. Die Zahlen wurden der *Orthopädischen Uni–Klinik* in *Heidelberg* entlehnt.

Weitere *Krankheiten* kurioser Art, die im Freizeitsport immer häufiger auftreten und in den USA beobachtet werden, sind folgende: Da gibt es einmal den Bowling–Ellenbogen, die Disco–Schwerhörigkeit, das Fahrrad–Harnträufeln, die Fernseh–Thrombose (im schlecht durchbluteten Bein), den Frisbee–Finger (Hautverletzungen an der Wurfhand), den entzündeten „Jogger's nipple" (scheuernde Brustwarzen am Trainingsanzug), den „penile frostbite" (Penis–Erfrierung nach Dauerlauf), außerdem sind da noch die „slot–machine tendinitis" (Sehnenentzündung durch Maschinenbedienung in Spielhallen) und der „space–invaders wrist" (überlastete Handgelenke bei wildem Video– oder Flipper–Spiel) .

Da gibt es einen etwas ausgeflippten Marburger Psychologen, der empfiehlt Patienten, die unter innerer Unruhe, Nervosität, Errötensangst, Psychogenem Tremor oder Schreibkrämpfen leiden… Knete! Eine Kugel in der Hand kneten, beim Spazierengehen, in der Vorlesung, beim Lesen, Arbeiten und und und… Etwas crazy? Fürwahr kaum: die Chinesen haben ihre Qigong–Kugeln, die Türken ihre Gebetskette, die Katholiken ihren Rosenkranz, die Raucher ihre Zigarette, die Griechen ihr Kompoloi, Universitätspräsidenten ihren Bleistift (an dem sie lutschen), Staatspräsidenten der bevölkerungsreichsten Volksrepublik Streichholzschachteln (die sie während eines weltweit ausgestrahlten Interviews pausenlos in der Hand drehen und wenden), Frauen ihr Strickzeug und ihre Handtasche, Krieger ihren Speer, die Krankengymnastik ihre Gymnastikknete, *Maria Schell* ihren Schmeichelstein, eine andere Schauspielerin war dabei zu beobachten, wie sie während „Wetten, daß..." mit einem Jade–Stein spielte, die Japaner tun dies mit Holzfiguren (gefertigt aus dem Holz des Nepheliums) in der Hosentasche, und bei *Humphrey Bogart* in „Die Caine war ihr Schicksal" waren zwei Geldstücke mit von der Partie.

Des weiteren kann man sich mit der Netsuke die Zeit vertreiben – das ist kein Mädchen(name), sondern ein knopfartiger Gegenstand aus Japan, der aus Holz, Elfenbein oder Horn gefertigt ist – sich die Haare kräuseln, seine Barthaare, soweit welche vorhanden sind, ausreißen, auf Nägeln und Lippen kauen, am Ohr zupfen, mit der Kette spielen, in der Nase bohren, was man bei Autofahrern an der roten Ampel oft sieht und und und... Eine wahrhaft endlose Liste. *Handbewegungen* scheinen eine ausgesprochen beruhigende Wirkung auf den Menschen zu haben, selbst wenn Psychotherapeuten einer zu weit verbreiteten Therapierichtung das Spiel von Patienten mit Gegenständen wie Kulis als „Spiel mit dem Penis" zu denunzieren versuchen.

Schattenboxen und Atmungsübungen sind bereits als traditionelle chinesische Trainingsmethoden in der Welt bekannt. In den letzten Jahren ist noch eine andere hinzugekommen: das Drehen von *Stahlkugeln (Qigong–Kugeln)* in den Händen. Es soll den Körper fit halten, Krankheiten vorbeugen und sie heilen. Insgesamt sind es 17 chinesische Forschungsinstitute, die sich mit der Funktion des Qi im Rahmen von Forschungen befassen. Hierzu zählen auch das *Shanghai–College of Traditional Chinese Medicine, Shanghai–Institute of Traditional Chinese Medicine, Institut für Nuklearforschung an der chinesischen Akademie der Wissenschaften* und das *Pekinger Institut für Traditionelle chinesische Medizin.*

Die *Kugeltherapie* stammt aus der Ming–Dynastie (1368 bis 1644). In der Ching–Dynastie (ab 1644) waren die Kugeln z.B. dem Kaiser Qianlong von seinem Leibarzt empfohlen worden, sie als tägliche Fitness–Übung in seiner Hand rotieren zu lassen. Sinn dieser Übung war es, gesund zu bleiben und das Leben zu verlängern. Der Kaiser wurde 89 Jahre alt, sein Leibarzt, der ihm diese Therapie empfahl, erreichte ein Alter von 84 Jahren.

Qi–Techniken haben eine Auswirkung auf das Großhirn, das autonome Nervensystem und auf das Herz–Kreislauf–System. Es reguliert Organfunktionen. Die Auswirkungen auf das Großhirn zeigen sich im Elektroenzephalogramm. Die Atemfrequenz verändert sich, die Vitalkapazität vergrößert sich, die Zwerchfellamplitude verbessert sich. Der Sauerstoffumsatz wird beeinflußt, ebenso die Stoffwechselfunktion.

Beschäftigen wir uns noch kurz mit der *physikalischen Wirkung der Kugeln*. Die kleinen Kugeln haben einen Durchmesser von 4,5–5,5 cm und wiegen zusammen 360–400 g. Mit diesem Gewicht belasten sie nicht nur die Muskulatur der Hand, sondern nach dem physikalischen Gesetz Kraft x Weg auch die Muskulatur des Oberarms in verstärktem Maße. Die Kugeln sind innen hohl. Innen rotiert jeweils eine zweite Kugel. Die innen rotierenden Kugeln berühren Zapfen, bringen diese zum Vibrieren und erzeugen dabei melodische Töne. Durch das lange Rotieren in der Handfläche erwärmen sich die Kugeln. Somit ergeben sich insgesamt fünf Wirkungen:

1. Die *Vibration*. Durch die feine Vibration wird ein auflockernder, tiefenwirksamer Reiz auf das Gewebe ausgeübt. Die Durchblutung in den Arteriolen wird verbessert. Eine beruhigende Wirkung geht von der Vibration auf die Nervenfasern aus. Die Lymphzirkulation wird durch die Vibration verbessert.
2. Die *Kompression*. Hierdurch erfolgt eine Massage. Es wird eine Pumpwirkung durch Potenzierung der Pulswelle erreicht. Die Massage lockert das Gewebe, verbessert die periphere Durchblutung.
3. Die *Wärme*. Die Wärme entsteht durch kinetische Energie. Diese kinetische Energie wird über die in das Gewebe eindringende Wärme in den Körper zurückgeleitet. Es erfolgt eine Aktivierung der inneren Organe. Gleichzeitig erweitert die Wärme die

Gefäße und verbessert dadurch die Durchblutung. Wärme beruhigt ebenfalls die Nerven. Wärme ist ein Yang–Faktor. Yang ist Energie. Es wird Yang–Energie zugeführt. Über Yang– und Yin–Einfluß wird Qi aktiviert.
4. Die melodischen *Töne*. Sie haben eine beruhigende Wirkung. Sie wirken aufheiternd, lösend, entspannend, stimmungsaufhellend.
5. Die *isometrische Wirkung* auf die Hand– und Armmuskulatur durch das Gewicht der Kugeln.

Zuerst einmal muß man ein Paar Stahlkugeln besitzen, und da hat man die Qual der Wahl. Auf dem Markt sind polierte, verchromte Kugeln, Kugeln mit Titanbelag und etliche andere Sorten zu finden. Jede Sorte gibt es in drei Ausführungen:

Ausführung	Durchmesser der Kugel (mm)	Gewicht (g)
1	55	530
2	50	430
3	45	330

Welche Ausführung soll man nehmen? Das kommt auf die *Größe der Handfläche* jedes einzelnen an. Im allgemeinen nehmen Anfänger besser die zweite oder dritte. Beim Kauf sollte man die Kugeln schwenken und hören, ob sie einen deutlichen, schönen Klang haben.

Die *grundlegende Anwendungstechnik* für Anfänger sieht so aus: In der Hand rotieren zwei Kugeln im oder gegen den Uhrzeigersinn. Man legt Kugel A zwischen Daumen und Zeigefinger der rechten Hand und faßt sie mit diesen beiden Fingern; Kugel B liegt mitten auf der Handfläche und wird durch Handballen, Ring– und den kleinen Finger festgehalten; der Mittelfinger liegt dort, wo sich die beiden Kugeln berühren. Gleichzeitig muß man die Schulter und den Ellbogen absenken sowie den Unterarm und die Handfläche waagerecht halten. Kopf und Oberkörper bleiben aufrecht.

Bei den *Übungen* muß man sich konzentrieren, den ganzen Körper locker lassen, stets gleichmäßig die Kugeln bewegen. Die Kugeln dürfen sich in der Hand berühren, jedoch nicht heftig aneinanderstoßen. Anfänger sollten die Finger so krumm wie möglich machen, damit die Kugeln nicht aus der Hand rollen. Mit der Zeit wird die Geschicklichkeit verbessert. Bei zunehmender Geschicklichkeit streckt man die fünf Finger aus, so daß sie wie ein flacher Teller wirken, und die Rotationsgeschwindigkeit wird zunehmend gesteigert.

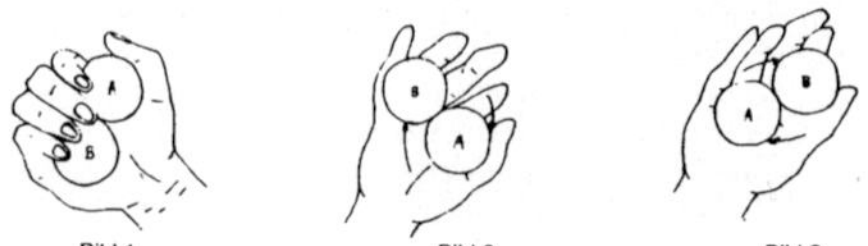

Der Zeigefinger gibt Kugel A einen Stoß, der Daumen wird gekrümmt, damit die Kugel im Uhrzeigersinn in Richtung Daumen und Handballen rollt. Gleichzeitig streckt man die anderen drei Finger, so daß Kugel B bis zum Ringfinger rollt. Dann hebt man den kleinen, Ring– und Mittelfinger nacheinander an. Kugel B rollt über den Zeigefinger bis zu der Stelle, an der Kugel A vorher lag. Auf diese Weise rotieren die beiden Kugeln sich berührend im Uhrzeigersinn in der rechten Hand.

Beherrscht man die Kugeln auch, wenn sie sich sehr schnell drehen, beginnt man mit einer *schwierigeren Technik*. Das funktioniert so: Zwei Kugeln rotieren in einem bestimmten Abstand in der Hand. Je mehr Geschicklichkeit man besitzt und je schneller die Rotationsgeschwindigkeit, desto größer der Abstand zwischen den beiden Kugeln. Zwei sich berührende Kugeln trennt man voneinander, wenn die Finger gestreckt werden. Bei dieser Übung muß man folgendes beachten: Die Handfläche waagerecht halten, die fünf Finger spreizen. Man muß die Kugeln gleichmäßig stoßen und die Finger ruhig bewegen, sonst passiert es leicht, daß die Kugeln gegeneinanderstoßen oder aus der Hand fallen.

Tanzen

Man sollte seinen Freizeitbeschäftigungen gemäßigt nachgehen und auch beim Rock'n Roll nicht zu übermütig auf dem Tanzboden losrocken. Schließlich gilt aber das Tanzen als eine der gesündesten Sportarten überhaupt. Gleicht es doch bezüglich der Bewegungsform physiologisch dem Schwimmen oder dem Ski–Langlauf. Auch das *Gesicht* kommt bei dieser Sportart nicht zu kurz. Grimmige Menschen lernen endlich wieder das Lächeln – denn das ist beim Tanzen angesagt, und dabei werden die Gesichtsmuskeln schon ganz schön in Anspruch genommen. Auch bei der Jugend gehört der Tanzunterricht wieder zum Leben. So besuchen heutzutage fast die Hälfte aller Jugendlichen eine Tanzschule, vor 20 Jahren waren es maximal 10 Prozent!

Die Preise für einen *Tanzkurs* sind akzeptabel, im Durchschnitt bezahlt man zwischen 120 und 180 Mark. Zwei Verbände haben sich in Deutschland dem Tanzen verschrieben: der *Allgemeine Deutsche Tanzlehrer–Verband (ADTV)* und der *Deutsche Tanzsportverband (DTV)*. Nach einer Vereinbarung zwischen den beiden Verbänden sind die Tanzschulen des ADTV für die Grundausbildung zuständig und die Clubs des DTV übernehmen die Fortgeschrittenen in ihre Breiten– und Turniersportabteilungen (nur Amateure). Die Anschriften der Tanzschulen findet man im örtlichen Telefonbuch. Über Tanzclubs am Ort informiert die Geschäftsstelle des DTV, Robert–Koch–Straße 1–3, 6078 Neu–Isenburg, Telefon 06102/33931.

Die *American Dance Therapy Association (ADTA)* definiert Tanztherapie als die „psychotherapeutische Verwendung von Bewegung als Prozeß, der die emotionale und psychische Integration des Individuums zum Ziel hat" *(Willke)*. Vor allem die expressiven und kommunikativen Qualitäten von Bewegung stehen hierbei im Vordergrund. Ausgangs– und Ansatzpunkt in der Tanztherapie ist das aktuelle Bewegungsmuster des Klienten, seine Art, durch Bewegung Kontakt aufzunehmen und sich auszudrücken. In der Arbeit werden keine Tanztechniken vermittelt, denn der Klient soll nichts Vorgefertigtes übernehmen, nichts reproduzieren, sondern dazu kommen, seine eigenen, für ihn bedeutungsvollen Bewegungen zu finden (auch hier wieder die Neophilie: Volks– und Standardtänze sind wohl wieder zu einfach – oder?). Folgerichtig kommt es auch nicht darauf an, wie es aussieht, sondern wie es sich für den Klienten anfühlt.

Das erste Ziel ist, Bewußtsein für den eigenen Körper zu schaffen und die Wahrnehmung der Innen– und der Außenwelt zu verfeinern. Danach kann eine Ausweitung der eigenen Bewegungsmöglichkeiten angestrebt werden, um schließlich ein authentisches Bewegen und Reagieren auf zunächst externe, dann innere Reize zu erreichen. Dabei geht es dann also um den direkten, spontanen Ausdruck der momentanen Gefühle. Auch wenn man keine vollständige Tanztherapie durchführt, so lassen sich einige Elemente daraus in manchen Therapieablauf sinnvoll integrieren. Das Problem des angemessenen und gesunden *Ausdrucks von Gefühlen* stellt sich immer wieder. Sich diesem Gefühlsausdruck auf spielerische Weise durch Körperhaltungen, Bewegungen und auch durch tänzerischen Ausdruck zu nähern, damit zu experimentieren und die Scheu davor zu verlieren, dürfte in vielen Fällen hilfreich sein, denn es kann erlebnisintensiver und direkter sein als die nur verbale Kommunikation darüber. Die Übergänge von Rollenspielübungen, bei denen zunehmend Wert auf mimischen und gestischen Ausdruck gelegt wird, bis zur tänzerischen Gestaltung sind fließend.

Eine Zwischenstellung zwischen Musik– und Tanztherapie nimmt die *Rhythmik* ein. Hier besteht allerdings weniger der Anspruch, Störungen zu behandeln, als zu einer Entfaltung der Persönlichkeit zu verhelfen. Das *Ziel* ist, Kreativität, Eigenaktivität und ganzheitliches Erleben von Seele, Körper und Geist zu erfahren. Es werden elementare Erlebnisse über Körperhaltungen, einfache Bewegungen im Raum und gemeinsame, kommunikative Bewegungen in der Gruppe erarbeitet, die mit dem eigenen Körperrhythmus (Atmung, Herzschlag) in Einklang gebracht werden und die in einem sinnvollen Wechsel zwischen Spannung und Entspannung stehen.

Wenn Sie das Gefühl haben, daß Sie mit zwei linken Füßen auf die Welt gekommen sind, könnten *Folkloretänze* aus aller Welt der richtige Einstieg ins Tanzen für Sie sein. Die einfachsten dieser Tänze kommen mit ganz wenigen, schnell erlernbaren Schrittkombinationen aus, so daß Sie gleich drauflostanzen können. Da diese Tänze meist im

Einer der besten Tanzlehrer Marburgs, wenn nicht der ganzen restlichen Welt:

… und seine Fabrik:

Ihr Treffpunkt:

April – Juli '90

für Schüler

7.4.	Sa	17.15	Disco–Party
21.4.	Sa	17.15	Disco–Party
28.4.	Sa	17.15	Disco–Party
12.5.	Sa	17.15	Disco–Party
13.5.	So	9.30	Medaillentest
26.5.	Sa	17.15	Disco–Party
9.6.	Sa	13.30	Medaillentest
9.6.	Sa	17.15	Disco–Party
16.6.	Sa	20.15	Abschlußball
23.6.	Sa	17.15	Disco–Party
3.7.	Di	18.00	bis 22.00 Mittelball

Die Kursgebühr schließt den freien Eintritt zu den Disco–Partys mit ein – der Clubausweis ist bei **jeder** Veranstaltung vorzuzeigen!

Für alle jetzigen und ehemaligen Teilnehmer der Medaillen–Schülerkurse findet der

Medaillen–Tanz–Treff

jeweils Sonntags von 14.30 – 16.30 Uhr statt:

29. April
6. Mai / 20. Mai / 27. Mai
10. Juni / 17. Juni
1. Juli

für Paare

Samstag – Tanztee

für alle Teilnehmer der Grundkurse:

19. Mai	18.00 - 20.15 Uhr
26. Mai	14.30 - 16.45 Uhr
2. Juni	18.00 - 20.15 Uhr
16. Juni	17.00 - 19.00 Uhr

Tanzparty mit Nachtstudio

für alle Teilnehmer ab Stufe II jeweils samstags von 21.00 – 1.00 Uhr

7. April / 21. April / 28. April
5. Mai / 12. Mai / 19. Mai / 26. Mai
9. Juni / 23. Juni
14. Juli

Stammtisch

jeweils Freitags von 22.15 – 00.15 Uhr nur für jetzige und ehemalige Medaillenkurs-Teilnehmer:

27. April
4. Mai / 11. Mai / 18. Mai / 25. Mai
1. Juni / 8. Juni / 22. Juni

Abschlußbälle

in festlichem Rahmen in unseren Sälen:

29.6. / 30.6. / 7.7.

Terminänderungen vorbehalten

Besonderes

Do 24. Mai 9.00 Uhr
(Chr. Himmelfahrt)

Ausflug ins Blaue

Ganztagsausflug mit Tanz
– Ziel bleibt geheim –

Mit Rucksack und Verpflegung, Wanderzeug und Tanzschuhen ausgestattet, wollen wir einen schönen Tag verleben. Anmeldung ab 7. Mai!

Oldiethek
der 50 er / 60 er Jahre

im Rahmen der Tanzparty für Paare am
12. Mai 21.00 Uhr
Moderation: A. Seidel

Medaillentest

So	13. Mai	ab	9.30
Sa	9. Juni	ab	13.30
So	24. Juni	ab	9.30
Mo	2. Juli	ab	18.00

Naturtanz

Tanz ist gewissermaßen Musik, ausgedrückt in Bewegung. Viele der Prinizipien und Funktionen, die wir bereits bei Besprechung der Musik abhandelten, gelten auch für den Tanz. Er kann als Schauspiel vor einem Publikum ablaufen, oft als strukturiertes Ritual, wie etwa die Tanzaufführungen bei Tempelfesten in Bali, die mit einem Baris und einem Blumenopfertanz eröffnen. Die kriegerische Selbstdarsellung im Baris wird so in Aufeinanderfolge mit Appellen freundlicher Beschwichtigung kombiniert und folgt damit einem allgemeinen Prinzip freundlicher Kontakteröffnung.

Einige Merkmale der geschlechtstypischen Bewegungsmuster weiblicher und männlicher Selbstdarstellung im Schautanz sind wohl universal. Das gilt für die abrupten Bewegungen und die Kraftdemonstrationen des Männertanzes in Sprüngen, für seine frontale Orientierung zum Betrachter, für sein Vorstürmen, die gespreizte Haltung von Armen und Beinen. Der Körper wird als ganzes kraftvoll dargestellt. Frauen bieten ihren Körper geschmeidiger und in verschiedenen Ansichten dar. Unter anderem spielt Koketterie eine große Rolle. Die natürliche Ambivalenz – Zuwendung und scheue Abkehr – wird in Haltung und Bewegung ausgespielt, und die sexuellen Reize werden präsentiert. Dies geschieht durch Andeutung in verschlüsselter Form oder durch kurzfristiges Darbieten, wie etwa beim Gesäßweisen im französichen Can–Can, indem mit einer Drehung des Körpers kurz die Röcke hochgeworfen werden oder ein Bein angehoben wird.

Tanz als Interaktion zwischen Tänzern findet viele Ausprägungsformen. Sie stehen oft im Dienste der Partnerwerbung und können dabei als Paartänze oder Gruppentänze ablaufen. In diesen Tänzen finden die Partner heraus, ob sie miteinander harmonieren, und zwar dürfte die Leichtigkeit, mit der sie ihre Bewegungen synchronisieren, direkter Ausdruck gegenseitigen Verständnisses sein. Wir erwähnten das Tanim–Hed der Medlpa als Beispiel. Besonders reizvoll sind Gruppentänze, bei denen man mit seinem Partner beginnt, im Verlauf des Tanzes kurz mit anderen Tanzpartnern Kontakt aufnimmt, um dann wieder zur eigenen Partnerin zurückzukommen. Sie bereichern die Möglichkeiten der Kontaktaufnahme. Viele der Volkstänze (Polonaise etc.) sind von dieser Art. Gruppentänze, wie etwa die österreichischen Landler, sind interessant wegen der ausdrucksvollen und zugleich hochritualisierten Form männlicher und weiblicher Selbstdarstellung vor dem Partner. Das gut aufeinander abgestimmte Handeln bleibt jedoch die Essenz tänzerischer Interaktion.

Gruppentänze dienen auch zur Demonstration von Einigkeit und damit zur Festigung der Gruppenidentität. Soll diese nach außen hin dargestellt werden, dann dominieren die Muster der Koaktion des gleichzeitigen Handelns. Wenn hundert Krieger gleichzeitig im Tanz mit dem Fuß aufstampfen, gleichzeitig schwenken oder, wie bei den Schweinefesten der Medlpa, im Gleichtakt auf der Stelle springen, dann vermittelt dies nach außen den Eindruck der Geschlossenheit. Es handelt sich hier um Tänze, bei denen sich die Gruppe vor anderen als Einheit darstellt. Der inneren Bindung dienen Tänze, in denen die Gruppenmitglieder in einer Art Synchronisationsritual aufeinander abgestimmt handeln. Solche Tänze bindender Funktionen sind etwa die Melonenballtänze der Frauen bei den Buschleuten (!Ko, !Kung und G/wi) der Kalahari. Bei diesen Tänzen kommt es darauf an, daß keine der genau aufeinander abgestimmten Partnerinnen einen Fehler macht, so daß die Gruppe als Einheit handelt. Das geht natürlich nur, wenn jede in die Regeln eingeweiht ist und diese auch beherrscht, sonst tanzt sie eben aus der Reihe und schließt sich damit der Gruppe aus. Tänze definieren wie die Stile der visuellen Kunst Gruppenzugehörigkeit.

Durch Tanz können schließlich geänderte Bewußtseinszustände herbeigeführt werden. Das wird besonders deutlich in den Trancetänzen, z.B. der Kalahari–Buschleute. Das Phänomen ist gut dokumentiert, die Physiologie dieser Trance muß allerdings noch untersucht werden. Im Tanz manifestiert sich schließlich auch gelegentlich der Wunsch des Menschen nach Souveränität über seine biologische Natur, der Wunsch nach Selbstbeherrschung und Kultivierung. Die Körperbeherrschung im Tanz wird gelegentlich dazu benutzt, diesen Triumph des Menschen über seine erste Natur darzustellen. Der Legong–Tranz der Balinesen ist ein gutes Beispiel dafür. Die Bewegungsmuster dieses Tanzes sind so „unnatürlich", daß die Tänzerin sie nicht ohne weiteres dem Vorbild absehen kann. Der Tanz muß vielmehr durch Bewegungsführung erlernt werden. Zuletzt jedoch erreicht die Tänzerin die Meisterschaft, und die aufgeprägten Bewegungen werden mit der Grazie und Eingeschliffenheit natürlicher Bewegungen ausgeführt.

Eibl–Eibesfeldt

Einen Veranstaltungskalender, in dem bundesweit alle Seminare eines Jahres sowie die Adressen der einzelnen Tanz–LAGs aufgeführt sind, erhalten Sie gegen 2,– DM in Briefmarken beim Deutschen Bundesverband Tanz (DBT):

Frau Barbara Lentz–Feuge DBT
Tempelhofer Damm 62
1000 Berlin 42

Kreis getanzt werden, haben Sie praktischerweise gleich zwei Tanzlehrer/innen an Ihrer Seite (nämlich Ihre Mittänzer/innen), die Ihnen schon zeigen, wo's langgeht. Zum Kennenlernen ist ein Wochenendseminar bei einer der *Landesarbeitsgemeinschaften Tanz (LAG Tanz)* zu empfehlen. Es gibt speziell für Anfänger ausgeschriebene Kurse; bei den nicht näher gekennzeichneten Kursen lohnt sich eine Rückfrage, ob sie auch für Anfänger geeignet sind. Während der Seminare lassen sich auch Kontakte zu sogenannten offenen Tanzgruppen knüpfen. Das sind Gruppen, die sich wöchentlich treffen und bei denen jede(r) mitmachen kann. Folkloretanzkurse werden auch von Volkshochschulen, Kirchengemeinden, Tanzhäusern und ähnlichen Organisationen angeboten.

Der Tanz gilt als die älteste Form menschlichen Ausdrucksstrebens. Das zeigte sich auch schon in den Höhlenmalereien unserer Vorfahren, den Jägern und Sammlern. In den Hochkulturen der Antike gehörte der Tanz zum religiösen oder gesellschaftlichen Leben, im Christentum schließlich wurde er verboten aufgrund der zur Schau gestellten Sinnesfreude. Bei den *Naturvölkern* umfaßt der Tanz das ganze Leben. Man tanzt bei der Geburt, der Hochzeit, dem Tod, im Krieg, bei der Ernte, der Jagd, bei der Einsetzung eines Häuptlings, bei der Austreibung böser Geister. Insbesondere wird er auch zur Heilung von Krankheiten eingesetzt.

Lange Zeit fand tänzerische Bewegung nur im Rahmen von Ballettanz und Gesellschaftstanz statt, bis der moderne Tanz, der Ausdruckstanz, wieder mehr den Anspruch erhob, „die Totalität der menschlichen Erfahrung durch Bewegung auszudrükken“ *(Willke)*. Aus dieser Entwicklung stammen auch die verschiedenen Ansätze, die *Tanz als Therapie* bei psychischen Störungen anzuwenden.

In den Vereinigten Staaten entwickelten in den 40er Jahren fünf Frauen (*Boas, Chace, Espenak, Whitehouse & Schoop*) Ansätze zur Verwendung von Tanz als therapeutisches Medium. Heute gilt die Tanztherapie in Amerika als *anerkanntes Therapieverfahren*.

Zur Förderung euthymen Erlebens im Bereich des Tanzes ist vor allem an Tanzformen zu denken, die jedem(r) zugänglich sind. Dazu gehören z.B. *Gesellschaftstänze*, zu denen verstärkt Kurse angeboten werden. Den breitesten Raum für euthymes Erleben bietet der *Ausdruckstanz*, da er keine festgelegten Schritte kennt, sondern nur ein vorbereitendes Bewegungstraining, das darauf abzielt, sich aller Bewegungsmöglichkeiten des Körpers bewußt zu werden. Leider hat der Ausdruckstanz keine Konjunktur. Obwohl er in Deutschland entstanden ist, finden sich nur wenige, die ihn lehren. Eine von ihnen ist *Fridl Küppers–Karasch*, die regelmäßig Kurse bei der *Landesarbeitsgemeinschaft (LAG) Tanz Hessen e.V.* anbietet.

Besonders hervorzuheben sind hier Tänze, die auch der erotischen Dimension des Tanzes wieder Raum geben, wie der *Tango*. Daß hier offensichtlich ein Nachholbedarf besteht, zeigt der große Erfolg eines Films wie „Dirty Dancing“.

Laufen

Wenn schon Sport (in Ermangelung ausreichender beruflicher körperlicher Bewegung), dann Laufen:

- Laufen kann prinzipiell jeder.
- Laufen kann man überall und zu jeder Zeit.
- Diese Sportart ist aus physiologischen und anatomischen Gründen für den Menschen am besten geeignet.
- Laufen erfordert keine besonderen Geräte oder Voraussetzungen.
- Laufen ist für jeden praktizierbar
- und kostet wenig Geld.

Einige Ärzte und Therapeuten haben die Notwendigkeit von *Ausdauertraining* schon soweit erkannt, daß sie besonders das Laufen zur Behandlung – sowohl präventiv als auch zur Heilung – von *Zivilisationskrankheiten* herangezogen haben:

a) In den USA wird seit geraumer Zeit Lauftraining zur Heilung von Herzinfarkten, Bluthochdruck, Gefäßerkrankungen und Fettleibigkeit herangezogen. Gerade mit Menschen, die schon einen oder mehrere Infarkte hinter sich haben.

b) *Vom Alkohol weglaufen*. Menschen, die regelmäßig laufen, stehen viel seltener in Gefahr, von *Drogen* abhängig zu werden. In der BRD gibt es 2 Millionen alkoholabhängige Menschen (hervorgerufen durch soziales Elend, Krankheit, Depressionen und andere psychische Zivilisationskrankheiten). Für alkoholische Getränke werden in der BRD jährlich 42 Millionen DM ausgegeben. Dadurch entstehen in unserer Gesellschaft Behandlungs– und Heilungskosten in Höhe von 17 Milliarden DM(!), einschließlich der Verluste durch Arbeitsausfall.

Nach etwa vier Monaten regelmäßigen Laufens bei 3–5 Einheiten pro Woche von jeweils 45–60 Minuten Dauer stellt sich bei den Läufern ein starkes *Laufbedürfnis* ein mit dem Wunsch nach Bedürfnisbefriedigung. Die Läufer spüren zu der Tageszeit, zu der sie immer laufen, schon ein Drängen in der Muskulatur.

Der bekannte tschechoslowakische Langläufer *Emil Zatopek* machte folgende treffende Bemerkung, die gleichzeitig eine Begründung für das Laufen als Sport ist: „Vogel fliegt, Fisch schwimmt, Mensch läuft.“

Fitness-Kurs in London: „Ererbte, robuste Konstitution ist weniger wichtig"

FITNESS

Verringertes Sterberisiko

Amerikanische Wissenschaftler haben anhand von 17 000 Personen in einer Langzeitstudie herausgefunden: Wer mäßig und regelmäßig Sport treibt, lebt tatsächlich länger.

„No sports", gurgelte Sir Winston Churchill den Reportern entgegen, als sie ihn am 90. Geburtstag nach seinem Rezept für ein langes Leben fragten.

„Nach bisherigen Untersuchungen kann mangelnde körperliche Bewegung nicht als Risikofaktor eingestuft werden", resümierte 1980 der Stuttgarter Internist Dr. Bernd Moser seine Beschäftigung mit Herz-Infarkt-Patienten. Bis vor kurzem konnten Bewegungsmuffel die Churchill-Antwort oder das Wissenschaftler-Zitat den Joggern und Trimmern entgegenschleudern, die sich von Rennen und Rackern ein gesünderes, längeres Leben erwarten.

Jetzt müssen sie klein beigeben: Eine gemeinsame Studie der Universitäten von Stanford und Harvard unter Leitung von Professor Ralph Paffenbarger jr. – die erste mit breitem statistischen Material – belegt eindeutig, daß Sport lebensverlängernd ist: Trainierte Menschen leben im Durchschnitt zwei Jahre länger als untrainierte. Zwei Jahre mögen als wenig erscheinen. Doch – so Paffenbarger – „ein sicheres Heilmittel gegen Krebs würde die statistische Lebenserwartung weltweit bloß um ein Jahr verlängern".

Das Forscherteam wertete die Daten von knapp 17 000 ehemaligen Studenten aus, die zwischen 1916 und 1950 ein Studium in Harvard aufgenommen hatten; sie waren zwischen 35 und 74 Jahre alt. Alle füllten Fragebögen über ihre Lebensweise, über Art und Umfang körperlicher Betätigung bei Arbeit und Sport aus. Während der Beobachtungsphase von 1962 und 1978 starben 1413 der erfaßten Personen. Aus dem Zusammenhang zwischen Sterbealter und Lebensweise filterten die Wissenschaftler ihre Erkenntnisse.

Zentrale Einsicht: Schon wer pro Woche nur 2000 Kalorien durch körperliche Aktivität verbrennt, hat wesentlich bessere Chancen für ein längeres Leben als eine – so der Team-Jargon – „Couch-Kartoffel", eine bewegungsarme Person, die weniger als 500 Kalorien wöchentlich für Körperarbeit benötigt.

Um dieses Ziel zu erreichen, braucht also niemand wie um sein Leben zu rennen: Drei Stunden Tennis oder vier Stunden Joggen pro Woche genügen. Schon „die Wirkung vom ausgedehnten Spazierengehen" verringert das Sterberisiko, gemessen an bewegungsfaulen Zeitgenossen, um 21 Prozent.

Bis zu 3500 verbrannte Kalorien in der Woche verbessern die Lebenschancen um weitere dreißig Prozent. Noch mehr Aktivität ist eher von Übel, so belegt die Studie. Denn dann wird der Körper überlastet – die Risikorate steigt.

Freizeitsportler mag es Genugtuung verschaffen, daß ihnen ehemals austrainierte Athleten, die sich nach Ende ihrer Karriere auf die faule Haut legten, gesundheitlich keineswegs vorausspurten. Im Gegenteil: Sofern sich die Meister von einst nicht auf regelmäßigen Trimmtrab verlegen, steigt ihre Sterblichkeitsrate im Durchschnitt schneller als die von Joggern, die erst im reiferen Alter mit Ausdauersport beginnen.

Darüber hinaus kommen die Verfasser der Studie zu dem Schluß: „Eine ererbte, robuste Konstitution ist für Langlebigkeit weniger wichtig als lebenslange körperliche Bewegung."

Doch Paffenbargers Resultate gelten nur im statistischen Mittel. Das individuelle Schicksal kann davon weit abweichen. Ähnlich hat die Krebsforschung einen statistischen Zusammenhang von Rauchen und Lungenkrebs hergestellt; trotzdem können auch Nichtraucher an Lungenkrebs sterben – doch die Todesquote starker Raucher ist etwa zehnmal so hoch.

Der aus Deutschland stammende US-Professor Dieter Kramsch war 1983 zum Beweis des Zusammenhangs zwischen Bewegung und Lebenserwartung über den statistischen Vergleich hinausgegangen – allerdings nicht bei Menschen.

Er teilte 48 Affen in zwei Gruppen ein. Eine Hälfte lebte ihr Affenleben normal weiter, die andere mußte auf dem Laufband drei- bis viermal wöchentlich 30 bis 40 Minuten joggen.

Innerhalb von zwei Jahren starben sieben Affen an Herzversagen – lauter Nichtjogger. ◆

Jogger im New Yorker Central Park
Chancen für ein längeres Leben

Motive

Ist die *Laufbewegung* nur das Ergebnis der Trimm–Dich–Welle? Dient das Laufen der Verbesserung der eigenen Fitness, um im alltäglichen Konkurrenzkampf besser bestehen zu können? Läuft man nur, um abzuspecken?

In den letzten Jahren wurden Untersuchungen durchgeführt, die versuchten, das Phänomen Laufen zu erklären. Eine der detailliertesten und methodisch fundiertesten ist die von *Weber* 1979/80 durchgeführte Untersuchung. Auf Volksveranstaltungen wurden nach dem Zufallsprinzip 900 Fragebögen verteilt. 559 ausgefüllte Fragebögen konnten in der Untersuchung berücksichtigt werden.

Der Anteil Männer/Frauen entsprach ziemlich genau der gesellschaftsspezifischen Teilnehmerstruktur bei Volksläufen (80% männliche, 20% weibliche Teilnehmer). Die durchschnittliche Laufleistung betrug 37 km pro Woche für Männer und 26,5 km pro Woche für Frauen bei einer zeitlichen Belastung von mehr als 6 Stunden pro Woche.

Die Untersuchung zeigt, daß es das Motiv für Laufen nicht gibt. Mehrere Motive in verschiedener Gewichtung spielen zusammen. Aufgrund der Untersuchung kristallisierten sich sieben Laufmotive heraus:

1. *Seelisches Gleichgewicht.* Das oft angenommene Fitness– und Gesundheitsmotiv verliert mit zunehmender Laufintensität immer mehr an Bedeutung. Für den geübten, fortgeschrittenen Läufer steht das seelische Gleichgewicht im Mittelpunkt. Laufen ist ein hervorragendes Mittel zur Entspannung. Laufen löst emotionale Verspannungen und macht ausgeglichener. Besonders nach Beendigung des Laufens tritt ein allgemeines Wohlbefinden und eine innere Zufriedenheit auf: „Nach dem Laufen bin ich die Ruhe selber.", „Seelische Verkrampfungen lösen sich in Schweiß auf."
2. *Vitalisierung.* Die physiologischen Veränderungen während des Laufens beeinflussen auch Gefühle und Verhalten. Läufer fühlen sich lebendiger und vitaler. Das Laufen wird als lustvoll empfunden, obwohl es anstrengend ist. Der Läufer fühlt sich frischer, jünger und vitaler als zu der Zeit, als er noch nicht lief.
3. *Selbstwertgefühl.* Regelmäßiges Laufen stärkt und verbessert das Selbstwertgefühl. Es zeigt sich eine deutliche Zunahme der Selbstachtung. Läufer werden selbstbewußter, und regelmäßiges Laufen beseitigt bzw. verhindert Depressionen. Besonders bei Frauen wird das Selbstwertgefühl erheblich gesteigert.
4. *Äußere Erscheinung.* Laufen reguliert die gesamten Stoffwechselvorgänge im Körper. Man kommt zurück zu vernünftigen Eß– und Trinkgewohnheiten und verbessert dadurch sein äußeres Erscheinungsbild. Schon kurze Zeit nach Beginn des Lauftrainings findet eine Gewichtsreduzierung statt. Bei Frauen hat dieses Motiv einen höheren Stellenwert, da sie in der Regel mehr auf ihr Äußeres achten als Männer.
5. *Gesundheit – Fitness.* Zu Beginn spielt dieses Motiv eine große Rolle, verliert aber zunehmend an Bedeutung. Man wird weniger anfällig gegenüber Krankheiten und achtet bewußter auf Körpersignale. Indirekt wird die Gesundheit durch eine dem Laufen angepaßte Lebensweise verbessert. Man ißt bewußter, verzichtet auf Nikotin, trinkt weniger Alkohol und hat einen erholsameren Schlaf.
6. *Geselligkeit – sozialer Kontakt.* Etwa 52% der Läufer laufen lieber mit Partner oder in einer Gruppe. Nur 37% wollten lieber alleine laufen. Obwohl man beim Laufen nicht auf einen Partner angewiesen ist, suchen aber sehr viele Läufer die Geselligkeit beim Laufen. Besonders Menschen, die am Arbeitsplatz wenig sozialen Kontakt haben, bevorzugen das Laufen in Gruppen.
7. *Ausgleich zum Berufsalltag.* Durch Laufen gewinnt man Abstand vom stressigen Berufsalltag, und Spannungen sowohl psychischer als auch physischer Art werden abgebaut. Durch den erhöhten Stoffwechsel und Sauerstoffaustausch wird der Körper schnell regeneriert, man fühlt sich wohler und kann konzentrierter und ausdauernder arbeiten.

Regelmäßiges und genügend intensives Laufen bewirkt also tiefgreifende Veränderungen im Leben. Die Veränderungen sind körperlicher (Körpergestalt, physiologische Veränderungen) und seelischer (Stimmungen, Gefühle, Selbstbewußtsein) Natur. Es verändert den Tagesablauf und den Lebensrhythmus eines Menschen. Laufen ist nicht primär eine Erholungstechnik, sondern gibt dem Menschen *Gipfel–Erfahrungen*, die ihm helfen, seine Lebenswirklichkeit sinnvoll zu strukturieren.

Die Ergebnisse dieser Untersuchung werden durch andere Untersuchungen *(Brackhane, Fischhold–Ismail, Trachtman)* sowie durch gesammelte Erfahrungen, die mehr oder weniger deutlich strukturiert wurden, weitgehend bestätigt.

In einem *Experiment* in Oerlingen, an dem 26 Männer (Durchschnittsalter 45 Jahre) teilnahmen, ging es um die Frage, ob die Lauftherapie neben anderen Therapieformen (Medikamente, Psychotherapie, Selbsthilfegruppen u.a.) eine ernstzunehmende Rolle spielen kann. Am Ende der viermonatigen Laufperiode sollten alle Teilnehmer in der Lage sein, eine halbe Stunde lang ohne Unterbrechung zu laufen. Die Fortschritte der Patienten waren aber, besonders nach Überwindung der Anfangsschwierigkeiten, so groß, daß das Ziel mit Übereinstimmung aller auf eine volle Stunde hochgesetzt wurde. Dieses Ziel wurde dann auch von allen Teilnehmern fast mühelos erreicht. Um Veränderungen objektiv nachweisbar zu machen, wurden die Läufer und eine Kontrollgruppe dem *State–Trait–Inventar* (Messung der Ausprägung von Zustands– und Eigenschaftsangst) und einem *Fragebogen zur Selbsteinschätzung* unterzogen. Dieser Test umfaßt sechs Dimensionen:

– Depression
– Angst
– psychosomatische Gestörtheit
– Wohlbefinden
– Coping (Problemloseverhalten)
– Streß

Daneben wurden Einzelinterviews und Gruppengespräche durchgeführt. Es wurden folgende Ergebnisse gefunden: In Ausmaß und Niveau der Angst unterschieden sich Lauf– und Kontrollgruppe anfangs nicht. Die Zustandsangst und die Ängstlichkeit ist bei Alkoholikern in der ersten Zeit des *Trockenbleibens* vergleichsweise sehr hoch, da die neue Lebenssituation als sehr bedrohlich erlebt wird. Durch eine Therapie sinkt die Angst deutlich ab. Besonders interessant ist dabei die *Zustandsangst*: Die Läufer hatten nach dem Laufprogramm deutlich niedrigere Werte aufzuweisen als die Kontrollgruppe, und ihre Testwerte lagen sogar noch unter dem Niveau der Durchschnittsbevölkerung!

Dies legt den Schluß nahe, daß regelmäßig und in angemessener Dosierung ausgeführter Dauerlauf als zusätzliche therapeutische Maßnahme zum üblichen Behandlungsprogramm die Befreiung von der Alkoholabhängigkeit in starkem Maße unterstützt. Patienten, die nach einer Entziehungskur weiter gelaufen sind, wurden deutlich seltener wieder rückfällig als diejenigen, die danach mit dem Laufen aufgehört haben.

Fakten über die Auswirkungen von Ausdauertraining auf den menschlichen Organismus

- Anregung aller *Stoffwechselvorgänge.*
- Effektivere *Ausnutzung der Energie*, mehr Leistung mit weniger Energie.
- Verbesserte *Versorgung der Organe* mit lebenswichtigen Stoffen durch das Blut.
- Insbesondere erhebliche Steigerung der *Sauerstoffversorgung* des ganzen Körpers:
  Schreibtischarbeit: 6–10 l/min.
  Spaziergang: 15 l/min.
  leichter Dauerlauf: 40–80 l/min.
  intensiv: –120 l/min.
  maximal: –150 l/min. (ventiliertes Luftvolumen in: l/min.).
- Verbesserung des maximalen *Sauerstoffaufnahmevermögens*:
  untrainiert: max: 31 O_2/min.
  trainiert: 5–61 O_2/min.,
  sogar bis zu 71 O_2/min.
- *Atmungsvertiefung*, dadurch höheres Sauerstoffangebot in den Alveolen.
- Verbesserte *Gasdiffusion in der Lunge*.
- Zunächst *Ökonomisierung der Herztätigkeit.*
- *Erweiterung der Coronararterien.*
- *Vermehrte Kapillarisierung*, dadurch erfolgt eine bessere und gleichmäßigere Sauerstoffversorgung des Herzmuskels.
- Als späterer Schritt erfolgt dann *Herzvergrößerung*.
- Es bewirkt eine massive *Arbeitsentlastung des Herzmuskels*; der Ruhepuls eines trainierten Ausdauersportlers liegt bei 40–50 Schl./min., der von untrainierten bei 70–90 Schl./min. Das bedeutet z.B., daß das Herz eines Trainierten in einer Nacht (8 Std.–Schlaf) etwa 10.000–14.000mal weniger schlägt als das Herz eines Untrainierten: 8 Std. 70 Schl./min. = 33.600 Schl., 8 Std. 40 Schl./min. = 19.200 Schl.
- Eine Senkung von 20 Schl./min. *(Ruhepuls)* läßt sich von einem Anfänger schon in weniger als einem Jahr ohne weiteres erreichen.
- *Senkung des Blutdrucks* – und damit Arbeitserleichterung, das Herz kann mit geringerem Kraftaufwand schlagen.
- Schnellerer Abbau und Neubildung von *Erythrozyten*. Im Blut sind dann mehr leistungsfähigere Erythrozyten vorhanden.
  25%ige *Blutvolumenzunahme*, davon sind 2/3 Plasmavolumen und 1/3 Erythrozytenvolumen.
- *Senkung des Triglycerid– und Cholesterinspiegels*
- Vermehrte Ausschüttung von *Endorphinen*. Sie wirken kurzfristig aktivierend und stimmungsaufhellend (euphorisierend).
- Durch unsere bewegungsarme Lebensweise wird der *Transmitterstoffwechsel (Noradrenalin, Dopamin, Serotonin)* gestört. Bei Läufern dagegen ist ein erhöhter Hormonspiegel im Blut festzustellen. Wirkt aktivierend und stimmungsaufhellend.
- Mit zunehmender körperlicher Fitness nimmt offensichtlich die Dichte der sog. *β–Adreno–Rezeptoren* ab. Das Streßhormon Adrenalin entfaltet von hier aus seine Wirkung.

Zahlreiche Ärzte sind der Ansicht, daß gerade Kinder ausdauermäßig belastbar sind bzw. Ausdauertraining betreiben sollten. Physiologisch ist gerade Ausdauertraining für *Kinder und Jugendliche* besonders von Vorteil.

- Es bewirkt ein gleichmäßigeres Wachstum und parallele Funktionsverbesserung des ganzen Körpers und seiner Organe.
- Es schränkt mögliche Disproportionierung in der Pubertät stark ein. Gerade Nichtsportler klagen in dieser Zeit über häufige Müdigkeit und Schlappheit. Ursa-

Trimming 130

Die Richtschnur heißt: 130 Pulsschläge pro Minute und das über eine Dauer von mindestens 10 Minuten.

So wird Jogging gesundheitswirksam – Unterforderungen und vor allem Überlastungen werden dadurch vermieden, wichtig ist zudem, daß man es regelmäßig ausübt, mindestens 60 Minuten in der Woche, verteilt auf zwei bis drei Termine.

Am besten und leichtesten lernt man Laufen bei einem der über 2.000 Lauf–Treffs, die es mittlerweile flächendeckend über die gesamte Bundesrepublik Deutschland gibt. Wer dorthin geht, wird persönlich begrüßt und betreut. Ein Lauftreff–Leiter kümmert sich um jeden und stellt nach einem Gespräch fest, welche der verschiedenen Übungsgruppen geeignet ist.

Man überanstrengt sich dadurch nicht und läuft in Gesellschaft. Der Anfänger wird gewöhnlich der ersten Gruppe zugeteilt, die ein dosiertes, leichtes Programm aus Laufen und Gehen durchführt.

Lauf–Treffs werden von Sportvereinen regelmäßig an einem festen Treffpunkt 1 bis 2 Mal wöchentlich durchgeführt, aber man braucht keinem Verein anzugehören, die Teilnahme ist kostenlos. Die Adresse eines Lauf–Treffs ist über das Sportamt der Gemeinde oder der Stadt in Erfahrung zu bringen.

Wer Jogging lieber allein oder in der kleinen Gruppe als Anfänger durchführt, dem wird folgende Trainingsanleitung empfohlen: Der Untrainierte beginnt sein Training mit Laufen und Gehen. In der Praxis sieht das so aus:

1 Minute Laufen
1 Minute Gehen
1 Minute Laufen usw.

Diese Läufe sind 1 bis 3 Mal pro Woche 10 bis 15 Minuten lang zu wiederholen. Mit fortschreitendem Training wird die Strecke verlängert, das Tempo aber nur insofern erhöht, als der Pulsschlag weiterhin ca. 130 Schläge pro Minute nicht überschreitet. Nach 3 bis 4 Wochen besitzt man schon eine gewisse Laufroutine, so daß die Laufzeit verlängert und die Gehpause verkürzt werden kann. Das Ziel sollte sein, daß man nach ca. 3 Monaten 15 bis 20 Minuten am Stück, natürlich mit Pulsschlag 130, laufen kann.

Tobien

che: Der Körper ist schneller gewachsen als die Organe und die Muskulatur. Diese sind den Anforderungen der neuen Hebelverhältnisse und des größeren Körpers nicht ausreichend gewachsen.

- Ganz im Gegenteil dazu wirken sich die momentan angebotenen Kurz- und Mittelstrecken entwicklungsphysiologisch negativ aus. Die durch den anaeroben Energieabbau entstehenden Stoffwechselprodukte beeinträchtigen und hemmen die körperliche Entwicklung des Kindes.
- Die weitverbreitete Auffassung, längere Strecken würden Kinder und Jugendliche überfordern oder überanstrengen, läßt sich physiologisch nicht ausreichend begründen. Kinder laufen sogar Marathon und sind dabei oft besser als viele Erwachsene, ohne sich dabei zu überanstrengen.

Alle Wahrnehmungen beziehen wir über unseren Körper, über die Sinnesorgane. Die Funktionen der Organe und damit die Aufnahme jeglicher Umweltinformationen und die geistige Verarbeitung dieser ist vom Funktionieren des *Stoffwechsels* (Herz, Kreislauf, Atmung, usw.), also des ganzen Körpers abhängig. Ist der Stoffwechsel eingeschränkt, werden auch die Sinneswahrnehmungen eingeschränkt. Für die Seele sind diese Reize aber so lebenswichtig wie für den Körper die Nahrung. Zu wenig Bewegung führt zu einem eingeschränkten Stoffwechsel, bewirkt, daß der Mensch die Umwelt nur noch eingeschränkt wahrnimmt, da die Sinnesorgane weniger Informationen aufnehmen und verarbeiten können. Der Mensch kehrt sich nach innen und baut sich eine Scheinwelt auf. Er tötet damit seinen Körper ab, der dennoch weiterlebt. Er verlangt auch weiterhin Liebe, Lust, Körperkontakt und Bewegung. Es kommt zum Konflikt zwischen Körper und Seele. Wir setzen unseren Körper Zwängen aus, die ihn nach und nach zerstören.

Hautkontakt

„Laß bloß die Finger davon...", hört sich manch einer noch seine Eltern sagen. Gemeint konnte die heiße Herdplatte sein, die Zigaretten, welche „so schädlich sind" und trotzdem von den Eltern geraucht wurden, die frischgebackene Torte – und, wenn man schon herangewachsen war, das aufreizende Mädchen von nebenan oder der Casanova eine Straße weiter. Dabei spielen die Mitmenschen eine große Rolle in bezug auf das (Heran–)Tasten, Berühren und den Körperkontakt.

Das zeigte sich auch in einem Experiment, das von dem amerikanischen Psychologen *Heflin* durchgeführt wurde. Und zwar forderte er die Angestellten der Universitätsbibliothek der *Purdue University* auf, die Leser bei Rückgabe ihrer Ausweise in geringem Maße zu berühren. Später befragte *Heflin* dann die Leser nach ihrem Eindruck, und es stellte sich heraus, daß jene Personen, die berührt worden waren, die Bücherei als angenehmer empfanden.

Ein weiterer Versuch, der von *Heflin* gestartet wurde, bestand darin, daß ein Student in eine *Telefonzelle* geschickt wurde, in der er eine Münze liegenlassen sollte. Stand nun eine andere Person in dem Telefonhäuschen, so war es die Aufgabe des Studenten, sich das absichtlich liegengelassene Geldstück zurückzuholen. Es war festzustellen, daß bei einer geringen Berührung 96 Prozent der Personen ihm das Geldstück zurückgaben, wobei bei einfacher Nachfrage nur 63 Prozent so ehrlich waren und ihm die Münze wiedergaben.

Der *Angelsachse* steht stocksteif, wahrscheinlich noch mit eingezogenem Bauch und mit einem die anderen Fahrgäste ignorierenden Blick in der U–Bahn, während der *französische* Passagier locker, lustig und amüsiert die Metrofahrt hinnimmt. Man entschuldigt sich nicht bei jeder kleinsten Berührung, sondern genießt es, unter Men-

Begeisterte *Freud*-Anhänger dürfen sich nicht wundern, wenn man ihnen nachsagt, sie seien berührungsarm, denn ihr großer Meister lehrte einstmals, daß Berührung nie zum Bestandteil der Therapie werden dürfe. Wahrscheinlich hat der arme Kerl selber nie ausreichend Zärtlichkeiten als Kind empfangen! Doch war *Freud* leider kein Einzelfall.

schen zu sein und den Morgen mit kleinen Späßen zu beginnen. Ein weiteres Beispiel für kontaktfreudige und aufgeschlossene Menschen sind die *Netsilik–Eskimos*. Sie betrachten ihnen völlig fremde Personen nicht als Fremde, sondern als Gäste, begrüßen und umarmen sie, um damit ihre Freude zum Ausdruck zu bringen. Wie sieht es nun mit *uns* aus? Traurig aber wahr – wir sind keinen Deut besser als unsere Nachbarn von der Insel! Warum aber sind wir nicht in der Lage, unsere Freude auch durch *Berührung* auszudrücken? Eine Möglichkeit wäre, daß es an der Betonung kriegerischer Tugenden, der absoluten Dominanz des Vaters und der Untergebenheit der Frau in der deutschen Familie liegt; denn diese drei Faktoren „bringen starre, unbeugsame Menschen hervor, die den durchschnittlichen *Deutschen*, unter anderem, zu einem sehr wenig taktilen Wesen macht" *(Montagu)*. Die absolute Spitze an Kontaktfeindlichkeit sollen aber die *Kanadier angelsächsischer Herkunft* sein. Ein schwacher Trost.

In *Amerika* sieht der *Körperkontakt zwischen Mutter und Kind* beispielsweise so aus, daß die Mutter beim *Stillen* ihres Kindes, was sowieso selten der Fall ist, da man lieber auf das Fläschchen umgestiegen ist, nie mehr als die Brust freilegt, so daß das Baby wenig Haut zu spüren bekommt, und auch wenig Streicheleinheiten verteilt. Dieser gegenseitige Mangel an taktiler Stimulierung erklärt auch die Unfähigkeit von Mutter und Kind, sich Zuneigung zu zeigen, was in Übersee bereits zu einer Institution wurde. Hier besteht der taktile Kontakt also nicht darin, dem Kind Liebe und Zuneigung zu schenken, sondern vorrangig darin, es zu pflegen und zu nähren.

Dieses Phänomen ist schwer verständlich, wenn man bedenkt, daß die Symbiose, die biologische Gemeinschaft zwischen Mutter und Kind auch noch nach der Schwangerschaft besteht und sich die gegenseitige Abhängigkeit verstärkt, so z.B. durch das *Stillen*.

Ich kann erneut *Montagu* nur wieder zustimmen und das anhand eines Zitats von ihm weitergeben: „Wir leben in einer Welt, in der Kinderärzte den Müttern versichern, daß fertige Säuglingsnahrung aus der Flasche ebenso gut, wenn nicht besser sei als Muttermilch... In unserer Zeit wird es als Fortschritt betrachtet, wenn etwas, das früher von Menschen getan wurde, ihnen aus den Händen genommen und der Maschine überlassen wird. Man hält es für eine Verbesserung, wenn sorgfältig zusammengestellte Flaschennahrung an die Stelle des Stillens, der Wärme der Mutterbrust und des Erlebens des zärtlich daran genährten Kindes tritt, und das in einer Zeit, in der die Frau unglücklicherweise beinahe vorbehaltlos die männlichen Wertmaßstäbe für sich akzeptiert."

„Eine hochgebildete junge Frau, die ich einmal fragte, ob sie vorhabe, ihr Kind zu stillen, antwortete: ‹Ach, das tun doch nur Tiere.›" *(Montagu)*. Nun stellt sich naütrlich die Frage, wie hochgebildet die Frau wirklich war und wer eigentlich bewundernswerter ist der Mensch oder die „dummen" Tiere?!

Einen weiteren Grund für die *Flaschenernährung* stellt die Tatsache dar, daß sich viele Mütter mittels des Fläschchens das Kind vom Halse halten wollen (mal ganz brutal, aber wahr ausgedrückt), um keine zu große Intimität entstehen zu lassen – kurze Frage: Warum schafft man sich dann eigentlich ein Kind an?! Dabei ist erwiesen, „daß das Stillen den fundamentalen Bedürfnissen des Kindes entspricht... das gestillte Kind hat eine wesentlich bessere Möglichkeit, gesund heranzuwachsen als das Flaschenkind" (*Montagu*).

Mangel an Zuneigung und Liebe in der Kindheit kann auch zu *Homosexualität* führen, wie man es in England an den *Public schools* beobachten konnte. Dort ist man als wenig oder gar ungeliebter Junge nur von männlichen Lehrern und Schülern umgeben, so daß der Mangel an elterlicher Zuneigung einen dazu führt, sich die Liebe und Zuneigung in sexuellen Freundschaften mit Gleichgesinnten zu holen. Neben der Homosexualität, die an jenen Schulen gut gedeiht, werden die Schüler außerdem noch zu kühlen, distanzierten Menschen herangezogen, die nicht imstande sind, Herzlichkeit und Wärme auszustrahlen.

„Solche Charaktere waren früher hervorragende Gouverneure des Britischen Empire, da sie selten imstande waren, echte menschliche Not zu verstehen" *(Montagu)*.

Wie wichtig aber gerade Körperkontakt ist, zeigt sich darin, daß bei einem Säugling die Wahrnehmungsorgane nach der Geburt noch so wenig entwickelt sind, daß er aus

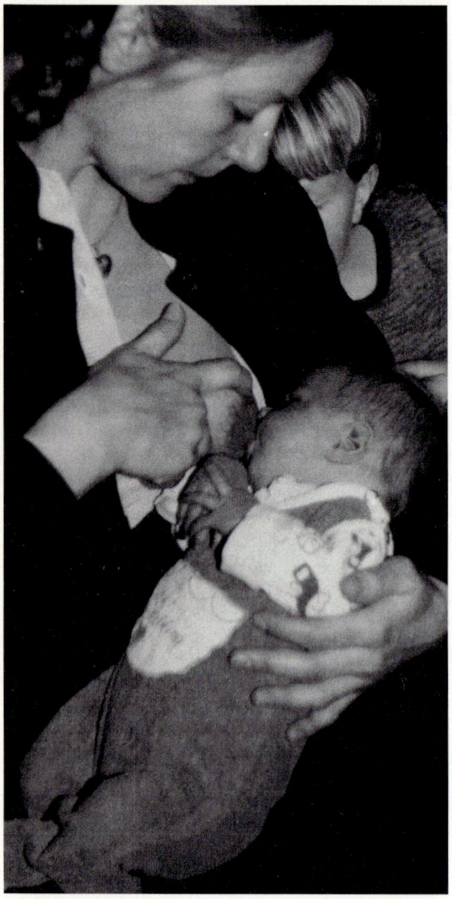

„Ich habe in Afrika, auf Tahiti und den umgebenden Inseln, auf den Tiji–Inseln, den Karibischen Inseln, in Japan, Mexiko und Okinawa festgestellt, daß die Säuglinge meist von der Mutter gestillt und getragen wurden. Es fiel mir auf, daß die Kinder dort praktisch kaum am Daumen lutschen“ (*Moloney*).

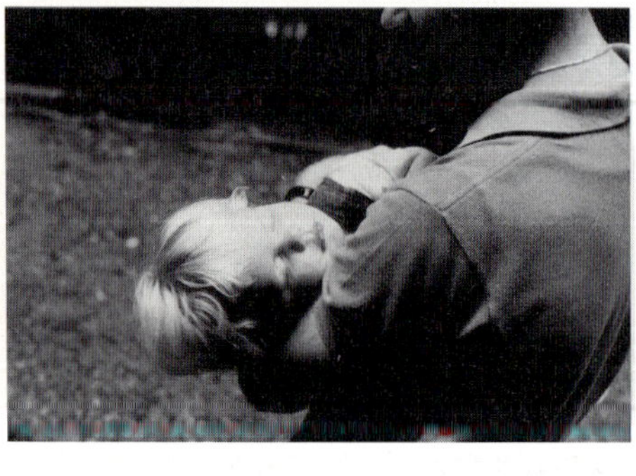

diesen noch keinen großen Nutzen ziehen kann. Und da der *Tastsinn* als erster vor allen anderen Sinnen vom menschlichen Embryo entwickelt wird, ist der Säugling von daher in großem Maße von seinem Tastsinn abhängig, also von dem, was seine Lippen, Finger und Hände zu spüren und zu greifen bekommen. Immerhin existieren zwischen 7 bis 135 Tastkörperchen pro Quadratzentimeter auf der Haut, so daß vor allem das Ergreifen und Berühren einer Sache, z.B. der Brust, für ein Neugeborenes von Wichtigkeit ist, denn das vermittelt ihm die Sicherheit, daß jemand bei ihm ist. „Das Gefühlsleben des Kindes wird immer wieder dadurch geprägt, daß die Mutter es küßt, liebkost, beruhigt und ihm ihre innige Zuneigung zeigt...

Wenn wir uns von einer nichtliterarischen Kultur, wie die der Dusunstämme, den Gandas oder den Eskimos, ab– und der hochzivilisierten Kultur der Vereinigten Staaten zuwenden, kommen wir zu dem Ergebnis, daß die taktilen Erfahrungen von Säuglingen und Kleinkindern, wenn man ihre Unterschiede betrachtet, sehr aufschlußreich sind. Es liegt in den Vereinigten Staaten eine ausgezeichnete Studie der taktilen Erfahrungen von Kindern vom Säuglings– bis zum Alter von 4 1/2 Jahren vor, und zwar was die Arbeiterklasse, den Mittelstand und die Oberschicht betrifft. Es ist eine noch nicht veröffentlichte Dissertation von Vidal Star Clay. Man kann aus dieser Tabelle ersehen, daß mit dem Älterwerden des Kindes der *taktile Kontakt* zwischen Mutter und Kind sich verringert. Wenn man aber Verzeichnisse der Häufigkeit und Dauer der Berührung bei verschiedenen Alters– und sozialen Klassen ansieht, ergibt sich eine überraschende Ausnahme bei den Jüngsten, wo man ja den häufigsten taktilen Kontakt erwartet... Man nimmt im allgemeinen an, daß das Neugeborene am meisten taktile Stimulierung erhält. Aber das Gegenteil ist der Fall durch das Aufkommen der Entbindungen in Kliniken, das Füttern mit der Flasche, Kleidung, die einen Abstand zwischen der Pflegerin und der Haut des Kindes bilden.

Das Kind der A–Gruppe, das zwei bis vierzehn Monate alt ist und noch nicht gehen kann, empfängt weniger taktile Erfahrung als das Kind der B–Gruppe zwischen vierzehn Monaten bis zwei Jahren, das gerade zu gehen beginnt. Der C–Gruppe gehörten zwölf Kinder im Alter von zwei bis drei Jahren, der D–Gruppe die Drei– und Vierjährigen an. Angesichts der tatsächlichen Bedürfnisse des Kindes ist das ein überraschendes und bedeutendes Ergebnis“ *(Montagu)*.

Wissenschaftler fanden heraus, daß psychosomatische Erkrankungen Folgen jenes Mangels an Hautkontakt darstellen. *Allergien, Ekzeme, Neurodermitis* und *Asthma* weisen darauf hin, daß es den Kindern an kutanem Kontakt mangelt/gemangelt hat. Neben diesen echten Erkrankungen sind auch noch die *übermäßige Masturbation*, das *Daumen–, Finger–, Zehenlutschen*, das *Haarerupfen* und das *Spielen mit den Ohren oder der Nase* Zeichen dafür, daß man als Kind zuwenig taktil erfahren hat. Bei Kindern von Analphabeten beispielsweise hat man dieses Verhalten kaum feststellen können, da sie von ihren Eltern eigentlich alle kutanen Anregungen erfahren, die sie benötigen.

Ribble schreibt dem Zusammenhang von *Atmung und taktilem Erleben* große Bedeutung zu: „Die Respiration, die in den ersten Wochen nach der Geburt im allgemeinen flach, unregelmäßig und unzulänglich ist, wird zweifellos durch das Saugen und durch den physischen Kontakt mit der Mutter stimuliert. Kinder, die nicht kräftig saugen, atmen auch nicht tief, und Säuglinge, die nicht genug auf den Armen getragen werden, entwickeln, vor allem wenn sie Flaschenkinder waren, nicht nur Atmungsstörungen, sondern häufig auch Magen Darm Störungen. Sie schlucken oft Luft und leiden, wie man es allgemein nennt, unter Koliken. Sie haben Ausscheidungsschwierigkeiten oder neigen zu Erbrechen.

Es scheint, als hänge der Tonus des Gastrointestinaltrakts in dieser frühen Lebensperiode ganz speziell von einer von der Peripherie ausgelösten Reflexstimulation ab. Die Berührung mit der Mutter hat also eine bestimmte biologische Bedeutung für die

Handkontakt

Streicheln, Tätscheln, Kraulen, Auflegen der flachen Hand, Herzen und Umarmen gehören zu den universellen tonischen Signalen. Sie entstammen dem Repertoire der Mutter–Kind–Signale. Sie wirken beruhigend und stimmen freundlich. In dieser Funktion werden sie auch in das Repertoire der Erwachsenen übernommen. Erwachsene können Trost spenden, indem sie den verzweifelten Mitmenschen in die Arme schließen, der sich seinerseits wie ein Kind an dessen Brust birgt und sich wohl auch am Partner festhält.

Im allgemeinen gewährt der Ranghöhere dem Rangniederen Schutz und Kontakt. Der Ranghohe legt die Hand auf den im Rang unter ihm Stehenden, und er umfängt wie schützend die Schulter des Partners. Das ist bereits bei Schimpansen so. Körperlicher Kontakt kann beruhigen – und er wird von der Mutter gewährt, im übertragenen Sinne vom Ranghohen. Niederrangige Schimpansen ersuchen Ranghohe um Handkontakt, oft als eine Art Anfrage.

Jane van Lawick–Goodall beobachtete, daß Weibchen, die sich in Gegenwart eines ranghohen Männchens nicht an die ausgelegten Bananen wagten, zunächst ihre Hand dem Männchen entgegenstreckten. Gewährte das Schimpansenmännchen Handkontakt, dann gab sich das Weibchen danach entspannt und holte sich Bananen. Schimpansenweibchen, die geboren haben, stellen ferner ihr Junges erwachsenen Gruppenmitgliedern vor. Sie nähern sich mit diesem im Arm unter Anzeichen von Furcht – das Junge ist ja zunächst gruppenfremd und wird daher möglicherweise angegriffen – und strecken die offene Hand zum Partner hin. Berührt er diese, gibt sich das Weibchen beruhigt. Körperliche Berührung drückt Rang und Herzlichkeit zugleich aus. Zuschauer schätzten Schauspieler, die ihre Partner berührten, als selbstbewußter, dominanter und herzlicher ein als die Berührten. Weibliche Zuschauer bewerteten Schauspieler, die Berührungsinitiative zeigten, auch attraktiver als solche, die ihre Partner nicht berührten. Männliche Zuschauer bewerteten sie dagegen genau umgekehrt. „Heterosexuelle Berührer" empfanden die Zuschauer als herzlicher als gleichgeschlechtliche. Einseitige Berührung bringt dem, der berührt, im allgemeinen mehr Ansehen ein als dem Berührten. Das hat wohl mit der ursprünglich beschützenden Funktion der Berührung zu tun…

Die verschiedenen Formen des Handkontaktes wurden beim Menschen in Rituale bindender Funktion einbezogen, meist in kulturspezifischer Einkleidung. Mitteleuropäer reichen einander die Hand zum Gruße.

Es verbindet sich dabei das freundliche Kontaktgewähren mit einem abschätzenden Händedruck, einer Art von Kraftmessen. Fassen am Unterarm, Handauflegen auf verschiedene Regionen des Körpers (Lenden, Schulter, Haupt) ist in verschiedenen Grußritualen üblich. Abgeleitet sind davon Gebärden des Segnens, die man als Handauflegen auf Distanz deuten kann…

Eine Befragung von 208 Studenten in den USA ergab, daß Berührung durch einen nahen Freund des Gegengeschlechts stets als angenehm empfunden wird. Auf Berührung durch eine Person des Gegengeschlechts, die der Empfänger der Berührung nicht kennt, reagieren Männer und Frauen verschieden. Während die Männer auch solche Berührungen als angenehm einschätzen, empfinden Frauen eine solche Berührung als unangenehm und zudringlich. Für sie wird die Bedeutung der Berührung also primär durch den Grad der Bekanntheit mit dem Berührenden bestimmt. Bei Männern dagegen ist das Geschlecht des Berührenden ausschlaggebend für die Bedeutung der Berührung…

Soziale Körperpflege wurde ebenfalls zum bindenden Ritual. Eine von Wulf Schiefenhövel durchgeführte Erhebung ergab, daß vor allem Personen weiblichen Geschlechts ein starkes Bedürfnis zeigen, ihrem Partner das Haupthaar und die Körperoberfläche nach Unreinheiten abzusuchen.

Bereits bei nichtmenschlichen Primaten spielt soziale Hautpflege eine bedeutende gruppenbindende Rolle. Zur besonders zärtlichen Begrüßung faßten die Eipo einander unters Kinn und machten auch einige Kraulbewegungen. Mangat von Malingdam, den Wulf Schiefenhövel geheilt hatte, begrüßte ihn so.

Bei den Yanomami und Trobiandern sah ich Mütter und Väter ihre Kinder zärtlich das Kinn kraulen. Und bei uns ist es als „Goderlkratzen" sprichwörtlich… Bei Naturvölkern leitet soziale Körperpflege oft das Paarungsvorspiel ein. Soziale Körperpflege kann mit der Hand und mit dem Mund (Beißen, zartes Beknabbern, Ablecken) durchgeführt werden. Verhaltensweisen zärtlicher Kontaktpflege leiten sich davon ab. Die soziale Körperpflege unterliegt in der Öffentlichkeit kulturellen Tabus…

Allgemein gilt, daß körperlicher Kontakt mit Gruppenangehörigen des anderen Geschlechts vermieden wird, wenn es sich nicht um Verlobte, Ehepartner, Kinder oder Personen handelt, die aus Gründen des Altersunterschieds nicht als Geschlechtspartner in Frage kommen. Diese Kontaktmeidung hat sich wohl zum Schutze der Gruppenharmonie entwickelt. Über körperlichen Kontakt könnten allzuleicht sexuelle Beziehungen außerhalb der Ehe angebahnt werden. Auch andere Meidetabus dürften da ihre Wurzel haben.

Eibl–Eibesfeldt

Atmung, Ernährungs– und die Verdauungsfunktionen des Kindes." Und das hat sie besonders bei Frühgeburten, wie man beweisen konnte. Jedenfalls ermutigte man in einem Experiment die Mütter zu früh geborener Kinder, diese sowohl am Tag als auch in der Nacht anzufassen und auf den Arm zu nehmen, nachdem sie (die Mütter) sich speziell verhüllt haben. Es war sowohl für die Kinder, als auch für die Eltern, Schwestern und Ärzte von großem Nutzen.

Von großem Nutzen und von großer Wirkung waren auch die *Wiegen*, in denen die Kinder früher schneller ihren Schlaf fanden als hinter den heutigen Gittern, die zwar modern, aber auch nicht minder gefährlich sein können als angeblich die Wiegen. Jedenfalls schaffte man sie in einer Zeit ab, in der man dachte, daß Liebkosungen, Streicheleinheiten und das Wiegen das Kind zu einem sogenannten Schlaffi machen könnten. Man befürchtete, es könne sich an das In–den–Schlaf–geschaukelt–Werden gewöhnen und ihm damit schaden. Das ist jedoch der reine Schwachsinn, denn Kinder bzw. Erwachsene müssen ja auch nicht bis an ihr Lebensende gestillt werden, sondern entwöhnen sich nach einiger Zeit davon. Also legt(e) man den Säugling lieber in ein großes Bett, wo er sich völlig unbehaglich fühlt, und man muß sich fragen, wie es passieren kann, daß man kerngesunde Kinder plötzlich tot in ihrem Bett„chen" auffindet.

Ein Faktor unter anderen sicherlich gewichtigeren könnte sein, daß das Kind nicht ausreichend sensorisch angeregt wurde.

Nun spielt die Berührung aber nicht nur in der Kindheit und in bezug auf zwischenmenschliche Kontakte eine Rolle, sondern auch im Berufsleben wie auf der *Bühne*. So wird sie in Komödien beispielsweise vermieden, während sie in Tragödien hingegen ein Muß ist, ob einem der Mitspieler symphatisch ist oder nicht. Das hängt damit zusammen, daß die Komödie eine gewisse heitere Unverbindlichkeit fordert, während in der Tragödie Verbindlichkeit und eine gewisse Zusammengehörigkeit dargestellt werden sollen.

Das Händeschütteln kommt aus der Mode

Illereichen (AP) Nicht nur der hierzulande ohnehin längst vergessene Handkuß, selbst das Händeschütteln läuft Gefahr, langsam aus der Mode zu geraten. Nach einer Umfrage der Wickert-Institute finden es nur noch 55 Prozent der Bundesbürger richtig, zur Begrüßung grundsätzlich die Hand zu geben. Schon 42 Prozent der 2710 Befragten haben etwas gegen das Händeschütteln und drei Prozent waren ohne Urteil. Vor gut einem Jahr hatten sich dagegen in einer Umfrage des gleichen Instituts noch 57 Prozent dazu bekannt, 1973 waren sogar noch 68 Prozent dafür.

Dazu sind die Männer mit 60 Prozent heute immer noch eher bereit als die Frauen, von denen lediglich die Hälfte noch das Händeschütteln schätzt. Zudem wurde in der Umfrage ein Nord-Süd-Gefälle ausgemacht: In Schleswig-Holstein, Hamburg und Bremen war jedenfalls die Zustimmung mit 44 Prozent am geringsten, in Bayern dagegen mit 69 und Baden-Württemberg mit 65 Prozent noch ziemlich ungebrochen.

Die Gegner des Händeschüttelns nannten als Gründe, dieses sei vor allem im Sommer bei feuchten Händen unangenehm, unhygienisch oder einfach nicht nötig. Etwa ein Prozent sprach sogar von »reiner Zeitverschwendung«. Die Befürworter finden Händeschütteln dagegen »menschlich, freundlich, herzlich, Vertrauen schaffend, warm inmitten einer immer kontaktärmer werdenden Welt«.

Bundeskanzler Kohl muß viele Hände schütteln, aber »Südlichter« – so weist die Umfrage aus – tun das gerne.

Aktivität

Neugier * Aktivitätsaufbau * Nahrungserwerb * Spielen * Spieltherapie * Handwerk & Handarbeit * Kreatives Gestalten

Interesse, die vornehmere und wissenschaftlichere Form der *Neugier*, und *Überraschung* haben eine wichtige Funktion bei der psychischen Verarbeitung und Regulation von Ereignissen in der unmittelbaren Umgebung des Individuums. Tritt eine unerwartete Veränderung in den wirksamen Reizen des Wahrnehmungsfeldes ein und erfordert gewisse Anpassungsleistungen des Individuums, so führt Überraschung zu einem situationsangemessenen Handeln des Organismus. Interesse – als Gefühl – ermöglicht durch aufmerksame Zuwendung des Organismus zu bestimmten Objekten und Ereignissen die aktive Auseinandersetzung mit diesen und initiiert damit Lernprozesse.

„Unser Interesse veranlaßt uns, die Dinge von rechts nach links, von oben nach unten und von vorn nach hinten zu drehen. Dies liegt daran, daß wir in dem betreffenden Gegenstand, Menschen oder Zustand eine gewisse Möglichkeit sehen, die für die Sinne nicht unmittelbar erfaßbar ist. Die Möglichkeit kann belanglos sein oder von entscheidender Bedeutung" *(Izard)*. So ist sein ganzes Werk „Die Emotionen des Menschen" geschrieben.

Überraschung gehört zu den affektiven Äußerungen, die mit recht eindeutigen mimischen Reaktionen eng verknüpft sind. Sie findet ihren Ausdruck in einer hochgezogenen Stirn, hochgezogenen Augenbrauen, Vergrößerung der Augen und geöffnetem Mund. Überraschung wird von einem steilen Anstieg der physiologischen Erregung begleitet. Überraschung hat einerseits hemmende Wirkung auf bestimmte Verhaltenssysteme – z.B. Unterbrechung des grobmotorischen Verhaltens –, andererseits wird ein motivationales Handlungssystem in Gang gesetzt durch Verteilung der Aufmerksamkeit und Einsetzen von explorativen (forschenden) Handlungen, das zu bedeutenden Veränderungen in den emotionalen und kognitiven Strukturen des Organismus führt, z.B. im Versuch–Irrtum–Lernen.

„Wollen die Eipo ausdrücken, daß sie sich *sehr* freuen, *sehr* traurig sind oder ihnen etwas *sehr* gut schmeckt, dann legen sie beide Hände mit den Handflächen seitlich an den Kopf. Das Verhalten ist zunächst unverständlich, und es ist sicherlich kulturspezifisch, denn ich fand die Bewegung bisher in keiner anderen Kultur." Wenn ich Herrn *Eibl–Eibesfeldt* mal kurz unterbrechen darf, denn ich würde ihm gerne in diesem Punkt widersprechen. Diese Gestik ist auch bei uns zu finden, wenn man beispielsweise an die TV–Sendung „Donnerlippchen" denkt und an den Moderator, der sich in seiner Freude und Überraschung ebenso verhält wie jene Eipo. Doch auch bei Wut und Verzweiflung verleihen Menschen in unseren Breitengraden ihren Gefühlen diesen Ausdruck.

Doch weiter mit dem Zitat: „Den Ursprung dieser Bewegung erkannte ich erst, als ich die gleiche Bewegung als Kopfschutzbewegung bei Knaben sah, die mit Graspfeilen aufeinander schossen. Und als ich erfuhr, daß die Eipo, wenn sie verbal die Steigerung einer Empfindung ausdrücken, sagen, etwas sei ‹zum Fürchten gut›, war mir die Herkunft klar: Die Kopfschutzbewegung drückt dieses ‹zum Fürchten› aus. Dem Leser wird einfallen, daß auch wir solche Superlative verbal durch den Hinweis auf Furcht und Schrecken ausdrücken. Wir sagen, etwas ist ‹schrecklich› schön, es schmeckt ‹schrecklich› oder ‹furchtbar› gut, aber auch, es sei ‹schrecklich› traurig. Offenbar handelt es sich beim Schreck um einen besonders starken Eindruck, und daher kann man sehr starke Empfindungen durch den Hinweis auf diese Emotionen gut beschreiben" *(Eibl–Eibsfeldt)*.

> **Bewußtsein**
>
> Länger als bei anderen Tieren hält beim Menschen der kindliche Erkundungsdrang an, und er ist intensiver. Die Stärke dieses explorativen Verhaltens ist ein weiteres menschliches Kennzeichen.
>
> Karl Popper, der Philosoph ist und trotzdem eingestandenermaßen ein Evolution ist mit einer großen Neigung zu den Naturwissenschaften, sieht geradezu in der „Neugier den Anfang des Bewußtseins" – und damit den Kern der Menschwerdung. „Ich schrieb den höheren Tieren Bewußtsein zu und sprach die Vermutung aus, daß die Funktion des Bewußtseins darin bestehen mag, einen Zustand der Neugier über die bloßen Sinnesreize hinaus auszudehnen, die ihn herbeiführen – zu einer bleibenden Neugier, die zur Exploration führt."
>
> Der große Entwicklungsschub sei dann eingetreten, als dieses neugierig–explorierende Wesen zwischen Tier und Mensch die Sprachen erwarb – und zwar die beschreibende Sprache zusätzlich zu den bloß benennenden. „Mit der Erfindung der (beschreibenden, Geschichten erzählenden) Sprache kommt auch die Erfindung von Ausreden, von falschen Ausreden und falschen Erklärungen, die vorgebracht werden, um eine nicht ganz rechte eigene Handlung zu kaschieren, und so weiter; und damit entsteht die Notwendigkeit, zwischen Wahrheit und Unwahrheit zu unterscheiden.
>
> Mit dem Geschichtenerzählen also entstand die Notwendigkeit, zwischen wahr und falsch zu unterscheiden. So brachte die Entwicklung der Sprache die Kritikfähigkeit hervor" – und mit ihr schließlich das, was Popper „Welt 3" nennt, die Welt der vom Menschen willentlich hervorgebrachten, der Evolution enthobenen geistigen Produkte und Theorien, im Unterschied zu „Welt 1", der Welt der physischen und biologischen Dinge und Zustände, und zu „Welt 2", der höheren Welt der Bewußtseinszustände und emotionalen Dispositionen, die unbewußten eingeschlossen. Für Popper gipfelt alle Entwicklung in den komplexen Hervorbringungen der „Welt 3"; ihre Anfänge reichen zurück zu der Wißbegier insbesondere der Jungtiere in „Welt 2".
>
> ***Zimmer***

Izard begründet stringent die These, daß zu jeder Zeit in gewöhnlichen Bewußtseinszuständen ein bestimmter Affekt oder eine Kombination von Affekten existiere und daß der am häufigsten beteiligte Affekt Interesse sei. In einer empirischen Untersuchung legte er seine differentielle Emotionsskala Probanden mit der Anweisung vor, ihre momentanen Empfindungen und Emotionen darzulegen: „Interesse stach im typischen Fall hervor." Diese Bewertung der Wichtigkeit und Bedeutung von *Neugier* als einem der wichtigsten instinktiven Prozesse beim Menschen ist schon anno 1908 von *McDougall* geäußert worden (die Psychologie hat in der Zwischenzeit wieder einen kleinen Bogen geschlagen!).

„In dem Maße, in dem man frei ist von Erfordernissen des Überlebens und negativen Emotionen, ist man frei zu handeln entsprechend der positiven motivationalen Kraft von Interesse–Erregung und interessebestimmter affektiv–kognitiver Strukturen. Freude, die andere positive Emotion, spielt lediglich eine zweitrangige Rolle bei der Unterstützung konstruktiver, kreativer Bemühungen" *(Izard)*. Je differenzierter die Lebewesen auf dem Stammbaum der Evolution sind, desto ausgeprägter scheint ihre Neugier und ihr Forscher– und Untersuchungstrieb zu sein. Selbst ohne die Präsenz neuartiger Objekte, die zum Explorieren anreizen könnten, wird manipuliert, gelernt, exploriert und agiert, und das um so mehr, je höher das Lebewesen auf der evolutionären Leiter steht.

Interesse und Neugier sind, so kann man mutmaßen, in hohem Maße abhängig von und anfällig durch die Lebensbedingungen in Kindheit und Jugendzeit. Vielfalt der Anregungen, angemessene Aufgaben, die im Spiel bewältigt werden können, interessante und abwechslungsreiche Vorbilder bei Eltern, Verwandten, Freunden und Nachbarn, beschützter, aber nicht zu geschützter Freiraum zum Erkunden und Experimentieren: all dies sind Bedingungen, die die *Ausbildung eines gesunden Interesseaffekts* fördern. Straßen & Autos, zwanghafte, genervte, rigide oder überbehütende Eltern, pädagogische und schulische Erziehung, schlechte Luft und Lichtarmut, Wohnblocks und Grünanlagen, Gärten und Gartenzäune und viele Errungenschaften unserer segensreichen Zivilisation bewirken das Gegenteil: eine emotionale Interessen–Verblödung, eine *Neugier–Abstumpfung*, eine dekadente Ausrichtung und Einengung von Neugier und Interesse auf rationale und intellektuelle Inhalte.

Eine andere Störung der *Neugier–Entwicklung* scheint die *Neugier–Verwirrung* zu sein. Neugier und Interesse bilden mit voranschreitender ontogenetischer Entwicklung ein System differentieller Wahrnehmung heraus: relevante Reize werden wahrgenommen, irrelevante ausgeblendet. Ist diese Entwicklung behindert worden, so entsteht ein der Reizvielfalt ausgeliefertes Bewußtsein, welches nur noch den Rückzug in den Autismus oder eine schizoide Scheinwelt antreten kann – unter genereller Abschottung von allen Reizen der realen Welt.

Brownfield & Kish fanden denn auch, daß in der *Zuckermanschen Reizsuche–Skala* chronisch Schizophrene niedrigere Punktwerte hatten als Normale und gewisse andere psychisch kranke Gruppen. Soziopathen, die ja allen Neugierantagonisten wie Angst, Scham, Schuldgefühlen, Reue weitgehend enthoben sind, haben dementsprechend auf Empfindungssuche–Skalen überdurchschnittlich hohe Werte. „Neugier und Erkundungsdrang, schreibt der amerikanische Psychologe Zuckerman, scheinen bei den Säugetieren mit ihrem Platz auf der Evolutionsskala anzusteigen, um beim Menschen schließlich ihren Höhepunkt zu erreichen. Zuckerman begann in den sechziger Jahren mit Experimenten in sensorischer Deprivation – also in Isolierung und Reizentzug. Freiwillige Versuchspersonen wurden stunden– und tagelang eingeschlossen und in verschiedenem Maß der Sinneswahrnehmungen beraubt. Ein Drittel der Versuchspersonen hielt die völlige Isolierung nicht länger als zwei Tage aus; die völlige sensorische Stille im ‹Wassertank–Schoß› wurde höchstens zehn Stunden lang ertragen. Zukkerman kam von solchen Experimenten her zu dem Schluß, daß der Mensch ein natürliches Bedürfnis nach Stimulierung habe; er nannte es *sensation seeking*, die Suche nach Sinneseindrücken, Empfindungen, Erfahrungen."

Zuckerman untersuchte 10.000 Personen in vielen Ländern auf ihr Reizbedürfnis hin. Ein Ergebnis war, daß derjenige, der auf einem Gebiet besonders reizbedürftig ist, es wahrscheinlich auf allen anderen ebenso ist. Wer eine Neigung zum Risikosport hat, wird auch einen Hang zu riskanten Amouren besitzen. Das Reizbedürfnis ist eine biologische Grundtatsache; seine unterschiedliche Heftigkeit ist ein charakteristisches Persönlichkeitsmerkmal, das wahrscheinlich von verschiedenen Neurochemikalien gesteuert wird und für das in Zwillingsuntersuchungen eine Erblichkeit von 0,5 bis 0,66 ermittelt wurde. Das heißt, die tatsächlich vorhandenen Unterschiede gehen mindestens zur Hälfte, eventuell zu zwei Dritteln auf Unterschiede in der genetischen Mitgift zurück. Die stärksten Reizsucher leiden auch am stärksten in Situationen der sensorischen Deprivation.

„Der Mensch ist von Natur aus neugierig. Er ist das Wesen, das kein Geheimnis ertragen kann. Er muß, im wörtlichen wie im übertragenen Sinn, alles auseinandergenommen und wieder zusammengesetzt haben. Erst, was er kennt und durchschaut, braucht er nicht mehr zu fürchten. Neben der innigen Wechselwirkung zwischen Tun und Erkennen, ‹... die das laufend vom Erfolg her geregelte Handeln ermöglicht›, besteht das besonderste Kennzeichen des Menschen für Konrad Lorenz (1978) darin, daß ‹das Neugierverhalten bis an die Grenze des Greisenalters erhalten bleibt: Der Mensch bleibt bis in sein Alter ein Werdender.›" *(Zimmer)*.

Die durch Außenreize und ihre Veränderungen angesprochene, momentan mehr oder minder stark ausgebildete Neugier (das Prinzip der doppelten Quantifizierung auch hier wieder!) mobilisiert über innere Erregungen Energien für exploratives Verhalten, welches seinerseits einerseits über Adaptation und Gewöhnung an die neuen Reizbedingungen die Erregung dämpft, andererseits natürlich durch die motorische Aktivität, welche Erschöpfung und Entspannung fördert. So haben wir eine fein geregelte Balance von Stimulation & Neugiermotiv auf der einen Seite und Gewöhnung und motorischer & physiologischer Aktivität, die entspannend wirkt, auf der anderen. In diesem Regelkreis wird, und das verkompliziert alles, der Sollwert der optimalen inneren Erregung pausenlos verschoben: ein wahres Wunderwerk an biologischer Regeltechnik.

Einige Stimulations–Aktivitäts–Kombinationen scheinen einen beim homo sapiens häufig anzutreffenden sympathisch–lustvollen Erregungssollwert recht gut zu treffen: Wildschweinjagen mit Speer, Pfeil & Bogen oder Streitaxt, Skilaufen, Vögeln im Gebüsch, Autofahren mit Singen, Arzthelfern & Krankenschwestern (zwei der beliebtesten und schlechtbezahltesten Berufe), Tanzen mit Anfassen und auch mal wechselnden Partnern (von wegen der Neugier!), gegen einen Ball treten oder mit Schlägern auf ihn einkloppen, Klingelputzen und weglaufen, sich lautstark und gestikulierend streiten (und anschließend erschöpft in die Arme sinken), Angst haben und rennen, was das Zeug hält – um nur die wichtigsten zu nennen.

Auch dieser über Jahrmillionen in der Evolution gut durchkonstruierte Mechanismus läßt sich allerdings durch ausgetüftelte Technik und Zivilisation aufs Kreuz legen und knacken. Die Synchronisierung von Stimulation und Aktivität scheint uns heute völlig abhanden gekommen zu sein. Wir hocken da in unseren Büros & Autos, vor unseren Radios und Fernsehern, in Kinos und Nachtclubs und lassen uns bombardieren mit Breitseiten von Reizen, auf die dann einmal die Woche ein Waldlauf oder Schwimmbadbesuch folgt, bei dem wir dann aber zeitlich synchron überhaupt nicht stimuliert werden (allenfalls von Autoabgasen, Lärm und Chlorgeruch). Unsere *Speicher– und Aufschubfähigkeit* für Stimulationen und Reize ist maßlos überfordert, und unser Anspruch und Wille, dann zu bestimmten, beschränkten Zeiten sportliche und aktivitätsmäßige Höchstleistungen ohne Stimulation zu vollbringen, überfordert uns (und nicht selten unseren Kreislauf!).

Der klinisch bedeutendste Ausfluß einer *Unterstimulierung* von Reizsuchern ist eine Form der *Depression*, wie wir sie bei Geistesarbeitern und Hausfrauen nicht selten finden. Man würde sie als *sensorischen Verstärkermangel* bezeichnen. Weiterhin vermute ich, daß die starke Reizsuche eine Disposition für die Ausbildung einer Agoraphobie abgibt. Die Anfälligkeit dieser Personen für Langeweile und sensorische Deprivation (camera silens, Wassertank–Uterus, Isolationskammer) könnte nach meiner Theorie unter entsprechenden Konfliktbedingungen Panikattacken und Platzangst fördern, die ja genau einer äußeren Monotonie und inneren Leere entspringen.

Zuckerman beschreibt eine Gruppe ehemals Heroinsüchtiger, die sich zum Fallschirmspringer–Bund mit dem bezeichnenden Namen „Bridge Over Troubled Waters“ zusammengeschlossen haben und jetzt dadurch high werden, daß sie aus 1.000 Meter Höhe mit Fallschirmen abspringen: eine wahrhaft gute Alternative zur Stimulation durch Heroin!

Die Therapie der *Reizverarmung* besteht in *soziotherapeutischen Maßnahmen* wie Wechsel des Arbeitsplatzes, Anregung von stimulierenderen Hobbys, Freizeit– und Urlaubsaktivitäten, Sportarten und Ehepartnern.

Schon *McDougall* erkannte und erfühlte 1908 „wie Berlyne (1950) und Tomkins (1962) das knappe und unstabile Gleichgewicht, das zwischen Neugierde (oder Interesse) und Furcht besteht, und die Ähnlichkeit zwischen den ‹Auslösern› der beiden Zustände. Seine Überzeugung, daß geringe Grade von Fremdheit und Ungewohnheit Neugierde auslösen und stärkere Grade Furcht, antizipiert Tomkins' Vorstellung, daß die Auslösung von Interesse und Furcht sich lediglich in der Steilheit des Gradienten der Stimulierung unterscheiden“ *(Izard)*. Wir haben es hier also mit einem neben der Aktivität zweiten *Antagonisten von Neugier* zu tun: der *Furcht*. Und einer zweiten zu regelnden Balance: dem *Nervenkitzel*!

Die Achterbahn, der Thriller und Horrorfilm (vormals Wild–West– oder Kriminalfilm, davor Abenteuerfilm oder –erzählung, davor Märchen), Survival–Urlaub, Fallschirmspringen & Tiefseetauchen, Autorasen auf bundesdeutschen Straßen, Furzen im Konzert, Po–Kneifen im Lokal, Besteigen des Mount Everest sind mehr oder minder natürliche oder pervertierte Maßnahmen in dieser Rubrik.

Ein Mitstreiter der Neugier gegen die Furcht ist die Emotion *Hoffnung*, die den Realismusspielraum in Richtung *Optimismus* ausschöpft und bei Nicht–Depressiven sogar darüber hinausschießt und die Realitäten optimistisch verzerrt, übertönt & übertüncht. Die Psychologie und die Psychopathologie der Hoffnung handelt *Stotland* in extenso ab. Er meint, daß ein Schizophrener alle Hoffnung auf Zielerreichung in der realen Welt verloren hat und sich daher in eine phantasierte Welt zurückzieht. Auch Depressive scheitern an der empfundenen Hoffnungslosigkeit, reagieren aber resignativer als der mehr aktive Schizophrene.

Wie äußert sich Neugier sprachlich? Worüber sprechen wir neugierig? „Für die Evolution der Sprache dürfte weniger die Notwendigkeit der Vermittlung von Sachwissen als die weitere Ritualisierung sozialer Interaktionen entscheidend gewesen sein... Die Alltagsgespräche von Naturvölkern haben, soweit bekannt, vor allem soziale Probleme zum Inhalt“ *(Eibl–Eibesfeldt)*.

Der diffamierte und diskriminierte *Klatsch und Tratsch* muß an dieser Stelle um unserer seelischen Gesundheit willen rehabilitiert werden. Unser natürliches Bedürfnis nach Sicherheit vermittelnden Informationen über unsere Mitmenschen, das im Klatsch & Tratsch befriedigt wird, ist bis über seine Grenzen hinaus frustriert. Das führt u.a. zu der immensen Verunsicherung, die wir heute in unserem sozialen Umfeld verspüren. Schwatzen hat also einmal die Funktion, den *Informationsfluß* innerhalb der Eigengruppe anzuheizen, zum anderen festigt er aber das *Zusammengehörigkeitsgefühl* in dieser Gruppe und grenzt sie gegen Fremdgruppen ab: es ist also ein *Solidarisierungsmittel*.

„Der Klatsch wird vielfach als trennendes Element angesehen, doch wahrscheinlich ist er genau das Gegenteil, weil er dazu dient, die Frauen (zu ersetzen durch: Menschen, der Verf.) in einem geschlossenen Wertsystem zu vereinen und die dort gültigen Werte zu kultivieren. Er unterscheidet sich insofern von der normalen Unterhaltung, als er sich im wesentlichen mit Normen und Wertvorstellungen und mit deren Aufrechterhaltung oder Ablehnung befaßt“ *(Tiger & Fox)*.

Die *Therapie* dieses menschlichen, allzumenschlichen Bedürfnisses besteht darin, zuerst Vorurteile gegen das Klatschen und Tratschen abzubauen (die haben ja gerade die, die in keinen Klatsch–Zirkel eingebunden sind!); die *Methode* der Wahl ist hier

Miyeipyenukanat

Klatsch wird in den Benimmbüchern geächtet, aber er ist sozial wertvoll – Erkenntnis eines Soziologen aus Konstanz

Armer Klatsch. Was haben sich bisher hochgelehrte Wissenschaftler hinter seinem Rücken das Maul zerrissen. „Anthropologos“ (Menschenbeschwätzer) nannte Aristoteles verächtlich einen Menschen, der ihn verbreitete.

Moritz Lazarus, ein Sprachwissenschaftler des 19. Jahrhunderts, schmeckte angeekelt den Wortklang nach. Das K und das L, so der indignierte Lazarus, möchten ja noch hingehen, die Konsonanten seien „ehrbar“, weil sie indogermanisch wie semitisch „Klang“ bedeuten, aber dann – pfui. Das „tsch“ am Ende, weder arisch noch semitisch, sei bloß „dumpfer, zischender Naturlaut“.

Auch in anderen Kulturen muß sich der Klatsch verleumden lassen. Die in Brasilien lebenden Mehinaku–Indianer nennen ihn „Miyeipyenukanat“, was „Müllplatzmund“ heißen soll, nicht gerade eine Schmeichelei.

„Weshalb gleich Klatsch einer dreigezackten Zunge? Weil er drei Menschen zerstört: denjenigen, der ihn verbreitet, denjenigen, der ihm zuhört, und denjenigen, von dem er handelt.“ Diese Weisheit aus dem babylonischen Talmud regte den Konstanzer Soziologen Jörg Bergmann an, mit dem Sezierblick des Sozialwissenschaftlers das Phänomen Klatsch zu zerlegen – und eine wissenschaftliche Wende einzuleiten.

Der Klatsch–Kopernikus Bergmann hat nämlich auf 312 Seiten seiner Habilitationsschrift (Titel: „Klatsch als Gattung der alltäglichen Kommunikation“), die Ende September beim Berliner Verlag Walter de Gruyter als Paperback herauskommen wird, die erste Ehrenrettung des ebenso geächteten wie leidenschaftlich praktizierten Klatsches betrieben.

Klatsch, lautet Bergmanns Fazit, ist für ein funktionierendes soziales Beziehungsnetz unerläßlich. „Indem zwei Personen miteinander klatschen... produzieren und reproduzieren sie zwischen sich eine soziale Beziehung mit einem hohen Intimitätsgrad.“

Doch bevor zwei derart kuschelig und lüstern im Klatsch intim werden können, müssen sie strenge Regeln beachten, ihre Informationen fein mit Finten und Finessen austarieren. Diese Regeln und Tricks gelten für Chefs wie Untergebene, Millionäre und Obdachlose gleichermaßen. Wie funktioniert soziologisch Klatsch?

Bergmann unterscheidet den Klatschproduzenten, der Intimes vom Klatschobjekt weiß, das er dem neugierigen Klatschrezipienten mitteilt. Produzent, Objekt und Rezipient bilden die Klatschtriade.

Doch mit diesem Dreigestirn hat es so seine Bewandtnis, wie jeder weiß und wie es auch dem imperialen Blick Bergmanns von seinen Begriffshöhen herab nicht entgeht. Das Klatschobjekt glänzt, sonst funktioniert das Ganze nicht, durch Absenz. Bergmann: „Zum Klatsch gehört, daß der, über den geklatscht wird, abwesend ist.“ Sancta Trivialitas? Gemach! Bergmanns Stärke ist die Behutsamkeit, mit der er sich in die soziologische Terra incognita vorarbeitet.

Was setzt Klatsch in Gang, was macht ihn interessant? Die Existenz von Geheimnissen, nach den Erkenntnissen des Soziologen Georg Simmel „eine der größten Errungenschaften der Menschheit“. Das Geheimnis bietet schließlich die Möglichkeit, zwischen einer offenbaren ersten Welt und einer verborgenen dahinter zu unterscheiden.

Klar, daß sich Klatschproduzent und –rezipient allein für die eine dieser Welten interessieren. Nur was beim Klatschobjekt Scham hervorriefe, ist köstlich. Dieses knappe Gut Intimes kann jedoch, da „moralisch kontaminiert“, nicht beliebig gestreut werden, sonst steht eine Klatschbase womöglich als das da, was sie ist.

Natürlich kann nicht jeder gegenüber jedem Klatschproduzent sein. Wer Intimes weiterplaudert, muß eine soziale Gruppe im Innern kennen, ohne ihr direkt anzugehören. „Gossip“, das englische Wort für Klatsch, drückt dies aus: jemand, der in der Nähe der Sippe ist. Die deutsche „Klatschbase“ zeigt Ähnliches im Namen an: Oft mehr nolens als volens einer Familie zugeordnet, ist die Base für das Klatschen prädestiniert.

An dieser Stelle seiner Erkundigungen passiert Bergmann ideologisch aufgewühlte, schwere See. Es stellt sich nämlich die Bäschenfrage: Klatscht frau mehr als mann?

Jeder weiß es, und empirische Untersuchungen wie eine von Bergmann zitierte aus der Cafeteria einer amerikanischen Universität haben es erwiesen: Der Klatsch ist androgyn, Männer tun es ebenso häufig wie Frauen. Doch das hat ernsthafte Forscher wie den Vater der Wissenssoziologie, Max Scheler, nicht daran gehindert, das Gegenteil zu behaupten.

In einem 1915 geschriebenen Aufsatz „Das Ressentiment im Aufbau der Moralen“ behauptet Scheler, daß die Frau, „das schwächere, darum rachsüchtigere... stets zu Konkurrenz mit ihren Geschlechtsgenossinnen um die Gunst des Mannes genötigte Weib“, mit einer erhöhten Dosis „Ressentimentgefahr“ geladen ist.

Um diese negativen Energien abzufackeln, so Max Scheler, neige die Frau „zu detraktivem Klatsch als Form der Ableitung der betreffenden Affekte“.

Ähnlich Hanbüchenes förderten auch manche Psychoanalytiker zutage. Nach ihren Theorien steht die größere Bereitschaft der Frauen zu klatschen „in einem direkten Zusammenhang mit dem Wirken des Kastrationskomplexes“.

Und manche Verhaltensforscher setzen noch einen drauf. Sie schieben die vermeintlich vermehrte feminine Klatschlust auf die unablässigen Versuche weiblicher Primaten, fremde Neugeborene und Jungtiere zu pflegen. Klatsch sei da als eine Art typisch weibliches „soziales Pflegeverhalten“ zu werten.

Nicht nur die Wissenschaft, auch der Volksmund möchte den Klatsch den Frauen zuschieben, gibt es doch viel mehr Ausdrücke für weibliche Klatschproduzenten. Klatsche, Klatschweib, Klatschliese, Klatschfriede, Klatschtasche, Klatschdose stehen nur die männlichen Klatschgevatter, Klatschfink und Klätscher entgegen.

Das Rätsel dieses Volksmundvorurteils klärt Bergmann historisch–etymologisch auf. In dem Wort Klatsch steckt sowohl Knall als auch Berührung mit Feuchtem („klatschnaß“) oder Schmutzfleck. Bei der Arbeit der besonders mit Klatsch identifizierten Waschweiber waren klatschende Schläge zu hören, wenn sie mit dem Waschbleuel Schmutzflecke (Klatsche) entfernten.

Aber es war nicht nur das Geräusch, wie Bergmann spekuliert, das auf die Herkunft des Wortes aus der Waschpraxis deutet. Das Waschen schmutziger Wäsche war gleichzeitig Umgang mit verräterischen Flecken, also Erkenntnis von Intimem, und damit Ware für die Klatschproduktion.

Von den fleißigen Waschweibern lernt Bergmann aber noch mehr als nur Historisches. An ihnen lassen sich zwei Eigenschaften von Klatsch erkennen: Zum einen ist der Verkehrston beim Klatsch auf Gleichheit eingestellt, ein egalitäres Vergnügen. „Rangunterschiede läßt er kaum zu“, deshalb mieden ihn, behauptet Bergmann, auch meistens Vorgesetzte gegenüber Untergebenen.

Zum anderen wird Klatsch immer als ein „passageres“ Ereignis inszeniert. Klatschmänner und –weiber lassen sich, aufgrund des moralischen Verdikts, nicht eigens zu ihrem verwerflichen Tun nieder. Geklatscht wird immer nebenbei, bei der Arbeit, beim Einkaufen, in der Gaststätte, bei scheinbar zufälligen Begegnungen.

Dabei wird der Klatsch von gemeinsamen Bekannten nur an gemeinsam Bekannte weitergetragen. So dient er dem Erhalt sozialer Gruppen, ja, fordert der Klatschsoziologe, es bestehe geradezu eine Pflicht zum Klatsch, um Aggressionen in Gruppen abzubauen, ohne die Gruppen zu gefährden.

Nun werden im Klatsch aber nicht bloß simpel Normen bestätigt. Jedem indiskreten Wissen ist strukturell die Tendenz zum Klatsch eigen, weil Freundschaften immer eine paradoxe Loyalitätsstruktur besitzen. Ist A mit B und C befreundet, darf C erwarten, alles, auch das Verhältnis von A zu B zu kennen. A muß also indiskret sein, wenn er die Freundschaft auch zu C ernst nimmt. Klatsch, als diskrete Indiskretion behutsam verteilt, heilt also natürliche Loyalitätskonflikte unter Freunden.

Diese Diskretion, das ist die Pointe des Soziologen, ist aber nur möglich, wenn Klatsch geächtet bleibt. Tendenzen, ihn aus therapeutischen Gründen aufzuwerten, sind für das kommunikative Spiel Klatsch schädlich. Erst die Lust am Verbotenen macht gespannt und mobilisiert alle kommunikativen Tricks.

DER SPIEGEL

die kognitive Umstrukturierung, der Disput oder sokratische Dialog nach *Ellis*. Auch Informationen über die gesundheitsfördernde Funktion des Klatschens, wie die oben gegebenen, können zu einer vernünftigen Sichtweise in punkto Klatschen beitragen. Ist dieser Schritt getan, so müssen wir mit massiven sozialen Ängsten fertigwerden. Es scheint dem (erwachsenen) Menschen, der in keine funktionstüchtige soziale Gruppe eingebettet ist, ungeheuer schwerzufallen, Schritte auf eine solche zu und in eine solche hinein zu unternehmen. Rollenspiele und Konfrontation mit dem Angstreiz, einer sozialen Gruppenperipherie in Form von einzelnen Personen, die am Rande von einer Gruppe stehen, erleichtern und bieten sich an.

Aktivitätsaufbau

„Wenn ihr Schiß habt vor der Freiheit, geht zurück in euern Stinkstall und laßt euch verwursten."

Für verheiratete Klienten gebe ich die Regel an die Hand: Aktivitäten alleine (ohne Partner)/pro Woche:
1x Minimum
2x Optimum
3x Maximum.

Unter Aktivitätsaufbau versteht man ein *planmäßiges verhaltenstherapeutisches Vorgehen*, das der Erhöhung des Aktivitätsniveaus des Klienten dient. *Lernziel* stellt die Ausführung einer höheren Zahl von eigeninitiierten, aktiven Handlungen auf seiten des Klienten dar. Bei diesem Vorgehen werden vornehmlich solche Aktivitäten trainiert, die Verstärkung vermitteln oder die Aversivität bestimmter Ereignisse reduzieren. Entgegen einer älteren, vielfach verbreiteten Annahme, daß jegliche Motivierung zur Ausführung von Aktivitäten dem Depressiven schade, wird heute die These vertreten, daß ein allmählicher und vorsichtiger Aufbau eines adäquateren Aktivitätsniveaus eine zentrale und unerläßliche therapeutische Maßnahme bei allen Formen von *Depression* ist.

Die *Grundzüge* des Verfahrens beruhen im wesentlichen auf den empirischen Arbeiten von *Lewinsohn* und Mitarbeitern, in denen ein korrelativer Zusammenhang zwischen verstärkenden Aktivitäten und typisch depressiven Reaktionsweisen nachgewiesen worden ist – in dem Sinn, daß ein geringes Aktivitätsniveau bzw. eine geringe Verstärkungsrate für die Ausführung von Aktivitäten mit einer depressiven Stimmungslage einherging bzw. vice versa. Hierauf basiert die Überlegung, daß eine in der Therapie induzierte Erhöhung der Häufigkeit bestimmter Verhaltensweisen und die damit einhergehende *Erhöhung der Verstärkerrate* den Depressionsgrad reduziert.

Es scheint, daß das Aktivitätsniveau an sich nicht ausschlaggebend ist. Der wichtigste Faktor ist wohl die Menge der kontingent auf die Aktivität folgenden Verstärker. Nach *Hellhammer* wird das Verfahren in der Regel dann therapiebegleitend eingesetzt, wenn ein Klient zu Beginn der Therapie
- ein unterdurchschnittliches Aktivitätsniveau aufweist,
- schon kleinste Tätigkeiten überbewertet und vermeidet,
- sich vorwiegend grüblerisch und initiativlos verhält,
- zur aktiven Mitarbeit in der Therapie angeleitet werden soll.

Es kann ferner dann an den Anfang einer Therapie gesetzt werden, wenn das Aufschieben von als aversiv erlebten Tätigkeiten zu einer Aufrechterhaltung oder Verschlechterung der Stimmungslage oder des Handlungsspielraumes infolge drohender negativer Konsequenzen führt. Hierbei erzielte Erfolge können der weiteren Motivierung dienen.

Zur Klärung der Frage, ob ein reduziertes Aktivitätsniveau vorliegt, bzw. zur *Feststellung individuell verstärkender Aktivitäten* können grundsätzlich explorative Gespräche wie auch Testverfahren oder Protokollbögen eingesetzt werden. Pionierarbeit von *Lewinsohn*: Aus einer Liste von 320 Aktivitäten und Situationen sollte der Klient solche Items auswählen, die zum gegenwärtigen Zeitpunkt oder in der prädepressiven Zeit als angenehm empfunden wurden. Hieraus wurde für jeden Klienten individuell eine Liste mit 160 verstärkenden Aktivitäten/Ereignissen erstellt. Der Klient soll nun über einen bestimmten Zeitraum am Ende des Tages auflisten, welche dieser Aktivitäten er ausgeführt hat. Zusätzlich sollte jeden Abend eine Stimmungseinschätzung für den Tag anhand einer Stimmungsliste ausgefüllt werden. Nach einem bestimmten Zeitraum wurden die Items aus der Liste des Klienten ausgesondert, die am höchsten mit guter Stimmung korrelierten. Eine Verstärkung dieser Aktivitäten war im folgenden Gegenstand der Therapie.

Die im deutschen Sprachraum bekanntesten standardisierten Verfahren zur Feststellung und Bewertung von Aktivitäten/Ereignissen sind die *Aktivitätsliste & Verstärkerbilanz (AVB)* von *Ullrich & Ullrich* sowie die *Verstärkerliste (VL)* von *Windheuser*. Tages– und Wochenprotokolle können ferner zur Erfassung des Aktivitätsniveaus wie der individuell verstärkenden Aktivitäten verwendet werden. In diesem Fall ist dem Klienten ein offenes Schema auszuhändigen, in das er jeweils durchgeführte Aktivitäten sowie eine Einschätzung seiner Stimmung nach Durchführung der Aktivität einträgt.

Für jeden angegebenen Zeitraum sollen die *durchgeführten Aktivitäten* in Stichworten sowie eine *Stimmungsbewertung* (1 = sehr gut – 6 = sehr schlecht) eingetragen werden. Es ist darauf zu achten, daß

- O dem Klienten ausführlich der Sinn des Vorgehens erläutert wird, um seine Mitarbeit zu sichern;
- O zur Einführung des Protokollbogens ein Probeexemplar gemeinsam (Therapeut und Klient) ausgefüllt wird;
- O der Klient instruiert wird, den Bogen im jeweils angegebenen Zeitraum auszufüllen und nicht erst wesentlich später (Informationsverlust);
- O der Bogen nicht länger als maximal 3 Wochen hintereinander vorgegeben wird (Belastung für den Klienten, mangelnde Mitarbeit, Informationsungenauigkeit).

Neben der Erfassung der gewünschten Informationen kann der Bogen dazu dienen, Stimmungseinschätzungen, die gerade bei Depressiven in der Wahrnehmung oft verzerrt sind, zu relativieren, Passivität zu überwinden. Der Bogen kann ferner in der Therapie selbst eingesetzt werden; es werden dann jeweils bei der Besprechung die durchzuführenden Aktivitäten eingetragen.

Hier als Anregung eine *Einteilung in nicht–soziale und soziale Aktivitäten*, wobei letztere noch einmal nach dem Grad an Verpflichtung und Gebundensein für den einzelnen untergliedert sind (wegen der Schwierigkeit für Klienten).

T A G E S P R O T O K O L L

Name:
Datum:

(Bewertung: 1 = ich fühle mich sehr gut .... 6 = ich fühle mich sehr schlecht)

Bewertung:							
Aktivität:							
0.00 h	1.00 h	2.00 h	3.00 h	4.00 h	5.00 h	6.00 h	7.00 h
Bewertung:							
Aktivität:							
8.00 h	9.00 h	10.00 h	11.00 h	12.00 h	13.00 h	14.00 h	15.00 h
Bewertung:							
Aktivität:							
16.00 h	17.00 h	18.00 h	19.00 h	20.00 h	21.00 h	22.00 h	23.00 h

Nicht–soziale Aktivitäten:

- O Musik hören
- O Lesen
- O Sport treiben (allein)
- O ein Bad nehmen
- O Autofahren
- O Essen (allein)
- O Geld ausgeben
- O voyeuristische und masturbatorische sexuelle Handlungen
- O Singen (allein)

Soziale Aktivitäten – *Unverbindlich:*

- O Cafe, Restaurant, Kneipe
- O Schwimmbad
- O Konzert, Theater, Kino
- O Tanzen
- O Vortrag
- O Uni–Sport
- O Flirt
- O Stadtbummel

Verbindlicher:

- O Volkshochschule, Familienbildungsstätte u.a.m.
- O Uni–Gasthörer, Kurse
- O Therapie
- O Tanzkurs
- O Kur
- O kurze erotisch–sexuelle Beziehung
- O Hobbygruppen

Verpflichtend:

- O Arbeit
- O Familie, Verwandte
- O Nachbarn, Freunde,
- O Partei
- O intensive erotisch–sexuelle Beziehung
- O Vereine: Sport, Skat, Gesang, Hunde, Angeln u.a.m

Über eine *geschlechtsspezifische* Aufzeichnung von Aktivitäten sollte auch nachgedacht werden. „Sie spricht von einer natürlichen männlichen und weiblichen Disposition des Temperaments, und sie weist in diesem Zusammenhang darauf hin, daß die amerikanische Gesellschaft heute dem Mann nur noch selten emotionell befriedigende Rollen böte, da häusliche Tugenden vorherrschen würden, d.h. Tugenden wie Geduld, Ausdauer und Beständigkeit, die mehr dem weiblichen Geschlecht zukämen. Die Männer befänden sich daher in einer recht schwierigen Lage, da sie keine Mittel hätten, ihrer biologisch vorgegebenen, aggressiven Schützerrolle oder ihrem Wunsch nach individueller Tapferkeit Ausdruck zu verleihen. Sie schlägt daher vor, die Gesellschaft möge die Aufgaben für Männer so strukturieren, daß sie der männlichen Einsatzbereitschaft für die ihm Nahestehenden Betätigungsmöglichkeiten bieten“ *(Eibl–Ebesfeldt)*.

Nahrungserwerb

Zwischen *Jagen* als emotionalem Ventil und weitestgehender gesellschaftlicher Intoleranz der Jagd liegt ein Bereich, der sich weder um das eine noch um das andere kümmert: das Konkrete. Und weil – Lehrbuch hin, Lehrbuch her – auch in diesem Falle gilt, „es gibt nichts Bessres, außer tu es!", besehen wir uns die Sache mal etwas näher.

Tausende von Jahren haben wir als Jäger und Sammler überlebt. Jagen war überlebenswichtig, war Urinstinkt und Leitmotiv, war Handeln, dessen Notwendigkeit nicht in Frage stand und dessen Technik zu verfeinern und zu optimieren das tägliche Anliegen des einzelnen in– oder auch außerhalb einer Gemeinschaft war.

Mit den Errungenschaften des Ackerbaus und den immer differenzierter werdenden Techniken der Naturnutzung mit Hilfe von Werkzeugen und noch später mit Maschinenunterstützung wurde die Notwendigkeit des Jagens mehr und mehr abgelöst von eher standortgebundenen bäuerlichen Lebensweisen. Entwicklungsgeschichtlich aber blieb dem Menschen dabei kaum Zeit für bedeutende biologische Veränderungen, weder unter anatomischen noch unter verhaltensphysiologischen Gesichtspunkten. Wagen wir also den kühnen Schritt, zu behaupten, daß der Mensch in seinem innersten Wesen noch immer ein Jäger ist und daß tiefere Einsichten in unser Emotionsgefüge nur unvollständig bleiben, solange man nicht auch diesen Aspekt berücksichtigt.

Ob es jedoch ethisch sauberer ist, für das sonntägliche Schmorstück vor eine Fleischertheke zu treten und den Bezug zum Tier auf ein paar Grammzahlen zu reduzieren, kann man bezweifeln. Der moderne Mensch beschränkt sich darauf, Spezialisten zu bezahlen, die am Tag bis zu 500 Stück Mastvieh „erlegen", um nicht selber in die Verlegenheit zu kommen, sich die Hände mit Blut zu beschmieren. (Was nicht heißen soll, daß ab sofort jeder seinem Kotelett wieder selber die Kugel antragen sollte. Die bezeigten anarchischen Zustände wären sicher ein zu hoher Preis für ein allseits intaktes Triebgefüge.)

Setzt man diesen Gedanken konsequent um, gelangt man unausweichlich zu folgender Frage: Warum huldigen dann *nicht alle* ihrem Urinstinkt, schlüpfen in einen Grünrock, schultern den Schießprügel und sorgen auf ganz normale Weise für eiweißreiche Kost? Nun, sieht man einmal davon ab, daß dann Wälder und Feldfluren dem Chaos anheimfielen, selbige sehr bald ziemlich wildfreie Zonen wären und Querschläger oder Streuschrote in Menschenbäuchen nur noch ganz normale Umweltschäden, bleibt uns dies erspart aufgrund von Erziehung und Gesetzen, vor allem aber durch den Wegfall der unmittelbaren Notwendigkeit des Jagens. Es gibt schließlich Metzgereien.

Nein, die *Jägerschaft* unserer Tage ist eine Minderheit. Ein Großteil ihrer Mitglieder ist bereit, horrende Summen aufzubieten, um irgendwo auf irgend etwas zum Schuß zu kommen. Aber immerhin: Sie machen keinen Hehl aus ihrer Passion und leben ihr Urbedürfnis ganz offen aus, ja mehr noch: Das gesamte jagdliche Brauchtum mit seiner von Außenstehenden oft belächelten Formenvielfalt wird hingebungsvoll und exzessiv ausgelebt und gepflegt. Die Achtung vor dem Tier soll hierbei betont werden, ohne jedoch dabei das eigentliche Ziel aus den Augen zu verlieren: das Töten von Wild. Was dabei für die einen Passion, ist für die anderen brutales Gemetzel. Die Ambivalenz des Themas ist das Merkmal unserer Zivilisation, und der Streit wird noch lange andauern. Für diejenigen, die sich hinabwagen wollen in die Tiefen der Argumentation, sei noch dieser Buchtitel genannt: *Trumpfheller*: „Die Sache mit der Jagd".

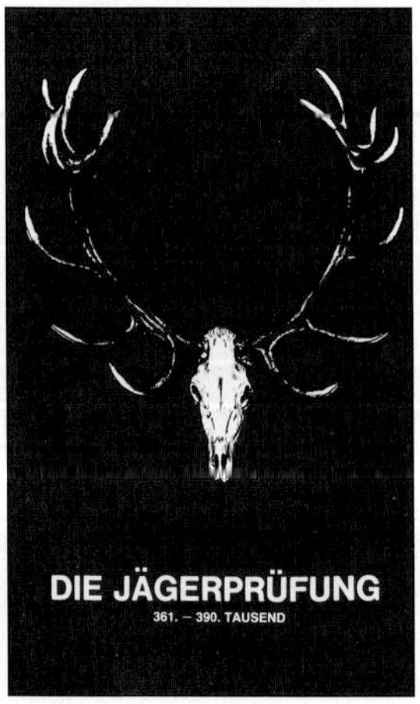

Aber kommen wir zur Sache und konkretisieren die Möglichkeit emotionaler Befriedigung durch Jagd. Die Jagd in Europa ist reglementiert. So man also nicht als elender Wilddieb vor dem Richter landen will, ist man gezwungen, die *Jägerprüfung* abzulegen. Den Landesjagdgesetzen schwebt dabei eine Art klassizistisches Menschen–, um nicht zu sagen Heldenbild vor: „... wer Jagd ausüben will, muß nicht nur seine jagdlichen Rechte, sondern vor allem auch seine jagdlichen Pflichten kennen, nachweisen und beachten. Er hat in seinem Tun und Lassen Waidgerechtigkeit, Hege und Naturschutz und die Belange der Land–, Forst– und Volkswirtschaft zu wahren. Er soll charakterfest und verantwortungsbewußt sein" (*Blase*). Sind wir natürlich alle... und außerdem schon mittendrin im Thema.

Arbeit

Das Verhalten des nackten Affen hinsichtlich seiner Nahrungsaufnahme scheint auf den ersten Blick eine seiner wandelbarsten, sich ganz nach den jeweiligen Gegebenheiten richtenden und durch kulturelle Einflüsse bestimmten Tätigkeiten zu sein. Aber selbst hier ist eine ganze Anzahl elementarer biologischer Prinzipien am Werk. Wir haben gesehen, wie aus dem Früchtesammeln der frühen Ahnen das gemeinsame *Jagen und Töten* wurde. Wir haben weiter gesehen, wie diese Entwicklung eine Reihe tiefgreifender Veränderungen in seinem Verhalten beim Nahrungserwerb zur Folge hatte. Das Suchen nach geeigneter Nahrung mußte vervollkommnet und sorgsam organisiert werden. Der Trieb, Beute zu töten, mußte teilweise unabhängig werden von dem Trieb, Nahrung zu sich zu nehmen. Die geschlagene Beute mußte zum Lager und zum Verzehr dort geschleppt werden. Es bedurfte einer vermehrten Zurichtung der Nahrung. Die Mahlzeiten wurden umfangreicher, folgten einander aber in größeren zeitlichen Abständen. Der Anteil der Nahrung, den das Fleisch ausmachte, vergrößerte sich geradezu dramatisch. Vorratshaltung und Verteilung der Nahrung wurden üblich...

Wir sprachen bereits davon, daß infolge der verbesserten Nahrungsbereitstellung durch die moderne Landwirtschaft die meisten erwachsenen Männer unserer Gesellschaftsordnungen nicht mehr ihre Rolle als Jäger spielen können. Sie kompensieren das, indem sie „arbeiten" gehen. So ist zwar das Arbeiten an die Stelle des Jagens getreten, hat aber noch manchen Zug des alten Jägerischen übernommen...

Das Arbeiten ist zwar weithin an die Stelle des Jagens getreten, hat jedoch die älteren Formen, in denen der Jagdtrieb seinen Ausdruck findet, noch nicht ganz verdrängt. Denn auch dort, wo keinerlei wirtschaftliche Notwendigkeit besteht, tierische Beute machen zu müssen, hat sich diese Tätigkeit in vielerlei Formen erhalten: Die Hohe und die Niedere Jagd, die Parforcejagd (in England noch auf den Fuchs, bei uns auf einen Reiter, der den Fuchs „spielt", die Safari auf tropisches Großwild, die Falknerei, der Angelsport, die Kinderspiele, in denen man einander sucht und jagt und fängt – in all dem manifestiert sich heute der Jägertrieb des nackten Affen (und selbstverständlich auch in der Jagd mit Fernglas und Teleobjektiv auf Vögel und anderes Getier)...

Wesentlich an der „waidgerecht" betriebenen Jagd ist doch, daß dem Wild eine ehrliche Chance des Entkommens geboten wird. (Wenn das Wild nur ein Ersatzobjekt für den verhaßten Nebenbuhler und Konkurrenten sein soll, warum ihm dann überhaupt eine Chance geben?) Zum Waidwerk wie zu jeder jagdsportlichen Betätigung gehört nun einmal, daß sich der Jäger bewußt und freiwillig ein Handicap auferlegt: Er könnte ja auch mit der Maschinenpistole oder mit noch „vollkommneren" Waffen losziehen. Aber das wäre ein Verstoß gegen die „Spielregeln", wäre nicht „jagdgerecht" (und wir erinnern uns, daß im Englischen dafür das Wort „game" gebraucht wird). Das, was wirklich bei jeder Art von Jagen zählt, ist das Messen der eigenen Fähigkeiten an denen des Wildes, sind die Schwierigkeiten, die man bezwingen muß – durch sie erst wird das „Spiel" lohnend...

Verlassen wir damit das Jagen und gehen über zur nächsten Teilhandlung innerhalb der Verhaltensweisen des Nahrungserwerbs, so kommen wir zum Augenblick des Tötens, das in einem gewissen Umfang ebenfalls seinen Ausdruck in Ersatzhandlungen der Arbeit, des Jagdsports aller Art und des Glücksspiels finden kann. Beim Waidwerk haben wir das Töten sogar noch in seiner ursprünglichen Form; im Zusammenhang mit Arbeit und Glücksspiel hingegen ist es in einen symbolischen Triumph umgeformt worden, dem die physische Gewalttätigkeit fehlt. Der Trieb, Beute zu schlagen und zu töten, ist damit in unserem täglichen Leben in beträchtlichem Ausmaß abgewandelt; mit erstaunlicher Regelmäßigkeit taucht er jedoch in den Spielhandlungen der Knaben auf, während er bei den Erwachsenen durch mächtigen kulturellen Druck niedergehalten wird.

Zwei Ausnahmen allerdings sind (in gewissem Ausmaß) zugelassen: einmal das bereits erwähnte Waidwerk und zum zweiten der Stierkampf. Zwar wird Tag für Tag eine Unzahl von Haustieren geschlachtet, doch bleiben diese Tötungshandlungen dem Blick der Öffentlichkeit normalerweise verborgen. Genau umgekehrt ist es beim Stierkampf: Tausende strömen zusammen, um dem Töter zuzuschauen, ja um sich mit dem Torero zu identifizieren, der stellvertretend für jeden in der Masse den Stier absticht.

Jagd und Stierkampf sind innerhalb der ihnen gesetzten Grenzen nach wie vor erlaubt, wenn sich auch immer wieder mannigfacher Protest gegen diese blutigen Sportarten erhebt. Alle anderen Grausamkeiten Tieren gegenüber sind ohnehin verboten und unter Strafe gestellt. Das ist freilich nicht immer so gewesen. Noch vor wenigen Jahrhunderten galten Tierhetzen und andere Veranstaltungen, bei denen Jagdbeute gequält und getötet wurde, in vielen Ländern als öffentliche Belustigungen, bis man erkannt hat, daß die Teilnahme an Gewalttätigkeiten solcher Art abstumpfend gegen jede Art von Blutvergießen wirkt. Das aber bedeutet eine Quelle potentieller Gefahr für unsere so komplexen Gesellschaftsordnungen, in deren Menschenmassen sich Einschränkungen hinsichtlich der Revier– und der Ranganspruche bis zu fast unerträglicher Höhe steigern können, so daß schließlich die aufgestaute Aggression alle Dämme in einer wild tobenden Flut durchbricht...

Wegen seines explorativ neu–gierigen und opportunistisch sich dem jeweils Gegebenen anpassenden Wesens ist die Liste der Tiere, die dem nackten Affen als Beute dienen, immens groß. Zu dieser oder jener Zeit und an diesem oder jenem Ort hat er nahezu jedes nur denkbare Tier getötet und verzehrt. Die Ausgrabungen der Prähistoriker haben uns gezeigt, was er vor fünfhunderttausend Jahren gejagt hat. An einer einzigen Fundstelle waren es: Wisent, Wildpferd, Nashorn, Hirsch, Bär, Wildschaf, Mammut, Kamel, Strauß, Antilope, Büffel, Wildschwein und Hyäne. Es wäre witzlos, für neuere Zeiten oder für die Gegenwart eine „Speisekarte nach Arten" zusammenstellen zu wollen (man denke nur daran, daß in unserer Kultur „unten" mit Auster, Weinbergschnecke und Tintenfisch, Krebs, Hummer und Languste beginnt, in anderen aber schon mit Würmern, Käferlarven, Heuschrecken und Seegurken). Ein Zug unseres räuberischen Verhaltens aber verdient besondere Beachtung, nämlich unser Hang, bestimmte ausgewählte *Beutetiere als Haustiere* auszubeuten. Denn obwohl wir je nach Lust und Gelegenheit nahezu alles essen, was eßbar ist, beziehen wir den Hauptteil unserer Nahrung von einigen wenigen Tierarten, fast ausnahmslos Großtieren.

Die Domestikation einstiger Beutetiere zum Nutzvieh einschließlich der auslesenden Züchtung wird, soweit wir wissen, seit mindestens zehntausend Jahren betrieben, in gewissen Fällen wahrscheinlich seit sehr viel längerer Zeit. Ziege, Schaf und Rentier sind offenbar die ersten Wildarten gewesen, die gezähmt und gezüchtet wurden. Mit der Entstehung und Ausbreitung beständiger Siedlungen und des mit ihnen verbundenen Pflanzenbaus kamen Schwein und Rind (Hausrind, Wasserbüffel und Yak) hinzu. Vom Hausrind wissen wir, daß es bei ihm bereits vor viertausend Jahren mehrere deutlich zu unterscheidende Rassen gegeben hat. Während Ziege, Schaf und Ren wohl direkt vom Jagdtier zum Nutztier umgewandelt worden sind, stellt man sich vor, daß dies bei Schwein und Rind auf dem Umweg über deren räuberische Einfälle in Äcker und Felder geschehen ist: Sobald erst einmal Pflanzungen da waren, zogen sie als neue reiche Weideplätze Wildschwein und Auerochs an, mit dem Erfolg, daß beide von den frühen Bauern zu Haustieren gemacht wurden (wobei man wahrscheinlich die wehrhaften Alttiere jagte und erlegte, die wehrlosen Jungtiere als „lebende Konserven" in den Pferch sperrte).

Die beiden einzigen Kleinsäugetiere, die regelrecht domestiziert wurden, sind Kaninchen und (in den alten Kulturen Südamerikas) Meerschweinchen; das Kaninchen ist allerdings erst relativ spät zum Haustier geworden. An Vögeln hat man schon vor Jahrtausenden Huhn, Gans, Ente und Taube aus einstigem Federwild zu Federvieh gemacht, später und in geringerem Ausmaß kamen Fasan, Perlhuhn und Truthuhn hinzu. Die einzigen Fische mit einer langen Geschichte als Haustiere sind – sieht man einmal von der bei den alten Römern gezüchteten Muräne ab – Karpfen und Goldfisch, wobei der Goldfisch sehr bald seine Bedeutung als Speisefisch verlor und zum Zierfisch wurde. Die Domestikation aller drei Arten erfolgte erst innerhalb der letzten zweitausend Jahre und spielte zudem im Rahmen der großen Geschichte unserer organisierten räuberischen Ausbeutung der Tierwelt nur eine untergeordnete Rolle.

Morris

Inhalt

Früchte vom Feld

Nahrung von Tieren

Früchte aus dem Garten

Nahrung aus der Natur

Natürliche Energien

Handwerkliche Fertigkeiten

Nahrung aus der Natur

Pilze, Nüsse und Beeren

In Wald, Wiesen und Hecken wachsen unzählige genießbare Wildpflanzen. Die Einheimischen kennen sich meistens gut aus und beraten jeden gern. Oft ist auch das sogenannte Unkraut eßbar oder eignet sich als Heilkräuter, ebenso viele Samenarten und Wildfrüchte, Beeren, Nüsse und Pilze.

Bei Pilzen muß man selbstverständlich die ungiftigen von den giftigen sicher unterscheiden können. Außer dem gewöhnlich bekannten Wiesenchampignon gibt es eine ganze Anzahl leicht erkennbarer und sehr schmackhafter Pilze: z.B. den Schopf–Tintling (schwach in Milch gekocht am besten), Riesenbovist, Parasol, Steinpilz, Marone, Birkenpilz, Pfifferling, Speisemorchel, Totentrompete usw.

Ein ausgesprochen delikates Unkraut sind Nesseln, Fetthenne und Sauerampfer. Du bereitest sie wie Spinat. Sie werden im Frühjahr jung und zart gepflückt und in einem geschlossenen Topf gekocht. Auch andere Kräuter wie Hirtentäschel, Schafgarbe, Geißfuß und Lungenkraut eignen sich als Grüngemüse. Wilde Malve wird püriert und zu einer Suppe verarbeitet. Vogelmire kann als Spinat zubereitet oder in Salaten verwendet werden. Lachkraut ist ein milder Ersatz für Knoblauch. Jeder wird in seiner Umgebung noch viele andere, nutzbare Kräuter finden; auch zarter Löwenzahnsalat schmeckt sehr gut.

Nüsse bleiben nach der Ernte einige Wochen liegen, bis sich die Schale leicht ablösen läßt. Dann werden sie gut getrocknet. Haselnüsse können grün gepflückt werden und sind dann recht schmackhaft, aber nicht haltbar. Reif geerntet, werden sie zur Aufbewahrung mit der Schale in trockenes Salz gelegt.

Maronen werden im Herbst reif geerntet, aus der stacheligen Schale gelöst und trocken gelagert. Am besten schmecken sie, wenn sie in glimmender Asche geröstet werden. Dazu unbedingt vorher die braune Haut einstechen, sonst explodieren sie. Bucheckern sind sehr umständlich zu essen, sie werden besser zur Ölgewinnung in einer Mühle gemahlen und dann ausgepreßt. Die Flügelfrüchte der Esche eignen sich gut für „Pickles“, sie werden gekocht und in Essig eingelegt.

Unter den Wildfrüchten ist die Holunderbeere wahrscheinlich am vielseitigsten verwendbar. Es gibt mehrere Zubereitungsarten, z.B. Holundersuppe, Fliedersaft, Holunderpfannkuchen usw. Unter andere Früchte gemischt, betont sie deren Geschmack; in Würzessig gekocht, gibt sie eine gute Würze oder Soße. Sowohl aus den Beeren wie auch aus den Blüten kann ein vorzüglicher Wein bereitet werden (s. S. 192–195). Preiselbeeren können eingekocht werden, obwohl ihr Geschmack nirgends besser zur Geltung kommt als in frischer Preiselbeersoße. Maulbeeren und Vogelbeeren eignen sich gut für Marmelade. Nicht zu vergessen ist die Wacholderbeere, die allen Gerichten einen angenehm herben Geschmack verleiht.

Aus Schlehen kannst du einen wunderbaren Beerenwein machen.

Holzäpfel haben einen bitteren Geschmack, der auf den reichlichen Gehalt an Tannin zurückzuführen ist. Sie sind deshalb ein beliebter Zusatz bei der Weinbereitung aus tanninarmen Früchten. Die beste Verwendung für den Holzapfel ist aber die Geleebereitung.

Beeren
1 *Holunderbeeren*
2 *Wacholderbeeren*
3 *Schlehen*
4 *Vogelbeeren*
5 *Maulbeeren*
6 *Holzapfel*
7 *Heidelbeeren*
Nüsse
8 *Maronen*
9 *Bucheckern*
10 *Flügelnüsse der Esche*
11 *Walnüsse*
12 *Haselnüsse*
Pilze
13 *Wiesenchampignon*
14 *Pfifferling*
15 *Schopf–Tintling*
Kräuter
16 *Hirtentäschel*
17 *Nessel*
18 *Löwenzahn*

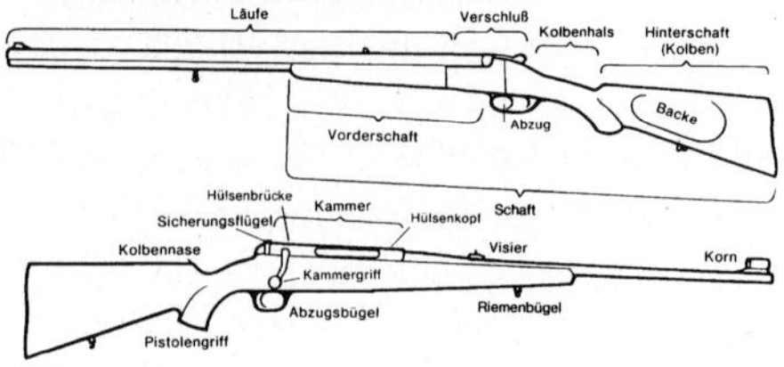

Die Bejagung der einzelnen Wildarten erfolgt mit *Schußwaffen*. Man unterscheidet:

1. *Nach deren Handhabung:*
   Langwaffen (Gewehre), mehr als 60 cm lang, zu deren Bedienung beide Hände gebraucht werden;
   Kurzwaffen (Faustfeuerwaffen), weniger als 60 cm.
2. *Nach ihrem Verwendungszweck:*
   Flinten (Gewehre für den Schrotschuß, z.B. auf kleineres Haarwild und Flugwild);
   Büchsen (Gewehre für den Kugelschuß, z.B. auf Schalenwild und Raubwild);
   Kombinierte für Schrot– und Kugelschuß.
3. *Nach ihren Konstruktionsmerkmalen:*
   Kipplaufgewehre,
   Gewehre mit feststehendem Lauf.

Die *Schießübungen* und der *Nachweis des sicheren Umgangs mit der Waffe* bilden ein Kernstück sowohl der Jägerprüfung als auch der späteren Jagdausübung.

Die gängigen Flintenkaliber (Schrotschuß) sind 12, 16, 20 usw. Man verwendet im allgemeinen Schrotkörnungen von 2–4 mm Durchmesser (Hartblei). Im einzelnen:

- Wiesel: 2 mm
- Rebhühner, Schnepfen, Kaninchen: 2,5 mm
- Tauben, Enten, Fasane, Herbsthasen: 3 mm
- Winterhasen, Hasen bei Regenwetter: 3,5 mm
- Füchse und großes Raubzeug: 4 mm

Im Gegensatz zum *Büchsenschuß*, bei dem das Einzel(!)projektil im Wildkörper eine tödliche Wirkung herbeiführen soll, ist der *Schrotschuß* ein Streuschuß. Er tötet vornehmlich durch Schockwirkung, also durch Treffen zahlreicher Nerven. Die Schrotpatrone soll einen kräftigen Durchschlag zeigen und ein gut deckendes Trefferbild.

Ein *Geschoß* soll im Ziel eine möglichst optimale Wirkung entfalten. Seine Energie hat die Aufgabe, das beschossene Wild so schnell und schmerzlos wie möglich zu töten (übrigens: Ein Grundsatz, den jeder Jäger immer beherzigen sollte. Unnötiges Leiden des Wildes ist unbedingt zu vermeiden!). Diese erwünschte Schußwirkung ist in technischer Hinsicht davon abhängig, daß die entsprechenden Eigenschaften des Geschosses (Masse, Geschwindigkeit, Konstruktion) der Stärke des zu erlegenden Wildes angemessen sind. In die Verantwortung des Jägers als Schütze fällt es, einen möglichst sicheren Schuß abzugeben, so daß die lebenswichtigen Organe des *Stückes* (etwas neutralere Bezeichnung für Tier) getroffen werden. Dazu gehört auch, die Entfernung einzuhalten, in der zuverlässig mit einem gut sitzenden Treffer zu rechnen ist. Mit wachsender Entfernung nimmt die Treffsicherheit infolge der Lauf– und Schützenstreuung zwangsläufig ab; beim Büchsenschuß um so mehr, je schwerer das Geschoß ist und je langsamer es fliegt, also je stärker seine Flugbahn gekrümmt ist. Beim Schrotschuß ist die wirksame Schußentfernung durch die Deckung der Schrotgarbe, aber auch durch die Durchschlagskraft der Einzelschrote begrenzt.

Womit wir das auserkorene Stück nun ins Jenseits befördern können, wissen wir jetzt. Bevor wir aber dazu kommen, den *Weg zum Stück*, also die verschiedenen Jagdmethoden, zu beschreiben, sollten wir ein paar Worte zur *Versorgung* (so nennt der Waidmann den *Schlachtvorgang*) verlieren, es sei denn, der Jagende huldigt lediglich seinem ausgeprägten Killerinstinkt und ist an einer Verwertung des Wildes gar nicht weiter interessiert. Aber selbst diese Zeitgenossen zeigen in aller Regel zumindest eine Art Sammelwahn in Bezug auf Trophäen, und daher wollen wir, da auch die Präparation zum Versorgen zählt, auf die Beispielgebung anhand der (Reh–)Bockjagd nicht verzichten.

Die *Wildbrethygiene* beginnt schon vor dem Schuß. Bereits beim *Ansprechen* (Identifizieren) des Wildes muß der Jäger sein Augenmerk nicht nur der begehrten Trophäe,

Der Schuß auf Wild

Die Umstände beim Schuß auf Wild sind oft weit ungünstiger als beim Schießen auf dem Schießstand. Es muß oft bei ungünstiger Beleuchtung, in Eile und Erregung („Jagdfieber") geschossen werden. Oberster Grundsatz muß sein, derartige ungünstige Einflüsse möglichst auszugleichen, den Schuß überlegt und beherrscht abzugeben und im Zweifelsfall lieber nicht zu schießen, als einen schlecht sitzenden Schuß zu riskieren, der dem Wild Schmerzen und Qualen bereitet. Dazu gehört vor allem auch, nicht auf übermäßig große Entfernung zu schießen! Man merke sich genau die Stelle, wo man das Wild beschossen hat, um für den Fall einer Nachsuche den Anschuß finden zu können. Wichtig ist auch, das Verhalten des Wildes zu beobachten, mit dem es auf den Schuß reagiert (das Zeichnen) sowie das weitere Verhalten des wegflüchtenden Wildes...

Zutreffende Beobachtungen und richtiges Verhalten des Schützen sind eine Voraussetzung für den Erfolg jeder Nachsuche. Dazu gehört vor allem auch, daß Anschüsse nicht voreilig zertrampelt und angeschossenes Wild, das sich in der Nähe des Anschusses in Deckung befindet, nicht durch übereiltes Verfolgen aufgemündet wird, bevor die Nachsuche ordnungsgemäß mit einem brauchbaren Hund aufgenommen werden kann.

Beim *Kugelschuß* ist ruhige Hand, ruhiges Atmen und freie Sicht zum Ziel Voraussetzung. Hindernisse in der Flugbahn des Geschosses, wie Grashalme, feine Äste, lenken dieses ab und verursachen unter Umständen schlecht sitzende Schüsse und können auch Unfälle hervorrufen.

Als wirkungsvollster Schuß gilt auf Schalenwild der auf das Blatt des bereitstehenden Stückes angetragene Schuß (Kammerschuß). Wenn das Blatt nicht breit ist, soll man eher den Schuß unterlassen als einen unsicheren wagen.

Muß der Schuß ausnahmsweise auf spitz oder schräg stehendes Wild abgegeben werden, so muß er so angetragen werden, daß das Geschoß auf seinem Weg durch den Wildkörper die Kammer (Brustraum) durchschlägt. Je schräger zum Schützen das Wild steht, desto bedenklicher ist der Schuß. Ebenso ist der Schuß auf Wild, das sich niedergetan hat, zu unterlassen. Dagegen ist auf krankes oder angeschweißtes Wild im Zweifelsfall jeder Schuß erlaubt, den man antragen kann.

Beim Schuß auf bewegliche Ziele muß man mit dem Gewehr mitziehen und je nach der Entfernung des Zieles und der Geschoßgeschwindigkeit kurz bevor der Schuß bricht davorschwingen. Als Anhalt mag gelten, daß man bei 50 m Entfernung auf trollendes Wild 50 cm und auf flüchtiges 90 cm vorhalten muß, wenn man nicht zügig mitzuziehen vermag.

Als größte waidgerechte Schußentfernung sollten, wenn man bei gutem Licht das Gewehr sicher auflegen kann, 150–180 m nicht überschritten werden; nur im Hochgebirge und in weiten dekkungslosen Ebenen kann sich bisweilen die Notwendigkeit ergeben, auf größere Entfernung zu schießen. Das erfordert dann besonders geeignete Patronen mit äußerst gestreckter (rasanter) Flugbahn des Geschosses und vor allem einen überdurchschnittlich guten Schützen.

Beim *Schrotschuß* bedenke man, daß die meisten Fehlschüsse darauf beruhen, daß man zu tief geschossen hat. Man halte daher eher über das Ziel als darauf! Bei beweglichem Ziel gilt auch hier: Zuerst das Wild anvisieren, entsprechend seiner Geschwindigkeit, Richtung und Entfernung mit dem Gewehr *mitziehen* und *mitschwingend* den richtigen Vorhalt geben, kurz bevor der Schuß bricht.

Flüchtet das Wild spitz auf den Schützen zu, so hält man vor (darunter). Streicht es höher, als der Schütze groß ist, spitz dem Schützen zu, so hält man darüber. Flüchtet es spitz weg, hält man ebenfalls darüber; streicht es dagegen spitz ab, so hält man, solange es in gleicher Höhe des Schützen fliegt, zunächst darauf, bei weiterer Entfernung und bei sich senkendem (einfallendem) Flugwild darunter. Kommt das Wild von der Seite, muß man seitlich vorhalten. Der Trefferfolg ist dabei weitgehend von der Fertigkeit des Schützen abhängig.

Als ungefähres Richtmaß für das Mitschwingen mit dem Wild gilt, beim 25 m entfernten, breit vorbei flüchtenden Hasen 1–2 Längen, bei 40 m 1–2 Längen vorzuhalten; bei Flugwild wird man wesentlich mehr vorhalten (2–3 Wildlängen). Man muß stets bestrebt sein, die Schrotgarbe möglichst auf den Kopf und Hals des Wildes zu bringen, daher – auch auf die Gefahr des Fehlschusses hin – eher viel zu lang als zu wenig vorhalten. Weiter als 35–40 m – je nach Schrotstärke, Stärke (Größe) der Wildart und Trefferleistung des Laufes – sollte man mit Schrot nicht schießen.

Blase

sondern der gesamten Erscheinung widmen, um schon im Vorfeld Hinweise auf mögliche Erkrankungen (Parasitenbefall, Infektionen etc.) zu erhalten, die den späteren Genuß des Wildbretes (Fleisch des Wildes) nur bedingt oder gar nicht zulassen. Ein guter Ernährungszustand, dessen sicherste Erkennungszeichen Feist(Fett)ablagerungen und hohes Wildbretgewicht sind, läßt dabei am ehesten vermuten, daß keine chronische Infektionskrankheit vorliegt und das Stück bei sachgemäßer Versorgung für den menschlichen Genuß geeignet ist. Sei noch zu erwähnen, daß für jedes erlegte Stück die gesetzliche *Fleischbeschau* vorgeschrieben ist. Nichtbeachten könnte zu mächtigem Ärger und nicht unwesentlich geleerten Brieftaschen führen.

Das Abdrücken auf ein Stück Wild ist die eine Sache. Aber bis es soweit ist, sind Ausdauer und natürlich eine Art Strategie vonnöten. Der Vorstellung, mal eben nach dem Frühstück ein paar Hasen zu zersieben oder einen Keiler wegzublasen, sollte man möglichst nicht sehr lange nachhängen! So verschieden die jagbaren Wildarten sind, so verschieden sind auch die Techniken oder besser: Vorgehensweisen zu ihrer Bejagung, angepaßt an den jeweils arttypischen Lebensraum und das Verhalten.

Die wichigsten Jagdtechniken

Ansitz, Anstand
Der Ansitz auf Haarwild setzt genaue Kenntnisse der Wildwechsel und Wildgewohnheiten und der Windverhältnisse voraus. Nur so besteht Aussicht auf Erfolg. Man sitzt am besten morgens und abends bei gutem Wind, d.h. der Wind zieht aus der Richtung, aus der das Wild ankommt, in guter Deckung, in aller Regel auf Hochsitzen an (der Hochsitz ist von der gedeckten Seite her auf dazu angelegtem Pirschweg mit entladenem Gewehr und möglichst geräuschlos zu besteigen und ebenso zu verlassen).

Pirsch
Eine fast indianische Jagdart. Sie findet Anwendung vor allem auf Schalenwild und setzt genaue Kenntnis der Revierverhältnisse und Lebensgewohnheiten des Wildes voraus. Beste Zeit ist der Morgen und der Spätnachmittag oder auch unmittelbar nach heftigen Regengüssen (Spuren und Trittsiegel). Deckung ausnutzen – jedes Geräusch vermeiden – öfters, besonders vor Eröffnung neuer Ausblicke, verharren und das Gelände mit dem Jagd(Fern)glas absuchen – nie mit entsicherter Waffe pirschen.

Suche, Buschieren, Stöbern
Setzen die Verwendung entsprechend geeigneter Jagdhunde voraus. Diese drei Arten der Jagd stellen den Hauptteil der Hundearbeit vor dem Schuß, also das Aufsuchen von Wild durch den Hund, um es dem Jäger zu Schuß zu bringen.

Suche:	Arbeit mit dem Vorstehhund in offenem Gelände, hauptsächlich auf Rebhuhn, Fasan und Hase.
Buschieren:	Hund sucht kurz unter der Flinte, d.h. im Schrotschußbereich von 20–40 m vor dem Jäger.
Stöbern:	dabei sucht der Hund selbständig und ohne Sichtverbindung zu seinem Führer die Deckung ab, um gefundenes Wild aufzubringen (aufzuschrecken).

Treibjagd, Drückjagd
Spiel für vier Personen und mehr. Durch eine Anzahl von Treibern wird das Wild aufgebracht und den Schützen zugetrieben, bzw. bei der Drückjagd ohne besondere Beunruhigung rege gemacht und dazu veranlaßt, den Einstand (Versteck oder Standort) zu verlassen und den Schützen zuzuwechseln.

Baujagd
Anwendung auf Fuchs, Dachs, Kaninchen; in der Regel mit scharfem Teckel oder Frettchen (Frettieren), die in den Bau eingelassen werden und das Wild stellen.

Lockjagd
Eine der reizvollsten Jagdarten – kennt jeder, der schon mal hinter einer Frau, bzw. jede, die schon mal hinter einem Kerl her war. Sie besteht darin, daß der Jäger Laute des Wildes oder auch dessen Beutetiere nachahmt, um es zum *Zustehen* zu veranlassen. Am bekanntesten dabei ist wohl die sogenannte *Blattjagd* auf den Rehbock während der Brunft. Mit einem Buchen– oder ähnlichen Blatt oder mit einem künstlichen Blattinstrument wird der Fieplaut der brunftigen Rehgeiß imitiert, auf den der Bock meist springt, d.h. zusteht. Grundgedanke ist also schlichtweg eine tierische Anmache.

Beizjagd oder Falknerei
Jagen mit *abgetragenen* (gezähmt, abgerichtet) Greifvögeln, vor allem mit Falken oder Habichten auf Kaninchen, Fasane, Tauben und Häher.

Fangjagd
Selbst unter Jägern umstrittene Art der Bejagung, weil etwas unwaidmännisch. Soll nur soweit ausgeübt werden, wie andere Jagdarten auf Raubwild und Raubzeug nicht ausreichen. Von den klassischen Fallenstellern Kanadas und Alaskas soll hier nicht die Rede sein. *Jack London* hat ihnen bereits literarisch ein bleibendes Merkmal gesetzt, und was dort hart und männlich wirken mag, ist einem rechten Waidgesellen unserer Breiten gerade ein mißbilligendes Kopfschütteln wert.

Womit und auf welche Art wir Beute machen, wissen wir nun, aber was versteht man eigentlich unter *Wild*? Nun, zunächst einmal bezeichnet der Begriff Tierarten, die dem Jagdrecht unterliegen, d.h. alle freilebenden, herrenlosen Tiere, die im § 2 des BJG und den hierzu erlassenen Ländergesetzen als Wild bezeichnet werden. Die übrigen Tiere sind nach der Naturschutzverordnung geschützt, (mit Ausnahme von Nebel–, Raben– und Saatkrähe, Eichelhäher, Elster, Feld– und Haussperling), die keinen Schutz genießen und die eigentlich jeder... nun ja, lassen wir das. Die *Einteilung des Wildes* erfolgt in zwei Kategorien:

1. *Federwild:*
   – alle im BJG aufgezählten Vögel.
2. *Haarwild:*
   – wiederkäuendes Schalenwild (heißt so, weil es auf sog. Schalen zieht, geht), wie Wisent, Elch–, Rot–, Dam–, Sika– und Rehwild. Ferner Gams–, Stein– und Muffelwild;
   – nicht–wiederkäuendes Schalenwild: Schwarzwild (Wildschweine heißen so, weil sie noch nicht in Ställen leben!);

Pirsch

In einem Kartoffelacker, der auf drei Seiten von Wald umgeben wurde, sah ich Rehe. Eine Ricke war es mit zwei Kitzen und ein Bock. Die Frage war, wo sie einziehen würden. Um den Bock genau ansprechen zu können, stand er zu weit, aber er schien mir stärker als der Jährling vom Vorabend und auch mehr – aber diesmal wirklich – zwischen den Lauschern zu haben.

Ich war längst nicht so nervös, vielleicht, weil ich nicht an einen Platz genagelt sitzen und abwarten mußte und etwas unternehmen konnte. Also prüfte ich erst einmal die Windverhältnisse, sah mir mit dem Glas die Waldränder auf ihre Dekkungsmöglichkeit hin an und beschloß, dort Posten zu beziehen, wo die Rehe Schritt um Schritt heranzogen. Sie waren dem einen Waldrand wesentlich näher als dem anderen, und es schien mir unwahrscheinlich, daß sie noch einmal umdrehen und die Richtung wechseln würden.

Ich stand hinter einem Holzstapel, hatte den Wetterfleck als Auflage obendrauf gelegt und den Bock gut im Glas. Es war ein Sechser mit dünnen Stangen, aber weit überlauscherhoch, der Träger wirkte gedrungen und jede seiner Bewegungen verhalten und gemäßigt. Das konnte nur ein alter Bock sein, meiner noch unmaßgeblichen Meinung nach. Der Schuß dann auf etwa achtzig Meter war problemlos, und diesmal sah ich sogar, was daraufhin passierte. Den Bock haute es einfach auf der Stelle um, wie Fritz so etwas nicht sehr waidmännisch auszudrücken pflegte. Ich habe diese bei vielen Jägern ungebräuchlichen und verpönten Ausdrücke mancher meiner recht unkomplizierten und schlicht nüchtern und sachlich denkenden Jagdfreunde immer gerne übernommen. Sie sind fast stets zutreffender in der Beschreibung dessen, was geschieht, als die Waidmannssprache, mit der ich sowieso auf Kriegsfuß lebe. Lauscher, gut; Lichter, gut; Spiegel, auch gut. Aber ein Stück Rehwild, das die Kugel richtig hat, das haut es um, das hat zum Zusammenbrechen gar keine Zeit. Und bevor sich etwas niedertut, kann es sich auch einfach hinlegen. Warum ich meinen Hund aufmünden muß, anstatt ihn zu ermuntern weiterzusuchen, weiß ich auch nicht. Lassen wir's. Wer die Waidmannssprache in allen Einzelheiten kennt und sie gebrauchen mag, soll es ruhig tun. Aber darauf herumreiten mit tierischem Ernst, das finde ich nicht der Sache wert, und schon gar nicht mag ich, wenn einer, dem das falsche Wort entschlüpft, sogleich zu einer Runde verdonnert wird. Jagd und Sauferei gehören für mich in zwei unterschiedliche Schubladen.

Mir sind beim Nachdenken über die Jägersprache die Gedanken auch schon einmal in größeren Bögen gesprungen. Da bieten sich nicht ganz von ungefähr Vergleiche an mit dem Jagdzauber primitiver Völkerstämme – die ja gar nicht eigentlich primitiv sind, sondern nur natürlich – oder dem Medizinmannglauben der Buschmänner. Durch Hokuspokus und Abrakadabra wird von einigen „Zauberkünstlern“ anderen etwas vorgemacht, an das der Zauberer sicherlich selbst nicht so ganz glaubt. Meist gilt es ja dabei Unangenehmes zu vertuschen oder, noch öfter, zu verharmlosen. Der Tod ist immer eine ungute Angelegenheit, und warum muß man eigentlich bis zu den Buschmännern schauen, spielt sich bei uns Zivilisierten nicht ganz ähnliches ab? Den Tod also, um den es ja bei der Jagd letzten Endes geht, den möchte man noch so gerne umschreiben, ihn wenigstens nicht so direkt aus– und ansprechen, ganz besonders, wenn man ihn selbst verschuldet.

Mir wäre viel wohler, und es wäre viel ehrlicher, würden Hase, Fuchs und Hirsch nicht zur Strecke gebracht, sondern einfach getötet worden sein. Hätte ich ein Stück Wild nicht waidwund geschossen – waidwund, wie weich und sanft klingt das –, sondern durch den Bauch, und es wäre nicht im Wundbett verendet, sondern an einem schlechten Schuß langsam verreckt.

Verharmlosen, das ist es nämlich, was die Jägersprache in vielen Beispielen tut, ja nicht zugeben, daß der Jäger mit dem Wild durchaus nicht so sanft umgeht, wie das nach außen gerne aussehen möchte, und daß auch Tiere Schmerzen, Ängste und Streß erleben können und sicherlich nicht wenig. Aber sie klagen dann nur. In Wahrheit schreien sie laut oder leise, je nachdem, wessen Stimmen sie mächtig sind. Und bis ein Tier schreit, braucht es schon einiges. Es ist ja sonst nicht so unvorsichtig und verrät sich durch lautes Geplärr, wenn's nicht sein muß. Oder sie zeichnen, wenn sie getroffen wurden. Es ist ja gut, daß ein guter Jäger aus der Art und Weise, wie etwas zeichnet, erkennen kann, wo in etwa der Schuß sitzt. Aber freilich, wenn einem Tier ein Batzen Blei durch den Leib fährt, dann darf es wohl irgendwie reagieren. Zeichnen, wie harmlos klingt auch das. Warum zeichnen denn eigentlich nur Tiere? Ich habe noch nirgendwo gelesen, daß ein getroffender Mensch zeichnet. Da wäre dieser Ausdruck wohl makaber!...

Warum ich selbst viele Ausdrücke der Jägersprache gebrauche und schreibe? Weil ich mich im Laufe der Jahre daran gewöhnt habe, und weil ich im Grunde auch nichts dagegen habe. Nur die Sturheit mag ich nicht. Und darum sage ich auch manchmal Ohr, wo's eigentlich Lauscher oder Löffel heißen müßte.

Der Bock nun, mein zweiter, war ein guter alter, wohl achtjähriger Abschußbock, bei Fritz' Vater bekannt. Dünne Stangen, richtig, sechs Enden, richtig; Dachrosen, vorher nicht gesehen. Ich wußte auch nicht, was Dachrosen sind und habe auch heute noch Schwierigkeiten, sie beim Ansprechen auszumachen, es sei denn, der Bock steht genau unter dem Hochsitz.

Das Lob von allen Seiten tat mir gut. Zwar blieb ich skeptisch bei den Worten, nun hätt' ich den Dreh raus und wüßte Bescheid mit alt und jung, tatsächlich ist mir aber später nur noch einmal ein wirklicher Fehlabschuß passiert, und das war wieder ein Gabler–Jährling, der aber eine solch mächtige Statur machte, daß ich ihm den Jährling einfach auf den zweiten Blick nicht mehr glaubte. Da hätte ich dem ersten Blick trauen sollen.

v. Frisch

– hasenartige: Feldhase, Schneehase und Wildkaninchen;
– Nagetiere: Murmeltier;
– Katzen: Wildkatze und Luchs;
– Fuchs;
– Marder: Stein– und Baummarder, Iltis, Hermelin, Mauswiesel, Dachs und Fischotter;
– Seehund.

Wir wollen versuchen, eine *Jagd literarisch* zu simulieren. Unser *Jagdziel* sei dabei, weil hierzulande am verbreitetsten, das Rehwild. Nun, was sollte im Vorfeld geklärt sein?

1. *Jagdzeit:* Böcke 16.5. bis 15.10., Ricken (weibl. Stücke) 1.9. bis 31.1., Schmalrehe (weibl. Stücke im 2. Lebensjahr) 16.5. bis 31.1., Kitze 1.9. bis 28.2.
2. *Verbreitung:* In Europa fast überall, Jagdstrecke in der BRD ca. 800.000 Stück.
3. *Lebensraum:* Strauchreicher Mischwald, bevorzugt im Gemenge mit Feld. Lebensweise meist einzeln; ausgew. Böcke ausgesprochen territoriale Äsung am frühen

Morgen, die Zeit vor Mittag und der Abenddämmerung; äugt (sieht) mäßig, bemerkt Bewegungen aber sehr gut, vernimmt (hört) und windet (wittert) sehr gut. Das Reh ist ein Kurzflüchter, der in der Flucht schon nach kurzer Zeit nachläßt. Vor Störungen oder Verfolgern drückt es sich lieber in dichte Deckung oder macht auf engem Raum viele Wiedergänge, anstatt über weite Strecken zu flüchten, was seinem Verhalten und Lebensraum weitgehend entspricht.

4. *Waffe:* Wir schultern eine Repetierbüchse und verwenden als Munition eine 7 x 57–Patrone mit RWS–Geschoß (H–Mantel mit runder Kupferhohlspitze).

1. *Siveke*: „Die Frühsterziehung der Jagdhunde", Parey Verlag,
2. *Tabel*: „Der Jagdgebrauchshundjährling", BLV,
3. *Tabel*: „Der Jagdgebrauchshund", BLV,
4. *Schwoyer*: „Jagdhunde", Franckh Kosmos.

... und noch ein guter Rat zum Schluß: Es gibt unter Jägern den schönen Spruch „Jagd ohne Hund ist Schund", und man kann diesen Rat jedem, der sich ernsthaft mit der Jagd beschäftigen möchte, nur wärmstens ans Herz legen, ist doch eine der Hauptforderungen waidgerechten Jagens, angeschossenes Wild sachgemäß nachzusuchen. Eigenschaften, die man dabei fordern muß, sind:

– gute Nase;
– die Befähigung, die Nase auf Wundspur oder Schweißfährte anzuwenden, also Spurwillen und Spursicherheit, wenn sich krankflüchtiges Wild mehr oder weniger weit vom Anschuß entfernt hat;
– die Fähigkeit, seinen Herrn in den Besitz des gefundenen Wildes zu bingen (Schärfe am noch lebenden Stück bis zum Fangschuß; Verlorenbringen; Verbellen oder Verweisen des Wildes, d.h., den Jäger zum Stück führen; sichere Arbeit am Schweißriemen; Wasserfreudigkeit; Leichtführigkeit, d.h. Befehlstreue).

Natürlich bedarf dies einer konsequenten und vielseitigen *Ausbildung* des (Jagd–) Hundes.

Was wir in der Kürze nicht anreißen können, ist *jagdliches Brauchtum, Jagdtradition– und gebräuche* und vor allem die *Jägersprache*. *Frisch* hat in seinem Auszug bereits auf die Problematik verwiesen.

Wer jedoch unter Jagdgenossen oder bei Gemeinschaftsjagden nicht unten durch sein möchte, weil er sprachlich und praktisch in jeden verfügbaren Fettnapf gleich zweimal tritt, sollte sich *Freverts* „Das jagdliche Brauchtum" (Parey, 1981) auf keinen Fall ersparen, es sei denn, er weiß bereits, was es heißt, „einem Kümmerer die Kugel anzutragen" oder „einen Hund abzuhalsen, um ihn die Spur anfallen zu lassen". Einiges wird aber zu diesem Zeitpunkt wohl auch von der Jägerprüfung hängengeblieben sein.

Bestens gerüstet und hoffentlich von einigen *emotional–kicks* gebeutelt, bleibt nur noch *Reinhard Mey* „Waidmannsheil!" zu wünschen.

Nach dem Jagen kommen wir nun zum nächsten Nahrungserwerb, der heutzutage nicht mehr nur rein dem Überleben dienen soll, sondern auch als Sport angesehen werden kann/wird: das *Angeln*. Es wird Ihnen gefallen, wenn Sie Ruhe, die Natur und auch eine gewisse Spannung lieben. Die Hoffnung oder Erwartung, als gefeierter Held am Sonntagmittag nach Hause zurückzukehren mit einem Korb voller großer Fische, können Sie haben; es sollte jedoch niemand damit rechnen, denn im schlimmsten Falle gibt es dann mal kalte Küche.

Nicht nur, daß man Ruhe, Disziplin und Ausdauer besitzen muß, es bedarf noch vieler anderer Faktoren, die ich im weiteren gerne nennen möchte, um somit einen Einblick in die Kunst des Fischfangs zu gewährleisten, und vielleicht findet der eine oder andere von Ihnen ja Gefallen daran (ich möchte hier nicht von Sport sprechen, m.E. ist dieser Begriff hier völlig fehl am Platze)!?

Das wichtigste *Gerät* ist erst mal die Angelrute. Sie gewährleistet weite Würfe und ermöglicht durch ihre Elastizität eine sichere Landung des Fanges. Angelruten können aus gesplißtem Bambus, aus Hohl– und Vollglas (Grundstoff Glasfiber) oder aus Kohlefasern bestehen. Dazu gibt es noch Boron–Ruten, eine Neuheit auf dem Markt.

Unterscheidungskriterien der Angelruten *(Kölbing & Seifert)*

1. Nach dem Verwendungszweck:
   Grund–, Spinn–, Flug–, Hochsee– (Big Game) und Brandungsruten.
2. Nach der Länge:
   a) kurze Ruten: ca. 1,5–2,2 m;
   b) mittellange Ruten: ca. 2,2–2,6 m;
   c) lange Ruten: ab 2,6 m.
   Die Normallänge liegt bei 1,5–4 m. Wettkampfruten können über 10 Meter lang sein.
3. Nach Art der Führung:
   ein– und zweihändige Ruten.
4. Nach dem Wurfgewicht:
   Wurfgewichte schwanken zwischen 10 und 500 g. Für jede im Handel erhältliche Rute ist das zu ihr passende optimale Wurfgewicht angegeben.
5. Nach ihrer „Aktion":
   Unter Aktion versteht man den Rutenausschlag, d.h. die Art des Durchbiegens etwa beim Wurf. Es gibt Ruten, die sich nur im Spitzenteil, nur in der oberen Hälfte oder im oberen und mittleren Teil durchbiegen. Schließlich gibt es eine Aktion, bei der es zum Durchbiegen der ganzen Rute kommt.
6. Nach der Härte:
   a) leichte und weiche Ruten zum Fang kleiner Fische;
   b) Übergangsformen für mittlere Fischgrößen;
   c) schwere und steife Ruten zum Fang großer Fische.

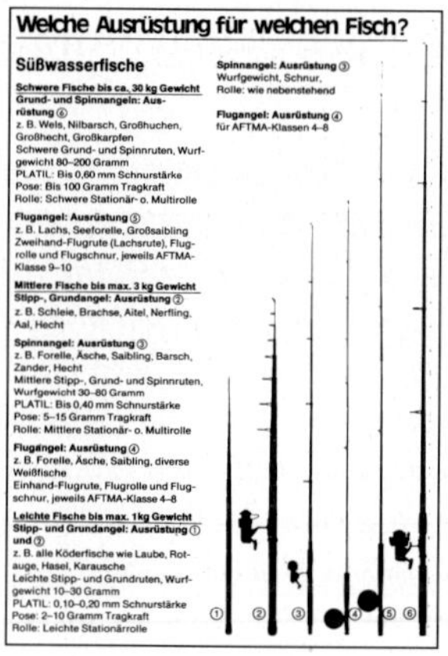

Haben wir nun also die Rute besorgt, benötigen wir die *Angelrolle*. Diese ist dafür zuständig, die Angelschnur aufzurollen und im Augenblick des Wurfes Schnur freizugeben. Folgende Arten von Rollen gibt es:
- die Stationärrolle,
- die Multirolle,
- die Fliegenrolle.

Die *Angelschnur* besteht aus Nylon, Perlon, Terylen u.ä. und ist einfädig (monofil). Angelschnüre sollten vor langer, intensiver Sonnenbestrahlung geschützt werden und nicht mit Fetten und Lösungsmitteln in Berührung treten. Die Schnur sollte gut sichtbar über Wasser und möglichst unsichtbar unter Wasser sein. Die Stärken der Schnüre liegen zwischen 0,10 und 0,60 mm.

Das nächste Zubehör nennt sich *Vorfach* und stellt das Verbindungsstück zwischen Köder und Angelschnur dar. Ebenso wie diese besteht auch das Vorfach aus monofilem Material. Der *Wirbel* sorgt dafür, daß sich, in einer Strömung beispielsweise, neben dem Köder nicht auch noch die Hauptschnur um die eigene Achse dreht und somit verdreht. Er wird also als Verbindungsstück zwischen Hauptschnur und Vorfach eingesetzt, verhindert so das allseits beliebte Entwirrungsspiel und erleichtert darüber hinaus noch das Ein– und Aushängen der Vorfächer.

Nun ist die Angel also perfekt. Doch halt: Das *Überprüfen* des ganzen Systems sollte nicht vergessen werden. Deshalb noch einmal eine Zugprobe durchführen und klarstellen, daß die Angel nicht beim kleinsten Zug schon bricht oder die Schnur reißt.

Es sind noch eine ganze Menge anderer spezieller Dinge vonnöten, um beispielsweise das *Landen* fischgerecht durchführen zu können: ein *Kescher* oder ein *Gaff*, ein *Längenmaß*, ein *Fischtöter* (zum Betäuben der Fische), ein *Messer* (mit durchgehender Klinge zum Töten der Fische mittels Herzstich), *Hakenlöser* oder *Löseschere* (zum Lösen des Hakens aus dem Maul), *Lösezange* (ermöglicht das Lösen festsitzender Haken, z.B. Drillinge) und eine *Rachensperre* (wird zum Sperren des Fischmaules benötigt, um sich beim Hakenlösen nicht an den Zähnen des Fisches zu verletzen).

Es gibt *drei verschiedene Methoden*, den Fischen an den Kragen zu gehen:
- das Grundangeln,
- das Spinnangeln,
- das Flugangeln.

Jetzt fehlen nur noch die Knoten und Haken. Von beiden gibt es ein ausreichendes Angebot. Dennoch sind bei den *Knoten* der Doppelte Fischerknoten und der Klammerknoten am wichtigsten. Mit ersterem verknüpft man am besten zwei Schnurenden, letzterer dient der Befestigung von Blinkern, Systemen und auch Vorfächern. Merken sollte man sich folgendes:
- Knoten dürfen sich nicht aufziehen oder abwürgen lassen,
- Knoten sollen aus Gründen der geringen Sichtbarkeit möglichst klein sein.

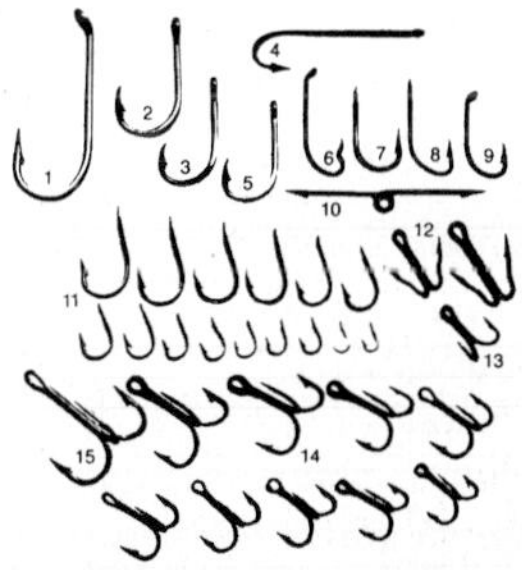

Die Angelhaken sind hier etwa in halber Original-Größe abgebildet.

Angelhaken:
1 Handgeschmiedeter Stahlhaken (zum Fang von Großfischen, z. B. Waller)
2 Haken, Größe 3/0
3 Haken, Größe 2/0
4 Langschenkliger Rundstahlhaken (Streamerhaken)
5 Haken, Größe 1/0
6 Schonhaken, ohne Widerhaken (Jamisonhaken)
7 Rundbogen (Flachstahlhaken)
8 Feindrahtiger Limerickhaken
9 Wurmhaken (Schenkel mit zwei Widerhaken)
10 Zweischenkliger Spezialhaken mit Mittelöse
11 Haken, Größen 1–15
12 Doppelhaken (geflammt)
13 Doppelhaken
14 Drillinge, Größen 3–11
15 Drilling, Größe 1/0

Auch bei den *Angelhaken* sollte man darauf achten, daß man sie jeweils der Fischart, welche man angeln möchte und der Angelmethode anpaßt. Es gibt den Einfach–, Doppel– und Drillingshaken in verschiedenartigen Formen. Die Haken werden ihrer Größe nach Zahlen zugeordnet, wobei eine kleine Zahl ein großer Haken bedeutet.

Das Ein–Morgen–Land–Anwesen

Wenn du einen Morgen gut drainiertes Land besitzt, könntest du dich entscheiden, alles zum Anbau von Früchten und Gemüse zu benutzen. Ich selbst würde es teilen und eine Hälfte als Grasland zum Weiden für eine Kuh nehmen; vielleicht würde ich noch eine Ziege halten, die Milch während der kurzen Perioden gibt, wenn die Kuh trocken ist, dazu eine Sau für die Aufzucht ein ein Dutzend Hühner. Ich müßte, zugegeben, Futter dazukaufen, um diese Tiere den Winter über zu füttern, aber das ist gegenüber dem Kauf von Milchprodukten und Fleisch vorzuziehen.
Den anderen halben Morgen Land würde ich in Abschnitte für eine intensive Pflanzenproduktion einteilen, wobei je ein Stück für Kartoffeln, Hülsenfrüchte (Erbsen und Bohnen), verschiedene Kohlarten und Wurzelbestände da wäre. Ich würde das Grasland auch in vier Abschnitte einteilen und das ganze Anwesen jedes Jahr umlegen.
D.h., ich würde jedes Jahr ein Stück Grasland anpflanzen und es würde Gras dableiben, bis ich es in vier Jahren umpflügen würde. Ich würde einen Stall für die Kuh bauen. Ich würde ein Gewächshaus für die Tomaten und Bienenstöcke haben und würde extra ein Stück Land mit Gemüse, Kräutern und Weichfrüchten für den Haushalt anlegen.

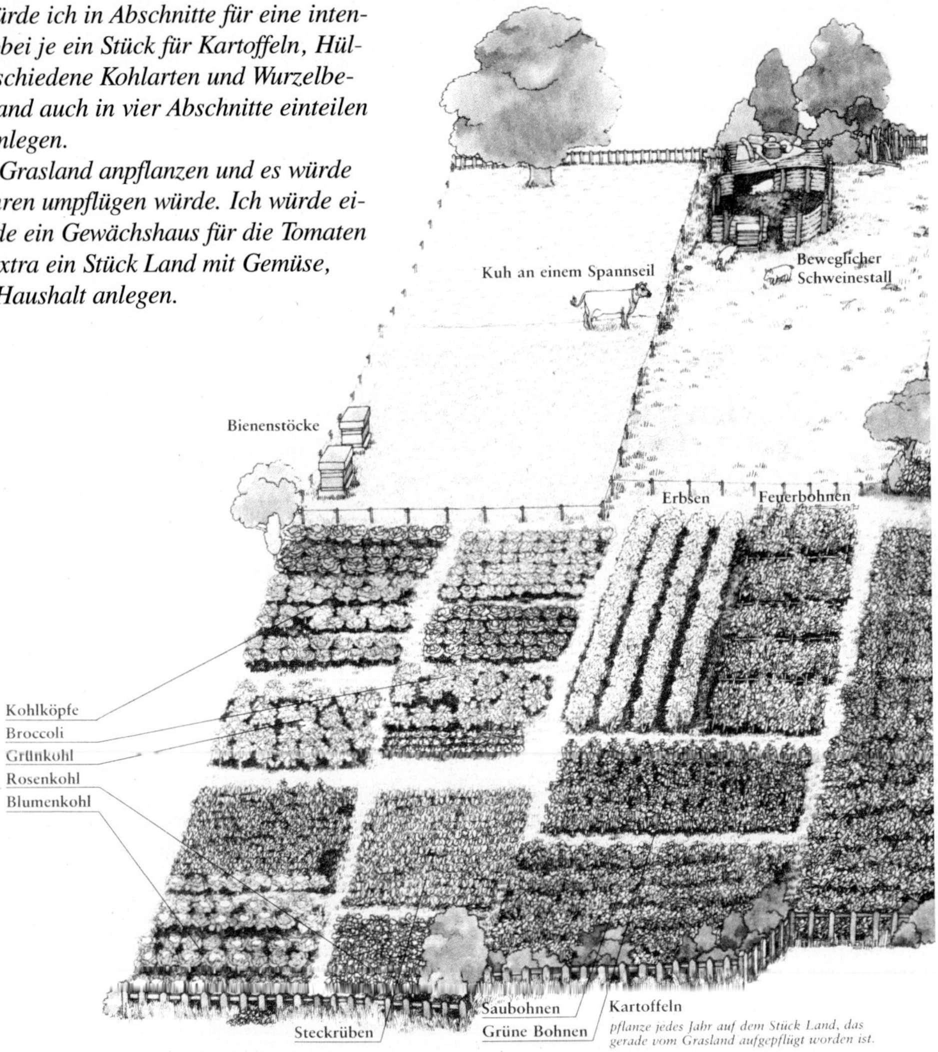

Erbsen und Bohnen
Pflanze mindestens drei Sorten Bohnen, vielleicht Grüne Bohnen, Feuerbohnen und Saubohnen sowie viele Erbsen an. Pflanze im nächsten Jahr Kohlbestände auf diesem Stück Land an.

Kohlbestände
Pflanze auf deinem Stück Land eine Vielzahl von Kohlsorten an: Blumenkohl, Broccoli und Rosenkohl für dich selbst. Pflanze Grünkohl, weiße Rüben und Steckrüben, um sie an die Tiere zu verfüttern. Im nächsten Jahr sollte dieses Stück Land mit Wurzelgemüsen bepflanzt werden.

Ein halber Morgen Grasland

Dein halber Morgen Grasland wird deine Kuh den ganzen Sommer über ernähren. Laß deine Hühner frei auf ihm herumlaufen und gib ihnen einen beweglichen Hühnerschlag. Wenn du das jährliche Achtel umpflügen willst, laß deine Schweine auf das Land und die Arbeit für dich machen.

Der Gemüsegarten

Hier baue extra Gemüse für deinen Verbrauch an: Spinat, Möhren, Kopfsalat, Sellerie, Porree, Zwiebeln, Hülsenfrüchte und Kartoffeln, die dir eine abwechslungsreiche Kost geben werden. Lege einen Garten mit Kräutern nahe der Küche an.

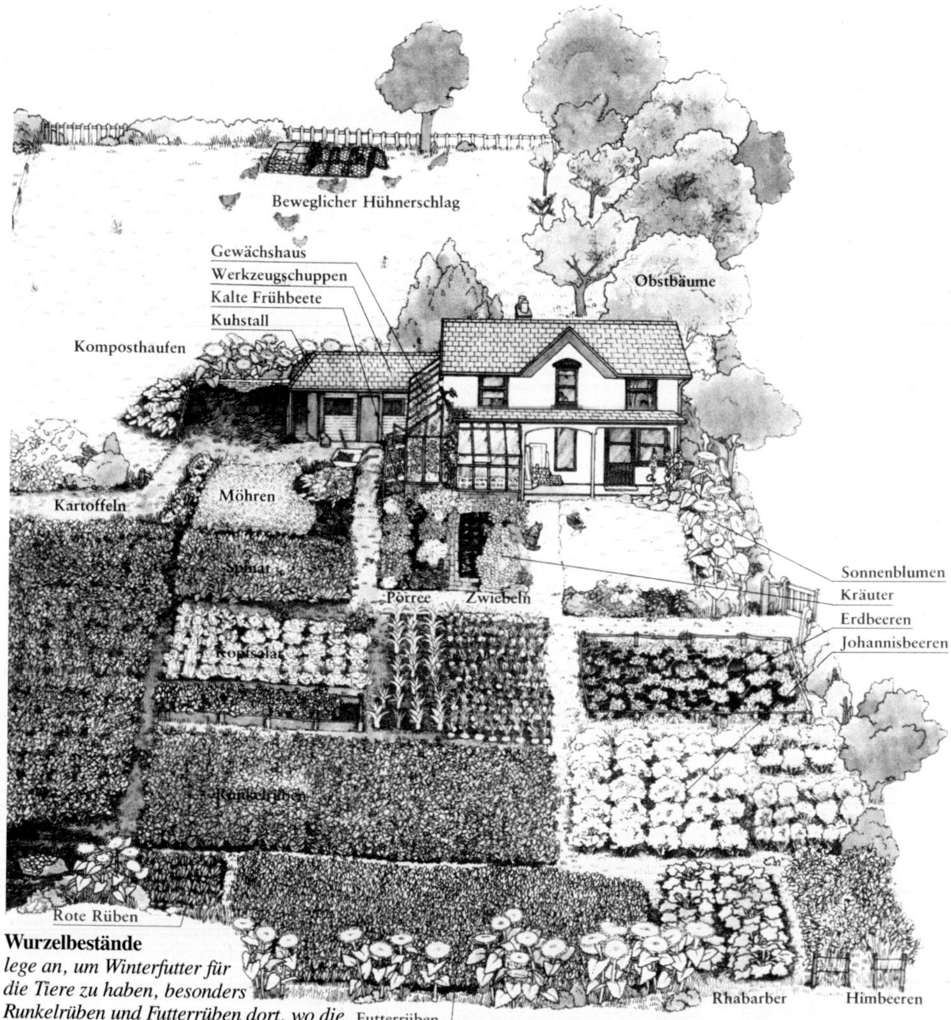

Wurzelbestände
lege an, um Winterfutter für die Tiere zu haben, besonders Runkelrüben und Futterrüben dort, wo die Kohlbestände im Vorjahr waren. Im nächsten Jahr wird dieses Stück zu Grasland.

„Nach der Landung hat man sich schnell über folgendes klar zu werden:

1. Hat der Fisch das Maß und soll er mit nach Hause genommen werden? Man ist dann nach dem Tierschutzgesetz verpflichtet, den Fisch abzuschlagen (zu betäuben) und ihn anschließend zu töten. Alle Fische, mit Ausnahme von Aalen und Plattfischen, müssen vor dem Töten betäubt werden.
2. Ist der Fisch untermaßig oder soll er nicht mitgenommen werden, so muß er unmittelbar nach der Landung entweder im Wasser oder aber zumindest mit nassen Händen abgeködert und zurückgesetzt werden. Daß dies besonders behutsam geschieht, ist deshalb von Wichtigkeit, weil auf diese Weise vermieden wird, daß die empfindliche Oberhaut der Fische verletzt wird“ *(Kölbing & Seifert)*.

Für Anfänger empfiehlt sich erst mal das Grundangeln, obwohl man die Technik von den im Wasser vorkommenden Fischen abhängig macht. Doch spezielle Angelmethoden versucht man besser erst später.

Grundangeln: „Diese Form des Angelns ist wohl die ursprünglichste und älteste. Sie ist ausgesprochen vielfältig in ihren Anwendungsmöglichkeiten und bietet sowohl Anfängern als auch erfahrenen Anglern hohen Reiz. Der Begriff Grundangeln ist unglücklich gewählt, aber bisher durch keinen besseren ersetzt worden…

Wesensmerkmal des Grundangelns ist die ausschließliche Verwendung natürlicher, d.h. pflanzlicher oder tierischer Köder, wie Würmer, Brot, Teig, Käse, tote Fische oder Fischstücke. Die Tatsache, daß mit den Methoden des Grundangelns alle heimischen Fischarten zu fangen sind und dies mit Ausnahme der Salmoniden auch als fischgerecht gilt, erklärt die Vielseitigkeit, gleichzeitig aber auch die Beliebtheit, die diese Methode auszeichnet. Beim Angeln am Grund wird der Köder durch eine Bleibeschwerung am gewünschten Ort gehalten, wobei je nach äußeren Bedingungen verschiedenartige Bleie eingesetzt werden. Nach dem Auswerfen wird die Rute in den Rutenhalter gesteckt. Bei starker Strömung ist darauf zu achten, daß die Schnur gespannt ist, bei geringer Strömung oder stehendem Wasser hängt sie gewöhnlich leichter durch. Ruckartige Bewegung der Rutenspitze zeigt den Biß an. Die Rute wird in die Hand genommen und der Anhieb gesetzt. Die Verendung eines Schwimmers, auch Pose oder Floß genannt, ermöglicht es, den Köder in der gewünschten Wassertiefe anzubieten. Die senkrechte Stellung der Pose, bei der auch der leichteste Anbiß verraten wird, erreicht man durch eine auf seine Tragkraft abgestimmte Bleibeschwerung. Als solche genügen bei leichten Ködern (Maden, Mistwürmer) ein oder mehrere Schrotbleie, bei schweren Ködern (Kartoffeln, Teig) kann normalerweise auf eine Beschwerung verzichtet werden.

Einstellung der Angel:
a) auf Grund
b) über Grund
c) im Mittelwasser
d) unter der Wasseroberfläche
e) auf Grund ohne Schwimmer.

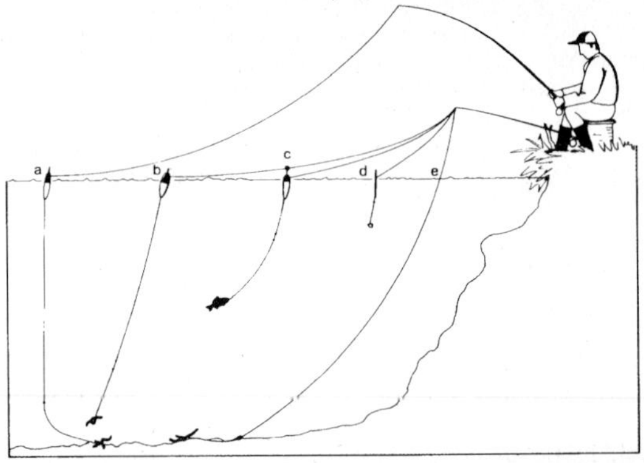

„Die Köder werden den Fischen keineswegs nur am Grund, sondern in allen Gewässertiefen angeboten. Die wichtigsten Anwendungsbereiche lassen sich wie folgt einteilen:

1. Angeln am Grund – der Köder liegt auf dem Grund;
2. Angeln über Grund – der Köder schwebt einige Zentimeter über Grund;
3. Angeln in mittlerer Gewässertiefe – selten, da Fische diese Bereiche nur gelegentlich aufsuchen;
4. Angeln nahe der Wasseroberfläche;
5. Angeln auf und an der Wasseroberfläche“ *(Kölbing & Seifert)*.

Aufenthaltsbereiche der einzelnen Fischarten in einem See.

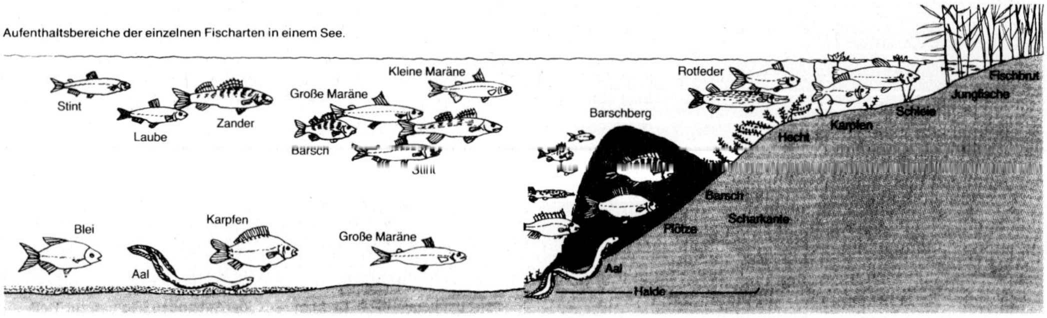

Die gewünschte Tiefeneinstellung erfolgt durch Verschiebung der Pose entlang der Schnur. Dies ist aber nur für solche Tiefen möglich, die nicht größer sind, als die Angelrute lang ist, da andernfalls nicht ausgeworfen werden kann. Eine darüber hinausreichende Tiefeneinstellung wird durch den sogenannten Durchlaufschwimmer ermöglicht. Durch ihn bewegt sich die Schnur frei, bis der Köder die gewünschte Tiefe erreicht hat. Hier wird der freie Lauf der Schnur durch einen verschiebbaren Stopperknoten oder Gummistopper gestoppt, der so klein ist, daß er durch die Rutenringe gleitet und auf die Rolle mit aufgespult werden kann. Die Tiefeneinstellung wird also durch den Stopper reguliert" *(Kölbing & Seifert)*.

Um erfolgreich angeln zu können, bedarf es nicht nur der richtigen Ausrüstung, sondern natürlich auch der richtigen *Fangplätze*. In Nachbars Gartenteich dürfte man sicherlich nicht so viel Erfolg haben. Faktoren wie Unterstände und Nahrung sind von erstrangiger Bedeutung, denn dort, wo die Fische sich gegen Feinde geschützt fühlen, kann man auch am besten fette Beute machen. Solche *Unterstände* können abgesunkene Äste, große Steine, unterspülte Ufer, Mühlenabschüsse und Stellen unterhalb eines Wehres sein. Die Wassertiefe scheint also, in bezug auf Schutz und Sich–sicher–Fühlen, auch von Bedeutung zu sein.

In *Fließgewässern*, die nicht gerade tief sind, übernehmen Unterwasserpflanzen den Schutz. „Als besonders gute Fangplätze gelten: Buhnenfelder, Altwässer und deren Verbindungen zum Hauptfluß, Stellen von Abwassereinleitungen und die Mündungsgebiete von Nebenflüssen. Zusammengefaßt: Alle uneinheitlich strukturierten Gewässerbereiche besitzen für Fische magische Anziehungskraft. Entschieden negativ wirken sich demzufolge technische Eingriffe in das Gewässerregime aus. Wasserbauliche Maßnahmen wie Begradigung, einförmige Ufergestaltung und gleichmäßige Eintiefungen haben die Fische aus ihren angestammten Gebieten vertrieben" *(Kölbing & Seifert)*. Nun zu den *stehenden Gewässern*, den Seen: Hier, sagt man, liegt die fischreichste Zone im Übergang vom flachen Wasser in die Tiefenzone, auch *Halde* oder *Schar* genannt.

An seinem *Angelplatz* sollte man genügend *Bewegungsfreiheit* haben – wie war das noch im Sportunterricht? Arme beidseitig ausstrecken und sich einmal um die eigene Achse drehen –, denn schließlich will man die Angel ja im hohen Bogen auswerfen. Eine gute *Deckung* sollte auch vorhanden sein, denn „die Silhouette darf sich niemals gegen den freien Himmel abzeichnen. Es ist daher auf ausreichende Hintergrunddekkung zu achten, z.B. durch Bäume, Sträucher oder die Uferböschung selbst. Wenn die Fangplätze in Ufernähe liegen, ist strikte Sichtdeckung zum Wasser hin geboten" *(Kölbing & Seifert)*. Man sollte nicht gerade im Marschschritt zu seinem Angelplatz schreiten oder hintrampeln, denn über ihr Seitenlinienorgan nehmen die Fische selbst feinste Druckwellen wahr. Auch können sie gut hören, deshalb sollte jegliche Art von *Lärm* am Angelplatz unterlassen werden, und auch überflüssige Bewegungen – wie den Fischen zuwinken – müssen nicht sein. Der Stand der *Sonne* ist ebenfalls von Bedeutung, denn steht der Angler so zur Sonne, daß sein Schatten aufs Wasser fällt, erschrekken die Fische und hauen ab.

Um den Menschen ein *fischgerechtes Verhalten* nahezubringen und die Voraussetzungen zu schaffen, die beim Angeln und der Gewässerbewirtschaftung beachtet werden müssen, haben folgende Bundesländer eine *Fischerprüfung* verpflichtend für den Erwerb des *Fischereischeines* gemacht: Bayern (1971), Nordrhein–Westfalen (1972), Rheinland–Pfalz (1974), Baden–Württemberg (1981), Schleswig–Holstein (1983), das Saarland (1985), Hamburg (1986) und Niedersachsen. In den anderen Bundesländern geschieht dies alles noch auf freiwilliger Basis. Die Prüfung ist, im Gegensatz zum „Grünen Abitur", der Jägerprüfung, momentan noch gerade zu schaffen („Nicht wahr, Alex?").

Die „fängigsten" Köder:

Aale	1.Köderfische	2.Tauwürmer
Barsche	1.Kunstköder	2.Köderfische
Brassen	1.Würmer	2.Maden
Hechte	1.Köderfische	2.Kunstköder
Karpfen	1.Kartoffeln	2.Mais
Rotaugen	1.Maden	2.Würmer
Schleien	1.Würmer	2.Maden
Zander	1.Köderfische	2.Kunstköder

Köderfische:

Rotauge	73	Kapitale
Karausche	12	Kapitale
Gründling	9	Kapitale
Brassen	8	Kapitale
Schlei	7	Kapitale
Döbel	6	Kapitale
Barsch	4	Kapitale

Kunstköder:

Blinker	33	Kapitale
Spinner	13	Kapitale
Wobbler	12	Kapitale
Zocker	5	Kapitale

Abschließend wäre noch zu erwähnen, daß Plätze an *Baggerseen, Talsperren oder Kanälen* nicht die geeigneten Orte sind, da es einmal mit der Vegetation nicht so günstig aussieht und da es sich bei der Entstehung dieser Gewässer um technische Eingriffe handelt, und künstlich angelegte Wasserwege/Gewässer werden ja bekanntlich von Fischen gemieden.

Wann ein Fisch anbeißt und zu welcher Zeit man am besten sein Glück versucht, ist bis heute noch nicht geklärt und auch noch nicht wissenschaftlich erwiesen worden.

Spielen

Spielen ist wichtig, und das nicht nur in Kindesjahren, sondern bis ans Lebensende. Leider akzeptiert/erkennt das nur ein Teil unserer Gesellschaft, in der das Fernsehen und der Videorecorder zu den wichtigsten Bestandteilen des Lebens zählen. Wenn gespielt wird, so dient es nur dem Spaß; eigentlich ist es ja kindisch und kindlich, wobei auch das „kindlich" von abwertender Bedeutung ist! Dabei ist das *Spielen im Kindesalter* als Vorübung für das spätere Leben zu sehen, denn Rangordnungsauseinandersetzungen und kleine Kämpfe zur Kräftemessung sind sowohl Elemente des Spiels als auch des Lebens.

„Besondere Spielhindernisse können daraus erwachsen, daß das Ideal der Sauberkeit zu groß geschrieben wird und die Kinder sich nicht häufig nach Herzenslust dreckig machen dürfen" *(Hassenstein)*. „Mach' dich nicht schmutzig", „Kletter nicht zu weit den Baum/das Gerüst hoch" oder „Lauf mit den Gummistiefeln doch nicht noch extra durch die Pfützen" (obwohl sie diesem Zweck allein nur dienen) – wie oft bekommt man diese Aussprüche als Kind zu hören! Doch nicht nur das, die Verbotsplakette reicht noch weiter bis zu jenen Schildern, die einem die *Kinderfeindlicheit* in diesem unserem Lande genau vor Augen führen: „Spielen verboten", „Ballspielen im Hof nicht erlaubt", „Betreten des Schulhofes nicht gestattet" etc.

Doch da ist schon wieder die Kehrseite der Medaille; denn vor lauter Sauberkeits– & Hygienefimmel, Ansteckungsangst, Ausländerfeindlichkeit (wäre ein Kapitel für sich wert), Ruhestörung usw. ist es nicht allen Kindern gleichermaßen gegönnt, ihre Vorübungen zu praktizieren. Um dem Kind / den Kindern zu zeigen, daß es eigentlich doch erlaubt ist zu spielen, ja das es sogar wichtig ist, sollte man ihm/ihnen Gelegenheiten bieten, sich austoben zu können, d.h., es/sie klettern, rennen, sich schmutzig machen lassen. Ebenso kann man das Kind in seinem Spieldrang unterstützen, indem man für Spielkameraden sorgt. Doch Spielen bedeutet für Kinder nicht nur Spielen mit anderen Kindern, sondern auch Spielen mit den Eltern und anderen Erwachsenen. Dazu gehört beispielsweise das Bilderbuch–Angucken, das Singen, das Erzählen und das Vorlesen von Geschichten. Sie wollen helfen, den Kuchen zu backen, die Suppe zu kochen, den Pudding zu rühren, oder sie helfen dem Vater beim Bau der Hundehütte, so daß sie im fortgeschrittenen Alter ihre Fähigkeiten umsetzen und sich Baumhütten anfertigen oder Regale zimmern.

Ein Spiel, bei dem die Kinder genau abschätzen können, daß die ganze Situation eher harmlos als ernst zu nehmen ist, ist das *Durchkitzeln*. Warum lachen die Kinder, wenn sie jemand kitzelt? Schließlich ist es ja doch eine unangenehme Angelegenheit, bei der man sich schließlich auch zur Wehr setzen muß, um der Qual entgehen zu können. *Scheff* spricht hier von der rituellen Bewältigung von Schmerz, die aus mehreren Komponenten besteht. Folgende Elemente des Kitzelns sind hierbei von Wichtigkeit:

„1. die Vorstellung eines Angriffs,
2. die Vorstellung, daß der Angriff kein wirklicher, sondern ein Scheinangriff ist, und
3. die Folge des Scheinangriffs, Lachen" *(Scheff)*.

Das bedeutet, die Tatsache, daß das Kind lacht, kommt nur zustande, weil es das Kitzeln als einen Scheinangriff ansieht.

Am Anfang ist das *sensumotorische Funktionsspiel*: Hantieren, Greifen, Schauen, Bewegen. Im *Informations– oder Explorationsspiel* erkundet das Kind seine Umgebung und versucht einfache Eigenschaften von Gegenständen und Personen herauszubekommen (ein Vorgang, der bis ans Lebensende reicht – aber bringen Sie das mal einem Psychologen bei!). Bunter und munterer wird's dann im *Phantasie– oder Illusionsspiel*, in dem Verhaltensabfolgen und ganze Rollen (Verkäufer, Onkel Doktor, Polizist, Feuerwehrmann, Vater, Mutter, Autofahrer u.v.m.) eingeübt und durchgespielt werden. Angeblich erst im Grundschulalter setzt sich dann das *Regelspiel*, vor allem in Form von Gesellschaftsspielen, durch, mit dem wir uns im folgenden beschäftigen wollen. Dabei würde ich gerne an der traurigen Tatsache rütteln, daß, wie *Oerter & Immelmann* meinen, die meisten Regelspiele Wettbewerbscharakter haben und zum Leistungs– oder Statusvergleich zwischen den Beteiligten führen. Die direkte Hinführung zur Arbeitswelt finden wir dann in den *Konstruktionsspielen*, in denen Zeichnungen, Bauwerke, Figuren, Papierflieger & –schiffchen, Drachen, Fallen, Angeln, Kartenhäuser, Perpetuum mobiles und vielerlei anderes lustiges Spielzeug gefertigt wird.

Spiele der Geschlechter

Buben und Mädchen spielen nicht gleich. Buben spielen aggressiver. Außerdem besteht in beiden Geschlechtern die Neigung, das eigene Geschlecht selektiv nachzuahmen, auch wenn dazu nicht eigens ermuntert wird. Mädchen zeigen dabei ein primäres Interesse an der Mutterrolle, die sie in Puppenspielen imitieren.

An Säuglingen und Kleinkindern üben die Mädchen spielerisch ihre künftige Rolle als Mutter. Wir wiesen darauf hin, daß dies auch im egalitären und feministischen Milieu des Kibbuz heranwachsende Mädchen tun, wobei besonders bemerkenswert ist, daß sie aus der Fülle der angebotenen Frauenmodelle selektiv nur die Mutterrolle zum Vorbild nehmen. In den von uns besuchten Kulturen spielen die Kinder auch andere geschlechtstypische Tätigkeiten der Erwachsenen wie zum Beispiel deren Tänze. Das heißt aber nicht, daß sie im Spiel nicht auch einmal eine andersgeschlechtliche Rolle übernehmen. Wenn die Kinder der !Ko den Trancetanz spielen, tanzten Mädchen mitunter in der Männerrolle.

Die Präferenz für die eigene Geschlechtsrolle ist jedoch deutlich, auch bei den Buben, die bei den Eipo, Himba, Buschleuten, Yanomami und Balinesen vor allem Kampf–, Wetteifer– und Jagdspiele sowie die Rituale der Männer üben...

Ein... Kooperationsspiel der Männer ist der Heuschreckentanz. Auf die Sozialisation von Kindern wirken sich die kooperativen Spiele sehr positiv aus. Kanadische Kindergartenkinder (Alter etwa 5 Jahre), die systematisch über 18 Wochen zu kooperativen Spielen angeleitet wurden, teilten danach bereitwilliger Süßigkeiten untereinander als Kinder von Kontrollgruppen, die keine solchen Erfahrungen gesammelt hatten (T. D. Orlick, 1981).

Aber auch Kampfspiele binden, und zwar jene, die im Kampf vereint sind, einschließlich derer, die sich mit der Kampfpartei identifizieren. D. Morris (1981) hat dies in einer ethologischen Analyse des Fußballspieles meisterhaft dargestellt. Fußball ist Spiel, Ventilsitte und zugleich noch mehr. Er trägt Züge einer Subkultur mit Parteien, die um Anerkennung kämpfen. Motivationen des Kämpfens werden dabei in ritualisierter Form ausgelebt in Katharsis und im Erfolgserlebnis des Sieges.

Spiel und Ernst sind, wie gesagt, hier nicht zu trennen. Aber das ist wohl auch für uns Menschen typisch. Wo endet schließlich das spielerische Experimentieren des Kindes, und wo beginnt die Forschung?...

Kinder zeigen bereits im Vorschulalter eine deutliche Neigung, sich mit gleichgeschlechtlichen Spielpartnern zu Spielgruppen zu vereinen. Das mag einerseits mit einer gewissen Scheu vor dem anderen Geschlecht zusammenhängen. In einer Versuchsreihe von G. A. Wasserman und D. N. Stern hielten Kinder beiderlei Geschlechts vom andersgeschlechtlichen Partner jeweils einen weiteren Abstand ein, und sie wandten sich auch häufiger von diesem ab. Vor allem aber dürften unterschiedliche Interessen die Kinder zusammenführen. Auch in dieser Hinsicht finden wir bei den Buschleuten der Kalahari ähnliche Verhältnisse wie bei uns, was deshalb bemerkenswert ist, da es sich hier um eine Jäger– und Sammlerkultur handelt, die keineswegs auf eine Polarisierung der Geschlechterrolle hin erzieht. Kinder könnten hier ebensogut in gemischtgeschlechtlichen Gruppen spielen, und sie tun dies auch, ziehen aber gleichgeschlechtliche Spielpartner vor.

Nach den Erhebungen von H. Sbrzesny (1976) an den !Ko–Buschleuten bestanden von 126 Spielgruppen 60 (47,6 Prozent) nur aus Jungen, 48 (38,1 Prozent) nur aus Mädchen und 18 (14,3 Prozent) aus Buben und Mädchen. Eine Auszählung der Spielaktivitäten der Buschmannkinder ergab deutliche Geschlechtsunterschiede:

Prozentuale Verteilung von 93 registrierten Jungenspielen

spielerisches Verfolgen, Sich–Balgen	17	18,28 %
Experimentierspiele	40	43,01 %
Kampf– und Wetteifer–spiele (Regelspiel)	14	15,05 %
Tanz	2	2,15 %
sonstige Spiele (Bewegungs–spiele, Ballspiele, Seil–springen, Sandspiele)	20	21,51 %

Prozentuale Verteilung von 76 registrierten Mädchenspielen

Melonentanzspiel	39	51,32 %
Melonensteinspiel (ein Ge–schicklichkeitsspiel, das alleine gespielt wird)	16	21,05 %
spielerisches Verfolgen	3	3,94 %
Experimentierspiele	4	5,26 %
sonstige Spiele (Mutter–Kind–Spiele, Ballspiele, Sandspiele, Seilspringen	14	18,42 %

Daß die Interessen der Buschmannkinder geschlechtstypisch unterschieden sind, ergab auch eine andere Erhebung. Kurz bevor H. Sbrzesny ihre Arbeit an diesen Buschleuten beendete, hatte die neuseeländische Lehrerin Liz Wiley im Rahmen eines Entwicklungsprojektes mit der Unterrichtung der !Ko–Kinder begonnen. Unter anderem durften die Kinder zeichnen, was immer sie wollten.

Dargestellter Gegenstand	*Jungen %*	*Mädchen %*
Tiere der Horde und des Busches	29,8	10,2
Blumen	8	23,7
technische Geräte (Wagen, Flugzeuge)	19,5	1,5
Hütten	9,5	23,6
Mann	15,4	4,9
Frau	3,5	21,8
„Mensch" (Geschlecht nicht identifizierbar)	5	3,7

Beobachten wir, wie Kinder es anstellen, um andere zum Spielen einzuladen, dann können wir eine begrenzte Anzahl von Strategien beobachten. Häufig sieht man z.B., daß ein Kind das andere auffordert, indem es wegläuft, mit Spielgesicht wartet und, wenn der andere, so Eingeladene folgt, wieder zurückläuft, wieder wartet und so fort.

Dabei kann es bestimmte Spiellaute äußern, die man als „Kreischen vor Vergnügen" beschreiben kann. So wird in unermüdlicher Wiederholung eine Bereitschaft zum Folgen aufgebaut. Der zum Spiel Einladende kann den Partner auch berühren oder gar umgarnen. Es folgen dann Akte, in denen wechselseitige Einigkeit bezeugt wird. Dabei kann die Initiative vom zum Spiel Einladenden auf den bisher folgenden Spielpartner übergehen, der nunmehr dem anderen etwas vormacht und damit schon die Bereitschaft, spielen zu wollen, ausdrückt. Nun ist es am anderen, nachzumachen und damit Einigkeit zu bekunden. Nachahmung hat offensichtlich eine bindende Wirkung.

Eibl–Eibesfeldt

Spieltherapie

„Das Spielen erweist sich... als definitorisch kaum faßbar, als trotziger Widerpart pädagogischen Bemühens, als uferloses Lebensphänomen, als unverwüstliches, aber auch zerstörbares Gebilde, als aktionistisches Treiben oder besinnliches Tun. Spielen... ist neben dem Lernen die pädagogisch bedeutsamste Tätigkeit des Menschen... Spielen schafft Leben, ist immer lebendig, lebensvoll. Als Teil des Lebens ist es kein den Kindern... vorbehaltenes Tun und als solcher berührt es auch alle Bereiche, die für das menschliche Leben Bedeutung besitzen" *(Kreuzer)*.

Im folgenden werde ich Anleitung zu einer Spieltherapie geben, wobei ich mich an *Theodor Ehlers* anlehne. „Die von Axline (1947a) entwickelte nicht–direktive Kinder–Spieltherapie basiert auf der Grundannahme von C. R. Rogers (1942), daß dem Menschen ein starkes Motiv zur Selbstverwirklichung und damit zu einer Verhaltensänderung in einer bestimmten, wünschenswerten Richtung angeboren ist. Die Therapieform von Axline besteht aus Bedingungsbeschreibungen und Handlungsanweisungen, die für das therapiebedürftige Kind günstige Voraussetzungen für einen Lernprozeß schaffen sollen, der letztlich zu der angemessenen Verhaltensänderung führt" *(Ehlers)*. In der Spieltherapie sind *zwei Komponenten* von Bedeutung, nämlich erstens die *Art des Spieles* und zweitens das *Verhalten des Therapeuten*.

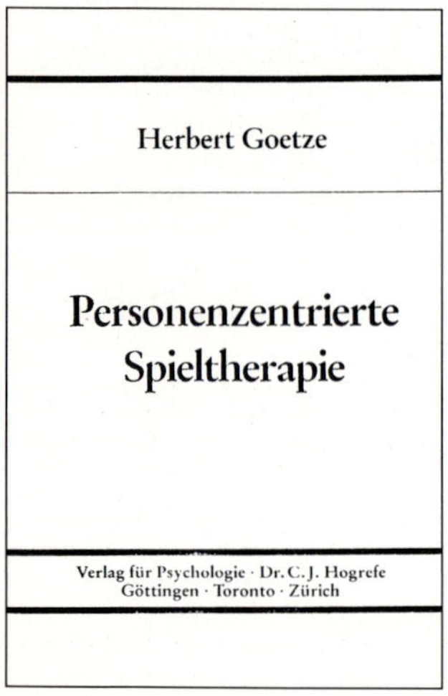

Bei der *nicht–direktiven Kinder–Spieltherapie* handelt es sich um eine globale Behandlungstechnik, d.h., sämtliche emotionale Störungen werden mit ein und derselben Methode angegangen. Anwendung findet diese Therapie vor allem bei Kindern mit fehlendem Selbstvertrauen, bei Kindern, die sich in emotionalen Belastungssituationen befinden wie Scheidung der Eltern, Tod eines Angehörigen, bei gehemmten Kindern und Kindern mit Kontaktstörungen. Günstige Veränderungen sind bei folgenden Ausgangslagen möglich: emotionale Labilität, Kontaktangst, instabiles Selbsturteil, mangelnde Sensibilität für soziale Signale, unangepaßtes Sozialverhalten, dissoziale Symptome, instabiles Leistungsverhalten und Unsicherheit in der Körperbeherrschung.

Bei *Vorschulkindern mit verzögerter Sprech– und Sprachentwicklung* wurden vier Methoden vergleichsweise angewendet, die folgendermaßen aussahen: Sprechübungen in Gruppen, individuelles logopädisches Training, Training der Sprechmotorik und nicht–direktive Gruppen–Spieltherapie. „Nach 70 halbstündigen Kontakten zeigten nur die Kinder, die Spieltherapie hatten, eine Verbesserung der Artikulation gegenüber einer Kontrollgruppe" *(Bouillion)*. In bezug auf dieses und mehrere andere Ergebnisse, wurde die *Marburger Verhaltensliste (MVL)* entwickelt, ein standartisierter *Elternbefragungsbogen (Ehlers et al.)*. Der Erfolg zeigte sich dann in den MVL–Ergebnissen, die sich bei therapierten und nicht–therapierten Kindern deutlich unterschieden, im Vergleich zu unauffälligen Kindern hingegen minimale Differenzen zu vermerken waren. Es wurden regelmäßig Kontrollen während der Behandlung wiederholt, die eine relativ fortlaufende Verbesserung in den Verhaltensweisen aufzeigten, wobei in der Reihenfolge der Primärsymptomatik das auffällige Verhalten zurückging.

„Die ersten empirischen Untersuchungen der nicht–direktiven Spieltherapie zielten vor allem auf den Nachweis des Therapieerfolges ab, ohne die Therapiebedingungen genauer zu kontrollieren. Diese sogenannte Ergebnisforschung vergleicht Ergebnisse von Persönlichkeits– und Verhaltensmessungen vor Therapiebeginn (Ausgangslagebestimmung) mit entsprechenden Messungen nach mehreren Therapiestunden oder nach Abschluß der Therapie. Goetze & Jaede (1974) führen acht nach diesem Prinzip durchgeführte Untersuchungen an, bei denen eine günstige Veränderung der Ausgangslage, ein Rückgang der Häufigkeit oder Intensität von Symptomen beobachtet werden konnten. Solche Befunde lassen sich im Sinne der Nützlichkeit der Therapie interpretieren, über die inneren Vorgänge des Klienten während der Behandlung verraten sie kaum etwas" *(Ehlers)*.

„Schmidtchen et al. (1977) stellten *Rangskalen von Spielzeug* auf, und zwar auf der Basis von Spielzeit, Häufigkeit der Wahl und Kombinierbarkeit mit anderem Spielmaterial. Beobachtungsgrundlage waren die durchschnittlich 17 Einzelkontakte von 16 vorwiegend männlichen Klienten im Alter von 11 Jahren bei einem Angebot von 91 Spielzeugen. Die Spielzeuge verteilten sich relativ gleichmäßig auf folgende Klassen: Funktions– und Bewegungsspiele, Konstruktionsspiele, Gestaltungspiele, Regel– bzw. Gesellschaftsspiele und Rollenspiele. Dazu kamen einige Bücher und Musikinstrumente. Die besten Rangplätze erhielten Sandkiste, Gewehr und Trecker, die ungünstigsten entfielen auf Denkfix, Stabilbaukasten und Kaspertheater.

B. Ehlers (1974) analysierte bei jedem von 80 Kindern, die nicht–direktive Gruppen–Spieltherapie erhielten, ein Stundenprotokoll und faßte die Spielzeuge nach ihrer Bevorzugung zu Gruppen zusammen. In die Gruppe des am meisten bevorzugten Spielzeugs (mehr als 60 der 80 Kinder spielten in der Stunde damit) gehörten Wasser, Flippergerät, Wasserpistole, Gewehr, Knallpistole und Zelt. Am wenigsten beachtet wurden (weniger als 10 Kinder spielten damit) Plastellin, Musikinstrumente, Springseil, Federballspiel, Bauklötze, Uhr, Brettspiele für zwei Personen, Stempelspiel, Soldaten– bzw. Indianerfiguren und Bücher... Mindestens ebenso wichtig wie die Attraktivität des Spielzeugs ist seine Wirkung auf die Qualität des kindlichen Verhaltens. de Stefano (1976) untersuchte den Einfluß folgender Bedingungen auf eineinhalbjährige männliche Kinder in Zweiergruppen: ‹alles Spielzeug vorhanden›, ‹nur kleines Spielzeug vorhanden›, ‹nur große Objekte vorhanden› und ‹kein Spielzeug vorhanden›. Fehlte das Spielzeug ganz oder waren nur große Objekte im Spielraum, so zeigten die Kinder mehr soziale Aktivitäten als unter den anderen Bedingungen. Die Art der sozialen Aktivitäten zeigte sich abhängig von der Größe des Spielzeugs. Großes Spielzeug löste intensiveres Sozialverhalten und häufige positive Gefühlsäußerung aus. Bei kleinem Spielzeug kam es öfter zum Konflikt und zu negativen Gefühlsäußerungen“ *(Ehlers)*.

»Wenn Sie das Rauchen aufgäben, würden Sie sich bald besser fühlen!«

Kommen wir nun auf das *Verhalten des Therapeuten* zu sprechen. „C. R. Rogers (1957) stellt für die von ihm entwickelte klientzentrierte Gesprächspsychotherapie, die ja auch für die nicht–direktive Spieltherapie maßgeblich wurde, drei Eigenschaftsmuster von Verhaltensweisen als besonders wichtig heraus. Der Therapeut soll dem Klienten einmal positive Wertschätzung entgegenbringen und emotionale Wärme zeigen. Er soll sich zweitens in das internale Bezugssystem das Klienten verstehend einfühlen und sich bemühen, dem Klienten gegenüber das Verstandene zu verbalisieren. Das Verhalten des Therapeuten soll drittens durch Kongruenz und Aufrichtigkeit bzw. Echtheit gekennzeichnet sein. Unter einem kongruenten Therapeuten wird dabei ein Therapeut verstanden, der sich so gibt, wie er ist... Axline (1947a, 1972) unterscheidet in enger Anlehnung an die Merkmalsbeschreibung von Rogers sieben sog. Grundprinzipien, nach denen sich der Therapeut richten sollte: (1) Der Therapeut soll emotionale Wärme zum Ausdruck bringen, (2) er soll auf das Kind wertungsfrei (akzeptierend) reagieren, (3) er soll den Klienten möglichst gewähren lassen, (4) er soll die Gefühle des Klienten erkennen und sie verbal ‹reflektieren› (spiegeln), (5) er soll dem Kind die Verantwortung für sein Handeln belassen, (6) er soll sich nicht steuernd (nicht–direktiv) verhalten, (7) er soll die Therapie nicht vorantreiben. Neu kommt hinzu bei Axline als achtes Grundprinzip das für die Durchführbarkeit der Kindertherapie in Form von Spielstunden wichtige Begrenzen“ *(Ehlers)*.

Doch kann der Therapeut nicht nur im positiven Sinne Einfluß auf den Klienten nehmen, sondern auch im *negativen*, obwohl er die Richtlinien der nicht–direktiven Spieltherapie befolgt. Das war so der Fall, als man bei 11 von 13 beobachteten Verhaltenskategorien feststellte, daß die Verhaltensweise des Klienten hauptsächlich durch den Therapeuten gesteuert wurde. Es steht außer Zweifel, daß ein Einfluß des Therapeuten auf die Verhaltensweisen des Kindes vorhanden ist, und somit kann man sich fragen, „ob spezifische, auf das Stadium der Therapie oder die aktuelle Therapiesituation des Einzelfalles abgestimmte Verhaltensweisen des Therapeuten die Therapie erfolgreicher machen können“ *(Ehlers)*.

Gehen wir nun auf den *Therapieverlauf* ein und seine charakteristischen Merkmale. „Für solche systematischen Veränderungen von Klientenmerkmalen sprechen neuere Befunde der Ergebnisforschung, die zu belegen scheinen, daß mit einer gewissen Unabhängigkeit von der Ausgangsproblematik, wenn überhaupt, fast immer folgende Veränderungen durch Spieltherapie bewirkt werden (Schmidtchen & Hobrücker, 1978): Abnahme von Ängstlichkeit, Abnahme von Verhaltensauffälligkeiten, Zunahme an Offenheit im sozialen Kontakt und Zunahme an intellektueller Flexibilität... Daneben meinte Withee Geschlechterunterschiede erkennen zu können. Die sechs Jungen zeigten häufiger Ärger, aggressive Äußerungen und aggressives Spiel. Sie lösten mehr Lärmeffekte aus. Die vier Mädchen spielten demgegenüber kreativer und mehr mit dem Therapeuten. Sie reagierten häufiger verbal auf die Spiegelungen des Therapeuten

„Schmidtchen (1974) verzichtet darauf, das ‹Gewährenlassen› und das Prinzip des Vorantreibens besonders herauszustellen. Andere Merkmale faßt er zusammen, so das Ausdrücken emotionaler Wärme und die Akzeptierung des Klienten zu ‹Regulieren der Nähe› und das nicht–lenkende Verhalten und das Begrenzen zu ‹non–direktives Verhalten›. Darüber hinaus hält er zwei weitere Therapeutenmerkmale für wesentlich: ‹Wachheit und Momentzentriertheit› und ‹Ruhe und Zuversicht›. Das zuerst genannte Merkmal kann als Fähigkeit beschrieben werden, die einzelnen Handlungen und Äußerungen des Klienten immer im Blick zu haben und richtig im Sinne des Therapiefortschritts darauf reagieren zu können. Das Merkmal ‹Ruhe und Zuversicht› soll in Anlehnung an Konzepte des Modellernens den Modellwert des Therapeuten erhöhen. ... führt er neu ‹Techniken zur differentiellen Intervention› ein. Zu den letzteren Verhaltensweisen, die ein aktiveres, stärker vorplanendes, die Situation strukturierendes Eingreifen des Therapeuten bedeuten, gehören z.B. die Bekräftigung von angemessenen Verhaltensweisen des Klienten durch verbales Lob, die Aufforderung zu neuen Handlungen, das Geben normativer Hilfen usw“ *(Ehlers)*.

Kinderspiele

Fangspiele
Hier gibt es natürlich das *normale Fangen*, d.h., es gibt einen Fänger, und der Rest der Gruppe läuft vor ihm weg, bis der Fänger einen erhascht und dieser dann die Rolle des Fängers übernimmt. Doch kann man diese Spielweise auch noch erschweren, indem der Fänger beispielsweise nur auf einem Bein, die anderen nur in der Hocke hüpfen dürfen *(Storch und Frösche)*, oder es darf nur noch an einer bestimmten Körperstelle abgeschlagen werden *(englisch fangen)*, so daß es bei dieser Variante nun nicht mehr unbedingt auf Schnelligkeit als vielmehr auf Körperbeherrschung ankommt.

Ein weiteres Fangspiel, welches unter dem Namen *Plumpsack* wohl am bekanntesten sein müßte, besteht darin, daß man sich in einem Kreis aufstellt/setzt und der Fänger, welcher um den Kreis läuft, hinter dem Rücken einer Person den Plumpsack fallen läßt, aber erst dann losrennt, wenn diese es bemerkt hat und nun dem Fänger hinterherrennt. Sollte es die Person nicht bemerken und der Fänger ist einmal um den Kreis gelaufen, so schlägt er seinem Mitspieler auf den Rücken, und der muß nun in der Mitte des Kreises, „im faulen Ei", Platz nehmen, bis ihn die nächste Schlafmütze ablöst. Während der Fänger den Kreis umläuft, singen die anderen Mitspieler meist noch einen Reim, der folgendermaßen lautet: „Dreht euch nicht um, der Plumpsack geht herum / wer sich umdreht oder lacht, der kriegt den Popo vollgemacht / dreht euch nicht um..."

Versteckspiele
Die Grundform hierbei sieht so aus, daß es einen Suchenden gibt, der sich vor eine Mauer/eine Wand/einen Baum lehnt und bis zu einer bestimmten Zahl zählt, während sich die anderen verstekken. Ist er fertig, so kann die Suche losgehen, wobei einer nach dem anderen natürlich versucht, an das Freimal (der Ort, wo gezählt wird) heranzupirschen, um sich freischlagen zu können. Vorher müßte noch vereinbart werden, ob ein Freischläger alle anderen Mitspieler mit freischlagen kann oder nicht.

Eine Variante dieses Spiels ist beispielsweise die *Schnitzeljagd*. Hier werden zwei Gruppen gebildet, von denen eine Gruppe vorläuft und sich irgendwo ein Versteck sucht, in dem sie die andere Gruppe finden muß. Der Zeitabstand sollte ungefähr 15–25 Minuten betragen, und der Weg muß natürlich markiert werden, beispielsweise mit Kreidepfeilen auf der Straße, Papierschnitzeln an Bäumen oder Wollfäden.

Es können bzw. sollten auch Irrwege gekennzeichnet werden, um die Suche der anderen ein bißchen zu erschweren. Die suchende Gruppe sollte die versteckte Truppe in einer bestimmten Zeit ausfindig machen.

Besonderen Spaß macht eine Schnitzeljagd nachts: *Licht–, Signaljagd, Irrlichter.* Bei dieser Variante ist die erste Gruppe dazu verpflichtet, Blinkzeichen in kurzen Intervallen zu geben.

Ein weiteres Spiel, welches mit der Schnitzeljagd verwandt ist, aber außerdem noch aktuellen Bezug hat, ist das Spiel *Räuber und Gendarm*. Die sich versteckende Gruppe stellt – wie im richtigen Leben – die Räuber dar und die Suchenden die Gendarme. Stöcke können hierbei als Pistolen, Tücher (wenn möglich, nicht die guten Seidentücher von der Mutter) als Maskierung für die Räuber dienen. Jetzt kann die Jagd nach den Verbrechern losgehen.

Laufspiele
Bei *Schubkarre* schiebt der Partner seinen Komplizen, der auf den Händen geht, vor sich her, indem er dessen Unterbeine in die Hände nimmt. Meist geht es hierbei um die Wette, man kann es natürlich auch nur so zum Spaß mal ausprobieren.

Ebenso beim *Bockspringen*. Hier stellt sich eine Person mit gespreizten Beinen, gekrümmtem Rücken und eingezogenem Kopf hin, und die Mitspieler hüpfen darüber. Will man es nun um die Wette spielen, so bedarf es allerdings mehrerer Personen. Das Spiel könnte jedoch folgendermaßen aussehen: Es werden zwei Gruppen gebildet, wobei alle außer jeweils einem Spieler einen Bock bilden. Nun hüpfen die beiden Spieler um die Wette über die Böcke und setzen sich an die erste Stelle. Sobald dies jeweils in jeder Gruppe geschehen ist, springt der letzte Bock über die anderen rüber und setzt sich nun an die erste Stelle usw., bis wieder der erste Springer an Position steht. Diese Gruppe ist dann Sieger.

Für das *Sackhüpfen* werden, wie der Name des Spiels es schon verlauten läßt, zwei Säcke benötigt und erneut zwei Mannschaften. Außerdem ist es nötig, einen Parcours mit einer Wendemarke abzustecken. Nun kann es losgehen. Man schlüpft in den Sack hinein, hält die Öffnung fest und hüpft, was das Zeug/der Sack hält, um die Wette bis zur Wendemarke und wieder zurück. Dann ist der Nächste dran.

Kraftspiele
Das bekannteste dieser Kraftspiele dürfte wohl das *Tauziehen* sein. Es handelt sich bei diesem Spiel um ein Mannschaftsspiel, bei dem mindestens vier Personen jeweils an dem gewöhnlich 6–8 Meter langen Seil ihre Kräfte messen. Die Mitte des Seils und der Ausgangspunkt sollten markiert sein, und jetzt heißt's zieh, zieh, zieh...

Für den *Reiterkampf* sollten nach Möglichkeit auch vier Personen vorhanden sein oder acht. Einer stellt das Pferd dar, der Partner sitzt auf der Schulter und wird lediglich an seinen Beinen festgehalten. Nun kann der Kampf beginnen. Das Pferd, welches zuerst reiterlos ist, scheidet aus bzw. hat verloren.

Wurfspiele
Ein Spiel ist *Wurf in die Mitte* und ist eines jener Spiele, die auf der Straße gespielt werden. Man zeichnet ein Viereck auf die Straße, zieht zwei Diagonale durch und muß nun den Stein auf eine Linie oder in ein Feld werfen, wobei Linien und Felder verschiedene Punktwerte besitzen.

Ähnlich ist es bei *Klimpern* und *Tote aufsammeln*. Hier wird eine Abwurfmarke festgelegt, von der aus man versucht, so nah wie möglich an die Hauswand zu werfen. Der, dessen Münze am nächsten zur Hauswand liegt, hat die erste Chance, viel Geld zu machen. Und zwar entscheidet man sich für Wappen oder Zahl, wirft dann alle Münzen auf den Boden und nimmt jene an sich, die mit der vorhergesagten Seite auf dem Boden liegen. Bei *Tote sammeln* zeichnet man vor die Hauswand nun noch ein Rechteck (20 mal 40 Zentimeter, mit der schmalen Seite an der Hausmauer), in das man aus ungefähr vier Metern Abstand hineintreffen muß und sich dabei noch der Hauswand annähern sollte. Derjenige, der sich mittels seiner Münzen wieder am meisten der Mauer/Wand nähert, darf schon mal die „Toten", also die außerhalb des Rechtecks liegenden Münzen an sich nehmen, und dann wird wie beim Klimpern verfahren.

Ballspiele
Für *Murmelspiele* sollte man sich am besten einen Boden suchen, der noch ein bißchen feucht ist, d.h. nicht staubig und nicht klebrig. Natürlich könnte man auch auf solch einer Bodenbeschaffenheit spielen, aber das erschwert das Murmelspiel.

Eine Variante des normalen Murmelspiels ist: *Neunloch*. Hierzu gräbt man neun Löcher in der Kegelspielanordnung in den Boden und setzt in jede Grube eine Murmel. Nun versucht ein jeder, in eine Grube zu treffen. Gelingt es, so erhält er den Inhalt dieser Grube. Ist die Grube leer, bleibt die Murmel drin. Fehlwürfe kommen ins Mittelloch.

Boccia: man benötigt die kleine Zielkugel, „Lecco" oder „Pallino", eine Anzahl von Kugeln, die der der Teilnehmer entspricht, und teilt sich in zwei Mannschaften auf. Nun wirft der erste die Zielkugel voraus und seine eigene hinterher. Dann ist ein Spieler aus der gegnerischen Partei dran. Jeder versucht nun, so nah wie möglich an die Zielkugel zu treffen, wobei natürlich immer abgewechselt wird. Es ist auch erlaubt, die Zielkugel oder eine gegnerische Kugel wegzuschießen. Gewinner ist die Mannschaft, die eine oder mehrere Kugeln näher am „Pallino" hat als das gegnerische Team. Gewöhnlich zählt jede Kugel einen Punkt.

Beim *Völkerball* wird nun ein großes Feld in zwei Hälften (zwei Länder) geteilt, in denen sich – außer zwei Spielern – jeweils die Mannschaften aufhalten. Die beiden Spieler stehen jeweils in ihrem Aus, welches sich gegenüberliegend zum eigenen Feld befindet. Wer nun den Ball hat, versucht jemanden aus dem gegenerischen „Volk" abzuwerfen, der dann ins eigene Aus muß, sich aber durch Freiwerfen, sprich durch Abwerfen eines Gegners, wieder ins Feld bringen darf. Es ist allerdings nur dann möglich, mit dem Ball abzuwerfen, wenn er direkt aus der Luft gefangen wurde.

Brettspiele
Eines, welches genau das Gegenteil zur Folge hat von dem, was es eigentlich anpreist, ist das *Mensch ärgere dich nicht* oder auch *Pachisi* genannt.

Ein weiteres Spiel, bei dem man auch leicht in Wut geraten kann, ist das *Malefiz*. Man denkt, man wäre gleich am Ziel – aber nein, da wird einem der Weg doch tatsächlich verbarrikadiert!

Dann sind da noch die klassischen Brettspiele, die da heißen: *Dame, Mühle, Halma* und *Schach*. *Dame* läßt sich auch verkehrt spielen – gewonnen hat der, der zuerst keinen Stein mehr hat.

Wortspiele
Stadt–Land–Fluß: Man nehme ein Blatt Papier, fertige Spalten und Zeilen an und setze in jede Spalte ein überordnendes Wort wie z.B. Stadt, Land, Fluß, Tier, Name und Beruf. Dann beginnt ein Spieler „im Kopf" das Alphabet durchzugehen, bis ein anderer „Halt!" ruft. Der Buchstabe wird nun genannt, und es kann losgehen. Wer als erster seine Zeile gefüllt und unter jeder Überschrift ein Wort gefunden hat, sagt „stop", und nun wird gezählt. Wörter, die nur einmal vorkommen, haben den Punktewert 10, doppelte zählen 5 Punkte.

Teekesselchen: Zwei Spieler suchen sich einen Begriff, der zwei Bedeutungen hat, beispielsweise „Blatt". Es gibt einmal das Laub–Blatt und das Blatt Papier. Nun fängt der eine mit seinem ersten Hinweis an: „Mein Teekesselchen ist weiß." Der andere: „Mein Teekesselchen ist grün." Der erste wieder: „Mein Teekesselchen ist dünn." „Meins auch." usw. Bis jemand den gemeinsamen Begriff errät.

Stille Post: Dazu setzt man sich in einen Kreis, und einer flüstert seinem zur Rechten sitzenden Nachbarn ein Wort oder auch einen kurzen Satz ins Ohr, der ihn dann wiederum an seinen anderen Nachbarn weiterflüstert. So geht das immer weiter, bis der wahrscheinlich leicht veränderte Begriff/Satz wieder beim ersten Spieler angelangt ist.

Musische Spiele
Bei dem ersten Spiel denken wir mal an *Gottlieb Wendehals* und seine *Polonaise Blankenese* „... und nun geh'n wir los mit ganz langen Schritten, und Erwin faßt der Heidi von hinten an die – Schulter, das hebt die Stimmung, ja da kommt Freude auf!" Wie wahr, wie wahr: quer durch den Garten, rauf auf den Dachboden, runter in den Keller, beim Nachbarn schellen und fragen, ob er mitmacht usw., bis die Kette so lang ist, daß es kein Vor und Zurück mehr gibt.

Schön ist die *Reise nach Jerusalem*, bei der eine Reihe von Stühlen – Sitzflächen immer abwechselnd mal links, mal rechts – aufgestellt wird und sich jedes Paar beim Aufhören der Musik einen Stuhl zu suchen hat. Die Damen sitzen natürlich auf dem Schoß der Herren.

Partyspiele
Beim *Flaschentanz* werden fünf Flaschen hintereinander auf den Boden gestellt, deren Aufstellung sich der Auserwählte einprägen soll, da es seine Aufgabe sein wird, mit verbundenen Augen über diese Flaschen zu steigen. Der Witz an der ganzen Sache ist nur, daß die Flaschen vor seinem Start heimlich weggenommen werden.

Dann das *Watteblasen*, bei dem allerdings auch noch Pfänder abzugeben sind, nämlich genau dann, wenn die Watte, welche in die Tischmitte gelegt und von den am Tisch sitzenden Spielern hin und her gepustet wird, an einem der Beteiligten hängenbeibt oder in dessen Nähe zu Boden fällt.

Würfelspiele
„Der Bankhalter, der hier Schütze heißt, akzeptiert alle oder einige Einsätze, indem er in gleicher Höhe mitgeht, also jeweils gleich viel auf den Tisch legt. Dann schießt (würfelt) er. Wirft er einen ‹Natural› (= 7 oder 11), gewinnt er alle Einsätze. Wirft er einen ‹Crap› (= 2, 3 oder 12), verliert er alles. Bei ‹Point› (= jeder andere Wurf) würfelt er so lange, bis der Point noch mal kommt oder eine Sieben fällt. Im ersten Fall gewinnt, im zweiten verliert er alles, und sein linker Nachbar wird Schütze" *(Oker)*.

Kartenspiele
Es wird mit folgendem Blatt gespielt: A, K, D, B, 10 bis 2. „Jeder zahlt einen Chip in den Pott und erhält seine fünf Karten. Dann wird bereits ums *Eröffnen* gereizt: ein Vorspiel... Es folgen sinngemäß Passen, Mitgehen, Erhöhen. Bereits hier kann *geblufft* werden! Passen nämlich alle gegenüber einem, braucht dieser nichts weiter zu tun, als alle Eröffnungsangebote samt Pott einzustreichen – ohne seine Karten zeigen zu müssen! Es beginnt der Spieler mit dem höchsten Eröffnungsangebot, Karten zu kaufen: Bis zu drei in einer Hand darf er weglegen und bekommt dafür ebenso viele neue vom Talon. Und die anderen dürfen nach ihm ebenfalls. Der gleiche Spieler eröffnet jetzt das eigentliche Pokern. Die Zeremonie ist ganz genau die gleiche wie beim Eröffnen: Ich pokere! Wer gewinnt? Der mit der höchstwertigen Kombination in der Hand. Die möglichen Kombinationen sind (inclusive der weniger gebräuchlichen in Klammern und der Zahlen (Quoten) entsprechend den Chancen, die einzelnen Kombinationen in die Hand zu bekommen):

1. Pair = Paar = Zweierpasch = 2 Ranggleiche; 1:2.
   (Four Flash = 4 Karten in einer Farbe)
2. Two Pairs = Doppelpaar = 2mal Ranggleiche; 1:21.
   (Blaze = 5 beliebige Personen, also Buben, Damen, Könige)
3. Triplet = Dreier = Dreierpasch = 3 Ranggleiche; 1:47.
   (Corner Straight = Straight über das As hinweg)
   (Skip–Straight = Straight mit lauter geraden oder ungeraden, etwa 2–4–6–8–10 oder 5–7–9–B–K)
4. Straight = gemischte Sequenz, Straße, Folge = 5 laufende (Ränge) in beliebiger Farbfolge; 1:255.
5. Flush = Farbe, Flöte = 5 in einer Farbe, egal welche Ränge; 1:509.
6. Full Hand, Full House = Volles Haus = Pair und Triplet; 1:694.
7. Four of a Kind = Poker = Viererpasch = 4 Ranggleiche; 1:4.165.
8. Straight Flush = Farbsequenz = 5 laufende Ränge in gleicher Farbe; 1:72.192.
   (Royal Flush = Farbsequenz mit As als höchster Karte; 1:649.740)

Wertfolge der Farben bei gleichwertigen Kartenzusammenstellungen: Pik (die höchste), Herz, Karo, Kreuz. Die Gewinnquoten gelten natürlich für ein Whistblatt. Es liegt sicher an ihm, daß man in den unteren Chancen Extrakombinationen eingeschoben hat (die Chancen, durch Kauf aus einem Dreier ein Full House zu machen, stehen 1:15). Die Kombinationen legt man jedoch keineswegs gleich ganz hin. Man zeigt so wenig wie nur möglich, fängt also (hätte man etwa ein Full House) mit einem Paar an (oder erst gar mit einer einzigen Karte), um, wenn es sein muß, nach und nach mehr zu zeigen" *(Oker)*.

und verbalisierten auch häufiger Emotionen und Ängstlichkeit“ *(Ehlers)*. Des weiteren machte die Autorin die Beobachtung, daß zwischen dem Sprechen und dem Spiel ein enger Zusammenhang besteht. Wurde mehr gespielt, so wurde auch mehr gesprochen.

Der letzte in dieser Spieltherapie anzusprechende Punkt ist die *Umwelt* des Klienten, der da Eltern und Lehrer, aber auch Kinder wie Geschwister und Klassenkameraden angehören: Personen also, zu denen das Kind engen Kontakt hat. „Der vorübergehende allgemeine Anstieg von Aggressivität, der häufig besonders bei vorher ängstlichen Kindern stark gegenüber den Familienmitgliedern zum Ausdruck kommt, ist für die Eltern durchaus eine unerwünschte Therapiewirkung. Eine Einschätzung von aggressiven Verhaltensweisen durch 391 Eltern ergab, daß der ‹Beunruhigungsgrad› dieser Verhaltensweisen im Durchschnitt signifikant höher liegt als der Beunruhigungsgrad von ängstlichen Verhaltensweisen. Eine Vorbereitung der Eltern auf den fraglichen Therapieeffekt unter Hinweis auf seine zeitliche Begrenztheit scheint daher angebracht zu sein“ *(Ehlers)*.

Handwerk & Handarbeit

„Beim Prozeß divergenter Produktion beginnt man mit vorgegebenen Informationen und produziert dann eine Vielfalt anderer Informationen, ähnlich wie bei dem Schritt des Problemlösens, bei dem man, nachdem man die Natur des Problems erkannt hat, aus dem Gedächtnis eine Anzahl unterschiedlicher, alternativer Lösungen hervorbringt. Dies ist der kreativste Aspekt des Problemlösens im allgemeinen. (Man könnte auch alternative Interpretationen eines Problems produzieren, was ebenfalls unter die Kategorie divergenter Produktion fiele)“ *(Guilford)*.

Kreative und künstlerische Aktivitäten haben im therapeutischen Kontext vor allem ihren Platz in der *Beschäftigungstherapie*, wo sie z.B. in Form von Basteln, Handarbeiten, Maltherapie u.a. auftauchen. Allgemein lassen sich *vier Aspekte* derartiger Beschäftigungen bestimmen, die jedoch weder immer alle gleichzeitig oder im gleichen Maße bei gestalterischem Tun beteiligt sein müssen, noch ausschließlich für dieses als charakteristisch aufzufassen sind:
- Kreativität,
- Umgang mit Material,
- ästhetisches Empfinden,
- Ausdruck von Emotionen.

Kreativität kann als Prozeß der Erschaffung von etwas Neuem bzw. einer neuartigen Umstrukturierung von Bekanntem aufgefaßt werden. In diesem Sinne kann sie sowohl im Umgang mit Materialien als auch mit Problemen z.B. technischer oder auch sozialer Natur ihren Ausdruck finden. Nach *Guilford* kommt beim kreativen Prozeß vor allem dem sogenannten *divergierenden Denken* große Bedeutung zu. Die divergente Produktion ist eine der fünf Denkoperationen seines Strukturmodells des Intellekts. Flüssigkeit, Flexibilität, Originalität, Elaboration und Bewertungsfähigkeit werden als besonders wichtig für kreatives Verhalten betrachtet.

Im Basteln, Malen, in Hand– oder Tonarbeiten findet immer ein *Umgang mit Material* statt, eine Beziehung zu und Erfahrung mit unbelebten Teilen der Umwelt, die einer Behandlung und Umformung durch den Menschen unterzogen werden: Es hat durch seine Struktur, Konsistenz, Form, Farbe etc. Aufforderungscharakter, es reizt zum Ansehen, Berühren, Streicheln usw. Wichtig ist bei alledem die *sensorische Qualität* des Materials, das taktile, visuelle und auditive Erleben. Im Bereich der Beschäftigungstherapie, wo zunächst eher zweckfreier, künstlerischer Umgang mit Material im Mittelpunkt steht, wird mit dem Erwerb der Fähigkeiten zur Materialbearbeitung in Richtung *Arbeitstherapie* und schließlich zu Maßnahmen zur *beruflichen Rehabilitation* übergeleitet. Hierin findet sich ein Übergang zu eher zweckorientiertem Umgang mit Material.

Im Gestalten, das sich zunächst an ästhetischen Kategorien orientiert und die Schaffung von etwas Schönem zum Ziel hat, wird ähnlich wie im Spiel eine zunächst nicht zweckgebundene Aktivität entfaltet. Es stehen die Freude am Tun selbst und/oder am Endprodukt im Vordergrund. Hier können Bedürfnisse nach Harmonie und Ganzheit

Schimpansenmalerei

In einer Reihe von einfallsreichen Experimenten ließ Desmond Morris (1968) Schimpansen malen. Die Produkte wirkten auf den menschlichen Betrachter durchaus ästhetisch interessant. Sie waren durch folgende Regelmäßigkeiten gekennzeichnet: Die Schimpansen hatten die Blätter zunächst einmal in einer ausgewogenen Weise bemalt. Sie hatten den vorgegebenen Rahmen beachtet und balanciert gefüllt. Gab ihnen Morris ein Blatt, auf dem bereits eine Seite mit einem Quadrat oder einem Kreis bemalt war, dann malten die Schimpansen bevorzugt auf der freien Seite, im Gegengewicht also. Später verbanden sie die beiden Strukturen mit ein paar Malstrichen. Die Affen entwickelten ferner individuelle Stile. Einer erzeugte fächerartige Gebilde, die er variierte. Gab man den Tieren verschiedene Farben, dann plazierten sie diese nicht übereinander.

Hatte das Tier z.B. mit einer Farbe einen Fächer gemalt, dann plazierte es die andersfarbigen Pinselstriche zwischen jene der ersten Struktur. Die Aktivität erinnerte an Spiel und wurde als Selbstzweck ausgeübt. Bemerkenswert war, daß die Tiere wußten, wann sie fertig waren, und sich weigerten, ein „Gemälde“ durch weiteres Bemalen zu zerstören.

Als ich von diesen Versuchen hörte, ging ich mit Pinsel, Farbe und Blättern in den Tierpark Hellabrunn in München und ließ zwei weibliche Schimpansen malen. Sie taten dies auf Anhieb und mit sichtbarem Vergnügen. Dabei füllte die ranghohe das ganze Blatt in ausgewogener Weise, während die rangniedere Schimpansin nur ein Fleckchen an der unteren Bildkante bemalte. Gab man ihr eine weitere Farbe, dann malte sie diese darüber, wobei sie so fest aufdrückte, daß sie schließlich das ganze Blatt aufrieb. Sie verhielt sich so, als getraute sie sich nicht in den offenen Raum. Mich erinnerte dies stark an die Projektionstests der Psychologen. Auch hier liest man aus der Art, wie eine Person z.B. einen Baum malt, bestimmte Persönlichkeitsmerkmale heraus. Bei ausgewogenen gesunden Personen entfaltet sich der Baum mit den Ästen frei im Raum.

Morris hat übrigens seine Schimpansenmalerei in einer Kunstgalerie mit Bildern moderner Künstler ausgestellt, ohne die „Künstler“ zu nennen. Niemand erkannte den tierischen Ursprung, und viele priesen die Malereien als besonders vitale und ansprechende Zeugnisse der abstrakten Bewegungsmalerei.

Von den dem Bildmalen zugrunde liegenden allgemeinen Prinzipien sind die folgenden sieben beim Schimpansen anzutreffen:

1. Die Aktivität wird um ihrer selbst willen durchgeführt.
2. Die Komposition wird kontrolliert und der Raum mit Gefühl für Rhythmus und Regelmaß gefüllt.
3. Durch Übung wird die Leistung differenzierter.
4. Es entwickeln sich individuelle Stile, die variiert werden.
5. Ein Bild wird als fertig angesehen, wenn ein bestimmter optimaler Zustand der Ordnung erreicht ist.
6. Es gibt für die Affenzeichnung charakteristische Anordnungen, also allgemeinverbindliche Schemata, die befolgt werden.
7. Individuelle Charaktereigenschaften drücken sich aus.

Der Schimpanse prouziert allerdings nicht Gemälde, um sie hinterher zu betrachten, noch benützt er die ästhetische Wahrnehmung anderer zu kommunikativen Zwecken. Er zeigt auch sonst keinerlei Manifestation ästhetischen Verhaltens im Freien. Von gefangenen Schimpansen berichtete W. Köhler (1921) allerdings, daß sie sich mit Stoffstreifen drapierten und dann Imponiertänze aufführten.

Eibl–Eibesfeldt

im geschaffenen Objekt Ausdruck und Befriedigung finden. Es ist angenehm, das künstlerisch *ästhetische* oder *schöne* Objekt zu betrachten und zu berühren *(Aisthesis–Wahrnehmung)*.

Bildnerisches Gestalten und Malen eignen sich zur Vermittlung verschiedenster Inhalte, sie können als *Kommunikationsmittel*, eine Art Zeichensprache, aufgefaßt werden. Dies gilt für das Gemälde oder die Plastik des Künstlers, die „Gebrauchsgraphik“ und das Bild oder Objekt in der *Mal– oder Beschäftigungstherapie*. Ähnlich wie beim Musizieren ist im bildnerischen Gestalten vor allem auch der nonverbale *Ausdruck von Emotionen* möglich. Der Ausdruck von Emotionen in künstlerischen Produkten kann eine therapeutische Wirkung haben und diagnostische Hinweise liefern.

Kreatives Gestalten

Alle *Kinder* spielen, und wenn sie nur irgendein Material in die Finger bekommen, so erkunden sie es, probieren aus, wie es sich anfühlt und was damit zu machen ist. Dabei ist es ihnen zunächst gleichgültig, ob es sich bei den Malstiften um Wachsmalkreide, elterliche Füllfederhalter oder Lippenstifte und bei den zu bemalenden Flächen um Zeichenblöcke, Tapeten, Bücher oder Teppiche handelt. Mit zunehmendem Alter und wachsendem Zugang zu verschiedenen Werkstoffen und –zeugen sowie entsprechender Anregung und Anleitung durch die Erzieher läßt sich eine große Anzahl gestalterischer Aktivitäten beobachten: Malen, Basteln, Handarbeiten, Bauen, neuerdings das Bedienen von Graphikprogrammen für den Homecomputer (ich mußte nicht nur einmal meinen 6jährigen Sohn fragen, wie er denn dies nun wieder aus der Maschine hervorgezaubert hat).

Ein Fehlen gestalterischer Aktivitäten beim Kind kann als Hinweis auf eine *Störung* seiner Entwicklung angesehen werden. *Beschäftigungstherapie* als therapeutische Form

Beschäftigungstherapie kann bei unterschiedlichen Klientengruppen unterschiedliche Effekte anstreben, so kann sie z.B. bei

- depressiven Antriebshemmungen und schizophrenen Antriebssperrungen anregend und aktivierend,
- bei manischem Antriebsüberschuß dämpfend,
- bei neurotischen Verstimmungen und Selbstentwertungstendenzen stimmungsaufhellend und selbstwerterhöhend,
- bei schizophren–autistischer oder neurotischer Abkapselung kontaktanbahnend und gemeinschaftsfördernd,
- bei geistigen Behinderungen, epileptischen oder altersbedingten Erkrankungen erhöhend auf die Ausdauer, das Konzentrationsvermögen und den Vigilanzgrad wirken.

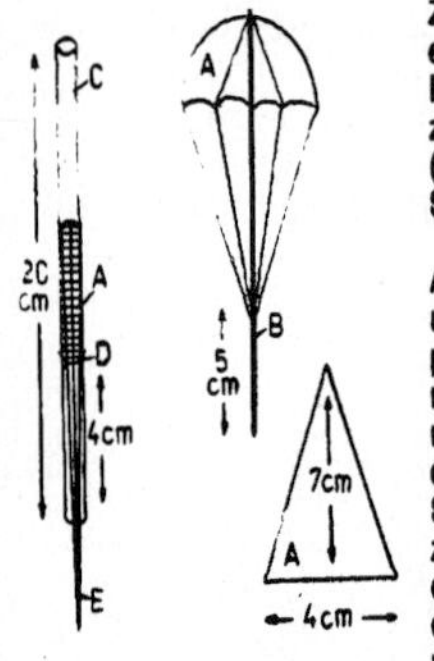

Wir basteln einen Fallschirm

Heute wollen wir einen kleinen Fallschirm basteln. Es ist gar nicht schwer: Wir brauchen dazu eine Plastiktüte oder etwas dünnen Stoff. Daraus schneiden wir acht kleine Dreiecke (A). Diese werden zu einem halbkugelförmigen Schirm zusammengekebt. Dabei kleben wir gleichzeitig acht 25 Zentimeter lange Zwirnsfäden mit ein. Die überstehenden Enden der Fäden befestigen wir an einem zwei Millimeter starken Holzstab (B), an dessen oberem Ende der Schirm befestigt wird.

Jetzt brauchen wir noch eine Abschußvorrichtung. Dazu dient uns ein 20 Zentimeter langes Pappröhrchen (C) mit einem Durchmesser von ungefähr zwei Zentimeter. An dem Punkt D bohren wir durch das Pappröhrchen auf jeder Seite ein Loch. Durch die Löcher ziehen wir ein Gummiband (E), dessen Enden durch Knoten vor dem Herausrutschen gesichert werden.

Nach diesen Vorarbeiten falten wir den Fallschirm zusammen und schieben ihn von unten in das Pappröhrchen. Dann spannen wir das Gummiband, in das vorher das Stabende eingeklemmt wurde, und kapitulieren so unseren Fallschirm wie einen Pfeil in die Luft. Dort entfaltet er sich und schwebt langsam zur Erde nieder.

gestalterischer Aktivität ist keine kausal ansetzende Behandlungsart, sie kann unter der Betonung unterschiedlicher Aspekte bei einer Vielzahl von Problemen von Kindern und Erwachsenen eingesetzt werden. Beschäftigungstherapie wird im klinischen Bereich bereits bis dato z.B. in der *Psychiatrie*, der *Neurologie*, der *Kinder– und Jugendpsychiatrie*, der *Pädiatrie*, der *Geriatrie*, der *Orthopädie* und der *Traumatologie* angewandt. Arbeits– und Beschäftigungstherapie dienen der Förderung der gesunden Anteile des psychisch Gestörten, wobei unterschiedliche Schwerpunkte gesetzt werden.

Die *Arbeitstherapie* dient als rehabilitative Maßnahme der Vorbereitung der Wiedereingliederung ins Berufsleben, dem Erwerb der dazu erforderlichen Fähigkeiten. Häufig wird in psychiatrischen Einrichtungen die *Beschäftigungstherapie* als Vorläufer einer gezielten Arbeitstherapie eingesetzt, wobei sozioemotionale Probleme sowie instrumentelle Anforderungen der Arbeit berücksichtigt werden und der Versuch gemacht wird, in Verbindung mit einem realistischen *Sozialtraining* die Integration in die Gesellschaft vorzubereiten.

In der *Kinder– und Jugendpsychiatrie* werden *zwei Grundrichtungen* der Beschäftigungstherapie unterschieden:

1. *Die funktionell–didaktische Behandlung.*
   Zielgruppe sind hier vorwiegend Kinder und Jugendliche mit *organisch bedingten Leistungsstörungen* bei Zerebralschäden, Oligophrenie, Anfallsleiden, Schädeltrauma und bei Patienten mit *psychogenen Leistungsstörungen* bei Autismus, Psychosen, Neurosen und Verhaltensstörungen. Es geht bei dieser Behandlungsform um das Wiedererlernen, Lernen und Üben bestimmter Fähigkeiten, z.B.
   - motorische Fähigkeiten (Geschicklichkeit, Koordination),
   - kognitive Fähigkeiten (Perzeption, Sprachgebrauch),
   - emotionale Fähigkeiten (Frustrationstoleranz),
   - allgemeine Selbständigkeit (Kleiden, Körperpflege).
2. *Die gestalterisch–kreative Behandlung.*
   Diese richtet sich vor allem an Kinder mit *psychogenen Störungen*, etwa Angst–, Zwangs–, hysterischen oder depressiven Neurosen, Stottern, Ticks, Eßstörungen, Psychosen u.a. Dabei soll das Kind bei der Bewältigung seiner Probleme unterstützt werden und realitätsbezogenes, adäquates Verhalten erlernen können. Das gestalterische Tun soll dem Abbau von Hemmungen, der Verbesserung des Selbstwertgefühls, dem Kennenlernen der eigenen Fähigkeiten, der Phantasieentfaltung und der Kommunikationsfähigkeit dienen. Bei Kindern mit neurologisch bedingten Wahrnehmungsstörungen, hypo– oder hypersensiblen Kindern kann in der Beschäftigungstherapie eine Schulung aller Sinnesmodalitäten sowie ihres Zusammenwirkens (der intermodalen Leistungen) erfolgen, schließlich können seriale Leistungen gefördert werden, die Wahrnehmung der Abfolge von Sinnesreizen und das Erkennen ihres Zusammenhangs.

Eine spezielle Methode der *Maltherapie* ist die graphische Darstellung von Reizwörtern. Der Klient wird in gezielter Reihenfolge dazu aufgefordert, sich in die Reizwörter wie Wut, Haß, Angst, Widerstand, Geborgenheit, Zuneigung usw. einzufühlen und diese abstrakt darzustellen. Beim anschließenden Versuch, das graphische Ausdrucksbild zu verstehen, wird die Auseinandersetzung des Klienten mit seinen Gefühlen gefördert, es tauchen z.B. Fragen auf, wie: Drückt sich in der Darstellung die tatsächliche oder die gewünschte Emotionsäußerung aus? Wodurch wird dieses Gefühl des Klienten erregt, und wie äußert es sich? Wie wird die Reaktion der Umwelt auf verschiedene Emotionsäußerungen erlebt, welche Erinnerungen bestehen an entsprechende Ereignisse in der Kindheit?

Falten und kniffen

Pfeil
An einem rechteckigen Blatt wird der Länge nach ein Mittelkniff angebracht, die beiden oberen Ecken werden zum Mittelkniff gefaltet; wenn dies geschehen ist, wird das Papier an den gleichen Stellen nochmals zur Mitte gefaltet. Das so entstandene Gebilde wird umgedreht, die Ränder werden zur Mitte gelegt. Nun wird der Pfeil entlang der zuerst angebrachten Mittellinie zusammengefaltet, er ist flugbereit.

Schwalbe
Beide oberen Ecken eines rechteckigen Blattes werden nacheinander randgerade zur gegenüberliegenden Blattseite und zurück gefaltet. Die beiden äußeren Kantenmitten der so entstandenen Seitendreiecke werden zur Mitte geführt, das nun obenliegende Kniffdreieck wird flach darüber gedrückt. Der überstehende Teil des Blattes wird abgeschnitten und zum Schwalbenschwanz verarbeitet. Er wird der Länge nach geknifft und wieder auseinandergefaltet, die beiden Ecken eines der beiden Enden werden zum Mittelkniff gefaltet.

Der Schwalbenkörper liegt jetzt in Form eines Dreiecks vor, der linke und der rechte aufliegende Eckzipfel werden zur Spitze des Dreiecks geführt. Es entsteht eine quadratische Form, deren vier Kanten alle nacheinander zur Mittellinie und zurück geführt werden. In den so entstandenen Faltlinien werden die beiden linken und rechten Kanten des Quadrats gleichzeitig zur Mittellinie gefaltet, hierbei entstehen zwei aufrechtstehende Dreiecke, die Schnäbel. Nun wird der Schwanz mit seinem zugespitzten Ende voran in den Schwalbenkörper bis zur Spitze geschoben, die Spitze wird dann bis zum Ansatz der kleinen Schnäbel nach hinten umgefaltet. Die Schnäbel bilden jetzt die Spitze der Schwalbe, ihre Flugeigenschaften können durch Hochknicken der Schwanzecken verbessert werden.

Schiffchen
Auf ein rechteckiges Blatt wird ein Mittelkreuz geknifft, das hochstehende Blatt wird in der Hälfte heruntergeklappt, die oberen Ecken werden zum Mittelbruch gefaltet. Nun wird von den unten überstehenden Rändern eins nach vorn und das andere nach hinten umgeklappt; die jetzt überstehenden Ecken werden um das Dreieck herumgelegt. Ein Hut ist entstanden. Seine äußeren Spitzen werden aufeinander zugeführt, dadurch wird eine quadratische Form hervorgebracht. Die unteren Ecken werden zur gegenüberliegenden Spitze des Quadrats umgelegt, es entsteht wiederum ein Dreieck, dessen äußere Spitzen wie zuvor beim Hut zusammengeführt werden. Das jetzt vorliegende Quadrat wird an der oberen Ecke auseinandergezogen, das Schiffchen ist fertig.

Fledermausdrachen
Ein DIN–A4–Schreibblatt wird durch einen Längsstrich in der Mitte senkrecht geteilt (nicht geknifft), die beiden oberen Ecken werden zur Mittellinie heruntergefaltet und wieder aufgerichtet. Die unteren Ecken werden so gefaltet, daß die seitlichen Enden der oberen Knifflinien mit der unteren Blattmitte durch Knifflinien verbunden sind. Die jetzt durch das Kniffen entstandene Drachenform wird ausgeschnitten, die längeren Randseiten zur Drachenmitte gefaltet, die Ecken werden etwas zurückgefaltet als Befestigungslaschen für die Drachenwaage. Die Steigleine wird möglichst genau über der am Anfang gezogenen Mittellinie an der Waage befestigt, der Drachen wird mit einem etwa 2,5 cm breiten Schwanz aus Pergamin versehen. Als Steigschnur kann Nähmaschinengarn, zur Waage weiche Wolle verwendet werden.

Bildnerisches Formen

Zu den bekanntesten Materialien, die zum bildnerischen Gestalten genutzt werden, gehören Stein, Holz und Ton.

Papiermache
Hierbei handelt es sich um keines der im Vordergrund stehenden Materialien im bildnerischen Gestalten, aber um ein einfach und kostengünstig herzustellendes Material, das zum Herstellen von Plastiken, Handpuppenköpfen und Masken geeignet ist. Die Papiermasse wird hergestellt, indem Zeitungs–, Seiden–, Kreppapier oder die hierfür sehr gut geeigneten Eierkartons in kleine Stücke zerrissen und mit kochendem Wasser übergossen bzw. gekocht werden. Das überschüssige Wasser muß schließlich abgegossen werden, dann wird als Bindemittel Tapetenkleister aufgelöst und hinzugefügt. Um dem starken Schwund der Papiermasse beim Trocknen entgegenzuwirken, können ihr feingeriebene Kreide, die das Tempo des Hartwerdens nicht beeinflußt, oder Gips oder Zement (1 Teelöffel pro 1/4 l), die die Verfestigung beschleunigen, zugesetzt werden.

Handpuppenköpfe
Handpuppenköpfe werden in der Regel mit einer Gesichtshöhe von 9 cm gefertigt, sie können gut über einen runden Formstab (20 cm lang, 2 cm stark, nach oben zulaufend) geformt werden. Als Führungsröhre für das Fingerloch wird ein Karton– oder Pappestreifen um den Stab gewickelt, es kann später mit Hilfe von Zeitungspapier ausgeklebt werden, um die geeignete Lochstärke zu erreichen. Zunächst wird die grobe Kopfform, dann werden die wesentlichen Züge erarbeitet, dabei wird auf Details verzichtet. Vorspringende Teile wie die Nase müssen aus möglichst kleisterhaltiger Masse konstruiert werden, damit sie nicht beim Trocknen abbrechen. Am Hals wird ein Wulst angebracht, an dem später das Kostüm der Puppe befestigt werden kann. Der Kopf trocknet in der Sonne oder bei geringer Hitze im Backofen, Falten und Runzeln können schließlich mit feinem Sandpapier abgeschliffen werden. Um dann wieder eine glatte Oberfläche zu erhalten, kann der Kopf mit ausgerissenen Seidenpapierstückchen beklebt werden. Eine matte Bemalung und ein Wolltoupet vollenden das Werk.

Kaschierverfahren
Hierbei wird über ein Modell, etwa aus Ton, in mehreren Schichten (8–10) Papier und Kleister gelegt. Auf diese Weise können z.B. Masken, aber auch Puppenköpfe hergestellt werden. Die luftgetrocknete Tonform wird mit Schellack bestrichen, dann wird die erste Schicht faserigen, gerissenen Papiers nur mit Wasser auf das Modell gelegt, damit die fertige Arbeit später wieder abgelöst werden kann. Die weiteren Schichten werden mit im Wasserbad warmgehaltenem Tischlerleim oder Kleister durchgefeuchtet. Nach jeder Schicht kann ein geschlossener Leimüberstrich und bei größeren Formen eine Zwischenlage aus Mull aufgebracht werden. Es muß darauf geachtet werden, daß die einzelnen Lagen möglichst genau den Vertiefungen des Modells folgen. Nach dem Durchtrocknen können halbe Formen (z.B. Masken) relativ leicht vom Modell abgeklopft werden, Puppenköpfe als geschlossene Formen werden längs einer hinter dem Ohr über den Kopf laufenden Linie aufgeschnitten und später wieder mit Kleister und Papier verklebt. Das dargestellte Kaschierverfahren mit Papiermache hat Ähnlichkeit mit der Erstellung von Abformungen und Abgüssen aus Gips.

Mit Gips können sogar Masken von lebenden Personen angefertigt werden. Dazu wird das Gesicht mit Fett (Vaseline) bedeckt; eine besonders dicke Schicht erhalten Augenbrauen, Wimpern, Bart und Haaransätze, und es muß natürlich darauf geachtet werden, daß die Nasenlöcher frei bleiben (evtl. Papprollchen einführen). Es können Gipsbinden (Sackleinen in flüssiges Gips gelegt) verwendet werden, oder aber der Gips wird mit Löffeln aufgetragen, zuerst eine dünne Schicht, damit das Eigengewicht des nassen Gipses keine Formentstellung verursacht, dann eine stärkere, die der Verfestigung der Form dient.

Aus Gips können auch Plastiken hergestellt werden. Hier ist es zum einen möglich, wie beim Arbeiten mit Ton aus einer formbaren Masse zu modellieren, zum anderen kann man ausgehend vom erstarrten Gipsblock wie bei Holz oder Stein bildhauerisch arbeiten. Beim Modellieren kann ein Gerüst aus Holz, Draht und Kaschierleinen aufgebaut werden, die voluminösen Teile sollten hohl bleiben. Um zu schnelles Erstarren zu verhindern, kann dem Gips Lehm zugesetzt werden, was allerdings den unerwünschten Nebeneffekt hat, daß das Material härter wird; dies ist der Weiterbearbeitung des verfestigten Objekts abträglich. Diesem Problem kann abgeholfen werden, indem dem Gips zusätzlich lockernde Füllstoffe (Sägespäne etc.) beigefügt werden. Soll die Gipsplastik gefärbt werden, so ist eine Grundierung mit Schellack–Spiritus oder Leinölfirnis erforderlich, auf der alle möglichen Pigmentfarbstoffe aufgetragen werden können.

Liste weiterer Werkstoffe und Techniken

- O Holzarbeiten (Schnitzen, Drechseln, Intarsien...)
- O Tonarbeiten
- O Mörtelgraffitos (Kratztechnik)
- O Mosaiktechniken
- O Glasarbeiten (Glasmalerei, Schmelzverformung)
- O Metallarbeiten (Drahtplastiken, Treibarbeiten, Gießen, Emaillieren)
- O Flechten, Knoten, Knüpfen, Weben
- O Stoffarbeiten (Malerei, Druck, Batik, Applikation)
- O Lederarbeiten
- O graphische Techniken (Zeichnungen, Stiche, Drucke, Radierungen)

Wesentlich ist bei aller Darstellung konstruktivtechnischer Aspekte die spielerische Seite und die Freude an der Betätigung. Ein weiterer Punkt, der im therapeutischen Kontext vor allem auch in Anbetracht einer von Spezialisierung bestimmten Arbeitswelt von Bedeutung ist, ist die Gelegenheit, im Werken, Basteln und kreativen Gestalten einen vollständigen Gegenstand nach eigenen Vorstellungen und Maßstäben herstellen zu können. Das hierbei entstehende Gefühl einer sinnvollen Beschäftigung jenseits rein utilitärer Anforderungen findet sich z.B. auch in Interessen und Hobbys wie dem Sternebeobachten, Briefmarkensammeln und Orchideenzüchten.

Das Ergebnis einer mit Aktivitäten angereicherten Lebensführung sei zum guten Schluß noch abgebildet:

Entspannung

Trainings * Biofeedback * Yoga * Musik * Massage * Atmung * Schlafen

„Es ist ein wunderbarer Abend, an dem der ganze Körper nur ein Sinn ist und eine Wonne einsaugt durch jede Pore. Ich gehe und komme mit einer seltsamen Freiheit in der Natur. Wenn ich in Hemdsärmeln, obgleich es kühl, bewölkt und windig ist, am Teichufer entlanggehe und nichts Besonderes sehe, das die Aufmerksamkeit auf sich lenkt, dann fühle ich mich allen Elementen außergewöhnlich verwandt. Die Ochsenfrösche trompeten den Einzug der Nacht, und der Ruf der Nachtschwalbe wird von dem kräuselnden Wind über das Wasser herübergetragen. Innige Übereinstimmigkeit mit dem zitternden Erlen– und Pappelblatt nimmt mir fast den Atem weg; und doch ist meine klare Heiterkeit wie die des Sees nur gekräuselt, nicht getrübt. Diese kleinen, vom Abendwind erregten Wellchen sind so weit vom Sturm entfernt wie die glatte, spiegelnde Wasserfläche. Es ist jetzt dunkel, aber noch immer weht und rauscht der Wind durch den Wald, die Wellen plätschern, und ein Geschöpf singt das andere zur Ruhe. Die Ruhe ist nie vollkommen" (*Thoreau*).

Die heilende und erfrischende Wirkung vom Nichtstun, vom Sich–Langweilen, vom Müßigsein und Tagträumen ist uns ein wenig abhanden gekommen. Langeweile ist für uns ein Schimpfwort, eine Bezeichnung eines ungeliebten, zu vermeidenden Zustandes. „Wir kennen die Langeweile nur als Feind, den man bekämpft, vor dem man wegläuft und den man vermeidet" (*Keen*). Ob Oma oder Opa an einem ruhigen Nachmittag und Abend in den Fenstern liegen und dem Wandeln auf der Straße zusehen, ob der Student auf einer Parkbank seinen Gefühlen und Gedanken nachhängt, ob die österreichische Rockgruppe SDS mit einer Buddel Rotwein in der Hand ihre Füße in den weißen Sand Griechenlands streckt („Irgendwann bleib' i' dann dort"), ob der Pfarrer im Gottesdienst ein stilles Gebet nahelegt, ob der Autor abends am Fenster sitzt und bei den Klängen von Chopins Nocturnes den Lichtern der Autos in der Ferne zuschaut, ob der Psychotherapeut seine Klienten eine Waldwiese oder den feinen Sandstrand einer Südseeinsel (mit oder ohne *Sophia Loren* – respektive *Robert Redford*) vorstellen läßt, in jedem Falle handelt es sich um eine Übung in erfrischender und kühlender Langeweile, in der die Vergangenheit verarbeitet, die Gegenwart erlebt und die Zukunft geplant wird, in der wir uns „jenem Teil der Persönlichkeit zuwenden, in dem Spiel und Freude die Regel sind, die Zeit nicht existiert und Widersprüche regieren und in dem das ‹ich will› häufiger anzufinden ist als das ‹ich muß›" (*Keen*).

In der Langeweile, in der Muße regieren die Gefühle, die Emotionen, regiert das ES mit seiner eigenen Regelhaftigkeit, die uns wie Regellosigkeit erscheint; die blaue Stunde, das Träumen, das Dösen sind natürliche Heilmittel unseres Seelenlebens, die wir leider in unserer unmäßigen Hektik aus unserem Bewußtsein und Zeitplan verbannt haben.

Nichts Besseres zu tun

Unter diesen alten Kastanien, die gepflanzt wurden, als Goethe noch lebte, hier sitzen und niederschreiben, was mir an Mußegedanken durch den Sinn geht: Daß er dies Wort im Alter nicht mehr gern benutzte und daß es mir schwerfällt, müßig zu sein. – Es ist August, die Luft ist warm, Sommerferien, die Städte menschenleer, die Universitäten ausgestorben; unser kleiner Sohn und sein Freund spielen in der Nachbarschaft. Niemand da, der mich stören würde, der etwas von mir verlangte, das die Harmonie dieses Augenblicks beeinträchtigte. Dennoch fällt es mir nicht leicht, mich dieser Situation zu überlassen.

Ich versuche schließlich, wenigstens darüber Klarheit zu gewinnen, was mich daran hindert, hier so gelassen zu sitzen, wie ich es tue.

Da findet sich bei Bertrand Russel in seinem Aufsatz „Lob des Müßiggangs" eine Passage, in der ich mich wiederentdecke. „Wie die meisten meiner Generation bin ich nach dem Sprichwort: ‹Müßiggang ist aller Laster Anfang› erzogen worden. Da ich ein sehr braves Kind war, glaubte ich alles, was man mir sagte: und so entwickelte sich mein Pflichtgefühl derart, daß ich Zeit meines Lebens und bis zum heutigen Tage nicht umhin konnte, immer schwer zu arbeiten." – Das wichtigste Hindernis auf dem Weg zur Muße ist offenbar diese allgemein verinnerlichte Vorstellung von der Notwendigkeit rastloser und nicht–enden–dürfender Arbeit. Arbeit besitzt dabei unbefragt den Nimbus der Selbstverständlichkeit, die außerdem noch hochmoralisch ist. – Schon als Kind mußte ich hören, und es verdunkelte den Horizont, daß man, groß und erwachsen, überhaupt keine Zeit mehr zum Spielen haben werde. Es war nicht in Ordnung und den immer beschäftigten Eltern gegenüber höchst unkameradschaftlich, wenn nicht die eigene Zeit und das eigene Leben ebenso genutzt wurden.

Das Argument, die Zeit sei rar und man dürfe sie deshalb nicht vergeuden, und daß der Sinn des Lebens nicht im Glück, im Herumspielen, Liegen, Lesen und Träumen, sondern in der Leistung– welche auch immer – bestehe, mußten dem Heranwachsenden gegen größte innere Widerstände unter dem Druck von Elternhaus und Schule schließlich einleuchten. Zeit und Leben wurden plötzlich ein überlassenes Kapital, mit dem man zu „wuchern" habe. Ja, Zeit sei geradezu „Geld", und man müsse sich ständig kontrollieren, ob man sie auch gewinnbringend genug angelegt und aus ihr auch wirklich das Beste gemacht habe. – Es war Max Weber, wie der Student später erfuhr, der schon um die Jahrhundertwende in seinem Werk: „Die protestantische Ethik und der Geist des Kapitalismus" auf die Zusammenhänge zwischen protestantischem Christentum, der Verherrlichung der Arbeit, einer asketischen Grundhaltung zur Welt und zu sich selbst sowie der gleichzeitigen Abwertung der Muße als Kulturmuster hingewiesen hatte.

Aber es gab auch andere Erfahrungen, die sich in der Seele des Heranwachsenden einnisteten, beunruhigende Botschaften.

Müßig zu sein, bedeutete für den Jugendlichen, auf einer abgewetzten Chaiselongue lang auf dem Bauch zu liegen und ein Buch zwischen den Armen, sich irgendwann auf die Seite zu werfen, den Kopf aufgestützt, wieder zu versinken endlich auf dem Rücken, das Buch abwechselnd in der einen oder anderen Hand. Zwischendurch sinken die Arme herunter, die Gedanken ziehen dem Gelesenen nach. Lesen, nachmittags, sich in einer anderen Welt aufhalten, verweilen bei Irgend und den Tag bedenkenlos verstreichen lassen.

Schon das Liegen im Hellen wurde von der Familie unten als lasziv empfunden. Da doch hier jedermann arbeitete, ohne mit seinen Mühen je an ein Ende zu kommen, wo sich alles ständig vier Hände wünschte! Wie wirkte da ein Essay von Hermann Hesse, der mit Genuß vom Trägesein erzählt, das, zur Kunst gesteigert, mit Geschmack beherrscht werden könne. Schlegels Wort von der „Göttlichen Faulheit" erregte damals tiefer als alle Fragen des Katechismus, als die allsonntäglichen Predigten und Christenlehren.

Da meiner Jugend der Begriff Muße fehlte, weder als Wort noch als anschaubare Erfahrung, blieb es schwierig, sie von einem anderen, sehr ähnlichen Phänomen, dem der Faulheit, zu unterscheiden. Faulsein und Nichtstun oder sich seiner Muße zu überlassen, kam damals auf dasselbe heraus, die Tatsache nämlich, nicht genügend zu schaffen. Und die derbe, auf Unterscheidungen nicht bedachte Nachkriegs–Arbeitswut brandmarkte mit der Faulheit auch alle subtileren Formen der Untätigkeit.

„Wenn nun ein Teil der Zeit herum ist, zeigen kleine Finger auf der Außenseite der Maschine dies an, zugleich schreit sie auf, ein Geist schlägt gegen das Eisen in ihrem Herzen. Ja, es entsteht ein gewaltiges Tosen und Lärmen in einer europäischen Stadt, wenn ein Teil der Zeit herum ist.

Wenn dieses Zeitlärmen ertönt, klagt der Papalagi: ‹Es ist ist eine schwere Last, daß wieder eine Stunde herum ist.› Er macht zumeist ein trauriges Gesicht dabei, wie ein Mensch, der ein großes Leid zu tragen hat; obwohl gleich eine ganz frische Stunde herbeikommt.

Ich habe dies nie begriffen, als daß ich eben denke, daß dies eine schwere Krankheit ist. ‹Die Zeit meidet mich!› – ‹Die Zeit läuft wie ein Roß!› – ›Gib mir doch etwas Zeit› – Das sind die Klagerufe des weißen Mannes.

Ich sage, dies möchte eine Art Krankheit sein; denn angenommen, der Weiße hat Lust, irgend etwas zu tun, sein Herz verlangt danach, er möchte vielleicht in die Sonne gehen oder auf dem Flusse im Canoe fahren oder sein Mädchen lieb haben, so verdirbt er sich zumeist seine Lust, indem er an dem Gedanken haftet: Mir ward keine Zeit, fröhlich zu sein. Die Zeit wäre da, doch er sieht sie beim besten Willen nicht. Er nennt

Zweifellos haben beide, Muße und Faulheit, etwas miteinander gemein und finden sich gegenseitig auch sympathisch. So ähnelt sich ihre Körperhaltung; beide lagern an ihrer Lieblingsstelle, auf einem Teppich oder Sessel, beide offensichtlich beschäftigungslos. Sie unterscheiden sich jedoch in ihrer *Gestimmtheit* oder, wenn ich hochgreifen will, in ihrer geistigen Haltung. Faulheit siedelt bedrohlich in der Nähe von Langeweile und bleibt auf der Suche nach Zerstreuung, will also eigentlich selbst ihre Beendigung. Auch ihrer Mühelosigkeit, die sie mit so befriedigter Miene zur Schau trägt, darf man mißtrauen. Zu oft ist Faulheit eigentlich erzwungene Bewegungs- und Ereignislosigkeit. Man sitzt allein herum und fühlt sehr deutlich, daß das Leben eine gute Sache sein könnte, aber wie es zu erreichen sei, weiß man nicht. Muße ist, jedenfalls wenn sie etwas taugt, wenn in ihr etwas geschieht, ganz anders. Ernst Bloch schreibt in den „Spuren“: „Ganz faul zu sein scheint so süß wie einfach. Je älter ich werde, sagte ein Freund, desto mehr sehe ich ein, das einzig Richtige wäre, überhaupt nichts zu schaffen. Den ganzen Tag, meint er, könne er am Fenster liegen an einer südlichen Küste, und draußen brauchte auch nichts zu sein. Ein Hund streckt sich auf dem leeren Platz, gähnt, geht einige Schritte weiter und legt sich wieder. Ein Mann kommt von den Stufen des Rathauses, wo er geschlafen hat, langsam nach der anderen Seite, um auf den Stufen der Kirche weiterzuschlafen. Etwas Mais nachher und Kugelspiel reicht aus, denn alles ist wert, daß es die Sonne bescheint.“

Bloch distanziert sich von Anfang an von der Vision seines Freundes. „Faulheit stimmt nicht. Der Mensch bleibt in ihr wie in der Einsamkeit bei sich allein. Das Leben wird unerträglich, es ist hohl, ohne Inhalt und nicht auszuhalten. Auch nicht im Süden oder bei den Naturvölkern. Wenn sie auch nicht unsere Arbeitswut haben und ihre Tage (nicht ihre Feste) von der Ruhe durchzogener sind als unsere, so hat die Romantik des Nichtstuns doch hier kein Beispiel; noch kein Urvolk hielt es aus, eines zu bleiben.“

Daß uns Faulheit überhaupt interessiert, hängt mit unserer übersteigerten Arbeitsorientierung zusammen und ist höchstens als Gegenschlag des Pendels zu verstehen. Nur für homo faber, das Arbeitstier, d.h., für den in bezug auf Arbeit und Muße Geschädigten, kann Faulheit ein „Traumziel“ sein. „Nichts zu tun, zieht darum ebenso an, wie es keiner dort aushält. Es zieht an, weil wir uns scheinbar darin finden; es ist unerträglich, weil dort noch nichts wirklich zubereitet ist.“

Noch anderes hindert uns auf dem Weg zur Muße: Unsere übermäßige Ausstattung an Gegenständen. – All diese Zweitwohnungen, Segelboote und Sportausrüstungen setzen uns durch ihr bloßes Dasein unter Leistungsdruck. „Spiel mit mir, benutz mich doch, ich habe zu viel gekostet, um nur in der Ecke zu stehen.“ Wir haben uns diese Ausrüstungen schließlich zugelegt, um sie zu gebrauchen und Genuß aus ihnen zu ziehen. – Man kann feststellen, daß reiche, üppig ausgestattete Gesellschaften arm an Zeit sein müssen, da die Menge der Besitzstände miteinander um die beschränkte Zeit ihres Besitzers rivalisiert. Konsumintensive Gesellschaften müssen zeitarme, mithin mußelose Gesellschaften sein. Umgekehrt bestätigt jeder Besucher eines Entwicklungslandes die ärgerliche Erfahrung, daß arme Gesellschaften reich an Zeit sind. Und dies, obwohl wir zu Recht erwarten dürfen, daß sie dort rastlos mit dem Zusammenbringen des Lebensnotwendigsten beschäftigt sein müßten. – Hierzulande hat das aufwendige Konsumieren neben dem Produzieren den Charakter einer gesellschaftlichen Pflicht angenommen, und die Folgerung, daß die Gesellschaft uns bei unserem Bemühen um Muße nicht nur nicht unterstützt, sondern aktiv behindert, ist ebenso offenkundig wie unbekannt. „Man geht kaum fehl in der Annahme, daß die Erkenntnis von der Unwiederholbarkeit der Zeit zu den bestgehüteten Geheimnissen der Gesellschaft zählt, denn diese ist aufgrund materieller Interessen bemüht, ein solches Geheimnis weiter verriegelt zu halten. Wenn dem Individuum nämlich möglicherweise schmerzhaft bewußt würde, daß es den unersetzbaren Vorrat seiner Zeit ohne Sinn verschwendete und dafür buchstäblich gar nichts als Gegenwert erhielte, so wäre wahrhaft unsicher, ob der außen gesteuerte Konsum im üblichen Maßstab fortgesetzt werden könnte.“

Hier muß klar gesagt sein, daß man zur Muße nicht vordringen wird, wenn man nicht den Entschluß faßt, sich an einer bestimmten Grenze bewußt zu verweigern. Auch der Kompromiß, eben noch kritischer sein zu wollen, nur gute und lohnende Anregungen an sich heranzulassen, hilft nicht. *Muße stellt sich nicht von allein ein, sondern nur als Ergebnis einer Entscheidung, als Ergebnis eines Verzichts.*

Unübersehbar bleibt, daß das Bedürfnis nach Zeit für uns selbst und nach Muße wächst. Bedürfnisse dieser Art ergeben sich offenbar aus dem Alltag selbst. Je mehr unser Leben in der Alltäglichkeit versinkt, desto unabweisbarer erhebt sich die Sehnsucht nach einer anderen Art des Lebens. Es ist das Bedürfnis, tief zu leben, ein Bedürfnis nach einer grundsätzlich anderen Qualität, nach einem frischeren Umgang mit sich selbst und der Welt im Ganzen, kurz, nach einer Art zu leben, die wir hier *Muße* nennen wollen.

Tewes

tausend Dinge, die ihm die Zeit nehmen, hockt sich mürrisch und klagend über eine Arbeit, zu der er keine Lust, an der er keine Freude hat, zu der ihn auch niemand zwingt, als er sich selbst. Sieht er dann aber plötzlich, daß er Zeit hat, daß sie doch da ist, oder gibt ihm ein anderer Zeit, die Papalagi geben sich vielfach gegenseitig Zeit, ja nichts wird so hoch geschätzt als dieses Tun – so fehlt ihm wieder die Lust, oder er ist müde von der Arbeit und ohne Freude. Und regelmäßig will er heute tun, wozu er morgen Zeit hat.

Es gibt Papalagi, die behaupten, sie hätten nie Zeit. Sie laufen kopflos umher, wie vom Aitu (Teufel) Besessene, und wohin sie kommen, machen sie Unheil und Schrekken, weil sie ihre Zeit verloren haben. Diese Besessenheit ist ein schrecklicher Zustand, eine Krankheit, die kein Medizinmann heilen kann, die viele Menschen ansteckt und ins Elend bringt... Was macht der Papalagi mit seiner Zeit? – Ich bin nie recht dahintergekommen, obwohl er immer Worte und Gebärden macht, als ob der große Geist ihn zum Fono gladen hätte.

Ich glaube, die Zeit entschlüpft ihm wie eine Schlange in nasser Hand, gerade weil er sie zu sehr festhält. Er läßt sie nicht zu sich kommen. Er jagt immer mit ausge-

streckten Händen hinter ihr her, er gönnt ihr die Ruhe nicht, sich in der Sonne zu lagern. Sie soll immer ganz nahe sein, soll etwas singen und sagen. Die Zeit ist aber still und friedfertig und liebt die Ruhe und das breite Lagern auf der Matte. Der Papalagi hat die Zeit nicht erkannt, er versteht sie nicht, und darum mißhandelt er sie mit seinen rohen Sitten.

O ihr lieben Brüder! Wir haben nie geklagt über die Zeit, wir haben sie geliebt, wie sie kam, sind ihr nie nachgerannt, haben sie nie zusammen– noch auseinanderlegen wollen. Nie ward sie uns zur Not oder zum Verdruß. Der unter uns trete vor, der da keine Zeit hat! Ein jeder von uns hat Zeit die Menge; aber wir sind auch mit ihr zufrieden, wir brauchen nicht mehr Zeit, als wir haben und haben doch Zeit genug. Wir wissen, daß wir immer noch früh genug zu unserem Ziele kommen und daß uns der große Geist nach seinem Willen abberuft, auch wenn wir die Zahl unserer Monde nicht wissen. Wir müssen den armen, verirrten Papalagi vom Wahn befreien, müssen ihm seine Zeit wiedergeben. Wir müssen ihm seine kleine runde Zeitmaschine zerschlagen und ihm verkünden, daß von Sonnenaufgang bis –untergang viel mehr Zeit da ist, als ein Mensch gebrauchen kann" (*Tuiavii*).

Die *Störung* ist einfach: ein Mangel an Hingabe an die Muße, an das Nichtstun, an das Die–Gedanken–, Die–Träume–, Die–Gefühle–laufen–Lassen – und die *Therapie* besteht entsprechend darin, dieses anzuregen, zu ermöglichen, zu fördern und Hemmungen dagegen, Ängste davor abzubauen. Viele verwechseln und kontaminieren Langeweile mit Depression, setzen es immer wieder gleich. *Keen* analysiert den Komplex *Langeweile* und seine Elemente:

1. schlichte Ermüdung,
2. Fehlen von Stimulation,
3. eingefrorener Ärger,
4. Gram,
5. Angst vor irgend etwas,
6. einer Sache aus dem Wege gehen,
7. ein Entscheidungskonflikt,
8. nicht wissen, was man will,
9. Sinnlosigkeit im Leben.

Wie wir dieser Analyse entnehmen, kann es also ein Zuviel wie auch ein Zuwenig an Langeweile geben, und es kann perverse Formen von Langeweile geben, wie wir es bei allen Emotionen immer wieder vorfinden.

Experimente zur *sensorischen Deprivation* produzieren in Exzessen der Stimulationslosigkeit bei den Betroffenen Halluzinationen, die mit Sicherheit nicht immer, wie *Willie* das schildert, eine neue Freiheit der Wahrnehmung und des Empfindens darstellen, sondern durchaus, wie es *Hebb* beschreibt, als Störung und Belastung erlebt werden können. *Keen* nennt ja auch unter Punkt 2 das Fehlen von Stimulation als ein Risikofaktor für Langeweile. Ebenso wie bei einem Vermeiden und Fehlen von Muße ihre Induktion ein Heilmittel sein kann, kann bei exzessiver Langeweile Ablenkung heilsam wirken. Ähnlich kompliziert ist es ja auch mit den Aggressionen: Bei einer starken Aggressionshemmung wirkt eine aufkeimende Aggressivität erfrischend und heilend, bei einem Patienten mit Neigung zu aggressiven Exzessen ginge dieser Schuß mit Sicherheit nach hinten los. Hier müssen Aggressionen abgebaut und gedämpft werden.

Der Zustand der Entspannung „kann nach einer VT–Einteilung beschrieben werden: Auf der motorischen Ebene: das Verhalten ist verlangsamt; motorische Veränderungen sind z.T. nicht mehr wahrnehmbar. Auf der physiologischen Ebene: Desaktivierung, Herzfrequenz und Blutdruck nehmen ab, Hauttemperatur steigt etc. Auf der mentalen Ebene: Gefühl der Ruhe, Gelassenheit...; wird in der Regel als angenehm erlebt" *(Lutz/Sommer)*.

Neben den mehr natürlicheren Formen der Entspannungsinduktion (welch ein Wort!) – so da sind: gesunde Vollwert–Ernährung, Bewegung, Frischluft, Sauna, Beischlaf, Licht, Luft und Sonne usw. – gibt es auch hier Trainings.

Trainings

Indikationen des Autogenen Trainings sind:

a) Störungen der *Atemtätigkeit*, Hyperventilation.

b) Störungen des *Herz–Kreislauf–Systems*.
Es liegen Berichte über den erfolgreichen Einsatz des Autogenen Trainings bei folgenden Herzfunktionsstörungen vor:
- Sinusbradykardie,
- Sinustachykardie,
- Paroxysmale Tachykardie,
- Sinusarrhythmie,
- Extrasystolen.

Da einer Vielzahl von Beobachtungen zufolge die Herzübung zu einer nachteiligen Hypersensibilität führen kann, wird allgemein empfohlen, die Herzübung – wenn überhaupt – erst am Ende sämtlicher Unterstufen–Übungen einzuführen.

c) Störungen der *gastrointestinalen Funktionen*.
Das Autogene Training ist hier als unterstützendes Verfahren von Bedeutung, wenn in der multifaktoriellen Pathogenese einer gastrointestinalen Dysfunktion psychische oder soziale Streßfaktoren eine dominante Rolle spielen.

d) Störungen der *endokrinen Funktionen* und des *Stoffwechsels*.
Unterstützende Funktion bei:
- Diabetes mellitus,
- Schilddrüsenüberfunktion.

Relativ *kontraindiziert* scheint das Autogene Training zu sein, wenn sich in der Initialphase erhebliche physiologische und psychische Beunruhigungen einstellen. Hierzu gehören im physiologischen Bereich Phänomene wie starkes Herzrasen, Zittern, Schweißausbrüche, Ohnmachtsanfälle und jede Art unerklärlicher Schmerzzustände. Die Ursachen dieser Reaktionen können sein: eine bewußte Oppositionseinstellung, Erwartungsängste (z.B. die Angst vor *Überfällen* aus dem Unterbewußtsein), Monotonieanfälligkeit bei Herz– & Agoraphobien sowie eine konzentrative Sammlungsschwäche. Meist lassen sich diese Anfangsschwierigkeiten durch geeignete vorbereitende Maßnahmen (z.B. aufklärende Gespräche, Unsystematische Desensibilisierung, fraktioniertes Konzentrationstraining) beheben. Gelingt dies jedoch nicht, ist eine Fortführung des Autogenen Trainings nicht sinnvoll.

Psychisch bedingte Kontraindikationen können gegeben sein bei Patienten mit Zwangssymptomatik, starken symbiotischen Tendenzen, hysterieformen Verhaltensweisen und akuten psychotischen Manifestationen. Da die physiotrope Wirkungsweise des Autogenen Trainings noch unklar ist, muß aus Gründen der Vorsicht eine absolute Kontraindikation bei folgenden Symptomgruppen angenommen werden: Gefäßspasmen (z.B. bei cerebralen Insulten), vorwiegend parasympathisch gesteuerter Symptomatik (z.B. Bronchospasmus). Das Erlernen des Autogenen Trainings ist außerdem kaum möglich während einer Infektionsperiode (samt Inkubationszeit) und bei neurologisch oder konstitutionell bedingter partieller oder totaler Muskelverspannung. Schwierigkeiten ergeben sich häufig auch in der Anwendung des Autogenen Trainings bei Kindern und Pubertierenden aufgrund mangelnder Realisation der passiven Konzentration und erlebnisnaher Vorstellung von Ruhe und Entspannung.

Instruktionen zum Autogenen Training

Ruhe
Ruhige Wasseroberfläche eines Sees
„Ich bin ganz ruhig“ (mehrere Male)

Schwere
Am Abend nach schwerer körperlicher Arbeit
„Mein rechter Arm ist schwer“
„Mein linker Arm ist schwer“
„Mein ganzer Körper ist schwer“

Wärme
Ein warmes, wohliges Bad
„Meine rechte Hand und mein rechter Arm sind warm“
„Meine linke Hand und mein linker Arm sind warm“
„Mein rechter Fuß und mein rechtes Bein sind warm“
„Mein linker Fuß und mein linkes Bein sind warm“
„Mein ganzer Körper ist warm“

Herz
Gleichmäßig arbeitende Pumpe
„Mein Herz schlägt ruhig, gleichmäßig und kräftig“

Atem
Gleichmäßiges Heben und Senken des Bauches bei einem Schlafenden
„Meine Atmung ist ruhig, gleichmäßig und tief“
„Es atmet mich tief“

Sonnengeflecht
Sonne scheint direkt auf meinen Bauch
„Mein ganzer Bauch ist warm“
„Mein Sonnengeflecht ist strömend warm“

Stirnkühle
Windhauch erfrischt den Kopf, kühlt die Stirn
„Meine Stirn ist angenehm kühl, mein Kopf angenehm frisch“

Nach dem Training:
Umschalten in den Wachzustand bzw. Zurücknehmen
„Arme fest“
„Tief atmen“
„Augen auf“
Verhalten:
- Arme anwinkeln & strecken
- 3x tief ein– und ausatmen
- Augen aufmachen

Verbalisierung der PMR

Machen Sie es sich auf dem Entspannungssessel so bequem wie möglich.

Versuchen Sie von nun an, sich möglichst nicht mehr zu bewegen.

Die Arme liegen locker auf den Armlehnen auf.

Schließen Sie nun die Augen.

Konzentrieren Sie sich nun ganz auf Ihre Atmung. Atmen Sie einige Male tief ein; halten Sie dabei den Atem jeweils für einen Moment an..., und lassen Sie dann mit der Luft die ganze Spannung aus dem Körper heraus...

Mit jedem Ausatmen breitet sich die Entspannung wie eine Welle im ganzen Körper aus.

Sprechen Sie innerlich das Wort „entspannt" mit, wenn Sie ausatmen.

Überlassen Sie nun die Atmung vollkommen sich selbst; versuchen Sie nicht, sie zu beeinflussen.

Die Atmung geschieht nun von ganz alleine.

Verfolgen Sie ganz passiv das Einatmen... und das Ausatmen.

Beobachten Sie, wie der Atemstrom durch die Nase in den Körper eintritt..., durch die Luftröhre streicht..., in die Lunge einfließt..., Brust und vielleicht auch Bauchdecke sich heben... und senken.

Eine Welle der Entspannung breitet sich mit jedem Ausatmen im ganzen Körper aus.

Wenn Gedanken auftauchen, hängen Sie ihnen nicht nach.

Sie ziehen einfach vorüber wie Wolken am Himmel.

Denken Sie an gar nichts anderes als an das angenehme Gefühl der Entspannung.

Sie atmen nun ruhiger und entspannter, gleichmäßiger und entspannter... und lassen sich dabei immer tiefer und tiefer in Entspannung fallen.

Achten Sie darauf, wie sich die Spannung im Gesicht löst. Die Gesichtsmuskeln werden immer lockerer und lockerer. Stellen Sie sich vor, wie Sie die Spannung ausatmen, die sich in jedem Muskel angesammelt hat.

Die Muskeln an der Stirn... und Kopfhaut... und um die Augen werden immer lockerer und lockerer.

Fühlen Sie, wie sich die Entspannung auf den Unterkiefer und die Wangen ausbreitet.

Sie werden entspannter und ruhiger mit jedem Ausatmen.

Nun gleiten Sie langsam, Stück für Stück, Ihren Körper entlang, bis jeder Körperteil völlig entspannt ist.

Richten Sie Ihre Aufmerksamkeit auf Nacken und Schultern. Mit jedem Ausatmen löst sich die Spannung im Nacken... und in den Schultern..., und die Muskeln werden immer lockerer und lokkerer...

Fühlen Sie, wie Sie sich immer mehr entspannen und wie die Entspannung auf den ganzen Rükken ausstrahlt.

Achten Sie nun darauf, wie sich mit jedem Ausatmen die Oberarme... und die Unterarme... immer mehr entspannen... ganz locker herunterhängen... und wie die Entspannung bis in die Hände und jeden Finger gleitet.

Atmen Sie nun die Spannung aus Ihrem Bauch und Magen heraus.

Spüren Sie, wie sich Bauchdecke und Brust heben... und senken... und wie sich die Entspannung wellenartig auf den Unterleib und die Sitzmuskeln ausbreitet.

Lassen Sie nun die Muskeln in den Beinen ganz locker werden.

Entspannen Sie die Oberschenkel.

Fühlen Sie, wie die Entspannung sich ausbreitet zu den Waden... den Knöcheln... den Füßen... und bis in die Zehenspitzen reicht.

Mit jedem Ausatmen breitet sich eine Welle der Entspannung über den Körper aus, und sie fallen tiefer und tiefer in Entspannung.

Sie atmen langsam und ruhig, gleichmäßig und ruhig.

Es ist ganz gleichgültig, wie tief Sie entspannt sind.

Es kommt nur darauf an, die Veränderungen im Körper zu verfolgen.

So, wie Sie sich jetzt fühlen, ist es gut.

Genießen Sie das angenehme Gefühl der Ruhe... Leichtigkeit oder Schwere... Wohlbefinden... Sichgehenlassen.

Sie brauchen nichts zu tun... sich nicht zu bemühen... nur zuschauen... und geschehenlassen... es gibt nichts Richtiges oder Falsches.

Werden Sie sich bewußt, daß Sie selbst es sind, der diese Entspannung herbeiführen kann.

Sie können durch Ihre Vorstellung, bloßes Beobachten, ganz ohne Anstrengung, ganz von selbst, Vorgänge in Ihrem Körper beeinflussen.

Lutz

Progressive Muskelrelaxation: Das *Training* kann mit *17 verschiedenen Muskelgruppen*, die jeweils angespannt und entspannt werden, begonnen werden: re. Hand, re. Unterarm, re. Oberarm, li. Hand, li. Unterarm, li. Oberarm, Stirn, Augen & Nase, Kiefermuskeln & Wangen, Hinterkopf, Nacken & Schultern, Brustkorb, Bauchmuskeln, re. Oberschenkel, re. Wade & Fuß, li. Oberschenkel, li. Wade & Fuß. Diese Zahl kann durch Zusammenfassen einzelner Muskelgruppen weiter reduziert werden. Eine vernünftige *Zwischenstation* sind dabei *vier Muskelgruppen*:

- beide Hände & Arme;
- Stirn, Augen & Nase, Kiefer & Wangen, Hinterkopf;
- Nacken & Schultern, Brustkorb, Bauch;
- beide Oberschenkel, Waden und Füße.

„Wir legen uns schön bequem hin und schließen, wenn wir wollen, die Augen. In Gedanken gehen wir jetzt die einzelnen Muskeln durch und achten jeweils auf das Gefühl der Anspannung und das der Entspannung. Ich sage vorher, wie wir die einzelnen Muskeln anspannen, und erst auf ‹Jetzt!› tun wir das dann. Bei ‹Gut, entspannen!› lassen wir dann die angespannten Muskeln plötzlich, also nicht langsam, los – das gibt uns Schwung zur Entspannung. Anschließend sollen wir nichts Bestimmtes spüren, sondern nur darauf achten, was wir überhaupt spüren, wie sich das Gefühl der zunehmenden Entspannung anfühlt. Gut, dann fangen wir jetzt an.

Wir beginnen mit den Händen und Armen, spannen sie an, indem wir die Hände zu einer Faust ballen, die Arme anwinkeln und die Armmuskeln fest anspannen – jetzt!

Achten auf das Gefühl der Anspannung, wie die Muskeln fest verspannt sind. Gut – und entspannen wieder... Lassen die Hände und Arme ganz locker und achten auf das Gefühl in der rechten Hand, wie sich die Muskeln und Gelenke mehr und mehr lokkern und lösen: die Finger der rechten Hand, die Handfläche und das Handgelenk... Achten auf die Empfindungen in der linken Hand, in den Fingern, der Handfläche und dem Handgelenk... Richten unsere Aufmerksamkeit darauf, wie die Muskeln der Unterarme weicher und entspannter werden; auf die Ellenbogen, wie sie sich lockern..."

Gesicht und Hinterkopf werden folgendermaßen angespannt: Stirn runzeln, Augen zusammenkneifen und Nase kräuseln, Zähne aufeinanderbeißen, Mundwinkel nach hinten ziehen, Kopf leicht nach vorne neigen und Hinterkopf anspannen, so daß der Kopf leicht zittert. Die 3. Muskelgruppe: tief Luft holen und die Luft anhalten, Schulterblätter fest nach hinten zusammenziehen, Bauch einziehen (oder, wahlweise, herausstrecken) und Bauchmuskeln hart wie ein Brett anspannen.

Und, last not least: die Oberschenkelmuskeln fest verspannen, die Beine dabei leicht anheben, die Füße nach vorne strecken, nach innen drehen und die Zehen leicht krallen (Vorsicht! Nicht zu stark, sonst gibt's 'n Wadenkrampf). Und schön nach jedem Anspannen alle Detail–Muskeln in Gedanken durchgehen (lassen) und die Wahrnehmung der Entspannung sensibilisieren – und damit letztere fördern: „Achten auf das Gefühl in den Zehen, wie sie sich entspannen; in den Fußsohlen, wie sie sich mehr und mehr lösen. Und in den Fersen... Achten darauf, wie die Wadenmuskeln weicher und entspannter werden. Auf die Kniegelenke, wie sie sich lockern..." usw. usf.

Beherrscht der Klient die Entspannung nach Anspannung, können wir zur nächsten Stufe übergehen. Das *Vergegenwärtigungsverfahren* unterscheidet sich insofern von dem vorausgegangenen Verfahren, als der Klient *keine muskuläre Anspannung* mehr aufbringen muß. Entspannung durch Vergegenwärtigung beteiligt die gleichen vier Muskelgruppen. Um die Konzentration des Klienten zu unterstützen, kann der Therapeut sagen: „Gut, jetzt konzentrieren Sie sich auf die Muskeln der Arme und Hände, und achten Sie auf alle Spannungsgefühle, die Sie dort feststellen können. Beachten Sie, wo die Spannung ist und wie sie sich anfühlt." Danach kann der Therapeut direkt zur Entspannung übergehen, indem er z.B. sagt: „Gut, und nun entspannen Sie sich, indem Sie sich nur vergegenwärtigen, wie es war, als Sie diese Muskeln lockerten, sie mehr und mehr entspannten." Diese indirekten Suggestionen auf 35–45 Sekunden ausdehnen.

Das *Zählen* wird am Ende einer erfolgreichen Entspannung durch Vergegenwärtigung, gerade vor Beendigung der Sitzung, wenn der Therapeut sicher ist, daß eine tiefe Entspannung erreicht worden ist, eingeführt. Der Therapeut sagt etwa: „Während Sie nun völlig und tief entspannt bleiben, werde ich von 1 bis 10 zählen, und während ich zähle, lassen Sie alle Muskeln Ihres Körpers mit jeder Zahl noch lockerer und noch vollständiger entspannen. Konzentrieren Sie sich auf alle Muskeln Ihres Körpers, und beachten Sie, wie Sie noch entspannter werden, wenn ich bis 10 zähle." Danach kann der Therapeut anfangen zu zählen, wobei er *indirekte Suggestionen* einflicht, wie etwa: „Eins, zwei, achten Sie darauf, wie Ihre Arme und Hände mehr und mehr entspannt werden; drei, vier, konzentrieren Sie sich auf die Gesichts– und Nackenmuskeln, wie sie ganz locker werden; fünf, sechs, die Muskeln der Brust, Schultern, Rücken und Bauch tiefer entspannen; sieben, acht, die Muskeln der Beine und Füße werden immer lockerer; neun und zehn." Zeitlich sollte dieses Zählen parallel zum Ausatmen des Klienten sein. Dem Klienten sollte gesagt werden, daß dieses Vorgehen dazu dienen solle, die Aufmerksamkeit noch mehr zu sammeln und die Entspannung noch angenehmer zu machen.

Die letzte Stufe, der schwarze Gürtel der PMR ist die *Entspannung allein durch Zählen:* Der Therapeut zählt lediglich von 1 bis 10 und gibt zwischendurch indirekte

Die Kapitän–Nemo–Geschichte

Die Geschichte beginnt mit der Ruheinstruktion zur Vorbereitung des Unterwasserausfluges und wird gleichbleibend zu Beginn erzählt (Einstiegsbild):

„Stelle dir vor, du bist von Kapitän Nemo in sein Unterwasserboot Nautilus eingeladen worden. Ihr fahrt gemeinsam durch alle Weltmeere und seht viele, wunderschöne Dinge unter Wasser. Die schönsten Stunden sind immer die, wenn Kapitän Nemo dich auf seine Unterwasserflüge mitnimmt. Dazu ziehst du einen speziellen Taucheranzug an. Er hat eine besondere Wirkung auf dich; du merkst nämlich schon beim Anziehen, daß du vollkommen ruhig wirst…" Die Geschichte wird fortgesetzt mit den Erlebnisbildern des Unterwasserausfluges: „Nacheinander gleiten Kapitän Nemo und du durch die Ausstiegsluke des Nautilus ins Wasser. Du landest weich auf dem feinen, weißen Sand des Meeresbodens. Heute will dir Kapitän Nemo einen Unterwasserwald zeigen. Er führt dich durch die Unterwasserwelt, in der es viele wundersame Tiere gibt. Die Tiere schwimmen alle sicher und ruhig an dir vorbei. Auch dein Körper ist vollkommen ruhig und sicher.

Dein Körper ist im Wasser auch auf eine besondere Art angenehm schwer. Du merkst es zuerst bei deinen Armen. Du schaust deinen rechten Arm an und stellst fest: Mein rechter Arm ist ganz schwer (2mal wiederholen). Auch bei deinem linken Arm stellst du fest: Mein linker Arm ist ganz schwer (2mal wiederholen). Du schwimmst ganz ruhig und sicher hinter Kapitän Nemo her und denkst: Meine Arme sind ganz schwer (1mal wiederholen). Endlich seid ihr im Unterwasserwald angekommen. Dort wachsen Sträucher, die so groß sind wie die Bäume auf dem Land. Die Pflanzen des Waldes haben nur längliche Blätter, die nur nach oben wachsen, so, als ob sie aus dem Meer herausschauen wollten.

In diesem Unterwasserwald sind viele bunte Fische, große und kleine. Manche sind dick, andere dünn und wieder andere flach. Die einen haben lange, die anderen kurze Flossen. Sie schwimmen durch den Unterwasserwald, als ob sie Versteck miteinander spielen würden… Kapitän Nemo gibst Du ein Zeichen, daß ihr zum Unterwasserboot Nautilus zurückkehren müßt… Dort angekommen, steigst du in das Unterwasserboot hinein. Es ist so, als ob du aus einem schönen Traum erwacht wärst. Du streckst deine Arme, holst tief Luft, atmest wieder aus und machst die Augen auf."

Beim nächsten Unterwasserausflug wird die Schwereübung mit den Beinen vervollständigt. Beim dritten oder vierten Mal kommt die Wärmeinstruktion für die Arme, dann für die Beine schrittweise hinzu.

Ross & Petermann

Suggestionen. Diese Technik ist zeitsparend in den Therapiesitzungen, und darüber hinaus meinen einige Klienten, es helfe besonders in wirklichkeitsnahen Streßsituationen. Der Klient kann sich nun in einer Minute oder noch kürzerer Zeit tief und völlig entspannen, abhängig von der Zählgeschwindigkeit. Zwei Übungen täglich sind unnötig, wenn der Klient sich mit dem Zählverfahren oder mit einer schnellen Vergegenwärtigung entspannen kann.

Nun eine *Anleitung zur Erstellung eines Übungsplanes:* Es wird vorgeschlagen, das Anfangsvorgehen (ca. 17 Muskelgruppen) mindestens bei den ersten drei Sitzungen anzuwenden. Das Vier–Muskelgruppen–Verfahren kann bei der vierten bis sechsten Sitzung begonnen und bis zur siebten fortgesetzt werden. Das Verfahren der Vergegenwärtigung würde somit in der achten Sitzung eingeführt und bei der neunten wiederholt (evtl. mit dem Zählverfahren). Nur Zählen wird in der zehnten Sitzung angewendet und in allen folgenden.

Das wichtigste Anzeichen für vorhandene Probleme ist wohl darin zu sehen, daß es der Klient versäumt, die häuslichen Übungsaufgaben, ein– bis dreimal am Tag, zu erfüllen. Wenn der Klient z.B. nur 2 oder 3 Tage von 7 geübt hat, sollte der Therapeut womöglich nicht eher das nächste Verfahren einführen, als bis der Klient regelmäßig übt. Die Übungen können einem *Stufenplan* folgen, z.B.:
- sitzend, inaktiv, stille Situation;
- sitzend, aktiv, laute Situation, z.B. in einer Cafeteria sitzend;
- sitzend, aktiv, unruhige Situation, z.B. in einer Cafeteria essend;
- stehend, inaktiv, stille Situation, z.B. im Wohnzimmer stehend;
- stehend, inaktiv, laute Situation, z.B. in einer Warteschlange stehend;
- stehend, aktiv, ruhige Situation, z.B. alleine arbeitend.

Die drei Dimensionen für die Schwierigkeitsabstufung sind:
- die Situation,
- die Körperstellung und
- das bestehende Aktivitätsniveau.

In dem Zeitplan ist vorausgesetzt, daß der Klient sich mindestens im Stadium des Vier–Muskelgruppen–Verfahrens im Entspannungstraining befindet und daß er jede Stufe nicht weniger als viermal täglich für 5 Minuten übt. Der Klient sollte lautlos ein Signalwort bei jedem Ausatmen sagen, wie „ruhig", „entspannt" etc.

„Für die Durchführung des autogenen Trainings mit aggressiven Kindern sind spezifische Bedingungen zu beachten. Die ersten beiden Übungen des ‹traditionellen› autogenen Trainings, die Schwere– und Wärmeübung mit Armen und Beinen, werden in die ‹Kapitän–Nemo–Geschichte›, eine Unterwassergeschichte, integriert. Hierbei ist ein wiederkehrendes Leitmotiv notwendig, um einen Gesamtzusammenhang für das Kind herzustellen; dies wird mit einer Fortsetzungsgeschichte erreicht, die die Kinder zugleich weitermotiviert. Zur Beruhigung werden besonders geeignete Bilder und Vorstellungen benutzt, in die die Instruktionen des autogenen Trainings integriert sind; als besonders geeignetes Bild wird das Wasser verwendet, mit dem auch alle Kinder Erfahrung haben" *(Ross & Petermann)*.

Die *Fokusierte Ablenkungs–Entspannungstechnik (FAE)* bezweckt eine noch intensivere Aufmerksamkeitszentrierung auf unterschiedliche Körperpartien, Ablenkung von möglichen Störreizen, Konzentration auf angenehme Körpervorgänge, Häufung von Wörtern mit Entspannungskonnotation (warm, gleichmäßig, ruhig, etc.). „An den Handinnenflächen spürst Du das Gewebe Deiner Kleidung. Die Handinnenflächen sind wärmer als die Außenflächen, sie sind warm, angenehm warm. Folge dem Nachlassen der Spannung immer tiefer und tiefer in Ruhe und Entspannung…. Du nimmst wahr,

Schwierigkeiten – Lösungsvorschläge

1. *Krämpfe der Muskeln*
Krämpfe können vermieden werden, indem man den Klienten bittet, die betroffenen Muskelgruppen weniger und für kürzere Dauer anzuspannen.

2. *Bewegung*
Bewegung in Form von „Zappeln" braucht nicht beachtet zu werden (z.B. Kratzen von Ohren und Nase, der Versuch, eine angenehme Lage im Sessel zu finden u.a.).

3. *Lachen oder Sprechen*
Wenn das Verbalverhalten des Klienten bis zum Ende der ersten Sitzung nicht durch Löschung aufgehört hat, sollte der Therapeut nur die entsprechende Anweisung wiederholen. Dies kann auch nach der ersten Hälfte der Sitzung geschehen, wenn ein sehr gesprächiger Klient sonst die Entspannungsanweisung stört.

4. *Äußere Geräusche*
Meistens haben Geräusche letztlich keinen störenden Effekt auf den Fortgang des Entspannungstrainings, solange der Klient den Therapeuten hören kann.

5. *Spasmen und Tics*
Bei vielen Leuten können, wenn sie einschlafen, Muskelspasmen (Myoklonien) beobachtet werden. Wenn sie während einer Sitzung auftreten, können sie den Klienten überraschen, und es ist wichtig, daß der Therapeut richtig darauf reagiert, da sie ein nebensächliches Problem darstellen. Am Schluß der Stunde sollte der Therapeut erläutern, daß man sich wegen der Spasmen nicht aufregen muß.

6. *Sich aufdrängende Gedanken*
Daß sich Gedanken aufdrängen, bemerkt der Therapeut wahrscheinlich ziemlich früh, und die richtige Zeit, sie anzugehen, ist am Ende der ersten Sitzung.

7. *Ängstigende Gedanken*
Bei sich aufdrängenden Gedanken, die der Klient auch äußert, kann der Therapeut mehr reden, während der Klient mehr zuhört und sich auf die Anweisungen konzentriert, keine Pause von mehr als 5–10 Sekunden entstehen zu lassen, in der die Gedanken evtl. zu wandern beginnen. Der Therapeut sollte sich ein Erlebnis beschreiben lassen, bei dem der Klient sehr entspannt und glücklich war. Der Therapeut sollte einige Gesichtspunkte der Szene in eine Entspannungsanweisung einbauen, so daß Vorstellung und Entspannung zusammengehörige Teile werden.

8. *Sexuelle Erregung*
Die zweite große Kategorie von während einer Entspannungssitzung sich aufdrängenden Gedanken ist gekoppelt mit sexueller Erregung des Klienten. Deshalb sollte dies nach der Sitzung besprochen werden. Für den mißlichen Fall, daß sich die sexuelle Appetenz des/r Klienten/in durch ein solches Gespräch nicht ausräumen läßt und hartnäckig verharrt, geben die Autoren *Bernstein & Borkovec* den sinnreichen Ratschlag, daß „der Therapeut die Maßnahmen, die ihm in dieser klinischen Situation notwendig erscheinen, ergreifen" solle. Ob die Autoren auch das Aufknöpfen der Hose oder Bluse dabei mit in den Kreis der potentiellen Maßnahmen einschließen, bleibt im Dunkel der sphinxphilen Formulierung verborgen – ich persönlich würde allerdings Liebhabern davon abraten: Es gibt bei der heutigen sexuellen Mentalität, die sich seit *Freuds* Zeiten schon wieder sehr verhärtet hat, auf allen Seiten einen Haufen Ärger und kann gar bis vors Ehrengericht des BDP gehen, von einem saftigen Artikel im STERN ganz zu schweigen; und das ist doch die Sache auch wieder nicht wert – oder?

9. *Schlaf*
Hat der Therapeut festgestellt, daß der Klient schläft, sollte er weitersprechen, dabei aber allmählich immer lauter werden. Der Therapeut sollte vermeiden, den Klienten zu erschrecken, um nicht den erreichten Entspannungszustand zu unterbrechen. Es sollte vermieden werden, die Sitzungen sehr früh morgens oder direkt nach dem Mittagessen zu legen. Um den Klienten wach zu halten, genügen meist kleine Änderungen der Stimmqualität. Im übrigen ist das Einschlafen des Klienten nicht das schlimmste, assoziiert er doch das Entspannungstraining mit dem Einschlafen!

10. *Husten und Niesen*
Der Therapeut sollte nur kurz dem Klienten versichern, daß diese Unterbrechungen die Entspannung nicht stören. Dem Klienten wird gesagt, er könne ruhig wieder husten oder niesen, wenn das Bedürfnis dazu besteht. Problematischer ist der Raucherhusten. Viele starke und auch mäßige Raucher können nicht tief einatmen, ohne zu husten. Wenn flaches Ein– und Ausatmen den Zweck verfehlt, muß der Therapeut das Luftanhalten aus dem Training herauslassen.

11. *Ungewöhnliche Empfindungen während der Entspannung*
Viele Empfindungen, die bei tiefer Entspannung auftreten, sind für den Klienten ungewohnt (z.B. das Gefühl zu schweben, Lage seiner Beine und Arme im Verhältnis zum Körper nicht bestimmen zu können u.a.). Der Therapeut muß dann so reagieren, daß er Sicherheit vermittelt. Der Klient sollte eher dahin kommen, Empfindungen zu genießen, als sie zu fürchten.

12. *Innere Erregung*
Man kann den Zusammenhang beider Systeme, der willkürlichen und unwillkürlichen Muskulatur, darlegen und zu erkennen geben, daß die Entspannung der willkürlichen Muskulatur evtl. auf die unwillkürliche zurückwirkt. Im übrigen sollte man vielleicht mal nach dem Kaffeekonsum fragen: gegen 10–12 Tassen Kaffee am Tag kommt man mit der besten Entspannung nicht an.

13. *Das mangelnde Befolgen der Anweisungen*
Der Therapeut sollte einfach den Klienten an das Standardverfahren erinnern und z.B. sagen: „Das war gut, beim nächsten Mal warten Sie bitte mit der Muskelanspannung, bis ich das Zeichen ‹jetzt› gegeben habe", oder „Sie machen das gut, denken Sie bitte daran, alle Spannung auf einmal zu lockern statt allmählich", oder „Denken Sie daran, die Muskelgruppen nur auf meine Anweisung hin anzuspannen. Achten Sie auf meine Stimme und versuchen Sie, das, was ich Ihnen sage, so gut wie möglich auszuführen."

14. *Übungsprobleme*
Der Therapeut muß sicherstellen, daß in der Sitzung tiefe Entspannung erreicht wird, andernfalls muß er sein Trainingsverfahren verbessern. Nichtsdestoumso ist die Übungsbereitschaft der Klienten das größte Problem bei allen Entspannungstrainings. Herr *Jacobson* führte mit seinen Klienten noch um die 80 Trainingssitzungen durch. Heute ist das Training weitgehend in die Haus– & Heimarbeit verlegt – nur: die läßt eben zu wünschen übrig. So bleibt nichts anderes übrig, als daß der angeblich und vermeintlich (motivations–)psychologisch bestens geschulte Psychotherapeut im Guten wie im Bösen alle seine Motivierungs–Register zieht. Mit Belohnungen wird ebenso gearbeitet werden wie mit ermahnenden Belehrungen. „Wenn Sie so weitermachen, brauchen Sie 12 Jahre, um sich ein wenig entspannen zu können. Wir machen das jetzt mal mit unseren Sonnenschein– und Regen–Aufklebern; und wenn Sie 5 Sonnen zusammen haben, dürfen Sie sich was gönnen... bla, bla, bla usw. usf."

wie Du im Sessel sitzt: die Füße stehen auf dem Boden, ruhig und sicher, die Beinmuskulatur ist entspannt, die Oberschenkel sind locker. Du fühlst, wie sie sich in den Sessel eindrücken. Der Rücken liegt an; dort, wo der Körper aufliegt, ist es warm, angenehm warm“ *(Lutz/Sommer)*.

Noch suggestiver und imaginativer geht die *Emotional–Conditioning–Entspannungstechnik (ECE)* zu Werke: „Induktion einer angenehmen Vorstellung, die mit Ruhe und Entspannung assoziiert ist; externe Reize (Wärme – Lichtstrahlen) dienen als Hilfe, um die Imagination aufzubauen. Durch die Instruktion wird ein Bild hervorgerufen, das dem Probanden bekannt sein soll und mit Sonne, Wärme und Entspannung assoziiert ist. Der externe Reiz, die Lichtstärke des Dimmers, muß variiert werden, um einer Adaption vorzubeugen und die Vorstellung erneut anzuregen. Der Proband benötigt genügend lange Pausen, um ein Bild voll aufbauen zu können“ *(Lutz/Sommer)*.

Zunächst schließt der Klient die Augen und sagt sich, daß er entspannen wird. Dazu soll er sich dann beispielsweise vorstellen, daß er auf einer Decke an einem ruhigen Strand liegt, um sich auszuruhen und die Sonne zu genießen. Der Klient hat Urlaub, ist weit weg von Streß und Hektik und liegt nun also ruhig und entspannt in der Sonne. Er spürt die Wärme, das Licht, welches wärmer und wärmer wird, aber eine entspannende Wirkung auf ihn hat (Dimmer auf 1/2). (Dimmer 1) Erneut weist man den Klienten darauf hin, daß er an einem Strand in der Sonne liegt und die Ruhe genießt. Ein kleiner, angenehm erfrischender Wind weht, und man liegt entspannt und ruhig auf seiner Decke. Stellt man den Dimmer nun auf 1/3, so begleitet man diese Tätigkeit mit den Worten, daß eine kleine Wolke vorüberzieht, die Sonne verdeckt ist, man aber dennoch ruhig und entspannt bleibt, da die Sonne wiederkommen wird. Der Klient atmet langsam und gleichmäßig ein und aus. Die Wolke ist nun an der Sonne so langsam vorbeigezogen, der Dimmer wird auf 2/3 gestellt, und die Haut erwärmt sich wieder. „Du nimmst durch die geschlossenen Lider das Licht der Sonne wahr, der Schatten ist verschwunden. Du liegst ganz ungestört am Strand in ... in der Sonne, es ist angenehm warm, nicht zu heiß, ein leichter, angenehmer Wind geht. Es ist wohltuend, hier zu sein. Du bist ganz ruhig und entspannt; Du atmest langsam und gleichmäßig ein und aus, ein und aus ... und genießt den angenehmen Urlaubstag am Strand...“ *(Lutz/Sommer)*.

Dann fordert man den Klienten auf, jeweils eine Gesichtshälfte dem Licht zuzuwenden. „Deine rechte/linke Gesichtshälfte ist warm, angenehm warm... Du bist ganz entspannt und ruhig...“ Danach wendet sich der Klient wieder mit dem ganzen Gesicht dem Licht zu, spürt das Verschwinden des Schattens auf der einen Gesichtshälfte und ist entspannt und ruhig. „Du bleibst ganz in der Vorstellung, wie Du am Strand auf einer Decke liegst... Du hast Urlaub und liegst dösig in der Sonne, ruhig und entspannt.“ Dann wird die andere Gesichtshälfte dem Licht zugewendet und mit den gleichen Worten begleitet. Dreht man den Dimmer am Ende der Entspannung dann zurück, so sagt man dem Klienten, daß er weiterhin entspannt sitzen bleiben und ruhig und gleichmäßig atmen soll – die Entspannung in vollen Zügen genießen soll, bis er selbst die Entspannung langsam zum Ende kommen läßt, die Augen öffnet und sich räkelt.

Als relativ objektive *Kriterien für die Tiefe der Entspannung* dürfen (neben physiologischen Meßvariablen und der subjektiven Schilderung des Klienten) folgende Merkmale gelten:
- *weniger Bewegung* während der Sitzung,
- der Klient sollte schließlich *wie ein Schlafender* aussehen,
- die *Atmung sollte sich* deutlich im Verlauf einer Sitzung *verlangsamen*,
- ein *leicht herabhängender Unterkiefer*,
- das *Gesicht* sollte sehr *entspannt* und die *Lippen geöffnet* sein,
- bei männlichen Entspannten: eine *Wölbung* in der Schamgegend,

Geben Sie bitte anhand der folgenden Eigenschaftspaare an, wie Sie sich im Moment fühlen. Sie haben zwischen den Extrempaaren jeweils 5 Ankreuzmöglichkeiten.

entspannt	O	O	O	O	O	gespannt
verkrampft	O	O	O	O	O	gelöst
angespannt	O	O	O	O	O	leicht
friedlich	O	O	O	O	O	gereizt
aufgeregt	O	O	O	O	O	ruhig
klar	O	O	O	O	O	verstört
erregt	O	O	O	O	O	beruhigt

– die *Stellung der Beine* zeigt den Grad der Entspannung an; sie ändert sich von paralleler Stellung bis schließlich zu einer Winkelstellung von 45 Grad.

Zur Erfassung des individuellen *Entspannungsgrades* des Klienten kann man vor und nach der Entspannungssitzung eine *Eigenschaftswörterliste* vorgeben. Auf jeden Fall muß nach jeder Entspannung ein Gespräch folgen!

Biofeedback

Der Einsatz von Biofeedback, der Rückmeldung physiologischer Variablen, ist umstritten. Bisher liegen vorwiegend *positive Erfahrungen* der Biofeedback–Anwendung bei folgenden Störungsformen vor:

Störungsform	*Zurückgemeldete Variable*
Spannungskopfschmerz	EMG des M. frontalis
andere Verspannungsschmerzen, Kreuzschmerzen ohne neurologische Grundlage (low back pain)	EMG
Herzrhythmusstörungen, vor allem Tachykardie	Herzfrequenz
Morbus Raynaud	Hauttemperatur
Neurologische Störung der Skelettmus–kulatur (nach Lähmungen, Spastizität u.a.)	EMG des betroffenen Muskelsystems
Migräne	Plethysmogramm der A. temporalis

Umstritten bzw. noch nicht hinreichend in kontrollierten Studien belegt ist der Erfolg einer Biofeedback–Behandlung bei den folgenden Störungsformen:

Störungsform	*Zurückgemeldete Variable*
essentielle Hypertonie	Blutdruck, Pulslaufzeit, elektrische Leitfähigkeit, EMG
Aufmerksamkeitsstörungen	EEG (ereigniskorrelierte Potentiale und langsam kortikale Gleichspannungsverschiebungen, Hirnstammpotentiale)
Herzneurosen mit Tachykardien	Herzfrequenz
Ängste	EEG, EMG
Epilepsie	sensomotorischer Rhythmus im EEG
Migräne	Hauttemperatur
Asthma bronchiale	Atemwiderstand, Atemfrequenz
Skoliose	Rumpfstreckung
Insomnia	EEG (Theta–Wellen, sensomotorischer Rhythmus)
Torticollis spasticus	EMG (M. sternocleido–mastoideus) und Strafreizekontingent auf Drehung

Doch wie auch immer: Die Reaktionen des unwillkürlichen (vegetativen) Nervensystems werden dem Bewußtsein zugänglich gemacht; dieses leitet einen Versuch–Irrtum–Prozeß ein, um Kniffe herauszukriegen, die den Zeiger hoch– oder den Ton runterjubeln – als Zeichen dafür, daß die Physiologie hoch– respektive runtergeht. Da ist einiges hinzukriegen!

Yoga

„Mahatma Gandhi entspannte sich auf diese Weise während seiner anstrengenden Bahnreisen durch ganz Indien. Diese Entspannungsübungen sollten Sie am Ende Ihres jeweiligen Übungsprogrammes ausführen. Sie eignen sich auch für Sportler bei Trainingsende sowie für Berufstätige am Abend eines arbeitsreichen Tages" *(Rhyner)*. Yoga ist zwar für seine gesundheitsfördernden und körperkräftigenden Eigenschaften be-

kannt und kann auch bei Krankheiten angewandt werden – dennoch: „Wenden Sie Yoga–Übungen bei Erkrankungen nicht ohne ärztlichen Rat an. Sicher vermag Yoga die meisten Krankheiten zu heilen; doch die Behauptung, daß Yogahaltungen alle Krankheiten unter der Sonne heile, ist ein reiner Mythos... Das regelmäßige Praktizieren von Yogahaltungen korrigiert und normalisiert alle physiologischen Funktionen unseres menschlichen Körpers... Monatlich ausgeführte medizinische Tests bei Yoga–Übenden zeigen eine deutliche Verbesserung der Blut– und Urinwerte sowie des Stuhlgangs. Blutdruck, Atmungsfunktion und Puls normalisieren sich bald“ *(Rhyner)*. Natürlich gibt es auch hier wieder verschiedene *Übungen*:

„Toter Mann“ (Savasana): „Mit Hilfe dieser Übung sind Yogis in der Lage, ihren Schlaf auf wenige Stunden zu reduzieren.“ Liegen Sie auf dem Rücken, Beine, Rückgrat und Kopf bilden eine Linie. Halten Sie die Füße 40 cm auseinander und die Hände je 25 cm vom Rumpf entfernt. Halten Sie die Augen geschlossen, ohne Druck auf die Lider auszuüben. Lösen Sie Ihren Geist langsam und allmählich von allen Teilen des Körpers los. Stellen Sie sich vor, daß Ihr Körper bei jedem Ausatmen tiefer in den Boden sinkt. Führen Sie diesen mentalen Vorgang aus, bis Sie fühlen, Ihr Körper sei weggesunken. Um dieses Stadium zu erreichen, werden Sie 5–15 Min. benötigen.

„Krokodilhaltung“ (Makarasana): „Dieses Asana hat seinen Namen vom Krokodil, das sich auf dem Bauch liegend ausruht.“ Legen Sie sich völlig ausgestreckt auf den Bauch. Alle Körperteile müssen mit dem Boden Kontakt haben. Halten Sie die Füße getrennt, die Fußspitzen nach außen. Falten Sie die Arme übereinander und legen Sie sie unter die Stirn. Schließen Sie die Augen und atmen Sie normal. Entspannen Sie alle Körperteile und bleiben Sie regungslos liegen. Stellen Sie sich vor, wie Ihr Körper langsam in den Boden versinkt. Wenn jemand Sie ins Bein kneift, sollten Sie nichts dabei verspüren. Dies ist der Test für die Perfektion dieser Haltung. Bleiben Sie nach Belieben in dieser Stellung.

„Innehalten“ (Nispanda Bhava): „Bhava bedeutet ‹Geisteshaltung›, Ni ‹ohne› und Spanda ‹Bewegung›. Nispanda Bhava ist somit jene Geisteshaltung, in der weder physikalische noch mentale Tätigkeit stattfindet. Jedermann sollte es möglich sein, eine Haltung einzunehmen, in der er sich bequem fühlt, ohne dabei seine Position wechseln zu müssen. Wählen Sie also eine Stellung, in der Sie sich entspannt fühlen und für geraume Zeit verharren können.“ Setzen Sie sich nahe an eine Wand und lehnen Sie sich zurück, bis Sie sich komfortabel fühlen. Schließen Sie die Augen. Entspannen Sie alle Körperteile. So wie Ihr Körper die Wand als Stütze benutzt, braucht auch Ihr Geist einen Halt. Es ist sehr leicht, Ihren Geist mit Hilfe des Gehörs zu kontrollieren. Fixieren Sie deshalb Ihr Gehör auf die Geräusche Ihrer Umgebung. Absorbieren Sie sie auf eine passive, unbeteiligte Weise. Diese Übung können Sie zu jeder Zeit für 10–15 Min. praktizieren.

Meditation

Bei der Transzendentalen Meditation (TM) handelt es sich um ein autosuggestives Entspannungsverfahren. Im Gegensatz zum AT und zur Hypnose wird dieser Zustand nicht mit spezifischen handlungsanweisenden Suggestionen induziert (z.B. Schwere– und Müdigkeitssuggestionen), sondern über ein „bedeutungsloses“ Klangwort aus Vokalen und Konsonanten, dem sogenannten Mantra, das eine gedankliche Beschäftigung mit bestimmten Inhalten geradezu verhindern soll. Die Idee und der Anspruch, die hinter diesem Verfahren stecken, sind eine Senkung des Biotonus und Steigerung der emotionalen Ausgeglichenheit und Stabilität durch tägliches Sich–Versenken in das innerlich gesprochene Mantra, welches eine temporäre Gleichgültigkeit gegenüber allen Gedanken und Belastungen des Alltags erzeugen soll. Etwas einfacher könnte man dieses Verfahren als zeitweiliges unspezifisches Aussteigen aus dem Alltag beschreiben, mit dem Ziel einer Rekreation oder „Atempause“ im Belastungsalltag.

Knapp

Musik

Ruhige, gelassene, fließende Musik entspannt ungemein. *Haas* gibt Anregungen für entspannende *instrumentale Improvisationen*. Er nutzt den sympathikotonen Rebound–Effekt und bringt daher den Adrenalinspiegel zuerst auf 180: „Auf ein Handzeichen des Therapeuten wird etwa 15 Sekunden ein möglichst lauter und ungemein dynamischer Klang sämtlicher Instrumente ohne rhythmische Gliederung erzeugt. Therapeut bricht mit Handbewegung jäh ab“, oder: „Das gesamte Schlagzeug baut Spannung auf, indem ein gemeinsam betonter Schlag ständig an Lautstärke, Dynamik und Tempo gewinnt, bis er vom kaum hörbaren Tonsignal zum nicht mehr zu steigernden Trommelwirbel emporsteigt. Hier bricht der...“, wie gehabt!

An *Instrumenten* benutzt er Klavier, Pauken, Schlagzeug, große oder kleine Handtrommel, Congas, Becken, Schellenhandtrommel und Schellenring. Oder Spannungsauf– & –abbau mit *stimmlichen Lauten*: Seufzen, Urlaute, Schreie, Grunzen, Lallen, Babbeln, Heulen, Zirpen, Züscheln, Wispern und und und. Das entspannende Pendant sind dann leise, ruhige Klänge oder Laute, die laut und hoch beginnen, um dann in sanfte, leise Niederungen der Stimme abzusinken, bis hin zum Summen & Brummen.

Suchen wir *vorkomponierte & –gefertigte Musik*, die per se oder als Hintergrund für Entspannungsformeln entspannen soll, so kann folgende Liste behiflich sein:

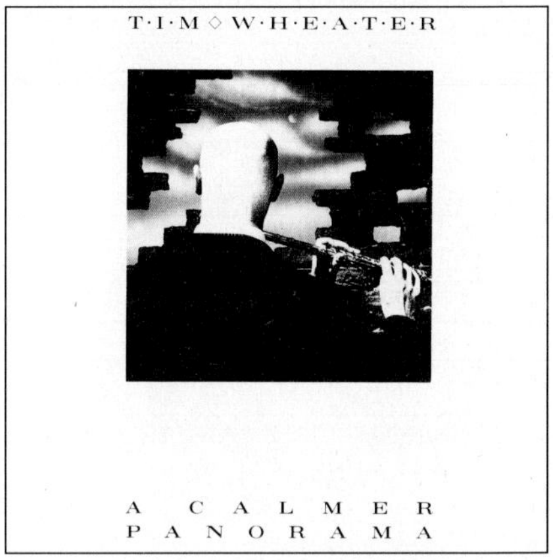

Musik zur Entspannung

Klassische Musik:
- O G. F. Händel: Feuerwerksmusik (Bourree), Konzert für Harfe, zwei Flöten und Orchester (Allegro Larghetto)
- O J. S. Bach: Brandenburgisches Konzert Nr. 4 BWV 1049 (2. Satz), Orchestersuite Nr 3 (Air D–Dur)
- O E. Grieg: Peer–Gynt–Suite Nr. 1 op. 46 (1. Morgenstimmung, II. Ases Tod, IV Solvejgs Lied)
- O A. Vivaldi: Der Frühling (aus „Die vier Jahreszeiten") 2. Satz
- O J. Pachelbel: Canon T.
- O Albinoni: Adagio g–Moll für Streicher und Orgel
- O F. Chopin: Nocturnes (er hat sie schließlich zum Einschlafen geschrieben – nichtsdestotrotz sollten sie für die Entspannung selegiert werden; manche donnern noch ganz schön)
- O W. A. Mozart: Sonaten (auch hier muß der musisch geschulte Therapeut selektiv schauen)

New Age Music (was immer das ist – aber *das* hier ist was):
- O Kitaro: The light of the spirit
- O Tim Wheater: A calmer panorama
- O Environment 2: River/Bells (vorher unbedingt pinkeln, sonst läuft's via Bachgeplätscher bei der Entspannung)

Massage

Voraussetzung zur Massage: Bevor man eine Massage startet, sollte man darauf achten, daß die *Raumtemperatur* 21 bis 25 Grad beträgt und eine *ruhige Atmosphäre* im Raum herrscht. *Beengende Kleidungsstücke* wie beispielsweise Gürtel, Hüfthalter, BHs etc. müssen gelockert werden. Außerdem ist darauf zu achten, daß bei Ganzkörpermassagen (50–60 Minuten) die jeweils nicht behandelten Körperteile mit einer *Decke* gegen Wärmeverlust geschützt werden. Ganzkörper– und Bauchmassagen dürfen keineswegs nach *Hauptmahlzeiten* und erst eine Stunde nach Einnehmen einer leichten Mahlzeit durchgeführt werden. Bei Bauchmassagen ist in Zeiten der Menstruation und der Schwangerschaft Vorsicht geboten (nur leichte Streichungen, keine Knetungen!) Vor jeder Massage sollte man die Harn– und Stuhlentleerung vorgenommen haben. Die *gebräuchlichsten Massageformen* sind:
- Die *klassische Massage*, als Trockenmassage ohne oder auch mit Massagegerät und meist mit vorangegangener Wärmeanwendung; vorwiegend als Muskelmassage.
- *Bindegewebsmassage*, als Reflexzonenmassage mit spezieller Wirkung auf das Unterhautbindegewebe.
- *Unterwassermassage* mit Wasserstrahl oder auch manuell.

Die *Massagewirkung* erreicht etwa nach 15 bis 20 Minuten ein Maxmimum; sie muß also entsprechend vorgeschaltet werden. Die *Erwärmung* der Hautoberfläche durch Massage beträgt etwa zwei Grad, während durch eine gute aktive Aufwärmarbeit, verbunden mit einigen Stretchingübungen eine Steigerung der Muskeltemperatur auf etwa 40 Grad erreicht wird.

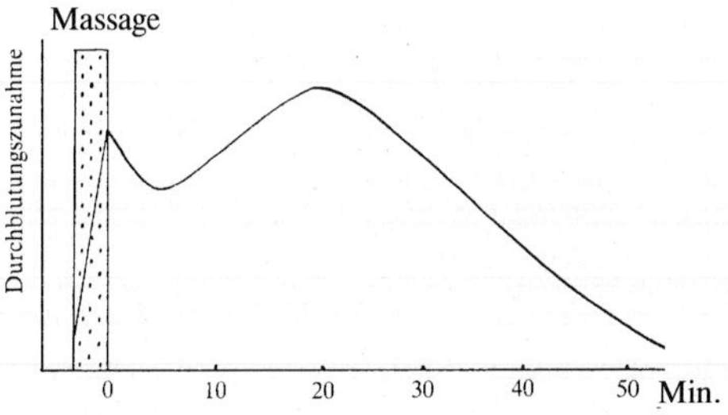

Verlauf der Mehrdurchblutung während und nach einer kurzen Massage

Tun wir nebenbei noch etwas für unsere *Muskulatur*: So führen weiche, in einem langsamen Rhythmus ausgeführte Knetungen zur Entspannung und Tonusminderung,

Die Muskulatur des Menschen

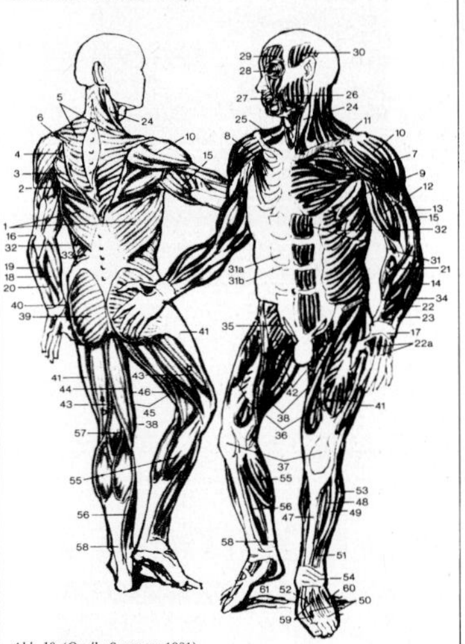

Abb. 10: (Quelle: SCHWOPE 1981)

Selbst– & Partnermassage

Selbstmassage des Unterschenkels:
– Kräftige Streichungen der Wade. Die Fingerkuppen beider Hände beginnen links und rechts der Achillessehne und gleiten oberhalb dieser zusammen, während Finger und Handflächen die Wadenmuskulatur umschließen und bis zur Kniekehle hochziehen.
– Friktionen der Achillessehne und der Wadenmuskulatur.
– Streichungen des vorderen Schienbeinmuskels, des langen Zehenstreckers und der Wadenbeinmuskeln. Diese Muskelgruppe liegt außen zwischen dem Schienbein und Wadenbein, vor der eben bearbeiteten Wadenmuskulatur. Der vordere Schienbeinmuskel schmerzt manchmal beim schnellen Gehen, weil er dann kaum zur Entspannung kommt.
– Friktionen im Bereich dieser Muskelgruppe.
– Fingerstreichungen und Friktionen um die Kniescheibe herum.
– Streichungen des Unterschenkels und Weiterführen der Streichungen zum Oberschenkel. Hier mit abgespreiztem Daumen möglichst den ganzen Schenkel umschließen.

Selbstmassage des Oberschenkels:
– Kräftige Streichungen des Oberschenkels von der Kniescheibe bzw. Kniekehle bis zur Leiste bzw. Gesäßfalte mit beiden Händen und abgespreizten Daumen. Dabei sind einmal die Daumen und dann die Finger beieinander, so daß der gesamte Schenkel erfaßt wird.
– Dehnstriche in der Furche zwischen Bizeps und Halbsehnenmuskel auf der Rückseite (Unterseite) des Oberschenkels.
– Streichungen des ganzen Beines.
– Lockerungen (Schüttelungen) der Wade und des Quadrizeps.

Selbstmassage von Nacken und Schulter:
– Streichungen des Trapeziusrandes mit den Fingern, ausgehend vom Hinterhauptsrand hinter dem Ohr und auch dicht neben der Wirbelsäule bis zur Schulter. Die Streichungen können jeweils mit einer Hand auf der gleichen Seite oder auf der gegenüberliegenden Seite ausgeführt werden und auch mit beiden Händen gleichzeitig.
– Einhandknetungen der oberen Trapeziusränder.
– Streichungen diagonal über den Rücken auch mit einem Massageband oder groben Handtuch.

Selbstmassage des Bauches:
– Großflächige, kreisförmige Streichungen mit beiden Händen im Uhrzeigersinn über den gesamten Bauchbereich.
– Spiralförmige Fingerstreichungen um den Nabel, Spirale auswärts und wieder einwärts.
– Wellenförmige Knetungen der Bauchmuskulatur vom Brustbein bzw. den Rippenbögen bis zu den Schambeinen und wieder zurück.

Partnermassage: Noch entspannender und schöner ist es natürlich, wenn Sie einen privaten Masseur haben, der Sie massiert.

Unterschenkelmassage:
– „Entwässernde“ Streichungen der Wadenmuskulatur bei angehobenem Unterschenkel. Eine Hand hebt und hält den Unterschenkel am Fußrist, die andere Hand streicht kräftig die Wade.
– Längsknetungen der Wadenmuskulatur. Die Finger beider Hände heben den Muskel ab, die Daumen pressen ihn anschließend wieder heran.
– Querknetungen der Wadenmuskulatur, beginnend mit Fingerknetungen an der Achillessehne.
– Friktionen der Wadenmuskulatur; Friktionen mit beschwerter Hand und/oder gezielte Fingerfriktionen.
– Rollungen der Wade bei angehobenem Fuß.

Oberschenkelmassage:
– Kräftige Streichungen des Oberschenkels mit beiden Händen. Den Oberschenkel möglichst weit umfassen. In Höhe der Gesäßfalte schließen die Daumen zu den Fingern, und die Hände gleiten zurück.
Längsknetungen; dabei möglichst viel Muskulatur fassen.
– Friktionen mit beschwerter Hand.
– Evtl. Klatschungen und Hackungen.
– Rollungen des Oberschenkels, evtl. auch in Verbindung mit der Wadenmuskulatur bei angehobenem Unterschenkel, sowie Schüttelungen des ganzen Beines vom Fuß her. Der Hüftbereich kann besser in Seitenlage geschüttelt werden.

Nacken– und Schultermassage:
– Streichungen vom Hinterhaupt in einem Halbkreis nach außen über den Nacken und Trapeziusrand zur Schulterhöhe und von dort in einem Halbkreis nach innen über das Schulterblatt. Diese Streichungen können wechselseitig und/oder beidseitig (parallel) ausgeführt werden.
– Daumenfriktionen entlang der Wirbelsäule (neben den Dornfortsätzen). Die Finger liegen am Trapeziusrand an, während die weit abgespreizten Daumen von unten nach oben (kopfwärts) die Friktionen ausführen bis zum Hinterhauptsrand.
– Gezielte Streichungen und Akupressur im Bereich des Schmerzpunktes der Schulterblattmitte. Diese Streichungen sollten wiederholt zwischengeschaltet werden.
– „Fortlaufende“ Hautfalte vor den Daumen durch Vorwärtskrabbeln der Finger. In verschiedenen Nacken– und Rückenbereichen wiederholen.
– Eine Übung, die nach den im Liegen ausgeführten Übungen im Sitzen ausgeführt werden sollte: Vibrationen im Nacken– und Schulterbereich, evtl. mit einem Vibrator.

Rückenmassage:
– Streichungen mit abgespreiztem Daumen vom Becken aus über den ganzen Rücken, mit beiden Händen gleichzeitig und/oder im Wechsel links und rechts. Die Daumen streichen neben der Wirbelsäule aufwärts, schließen am oberen Trapeziusrand zu den Fingern, und die Hände gleiten an den Flanken zurück.
– Friktionen neben der Wirbelsäule mit anschließenden Streichungen nach außen. Wir beginnen im Bereich von Kreuzbein und Beckenkamm und wandern dann langsam aufwärts.
– Schieben und „Zupfen“ von Hautfalten.
– Dehnstriche entlang der Wirbelsäule.
– Hand–über–Hand–Streichungen bei gespreizten Fingern nach innen, insbesondere im Zwischen–Rippen–Bereich, auch mit Vibrationen oder Schüttelungen verbunden.

Gegenindikationen & Massageverbote:
– Keine Massage bei frischen Verletzungen, bei fieberhaften Erkrankungen (Infektionen) und bei entzündlichen Veränderungen (eitrige Prozesse, Geschwüre, Gelenkerkrankungen, Sehnenscheidenentzündungen usw.)!
– Besondere Vorsicht ist auch bei Krampfadern und Thrombosen geboten (Emboliegefahr)! Krampfadern dürfen nur nach ärztlicher Konsultation massiert werden, wenn diese weich und ohne Entzündung sind.
– Bei hinzutretenden Krankheitsbildern (örtliche oder allgemeine Temperaturerhöhung, Ekzeme usw.) muß eine Massagebehandlung abgebrochen werden. Im Zweifelsfall ist immer ein Arzt zu befragen!

Schwope

während eine Lockerung und Entspannung der Muskulatur durch Rollungen, Schüttelungen und Vibrationen erreicht wird. Mit gezielten Fingerreibungen und Friktionen bearbeitet man Muskelhärten. Man unterscheidet zwischen folgenden *Maßnahmen*:

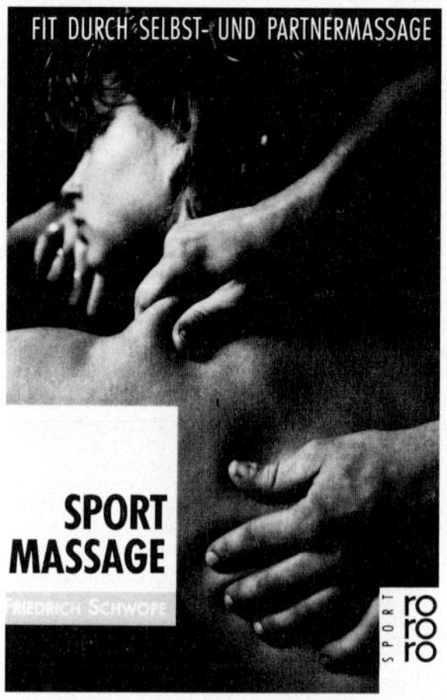

Gesäßmassage 121

Gesäßmassage

Wir haben schon darauf hingewiesen, daß die Gesäßmassage mit der Oberschenkelmassage (vgl. S. 86–89) gekoppelt werden kann mit der Möglichkeit zu gezielten Streichungen der «ischiocruralen Zone» («Ischias-Straße»); diese muß natürlich entzündungsfrei sein! Eine weitere Koppelungsmöglichkeit ist mit der Rückenmassage gegeben.
Ist eine Massage der Gesäßmuskulatur überhaupt erforderlich?
Durch unsere sitzende Lebensweise ist die Gesäßmuskulatur oft schlaff und gedehnt, so z. B. beim Hohlrücken und Hohlrundrücken (vgl. SCHWOPE 1981, 68–71) in Verbindung mit gleichzeitig schwacher und gedehnter Bauchmuskulatur. Die Muskeln sind so schwach, daß sie das Becken nicht in seiner normalen Aufrichtung halten. Stöckelabsätze fördern die Fehlhaltung; sie übertragen die geänderte Haltung des Fußes auf das Becken und die ganze Wirbelsäule. Bei anderen Haltungsschwächen, (Total-)Rundrükken und Flachrücken ist die Gesäßmuskulatur dagegen verkürzt (vgl. SCHWOPE 1981, 65 u. 71). Durch Fallen auf den «Po» und durch spezifische Belastungen (längeres Radfahren, Reiten und Rudern) können die Gesäßmuskeln stark strapaziert werden und auch blaue Flecke und Blutergüsse aufweisen. Manchmal werden Verspannungen und Schmerzen im Bereich des unteren Rückens und des Gesäßes auch auf unterdrückte oder verdrängte Sexualität und Wutinstinkte (Treten und Stampfen) zurückgeführt, deren Hauptantrieb «aus den Hüften» kommt (vgl. LIDELL u. a. 1985, 94).

Lagerung: Bauchlage, wie bei der Rückenmassage (vgl. S. 112).
- Streichungen beider Gesäßhälften gleichzeitig. Die Hände beginnen mit abgespreizten Daumen an der Gesäßfalte zum Oberschenkel (die Finger zeigen nach außen) und streichen von dort über die «Glutaeus-Pakete» nach oben. Über dem Kreuzbein drehen die Daumen zu den Fingern hin und streichen entlang der Beckenkämme nach außen. Dabei verhindert ein Gegendruck der Finger, daß die Analfalte auseinandergezogen wird. Die Hände ziehen dann seitlich wieder nach unten in die Ausgangsposition (Foto 187).

1. *Streichungen (Effleurages):* Streichungen sind gleitende Griffe, sie werden als *Einleitungs–, Überleitungs– und Endgriffe* angewandt und auch zwischendurch immer wieder eingeschoben. Die Streichungen können als lange Striche oder auch als große Kreise, schiebend oder ziehend ausgeführt werden. Leichte, weiche Streichungen bewirken einen leichten Hautreiz. Bei Druckverstärkung wirken sie mehr in die Tiefe und gehen letztlich in Reibungen über. Zu den Streichungen verwendet man entweder die ganze, flache Hand mit oder ohne angelegten Daumen, nur die Finger oder Daumen, die Grundglieder der Finger bei geballter Faust oder die aufgelegten Fingerrücken, welche dann den *Plättgriff* darstellen.
2. *Reibungen, Zirkelungen (Friktionen):* Die Reibungen sind mit den Streichungen quasi verwandt, sie werden jedoch mit mehr Druck ausgeführt, den hauptsächlich nicht faßbare oder tiefer gelegene Muskeln zu spüren bekommen. Gezielte Reibungen dienen auch der *Entwässerung*, dem *Ausstreichen der Venen und Lymphgefäße*. Die Reibungen werden hauptsächlich mit den Fingern/Fingerkuppen ausgeführt. Beim *Sägegriff* jedoch dienen die Kleinfingerkanten der beiden Hände, die man wie bei einem Handkantenschlag auf den Körper setzt und gegenläufig mit schnellen Sägebewegungen hin und her bewegt. *Zirkelungen* sind kleine kreisförmige, reibende Bewegungen, die mit den Fingerkuppen oder auch den Kuppen der Daumen ausgeführt werden.
3. *Knetungen (Petrissages):* Bei Knetungen kommt besonders der Muskulatur und auch dem Unterhautbindegewebe etwas zugute. So fördert diese Art von Massage die *Durchblutung* und verbessert den *Abtransport von Stoffwechselprodukten*. Kräftige Knetungen erhöhen den *Muskeltonus*; deshalb sind bei verkrampften Muskeln nur weiche und rhythmische Knetungen angeraten, wobei die kräftigen Knetungen aber auch nicht schmerzhaft sein sollten. Bei den Knetungen werden die Muskeln im wesentlichen quer zu ihrer Faserrichtung erfaßt, von ihrer Unterlage abgehoben und durchgeknetet. Gerade die Knettechniken erfordern ein intensives Üben, da keine Kneifbewegungen entstehen dürfen. Man nutzt bei den Knetungen die *Zange* zwischen Daumen und Finger, welche sich der zu behandelnden Muskeldicke anpaßt und diese Anpassung während der ganzen Knetübung beibehalten muß. Die Finger der einen Hand arbeiten wechselseitig gegen den Daumen oder Daumenballen der anderen Hand. Bei einer guten Knetung wird der Muskel gleichzeitig leicht von seiner Unterlage abgehoben.
4. *Klopfungen, Klatschungen, Hackungen (Tapotements):* Alle drei Techniken haben gemeinsam, daß sie als *Schlagbewegungen* quer zum Faserverlauf der Muskulatur ausgeführt werden. Sie sollen sparsam und sinnvoll angewandt werden, d.h. nur bei Muskulatur mit schwachem Tonus. Tapotements führen je nach Intensität zu einer *Mehrdurchblutung* in oberflächlichen und tieferen Schichten. Während Klopfungen und Hackungen mehr auf die Muskulatur wirken, zielen Klatschungen mehr auf die Haut. Die Technik der *Klopfungen* sieht so aus, daß beide Hände zu lockeren Fäusten geschlossen werden, wobei sich die Kuppen von Zeigefinger und Daumen berühren und diese locker geschlagen auf den Körper einwirken. Es berühren jedoch nur die Kleinfingerseiten den Körper. Bei den *Klatschungen* formt man eine hohle Hand, so daß die Schlagwirkung gedämpft wird. Ebenso wie die Klopfungen werden auch die Klatschungen aus dem lockeren Handgelenk geschlagen und dürfen nicht weh tun! *Hackungen* werden mit gespreizten Fingern und auch wieder aus dem lockeren Handgelenk heraus angewandt. Es sind Handkantenschläge, wobei auch wieder nur die Kleinfingerkanten federnd auf den Körper auftreffen dürfen.

5. *Schüttelungen, Rollungen*: Dies sind lockernde Massagegriffe, die eine *Herabsetzung des Muskeltonus* bewirken können. Für die *Schüttelungen* spreizt man Daumen und Finger (Gabelgriff) und legt sie an den Muskel an, den man dann durch lockere, seitliche Hinundherbewegungen schüttelt. Eine weitere Schüttelform sind die schwingenden Schüttelungen. Hierzu faßt man beispielsweise den Fuß und schüttelt diesen mit rhythmisch schwingenden Bewegungen durch.
   Bei den *Rollungen*, die hauptsächlich an den Oberarmen und –schenkeln durchgeführt werden, legt man die Finger der einen Hand und den Handballen der anderen auf die jeweils eine und andere Seite des Oberarms und bewegt diesen dann möglichst weit hin und her.
6. *Vibrationen:* Bei den Vibrationen werden die steil aufgesetzten Finger oder die flach aufgelegten Hände durch Muskelanspannung zum Vibrieren gebracht. Dieses Vibrieren überträgt sich dann von den Fingern bzw. den Händen auf den Körperteil und bewirkt eine *Lockerung und Detonisierung der Muskulatur* sowie eine Übertragung der Erschütterungen auf *innere Organe* (z.B. im Bauchbereich) und auch eine Beruhigung erregter *Nerven*. Durch die erforderlichen Muskelanspannungen sind Vibrationen für den Massierenden sehr anstrengend. Hier kann deshalb die Anwendung eines Vibrators hilfreich und nützlich sein.

Atmung

Jeder Mensch atmet etwa 18mal in der Minute (unter normalen Umständen), das sind 1.080 Atmzüge in der Stunde und 25.920 am Tag – unbewußt! Über Versuche konnte man ermitteln, daß das unbewußte Atmen in engem Zusammenhang mit dem *emotionalen Zustand* eines Menschen steht, wobei noch mal ein Unterschied gemacht werden muß zwischen der Einatmung und der Ausatmung. Letztere steht nämlich in engerer Beziehung zur emotionalen Verfassung als die Einatmung.

In einem *Experiment* röntgte man das Zwerchfell eines Mannes, das anfangs nur einen schwachen Bewegungsausschlag von wenig mehr als einem Zentimeter zeigte. Dann sagte man der Vp, er solle sich vorstellen, daß er nach dem Verlassen der Klinik einen Geldschein finden würde. Siehe da, das Zwerchfell vergrößerte sich auf gut acht Zentimeter. Nun teilte man der Vp mit, der Geldschein würde von einem Wind erfaßt und weggetragen werden – das Zwerchfell zog sich wieder auf weniger als einen Zentimeter zusammen. Man gab dem Mann keine Atemanweisungen, er wußte auch nicht, um welches Organ es sich bei dieser Untersuchung überhaupt handelte. Es läßt sich sagen, daß eine weite Zwerchfellamplitude tiefe und langsame Atmung bedeutet, ein kleiner Bewegungsausschlag hingegen Indikator für flaches und schnelles Atmen ist.

Zur *Hyperventilation* und ihre Auswirkungen auf die Psyche des Menschen machte man *Experimente*, zu denen man fünf High–School–Studenten aufforderte, zwei Minuten lang tief zu atmen, 30mal pro Minute, und sich dann drei Minuten auszuruhen. Darauf folgten zwei Minuten reine Bauchatmung. Man wiederholte dies viermal. Während der dreiminütigen Pause saßen die Vpn und unterzogen sich einem *Rorschachtest*.

Man kam zu dem Ergebnis, daß „Hyperventilation charakteristische emotionale Veränderungen auslöst… Wenn man darüber hinaus den Einfluß der Hyperventilation auf die Zwerchfellbewegung untersucht…, so zeigt sich, daß bei immer stärker werdender Hyperventilation die pro Minute ein– und ausgeatmete Luftmenge zwar zunimmt, gleichzeitig aber der Bewegungsausschlag des Zwerchfells geringer wird, bis er schließlich nicht mehr zu erkennen ist… Es wird deutlich, daß Hyperventilation zu einer Reihe von Beschwerden Anlaß geben und Angst– oder Streßsymptome auslösen kann…

„Früher lebten die Menschen im Freien. Sie liefen barfuß durch die Gegend und jagten Wild; sie ritten auf wilden Pferden, bearbeiteten Reisfelder, schlugen Holz und hatten sich oft über die Entfernung etwas zuzurufen. Damals war das ganze Leben noch Atemübung, eine Schulung von Geist und Körper.

Der moderne Mensch hat kaum noch Gelegenheit, seine Atmung auf natürliche Weise zu schulen. Für ihn ist deshalb die flache Brustkorbatmung typisch, bei der vor allem die oberen Teile der Lunge so eingesetzt werden, daß der Atemzyklus unregelmäßig wird" *(Nakamura)*.

Yoga–Atmung

1. Konzentrieren Sie sich voll und ganz auf Ihre Atmung und verkrampfen Sie nicht, sondern behalten Sie Ihre Haltung bei – locker und entspannt.
   Schließen Sie die Augen, und zählen Sie Ihre Atemzüge von eins bis hundert. Versuchen Sie nicht, sich einen bestimmten Atemrhythmus aufzuzwingen. Beobachten Sie Ihre Atmung aus weiter Distanz, jedoch mit aller Aufmerksamkeit. Nach kurzer Zeit wird Ihr Atem ruhiger und ruhiger. Wenn Sie bis hundert gezählt haben, sind Sie bereits so entspannt, daß Sie gar nicht mehr aufhören möchten.
2. Stehen Sie aufrecht. Lassen Sie die Arme entspannt hängen. Behalten Sie die Augen offen und fixieren Sie sie auf einen Punkt vor Ihnen. Atmen Sie gleichmäßig und ohne Anstrengung für einige Sekunden ein. Merken Sie sich genau, wie viele Sekunden Sie eingeatmet haben. Atmen Sie aus und achten Sie darauf, dafür genausoviel Zeit wie für das Einatmen in Anspruch zu nehmen.
   Wiederholen Sie diese Übung mindestens 15–20mal und versuchen Sie dabei, die entsprechenden Atemperioden zu verlängern.
   Ein guter Wert für die Ein– und Ausatmung zusammen liegt zwischen 30 und 40 Sekunden. Wichtig ist, daß Sie weder Gesichts– noch Brustmuskulatur verkrampfen. Konzentrieren Sie sich völlig auf die Atmung. Nach einiger Übung können Sie dieses Pranayama mit geschlossenen Augen im Vajra (Festhaltung) oder Padmasana (Lotussitz) ausführen.
3. Legen Sie sich rücklings auf den Boden, das Gesicht nach oben gerichtet. Biegen Sie die Knie, bis die Fersen bis ans Becken reichen. Achten Sie darauf, daß sich während des Einatmens der Brustkorb nicht hebt. Legen Sie eine Hand auf den Bauch und die andere am Körper entlang auf den Boden. Halten Sie den Unterleib ganz entspannt. Nun atmen Sie sehr langsam ein, dabei erlauben Sie dem Unterleib, sich gleichzeitig zu heben. Keine Retention. Atmen Sie aus, und lassen Sie den Unterleib entsprechend langsam einsinken. Ein– und Ausatmungszeit müssen sich gleichen.
   Wiederholen Sie die Übung ohne Pause 15–20mal.

Bei den aufgeführten Yoga–Übungen ist noch folgendes zu beachten:

- Machen Sie es sich zur Angewohnheit, die Luftpassagen Ihres Körpers jeden Morgen nach dem Aufstehen zu reinigen.
- Atmen Sie nur wenn unbedingt notwendig durch den Mund ein. Fortgesetztes Ein– und Ausatmen durch den Mund ist gesundheitsgefährdend.
- Bevor Sie irgendwelche Atemübungen ausführen, achten Sie darauf, daß die Türen und Fenster offenstehen. Noch besser üben Sie im Freien. Vermeiden Sie Zugluft.
- Tragen Sie während des Übens keine eng anliegende oder bewegungshemmende Kleidung. Lassen Sie auch die Haut atmen.
- Falls Sie an Kopfschmerzen, einem ausgetrockneten Mund, einer verstopften Nase oder einem überfüllten Magen leiden, gehen Sie ins Freie, atmen Sie 5 Min. lang tief ein und rasten Sie, bis Sie sich wieder wohlfühlen.
- Personen über 40 Jahre müssen besonders achtgeben, nicht ruckartig und zu schnell einzuatmen.
- Pranayama eignet sich nicht für Kinder unter 12 Jahren.
- Halten Sie den Unterleib in seiner natürlichen entspannten Haltung.

Rhyner

Die *Nasenatmung* ist nicht nur für die Nase selbst wichtig, weil sie die Nasenschleimhäute feucht hält, sondern sie wärmt die eingeatmete Luft auch an und befreit sie von Staub und Krankheitskeimen. Nasenatmung dient daher der Gesunderhaltung des Körpers. Überdies stimuliert der rhythmisch wechselnde Luftstrom die Nasenschleimhäute, was wiederum auf das Nervensystem wirkt und zur inneren Ausgeglichenheit der Person beiträgt" *(Nakamura)*.

Es gibt insgesamt neun *Grundtechniken für die Atmung*, von denen ich beispielhaft zwei aufführen will:

1. *Die Siebener–Atmung*
   Atmen Sie so tief wie möglich aus; spannen Sie dabei die Bauchmuskeln, um das Zwerchfell möglichst weit hochzudrücken. Halten Sie den Atem an, und zählen Sie langsam bis drei. Die Übung besteht jetzt darin, beim Einatmen von Anfang an bis sieben zu zählen, und ebenso beim Ausatmen. Dazwischen jeweils den Atem anhalten und bis zwei zählen. Diesen Ablauf 14mal wiederholen. Das wird ungefähr drei Minuten dauern. Sie müssen lernen, die richtige Luftmenge für dieses Zählen von eins bis sieben einzuatmen, sonst kann die Übung sehr anstrengend werden.

Diese Atemtechnik ist sehr leicht zu erlernen, und man kann sie fast überall anwenden, sogar beim Spazierengehen. Sie können zum Beispiel sieben Schritte lang einatmen, zwei Schritte lang die Luft anhalten und dann wieder sieben Schritte lang ausatmen usw. Sie können auch täglich auf dem Weg zur Arbeit im Bus üben, denn diese Technik verlangt keine besondere Konzentration.

2. *Die dreifache Ausatmung*
   Atmen Sie langsam durch die Nase ein, und zählen Sie bis drei. Sie halten auch hier wieder zwischen den einzelnen Atemphasen die Luft an und zählen bis zwei. Wenn Sie jetzt ausatmen, sollen Sie bis neun zählen, also die dreifache Zeit brauchen wie für das Einatmen. Beim nächsten Einatmen zählen Sie bis vier (ausatmen bis zwölf) und steigern so bis sieben für die Einatmung und einundzwanzig für die Ausatmung. Danach reduzieren Sie wieder Schritt für Schritt bis zurück zum Anfang: einatmen bis drei, ausatmen bis neun. Die ganze Abfolge wird dreieinhalb bis vier Minuten dauern. Sie kommen vielleicht am Anfang nicht so ganz leicht damit zurecht, aber später werden Sie diese Übung erfrischend finden. Sie dürfen bei dieser Übung nur durch die Nase atmen.

Da die Ausatmung jeweils dreimal so lang sein soll wie die Einatmung, müssen Sie erst herausfinden, mit welchen Luftmengen Sie am besten umgehen können, ohne sich zu verkrampfen oder in Atemnot zu geraten. Sollten solche Schwierigkeiten auftauchen, dann unterbrechen Sie die Übung lieber für eine Weile und atmen normal. Machen Sie einen neuen Versuch, wenn Sie sich fünf Minuten lang ausgeruht haben.

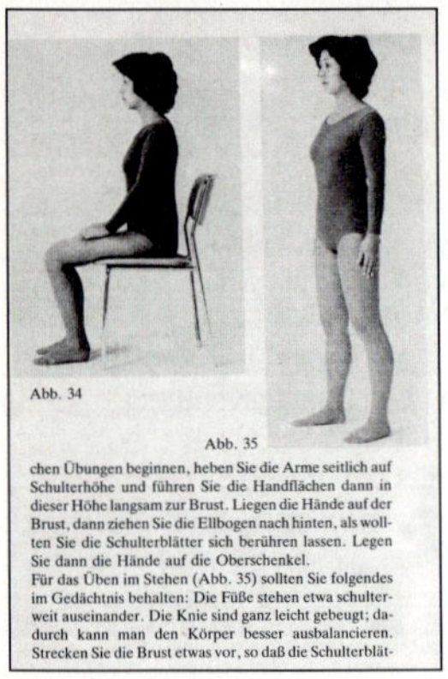
Abb. 34

Abb. 35

chen Übungen beginnen, heben Sie die Arme seitlich auf Schulterhöhe und führen Sie die Handflächen dann in dieser Höhe langsam zur Brust. Liegen die Hände auf der Brust, dann ziehen Sie die Ellbogen nach hinten, als wollten Sie die Schulterblätter sich berühren lassen. Legen Sie dann die Hände auf die Oberschenkel.
Für das Üben im Stehen (Abb. 35) sollten Sie folgendes im Gedächtnis behalten: Die Füße stehen etwa schulterweit auseinander. Die Knie sind ganz leicht gebeugt; dadurch kann man den Körper besser ausbalancieren. Strecken Sie die Brust etwas vor, so daß die Schulterblät-

Folgendes ist bei den Übungen *zu beachten*: „Anfänger machen oft folgende typischen Fehler und begegnen folgenden typischen Schwierigkeiten:

1. Sie ermüden schnell, weil sie eine *falsche Haltung* einnehmen.
2. Sie atmen *zu hastig* durch die Nase ein und haben deshalb mit Hustenanfällen und Atemnot zu kämpfen.
3. Sie werden *hektisch* oder bekommen Kopfschmerzen, wenn der Atemrhythmus sich ändert und die Harmonie zwischen dem Atemrhythmus und anderen Bewegungen oder Muskelanspannungen verlorengeht. In extremen Fällen wird ihnen schlecht, oder sie müssen sich gar übergeben.
4. Sichtbare Erfolge kann man nicht schon nach ein paar Tagen des Übens erwarten. Seien Sie *geduldig*, und üben Sie beharrlich weiter; halten Sie sich an das hier vorgestellte Übungsprogramm und die einzelnen Anweisungen" *(Nakamura)*.

Menschen, die an *Arteriosklerose oder Hypertonie* leiden, wird geraten, besonders vorsichtig bei den Atemübungen zu sein, da manche Nebenwirkungen gefährliche Auswirkungen auf sie haben können. *Nebenwirkungen* können folgender Art sein:

– *Benommenheit und Schmerz:* in Achseln und Leisten, in der Taille oder in beiden Schenkeln aufgrund der verstärkten Einsetzung dieser oftmals eingerosteten Muskeln, Nebenwirkung verfliegt schnell, ansonsten Arzt aufsuchen.
– *Starkes Herzklopfen:* auch mit Taubheitsgefühl in Armen und Beinen verbunden, normal, bei häufigerem Auftreten während der Übungen die Übungstechnik überprüfen. Taubheitsgefühl kommt durch das lange Sitzen oder Stehen zustande; Übung unterbrechen, Beine beispielsweise massieren.
– *Veränderungen des Geschmackssinns:* falsche Atmung, Länge der Atmung nicht in Ordnung; einfaches Sitzen mit gekreuzten Beinen oder ein Spaziergang können dem abhelfen.
– *Mißempfindungen auf der Haut:* Juckreiz, Heiß– oder Kaltwerden der Hände. Sofortige Konzentration auf ein bestimmtes Objekt, alle Gedanken fallenlassen.
– *Gefühl der Schwere, Trugbilder:* Man hat das Gefühl, die Beine und Arme seien geschrumpft, der Kopf fühlt sich geschwollen und taub an. Erneute Konzentration auf einen bestimmten Gegenstand, auch keinerlei Anlaß zur Sorge.
– *Aufstoßen und starke Darmgeräusche:* Ursache ist die Anregung der Verdauungsfunktion, Übung trotz dieser peinlichen, aber natürlichen Geräuschkulisse zu Ende führen. Begleiterscheinungen, die auch wieder vorüberziehen – im wahrsten Sinne des Wortes!

Schlafen

Welchem Zweck der Schlaf dient, was ihn fördert, was ihn stört, darüber ist viel und Widersprüchliches geschrieben worden. Der Schlaf als Regeneration und Entspannung? Das können wir auch im Wachzustand, bei eingeschalteter Birne haben.

Der Schlaf als *Kehraus in Seele und Oberstübchen* kommt seiner Funktion (und der des Träumens) schon näher. Nicht der Schlafentzug macht uns krank, sondern Traumentzug. Das hinzukriegen aber ist gar nicht so einfach: Der Organismus holt sich zur Not in kürzesten Ruhephasen, in denen wir nicht selten wach zu sein meinen, seine Träume. Ohne Einwirkung von außen (Kaffee, Tee, Schlafmittel, Telefon– und Alarmbereitschaft, Schichtdienst, Nachtwache, Lottogewinn, Besuch der Schwiegermutter u.a.m.) können wir uns kaum dem Schlafen und Träumen entziehen.

Es ist ein verbreiteter Irrtum (den uns und unseren Kindern abends gegen 19 Uhr verständlicherweise völlig entnervte Mütter einzubleuen versuchen und schaffen), daß 8–12 Stunden Schlaf eine absolute Voraussetzung sind für psychisches und physisches Wohlbefinden; prolongiert wird dieser Irrtum durch eine weitverbreitete Fehlattributierung: Laufen die Dinge erbärmlich schief, fühlen wir uns einsam und verlassen, rumort verdrängte Wut, Trauer, Freude oder Scham in uns, so sind wir um den Schlaf gebracht. Nicht aber der wenige nächtliche Schlaf ist eo ipso der Grund für unser tägliches Mißbefinden, sondern die Faktoren, die schon den Schlaf störten. Man könnte sogar so weit gehen zu behaupten, daß die Schlafminderung eine kompensatorische Funktion hat, daß die Wachphasen noch irgendeiner Regung in uns auf die Beine helfen sollen.

„Das Träumen setzt sich an die Stelle des Handelns wie auch sonst im Leben. Leider ist das Bedürfnis nach Wasser, um den Durst zu löschen, nicht mit einem Traum zu befriedigen, wie mein Rachedurst gegen Freund Otto und Dr. M., aber der gute Wille ist der gleiche" (*Freud*).

Wenn auch Männer statistisch 7, 8 Stunden pro Nacht verschlafen und Frauen 8, 7 Stunden (sie holen den einstündigen Verlust an wacher Lebensqualität pro Tag über ihre um 7–9 Jahre längere Lebenserwartung gegenüber dem schwachen männlichen Geschlecht wieder mehr als ein: 78 Jahre x 365 Tage x 1 Stunde = 28.470 Stunden = 1.186,25 Tage = 3,25 Jahre Schlafmehrverlust der Frauen stehen dem 7–9 Jahre länger währenden Dasein hinieden gegenüber), so sind die Schlafforscher hartnäckig der Meinung, daß für einen Erwachsenen sechs Stunden in Morpheus' Armen durchaus reichen können. Sie sind der Meinung, daß viele Menschen zu lange in den nicht viel bringenden Leichtschlafphasen herumtrödeln, während andere zügig in den Tiefschlaf abtauchen und bei kürzerer Schlafzeit davon genausoviel mitkriegen wie die Leichtschlaftrödler. Wann das Ganze stattfindet, ob vor oder nach der Geisterstunde, scheint dabei völlig wurscht zu sein: Sie können also ruhig des öfteren mal abends einen draufmachen, ihrem Schlaf ist das im Prinzip egal, solange sie nicht regelmäßig gegen die biologische Uhr anarbeiten wie unsere Bäcker, Taxifahrer, Nachtschwestern & –wächter und Schichtarbeiter.

Freud empfand den Traum nicht selten als phantasierte Wunscherfüllung. Tatsächlich kann er uns ein Rezept an die Hand geben, wie wir uns einen Wunschtraum zu erzeugen (leider nicht zu erfüllen!) vermögen: Man nehme „am Abend Sardellen, Oliven oder sonst stark gesalzene Speisen" zu sich und lege sich mit ungelöschtem Durst zu Bette; es wird ein Traum von einem köstlichen Trank uns ersatzbefriedigen.

Snyder sah es 1966 allgemeiner: Der Traum aktiviert uns und bringt unsere innere Wärmepumpe auf Touren – der Traum als Thermostat zur Wärmeregulation bei Reptil, Vogel, Säuger, Opossum und Mensch. Tatsächlich schlägt unser Herz in den Phasen rapider Augenbewegungen (Rapid Eye Movements = REM) schneller und kräftiger, und unser Gehirn wird von Wellen durchfurcht, die dem des Wachzustandes gleichen. Nach *Snyder* war das Träumen der Selektionsvorteil des Opossums vor den nicht träumenden Dinosauriern, die Maleste hatten, im Schlaf ihre Körpertemperatur vernünftig zu regulieren.

Noch eine abstraktere Theorie entwirft *Crick*: Im Traum befreit sich das Gehirn von parasitären, idiotisch–privaten, bizarren und ausgefallenen Assoziationsmustern im Neocortex. Alte Regionen im Hirnstamm (*Traum–Generatoren*) feuern und überschwemmen den Neocortex mit elektrochemischen Reizmustern, die dort Löschungen vornehmen, einen *Hausputz* veranstalten sollen. Der Verstand versucht erst im nachhinein in das chaotische Geschehen und den aufgewirbelten Staub irgendeinen Sinn hineinzukriegen, der sich dann in einem mehr oder minder sinnvollen Traum niederschlägt und ausdrückt.

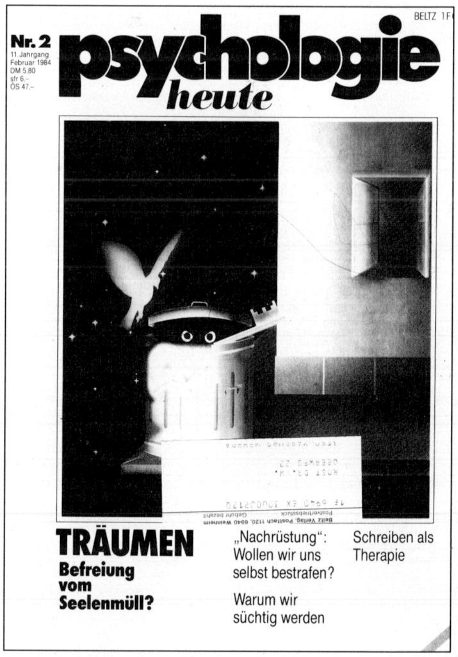

Tastsächlich kommen REM–Traum–Phasen nur bei Lebewesen mit einer halbwegs vernünftig ausgebildeten Großhirnrinde vor: bei Säugern und Vögeln, die so was ähnli-

ches haben. Wenn diese Theorie stimmt, dann sollten wir unsere Träume schnellstens vergessen: „Soweit wir das beurteilen können, stimmt unsere Theorie mit zahlreichen experimentellen Befunden überein... Sie erklärt sowohl das Bedürfnis nach REM-Schlaf bei Erwachsenen und das häufige Vorkommen dieser Schlaf-Phase während der Gehirn-Entwicklung. Wenn unsere Theorie stimmt, dann sollte man Menschen nicht dazu ermutigen, sich an ihre Träume zu erinnern. Denn solche Erinnerung erhält womöglich Denkmuster am Leben, die man besser vergißt. Der Organismus versucht mit Träumen gerade diese Muster ‹auszubügeln›" (*Crick & Mitchison*).

Komisch ist schon, daß Föten und kleinste Kinder anscheinend sehr viel Wunschphantasien, sprich REM-Phasen haben – Neugeborene verbringen bis zu einem Drittel ihrer ausgiebigen und ergiebigen Schlafenszeit mit Träumen, Föten im Mutterleib noch mehr. Man könnte natürlich im Sinne *Freuds* argumentieren, daß gerade sie ja noch wenig reale Befriedigungen haben und daher von der Welt und der Zukunft träumen – aber, meine Damen und Herren, bleiben wir doch auf dem Boden! *Crick* erklärt das alternativ damit, daß gerade in der Phase der Gehirnentwicklung sehr viele parasitäre Sinnesbilder sich im Neocortex breitmachen, die ausgebügelt werden müssen, da stabile Erinnerungsmuster noch nicht in dem Maße bestehen und das Gehirn stabilisieren.

Merkwürdig ist auch, daß erst und ausschließlich das Aufwachen aus einem Traum diesen im Gedächtnis fixiert, ihm seine viel- und viel mißgedeutete Bedeutung gibt. Das deutet *Crick* so, daß die Traumarbeit durch das Aufwachen zufällig oder systematisch entgleist ist, unterbrochen wurde, und damit ihre Aufgabe der Löschung nicht erfüllen konnte. Danach wäre es Schwachsinn, just jenen mißglückten Traum zum Gegenstand bedeutungsvoller Mutmaßungen über das Seelenleben zu machen (derer ich mich in meiner therapeutischen Arbeit, solange die Sache zwischen *Freud* und *Crick* nicht entschieden ist, ohne größere Schwierigkeiten enthalte).

Das Auf und Ab im Schlaf läßt sich gut in *vier Niveaus* einteilen: der *Leichtschlaf* (55% des gesamten Nachtschlafs), in dem viele zu Unrecht und mißlicherweise meinen, gar nicht zu schlafen, *Schlummerniveau 2*, welches schnell durchglitten wird, und den *Tiefschlaf* auf Stufe 3 & 4, den echten Erholungsschlaf, der allerdings zur Hälfte schon in der ersten Tiefschlaf-(= Delta-)Phase in der ersten Schlafstunde eingeholt wird. Dann beginnt der *Pons* im Stammhirn sein elektrisches Gebläse anzuschalten, weckt Teile des vegetativen Nervensystems und den Neocortex, ohne daß die Executive, die Willkürmuskulatur, eingeschaltet wird: die Augen rollen – ein ausgesprochen erregender *REM-Traumtanz* geht los.

Am *Max-Planck-Institut für neurologische Forschung* zu Köln am Rhein fand man heraus, daß das Gehirn im Traumschlaf seinen *Energieverbrauch* gegenüber dem Wachzustand sogar noch um 16,4 (in Worten: sechzehnkommavier) Prozent steigert, während im traumlosen Tiefschlaf 12,6% weniger Energie als in der Hektik des Wachseins verbraucht wird – ein munteres Wechselspiel zwischen Dauern, Lauern und Powern, Ruhe und Hektik. 4-6mal geht's pro Nacht durch alle Schlafphasen, wobei im Verlauf der Nacht Tiefschlafphasen ab- und REM-Phasen zunehmen (deshalb die wirren Träume des Morgens). Geträumt wird allerdings in allen Schlafphasen, nur während der REMs am intensivsten und eigenartigerweise bei Männern und Männlein mit Erektion und bei den Frauchen mit feuchter Scheide – nicht nur bei geilen Träumen.

Ein Beispiel für die maßlose Überschätzung des Einflusses von Kognitionen auf unser Seelenleben (hier: unser Schlaf) findet sich in der elaborierten Theorie, daß Fehleinschätzungen unserer Schlafdauer und -tiefe, unrealistische Schlafnormen („8-9 Std. Schlaf muß ich haben") der Hauptagent unserer Schlafstörungen sind. Sie erzeugen unbestritten ein gewisses unnützes Sich-Sorgen und eine höchst überflüssige Ver-

Recht auf Dösen

Wer Mittagsschlaf hält, lebt im Einklang mit der Natur: Die Neigung zum Nickerchen ist angeboren

Das Phänomen ist allseits vertraut: Bald nach dem Gang in die Kantine, um zwei, drei Uhr nachmittags, breitet sich die Schwere über die Lider. Besonders Schreibtischmenschen, vom gleichförmigen Rauschen der Klimaanlage eingelullt, kämpfen um diese Zeit mit der Müdigkeit. Aber auch Lkw–Fahrer auf monotoner Strecke, Studenten in der Vorlesung oder Hinterbänkler bei langen Parlamentsdebatten kennen das döselige Gefühl.

Dem nachzugeben galt bislang als verpönt: Das Nickerchen am hellichten Tag war Zeichen von Trägheit oder gar Verstoß gegen „die Leistungsbereitschaft und Zuverlässigkeit", wie Mannheiner Richter 1983 im Mittagsschlaf–Prozeß eines Beamten befanden.

Heute bekäme der Mann, der damals Anspruch auf seine Büro–Siesta erhob, möglicherweise recht: Wissenschaftler haben in vielfältigen Experimenten herausgefunden, daß die Mütze voll Schlaf zwischendurch einem naturgemäßen Bedürfnis des Körpers entspricht.

Der biologische Rhythmus des Menschen und seine innere Uhr seien auf solch kurzes Abtauchen am Nachmittag programmiert, bestätigen Forscher jetzt in einem in New York erschienenen Buch mit dem Titel „Schlafen und Wachen", das erstmals die „chronobiologischen, verhaltenspsychologischen und medizinischen Aspekte des Mittagsschlafes" zusammenfaßt.

Wer dem Drang nach Schlummer im Alltag folgt, so das Fazit der vorgelegten Studien, ist hinterher aktiver und obendrein besser gelaunt als seine disziplinierten Mitmenschen.

Lange Zeit hatten sich die Wissenschaftler nur mit dem Nachtschlaf beschäftigt, dessen Muster und Strukturen im Labor durch die Messung von Hirnströmen, Augenbewegungen und Muskelanspannung ermittelt wurden.

Die Bedeutung der Ruhephase bei Tag blieb indes unbedacht. Bekannt immerhin war, daß politische und wissenschaftliche Prominente wie etwa Winston Churchill oder Albert Einstein stets auf das Nickerchen als geistigen Kraftspender geschworen haben.

Als erste gingen Forscher des Münchner Max–Planck–Instituts für Psychiatrie der Bedeutung des mittäglichen Schlummers nach.

Jahrelange Tests im „Schlafbunker" des Instituts, einem unterirdischen Versuchslabor ohne Sichtkontakt mit der Außenwelt, zeigten, daß die Testschläfer auch ohne äußere Zeitgeber und entgegen den Anordnungen immer wieder am Nachmittag wegdösten.

Diese „erhöhte Schlafbereitschaft", im Alltag meist durch Kaffee oder Arbeit überbrückt, werde mitnichten durch zu schweres Essen ausgelöst, berichtet in dem neuen Sammelwerk Roger Broughton, Neurologe an der University of Ottawa in Kanada. Ob Eisbein oder Salatteller – unabhängig von der Mittagsmahlzeit schleicht sich zur Siesta–Zeit Müdigkeit ein.

Die Natur habe offensichtlich beabsichtigt, daß zur Tagesmitte auch Erwachsene ein Schläfchen halten, „vielleicht um sie aus der Sonne herauszukriegen", meint William Dement, Direktor am Schlafforschungszentrum der Stanford University.

Hinweise auf eine den Menschen angeborene Neigung zum Nachmittagsschlaf geben nach Ansicht von Broughton auch die Schlafgewohnheiten kleiner Kinder sowie die traditionellen Siesta–Bräuche südlicher Länder.

Daß der menschliche Organismus von Natur aus auf diese Schlummmerphase angewiesen sei, zeige sich andererseits am nachmittäglichen Leistungsknick, der sich zum Beispiel auch an einem Anstieg der Unfall– und Todeszahlen ablesen lasse, meinen die Forscher.

In Versuchen mit freiwilligen Testschläfern sah auch Peretz Lavie vom Technion Israel Institute of Technology in Haifa die physiologische Notwendigkeit eines Nickerchens zur Mittagszeit.

Der Schlafforscher schrieb seinen Probanden erstmals einen mehrmals am Tag wiederkehrenden 20minütigen Zyklus vor, während dessen sie 7 Minuten schlafen und 13 Miuten wach bleiben sollten. Auf diese Weise sollte sich herausstellen, wie schnell – wenn überhaupt – Menschen zu verschiedenen Zeiten des Tages einschlafen können. Zusätzlich zur regelmäßig vorhandenen Bereitschaft, nächtens einzuschlafen, fand Lavie eine ausgeprägte Einschlaflust am Nachmittag.

Allerdings läßt sich diese Neigung zum nachmittäglichen Dösen leichter unterdrücken als die nächtliche Müdigkeit. Doch wer der Natur nachgibt, werde belohnt, betont David Dinges, Schlafexperte an der University of Pennsylvania. „Wer morgens nicht ausgeschlafen hat, kann sich mit einem Nickerchen wieder auf Trab bringen", schreibt Dinges. Der Luxus eines Nachmittagsschlafes zahle sich beispielsweise bei Leistungstests oder schwierigen Entscheidungen aus.

Nach Dinges' Empfehlung sollte das Nickerchen mindestens eine halbe Stunde dauern, damit ausreichende Schlaftiefe erreicht wird. Doch wehe, wenn jemand den Mittagsschläfer abrupt weckt: Schwere Benommenheit und Übellaunigkeit können die Folge sein.

„Kommen sie nach dem Mittagsschläfchen ganz langsam zu sich", rät der einfühlsame Psychologe, „und gönnen Sie sich ein paar Minuten, bevor Sie etwas Wichtiges anfangen."

DER SPIEGEL

längerung der Schlaf–(Versuchs–)Zeiten, die ihrerseits dann wieder das Einschlafen behindern, da es zu keinem parasympathischen Rebound–Effekt kommt, der zum Einschlafen nutzbar gemacht werden könnte. Beide Phänomene behindern zwar das Einschlafen, mit Sicherheit nicht aber die Gedanken, die in diesen Schlaf–Versuchs–Zeiten sich breit machen.

Hier wurde mal wieder Ursache und Wirkung vertauscht: Die Gedanken sind überwiegend Folge des Nicht–Einschlafen–Könnens und nicht deren dominante Ursache – da müssen schon massivere Geschütze als solche lächerlichen Kognitionen kommen, um uns um den Schlaf zu bringen!

Ein anderes Mittel gegen Schlaflosigkeit ist *Mord & Totschlag* – natürlich nicht der selbst verübte (der raubt eher den Schlaf!). Ein spannender Krimi im Bett beugt besser als jede Schlaftablette den Schlafstörungen vor. Wissenschaftler der Vereinigten Staaten behaupten, daß ein Tele–Mord vor dem Zubettgehen für einen entspannteren Schlaf mit schönen Träumen sorgt. Sie begründen dies damit, daß durch den Krimi die Aggressionen, die ein jeder abends mit nach Hause bringt, abgebaut oder zumindest entschärft werden. Ärzte und Medienforscher unseres Landes hingegen stehen dieser Aussage skeptisch gegenüber. Meine eigenen Erfahrungen belegen, daß man's damit auch übertreiben kann – aber bei welchem Heilmittel schadet eine Uberdosierung *nicht*?!

Viele Umstände können unsere innere nächtliche *Ruhe stören*, das Bett zum Nagelbrett machen: Von der falschen Ernährung über Umweltgifte, Lärm, Hitze, Kälte, Streß & Existenzangst bis hin zu Angst, Erwartungsspannung, Reisefieber, Einsamkeit, Familientrouble, verdrängten Gefühlen und Plänen, krampfhaftem Schlafen–Wollen uvm. Alles kann einmünden in das nächtliche Wälzen und Umhergeistern. „Jeder zweite Deutsche schläft schlecht oder zu wenig", „Heute stehen Schlafstörungen mit 40% an der Spitze der psychosomatischen Störungen in der BRD", „Mehr als 30 Millionen Ameri-

Optimisten schlafen „schneller“

Bekommen Sie manchmal zuwenig Schlaf ab? Das kann der Körper verkraften... Nicht die Dauer des Schlafes, sondern einzig die ungestörte Abfolge der einzelnen Schlafphasen ist für die Qualität des Schlafes verantwortlich... Die meisten Schlafmittel aber verhindern die natürliche Abfolge der einzelnen Phasen und rufen einen narkoseähnlichen Schlaf hervor. Auch die These, daß der Schlaf vor Mitternacht der beste sei und jeder Mensch mindestens acht Stunden Schlaf brauche, ist jetzt widerlegt. Etwa 15 Prozent der Menschen sind von Natur aus Langschläfer und brauchen neun Stunden und mehr pro Nacht. Jeder fünfte Mensch ist ein ausgesprochener Kurzschläfer, der in sechs Stunden oder weniger alle Schlafphasen durchläuft und völlig erholt aufwacht. Manche Menschen schlafen also tatsächlich „schneller“. Die Schlafforscher fanden heraus, daß Kurzschläfer ausgeprägt aktiv, kreativ, optimistisch, entscheidungsfreudig und vorwärtsstrebend sind.

COSMOPOLITAN

kaner haben Schwierigkeiten einzuschlafen“, „Heute leidet jeder vierte Bundesbürger, das sind rund 15 Millionen Menschen, zeitweise an schlechtem Schlaf“, „In den Vereinigten Staaten leiden rund 32% der Bevölkerung zu bestimmten Zeiten (und nicht nur tagsüber!) unter Schlaflosigkeit“, „In den letzten zehn Jahren haben sich Klagen über Schlafstörungen verdoppelt“ – Jeremiaden und Kassandra–Rufe eines rast– & schlaflosen Zeitalters! Noch ein bißchen epidemiologische Statistik: Frauen, ältere Menschen und Städter klagen häufiger. Abfällig sind: „Frauen zwischen 25 und 35, die der Doppelbelastung von Haushalt und Beruf nicht gewachsen sind; Männer zwischen 35 und 45, die von ihren Berufssorgen bis ins Bett verfolgt werden; Frauen zwischen 40 und 50, denen Wechseljahre und Rollenwechsel zusetzen; schließlich Frauen und Männer im Rentenalter, die mit ihrem ‹Ruhestand› nicht klarkommen“ *(Traub)*.

Fast jeder zweite chronisch Schlafgestörte leidet mit Sicherheit unter *seelischer Unbill und Streß*, bei manch anderem erkennt man die psychischen Faktoren nicht so ohne weiteres. Nur 10% beziehen ihre Schlafstörung aus dem Organischen: Schmerzen (Kopf, Gelenke, Magen), Juckreiz, Bluthochdruck, Herzleiden und Schilddrüsenüberfunktion. In ebenso vielen Fällen von Schlaflosigkeit liegt nach Schätzungen Suchtverhalten inklusive Medikamentenabusus vor.

Ob nun tatsächlich jeder dritte Patient eines bundesdeutschen Arztes mit einem Rezept für ein *Schlaf– oder Beruhigungsmittel* die Praxis verläßt oder die Hochrechnungen des *Bremer Instituts für Präventionsforschung* zutreffen, daß 3 Millionen Ruhelose Nacht für Nacht ihrem Schlaf per Pille vergeblich auf die Beine (respektive auf den Rücken) zu helfen versuchen – auf ein paar Hunderttausend kann es leider schon gar nicht mehr ankommen: Der Tablettenmißbrauch hat verheerende Ausmaße angenommen.

Die amerikanische Akademie der Wissenschaften warnt, daß die Schlafmacher nur in vorübergehenden Phasen von psychosozialem Streß eingeworfen werden sollten.

Schlummerpillen oder Schlafkiller? Schon eine *Tablette* erzeugt in der nächsten oder übernächsten Nacht einen *Rebound–Effekt*, eine Mini–Entzugserscheinung, die genau das Symptom verstärkt, was zuvor die Pille abschwächen sollte: Schlaflosigkeit – traumhaft, bzw. traumlos! Schmeiße ich dann munter weiter die Pillchen ein, so schaukeln sich von Nacht zu Nacht immer massivere Entzugserscheinungen auf, die entweder nach mehr verlangen oder uns den Schlaf rauben, was dann irrtümlicherweise als die originale Schlaflosigkeit betrachtet wird und zu weiterem Tablettenkonsum anregt: Der Circulus vitiosus kann zum Motor einer Tablettenabhängigkeit geraten. Was also im Einzelfall einer stark belasteten Nacht hilft (und sinnvoll ist), wird bei Dauerbenutzung zum Bumerang.

Anders bei einem anderen Stoff, aus dem die Träume wohl sind und entstehen: dem *Serotonin*, einem Abkömmling der *Aminosäure Tryptophan*, die besonders in eiweißreicher Nahrung zu finden ist (neuerdings auch in Tabletten). Hier kann bei einem Mangel eine Schlafstörung kausal behandelt werden, aber Vorsicht: Nur 10% aller Schlafstörungen haben körperliche Ursachen und davon nur wieder ein sicherlich geringer Teil die Ursache einer Serotonin–Unregelmäßigkeit! Ein anderes Mittel hingegen, welches den schlaflosen Nächten ein Ende bereiten soll, nennt sich *DSIP*. Bei diesem Stoff handelt es sich um einen *natürlichen* Stoff, ja um *den* natürlichen Stoff, den der Körper braucht, um den Zustand des Schlafens erreichen zu können.

Wichtig ist vor allem, daß ein Erfolg ohne Nebenwirkungen erzielt wird, und das nicht nur bei Schlaflosigkeit, sondern auch in bezug auf Medikamentenabhängige, Rauschgiftsüchtige und Alkoholiker! Hier hilft DSIP den Betroffenen über die schlimme Anfangsphase des Entzugs hinweg. Das *Neuropeptid DSIP* wird in Form einer venösen Spritze verabreicht. Erfahrungen zufolge soll die Qualität des Schlafes eine andere sein, und die schlaflosen Momente sollen sich reduziert haben.

Schnarchen ist für alle Beteiligten lästig und wegen des häufig zu beobachtenden Atemstillstandes (bis 250mal pro Nacht, bis zu 4 Minuten lang) gesundheitlich nicht gerade unbedenklich. Schnarchen und Apnoe verhindert eine „Bißklemme“, die Prof. *Meier–Ewert*, Klinik–Chef in Schwalmstadt–Treysa, entwickelt hat. „Das Gerät wird nachts über die Zähne gestülpt und zieht den Unterkiefer einige Millimeter nach vorn, so daß die Luftröhre stets frei liegt“ (*Traub*). Wecken, Rumdrehen, am großen Zeh ziehen und ähnliche Pein kann man sich sparen.

Angewendet wird dieser Stoff vor allem bei *schweren chronischen Insomnien*. Bei schlecht schlafenden Personen oder Einschlafstörungen ist eine Behandlung mit DSIP nicht vonnöten, und bei normalem Schlaf kann DSIP nicht zu einem noch besseren Schlaf verhelfen. Warum auch!? Einer Therapie kann man sich im *Medizinischen Centrum Mariastein* unterziehen, der einzigen Schlafstörungsklinik, die dieses Verum, das bisher noch nicht registriert ist, verabreicht.

Der Leiter dieses Centrums äußerte sich folgendermaßen zu diesem Stoff: „Aber persönlich bin ich immer wieder baff, wie das Zeug wirkt." Hier ein paar *Ergebnisse* aus den ersten *103 Fällen*, die an dieser Klinik mit DSIP behandelt wurden: Die Schlafzeit hat sich im Durchschnitt von knapp vier auf knapp sechs Stunden gesteigert, die Tiefschlaf– und REM–Phasen entsprechend; aufgewacht ist man nicht mehr alle 20, sondern nur noch alle 40 Minuten. Mittels DSIP werden jegliche Störungen gelindert, der Schlaf wird seinen normalen Werten angenähert, die alters– und geschlechtsabhängig sind, und zwar um so deutlicher, je stärker die Störung war. Über die Wirkungszeit ist noch nichts bekannt, außer daß die Verbesserung viele Monate anhielt.

Drei Grundgedanken und die folgenden Regeln (O) sollten bei der natürlichen *Auspolsterung* des Ruhekissens unter dem Herzen bewegt und bewahrt werden:

1. Der Körper holt sich den Schlaf, den er braucht.
2. Alles, was ich länger als sieben Stunden schlafe, ist im voraus geschlafen; früh aufstehen, keinen Mittagsschlaf.
3. Wenig Schlaf macht uns weder krank noch im allgemeinen unlustig. Oft ist das Gegenteil der Fall.

„Bei der klinischen Erprobung von DSIP, die vor allem in der Psychiatrischen Klinik Königsfelde, Schweiz, stattfand – deren damaliger Leiter war der erste, der sich DSIP spritzen ließ –, wurde der Placeboverdacht nach den Regeln der Kunst geprüft: durch Doppel– oder Tripleblindversuche. Die Ärzte, die DSIP injizierten, die Insomniker, denen es injiziert wurde, die Helfer, die deren Somnogramme auswerteten – sie alle wußten nicht, wer eine Salzlösung erhielt und wer das wirkliche Neuropeptid. Daß sich eine meßbare Wirkung nur bei denen einstellte, die das Verum erhalten hatten, sprach gegen einen Placeboeffekt" (*Zimmer*).

Der Traum schlafloser Nächte

Millionen täten es so gern und können es doch nicht: einfach eine Nacht durchschlafen. Gibt es denn kein Mittel gegen krankhafte Schlaflosigkeit?

VON Dieter E. Zimmer

Am Tag der Abreise zeigen die roten Leuchtziffern des Radioweckers 2:46, als ich aus dem Schlaf hochfahre und weiß, die Nacht ist wieder einmal gelaufen. Seit über einer Woche habe ich jede Nacht allenfalls zwei bis drei Stunden geschlafen. Die zehnstündige Autofahrt dehnt sich endlos, und mit jedem Kilometer werde ich ungehaltener. Mit welchen Zumutungen mir die Welt heute wieder zusetzt. Jetzt dieser Stau! Jetzt auch noch der Tank leer! Jetzt belämmern mich diese Schweizer Grenzer mit ihrer saudummen Autobahnvignette! Jetzt untersteht sich die Straße, noch eine und noch eine Kurve zu beschreiben! Jetzt muß sie sich gar erdreisten, auch noch bergauf zu führen!

Dann ist der Ort erreicht. Ist mir doch egal, wie's hier aussieht. Ich bin nur müde. „Müde" ist gar kein Wort, und „hundemüde" hat so etwas unpassend Gesundes: gähnen, sich hinhauen, wegratzen können. Ich bin zwar da, aber das bin nicht ich, mich gibt es im Moment gar nicht mehr, und wer sich da anmeldet, ist nur mein Müdigkeitsvertreter, ein recht routinierter Kerl allerdings. Dabei ist es noch nicht einmal Abend, und das Schlaflabor ist noch einige Stunden weit.

Mein Interesse an dem Stoff, um dessentwillen ich diese Reise unternommen habe, ist ein dreifaches: ein wissenschaftliches, ein gesundheitspolitisches, ein persönliches.

Wissenschaftlich: 1983 schrieb ich für das ZEITmagazin eine Artikelserie (und anschließend ein Buch) über die Schlaf- und Traumforschung; auch über die zweifelhaften Vorteile und die zweifellosen Gefahren der verschiedenen Schlafmittel. Bei den Recherchen hörte ich erstmals von einer Substanz, deren Name mir anfangs immer wie „Zipp!" klang. DSIP, so hieß sie, sei nicht einfach ein weiteres Schlafmittel mit allen seinen unerquicklichen Begleiterscheinungen, sondern der natürliche Stoff, mit dem der Körper seinen Schlaf reguliert. Während die üblichen Arzneimittel nur das Symptom Schlaflosigkeit bekämpfen, sei DSIP imstande, dem Körper seinen natürlichen Schlaf zurückzugeben, und das ohne jede unerwünschte Nebenwirkung. Als wäre das noch nicht Wunders genug, könne es sogar noch mehr: Medikamentenabhängige, Rauschgiftsüchtige und Alkoholiker bringe es glimpflich über die schlimme erste Phase des Entzugs hinweg.

Wissenschaftler sind von Beruf Skeptiker, und in der Medi-

42 ZEIT MAGAZIN

ZEICHNUNG: TED BENOIT

Regeln zum Einschlafen

O Nicht länger als 10–20 Minuten wach im Bett liegen; sich in längeren Wachphasen sensorisch stimulieren: aufstehen und sich bewegen; essen; Licht, Radio, TV anmachen; stricken; Illustrierte lesen; duschen. Dies alles so lange machen, bis man sich kaum noch halten kann und einem die Augen zufallen.

O Vor dem Zubettgehen kühl (nicht kalt) duschen, da das ein Absinken des Adrenalinspiegels nach abruptem Anstieg bewirkt (sympathikotoner Rebound-Effekt); zusätzlich die Magengegend kalt duschen: zieht das Blut aus dem Kopf in den Magen.

O Vor dem Zubettgehen eine halbe Scheibe Brot mit Marmelade essen oder warme Milch mit 2–3 Löffeln Honig trinken; der gesunde Blutzuckerspiegel dankt es mit einer angenehm sedierenden milden Überzukkerung.

O Entspannungstraining: Progressive Muskelentspannung und Autogenes Training – oder langweilige Tätigkeiten (z.B. eine bestimmte, dem vorliegenden Band sehr unähnliche Sorte von Büchern lesen) vor dem Einschlafen (keinesfalls mehr danach!).

O Mehr Bewegung tagsüber: körperliche Fitneß, insbesondere abends vor dem Zubettgehen noch einen kleinen Spaziergang machen – keinen Leistungssport und Kraftakte abends.

O Geistige Arbeit und psychischen Streß abbauen: wenn möglich, nicht mehr als vier Stunden geistige Arbeit am Tag (schön wär's!).

O Schilddrüsenüber– und –fehlfunktion überprüfen und gegebenenfalls behandeln lassen.

O Alkohol, außer in kleinen Mengen (ein Bier oder ein Glas Rotwein mit Eigelb ist gestattet), Nikotin, Kaffee, Tee und koffeinhaltige Getränke abends wie die Pest meiden; Kaffee allenfalls sonntags eine Tasse – wenn überhaupt! Schlafmittel höchstens mal kurzzeitig oder ab und zu mit tagelangen Regenerationspausen einsetzen.

O Fenster im Schlafzimmer auf und evtl. Heizung schwach an (Raumtemperatur sollte ca. 17–19 Grad betragen).

O Nackt oder leicht bekleidet schlafen; verstärkt den Sauerstoffaustausch über die Haut.

O Entgegen vieler Ratgeber scheint der Krimi am Abend (vielleicht, wenn er nicht ganz zu aufregend ausfällt!?) als Buch oder Film gar nicht so den Schlaf zu behindern, sondern sogar eher zu fördern: Sollten hier stellvertretend Aggressionen des Tages noch via Phantasie und Verschiebung abgebaut werden?

O Eine zarte Massage der Nervenstränge zwischen Kehlkopf und unterem Halsansatz mit den Fingern (zur Not den eigenen!): „Denker–Massage".

O Für Probleme oder aufgestaute Gefühle abends eine blaue Stunde einlegen, in der man seinen Gedanken und Gefühlen ungestört nachhängen und –gehen kann (Tagtraum); eventuell ungelöste Probleme im Status quo notieren (entlastet das Gehirn).

O Besuch von oder bei Freund und Freundin, Bekannten, Verwandten, Konkubinen und Konkubanten.

O Sex, wann immer einem danach ist.

O Lärmpegel im Schlafzimmer angenehm gestalten, von Oropax bis hin zu leiser Musik, je nach Gusto und Gewohnheit.

Vita

Bei der Lektüre des vorliegenden Werkes wird sich dem einen oder anderen psychologisch vorgebildeten Leser relativ schnell die Frage aufgedrängt haben, ob es sich bei dem Verfasser um ein Genie oder einen Verrückten handelt? Nun, ich möchte ja keine schlafenden Hunde wecken (und erst recht keine Hühner scheu machen); für mich selbst habe ich diese eminent wichtige Frage natürlich entschieden. Aber das nützt Ihnen wenig. Die subjektive Evidenz bezüglich der Zuordnung zu einem der beiden Lager ist den Mitgliedern beider Gruppierungen eigen. Um Ihnen, geneigte Leserin, geneigter Leser, die Lösung des Problems ein wenig zu erleichtern, hier nun knappe Hinweise zu meiner Person und Lebensgeschichte.

Als Scheidungskind (dies Los teile ich, wie ich aus völlig unzuverlässiger Quelle erfahren habe, anscheinend mit *Albert Ellis* und einigen Milliarden lebenden und verblichenen Erdenbürgern) lernte ich im zarten Alter von 10 Lenzen statt zweier Welten des zwischenmenschlichen Umgangs derer vier kennen. Das Impulsiv–Großzügige war mir bald ebenso vertraut wie das Zwanghaft–Beleidigte – Affenliebe und kühle Freundlichkeit gleichermaßen. Das hilft mir heute, hat mich aber damals etwas strapaziert.

Die Schulzeit war geprägt von gähnender Langeweile, Bewunderung meiner Lehrer *Hermann, Goldmann und Kaps*, und von Haß auf einige andere Exemplare dieser Gattung Mensch. Parallel dazu begann im vorgerückten Alter von 8–9 Jahren die errötende Spurensuche, die sich bis in die Twenties so mühsam gestaltete und die zu beenden ich in den letzten Jahrzehnten so meine liebe Not habe (auch das verbindet mich kongenial mit *Albert Ellis*). Und dann nach Wehrpflicht und Kriegsdienstverweigerung (3 Tage vor meiner regulären Entlassung: immer noch der Spätzünder!) dies so glorreich begonnene Mathematikstudium; und die erste Gattin. Zwei Semester verschlampt, Psychologiestudium (was sonst?). So langsam wendete sich das Blatt, die fetten Jahre begannen, es glückte einfach alles: im Vordiplom wie im Diplom gab es Einsen, die vor der Prüfung schon vom prüfenden Professor verkündet oder nach der halben Prüfungszeit ohne Rücksprache mit dem Beisitzer autokratisch festgesetzt wurden oder, bedauerlicherweise, die Preise für nachfolgende Einser–Aspiranten verdorben hätten. Von didaktischer Meisterleistung war nach einem Referat die Rede. Und Stellen in der EDV, Methodenlehre und Statistik wurden mir ab meinem zweiten Semester en gros angeboten. Da hielten einige Strohmänner mit Namen und Konto her. Einige Hundert Examens–, Vordiplom–, Diplom–, Forschungs– und Doktorarbeiten durfte ich statistisch auswerten und bei der Interpretation der Ergebnisse beraten. Die empirische Forschung(spraxis) ist mir seitdem sehr vertraut.

Wochen vor der letzten Diplomprüfung dann diese peinliche Szene: Da wird mir eine Stelle als Wissenschaftlicher Angestellter angeboten, und wir stellen beim Blättern in der Bibel des Sonderforschungsbereichs 122 fest, daß ich schon im selben Fachbereich, jedoch einem anderen Institut fest mit BAT IIa versehen war. 3 Jahre später rief mich ein Doktorvater nach Essen und avancierte binnen einem Jahr zum Doktorgroßvater, ein neuer Vater mußte in Marburg am Fachbereich Psychologie gefunden werden. Ich fand ihn, bekam eine Stelle als wissenschaftlich–klinischer Statistiker, versprach unserer Essener Sekretärin Andrea (470 Anschläge, lange blonde Haare und keck: „Herr Rost, muß ich für sie eigentlich auch schreiben?“) ein möglichst braver Ehemann und Vater unserer Künftigen Kinder zu sein – heiratete und übersiedelte mit ihr nach Marburg.

Dortselbst durchlief ich dann die wundersame Metamorphose vom Statistiker zum Kliniker. Im universitären Elfenbeinturm brachte ich es ganz schnell, innerhalb von 2 Jahren, auf 1–2 Therapietermine pro Woche, was mich in Ermangelung nicht erfahrener, aber mutigerer Kräfte zum Abhalten von Fallseminaren (1 Therapie vor 13 Studenten) qualifizierte. Die therapeutische Erfahrung konnte und kann ich seit 1981 in meiner Psychologischen Praxis nachholen: bis 1990 ca. 14.000 Std. Psychotherapie, alle Störungsformen, alle Schichten, alle Altersstufen, beide Geschlechter, einzeln und in Gruppen.

Der Rest jetzt in Stichworten:

- O Lehraufträge, über 30, an den unterschiedlichsten Fachbereichen: Psychologie, Medizinische Psychologie, Sportwissenschaft, Soziologie, Heil– & Sonderpädagogik und Humanmedizin
- O Promotion
- O Kassenzulassung für Verhaltenstherapie
- O Supervisor, Lehrtherapeut und Gutachter der Kassenärztlichen Vereinigung
- O Klinischer Psychologe des Berufsverbandes Deutscher Psychologen (BDP)
- O Anerkanntes Mitglied des Fachverbandes Klinische Verhaltenstherapie (FKV)
- O Landesvorsitzender und Delegierter für Hessen der Vereinigung der Kassenpsychologen
- O Wissenschaftliche Veröffentlichungen
- O Dozent im Weiterbildungsseminar für Kinder–, Jugendlichen– und Familientherapie (Kinderärzte, Kinder– und Jugendlichenpsychiater & Psychologen) an der Klinik für Kinder– und Jugendpsychiatrie der Universität Marburg
- O Dozent, Supervisor und Lehrtherapeut der Weiterbildungseinrichtung für Klinische Verhaltenstherapie im FKV e.V. (WKV)
- O Vorträge
- O Kurse & Lehrgänge im Rahmen der Erwachsenenbildung
- O Mitwirkung und Auftritte in Rundfunk– & Fernsehsendungen, Presseinterviews – auch das erinnert wieder an besagten *Uncle Albert*, der mir, das muß ich noch loswerden, nach der Kreation und Propagierung seiner RET, dem Bekanntwerden seiner Aggressionsproblematik, wegen derer er Sträuße mit meinem verehrten *George Bach* in der amerikanischen Fachpresse ausfocht, und erst recht nach einem Workshop mit ihm in letzter Zeit ausgesprochen fremd, ja schon fast unsympathisch geworden ist.
- O Autor der neuen Show „Geld oder Liebe“ von meinem sehr geschätzten *Jürgen v. d. Lippe* (der einzige Showmaster, der im Fernsehen die von mir so geliebte und propagierte kräftige und deftige Sprache spricht: witzig, ironisch & selbstironisch, geistreich, selten auch platt & peinlich, aber das blieb selbst bei Kuli nicht aus).

Das wär's bis dato ...

Bildnachweis

Anmerkung: Die genauen Angaben zu den abgebildeten Zeitschriften– und Buchumschlägen sowie zu den hier nur namentlich aufgeführten Autoren sind dem Literaturverzeichnis zu entnehmen.

Hilfe bei der Identifikation der Bildinhalte bietet die Fa. Balloon Brand, Hong Kong, für DM 19,50 mit ihrer „Genuine Glass–Lens“.

3b	I. Eibl–Eibesfeldt
4a	Betriebsanleitung Daimler–Benz 200
7	Magnum Fotos, 20 Rue des Grands Augustine F–75006 Paris, Tel.: 00331/4325–9009
8	F. K. Waechter
11a	J. B. Metzler Verlag, Stuttgart, 1983
11b	rtv–Funkmagazin
13	J. B. Metzler Verlag, Stuttgart, 1983
15	Time Life
16	Beate Uhse

20a	F. K. Waechter
20b	Uta Ranke–Heinemann
21b	F. K. Waechter
22	tz München
23	Der Spiegel
24	Der Spiegel
29	Psychologie Heute
30	Portraitstudio Gabriele Kircher, Marburg
31a–b	F. K. Waechter
34a	Andreas Sterzing, P.O.Box 20918, New York, N.Y.C. 10009 USA
34b	Der Spiegel
38a	Droemer Knaur Verlag, München, 1972
38b	F. K. Waechter
41a–b	S. Chevalier–Skolnikoff
49	Time Life
52	Bengt Foßhak, Staufenstr. 46, 6000 Frankfurt/Main 1
53	Bengt Foßhak, Staufenstr. 46, 6000 Frankfurt/Main 1
54	Loriot & Evelyn Hamann
59	K. Grammer & W. Musterle

60	Portraitstudio Gabriele Kircher, Marburg
61a	F. K. Waechter
61b	Kull
64a–c	S. Chevalier–Skolnikoff
64d–q	Kull
65a–e	C. H. Hjortsjö
66	Time Life
67	Portraitstudio Gabriele Kircher
68	D. Morris: Manwatching. Frogmore, 1978, & R. P. Harrison: Beyond Words. An Introduction to Nonverbal Communication. Englewood Cliffs, N. J., 1974
69	D. Morris: Manwatching. Frogmore, 1978
71	F. K. Waechter
72	F. K. Waechter
75	C. H. Hjortsjö
77	S. Chevalier–Skolnikoff
79a	Tomi Ungerer
79b	N. G. Elwert Verlag, Marburg
81a	Prospekt: Zoo Köln AG, Zoologischer Garten Köln, Riehler Str. 173, 5000 Köln 60
89	Lance, 1975. In: Theo Knapp: Migräne
92	Pieper
96	Bahnson
100a–c	F. K. Waechter
101d–f	F. K. Waechter
105	D. E. Zimmer in: Die Zeit
106	F. K. Waechter
115a–d	Smythe
118a–d	Smythe
121	Schmeckenbecher & Friz
122	Portraitstudio Gabriele Kircher

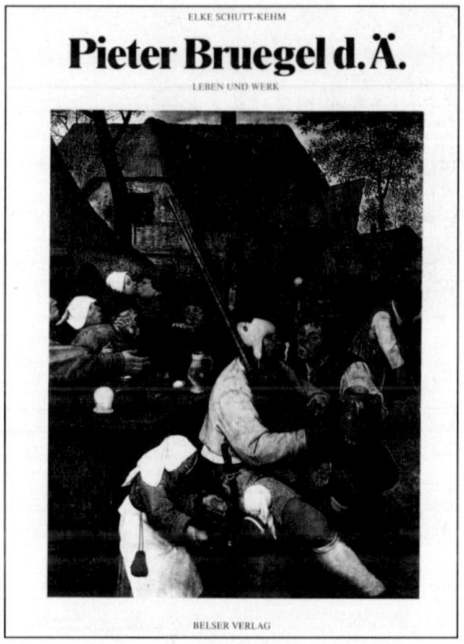

123	Belser Verlag, Falkertstr. 73, 7000 Stuttgart 1
124	I. Eibl–Eibesfeldt
125a	Portraitstudio Gabriele Kircher
125b	Reinhard Mey
126	Portraitstudio Gabriele Kircher
128a–c	Smythe
129a	S. Chevalier–Skolnikoff
129b	Portraitstudio Gabriele Kircher
131	Schmeckenbecher & Friz
130	I. Eibl–Eibesfeldt
134a	Portraitstudio Gabriele Kircher
134b	Gronemann

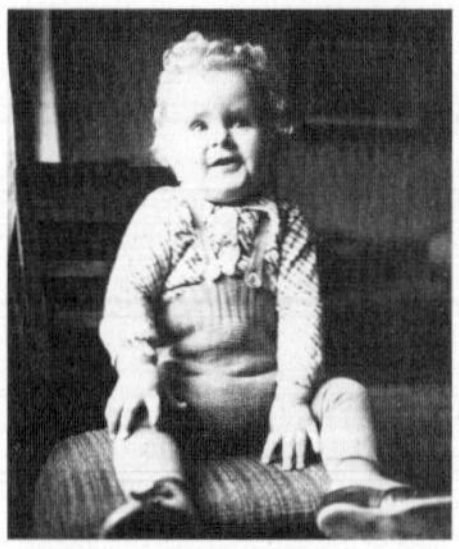

137a–c	F. K. Waechter

139 Gronemann
140 Smythe
143 P. Kaufhold
145a Portraitstudio Gabriele Kircher
145b Portraitstudio Gabriele Kircher
146 Samy Molcho
147 Samy Molcho

154a–c Loriot
156 Landkarte von Norwegen, ADAC–Campingführer 89
157 Beate Uhse
161 E. Dietl
164 E. Dietl
165a–b E. Dietl
166 E. Dietl
167a–b E. Dietl
168 E. Dietl
170 Bildarchiv Foto Marburg
172 Erich Rauschenbach in: Roman
177 E. Dietl
179 Beate Uhse
183 F. K. Waechter
185 Beate Uhse
187 P. Kaufhold
189 F. K. Waechter

191 E. Rauschenbach in: Moriz
193a Reinhard Mey
193b Smythe
194 Portraitstudio Gabriele Kircher
195 Reinhard Mey
197 Portraitstudio Gabriele Kircher
198 Ina Deter
199 Freundin
200 Stern
201 F. K. Waechter
203 Stern
204 Portraitstudio Gabriele Kircher
205 Psychologie Heute
206a Stern
206b F. K. Waechter
208a Reinhard Mey
208b Oberhessische Presse
214 F. K. Waechter
217 Fotoarchiv
224 Loriot
225a Lefrancois
225b F. K. Waechter
228 F. K. Waechter
229 Reinhard Mey
230a Portraitstudio Gabriele Kircher, Marburg
230b Merz
231 Merz
235 E. Rauschenbach in: Constantin
238 Bildarchiv Foto Marburg
241 E. Rauschenbach in: Constantin
242 E. Rauschenbach in: Constantin
243a I. Eibl–Eibesfeldt
243b I. Eibl–Eibesfeldt
244a–b I. Eibl–Eibesfeldt
245a–b I. Eibl–Eibesfeldt
250 E. Rauschenbach in: Constantin

266 F. K. Waechter
267 Donna Ferrato Visions, Stern
268a–b I. Eibl–Eibesfeldt
268b Stern
270 I. Eibl–Eibesfeldt
271 Smythe
273 Portraitstudio Gabriele Kircher
274 Portraitstudio Gabriele Kircher
279 Buchrückseite Kiphard
282 W. Busch: Max und Moritz
287 Brockmann
288 Brockmann
290 Kucklick, Stern
291 F. K. Waechter
293 Krivohlavy

296 Beate Uhse
297b–c Time Life
301 Tony Hall in: K. J. Gergen & M. M. Gergen, Funkkolleg Psychobiologie
302 F. K. Waechter
307 Th. Friz
309 Beate Uhse
311 F. K. Waechter
314 Loriot
317 F. K. Waechter
319 Stadtplan Düsseldorf, Falk–Verlag

328 Smythe
330 Time Life
331 F. K. Waechter
336 E. Dietl
337 Konstantin Wecker: Wieder dahoam. München: Eulen Verlag

338 Portraitstudio Gabriele Kircher
339 Reinhard Mey
341 F. K. Waechter

342a F. K. Waechter
342b Bildarchiv Foto Marburg
343 E. Dietl
344 F. K. Waechter
345 F. K. Waechter
347 Bildarchiv Foto Marburg
348 Bildarchiv Foto Marburg
349 Smythe
353 Freundin
358 F. K. Waechter
360 Time Life
364 Freundin
366a–c Loriot
368 Reinhard Mey
370 Portraitstudio Gabriele Kircher
371 Freundin
372 F. K. Waechter
373a–b Bildarchiv Foto Marburg
374 Bildarchiv Foto Marburg
376 Bildarchiv Foto Marburg
378 ZEITmagazin
380 ZEITmagazin
381 Reinhard Mey
383 Reinhard Mey
384 F. K. Waechter
388 F. K. Waechter
391 F. K. Waechter
392 Bildarchiv Foto Marburg
394 Bildarchiv Foto Marburg
396 F. K. Waechter
399 W. Caine
400 Bildarchiv Foto Marburg
401 Psychologie Heute
402 Playboy
403 Psychologie Heute
404 Stern
408a Carl Engels Verlag, Mülheim/Ruhr, Fernruf 40592

408b Männergesangsverein 1866 e. V. Wehrda incl. dem Trio „Schawana" (Fotos: Hans Brunet)
409 F. K. Waechter
414a natur
414b Die Zeit
421 Bildarchiv Foto Marburg
422 Bildarchiv Foto Marburg
424 Handbuch Qigong–Kugeln
425a Portraitstudio Gabriele Kircher, Mbg.
425b Prospekt Tanzschule Seidel, Marburg, Tel.: 66111
426 Bildarchiv Foto Marburg
427a Bildarchiv Foto Marburg
427b Der Spiegel
428 Bildarchiv Foto Marburg
430 F. K. Waechter
433 Tomi Ungerer
434 Oberhessische Presse
435 F. K. Waechter
440 F. K. Waechter
442 Bildarchiv Foto Marburg
444–5 John Seymour
446 Bildarchiv Foto Marburg
448a Bildarchiv Foto Marburg
448b Bildarchiv Foto Marburg
449 Bildarchiv Foto Marburg
450 Reinhard Mey
451 Kölbing & Seifert
452 John Seymour
453 John Seymour
454a Kölbing & Seifert
454b Köbling & Seifert
456b Bildarchiv Foto Marburg
459a Hans Traxler, ZEITmagazin
459b Bildarchiv Foto Marburg
461 Bildarchiv Foto Marburg
463 F. K. Waechter
464 Oberhessische Presse
466 Bildarchiv Foto Marburg
469a Bestellkarte Verlagsbuchhandlung Tewes
469b Bildarchiv Foto Marburg
470 Bildarchiv Foto Marburg
475 Bildarchiv Foto Marburg
476 Portraitstudio Gabriele Kircher, Mbg.
479 Prokop
480 Schwope
481 Schwope
484 Nakamura
485 Portraitstudio Gabriele Kircher, Mbg.
486 Psychologie Heute
489 ZEITmagazin

Literaturverzeichnis

Abele, Andrea & Walter Brehm: Laufe, staune, gute Laune. Psychologie Heute, 3/1984
ADTA: American Dance Therapy Association
ADTV: Allgemeiner deutscher Tanzlehrerverband
Agras, W. S., Chapin, H. N. & D. C. Oliveau: The natural history of phobia. Archives of General Psychiatrie, 1972
Agras, S., Sylvester, D. & D. Oliveau: The epidemiology of common fears and phobias. Unpublished manuscript, 1969
Albers, Jürgen: Fragen an den Autor. Vorstellung von Wolfgang Rost und seinem Buch „Die Gefühle"; Saarländischer Rundfunk, So., 17.7.88, 11.00–12.00 Uhr.
Alberti, Barbara: Sag mir, wo die Männer sind. Stern
Alberti, R. E. & M. L. Emmons: Ich behaupte mich selbst. Frankfurt/M., 1979
Albrecht, Günter: Entwicklung eines Fragebogens zur Erfassung von Vertrauensbereitschaft. Unveröffentl. Dipl.–Arbeit. Marburg, 1979
Alexiou, Margaret: The Ritual Lament in Greek Tradition. Cambridge University Press, 1974
Alizade, A. M.: Notas sobre la felicidad (intrapsychic elements that make happiness possible). Revista de Psicoanalysis, 1985
Allert–Wybranietz, Kristiane: Wenn's doch nur so einfach wär. Fellbach: Lucy Körner Verlag, 1984
Allesch, C. G.: Phänomenologie der Begeisterung. Salzburg: 1973
Allgeier, Kurt: Die Enzymtherapie. Düsseldorf, Wien: Econ, 1978
Aman, Reinhold: Bayrisch–österreichisches Schimpfwörterbuch. München: Süddeutscher Verlag, 1973
Ammon, G.: Humanstruktureller Tanz – Heilkunst und Selbsterfahrung. Dynamische Psychiatrie, 1986
Andrew, Richard J.: Vom Ursprung des Gesichtsausdrucks. In: *Scherer, K. R. & H. G. Wallbott*, 1984
Andrews, F. M. & A. C. McKennell: Measures of self–reported well being: their affective cognitve and other components. Social Indicators Research, 1980
Andrews, F. M. & S. B. Whitey: Social Indicators of well being. New York, London: Plenum, 1976
Aneshensel, C. S. & J. Stone: Stressand Depression. A Test of the Buffering Model of Social Support. Arch. gen. Psychiatry, 1982
Appel, M. A., Holroyd, K. A. & L. Gorkin: Anger and the etiology and progression of physical illness. In: *Temoshok, L., van Dyke, L. & L. S. Zegans* (ed.): Emotions in health and illness: Theoretical and research foundation. Orlando: Grune & Stratton, 1983
Apter, M. J.: The experience of motivation. London: Academic Press, 1982
Ardila, Ruben: Futurum Drei. München, Wien, Baltimore: Urban & Schwarzenberg, 1981
Arentewicz, G. & G. Schmidt (Hrsg.): Sexuell gestörte Beziehungen. Konzept und Technik der Paartherapie. Heidelberg: Springer, 1980
Argyle, M.: The Psychology of happiness. London: Methuen
Argyle, M.: Soziale Interaktion. Köln: Kiepenheuer & Witsch, 1972
Argyle, M. & J. Crossland: The dimensions of positive emotions. British Journal of Social Psychology, 1987
Argyle, M. & J. Dean: Eye contact, distance, and affiliation. Sociometry, 28, 1965
Aries, Philippe: Geschichte der Kindheit. München: dtv, 1979
Armistead: 1968. In: *Argyle:* Social interaction. London: Methuen, 1969
Arnold, M. B.: Emotion and Personality, Vol. I, Psychological aspects. New York: Columbia University Press, 1960; Vol. II, Neurologial and physiological aspects, 1960
Arnold, M. B.: In defense of Arnold's theory of emotion. Psychol. Bull. 70, 1968
Aronson, E.: Handbook of Social Psychology. Second edition, Vol. 3, London: Addison Wesley, 1969
Aronson, E., Pines, A. M. & D. Kafry: Ausgebrannt. Stuttgart: Klett–Cotta, 1983
Asendorpf, Jens: Angst – ins Gesicht geschrieben. Psychologie Heute, 11/1984
Asendorpf, Jens: Lassen sich emotionale Qualitäten im Verhalten unterscheiden? Empirische Befunde und ein Dilemma. Psychologische Rundschau, Band XXXV, Heft 3, 1984
Averill, J. R.: Grief, its nature and significance. Psychological Bulletin, 70, 1968
Ax, A. F.: The psychological differentiation between fear and anger in humans. Psychosomatic Medicine, 15, 1953
Axelrod, Robert: Die Evolution der Kooperation. München: Oldenburg, 1988
Azrin, N. H., Hutchinson, R. R. & D. F. Hake: Attack, avoidance and escape reaction to aversive shock. Journal of experimental Analysis of Behavior, 10, 1967

Baade et al.: Theorien und Methoden der Verhaltenstherapie. Tübingen: Deutsche Gesellschaft für Verhaltenstherapie, 1980
Bach, George R. & Yetta Bernhard: Aggression Lab – Das Trainingsmanual für faires Streiten um Veränderung. Hamburg: Partnerschafts– und Familienberatung Altmann, nach 1971
Bach, George R. & Ronald M. Deutsch: Pairing – Intimität und Offenheit in der Partnerschaft. Reinbek: Rowohlt, 1980
Bach, George R. & Herb Goldberg: Keine Angst vor Aggression – Die Kunst der Selbstbehauptung. Frankfurt/M.: Fischer Taschenbuch Verlag, 1981
Bach, George R. & Peter Wyden: Streiten verbindet – Spielregeln für Liebe und Ehe. Düsseldorf: Eugen Diederichs Verlag, 1977
Badura, Bernhard: Soziale Unterstützung und chronische Krankheit. Frankfurt/M.: Suhrkamp, 1981
Bahnson, Claus Bahne: Das Krebsproblem in psychosomatischer Dimension. In: *Uexküll, Thure von*, 1981
Bandura, A. & R. H. Walters: Social learning and personality development. Holt, Rinehart 6 Winston, 1963
Barff, Ursula, Burkhardt, Inge & Jutta Maier: Das große farbige Bastelbuch für Kinder. Niedernhausen: Falken–Verlag, 1986/1988
Barrow, R.: Happiness. Oxford: Martin Robinson, 1980
Barschak, E.: A study of happiness and unhappiness in the childhood and adolescense of girls in different cultures. Journal of Psychology, 1951
Bartling, G., Fiegenbaum, W. & R. Krause: Reizüberflutung. Stuttgart: Kohlhammer, 1980
Bastine, Reiner et al.: Grundbegriffe der Psychotherapie. Weinheim: Edition Psychologie, Chemie, 1982
Bateson, Gregory: The Position of Humor in Human Communication. In: *Foerster, Heinz von* (ed.): Cybernetics, Transitions of the Ninth Conference. New York: Josiah Macy, Jr. Foundation, 1953
Baum, M.: Extinction of avoidance responding through response prevention (flooding). Psychological Bulletin, 4, 1970
Beck, A. T.: Wahrnehmung der Wirklichkeit und Neurose. Kognitive Psychotherapie emotionaler Störungen. München: Pfeiffer, 1979
Beck, A. T.: Kognitive Therapie der Depression. München: Urban & Schwarzenberg, 1981
Becker, H.: Plädoyer für's Spielen. Neue Sammlung, 1986
Becker, P.: Psychologie der seelischen Gesundheit. Band 1, Theorien, Modelle, Diagnostik. Göttingen: Hogrefe, 1982
Beier, Ernst G.: Über faires Streiten. In: *Petzold, H. & H. Scharfe*, 1985
Behrendt, J. E.: Das dritte Ohr – Vom Hören der Welt. Reinbek: Rowohlt, 1985
Behringer, U.: Was halten Sie vom Kanzler? Stern, Nr. 44, 1988
Benard, Cheryl & Edit Schlaffer: Männer. Eine Gebrauchsanweisung für Frauen. Rowohlt.
Benard, Cheryl & Edit Schlaffer: Klatsch und Tratsch. Psychologie Heute, 5/1981
Benkert & Hippius: Psychiatrische Pharmakothe-

rapie. Heidelberg: Springer, 1976
Bergmann, Ingmar: Szenen einer Ehe. Kinofilm
Berkowitz, L.: Aggression. A Social Psychological Analyses. New York: Mc Graw–Hill, 1962
Berlyne, D.: Conflict, Arousal and Curiosity. New York, 1960
Berlyne, D.: Laughter, Humor, and Play. In: *Lindzey, G. & E. Aronson:* Handbook of Social Psychology, sec. ed. Vol 3. Massachusetts, London, Ontario: Addison Wesley Publishing Company, 1969
Bernhardt, J. A.: Humor in der Psychotherapie. Weinheim, Basel: Beltz Verlag, 1985
Bernstein, Douglas A. & Thomas D. Borkovec: Entspannungs–Training. München: Pfeiffer, 1975
Bierce, Ambrose: Wörterbuch des Teufels. Frankfurt/M.: Insel Verlag, 1980
Bierhoff, H. W.: Sozialpsychologie. Stuttgart: Kohlhammer, 1984
Biolek, Alfred: Mensch Meier. WDR
Birbaumer, Nils: Psychophysiologie der Angst. München, Wien, Baltimore: Urban & Schwarzenberg, 1977
Birbaumer, Nils: Psychophysiologische Ansätze. In: *Euler & Mandl:* Emotionspsychologie, 1983
Birbaumer, Nils: Psychophysiologische Grundlagen. In: Verhaltensmedizin. Springer Verlag, 1986
Bischof, N.: A System's Approach Toward the Functional Connections of Attachment and Fear. Child Development, 46, 1975
Bischof–Köhler, Doris: Zur Phylogenese menschlicher Motivation. In: *Eckensberger L. H. & E. D. Lantermann*, 1985
Blase, Richard: Die Jägerprüfung. Melsungen: Neumann–Neudamm, 1982
Bleuler, E. (umgearb. von *Bleuler, M.*): Lehrbuch der Psychiatrie. Heidelberg: Springer, 1966
Böning, Frank, Helbig, L. & B. Lehnert: Untersuchungen zur empirischen Bestimmung des Schwierigkeitsgrades von Übungssituationen für Kontakttraining in vivo. Unveröffentl. Dipl.–Arbeit. Marburg, 1980
Bösel, R.: Biopsychologie der Emotionen, Studien zu Aktiviertheit und Emotionalität. Berlin: de Gruyter, 1986
Bornemann, Ernest: Sex im Volksmund – Der obszöne Wortschatz der Deutschen. Herrsching: M. Pawlak Verlags–GmbH, 1984
Bornemann, Ernest: Der Fluch der Schlafzimmertür. Stern
Bornemann, Winfried: Briefmacken 1. Hannover: Fackelträger, 1982
Bornemann, Winfried: Briefmacken 2. Hannover: Fackelträger, 1983
Bornemann, Winfried: Blödel–Sprüche. Bornemanns Beißerchen. Frankfurt/M.: Eichborn, 1983
Bornemann, Winfried: Bornemanns lachende Erben. Hannover: Fackelträger, 1985
Bornemann, Winfried: Bornemanns Internationales Adressbuch. München: Goldmann, 1988
Botermans, Jack: Flieger aus Papier. München: Hugendubel Verlag, 1983
Bouchner, Miroslav: Der Kosmos–Spurenführer. Stuttgart: Franckh, 1982
Bowlby, John: By Thology out of Psycho–Analysis: An Experiment in Interbreedinhg. In: Animal Behaviour, 28, 1980
Bowlby, John: Psychoanalysis as a Natural Science. Inaugural Lexture of the Freud Memorial Visiting Professor of Psychoanalysis. London: University College, 1980
Bradburn, N. M: Reports on happiness. A pilot study of behavior related to mental health. Chicago: Aldine, 1965
Bräutigam, W.: Reaktionen, Neurosen, Psychopathien. Stuttgart: Thieme, 1968
Brandt, L, W.: Gedanken zum Angreifen. In: *Hilke, R. & W. Kempf*, 1982
Brockmann, Thomas: Schummeln – aber richtig. Frankfurt/M.: Eichborn, 1984
Brockmann, Thomas: Schummeln – aktuell. Frankfurt/M.: Eichborn, 1985
Brothers, Joyce: zit. n. *Cohen, Betsy,* 1988
Brown, G. & T. Harris: Social origins of Depression: A Study of Psychiatric Disorder. London: 1978
Brownfield, C. A.: Optimal stimulation levels of normal and disturbed subjects in sensory deprivation. Psychologiy, 9, 1966
Bruhn, H.: Wechselwirkung zwischen Klängen und Gefühlen. Phänomenologische Gedanken zur Musik. Musiktherapeutische Umschau, 1982
Bruhn, H., Oerter, R. & H. Rösing: Musikpsychologie. Ein Handbuch in Schlüsselbegriffen. München: Urban & Schwarzenberg, 1985
Bry, Adelaide: Wut tut gut – Wie man seinen Ärger abreagiert, ohne gleich Schuldgefühle zu bekommen. Bergisch Gladbach: Gustav Lübbe Verlag, 1981
Büchler, M.: Musik und ihre Psychologien. Eschborn: Fachbuchhandlung für Psychologie Abteilung Verlag, 1987
Buchner, Jutta: Untersuchung zur Depressivität und Schuldgefühlen von Frauen im Zusammenhang mit schuldgefühlerzeugendem Verhalten ihrer Mutter. Unveröffentl. Dipl.–Arbeit. Marburg, 1982
Buck, R.: The communication of emotion. New York: Guilford
Burges, Claudia: Ich bin für die Missionarsstellung. Cosmopolitan, 8/1988
Bursch, Peter: Das Folk–Buch. Bad Godesberg: Voggenreiter, 1979
Busch, Wilhelm: Wilhelm Busch Album – Humoristischer Hausschatz. München: Harbeke, 1974
Buss, A. H.: Two anxiety factors in psychiatric patients. Journal of Abnormal and Social Psychology, 1962
Buss, A. H.: Psychopathology. New York: Wiley, 1966
Byrne, D.: The repression–sensitization–scale. J. Pers., 29, 1961

Caine, William S.: Riechen kann man lernen. Psychologie Heute, 6/82
Canacakis, Jorgas: Ich sehe deine Tränen. Trauern, klagen, leben können. Kreuz Verlag
Cannon, Walter, B.: The Wisdom of the Body. New York: Norten, 1939
Celentano, Adriano: Der gezähmte Widerspenstige. Kinofilm
Chaplin, Charlie: Goldrush. Kinofilm
Chaplin, Charlie: The Kid. Kinofilm
Chapman, A. J. & H. C. Foot: Humour and laughter. London, 1976
Chesney, M. A. & R. H. Rosenman (ed.): Anger and hostility in cardiovascular and behavioral disorders. N. Y.: Hemisphere, 1985
Chevalier–Skolnikoff, S.: Facial Expression of Emotion in Nonhuman Primates. In: *Ekman, P.:* Darwin and Facial Expression. New York, London: Academic Press, 1973
Claesson, Bent H.: Sexualinformation für Jugendliche. Frankfurt/M.: Verlag Neue Kritik, 1976

Clynes, M.: Communication and generation of emotion through a sentic from. In: *Levi, L.* (ed.): Emotions. New Jersey: Raven, 1975
Cobb, S.: Social support as a moderator of life stress. Psychosomatic Medicine, 38, 1976
Cohen, Betsy: Der ganz normale Neid. Zürich: Kreuz, 1988
Cohn, Ruth C.: „Ein–paar–Zeilen"–Brief an den Jubilar. In: *Petzold, H. & H. Scharfe,* 1985
Cole, Tim: Dufte Typen im Test. Playboy–Magazin
Comfort, Alex: Joy of Sex – Freude am Sex. Berlin: Ullstein, 1981
Comfort, Alex: More joy of Sex – Noch mehr Freude am Sex. Berlin: Ullstein, 1981
Constantin, Theodor: Das neue Berliner Schimpfwörterbuch. Berlin: Haude & Spenersche Verlagsbuchhandlung, 1986
Cosmopolitan, 11/1988: Buchrezension zu *Rost, Wolfgang:* Die Gefühle. Basel: Birkhäuser, 1988
Cotta, Horst: zit. n. Bunte (Illustr.), 35/1988
Cottington, E. M., Matthews, K. A., Talbott, E. & L. H. Kuller: Occupational stress, suppressed anger and hypertension. Psychosomatic Medicine, 48, 1986
Cousins, N.: Der Arzt in uns selbst. Reinbek, 1981
Cranach, M. v., Kalbermatten, U., Indermühle, K. & B. Gugler: Zielgerichtetes Handeln. Bern, Stuttgart, Wien: Huber, 1980
Creel, R. E.: Endology: The science of happiness. New Ideas in Psychology, 1983
Cremer, H. D., Aign, W., Elmadfa, I, Muskat, E. & M. Westhoff: Die große Nährwert–Tabelle. München: Gräfe & Unzer
Crick, Francis & Graeme Mitchison: The Function of Dream Sleep. Nature, 7/1983
Crowder, R. G.: Perception of the major/minor distinction: Historical and theoretical foundations. Psychomusicology, 1984
Cutler, Winnifred: Gerüche der Geschlechter. Psychologie Heute, 3/1987

Daiber, Hans: Himmelherrgottsakra. Psychologie Heute, 7/1989
Danzer, Albert: Verhalten. Stuttgart: Metzler, 1979

Darius, Barbara: Der große Bluff – So werden Sie eine erfolgreiche Angeberin. Cosmopolitan, 10/1987
Darwin, Charles: Der Ausdruck der Gemüthsbewegungen bei dem Menschen und den Thieren. Stuttgart: Schweizerbart'sche Verlagsbuchhandlung, 1872
Davison, Gerald C. & John M. Neale: Klinische

Psychologie. München, Wien, Baltimore: Urban & Schwarzenberg, 1979
Davitz, Joel R.: The Language of Emotion. New York: Academic Press, 1969
Dawley, H. H. & W. W. Wenrich: Achieving assertive behavior. Monterey: Brooks/Cole, 1976
Degen, R.: Selbstkenntnis. Denn sie wissen nicht, was sie tun. Psychologie Heute, 10/1985
Deikmann, A. J.: Therapie und Erleuchtung, Hamburg: Rowohlt, 1968
Demuth, Wolfgang: Klinische Praxis der Verhaltenstherapie. Stuttgart: Enke, 1981
Der grüne Zweig: Der Naturkost–Klassiker. Ernährung & Bewußtsein
Dessai, Elisabeth: Erziehung ohne Elternstreß. München: Kindler, 1981
Deter, Ina: Neue Männer braucht das Land. Hamburg: Phonogramm GmbH
Deter, Ina: Mit Leidenschaft. Hamburg, Phonogramm GmbH
Deter, Ina: Ich will die Hälfte der Welt. Hamburg: Phonogramm GmbH
Deter, Ina: Ich sollte eigentlich ein Junge werden. CBS GmbH
Dethlefsen, Thorwald & Rüdiger Dahlke: Krankheit als Weg. München: Bertelsmann, 1983
Diamon, E. L.: The role of anger and hostility in essential hypertension and coronary heart disease. Psychological Bulletin, 87, 1982
Diekmann, Andreas: Turnier der Diamantendiebe. Die Zeit, 13/1988
Diem, Walter & Joachim Rangnick: Papierflieger. Ravensburg: Otto Maier, 1987
Diener, E. & S. Griffin: Subjective well–being: Happiness, life satisfaction and morale (Comprehensive bibliography). Unpublished manuscript. University of Illinois at Urbana–Champaign, Department of Psychology, 1982
Diener, E. & R. J. Larsen: Temporal stability and crossituational consistency of positive and negative affect. Journal of Personality and Social Psychology, 47, 1984
Diener, E., Larsen, S., Levine, S. & R. A. Emmons: Dimensions underlying positive and negative affect. Journal of Personality and Social Psychology, 48, 1985
Dietl, Erhard: Illustrierter Sittenkatalog. Rogner's Edition bei Ullstein
Ditfurth, Hoimar v.: Der Geist fiel nicht vom Himmel. München: dtv, 1986
Ditfurth, Hoimar v.: So laßt uns denn ein Apfelbäumchen pflanzen. Hamburg: Rasch & Röhrig, 1986
Doderer, Heimito von: Die Merowinger oder Die totale Familie. München: Biederstein, 1962
Dollard, J., Miller, N. E., Dolb, L. W., Mowrer, O. H. & R. R. Sears: Frustration and aggression. New Haven: Yale Univ. Press, 1950
Dörrie, Doris: Männer. Kinofilm
Dreksler, Jacky (Hrsg.): Witze aus Schule und Uni. Frankfurt/M.: Eichborn, 1985
Dreksler, Jacky: Prominenten–Witze. Frankfurt/M.: Eichborn, 1987
DTV Deutscher Tanzsportverband
Dunde, Siegfried Rudolf: Andere haben es gut. München: Kösel, 1989
Dunde, Siegfried Rudolf: Neid – Ehrenrettung eines unerlaubten Gefühls. Psychologie Heute, 11/1984
Durkheim, E.: Der Selbstmord. Neuwied, Berlin: 1973
Duerr, Hans Peter: Traumzeit. Frankfurt/M.: Suhrkamp, 1985
Dutton, D. G. & A. P. Aron: Some evidence for heightened sexual attraction under conditions of high anxiety. Journal of Personality and Social Psychology, 30, 1974

Eberlein, Gisela: Triotraining. Berlin, Heidelberg, New York, Tokyo: Springer; Basel: Birkhäuser, 1986
Eberspächer, Hans: Sportpsychologie. Grundlagen Methoden Analysen. Reinbek: Rowohlt, 1982
Eckensberger, Lutz H. & Ernst–D. Lantermann (Hrsg): Emotion und Reflexivität. München, Wien, Baltimore: Urban & Schwarzenberg, 1985
Edey, Maitland A.: Vom Menschenaffen zum Menschen. Time–Life Books, Nederland B. V., 1980
Ehlers, A., Margraf, J. & W. T. Roth: Panik und Angst: Theorie und Forschung zu einer neuen Klassififkation der Angststörungen. Zeitschrift für Klinische Psychologie, 15/1986
Ehlers, Beate: Personenzentrierte Spieltherapie. In: *Goetze, Herbert,* 1981
Ehlers, Theodor: Personenzentrierte Spieltherapie. In: *Goetze, Herbert,* 1981
Eibl–Eibesfeld, Irenäus: Liebe und Hass – Zur Naturgeschichte elementarer Verhaltensweisen. München: Piper, 1982
Eibl–Eibesfeldt, Irenäus: Der Mensch – das riskierte Wesen. München: Piper, 1988
Eibl–Eibesfeldt, Irenäus: Die Biologie des menschlichen Verhaltens, München: Piper, 1986
Eibl–Eibesfeldt, Irenäus: Der vorprogrammierte Mensch. Wien: Fritz Molden, 1973
Eiff, August Wilhelm v.: Streß Phänomenologie, Diagnose und Therapie in den verschiedenen Lebensabschnitten. Stuttgart: Georg Thieme; New York, 1980
Eisel, Renate: Nacktdemo Teil II. taz
Ekman, Paul: Ein Lächeln ist ein Lächeln ist ein Lächeln... Psychologie Heute, 6/1976
Ekman, Paul: Gesichtsausdruck und Gefühle. Paderborn: Junfermann
Ekman, Paul: Methods for Measuring Facial Action. In *Ekman, Paul & K. R. Scherer* (Hrsg.): Handbook of Methods of Nonverbal Behavior Research. Cambridge, 1982
Ekman, Paul & W. V. Friesen: Constants across cultures in the face and emotion. Journal of Personality and Social Psychology, 17, 1971
Ekman, P. & W. V. Friesen: Unmasking the face. Englewood Cliffs, New York: Prentice Hall, 1975
Ekman, P. & W. V. Friesen: The Facial Action Coding System: A technique for the measurement of facial movement. Palo Alto, 1978
Ekman, P. & W. V. Friesen: Unmasking the Face: A Guide to recognizing emotions from facial clues. Palo Alto, 1984
Ekman, P., Friesen, W. V. & S. Ancoli: Facial Signs of Emotional Experience. Journal of Personality and Social Psychology, 39, 1980
Ekman, P., Friesen, W. V. & S. S. Tomkins: Facial Affect Scoring Technique: A firtst validity study, Semiotica, 3, 1971
Elhardt, Siegfried: Aggression als Krankheitsfaktor. Göttingen: Verlag für medizinische Psychologie im Verlag Vandenhoeck & Ruprecht
Elias, Norbert: Über den Prozeß der Zivilisation. Erster und zweiter Band. Frankfurt/Main: Suhrkamp, 1976
Elias, Norbert: Was ich unter Zivilisation verstehe. Antwort auf Hans Peter Duerr. Die Zeit, 25/1988
Elliott, George P.: zit. n. *Cohen, Betsy,* 1988
Ellis, Albert: Handbuch der intelligenten Frau. München: Heyne, 1968
Ellis, Albert: Die rational–emotive Therapie. München: Pfeiffer, 1977
Ellis, Albert: Vier Jahrzehnte Erfahrung mit den Medien. Report Psychologie, 9/1988
Ellis, Albert & Roger O. Conway: Wie man erfolgreich Frauen verführt – Vom ersten Kuß zum Koitus. Flensburg: Stephenson, 1968
Ellis, Albert & Russell Geiger: Praxis der rational–emotiven Therapie. München: Urban & Schwarzenberg, 1979
Ellsworth, P. C. & L. M. Ludwig: Visuelles Verhalten in der sozialen Interaktion. In: *Scherer, K. R. & H. G. Wallbott,* 1984
Elsner, Constanze: Das große Buch der Rache. München: Goldmann, 1986
Epstein, S.: Versuch einer Theorie der Angst. In: *Birbaumer, N.,* 1977
Erb, Gabriele: Wenn das Wunschkind ein Wunsch bleibt. Psychologie Heute, 7/1988
Erdmann, Gisela: Vegetatives Nervensystem und Emotionen. In: *Euler & Mandl,* 1983
Erickson, Milton & Ernest L. Rossi: Hypnotherapie. München: Pfeiffer, 1981
Erickson, Milton, Rossi, Ernest L. & Sheila L. Rossi: Hypnose. München: Pfeiffer, 1978
Errera, P.: Some historical aspects of the concept of phobia. The Psychiatric Quarterly, 1962
Eschenröder, Christof T.: Hier irrte Freud: Zur Kritik der psychosomatischen Theorie und Praxis. München: Urban & Schwarzenberg, 1984
Espenschied, Richard: Das Ausdrucksbild der Emotionen. München, Basel: Ernst Reinhardt Verlag, 1984
Euler, Harald A., & Heinz Mandl (Hrsg.): Emotionspsychologie. München: Urban & Schwarzenberg, 1983

Farrelly, Frank: Provokative Therapie. Berlin: Springer, 1986
Feldhege, F. J. & G. Krauthan: Verhaltenstrainingsprogramm zum Aufbau Sozialer Kompetenz. Berlin, Heidelberg, New York: Springer, 1979
Fellows, E. W.: Happiness: A survey of research. Journal of Humanistic Psychology, 6, 1966
Fenichel, O.: Outline of Clinical Psychoanalysis. New York: Psychoanalytic Quarterly Press, 1934
Fernau, Joachim: Und sie schämeten sich nicht. München, Wien: Herbig, 1969
Ferster, C. B: A functional analysis of depression. Amer. Psych., 28, 1973
Feshbach, S.: The stimulating versus carthatic effects of a vicarious aggressive activity. J. Ab-

norm. Soc. Psychol. 63, 1961
Feshbach, S.: Sexuelle Responsivität und die Behinderung bzw. Förderung von Aggressionen. In: *Petzold, H. & H. Scharfe,* 1985
Fiegenbaum, Wolfgang (Hrsg.): Psychologische Therapie in der Praxis. Stuttgart: Kohlhammer, 1982
Fienhold, Heidi: Alle–Witze. Frankfurt/M.: Eichborn, 1985
Fienhold, Wolfgang: Das neue Lexikon der Rache. Frankfurt/M.: Eichborn, 1987
Finkeldey, Renate: Bitte zu Tisch. Cosmopolitan, 6/1988
Finzen, A.: Medikamentenbehandlung bei psychischen Störungen. Rehburg–Loccum: Psychiatrie–Verlag, 1980
Florin, Irmela: Entspannung – Desensibilisierung. Stuttgart: Kohlhammer, 1978
Florin, I., Freudenberg, G. & J. Hollaender: Facial expressions of emotion and physiologic reactions in children with bronchial asthma. Psychosomatic Medicine, 47, 1985
Flowers, J. V.: Simulation und Rollenspiel. In: *Kanfer, F. H. & A. P. Goldstein,* 1977
Fordyce, M. W.: A programm to increase happiness: Further studies. Journal of Counseling Psychology, 30, 1983
Frank, Jerome D.: Die Heiler. Stuttgart: Klett–Cotta, 1981
Franke, Klaus: Angriff auf das Reich des König Ödipus. Der Spiegel, 52/1984
Frankl, Victor E.: Theorie und Therapie der Neurosen. München: Rheinhardt, 1968
Freedman, J. L.: Happy People. New York: Harcourt Brace Jovanovich, 1978
Freedman, J. & P. Shaver: Your pursuit of happiness. Psychology Today, 8/1976
Freud, Sigmund: Der Humor. In: *Freud, Sigmund:* Gesammelte Werke, Bd. 14. London: Imago Publishing Co. LTD, 1955
Freud, Sigmund: Der Witz und seine Beziehung zum Unbewußten. Frankfurt/M.: Fischer Taschenbuch Verlag, 1958, 1905
Freud, Sigmund: Der Witz. Frankfurt/M.: Fischer Taschenbuch Verlag, 1971
Freund, M.: Läßt sich das Glück erfragen? Psychologie Heute, 11/1984
Freund, M.: Toward a critical theory of happiness: Philosophical background and methodological significance. New Ideas in Psychology, 1985
Frey, D.: Informationssuche und Informationsbewertung bei Entscheidungen. Bern: Huber, 1981
Frey, W. H.: Dies ist ein Text, der vortäuschen soll, daß hier die von Ihnen wie von mir gesuchte Literaturangabe steht. Marburg, 1990
Friedmann, M.: Über die neurasthenische Melancholie. Dtsch. med. Wschr., 19, 1893
Friedrich, B.: Emotionen im Alltag. Versuch einer deskriptiven und funktionalen Analyse. München: Minerva–Publikationen, 1982
Frisch, Otto v.: Wie der Wind auch weht. München, Wien, Zürich: BLV Verlagsgesellschaft, 1984
Friz, Thomas & Erich Schmeckenbecher: Zupfgeigenhansel. Es wollt ein Bauer früh aufstehn. Volksliederbuch. Dortmund: Pläne, 1980
Fromm, Erich: Die Kunst des Liebens. Frankfurt/M., Berlin: Ullstein Nr. 258
Fry, William F. Jr.: Sweet Madness. A Study of Humor. Palo Alto (Pacific Books), 1963, 1968

Funkenstein, D. H., King, S. H. & M. E. Drolette: Mastery of stress. Cambridge: Harvard University Press, 1957

Gambaro, S.: Blood pressure relations to expressed and unexpressed anger on low guilt and high guilt subjects. Dissertation Abstracts, 1967
Gast, Ulla: Gegen Walter bist du Spitze – Ausreden für Frauen. Frankfurt/M: Eichborn, 1988

Gast, Ulla: Mußte mal die Sau rauslassen – Ausreden für Männer. Frankfurt/M: Eichborn, 1988
Gast, Ulla: Mußte meinen Suff ausschlafen – Ausreden für Schüler. Frankfurt/M.: Eichborn, 1988
Gebhard, P. H., Raboch, J. & H. Giese: Die Sexualität der Frau. Hamburg: Rowohlt, 1968
Geiser, Susanne: Auch das „In die Augen sehen“ wird in der Flirtschule gelernt. Essen: Westdeutsche Allgemeine Zeitung (WAZ), 76/1989
Gendlin, E. T.: Focusing. Salzburg: Otto Müller Verlag, 1982
George, Götz: Zahn um Zahn. Kinofilm
Gerhard, Sigrid: Verhaltenstherapeutische Gruppenprogramme zur Verbesserung sozialer Kontaktfähigkeit. Unveröffentl. Dipl.–Arbeit. Marburg, 1982
Gerhards, Friedemann: Emotionsausdruck und emotionales Erleben bei psychosomatisch Kranken: Eine Kritik des Alexithymiekonzepts. Opladen, 1988
Goethe: Götz von Berlichingen
Goetze, Herbert: Personenzentrierte Spieltherapie. Göttingen, Toronto, Zürich: Hogrefe, 1981
Goldberg, Herb: Der verunsicherte Mann – Wege zu einer neuen Identität aus psychotherapeutischer Sicht. Reinbek: Rowohlt, 1982
Goldstein, A. J.: Case conference: Some aspects of agoraphobia. Journal of Behavior Therapy. Experim. Psychiatry. 1, 1970
Goldstein, A.: Learning theory insufficiency in understanding agoraphobia: A plea for empirism. In: *Brengelmann, J. C. & W. Tunner (Hrsg.):* Behaviour therapy – Verhaltenstherapie. München: Urban & Schwarzenberg, 1973
Goldstein, A., Kaizer, S. & O. Whitby: Psychotropic effects of caffeine in man. IV. Quantitative and qualitative differences associated with habituation to coffee. Clin. Pharmacol. Ther., 10, 1969
Goldstein, A, J. & D. Chambless: A reanalysis of agoraphobia. Behavoir Therapy, 9, 1978
Golluch, Nena & Suse Kochan: Das fröhliche Männerhasserbuch. Frankfurt/M.: Eichborn, 1987
Golluch, Norbert & Stano Kochan: Das fröhliche Frauenhasserbuch. Frankfurt/M.: Eichborn, 1987
Golluch, Norbert & Stano Kochan: Das fröhliche Kinderhasserbuch. Frankfurt/M.: Eichborn, 1985
Gould, S. J.: Wie das Zebra zu seinen Streifen kommt. Basel: Birkhäuser, 1986
Grammer, K., Lorenz, B., Schiefenhövel, W., Schleidt, M., Mohren, W. & I. Eibl–Eibesfeldt (1984 in Vorbereitung): Brow Movements: An Intercultural Comparison
Greden, J. F.: Anxiety of caffeinism: A diagnostic dilemma. American Journal of Psychiatry, 131, 1974
Greer, Germaine: Die heimliche Kastration. Ullstein Verlag
Grimm, Jacob & Ludwig Grimm: Kinder und Hausmärchen, 3 Bde. Frankfurt/M.: Insel–Taschenbuch, 1974
Gronemann, Almut (Hrsg.): Das Buch vom Balzen. Hamburg: Buntbuch–Verlag, 1986
Grotjahn: Dies ist ein Text, der vortäuschen soll, daß hier die von Ihnen wie von mir gesuchte Literaturangabe steht. Marburg, 1990
Gutt, Dietrich: Die Waidmannssprache. Hannover: Landbuch–Verlag, 1977

Haas, J.: Musiktherapie bei psychischer Störungen. Stuttgart: Fischer, 1983
Haeberle, E. J.: Die Sexualität des Menschen. Berlin: de Gruyter, 1985
Haglund, B. & E. Claesson: Die Jagdwaffe und der Schuß. Hamburg, Berlin: Parey, 1978
Hahlweg, K., Schindler, L. & D. Revenstorf: Partnerschaftsprobleme: Diagnose und Therapie. Heidelberg: Springer, 1982
Haley, Jay: Direktive Familientherapie: München: Pfeiffer, 1977
Haley, Jay: Gemeinsamer Nenner Interaktion. München: Pfeiffer, 1978
Haley, Jay: Die Psychotherapie Milton H. Ericksons. München: Pfeiffer, 1978
Hallmayer, Petra: Ein bißchen mehr Schimpfen, Jammern, Juchzen, Tollen schafft Lust und hält die Seele gesund. Essen: Westdeutsche Allgemeine Zeitung (WAZ), 10.9.88
Hambrecht, M. & J. C. Norcross: Die Favoriten im Psycho–Derby. Psychologie Heute, 4/1984

Hammerstein, P. & H. W. Bierhoff: Kooperation und Konflikt. Funkkolleg Psychobiologie, 9/1987
Harbin, R.: Origami. Die Kunst des Papierfaltens. Niederhausen/Taunus: Falken Bücherei, 1971
Hartung, Katarina, Kölbach, M. & C. Steppuhn: Untersuchungen zur empirischen Bestimmung des Schwierigkeitsgrades von Übungssituationen für Kontakttraining in vivo für Frauen. Unveröffentl. Dipl.–Arbeit. Marburg, 1980
Hassenstein, Bernhard: Freiburger Vorlesungen zur Biologie des Menschen. Heidelberg: Quelle & Meyer Verlag, 1979
Hassenstein, Bernhard: Verhaltensbiologie des Kindes. München: Piper, 1980
Hassenstein, Bernhard: Instinkt, Lernen, Spielen, Einsicht. München: Piper, 1980
Hassenstein, Bernhard: Menschliche Aggressivität – insbesondere des Kindes und Jugendlichen – in der Sicht der Verhaltensbiologie. In: *Hilke, R. & W. Kempf,* 1982
Hau, Willi (Hrsg.): Sponti–Sprüche. Frankfurt/M.: Eichborn, 1981
Hau, Willi (Hrsg.): Sponti–Sprüche No. 2. Frankfurt/M.: Eichborn, 1982

Hautzinger, M. & N. Hoffmann: Depression und Umwelt. Salzburg, 1979
Haye, K. & R. Kamman: Increasing happiness through cognitive training. New Zealand Psychologist, 9, 1980
Heckenschütz, Dieter: Lehrer, ärger dich! Lehrbuch für die effektive Schülernotwehr. Frankfurt/M.: Eichborn, 1984
Hecker, Ursula: Hoffnung hilft. Psychologie Heute, 10/1984
Hegi, F.: Improvisation und Musiktherapie. Möglichkeiten und Wirkungen freier Musik. Paderborn: Junfermann, 1986
Heide, C: Wozu denn noch Kinder. Stern
Heidemarie: Blödel–Witze. Frankfurt/M.: Eichborn, 1984
Heimel, Cynthia: Sex–Tips für Girls, Berlin: Sympathie–Verlag, 1986
Heitkamp, Konrad: Die Zeit, Nr. 16, 4/1989
Heller, Agnes: Theorie der Gefühle. Hamburg: VSA–Verlag, 1980
Hellhammer, Dirk: Gehirn und Verhalten. Münster: Aschendorf
Hellmann, Hal: Kann Licht Depressionen heilen? Psychologie Heute, 11/1982
Helmers, Hermann: Sprache und Humor des Kindes. Stuttgart: Klett, 1971
Hentig, Angelika von: Er hat's leicht: er ist schwierig. Cosmopolitan, 6/1988
Henry, James P. & Patricia M. Stephens: Stress, Health and the Social Environment – A Sociobiologic Approach to Medicine. New York: Springer, 1977
Herkner, Werner: Einführung in die Sozialpsychologie. Bern: Huber, 1981
Hilke, R. & W. Kempf (Hrsg.): Aggression. Stuttgart: Huber, 1982
Hirsch, E. Ch.: Der Witzableiter oder Schule des Gelächters. Hamburg: Hoffmann & Campe, 1985
Hirsch, E. Ch.: Natural Support Systems and Coping with Major Life Changes. American Journal of Community Psychology, 2/1980
Hite, Shere: Hite Report. Goldmann, 1980
Hjortsjö, C. H.: Man's Face and Mimic Language. Malmö (Studentenliteratur), 1969
Hoffmann, D.: Aufforderung zur Freude. Akademie der Wissenschaften und der Literatur, Abhandlungen der Klasse der Literatur. Wiesbaden: 6/1981/82
Hoffmann, Nicolas: Depressives Verhalten. Salzburg, 1976
Hoffmann, R.: Erleben von Glück – eine empirische Untersuchung. Psychologische Beiträge, Vol. 26, 1984
Hoffmann, R.: Zur Psychologie des Glücks. Dissertation. München, 1981
Hofmann, Christel & Hermann Pohlmeier: Immer an der Grenze. Die Zeit
Holmes, T. S. & T. H. Holmes: Short–term intrusions into the life style routine. Journal of Psychosomatic Research, 14, 1970
Holmes, T. H. & R. H. Rahe: The social readjustment rating scale. Journal of Psychosomatic Research, 11, 1967
Holtmeier, Hans–Jürgen: Ernährungslehre für Krankenpflegeberufe. Stuttgart: Thieme, 1983
Hopf, Angela & Andreas Hopf (Hrsg.): ... reingelegt! Späße, Streiche, kreativer Unfug. Ravensburg: Otto Maier, 1983
Hopson, Janet L.: Endorphine: Stimmungsmacher und Schmerzkiller. Psychologie Heute, 12/1988
Hörmann, K.: Die heilende Kraft der Klänge. Psychologie Heute, 12/1984
Horstmann, U.: Melancholie. Psychologie Heute, 12/85
Höting, Hans: Aktiv und gesund durch die magischen Qiging–Kugeln aus China. Vaduz: Inertrade AG
Höver, Günter: Wut im Bauch. „Kontakte"–Magazin für Lebensfragen, Do., 15.1.87, 21.08 Uhr im ZDF
Huber, Michaela: Freundschaft unter Frauen. Psychologie Heute, 6/1988
Hull, C. L.: Principles of Behavior. New York: Appleton–Century, 1943
Huxley, A.: Schöne neue Welt, und: Dreißig Jahre danach oder Wiedersehen mit der Schönen Neuen Welt. München: Piper, 1981
Hyson, Marilou: Kindliches Trennungsverhalten. zit. n.:*Trotter,* Psychologie Heute, 10/84

Irle, M.: Lehrbuch der Sozialpsychologie. Göttingen: Hogrefe, 1975
Ismail, A. H. & L. E. Trachtmann: ... mal wieder. Psychologie Heute, 5/1975
Izard, Carroll E.: The face of emotion. New York: Appleton– Century–Crofts, 1971
Izard, Carroll E.: Die Emotionen des Menschen. Weinheim: Beltz Verlag, 1981

Jacobson, E.: Progressive Relaxation. Chicago: University of Chicago Press, 1938
Jaeggi, Eva: Auch Fummeln muß man lernen. Köln: Bund–Verlag, 1978
Jaeggi, Eva: Wir Menschenbummler. Weinheim, Basel: Beltz Verlag, 1983
Jaeggi, Eva: Macht die Psychologie (wieder) interessant! Psychologie Heute, 4/1984
Jaeggi, Eva: Psychologen: Auf der Suche nach Identität. Psychologie Heute, 4/1990
James, B. & Ph. F. Hughes: Psychological well–being as an outcome variable in the treatment of infertily by clomiphine. British Journal of Medical Psychology, (Dec), Vol. 55 (4), 1982
James, Jenny: Männer im Bett, ihre Ticks, ihre Tricks, ihre Tücken. Berlin: Edition Herz schlag, 1989
Janke, W.: Pharmaka und Emotionen. In: *Euler & Mandl,* 1983
Janov, A.: The primal screa – primal therapy: The cure for neurosis. New York: Putnam's Sons. Dt.: Der Urschrei. Frankfurt/M.: Fischer, 1973
Jansen–Jurreit, Marie–Louise: Kampf der Wiegen unausweichlich. Der Spiegel, 6/1989
Janz, H. W. & G. Jentschura: Beschäftigungstherapie, Grundlage und Praxis in 2 Bänden. Stuttgart: Thieme, 1979
Jillson, Joyce: Die hohe Schule des Flirtens. München: Goldmann, 1987
Jonas, Hans: Rede anläßlich der Verleihung des Friedenspreises des Deutschen Buchhandels für sein Buch: Das Prinzip Verantwortung
Jones, H. G.: Behavior and aversion therapy in the treatment of delinquenca. In: The technique of behavior therapy and delinquent behavior. Brit. J. Criminal, 1965
Jouhy, Ernest & Ute Christ–Bode: Zuwendung, zwei Mark die Minute. Psychologie Heute, 9/1983
Jürgens, J. & D. Ploog: Zur Evolution der Stimme. Arch. Psychiatr. Nervenkr., 222, 1976
Jurzig, R.: Der Stoff des Lachens. Studien über Komik. Frankfurt/M.: Campus, 1985
Just und Meisterstein, Renate: Es ist eine Lust. ZEITmagazin

Kaltenbrunner, G.–K.: Ich stelle mich aus. München: Herder, 1984
Kamman, R. & D. Christie: Dies ist ein Text, der vortäuschen soll, daß hier die von Ihnen wie von mir gesuchte Literaturangabe steht. Marburg, 1990
Kamman, R. & R. Flett: Affectometer 2: A scale to measure current level of general happiness. Australian Journal of Psychology, Vol. 35 (2), 8/1983
Kamper, D. & Ch. Wulf: Lachen, Gelächter, Lächeln. Frankfurt/M.: Syndikat, 1986
Kanfer, Fredrick H. & Arnold P. Goldstein: Möglichkeiten der Verhaltensänderung. München, Wien, Baltimore: Urban & Schwarzenberg, 1977
Kaplan, H. S.: The New Sex Therapy. New York: Bruner & Mazel, 1974
Kaplan, H. S.: The Illustrated Manual of Sex Therapy. London: Souvenir Press, 1975
Kästner, Erich: Kästner für Erwachsene. Zürich: Atrium, 1966
Kaufhold, Peter: Das Anbändelbuch. München: Nymphenburger, 1986
Kavanagh, D. J. & G. H. Bower: Mood and self–efficacy: Impact of joy and sadness on perceived capabilities. Cognitive Therapy and Research, Vol. 9 (5), 10/1985
Keen, Sam: Langeweile. Psychologie Heute, 10/1977
Keen, Sam: Sich Zeit nehmen für die Langeweile. Psychologie Heute, 10/1980
Kenny, D. T.: In: *Berkowitz, L.,* 1962
Keup, Wolfram (Hrsg): Biologische Psychiatrie. Berlin, Heidelberg: Springer, 1986
Kielholz, P.: Diagnostik und Therapie der depressiven Zustandsbilder. Schweiz. med. Wschr., 87, 1957
Kielholz, P.: Klinik, Differentialdiagnostik und Therapie der depressiven Zustandsbilder. Docum. Geigy, Acta Psychosom., 2/1959
Kilb, Andreas: Gnadenlos banal – „Eine verhängnisvolle Affäre". Die Zeit, 11/1988
Kilian, Martin: Wir müssen diesen Wahnsinn stoppen. Der Spiegel
Kinsey, A. C., Pomeroy, W. B. & C. E. Martin: Sexual behavoir in the human male. Philadelphia: Saunders, 1948
Kinsey, A. C., Pomeroy, W. B. & C. E. Martin: Sexual behavoir in the human female. Philadelphia: Saunders, 1953
Kiphard, Ernst J. & Hans J. Pade: Der Clown in dir. Hannover: Fackelträger, 1986
Kirschner, Josef: Die Kunst ein Egoist zu sein. Knaur Taschenbuchverlag
Kistiakovskaia, M. I.: Stimuli evoking positive emotions in infants in the first months of life. Soviet Journal of Psychiatry, 3/1965

Klein, Manfred: Wie kann Typografie helfen, Kosten zu senken? 6 Antworten. Page, 3. Jhrg., 1/2/1988
Klein, P.: Tanztherapie. Suderberg: Projanus, 1983
Kleinen, G.: Zur Psychologie musikalischen Verhaltens. Frankfurt/M., 1975
Klenke, Dr. med. Hermann: Diätetische Kosmetik oder Gesundheits– und Schönheitspflege. zit. n. *Dietl, Erhard:* Illustrierter Sittenkatalog. Rogner's Edition bei Ullstein
Knapp, R. J.: Beyond Endurance. When a Child dies. New York: Schocken Books, 1986
Knapp, Theodor. W.: Migräne I & II. Beltz Verlag, 1983
Kneissler, Michael: Rätsel Orgasmus. Was läuft dabei in Körper und Seele ab?. P. M. Perspektive Sexualität. München: G + J
Koestler, Arthur: Der göttliche Funke. Der schöpferische Akt in Kunst und Wissenschaft. Bern, München, Wien: Scherz, 1966
Köhler, Wolfgang: Intelligenzprüfungen am Anthropoider. Berlin: Reiner in Komm, 1917
Kokott, G.: Sexuelle Störungen. München: Urban & Schwarzenberg, 1977
Kölbing, Alexander & Kurt Seifert. Richtig angeln. München, Wien, Zürich: BLV Verlagsgesellschaft, 1988
Koppenhöfer, E. & R. Lutz: Therapieprogramm zum Aufbau positiven Erlebens und Handelns bei depressiven Patienten. Weinsberg: Weissenhof–Verlag, 1984
Korn, Carmen: Immer wacker. Stern
Kornadt, Hans–Joachim: Aggressionsmotiv und Aggressionshemmung. Stuttgart: Huber, 1982
Kornadt, Hans–Joachim: Grundzüge einer Motivationstheorie der Aggression. In: *Hilke, R. & W. Kempf,* 1982
Korte, Sabine: Kühlen Sie Ihr Mythchen. Cosmopolitan, 12/1985
Kraepelin, E.: Psychiatrie. Leipzig: J. A. Barth, 1896
Kramer, Regina: Stichwort: Lachen. VIVA
Kramsch, Dieter: zit. n.: Fitness. Verringertes Sterberisiko. Der Spiegel, 14/1986
Krause, Rainer: Zur Onto– und Phylogenese des Affektsystems und ihrer Beziehungen zu psychischen Störungen. Psyche 37 (11), 1983
Krause, Rainer: Stottern. In: *Schlottke, P. F. & H. Wetzel:* Psychologische Behandlung von Kindern und Jugendlichen. München, Wien, Baltimore: Urban & Schwarzenberg, 1980
Krause, Rainer: Sprache und Affekt, das Stottern und seine Behandlung. Stuttgart: Kohlhauser, 1981
Kreuzer, R.: Das Spiellied. Über Möglichkeiten, Kinder und Erwachsene zum spontanen Mitmachen anzuregen. Musiktherapeutische Umschau, 3/1982
Kreuzer, Josef (Hrsg.): Das Spiel unter pädagogischem, psychologischem und vergleichendem Aspekt. In: Handbuch der Spielpädagogik. Düsseldorf: Schwann, 1983
Krivohlavy, Jaro: Zwischenmenschliche Konflikte und experimentelle Spiele. Bern, Stuttgart, Wien: Huber, 1974
Kröckert, Ulrich & R. Verspagen: Prisoner's Dilemma Game – Ein strukturelles Analogon von Alltagskonflikten? Semester–Arbeit. Marburg, 1980
Kröner, Birgit & Rainer Sachse: Biofeedbacktherapie. Stuttgart: Kohlhammer, 1981
Kropf, D.: Grundprobleme der Gesprächspsychotherapie. Göttingen: Hogreve, 1978
Krug, Gerhard: Eifersucht. Stern
Kruse, Otto: Emotionsdynamik und Psychotherapie. Weinheim: Beltz, 1985
Kübler–Ross, Elisabeth: Leben bis wir Abschied nehmen. Stuttgart: Kreuz Verlag, 1982
Kucklick, Christoph: Wohl dem, der lügt. Stern
Kujawski, Olgierd D. J. Graf & Friedhelm Heintges: Wildbretgygiene – Fleischbeschau. München, Wien, Zürich: BLV Verlagsgesellschaft, 1984
Kull, U.: Evolution des Menschen. Stuttgart: Metzler, 1983
Kulow, Bernd: Düfte gegen Depressionen. Stern, 4/1989
Kuthy, Ladislaus: Scheidung ist gefährlicher als das Rauchen. Oberhessische Presse, 15.10.84

Laborit, Henri: L'Inhibition de l'Action – Biologie, Physiologie, Psychologie, Sociologie. Paris: Masson, 1980
LAG Landesarbeitsgemeinschaft Tanz Hessen e.V., c./o. Fido Wagler, Stresemannstraße 11, 3550 Marburg
Lange, A. J. & P. Jakobowski: Responsible Assertive Behavior. North Mattis: Research Press, 1976
Lantermann, E. D. & L. H. Eckensberger: Emotion und Reflexivität. München: Urban & Schwarzenberg, 1985
Lanzetta, J. T., Cartwright–Smith, J. & R. E. Kleck: Effects of nonverbal dissimulation on emotional experience and autonomic arousal. Journal of Personality and Social Psychology, 33, 1976
Larbig, W.: Psychophysiologische Ansätze in Ätiologie und Therapie psychosomatischer Störungen. Zschr. Psychosomat. Med. Psychoanal, 2, 1978
Laubner, Irmgard: Untersuchungen zum Zusammenhang von deprimierter Verstimmung mit feindseligem und aggressivem Verhalten. Unveröffentl. Dipl.–Arbeit. Marburg, 1981
Lauster, P.: Die Liebe. Reinbek: Rowohlt, 1982
Lawick–Goodall, Jane van: Wilde Schimpansen. Reinbek: Rowohlt, 1971
Lazarus, A. A.: On assertive Behavior: a brief note. Behavior Therapy, 4, 1973
Lazarus, A. A.: Multimoldale Verhaltenstherapie. Frankfurt/M., 1978
Lazarus, R. S., Averill, J. R. & E. M. Opton: Ansatz zu einer kognitiven Gefühlstheorie. In: *Birbaumer,* 1977
Leff, J. & C. Vaughn: Expressed emotion in families. New York: Guilford, 1984
Lefrancois, Guy R.: Psychologie des Lernens – Report von Kongor dem Androneaner. Heidelberg: Springer, 1976
Legewie, H. & W. Ehlers: Knaurs moderne Psychologie. München: Knaur, 1978
Leitenberg, H.: Behavioral approaches to tratment of neuroses. In: *Leitenberg, H.* (ed.): Handbook of behavior modification and behavior therapy. New York: Englewood Cliffs, 1976
Lemaire, Jean G.: Angst vor Intimität – sich die Liebe vom Leibe halten. Psychologie Heute, 10/1980
Lembke, Robert: Was bin ich? (Fernsehsendung)
Lempp, Reinhart: Die Kluft zwischen den Generationen wird größer. Die Zeit, 11/1980
Lersch, Ph.: Aufbau der Person. München, 1962
Lewinsohn, P. H. & J. M. Libet: Pleasant events, activity schedules and depresssions. Journal of abnormal Psychologie, 79, 1972
Lewis, H.: Shame and guilt in neurosis. New York: International Universities Press, 1971
Lewy, Alfred J.: zit. n. *Hellmann, Hal:* Psychologie Heute, 11/1982
Liebermann, R. P., King, L. W., Derisi, W. J. & M. McCann: Personal effektiveness. North Mattis, Illinois: Research Press, 1975
Limbach, Alfred & Tomi Ungerer: Der Furz. München: Heyne, 1980
Limmes, Fritjof & Erica Limmes: Das Lexikon der Gemeinheiten. Frankfurt/M.: Eichborn, 1988
Lindemann, E.: Jenseits von Trauer. Göttingen, 1985
Linden, Michael & Martin Hautzinger (Hrsg.): Psychotherapie–Manual. Berlin, Heidelberg, New York: Springer, 1981
Lindner, Gert: Das große Mosaik–Buch vom Werken. München: Mosaik Verlag GmbH, 1984
Linne, Carl von: zit. n. *William S. Caine:* Psychologie Heute, 6/1982
Lippe, Jürgen v. d.: So isses. WDR
Lippe, Jürgen v. d.: Donnerlippchen. WDR
Lippe, Jürgen v. d.: Geld oder Liebe. WDR
Lipton, D. N. & R. O. Nelson: Theo contribution of initiation behaviors to dating frequency. Behavior Therapy, 11, 1980
Lohmann, Marlis: Die Auswirkungen einer geleiteten Vorstellungsübung über Sterben und Tod. Sterbemeditation. Frankfurt/M.: Lang, 1987
Lometsch, Arndt & Dieter Strametz: Wie gut ist ihre Menschenkenntnis? Freundin
Lorenz, Konrad: Das sogenannte Böse. Wien, 1963
Lorenz, Konrad: Die acht Todsünden der zivilisierten Menschheit. München: Piper, 1982
Loriot: Wo laufen sie denn? Warner Home Video
Loriot: Herren im Bad – oder: Der Mann als solcher. Warner Home Video
Lötsch: Artgerechte Menschenhaltung. Natur, 9/84
Luban–Plozza, B., Delli Ponti, M. & H. H. Dickhaut: Musik und Psyche. Hören mit der Seele. Basel, Boston, Berlin: Birkhäuser, 1988
Lucas, Manfred: So kommt man sich näher. Düsseldorf: Econ, 1986
Lutz, Rainer (Hrsg.): Genuß und genießen – Zur Psychologie des genußvollen Erlebens und Handelns. Weinheim, Basel: Beltz, 1983
Lutz, Rainer: Therapietheorie zur Förderung genußvollen Erlebens und Handelns. In: *Zielke & Marks,* 1989
Lutz, Rainer & G. Sommer: Unveröffentl. Seminarmanuskript, Universität Marburg
Lynch, James J.: Die Sprache des Herzens. Paderborn: Junfermann, 1988

Maddison, D. C. & W. L. Walker: Factos affecting the outcome of conjugal bereavement. British

Journal of Psychatry, 113, 1967
Mandel et al.: Kommunikationstherapeutische Übung zum Hautkontakt – ein Baustein in der Behandlung sexueller Erlebnisstörungen. In: *Madison & Walker,* 1967
Mandel, A., Mandel, K. H., Stadter, E. & D. Zimmer: Einübung in Partnerschaft. München: Pfeiffer, 1976
Mandel, K. H., Mandel, A. & H. Rosenthal: Einübung von Liebesfähigkeit. München: Pfeiffer, 1975
Mander, J., Dipple, G. & H. Gossage: Papierflieger (Modelle zum Selberfalten). Deutsche Bearbeitung von *Th. von Randow.* München: Heimeran–Verlag, 1979
Manstead, A. S. R.: The Role of Facial Movement in Emotion. In: *Wagener, H. L.* (Hrsg.): Social Psychophysiology and Emotion – Theory and Clinical Application, 1988
Marciano, T. D.: Why are man unhappy in patriarchy?. Marriage and Family Review, Vol. 9 (3–4), 1985–86 (Win)
Margraf, Jürgen: Wenn Angst zur Panik wird. Oberhessische Presse, 4.3.89
Margraf, Jürgen: Panische Angst: Überfälle aus dem Nichts. Psychologie Heute, 11/1989
Margraf, Jürgen & Anke Ehlers: Erkennung und Behandlung von akuten Angstanfällen. In: *Brengelmann, J. C. & G. Bühringer* (ed.): Therapieforschung für die Praxis 6. München: Röttger, 1986
Margraf, Jürgen & S. Schneider: Panik, Angstanfälle und ihre Behandlung. Berlin: Springer, 1989
Marks, J. M.: Fears and Phobias. New York, London: Acad. Press, 1969
Marks, J. M. & M. Gelder: A controlled retrospective study of behavior Therapy in phobic patients. Brit. J. of Psychiatry, 1965
Marks, J. M. & E. R. Herst: A survey of 1200 agoraphobics in Britain. Social Psychiatry, 5, 1970
Marlowe, D. & D. P. Crowne: A new scale of social desirability independent of psychopathology. Journal of Consulting Psychology, 24, 1960
Martin, J. V.: Zur Ätiologie der Erschöpfungsdepression. Schweiz. Arch. Neurolog. Psychiat., 1968
Maslow, A. H.: Psychologie des Seins. München: Kindler, 1973
Masters, W. H. & V. E. Johnson: Die sexuelle Reaktion. Hamburg: Rowohlt, 1970
Mathes, E. W. & K. H. Harrison: Effects of window orientation on mood and behavior. Perceptual and Motor Skills, Vol. 52 (1), 1981
Maul, P.: Überwinden von Verhaltensstörungen durch polyrhythmische Percussion. Musiktherapeutische Umschau, 7/1986
Maxwell–West, M. & M. J. Konner: The Role of the Father: An Anthropological Perspektive. In: *Lamb, M. E.* (ed.): The Role of the Father in Child Development. New York: Wiley, 1976
McDougall, William: Grundlagen einer Sozialpsychologie. Jena: Gustav Fischer, 1928
McFerrin, B.: Don't worry, be happy. Pop–Song
McGovern, K. B., Arkowitz, H. & S. K. Gilmore: Evaluation of social skill training programs for college dating inhibitions. Journal of Counseling Psych., 22, 1975
McLean, Paul D.: A Triune Concept of the Brain and Behaviour. Toronto: University of Toronto Press, 1973
Meadows, C. M.: The phenomenology of joy. Psychological Reports, 37, 1975
Meadows, Dennis: Es ist bereits zu spät. Interview mit dem Spiegel
Mechsner, Franz: Pseudologica fantastica. Unglaubliches vom Lügentier. Die Zeit
Mehrabian, A. & J. T. Friar: Die Übermittlung von Einstellungen durch Körperhaltung und Körperorientierung. In: *Scherer, K. R. & H. G. Wallbott,* 1984
Meichenbaum, D.: Kognitive Verhaltensmodifikation. München: Urban & Schwarzenberg, 1979
Melnechuk, Theodore: Aus der Traum?. Psychologie Heute, 2/1984
Menn, L.: Pattern, Control, and Contrast in Beginning Speech: A Case Study in the Development of Word Norm and Word Function. University of Illinois thesis, 1976
Merz, F.: Geschlechterunterschiede und ihre Entwicklung. Göttingen: Hogrefe, 1979
Meves, Christa: Plädoyer für das Schamgefühl. Kassel: Weißes Kreuz, 1985
Mey, Reinhard: Alle Lieder von Anfang bis heute. Bad Godesberg: Voggenreiter, 1977
Mey, Reinhard: Menschenjunges. Berlin: Intercord GmbH, 1977
Mey, Reinhard: Keine ruhige Minute. Berlin: Intercord GmbH, 1979
Mey, Reinhard: Hergestellt in Berlin. Berlin: Intercord GmbH, 1985
Mey, Reinhard: Alleingang. Berlin. Intercord GmbH, 1986
Mey, Reinhard: Balladen. Berlin: Intercord GmbH, 1988
Mey, Reinhard: Wie vor Jahr und Tag. Berlin: Intercord GmbH
Meyer, V., Levy, R. & A. Schnurer: Die verhaltenstherapeutische Behandlung von zwangsneurotischen Störungen. In: *Kallinke et al.* (Hrsg.): Die Behandlung von Zwängen, 1979
Meyer–Abich: Hamburger Wissenschaftssenator. Stern: Worte der Woche
Michaelos, A. C.: Satisfaction and happiness. Social Indicators Research, 8, 1980
Micko, H., Brückner, G. & H. Ratzke: Theories and strategies for the Prisoner's Dilemma. In: *Kempf, W. F. & B. H. Repp* (ed.): Some mathematical models for Social Psychology. Bern, 1977
Mikula, G. & W. Stroebe: Sympathie, Freundschaft und Ehe. Bern: Huber Verlag, 1977
Milgram, St.: Behavioral Study of Obedience. J. Abnorm. Soc. Psychol., 67, 1963
Miltner, W., Birbaumer, N. & W.–D. Gerber: Verhaltensmedizin. Berlin: Springer Verlag, 1986
Moebius, Monika: Trauer. Die bittere Zeit des Leidens. Psychologie Heute, 11/85
Moebius, Monika: Schlaf los. Psychologie Heute, 12/1986
Möller, H. J.: Endogene Despression. In: *Sulz, Serge,* 1985
Molcho, Samy: Körpersprache. München: Mosaik Verlag, 1983
Molcho, Samy: Körpersprache als Dialog. München: Mosaik Verlag, 1988
Monod, Jaques: Zufall und Notwendigkeit. München: Piper, 1971
Montagu, Ashley: Körperkontakt: Die Bedeutung der Haut für die Entwicklung des Menschen. Stuttgart: Klett–Cotta, 1984
Moody, R. A.: Lachen. Über die heilende Kraft des Humors. Reinbek: Rowohlt, 1984
Moriz, Eduard (Hrsg.): Sponti–Sprüche No. 3 – 6. Frankfurt/M.: Eichborn, 1983, 1984, 1986
Moriz, Eduard (Hrsg.): Sprüche aus der Beziehungskiste: lieber „Bums" als „Fallera". Frankfurt/M.: Eichborn, 1985
Morris, Desmond: Der nackte Affe. München: Knaur, 1968
Moss, F. A., Hunt, Thelma & K. Omwake: Social Intelligence Test. Washington: Center of Psychological Service
Mowrer, O. H.: Learning theory and behavoir. New York: Wiley, 1960
Mowrer, O. H.: The new group therapy. Princeton, N. J.: van Nostrand & Co., 1964
Mühlenberger, Rita: Hauchdünn, aber voll dabei. Cosmopolitan, 10/1987
Müller, C.: Lexikon der Psychiatrie. Heidelberg: Springer, 1973
Mueller, D. P.: Social Networks: A Promising Direction for Research on the Relationship of the Social Environment to Psychiatric Disorder, Social Science and Medicine. Pergamon Press Ltd., 3, 1980

Nabokov, Vladimir: zit. n. *Zimmer, Dieter E.:* Riechen. ZEITmagazin
Nakamura, T.: Das große Buch vom richtigen Atmen. München: Knaur Verlag, 1987
Nemiah, J. C. & P. E. Sifneos: Affect and Fantasy in Patients with Psychosomatic Disorders. In: *Hill, O. W.* (Hrsg.): Modern Trends in Psychosomatic Medicine. 2. London, 1970
Nichols, Michael P. & Melvin Zax: Catharsis in Psychotherapy. New York: Gardiner Press, 1977
Nicolson, Jack: Einer flog übers Kuckucksnest. Kinofilm
Nolting, Hans–Peter: Lernfall Aggression – Wie sie entsteht – Wie sie zu vermindern ist. Reinbek: Rowohlt, 1982
Notarius, C. J. & R. W. Levenson: Expressive Tendencies and Physiological Response to Stress. Journal of Personality and Social Psychological, 37, 1979
Nuber, Ursula: Gefühls–Arbeit. Psychologie Heute, 8/1985
Nuber, Ursula: Lachen: Das beförderte Lebensgeschäft im Körper. Psychologie Heute, 4/1986

Oerter, R. & K. Immelmann: Kognitive und soziale Entwicklung. Studienbegleitbrief 5, Funkkolleg Psychobiologie. Weinheim: Beltz, 1987
Ohm, K.: Freude. Jahrbuch für verstehende Tiefenpsychologie und Kulturanalyse, (2) 1982
Oker, Eugen: Knaurs Neues Spielebuch für die ganze Familie. München, Zürich: Droemer Knaur, 1981
Olds, J.: Self Stimulation of the Brain. Science, 127, 1958

Olds, J. & P. Milner: Positive reinforcement produced by electrical stimulation of septal area and other regions of rat brain. J. Comp. Physiol. Psychol., 47, 1954
Orff, G.: Schlüsselbegriffe der Orff–Musiktherapie. Weinheim: Beltz, 1983
Orlick, T. D.: Positive socialization via cooperative games. Developmental Psychology, Vol. 17 (4), (Jul) 1981
Osgood, C. E.: On the why and wherefore of E, P, and A. Journal of Personality and Social Psychology, 12, 1969
Ovid: Metamorphosen. Leipzig: Reclam jun., 1986

Padrutt, Hanspeter: Die Autopest. Zürich: Diogenes
Paffenbarger, Ralph: zit. n.: Fitness. Verringertes Sterberisiko. Der Spiegel, 14/1986
Paul, Jean: Vorschule der Ästhetik. Sämtliche Werke, I. Abt., Bd. 11. Weimar: Hermann Böhlaus Nachf., 1935
Paul, N. L. & G. H. Grosser: Operational mourning and its role in conjoint family therapy. Community Mental Health Journal, 1, 1965
Peale, N. V.: The art of real happiness. Kingswood: The worlds work, 1955
Peale, N. V.: Leben kann Freude sein. Glattbrugg, Zürich: Oesch, 1986
Pervin, L. A. & M. Lewis: Perspectives in international psychology. New York: Plenum 1978
Petermann, Manuel & J. Smith: Techniken zur Stärkung der Selbstsicherheit. Reinbek: Rowohlt
Petzold, Hilarion et. al.: Poesie– und Musiktherapie. Paderborn: Junfermann, 1983
Petzold, Hilaron & Hartmut Scharfe (Hrsg.): Kreative Aggression – Festschrift für George Bach. Paderborn: Junfermann, 1985
Pfeiffer, C.: In: *Dreisback, R. H. & C. Pfeiffer:* Caffeine withdrawal headache. The Journal of Laboratory and Clinical Medicine, 28, 1943
Piaget, Jean: Die Entwicklung des Denkens. In: Psychologie der Intelligenz. Olten: Walter, 1971
Pieper, Werner (Hrsg.): Das Scheiß–Buch – Entstehung, Nutzung, Entsorgung menschlicher Fäkalien. Der Grüne Zweig 123 – Fuldaer Verlagsanstalten
Pluhar, Erika: Die Liebeslieder der Erika Pluhar. Hamburg: Teldec Telefunken–Decca GmbH
Plutchik, Robert: Unsere gemischten Gefühle – Emotionen. Psychologie Heute, 7/1980
Plutchik, Robert & Henry Kellerman (Hrsg.): Emotion–Theory, Research and Experience. New York: Academic Press, 1980
Poppe, P.: Buchbesprechung von *James, Jenny:* Männer im Bett – ihre Ticks, ihre Tricks, ihre Tücken. Psychologie Heute, 10/1989
Popov, Ivan: zit. n. *Allgeier, Kurt,* 1978
Posche, Ulrike: Wenn Männer „kalte Füße" kriegen. Stern
Probst, Holger: Immer mehr Genüsse – immer weniger genießen. Psychologie Heute, 2/1982
Prokop, L.: Sportmassage. Wien, 1950

Rachmann, S. & J. B. Bergold (Hrsg.): Verhaltenstherapie bei Phobien. München: Urban & Schwarzenberg, 1976
Ranke–Heinemann, Uta: Widerworte. Goldmann, 1989
Ranke–Heinemann, Uta: Eunuchen für das Himmelreich. Hamburg: Hoffmann & Campe, 1988
Rapoport, A. & A. M. Chammah: Prisoner's Dilemma. Ann Arbor: University of Michigan Press, 1965
Rapoport, A. & A. M. Chammah: Sex differences in factors contributing to the level of cooperation in the Prisoner's Dilemma Game. Journal of Personality and Social Psychology, b, 2, 1965
Rehbronn, Edmund: Handbuch für den Angelfischer. München: Ehrenwirth, 1987
Reimer, F.: Suicide bei jugendlichen Seeleuten. Int. Journal prophylak. Med., 1962
Reuben, David: Alles was Sie schon immer über Sex wissen wollten – aber bisher nicht zu fragen wagten. München: Droemersche Verlagsanstalt, 1969
Revenstorf, D.: Psychotherapeutische Verfahren. Band II, VT. Stuttgart: Kohlhammer, 1982
Revenstorf, D.: Tiefenpsychologische Therapie. Stuttgart: Kohlhammer, 1982
Rhodes, Sonya & Marlin Potash: Wenn Männer sich nicht binden wollen. Droemer Knaur
Rhyner, Hans H.: Richtig Yoga. München, Wien, Zürich: BLV Verlagsgesellschaft, 1984
Riemann, Fritz: Grundformen der Angst – eine tiefenpsychologische Studie. München: Reinhardt, 1987
Rime, B., Boulanger, B., Laubin, P., Richir, M. & K. Stroobants: The Perception of Interpersonal Emotions Originated by Patterns of Movement. In: Motivation and Emotion, Vol. 9, 3, 1985
Ringel, Erwin (Hrsg.): Selbstmordverhütung. Frankfurt/M.: Fachbuchhandlung für Psychologie, 1981
Ritter, Luise: Klerikalenwitze. Frankfurt/M.: Eichborn, 1986
Rogers, Carl R.: Die klientbezogene Gesprächstherapie. München: Kindler, 1976
Roller, L.: Caffeinism–subjective quantitative aspects of withdrawal syndrome. Med. J. Aust. 1: 146, 1981
Roman, Christian: Chauvi sucht Emanze. Kontaktsuche der Szene. Frankfurt/M.: Eichborn, 1983
Rosenfeld, U. & D. Pfeiffer: Ich lach mich tot. Zur Sprache des Lachens. Psychologie Heute, 13, 4/1986
Ross, Alan O. & Franz Petermann: Entspannung für Kinder und Jugendliche. Stuttgart: Hippokrates Verlag, 1987
Rost, Wolfgang: Einfluß der Angstneigung sowie emotionaler Belastung auf die psychische und physische Befindlichkeit. Unveröffentl. Dipl.–Arbeit. Universität Marburg, Fb Psychologie, 1975
Rost, Wolfgang: Rational–kooperatives Verhalten im Prisoner's Dilemma Game. Inaugural–Dissertation zur Erlangung der Doktorwürde des Fachbereichs Psychologie der Philipps–Universität Marburg, 1981
Rost, Wolfgang: Die Gefühle – Ein ausgesprochen emotionales Lehr– & Lesebuch. Basel: Birkhäuser, 1987
Rost, Wolfgang: Schäm Dich! Psychologie Heute, 12/1987
Rost, Wolfgang: Gespräch mit einem Gefühlsexperten. Politische Zeitung (PZ), 9/1988
Rost, Wolfgang: Emotionstherapie – oder was? Mitteilungen der Vereinigung der Kassenpsychologen e.V., 8/1989
Rost, Wolfgang & Wolfgang Dietz: Dem Neid eine Chance. Psychologie Heute, 3/1990
Rötzer, Friederike T. & Dirk Zimmer: Beeinflussung von Emotionen. In: *Euler & Mandl,* 1983
Rubinstein, H.: Die Heilkraft Lachen. Stuttgart, Bern: Hallwag, 1985
Ruddies, G. H.: Vergnügliche Seelenkunde. Eine Psychologie des Humors. München: Kösel, 1983
Ruffin, H.: Melancholie. Dtsch. med. Wschr., 82, 1957
Rühmann, Heinz: Die Feuerzangenbowle. Kinofilm
Rule, W. R.: Exploring paradoxes of happiness in offender therapy. International Journal of Offender Therapy & Camparative Criminology, Vol. 27 (2), 1983

Sawyer, D. A., Julia, H. L. & A. C. Turin: Caffeine and human behavoir: Arousal anxiety and performance effects. Journal of Behvioral Medicine, 5, 1982
Schachter, S.: The interaction of cognitive and physiological determinants of emotional state. In: *Spielberger, C. D.* (ed.): Anxiety and behavior. New York: Academic Press, 1966
Schachter, S. &. J. E. Singer: Cognitive, social, and physiolgical determinants of emotional states. Psychol. Rev. 69, 1962
Scharfe, H.: Der Liebeskampf bei den indischen Erotikern. In: *Petzold & Scharfe,* 1985
Schätzle, Wolfgang: Mineralien – die verkannten Kraftprotze. Cosmopolitan, 9/84
Scheff, Thomas J.: Explosion der Gefühle. Weinheim: Beltz, 1983
Scheflen, Albert, E.: Die Bedeutung der Körperhaltung in Kommunikationssystemen. In: *Scherer, K. R. & H. G. Wallbott,* 1984
Schelp, Theo: Emotionen und Psychotherapie. Unveröffentl. Dissertation. Münster, 1985
Scherer, Klaus R.: On the nature and function of emotion: A component process approach. In: *Scherer, Klaus R.:* Vocal affect expression: A review and an model for future research. Psychological Bulletin, 99, 1986. In: *Scherer & Schneider,* Funkkolleg, Studienbegleitbrief 6
Scherer, Klaus R.: Wider die Vernachlässigung der Emotion in der Psychologie. In: *Michaelis, W.* (Hrsg.): Bericht über den 32. Kongreß der Deutschen Gesellschaft für Psychologie in Zürich 1980. Bd. 1. München: Hogrefe, 1981
Scherer, Klaus R. & Paul Ekman (Hrsg.): Approaches to Emotion. N. J.: Hillsdale, 1984
Scherer, Klaus R. & J. S. Oshinsky: Cue Utilization in Emotion Attribution from Auditory Stimuli. Motivation and Emotion, 1, 1977
Scherer, Klaus R. & Harald G. Wallbott (Hrsg.): Nonverbale Kommunikation: Forschungsberichte zum Interaktionsverhalten. Weinheim: Beltz, 1984

Scheurl, H.: Theorien des Spiels. Weinheim: Beltz, 1975

Schicht, Lara: Ehe schützt vor neuer Liebe nicht. Cosmopolitan, 8/1987

Schjelderup–Ebbe, Thorleif: Beiträge zur Sozialpsychologie des Haushuhns. Zeitschrift für Psychologie, 1922

Schmais, C. & A. Schmais: Reflecting emotions: The movement mirroring test. Journal of Nonverbal Behavior, (Fal), Vol. 8 (1), 1983

Schmalt, Hans–Dieter: Über das Handeln in Unterrichtssituationen. In: *Luhmann, N. & K. E. Schnorr* (Hrsg.): Zwischen Technologie und Selbstreferenz. Frankfurt/M.: Suhrkamp, 1982

Schmeckenbecher, Erich & Thomas Friz: Es wollt ein Bauer früh aufstehn. Dortmund: Pläne, 1980

Schmeckenbecher, Erich & Thomas Friz: Zupfgeigenhansel – Kein schöner Land in dieser Zeit. Dortmund: Pläne, 1984

Schmeckenbecher, Erich & Thomas Friz: Zupfgeigenhansel – Miteinander. Köln: EMI Elektrola

Schmeckenbecher, Erich & Thomas Friz: Andre, die das Land so sehr nicht liebten. Köln: Nicolaus GmbH

Schmidt, Karl O.: Magie der Freude. Wege zu froher Lebensgestaltung. Pforzheim: Frick, 1982

Schmidt–Atzert, Lothar: Die verbale Kommunikation von Emotionen. Unveröffentl. Dissertation. Gießen, 1980

Schneider, Klaus: Psychobiologische und soziobiologische Ansätze. In *Euler & Mandl,* 1983

Schneider, Klaus & Klaus R. Scherer: Motivation und Emotion. Funkkolleg Psychobiologie, Studienbegleitbrief 6, Weinheim: Beltz

Schneider, R. H., Egan, B. M., Johnson, E. H., Drobny, H. & S. Julius: Anger and anxiety in borderline hypertension. Psychosomatic Medicine, 48, 1986

Schneider, Romy: Gruppenbild mit Dame. Kinofilm

Schneider, Wolf: Wir Neandertaler. Hamburg: Gruner & Jahr, 1988

Schnitzler, Sonja & Werner Hirte: Verflucht und zugenäht. Berlin, 1978

Schnorr, K. E. (Hrsg.): Zwischen Technologie und Selbstreferenz. Frankfurt: Suhrkamp, 1982

Schomann, Stefan: Setzen Sex. Cosmopolitan, 6/1988

Schönbach, P.: James Bond – Anreiz zur Aggression? In: *Merz, F.* (ed.): Bericht über den 25. Kongreß der Deutschen Gesellschaft für Psychologie, Münster, 1966. Göttingen: Hogrefe, 1967

Schoop, T.: … komm und tanz mit mir. Zürich: Verlag Musikhaus Pan, 1

Schwartz: zit. nach *Weiss, B.:* Psychologie Heute, 1976

Schulte, W.: Die Entlastungssituation als Wetterwinkel für Pathogenese und Manifestation neurologischer und psychiatrischer Krankheiten. Nervenarzt, 22, 1951

Schultz, D. P.: Panic Behavoir. New York: Random House Press, 1964

Schulz, Charles M.: Doktor Luzie oder: Psychologie ist ein Kinderspiel. Götzenhain: Aar–Verlag, 1970 AAR CARTOON

Schuster, G.: Wenn die Bäume schreien könnten… Natur, 1/87

Schutt–Kehm, Elke: Pieter Bruegel d. Ä. – Leben und Werk. Stuttgart, Zürich: Belser, 1983

Schutz, W. D.: Freude, Gruppentherapie. Reinbek: Rowohlt, 1979

Schwabe, Ch.: Aktive Gruppenmusiktherapie für Erwachsene. Stuttgart, 1983

Schwabenthan, Sabine: Erogene Zonen. P. M. Perspektive Sexualität. München: G + R

Schwartz, G. E. & D. A. Weinberger: Patterns of emotional responses to affective situations: Relations among happiness, sadness, anger, fear, depression, and anxieta. Motivation and Emotion, 4, 1980

Schwarz: In: *Weiss.* Psychologie Heute, 1976

Schwenkmezger, P. & V. Hodapp: Die deutsche Adaptation der Anger Expression (AX) Scale. In: *Spielberger, C. D.:* Trierer Psychologische Berichte, Band 13, 1986

Schwope, Friedrich: Sportmassage. Reinbek: Rowohlt, 1987

Seeling, Charlotte: Zurück zum Gefühl. Cosmopolitan, 7/1984

Seiter, Ina: Der Softie hat sich schlaff gekuschelt. Cosmopolitan, 11/1987

Selg, Herbert (Hrsg.): Zur Aggression verdammt? Stuttgart, 1971

Seligmann, M. E. P.: Erlernte Hilflosigkeit. München: Urban & Schwarzenberg, 1979

Selye, H.: Streß beherrscht unser Leben. Düsseldorf, 1957

Senger, G.: Gute Männer sind so! Genf: Ariston Verlag, 1984

Seymour, John: Das große Buch vom Leben auf dem Lande. Ravensburg: Otto Maier Verlag

Shapira, Y. A.: Hassidism, joy and song. Dynamische Psychiatrie, Vol. 18 (3–4), 1985 (16th International Symposion for the German Academy of Psychoanalysis)

Sherrington, C. S.: Integrative action of the nervous system. New Haven: Yale University Press, 1906

Shoor, M. & M. H. Speed: Death, delinquency, and the mourning process. Psychiatric Quarterly, 37, 1963

Siede, Claudia: Rhythmisch–musikalische Erziehung. Ein Beitrag zum genußvollen Erleben und Handeln. In: *Lutz,* 1983

Siegel, Elaine V.: Tanztherapie. Stuttgart: Klett–Cotta, 1986

Siegel, E. & M. Dorsch: Befreiungsbewegungen für Kinder. Psychologie Heute, 11/1983

Siegman, A. W.: Typ A und danach: Die Bedeutung von Feindseligkeit, Neurotizismus und Sprechstil für koronare Herzerkrankungen. In: Zeitschrift für Klinische Psychologie, Psychopathologie und Psychotherapie, 1/1988

Sieverding, Monika: Attraktion und Partnerwahl – Geschlechtsrollenstereotype bei der Partnerwahl. Report Psychologie, 7/1988

Silbermann, I.: On Happiness. Psychoanalytic study of the child, Vol. 40, 1985

Simonov, P. V.: Studies of emotional behavior of humans and animals by Soviet physiologists, paper read asd Conference on Experimental Approaches to the Study of Behavior. New York. In: *Wolpe,* 1967

Skinner, B. F.: Futurum Zwei. Reinbek: Rowohlt, 1972

Smith, Manuel, J.: Sage nein ohne Skrupel. Reinbek: Rowohlt, 1979

Smith, R. E.: The Use of Humor in Counterconditioning of Anger Responses: A Case Study. In: Behavior Therapy, Vol. 4 (4), 1973

Smith, T. W.: Happiness: Time trends, seasonal variations, intersurvey differences and other mysteries. Social Psychological Quarterley, (Mar), 42 (1), 1979

Smythe: Willi Wacker, 3 Bde. München: Heyne, 1984, 1985

Snyder, C. R.: Warum wir Ausreden brauchen. Psychologie Heute, 4/1985

Snyder, F.: Towards an Evolutionary Theory of Dreaming. The Journal of Psychiatry, 8/1966

Snyder, C. R., Higgins, R. & Rita J. Stucky: Excuses. Masquerades in Search of Grace. New York: Wiley, 1983

Sommer, G.: Gemeindepsychologie. In: *Bastine et al.,* 1982

Sommer, G. & H. Ernst: Gemeindepsychologie. München: Urban & Schwarzenberg, 1977

Sommer, G. & Th. Fydrich: Soziale Unterstützung, Diagnostik, Konzepte, F–SOZU. Tübingen: Dt. Gesellschaft für Verhaltenstherapie, 1989

Spielberger, C. D., Johnson, E. H., Russell, S., Crane, R. J., Jacobs, G. & T. J. Worden: The experience and expression of anger: Construction and validation of an Anger Expression Scale. In: *Chesney, M. A. & R. H. Rosenman* (ed.), 1985

Spitz, R. A.: Vom Säugling zum Kleinkind. Stuttgart: Klett, 1967

SR info, Saarländischer Rundfunk, 7/1988

Stäcker, Karl Heinz: Frustration. Stuttgart: Kohlhammer, 1977

Staehelin, J. E.: Über Depressionszustände. Schweiz. med. Wschr., 85, 1955

Stanley–Jones, D.: The Biological Origin of Love and Hate. In: *Arnold, M. B.* (Hrsg): Feelings and Emotions – The Loyola Symposium. New York: Academic Press, 1975

Staub, E.: The use of role playing and induction in children's learning of helping and sharing behavior. Child Development, 42, 1971

Stein, Katherina: Zwei für alle Fälle. Cosmopolitan, 5/1987

Steinbuch, Karl: Automat und Mensch. Berlin, Göttingen, Heidelberg: Springer, 1963

Stemmler, G.: Psychophysiologische Emotionsmuster. Frankfurt/M., Berlin, New York, Nancy: Lang, 1984

Stendhal: Rot und Schwarz. München: Winkler Verlag

Stephan, Cora: Aufforderung zum Zerfetzen. Der Spiegel

Stiegler, Monika: Parfüm–Düfte, die nach Erfolg riechen. Cosmopolitan, 12/85

Stoller, R.: Sexual Excitement: dynamics of erotic life. New York: Pantheon Books, 1979

Strobel, W. & G. Huppmann: Musiktherapie, Entstehung und Anwendung. Göttingen: Hogrefe, 1978

Stroebe, W., Stroebe, M., Gergen, K. & M. Gergen: Der Kummer–Effekt. Psychologische Aspekte der Sterblichkeit von Verwitweten.

Institutsbericht Nr. 65, Fb Psychologie der Universität Marburg/L., 1979
Sulke, Stephan: Ausgewähltes. Berlin: Intercord–GmbH, 1983
Sulz, Serge: Verständnis und Therapie der Depression. München, 1985

Tausch, Anne–Marie & R. Tausch: Sanftes Sterben. Hamburg: Rowohlt, 1986
Tausch, Daniela: Die Vorstellung des möglichen Sterbens einer nahestehenden Person. Frankfurt/M.: Lang, 1987
Taylor, Elizabeth & Richard Burton: Wer hat Angst vor Virginia Woolf. Kinofilm
Tewes, Josef (Hrsg): Nichts Besseres zu tun – Über Muße und Müßiggang. Oelde: Tewes, 1989
Thal, Hella: Schmutzige Wörter – Eichborns sechssprachiges Wörterbuch der Schimpfworte, Beleidigungen & Flüche. Frankfurt/M.: Eichborn, 1987
Thibaut, J. W. & H. H. Kelley: The social Psychology of groups. New York: Wiley, 1959
Thomas, Volker: Niemand mag mich. Bonn: Politische Zeitung (PZ), Nr. 54, 9/1988
Thoreau, H. D.: Walden. Zürich: Diogenes, 1979
Thorer, Axel & Carlo Blumenberg: Das Lexikon der Rache – Hinterhältige Rezepte für den Alltag und die besonderen Gelegenheiten. München: Heyne, 1987
Thorndike, E. L.: The fundamentals of learning. Teachers College. New York, 1932
Tick, Trick & Track: Donald ist der Größte. Kino– & Videofilm
Tiger, L. & R. Fox: Das Herrentier. Gütersloh: Bertelsmann, 1973
Tinbergen, N.: On war and peace in animals and man. Science, 160, 1968
Tobien, Rainer: Laufen. Pharmathek, 7, 1985
Tolor, A.: Personality correlates of the joy of life. Journal of Clinical Psychology, Vol. 34 (3), (Jul) 1978
Tomkins, S. S.: Affect, imagery, consciousness, Vol. I. New York: Springer, 1962
Tomkins, S. S.: Affect, imagery, consciousness, VOL. II. New York: Springer, 1963
Traub, Ingo: Schlaf – Davon können viele nur träumen. Cosmopolitan, 10/1985
Traue, H. C. et al: Nonverbal Expressiveness and EMG Activity in Tension Headache Sufferers and Controls. Journal of Psychosomatic Research, 29, 1985
Trivers, Robert L.: The Evolution of Reciprocal Altruism. Quarterly Review of Biology, 46, 1971
Trojan, F.: Biophonetik. Mannheim: Bibliograph. Institut Wissenschaftsverlag, 1975
Trotter, Robert J.: 10 Gefühle, die die Welt bedeuten. Psychologie Heute, 10/1984
Tschanz, Beat; Merz, Ferdinand & Christian Vogel: Gesellschaftliche Rollen. Funkkolleg Studienbegleitbrief 12. Basel: Beltz, 1987
Tscheulin, Dieter: Therapeutenmerkmale in der Psychotherapie. In: *Bastine et al.*, 1982
Tuiavii: Der Papalagi – Die Reden des Südsee–Häuptlings Tuiavii aus Tiavea. Adleswil–Zürich: Tanner & Staehelin, 1977
Tunner, W.: Vom Geschmack des wilden Honigs – Überlegungen zur Psychologie der Empfindung. Gestalt Theory, 2, 1980
Tunner, W.: Kritik am Kognitivismus in der Verhaltenstherapie. In: *Brengelmann J. C.* (Hrsg.): Entwicklungen der Verhaltenstherapie in der Praxis 1981. München: Röttger, 1981
Tunner, W.: Freude und Glück. In: *Euler & Mandl*, 1983
Tzschaschel, Martin: Wie entsteht sie eigentlich, die Lust auf Sex. P. M. Perspektive Sexualität. München: G + J

Uexküll, Thure von: Lehrbuch der Psychosomatischen Medizin. München: Urban & Schwarzenberg, 1981
Uhse, Beate: Versandhauskatalog. Flensburg
Ullmann, Marcela: Besser eine empfindliche Volksgesundheit als ein gesundes Volksempfinden. Natur, 9/1985
Ullrich, R. & R. Ullrich (Hrsg.): Einübung von Selbstvertrauen und sozialer Kompetenz, Teil 1–3, München: Leben Lernen, 1978
Ullrich, R. & R. Ullrich: Probleme bei der klinischen Anwendung der Reizüberflutungsmethode. In: *Brengelmann, C. J. & W. Tunner (Hrsg.):* Behavoir Therapy – Verhaltenstherapie. München: Urban & Schwarzenberg, 1973
Ulmann, G. (Hrsg.): Kreativitätsforschung. Köln: Kiepenhauer & Witsch, 1973
Ungerer, Tomi: Heute hier, morgen fort. Zürich: Diogenes Verlag
Ungerer, Tomi: Das große Liederbuch. Zürich: Diogenes Verlag, 1975
Unseld–Baumanns, Christine: Nur so hält Essen Leib und Seele zusammen. Cosmopolitan, 11/1987

Vahle, Fredrik: Liederspatz. Dortmund: Pläne, 1987
Vatsayana, M.: Das Kamasutra. Rastatt: Moewig, 1980
Ventis, W. L.: Case History: The Use of Laughter as an Alternative Response in Systematic Desensitization. Behavior Therapy, Vol. 4 (1), 1973
Verres, Rolf & Ingrid Sobez: Ärger, Aggression und soziale Kompetenz. Stuttgart: Klett, 1980
Virchow, Klaus: Pommes, Ketchup, Hamburger & Co.: schnell gegessen, lang gereut. Cosmopolitan
Voigt, K. H. & H. L. Fehm: Hormone und Emotionen. In: *Euler & Mandl*, 1983
Volpert, W.: Zauberlehrlinge. Die gefährliche Liebe zum Computer. München: dtv, 1988

Wader, Hannes: Daß nichts bleibt, wie es war. Hannes Wader und seine Lieder. Herausgegeben von *Ulrich Maske.* Hamburg: Pläne, 1984
Waechter, F. K.: Wir können noch viel zusammen machen. München: Parabel, 1973
Waechter, F. K.: Wahrscheinlich guckt wieder kein Schwein. Zürich: Diogenes, 1978
Waechter, F. K.: Männer auf verlorenem Posten. Zürich: Diogenes, 1983
Waechter, F. K.: Glückliche Stunde. Zürich: Diogenes, 1986
Waechter, F. K. & Bernd Eilert: Die Kronenklauer. Hamburg: Rowohlt, 1972
Wahler, Josef: Zucker. Cosmopolitan
Wallbott, Harald C.: In: *Scherer & Wallbott*, 1984
Wallbott, Harald C. & Klaus R. Scherer: Gefühle ohne Grenzen. Psychologie Heute, 4/1989
Walster, E. & W. Walster: Liebe ist mehr. München: Moderne Verlags GmbH, 1979
Walter, Jutta: Warum unfruchtbar. Psychologie Heute, 7/1988
Walter, W. Grey: Das lebende Gehirn. Köln, Berlin: Kiepenheuer & Witsch, 1961
Waltz, E. M.: Soziale Faktoren bei der Entstehung und Bewältigung von Krankheit – ein Überblick über die empirische Literatur. In: *Badura, B.*, 1981
Wanderer Z. & T. Cabot: Trennung aktiv bewältigen. Düsseldorf: Diederichs, 1979
Warr, P., Berter, J. & G. Brownbridge: On the independence of positive and negative affect. Journal of Personality and Social Psychology, 44, 1983
Warren & Warren: Dies ist ein Text, der vortäuschen soll, daß hier die von Ihnen wie von mir gesuchte Literaturangabe steht. Marburg, 1990
Watson, David & Roland Tharp: Einübung in Selbstkontrolle. München: Pfeiffer, 1978
Watzlawick, Paul: Die Möglichkeit des Andersseins. Stuttgart: Huber, 1977
Watzlawick, Paul: Anleitung zum Unglücksein. München: Piper, 1983
Watzlawick, P., Beavin, J. H. & D. D. Jackson: Menschliche Kommunikation. Bern, Stuttgart, Wien: Huber, 1982
Webb, Noreen: In: Journal of Educational Psychology
Weber, Alexander (Hrsg.): Gesundheit und Wohlbefinden durch regelmäßiges Laufen. Paderborn: Junfermann, 1985
Weber, Reinhard: Das alles gibt Kraft für die Liebe: Wirklich? P. M. Perspektive Sexualität. München: G + J
Weigel, H.: Blödeln für Anfänger. Zürich: Diogenes, 1963
Weinberger, N. M.: Effect of detainment on extinction of avoidance responses. J. of Comparative and Physiological Psychology, 60, 1965
Weiss, B.: Keine Miene verziehen. Psychologie Heute, 6/1976
Weitbrecht, H. J.: Zur Psychopathologie der sog. Erschöpfung. Med. Klin., 54, 1959
Weizsäcker, C. F. v.: Der Garten des Menschlichen. München: Carl Hanser Verlag, 1977
Wellershoff, Dieter: Infantilismus als Revolte oder Das ausgeschlagene Erbe. Zur Theorie des Blödelns. In: *Preisendanz, Wolfgang & Rainer Warning* (Hrsg.): Das Komische. München: Fink, 1976; zuvor als Rundfunksendung und in: Merkur 342, 1976
Wellhöfer: Selbstmord und Selbstmordversuch. UTB 1078
Wenck, Boris: Die Koketten kommen wieder. Cosmopolitan, 10/1987
White, Fishbein & Rutstein: zit. n. *Bierhoff, H. W.*, 1984
White, B. C., Lincoln, C. A., Pearce, N. W., Reeb, R. & C. Varda: Anxiety and muscle tension as consequences of caffeine withdrawal. Science 209, 1980
Wikke, Lutz, Professor an der Technischen Uni-

versität Berlin: Artikel in Stern
Wild–Missong, A.: Focusing. In: *Linden & Hautzinger,* 1981
Willke, Elke: Tanz. Erfahrung jenseits der Sprache. Psychologie Heute, 7/1978
Willke, Elke: Tanztherapie – Wiederentdeckung des Tanzes für die Psychotherapie. Ballett Journal/Das Tanzarchiv III, 1982
Wilson, W.: Correlates of avowed happiness. Psychological Bulletin, 67, 1969
Wiltschko, A. & F. Köhne: Vom dumpfen Gefühl zur klaren Empfindung. Psychologie Heute, 3/1984
Wimschneider, Anna: Herbstmilch. München: Piper, 1984
Witt, D. W., Lowe, C. D., Peek, C. W. & G. W. Curry: The changing association between age and happiness: Emerging trend or methodological artefact?. Social Forces, 58, 1980
Wittmann, L.: Lachen in der Psychotherapie. In: *Lutz, R.,* 1983
Wolf, Axel: Sexualität und Aggression: Eine Triebverwandtschaft? Psychologie Heute, 7/1987
Wolf, G.: Psychobiologie der Emotionen. Zeitschrift für Psychologie, 193 (4), 1985
Wolf, Winfried: 12.000 Tote beim Krieg auf der Straße. Natur, 8/85
Wolfe, M., Ulrich, R. & S. Dulaney: Fighting and escape reaction in paired rats. The Psychological Record, 21, 1971
Wolpe, Joseph: Praxis der Verhaltenstherapie. Bern, Stuttgart, Wien: Huber, 1972
Woolfolk, Robert L.: Emotionen aus multimodaler Perspektive. In: *Lazarus, A. A.,* 1978
Worden, J. W.: Beratung und Therapie in Trauerfällen. Bern: Huber, 1987
Wosien, B.: Der Weg des Tänzers. Selbsterfahrung durch Bewegung. Linz: Veritas, 1988
Wosien, M–G.: Tanz im Angesicht der Götter. München: Kösel, 1985
Wundt, Wilhelm: Grundriß der Psychologie. Leipzig: Engelmann, 1907; Alfred Körner Verlag, 1922

Yampey, N.: About the concept of happiness. Acta Psiquiatrica y Psicologica de America Latina, Vol. 26 (4), (Dec) 1980

Zajonc, R. B.: Feeling and Thinking – Prefences Need No Inferences. American Psychologist, Vol. 35, 2, 1980
Zander, H. C.: Die Männer werden keusch. Stern
Zeier, H. & J. C. Eccles: Gehirn und Geist. Frankfurt/M.: Fischer, 1984
Zielke & Marks: Fortschritte der Verhaltensmedizin. Heidelberg: Springer 1989
Zillmann et al.: Excitation transfer from physical exercise to subsequent aggressive behavior. Journal of Experimental Social Psychology, 8, 1972
Zimmer, Dieter E.: Für alle ein Preis und ein Dämpfer. Die Zeit, 30/1988
Zimmer, Dieter E.: Der Traum schlafloser Nächte. ZEITmagazin
Zimmer, Dieter E.: Die Droge für die Nacht. ZEITmagazin
Zimmer, Dieter E.: Licht erhellt auch unser Gemüt. Die Zeit
Zimmer, Dieter E.: Riechen. ZEITmagazin
Zimmer, Dieter E.: Die Entwicklung des Begriffes der Selbstsicherheit und der sozialen Kompetenz in der Verhaltenstherapie. In: *Ullrich, R. & R. Ullrich,* 1978
Zimmer, Dieter E.: Unsere erste Natur. Frankfurt/M.: Ullstein, 1982
Zimmer, Dieter E.: Die Vernunft der Gefühle. München: Piper, 1984
Zimmer, Dieter E.: Tiefenschwindel. Reinbek: Rowohlt, 1986
Zimmer, Dieter E.: Experimente des Lebens. Zürich: Haffmanns, 1989
Zimmer, Dirk: Sexualität und Partnerschaft. Grundlage und Praxis psychologischer Behandlungen. München: Urban & Schwarzenberg, 1985
Zimmer, Katharina & Jo Röttger: Einsam? ZEITmagazin
Zimmermann, M.: Pathophysiologische Mechanismen der Schmerzentstehung und Ansätze zur Schmerztherapie. In: *Bergener, M. & C. E. Hermann:* Das Schmerzsyndrom. Weinheim: VCH, 1987
Ziolko, H. U.: Melancholie und Erschöpfung bei Studenten. Psych. Clin., 1, 1968
Zöllner, Hans–Martin: Orka – Bilder eines guten Ortes. Hürtgenwald: Pressler, 1988
Zöllner, Hans–Martin: K–P–T (Kleiner Psychiatrie–Test). Festschrift zum 10jährigen Jubiläum der Schweizerischen Vereinigung Klinischer Psychologen am 3. Juni 1988 in Zürich, entwickelt vom Altpräsidenten
Zöllner, Hans–Martin: Besprechung des Buches von *W. Rost:* Die Gefühle. Zeitschrift für Klinische Psychologie, Psychopathologie und Psychotherapie, Verlag Ferdinand Schöningh, 3/1988
Zschocke, Fee: Mein Platz sei stets an deiner Seite. Cosmopolitan, 7/1984
Zuckerman, Marvin: Reizhunger – Warum manche den Nervenkitzel brauchen. Psychologie Heute, 6/78
Zuckerman, Marvin: Sensation Seeking: Beyond the Optimal Level of Arousal. Hillsdale: Erlbaum, 1979
Zuckerman, Marvin: Warum manche den Nervenkitzel brauchen. Psychologie Heute, 6/1978
Zuckerman, Marvin & Ch. C. Spielberger: Emotions and Anxiety. New York: Wiley, 1976

Schlagwortregister

ITY OF CAN
CANNA
LAND
AQUA VEGA & FLORES
AQUA VEGA & FLORES has been especially developed for growing in recirculating irrigation systems, such as the HGS irrigation system or the General Hydroponics Airflow & Waterfarm. Silicic acids, humic acids and fulvic acids are added to AQUA VEGA & FLORES. These are important substances for the plant, which are present in the soil in their natural forms. An extract of brown algae completes the compound. This extract is rich in trace elements, amino acids and vitamins. As a result of the production method, this extract is capable of forming a semi-permeable membrane on the roots, which improves the capacity of the plant to absorb water and nutrients. This ensures excellent resistance against diseases and a perfect taste.
CANNA COCO
Professional fertiliser for CANNA COCO substrate. Coco has a great buffer capacity. On the one hand this is an advantage, because it makes growing on CANNA COCO very user-friendly. However, this also makes it difficult to provide the slab, from the beginning, with the right types and amounts of nutrients. After years of research by way of soil, drain and leaf analyses, CANNA was able to develop a fertiliser, which is specially adapted to the properties of the coco substrate. Furthermore, CANNA COCO contains natural chelates, humic acids and fulvic acids, as a result of which the plant can optimally absorb all nutrients.
ays of growing. CANNA has years of experience in
popular growth mediums. Quality proves itself!
CANNA B.V.
P.O. box 9372
4801 LJ Breda, Holland
Tel: 0031 76-5201746

I LOVE IT

A Book about the Cultivation
of Hemp and Lots More

Michael D. Meredith

In general, growing and possessing hemp is forbidden. The publisher has no intentions to instigate the reader to break the law. However, the publisher likes to pass on the author's knowledge and the experience to others interested in this subject.
The publisher also does not accept liability with respect to misprints and unclear or faulty accounts of the author.

1e edition, March 2000
2e edition, April 2001
3e edition, April 2002

Distribution by Positive Publishers b.v.b.a.
Distribution UK by Avalon Tel. 023 9283 2383
Fax 023 9283 2583

Printed in the Netherlands

ISBN 90 76583 03 X

Table of Contents

1. ALL BEGINNINGS ARE HARD

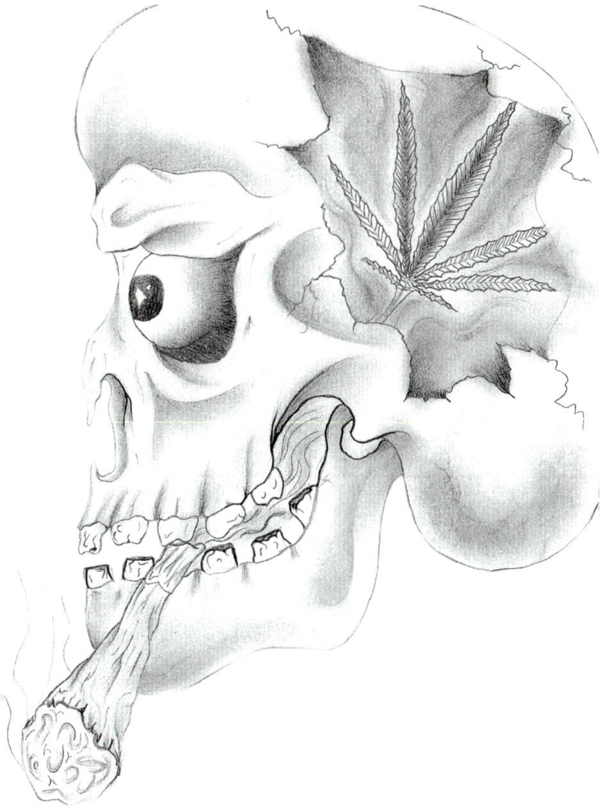

All beginnings are hard. In my early youth I had already planted my first hemp seeds and enjoyed the sight of them. In those days I had to support the plants with bamboo sticks.
Ever since I started to use cannabis products, I was intrigued by the question: what is hashish made of, and on which part of the plant does it grow?
When the first Definitive Hemp Manual 1982 (Definitiven Hanf Handbuches 1982) was published, I acquired my fundamental knowledge of the plant. I immediately started to prepare a room. I purchased fluorescent lamps for the light and all other required components to be able to mix my own good soil. At least I thought the soil would be good. However, after I'd tried different soil mixtures, I still had problems with signs of deficiency and leaf shriveling. But I did get some useful starting points in the botanical field as well as in cultivation and I finally found out how hashish is produced in its countries of origin. In the first instance, that was the most important thing for me.

Keeping an eye on expenses, I tried to experiment with seeds for fibre hemp (which are used for the production of paper, for example) and seeds that I collected from marihuana, hoping to find something suitable to smoke. For some reason the marihuana seeds never sprouted. The fibre hemp had no problems sprouting, but the result was not very potent.

Two or three years later an acquaintance brought me two different types of seed from the Netherlands. It was the first time I realized the potency that fresh marihuana can possess.

The term "Home Grown" suddenly meant something different to me. The taste and the kick were not comparable to anything I had known before. They created the foundation for my next plan "SELF-SUFFICIENCY".

1980, one of my first plants

A dream! It would save me a lot of money and I would no longer have to be part of the illegal drug scene!

The biggest step towards self-sufficiency I was able to make was when the first Grow Shop opened in Berlin. I was able to get anything I needed there. Since then, many shops have opened in Germany so everyone can supply themselves with the essentials.

The range of gardening supplies is very extensive but the differences in price are sometimes very big. I would like to advise everyone to compare prices because it can save quite a bit. I was lucky because the first shop I walked into had precisely what I needed: a biological cultivation system with all the fittings. Of course I had a look at other shops in the area but I could not get used to the hydro-culture equipment.

Unfortunately in the first years I didn't achieve the desired result. I experimented for several years and modified my cultivation system in order to improve it. I did everything according to the directions I got from the book. My first attempt to separate male and female plants can be viewed below (the plastic foil between the plants). Of course I failed. But a new type developed which I called Silver Bud. A fantastic accident!

When I started to use the sodium vapor lamps for light, I could see an obvious improvement in the growing and flowering.

The next step to increase the yield of the plants was to improve the soil mixture. I will discuss this later.

I would like to take this opportunity to thank Sylvia, Jochen and Sven, who allowed me to work in their Grow Shop. I was lucky to be able to become an expert on the plants this way — especially on the subjects of lighting and soil.

This does not mean I know everything. On the contrary, new developments occur every day. So that with each day you don't learn something new, you know increasingly less. In 1993, my yield with my soil, the so-called amateur soil mixture test number 1589, was about 20 to 30 grams per plant. This was far

away from being self-sufficient. What's more I had to buy many unnecessary seeds because, even though I had heard of cutting strikes, I had never cut a cutting myself.

I just needed a better quality soil, which I found that time in All Mix. In a short time my yield increased 100% so that I achieved 50 to 60 grams per plant. It was a good start but still not good enough. My own use is a bit higher than normal because I'm married to a wife who is also a user. This means I have to take care of us both. First this was only a dream which slowly came to realization. Only in September 1995 did I succeed — I was independent of the drug market. My yield is about 100 grams per plant and still increasing.

Politicians are continuously deliberating and debating.
The best proposal I can give to them is self-sufficiency. With the current means, almost everybody can supply themselves with good marihuana for a small amount of money. What matters to me is to be able to show how I accomplished it, not to stimulate cultivation. In Germany, you still need a license for the cultivation of hemp plants.
Yet we are way ahead compared to alcohol consumption, the most relentless opponents to marihuana.

If I had been drinking for the past 20 years, my liver would be wrecked and my marriage would probably never have taken place. Without drugs I would have ended up in jail: the problem of having a short fuse. But thanks to the hashish and the marihuana, I've been able to get through hard times without going crazy. In our house, hemp is even used as a medication.

Because my wife had cancer, she had to go through chemotherapy. Marihuana has helped a lot to lessen the side effects of her therapy! My father-in-law, who is destitute and bedridden because of multiple sclerosis, declared that even though he was aged 60 he would try it, too.
There are two ways for my family and myself to obtain this herb and I think it is clear which one I have chosen.
After this book has been published, I will apply for a license. I want to be an honorable member of society and not a drug-addicted criminal.

But let's stop beating around the bush and start! The first chapters are very sound although perhaps a bit dry for some people. But despite that they are also essential and very informative. I've tried to keep them as short as possible.

▲ *The top of an Oasis cutting*

▶▶ *Mexican Sativa after 13 weeks of flowering*

▶ *Flowering Oasis mother plant*

At that time I had covered all walls with aluminum foil which cost me a lot of money. A year later when I renovated the place, I tore everything off and painted the walls white. Paint is a lot cheaper and reflects better. All plants were cultivated from seed.

2. IMPORTANT CULTIVATION FACTORS

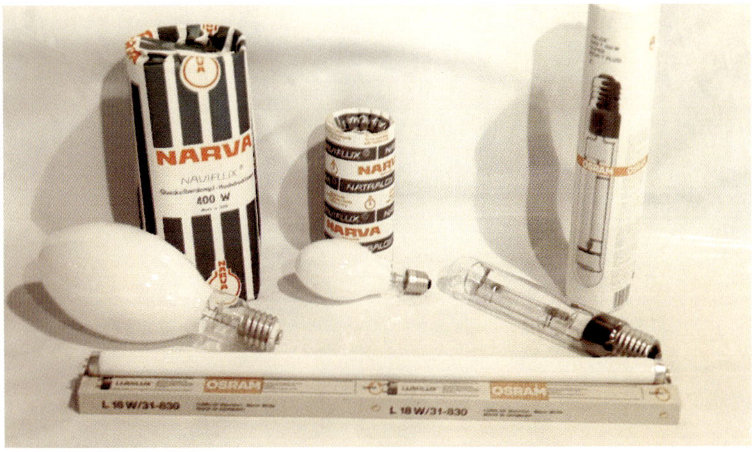

2.1 A very important subject: light!

In most Grow Shops you will not be able to find anything like a fluorescent lamp system. I don't know why, but Lumilux lamps are a very good source of light. I achieve good results with these lights and they've saved me quite a bit of money.
However, there is a small problem when using this light system — it has a limited range. It provides good light up to a distance of 50 centimeters, but from 90 centimeters outwards it changes from less efficient to inadequate.
Other light tubes like Gro-Lux or Fluora have a too low a light efficiency and are therefore not recommended. The Lumilux, the so-called high efficiency fluorescent light, is available in two useful colors: the light color 11, daylight (blue), and 31, warm tone (red). Both colors combined are an inexpensive source of light for the first few weeks.
It should be possible to obtain these lights in any special light shop. (Lumilux lights 11 and 31 from Osram should be sufficient).

Regarding the colors of the lights, I make the following comments:
Daylight (blue) is responsible for the growth of the stem and the roots.
Warm tone (red) is responsible for the development of the leaves and the flowers.
Only a combination of both colors will give the most suitable light for plants.
Another available light source is H.Q.L. This is a so-called high-pressure mercury lamp that provides excellent light for the growing stage. The lamp is not suitable during the flowering period because the light does not provide enough red radiation, which is important for the development of flowers. Besides, the energy use is higher and the light efficiency per watt is lower compared to fluorescent light.
The available light systems with the highest efficiency are the high-pressure mercury lamps, the same lamps that are used in the Dutch greenhouses. The light color can be adjusted by changing the bulb, and the variety of bulbs is very large. Therefore you need to be properly informed. These lamps give the best light but also use the most electricity, about DM 3.- per day with a lighting period of 18 hours. That's why they should only be used when the plants have reached a height of 50 centimeters.
To achieve a good-looking bloom (Big Buds) you will need a 400-watt sodium vapor lamp.

You can see in the picture below the best example of energy waste.
Shortly after the plants developed their first leaves, I put them under the 400-watt sodium lamp, which in principle should be no problem because the plants will experience no harm. You can however save 50% of energy (money) if you use fluorescent lights for the first four to five weeks.

First quickly a few numbers. According to the calculations of Dutch experts, there is a minimum of 30,000-lumen light needed per cubic meter. A 400-watt sodium vapor light gives between 52,000 and 55,000 lumen and a lamp of 600 watts gives 93,000 lumen. This means that it is possible to light a maximum of three cubic meters with only one 600-watt lamp.

1

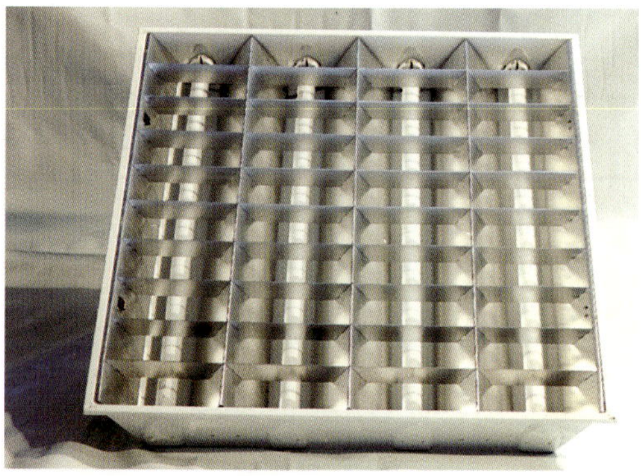

2

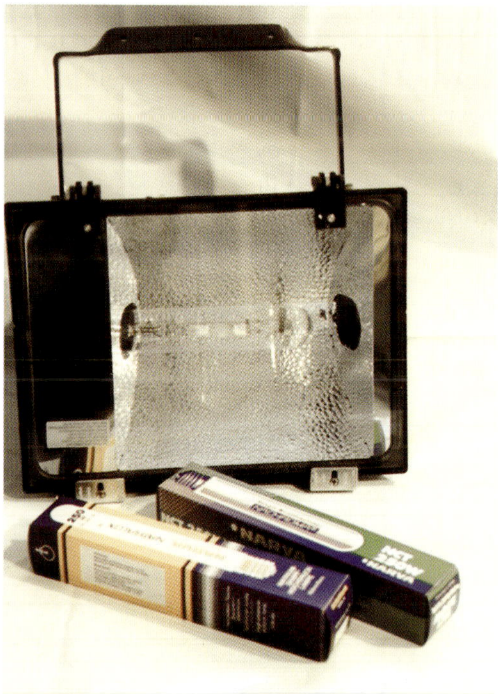

3

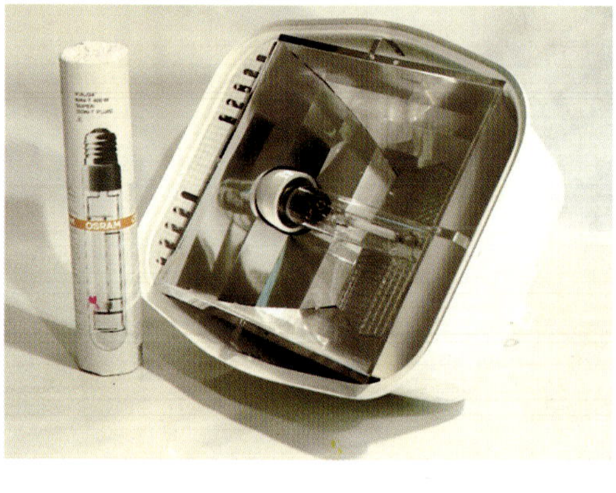

4

5

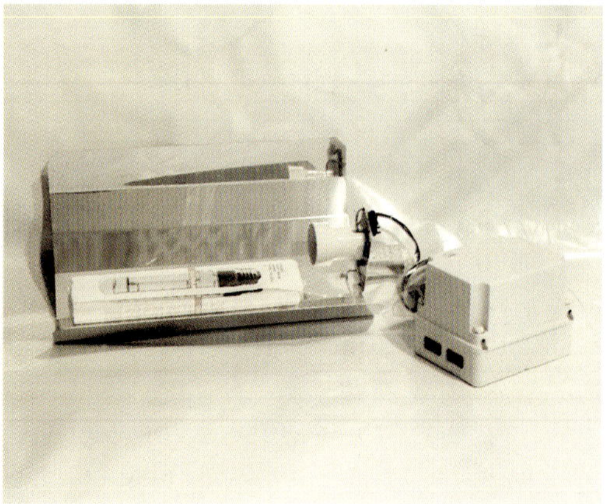

6

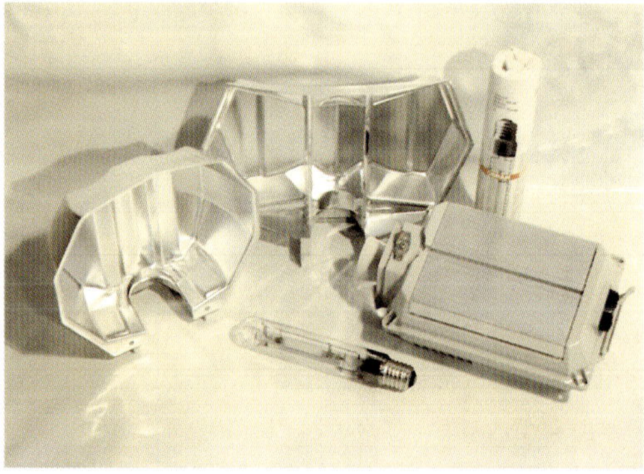

The following light quantities are needed for the flowering period:

1. A fluorescent light system
2. A 250 watt radiator which can be switched from H.Q.L. to sodium lamp by changing the bulb.
3. A 400 watt sodium vapor lamp
4. My first 400-watt lamp was an Industria (sodium vapor). These are also available as 600 and 1000-watt lamps.
5. Remoth systems are available for 400, 600 and 1000-watt lamps
6. 600 watt Poot is also available as a 400 and 1000-watt lamp.

A COMPARISON OF DIFFERENT LIGHT SYSTEMS

Light efficiency in lumen and watts

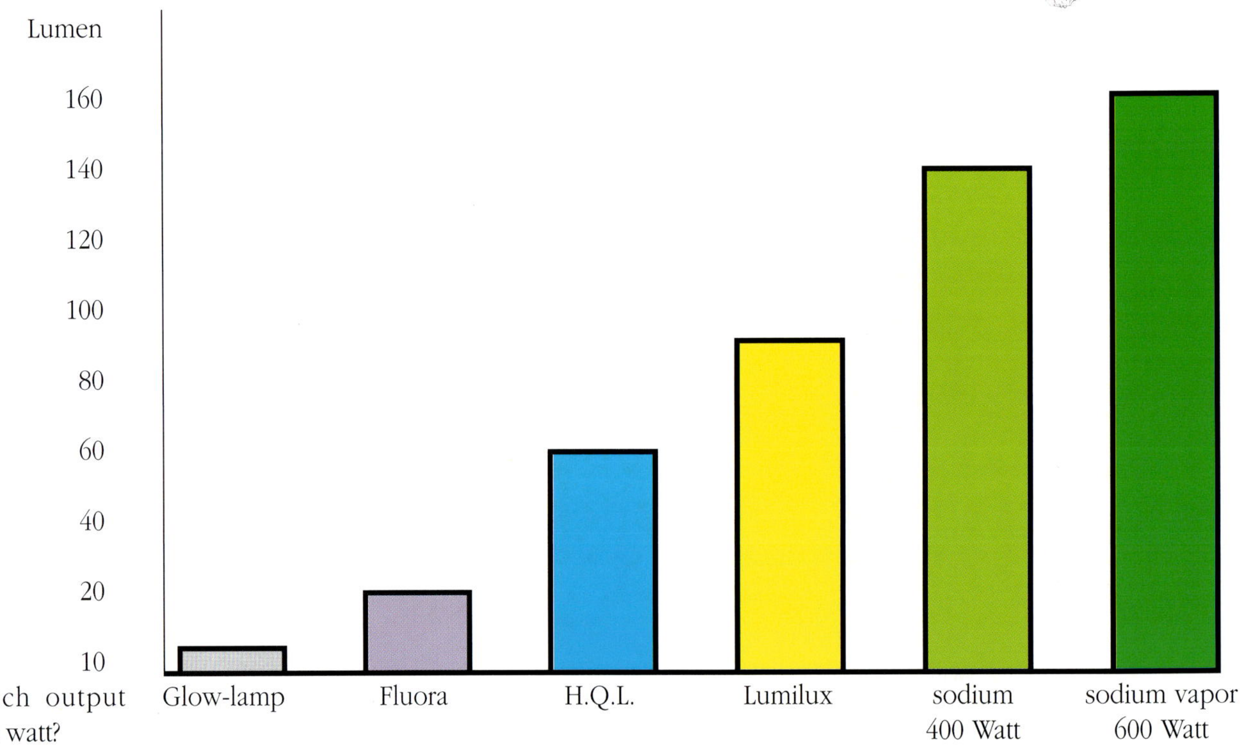

How much output gives one watt?

	System efficiency (Watt)	luminous flux (Lumen)	Lumen per Watt light system efficiency	photosynthetic activity	Sun-photo-synthetic factor
HQL 80 W.	89	3,800	48		
HQL 125 W.	137	6,300	50		
HQL 250 W.	266	13,000	52	23,69	0,656
HQL 400 W.	425	22,000	55	40,1	0,656
HQI-T 250 W.	275	20,000	80	49,67	0,894
HQI-T 400 W.	440	33,000	76	82	0,894
NAV-T Super 250W.	275	33,000	132	53,8	0,586
NAV-T Super 400 W.	440	55,000	139	90,48	0,586
NAV-T Super 600 W.	645	90,000	150	147	0,586
Planter-T 400 W.	440	52,000	130	78,4	0,542
Planter-T 600W.	645	84,500	135	127	0,542
Lumilux-11 36 W.	44	3,250			
Lumilux-31 36 W.	44	3,350			
Lumilux-11 58 W.	70	5,200	74,3	10,3	0,715
Lumilux-31 58 W.	70	5,400	77,1	9,65	0,646
Fluora-77 58 W.	70	1,350	19,3	5,58	1,49

System efficiency: The effective watt (current) consumption.

Light system efficiency: The total amount of lumen from the light system.

Photosynthetic activity: The conversion of light into leaves, analogous to luminous flux.
Sun-photosynthetic factor: Comparison of the effective natural daylight with an equal lighting exposure.

2.2 Soil

Soil is not just soil.

As I mentioned earlier, I have tried different soil mix proportions. I will now describe how to mix the soil I have had the best results with.

The recipe originates from the Netherlands but have made some adjustments.
Everything you need can be bought in any specialty shop — good soil, the separate fertilizer ingredients and, very important, perlite.

Why do I mix my own soil?
Through the years I have noted a countless amount of fluctuations in the composition of the soil mixtures. That is a pity because it could have saved me a lot of time. The soil needs be mixed well and I mean WELL. If that is not the case, problems can arise that will differ from pot to pot. In one pot, leaf shriveling could appear, while another needs to be fertilized earlier. This is a hassle.
If I compose and mix my own soil, I know it is done well and if something goes wrong I can only blame myself. Besides, it saves me some money.

To mix a good cultivating soil it is important to start with a good potting soil. This consists of 70% peat soil and 30% clay. This soil should not be confused with cheap flower soil, which consists of 100% peat soil. No matter what type of potting soil, the composition should always be mentioned on the back of the packing.

Next I need perlite (Perligran) to ensure a good airing of the roots. What is more, perlite can act as a buffer to over-watering.
I have specially rebuilt my garage to make sure I have enough space to mix my own soil. We are talking about 1000 liters and I need about two hours to mix it properly.
Over the past year I have also started to blend my own fertilizers. I am very pleased with the result and therefore I will give you the recipe.

The separate fertilizers have to be mixed well. Only then can the ingredients be added to the potting soil.

It is very important to mix the soil accurately and thoroughly!

The next question is: where could I mix the soil? My suggestion: in the bathtub! There is enough space for 100 liters of soil and the mess is limited. After everything has been mixed well, the soil is put into plastic bags for preservation. A soil mixture keeps for a year or longer but it is important that it doesn't go moldy. To prevent mold, I pierce little holes in the plastic bags..

The following fertilizers are needed:

Cow manure:	3 liters
Bone meal:	0.5 liter
Lime:	0.25 liter
Horn meal:	0.25 liter
Horn chips:	0.5 liter
Igneous rocks:	0.5 liter

To mix 100 liters of good cultivating soil, I need the following:

5 liters of fertilizer	= 5%
10 liters Perligran	= 10%
85 liters starting potting soil	= 85%
	= 100 liters

100% good soil!

2.3 Air

Air and circulation

It took me a long time before I realized the importance of good air. In the beginning I only made a ventilator close to the window thinking this should be enough. Next I filled the entire room with plants. Because of this, the plants had to compete for light, space and air. In the end the plants were too thin and were not able to support themselves when they started to flower. The only thing the ventilator did for the plants was to provide air circulation. This is certainly important but it has nothing to do with fresh air. Next to light and soil, good air is the third most important environmental factor that should be taken into account if you want good results. After I had installed a spiral casing fan, I was able to see a clear improvement after only a few weeks. Regarding the plant's use of CO_2: A leaf takes about 30 minutes to consume the CO_2 in its direct environment. After that the plant will not die straight away but it will find it increasingly difficult to breathe and this can lead to suffocation. So there are two different types of air: circulating air and fresh air.

I think that the supply of fresh air is the most important one and after that the air circulation.

A totally different subject is the artificial dosage of CO_2 from gas bottles. First of all it is rather expensive, secondly the level of CO_2 in the air is hard to check, unless you are prepared to buy a computer-controlled measuring system, and thirdly you will need suffi-

cient expertise to achieve an increased yield, since it requires readjustment of all other grow factors..

3. Varieties of seeds

Seeds but which ones?

This is a difficult subject because the supply increases day by day.

I have learned never to give advice on the purchasing of seed. I do try to describe the sorts that are familiar to me. So you can make up your own mind. When you buy seeds, pay attention to the color and the origin. Unfortunately you cannot determine the germinal force from the outside. You can see from the color if a seed is ripe or not. If it is white or greenish, you can safely assume that the seed is not ripe. The origin of the seed is important because there are many people who sell any accidental pollination as a new sort. With these sorts you actually don't know what you're getting. I will discuss the subject of multiplying a bit later. Only good things can be said about the seeds from the Netherlands. They are healthy with a strong germinal force and a big yield. Actually almost all seed cultivators from the Netherlands have good seeds. The only difference is in the prices. It would be too much work and against the scope of this book to discuss all sorts in detail. It would be better for you to get advice from a specialist who might also be able to show you a picture of the plant.

▲ *Both plants are three weeks old. They are cultivated in 9 x 9 pots and under 3 x 58 watt fluorescent lights of the light color 11.*

To answer a question that has been asked repeatedly, I would like to discuss the difference between the Sativa and the Indica. Most people nowadays agree that originally there was only one hemp sort (Cannabis L.). The differences in the flowering are related to the different climate zones (and 100,000,000 years of evolution). Everything these days is controlled by people — it is called selective multiplying.

To go back to the differences; it starts with the kick. The Indica gives a reasonable kick. For example, when I take a bath I usually smoke a joint. The first time I smoked a small bag of Big Bud, I was so far-gone that I wasn't able to do anything. For ten minutes, I kept telling myself to get out of the bath but I was really not able to. Not until I drained the water and it became so cold that I had to get out (you will not be able to lift your ass).

Sativa however acts very differently. She uplifts you in an inspiring way and she helps me to enjoy my work (the smiling househusband with the vacuum cleaner in his hand). The next big difference is clearly visible in this picture. On the left side is a Silver Haze (Sativa) and the right side a Big Bud (Indica). The leaves of the Sativa stand wider apart and are smaller.

The period of flowering is also different. The flowering of an Indica normally takes about six to eight weeks; the flowering of the Sativa takes nine to 14 weeks (for example Thai).

The development continues steadily. This is what my basement looks like nowadays. I have three squirrel cage fans which blow 250 cubic meters of fresh air into the flowering room. Two swivel fans handle the air circulation.

Left: the flower area for the Sensimila (without seeds). In the middle stands a mother plant.
Right: The area where all the different sorts of hemp are pollinated.

I have chosen a type of Indica to be able to show you in detail my procedures. The Big Bud has been cultivated by one of the best in Holland and is my favorite because of her unique character. As a true Indica she has a heavy kick, a sweet, fruity flavor and a bloom period of 8 to 9 weeks.

Nurserymen even advise to set up support for the lower branches since the clusters of buds can become exceptionally big and heavy. The indicated height is between 160 and 180 cm and the maximum amount of harvest should be about 150 grams. Although this weight indication made by the Dutch confused me, I realized after some thought that it made sense. It applies to full-grown plants, which under ideal conditions should be able to produce such a big crop. In this book I will show plants, which after the considerable long bloom period of 10 weeks, are also almost fully-grown and which, if everything goes right, should have similar results. However I would seldom allow such a long bloom period (except for mother plants); for any kind of Sativa (Silver Haze, Mexican, Juicy Fruit) it is even strongly discouraged. These plants can reach a height of 3 to 4 meters and sometimes even higher. My highest plant so far reached the height of 340 cm and was a Super Skunk that stood in my garden. The Super Skunk is not a pure Sativa, so you can imagine how big hemp can become under the right conditions.

If I would cultivate a Sativa type (Silver Haze) I would choose a different cycle. After a growth period of only 4 to 5 weeks, I would allow the plant to bloom. This short period of growth is sufficient for me to achieve a reasonable harvest. The plants though, will have to be tied down continuously in order to stay in the light. Let's start with my old-time favorite: The Big Bud

Undeveloped, almost developed, developed seeds

Types of seed

A K 47
Afghani # 1
Afghani Gold
Afghani Skunk
Afghani Spezial
African Queen
Alpha Bud
Audora Borealis
Amstel Gold
Amsterdam Flame

B - 52
Bengal
Big Bud
Big Top
Black Domina
Black Purpel
Bubbelberry
Bob Marley's Best
Bolivian
Buddah

California Indica
California Orang
Chitral
Chitral Gold
Columbian
Columbian Gold
Chrystal gold
Crystal Limit
Crystal Paradise
Cyber Crystal
Cronic

Diamond Delight
Diamond Leaf
Durban
Durban Poison
Dutch Hennep
Double Bubble

Early Pearl
Early Girl
Early Skunk
Euforia

Four Way # 1
Four Way Special

Green Spirit
Ghandi

Hempstar
Hawaiian Indica
Hawaiian Skunk
Haze
Haze Skunk
Himalaya
Himalaya Gold
Hindu Kush
Holland's Hoop
Humboldt

Indoor Mix

Jack Herer
Jack Flash
Jamaican
Jamaican Brown
Juicy Fruit

Kali Mist
K 2
K C - 33
K C - 36
Killer Green Bud
Kerala Skunk
Kush
Kryptronic

Lambsbread
Lambsbread Skunk
Leda Uno

Maui - Wowie
Masterkush
Mango
Maple Leaf Indica
Maple Leaf Indica
Mexican Sativa
Mindbender
Mother's Milk

Nepal
Nepal Highland
Night Queen
Northern Lights
Northern Lights # 2
Northern Lights 5 x Haze
Northern Light Extra

Oasi
Orange Bud

Outdoor Mix
Original Skunk # 1

Purpel
Purpel Haze
Purpel Skunk
Purpel Power
Purpel Star

Queen # 1 ?
Quarz # 1 ?

Red Hair Skunk
Ruderalis Indica
Ruderalis Skunk

Sensi Skunk
Shiva Kali
Shiva Shanti
Shiva Skunk
Silver Haze
Skunk Indica
Silver Pearl
Silver Bud
Skunk # 1
Skunk Bud
Skunk Kush
Skunk Passion
Super Skunk
Super Thai
Smokey Bear
Spain Special
Spontanica
Swazi
Sweet African
Sweet Dreams
Skunk Spezial
Sweet Skunk
Swiss Miss
Swiss Skunk

Tarakola
Thai
Turkey Special
Top 44
T.N.R.
Twilight

Ultra Bus ?
Ultimate Fly ?

Viking

White Cloud
White Widow
White Russian
White Rino

X

Yellow ?

Zulo Shaka ?

4. FROM A SEED TO...

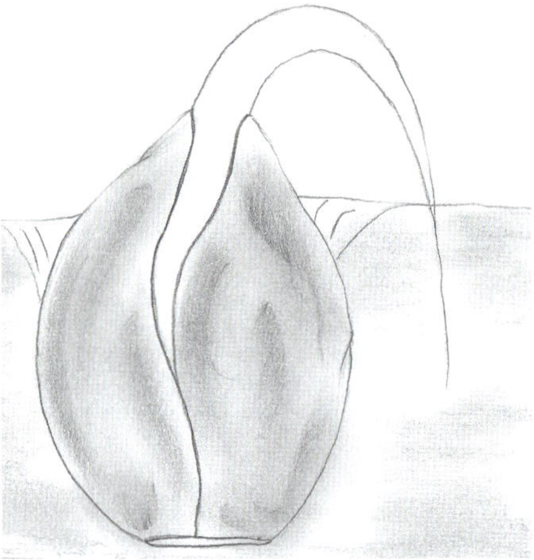

There are different ways of germinating seeds. Some people recommend sprouting the seeds between paper tissues before putting them in the ground. There is nothing wrong with this method for people who have enough seeds to spare and for those who are fairly experienced. However, the disadvantage of this approach is the fact that you have to turn over the seeds. In order to do this you have to touch the seeds and this means squeezing them a bit. This could lightly or even severely damage the main root. Since, for example, ten seeds can cost 40,- DM or more, and are therefor rather expensive, I assume that we want to germinate all seeds. I will show you how I achieved good results with a different approach. A seed needs three things to sprout: water, light and heat. I always put the seed directly into the soil, making sure that the tip of the seed is facing upwards.

The question what is most suitable for the sprouting of seeds can only be answered with special propagation soil. Seedlings will have a better chance to absorb nutrition from good soil. I will not use 9 x 9 pots for sprouting since the soil is inadequate, but then it is just sowing and propagation soil. The most suitable for the sprouting of seeds and seedlings are the 5 x 5 peat pots. The advantage of using peat pots is that you will be able to transplant them together with the seedlings right into the final pot. Good seeds can start sprouting after 12 hours. However, I did come upon a seed that took 14 days before it started to germinate.

Important: put the seed in the soil for only 2/3 and do not cover it. A constant humidity level of about 85% and temperatures between 20° and 30° Celsius are most suitable to germinate.

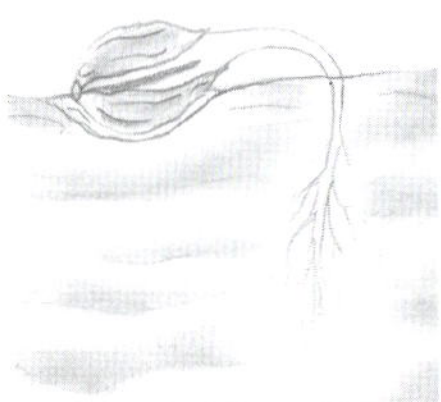

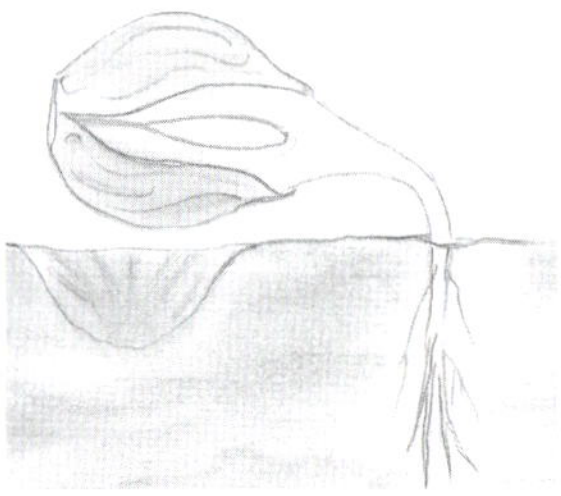

Day 0

Day 1

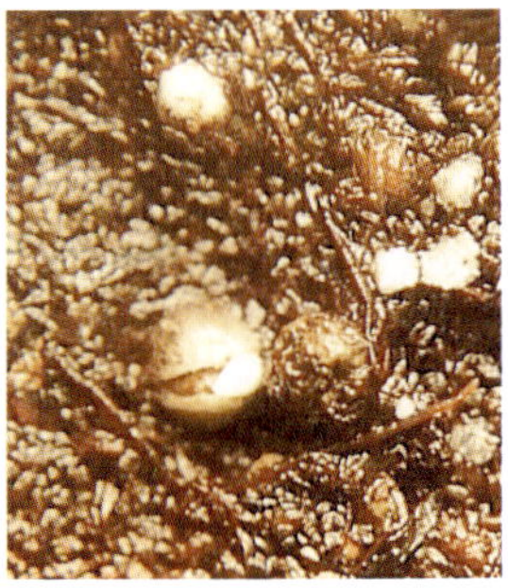

Day 2

Day 4

Day 5

The use of so-called indoor greenhouses proved to be very helpful. I was able to create a suitable climate for the cultivation of the seeds. As soon as the seed has sprouted and the first real leaves are visible, it is time to remove the top of the greenhouse. Real leaves? Of course all leaves are real. The first leaves you will see are round and not milled, they are called seed leaves. After these the first milled 'one-fingered' leaves will appear. (The real thing)

To prevent the seedlings from growing too tall, the smallest ventilator is set at the lowest position and the first stem training can start. Since the cover of the green house has been removed, you have to be very careful not to dry up the peat pots. This might occur when the air circulation is too high and the lamps are positioned too close. If the peat pots dry up, the peat shrinks. This could pinch off the newly grown roots. When watering the plants, you have to be careful not to wash away the newly developed roots with a too strong water jet. It is better to pour some water in the lower part of the greenhouse, now and then. A spray nozzle can also become handy. Make sure, however, that not too many water drops keep hanging on the delicate tops of the plants,

◄ *Day 5*

The seedling could become too heavy and fall over. It usually takes six to seven days from the moment the seeds start to sprout until the time that the roots start growing outside through the peat pots.

Day 6 ▼

As soon as the roots of the seedling grow through the peat pots, the plant will need good fertilized soil!
If the seedling, actually no longer considered a seedling, has grown a bit too tall in the first days, you may put it one to two cm deeper into the soil. It is possible to put the small plant into the soil up to its seed leaves.

The next pots I use are measured 9 x 9 x 10. In these the plants should be able to grow for the next three to four weeks, provided that the fertilized soil is of a good quality. I often had to conclude that plants which showed signs of deficiencies or leave shriveling in the begin stadium, were not able to produce as successful as the other plants which showed no problems. Repotting is easy. Fill the plastic pot for 1/3 with soil, gently press it and carefully put the peat pot in it. Fill up the plastic pot with more soil and press it gently in order to avoid damage to the small roots. Finish it off with good watering. The best method would be to put the pots on a plate so the leaked through water can still be absorbed.
All the water that has not been absorbed by the soil after about 15 minutes should be drained. It should be prevented at all times that the pots stay covered in water, this is to avoid the danger of mold. I have to state that it is better in one time to water the plants well and plentiful to ensure that the whole root system can absorb what it needs.

Of course it is not necessary to repot all plants at the same time. I would only take care of the ones that really need to. However we will concentrate on the first plants, and start counting the days of the vegetative phase. In the first two to three days after the repotting, the little darlings will hardly grow at all. They will be dealing with the so-called "repot shock". Don't forget their environment (the soil and nutrition) has suddenly changed and this lead to stress I cannot avoid but will try to limit. The plants will need time to adapt themselves first and after this they will start growing again. From this moment on, every morning after the light has been switched on and every night before the light will be switched off, the little plants will be showered with a pressurized spray bottle.

Do this with care because the plants can still fall over if too many water drops stay on the big leaves. The ventilator is still set on the lowest position.

Seven days have gone by. It is good to see that the little darlings have adapted themselves so well to the soil. The last three plants, as you can see here, encountered some problems with sprouting. We will attend to them as late bloomers. Keeping in mind the high prices for seed we should try to save each individual plant. Who knows, the plants might be female. The ventilator is now set on the second position.

Three weeks further into the growth phase under only 3 x 58-Watt fluorescent lamps, daylight color 11, it is plain to see that the distance between the internodes is very small. This is the result of the sufficient light of the fluorescent lamps and the training of the stems. The plants have reached the height of 10 to 20 cm and it is time to repot them again. Three weeks further in the growth phase the 9 x 9 pots are deficient in nutrition.

The roots also need more space. The next pot size is now 15 x 20 or 4 liter pots. Within these the plants should be able to absorb enough nutritious substances for six weeks. When we repot, we follow almost the same procedures as when we transplanted the seedlings. The only difference in the approach is that this time we have to remove the root clods out of the plastic pots without damaging them.

The best thing to do is to wait for the moment you were planning to water the plants. When the soil is dry, the root clods can be removed from their pots without any problems. I just would like to say something about my use of plastic pots. When I first started, I used pots made out of stone (out of love for the environment) However, I had to deal with a lot more problems when repotting. The root clods did not want to let go of the pots. I often was forced to tap the pot before they would come out. Sometimes this would damage the roots severely. It is different when using plastic pots. You only need to squeeze the sides gently to be able to take out the little plant.

Today all my plants, except the three stragglers, will be repotted. The stragglers went through a two-week period of growth, but they still look as if they are only seven days old.

Despite the fact that the three almost did not make it, it is good to see them recovered quite a bit. They will however, never catch up with the other plants and lag behind in growth.

We can fairly assume that seeds, which encountered sprouting problems, will result in plants, which will not develop, as well as their friends who faced no problems at all.

I will need about 50 liters of potting soil to be able to repot all twelve plants. First I will fill the 4-liter pot half with soil, gently pressing it together. Then I loosen up the root clods by carefully squeezing the sides of the pots (this is done best when the soil is dry).

As was the case when planting the seedlings in the peat pots, I again have to make sure that I don't damage the roots. The plant is put into the prepared pot, which will be filled up with more soil. Gently press the soil together and then water it generously.

After being repotted, the plants will need another two to three days to get used to the new soil. For the next three to four weeks they will be put under 3 x 150-cm fluorescent lights. Please remember that Lumilux lights are very useful up until the height of 50 cm. All other possibilities will only be a waste of energy. Again it is important to ensure a good training of the stem. For that we use a big ventilator which will be set on the highest position right away.

Below: I can see, two weeks after the repotting, that my plants are doing great. The leaves are dark green and the stem is strong and growing. The plants are now about four weeks old. The biggest plant has a height of about 26-cm and the smallest straggler even reached 12 cm. Now is the time to repot the three small plants in order for them not to miss linking up. They are about two weeks behind in development

As soon as the plants reach 50 cm, it is time to say goodbye to the fluorescent lights. Until that moment the lights proved to be working fine and they saved me a lot of money. Since the foliage is getting denser and the light efficiency at the bottom is strongly decreasing, it is time to switch the lights. When the plants have passed the height of 60 to 80 cm, there is a danger that the lowest leaves, due to the lack of light, might become yellow and fall off.

The first day under a 600 Watt high-pressure sodium vapor lamp. It is very important during those first days to keep the minimum distance of 60 cm. The plants will otherwise not be able to handle the change in climate. A 600 Watt lamp gives 65% heat, which is quite a bit. The plants are very sensitive to strong changes in temperature, light and humidity. (Climate)
Everything seems to be fine, humidity level is 60% and the temperature is 23°C.

Seven days under the sodium vapor lamp: you can almost see them grow.

After standing for three weeks under the high-pressure sodium vapor lamps, it is time for the beautiful plants to be repotted again. I would not recommend the plants to bloom without fresh soil. All nutrition in the 15 x 15 pots will be likely absorbed by now. If I don't change the soil, I will have to use fertilizer. This means I will be taking care of the plants totally. It is without a doubt possible to take care of the plants' needs with the use of fertilizer (provided you use the correct fertilizer and know how to use it). The use of too much fertilizer will always show its effect on the bloom (= harvest = profit) I rather use fresh soil and give my little darlings the position to take care of themselves for the next coming weeks.

The three smallest plants (the stragglers) still have another two weeks to go before I will repot them.

After a nine-week period of growth and very good development, preparations can be made for the final repotting. The next pot size is an 8-liter pot. With these pots the plants will have plenty of nutrition to go through the bloom period without a real need for fertilizers. When a real strong bloom occurs I will, in the last weeks, have to add some fertilizer.

We are talking about another seven to eight weeks that the plants have to go through with only 4 liters of fresh soil. This would not be possible with even the highest quality of potting soil.

(*) *Note of the translator: The author repeatedly states: "now it is time to allow the plants to bloom", etc., however he never states how to accomplish this. Not until the moment I checked my text, I noticed his mentioning of different light colors. I think it would be clearer if it was stated again further on in the text, when the plants are allowed to bloom that from this moment on red lights should be used. (It is noted several times that the fluorescent lights should be replaced by assimilation lamps, however, nothing is mentioned about the color of the light).*

Today I will give them fresh soil. I will need about a hundred liters to transplant all twelve plants. The biggest plant has reached a height of 80 cm and the stragglers stand about 25 cm tall.
However it is not necessary to repot the three (stragglers), since the pots still have more than enough nutrition to their disposal. There is no need for me to describe the repotting. After three days under the sodium vapor lamps to recover from the "repot shock", the plants will start to bloom.(*)
Don't forget that every change, for example the repotting, change of climate (temperature, humidity) changes of light (light duration), deficiencies or shriveling, will cause a certain stress to the plant, something I would like to avoid when possible.

Everything looks fine one week after the transplant. Tomorrow the plants will start their long awaited bloom and from then on I will only supply them with light 12 hours a day, and they will begin to blossom.

My three little stragglers needed an extra week to sprout. They have developed quite nicely but are in comparison with the other plants, about two weeks behind

At this moment, after ten weeks, it is time to repot the stragglers for the last time and make them bloom at once. This is an exception (they don't get a week of acclimatization like the other plants).

Here they are all together, the first day in bloom. It is good to see that each has reached a different height. This is normal for plants that have been cultivated from seeds..

5. SEXES: MALE, FEMALE, AND HERMAPHRODITE

During the first fourteen days of blooming, the plants have grown quite a bit. In the next few days I should be able to identify the males.

It is pleasant to see that everything is right, the level of humidity is 63% and the temperature is 22 degrees.

The plants look healthy and seem to be feeling fine.

After twenty days I'm able to distinguish the males from the females but it doesn't look good. There are 9 males and only 5 females. You should always take into account these types of unpleasant surprises when cultivating from seeds. That is why I will prepare myself by striking some cuttings of my best Big Bud.

It is not difficult to find the best when you only have 5 females. The three stragglers were indeed all female. At least that was a positive result.

THE EARLY DETECTION OF MALE FLOWERS

Actually it is very easy to recognize them. The first male flowers are already visible after 7 to 10 days. They appear in the highest part of the plant and are only visible as little balls in the leave axils. A few days later they will look like little groups of small balls.

These balls are shaped by the male flowers; 5 sepals which enclose 5 anthers. Within these anthers are more than hundred of thousands of pollen.

You don't need to panic when you see the first male flowers. It will take another two to three weeks before the anthers will break open.

It is not worthwhile to continue cultivating the male plants, unless you want the seeds. They are not suitable for consumption since they don't have the needed flowers and little leaves covered in resin.

A male flower, the first one for this plant.

The early detection of female flowers.

In general, female plants need more time. The first stigmas (the white little hairs) will only be visible after two to three weeks. Some Sativa types made me wait even four weeks before they showed their first stigmas. They are, same as with the male plants, positioned in the highest part of the plant. First it looks like a small ball which becomes longer and from which eventually two stigmas will protrude. The female flower consists of two stigmas, which can catch pollen with their resin, and two sepals between which the seeds will later develop.

Unfortunately the first visible stigmas give no guarantee that this plant is indeed female. There is always the possibility that it will develop into an androgynous plant. By continuously checking the plants that I identified as female, I try to find the androgynous ones.

It often occurs that both sexual characteristics, male and female, can be found in the same plant. This plant is androgynous. Androgynous plants can be separated into three groups. The first group consists of plants that show more than 50% of male bloom (60 to 90%). They are referred to as male androgynous plants. In the second group the amount of male and female flowers are equally balanced. The first and second groups are not suitable for seed growing. If I would use these seeds for cultivation I would again get a big amount of androgynous plants. The last group of androgynous plants, the ones with only 5 to 10% male flowers, is interesting. If I'm lucky enough to find these plants, which is not always easy, I will usually consider cultivating some of these seeds (female seeds). To start I will have to separate these androgynous plants from the others to prevent unwanted mass pollination. When the first anthers open themselves, I'll collect the pollen with the use of a little brush. An empty container of a film roll will be used to keep the pollen together. The best way would be to keep it in the fridge. There it will keep for about thirty to fifty days. The female plant that I want to pollinate must be removed from the bloom area to prevent unwanted pollination of other plants. The pollination will be taken care off with the help of the same little brush I used for collecting the pollen. The brush will carefully spread the pollen over the female flowers. After this I will allow the newly pollinated female plant to bloom in the area where she was pollinated (for example the winter garden). It has happened to me that although I pollinated a female plant, she nevertheless refused to produce seeds..

I assume that the male part of the androgynous plant was sterile. Other attempts were more successful and I was able to cultivate 98% of female seeds. It is not possible to cultivate 100% of female seeds. Androgynous plants may again appear..

Things like this will happen more often than you like. Sometimes they are there without ever being discovered.

This androgynous plant succeeded in hiding until the very end. I didn't notice until harvest time that in the highest cluster of flowers, a male flower had developed.

This plant was positioned (of course) in the back row and was able to avoid my inspections. She is also responsible for the pollination of an entire row of plants. The disadvantage of this pollination is that female plants will stop putting forth a more productive bloom and instead will concentrate on the development of seed. Her life cycle is herewith completed and she dies. As a result the buds are smaller and you have to pay attention not to drop any seeds in the bag when crumbling.

But every seed that I collect from this plant should be female. More will be written about this in the chapter on multiplication.

Difficult to find

From this well developed female Big Bud I will strike some cuttings. *(See page 80)*

After the removal of all the male plants, a lot of space has opened up which I luckily can fill up directly with some cuttings. I'm talking about four small Silver Haze cuttings, and one big Super Skunk and an Indica which over time have become too big for a mother plant. She is already at least seven months old. The Silver Haze is an almost pure Sativa and needs a very long bloom period of about nine to ten

weeks. (Sometimes a Silver Haze will need up to sixteen weeks) I will repot her while she is blooming even though the 4-liter pot she's currently in still provides her with nutrition, it will not be sufficient to meet the needs of a blooming plant. This is the so-called ex-

ception to the rule. After a three-week period of bloom for the Big Buds, an unexpected problem arises: deficiency signs. Why? I had just repotted them into fresh soil. I checked my entire system first. But everything was as usual, humidity level between 65 and 70%, the temperature 25 degrees at daytime and 18 degrees at night and the pH factor of the water was 7 (neutral). What is causing these problems?

6. A FAILURE: BUT WHY?

I have to interrupt this passage for a short break. My first attempt to show you my approach in cultivation has failed because of different reasons and I was forced to start all over again. First I had to conclude that the nurse of my father-in-law had indeed stolen from me. She had cut off the tops from the lowest branches of the plants I had cultivated for this book. After that it became evident that the last ready-to-use soil had been mixed very badly, therefore my Big Buds which had until that moment developed very nicely, were only able to find enough nutrition for three weeks. They started to show strong signs of deficiency in ten-liter pots!
I could not believe it. I first thought that the soil was good and able to provide everything the flowers would need. What a disappointment. When I went to the Grow Shop to discuss my soil problem, they insisted that the soil was mixed properly and that my approach was the probable cause of the problems. However, they were prepared to send a soil sample to Holland for analysis. They also insisted that it is necessary to fertilize the soil after three to four weeks. That was news to me. Why would I repot if afterwards I had to fertilize again? This was in contradiction of everything I ever learned from my years of experience in the field of soil. It was also hard to believe that my cultivation system would suddenly, from one day to another, not perform anymore. To find out if it still made sense in any way to continue working on the book, I decided for the first time since ages to mix my own 500 liters of soil. In this personally mixed soil I planted some cuttings of the Big Bud.

And look at the result: the plants are showing their normal luscious dark green leaves. So my system was not the cause of the problem. When the results of the analysis of the sample came in from Holland, I received the confirmation that the soil was deficient, no phosphorus, no nitrogen but a lot of sulfur. Maybe the soil at the Grow Shop was not mixed as conscientious as was needed? Of course not! People change their mind all the time. Like now. The soil was not to blame and neither the system. No, this time let's blame the fertilizer.

I believe there are enough excuses. You can only learn from mistakes. The soil I'm using since the disaster is always personally mixed and I have never had to go through a similar situation. The mixture I use can be found in the chapter on soil.

The whole experience had one advantage. I was able to show you the differences that occur when using good or bad soil.

The typical demonstration effect: for years everything goes well until the moment you decide to show people and then everything fails. ▶

This branch is missing its top. This proves to me that somebody has been cutting. ▶▶

Within a couple of days all leaves turned yellow and dropped off. The fact that the plant still produces flowers only proves that she also blooms with bad soil. The average harvest per plant was 30 grams. We are talking about a loss of at least 70%.

7. Second attempt: Oasis in bloom

It is hard to believe but when I went out to buy new Big Bud seeds, I also bought some female Oasis seeds. I had no problems with sprouting the Big Bud seeds but all sixteen showed abnormal coalescence.

Every pot and plate had to be washed and to ensure no new spinning mites would enter the blooming area, I sprayed the germinating room as well. Just to be on the safe side!

A good thing, I still had the Oasis seeds. From the ten seeds nine germinated without any problem. Only one needed a bit more time, it's a straggler. I have chosen Oasis to be able to show you blooming when using good soil. The second unpleasant surprise I had to accept was the uninvited presence of spinning mites. And this happened only a couple weeks before the Oasis was supposed to start blooming! This meant I had to clear out and clean up the whole blooming area. I sprayed the walls and the floor to capture the eggs and the larvae.

In the first three rows I have the Oasis plants, next to them three Mexican Sativa, behind them a Juicy Fruit, a Hawaiian Indica and in front of them a Super Skunk mother plant. The soil I use for my beautiful plants has been mixed by myself and the system I use is still my own.

The Oasis plants went through a growing period of ten weeks. The Mexicans are cultivated from seeds while the Juicy Fruit and the Hawaiian are grown from cuttings.

◀ *The little Oasis straggler has recovered quite nicely. You can hardly tell it apart from the other plants.*

When the plants have been standing in the flowering room for a few weeks, it is time for me to look out every day for male flowers. There is always the possibility that hermaphrodite plants suddenly show up. Especially when cultivating female seed, the likelihood is high.

Until now I'm lucky, there is no androgynous plant to be seen but that does not mean a thing. They are very hard to detect.

The Oasis plants have been blossoming for two weeks. They have become bigger than I expected. This means I will have to pull down the top of the plant. I will use a multi-purpose spool of thread.

First I will cut from the spool a piece of thread of 60 centimeters. I will fashion the end of the thread into a U-shape and lay it around the highest part of the plant. The loop will be drawn closer in such a way the stalk of the plant is able to grow unhindered. The other end of the thread will be attached with a loop to the wire gauze. I will use the lowest piece to pull the top down in different stages as far as is needed. The plant should not be burdened with more than a couple of centimeters a day. It could take a few days before she's pulled down the whole way.

It doesn't mean the end of the world if by accident the stem breaks when pulling down the plant. I have broken countless stems, especially in the early beginnings. I was able to save these plants by using one of the next two methods. Either cut them off or treat them. It depends on which phase the plant is in. When the plant is in the growing phase no time is wasted. The broken top will just be treated as a cutting.

Things are different when the plant is in the flowering stage. I will then try to save the top by wrapping the damaged spot with sticky tape. Before I use the sticky tape, I will put a piece of hydrophilic gauze on the affected place to prevent the tape from sticking to the stem and to prevent new damage when removing the tape. Sometimes I have to use a stick to support the stem. Treatment is not always possible when the plant is in the flowering stage. After a flowering time of four to five weeks, the break will not heal anymore. The stem or side branch will die off.

After three weeks of developing, the straggler hardly grew at all. I had put him in the front row to keep an eye on him. So it was not a too big surprise when I noticed him. There was only a sporadic female flower to be found. The plant had to go, so I put it in my winter garden. For me this plant was a lucky strike. Lucky in the way that I was able to take clear pictures.

There were hardly more than fifty male flowers to be found in the whole plant and if not more are going to show up we may conclude that we have a female hermaphrodite. However, I don't want to produce seeds, I want flowers.

In the past seven days I have pulled the top down further until it reached the desired level. It looks as though I have to pull all Oasis plants down; they keep on growing and growing. I have to admit that I underestimated this sort with regard to their height.

I'm barely finished with tying down the left side of the plants at the back when the other side starts. I will also have to tie this side down to prevent the top of the plant from growing away from the light. The Oasis has a bloom period of eight to ten weeks and still anything can happen. It could happen that when you tie down the plant, the big leaves might lie on the flower clusters from the lower branches. This is enough reason to remove some of these leaves. I will only remove two to three leaves a day, never more than really needed, to prevent the plant from too much distress. The big leaves are used by the plant for photosynthesis (the conversion of light into chlorophyll).

▲ *After a growing period of 3 weeks.*

After a four-week bloom period I'm very pleased with the Oasis.
The acceleration of growth has passed and now only the flowers are developed.

I had to tie all Oasis plants down except for three.

In the last few weeks again a couple of unpleasant events occurred. One of the three Mexicans had been behaving curiously. When I took a closer look, I realized it was a hermaphrodite. This came as a shock. The probability that pollination had occurred was very high. I discovered several open male flowers. The Mexican had grown so big over the last weeks (it took up the entire back), I was no longer able to get it out in one piece. This plant was also too big for the winter garden. I cut her off and put her in the Pollinator. I will describe the Pollinator later on. It would be a shame (on one hand) if pollination had taken place because it would mean that the plants would no longer produce flowers. They would mainly concentrate on the production of seeds. The only bit of consolation I could find was in the fact that the plant was a female hermaphrodite. She should be able to supply me with female seeds.

If you want the plants to stop flowering so they can concentrate on producing seeds, it is not sufficient if only one or three stigmas are pollinated.

What I thought was very striking was the fact that the flowers were totally different from each other.

Isn't amazing how plants from the same sort can be so different? They have about the same scent but their differences in appearance are very big. How is it possible? Actually with us humans it is the same. A mother will not give birth to two identical children (except for some twins). Nevertheless, the differences are substantial this time.

Only five weeks have gone by and the plants will bloom for another three to five weeks. You can see in the picture at the bottom that only the edges of the highest leaves are pointed upwards. This occurs because there is not enough space between the plants and the lamps. The distance is only 30 centimeters and that is not enough. There is no more space to pull the tops down and I no longer can cut them off.

After six weeks everything still looks green and in control.

After seven weeks the clusters of flowers at the top of the plants have become so heavy that I am forced to tie up some of the stems to prevent them from breaking.

The biggest leaves of the plants are showing the first signs of deficiency: they are turning a bit yellow, a sign for me that it's time to fertilize (with Terra Flores).

I have been looking at my little darlings with a great feeling of content.

A small demonstration of what can happen in a flowering period of seven weeks.

Above you can see the Big Buds which started to show signs of deficiency after four weeks. It all ended after seven weeks with a very small harvest of only 30 to 50 grams in dry weight. For the Big Bud, which usually takes over the whole flowering space of the cultivator, it's a bad result. I would just like to state that the Big Bud is a good species with a high yield. The bad result can only be blamed on the bad soil

Down below the Oasis is in full bloom. They still have another three to four weeks of flowering to go.

They continue to flower and flower. Eight weeks have already passed, but I cannot find one single plant that is ready to harvest.

After nine weeks the first plant is "ready" and the reaping may start. The other plants are not yet ready and will continue to flower for a while.

Every second day the Oasis plants now need about five liters of water with the maximum amount of fertilizer (Terra Flores).

8. Harvesting the seeders

She is ready! And, as usual, the first plant I can harvest stands at the back row. It is a beautiful, big plant with a lot of side branches, almost all of which I had to tie up. This is how I imagined the result of nineteen weeks of sweat and tears would be. No other way.

After ten weeks of growing and nine weeks of flowering the tops are strong and the yield is very high. It will be full moon next week and if it had been possible I would have waited. I will come back to the subject of the moon later. I don't consider it an old wife's tale; observations have confirmed the facts. But I will harvest the plant now.

More than 50% of the stigmas are already brown and the leaves are slowly yellowing. Let's start!

I am pleased. The head of the Bud is about 30 cm and therefore still belongs to the smaller size. This plant did give me more than 130 grams in dry weight, which is satisfactory for a plant cultivated in soil. The plant stood in a 10-liter pot.

The other seven Oasis plants will have to wait.

Things move on a week later. The next four plants are ready for harvesting. Three of these plants have reached a normal height. They are the only ones I did not have to tie down. Nevertheless, they are beautiful plants of about 150 centimeters. It is the same height I remembered the Oasis plants were. The fourth plant ready for harvest does not only stand out because of its height. It also has totally different flowers.

The three left-over plants exceeded everybody's expectations. They are not ready yet and still need a few more weeks. All the leaves are dark green and new clusters of flowers are still coming up. So why should I harvest? Only because the stated ten weeks are over? Of course not! I will wait until they are ready.

branches on the left side belong to the upright tops. They are, as I described them, normal plants with a height of about 130 to 150 centimeters. The branches on the right side belong to the giant top that lies between the branches. This was one of those plants I had to tie down. It was the only Oasis plant with a lot of leaves — at least twice as many as the other plants.

As I have mentioned before, the differences between plants of the same variety can be remarkable. This time the differences are substantial. The only thing they have in common is their scent and their taste. Above: The

It is almost unbelievable. The whole time I was just hoping that the plants would get through the ten-week flowering time. It is a fair amount of time. And now we get this: three plants that want to go on flowering!

After the harvest I took a better look at the tops and I decided that one of them had started to mold. To prevent the mold from covering the total top, or worse, the whole harvest, it was important to act immediately. The top was put aside and all the mold-affected parts ended up on the compost pile. The other not yet affected parts were loosely put into a casket from which I could easily observe them during the drying period. Of course I immediately searched the rest of the harvest but fortunately I did not discover any more.

In the picture below, you can see in the back row what a plant looks like just before the harvest. This makes it difficult to check the flowers for mold during the flowering period. It is easy to imagine how mold can develop this way because the cluster of flowers had many leaves. Added to this was the fact that the plant was positioned at the back row and was therefore probably not getting the benefit of the air circulation. This situation reminded me that big buds like that should be inspected more often.

The humidity level could not be blamed, since it was a constant 50% to 60%. Of course I inspected the other three flowering plants immediately but fortunately I did not discover anything.

I often stand before the plants, hardly believing that new stigmas (the white hairs) have developed while twelve weeks of flowering have already gone by..

Today, 20 July 1997, the moment finally has arrived. I can harvest. After fourteen weeks this is a grand moment. Until now they are the biggest Buds I have ever harvested. This doesn't mean however that I will not try to grow bigger ones in the future.

I just want to mention that I used CO_2 dosage. This result is only possible with a good working system. However, a good dose of luck is also necessary.

Fantastic!
It felt great to use the scissors. The stems were so thick it was not easy to cut them. But where there's a will, there's a way.

This time I am pleased with my harvest. Unfortunately I'm not able to state the average weight of the plants this time. I can however give a precise description of the other plant (the one with the mold), because I used it to brew beer and bake cookies. For two cookies I used 25 grams apiece and for the beer I needed 110 grams. In total a fair 160 grams. Of course I don't know how heavy the big tops are, the ones you can see here above.

The left one weighs an impressive 55 grams, the middle one weighs 35 grams and the two lower branches weigh 50 grams. That is a total of 190 grams (dry weight). The right top weighs 135 grams, but where does the top start? I removed the leaves and the stem and it was still 90 grams (dry weight). I was very surprised because I had only ever seen such a yield in Holland.

The Oasis is an Indica variety with a strong (tiring) narcotic kick, a lovely flavor and a high yield as you can see.

FINALLY: PRAISE SHIVA!

At last everything is back to normal in the cellar. After all, I have been taking pictures for this book for more than a year. In this period one or two things went wrong.
For example, the Big Bud with the bad soil. Or the second attempt with the Big Bud seeds: spinning mites and a short break in my self-support. Sometimes I even considered giving the whole thing up. It caused me a lot of stress to continue. It was only because of the plants,

which gave me the strength that I was able to do so. It was almost as if they wanted to tell me that they wanted to show me something, which they finally did. The intermezzo with the soil was good for me in the end, even though it led to me giving up my job at the Grow Shop. Because I mix my own soil, all my plants are healthy and flowering more than ever. That is why I dare to say, here and now, that I am able to distinguish good soil from bad soil, especially when I have tried it myself. My system has not changed.

Normally the situation in my cellar is like this: There are only cuttings in the flowering room. If I want to try out a new variety, I will start with five or six seeds— usually enough to obtain one or two female plants. It is also a bit easier to watch over six plants compared to twelve. I will strike some cuttings from these plants. All cuttings are in different periods of the flowering phase, for example two weeks, five weeks and eight weeks.

This way you can harvest every two to three weeks. The advantage is that at harvest time you don't suddenly have to process fifteen plants but only three to four. What's more, you don't have to wait that long for the next crop. Only in this way it was, and is, possible for me to provide us (my wife, my father-in-law and myself) with enough for self-use. That's good!

MEXICAN SATIVA!

It concerns one of the Mexican Sativa that I allowed to flower at the same time as the Oasis plants. The Mexican plants are also cultivated from seed and are therefore different. One developed into a hermaphrodite, another had such a poor flowering that it was only useful for the Pollinator. But the third is very beautiful and smells slightly like Skunk. It took thirteen weeks before I could harvest it.

Actually I wanted to describe all the types that I have mentioned but that has proved to be more difficult than I thought.

The Mexican Sativa has a flowering period of about twelve to thirteen weeks and a light sativa kick. The best of the three Mexicans has given me a little bit more than 100 grams in dry weight.

To be able to give useful, accountable statistics on the flowering period and weight, more experiments with at least a hundred plants per test are needed.

9. CUTTINGS

I will describe here how to strike cuttings — the method I like best. After about twenty days I have identified all female plants and it is now time to start cutting the cuttings. I have picked the most beautiful plant to use as a mother plant. Those of you who have ever reaped a plant would know that the lowest branches hardly give any yield — there are no big buds. The plant saves her strength and nutrition for the top part because that is the place where the big clusters of flowers develop. Since the lower, smaller branches take strength and nutrition from the rest of the plant, it is advisable to remove them immediately. This has two advantages: In the first place the highest flower clusters will be able to develop better, and in the second place you can use the lowest branches as cuttings. It is also important that all cuttings are from the same plant, so that they all have the same DNA. Otherwise the cuttings will differ in their ways of growing. Cuttings from the same mother plant will be as identical as twins. If you take different mothers, you will get different results from the cuttings.

1. To ensure that the striking of the cuts is successful we will need to use a sharp knife or preferably scalpel. Under no condition should a pair of scissors be used because they would damage the stalk

2. The bottom two to three centimeters of the stalk is briefly being dipped in water to ensure the growth hormone (*) sticks to it.

3. I have cut seven cuttings from the branch you can see above here. From the mother plant I was able to cut fifty cuttings (only from the lowest branches). I would always advise a beginner to cut the double amount of cuttings than are actually needed.

4. The moist part of the stalk is dipped in the growth hormone. Without this hormone the root development of the plant (the cutting) could be problematic.

5. The leaves are now shortened with a pair of scissors so the small cutting does not have to absorb so much water evaporated by the big leaves.

6. Next the little ones are put into prepared peat pots.

Like this or that?

The first cutting can be cut when the plant has developed the third five-fingered leaf. An important condition when you cut a cutting is that there has to be enough stalk between the leaves. In the end it will be put in the ground at least two to three, but preferably five centimeters. You cut cuttings at such an early stage to determine the gender of the plants as quickly as possible. As soon as the cutting has developed roots, it will be planted in a 15 x 15 x 20 centimeter pot and forced to bloom. If it turns out to be a male, the mother or father plant in question and the cutting will be removed. However, if it develops into a female, she will continue her flowering. You will be able to have a taste beforehand and decide if the seeds are worth the effort. You can save a lot of money with early identification. After all you do not need to repot the male plants and the other plants will obtain more space and light.

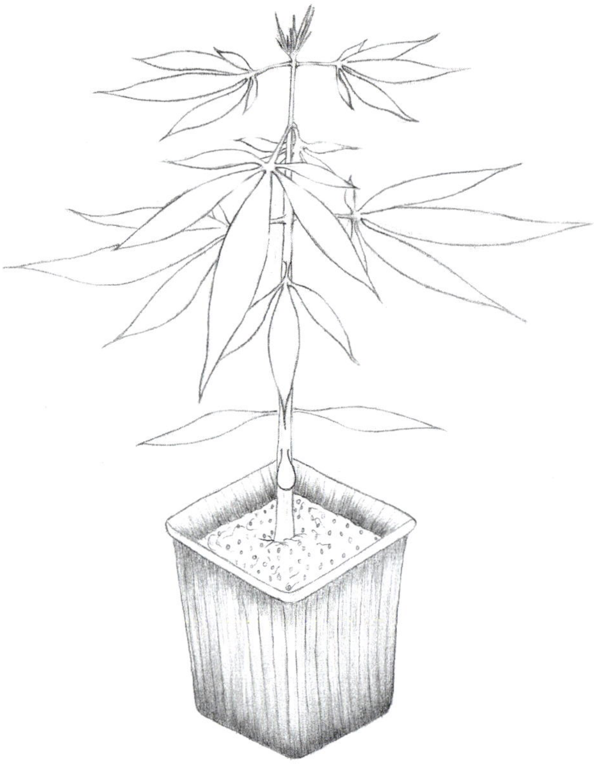

The above-described method is only suitable for people with experience in cutting cuttings. Each plant is only capable of giving one cutting.

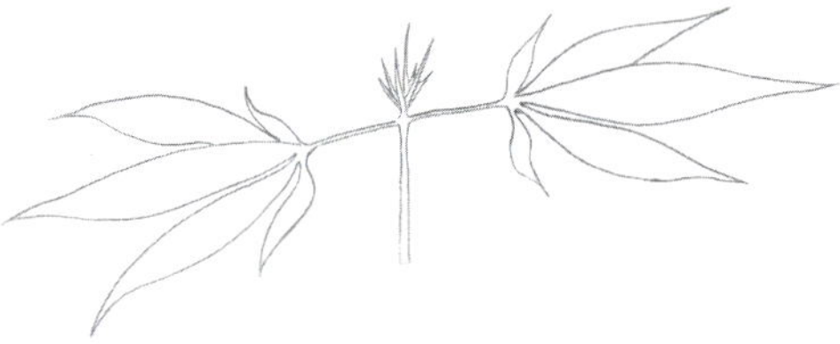

Another method is to use the lowest branches of a four-week-old plant and force them to flower immediately. In the next two to three weeks the gender will be clear and the cuttings will take root. After this we will sort them again; the good ones go in the pot. The bad ones join the compost pile (female, male). This method will take more effort but because of the fact that more cuttings are being cut, it will offer beginners a greater chance of success. The cuttings will go through a normal growing phase and the most beautiful one will become the mother plant for the next generation. After about six to eight months, the old mother plant will be replaced by a fresh, strong cutting because it is very difficult to keep a plant healthy for such a long time and get it through good flowering too. Moreover you will be in the position to smoke the same sort for years to come, without having to buy new seeds. I have also noticed that cuttings usually produce more than their sisters that are cultivated from seeds. A mother plant with a growing period of six months and great flowering has already given me 259 grams of dry weight.

Important details when cutting cuttings!

I need:
1. Rooting hormone
2. A knife or a scalpel
3. A small greenhouse
4. Peat pots 5 x 5 cm
5. A mother plant and soil

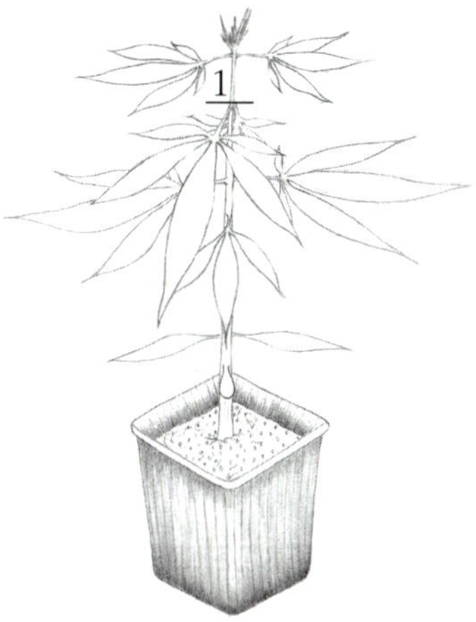

Without the use of a rooting hormone the cuttings don't have much chance. At my first attempt (without rooting hormone) only two of the twenty cuttings survived. They needed three to four weeks to take root. This should normally only take ten to fourteen days. The longer it takes to develop roots, the lower the chance of survival for the cuttings. The freshly cut cuttings need a humidity level of 80% to 85%, a temperature of 25˚C and 18 hours of light a day — the same sort of climate we want for our seeds. The stem of the cutting should not be longer than 10 centimeters. The cutting has to be able to transport water through the stem without the help of roots. The same thing counts for the big leaves. They are being used by the small cuttings for photosynthesis — the conversion of light into new leaves. But they use too much water (the leaf absorbs the water and a part of this evaporates through the leaf's surface). The small piece of stem cannot handle this. Therefore, I cut the big leaves into half with a pair of scissors. I have been cutting my cuttings this way for already three years and my loss amounts only 5% to 10%. I can live with that.

So 5 to 10 seeds are enough to cultivate a variety for years. Until now I have been able to cultivate a variety for more than two years without experiencing a loss in potency. On the contrary, I have the feeling that the flower clusters are becoming increasingly bigger and stronger in potency.

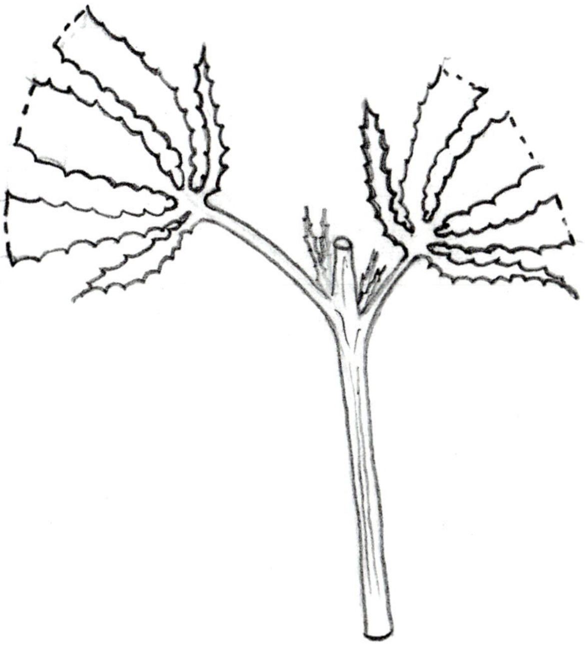

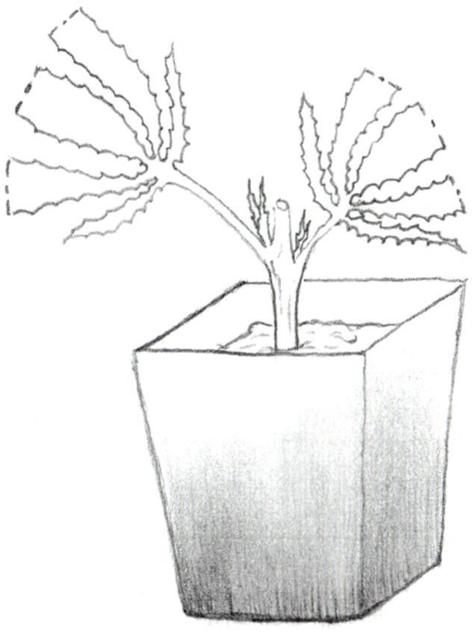

Here it is clearly visible how the roots grow through the pot. It is very important to pay attention to such long roots. They might become damaged when repotting. Now the cuttings are put in 9 x 9 pots in which they will be able to develop nicely for the next three weeks only of course if the soil is good. From now on well-fertilized soil needs to be used. It is also very important to make sure that the humidity level is around 60% to 65%.

Sometimes the roots are not visible and you nevertheless want to repot because the cuttings have been in the small greenhouse for more than fourteen days. Some may not survive. To increase the chance of survival for the cuttings they are immediately put back into the greenhouse after repotting. This way you divide one big shock into two smaller ones that are easier for the cuttings to handle.

Now it is time to say goodbye to the fluorescent light system and to convert to the sodium lamp system. The cuttings went through a seven-week period of growth in which they reached the height of 40 centimeters. You could even say that they are all the same height, something that would never happen with plants cultivated from seeds.

A plant cultivated from seed would have grown 20 to 30 centimeters higher, which is also an advantage. Cuttings have more advantages:

1. They grow more compactly.
2. They develop one third more side branches.
3. They are all female.
4. The inspection for male and female plants can be dropped.

Since there is one third more side branches, a higher yield is possible. So cuttings do have a few advantages you cannot ignore.

In Holland, the whole business in cutting material is very good. Almost every type that is available as seed, you can buy as a cutting. Unfortunately, and I have to mention this, all trade and import of cutting material is PROHIBITED and you will have to start with seeds. However, since February 1, 1998, this also became illegal. What can I say about this, except that they have lost their minds? We all wish that our cuttings could be on sale in special shops. Now we first have to fight to remove the seeds from the stigma of criminality. Our politicians should be more aware of the liberal Dutch drug policies. Even they can no longer deny the results of these policies.

I have repotted the cuttings of the Big Buds into 10-liter pots.

◄◄

◄

Two weeks later, I am very happy that I still have the Big Bud as a cutting.

◄◄

Three weeks after budding and they have completed their growth spurt (which will be repeated when flowering).

◄ *Four weeks and everything is still fine.*

12 Big Bud cuttings (with a healthy green color) after five weeks of flowering.

▼

They have been flowering for seven weeks and they look great, don't you think? The Big Buds are almost ready for the harvest and because they are all cuttings, I can harvest the twelve Big Bud plants at the same time.

Tomorrow it will be a full moon and that is the time when I will harvest. This is how I recognize the Big Bud, a small Indica with a high yield — exactly the way she is presented by the cultivator. It is really my favorite! This is another advantage of cutting cuttings. When you have bad luck, like I did, and you are not successful with the plants you cultivated from expensive seeds, the cuttings can make everything worthwhile again. It is also clearly visible here that the cuttings, which are all of the same age, have reached about the same height — very different from the plants which are cultivated from seeds. I would also like to mention that during those eight weeks the plants that stood in the ten-liter pots filled with my own mixed soil never needed any fertilizer.

B 25.731

B 25.731

B 25.731

10. THE HARVEST OF THE VEGETATIVELY PROPAGATED PLANTS

At this stage there are many methods to choose from as well. For me it is always important to know how much I have left from the previous crop. If everything is finished, which I never hope it is, it is time to quickly harvest and dry. This means that I will cut all the big leaves off the plant and after that all the branches. The big leaves are useless to me

and will end up on the compost pile together with the used soil.

The branches go straight to my wife for further processing. All middle-sized and small leaves are removed with a pair of scissors. These leaves are quite potent and will later be used to make hashish, see page 128 until 131.

This can become a rather sticky mess and we need a good pair of scissors. There are special harvest scissors available. When the scissors are covered in resin so they can no longer open, it does not mean you have to replace them. It is a good habit to clean the scissors after each use with grease or alcohol.

The cleaned flower clusters can now be loosely put in the box and dried in the air. In my living room the humidity level is usually about 40% to 50%, perfect for quick drying. After five to seven days I can start testing. This way none of the good THC will be wasted.

Slowly drying on a line.

Sometimes it happens that my wife is still busy with the previous harvest while actually the next plants should have already been reaped. At that moment I just cut the flowers underneath the stem and hang them upside down on a string. Of course each branch hangs separately and not too close to each other. I have hanged my drying line in the same room where my wife hangs the laundry. With a climate of a humidity level of 50% and a temperature of 18oC, the flowers will need 14 to 21 days to dry. But be careful because under these conditions mould can develop very easily. Therefore, it is necessary to look for mould infection every day and, if that is the case, action will have to be taken immediately. The mould will have to be removed and the rest will be dried. If the harvest is dry and Carola is still busy upstairs, I put everything in a blue bag. These bags will be processed slowly but this situation seldom occurs.

Now a few short comments on the subject of fermentation. I personally do not ferment because the flowers don't really need it.
Every variety has its own characteristics and the best example of this is Skunk No. 1 with its typical skunk smell and taste. These would be lost if you fermented the flowers. And what precisely is fermentation? This is the name of the process when the starch in the leaves is converted into sugar. At the same time enzymes are breaking down the chlorophyll (the green color in leaves).
Anybody who would like to know more should purchase the Encyclopedia of Marihuana Cultivation where I have read the best information on this subject.

11. PROCESS WHEN THEY ARE STILL FRESH

Fresh

The first time I put some crumbled flowers in the box to dry, I was shocked when I saw how little was left. I first asked my wife if she had taken any, which would of course not be a problem but I just wanted to be sure. She, however, thought it would not be fair.

Dry

You really lose about a third of the volume and the weight goes down even more. In practice it involves the loss of 70% to 75% water, which means that from 100 grams, only 25 will be left.

It is without doubt possible to save a good harvest for years without a too big loss of THC.
You only need to take care of a few important points and after that the weed will taste even better than it did on the first day

I The weed must not consist of more than 5% to 10% of moisture (water), otherwise it will go moldy.

II Light (ultraviolet radiation) can cause a large decrease in THC. That is why you should use nontransparent pots for storage.

III Temperature, as well as light, can cause a big decrease in THC. Therefore, it is advised to use storage temperatures of less than 10°C.

IV Air (oxidation) is the most important taste and scent-disturbing factor which has to be closely watched during storage.

The next described method has done me well. I use ordinary one-liter freezing bags with a snap fastener in which you can store up to 100 grams. When filling the bags, it is important to make sure there are no holes in them. Before I close the bags, I try to suck out as much air as possible. The best way to do this is with a straw. I use adhesive tape to prevent the bags from accidentally opening. After this, everything goes into a hole in the ground or into a freezer.

When storing underground (burying) you have to ensure that the selected place always stays dry even if there's heavy rain. These holes have a big advantage over the freezer in that they are almost never discovered if your house is searched. What's more, the space in the freezer is limited but it's free in nature and you can bury a lot.

12. A MOTHER PLANT FLOWERING

A Super Skunk mother plant from the first clone until the flowering room!
When the plant was about seven weeks old, I cut the first cuttings. I cut thirty-six cuttings, which is quite a few but she could handle it. After a few weeks the Super Skunk had already recovered.
From the first cuttings, thirty-three survived and they have taken root well.
As soon as the cuttings from the first cutting have finished flowering, I cut the next cuttings and put them in the small greenhouse.

You can hardly notice the cuts that were made to the mother plant any more. At the bottom right, you can see a mother plant about five months old and you can cut more than a hundred cuttings from it. After the new cuttings have taken root, it is time for the mother plant to start flowering.
From the small Skunks I look for the best cutting and use it as the next mother plant. I have safeguarded the next generation with this. Of course I repotted the big plant before I allowed her to flower.

When the Super Skunk reached the age of five months, I repotted it for the last time. Next it was given three weeks to get used to the new 25-liter pot. After that period I put her in the flowering room and tied down her tops. This plant was so big that she no longer fitted underneath the lamps. I had to put her in front of my fence, which was okay, since the plant had already proved to be reliable.

Three weeks after she has been relocated to a five-liter pot, I can cut cuttings from the new mother plant. This closes the circle and I can work with the new mother plant for a few months. Until the moment she becomes too big etc., etc., etc.

The side branches have moved up again and I've had to tie these down too. But I barely finished tying down one when another had already moved up. This continued for ten days.

After fourteen days the plant started to show the first clusters of flowers. By tying down the branches

I was able to light the plant more evenly. And for those who would like to know what the purpose is of the silver-colored machine next to the Super Skunk, it is a hygro/thermometer with which you can register the temperature and humidity on paper. It is a discarded case from the old DDR supplies.

After four months of flowering, the Super Skunk plants are covered in flowers. The clusters of the plants might not have been as big as when there was only one cluster on the top but instead they have more than twenty smaller clusters.

The flower clusters have developed very well after six weeks.

Eight weeks have passed since I allowed the Super Skunk to flower. I could harvest it now but it will take another week before it will be a full moon, therefore, I'll wait. However, I can start picking the big leaves.

I do not want to spare the plants. On the contrary, now is the time to stress them out a bit. I remove all the big leaves in one turn. Also, I won't water the plants in the last week.

In case you are interested, the Super Skunk is in the flowering room at the same time as the Oasis and the Mexican.

Today after nine weeks, the moment is finally here and I will harvest the plant. The mother plant did not only produce a large amount of cuttings but she also flowered very well even though she was standing in the shadow. The harvest consists specifically of 149 grams of dry weight. With this pot size there was no need to fertilize during the whole flowering period.

(Mother plant well, all's well)

Solutions to problems.

The light:

To produce good flowering, the plants will need a lamp of at least 400 watts or preferable 600 watts. Plants need the light for photosynthesis. If there is not enough light, for example because the plants block out each other's light, the flower clusters will be smaller than expected. You always have to keep in mind that you have to find an alternative to the sun.

Temperature and humidity:

Since plants breathe through their leaves, a constant temperature and humidity are of crucial importance! If the level of humidity is too low, the plants will have to use the biggest part of their energy to supply their leaves with water. This energy can no longer be used to improve the flowering. If the level of humidity is too high, more than 80%, you also have to be careful because mould might develop. The temperature has to be between 20°C and 25°C but the plants will also grow at a temperature of 15°C or even 40°C. We may assume that every deviation from the stated ideal will lead to an extra usage of energy, and I would rather see that energy being used for flowering.

pH factor and water:

Water and the pH factor are more important than most people realize. Through the acid level of the water and the soil, plants are able to absorb the needed nutrition (sodium, phosphorous, potassium).

A plant can absorb nutrition most easily at a pH factor of 6.5.
Of course the same thing counts here again – plants can survive extreme situations, for example a pH factor of five or eight, but this will have a negative influence.
Whatever pH factor you choose, it is important to keep it constant. A while ago I bought myself a new pH meter. At first, I used litmus paper but this is very inaccurate and doesn't provide complete information.

Air circulation:

Good air circulation is important in every phase (growing and flowering). In the growing phase it's important in regard to the training of the stems, and in the flowering phase to prevent mould from developing.

11. DEFICIENCY AND SHRIVELING OF THE LEAVES

Now it is getting difficult. There are signs of a deficiency, but which one?

When I began to cultivate, I always thought that the red discoloration of the stalk proved that the plant was of a good variety. It took a long time before I realized that it indicates a very common sign of deficiency. The difficulty is in finding out which deficiency the plant suffers from. A proper soil examination can only take place in a pedology laboratory. The test packs that are available on the market only give a limited result and are, according to my experience, unnecessary for cultivation in soil. Because a pH meter is expensive, we will have to check the pH factor with litmus paper. I don't think litmus paper is really accurate, but at least it gives an indication of the factor. A good pH factor would be between 6.5 and 7 (neutral). I could never be bothered by the EC-factor. This factor shows how many salts are available, but it doesn't state which salts. During the years I have learned to understand the plants' signals and I can see how well or how badly they are doing by their appearance. There are certain marks that point to a particular deficiency. Often it concerns a shortage of different trace elements. I thought for a long time about what I should write on this subject but I have decided not to describe the precise defined deficiencies of the displayed leaves. Those who would like to be 100% certain of what is wrong with the plants will have to order a soil examination. The first sign of a deficiency disease is when the leaves lose their shine. The climate needs to be first checked to exclude the possibility that metabolism problems have developed because of air that is too hot or a humidity level that is too low. In the end the pH factor of the soil and the water will have to be tested and to be regularly checked. After this has been completed, the first fertilizer can be given.

I made it a rule never to give the indicated maximum amount of fertilizer. It is easier to increase the dose than to remove the excess fertilizer. The early recognition of problems is very important when you want to be able to limit the damage as much as possible.

I would just like to tell you about an experience that I had a few years ago. I went to different Grow Shops with a sick leaf to find out what could be wrong. It is almost unbelievable how many different tips I got and in each and every shop they talked about trace elements. One shop thought there was a lack of phosphorus, another thought it was magnesium. This way I received different opinions from everyone, but they agreed on one thing: it was a sign of deficiency.

Here I would like to show the signs of deficiency I have encountered most.

I have seen it before, shrunken leaves on the plant tops. Unfortunately I have never been able to discover why it happens. I did notice, however, that it only happens to cuttings that I have just cut a few cuttings from.

This plant is of the Top 44 variety. Unfortunately it is a male plant and is hardly worth mentioning. This little guy has a rare type of coalescence on the lower part of its stem. I am not able to say which type. I noticed the coalescence in the first few weeks after sprouting. Nevertheless, the plant developed just as well as all the other plants.

Over-fertilized: what to do?

Fertilizing plants is, or so I thought in my younger years as a cultivator, very easy. Ha! Ha! I'd hardly begun when I succeeded in over-fertilizing the plants even though I used the indicated amounts precisely. The mistake I made then was to give the plants water with fertilizer every watering time and that was just too much. Leaf shriveling developed or too high an osmotic level. This signifies that too many salts have gathered around the roots of the plants and they obstruct the plant's water gathering. In plain English: the plant dies of thirst in spite of the moist soil.

With regard to fertilizing, it is easier to increase the dose of fertilizer with every watering period than to get rid off accumulated salt in the soil. I stick to this rule when fertilizing, add 10% more water than is suggested. When in spite of all precautions over-fertilization still occurs, it does not have to mean that everything is lost. It is still possible to rinse the salt out of the pot. The best way to do this is to take 10 liters of water and run it through the pot. The bathtub has served me quite well in these types of situations.

It is easy to see in the pictures that the leaves of an over-fertilized plant dry out and roll up. If you put a leaf in your hand, it crumbles. There are many different types of fertilizer that are meant for the use of hemp cultivation and I have had reasonable results with the ones that are suitable for cultivation in soil (+ Terra Flores). If you use a fertilizer that is composed for plants with low levels of sodium, potassium and phosphorus you will have to fertilize so much that over-salting is hard to avoid.

14. FINGER LEAVES

A while ago somebody asked me the meaning of the one-finger-leaf and if this phenomenon indicated anything about the potency of the plant. The answer is no. The first one-finger leaves develop shortly after the sprouting. Let me summarize — first the seed leaves will grow, then the one-, three-, five-, seven-, nine-, and sometimes even eleven- and thirteen-finger leaves.

three-finger and then one-finger leaves. When the plant has reached the one-finger leaf stage, the phenomenon turns around and the plants will go back to developing three-, five-, and seven-finger leaves. It sometimes happens that a mother plant, as a reaction to the continuous cutting of cuttings, is no longer able to develop normal leaves.

Every Cannabis variety is able to develop a different number of finger leaves. I have also determined that plants which are severely clipped develop less strongly afterwards. When I strike a cutting from a plant, it happens that the mother plant as well as the cutting subsequently develop not five-finger but

The cutting that has been cut from this plant is able to develop and grow five- and seven-finger leaves without any problems. On the left side stands a Sweet African. I have cut cuttings from this mother plant before. Almost all leaves in the top picture are from her. However, the two nine-finger leaves come from a plant cultivated from seed.

Here I have two plants that are both about four weeks old. I have cultivated them from seed and they have grown under the same conditions. Why all these differences? I don't know. They had already started when the seeds were sprouting; half of all seeds had problems and developed into plants like the one on the left side. The others developed normally.

When I allowed the plants to flower, I encountered another surprise. All normally developed plants were male, the plants with the coalescence were 1/3 female and the rest were hermaphrodite.

15. PESTICIDES OR BIOLOGICAL HERBICIDES?

Creeping and flying sub-leasers -- what to do?

First I want to tell you a little story. In my early attempts to cultivate hemp, I once read in a book that sand was good for the drainage in the pot. So I walked into my garden where I filled a 10-liter bucket with sand, thinking that I was doing something good for the flowers.

But I was doing the opposite. With the 10 liters of sand, I brought a whole assortment of harmful insects into the basement. It is incredible how much damage these small insects can do in only a few weeks. Fortunately I was only experimenting with fibre hemp, otherwise I would have had to be prepared to face a high loss in revenue. The weed also has a funny taste if dead spider mites and other insects are in it when it's smoked. Unfortunately it is not always possible to prevent an attack. A stupid coincidence can be the cause. However, mistakes like the 10-liter bucket can be avoided. A second mistake that is often made concerns plants that are put outside and then taken back into the cultivation room. Plants that stand outside are always infected by one or more varieties of insects. When these plants are put back inside, the infection increases at an explosive rate and will affect at all the other plants very quickly. A way of prevention is the use of mosquito gauze. It is even better to use insect screens, which is also used on windows and doors. I also use it to sift the hashish. And now the important question, what do you do when the little pests (insects) have already infested the plants? In this situation there are two options -- you either spray or bring in natural enemies. The biological enemies should under no circumstances be used as a preventive because they are sent away with only a small amount of food. I do it like this: in the growing phase I use chemical insecticides and in the flowering room I put biological fighters. There are many different insecticides that can be used and I only use those that spare the biological fighter. I achieved good results with insecticides that were based on rapeseed oil. However, the most important thing is to identify the insect.

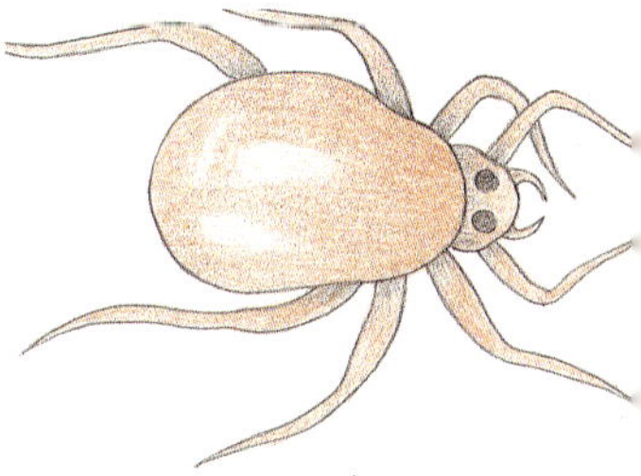

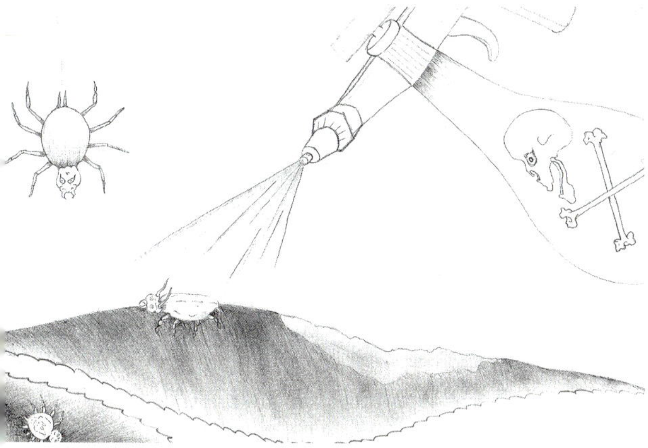

Here you can see countless numbers of spider mites spinning and sucking.

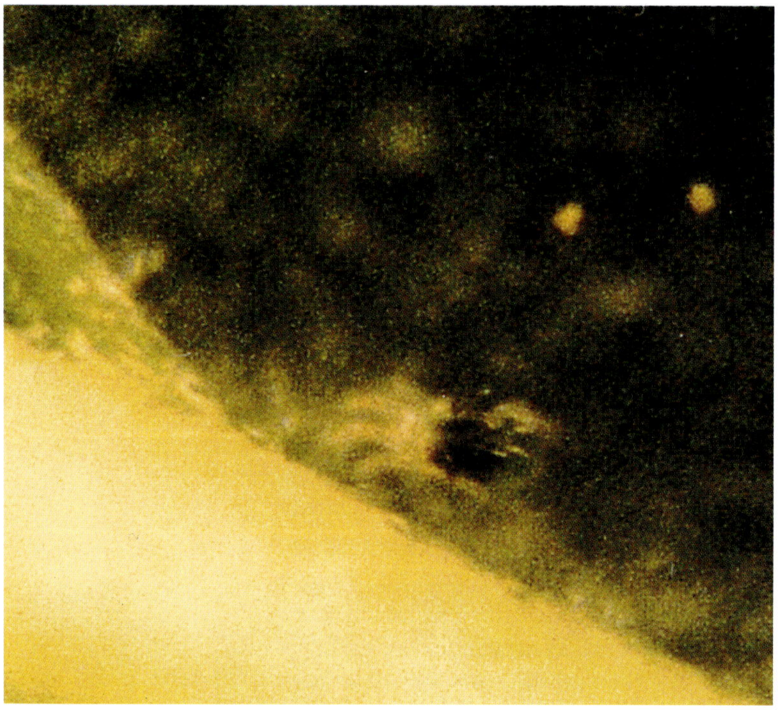

The insects which are found most are:

a) spider mites (Tetranycbidae -- actually not insects but spiders)
b) plant lice - aphids (Apdidina)
c) thrips (Thripidae)
d) moss flies (Sciara and Lycoria types) and if things are really bad:
e) the whitefly

In regard to a) there are two varieties, the common spider mite and the fruit spider mite. They cannot be identified with the naked eye. The damage they can both cause is also the same. It is only possible to see which insect it is by using a magnifying glass or a microscope. A fully-grown mother only reaches the size of 0.5 millimeters and can lay about a hundred eggs in her entire life. The spider mites live underneath leaves where they also deposit their eggs. Small white spots on the leaves are the first visible signs of the spider mites' presence. Those are the places where the spider mites drink. If the humidity level is too low, they will begin spinning their webs and these are usually found in the leaf axils. The spider mites' webs can easily be seen with the naked eye. If we do not stop the spider mites, they will cocoon the whole plant and that will cause it to die.

Suitable natural enemies against spider mites are spiders, predatory mites, predatory bugs, ichneumon flies, lacewing flies, gall midge, ladybirds and predatory bugs. Nature has a lot to offer.

In regard to b) there are about eight hundred different types of plant lice or aphids (Apdidina) and they can multiply as fast as the spider mites. The distinction between them is that plant lice do not lay eggs in a summer climate but they produce one young every day (virgin birth). They prefer to live on the stem or the leaves of the plant. It is relatively easy to see them with the naked eye. Natural enemies are ladybirds and their larvae, lacewing flies and their larvae, larvae of the ichneumon fly (parasitic wasp), predatory bugs, glow worms and earwigs.

In regard to c) thrips (Thripidae) the full-grown insects have a length of two to three millimeters and with their two pairs of wings they are able to cover the whole cultivation. They are hardly noticeable and can be found on or below the leaves. Their natural enemies are lacewing flies, spiders, ladybirds and predatory mite.

In regard to d) the moss fly (Sciara and Lycoria variety) can become as big as three or four millimeters. This small mosquito lays piles of eggs in the moist soil. The larvae that come out of the eggs feed on the young roots. In the sprouting stage and the first days of the growing stage, these little bugs can cause a lot of damage. They are a nuisance around big plants but easy to combat. You only have to hang up some yellow plates. With these, the adult mosquitoes and any other flying insects can be caught. Their natural enemies are little eels and spiders.

Regarding the e) The whitefly (Aleurodina or Trialeurodes vaporariorum). It is a rather stubborn opponent that is easy to recognize because of its white color.

The adult fly can reach the total length of five millimeters and has two pairs of wings. The female is able to lay two to three eggs a day and place them on the lower side of a leaf. The larvae that come out of the eggs will feed on the juice of the leaf.

Biological adversaries are spiders and the ichneumon fly

This is how things would look like if you gave the spider mites a free hand.

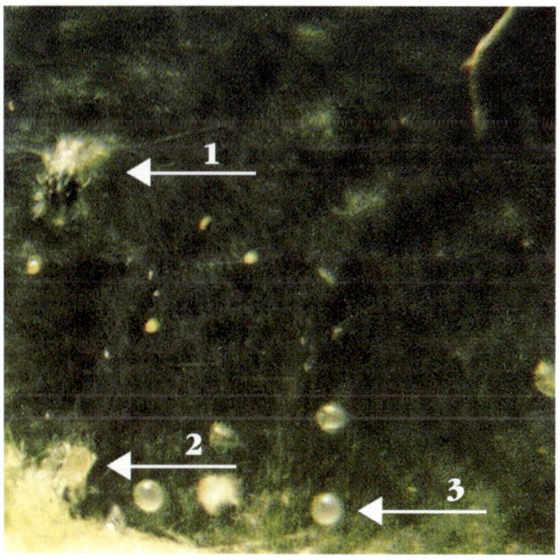

1 a young female spider mite

2 a just hatched spider mite (still translucent)

3 a spider mite egg

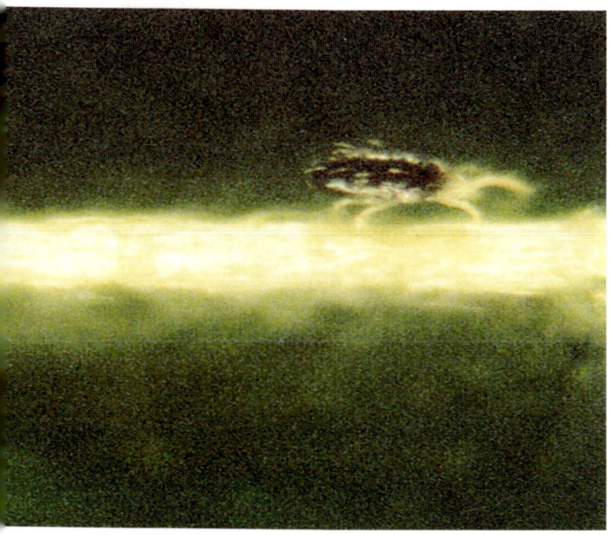

an adult spider mite

Regarding the biological enemies, I have to state that they will not exterminate all harmful insects, otherwise they would destroy their own means of living.

Biological fighters (of any variety) will multiply faster as the food supply increases. In this way, harmful insects are prevented from multiplying explosively.

I would never use biological opponents as a form of prevention in my system. They are always sent away with a small food supply. Therefore, each package does not only consist of biological opponents but also of some harmful insects.

This is how a leaf looks like after spider mites have attacked it. The white dots are the places where they sucked the juice out of the leaf.

You can see them underneath the leaf but it is not possible to see which variety. Is it the spider mite, the predatory mite or maybe both? I'll only find out if I use a magnifying glass or microscope.

Fungus or parasites?

Some fungi are recognizable by the mealy, white spots that they leave behind on the leaves. I do not recognize this one -- it could be real blight or another related parasite.
Parasites can be divided into two groups. The first group attacks the plant from the soil and forces itself inside through the roots. They are called vessel parasites and cause stem rot. The second group is called tissue parasites because they attack the plant from the outside. (For example the leaves, stems and flowers.)

When I was taking pictures of the spider mites, I discovered that some cuttings were infected by fungus. Fungi are spread by spores that are not visible with the naked eye but which can do a lot of damage in a short time.

As a preventive measure you can use the decoction of the Horsetail plant or spray with onion or garlic tea.

As soon as an attack has occurred, all affected parts have to be removed to safeguard the chance of any success.

After that the plants will be sprayed with a copper base liquid.

This is a Silver Bud that has been flowering for seven weeks. During the last three weeks she was starving and I had to add fertilizer more than once. Usually the Silver Bud has a flowering period of nine to ten weeks. The discoloration of the leaves is very interesting. The normal color was dark green but suddenly the big leaves faded to red. The red color was very intense and it spread as far as the small sepals. Next the leaves became yellow, then quickly shriveled up and fell off. It was one of the plants growing in the last bit of commercially bought soil. The plant had to pay with two to three weeks of flowering; otherwise I would have been able to harvest at least 40 to 50% more.
And again I was not able to discover what was the cause of the problem.

This is a Silver Bud mother plant that grew to a height of 165 centimeters. I had no space in the flowering room and the growing area was full, too. I would have had to clip her down by about 50% if I had wanted to keep her in the basement. However, I decided to put the plant in the winter garden -- coincidentally it had just become winter -- and use her as a Christmas tree.

The lights will, however, not hang inside the tree but above it. She also had an advantage over a real Christmas tree -- I was able to harvest 200 grams from her. And no tree had to die. In the end, this plant reached a height of 220 centimeters.

It was the winter of 1994, and there had been some snow. I had heated the winter garden with a gas heater that produced CO_2. That must have had something to do with the size of the plant.

16. SEEDS AND HOW I CULTIVATE THEM FOR MY PERSONAL USE

The first seeds I produced were Silver Bud seeds and they were the result of an accidental pollination. It created an excellent variety that I have cultivated many times since.

Hemp (Cannabis) is a hermaphroditic plant, so just like people there are males and females. An exception is the hermaphrodite plant, which I will discuss later. They are just the same as us -- they need a male with his pollen (like sperm from the man) and the female flower with the egg cell. In nature it happens in the following manner. The males will start to flower two to four weeks earlier than the females and tend to become taller. In the time period when the male plants develop their flowers, the female plants have also started to develop countless flowers. The wind takes care of the pollination (fertilization of the egg cell). The easiest way to cultivate seed is not to remove the male plants. You will, however, end up with a cultivation area filled with seeds. By making use of different male plants, there are many different genes available.

The sort that is produced this way will give very different results and cannot be stable.
To prevent an uncontrollable pollination of all plants, I have built a small room in the flower area. I have tried to make the newly created room airtight and provided it with its own aerate and air ventilation system. The lighting is a 600-watt sodium vapor lamp. Of course we need to recreate a perfect climate.

I work in the following way: Every plant cultivated from seeds is forced to flower, the discovered males are removed and only the best are put with the females. The plant stops flowering and with the help of the ventilator it pollinates the female plants. This method gives me the advantage that from the selected male plant not a countless amount of genes will be inherited. Of course this is not enough. There is simply a too big diversity to be inherited from the genes, even if only two plants are being used. Which brings me to the next question: what is a stable variety?

Until now all the varieties I have cultivated showed differences between the plants such as with the Oasis plants and the Big Bud. The only thing they had in common was the taste and the kick. There were large differences as regards their growing characteristics, height and the flowering time.
Stability in all known qualities seems to be a relative notion and the only way I know of achieving it is by cutting cuttings. To obtain these cuttings we have to start with seeds. Only one male plant and a few female plants of different varieties are in the small room that I use for pollination.

(*) Note: Dioecious means that a plant has either male or female flowers. Hermaphrodites are those plants that the writer calls 'Zwitter' and these are plants which have male and female flowers within one plant.

This way I obtain a new cross breed from every female plant. Using this method (one male and one female) I am able to produce 5,000 seeds per plant. It depends of course on the size of the plant but even a small plant only a few weeks old can easily produce more than a hundred seeds.
Unwanted pollination can also lead to some very good variety of seeds, for example, the Silver Bud. So I try to test all cross breeding, wanted or unwanted (not an easy mission). At least my seed bank has about thirty personal crossbreeds, and it looks like the number will increase. In addition, there are all those beautiful new varieties offered by Dutch seed cultivators.

Female seeds?

First I could not believe it myself. I thought it was a trick to make me buy some seeds. The first female seeds I came across were bought by an acquaintance of mine. They were five Skunk Passion seeds for 50DM from which five female plants developed. This was the motive for me to try it myself, so I bought ten female Skunk Passion seeds. They developed into nine females and one hermaphrodite (a plant with the organs of both sexes). Now I was convinced and I wanted to know how I could cultivate them. To keep it simple, I will not talk about XX, XY or XYY chromosomes because this is too confusing. It is easier to describe the plants that are suitable for the cultivation of female seeds. First it needs to be said that a hermaphrodite plant (a plant with the organs of both sexes) is needed, but not just any hermaphrodite plant will do.

I separate the hermaphrodites into three groups. In the first group are the plants that have more male than female flowers. These I call male hermaphrodites and they are unfit for use. The next group consists of plants that have an equal amount of male and female flowers. I call them 50% hermaphrodites and they are also unfit for use. Now we get to the ones with which I have had good results. They have not more than five or 10% male flowers and are not easy to find.

Having made several attempts, I can say with a clear conscience that it is possible to cultivate female seeds.
It so happened that a hermaphrodite plant, in spite of the pollination, did not produce any seeds. I suspect that the hermaphrodite plant was not able to reproduce -- it might have been sterile.
Often, it is with these 'hard to find' hermaphrodites that unwanted pollination occurs. This has lead to the cultivation of some good varieties. However, it is most important to use a suitable hermaphrodite plant, otherwise the produced seeds will develop in an irregular mixture of male, female and hermaphroditic plants.

(*) Note of the translator: in fact all the pollen from one plant possess different qualities. It would be a rare coincidence if you were able to find two identical pollen microspores. The same thing counts for the egg cells of the female plant. Even if you used only one male plant and one female plant you would still get countless of different crossbreeds. The offspring would all be different from each other. However, if you crossbred the offspring, which is inbreeding, the differences in every next generation of offspring would become smaller.
When the author talks about a "sort", he actually means variety.

One of my mother plants, this time it is an Oasis. In the first picture you can see what she looked like after I cut some cuttings from her.

After only a few weeks she had already recovered. After about three or four months she became so big that I could no longer keep her in the flowering room. She couldn't get enough space under the light and like all big mother plants she was standing in the way. You could regularly cut a lot of cuttings from a mother plant so that she would be small enough to stay in the growing room for more than twelve months. I think it is fantastic to see how well hemp plants can develop themselves in an artificial environment.

These pictures were taken in '95. Since that time I have changed one or two things in my system. I have no idea how many of these Oasis plants I have harvested. One can only guess.

Marcotting?

I read about this multiple technique in a book (Marihuana-Anbau in der Wohnung, Marihuana Cultivation Indoors). It sounded so great I had to try it. I began by selecting a cutting that had a strong stem and a height of about 70 cm. I removed the big leaves and side-branches in the middle of the plant so that I had an area of about 10 centimeters to work with. From this cleared spot I scraped a bit of green skin from the stem. I have had better results this way than with the V-shaped notch that was described in the book. Such a cut takes away too much of the plant's stability. At my first attempts, the tops broke off. From that I got the idea of trying it with less damage to the stem. After I finish clearing and scraping the stem, I use a small brush to add a little growth hormone to the spot. This is the same hormone that I use on the cuttings.

To ensure the growth hormone stays there, I moisten the spot beforehand. Next I need a five-centimeter piece of wire gauze which I moisten first and then use it as a bandage. I wrap it around the damaged spot and attach it with a piece of thread. To protect the bandage from drying out, it should always stay moist. Now I put a piece of nontransparent foil around the spot. The foil has been put around like a small bag, so at every morning shower I am able to spray some water on the bandage. After three or four weeks I could see the roots growing through the bandage. This is the moment when you should prepare everything for the repotting. Next I cut the stem below the spot where the roots are growing through the bandage. Again we have to be careful not to damage the young roots when cutting or repotting.

This marcotted cutting needed another two to three weeks to adjust to the pot. Altogether, it took seven to eight weeks before the plant was able to grow normally. It worked! But what is the use of all this work when the end result is only one cutting? If I had cut cuttings the normal way from the 35-centimeter top, I would have had thirty or forty cuttings. Nevertheless, it is always interesting to try new techniques and to conclude that there are many different ways of doing things.

I have also tried to marcot on ornamental plants in the winter garden. I succeeded in multiplying some ornamental plants this way. However, I derive more pleasure when I apply it to hemp.

Since I had such good results with the rooting hormone, I thought it would be interesting to see what would happen if it was used as a supplement on a well-grown cutting. It is hard to believe but the result can be seen on the left. They don't call it a rooting hormone for nothing!!! It acts as an injection of anabolic steroids, the same way it is does for bodybuilders.

The comparison is justified since I have only seen such coalescence with these experiments. The experiment itself is easy to describe. I cut a little notch at the bottom of the stem and put a bit of the growth hormone in it. After that I closed the wound with a bit of adhesive tape. I removed the tape after ten days — enough time for the plant to heal the wound. The difference between this and the non-treated plants of the same variety was quite remarkable.

It's amazing how easy it is to produce a few grams of hash for your own use. There are even video's available (among other things published by Sensi Seed) about this subject, and techniques have been developed to get the pollen from the flowers with the help of a machine. For example the hash sieve, the pollinator, or the small version, the 'Skuffbuzzer', for example, has many points in common with a washing machine, and is designed to fit into a fridge. These appliances cost somewhere between DM350 and DM1000 and are suitable for sieving large quantities of foliage (small, potent leaves) which you can later compost without feeling bad. The first time I saw the pollinator I was completely taken with it. This happened in 1995 when I visited the Cannabis Cup in Amsterdam with my family. I always collect enough foliage to fill the pollinator so minimizing its use and cutting down on expenses. This happens roughly every six months.

The pollinator functions as follows: a sieve is stretched around the pollinator's cylinder and the cylinder rotates slowly (unlike a washing machine) which is why the leaves keep falling onto the sieve. The small resin glands on the leaves become loose and fall through the sieve. In this way I can relatively quickly take a few grams of resin dust from leaves that I would have otherwise thrown away. Although I don't smoke hash these days (I prefer weed) I sometimes use the resin dust in the kitchen for preparing different dishes. Just for fun I sometimes make a piece of hash for myself. I will describe this process in more detail here-

after. There is, however, a small problem with the pollinator. The producer says that you get the best result at 0°C, but where can you find these temperatures outside the fridge? So I do it in a different way. I operate the machine just at room temperature and always seem to achieve good results. The top cylinder holds 300 grams of leaves and of course I take out all the stems and stalks. After 20 minutes I collect the first 5 grams of resin dust. I call this the first sieve-action. Then without changing the contents of the cylinder I start the second sieve-action.

After that I let the pollinator run for about 60 minutes. The pollen (about 8 grams) produced by the second sieve-action is clearly darker than that of the first sieve-action. Finally, in order to extract everything from the leaves, I make use of what I call the 'violent sieve-action' and I let the machine run for 120 minutes. After such a long cycle I assume that almost everything has been extracted from the leaves. The last sieve-action still produces 7 grams of useable resin dust. The 300 grams of leaves I would have otherwise thrown away produced about 20 grams of resin dust. I dread to think how many kilos have been lost in this way!

The video I mentioned before shows how to extract the pollen without buying an expensive machine. You only need a sieve of 30 cm x 30 cm (gauze from a screen print) with holes of 0.012 mm and some wood. Using this wood I construct a frame over which I stretch the gauze. (I have tried this method with the small flowers from the lower branches, but not with the leaves because I use the pollinator for them.) As usual I first remove all the stems and crumble all the material that was left behind.

While crumbling, numerous resin glands stick to your fingers. When you brush your fingers over a plate, the small black crumbs will fall off. These crumbs, when kneaded, are the first hand-kneaded hash (black). I place the crumbled flowers on the gauze and then cover them with a piece of foil.

I pin down the foil with tacks. The foil should be strong and must not tear. Now everything can begin. With a big spoon (ladle) I tap on the foil for about 5 minutes. Then I sweep away the first dust (first sieve-action). In this way you can also perform a second and a third sieve-action. I know a grower who sieves all his leaves in this way.

The different sieve resins can also be pressed without difficulty. The first, with a little force and some hot tea or water, can be easily pressed by hand. On the following pages I will expand on this. For the second and third sieve-action I have to use other techniques. Firstly, I put the dust in a little cellophane bag, but once I also used the plastic from a cigarette pack. Of course, real cornets are better as they are stable and do not burst easily. After putting the dust in the cornet, I close it firmly using adhesive tape. It's important not to leave air in the cornet, due to the fact that even strong cornets can easily burst. Following this, the whole cornet is wrapped in newspaper, which is then moistened with water. In this way you get a package which can be heated slowly. I use an iron for this, but you can also use an oven or a pan. When it's warm, the hash can be easily pressed and for this I use a specially developed hash press which has a compression of about 5 tons.

But there is also another way. I place the packet between two small planks, put them under a board which I start jumping on. After the pressing, I put the packet in the fridge for ten minutes and it's done.

(picture) Here you can see me filling the little bag with 50 grams of dust from the second sieve-action.

If the piece of hash has an overall dark color, it's ready. If you still see light-colored spots on the pressed piece, you have to repeat the process of warming and pressing.
It's important to cool the piece down before you unwrap it, otherwise it will easily break.

Handwork

This method for making balls of hash is only possible with the dust from the first sieve-action. For this I use the dust gathered from the small flowers. Use only the best stuff, otherwise all the trouble will be for nothing. I only need some warm water or tea, and the process can start. First I slightly moisten the palms

of my hands. Then I take some of the dust, but not all of it at once, otherwise the kneading becomes difficult. I asked an experienced

friend for help and he showed me how the easiest way to knead the balls of hash. It took 5 minutes, during which he pushed down on the ball, kneaded it and pushed again until the resin dust stuck together more and more. The result was a small ball on which he placed some more dust. Then he started kneading and pushing, pushing and kneading again. After 10 minutes of hard manual work we saw the first intermediate result.

But let's first take a break now to have a puff of the joint.

In the second round he started moistening the palms of his hands. And everything started over again ... the kneading, pushing, kneading, pressing and rubbing the dust between the palms of the hand. This took about 5 minutes and then the work was done. You need the water and the tea for moistness so you will get a more creamy consistency. Too much moisture, however, is not good because it can cause fungus after long storage, and also the hash doesn't burn as well. In our case everything was fine. After I warmed up the small ball, I noticed the very pleasant aroma of hash. When I crumbled it, it fell apart smoothly and I got really wasted! By the way, the small ball weighed about 4 grams.

18. HASH OIL AND HOW I PRODUCE IT

One of my favorite pastimes is experimenting. Unfortunately I don't have much spare time, so I can seldom do it. It all started again with the 'Hemp Handbook' (first edition). On the last page they explain how to produce hash oil. At that time I didn't own a pollinator and I didn't want to smoke the good leaves or throw them away. And I couldn't use them for cooking. Then I thought: Let's make oil. My first attempt was in 1991. I went to the chemist and purchased 1 liter of isopropyl alcohol. I then put the leaves in a preserving jar and covered them with the alcohol. I left the jar for one day in order to let the alcohol wash the resin from the leaves, occasionally stirring it.

After the whole mix had been sitting for 24 hours, I poured it through a sieve to remove the leaves. After this I put this mix in a pan and heated it up on the oven to evaporate the alcohol. The whole house smelled like a whisky distillery. At that time, the danger of an explosion didn't even cross my mind. Fortunately there was no accident — probably due to the effective functioning of the ventilation system. So, it's not advisable to use this method. As well as being dangerous, it's expensive because the solvent cannot be saved and must be bought new every time. Also, the fumes are dangerous to your health. The worse thing that can happen is an explosion. Because of the lack of space and because my wife got really nervous from all this experimenting in the kitchen, I moved to the cellar. In the cellar is a small washing room with our washing machine. To expand on my experiments I had gradually purchased laboratory equipment and a new solvent, ethanol (benzine).

Using this new equipment I started a new experiment. Why not? The year was 1994. Firstly, I boiled down the leaves, this time in an Erlenmeyer retort standing in an oil-bath. The pan with oil was standing on a butane gas canister that I connected to a five-liter gas cylinder. The boiling down went smoothly and after about 22 hours I started distilling the solvent. For this I used a two-liter bottle, an oil solution and a one-liter bottle to catch the reclaimed solvent. However, I didn't notice the fumes that were being released! Because the washing room is quite small, I sat on a chair in front of the door to watch the distillation process. But the fumes made me

fall asleep. I can still remember how I was woken up by an enormous bang and found that everything was on fire! Flames were everywhere; the room was burning.

I hadn't anticipated this! My first impulse was to get out of there as quickly as possible. The moment I had gone outside, I realized the gas cylinder was still in the burning lab. So, I raced back inside to get the gas cylinder and burner which it was connected to, and then quickly dashed back outside to get fresh air. The pan with oil had fallen over and, of course, the oil had started to burn.

I went inside five or six times until I managed to extinguish the fire with a blanket. It was only pure luck that a catastrophe didn't occur! The walls and the floor of the washing room (now also my lab) were covered with tiles. There was no fur niture, only the washing machine. I wondered why this enormous bang and the huge amount of smoke didn't prompt any of the neighbors to call the fire brigade. The whole neighborhood stank of burning polystyrene foam. Had the fire brigade come, I would have had to give up my experiments and the cultivation of medicinal plants, as the police would have discovered everything.

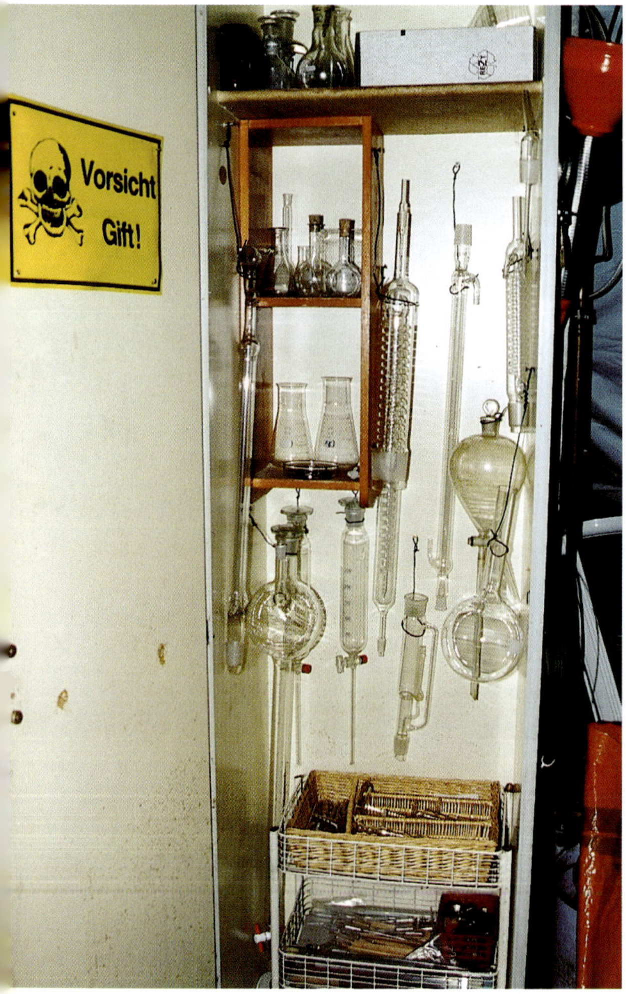

So, the first rules are these: if there is an open fire or there are combustible solvents during the experiment, make sure there is also a fire extinguisher, don't smoke and never let the installation run without supervision.

It's impossible to give all the existing extraction possibilities. Therefore, I shall only tell you the ones I use. Over the past years I have bought all the necessary equipment, enabling me to work in a professional way. These consist of a heater (so you don't have to use an not what I need at the time but useful things that always come in handy later on. Appliances, such as a soxlet, I bought them from a glassblower who produced them to my specifications. By a happy coincidence I also met an old acquaintance, a chemist, who could also keep a secret! He supervised me on some experiments and showed me some tricks. He taught me the use of a heater — it's important not to use an open fire when you are working with combustible solvents. And he taught me how easy it is to distil with a jet water pump under pressure. On 10/08/1997, for the first time I took 100 grams of buds (Hawaiian Indica) for testing. I would like to explain to you how clean resin oil should look. The oil you usually buy on the black market is black, smells strong, and when you rub it between your fingers it leaves a green smudge. This oil usually contains 30 to 40% of unusable substances, for example chlorophyll, starch and all the rest which have not been extracted by the solvent. After a short hesitation, my curiosity overcame me. I removed all the big leaves and stems, I took 100 grams of the finest (delicate) small flowers and I crumbled them to powder. Then I filled the container of the soxlet with the crumbled flowers, turned on the heater and waited to see what would happen. This experiment was new to me and I really enjoyed watching how the solvent dripped into the container.

To clarify this process I will briefly describe the experiment. The container is made from special filter paper and functions exactly as a coffee-filter. Firstly, you put a liter of the solvent in the appropriate retort on which you place the soxlet-extraction piece that holds the prepared container.

Then you place the cooler on the soxlet and the whole process can begin. You have to wait until the solvent boils and evaporates. The solvent I use is paraffin ether that has a boiling point of around 55 to 60°C. The fumes rise to the top through the syringe tube which I wrap in aluminum foil to keep it isolated.

Then the fumes condense in the cooler and drip into the tube. When the soxlet's extraction-space is filled, the solvent runs back into the retort through the siphon.

After I have filled the container with solvent three times, I stop the leaching out process. Then I swap the small flowers in the container and the solvent in the retort. After that I start leaching for the second time. In this way, after three hours, I will have leached out 100 grams back into the reflux. Now I have two liters of solution, paraffin ether with resin, wax, cannabinoids, chlorophyll, starch and other substances. I distil 1.5 liters from these 2 liters.

My next step is to try to get the dark color out of the solution. The best results I have achieved were with a chromatography-column. I took a tube of 50 cm with a diameter of 3 cm. At the top of the tube I connected a one-liter retort and at the end of the tube I attached a small tap. This tube was produced by a glassblower on my special request. Normally the chromatography-column is used to separate different substances from each other, but you can also use it as a kind of filter.

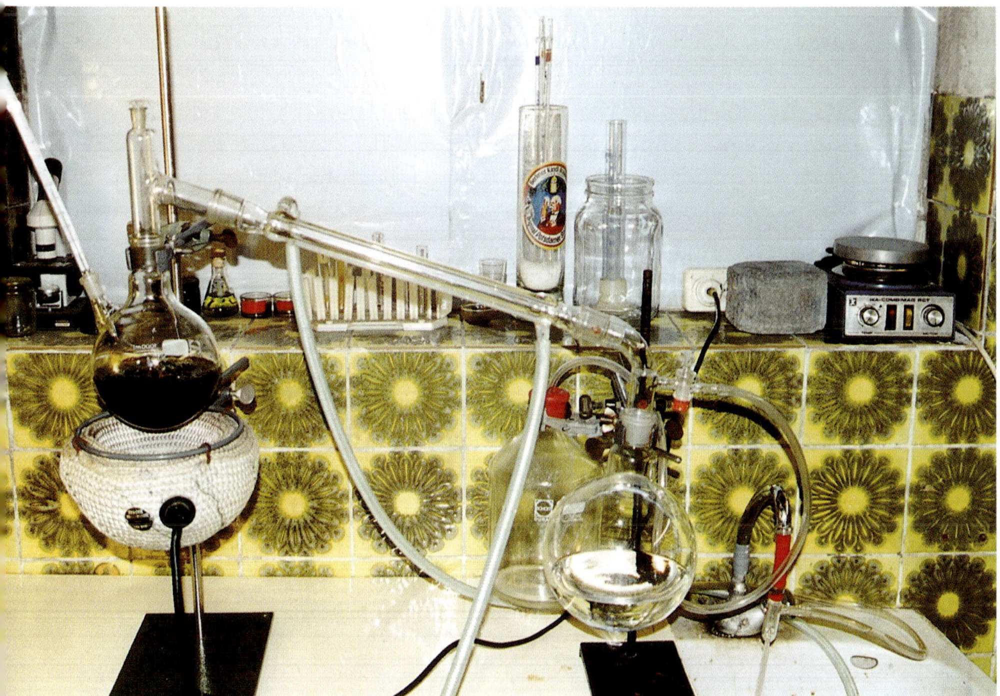

However, all this has a disadvantage — the solution runs very slowly through the column and you a need a lot of patience. In order to fill the column, I first place a piece of cotton wadding under the small tap. After that, comes the aluminum oxide (alumina). For the next step I put half a liter of solvent and about 100 grams of alumina in a retort and shake the whole solution thoroughly. Then I fill the column with two-thirds of the foamed alumina. The approximately 30 grams that's left over in the bottle I use to blend with the resin mix. Before I put this solution into the column, I wait until the clear solution has run from the bottom. After all this, I shake the solution thoroughly in the retort. What happens now is always interesting. Slowly the different substances start to move through the column.

I can't tell you exactly which substances are active here, to know that you need to have knowledge of thin-layer chromatography.

However, all this has a disadvantage — the solution runs very slowly through the column and you a need a lot of patience. In order to fill the column, I first place a piece of cotton wadding under the small tap. After that, comes the aluminum oxide (alumina). For the next step I put half a liter of solvent and about 100 grams of alumina in a retort and shake the whole solution thoroughly. Then I fill the column with two-thirds of the foamed alumina. The approximately 30 grams that's left over in the bottle I use to blend with the resin mix. Before I put this solution into the column, I wait until the clear solution has run from the bottom. After all this, I shake the solution thoroughly in the retort. What happens now is always interesting. Slowly the different substances start to move through the column.

I can't tell you exactly which substances are active here, to know that you need to have knowledge of thin-layer chromatography.

I rinse the bottle with clear water till there is no alumina left in it. During the chromatography the following happens: the different substances in the oil are absorbed by the alumina at a different rate - the more solid substances in the upper part of the tube, for example, chlorophyll and other undesirable substances. The other, less solid, substances run faster through the tube. Very coincidentally also THC, CBD, CBN and other to me unheard-of substances belong to these. In the description of this experiment (The Handbook of Hemp, first edition) you run 30 liters of solvent through the tube. After the freed resin solution has moved to the bottom, you can start putting the above-mentioned 30 liters into the tube. In a book I read about chromatography you can perform a chromatography-column under pressure. Although the separation will not be that clear, the result is just as good. The chromatographied solution that drips out at the bottom will now be condensed so that you can use the clear solvent again. From every liter I distil, I take the last five milliliters and pour this into a separate bottle. After a month I'm done and the 30 liters have been used. In my bottle I now have a golden yellow solution of about two liters from which I'm going to distil 1960 milliliters.

Now I would like to go into more detail on the distillation process that is used to separate substances, mainly liquid ones. This is also the case with my liquid mix of paraffin ether. The boiling point is around 60°C. In a vacuum 40°C. The boiling point of the sought after cannabinoids and resins is about 180°C. This is the reason why it's so easy to separate these substances.

In the picture you will see how my installation for vacuum distillation is constructed. This differs from a conventional installation in that I use a jet water pump. With the help of this pump, I can produce a partial vacuum in the equipment. Between the pump and the protruding part with the stopcock, I place a safety-bottle. In this way I avoid (in the case of falling water pressure during the rinsing, for example) water being sucked in by the vacuum and getting mixed with the solvent. The protruding part with the stopcock I need to keep the predetermined partial vacuum. With this installation I can very carefully distil at 45°C. Then, I take the distilled solvent solution which I can run again through the column.

The remaining five milliliters I will put in a separate bottle until I've run all the 30 liters through the column. To make sure that all the THC has been taken out, I have to run 40 liters through the column. After two months it was all done. I had about 2000 ml of a yellow solution of which I'm now going to distil 1800 ml.

(*) a device to dry chemically

I put 20 grams of pollen into the desiccator, heated everything up and mixed it well. The pollen was from the second sieve-action and absorbed the oil thoroughly. Following this I placed the oily pollen in a mixing bowl and pounded it well. I did this in order to spread the oil as evenly as possible through the pollen, before I put it all in a cornet. I also heated up the mortar enabling the pollen to absorb the oil easily. After putting everything in the cornet and sealing it very carefully, I placed it under a press. I was completely flabbergasted by the result: a dark, flexible, oily hash. I could knead it into any form I wanted! The effect I can only describe as narcotic. I never smoked anything stronger before.

Hash for kneading

I made this kind of hash by coincidence. After the desiccator was emptied with a spoon, the sides were still covered with oil. I could have used solvent again to rinse the oil off, but I wanted to try something else: what would happen if I mixed the pollen with the oil?

19. SMOKING: THE TULIP AND THE JOINTS WITH HASH OIL

As indicated by this caption, I want to talk about smoking cigarettes with hash oil. In the past I just smeared the oil evenly over a cigarette and smoked it. The disadvantage of this

method is that a lot of the THC evaporates before you can inhale it.

Then I saw a picture in a book, in which someone was rolling a joint with oil. Of course, I wanted to try this technique too! I managed it immediately and without difficulty. I think this

is the solution to smoking this messy, difficult to handle, sticky hash oil. Firstly, you take a long sewing needle, big or small skins, a filter, a normal mix and, of course, the oil. Now prepare everything as if you were going to roll a cigarette. When everything is ready, take

the needle, dip it in the oil and put it with the oil-covered end on the small leaves. And now the rolling, which is a little more difficult. Upon completion push the top part of the joint together and pull the needle out. The oil will stick to the mixture. Now press it a little, and you can start smoking.

When you look at this illustration, you will probably know immediately what follows: This is not your normal, everyday, run-of-the-mill joint, but a TULIP (witches' hat). This tulip is the most beautiful hand-rolled joint I've ever seen in all my days as a user! It appears a little bit complicated, but is absolutely not. Finally, you are about to smoke a masterpiece.

The friend who showed me how to make the tulip had no problems with being photographed on the job! Therefore I can show you all how it's done. Firstly, he needs a filter. For this he uses a small cardboard strip of ca. 10 cm long and 3 cm wide. The filter is rolled in such a way till it is 10 cm. Because the filter should not lose its shape, it's sealed with a skin. The next step is the paper for the outside. For this he uses two big skins which he sticks together parallel. This is folded into a triangle, but in such a way that at one side the adhesive edge sticks out. Then the adhesive edge is moistened, folded and stuck together till you have a kind of little three-point triangle. The next step: the crumbling. For a tulip of these dimensions use about 4 grams.

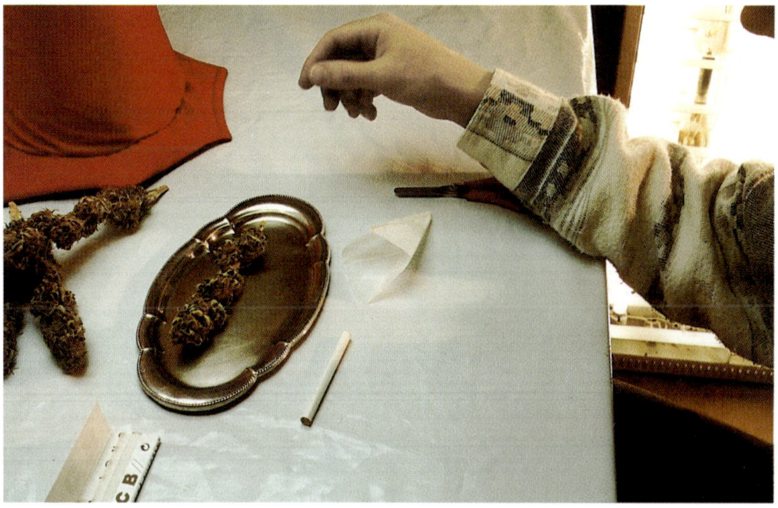

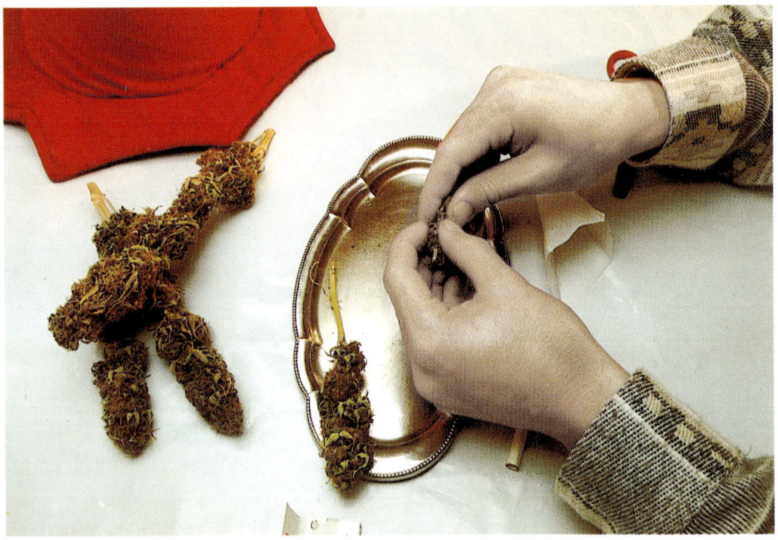

The crumbling can turn into quite a sticky affair. The very resinous Big Bud was used. Mixing it with tobacco? Yes or no? Not advisable, of course, seen from the perspective of health. I don't have to tell you anything about the damage inflicted on the health by smoking tobacco. Always remember: 'Tobacco seriously damages health'.

One must become accustomed smoking pure weed. Because you need a lot of the 'precious weed' for a tulip made of two king-size skins, I advise people with not so much money to use small skins.

He added the tobacco of two cigarettes to the mixture. However, the tobacco was hardly to be seen. Before he started to put the mixture in the tulip, he cut of the adhesive edge of one big skin.

He needs this strip to seal the tulip at the end.

After he put everything carefully in the cornet, he had to do something slightly more difficult: inserting the filter. The filter is placed in the middle. The protruding edges of the cornet are folded against the filter. Now is the time to make sure that everything is firmly in place.

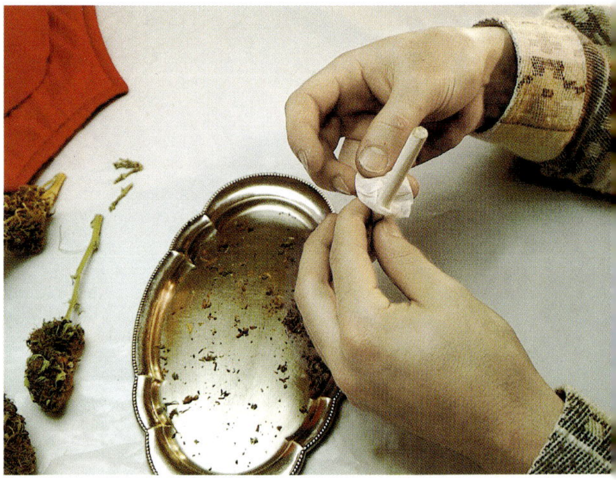

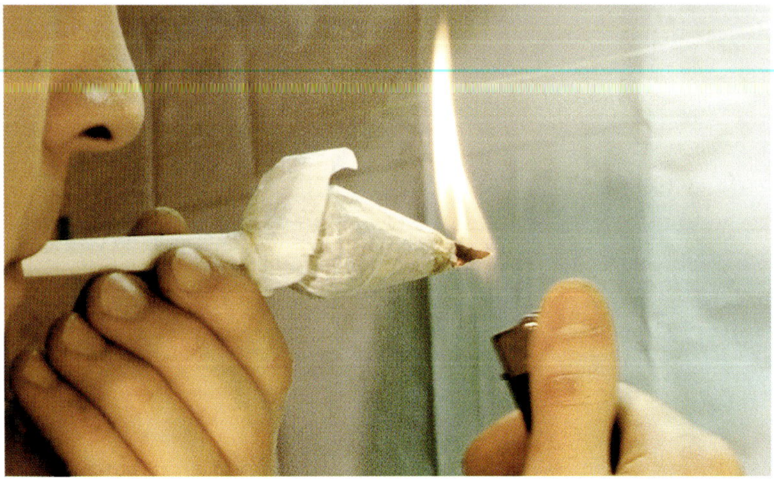

When the skin is wrapped firmly around the filter, he takes the adhesive edge, moistens half of it and places it around the bottom of the wrapped filter. After this he moistens the other half of the adhesive edge and secures this side carefully.
Finally, the filter-pointing small paper is folded to the front. And, the tulip is ready and can be smoked.

20. FOOD: BROWNIES.

I love Brownies.
For me, Brownies are the most delicious way of eating marijuana. With a lot of chocolate and using different ingredients in the preparation, such as: kola nuts, cardamon, guarana, cinnamon and nutmeg. With these you can make nice concoctions. The weed makes you stoned and the guarana, which is high in caffeine, has a stimulating effect.

The only problem with eating is getting the dosage right, as the effect comes on gradually. The intensity of the effect is dependant on whether one has a full or an empty stom-

I use 20 grams of weed for this recipe; some of you will think this is too much, but not for me! It is, of course, possible to use less. From the dough I make 20 Brownies (1 gram per Brownie). I also baked other cakes in this way, e.g., nut cake, chocolate cake, in fact you can do whatever you like.

ach. An empty stomach will give the greatest effect whilst on a full stomach the effect will be minimal.

To make these delicious Brownies, the following is required: 250 g brown sugar, 2 eggs, 125 butter, 100-300 g chocolate glaze, 80 g wheat flour, 1 little cup of cream, a pinch of salt and 20 g Oasis (weed).

In order to make the whole process as simple as possible, weigh all the ingredients and put them in little bowls before starting.

The butter and the chocolate are melted in a double boiler. Meanwhile crumble the weed, this has to be done very carefully, as the effect depends on how evenly the crumbled weed is spread throughout the dough. Also make sure to take out all the little stems, this is very important, as you don't want to find

them in your mouth when enjoying the Brownie.

After crumbling everything and removing all the stems, the butter and the chocolate will have melted. Now mix the melted chocolate and butter with the weed in a warm bowl (heated in the oven) and place this bowl in a pot of hot water.

Into a big bowl crack the two eggs, add the sugar and blend the mixture with a handmixer until it becomes foamy.

When the eggs and sugar are mixed, stir the flour through it, then the cream and finally a pinch of salt. Now add two tablespoons of guarana to give the Brownies some pep.

When everything is mixed thoroughly, the paper baking cups are placed on the baking-tray and filled with dough. As decoration for the Brownies I use marijuana seeds. Preheat the oven at a temperature of 170°C and place the tray in the oven for 18 minutes.

The Black Purple has a strong aroma, a good harvest and the effect is not too strong.

I'm of the opinion that this particular type of marijuana has the most beautiful color of all. I will plant it in the garden next year. Unfortunately, the plant started to bloom after 18 hours of exposure to light. Therefore, I couldn't get any cuttings.

21. DRINKS: BEER!

▲ *A real Hemp beer that lives up to its name!*

Firstly, I don't drink alcohol, and that includes beer. I became interested as over the last years more and more so-called Hemp-beers are becoming available on the market. None of these beers contained the exact substance I wanted. But the thought of drinking a little glass of beer and feeling the effect of THC quite appealed to me. So, I first had to find out how to brew a real Hemp-beer. The recipe I used I found in a book about how to brew beer (title: 'Urbock'). It's very interesting, it describes many recipes and provides a lot of background info about brewing beer. For example, 100 years ago people were already brewing beer with hemp. I will now brew a beer which will live up to it's name: 'Dopy, the sap with extra POWER!'

For this you will need:
1 l (ca. 1.2 kg) barley malt, 1 kg honey, 100 g Oasis (hemp flowers), 5 g top fermentation yeast, 20 l water, ca. 250 g brown sugar, disinfectant, an aerometer (to test the alcohol percentage of the beer), beer bottles, crown caps and the appliance you need to press the crown caps onto the bottles. Finally, it's handy to have a beer barrel with accessories. The first time I made beer, I didn't have one and I had to pour the whole 20 liters into the bottles: I wouldn't like to do that ever again.

First of all, heat up the 2 liters of water in a big pan. Put the honey in the hot water and add the crumbled weed when it's completely dissolved. Boil this mix for ca. 10 minutes on a low fire. Stir regularly to prevent the honey sticking. Now add 18 liters of water and heat until just before boiling point. The fire can now be switched off. Add the 1 liter of barley malt and stir well. Subsequently, wait till the pan has cooled down to room temperature.

Just before pouring, the bucket (a fermentation bucket) has to be sterilized with the disinfectant. After doing this thoroughly, pour the contents of the pan into the bucket. To start the fermentation process scatter 5 g of fermentation yeast onto the surface. Then, place the lid on top, but don't seal the bucket (it should not be airtight). The fermenting fungus needs oxygen and produces CO_2; it's said that ca. 1 kg is released. To utilize the CO_2, place the bucket for 7-10 days next to the plants. After this, I will test the alcohol percentage, which should be around 10%, enough to bottle it. But first, remove the flowers by letting the contents run through a sieve. The best results are obtained when you pour it all through a sieve, otherwise the tap of the bucket gets blocked. First fill the barrel, and, to avoid the little flowers that slipped through

the sieve getting into the barrel, place a tea strainer on the opening of the barrel and filter away the last crumbles. After 18 liters have run into the barrel, add 36 teaspoons of sugar, placing the lid on top, and there you have another barrel of beer. Then it's the bottles' turn, which I don't fill completely. Sugar also has to be added. The advised quantity is 1 teaspoon per 0.5 liter. I especially bought a sugar dispenser for this process. Finally, the crown caps have to be adjusted, and ready, steady, go. The beer has to be stored for 4 weeks before you can have your first swig!

22. EVERY HOUSE HAS SPACE SOMEWHERE!

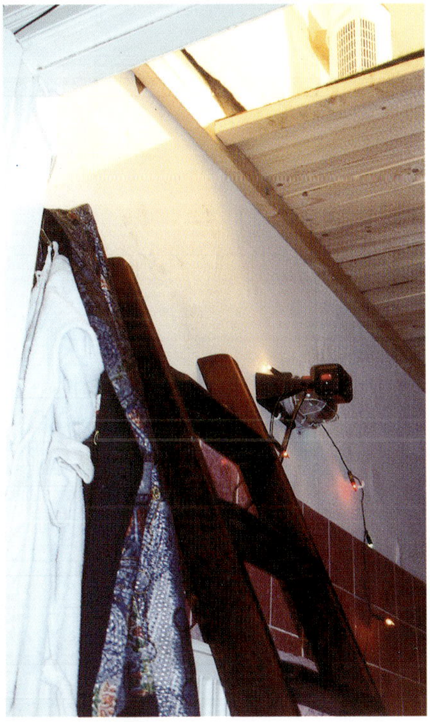

On the following pages I will show you different growing systems. I am always pleasantly surprised when I enter a household that takes pride in its growing system.

A nice large growing area which is completely filled with plants. This is only possible when there is enough ventilation.
This is the only growing system I know that's maintained by a woman. In the picture on the left you can see, fixed to the ceiling, a Lightrail System (lamps on rails). The good thing about a Lightrail is that a small motor can move the lamp that is fixed to the rails. In this way one lamp of 600 Watts can do the work of two lamps.

In the background is a small room in which the offspring is nurtured. In this 2 x 2 meter room are the mother plants and the cuttings. It's hard to believe that a room this size has sufficient space to hold so many plants and related materials.

When I met Alexander for the first time, I already knew he was suffering from an incurable form of cancer. The torture of chemotherapy, radiation etc. he had already dealt with when he discovered that he could use marijuana as a medicine! I helped him to build up a growing system, although he assured me he had no feeling at all for nurturing plants. But when the attic was ready and his plants (ca. 7-8 week old cuttings) installed, he passed a lot of time there pampering them. The attic was well hidden, as even a house search by the Customs didn't reveal it. Unfortunately Alex had, just before the search, harvested 3 nice plants that were immediately confiscated and a report was made. Sadly, not long after, Alexander passed away.

Here you can see that it's possible to grow plants under neon lights.

When the children don't play with their toy trains anymore.

Once upon a time there was a hobby-room where the kids used to play with their toy trains, but as they got older it became 'the junk room.' Until one day the two brothers got the bright idea that their old hobby-room could now become their new hobby-room!

(for growing grass). So, the junk got cleared away and Dad's bar was moved aside. In no time a space of 3 square meters was created for the plants. Enough room to grow the necessary amount for two smokers.

In the beginning the two brothers made some mistakes, so it took awhile before they started to achieve good results.

What was first a room with a lamp of 600 Watts and a swivel fan, soon became a room with 2 lamps of 600 Watts and 1 lamp of 400 Watts, and 4 or 5 swivel fans and 2 squirrel cage fans. The hobby-room became a room for cultivating grass with a very well thought-out growing system. The two brothers decided that one growing space was not big enough and built another growing space. Of course, they had to install a lamp and the necessary ventilation. A year later they got the shock of their lives. They hadn't thought about the electricity costs and had to pay an additional DM 2.500,00 and the monthly bill had to be recalculated. Their parents had reached their 'boiling point', and the whole system had to be destroyed. The two boys were left with a huge debt.

Here is their growing space, filled to the brim, not an inch of space left unused.
Because the two brothers achieved such good results, they didn't think of stopping. After you have paid back the electricity charges, you can ask your parents again!

(At the top:)
The growing space is 12 square meters. Above the table in the middle there are two lamps of 400 Watts and behind there are another two areas for the cuttings.

(At the bottom:)
The flowering area here is equipped with two lamps of 600 Watts. Here, the two young growers are looking for male plants.

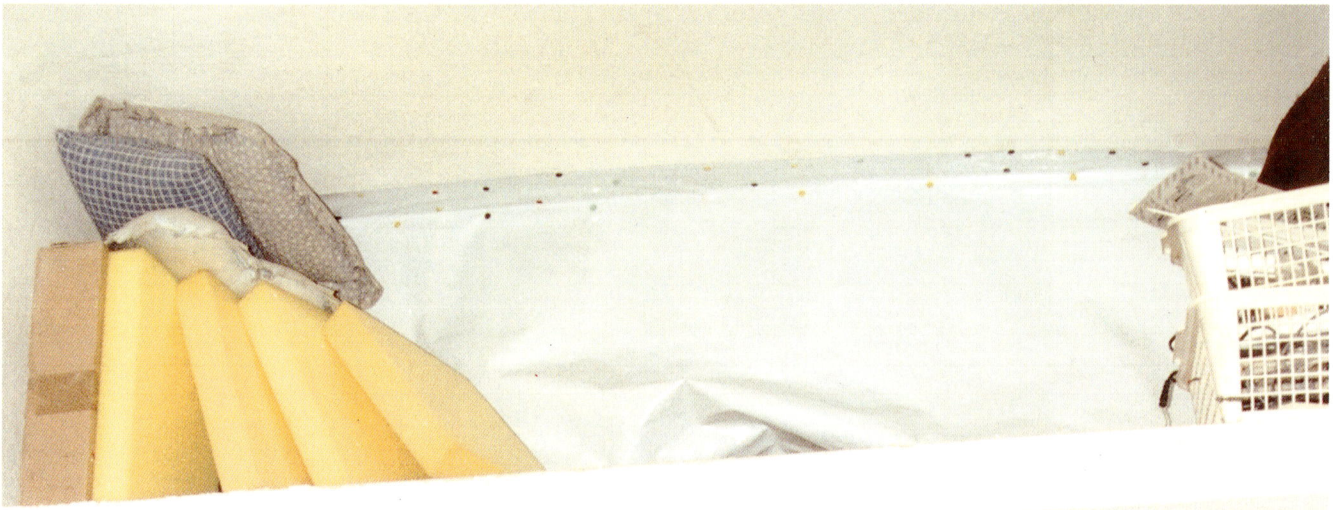

Above the door

Here I would like to show you the system of a grower who works within an area of just 0,5 square meters, in a little corner of the hallway. On a shelf above the door he found a little area to grow his seeds and cuttings. To give light to the plants, he installed in the corner 2 x 125 Watts HQL and for the little ones on the shelf he installed a 1 x 38 Watts neon-light. As ventilation, he placed above and below a little swivel fan. When he told me all this, I found it hard to imagine. The results he achieved were astonishing: little plants with beautiful buds.

Less than a year later this same grower called me unexpectedly and invited me to come and see his newly rebuilt system. And what I saw is definitely worth a mention. He had extended the area to 0.75 square meters and changed the lamp (from 250 Watts HQL to a 250 Watts sodium vapor lamp).

In this way he gained at least 20% more light (see the chapter on Lighting) without using 1 Watt more. He even traded in his used lamps. Because of this small but essential improvement, he was able to harvest 30% more.

A Student's room!

In the kitchen is a handmade growing cupboard. He constructed it in such a way that he could place a neon light frame with 4 x 18 watt lamps in it.

With little effort he changed the cupboard in the hallway into a flowering area This enabled him to have an area of 150 square centimeters at his disposal, which he lit with a sodium vapor lamp of 400 watts and aired with two ventilators. It's interesting to note that this area is situated in a one-room apartment.

When this particular grower invited me over, I didn't have the faintest idea what to expect.
We went into the kitchen where he offered me a cup of coffee and he asked if I could smell anything. After answering this question with a 'no', he showed me where his little storeroom was situated. As soon as he opened the door, I could smell the hemp flowers. In the little room were ten plants on a surface of just 1.5 x 1.5 meters, lit by a sodium vapor lamp of 600 watts. The ventilation was a 250-OM spiral casing fan. He was also conducting an experiment with CO_2.

Then he decided he would show me his real growing space in the bathroom.

The bathroom has a split-level ceiling, a perfect solution for a storage place. In this little space, not bigger than 1.5 meters wide and five meters long, were four lamps of 600 watts, and he had installed air-conditioning to regulate the room temperature.

I could hardly believe what I saw there. The space was no higher than 90 centimeters and was packed with plants. Now I really wanted to know where he stored his seedlings. Until then I had only seen his flowering plants.

He guided me to the bedroom and showed me a small room that he had built under his bed (which was attached halfway up the wall). What do I mean 'small' room? This room was, after all, as big as the three other rooms put together. Here were the mother plants and the cuttings. He had used a lamp of 600 watts for the lighting, already the sixth lamp in this house. This room was ventilated by a 250-OM spiral casing fan and a swive fan. I have to say that it was this area that made the biggest impression on me, especially the split-level ceiling in the bathroom.

23. OPEN AIR PRODUCTION

At first I didn't want to bring this subject up in this book, but because of unforeseen delays of the Big Bud I had the time all summer. This way, there is reason enough to show you how I grow my plants in my garden. Before I go more deeply into this subject, I will probably have to describe my neighborhood in greater detail. If you want to grow plants in your garden undisturbedly, you should check your neighborhood first.

At the left-hand side you will find a medical practice. The doctor's office — from which she can look straight at our garden — is about 50 m from our house. And since she hasn't mentioned our hemp plants for years, we assumed that she was a tolerant and enlightened woman as far as this subject is concerned. But when my wife wanted to get antidepressants for her seriously ill father, and asked her about hemp as a medicine (in England and Holland common practice) the opposite proved to be true! What this doctor old us was simply shocking, disconcerting and hard to believe. She pointed out to us, how easy you can get addicted, and she compared this addiction (non-existent in that way) with opium and heroin. This gave us the idea that she didn't have a clue how cannabis takes effect or even how it looks like.

An elderly couple and some subtenants live at the right-hand side. When I took a walk on the fields behind the houses some eight years ago, I discovered hemp plants of about 2 m in height in our neighbors' garden. My wife refused to believe this and wanted to see it with her own eyes. Therefore, I take it that these neighbors do know what we are growing.The fence at the end of my field has been erected as camouflage. It does not mark the end of my property, which is around 30 meters further down. During the first nice days in April I prepare the little field. I spade the soil and mix it with the fertilizer. This year I will use corn for camouflage, so that my plants will not catch the eye. Last year I planted sunflowers to this end.

I will cultivate the corn in the basement, so I can place already small plants in the garden. On both the pictures you will see both the plant species I have chosen for this year. There is one picture with the Sweet African, one of my own crossbreeds; I have no idea when she will stop flowering. I guess the end of October. The other picture shows a Mexican Sativa, also on offer for outdoor growing, but they don't mention a harvest time, so I have no idea if they can be harvested at all.

But I am not that far yet; I'd better see first how this summer turns out to be.

1998

Each year over and again! This year I have chosen 'Hollands Hoop'. Her height has reached 350 cm.

The soil is just as important for outside growing as it is for inside growing. Hemp, of course, can grow almost anywhere, but the results are always different and I want the best for my wife and myself.

The two selected small plants are cuttings about three weeks old. However, had I started with the seeds, I would have sewn them in the cellar first because you only place well-developed plants outside.

This makes them stronger than plants that have been outside from the beginning. Their chances of survival are increased because they have a higher resistance to bad weather and are not immediately destroyed by a single slug. One slug is enough to kill one cutting!

In the beginning of May, weather permitting, you can take the small plants outside. Eventually they must be planted in a sunny part of the garden, but first the small plants have to get used to the natural sunlight (ultraviolet rays). Lamps do not produce these rays. If you don't plant them in the shade, the plants outside will burn (white spots). A week should be enough time in the shade, then you can move them safely to the sunny spot you have chosen for your darlings.

I have placed a Super Skunk straight from the cellar into the bright sunlight. It is a cutting and is already 60 centimeters high. These big cuttings can cope with this; only a few leaves get burn spots from the sun. The leaves are already accustomed to the sunlight and possess the normal, dark-green color.

Small plants (20 centimeters or smaller) can even die if placed immediately in the sun, unlike the seeds which I have planted immediately in soil outdoors. The small plants that grow out of these seeds are used to the sun from the beginning and can be put in the sun immediately.

The comparison between inside and outside

INSIDE:
Inside you must try to create a good climate. Therefore, you need air (a fresh air supply) and air circulation. Of equal importance is the atmospheric humidity, the temperature and, last, but not least, the lighting. I will discuss all these.

Disadvantages:
The cost of electricity and the extra work because vermin are not preyed on by their natural enemies.

Advantages:
You can also harvest in the winter. There is no limit to the types of hemp you can grow. It's also possible to grow other plants such as cacti and mushrooms.

OUTSIDE:
The environment is important (in my case, the garden) and the soil in which the plants grow. You also have to make sure to choose a sunny habitat.

Disadvantages:
In the case of a bad summer, you may get little or no harvest because of fungi.
Or, perhaps you will be discovered by thieves or, even worse, get caught by the c.... Result: no harvest at all!
Wildlife: deer, hares and even cats love to eat the plants.

Advantages:
Less work. In the case of a good summer, maximum harvest of up to 400 grams. No electricity costs.
In the case of vermin, you can assume that their natural enemies will be lurking on the sidelines.

This summer got off to a good start and we had fine weather for the whole month of May. I planted in the middle of May.

The corn plants were planted on the other side of the fence. (I have also grown the corn in the cellar.)

After I'd planted both plants (African and Mexican) and the corn, I only had the Super Skunk left. I couldn't place the plant in the cellar again and I didn't want to throw it away. Therefore I thought the best thing to do was to plant the Super Skunk in the cornfield in camouflage so there was very little chance of it being discovered.

In the winter I throw old soil from the cellar on the spot where I have the corn and the Super Skunk. In the summer I throw the old soil on the compost heap for recycling and use it in the kitchen garden.

The plants outside have grown a few centimeters. The plants in the picture above are developing beautifully and the Skunk in the cornfield has also grown. So far I've not discovered any vermin except for a few small snails, which I have released back into nature not far away. The corn is behaving in a strange manner! It's only the end of June and the corn is already more the 150 centimeters high and in full bloom.

I let the corn germinate in the cellar at the beginning of April. That's four weeks too early. I assumed that by doing this I would get extra big corn plants. But the 33 corn plants created insufficient camouflage. But, of course, that could have been due to the abnormal growing conditions. Last year's sunflowers were better — they grew so fast and high that you couldn't see through them at all.

Super Skunk

Sweet African Mexican Sativa

At the beginning of August there were no flowers to be seen on either of the plants (African, Mexican). This was not a good sign, as they need at least another seven or eight weeks' blooming time. So far the summer had been great. Almost every day it had been warm and dry and therefore I had to water the plants every other day. Here, in the garden I use stagnant water to sprinkle on the plants, but I don't use fertilizer. The last few nights we've

had quite stormy weather so I've had to bind both plants with iron wire to prevent them from getting damaged. For this I use the same iron wire as I use in the cellar. Although both plants are sheltered very well, I don't want to take any chances. Over the last years storms have often blown my plants to the ground.

Meanwhile, my fully-grown Super Skunk was blowing in the wind and needed to be 'grounded'. For this I used a wooden stick three meters high. This plant hasn't shown any signs of flowering yet. The corn is almost ripe and can be harvested in the next few days.

It was the beginning of September when I finally saw the first flowers on two of the three plants. First I discovered the small female flowers on the Sweet African and then on the Super Skunk. The summer hasn't been as beautiful as this for a long time, but the most important months are still to come. How will September and October be?

There's nothing happening with the Mexican Sativa. It's possible that I won't be able to harvest anything from this plant. I remember the experiences in the cellar and I know that this plant needs a long blooming period. In November you can't harvest hemp from the garden. It's unfortunate, as in Berlin, there has never been such a beautiful summer.

Now I fertilize (Terra Flores) the plants, which are starting to bloom, every other watering. The African and the Mexican are both more than two meters high and the Super Skunk has grown even more than three meters above the stick.

At the beginning of October we had rather strong autumn storms again but they weren't strong enough to blow down the plants. The storm blew a branch of a tree right on to the top of the Sweet African, causing so much damage that the only option left was to cut the top off, dry it, and use it as a test sample. The Mexican Sativa has started to bloom at last.

The Sweet African has developed very well and has produced a huge amount of flowers. In a fortnight it will be a full moon, exactly the right time to harvest.

It's the end of October, time to harvest the plants. The flowers of the Sweet African have become so big that now it's the time to reap them. I won't harvest the Mexican yet because the flowers are still too small.

My Sweet African is in full bloom and has nice compact buds.

At this moment the Super Skunk has to be harvested as well. It's one of the biggest plants I ever had in my garden — about 330 centimeters high.

My seven-year-old took these pictures of the harvest.

Crop: about 250 grams, dried.

Year in and year out. This time I chose the Holland's Hoop and it reached a height of 350 cm.

To conclude I would like to thank everybody who has helped me. A huge THANK YOU goes to my wife Carola who has always supported me in everything. I would also like to thank Chrille, Basti, Christof, Armin, Alexander, Jette, Dietter, Micha and Andi.

Also a word of thanks goes to Eva and Rollo, the Managers of the first Berlin Hemp Museum, who put a lot of money and time into education and advice. I would also like to thank everybody who has helped the museum free of charge. This museum needs our support!!! The best way of supporting is to visit the museum and, if you would like to do more, you can obtain information at the Hemp Museum.

Another association is the 'Grüne Hilfe'. They concern themselves with all the poor smokers who are in the nick. A big word of thanks goes to all the people who do their best for them. This organization depends on donations for its existence. I will also donate money to this cause.

The last word of thanks is for everybody who is active in public relations: the Bündnis-Grünen 90, Judge Neskowisch, CNN News for interviewing me, and the rest of the Press (Hennepblad, Hennep, Grow, High Times, High High Life and many others.

25. LITERATURE

In this chapter I would like to introduce some books, which are, in my opinion, very good. These books don't always have the subject of hemp. They are the source of a part of my knowledge and maybe someone would like to peruse a thing or two.

The first book I came across with the subject hemp was called 'DAS DEFINITIVE HANF HANDBUCH', written by Hainer Hai. Publisher: Werner Pieper - Die grüne Kraft - D - 6941 Löhrbach. It is very difficult to obtain this first edition of the hemp handbook. (First print).
The 'HANF HANDBUCH' is still available, the comprehensive reprint 98, of Hai and Rippchen, the 'Grüne Zweig'.

Mel Frank + Ed Rosenthal 'Die Enzyclopädie des Marihuana-Anbaus', is published by Volksverlag.

Jack Herer 'The Emperor Wears No Clothes', printed in the US.

Matias Bröckers 'Hanf, die Wiederentdeckung der Nutzpflanze Cannabis Marihuana', is published by Zweitausendeins.

Wolfgang Schmidbauer + Jürgen von Scheidt 'Handbuch der Rauschdrogen', is published by Fischer Taschenbuch Verlag.

Johanna Paungger + Thomas Poppe ' Vom richtigen Zeitpunkt, die Anwendung des Mondkalenders im täglichen Leben', is published by Irisiana Verlag. ISBN 3-88034-690-9

Marie-Luise Kreuter 'Pflanzenschutz im Bio-Garten', is published by BLV Verlagsgesellschaft.

Robert Connell Clarke 'Hanf: Botanik, Anbau, Vermehrung und Züchtung', is published by AT Verlag.

T.C. Boyle, 'Grün ist die Hoffnung', is a real cool pastoral (novel), is published by Deutscher Taschenbuch Verlag, dtv.

Michael Starks 'Marihuana Potenz', is published by Volksverlag.

D. Gold, edited by Ed Rosenthal, 'CO_2 Temperatur + Humidity', is published by Quick American Publishing Company.

D. Gold, 'Cannabis Alchemy' the Art of modern Hashmaking, previously published by High Timen / Level Press.

Adam Gottlieb 'Legal Highs' A Concise Encyclopedia of Legal Herbs and Chemicals with Psychoactive Properties, is published by 20th Century Alchemist.

Kathrin Gebhadt 'Backen mit Hanf' super good, published by Nachtschattenverlag.

Richard E. Schultes + Albert Hofmann 'Pflanzen der Götter' Die magischen Kräfte der Rausch- und Giftgewächse, published by AT Verlag.

Christian Rätsch 'Pflanzen der Liebe' Aphrodisiaka in Mythos, Geschichte und Gegenwart, published by AT Verlag.

Christian Rätsch, 'Urbock' Bier jenseits von Hopfen und Malz, published by AT Verlag.

Christian Rätsch, 'Enzyklopädie der psychaktiven Pflanzen' Botanik, Ethnopharmakologie und Anwendungen, published by AT Verlag.

www.topgrow.com
TOP
GROW-SYSTEMS

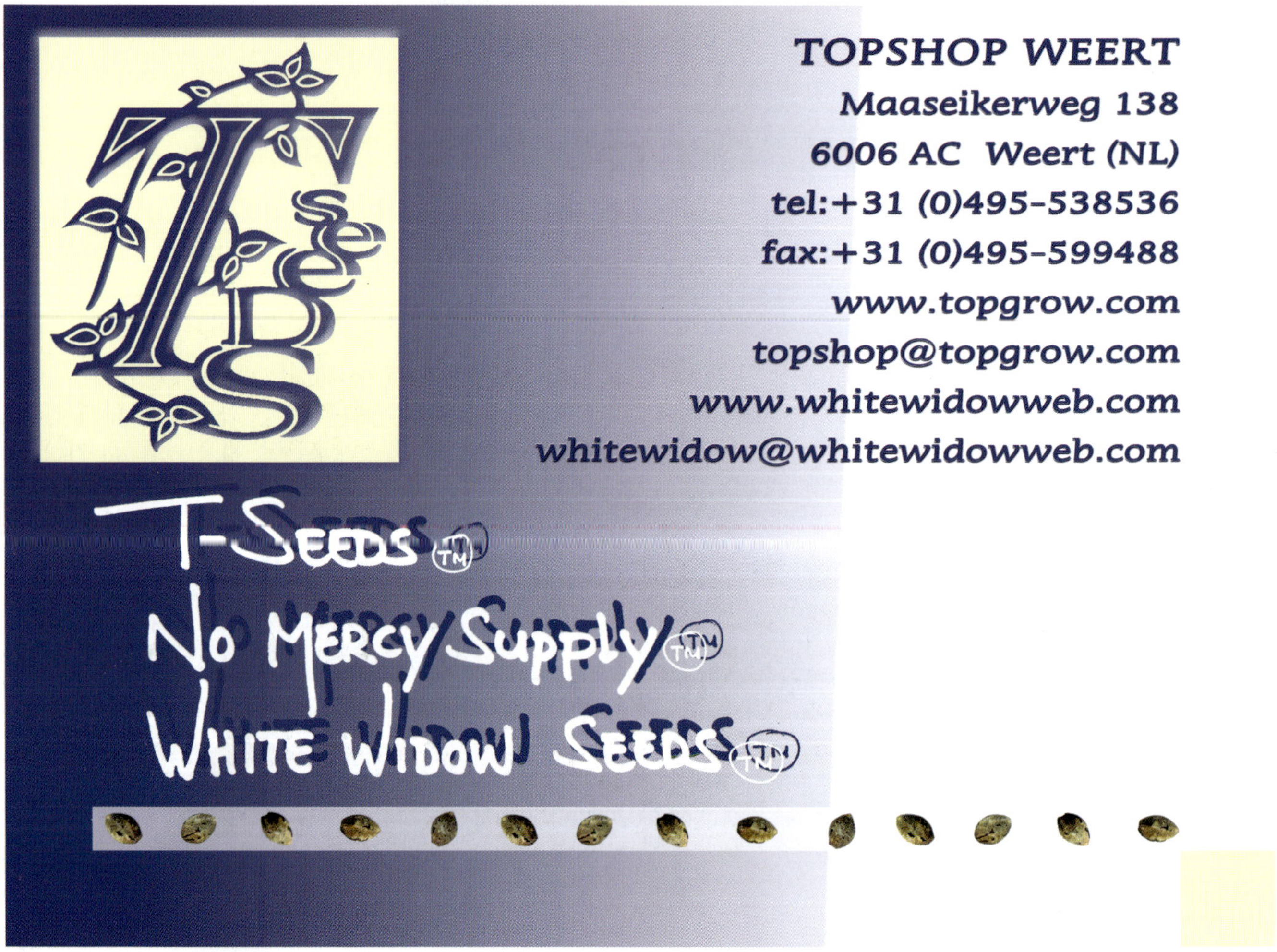
TOPSHOP WEERT
Maaseikerweg 138
6006 AC Weert (NL)
tel:+31 (0)495-538536
fax:+31 (0)495-599488
www.topgrow.com
topshop@topgrow.com
www.whitewidowweb.com
whitewidow@whitewidowweb.com
T-Seeds™
No Mercy Supply™
White Widow Seeds™